中国老龄工作年鉴

（1982—2002）

全国老龄工作委员会办公室
中　国　老　龄　协　会　编

华龄出版社

责任编辑：刘正刚　郝建军
封面设计：刘苗苗
责任印制：李浩玉

图书在版编目（CIP）数据

中国老龄工作年鉴：1982～2002/全国老龄工作委员会办公室，中国老龄协会编.—北京：华龄出版社，2004.4
ISBN 7-80178-142-2

Ⅰ.中…　Ⅱ.①全…②中…　Ⅲ.老年人－社会保障－工作－中国－1982～2002－年鉴　Ⅳ.D669.6-54

中国版本图书馆CIP数据核字（2004）第028525号

书　　名：中国老龄工作年鉴（1982—2002）
作　　者：全国老龄工作委员会办公室、中国老龄协会　编
出版发行：华龄出版社（北京西城区鼓楼西大街41号，邮编：100009）
印　　刷：三河市鑫鑫科达彩色印装有限公司
版　　次：2004年4月第1版　　2004年4月第1次印刷
开　　本：787×1092　1/16　　印　张：37.25
印　　数：1—2000册
定　　价：150元

1989年10月8日，中共中央总书记江泽民在北京人民大会堂亲切接见出席全国“老有所为精英奖”、“敬老好儿女金榜奖”表彰大会暨第二次全国老龄工作会议的代表。

2002年10月12日，中共中央政治局常委、国家副主席胡锦涛等中央领导同志接见全国老年文艺调演演员

1999年11月12日，中共中央政治局常委、国务院副总理、全国老龄工作委员会主任李岚清视察北京市老龄工作并与朝阳区老年时装队合影。

2003年9月26日，中共中央政治局委员、国务院副总理、全国老龄工作委员会主任回良玉出席全国青少年敬老爱老助老主题教育活动启动仪式。

1999年4月28日，国务委员司马义·艾买提（右一）、全国政协副主席李贵鲜（右二）亲切接见参加"'国际老年人年'老劳模、老先进'五一'赴京参观团"代表。

1982年7月26日，以于光汉（前排左二）为团长的中国政府代表团，出席第一次老龄问题世界大会。

2002年4月8日，国务委员、全国老龄工作委员会常务副主任、中国政府代表团团长司马义·艾买提出席第二次老龄问题世界大会并发言。

邓小平同志为《中国老年》杂志题写刊名

（1983年6月17日）

江泽民同志为庆祝“国际老年人年”题词

（1999 年 1 月 9 日）

加強老齡工作

发展老齡事業

江澤民

一九九九年元月九日

李鹏同志为《中国的老年大学》画册题词

（1994 年元月）

老有所学

豐富生活

李鹏

一九九四年元月

李岚清同志为老龄工作题词

（2003年3月）

提倡科学而适度的运动、保持中老年人的身心健康。

李岚清

二〇〇三年三月

《中国老龄工作年鉴》编委会

前　言

我国老龄事业从1982年到2002年，走过了20年的发展历程。20年来，在党中央、国务院的领导下，在社会各界的关心支持下，老龄事业得到了全面发展，取得了显著成就。为客观、真实地反映我国老龄事业发展的历史进程，全国老龄工作委员会办公室和中国老龄协会编写了大型史册性资料工具书《中国老龄工作年鉴》。

《中国老龄工作年鉴》时间跨度为1982—2002年。由“老龄工作组织机构”、“党和政府及党和国家领导人关于老龄工作的论述”、“老龄工作政策法规、文件及老龄工作机构领导重要讲话”、“老龄问题和老龄工作科学研究”、“老龄国际事务”、“老龄工作大事记（1981—2002年）”和“老龄工作统计资料”七部分组成。翔实、完整地记录了老龄工作组织机构的历史沿革，记录了20年来老龄事业发展中的重大事件、重大活动，记录了党和国家领导人及党的代表大会和全国人民代表大会对老龄工作的论述，收集了老龄事业发展的相关基础数据。

《中国老龄工作年鉴》的出版，是中国老龄事业几代人共同奋斗的结晶，凝聚着中国老龄事业几代人的智慧、心血和汗水。我们衷心希望《中国老龄工作年鉴》，能为老龄事业的不断创新和发展做出应有的贡献，也衷心希望能为从事老龄工作的同志和热心老龄事业的人士提供真诚有效的服务。希望大家通过《中国老龄工作年鉴》，更多地了解中国的老龄事业、关心中国的老龄事业、研究中国的老龄事业、支持中国的老龄事业。

《中国老龄工作年鉴》编委会

2004年4月

目　　录

第一部分：老龄工作组织机构

第三部分：老龄工作政策法规、文件及老龄工作机构领导重要讲话

第四部分：老龄问题和老龄工作科学研究

第五部分：老龄国际事务

第六部分：老龄工作大事记（1981—2002 年）

第七部分：老龄工作统计资料

第一部分

老龄工作组织机构

一、老龄工作组织机构成立的背景

（一）联合国大会关于老龄问题世界大会的决议

1969 年 8 月 16 日，马耳他驻联合国常任代表提请联合国秘书长，在 24 届联大议程中增列“年长与年老人问题”并被列入议程。此后，老年人问题成为历届联大讨论的议题，并多次作出决议。这些决议的主要思想是：提请国际社会和各国政府注意老年人日益迅速增长的趋势，呼吁加强国际和区域间的合作，以减缓乃至消除人口老龄化对经济和社会发展的严重影响；强调要保障老年人的各种权利和福利，并敦促各国政府在制定国家经济、社会发展规划时，要充分考虑老年人的利益，制定出妥善的老年人政策，以确保老年人的特殊需要和使老年人有机会在社会中发挥适当作用。

1978 年 12 月 14 日，33 届联大决议（33/52 号）于 1982 年召开一次老年人世界大会，以唤起全世界注意世界人口中人数日增的老年人所受困扰的严重问题，并提供一个会场论坛，“以便拟定出一项国际行动纲领来保证年纪较大的人，能够得到经济和社会的保障，并保证这些人有机会对他们本国的发展作出贡献”。

1980 年 12 月 11 日，35 届联大决议（35/129 号）将 1982 年召开的老年人世界大会改名为老龄问题世界大会，以更确切地反映出老年人问题所包涵的老年人本身和人口老龄化两个内容。决议决定成立老龄问题世界大会咨询委员会和世界大会自愿基金，同时要求，各国成立老龄问题全国委员会，以在国家一级开展有关活动。

老龄问题世界大会定于 1982 年 7 月 26 日至 8 月 6 日，在维也纳召开。大会的目的是：就老年人有关的各种问题进行广泛、深入的讨论，进而制定一个国际行动计划，确认国际、区域和国家各级所应采取的行动，以保障老年人的各种权利和社会福利，确保老年人有机会对其本国的发展作出贡献。大会主题有两个：即人道问题和发展问题。人道问题指的是：满足老年人特殊需要有关的问题，如保健、住房、环境、社会福利、收入、保险、教育和家庭等。发展问题讨论的是：老年人的增长和人口老龄化问题对经济、社会发展的影响及其相互关系，如何使老年人参与社会发展，并对社会发展作出贡献等问题。

老龄问题世界大会的具体组织工作由联合国社会发展和人道事务中心负责。大会的筹备工作于 1981 年1月 1 日正式开始。世界大会的准备工作主要有以下几项：①召开各区域老龄问题技术会议，并由专家起草各区域老年人状况及需要的报告。在发展中国家召开中东和地中海地区、亚太地区、拉美地区和非洲地区等 4 次老龄问题技术会议，在发达国家召开北美地区和西欧地区等 2 次技术会议。东欧地区不举行技术会议，由乌克兰编写本地区老年人情况报告。②举行联合国各区域世界大会预备会议，研究本区域老年人问题并制定区域行动纲领。这些预备会议由联合国区域经（社）委会负责组织。③组织老龄问题世界大会咨询委员会并在大会召开之前举行 3 次会议。咨询委员会于 1981 年 6 月底组成，成员为 21 国：印度、印尼、黎巴嫩、日本、贝宁、多哥、尼日利亚、摩洛哥、智利、哥斯达黎加、多米尼加、苏里南、委内瑞拉、法国、马耳他、西班牙、瑞典、美国、苏联、匈牙利、白俄罗斯。

（二）老龄问题世界大会中国委员会的成立背景

1981 年 2、3 月间，联合国秘书长 3 次致函我国，敦促我履行联大决议，积极参加有关活动和成立老龄问题世界大会中国委员会。亚太经社理事会也来函邀请我国出席 1981 年 10 月在马尼拉举行的老龄问题世界大会亚太地区政府间预备会议。

鉴于上述情况，1981 年 9 月 7 日，外交部、民政部、劳动总局向国务院报送了《关于为履行联大有关决议成立老龄问题世界大会全国委员会并有选择地参加大会的请示》（(81) 办 0547 号）。国务院领导于 1981 年 9 月 9 日批准了该请示。该请示指出：

联合国决议于1982年召开老龄问题世界大会，并为此开展各项活动，规模类似1979年的国际儿童年和1981年的国际残废人年（该两项活动我均参加)。联合国秘书长于今年2月和3月间3次来函敦促我国履行联大决议，积极参加有关活动和成立老龄问题世界大会全国委员会。亚太经社理事会也已来函邀请我国出席老龄问题世界大会亚太地区政府预备会议。

我国是一个社会主义大国，并且是联合国的重要成员国，我国的老年人在世界上按国别计算人数最多，有不少超高龄老年人，我国社会有着尊敬长者、赡养老人的优良传统，另一方面，在老年人的社会福利方面也还存在一些问题。对于这一广泛性的国际活动，似难以推辞。我们意见，我可本着节约的原则，有重点地有限度地参加一些活动，以便使外国了解我们和我们学习它国的长处。具体来讲，除须参加世界大会外，只参加亚太地区预备会，其他的咨询和专业性活动均不参加。

我国目前尚无专管社会发展和社会福利事务的部门，老年人福利问题主要是民政部和劳动总局管的。考虑到民政部尚未设立外事局，去年亚太地区社会福利部长会议和今年国际残废人年活动都是由劳动总局牵头的，建议这次仍由劳动总局牵头组织全国委员会，民政部、外交部以及全国妇联、全国总工会和社会科学院等部门参加，开展一些活动。10月亚太地区会议也请劳动总局组团。

二、中国老龄问题全国委员会
（1982—1995年）

国家劳动总局、民政部、外交部《关于组织老龄问题世界大会中国委员会并开展有关活动的请示》

（1982年3月13日）　　【（82）劳总外字2号】

国务院：

联合国决议于1982年7月召开老龄问题世界大会，并为此开展各项活动，要求会员国履行联大决议，积极参加有关活动和成立老龄问题世界大会全国委员会，开展国家一级的活动。去年经国务院（81）办0547号文批准我除须参加世界大会外，只参加亚太地区预备会，并由国家劳动总局牵头组织全国委员会，其他有关部门参加，领导开展有关活动。地区预备会已于去年10月在马尼拉召开，参加会议的报告已于12月上报。现就组织全国委员会等问题请示如下：

（一）组成老龄问题世界大会中国委员会。委员会成员为：国家劳动总局副局长于光汉任主任委员，民政部副部长岳崧、卫生部副部长谭云鹤和国家劳动总局副局长魏恒仓任副主任委员；外交部、教育部、文化部、邮电部、财政部、国家体委、国家人事局、国务院科技干部局、国家统计局、国家出版局、社会科学院、全国总工会、共青团中央、全国妇联、中国红十字会总会、新华社、人民日报、中央广播电台、中央电视台、中央新闻纪录电影制片厂各出1位司、局级干部任委员（具体人选由各单位确定，不再上报）；国家劳动总局外事司司长武元晋、副司长沈佩容分别担任正副秘书长。

（二）中国委员会的任务是组织领导对内对外的有关活动：

1.组织委员会的成员单位，围绕老龄问题世界大会的两个重点，即关于老年人的福利问题和组织老年人参与社会发展问题，通过行政措施、科学研究、宣传出版和群众工作，分别直接或经由下属机构开展有关活动。具体活动项目由委员会全体会议讨论决定，不再上报。

2.以中国委员会名义组织中国出席老龄问题世界大会代表团，具体组团工作由委员会主任、副主任同外交部商定，代表团成员和出席大会的方针、对策另行报批。

3.其他临时性的对外活动，授权国家劳动总局、民政部、卫生部、外交部共同商定，一般不再报批。

（三）以上有关活动所需经费，由各主办部门、单位自行安排开支；属于国家劳动总局主办的外事活动和其他活动经费，由国家劳动总局同财政部另行商定；属于地方组织的各种活动所需经费，由地方财政开支。

上述意见可否，请批示。

国务院领导同志对《关于出席老龄问题世界大会的报告》的指示

1982年10月20日，国务院外事组陆南屏同志来电话，传达了国务院有关领导同志的指示，现记录如下：

"你们送来的《关于出席老龄问题世界大会的报告》我们收到了，而且也看过了。经请示国务院有关领导同志指示：这个报告不专文批示了。报告中所提4个建议，你们都可以先办起来，遇到什么解决不了的问题时，可写专题报告，提出具体方案报国务院批示。关于委员会的名称，你们可以改"。

（电话记录）

附件：

出席老龄问题世界大会代表团《关于出席老龄问题世界大会的报告》

（1982年10月7日）　　【（82）劳料字1号】

国务院：

我代表团一行12人，在老龄问题世界大会中国委员会主任于光汉率领下，自7月26日至8月6日，应邀出席了联合国在维也纳召开的老龄问题世界大会。按照既定的方针和对策，在驻奥使馆党委的领导下，较顺利地完成了任务，达到了预期的目的。

一、大会的概况

出席这次世界大会的，共有124个国家的代表团，162个联合国的专门机构、政府间和非政府间国际组织，代表、顾问和观察员共约1000余人。

东道国奥地利的科研部长芬伯格博士当选为大会主席，另选出3名协调副主席，21名副主席，我为副主席之一。

7月26日开幕，奥地利总统出席致词。27日继续开全体会议进行大会发言，开主要委员会对《老龄问题国际行动计划（草案）》，进行专题讨论。全体会议开了18次，主要委员会开了17次。8月6日上午通过《老龄问题国际行动计划（草案）》。联合国秘书长德奎利亚尔出席了闭幕式，并讲了话。

这次大会是根据联合国1978年第33届大会（33/52号）决议召开的，其主要目的是敦促各国政府和国际社会高度重视老龄问题，积极采取相应行动，"保证老年人得到经济和社会保障，并有机会对本国的发展作出贡献"。

按照联合国的定义，60岁以上的人称为老年人。老年人的数量和比例，近几十年都在不断增长，在今后几十年中，其增长速度将更快。据联合国人口司统计的资料：60岁以上的老年人1950年为2.1亿人，占世界总人口的8.48%；1975年为3.5亿人，占8.62%，2000年约为5.9亿，占9.34%；2025年约为11.2亿人，占13.68%。据调查，我国60岁以上的老年人，1953年约4000多万人，占总人口的7%，1980年约8000万人，占总人口的8%；据预测，到2000年将达1.3亿人，占总人口的11%，到2025年，将达2.8亿人，占总人口的20%。现在和今后，我国老年人数都为世界各国的首位。从这次大会看，越来越多的国家已意识到，人口老化问题已经和即将给老年人本身和整个社会发展带来严重的影响，成为迫切需要广泛研究和认真对待的社会问题。

二、我代表团的主要活动

我们参加这次大会的方针是：进行友好活动，适当宣传自己，学习别国经验，探索技术合作和技术援助的可能性。对大会遇到的重要政治问题，按我对策预案，根据情况灵活运用，取得了较好的效果。

我们抵维也纳后，首先拜会了大会秘书长柯里根（曾于今年4月访华）。在会见时，我曾向他提出，为保证大会顺利进行，希望他发挥个人影响，尽量避免发生与大会无关的政治问题。他很赞赏我国立场，表示愿尽力而为。同时他也曾向我表示，他将向联合国开发计划署提出给予我技术援助，对我甚为友好。

大会期间，我代表团广泛进行的友好活动，特别是同第三世界国家的接触，这对我在会议期间的工作开展，都有一定的作用。如77国集团首脑墨西哥的代表主动向我团长表示：感谢中国在国际活动中对该集团的一贯支持，并表示在会上，同我站在一起，互相配合。

大会开幕的当天下午，我团长发言，主要介绍了我国人口结构的变化和发展趋势；尊老、爱老、养老和以家庭为主赡养老人的传统；以及通过国家立法、行政措施、社会舆论和宣传教育，以保证这种传统的保持和发扬。同时介绍了我国重视发挥老年人的作用，以及各类老年人继续为社会发展作出贡献的做法。通过发言，适当宣传了我中华民族的优良传统和社会主义制度的优越性，并实事求是地谈到了我国在老年人工作上存在的差距，表明了我学习别国有益经验的愿望。

我团长的发言，得到了与会者的赞赏，大都认为：内容丰富，具体生动，很吸引人。大会秘书长说，这次大会上，正需要这样一篇发言，讲得正是时候。很多人向我代表索取发言稿。有些友好国家的记者向我进行采访。爱尔兰电台记者和美国电视记者向我团长采访，并录了音，拍摄了电视片

会上，我还散发了4份材料，分别介绍我国如何满足老年人的特殊需要，怎样继续发挥老年人的作用，开展群众性的老年体育以及老年学和老年医学的研究活动，都引起人们广泛的兴趣。

关于民柬的席位问题，由于我在会前对全权证书委员会大多数成员分头做了工作，在证书委员会上苏代表的反对意见无一国附和，在大会上顺利地通过了证书委员会的报告。

以色列代表上台发言时，我代表团同阿拉伯、非洲和亚洲部分国家代表一起退场（苏联和东欧国家也退了场）。当大会讨论谴责以色列侵略黎巴嫩的议案时，我作了谴责以色列侵略的发言。阿拉伯和非洲国家对我的支持表示感谢。

总之，我代表团在大会期间的各项活动是比较顺利的，是有成效的。

三、体会和建议

通过参加这次世界大会，我们了解了别国的情况和做法，开阔了眼界，增加了知识，对于如何更好地处理人口老化可能带来的问题，得到了启发。由于科学文化和社会经济的发展，出生率和死亡率的降低，人类平均寿命的增长已成为世界各国的普遍现象；人口结构的逐渐老化，不仅是必然的趋势，而且在加速发展，已经对各国社会经济的发展起了重大影响；老年人是社会的消费者，同时又是文化传统的继承人和传播者，要正确认识和对待老年人，不应把他们看成是社会的包袱，而应看成社会的宝贵财富；老龄问题包括“人道”和“发展”两个方面，涉及面广，是个重大的多学科的社会问题。解决这个问题，需在政府统一领导下，组织各有关部门和社会上各方面通力协作，提出方针政策，妥善予以处理；同时也需国际上区域性和世界性的共同行动。

老龄问题现已引起各国政府的关注：有的在政府领导下成立了全国性老年人工作常设机构；有的规定了老年人的节日；有的成立了老年人协会、老年人俱乐部、活动中心；有的还对老年人旅行、交通等规定了各种减免费用的优待办法。总之，老龄问题已经提到世界事务日程上来了。

我国人口结构现虽比较年轻，但由于老年人较多，老龄化速度快，并已对社会经济发展产生了一定影响，而我们对这一问题，则认识不深，重视不够；我们对老年人侧重在生活福利方面，使他们安度晚年，欢度晚年，这是对的，但对如何适当发挥老年人的作用，还缺乏具体组织管理的办法；对适合老年人的各种活动，各部门、各地区程度不同地做了一些工作，起了很好的作用，但缺乏统筹规划和组织协调；对老龄问题的科学研究，近两年来，有些部门和地区，已着手进行，取得了初步成效，但远未很好地开展起来。

基于以上体会，我们建议：（1）为了更充分地体现党和政府对老年人的关怀，应把老龄问题提上议事日程，切实把这一问题抓起来；（2）通过各种舆论工具，适当进行宣传教育，进一步认识老龄问题的重要性和迫切性，正确地评价和对待老年人和老年人的工作；（3）积极开展老年社会学、老年心理学、老年医学和老年体育等科学研究活动；（4）把国务院批准的“老龄问题世界大会中国委员会”改名为“中国老龄问题全国委员会”，从我国实际出发，参考《老龄问题国际行动计划（草案）》的要求，拟定规划，组织各地区、各部门加强协作，认真做好有关老年人的工作。

以上报告当否，请批示。

国务院办公厅《转发中国老龄问题全国委员会〈关于我国老龄工作中几个问题的请示〉的通知》

（1983年4月22日） 【国办发（1983）29号】

各省、市、自治区人民政府，国务院各部委、各直属机构：

中国老龄问题全国委员会《关于我国老龄工作中几个问题的请示》，已经国务院批准，现发给你们，望参照执行。

（此件登国务院公报）

关于我国老龄工作中几个问题的请示

（1983年3月1日）

国务院：

去年12月20日，我们召开了中国老龄问题全国委员会第2次会议。回顾了过去9个月的工作，提出了1983年至1985年期间工作计划要点（另发）。现将老龄工作中需要明确和解决的几个问题，请示如下：

一、情况、问题和方针

老龄问题是当今世界上一个普遍存在的重大社会问题。世界各国老年人口，增长速度很快，比重很大，对社会经济发展的影响愈来愈严重。联合国对老龄问题十分关注。近几年来，历届联大都讨论这个问题，并作出了相应的决议。1982年7月联合国在维也纳召开了老龄问题世界大会，通过了《老龄问题国际行动计划（草案）》，并要求各成员国结合本国具体情况，提出相应的计划措施，付诸实行。

我国60岁以上的老人，1980年约8000万人，占总人口的8%，预计到2000年将增长到1.3亿人，占总人口的11%，到2025年时将增长到2.8亿人，占总人口的20%。在这段期间，我国人口总数将增长40%，而老年人将增长250%。这种人口结构老化的发展趋势，现已对我国经济和社会发展产生了一系列影响，并将日趋严重。

1980年我国8000万老年人中，约有7000万人住在农村，1000万人住在城市，他（她）们在青壮年时期，大多数是体力劳动者，少数人是脑力劳动者，其中相当数量的人，早年就是从事革命工作的职业家或具有各种才能的专家、学者。这些老年人，在建国前后几十年来，对中国革命和建设事业出过力，流过汗，有些还有过特殊的贡献和功劳。他（她）们在长期革命和建设斗争中，积累了相当丰富的知识和经验，是我们国家的宝贵财富，是中华民族物质和精神文明的继承、发展和传播者。老年人在社会上的地位和作用，理应受到尊重和重视。

老龄问题主要是对老年人生活特殊需要的照顾和老年人参与社会发展作贡献的问题。我党和政府对老年人的生活福利、安度和欢度晚年、延年益寿，是很关怀的，已采取了若干政策措施，并在宪法中作了规定。对具有科学知识、技术专长和领导经验的老年人，继续在国家和社会生活中发挥作用，贡献力量，也很关注。现在正在各方面探索和试验有效的组织和管理办法，并已初见成效。

广大农村的老年人，由于农村生产条件、生产方式等较为简便，一般都可以在集体或家庭中从事力所能及的劳动。城市中的老年人，基本上都是国家机关、事业、企业单位的离休、退休的老干部和老工人。这些老年人中不少人身体还好，并未丧失工作能力。据了解有些大中城市的老年人，有些已根据自己的专长和爱好，依据不同条件，由集体组织起来，或由个体单独进行有益于社会的各项生产和社会公益活动；许多部门、单位，也积极为这些老年人继续发挥其才能创造必要的条件，协助其参与社会发展作贡献，以增加社会物质、精神财富。这些活动不仅对推迟、缩小和避免人口老化给社会经济发展带来的不利影响，同时，对实现新老合作和交替，全面开创社会主义现代化建设新局面，也是极为有利的。

老龄问题，是涉及我国经济、社会发展和人口规划的一个战略性问题，也是新问题。而我们对这一新问题则认识不深，重视不够，统筹规划和组织协调不利，工作开展不平衡。因此，老龄工作应从我国实际情况出发，遵循十二大指引的方向，提高认识，统一思想，组织协调，加强领导，以保障老年人的各种权利、社会福利和参与社会发展，做到：老有所养，健康长寿，老有所为，余热发挥。

二、中国老龄问题全国委员会的性质和任务

中国老龄问题全国委员会（以下简称委员会），是由有关部门和群众团体、科研机构组成的社会团体。委员会的任务是：对有关老龄问题的一些重大问题，进行调查研究、综合规划、组织协调、督促检查；参加有关老龄问题的国际性和地区性的专业会议，开展多边或双边的技术援助和技术合作等对外活动。

老龄问题涉及面广，也较复杂。具体业务由国务院各有关部委、群众团体和科研机构分别管理，现在谁管的仍归谁管。委员会的外事工作，由劳动人事部管理。有关重大问题报国务院审批。

三、几点建议

为了适应我国老龄工作发展的需要，更有效地进行工作，开创老龄工作新局面，对委员会的组织机构应作适当的调整。我们建议：（1）委员会副主任岳嵩，因调整工作，经民政部推荐改由现任副部长章明为副主任；（2）委员会增加国家计划委员会、民族事务委员会和商业部，并各自推荐1位司局级干部为委员；（3）委员会的工作人员除大多数是兼职外，另设少量的专职干部，暂法8人；（4）委员会设秘书处；（5）委员会所需经费和编制单列。

各省、市、自治区人民政府，采用何种组织形式、如何开展有关老年人的各项活动，可根据本地区具体情况自行确定。

上述意见，如可行，建议批转国务院有关部委和各省、市、自治区人民政府参照办理。

附：

中国老龄问题全国委员会委员名单

主　任：于光汉　劳动人事部

副主任：章　明　民政部副部长（兼）

谭云鹤　卫生部副部长（兼）

魏恒仓　劳动人事部

委　员：马隆德　外交部国际司负责人（兼）

李广林　文化部对外司副司长（兼）

李士彬　财政部文教行政财务司副司长（兼）

南新民　国家计委劳动局局长（兼）

牛　巩　商业部计划司副司长（兼）

马　寅　民族事务委员会三司副司长（兼）

张君实　广播电视部中央电视台副台长（兼）

曹思慧　国家体委群体司副司长（兼）

吴承毅　社会科学院社会学研究所副所长（兼）

李　仙　全国总工会劳动保险部部长（兼）

辛克高　团中央办公厅副主任（兼）

徐学海　全国妇联国际部副部长（兼）

顾锦心　中国红十字会总会副会长（兼）

杨效农　新华社参编部副主任（兼）

张　达　人民日报国内政治部编辑（兼）

委员兼秘书长：武元晋　劳动人事部

文化部《关于同意创办〈中国老年〉月刊的批复》

（1983年6月17日）　　【文出字（83）第1327号】

中国老龄问题全国委员会：

1983年5月16日来文收悉。经研究，同意创办《中国老年》月刊，公开发行。《中国老年》是为离休、退休的老年人创办的刊物，主要是开展有关老年人的社会问题的学术讨论，反映老年人的要求和呼声，使离休、退休的老年人能安度晚年，从而体现党和国家对老年人的关怀，以及我国社会主义制度的优越性。希望你会能加强对此刊物的领导，配备充实的编辑力量，努力办成有特色的，为老年人所喜爱的刊物。请向北京市出版局办理登记。

中国老龄问题全国委员会《关于中国老龄问题全国委员会名誉主任和顾问名单的通知》

（1984年4月28日）　　【中老字（1984）12号】

各省、自治区、直辖市人民政府，各省、自治区、直辖市老龄问题委员会，国务院各部委、各直属机构：

为适应我国老龄工作形势发展的迫切需要，开创老龄工作新局面，落实国务院国办发［1983］29号通知和聂荣臻同志提出的“我们必须把老龄问题提高到战略高度，加强领导，统筹规划，综合治理”的指示精神。我们再次要求各省、自治区、直辖市人民政府，凡是没有建立老龄问题委员会的，都应指定1位领导同志认真抓一下这项工作，迅速把老龄机构成立起来，积极开展这方面的工作。

为了进一步加强领导，体现党和政府对老龄问题的重视和关怀，我们聘请中共中央政治局委员聂荣臻同志担任中国老龄问题全国委员会名誉主任，聘请了25位老同志担任中国老龄问题全国委员会顾问。现将名单附后，特此通知。

附件：

中国老龄问题全国委员会名誉主任和顾问名单

中国老龄问题全国委员会名誉主任：聂荣臻

中国老龄问题全国委员会顾问： 余秋里　宋任穷　王首道　肖　克　段君毅　程子华　胡厥文　朱学范　胡愈之　康克清　庄希泉　费孝通　孔　原　肖　华　赵守一　刘建章　顾大椿　钱信忠　荣高棠　高登榜　黄　镇　杨绍曾　连　贯　薛暮桥　彭友今

劳动人事部《关于中国老龄问题全国委员会增加人员编制的通知》

（1984 年 8 月 4 日）　【劳人编（1984）160 号】

中国老龄问题全国委员会：

中老字［1984］9 号文收悉。经研究，同意你会事业编制由 8 人增加到 30 人。

中国人民银行《关于成立中国老年基金会问题的批复》

（1985 年 11 月 6 日）　【（85）银复字第 311 号】

中国老龄问题全国委员会：

国家体改委转来的你会《关于成立中国老年基金会的请示报告》收悉。经研究，同意成立中国老年基金会。

此复。

附件：

中国老龄问题全国委员会《关于成立中国老年基金会的请示报告》

【中老字（1985）5 号】

国务院体制改革委员会：

遵照中共中央中发［1984］25 号文件《关于严格控制成立全国性组织通知》的精神，现将我们成立中国老年基金会的筹备过程以及成立这个全国性组织的紧迫性等问题报告如下，请审定。

老龄问题是我国一个重大的社会问题。目前我国 60 岁以上的老年人有 8000 多万，预计到 2000 年将达 1.3 亿人，2025 年将达 2.8 亿人。老年人人数及在总人口中所占比重越来越大，这种发展趋势，必将对我国政治经济和社会发展产生一系列影响和问题。因此，我们必须把老龄问题提高到战略高度，加强领导，统筹规划，综合治理。

老年人是社会的宝贵财富。他们之中有很多人是工农业生产能手、学者、专家、教授和各种管理的专门人才。他们是中华民族物质和精神文明的创造者、继承者和传播者。他们为了祖国的繁荣富强，艰苦奋斗了一生，做出了巨大的贡献。他们在漫长的革命、生产、科学实验中，积累了丰富的经验和渊博的知识，是我们四化建设中不可低估的智力资源和智力大军，理应受到社会的重视和珍惜。

根据赵紫阳同志在《政府工作报告》中明确指出的“要依靠各方面的力量，积极举办各种形式的养老事业”。为了进一步发扬光大中华民族的传统美德和社会主义道德新风尚，更好地依靠社会各方面力量，开展老年社会福利事业，使老年人“老有所养、老有所为、老有所学、老有所医、老有所乐”，健康长寿，安度和欢度晚年。近些年来，社会上各方面和热心人士纷纷表示愿为老年人的社会公益事业出钱出力做贡献，一些港澳同胞、海外侨胞也积极表示愿意为中国老年事业捐募基金或投资，为开展老年人各项事业提供必要的物质保证。在我国财力不可能有更多投资的情况下成立中国老年基金会已是当务之急，十分紧迫的事情了。

1983年10月，中国老龄问题全国委员会以中老字［1983］7号文，向国务院报送了《关于设立中国老年基金会的请示报告》。国务院有关部门负责同志说：“设立中国老年基金会为开展老年事业筹备资金是件好事，我们积极支持，你们可以和有关部委协商先办起来。有些基金会就没有经国务院批，也办起来了。老年基金会也就不必经国务院批了，成立之后报国务院备案，在民政部注册就可以了”。据此，我们会同民政部、财政部、国家经委、全国总工会、全国妇联、共青团中央、中国红十字会总会以及中央组织部等有关部委的负责同志，反复酝酿，积极筹备，从1983年10月间开始到现在已将近一年半的时间了。在此期间，我们得到了党、政、军各方面许多领导同志和港澳同胞、海外侨胞不少知名人士的热心赞助和积极支持，筹备工作已经完成。起草了《中国老年基金会章程（草案）》，提出了《中国老年基金会的名誉会长、顾问、理事会理事和会长、副会长、正副秘书长名单（草案）》，起草了《关于中国老年基金会筹备工作的报告（草稿）》。同时做好了有关各项筹备工作，并拟于近日召开成立大会。现根据中央25号文件精神，特作重新请示。

以上报告，是否可行，请予批准是幸。

中国科学院《关于中国老年学学会的日常工作由中国老龄问题全国委员会负责管理的复函》

（1986年4月11日）　　【（86）科发老干字0363号】

中国老龄问题全国委员会：

根据你委1985年12月29日来函，我院已将成立中国老年学学会一事申报国家体改委。经国家体改委研究，于1986年4月9月复函我院，批准成立中国老年学学会。根据你委1985年12月29日来函，我院负责中国老年学学会的业务指导，该学会的日常事务工作（编制、经费、福利、基建等行政事务工作）由你委负责。

为积极组织好老年学的科研队伍，大力开展老年学学术研究工作，发展繁荣老年科学事业，开创老年学学术研究的新局面，望你委积极做好中国老年学学会的日常事务工作。

特此函复。

国务院办公厅《关于中国老龄问题全国老龄委员会归属问题的复函》

（1986年9月30日）　【国办函（1986）60号】

劳动人事部、中国老龄问题全国委员会：

经国务院领导同志同意，现就中国老龄问题全国委员会的归属问题通知如下：

（一）中国老龄问题全国委员会归劳动人事部领导，其任务和性质不变，日常行政工作由劳动人事部负责管理。

（二）过去已有规定与本文有出入的，以本文为准。

中共中央组织部《关于王照华、于光汉同志职务变动的通知》

（1986年10月23日）　【组任字（1986）91号】

中共劳动人事部党组：

经研究，同意王照华同志任中国老龄问题全国委员会主任，于光汉同志不再担任中国老龄问题全国委员会主任职务。

中国老龄问题全国老龄委员会《关于聘请于光汉同志为中国老龄问题全国委员会顾问的通知》

（1987年5月10日）　【中老字（1987）27号】

各省、自治区、直辖市老龄问题委员会，国务院各有关部委：

经研究，并报上级领导同意，聘请原中国老龄问题全国委员会主任于光汉同志为我委顾问。

特此通知。

劳动人事部《关于中国老龄问题全国委员会增加编制的通知》

（1987年6月5日） 【劳人编（1987）86号】

中国老龄问题全国委员会：

你委中老字［1987］19号文悉。经研究，同意你委的事业编制由30人增加到45人。

特此通知。

新闻出版署《关于同意创办〈中华老年报〉的批复》

（1988年4月22日） 【（88）新出报字第392号】

中国老龄问题全国委员会：

你委《关于创办〈中华老年报〉有关问题的补充报告（中老字［1988］6号）》悉。经研究同意创办《中华老年报》，对开4版，周报。请到北京市新闻出版局办理登记注册手续。

特此批复。

附件：

中国老龄问题全国委员会《关于创办〈中华老年报〉有关问题的补充报告》

（1988年1月30日） 【中老字（1988）6号】

新闻出版署：

中国老龄问题全国委员会曾于1985年，以中老字47号文、1987年10月21日以中老字［1987］47号文申请创办老年报。我委主管全国老龄工作，急需创办老年报纸，以加强对全国老龄工作的指导。赵紫阳同志在党的十三大报告中提出了“注意人口迅速老龄化的趋向，及时采取正确的对策”的重要任务后，办一张全国性的老年报更为迫切。现遵照中宣部和新闻出版署领导同志的指示，就创办老年报的有关问题再补充报告如下。

1. 报纸名称改为《中华老年报》。

2. 办报宗旨：坚持四项基本原则和党的新闻出版方针，认真贯彻党中央、国务院有关老龄工作的方针、政策和赵紫阳同志在党的十三大报告中关于老龄工作的重要指示，宣传“老有所养、老有所医、老有所为、老有所学、老有所乐”方面的经验，报道离退休人员在四化建设和改革中发挥作用的先进事迹，帮助老年人更新知识，再做贡献，健康长寿，安度晚年。

3. 主办单位：中国老龄问题全国委员会。联办单位：山东省老龄问题委员会。

4. 体制性质：《中华老年报》为新闻事业单位，直属我委领导；业务上受中宣部、新闻出版署指导。以我委牵头与山东省老龄问题委员会组成编委会。日常办报业务、报社编辑部、印刷厂均在北京。经济上实行自筹资金、企业化管理、自负盈亏。

5. 领导班子：社长王照华（中国老龄问题全国委员会主任），总编辑邢方群（原《工人日报》总编）。

6. 人员编制：办报初期拟申请事业编制 30 人（我委 20 人，山东省老龄问题委员会 10 人）不足人员拟聘请离退休新闻工作者补充。

7. 经费来源：已筹集开办费 40 万元（我委与山东各负责 20 万元），力争 2 年内达到自给自足。

8. 版型、周期：1988 年为对开 4 版周报，以后视情况再逐步改为周 2、周 3 报。

9. 版面设置：1 版为改革要闻版，主要刊登党和国家有关老龄工作的方针，报道老年精华人物，老年人晚年作为，维护老年人合法权益，宣传老年人在两个文明建设和改革中的贡献等；2 版为老龄工作版，主要报道各地老龄工作动态，经验信息，开展学术、理论研讨等；3 版为科学文化版，主要刊登老年科普、医疗、保健、长寿知识；4 版为文艺体育版，主要刊登老年文艺作品，琴棋书画、花鸟鱼虫、体育知识类文章。

10. 发行：1988 年 3 月创刊，从第 2 季度起国内外公开发行。

以上报告，请审批。

国家机构编制委员会《关于中国老龄问题全国委员会归口管理问题的批复》

（1988 年 10 月 6 日）　【机编函（1988）17 号】

中国老龄问题全国委员会：

你委中老字［1988］30 号文收悉。经研究，同意中国老龄问题全国委员会挂靠民政部。中国老龄问题全国委员会干部职工的住房、职称评定、调资、医疗及其他生活福利待遇，在挂靠关系改变前原劳动人事部确定解决的问题，由劳动部和人事部共同研究解决，今后这类的问题则由民政部研究解决。

至于地方各级老龄问题委员会的机构设置和编制等问题，待地方机构改革时，由各地根据总的部署，结合当地具体情况，通盘考虑。

附件：

中国老龄问题全国委员会《关于中国老龄问题全国委员会归口管理问题的报告》

（1988 年 8 月 15 日）　【中老字（1988）30 号】

国务院机构改革办公室：

中国老龄问题全国委员会自 1982 年建立以来，由劳动人事部代管和领导。现在劳动人事部已撤销，需要重新确定中国老龄问题全国委员会的归口管理单位。根据国务院各部委机构改革后的任务和工作范围，经征求有关领导意见，我们建议中国老龄问题全国委员会挂靠民政部，其经费在国务院机关事务管理局单列户头。

中国老龄问题全国委员会机关干部职工的住房、职称评定、调资、医疗及其他生活福利待遇等，挂靠关系改变前原劳动人事部确定解决的问题仍应继续解决（鉴于劳动人事部已分设为人事部和劳动部，中国老龄问题全国委员会的工作人员又大多来自原劳动总局这一情况，建议由劳动部代为负责解决），今后则由民政部和国务院机关事务管理局安排。

地方各级老龄问题委员会的机构设置，可以根据各自的具体情况确定，并给以解决必要的编制、经费、办公用房及其他工作条件。

关于中国老龄问题全国委员会工作方面的问题，将由民政部和中国老龄问题全国委员会另向国务院请示报告。

妥否，请批示。

民政部党组会议纪要

——听取中国老龄问题全国委员会工作汇报的纪要

1988 年 11 月 19 日上午，民政部党组会议听取了中国老龄问题全国委员会主任王照华等同志介绍了中国老龄问题全国委员会工作开展情况、存在问题及今后的工作安排。

会议认为，中国老龄问题全国委员会自1982年成立以来，在党中央、国务院的领导和有关部门支持配合下，积极开展工作，逐步建立和健全了各级老龄工作机构。开展了对老龄问题调查，创办老年大学，发展老年教育，兴办老年活动场所，组织老年人参与社会工作和开展国际友好往来等活动，做了许多工作。中国老龄问题全国委员会提出的“老有所养，老有所医，老有所为，老有所学，老有所乐”的目标是正确的。

会议指出，老龄工作是一项社会工作，须要动员全社会来做。为了更好地开展这项工作，应对这几年的工作经验和存在问题进行总结，提出改革和加强的意见，向国务院写出报告。

还指出，中国老龄问题全国委员会应对挂靠的公司抓紧清理整顿，逐步分开，另辟经费来源。民政部也派干部参加清理整顿。今后中国老龄问题全国委员会的干部任免，司局以上由民政部审批，副司长以下由中国老龄问题全国委员会审批。

会议要求部内各司（厅），密切配合中国老龄问题全国委员会做好老龄工作，具体事宜由民政部办公厅落实。

民政部《关于建立中国老龄科学研究中心的批复》

（1989 年 4 月 22 日）　【（1989）民人函第 162 号】

中国老龄问题全国委员会：

关于建立中国老龄科学研究中心问题的请示已经人事部批准同意。现将《关于建立中国老龄科学研究中心的批复》（人中编发［1989］19 号文件）转去，请你们按其精神办理。

特此批复。

附件一：

人事部《关于建立中国老龄科学研究中心的批复》

（1989年3月19日）　【人中编发（1989）19号】

民政部：

你部《关于建立中国老龄科学研究中心有关事宜的函》（［1989］民人函第82号文）收悉。经研究，同意成立中国老龄科学研究中心，编制和经费均在中国老龄问题全国委员会内部调剂解决。

特此批复。

附件二：

中国老龄问题全国委员会《关于建立中国老龄科学研究中心的请示报告》

（1989年1月17日）　【中老字（1989）3号】

民政部并报国家科学技术委员会：

随着人口出生率下降和老年人健康长寿，我国人口老龄化的速度正在加快。1987年我国60岁以上老年人已有9154万，占总人口的8.47%；预测到本世纪末约为1.3亿，占总人口的11%，开始进入人口老年型国家的行列。人口老龄化将给我国社会经济产生深刻的影响。同时，作为研究人类群体老化和个体老化规律的科学——老年学（包括人口学、社会学、经济学、生物学、医学等领域）业已在我国兴起，深入开展对老龄科学的研究，是一项十分紧迫的任务。遵照赵紫阳同志在党的十三大报告中提出“要注意人口迅速老龄化的趋向，及时采取正确的对策”的精神，老龄科学研究工作必须及早部署，以便用科学理论来指导老龄社会的对策工作。

我国在老龄问题研究上时间比较短，基础比较薄弱。目前还没有一个全国性老龄科学研究机构，研究队伍也急需建设和加强。为了统筹规划，组织协调各方面力量，有计划、有步骤地深入开展老龄科学研究工作，经研究拟在中国老龄问题全国委员会研究室的基础上组建中国老龄科学研究中心。联合国人口活动基金会对我国老龄科学研究工作十分重视，已决定在第3周期（1990—1994年）给中国老龄问题全国委员会援助60万美元，作为老龄科学研究中心筹备、购置图书资料和人员培训费用，为组建中国老龄科学研究中心创造了条件。

中国老龄科学研究中心的基本任务是：

1. 调查研究我国人口老龄化发展趋势，摸清老年人口的状况，做好老龄人口发展的预报工作，为老龄问题研究提供基本数据；

2. 研究人口老龄化给社会、经济带来的影响，提出适合我国经济发展水平和历史文化传统的老龄问题的战略对策和建议；

3. 协调社会各方面力量，开展老年人口学、社会学、经济学、生物学和医学的基础理论研究，发展老龄科学事业，以老年学所揭示的客观规律来指导对策研究；

4. 加强老龄科学队伍的建设，组织和培训老龄科学研究人员；

5. 制定老龄科学研究长期和近期规划，动员和组织社会各方面力量，有计划、有步骤地开展老龄科学研究工作；

6. 加强国际间合作和学术交流。

由于老龄科学涉及面十分广泛，初步设想：中国老龄科学研究中心建立初期，要把重点放在老年社会科学方面，随着研究中心的发展和队伍的壮大，逐步把科研工作扩大到老年的自然科学和老年的交叉科学领域，使中国老龄科学研究中心能较好地担负起全国老龄科学研究任务。老龄科研是一项长期的软科学任务，它涉及整个社会和每个家庭，建议国家科委能将老龄科研列入国家计划，并给予业务指导。

我们的意见：中国老龄科学研究中心作为司局级单位建制的科研机构，由中国老龄问题全国委员会具体领导和管理。联合国人口活动基金会将于今年上半年派专家项目组进行考察和论证，拟请尽快给予审批。

新闻出版署《同意创办〈中华英才〉画报的批复》

（1989年4月22日） 【（89）新出期字第392号】

中国老龄问题全国委员会：

中老字（89）第21号文收悉。

经研究，同意你委和中国国际文化交流中心、中国卓越出版公司联合创办《中华英才》画报中文版和英文版，双月刊，公开发行。同意以中国老龄问题全国委员会为主要领导单位，主管《中华英才》画报（中、英文版）的一切工作。希望加强对编刊工作的领导，在保证办刊经费和不增加国家事业编制的前提下，为该刊配备合格的专职主编，建立健全编辑机构，以保证刊物质量。

该刊的出版、发行和经营活动应严格遵照执行《期刊管理暂行规定》。

请向北京市新闻出版局办理登记。

新闻出版署《同意成立华龄出版社的批复》

（1989年5月24日） 【（89）新出图字第476号】

中国老龄问题全国委员会：

中老字（1987）47号和中老字（1989）18号报告均收悉。

经研究，并经人事部会签，同意成立华龄出版社。该社出版范围包括：党和国家关于老龄工作的方针政策、文件汇编；有关老年学术研究的专著、资料；老年人回忆录、及老年人生活咨询指导性图书。

请你们向人事部申报该社的人员编制，并在编制内为该社配备符合条件的专职编辑人员，建立相应的编辑出版机构，并解决印刷出版问题。对该社要加强领导，注意提高出书质量，办出特色。该社工作人员应当认真了解国家有关出版管理规定并严格遵照执行。根据《出版社工作暂行条例》的规定，该社要制定长远的选题规划和年度的出书计划，报你会审核并报送我署备查。该社还应按有关规定缴送样书。

华龄出版社出版者前缀号另由中国ISBN中心分配。

财政部《关于划转中国老龄问题全国委员会事业经费指标的函》

（1989 年 8 月 18 日）　【（89）财工字第 347 号】

劳动部、民政部：

根据国家机构编制委员会［1988］17 号《关于中国老龄问题全国委员会归口管理问题的批复》及劳动部劳计字［1988］29 号《关于将中国老龄问题全国委员会事业经费基数划转民政部的函》，经研究，同意 1989 年将中国老龄问题全国委员会工交事业费指标 41 万元划给民政部，相应增加民政部抚恤与社会福利救济事业费指标 41 万元，减少劳动部工交事业费指标 24 万元。1989 年中国老龄问题全国委员会的事业费决算（包括“两奖”经费决算），向民政部编报。

附件：

劳动部《关于将中国老龄问题全国委员会事业经费基数划转民政部的函》

（1988 年 12 月 29 日）　【劳计字（1988）29 号】

财政部：

1988 年你部核定我部的劳动事业费为 2，640，600 元（不含一次性补助）。我部拨付中国老龄问题全国委员会 25 万元，其中人员经费 13 万元，房租费 11 万元，离休人员经费 1 万元。根据国家机关编制委员会［1988］17 号批复精神，经与中国老龄问题全国委员会协商，同意将 1988 年预算拨款 25 万元做为基数划转民政部。请核批。

民政部《关于成立中国老龄问题全国委员会对台工作组的批复》

（1990 年 1 月 23 日）　【民人批（1990）19 号】

中国老龄问题全国委员会：

你委《关于成立中国老龄问题全国委员会对台工作组的请示》（中老字［1989］75 号文）收悉。经研究，同意成立中国老龄问题全国委员会对台工作组（对外称中国老龄问题全国委员会文化经济交流办公室），其编制从你委机关总编制中调剂解决。

特此批复。

中国老龄问题全国委员会《关于增聘陈丕显同志任中国老龄问题全国委员会名誉主任的通知》

（1990年4月29日）　【中老字［1990］23号】

各省、自治区、直辖市、计划单列市老龄问题委员会：

为加强对我国老龄工作的领导，根据中国老龄问题全国委员会名誉主任聂荣臻同志提议，并报经国务院批准，增聘中共中央顾问委员会常委陈丕显同志任中国老龄问题全国委员会名誉主任。

特此通知。

人事部《关于中国老龄问题全国委员会机关及所属事业单位机构编制的批复》

（1990年6月22日）　【人中编函（1990）34号】

民政部：

你部《关于为中国老龄问题全国委员会申请增加编制的函》（民人函［1990］19号）收悉。经研究，同意中国老龄问题全国委员会设立6个事业单位，连同委员会机关共核定事业编制232人。其中，5个单位172人经费自理：

1. 中国老龄问题全国委员会机关，事业编制45人；

2. 中国老龄科学研究中心，事业编制15人；

3. 中国老龄问题全国委员会老年科学技术咨询服务中心，事业编制10人，经费自理；

4. 中华老年报社，事业编制60人，经费自理；

5. 中国老年杂志社，事业编制30人，经费自理；

6. 中华英才画报社，事业编制40人，经费自理；

7. 华龄出版社，事业编制32人，经费自理。

中共中央国家机关工作委员会《关于中国老龄问题全国委员会党组织领导关系的批复》

（1990年7月7日）　【国党工组（1990）45号】

民政部机关党委、中国老龄问题全国委员会机关临时党委：

经研究，同意中国老龄问题全国委员会机关党组织由中央国家机关工委直接领导，请中国老龄问题全国委员会机关临时党委抓紧做好准备，尽快选举产生正式党委。

民政部人事教育司《关于中国老龄问题全国委员会机构编制的通知》

（1990年10月11日）　【人劳字（1990）第93号】

中国老龄问题全国委员会：

根据人事部人中编函［1990］34号文件精神，同意你委机关设办公室、人事室、综合调研室、宣教室、外事室、对台工作组。

下设直属单位：中国老龄科学研究中心；中国老龄问题全国委员会老年科学技术咨询服务中心；中华老年报社；中国老年杂志社，中华英才画报社；华龄出版社。

委机关及所属事业单位的编制按人事部人中编函［1990］34号文件规定执行。

此通知。

民政部《关于同意成立中国老年大学协会的批复》

（1990年12月12日）　【民人批（1990）115号】

中国老龄问题全国委员会：

你委《关于成立中国老年大学协会的请示》（中老字［1990］27号文）收悉。经部长办公会议研究，同意成立中国老年大学协会，挂靠我部。协会的编制、经费和业务工作等，均由你委负责与管理。

附件：

中国老龄问题全国委员会《关于成立中国老年大学协会的请示》

（1990年6月22日）　【中老字（1990）27号】

民政部：

几年来，各级政府和社会有关方面，针对人口老龄化问题，在“老有所养、老有所医、老有所学、老有所为、老有所乐”诸方面做了大量工作。其中兴办老年大学不仅是实现“老有所学”的一种极好的形式，而且它丰富了“老有所养”的内容，扩展了“老有所医”的知识，提高了“老有所为”的能力，增加了“老有所乐”的情趣，是解决老龄问题的重要措施之一，同时也促进了社会主义两个文明建设。

1985年中国老龄问题全国委员会召开了全国老年大学经验交流会。薄一波、宋任穷、李鹏等中央领导同志出席了会议并作了重要讲话。薄一波同志说“办老年大学是一个创举”。李鹏同志讲话中特别指出：“把老人组织起来，让他们学他们愿意学的东西，我认为这是一种很好的形式。所以我们党和国家应该给予支持，应该不断地总结经验，使它能够逐步完善起来”。这次会议之后，老年大学、老年学校蓬勃发展。目前，27个省、市、自治区共有老年大学、老年学校1700余所，在校学员17万余人，并均已取得不同程度的有良好效果。

为了增进各老年大学之间的团结合作，总结交流办学经验，促进老年大学的巩固与提高，推动老年教育事业的繁荣发展，进行国际间的合作与交流，山东、上海、铁路、辽宁、北京海淀、甘肃、宁夏、武汉、哈尔滨、贵州、南京金陵，济南等十二所老年大学倡议成立中国老年大学协会。这一倡议得到各地老年大学的响应和支持。1988年以来，即由中国老龄问题全国委员会牵头进行筹备，商定中国老龄问题全国委员会王照华主任担任会长，有关部门负责人和各地区办学卓有成效的老年大学校长担任副会长（名单附后），聘请周谷城、郭林祥、刘宁一等同志担任名誉会长，各省、市、自治区均有一名原省级领导现任老年大学校长（或名誉校长）的同志担任顾问。

近来，各地老年大学在完成教学任务的同时，不断总结经验，写出了一定数量并具有相当水平的论文，其中一部分已为国际学术会议选用。1989年我们还接受联合国教科文组织委托，与国家教委成人教育司共同承办在武汉召开了有美、苏、日等8个国家和地区参加的老年教育国际研讨会，进一步扩大了中国老年大学在国际上的影响，促进了国际间的合作与交流。目前与我国老年大学建立联系的已有20多个国家，各地老年大学近年来接待了百余个国际友好团体的访问，赢得了良好的国际声誉。今年初，国际老龄大学协会已来函邀请中国参加该组织。

现将中国老年大学协会章程和有关材料报上，请民政部做为该协会的业务主管部门并核准登记。

人事部《关于中华英才画报社增加编制的批复》

（1991年3月4日）　　【人中编函（1991）12号】

民政部：

你部《关于中国老龄问题全国委员会申请为中华英才画报社增加编制的函》（民人函［1991］3号）收悉。经研究，同意《中华英才》画报社的事业编制由40人增加到100人。经费自理。

民政部办公厅《关于中国老龄科研中心增加编制的通知》

（1991年6月19日）　　【民办函（1991）105号】

中国老龄问题全国委员会：

你委《关于申请增加中国老龄科研中心编制的报告》已经人事部（人编函［1991］34号文）批复，同意中国老龄科研中心事业编制由15人增加到35人。

三、中国老龄协会
（1995—2002 年）

国务院办公厅《关于老龄事业机构问题的通知》

（1995 年 2 月 19 日）　　【国办发（1995）9 号】

各省、自治区、直辖市人民政府，国务院各部委、各直属机构：

为促进我国老龄事业的发展，经国务院批准，现就老龄事业机构的有关问题通知如下：

1. 将中国老龄问题全国委员会更名为中国老龄协会（对外可保留原英文名称不变），为国务院副部级事业单位，由民政部代管。

2. 中国老龄协会的职责任务是：对我国老龄事业发展的方针、政策、规划等重大问题和老龄工作中的问题，进行调查研究，提出建议；开展信息交流、咨询服务等与老龄问题有关的社会活动，参与有关国际活动；承办国务院交办的其他事项和有关部门委托的工作。

3. 中国老龄协会为全额拨款单位，其预算经费由财政部根据单位性质予以核定并单独划拨。

4. 中国老龄协会的干部管理工作，按照事业单位干部管理的有关规定执行。其会长由国务院管理，副会长由民政部管理，均由在职工作人员专职担任。

5. 中国老龄协会的机构编制方案，由民政部根据其职责任务和“精简、统一、效能”的原则拟定，经批准后另行印发。

6. 中国老龄协会不搞上下对口机构，没有指导地方老龄工作的职能。地方的老龄组织机构问题，由各地根据实际情况确定。

民政部部长办公会议《关于中国老龄协会管理有关问题的决定》

（1996 年 4 月 29 日）

4 月 26 日，在多吉才让部长主持召开的今年第 8 次部长办公会议上，专题研究了关于中国老龄协会管理的有关问题。

会议指出，国务院办公厅《关于老龄事业机构问题的通知》（国办发［1995］9 号）已将中国老龄协会正式列为国务院副部级事业单位，由我部代管，我们一定要行使国务院赋予的职责，切实管好。鉴于国务院对于代管的事业单位如何管理尚无正式文件，目前应参照《国务院关于部委管理的国家局设置及有关问题的通知》（国发［1993］26 号）和《国务院办公厅关于部委管理的国家局与主管部委关系问题的补充通知》（国办发［1993］39 号）精神执行。目前，原中国老龄问题全国委员会向中国老龄协会过渡的有关工作已基本就绪，根据上述有关文件，为便于开展工作，部长办公会议对中国老龄协会管理的有关问题作出如下决定：

1. 中国老龄协会是国务院的一个的副部级事业单位，由民政部代管，具有相对的独立性。民政部主要通过部长或部长召开会议的形式，对中国老龄协会工作中的重大方针政策、工作部署等事项实施管理，并由部长对国务院负责。

2. 除紧急情况外，中国老龄协会原则上不直接向国务院报文请示工作，但可以提供信息，反映情况。中国老龄协会在工作中有需要请示国务院的事项，应经民政部同意后，由民政部向国务院报文。中国老龄协会遇有紧急情况，需直接向国务院报文请示时，应同时抄报民政部。

3. 在日常业务工作方面，中国老龄协会可单独向有关部门或单位行文，也可与有关部门联合行文，但根据国办发［1995］9号文件中关于“中国老龄协会不搞上下对口机构，没有指导地方老龄工作的职能”的规定，一般不单独直接向下行文。国务院下发的有关文件、电报和民政部的文件、电报，应按规定发给中国老龄协会。国务院和民政部召开的有关会议，可以通知中国老龄协会参加。

4. 根据国办发［1995］9号文件，中国老龄协会会长由国务院任免、管理，副会长由民政部任免、管理。按照国办发［1993］39号文件关于干部管理权限的规定，中国老龄协会内设部门正职的任免，由民政部审批；其内设部门的副职由中国老龄协会审批，报民政部备案；其他人事工作由中国老龄协会管理。

5. 中国老龄协会的外事工作要按照国家有关外事管理的规定办理，由民政部国际合作司归口管理，其会长出访由民政部报国务院审批，副会长及其以下人员出访由民政部审批。中国老龄协会外事活动使用的外汇额度按有关规定使用；外事经费可争取财政部专项安排。

6. 中国老龄协会原有的经费和计划渠道不变，经费仍由财政部“戴帽”下达，部计划财务司监督使用，计划、统计等项工作也由民政部管理。

7. 中国老龄协会可以在外事管理和新闻出版管理两项工作上争取国家有关部门给予一定的特殊政策，如国家有关部门同意，民政部不持反对态度；但未争取到特殊政策之前，一律严格按照现行规定执行。

8. 民政部各司局尤其是综合部门要积极支持中国老龄协会的工作，尽最大努力帮助中国老龄协会争取增加经费，解决工作中的实际困难。要在会议、文件和中国老龄协会通过民政部的办文上给予帮助，及时按规定办理。中国老龄协会也要建立健全机要、档案、文电等项制度，确保不出问题。

民政部人事教育司《关于对中国老龄协会人事管理几个问题的意见》

（1996年6月17日）　　【人干字（1996）第83号】

中国老龄协会：

根据国务院办公厅《关于老龄事业机构问题的通知》（国办发［1995］9号）的有关精神，参照国务院关于部委管理国家局的有关意见，结合中国老龄协会的实际，经部党组研究，部对中国老龄协会干部管理的有关人事问题，暂按以下意见执行：

（一）中国老龄协会现有直属事业单位行政规格，目前按相当于国家部委副司级对待。单位正职的任免由中国老龄协会审批，报民政部备案；副职经中国老龄协会同意后，由正职聘任。

（二）中国老龄协会内设部门正职的任免，由民政部审批；副职的任免，由中国老龄协会审批，报民政部备案。

（三）中国老龄协会内设部门和直属事业单位的编制、领导职数、内设机构数额，由民政部负责核定。

（四）在人事管理工作中，民政部负责指导、协调、监督、服务。中国老龄协会参照部的有关人事管理规定并结合本单位实际进行管理。需要报中组部、人事部等部委办理的人事事宜，由部负责归口办理。

中央机构编制委员会《关于中国老龄协会机构编制方案的通知》

（1996 年 10 月 4 日）　【中编发（1996）15 号】

各省、自治区、直辖市人民政府，中央、国务院各部委、各直属机构：

《中国老龄协会机构编制方案》经审核批准，现予印发。

中国老龄协会机构编制方案

中国老龄协会为国务院所属事业单位,由民政部代管。

一、改革的原则和指导思想

按照“精减、统一、效能”的原则，理顺关系，规范职责任务，调整内设机构，改善人员结构。

二、主要职责任务

对我国老龄事业发展的方针、政策、规划等重大问题和老龄工作中的问题，进行调查研究，提出建议；开展信息交流、咨询服务等与老龄问题有关的社会活动，参与有关国际活动；承办国务院交办的其他事项和有关部门委托的工作。

三、内设机构

根据上述职责，中国老龄协会设 6 个内设机构：

（一）办公室

协助协会领导组织协调机关和直属单位的工作；负责综合性文件的起草工作和重要规章制度的拟定；负责重要会议的会务工作；负责文秘、信息、档案、保密、机要通讯、信访、保卫和机关办公自动化工作；负责机关行政事务的管理工作。

（二）计财部

负责老龄协会事业经费和外事经费的计划、管理工作；负责基建、物资计划和统计工作；管理协会国有资产；制定计划、财务规章制度；监督直属企、事业单位的财务工作。

（三）调研部

开展调查研究,提出我国老龄事业方针、政策的建议;负责提出老龄事业中长期规划建议;负责重要政策性文件的起草工作;进行信息交流;承办国务院授权和有关部委委托的有关老年人法律、法规等政策性文件的起草工作;配合有关部门维护老年人合法权益。

（四）宣传部

负责党和政府有关老龄工作方针、政策的宣传教育工作；协助协会领导管理指导直属新闻出版单位的工作；配合有关部门开展老年文化体育教育活动；组织与老龄事业有关的社会活动。

（五）国际部

联系参与联合国老龄组织的有关活动;组织协调对外合作交流项目;联系参与有关老龄问题双边和多边国际会议;组织对外学术交流;办理日常外事业务。

（六）人事部

负责协会机关和直属单位协会管的干部考核、任免、调配、奖惩；负责机构设置、人员编制、劳动工资的管理工作；组织开展干部培训。

四、人员编制和领导职数

中国老龄协会机关事业编制60名。其中会长1名(副部级),副会长4名(正局级),部、室副局级领导职数6名。

五、直属事业单位和编制

中国老龄协会设直属事业单位 5 个。事业编制 167 名，其中全额拨款事业编制 35 名，自收自支事业编制 132 名。

（一）中国老龄科学研究中心，全额拨款事业编制 35 名。

（二）中华老年报社，自收自支事业编制 60 名。

（三）中国老年杂志社，自收自支事业编制 30 名。

（四）华龄出版社，自收自支事业编制 32 名。

（五）老年人才信息中心，自收自支事业编制10名。

四、全国老龄工作委员会（1999—2002年）

国务院《关于成立全国老龄工作委员会的通知》

（1999年10月20日）　【国发（1999）22号】

各省、自治区、直辖市人民政府，国务院各部委、各直属机构：

为了加强对老龄工作的领导，经中共中央、国务院批准，决定成立全国老龄工作委员会。现将有关事项通知如下：

一、全国老龄工作委员会的职责

全国老龄工作委员会是国务院主管全国老龄工作的议事协调机构。其主要职责是：

（一）研究、制定老龄事业发展战略及重大政策，协调和推动有关部门实施老龄事业发展规划。

（二）协调和推动有关部门做好维护老年人权益的保障工作。

（三）协调和推动有关部门加强对老龄工作的宏观指导和综合管理，推动开展有利于老年人身心健康的各种活动。

（四）指导、督促和检查各省、自治区、直辖市的老龄工作。

（五）组织、协调联合国及其他国际组织有关老龄事务在国内的重大活动。

二、全国老龄工作委员会的组成人员

主　　任： 李岚清（中共中央政治局常委、国务院副总理）

常务副主任： 司马义·艾买提（国务委员）

副 主 任： 多吉才让（民政部部长）
徐荣凯（国务院副秘书长）
张左己（劳动保障部部长）
黄晴宜（中组部副部长）

委　　员： 刘　鹏（中宣部副部长）
贾　祥（中直机关工委副书记）
李明豫（中央国家机关工委副书记）
李荣融（国家计委副主任）
张保庆（教育部副部长）
江家福（国家民委副主任）
杨衍银（民政部副部长）
段正坤（司法部副部长）
高　强（财政部副部长）
孙树义（人事部副部长）
郑一军（建设部副部长）
艾青春（文化部副部长）
曹荣桂（卫生部副部长）
李树文（广电总局副局长）
张发强（体育总局副局长）
桂晓风（新闻出版署副署长）
唐天标（总政治部副主任）
倪豪梅（全国总工会副主席）
沈淑济（全国妇联副主席）
张文范（中国老龄协会会长）

三、全国老龄工作委员会的办事机构

全国老龄工作委员会下设办公室，办公室设在民政部，办公室主任由多吉才让同志兼任，具体工作委托中国老龄协会承担。办公室的职责、人员组成等问题由全国老龄工作委员会研究确定。

今后，全国老龄工作委员会成员单位如调整成员，由所在单位与委员会办公室协商后，报委员会主任和常务副主任批准。

全国老龄工作委员会《关于印发全国老龄工作委员会成员单位职责的通知》

（1999 年 11 月 24 日）　　【全国老工委发（1999）4 号】

全国老龄工作委员会各成员单位：

全国老龄工作委员会成员单位职责，已经 1999 年 10 月 22 日全国老龄工作委员会第 1 次全体会议讨论通过。现印发你们，请认真贯彻执行。

附件：

全国老龄工作委员会成员单位职责

一、中组部

贯彻执行党中央、国务院有关老干部的方针、政策，参与制定和完善干部离退休制度；负责全国老干部工作的宏观管理、党的基层建设、思想政治工作，督促检查离休干部各项待遇的落实；宏观指导全国老干部机构的工作；引导老干部在“两个文明”建设中发挥积极作用。

二、中宣部

组织宣传党和政府有关老龄工作的方针、政策；掌握、引导各新闻单位宣传老龄工作的舆论导向，加强对老年人的宣传教育工作，组织宣传老年人和老龄工作的先进典型。

三、中直机关工委

在全国老龄工作委员会领导下，配合中直机关各单位贯彻落实有关老龄工作的政策；配合中央组织部加强对中直机关老龄工作的领导；通过各中直机关党委抓好中直机关老龄工作的协调交流工作，抓好支部建设，加强思想政治工作，组织生动活泼、形式多样的经验交流活动，积极促进中直机关老龄工作的深入开展。

四、中央国家机关工委

配合中央组织部加强对中央国家机关老龄工作的领导；协助各部门领导抓好中央国家机关老龄工作的协调交流工作；通过各部门机关党委在老干部中进行党的路线、方针、政策和形势教育，抓好党支部建设，加强思想政治工作，组织生动活泼、形式多样的经验交流和各种活动，积极促进中央国家机关老龄工作的深入开展。

五、国家计委

把老龄事业发展计划纳入国民经济和社会发展中长期计划和年度发展计划，做好老龄事业与国民经济和社会发展的衔接平衡并处理其中出现的问题，参与老龄工作宏观政策研究制定工作；按规定程序统筹安排养老设施基本建设和利用外资。

六、教育部

采取措施充分发挥教育系统老教师、老知识分子、老教育行政管理人员比较集中的人才和智力优势，指导所属社团开展教育研讨咨询、文化艺术和健身等活动；组织老教师、老知识分子开展有助于青少年健康成长的活动；调查研究教育系统老教师和老职工工作、生活情况，对涉及教育系统的老龄工作提出政策建议。

七、国家民委

配合有关部门和地区，宣传贯彻党和国家关于老龄工作的方针、政策，做好全国少数民族老龄工作；调查了解全国少数民族老年人生活、学习、健康等方面的情况，研究提出有关对策建议。

八、民政部

负责老年人权益保护的行政管理工作，拟定有关方针、政策、法规，制定有关规章并组织实施；

负责老年人社会福利服务工作，制定老年福利事业发展规划、老年福利设施标准和服务规范，对各类老年福利机构进行宏观管理、行业指导和监督检查；负责移交地方政府安置的军队离退休干部和军队无军籍退休退职职工的管理，拟定安置方针、政策、规章并监督实施，研究提出生活待遇标准，监督政治、生活待遇的落实，制定军队离退休干部休养所管理办法并指导地方政府对干休所的管理；负责老复员军人等重点老龄优抚对象优抚政策的制定和落实；主管城乡敬老工作，研究制定农村“五保”供养工作的方针、政策，制定农村敬老院管理办法并组织实施；指导敬老爱老工作，组织敬老爱老评比表彰活动；推动为老年人提供服务的设施建设，促进老年福利事业的发展；承担全国老龄工作委员会办公室的工作。

九、劳动保障部

贯彻落实基本养老保险的法律、法规，拟定养老保险具体政策和办法并组织实施；确保企业离退休人员养老金及时足额发放，保障离退休人员“老有所养”的权益；拟定基本养老保险基金收缴、管理和支付的政策，并进行检查监督；拟定退休人员社会化管理发展规划并组织实施；拟定医疗保险政策和具体办法并组织实施，保证离退休人员的医疗待遇和退休人员的基本医疗需求，保障他们“老有所医”的权益。

十、司法部

做好老年人的法制教育和普法工作，不断提高老年人的法制观念和法律意识；做好老年人的法律服务工作，按法定程序向老年人提供法律服务，维护老年人的合法权益；做好老年人的法律援助工作，按有关规定和程序，向需要法律援助但无力支付法律费用的老年人提供法律援助。

十一、财政部

参与研究制定有关老龄工作的政策、法规，制定老年人福利性事业组织等税收优惠政策；根据老龄工作发展的需要和国家财力的可能，为老龄工作提供必要的财力保障；加强对老龄工作各项经费使用的管理和监督。

十二、人事部

研究制定机关、事业单位工作人员离退休条件及其离退休后的安置、管理、待遇的政策法规并组织实施；参与研究制定机关、事业单位工作人员养老保险待遇的政策法规；研究制定第2次人才资源开发（即发挥离退休人员作用）的政策法规并组织实施；指导协调中央国家机关离退休人员的管理工作；处理有关离退休工作方面的来信来访。

十三、建设部

会同民政部贯彻实施《老年人建筑设计规范》(JGJ22—1999)；指导、监督在居住小区、市政工程及公共场所建设中，按照有关规定设置方便老年人使用设施的工作。

十四、文化部

全面负责全国老龄文化工作，研究老年文化事业发展的政策法规；研究拟定老年文化事业发展规划并组织实施；指导开展老龄文化事业发展的理论研究工作；全面负责全国老年非学历教育工作，指导各级各类老年大学的工作；协调并抓好带有导向性、示范性的老年文化活动，促进老年文化事业特别是群众文化艺术活动的发展。

十五、卫生部

积极支持和发展老年卫生保健服务，完善老年医疗保健服务网络，做好老年病预防、医疗、保健、康复工作，为老年病人提供优质、经济、方便、综合、连续的卫生保健服务，推动开展“家庭病床”等送医上门的社区医疗和社区卫生服务工作，促进老年卫生保健与社会经济的协调发展；广泛开展适合老年人特点的以自我保健、老年性疾病预防为主的健康教育，倡导积极健康的生活方式，开展有益身心健康的活动，提高生活质量，延年益寿；加强老年保健科学研究、老年医学机构建设和人才培养，控制老年常见病和慢性病；积极发挥老年医务工作者的作用。

十六、国家广电总局

协调指导各级电台、电视台等广播影视单位，通过多种形式积极宣传反映老年人的生活特别是他们开展的各种健康有益的文体活动，宣传社会上敬老爱老的典型，对各种侵犯老年人权益的现象进行舆论监督；中央和省一级广播电视机构，应办好老年节目、栏目。

十七、国家体育总局

研究和拟定老年人体育的有关政策、法规和发展规划，并监督实施；指导和推动各级老年人体育组织开展健身活动；宣传和普及老年人体育健身知识和方法；组织研制老年人体质测定标准和评价指标体系，开展老年人体质监测工作；配合公安和民政部门依法取缔以健身为名的伤害老年人身心健康、诈骗和侵害老年人权益，宣扬迷信、邪说等非法活动。

十八、新闻出版署

研究拟定老龄出版物出版的方针、政策，制定老龄出版工作管理的规章和措施，组织实施并监督检查；制定老龄出版工作的中长期规划；指导制定老龄图书、音像制品和电子出版物重点出版计划并组织实施；组织全国新闻出版行业老龄出版工作先进单位、先进个人和优秀老龄出版物的表彰、评奖活动。

十九、总政治部

贯彻执行党中央、国务院、中央军委关于老干部工作的方针、政策，领导军队老干部工作；拟定军队离退休干部工作的政策、法规、制度和规划；指导部队落实离退休干部的政治、生活待遇，加强老干部党组织建设和学习教育，做好服务管理工作；负责军队离退休干部移交政府安置工作；指导离退休干部在国家和军队建设中发挥作用，组织宣传军队离退休干部和老干部工作的先进典型。

二十、全国总工会

积极参与有关老龄工作政策的制定；关心离退休职工的生活，积极向有关方面反映离退休职工的意见和要求，切实维护离退休职工的合法权益；指导各级工会组织开展各种形式的活动，努力促进离退休职工“五个老有”的实现；积极协助有关部门推动离退休职工的社区化管理工作。

二十一、全国妇联

依法维护老年妇女合法权益，参与和促进老年妇女权益的政策制定和落实，为老年妇女营造健康的社会环境，充分发挥老年妇女在社会中的作用。

二十二、中国老龄协会

对我国老龄事业发展的方针、政策、规划和老龄工作中的问题，进行调查研究，提出建议；开展信息交流、咨询服务等与老龄问题有关的社会活动；配合有关部门维护老年人合法权益；参与有关国际活动；具体承办全国老龄工作委员会办公室的日常工作。

公安部．共青团中央．国家旅游局
人口计生委

全国老龄工作委员会《关于印发全国老龄工作委员会办公室职责及组成人员的通知》

（1999年11月24日）　　【全国老工委发（1999）5号】

全国老龄工作委员会各成员单位：

全国老龄工作委员会办公室职责及组成人员，已经1999年10月22日全国老龄工作委员会第一次全体会议讨论通过，现予印发。

附件：

全国老龄工作委员会办公室职责及组成人员

一、全国老龄工作委员会办公室职责

（一）办理全国老龄工作委员会决定的事项；

（二）研究提出全国老龄工作发展的方针政策和规划，拟订实施办法；

（三）督促、检查全国老龄工作委员会决定事项在有关部门和各地的落实情况并综合上报；

（四）负责各成员单位的联系，协调工作；

（五）开展调查研究，收集、整理老龄工作的有关情况和信息，总结推广先进经验；

（六）承办全国老龄工作委员会交办的其他事项。

二、全国老龄工作委员会办公室组成人员名单

主　任：多吉才让（民政部部长）

副主任：杨衍银（民政部副部长）

　　　　张文范（中国老龄协会会长）

办公室的日常工作由中国老龄协会承担，委员会的各成员单位指定一名司局级干部作为办公室的联络员。

第二部分

党和政府及党和国家领导人关于老龄工作的论述

一、中国共产党代表大会报告关于老龄工作的论述

中国共产党第十三次全国代表大会报告（摘录）

（1987 年 10 月 25 日）

人口控制、环境保护和生态平衡是关系经济和社会发展全局的重要问题。我国在人口控制方面已经取得了显著成绩，广大计划生育工作者为此做出了重要贡献。但是，必须看到，我国人口基数大，现在又正值生育高峰，计划生育工作丝毫不能放松，否则势必影响既定奋斗目标的实现。必须强调优生优育，提高人口质量。同时，还要注意人口迅速老龄化的趋向，及时采取正确的对策。在推进经济建设的同时，要大力保护和合理利用各种自然资源，努力开展对环境污染的综合治理，加强生态环境的保护，把经济效益、社会效益和环境效益很好地结合起来。

中国共产党第十四次全国代表大会报告（摘录）

（1992 年 10 月 12 日）

重视人口老龄化问题，认真做好这方面的工作。

中国共产党第十五次全国代表大会报告（摘录）

（1997 年 9 月 12 日）

控制人口增长，提高人口素质，重视人口老龄化问题。

中国共产党第十六次全国代表大会报告（摘录）

（2002年11月8日）

我国正处于并将长期处于社会主义初级阶段，现在达到的小康还是低水平的、不全面的、发展很不平衡的小康，人民日益增长的物质文化需要同落后的社会生产之间的矛盾仍然是我国社会的主要矛盾。我国生产力和科技、教育还比较落后，实现工业化和现代化还有很长的路要走；城乡二元经济结构还没有改变，地区差距扩大的趋势尚未扭转，贫困人口还为数不少；人口总量继续增加，老龄人口比重上升，就业和社会保障压力增大；生态环境、自然资源和经济社会发展的矛盾日益突出；我们仍然面临发达国家在经济科技等方面占优势的压力；经济体制和其他方面的管理体制还不完善；民主法制建设和思想道德建设等方面还存在一些不容忽视的问题。

建立健全同经济发展水平相适应的社会保障体系，是社会稳定和国家长治久安的重要保证。坚持社会统筹和个人帐户相结合，完善城镇职工基本养老保险制度和基本医疗保险制度。健全失业保险制度和城市居民最低生活保障制度。多渠道筹集和积累社会保障基金。各地要根据实际情况合理确定社会保障的标准和水平。发展城乡社会救济和社会福利事业。有条件的地方，探索建立农村养老、医疗保险和最低生活保障制度。

二、全国人民代表大会《政府工作报告》关于老龄工作的论述

第七届全国人民代表大会第二次会议《政府工作报告》（摘录）

（1989年3月20日）

人口老龄化越来越成为我国社会的重要问题，各地区、各部门都应关心老年工作。

第八届全国人民代表大会第一次会议《政府工作报告》（摘录）

（1993年3月15日）

关心妇女儿童工作和老龄工作。

第九届全国人民代表大会第一次会议《政府工作报告》（摘录）

（1998年3月5日）

关心和支持老龄人、残疾人工作。

第九届全国人民代表大会第二次会议《政府工作报告》（摘录）

（1999年3月5日）

重视人口老龄化趋势，认真做好老龄人口的工作。

第九届全国人民代表大会第三次会议政府工作报告（摘录）

（2000年3月5日）

加强老龄人口的工作。

第九届全国人民代表大会第四次会议《关于国民经济和社会发展第十个五年计划纲要的报告》（摘录）

（2001年3月5日）

加快完善社会保障制度。这是关系改革、发展、稳定全局的大事。要确保国有企业下岗职工基本生活费和离退休人员基本养老金按时足额发放。同时，加快形成独立于企业事业单位之外、资金来源多元化、保障制度规范化、管理服务社会化的社会保障体系。精心做好完善城镇社会保障体系的试点工作。完善社会统筹和个人账户相结合的城镇职工基本养老保险制度。健全失业保险制度，逐步实现国有企业下岗职工基本生活保障和失业保险并轨。加强城市居民最低生活保障制度，关心困难群众的生活。积极推进城镇职工基本医疗保险制度、医疗机构和药品流通体制改革。鼓励有条件的用人单位为职工建立补充养老和医疗保险，并发挥商业保险的作用。建立可靠、稳定的社会保障资金筹措、有效运营和严格管理机制。发展社会福利、社会救济，优抚安置和社会互助等社会保障事业。切实保障妇女、未成年人、老年人、残疾人的合法权益。

第十届全国人民代表大会第一次会议《政府工作报告》(摘录)

(2003年3月5日)

继续加强“两个确保”和城市“低保”工作，搞好“三条保障线”的衔接。完善城镇企业职工基本养老、医疗保险制度，继续扩大各项社会保险覆盖面。稳步推进国有企业下岗职工基本生活保障向失业保险并轨。合理确定“低保”标准和保障对象补助水平，切实做到应保尽保。妥善解决国有困难企业和关闭破产企业职工的基本生活问题。多渠道筹集和管好社会保障基金。建立和完善对低收入者的救助制度，重视解决城市特殊困难家庭在住房、子女就学、医疗和取暖等方面遇到的问题。搞好农村新型合作医疗制度试点工作。发展社会福利、社会救济、优抚安置和社会互助等社会保障事业。维护妇女、儿童合法权益。进一步做好老龄工作。支持残疾人事业发展。

三、党和国家领导人关于老龄工作的讲话、贺信、批示

陈云同志在《法制来信简报》(第59期)上关于计划生育问题的批示

(1983年1月4日)

现在对独生子女照顾很多，我看照顾不起。应该照顾的是老人。请紫阳同志权衡一下如何办好。总之，计划生育这件事必须办，照顾的钱应该用在哪里，要研究。

聂荣臻同志给《中国老年》杂志的信

(1983年11月23日)

《中国老年》杂志：

《中国老年》杂志终于在1983年10月问世了，这是一件可喜可贺的事！

老龄问题是当今世界上普遍存在的重大的社会问题。我国是个人口众多的国家，现有60岁以上老年人8000多万。随着科学文化、卫生保健事业的发展，人们平均寿命的不断增长，老年人在我们社会中的比例还将迅速增加。人口老化必将对我国的政治、经济和社会发展产生重大的影响。因此，我们必须把老龄问题提高到战略的高度，加强领导，统筹规划，综合治理。

老年人是社会的宝贵财富。今天的老年人就是昨天的青年人，他们之中有很多是工农业生产能手、学者、专家、教授和各种管理的专门人才。他们是中华民族物质和精神文明的创造者、继承者和传播者。他们为了祖国的繁荣富强，艰苦奋斗了一生，做出了巨大的贡献。他们在漫长的革命、生产斗争、科学实验中，积累了丰富的经验和渊博的知识，是我们四化建设中不可低估的智力资源，应当受到社会的重视和珍惜。敬老、养老是我们中华民族传统的美德，必须努力发扬并予以法律保护。

我们老年人也要加强学习，注意知识更新，关心国内外大事，不断地改造世界观。在日常生活中要注意自己保重身心健康。

《中国老年》在党中央、国务院的关怀下，已经以崭新的面貌出刊了，老年人闻之，无不称快。这将极大地调动老年人为建设两个文明贡献“余热”的积极性，有力地促进我国老年工作的研究和发展，为老年人欢度晚年开创更加美好的前景。

最后，祝愿《中国老年》在维护老年人正当权益及全心全意为老年人服务方面做出更大的贡献！

顺致

敬礼！

聂荣臻同志给第一次全国老龄工作会议的祝贺信

（1984 年 8 月 7 日）

中国老龄问题全国委员会诸同志：

今年以来，老龄工作蓬勃发展，不仅舆论宣传上已有一定影响，引起了人们对老龄工作的重视和支持，并且各地相继成立了老龄工作的组织机构，加强对工作的协调领导。我还看到各地成立了老年人活动、学习、医疗、福利、服务等类的组织，这对安排老年人的生活，发挥老年人的余热，促进两个文明建设，都起到很好的积极的作用。现在可以说，我国的老龄工作已初步打开了新的局面，呈现出一派新的景象，令人十分欣慰！

老龄问题是当今世界上普遍存在的重大社会问题，也是多学科性的复杂的科学研究的问题。如何解决好关心照顾老年人，妥善安排老年人的生活，发挥老年人的作用，这是当代老年人的迫切愿望和时代的要求。有些国家政府正为此伤脑筋。我国是社会主义制度的国家，中华民族历来有敬老、爱老、养老的传统美德，在老年人事业的发展上，我们理应对人类有较大的贡献。老龄问题世界组织也对我国寄予很大期望！

从通知看，这次召开的全国老龄工作会议就是总结经验，要进一步推动全国老龄工作的迅速发展。这是一次很重要的促进会议。我没有什么新的意见，还是那句老话，要把老龄问题提到战略高度来认识，切实加强领导，统筹规划，综合治理。希望大家再接再厉，共同研究，努力克服前进道路上的各种困难，一定要把老年人事业办得更好，开创老龄工作的新局面！谨此，略表祝愿之意。

顺致

敬礼！

彭真同志给第一次全国老龄工作会议的贺电

（1984 年 8 月 16 日）

中国老龄问题全国委员会：

全国老龄工作会议通知收到。我正在外地，不能参加会议开幕式。我热烈祝贺全国老龄工作会议胜利召开，并预祝会议圆满成功。

王震同志在第一次全国老龄工作会议上的致词

（1984 年 8 月 17 日）

同志们：

今天，你们从祖国的四面八方来到北京，参加全国老龄工作会议，共同研究讨论有关老年人方面的一些重大问题，我代表党中央、国务院向会议表示热烈的祝贺！

老年事业，或者叫老龄工作，是个新兴的大有作为的事业。请大家想想看，我们国家60岁以上的老年人有8000多万，离休退休职工有1200多万，老干部有260多万。他们在中国革命和建设事业中，不但建立了巨大的功绩，而且积累了极宝贵丰富的理论知识和实践经验。要实现党的十二大提出的奋斗目标，开创社会主义现代化建设的新局面需要他们；培养共产主义一代新人，使革命事业后继有人，同样需要他们。他们为中国革命和建设事业做出了重大贡献，现在也理应得到党和人民的敬重，安享晚年。因此，我党的各级领导、各级政府及至全社会，都要重视关心老年事业。

如何关心、办好老年人事业，我提4点希望：

第一，要认真总结我国在老年事业方面所形成的具有中国特色的——国家、社会、家庭相结合的养老经验。我国是社会主义国家，有几千年尊老、爱老、养老的传统美德。建国35年来，在优越的社会主义制度下，这种传统美德得到进一步发扬光大。随着社会主义物质文明建设和精神文明建设的发展，老年人问题越来越受到人们的关注。我党和我国政府对老年事业一向是很重视的，特别是近几年来，在妥善安排老年人生活，注意发挥老年人作用方面，各地都做了大量工作，取得了显著成效。但是，应该指出，我们是发展中国家，人口多、底子薄，经济和科学技术比较落后，目前的老年福利工作还有很大差距。因此，要从我国实际情况出发，对有关老年人的生活福利进行调查研究，总结经验，对一些不合理的制度加以改革，并制定一些新的法规，切实保障老年人的合法权益，尽可能为满足老年人物质和精神生活提供方便，使老年人生活得更加愉快，幸福地欢度晚年。

第二，要重视发挥老年人的作用。大家知道，党的十一届三中全会以来，我国的干部队伍结构发生了很大变化，人事工作进行了初步的改革。我们国家顺利地进行新老干部的交替，逐步实现干部队伍的年轻化，显示了我们老同志的高尚的思想境界和宽大的胸怀。许多老同志退到二、三线，把年轻的同志安排到第一线，这是我党事业兴旺发达的标志。同时，也应注意解决好老干部的离休退休问题，要给他们创造一切有利条件，继续为四化做贡献。邓小平同志说，改革党和国家领导制度，不能使一切确实还能为党做工作的同志不工作。对离休退休的干部，在政治待遇、生活待遇等各方面，都要逐个做出妥善安排。我们一定要认真地按照小平同志的指示，把这项工作做好。不但要为城市中离休退休的具有各种才能的老专家、老学者、老管理员、老工人提供方便条件，把他们组织起来，从事各方面的工作，继续发挥作用，同时也要注意广大农村中的老年人，使他们在农副业生产中继续传授实践经验，为社会主义的新农业做贡献。

第三，要继续广泛深入地宣传老龄问题，让全社会首先是各级领导和干部充分认识老龄问题的重要性和迫切性。这个问题至今还没有被全社会、特别是一些领导干部所充分认识。老龄问题是当今世界上重大的社会问题，同时也是直接关系到我国社会经济发展的战略问题。我国60岁以上的老年人有8000多万，预测到本世纪末将为1.3亿，到2025年将增加到2.8亿。这种发展速度，快于世界老年人增长的速度，我们对此应有所准备，采取相应的措施，避免出现被动局面。希望老龄问题全国委员会要积极协调政府有关部门和科研单位，通盘考虑，提出综合规划，逐步予以实行。各新闻单位和宣传、文化部门，要搞好老龄工作的宣传，要宣传的问题很多，当前要着重宣传老年人是我们四化建设中不可低估的智力大军，仍能为社会创造巨大的财富；要宣传发扬我国尊敬和爱护老年人的传统美德，把这项工作纳入“五讲四美三热爱”文明礼貌的精神文明建设中，以树立良好的社会主义新风尚。同时各级政府要建立和健全老龄工作的组织机构。应当肯定，一年来这方面工作有很大成绩，但一些省、市、自治区至今还没有建立这一组织，有的建立了但工作进展不快，希望这次会议认真加以解决。

第四，把老龄工作做得更好，创造出中国式的新型老年学，使我国的老龄工作建立在科学的基础上。必须积极开展老年学的科学研究工作。老龄问题是多学科性的边缘科学，世界老年学的研究，30年代就开始了，我们起步较晚，应该急起直追，迎头赶上。我们要着重从老年医学、老年病理学、老年社会学、老年人口学、老年政府经济学、老年哲学、老年体育、老年保健、老年教育、老年与家庭等问题研究起。研究要理论联系实际，认真解决我国老年人发挥余热、健康长寿等问题，并为我国制定“老人法”以及关于老龄工作的方针、政策等提供科学根据。老年事业是我国建设社会主义事业中的一个组成部分，全社会都要关心、重视这个新兴的事业，使我国对全人类做出应有的贡献。

我完全相信，在党中央、国务院统一领导之下，经过同志们和全社会的共同努力，我国的老年事业一定会办得更好，老龄工作一定会开创出一个崭新的局面。

祝会议成功！

[注：**王震同志讲话后的一段插话**：现在是这样，60岁就称老年人了，我今年77岁，已满76周岁了，“文化大革命”时我到江西去，那时是六十一二岁，在江西一去就是好几年，回来到现在又是好多年了。据我所知，很多单位的工程技术人员中，60岁的老年人身体很好，但没有事干，再就是四五十岁的人，

大学毕业生，知识分子成堆的地方，一个研究院、研究所，知识分子成千成百，没有多少事情干。

我想向中央请求到工地去，到红水河水电站，开个矿，修条铁路，开沟发电，把贵州的煤运出来。现在说没有钱，一般说现在我们老年人不抽烟了，一个月省两条烟的钱作为投资，集中起来是个不小的数目，为我们子孙后代办几个大企业。比如说，我们湖南平江的喻杰同志，大家都知道，他是1970年回去的，原是粮食部的副部长，过去是我的工业部长，1952年我当政治部主任时，他就是工作部长。他自已拿出一、二万元钱投资，修了一千几百瓩的水电站。我说这不是资本主义，是社会主义。搞个投资公司，搞物质文明，还要有精神文明。我想到这个问题时，还有很多想法，今天不在这里占更多时间了，我想请于光汉同志准备一个时间，我们同大家研究研究这个问题。我今天先把这个问题提出来。有一些学者，像两位周教授（指周谷城与周培源教授），还有一些老教授，他们没参加这个会。我请你们安排一个时间，座谈座谈这个问题（于光汉回答说：“好！好！”），我的话讲完了。

聂荣臻同志给第一次全国老龄工作经验交流会议的电话指示

（1985年11月25日）

中国老龄问题全国委员会：

这次全国老龄工作经验交流会，我就不讲什么话了。这几年老龄工作开展得不错，是大家共同努力的结果。向同志们代我问好，祝大会成功！

王平同志在全国老龄工作经验交流会议上的讲话

（1985年11月27日）

同志们：

这次中国老龄问题全国委员会召开工作会议交流经验，很好、很重要。中顾委领导对这次会议都很关心，薄一波、宋任穷、王震同志本想来参加会议，讲讲话，但他们正在开会，不能脱身，让我来参加。我代表中央顾问委员会对全国老龄工作经验交流会表示关切，对同志们这几年做的工作表示感谢，并希望把会议开好。

刚才听了北京和湖北两位同志的汇报，感触很深。中国老龄问题全国委员会于1983年成立起来，任务很繁重，在短短的几年内，做了大量的工作，起了很好的作用，不是无所作为，而是大有作为，光汉同志讲了，老龄工作很重要。现在，老年人越来越多，这是社会主义优越性带来的。党历来关心老年人生活。国家的物质生活、精神生活都搞得好，长寿者增多了。生活越好，寿命就相应也越长。老年人工作做得好坏与否，这不仅是关系几千万人口的问题，而是涉及到整个社会，也是个政治问题，比如，孤寡老人的生活不解决，无人过问，他们就会沿街乞讨，对社会的影响很不好。这几年还发现有个别老人无人管的现象，但不多了，过去旧社会很多，与现在简直无法比。红军长征时，天天行军，走了十几个省，所到之处，经常可以看到瞎眼的老人讨饭，尤其是城镇附近更多，那时，只要给他一个铜板就很满意了。现在当然是看不到了。资本主义国家中的贫民窟我去过，香港、澳门都有，穷人住在一起生活很困难，房子潮湿得很，许多屋顶只是用洋铁皮盖一下。

现在的老年人，一是退下来的离退休干部，人数很多。300万人的军队，离退休干部就有9万人，是个不小的数目。工作做不好，是要影响安定团结的。另一个是退休人员，数字更大。还有乡村、街道的孤寡老人。老龄工作最重要的是要抓好孤寡老人的工作。在生活上，离休干部待遇不变，退休人员有退休金，农村中，有儿有女的生活还好些，没有儿女的，生活就困难。例如，我的家乡，过去工分值很低，一天一个工5分钱，后来8分钱，最高不过2角。有劳动能力的人，好些，无劳动力的人则很困难。我家有两个侄子，侄子有两个孩子，就顾不上他母亲，靠我给他一些帮助。一些老革命根据地，鄂豫皖、湘鄂赣井冈山，过去战争，死亡人口特别多。兴国县有41万人口，红军家属达11万，参军的人多，他们的亲人被国民党杀害了；过去错杀、错作为“肃反”对象，他们的家属不是烈属，不好管。一人“反革命”，家属受株连，我知道的湖北阳新县，搞的“改组派”，实际上一个也没有。所谓的“反革命家属”，剩下的都是孤寡老人，特别是寡妇多，群众岐视她们，不准予“五保”，是个问题。还有老根据地的一些同志在大革命中牺牲，多是学生，家庭是地主出身，“文化大革命”中，家属作为地主富农予以岐视，这些人没有子女，他（她）们的生活没有认真解决。阳新县委书记同我讲过这件事，家属不应当当作反革命，有困难要解决，重点要放在这些地区的孤寡老人，现在解决了一些吃饭问题，但精神上的压力未解决。

当然，退休工人、老同志要关心。耀邦同志多次讲，“不要势利眼，不要走热门，要走冷门”。耀邦同志曾找一些同志讲过，原来在职如何好，免职就另眼看待，电影票也发在后排了，也无人来看了。老同志精神上有点不满情绪，也是好理解的，要做好思想政治工作。

老龄委员会做了大量工作，但主要要依靠党、依靠政府来解决。对老年人的各种问题，你们要主动地反映，要为老年人讲话，解决问题还要靠党、靠各级政府。调查研究，及时反映，若不能解决，可越级反映，中央是重视的，问题是可以解决，也可以解决好的。要把老年人问题解决好，老龄委员会要负起责来，这是对党、对人民负责。主要是调查了解、反映情况，是能解决问题的。湖北代表的发言很好，省委十分重视老龄工作。省委的重视，很解决问题，好的经验可以推广。如果全国都能像湖北省一样，我看老龄工作就好办的多了。要重视思想政治工作，特别是对离休的同志要做思想政治工作。人的年纪大了，退了下来，但思想上不能退。陈云同志说，职务不是终身制，但思想工作却是始身制。要关心国家大事，照顾大局，为社会做些力所能及的工作，首先要做好家属、子女工作。不是有的干部子女犯罪吗？个人要负主要责任，家庭也不是没有责任的。管教子女很重要，尤其是独生子女。迁就、不管是不对的。因此，要关心国家大事，关心子女教育，关心自己的生活。

要长寿，重要的一条是情绪好，精神愉快。思想开朗。否则，整天愁眉苦脸，思想负担大，不可能长寿。有些人得了癌症，但思想开朗，情绪正常，结果活了下来。若情绪不好，容易得病，小疾变大病，有病死得快。要对老同志做工作，使之愉快，看大事，不重计较小事。精神好，即使得了癌症，也可使生命延长。癌不是不治之症，重要的一条是精神好，无负担，配合医生治疗，不要过度紧张。

老年人精神愉快，寿命长，有些老年人还能做些事，对社会是能做出贡献的。

看到老龄委员会的工作成绩很大，我很高兴。

以上谈了个人的一些想法。总之，希望会议把工作经验好好总结一下，还存在什么问题，要向中央反映，要向中央报告，中央是重视的，耀邦、紫阳同志都讲过话。希望会议之后，把好的经验带回去，互相交流，把老龄工作搞得更好。

最后祝大会圆满成功！

李鹏同志在接见全国老年大学经验交流会议代表时的讲话

（1985年12月8日）

我作为国家教育委员会主任，过去没有关心这件事。我们教育委员会的其他同志，副主任邹时炎参与这件事，但是我本人没有关心过这件事情。

刚才介绍了老年大学的情况，我听了以后非常感动。我们老一辈的同志，有大革命时期的、土地革命时期的、抗日战争时期的、建国时期的，为革命和建设都做了许多工作，很多同志还建立了卓越的功勋。但是因为自然规律嘛，为了培养无产阶级事业接班人，很多同志响应中央关于废除领导干部职务终身制的号召，退居二线或三线。作为人民，作为我们中青年干部来讲，对这些老同志都是非常尊敬、非常崇敬，也是非常有感情的。老同志下来以后，确实有这样的问题，除了极少数人确实身体不大好，绝大多数的同志还是有相当大的精力，能够为社会主义事业、为教育后代做工作。怎样发挥余热有很多形式，薄一波同志和任穷同志过去也讲过，前两天任穷同志还专门讲了四条，在报纸上都公布了。任穷同志讲得非常好，退下来，到二线三线的同志，怎样既发挥余热，又搞好传、帮、带，自己又怎么样他都讲了。

现在谈到这样一种形式，就是组织起来学习。大学、学院、训练班、学校，不管是哪一种形式，总的来讲是一种老年教育。我们可以说这是一种成人教育，但是，又是一种特殊形式，和其他的成人教育不同。一般的成人教育，还要进入社会重新担任工作，但是老年人教育，它又是另外一种性质了。总之，从刚才谈到的这些情况，这是受到广大老年同志，广大的退到二线三线的老同志们欢迎的，也是人民欢迎的，也是亲属子女欢迎的。有同志刚才讲了“一人上学，全家受益”，这一下子把家庭的气氛改变了。本来是天天在那里紧张地工作，从早到晚都考虑国家大事，又不像资本主义社会，我们有许多同志没有第二职业。这一辈子就是工作，每天非常紧张，你说写回忆录吧，人人都写回忆录也不行，回忆录你总是要写一点国家发生的大事情，也不是每人都可以写的。退下来，一下改变情况以后，对老年人的心理上是一种很大的压抑，不知道干什么了，当然开始时他们出去走走，下去调查，但时间一长，去过的地方都去过了，坦率地说，有的同志下去了，也可以给下面一些帮助，但是人一多呢，也给下面带来了一定的负担。当时就没有老年大学这样一种形式。我也接触一些老年人，他们感到别的事情都好办，我们也愿意下来，也愿意让中青年干部上去，我们觉得，从国家事业出发，这是需要的，但是一下子改变环境以后，感到精神上非常压抑，无所适从，打麻将、打扑克一次、两次还可以，消遣娱乐总是在一定的份量里可以。现在，找到了这样一种形式，这是一种非常好的形式，“老有所学”或者是像周总理讲的“活到老、学到老”，学习老年人所需要的那些课程，那些知识，而且灵活多样。刚才听说有的老同志从200里路以外赶去上老年大学，让人家200多里来上学，为什么不可以搞一些分校呢？是不是，老年人可以灵活多样嘛，我们现在有电话，有电视，有录音，可以利用这些形式，使老年人得到更多的方便，不要去挤公共汽车，所以我觉得这件事情值得提倡。

这个会开得好。我们的老年问题，随着社会的发展，现在的医疗条件好了，我们的人口政策又是一个独生子女，所以人口的老龄化已经提到议事日程上来。不但是我们的几百万干部的问题，而且将来是一个社会问题，不仅是我们退下来的领导同志、干部的问题，而且工人也有这个问题，大批工人退下来，工人退休下来以后，我看就提一个鸟笼，早晨起来去溜鸟，他也是一种精神寄托。但是，溜完了以后，下来这段时间干什么呢，他没有事情。我觉得将来随着中国人口老龄化问题的发展，这个社会大学，这种学习方式，当然我们可以叫大学，也可以叫训练班，都没关系，总之，把老人组织起来，让他们学他们愿意学的东西，我认为这是一种很好的形式。所以，我们党和国家应该给予支持，应该不断地总结经验，使它能够逐步完善起来。

宋任穷同志在接见全国老年大学经验交流会议代表时的讲话

（1985年12月8日）

我送你们八个大字：“学而不厌，诲人不倦。”我把这两句话倒换了一下，成为“诲人不倦，学而不厌”。因为先来学，学而不厌，我们老年人能做成这个样子，全家欢迎，社会上也能造成好的空气，对于我们现在党风的好转和社会风气的好转，你们能起积极带头作用，我很高兴。做到学而不厌，学习到老，正如周总理生前讲的“活到老、学到老”。这个风气，我看不仅对于我们整党、社会风气的根本好转作用很大，而且对我们四个现代化也能够起推动的作用，起很重要的作用，我们找了这样一个好方法，这是一。第二，我们学了是为了什么呢？我们要诲人不倦。我们在整党中间，在社会风气好转中间，我们老年人在各方面要做工作，要学以致用，好好地多找些中青年同志谈心、交心，以我们学习的模范来同大家共同努力把我们的党风、社会风气以及我们四化这方面的工作搞好，我看我们就能够做到了诲人不倦。

这里，我还要补充一句，还是讲一个关心儿童和少年，关心下一代的问题，除了我们老年、成年、青年以外，我觉得教育儿童少年这是我们打基础的工作。大概离休的干部有200多万，我们如果能够发挥老同志的作用，加强对儿童少年的教育，上次我讲了四条，今天我着重讲最后一条，为什么呢？因为这件事很容易办到，这方面不要什么投资，不要钢材，不要水泥，不要这些东西，只要我们讲讲革命故事，讲讲现代的一些事实，讲我们党的光荣传统。我们中央顾问委员会，薄一波领导中央顾问委员会“一二·九”座谈会，开得不是很好吗！我看这就是我们讲传统，讲形势，讲政策，这些东西起到很大的作用。我们还有些同志讲还是在儿童少年这方面多下点功夫，多交点朋友，这个问题现在看不到的，到21世纪所发挥的作用就显示出来了。这方面我还是讲，我们可以省投资，不然其他的工作还要钱啊，要钢材，要水泥，这个不要，最多花点汽油，出个车去，工资也不要，其他都不要，这个真是一本万利的事情。到21世纪我们党的稳定性、连续性，这一条会起决定作用的。我在这里还强调一下，因为那一次已经讲了。

李鹏同志讲得很好，我很赞成。我在这里又讲了这八个字。

薄一波同志在接见全国老年大学经验交流会议代表时的讲话

（1985年12月8日）

我这个人孤陋寡闻，办了这么多的老年大学，最近看报纸，才知道这件事情，在这以前是根本不知道有这么一回事情。刚才听了详细的介绍，李鹏同志跟任穷同志讲了很多的意见都很好。谈到办这么个大学，忽然想到美国人演《洋麻将》的事。在养老院里有一位老年妇女，一个老头，两个人很孤独，在那里打麻将，又吵架，又打架。跟我们的大学对照起来看的话，我们这个办法比他好，就是说比美国的高明一点。现在有许多年青人也不了解外国的现实是什么，但是对美国很崇拜，趋之若鹜。老年大学把许多老年人吸收进来，学习、工作，我看这一条比美国人好，我们这个共产党有创造性，老年人还上学呢！过去老年人没有一个上大学的，现在老年人还要上大学，这是我一点感受。

再一个就是形势，大家都在研究我们有这么多的退休离休的老干部，这么多老同志现在已经下来了，加上原已退休离休的100多万，退休离休的要达200万（包括军队的100多万干部）。现在我们下来的200万干部干什么呢？这是社会的极大问题。刚才李鹏同志说了大家干了一辈子的革命，从各个时期过来，大革命时期的人现在少了，但是内战时期的人还有不少，抗战时期过来的人就很多了，解放战争时期就更多。那么大家都下来了，干什么呢？这是个问题，没有事干呆在家里是很寂寞的。现在我们的党也正在考虑这个问题，天天想办法安置，总是要使大家能够过一个稍微好的晚年，幸福的晚年，这一条正在想办法。办法也想了一些，但是我这个脑筋还没有把大学考虑进去，今天这个大学是一个发现，你们说是新事物，确实是一个新事物，老人办新事物。李鹏同志他是教育委员会的主任，教育事情是不简单的，我们党，对老年人下来以后如果没有一个很好的办法，大家每天在那里打麻将不行，游泳也不行，打扑克也不行，没有更好的办法就在那儿天天发牢骚，骂娘，说我还有工作能力，为什么就把我弄下来了？我这里讲老资格的话，从我这方面来说，当然下来必须要下来的，老了吗，自然规律吗！不是叫作从小加入党、从小干革命，就是学的那么一条，历史唯物主义或是自然科学的头一条，他自然就衰老了，党和国家需要有活力的青年们上来，老的不退行吗？就像今天座位一样，我坐在这地方，谁也赶不跑的，你要从椅子上站起来让给别人，人家才能坐上来。国家就有这么多干部，就摆这么多椅子，如果你不让座，那些40岁、50岁的中青年人，他想要进来，也没有他的位置，所以说下必须要下，我们的国家必须年轻化，因为这些事情必须年青人来做，这点是定了的。可是反回来说，下来以后，我们都是废料了，搞了多少年的革命也不理会我们了，这又是一个问题。刚才李鹏同志对你们举办的老年人大学，和愿意进老年大学的同志给予高度的评价，高度的赞扬。这是一个很好的安排，使老年人能够生活得更好，过一个幸福的晚年，这是一个最好的办法。

第二点意见，在课程方面，怎么样安排，我刚才听你介绍（指于光汉同志），有一条叫作改造世界观，这句话我看讲的不一定好，不是改造世界观，这些人的世界观应该说是肯定了的，你还改造什么呢？能改造到另外一方面去吗？我说不是改造世界观，世界观应该说是从他加入共产党开始，工作了几十年，革命一辈子就是因为他有一个好的世界观，这个世界观就叫作共产主义或者马克思列宁主义。我不是批评你，现在退下来的200万，将来还要退，如果没有退下来的这200万人在各个阶段的努力，我们革命是不会成功的，建设也是搞不好的。当然，更不要说我们的先烈，我们的老前辈，他们尽了这个责任的，就是因为他们有一个坚定不移的共产主义信念，明确的奋斗目标，他们的世界观是明确的。我相信，现在加入这个大学的人，办大学的人，教人的或者被教的，任穷同志把孔夫子的道理，给反过来了，叫学而不厌，这话说得对，已经学的很多了，反回来才叫作诲人不倦，比较年轻的教年老的，他的话是对的。

我感到这个学校办的还是好的，宗旨是保健第一，保持晚节，要使这一批人保持晚节。因为这几年来我跟老同志在一块比较多，当然跟年轻同志在一块儿也不少，老同志过了千难万难的关，比如我们宋大哥，他经过了二万五千里长征的，在苏区作过战的，以后再抗战，千辛万苦地过来了。不久前开了党代表会议，把他的政治局委员也给抹了下来，还有另外一些人也抹下来了，这里也有的发点脾气。有的像他，还是笑嘻嘻的，他没有发这个脾气。问题在发牢骚的人不少，人们可以过五关斩六将，那都是好的，一到走麦城以后，感到就不行了，这个问题要使学而不厌的人或诲人不倦的人，都应该了解这个道理。人人要过这个关，不但年轻时候冲锋陷阵，不但在中年时能埋头或者日以继夜的工作，不但你在其位，叫作当官，当部长、局长、科长，当将军、军长、师长，不但这个时候你是一个好样的，你的人生观是明确的、正确的，这些关很容易过，因为你很顺利，一步一步的上去了，而难过的就是下来，下来就算是过一关。下来以后至少像宋任穷同志，你今天很喜欢的，也像我，我也不错，我下来也没说过话，这个不容易。不是摆老资格，我还不到80岁，也可以说几句老资格的话。因为你这儿平均年龄我问了一下才65岁嘛，下来难，特别在中国这个社会里，从封建社会、半殖民地社会遗留下来的，小农经济情绪是有的，即使你本人非常之好、正确，你党性非常之强，但是还有一个社会，还有自己家庭儿女，社会上难免对你不那么照顾。家庭的儿女也要这样讲，说你为什么要下来？你在的时候怎么样，你下来的时候怎么样？这个问题不是个简单的问题呀！那么自己也就感觉到压力了，就难免烦燥一点，难免发点脾气，难免发点牢骚，为什么我就下来呀？老子现在没有功劳也有点苦劳吧，如果发生了这些，我倒反回来说，不是改造人生观，是保持晚节。当然进了大学的，或在大学里做工作的，教课的我相信是好的，我是泛泛地讲一些保持晚节的话。

我再讲一点，大家年龄都大了，还有上百岁的，老年大学课程如何设置我不懂，但我住过师范学校，多少懂一点。从大家的经验看，我看办好老年大学不要以上课学多少东西为主题，这个大学就是以大家安度晚年，而不是说这地方你要学多少东西，每天要上多少节课，搞得那么紧张。当然政治课要上，大家看看报，在一起吹一吹，这一点是必须的。还有少数年纪轻的人，平均65岁，总有比65岁小的，这些人可以多学点东西，他想学点法律是可以的，总之一句话，不要过分。因此，这个学校本身第一是保健课，学点本事怎么样回去保健，能够吃什么东西，能够喝什么，打个太极拳、散散步，保健第一，学以致用，理论跟实践相结合，你回去就保健去吧。第二课大家写字画画，这也是保健。我见过几位老同志，他们都学会画画了，还给我送来要我题字，我说你怎么也会画画了，他就是离休后没事干，慢慢学的，成绩不错。现代有个名画家叫吴昌硕，他是将近60岁才开始学画的，后来成了名家。我们有一位老同志，就是陈云同志，他现在一直是在中央和小平同志一起，还是我们的中央的领导人，他每天写40分钟字，那是绝不简单的，这也是个保健课，我的意思是课程不能安排得太多。第三课，我赞成刚才任穷同志讲的就是要和少年儿童在一块玩一玩，叫作老少结合，关心下一代。

这些老人的儿子也大了，接触也不方便，就跟孙子们在一块儿，捉迷藏啊，看电视呀，讲故事，讲传统呀，给孙子们多做工作。至于对儿女们也要做工作，这一点老年人还有责任，千万注意不要使自己的子女走不正当的道路，染上不正之风。现在社会上不是都说你们高干子弟如何如何吗？我觉得这个问题，我们老一辈应负责任，教育子女该怎么样，这一个学校办一办，跟小孩们玩玩，如果你觉得还有精力，我主张你们多找一些社会上中青年同志和老同志三五个人谈谈目前大好形势，谈谈体制改革，谈谈对外开放，尽你最大的力量。现在社会上流言蜚语，从哪出来的？就是从那些年轻人中来，也就是从我们子女中出来的，是从这200万或300万、500万，从我们这些子女中出来的。现在大学里有这些问题，不是

"九·一八"事变，就是乱七八糟，提什么口号，说打倒卖国政府，打倒腐败官僚、贪官污吏等。但愿在这里边没有我们的干部子弟，但是你不能但愿，这里边就可能有，谁负责任？当然是社会负责任。但是我们老年人也应该负责任，我是把我们的老干部说成一个整体，因此，把年轻学生、娃娃，也说成一个整体。有责任把这些道理给他们说清楚，这些问题也很好讲，都说美国好，不久以前才演了《洋麻将》嘛！那的老年人就不如我们好嘛，美国社会不得了，人家好得很，想办法去美国走一走，学习呀，其实没有什么，他技术上比我们进步，他管理工厂的方法比我们的好。至于他们的社会秩序，人与人之间的关系，差多了，这不是我们吹牛，世界上像中华民族这个传统，他们没有，也不可能有。我们有，他们比我们差的多了。把这些给青年人讲讲，上点课。到公园里一坐，就有人来了，来了就讲，讲故事嘛。在美国，那些人们讲起来也不过就是讲他们怎么有钱呀，怎么富呀，讲华盛顿、林肯、罗斯福。不错，这些人在资本主义社会里也是出名的人。昨天我看了个材料，什么座谈会，那里作了一个比较，跟邓小平同志，81岁的人谈话，他们讲，其中有一句，就是思想敏锐，了解世界。邓小平比里根强得多。明确讲，邓小平比里根强。所以，我们老年人应该负责任，没有把青年们、学生们帮助好，什么都不知道，就是美国好，也有些当教授的，就是鼓吹美国好、资本主义好，他们自由，我们不自由。实在有点野蛮。青年人不知道，我们老年人应该知道。我们从什么社会过来的？就是解放后，经过十年动乱，使我们落后了一大截子，就是把这加上，我经过的，任穷同志经过的，李鹏同志小时侯也知道的，我们那个时候是什么样的社会？饭也没的吃，衣服也穿不上。进城后，我们看看，参观毛主席故居都可以看到的，衣服都补了补丁的。没有几年，我们就到了这个情况，我说这是人在福中不知福，不知道中国是什么。在这里是包括有少数老同志也是这种看法。一句话，我们现在是好的，可是有人就看不到这个好处。有位诗人写过"不见庐山真面目"，庐山是很好的，但自己不知道。"只缘身在此山中"，就因为在庐山而不知道庐山真面目。看不到现在外国人说了，邓小平比里根强，锐敏嘛！讲起外国人对我们的改革，不论社会主义国家，也不论资本主义国家，有识之士，对我们都是赞扬的。当然我们有缺点，在这条路上我们的缺点还多得很。并不只是小娃娃们、学生们看到的几点，我们还多得很。可以数出很多，党风不够好，社会风气不够好，贪污、受贿、偷税、漏税应有尽有。数起来可以数多少。哪一个省也有，哪一个县也有，其实一讲那就非常之多，干部走后门，分房子分得不公道，这些事我们要给大家进行教育。只有横向的比较不行，还要纵深的比较。才能把这些问题说清楚。自己和自己比，这是一个；

第二，要知道，人们在困难时期反而不叫，平安无事，饭也吃不上，共患难咱们是有本事的，人稍微发了点财，比如弟兄俩，老子一死，家里有点财产，一定打架，分不均，这就不好了。我们现在有困难有缺点，因为我们现在的事情叫作改革，这种改革叫作前无古人的事情，列宁、斯大林他们在世时就没有做到。第二次大战以后，许多社会主义国家成功，都没有走出一条非常好的路子，社会主义如何能够赶上资本主义？我们现在有了这一条路啦，这是我们党中央的功劳，也是邓小平等许多同志给我们设计了这一条路，这就是最大的幸福了，你说大好形势，我不讲其它的，就讲这一条，有了这一条路这不就好了嘛！我们这几年就阔起来了，今天穿的衣服，虽然都没有全穿上西服、羊毛衫等等，但也是整整齐齐的，你们进城初期是怎样的形势？我们进城的时期看看那个形势。总之，我先叫我们的老同志上这么几课，在上课中间。比较青年的，力所能及的还可以做点工作，当然我讲的不如他俩讲得好，原因是我有所批评。

严济慈同志在接见全国老年大学经验交流会议代表时的讲话

（1985年12月8日）

我今天能够参加这个会，感到十分荣幸。老年大学的事情宋任穷、薄一波同志讲了，我给引伸一下，老年大学里面还要附设一个幼儿园。我今年85岁了，是周岁。有人看我的面孔不像是85岁的，我走路不要拐棍，讲起话来可以3个小时不休息，大家问我有什么秘密，什么练气功，没有，也不会打拳，又没有打过乒乓球，也不会打网球，更不会踢足球。我的唯一的好处，是在农村生长的，老家在浙江金华附近东阳县，18岁我才离开这个村子。普通农活我都做过的，一个姐姐现在已89岁，她现在家里还能劳动，一个妹妹82岁，也是这个样子的。唯一的好处就是我在乡下农村里生长，因为那个时候，婴儿死亡率很高，所以在农村能长大，多多少少是有点抵抗力。农村没别的东西，它有很好的太阳光，很新鲜的空气，现在大城市都污染得一塌糊涂。想到几十年前农村生活的状况，我还是很羡慕的。我的儿子这一辈就不如我，因为他们在城市里长大的，我的儿子50来岁了，看上去人家认为是我弟弟。

我为老年人讲个笑话。在日本东京，几位日本朋友在那里议论，我这个年纪究竟是19世纪的人还是20世纪的人。我是1900年生的，庚子年。他们研究决定不了，就来问我，我说我是20世纪的人，可是1900年是归在19世纪的最后一年，还是归在20世纪的第一年？（李鹏："你跨世纪嘛！"）我当然欢喜年轻一点，我愿意我是20世纪的人，不是19世纪的人。不过，从科学方面讲，1900年应该是属于19世纪最后一年。所以我说我又是19世纪的人，他们大笑，另外加了一句，你将来要做一个三个世纪的人。我讲我很感谢你们的祝福。我今天听到有老年大学了，我想我更感觉到，不知老之将至，我不管它什么年纪，我还想活到21世纪。

聂荣臻同志给全国老年学学术讨论会和中国老年学学会成立大会的贺信

（1986年4月11日）

中国老龄问题全国委员会：

4月15日即将召开全国老年学学术讨论会，就是酝酿已久的一次重要的学术会议。听说各地区、各单位十分重视，并寄予很大希望，许多同志写出不少有分量的论文，反映着我国老龄工作和老年学的科学研究有了可喜的进展，这是值得祝贺的！

老龄问题是一个多学科较复杂的科研问题，涉及面很广。近年来各学科都在积极开展工作，似乎老年医学方面反映更多些。这次学术讨论会只是一个开端，今后的研究任务很重。一方面要使我国老年人健康长寿，一方面又要解决人口老龄化的问题。一方面要安置老年人离休退休，一方面又要使他们老有所学、老有所为，尽可能地发挥余热。一方面要使老年人能够欢度晚年，一方面又要解决社会和家庭的某些困难。总之，有关老年人的各种问题都要研究，求得妥善解决。这也是保证我们社会主义社会安定团结、欣欣向荣的一个重要条件。

在学术讨论会召开前，中国老年学学会也已得到批准成立，这对我国老龄工作和老年学的科学研究有很大的促进作用，在此一并祝贺！

请代问同志们好！

聂荣臻同志给第二次全国老龄工作经验交流会的指示信

（1987年3月）

王照华同志：

这几年老龄工作蓬勃发展，各地的老龄工作机构相继成立，老年学学会也建立起来，报纸、广播、电视上经常有关于老年人和老龄工作的好消息。我看全国老龄工作确是生机勃勃，一片兴旺景象。这与从事老龄工作的同志们的努力分不开的。当然，不是说大家一点困难也没有。相反，有的困难可能还很大，这就要求我们努力去解决。老龄委每年召开一次工作会议，总结工作，交流经验，这很好，很必要。大家崇尚实际，取长补短，订出规划、计划，力争每年做好几件实事，扎扎实实地向前发展，在坚持四项基本原则的前提下，使老龄工作日臻完善。

祝工作会议圆满成功！祝同志们好！

宋平同志在关心下一代工作座谈会上的讲话

（1988 年 5 月 27 日）

一年一度的“六一”儿童节就要到了。在节日前夕，中顾委、中组部、全国老龄委员会、团中央在北京联合召开关心下一代工作座谈会，这是很有意义的。

三年前，中顾委、中组部、团中央曾共同在北京召开过一次这样的会议，总结推广了河南省安阳市老干部关心下一代工作的经验。开始时全国只有安阳市一家关心下一代协会，现在全国已有 21 个省、自治区、直辖市相继建立了这一组织。参加这一组织的老同志已有几十万人，仅湖南一个省就有十多万人。这些老同志本着对党对社会主义祖国的热爱，把关心下一代视为崇高职责，积极参加对青少年的教育工作；为改善中小学教师的工作与生活条件呼吁；为优化青少年成长的社会环境奔波；为从法律上、制度上保障青少年的身心健康调查研究。从这许多事情上看出我们的老同志、特别是离退休的老同志，多么关心下一代的成长。他们的工作得到了社会各界的赞扬，党感谢他们，人民感谢他们。

青少年是祖国的未来，民族的希望。他们成长得如何，直接关系到国家的前途、民族的命运。现在，我们正处在一个激烈竞争的国际环境中，政治的竞争、经济的竞争、科学技术的竞争，归根结底是人才的竞争。中国有句名言：“十年树木，百年树人”。我们要在国际范围的人才竞争中取胜，必须从基础抓起，在培养教育青少年上下功夫。今天，在青少年中打下了坚实的思想、文化基础，到 21 世纪，就会有一大批政治家、科学家、企业家、文学家、艺术家、教育家、医学家以及千千万万具有较高政治觉悟和技术水平的劳动者，出现在祖国的大地上。今日的青少年，就将成为建设社会主义大厦的栋梁，我国四个现代化的实现和中华民族的振兴就大有希望。从这个意义上讲，一切关心祖国前途的同志，都应该以极大的热情关心下一代的成长。

我们老同志出生入死，跟着党干了一辈子革命，为的是什么？为的是祖国的独立和富强，为的是最终实现共产主义社会制度。这是需要若干代人去为之奋斗的伟大事业。新中国成立将近 40 年了，我国的经济得到了很大发展，贫穷落后的祖国改变了面貌，但总的说来，我国社会生产力水平仍然比较低，目前还处在社会主义初级阶段。我们要走的路程还很远。老一辈无产阶级革命家开创的伟大事业需要青少年一代去继承，振兴中华的历史使命需要青少年一代去完成。所以，关心下一代茁壮成长，也是无产阶级革命事业后继有人的需要。

党的十一届三中全会以来的 10 年，是我们国家蓬勃发展的 10 年，经济建设、政治生活和人的精神面貌都发生了深刻的变化。在这个环境中成长起来的青少年无疑是很有希望的，他们的精神面貌和道德风尚主流是好的。但是青少年的可塑性很大，现实社会生活中一些不健康的东西，对青少年不能不产生消极的影响。这几年，青少年犯罪率有所上升，使许多同志担忧。随着对外开放的扩大，加强对青少年的教育引导工作就显得更为迫切。因此，我们要采取有效措施，同各种消极现象做斗争，把青少年时期的基础教育打好。要开发青少年的智力，培养青少年爱祖国、爱人民、爱科学、爱劳动、爱社会主义的品德，按照邓小平同志的要求，把青少年培养成“有理想、有道德、有文化、有纪律”的一代新人。

培养和造就一代社会主义新人，需要全党、全社会的共同努力。我们退居二、三线的老干部，是培养教育青少年的一支重要力量，具有独特的优势：老同志亲身经历了战争、建设和改革的年代，对青少年言传身教，情理相济，容易收到较好的教育效果；老同志德高望重，深受青少年和广大群众的爱戴的尊重，他们从事关心下一代工作，对整个社会有特殊的号召力，对青少年有较强的说服力和吸引力，正所谓“同言而信，信其所亲；同令而行，行其所服”；老同志长期从事领导工作，有较强的工作能力和较高的政策水平，他们从事关心下一代工作，有助于改善青少年成长的社会环境，有助于促进保护青少年的立法等工作。

老同志从事关心下一代的工作，不但有利于青少年的健康成长，而且可以充实老同志的晚年生活。老同志与青少年接触多了，年轻人的活力和朝气，也会使老同志受到感奋。正如有的老同志所说，生活在年轻人中，自己也感到年轻了。当老同志看到由于自己的工作使广大青少年朝气蓬勃、茁壮成长的时候，将会更深切地感到自己晚年的社会价值。革命事业兴旺发达，后继有人，这对“壮心不已”的老同志来说，是莫大的慰藉。

为了使老同志关心下一代的工作，以更大的规模在全国普遍开展起来，我想提出几点希望：

1. 希望各级党委充分认识老同志关心下一代工作的重要意义，积极动员更多的老同志参加这项活动，对他们工作中取得的成绩要予以表扬，对工作中遇到的困难要及时帮助解决。

2. 继续推广河南省安阳市以及这次会上交流的经验。各级老干部工作部门和青少年教育部门，要认真做好宣传、发动、组织工作。条件成熟的地方，要适时成立关心下一代协会。有这么一个组织和没有这么一个组织大不一样，所以成立这个组织很有必要，使更多的老同志来参加这样一种有意义的工作，我们老同志愿意做，有关部门要推动这项工作。

3. 各级共青团和少先队组织，要主动争取老同志的关心和帮助，可以聘请老同志担任工作顾问和少先队荣誉辅导员。利用重大节日和寒暑假，有计划、有组织地开展“给老干部送温暖活动”，进一步促进“尊老爱幼”良好社会风商的形成。

关心下一代的工作是大有可为的。我衷心希望看到更多的老同志，在培养革命事业接班人的工作中，再立新功。一个人才辈出、群星灿烂的繁荣景象已经展现在我们面前！

伍修权同志在关心下一代工作座谈会上的讲话

（1988 年 5 月 27 日）

中顾委、中组部、全国老龄委、团中央联合召开的这个座谈会很好。刚才宋平同志做了比较全面的讲话，各方面的问题都涉及到了。我想就老同志应该为我们的后代做出榜样这个问题讲点意见。

今天我参加这个会，非常高兴。几个地方的同志介绍了他们那里老同志从事青少年教育工作的经验，这些经验都很好，应该推广。他们说明了一个共同的道理：退居二、三线的老同志投身关心下一代工作，是一件非常重要、非常有意义的大事。这项工作可以说是塑造祖国未来事业的工作。这一事业不仅利党、利国、利民，也有利于老同志自身，它不仅功垂后代，而且功济于今，说它功德无量一点也不过分。

现在不少同志对教育问题以及党风、社会风气很有意见。怎么去改变呢？首先，我们老同志有责任，我们应该从自已做起，大家都这么想，都这么做，这个工作就能够做好了。我看动员广大老同志从事关心下一代的工作，对加强教育事业、促进党风和社会风气的好转就具有积极的意义。今天在座的有不少老同志是参加革命半个世纪以上的人了。老同志长期从事革命工作，有着联系群众的优良传统和丰富的群众工作经验。动员更多的老同志从事关心下一代的工作，开拓了一个接触社会、了解基层、联系群众、为人民服务的新领域。大批老同志为培育祖国后代而辛勤工作，将对社会主义精神文明建设产生积极影响，对整个社会产生巨大的号召力。在工作中，老同志深入实际与人民群众心心相连的革命本色进一步发扬，这会给广大群众留下深刻的印象。老同志“生命不息，奋斗不止”和“活到老、学到老、为人民服务到老”的革命精神，一定会在广大群众中产生深远的影响，有助于树立优秀老共产党员的形象。三年多来，各地关心下一代协会做了大量的工作，受到了广大人民群众的普遍赞扬和肯定，老同志受到了社会的爱戴和尊敬。这一事实说明，动员更多的老同志关心下一代，不仅有利于青少年的健康成长，而且有利于党群关系进一步密切，有利于端正党风，树立良好的社会风尚，有利于老同志为我们的社会做出榜样。

教育青少年的过程，也是受教育、提高自身的过程。对教育对象来说，最有说服力、影响最大最深刻的，是教育者本身的形象。做教育者就得为人师表。有个青年讲，我现在不要求入党，因为党风不正，等什么时候党风彻底好转了，我再积极争取入党。这种讲法当然是不对的，但也确实反映出一些党员不能够为人师表。我们老同志教育青少年，就要处处严于律己，以共产党员的模范作用去影响教育下一代。老同志在与青少年的交往中，他们远大的革命志向，高尚的道德情操、崇高的革命精神以及丰富的实践经验、会深深地触动青少年的心灵，产生巨大的教育效能。随着工作的深入，青少年心目中会逐步树立起优秀老共产党员的光辉形象，越来越多的青少年将会把他们所敬佩的共产党人，作为学习的榜样。有志青少年将向优秀老共产党员那样去追求真理，为党为国奋斗不息。老同志的革命精神为广大青少年所敬佩和继承，这将对我国革命事业的发展，四化大业的实现，改革开放政策的延续，起到重大的作用。

老同志为党为国奋斗几十年了，积累了极其丰富的经验，获取了人生的真谛。经验来之不易，是无价之宝。为了党的事业更加兴旺发达，为了我们的国家和民族更加繁荣昌盛，我们老同志有责任，把党的优良传统和作风，把革命先烈用鲜血和生命换来的传世真谛传授给下一代。我们老同志应该给青少年讲讲革命经历，也可以写点文章。我写过一篇短文，叫《饮水思源》。从我亲身经历过的党的几个重要历史时期看，毛泽东思想是必须坚持的，是值得我们继续学习的。遵义会议时，我当翻译，知道会议的复杂性。正是遵义会议，确立了毛主席的领导。从这以后，我们军队的形势就好多了。如果没有毛主席的领导就很难讲了。大家看过电影《四渡赤水》吗？四渡赤水非常形象地体现了毛主席的机动灵活的战略战术、因为有了四渡赤水，我们才能成功地渡过金沙江，才有北上同四方面军会合等一系列行动。当时也有些同志对毛主席的战略思想不理解，搞不清到处跑路的奥妙，胜利了才明白了。看了电影，我写了一篇小文章，叫《四渡赤水》。我们要把党的历史，革命战争的历史，把革命的真理和实践经验传给下一代。这个责任是党赋予的，是人民赋予的，是民族赋予的，是历史赋予的，责无旁贷，决不可等闲视之。

因此，我们希望更多的老同志从事关心下一代的工作。希望各级党政领导同志，各省、自治区、直辖市顾委的领导同志要向中顾委看齐，更加重视和支持这项工作，充分发挥广大老同志的积极性，为他们创造必要的工作条件，使他们发挥更大的作用。希望老共产党员为我们的后代做出榜样。

聂荣臻同志在接见中国老龄问题全国委员会领导时的讲话

（根据记录整理）

（1988年10月19日）

老龄事业大有可为。我们是社会主义国家，一定要关心老年人和残疾人，把这两件事办好。

邓颖超同志在接见中国老龄问题全国委员会领导时的讲话

（根据记录整理）

（1988年10月19日）

老龄问题已经成为世界性的社会问题。解决这个问题我们还缺少经验，全国老龄委和有关方面的科学家要研究这个问题。

彭真同志在接见中国老龄问题全国委员会领导时的讲话
（根据记录整理）

（1989年1月11日）

现在全国很多老同志从工作岗位上退下来了，特别需要有一个机构来管老年人的事，应该选一些热心老龄事业的中青年同志做老龄工作。老年人的工作是党和政府的重要工作之一，做好这项工作是很重要的，也是很不容易的。

老年人口的数字上升很快，表明我国社会主义制度的优越，人民物质生活水平的提高。希望老龄委把老年人的物质生活和精神生活抓好，使退下来的老同志有文件和材料看，光靠报纸是不够的，让他们多了解中央的精神，这点很重要，请你们注意。

老年人多的国家，政府发愁，负担很大。中国要好一些。但我们如没有经济的发展和生产力的提高，今后中国也会吃不消的。要在经济发展的基础上改善人民的生活，你们在工作中一定要把老年人的需要和客观条件相结合，逐步形成国家、社会和家庭相结合养老的路子，使老年人的生活得到切实的保障。他还指出，由于实行计划生育政策，今后将面临一对夫妇扶养照顾4个老人问题，这是很困难的。从现在起，你们一定要把老年人的社会保障工作抓一抓，吸取内外的经验，把老年工作做好。

在老有所为问题上，老龄委员会应该多做些工作，帮助他们找事情做，使他们晚年精神愉快，把自己的经验传给下一代。

江泽民同志在接见中国老龄问题全国委员会领导时的讲话
（根据记录整理）

（1989年10月6日）

“老有所为”要很好抓一下，老同志的作用要很好发挥，特别是在教育青少年的工作方面，老同志的行动是无声的命令。

江泽民同志在接见“全国老有所为精英奖”、“敬老好儿女金榜奖”暨第二次全国老龄工作会议代表时的讲话
（根据录音整理）

（1989年10月8日）

今天来同大家见面，首先向所有老前辈、老同志和做老龄工作的同志致以诚挚的慰问，向“老有所为精英奖”、“敬老好儿女金榜奖”的所有获得者表示热烈的祝贺！

我国有11亿人口，60岁以上的老年人有9000多万，这一个数字是很惊人的。据预测，到2000年全国老年人口将达到1.3亿。老龄问题越来越成为一个重要的社会问题，我们要予以重视。希望各级党委和政府要加强对老龄工作的领导，切实做好这项工作。

很多老同志是经过战火洗礼和白区工作的生死考验的，有丰富的政治经验和工作经验，老年人中什么人才都有，有科技工作者、文艺工作者、政治思想工作者，他们为社会做了大量工作，有很多贡献。我衷心地希望老同志们：一要晚年生活得愉快，二要在力所能及的前提下对社会发挥余热余光。

我们到国外访问，看到一些发达国家的物质条件的确比我们好，但在孝敬老年人和道德风范方面比不上我们，有些老年人的晚年生活很凄凉。尊老敬老是我们中华民族的美德，这种优良传统一定要继续发扬，今天在座的“敬老好儿女金榜奖”获得者都是敬老的模范。

现在，有的青年人当老年人对他们进行传统教育时往往说“现在是什么时候了”。不管什么时候，就是到了21世纪，革命的光荣传统也要永远放射出灿烂的光芒。

希望我们的青年一代，要把老一代光荣的革命传统和尊老敬老的优良传统继承下来，世世代代传下去！

预祝会议取得成功！

祝老同志们健康长寿！

宋平同志在“全国老有所为精英奖”、“敬老好儿女金榜奖”暨第二次全国老龄工作会议上的讲话

（1989年10月8日）

同志们：

我完全拥护我们党的总书记江泽民同志刚才在接见代表时的重要讲话，完全同意刚才宋任穷同志的讲话。

全国“老有所为精英奖”、“敬老好儿女金榜奖”表彰大会和第二次全国老龄工作会议今天开幕，特向这两个会议表示热烈的祝贺！并向全国20万名“两奖”获得者表示崇高的敬意！向老龄工作战线上的同志们致以亲切的慰问！

全国老龄委倡导，在全国范围内开展“两奖”评选表彰活动，是很有意义的。这既是对老年人奉献精神的肯定和鼓励，也是对中青年很好的教育，同时也向全社会展示老同志在四化建设中继续奉献创立的新业绩和中青年同志敬老养老的道德风貌。这项活动对于发挥老年人的作用，加强社会主义道德教育，发扬我们民族敬老爱幼的优良传统，促进两个文明建设起到了积极作用，这件事办得好。我相信，经过这次评选表彰活动，中华大地一定会涌现出更多的老有所为的先进人物和敬老的好儿女。

大家知道，我们当代的老年人大都经历了创建和建设新中国的艰苦岁月，千千万万的老同志在长期的革命和建设事业中，建立了不可磨灭的历史功勋。十一届三中全会以后，一大批老同志陆续退出了工作第一线。但是，他们身离岗位，心不离事业，继续为四化建设不辞辛劳，贡献力量。老同志是党和国家的宝贵财富，是安定团结的重要力量。我们要按照党中央和邓小平同志的指示，不仅要妥善安排好他们的生活，还应该创造条件，使他们为党和国家的事业发挥余热。青少年是我们国家的未来，要充分发挥老同志在教育青少年方面的优势，组织他们开展培养教育接班人的工作。当前，要着重进行坚持四项基本原则，反对资产阶级自由化的教育，民主和法制的教育，难苦奋斗光荣传统的教育，热爱共产党，热爱社会主义祖国的教育，把我们的下一代培养成社会主义和共产主义事业的可靠接班人。

随着我国经济的发展和人民生活水平的提高，老年人将越来越多，人均寿命还要延长。据统计，目前我国60岁以上的老年人已达9100多万，预测到本世纪末将达到1.3亿。人口年龄结构的急剧变化，是一个直接影响我国社会和经济发展的战略问题。各级领导干部要充分认识这个问题的重要性和紧迫性，及早研究相应的对策，避免在将来出现被动局面。这个问题在党的十三大报告中和七届人大二次会议政府工作报告中都已经明确提出来了，希望各级党委和政府要

抓紧做好这方面的工作，也希望老龄委在党和政府的领导下，积极协调有关部门和科研单位，有计划地进行调查研究，提出建议。

近几年发展起来的老龄事业是我国社会主义建设事业的一个组成部分。全社会都要关心、重视这项事业的发展。这几年，全国各地相继成立了老龄工作机构，做了大量的工作，取得了很大成绩。各级党委、政府和有关部门要把老龄工作列入议事日程，加强领导，加强老龄委的组织建设，切实帮助他们解决实际困难，使他们更好地为老年人服务，不断总结经验，努力把老龄工作推向一个新的发展阶段。

我相信，在党中央和国务院的领导下，经过同志们的共同努力，全国的老龄工作一定会做得更好，老龄事业一定会有更大的发展。

祝会议圆满成功！

祝我们的老同志健康长寿！

祝我们年轻的同志健康成长！

宋任穷同志在“全国老有所为精英奖”、“敬老好儿女金榜奖”暨第二次全国老龄工作会议上的讲话

（1989年10月8日）

同志们：

在庆祝中华人民共和国成立40周年的大喜日子里，在一年一度的“九九”重阳节的时候，我们在首都北京隆重集会，表彰全国“老有所为精英奖”、“敬老好儿女金榜奖”获得者的代表，这在建国以来还是第一次，是一件很有意义的事。这次表彰会议具有重大的意义。同志们作为“两奖”人物中的优秀代表，从祖国的四面八方来到北京参加这次表彰会议，我代表全国“两奖”评选指导委员会，向你们，向全国各地“两奖”获得者致以最热烈的祝贺！党和人民感谢你们为社会主义物质文明和精神文明建设做出的贡献！你们的辛劳为我们伟大的祖国增添了新的光彩。

在全国老龄委倡导下，由中国老年杂志社、中华老年报社等20多家老年报刊共同在全国范围内开展的“两奖”评选表彰活动，受到了党、政、军领导的重视和支持，受到了广大老年人和中青年人的普遍欢迎和称赞。全国有29个省、自治区、直辖市，49个中央和国家机关部、委、局，人民解放军17个大单位和武警部队，都参加了评选活动。全国共评选出“两奖”人物20余万人。其中受上述单位表彰的有7000多人。推荐到全国“两奖”评选指导委员会表彰的“精英奖”1046人，“金榜奖”856人，共1902人。在这1902名全国“两奖”获得者中，有中国共产党党员1153人，民主党派成员58人，少数民族代表153人，人民解放军和武警部队代表108人，省、部、军级以上干部42人，年龄最大的103岁，最小的15岁。评选活动具有如此广泛的群众性和代表性，充分反映了广大人民群众的意愿。

此次活动的开展，展现了当代中国广大老年人在中国共产党的领导下，焕发革命青春、壮心不已的精神风貌，宣传了我国中青年人敬老养老的高尚情操。“两奖”人物都是社会主义两个文明建设的先进代表，他们有一个共同的特点，就是具有无私的奉献精神。这种精神，在今天显得尤为可贵，应当大力提倡。他们的事迹，不仅影响到老年，也影响到中年、青年、少年，影响到全社会。因此，开展“两奖”评选表彰活动，是一场现实、生动的思想政治教育活动，它对于继承和发扬中华民族敬老、爱老、养老的传统美德，提高人们的社会道德水准和民族素质，促进社会风气的好转，推动社会主义两个文明建设，起了重要的作用。同时，也进一步提高了全社会对老龄问题重要性的认识，扩大了老龄工作的社会影响。

同志们，这次全国“两奖”评选活动基本结束了。我们不仅要对评选出的“两奖”人物进行表彰，更要采取多种形式，广泛深入地宣传他们的先进事迹，让“两奖”人物的优秀品德和无私奉献精神，在广大群众中生根、发芽、开花、结果。同时，我希望“两奖”获得者要珍惜自己的荣誉，戒骄戒躁，坚持四项基本原则，反对资产阶级自由化，继续为两个文明建设、为社会的安定团结、为贯彻党的十三届四中全会精神，做出新的贡献！

祝大会圆满成功！
祝老同志健康长寿！
祝年轻同志健康成长！

聂荣臻同志给“全国老有所为精英奖”、“敬老好儿女金榜奖”暨第二次全国老龄工作会议的贺信

（1989年9月26日）

中国老龄问题全国委员会：
全国“两奖”评选指导委员会：

获悉全国“老有所为精英奖”、“敬老好儿女金榜奖”表彰大会、第二次全国老龄工作会议同时开幕，请向大会全体同志转达我的问候，并希望全国“两奖”获得者保持荣誉，在社会主义两个文明建设中做出更大贡献。

这几年老龄工作很有成绩。“两奖”活动的开展，进一步推动老龄工作的发展，取得了良好的效果。现在，人口老龄化问题已经越来越引起全社会的普遍关注。老龄事业作为社会主义事业的一个组成部分开始列入党和政府的议事日程。我相信、各级老龄委在党和政府的领导和关怀下，依靠广大老龄工作者的艰苦奋斗，努力工作，我国的老龄事业将会有一个大的发展，老年人在社会生活中的作用将会得到充分发挥，老年人一定能够安享幸福的晚年。对此，我充满信心。

目前，我国60岁以上老年人已达9100万，约占世界老年人口的1/5。在如此众多的老年人口大国里，从实际出发，解决好老龄问题，将对整个世界的发展做出重大贡献。希望广大老龄工作者充分认识自己工作的意义，热爱老龄事业，努力做出新成绩。

邓颖超同志给“全国老有所为精英奖”、“敬老好儿女金榜奖”暨第二次全国老龄工作会议的贺信

（1989年10月）

全国老龄委：
王照华同志：

欣悉全国“老有所为精英奖”、“敬老好儿女金榜奖，”评选表彰大会和第二次全国老龄工作会议在北京召开。我谨向全体“两奖“获得者致以亲切慰问！向全国的老年人和老年工作者致以亲切慰问！向全国的敬老养老好儿女致以亲切慰问、并向你们致以热烈的祝贺！

老龄工作涉及千家万户，关系到社会的长治久安，国家的繁荣富强。切实做好老龄工作，是一件当前非常重要的具有深远意义的大事。我希望党政军各部门、社会各方面都积极支持老龄工作，为老年人多做实事、多办好事；希望各级老龄委和老年工作者都要为“老有所养、老有所医、老有所为、老有所学、老有所乐”做出更大贡献。

祝大会圆满成功！

陈丕显同志在《中华老年报》创刊两周年座谈会上的讲话

（1990 年 6 月）

今天参加《中华老年报》创刊两周年座谈会，我感到很高兴。《中华老年报》创刊时间虽然不长，但在宣传和推动老年事业的发展上，发挥了很好的作用，已经成为广大老年同志的知音。聂荣臻元帅对这张报纸寄予殷切期望，去年 11 月，特意为报社题词："办好《中华老年报》，开拓老年事业。"把加强宣传工作与开拓老年事业结合起来，意义是很深远的。老龄事业是新兴的事业，涉及面广，任务繁重。要开拓前进，必须首先抓好宣传工作，提高人们对人口老龄化重要性、紧迫性的认识，呼吁全社会都来关心重视老龄事业。

党中央、国务院、中央领导同志非常重视老龄工作。聂帅曾两次提出："人口老龄化必将对我国的政治、经济和社会发展产生重大的影响，因此，我们必须把老龄问题提到战略的高度，加强领导，统筹规划，综合治理。"李总理在七届人大二次会议政府工作报告中，也对如何做好老龄工作提出了要求。以江泽民同志为核心的党中央领导集体也非常关心老龄工作。去年 10 月，江泽民、乔石、宋平同志亲切接见出席全国老有所为精英奖、敬老好儿女金榜奖表彰大会的全体代表。江总书记指出："我国有 11 亿人口，60 岁以上的老年人有 9000 多万。这个数字是很惊人的，据预测，到 2000 年全国老年人口将达到 1.3 亿。老龄问题越来越成为一个重要的社会问题，我们要予以重视。希望各级党委和政府要加强对老龄工作的关心，切实做好这项工作。"

《中华老年报》在宣传党和政府关于人口老龄化的方针、政策方面做得比较好，受到了各级老龄工作者、老干部工作者和广大老年人的欢迎。我们就是要宣传老龄问题的战略地位和怎样做好老龄工作这个带根本性的问题。党中央、国务院、中央领导同志一再强调要把老龄问题提到战略高度来认识，就是要我们研究人口老龄化影响社会发展全局的规律性的东西。

我们各级领导都应对人口老龄化问题有个全面的认识。人的寿命延长是人类文明进步的表现。

比如，建国初期上海人口的平均寿命只有 36 岁，现在达到了 76 岁。过去是"人活七十古来稀"，现在是"人活七十不稀奇"。这说明人口老龄化是好事，应该高兴。另一方面也要看到，我国是在经济尚不发达的情况下迎接人口老龄化挑战的。人口老化意味着劳动人口减少，消费人口增加，社会负担加重。例如，现在我国离退休干部已达 530 万人，据预测，今后几年内，每年将以 50～70 万人的速度增长。大批干部退下来，从安置、管理到退休费的开支，对我们国家和整个社会都是沉重负担。如果我们还不正视这个问题，不及早动手制定积极而有效的对策，便会陷于极大的被动，不但会延缓四化建设的速度，而且会影响社会的安定。

解决老龄问题的出路在什么地方呢？五个"老有"中养、医、学、乐都是要消费，要花钱的，而"为"是最积极、最活跃的因素，它能体现老年人的社会价值，创造社会财富。我们的宣传就是要让人们充分认识发展老有所为的必要性和重要性。根据我国现行的政策，60 岁以上的人不退下来，青年人就上不去，对事业不利。但是 60 岁的人一般身体还好，又有经验，应充分发挥他们的作用。退休不是生命的结束，而是新生活的开始。在政治上他们坚持四项基本原则，对稳定社会起重要作用；在经济上他们是发展生产的智力大军，可以继续创造物质和精神财富。近两年在全国范围内开展的"双奖"评选表彰活动，用大量事实证明广大老年人是愿意有所作为，也是能够有所作为的。因此，发展老有所为应是老龄工作的一项重要任务，是解决人口老龄化问题的积极对策。而要老有所为，又必须老有所学。新生事物层出不穷，老同志如果不学习，知识不更新，光靠老经验，想有为也为不好。所以一定要虚心学习。有为和学习是密不可分的，有为其乐无穷，学习本身也其乐无穷，这样有养、有医、有学、有为，乐自然也就在其中了。同时，对"老有所为"要有正确的认识，不是什么都能"为"，要"为"得正当，"为"得合理。总之，怎么养，怎么医，学什么、怎么学，为什么、不为什么，乐什么、怎么乐都是中华老年报应当经常做的文章，在主要宣传"为"的同时，把养、医、学、乐都有声有色地带动起来。

从这样的角度来看待老年宣传工作才能把报纸办好。为什么要创办《中华老年报》？就是因为老年事业需要这样一张报纸，如果老年报不很好研究上述问题，离开指导老年事业的发展，离开全心全意为老年人服务，这个报纸就没有生命力，肯定办不好。

报社全体同志肩负着宣传、推动老年事业的任务，要完成好这一光荣伟大的任务，首先要加强队伍建设，提高政治素质和业务水平。李瑞环同志最近在与人民日报国内记者的重要谈话中提出的基本原则和要求，完全适用于《中华老年报》，希望报社全体同志认真学习贯彻。老年报有自己的特点，但不能离开办报的基本指导原则。加强党的领导，贯彻中央方针，宣传稳定，坚持正面报道等都要认真贯彻执行。总之，既要把报纸办得符合老年人的需要，又要在政治上同党中央保持高度的一致。这也是广大老年人所希望的。

老龄事业是一项新兴的、永恒的事业，为老年人服务无尚光荣。希望报社全体同志认真总结经验，扬长避短，不断提高报纸质量，真正把中华老年报办成开拓老年事业的舆论阵地，成为各级老龄机构、老干部工作机构的喉舌和广大老年人的知心朋友。

陈丕显同志在中华老年报社社务委员会会议上的讲话

（1990 年 9 月 24 日）

今天来参加《中华老年报》召开的会议，见到同志们非常高兴，借此机会向同志们问候。

《中华老年报》是全国老龄委的机关报。据了解，创刊两年来，在全国老龄委直接领导下和各省、市、自治区老龄委的大力支持下，在老年事业宣传报道中，做了大量工作，取得了显著的成绩，对推动老年事业的发展起了积极作用。我国的老年事业是一个新兴事业，历史不很长，还处于开拓阶段。党中央、国务院很关心老年事业，对它的开拓和发展，许多中央领导同志提出过具有方针性、指导性的重要意见。

江泽民总书记去年 10 月在全国“老有所为精英奖”、“敬老好儿女金榜奖”表彰大会和第二次全国老龄工作会议上说：“老龄问题越来越成为一个重要的社会问题，我们要予以重视。希望各级党委和政府要加强对老龄工作的领导，切实做好这项工作。”

李鹏总理在七届人大二次会议政府工作报告中指出：“人口老龄化越来越成为我国社会的重要问题，各地区、各部门都要关心老年工作。”

宋平同志要求：“各级党委、政府和有关部门要把老龄工作列入议事日程，加强领导，加强老龄委的组织建设，切实帮助他们解决实际困难。”

聂荣臻同志为中华老年报题词：“办好《中华老年报》，开拓老年事业。”

中央、国务院领导同志的指示十分重要，非常及时。贯彻落实中央领导同志和聂帅指示，是各级党委和政府的重要任务，也是各级老龄委和老年组织的重要任务。

加强宣传报道工作，办好《中华老年报》是形势的要求，是老年事业发展的需要。我希望同志们以高度的政治责任感，崭新的工作姿态，齐心协力，团结奋斗，带领全报社的同志把中华老年报办成一张具有权威性，有影响力，深受老年人欢迎，也受其他年龄层次人欢迎，还受港澳台胞、华侨和外国人欢迎的报纸。

要办好一张报纸，特别是要办好一张有影响的报纸，是一件很不容易的事。下面我讲几点意见，供同志们参考。

第一，要坚持正确的政治方向。《中华老年报》是党的一个重要宣传阵地，它必须坚持党的办报方针，即坚持党性原则，坚持四项基本原则，坚持改革开放，旗帜鲜明地反对资产阶级自由化。

在去年那场政治风浪中，《中华老年报》经受住了考验，这是难得可贵的。最根本的一条经验就是：无论世界风云如何变幻，我们都要坚持正确的政治方向，永远和党中央在政治上保持一致。

第二，要加强指导性。要做好这个重要工作，就要贯彻好党的路线、方针、政策和国家的法令、法规，特别是有关老龄工作的方针、政策、法令、法规。《宪法》和《婚姻法》中都对老年人的权益有明确的规定，一定要贯彻执行。同时要深入实际，加强调查研究，针对老龄工作中出现的新情况、新问题，有组织、有计划地开展宣传、讨论和报道。最近《中华老年报》开展的“老有所为”讨论，是具有中国特色的社会主义养老制度的一项重要内容。在五个“老有”即老有所为、老有所养、老有所医、老有所学，老有所乐中，老有所为是最积极、最活跃的因素，把老有所为问题解决好，就能带动其他问题的解决。我希望把这个讨论深入开展下去，总结出经验来。同时，也希望把其他问题讨论好。比如“老有所养”问题，据我所知，这里面的问题不少。现在，不少青少年对老年人不够孝敬，有的嫌弃老人，有的甚至虐待老人，使一些老人处境困难，令人心情难受。对这个问题，我们一方面要大力宣传和弘扬中华民族尊老敬老的优良传统，宣传党和国家维护老人权益的政策、法令、法规；另一方面要对那些嫌弃、歧视、虐待老人的不良、不法行为进行批评、揭露，使这些行为遭到社会的谴责。通过正反两方面的宣传教育，在全社会形成尊老、敬老的优良风气。

要把中华老年报办成老年人爱看，其他不同年龄层次的人也爱看的报纸，就要讲究知识性和趣味性。老年报一定要办得有自己的特色，有自己的风格，也就是说一定要适合老年人的特点。

第三，要努力提高报社全体同志的思想政治素质和业务素质。人们常常把报纸称为“良师益友”，这是广大干部、群众对报纸的信任和期望。为了不辜负人民的期望，必须把报纸办好。办好报纸，一方面要依靠广大老年人的支持，特别是那些通讯员的支持，另一方面要靠报社全体同志的努力。

首先要努力提高大家的思想政治素质。要提倡自觉地认真地学习马列主义、毛泽东思想，学习党的路线、方针、政策和国家的法令、法规，用马列主义的立场、观点和方法来指导办报。还要加强思想政治工作，经常开展批评和自我批评，表扬先进，帮助后进，发扬正气，自觉抵制资产阶级思想和各种不正之风的影响，形成一种人人奋发向上的政治风气。

其次要努力学习各种业务知识，不断提高业务素质。报纸要办得生动活泼，引人入胜，为读者所喜爱，不懂办报业务是不行的。社领导要把业务建设当作一件重要的基础工作来抓。

总之，我希望通过这次会议，认真总结经验，增强信心，振奋精神，使中华老年报越办越好，出现一个崭新的面貌。

陈丕显同志在全国“老有所为”研讨会上的讲话

（1991 年 1 月 30 日）

同志们：

“八五”计划的第一个新春，全国各地老龄工作者、学者、专家，济济一堂，聚首上海，讨论“老有所为”的问题。会前，各地也分别开过类似的研讨会，《中华老年报》开辟的“老有所为问题讨论”专栏，至今已刊出 17 期。所有这些讨论，必将引起社会对“老有所为”的重视和关注，逐步取得共识。今天，我就“亿万老年人是国家稳定和发展的重要力量”这个题目，讲点看法。

（一）

解放前，我国人均寿命只有 35 岁左右。解放后，人均寿命逐渐延长，到 1988 年已达到 69 岁。如今，“七十不为稀，八十不为老，九十不少见，百岁不难找”。这是社会进步的象征，是社会主义制度优越性的生动体现。

人的健康长寿当然是好事，但也给社会带来一系列的问题。现在我国 60 岁以上的老年人已达 1 亿，据预测，到 2000 年将达到 1.3 亿，约占总人口的 10.4%，从而进入“老年型”人口国家的行列。上海、北京、天津、江苏、浙江等省市则已超前于全国成为“老年型”人口省市。

人口老龄化，意味着退出劳动年龄的人口在总人口中的比例增加，赡养指数提高，社会保障费用的开支加大，社会的负担加重。1989 年中国统计年鉴的资料表明，1978 年同 1988 年相比，全国离退休人员从 314 万人增加到 2115 万人，退休金从 17 亿元增加到 321 亿元。1989 年又增加到 375 亿元，接近同年国家财政收入的 1/7。今后 10 年，这笔费用将会成倍地增长。目前，我国正处在社会主义初级阶段，生活还不富裕。而社会老年保障费用逐年增加，使我们面临着严峻的挑战。正如江泽民同志指出的：“老龄问题越来越成为一个重要的社会问题。”

孟子说：“老吾老，以及人之老”，这是中华民族引以为荣的传统美德。但是，怎样积极地逐步地建立和完善社会养老保险制度，做到“老有所养”，各地都在探索。十三届七中全会通过的《关于制定国民经济和社会发展十年规划和“八五’计划的建议》，有一条是专门讲这个问题的：“按照国家、集体和个人共同合理负担的原则，在城镇各类职工中逐步建立社会养老保险制度，扩大待业保险的范围，实行多层次的社会保险。在农村采取积极引导的方针，逐步建立不同形式的老年保障制度。”上海市已根据这个精神，把规范完善养老保险制度列为今年五项重大改革之一。我希望，全国各级老龄委和涉老部门，都要在党和政府领导下，积极配合有关部门，制订规划和方案，逐步加以贯彻落实。因为“老有所养”，是“老有所医、老有所为、老有所学、老有所乐”的基础。

（二）

人口老龄化固然会增加社会的负担，但亿万老年人却可以以其积累的丰富知识和经验，为社会创造物质财富和精神财富，因而是国家稳定和发展的一支重要力量。积极地把这支力量挖掘和发挥出来，乃是制定人口老龄化对策的一个重要指导思想，这也是发展“老有所为”的根本意义所在。

人到老年，阅世渐深，具有政治、经验、智力和时空（即可供支配的时间多、空间大）等方面特有的优势。老年人善于把旧中国和新中国加以比较，深切了解我国人民曾经怎样经历千辛万苦的斗争终于推倒“三座大山”的压迫，而建立一个美好的社会要经过怎么长的时间的艰苦劳动。因此，在“和平演变”与反“和平演变”、渗透与反渗透、颠覆与反颠覆的斗争中，当代老年人深知坚持四项基本原则，保持国家稳定的重要。在前年发生的那场风波中，老同志一般立场坚定，旗帜鲜明，特别是邓小平等老一辈无产阶级老革命家更起到了中流砥柱的作用。

在亿万老年人中，各级都有一批高层次的离退休干部、老专家、老学者，他们具有政策水平较高、情况较熟、经验丰富以及退下来后地位超脱、时间充裕等长处，可通过调查研究，为领导的决策和决策的实施提供依据和可供选择的方案。在实施过程中，老同志还可以凭借自己的影响，利用适当的机会，积极做好政策宣传和思想工作，带动周围的干部和群众，同心同德为实施决策而努力。这件事做好了，不仅可以促进领导决策的民主化和科学化，而且也是对现任领导在政治上的巨大支持。李瑞环同志在天津当市长时，就组建了一个以离退休老干部为主体并有部分专家和学者参加的咨询委员会。近几年来，这个委员会的成员为天津市的两个文明建设，提出了许多真知灼见、良计高谋。李瑞环同志对他们说：“有你们这些老同志真心实意地‘补台’，我们心里就有了底气，有一种稳定的感觉。”的确，各级领导班子成员的心里踏实了，稳定了，可以更好地促进政治稳定、经济稳定、社会稳定。

老年，意味着世界观、道德观、价值观等各种观念的形成。当然，并不是说老年人的所有观点都是正确的。但就总体而言，老年人经过几十年的比较、探索、实践，对我们所从事的事业领悟得比较深透。我们党是用马列主义、毛泽东思想武装起来的党，我国的革命和建设事业，从以毛泽东同志为核心的第一代党中央，到以邓小平同志为核心的第二代党中央，到今天以江泽民同志为核心的第三代党中央，继往开来，在这个一代接一代的历史进程中，老同志的传帮带有着不可替代的作用。老同志可以以自己几十年的亲身经历和领悟，对下一代进行爱国主义教育、社会主义教育和革命传统教育，并且身体力行，为下一代做出榜样，树立风范。这样，不仅有助于坚持党的基本路线，坚持反对资产阶级自由化，进一步巩固和发展安定团结的政治局面，而且可以使我们世代为之奋斗的社会主义、共产主义事业永葆青春。

综上所述，亿万老年人的确是国家和社会稳定的重要力量。我们开展“老有所为”，首先要把着眼点放在发挥老年人特有的政治优势，引导老年人为促进国家和社会的稳定多做贡献，有所作为。这方面的“为”，特别是关键时刻挺身而出，乃是关系到国家兴衰成败的“大为”！

（三）

《维也纳老龄问题国际行动计划》的要点中指出；“老年只是每个人的生命期、事业和经验的自然延续，而他的知识、能力和潜力在整个生命期都一直存在。”老年人长期积累起来的文化知识、专门理论、技术专业、业务能力、实践经验以至身怀的“绝招”，不会随着岁月的推移而消失。相反，许多老年人从工作岗位上退下来后可以继续出成果、做贡献，使金色的晚霞大放异彩。有人把退休之后的岁月称为摘取智慧果实的黄金季节，不无道理。古今中外，不知有多少七、八十岁以至年事更高的老人，继续为社会做出卓越的贡献。现在，我们要更加重视具有智力优势的老知识分子、老工人、老农民在发展经济中所起的重要作用，使他们真正成为我国实现“八五”计划和十年规划的“智力宝库”。

党的七中全会通过的《建议》确定的战略部署是，今后10年不仅要使国民生产总值到本世纪末比1980年翻两番，而且要“把国民经济的整体素质提高到一个新水平”。在实现这个宏伟的目标中，加快科技教育事业的发展至为重要。尤其是高新技术的发展，可使人们逐步摆脱繁重的体力劳动，同时使社会劳动日趋智力化，对智力水平要求越来越高。这一发展趋势与老年人的特点正相一致。因为老年人的脑力劳动能力要比体力劳动能力的衰退慢得多。所以，发挥老年人智力优势，参与社会发展，天地十分广阔。诸如返岗回聘，授业传技；接受委托，专项服务；结合专业，咨询服务；适应需要，拾遗补缺；著书立说，编史修志；科教兴农，扶贫致富等等方面，亿万老年人都可以大有作为。

在这里，我着重讲一讲发挥退（离）休科技工作者作用的问题。近年来我们退（离）休科技工作者的队伍逐年扩大，目前已达到100万人。这些同志在各自岗位上奉献了他们的青春和年华，如今虽已退了下来，但大都身体尚好，为国分忧、为民造福的初衷未变，为发展社会主义科技事业的壮心不已，近3年来，为了消化、吸收引进的设备，国家科委已从国外引进了近500名退休专家，取得了良好的效果。既然可以引进外国退休专家为我国发展经济服务，那么有什么理由不启用本国、本地区、本单位的退（离）休专家和老技术工人，使他们有所作为呢？我希望，各地的退（离）科技工作者团体联合会，要把广大退离休科技工作者进一步组织起来，发扬科技人员“献身、求实、创新、协作”的精神，在决策论证、科技咨询、科技开发、科技教育、科技扶贫等方面为实现十年规划和“八五”计划做出贡献。

（四）

“老有所为”要真正开展起来，我看要注意解决好三个问题，即：要“为”得正当，要“为”得合理；努力创造“为”的条件。

所谓“为”得正当，就是要追求奉献社会的人生价值，使“老有所为”有利于党和人民的事业。正当的“为”，“乐”在其中，而这种乐趣，是其它乐趣所无法代替的。正当的“为”，可使老年人在精神上有所寄托，生活内容充实，就不会产生失落感和孤独感。正当的“为”，意味着老年人对事业的执着追求，孜孜不息地学习，从而有助于减少疾病，促进身心健康，延年益寿。正当的“为”，可以为国家和社会创造财富，为“老有所养”创造一定的条件。因此，可以这样说，“为”可以改善“养”，减少“医”，促进“学”，增添“乐”。太原钢铁公司退休干部李双良同志，同83位退休职工一起，带领一支治渣队伍，艰苦奋斗7年，搬走1484万吨废渣，回收了56万吨废钢铁和大量旧物资，价值22亿元，并使厂区的环境大为改观。李双良被联合国命名为“保护及改善环境卓越成果全球500佳”之一，并受到江泽民同志的称赞。的确，李双良是老年人追求奉献社会的人生价值的好榜样。当然，我们讲“为”得正当，讲奉献精神，并不排除获得重新参与劳动应得的报酬。因为这种正当的“为”，重新创造了价值，对国家、集体和个人都有好处。至于极少数拿得过高的，理应以税法调节。

所谓“为”得合理，就是要适应社会发展的需要和生产力发展的需要，多层次发挥老年人的作用。对老年人来说，既要有“老骥伏枥”的精神，又要实事求是，劳动适度。如果劳动过度，损害健康，最终也就谈不上“老有所为”。因此，要根据城乡的不同情况，本着尽力而为，自愿量力，因地制宜，方便老人的原则，组织老年人从事力所能及的工作。

所谓努力创造“为”的条件，指的是：其一，各级党政领导机关和各民主党派、人民团体对发展“老有所为”要给予高度重视，并给予必要的支持。其二，各级劳动、人事、民政、老干局、老龄委等所有涉老部门要做好“牵线搭桥”和组织协调工作。其三，要为“老有所为”创造良好的舆论环境。要加强理论研究和政策研究，对一些不同看法或不正确的认识，加以解释和引导。比如有人担心开展“老有所为”会影响安排待业青年就业，甚至说“爷爷抢了孙子的饭碗”。我在前面已经讲到，开展“老有所为”是为了国家的稳定和发展，不占就业指标，这和一般意义上的劳动就业是有区别的。而且老年人干的，往往是青年暂时干不了或不愿干的。在某种意义上讲，“老有所为”开展得好，还有利于新生力量的锻炼成长，可为待业青年创造更多的就业机会。如果在离退休职工兴办的服务项目和第三产业中，安置一定比例的待业青年，就可以更好地发挥老职工的传帮带作用；如果安排离退休职工做培训待业青年的工作，就可以帮助他们掌握就业本领等等。对于离退休职工兴办的服务项目、老年福利企业和第三产业，有关部门给予适当的优惠政策，也是十分必要的。

开展“老有所为”，还要依靠老年人自身的努力。一般说来，老年人从工作岗位上退了下来，都有一个适应的过程。在这个过程中，老年人要学会过好“老年关”。在过“老年关”中，我看有几条值得注意：活到老，学到老，关心国家大事，力求不断更新自己的知识，继续提高业务水平；陶冶情操，保持晚节，力求在安息时心安理得，问心无愧；坚持锻炼，力保健康，争取长寿；不为儿女的物质亭受多费心计，要为儿女做个好榜样；为自己从事的事业，培养接班人，把自己所学到的东西尽可能传给下一代，等等。我们信“老年关”过好了，“老有所为”也就更富有生气。

同志们，现在全国老龄工作的发展形势是好的。我希望各地的党和政府把老龄工作列入议事日程，进一步加强对老龄工作的领导，帮助解决实际工作中遇到的困难，把这项具有深远意义的工作抓好。今后10年，是社会主义建设非常关键的时期。我国亿万老年人要努力提高历史的责任感和时代的紧迫感，为进一步稳定发展，为胜利完成十年规则和“八五”计划而努力奋斗！

朱镕基同志在全国“老有所为”研讨会上的讲话

（1991 年 1 月 30 日）

同志们：

这次全国老龄委员会在上海召开“老有所为”研讨会。全国的和各个省市的老龄工作的负责同志，和各个地方的老同志、老前辈到上海来，可以说是“群贤毕至，众老咸集”。这是上海的光荣，我们感到非常高兴。

这次“老有所为”研讨会，是在七中全会刚刚开完后在上海召开的。我相信，这个会议对于动员全国的老年人贯彻七中全会指示精神，完成我们第三步的战略目标，会具有重要的意义。这个会议开得非常及时。丕显同志刚到上海，马上就来讲话，非常关心老龄工作，为我们树立了榜样。这次研论会，各个省市发表了很好的意见。我只翻了一下会议材料，没仔细看，但是我觉得同志们的很多意见，对我们的工作是一个很大的促进，对我们考虑老龄工作的思路很有启发。所以，这次会议在上海召开，确实是对上海工作的帮助。（陈丕显插话：人家说上海老龄工作做得比较好，是市委领导的结果）不是，不是。市委领导主要靠一些老同志。上海老同志、离退休职工150万人，这是很大的数目。这些同志多半都是经历了两个社会的对比，是我们新中国的创业者，对党、对人民都有深厚的感情，而且有丰富的经验。我在上海老龄工作会上说过一句话，“上海是一个智慧的城市”。我们有这么多老同志，智慧就是力量。这150万人里面，有60万人都参加了不同形式的工作。刚才丕显同志说，上海的老龄工作做得比较好，这主要是由于我们有一些老的领导，老的同志。在座的胡立教同志就是原来老龄工作负责同志，杨堤同志是现在老龄工作的负责同志。我们还有很多老同志非常关心老龄工作的进展，如果说我们做出了一些成绩，这与这些同志的努力、关心是分不开的。

（朱镕基市长介绍上海情况略）

这次会议以后，我们上海应从中得到启发、得到启示。

第一，我们要很好地学习贯彻老龄委员会这次会议的一些精神，把上海市的老龄工作做得更好，特别是丕显同志的讲话，开拓了我们的思路。

第二，根据研讨会很多同志好的意见，来开拓上海老龄工作的新路子、新招数，能够使我们的老龄工作多层次、多渠道、多形式地在老有所为的口号下有更大的发展。上海老龄工作也可以说有一点多层次的意思。我们老龄工作分了很多层次。市顾问委员会是我们老龄工作最高层次。市政府有一个咨询工作小组，这个小组把几乎身体比较好一些的历届政府里面主要的负责人都吸收进来，他们对过去上海的历史、工作的连续性了解得非常清楚。我们很多事情不了解，很多问题不敢决策，不知道过去这个问题的来源，历史根源不大清楚，曾经有过什么决策方案也不知道。现在有 20 多人，快 30 人了，都是局长以上的。（陈丕显：天津有 200 多人，北京有 100 多人）那么多人怎么发挥作用的？（陈丕显：他们分专业）我们是综合的。综合性的决策，凡属重要的问题，如年度计划、五年规划的思路，住房的改革、副食品的改革、劳动制度的改革，甚至于一个大桥怎么修这样一些带全局性的问题，都放在咨询小组里面，给我们提出很多意见，记录一本一本的，大家意见也多，经验也丰富，这对市政府的决策很有帮助。我们市政府还有参事室，是民主党派、无党派人士参加的。他们也经常提出一些好的建议，人大政协他们都有专家委员会。还有科学技术界的老专家组织的上海市咨询委员会。各方面都能积极地为上海市的工作提出很好的意见，最低层次的，同志们看到了，马路上戴红袖章的都是退休职工，这是上海的特色、传统，非常好！上海的退休职工在维护社会治安，维护交通秩序方面起了很好的作用，在动乱的时候也起了很好的作用。老年人对稳定一个城市起很好的作用，这个作用是不可估量的。150 万退休职工是稳定上海的重要因素，但是我们在这方面做的还不够，我们希望市委、市政府在老同志的帮助下把上海市的老龄工作搞得更好。这方面从我来讲关心的很不够，这次会议对我是个促进，要借这个东风更好地搞好这项工作。

第三点，对老龄工作应该认真地开展一些理论研究、政策研究、科学研究。上海的老龄化进程可能要快于全国（陈丕显：是全国第一位的），上海人平均寿命很长，达 73 岁，女同志 76 岁。这个也带来很多问题。上海的劳动力很缺乏，“干活靠阿乡”，干粗活靠江苏、浙江来的阿乡。过去几十万建筑队伍在上海，现在还是这个状况，稍少一点，我们清退了一些，还是不少。这里面绝大多数都是好的，但也带来很多社会治安问题。年轻人比重越来越少也是一个很大的问题，一方面是财富、是力量、是智慧，但另一方面带来另外一些不平衡的发展问题，确实值得研究。据计算，到2025年28%的都是老年人了。企业的负担为什么那么重呢？除了上交中央，80～90%交给中央了，每个企业的收入就那么多，所以它困难就困难在这个地方，我讲的是国营企业。另外一方面，退休职工的负担也很重，差不多一个在职职工养一个退休职工，就这么一个状况。现在搞社会劳动保险制度的改革，分两步走，今年先搞待业职工的劳动制度的改革，搞社会保险，明年搞养老，整个都要考虑了。这些问题需要研究，好的还有35年，今后10～15年老龄化缓慢上升。我们要抓紧这段时间，开展这方面的理论研究、政策研究和科学研究工作，使老龄工作更好地为我们党的战略目标服务。

最后想说一下，这次会议在上海召开，我们琐事比较多，可能有很多照顾不周的地方，请同志们批评。今天我是参加全市统一组织的到部队去慰问，所以晚来了一点。最后，向大家拜个早年，祝同志们身体健康，万事如意，健康长寿！

谢谢大家！

聂荣臻同志给《中国老年报》创刊三周年的贺信

办好中华老年报是我国老年事业发展的需要

（1991年6月18日）

中华老年报社的同志们：

正值迎接中国共产党成立70周年之际，喜逢《中华老年报》创刊三周年，我以十分喜悦的心情，特向同志们致以热烈的祝贺！

《中华老年报》作为全国老龄委的机关报，几年来在老龄事业的宣传与指导上做了大量工作，取得了可喜的成绩，对开拓老年事业起到了积极的推动作用。老年事业不断深入发展，很重要的是做好宣传工作，办好《中华老年报》是我国老年事业发展的需要。

希望报社的同志认真总结经验，发扬成绩，戒骄戒燥，再接再厉，为进一步推动我国社会主义老年事业的开拓发展做出贡献。

陈俊生同志在庆祝“国际老人节”座谈会上的讲话

（1991年9月25日）

同志们、朋友们：

今天，我们在这里欢聚一堂，热烈庆祝“国际老人节”。我感到由衷的高兴。因为，我们中国的老年人和全世界的老年人从此有了自己的节日，这是一件大好事。我代表中国政府向中国的老年同志们和世界各国的老年朋友们致以节日的祝贺！

第45届联合国大会通过决议，把10月1日定为“国际老人节”。这一天恰逢我国的国庆节，这是一个具有重要意义和影响的节日。确立“国际老人节”，目的是为了唤起国际社会和各国政府对人口老龄化的重视，发挥老年人的作用，为社会多做贡献，积极发展老龄事业。这是联合国实施国际老龄行动计划所采取的一项重要措施，也是世界各国政府重视老龄问题，关心保护老年人的实际体现。

现在全世界的老年人已达4.85亿,我国的老年人有1亿,占世界老年人口的1/5。到2000年,我国的老年人将达到1.3亿,从而进入老年型国家的行列,这是一个重大的社会问题。我们庆祝“国际老人节”,就是要提醒全社会充分认识这个问题。特别是在当前国际风云急剧变化的严峻时刻,我们庆祝这一节日,不仅可以充分体现党和政府对老年人的关怀,而且对于宣传老年人的历史功绩,发扬革命传统,发挥老同志的政治优势,培养教育下一代,坚持社会主义道路,更具有深远的意义。总之,确立并庆祝这个节日,是老年人的迫切愿望,是社会发展和时代的需要。

大家知道,老年人是人类社会的宝贵财富,他们为了人类的进步,社会的发展和后代人的幸福,操劳一生,积累了巨大的物质和精神财富,做出了宝贵的贡献。我们中国当代的老年人,大都经历了创立和建设新中国的艰苦岁月,尤其是老一辈革命家和许许多多的老同志,经受了战火的严峻考验,为国家的独立富强,为社会的稳定发展,为四个现代化早日实现,建立了不可磨灭的历史功勋。他们的命运和我们共和国的命运紧紧地结合在一起。他们不仅是国家和人民的功臣,也是坚持四项基本原则,保证党和国家千秋万代永不变色的重要政治力量。因此,保护好老同志,充分发挥他们在稳定社会、发展经济、教育后代、建设四化中的作用,是各级党委和政府的一项重要任务。我殷切希望各地党政领导多多关心这件事情,切实抓好这项工作。

近几年,我国的老龄事业发展较快,老龄工作取得了很大成绩。这是与各级党政领导的重视和支持分不开的,是各级老龄委和广大老龄工作者以及各涉老工作部门共同努力的结果。我们党和政府十分重视老龄事业的发展,非常关心老年人的晚年生活,制定了一系列的政策。老龄问题已经写入了党的十三大政治报告和七届人大二次会议政府工作报告。最近颁布的《国民经济和社会发展十年规划和第八个五年计划纲要》,对老年社会保障制度做出了全面规划。希望各级党委和政府从战略的高度,进一步关心、支持老龄事业,把人口老龄化这一关系到国计民生的大事抓起来。老龄工作是一项具有重要意义的社会工作,也是党和政府工作的一个组成部分,党政领导要经常过问这项工作,要注意加强老龄委的组织建设,帮助他们解决工作中的实际困难,使他们更好地为老年人服务。各涉老部门和人民团体要与老龄委紧密合作,共同把老龄事业推向一个新的发展阶段。

同志们,朋友们!我们中国是世界上老年人口最多的国家,又是一个发展中的大国,我们有尊老敬老的优良传统,我们要尽自己的努力,在做好国内工作的同时,积极发展同各国老年组织和老年朋友的友谊及合作,为发展国际间的老龄事业做出应有的贡献!

祝老年朋友们节日愉快,健康长寿!

陈丕显同志在庆祝“国际老人节”座谈会上的讲话

(1991 年 9 月 25 日)

同志们、朋友们:

在首次“国际老人节”即将到来的时候,我代表全国老龄委名誉主任聂荣臻元帅和全国老龄委,向全国和世界的老年人致以节日的祝贺!

人口老龄化问题,是当今世界上存在的社会问题,也是涉及各国政治、经济、社会发展和人口规划的战略性问题。现在,全世界的老年人已达 4.85 亿,有近 50 个国家和地区,已成为“老年型人口”的国家和地区。我国现有老年人已达 1 亿,到 2000 年将达到 1.3 亿,从而进入“老年型人口”国家的行列;沪、京、津和沿海一些省市则已先于全国,成为“老年型人口”城市。人口老龄化,意味着退出劳动人口在总人口中的比重增加,赡养指数提高,社会的负担加重。目前我国处在社会主义的初级阶段,经济还不发达,而社会老年保障费用逐年增加,使我们面临着严峻的挑战。

尊老敬老是中华民族的优良传统,党和政府对老年人一向给予热情关怀。近几年来,针对人口老龄化出现的新情况和新问题,党和政府进一步采取了一系列的政策和措施。1983 年,中国老龄问题全国委员会经国务院批准成立以后,即从我国的实际出发,参考《老龄问题国际行动计划〈草案〉》的要求,提出“老有所养、老有所医、老有所为、老有所学、老有所乐”的奋斗目标。在党和政府的关情与支持下,全国从上到下,普遍建立了老龄工作机构,基本上形成老龄工作机构与专业性老年学术团体、老年群众组织相结合的老龄组织网格;积极开展宣传活动,使老龄化问题引起社会各界的重视的关注;发展“老有所为”,促进四化大业;积极推进社会养老保障制度的建立与逐步完善;老年社会福利和教育事业也有所发展；全国已有25个省、市、自治区制定了地方性的保护老年人合法权益的法规和条例。在开展国际合作与交流方面，全国老龄委先后同联合国有关组织，同20多个国家和地区的老龄组织建立了联系。我国老龄工作之所能能够取得以上成绩，最根本的原因是由于党中央和国务院对老龄事业的重视。老龄工作不仅写入党的十三大报告和七届人大二次会议通过的政府工作报告，而且受到党和国家领导人以及老一辈无产阶级革命家的亲切关怀。特别是江泽民总书记和宋平同志先后在全国“老有所为精英奖、敬老好儿女金榜奖”表彰大会和第二次全国老龄工作会议上所作的重要讲话，使老年人受到了鼓舞，并成为推动老龄事业发展的巨大动力。目前不少地方党政部门已将老龄工作列入了议事日程。

同志们、朋友们：到2000年，我国将实现社会主义现代化建设第二步战略目标，同时迎接“老年型人口”国家的到来。为此，我们要继续加强同联合国有关组织的联系，加强友好国家和地区以及世界老龄组织的合作和交流，借鉴他们有益的经验，努力探索一条具有中国特色的发展老龄事业的新途径，创造一个适应人口老龄化的环境和条件。我们要根据人口年龄构成的变化，调整社会的经济结构和产业结构，进一步开展“老有所为”，使亿万老年人成为国家稳定和发展的重要力量；我们要在城镇各类职工中按照国家、集体和个人共同合理负担的原则，逐步建立社会养老保险制度，要在农村采取积极引导的方针，逐步建立不同形式的老年保障制度；我们要继续加强对人口老龄化社会问题的宣传和教育，增强老龄意识，使人们在思想上、心理上、行动上适应老龄化社会的要求；我们要从我国的国情出发，坚持理论与实际相结合的原则，加强理论研究，发展老龄科学，培养老龄科研人才。

同志们、朋友们！在庆祝首次“国际老人节”的时候，我热烈希望全国亿万老年人在以江泽民同志为核心的党中央领导下，努力提高历史责任感和时代紧迫感，不管世界风云如何变幻，我们都要坚持四项基本原则，坚持改革开放，为建设有中国特色的社会主义发光发热，再做奉献，使老年世界的“夕阳”释放异采！我祝愿中国和世界的老个人节日愉快，健康长寿！

李鹏同志在庆祝中华人民共和国成立42周年招待会上的讲话（摘录）

（1991年9月30日）

朋友们，同志们！

第45届联合国大会把10月1日确定为“国际老人节”，这个节日正值我国的国庆节。在这欢庆的日子里，我代表中国政府向中国各族老年人和世界各国的老年朋友们致以节日的祝贺。我国是老年人口最多的国家。我国的老年人在长期的革命和建设事业中，做出了重大的贡献，他们是我国的宝贵财富。我们要继续发扬尊老敬贤的优良传统和社会美德，并采取正确的政策，把老年人的事情办好。

陈俊生同志给全国农村老龄工作经验交流会的贺信

（1991年11月30日）

中国老龄问题全国委员会：

获悉全国农村老龄工作经验交流会在山东省潍坊市召开，我谨代表国务院向会议表示热烈祝贺！向与会代表致以亲切的慰问！预祝会议开得成功。

老龄事业是一项新兴的事业。近几年来，在党中央，国务院的关怀下，在各级党和政府的领导下，我国的老龄事业发展很快，取得了很大成绩，农村老龄工作更加扎实活跃，在维护老年人合法权益、落实“五个老有”、教育青少年、维护社会治安、移风易俗、贯彻计划生育，进行社会主义教育、发展农村经济等工作中都发挥了很好的作用。农村老年人是农村稳定和发展的重要力量，充分发挥他们的作用，对于继承发扬党的光荣传统，继续深化农村改革，加强思想政治教育工作，促进精神文明和物质文明建设关系很大。农村老龄工作是我国农村社会主义事业的重要组成部分，是一项具有战略意义的工作，一定要抓好。

各级党组织和政府都要从战略高度认识老龄工作的重要意义，列入议事日程，纳入长期发展规划，进一步关心、支持老龄事业，把人口老龄化这一关系到国计民生的大事切实抓起来，经常过问和研究这项工作，加强各级老龄委的组织建设，帮助他们解决工作中的实际困难。各级老龄委和广大老龄工作者要艰苦奋斗，勇于开拓，创造更大的成绩。各有关部门要与各级老龄组织相互配合，共同努力，使具有中国特色的老龄事业得到不断的发展。

聂荣臻同志给全国农村老龄工作经验交流会的贺信

（1991年12月3日）

中国老龄问题全国委员会：

获悉全国农村老龄工作经验交流会在山东省潍坊市召开，请向会议全体同志转达我的问候，并希望这次会议开得成功，为发展我国农村老龄事业做出贡献。

近几年，随着我国农村经济的发展和农村人口老龄化，农村老龄工作有了长足的发展，取得了很大成绩，特别是直接从事农村老龄工作的同志，付出了辛勤的劳动，创造出许多宝贵经验，我向他们表示诚挚的谢意和祝贺！

目前，我国60岁以上的老年人已达1亿，其中近80%生活在农村，做好农村老龄工作，把农村老年人的事情办好，对于农村的稳定和发展十分重要。最近，党的十三届八中全会通过的《中共中央关于进一步加强农业和农村工作的决定》，是今后长期指导我国农业和农村工作的纲领性文件。希望各级老龄委认真学习这个文件，以八中全会精神为指导，在发展农村老龄事业中做出新成绩。

陈丕显同志给全国农村老龄工作经验交流会的贺信

（1991年12月3日）

中国老龄问题全国委员会：

欣悉全国工作农村老龄工作经验交流会在山东省潍坊市召开，请转达我对会议的热烈祝贺，并向来自祖国各地的会议代表致以亲切的慰问！

农村老龄工作是农村社会主义事业的重要组成部分，农村老龄工作做好了，对农村经济和社会发展，对社会稳定有直接的推动作用。近几年，农村老龄工作发展很快，取得了很大成绩，农村老年人在农村的两个文明建设中发挥了重要作用。我相信，通过这次会议的经验交流，将起到进一步的促进作用。

中共中央十三届八中全会通过的《中共中央关于进一步加强农业和农村工作的决定》，是今后相当长时期里指导我国农业和农村工作的纲领性文件，是我国农村老龄工作必须遵循的基本原则。各级老龄委要在党和政府的领导下，认真学习和贯彻《决定》，进一步开创农村老龄事业的新局面。

李鹏同志在接受《中华英才》画报总编辑采访时的讲话

（1992年12月）

注：在新的一年即将到来之际，中共中央政治局常委、国务院总理李鹏接受了《中华英才》半月刊总编辑的专访，就我国政治、经济、机构改革等问题回答了的提问。

当谈到老龄工作时，李鹏总理说："我国老龄人口正在逐年增加。我们中国自古以来就有尊老扶幼的优良传统，在新的历史时期更应发扬光大。因此，中国政府十分重视老龄工作。近年来，我国的老龄事业已经由初创阶段进入了一个发展时期，取得了工作经验和明显成绩。在新的一年到来之际，我衷心祝愿全国各条战线的老年人健康长寿，幸福欢乐，也希望各级政府、有关部门和全社会更多地关心、支持老龄工作，保证老年人的合法权益，为老年人创造更好的生活环境和工作环境"。

陈丕显同志给全国"重视老年工作领导者功勋奖"、"老有所为先进集体创新奖"表彰大会的贺电

（1992年12月3日）

欣悉全国"重视老年工作领导者功勋奖"、"老有所为先进集体创新奖"表彰大会在京召开，我谨向大会表示热烈祝贺！向所有获奖者表示热烈祝贺！

希望各级老年组织和全国的老年事业工作者，认真学习和贯彻党的十四大精神，重视研究人口老龄化问题，认真做好老年工作，使我国的老年事业能够得到更快、更大的发展。

陈俊生同志在全国"重视老年工作领导者功勋奖"、"老有所为先进集体创新奖"表彰大会上的讲话

（1992年12月4日）

同志们：

全国"重视老年工作领导者功勋奖"、"老有所为先进集体创新奖"表彰颁奖大会，今天隆重开幕了。我代表国务院向大会表示热烈祝贺，并向那些为老龄事业的发展建功立业，付出辛勤劳动，重视老龄工作的各级党和政府的领导者表示敬意，向"老有所为"

有突出贡献、取得显著成绩的老同志们，向全国亿万老年人致以亲切的慰问！

老龄事业是我国社会主义现代化建设事业的重要组成部分，老龄工作是一项具有重要意义的工作，直接影响着社会的稳定、经济的发展和两个文明建设。近几年来，在党中央、国务院的关怀，各级党和政府的领导下，经过各级老龄委、各涉老部门和老年群众组织的共同努力，我国老龄事业有了长足的发展，取得了很大成绩。涌现出了一批重视老龄工作、支持老龄事业的优秀领导者和率领老年人继续为现代化建设做贡献的先进集体，这是非常值得庆贺的。希望同志们再接再厉，在十四大精神指引下，以邓小平同志建设有中国特色社会主义理论为指导做好老龄工作，使我国老龄事业有更大的发展。

大家知道，我国是一个拥有11亿人口的大国，又是一个发展中的社会主义国家，随着经济的发展和社会的进步，人口老龄化问题将是一个不容忽视的社会问题。江泽民总书记在党的十四大报告中明确提出："重视研究人口老龄化问题，认真做好这方面的工作。"按照十四大的战略部署，我们要在本世纪90年代把有中国特色社会主义的伟大事业推向前进。为加快改革开放的步伐，建立健全社会主义市场经济新体制，我们必须重视社会保障制度的改革，必须继续推进包括老年福利事业、养老保险事业在内的多方面社会保障事业的发展；认真研究人口老龄化问题，重视人口老龄化的发展趋势，进一步探索在社会主义市场经济新体制下开展老龄工作的新路子。

现在，我国已有2400万离休、退休的老干部、老工人和老科技工作者。他们有的为创建新中国英勇奋战，功绩卓著；有的艰苦奋斗、操劳一生，为建设新中国呕心呖血，为国家的富强，社会的稳定和发展建立了不可磨灭的功勋。当代老年人是我们党和国家的宝贵财富。他们在改革开放的时代精神鼓舞下，在社会主义经济建设的大潮推动下，老当益壮、意气风发，仍在继续为现代化建设和两个文明建设做贡献。更值得一提的是，德高望重的老同志，满腔热情地培养关心下一代，他们在培养教育年轻一代方面的作用是不可替代的。我们党的各级组织和政府要切实从政治上、生活上关心离、退休干部，充分发挥他们的作用，使他们老有所为，安度晚年。

同志们，中国是世界上老年人口最多的国家，也是有着尊老敬老优良传统的国家。我们党和政府十分重视老龄事业的发展，关心老年人的生活。希望党的各级组织和政府要充分认识老龄工作的重要性，进一步关心和支持老龄事业的发展，把人口老龄化这一关系到国计民生的大事切实抓起来。我相信，经过我们的努力，具有中国特色的老龄事业一定会得到更大的发展！

祝大会圆满成功！

祝老前辈、老同志和老年朋友们健康长寿！

薄一波同志给全国"重视老年工作领导者功勋奖"、"老有所为先进集体创新奖"表彰大会的贺信

（1992年12月4日）

同志们：

首先，我向荣获全国"重视老年工作领导者功勋奖"、"老有所为先进集体创新奖"的同志们表示热烈的祝贺！

这次会议，是对10年来各级党政领导重视老年工作取得政绩的一次很好的总结；对亿万老同志在发展经济、安排老年人生活和社会活动中做出新贡献是一次巨大的鼓舞。对于今后老年战线切实贯彻落实党的十四大精神，并结合我国国情，实施联合国第47届特别会议提出的世界老龄工作目标，具有深远的意义。

应该看到，整个老年事业发展的10年，也正是我国新老干部交替和密切合作的10年。你们卓有成效的努力和取得的可喜成绩，人民不会忘记。1亿老年人感谢你们，人民感谢你们！

联合国对中国老龄事业10年的发展，给予充分肯定和表示赞赏，是件大好事，是值得庆贺的。这正是10年来你们这些获得"功勋奖"、"创新奖"的同

志和全国各级党政领导同志及老年工作者共同努力的结果。

我相信，广大老同志在党的十四大精神鼓舞下，会进一步解放思想，在改革开放，在推进社会主义市场经济，建设有中国特色社会主义进程中再做出新的历史贡献。

祝大会圆满成功！

祝老同志健康长寿，祝年轻同志开拓前进！

王光英同志在全国“重视老年工作领导者功勋奖”、“老有所为先进集体创新奖”表彰大会上的讲话

（1992年12月4日）

同志们：

在学习贯彻党的十四大精神，全国人民正在齐心协力建设有中国特色社会主义的大好形势下，我们召开全国“重视老年工作领导者功勋奖”和“老有所为先进集体创新奖”表彰大会。这是我国老年事业的一次重要盛会。它对于总结10年来我国老年工作的基本经验和成就，完成十四大提出的老年工作任务，实施联合国第47届特别会议提出的老龄目标，都具有十分重要的意义。我代表“双奖”评选指导委员会向到会的代表同志们，向所有“双奖”获得者们表示热烈的祝贺。祝贺你们为老年事业的10年发展创建了功勋。祝贺你们为社会稳定和经济发展做出了新的贡献。并希望荣获“功勋奖”的1000位基层党政领导同志保持荣誉，继续关心和重视老年工作，并取得更大成绩。同时也希望亿万老同志，向荣获“创新奖”的1000个集体所率领的50万老同志学习，从实际出发，为建设中国特色社会主义做出更大的贡献。

“双奖”评选活动，是在全国老龄委的倡导下，由中国老年杂志社联合全国12家老年期刊共同发起的。这项活动始终得到了革命老前辈的关心和支持，得到了各级党政领导的重视和支持，同时也受到了广大老年人和老年工作者的欢迎和好评。全国30个省、自治区、直辖市、国家机关67个部、委、办、局，解放军和武警部队都参加了评选活动。经过一年零十个月的工作，全国共评出“功勋奖”人物1000名，老有所为先进集体1000个。在“重视老年工作领导者功勋奖”获奖者中，省部级领导20人，市委书记、市长一级320人，大型厂矿和集团公司的领导300多人，县委书记、县长一级280人。“功勋奖”中还有5名中央委员。评选出的1000个老有所为先进集体，率领着约50万老年人，其中40%是兴办经济实体，搞经济咨询，为发展经济做出重要贡献的老年群体，也有从事精神文明建没，深受人民赞誉的老年组织。尤其在小平同志南巡讲话精神鼓舞下，许多老同志组织起来，投身于改革，为建立社会主义的市场经济体制进行了可贵的探索和实践。他们代表了我国一亿老年人的方向，充分展现了当代中国老人为增强综合国力，勇于在市场经济竞争中有所作为的时代风貌。

这次活动的一个突出特点，通过表彰各级领导者重视老年事业的政绩，使老年工作进入更多的领导者的决策意识中。实践证明：哪里的主要领导重视老年工作，哪里的老年工作就充满生机，领导者也越是受到人民的拥戴。

这次“双奖”活动的另一个特点，就是紧紧地抓住改革开放这个时代的大主题，经过总结十年来开展老有所为的经验，使我们看到，亿万老年人是社会稳定和发展的重要力量，也是改革开放的重要力量。

“双奖”活动是一个开拓性的活动，是在老年领域进一步深化改革的具体措施，对老年事业的发展必将起到极大的推动作用。

最后，希望荣获“功勋奖”和“创新奖”的同志们珍惜荣誉，再接再励，认真贯彻党的十四大精神，为老年事业的发展，为建设有中国特色的社会主义，再做出新的贡献！

祝大会圆满成功！

祝老年事业兴旺发达！

祝同志们健康幸福！

李贵鲜同志在中国老龄问题对策研讨会上的讲话

（1993 年 11 月 26 日）

同志们：

我代表国务院对中国老龄问题对策研讨会的召开表示热烈的祝贺，并借此机会向辛勤工作在老龄工作第一线的同志们和从事老龄问题研究的专家、学者致以亲切的问候。

我国的老龄工作发展经历了 10 个年头。10 年前，大家还不大知道有个老龄问题，经过你们 10 年的努力，老龄工作的重要性已经逐渐形成社会的共识，在全国建立了老龄工作体系，根据国务院规定的任务，开展了大量工作，形成了在党和政府领导下，依靠和动员社会力量，调动老年人自身的积极性，围绕老有所养、老有所医、老有所为、老有所学，老有所乐的目标，走出了一条积极养老的道路，对弘扬敬老爱老养老的传统美德起了重大作用。各级老龄委已经成为党和政府联系广大老年人的桥梁，成为综合解决老龄问题的参谋和助手，也为老年人办了大量的好事和实事，在国内外产生了良好的影响。这些成绩的取得是很不容易的，是各级老龄委，以及专家。学者在实践中不断奋斗的结果。

人总是会老的，这是不可抗拒的自然规律。随着我国经济的不断发展，社会生活条件的逐步改善，我国已出现了一个庞大的、有 1 亿人的老年群体，再过 7 年，也就是到 2000 年的时候，我国就要成为一个老年型的国家，发展之快，世界罕见。这的确是一个不容忽视的重大社会问题，应当认真对待，我们的政府重视妇女儿童事业，重视残疾人事业，同样也重视老年事业。把这一问题解决好，对于我国经济的发展，社会的稳定，都是至关重要的。

这次老龄问题对策研讨会的召开，正值邓小平选集第三卷发表，党的十四届三中全会刚刚闭幕，全党、全国各族人民正在认真学习，贯彻《关于建立社会主义市场经济体制若干问题的决定》，全国老龄委在总结 10 年老龄工作的基础上，结合科研成果，提出了《中国老龄工作七年发展纲要（1994～2000 年）》，希望你们通过这次研讨会，根据邓小平同志建设有中国特色的社会主义理论和十四届三中全会的精神，进一步完善综合解决老龄问题的对策，认真研究在社会主义市场经济体制下，建立多层次社会保障体系的途径。在社会保障体系中，养老保障是一个重要方面。老年人的需求是多方面的，决定了社会养老保障及老龄工作是多层次，多样化的，所以探索，研讨老龄问题是十分必要的。希望你们能在老龄化社会到来的时候，形成一套具有中国特色的解决老龄问题的对策，使我国的老年人能欢度晚年并发挥这一庞大群体的作用。

最近江泽民总书记提出：“重视老龄工作，发展老龄事业。”这充分反映出我们党和国家对老龄事业的关怀和重视。因此，我国的老龄工作只能加强，不能削弱，这是事物发展的客观需要，各级政府应当重视老龄工作，并从实际出发，进一步理顺老龄工作机构，解决老龄工作中的困难，使我国的老龄工作再上一个新的台阶。

祝会议圆满成功！

陈丕显同志在中国老龄问题对策研讨会上的讲话

（1993 年 11 月 26 日）

党的十一届三中全会以来，我国的经济建设、人民生活，综合国力都上了一个大台阶。随着人民生活逐步改善，科学文化、卫生保健事业的发展，计划生育政策的成功实施，我国人口老龄化迅速发展。近十年来，老年人口增长的速度是总人口增长速度的两倍；现全国老年人已超过1亿，其中80岁以上的高龄老人约占10%。据国家统计局预测，21世纪初我国的人口类型将完成向老年型的转变，然后向高度老龄化发展。随着工业化、城市化、现代化的发展，家庭规模日趋小型化，家庭养老功能将逐渐削弱，越来越多的老年人逐步依赖社会供养，社会负担必然加重。早在10年前，聂帅等老一辈无产阶级革命家就看出这一趋势，提出要把老龄问题提高到战略高度来认识，开拓发展。如今，我们正处在新旧世纪之交，要把老龄问题放到长远角度来考虑，不仅着眼于本世纪，而且要着眼于21世纪；研究如何抓紧本世纪这7年，为21世纪做好准备。

党和国家很重视老龄问题，将它写入党的十三大、十四大的报告和全国七届、八届人大通过的政府工作报告，江泽民、李鹏等中央领导人对老龄工作多次作过指示。十多年来，由于全党、全社会的重视与关注，由于全国老龄工作者的共同努力，老龄工作取得了明显成绩，积累了经验，把“老有所养，老有所医，老有所为，老有所学，老有所乐”作为解决我国老龄问题的奋斗目标。我国的老龄事业已经由初创阶段进入了一个发展时期。当前，我们的主要任务是认真贯彻党的十四大和十四届三中全会精神，制订好老龄工作发展纲要，全面推进有中国特色的老龄事业。

第一、要重视老年人的价值，拓展老有所为，走中国式的积极养老之路。

我国老年事业发展的十多年，正是伴随改革开放同步发展的十多年。老年经济实体在改革中诞生，是我国老年事业发展的必然产物。目前全国各类老年经济实体已发展到4万多个，产值达上百亿元。实践表明，老年经济实体凭借老年人特有优势，已成为我国国民经济登上新台阶的一支不可忽视的力量。特别是那些从事技术开发、咨询服务、教育训练、医疗保健和技工（农）贸结合的老年经济实体，可以更好地把我国180多万离退休科技工作者，把那些熟悉市场营销、金融、会计、审计和法律等方面老年人的积极性调动起来，以从总体上增强我国的智力优势。目前，全国各地涌现的先进人物和生动事迹表明：兴办老年经济实体，有利于老年人施展才华，释放新热，“二次创业”，再展雄风，体现老年人的人生价值；有利于以老年人自己创造的物质财富，补充老年社会保障和老年福利事业经费之不足；有利于为社会创造就业机会；有利于老年人向青年人“传、帮、带”。总之，兴办老年经济实体是把“老有所为”与其他四个“老有”结合起来，缓解人口老龄化与经济发展水平不相适应矛盾的一项积极对策，是建立有中国特色老龄事业的一项战略措施。

小平同志说：“人老有老的长处，也有老的弱点。”“一般地讲，老年人习惯势力多一些”。老年人习惯于按计划经济体制，凭自己的经验考虑问题，对市场经济体制也不熟悉。为了进一步发展老年经济实体，我们老年人要认真学习十四届三中全会的《决定》，学习中青年的首创革新精神，赶上时代的要求。当然，更不能利用权势搞邪门歪道。

老年人不仅要积极兴办老年经济实体，而且要拓宽“老有所为”的领域，为经济建设、增强综合国力献计献策，添砖增瓦，再做贡献。同时，要在社会主义精神文明建设方面作表率。目前，拜金主义正在逐渐成为“时尚”，已成为一部分人的行为准则，我们老年人尤其需要在保持党的优良传统方面为下一代做出榜样，树立风范。各级老龄委要继续组织老年人投入反腐败的斗争，参加廉政建设和各项公益活动，协助党和政府净化社会风气，建立文明健康的生活方式。

第二、建立多层次的社会养老保障体系，努力提高老年人的生活质量。

随着退休人数不断增加，由国家包下来的退休金制度，与市场经济体制的要求已不相适应。据统计，1980年全国离退休、退职职工保险福利费用为50.4亿元，1992年为694.8亿元，13年中增长了13倍。最近，世界银行提出的“1993年世界发展报告”中指出：“中国正在面临老龄化的新压力，如不改变当前不合理的卫生保健模式，到2000年，卫生保健费用将由现在占国民生产总值的3.2%，上升到10%，到2030年，会达到25%，这是绝对承受不了的。”可是，另一方面，从离退休职工个人来说，没有奖金性收入，只靠退休金，由于物价上涨，生活水平有所下降。特别是有一些微利、亏损企业的离退休职工，不能按时领到退休金，生活相当困难，我常常听到一些离退休职工的呼声。

解决这个问题，根本的出路在于认真贯彻十四届三中全会的《决定》，建立与我国社会生产力发展水平以及各方面的承受能力相适应的多层次的社会养老保障体系。在城镇，对企业职工要实行基本养老保险、企业补充养老保险和职工个人储蓄性保险相结合的制度；对城市个体劳动者，逐步实行强制性保险；提倡社会互助；发展商业性保险业，作为社会保险的补充。要增强劳动者的自我养老意识，明确自己在个人、家庭、社区、政府相结合的供养体系中应当承担的责任。同时，为了使离退休职工的基本生活水平不致下降，要逐步提高统筹基金的社会化程度，并在经济发展的基础上提高退休金标准，共享社会发展的成果。对那些生活特别困难、体弱多病的高龄老人，政府和社会应予以更多的关注。至于农民养老，虽以家庭保障为主，但目前建立农村社会养老保险制度的工作，已在1000多个县（市、区）开展，有4500万农民投保，积累保险基金达15亿元。说明实行个人储蓄积累养老保险是受到农民欢迎的。今后，有条件的地方，根据农民自愿，从实际出发，适度发展。要发展和完善农村合作医疗制度。

这里，我还要提一下，各级老龄委要把老年基金会的工作认真抓起来，积极办好老年福利事业。我希望全国和各地老年基金会，要像创建“希望工程”一样，广泛动员舆论力量，请国内外有影响的知名人士负责，多方募集资金，办好意义在于21世纪的“夕阳工程”或叫“银色工程”。

“老有所养”的“养”，除了使老年人的物质生活和医疗得到保障外，还有一个“精神养老”的问题，即努力从社会、心理和娱乐等方面满足老年人的需求，提高老年人的生活质量，让更多的老年人摆脱孤寂，充实心灵，颐养天年。所以，尽量多办、办好老年大学或老年学校、老年活动中心（或活动室）等，电台、电视台开办老年人的专题节目，使老年人得到独特而丰富的精神享受，应是全面推进老年事业的奋斗目标之一。

第三、建立具有中国特色的社区服务，造就一个与人口老龄化相适应的环境。

在城镇，以街道或居委会为依托；在农村以乡镇或村委为依托的社区养老服务，是对家庭养老的扩大和补充。但目前社区养老服务刚刚兴起，在个人、家庭、社区、政府相结合的供养体系中，社区服务所占的份额在城市仅为1.9%，在农村仅为0.9%，是最薄弱的一环。各地要认真贯彻民政部等14个部门联合提出的《关于加快发展社区服务业的意见》，加快社区养老服务的建设，促使传统的家庭照料向社会照料的转变，就近就地照料老人，提供服务，为之排忧解难。

在加强社区服务的同时，要在全社会造就一个与老龄化相适应的良好环境。目前，有的老年人受子女歧视、虐待，涉及家庭养老的民事纠纷案件有所增加，十分值得重视。建立社会主义市场经济体制是一场深刻的社会大变革，这场变革必然引起人们思想观念和生活方式的深刻变化。面对这样一个新的形势，加强宣传思想工作，在全社会造就养老敬老的舆论环境，具有特别重要的意义。家庭儿女和孙子辈养老、爱老、敬老是中华民族炎黄子孙几千年来的传统美德。我们要加强宣传思想工作，在优越的社会主义制度下，使这种传统美德发扬光大，在全社会进一步形成关怀与尊敬老人的道德风尚。同时，要认真贯彻执行保护老年人合法权益的法规、条例，继续推行签订《家庭赡养协议书》，同时，应当加快“老年人法”的立法工作，使老年工作逐步规范化、法制化。对养老敬老的法制宣传教育，要常抓不懈，持之以恒。另外，在住房、交通、商业、服务和活动场所的建设，要考虑到老年人的特殊要求，为之提供方便与优惠，在全社会造就尊老、敬老的大环境。

第四、加强组织建设，培养造就一支全面推进有中国特色老龄事业的干部队伍。

十多年来，各地已在实践中培养造就了一支老龄工作队伍。其中，专职干部9000多人，兼职聘用干部10多万人。今后，这支队伍要发展壮大，并有计划地进行培训，不断提高干部素质。在组织建设中，要特别重视和加强基层老年协会的建设。目前，在机构改革中有些县（市）把老龄机构撤并，把老龄干部调走，这种做法，缺乏远见。江泽民同志最近指出，要“重视老龄工作，发展老龄事业”。十四届三中全会的《决定》说，在政府机构改革中，要“加强政府的社会管理职能”。老龄问题是社会问题，老龄机构理应加强，不宜削弱。

在组织建设中还要重视老龄科学研究人才的培养，多出科研成果。最近，中国老龄科研中心完成的《关于建立中国老年人供养体制的研究报告》，中央一些部门和各地写的科研论文，都提出了一些很好的见解。理论研究贵在联系实际，提高分析和解决实际问题的能力，以更好地为老龄事业服务。同时，对某一见解，容许保留或提出不同看法。这样，通过相互磋商，逐步求得共识，以在探索发展中国式老龄事业的道路上不断有所创新。

我们要在小平同志建设有中国特色社会主义理论的指导下，在以江泽民同志为核心的党中央领导下，思想要解放，视野要开阔，工作要勤奋，作风要踏实，兢兢业业，讲求实效，为全面推进有中国特色的老龄事业而努力奋斗，为发展世界老龄事业做出应有的贡献。

彭珮云同志在中国老年保健研讨会上的讲话

（1994年2月23日）

今天，中国老龄问题全国委员会、中国老年学学会和北京市老年学学会联合召开中国老年保健研讨会，我有机会来参加，了解大家的研究成果，向大家学习，感到很高兴。刚才，同志们的报告都是经过认真研究、认真准备的，谈了许多好的意见和建议，使我很受启发。

人类寿命的延长是现代社会发展和文明进步的标志，同时也带来了令全球关注的老龄问题。我很赞成“健康的老龄化”的提法。实现健康的老龄化应该成为我们做好老龄工作的目标。这涉及许多问题、许多学科和许多部门的工作。希望大家继续深入研究，取得更多的成果，为实际工作服务。

下面，我仅就如何进一步加强我国老年医疗保健工作谈几点想法，与大家共同探讨。

一、切实加强对老年医疗保健工作的领导

我国是世界上老龄人口绝对数最多的国家，又是世界上人口老龄化速度最快的国家之一。老年人对医疗保健服务需求量大，而且老年人的疾病多为慢性病，医疗的消费较高。

我国从国家和人民的长远利益出发，实行严格控制人口增长的计划生育政策，将使我国家庭人口结构发生新的变化。一对年轻的独生子女夫妇将要负担照顾四位双亲和抚养一个子女的任务，这就给老年医疗保健工作增加了难度。

因此，各级政府和全社会都要进一步重视老龄问题和老年医疗保健工作。要切实加强领导，组织协调各有关部门共同做好老龄工作和老年医疗保健工作。同时，要充分发挥老龄委、老年学会和老年医学学会等组织的作用。要继承和发扬中华民族敬老爱老的优良传统，发动全社会都来关心和支持老龄工作和老年医疗保健工作。为此，要在群众中加强敬老爱老的教育，把它作为精神文明建设的一项重要内容常抓不懈。

二、加速发展适应中国国情的老年医疗保健事业

卫生部于1991年制定和下发了老年医疗保健八五规划，对老年医疗保健工作提出了目标和对策，正在逐步实施。为了加速发展适应中国国情的老年医疗保健事业，我认为：

第一，要积极探索和发展具有中国特色的社区老年医疗保健服务模式，这是搞好老年人医疗保健服务的重要途径。

要继续加强城市特别是农村的三级医疗预防保健网的建设，把老年医疗保健纳入三级医疗预防保健网的工作任务之中。省、市的二三级医院要充分发挥社区老年医疗保健工作技术指导中心的作用。有条件的医院要努力创建老年病科（组）。各级医疗单位要采取方便老人就医的措施。

医疗单位要与社会福利机构密切结合起来。医务人员要走出医院的大门，深入到这些机构中去指导或直接开展老年人的健康教育和防病治病工作。

各级医院，尤其是基层医院，要大力开展老人家庭医疗护理和社区性康复工作，送医送药上门，方便老年人。

要举办各种院外或中间服务设施与服务项目，如老年日间医院，临终关怀病房等等，为有困难的家庭分忧解难。

第二，坚持预防为主、中西医并举的方针，坚持社会效益第一的原则。

实践证明，要提高老年人口生命——健康质量，单纯对老年疾病实行被动性的治疗是个人和社会都难以承受的负担，不适合我国的国情。必须坚持预防为主的方针。要从老年人的实际情况出发，抓住关键，突出重点，在促进健康、延缓老年疾病的发生和减少因病致残方面多做研究，要从中、青年时期就培养良好的生活习惯，增强体质。

要大力发掘、整理和提高祖国传统医药学在防衰老、防治老年病、慢性病和康复方面的理论和经验，使之在老年医疗保健中发挥更大的作用。

举办各种老年医疗保健服务的设施和项目，应该把社会效益放在首位。

第三，要加强老年医学人才培养和老年医学研究，这是发展我国老年医疗保健事业具有战略意义的措施。

要协同教委争取在医学院校中逐步开设老年医学课，中等卫生学校也要逐步开设老年医学和老年护理课。要通过办培训班、进修等方式使更多的在职医护人员掌握老年医学知识。有条件的省、市要加强老年医学研究机构的建设，也可以在综合医院里设老年医学研究室，还要组织生物医学、心理学、社会学等多学科协作开展老年医学的基础研究。

第四，要采取多种形式大力开展老年健康教育。这是花钱少，效益高的一项重要措施。

目前老年健康教育的广度和深度还不够，要特别注重对城乡文化程度较低的老年人普及卫生科学知识，增强他们的自我保健意识和能力。

近10多年来，我国的老年医疗保健事业已有了一定的发展，打下了比较好的基础。党和国家一贯重视老龄问题和老年医疗保健工作。我国宪法有专门的条款对此作了规定。中共中央十四届三中全会通过的关于建立社会主义市场经济体制若干问题的决定，又把建立多层次的社会保障制度，为城乡居民提供同我国国情相适应的社会保障，包括养老、医疗等，作为建立社会主义市场经济体制的重要环节，指出这对深化改革，顺利建立社会主义市场经济体制，保持社会稳定，促进经济发展具有重大意义。

老年社区和家庭医疗保健正在逐步发展，敬老院、福利院、光荣院、老年公寓、老年活动站、社区服务中心等都为老年人开展了一些医疗保健活动；全国已开设家庭病床65万多张，其中很大数量是为老年病人服务的。天津、上海、北京等一些大中城市开展了高血压、中风、冠心病和恶性肿瘤的群防群治活动。

全国已建立不同规模的老年医学研究所（室）40多个，开展了一些有价值的调查研究。中华医学会老年医学学会在各地有50多个分会，经常组织国内外老年医学的学术交流活动，促进了这一领域学术水平的提高。各地举办了多种形式的老年保健知识讲座，还成立了老年体育协会，促进了老年人体育运动和其他健身活动的开展。

所有这些，都是我们进一步搞好老年医疗保健工作的信心所在。我相信，经过我们大家的共同努力，我国的老龄工作和老年医疗保健工作一定会取得更大的成绩。

最后，祝这次研讨会圆满成功！

李贵鲜同志给全国发展老年福利事业经验交流会的贺信

（1994年9月1日）

中国老龄问题全国委员会：

获悉全国发展老年福利事业经验交流会在沈阳市召开，我代表国务院向会议表示热烈祝贺，并向与会代表致以亲切的慰问！预祝会议取得圆满成功！

老年福利事业是社会福利事业的一部分。党中央、国务院很重视老年福利事业的发展，各级党和政府对此逐年加大了投入。近几年，经过各级老龄委和有关部门的共同努力，这项工作取得了很大成绩，受到广大老年人和全社会的欢迎。发展老年福利事业，积极兴办老年福利设施，是一件顺民意、暖人心的大事，切实做好这项工作对于继承和发扬尊老爱老的优良传统，建立有中国特色的社会养老保障事业，促进精神文明和物质文明建设关系极大。各级政府要从战略高度认识老年福利事业的重要意义，列入议事日程，纳入社会发展规划，关心支持这项事业。并积极帮助各级老龄委和有关部门解决这方面的困难。希望各级涉老部门同心协力，勇于开拓，采取必要措施促进老年福利事业健康发展。

李贵鲜同志在中国老年人供养问题对策会议上的讲话

（1994年12月5日）

各位来宾、各位专家、各位朋友

女士们、先生们：

我很高兴能参加今天这个会议，借此机会向出席这次大会的各位代表、各位专家、各位来宾问好！并预祝大会圆满成功！

随着经济的发展、人民生活水平的提高、医疗条件的改善，我国也将要经历发达国家已经出现的人口老龄化的挑战。人口老龄化，老年人口在总人口中比重增加，必将对社会经济产生影响，在这样的情况下，我们既不要忧心忡忡，也不能掉以轻心，要从战略的高度出发，统筹规划，采取正确的政策，做到未雨绸缪，有预测有规划切实抓好这项工作。

全国老龄委召开的这个会议是必要的。这是个研究成果的推广会，也是将研究成果转化为政策制定的会议。为了召开这个会议，全国老龄委和老龄科研中心在联合国人口基金的援助下，做了大量的工作。经过4年多的努力，深入开展了调查研究，在中外专家共同努力下，提出了建立个人、家庭、社区和政府四者结合的供养体系的研究报告，以便动员全社会力量来解决老年人口带来的社会问题。我认为这项研究是紧密结合中国的实际情况的，研究成果对中国政府制定老龄化的对策将会有重要参考价值。

中国是一个拥有12亿人口的大国，经济尚不发达，地区之间发展又不平衡，情况千差万别。老年人口占总人口的比例虽然还不高，但是绝对数较大，60岁以上人口将近1.1亿。人口老化和老年人口问题，应当引起高度重视。为此，我们很需要理论工作者和实际工作者密切配合，以正确的理论作指导，从中国实际出发，借鉴国外一切有益的经验，提出正确的对策建议，把我国老年人口问题解决好！

同志们，在今天会上，我很高兴同在座老龄工作者、老龄问题研究专家和帮助我国老龄事业的国际组织的官员、专家和各位来宾见面。中国的老龄工作，从维也纳老龄问题世界大会以来，已经取得了可喜的成绩。人口老龄化问题已经引起政府有关部门的重视，从中央到地方全国性老龄工作网络已经形成，老龄科学研究工作已经引起各部门重视，研究队伍已经开始形成，老年福利事业的建设已初具规模，老年人的合法权益得到了维护。你们工作很努力，很辛苦，成效是明显的。当然，你们在工作中也遇了一些困难和问题，希望有关部门给以更多的关心和支持，使老龄事业得到进一步发展。

最后，我再次祝这次大会圆满成功，祝老龄事业兴旺发达！

李岚清同志对老年教育的批示

（1997年4月22日）

中国老龄协会的同志们：

人皆有老时，敬老、爱老；使老人有所养，有所乐，有所用，有所学；活到老学到老等等都是我们社会主义国家更应提倡和做的事。你们提的一些建议，我原则上都支持，大家都应尽力，使老年人有一个幸福而愉快的晚年。对于办一些学校让老人有一个学习的场所，我当然是支持的。我在提到我国的学制时，我确实说过，我国的学制比较混乱，不管是否真正意义的大学往往都叫“大学”，我主要是指我们学历教育方面的问题，我也提到过“老年大学”这个名称，我觉得不一定叫“大学”，称“学校”或“书院”之类的名称，不但涵盖的面更宽、更确切、更雅致，而且可以避免同我们学历教育的“大学”相混淆。我只是一种个人的看法，这丝毫不影响我对老年教育的支持。你们已经这样叫了，大概总是经过一定程序批准的，也不必改，不必为此而影响老同志们的情绪。至于以后新办的学校，可否考虑我的建议，请你们参酌。我也是进入老年的人了，也是你们行列中的一员，我衷心地祝愿老同志们有一个幸福而丰富的美好晚年。

江泽民同志在国企下岗职工基本生活保障和再就业工作会议上的讲话

（1998年5月14日）

对于国有企业离退休的老职工，也必须切实保障他们的基本生活。这些老职工为国有企业的发展和国家经济建设贡献了一生的力量，是国有企业建设的功臣，也是我们共和国建设的功臣，应该受到全社会的尊敬，一定要使他们老有所养。要进一步研究，采取专门办法，切实保障他们能按时领到离退休金和享受应该享受的各项待遇。

司马义·艾买提同志的专文《高度重视老龄问题全面发展老龄事业》

（1998年12月28日）

1992年10月，第47届联合国大会通过了《世界老龄问题宣言》，将1999年确定为“国际老年人年”。这是联合国对国际老龄问题作出的重要决议，标志着人类社会正在步人老龄化时代，体现了国际社会对老龄问题的关注。

目前，全世界60岁以上老年人口已接近5.5亿，预计到2000年将达到6亿左右。人口结构大规模地迅速老龄化，在人类历史上是前所未有的，引起了世界各国的普遍重视。联合国确定1999年为“国际老年人年”，目的是警示世界各国要充分认识人口老龄化的重大影响，制定符合本国国情的老龄事业与社会发展的综合战略，“建立不分年龄人人共享的社会”。尊重所有人的基本权利，使每个人都能够发挥潜能并为他人谋福利。这是人类追求的理想社会，也是世界人民共同奋斗的目标。

我国是联合国安理会常任理事国，履行联合国决议，结合我国人口老龄化的实际开展相应的工作，对于进一步唤起全社会重视和关注老龄问题，深入开展老龄工作，全面发展老龄事业具有十分重要的意义。

我国历来十分重视人口老龄化问题。本世纪80年代初，专门成立了老龄工作组织机构，创造性地提出了符合我国国情的“老有所养、老有所医、老有所为、老有所学、老有所乐”的工作目标，协调有关部门制定了老龄工作发展纲要，颁布实施了《中华人民共和国老年人权益保障法》（以下简称《老年法》）。党和国家领导人对人口老龄化问题十分重视，对此有许多重要论述和指示。江泽民总书记早在1989年就明确提出：“老龄问题越来越成为一个重要的社会问题，我们要予以重视。希望各级党和政府要加强对老龄工作的领导，切实做好这项工作。”这对老龄事业的发展起到了极其重要的推动作用。在党和政府的高度重视下，随着改革开放的深入和现代化建设的发展，我国的老龄事业取得巨大成就。老年人的生活质量有了明显的提高，老年福利、老年教育、老年文化、老年卫生、老年体育等事业都有了较快的发展。可以说，经过各方面的共同努力，老龄事业已经奠定了一个具有良好发展前景的基础。

但是，我们必须清醒地认识到，我国还处在社会主义初级阶段，改革开放以来，综合国力不断增强，但仍属欠发达国家，人民日益增长的物质文化需要与不发达的社会生产力间的矛盾将长期存在，我国的福利政策，只能从我国的国情出发，根据经济发展的总体水平，协调有关部门，动员社会力量，采取国家、社会、家庭、个人相结合的原则，统筹规划，合理负担，立足现实，着眼发展，逐步实现“老有所养、老有所医、老有所为、老有所学、老有所乐”的目标。

目前，我国60岁以上的老年人已达1.2亿，预计到2000年将达到1.3亿，到下个世纪中叶，可能达到4亿左右。人口寿命普遍提高，老年人比重迅速增长，从一个方面反映出我国经济、科技、教育、文化、卫生事业的蓬勃发展和人民生活水平的提高。同时，我们也应该看到，人口迅速老龄化和高龄化使家庭结构和社会生活发生变化，给经济和社会发展带来的重大影响。对于这样一个关系国计民生和现代化建设大局的重大社会问题，各级党委和政府必须予以充分认识，未雨绸缪，早做准备，利用国际老年人年的有利时机，进一步开展老龄工作，发展老龄事业。

全面发展老龄事业，关键是要制定既符合我国国情，又适应人口老龄化社会的方针政策。改革开放以来，我国陆续出台了一些有关老年人的政策法规，对保障老年人的生活，维护老年人权益，发挥老年人的潜能，起了很大作用。但仍然不够完善、不够配套，还不能完全适应人口老龄化的需要。今后，随着我国经济的发展和政策法规的健全，老龄事业将逐步纳入社会发展的规划。各级政府和老龄协会要在充分调查研究的基础上，根据本地人口老龄化的现状和老年人在物质和精神文化方面的需求，制定相应的方针政策，营造科学的政策环境，为国家制定统一的方针政策奠定基础。

老龄事业是一项新兴的社会事业，涉及政治、经济、文化、法律等诸多方面，并有自己的特点。这就需要党和政府进一步加强和改善对老龄工作的领导，增加对老龄事业的投入。同时要协调有关部门，充分发挥全社会的积极性，依法维护老年人的合法权益，保证老年人同其他社会成员一起共享社会发展成果。要做到这一点，就必须充分发挥各级老龄组织的作用，同时鼓励广大老年人增强自我保障意识，发扬我国尊老敬老的传统美德，倡导中青年人关心老年人，帮助老年人，共同促进老少共融、代际和谐的良好社会风尚的形成。

老年人作为社会的特殊群体，就其自然属性来说，意味着衰老与脆弱，但就其社会属性来讲，却意味着经验与智慧，是社会的宝贵财富。如何提高老年人生活质量，使老年人过上健康温馨、充满生机和活力的生活，是摆在全社会面前的重大课题。目前一些有远见的社会学家、企业家和社会活动家已经在这方面做了有益的探索和很有意义的工作，如根据我国老年人的生活特点及特殊需求，创办了托老所、老年活动中心、老年公寓、临终关怀医院等老年福利服务设施，有的地方还实施了助老工程、夕阳红工程，为老年人提供了多方面的帮助。这一切，充分体现了社会各界对老年人的关心，是国家社会保障事业的重要补充，应当充分肯定，大力提倡，并制定相关的政策予以扶持。

根据我国经济和社会发展规划，今后 10 年是老龄事业发展的关键时期。我们要紧密团结在以江泽民同志为核心的党中央周围，以邓小平理论和党的十五精神为指导，解放思想深化改革，勇于开拓，用 10 年左右的时间，基本形成适应社会主义市场经济要求和人口老龄化趋势的老龄工作体制；建立起较完整的老龄工作政策法规体系，积极推进老龄事业的发展，努力营造敬老、爱老、助老的社会环境，切实保障老年人的基本生活权益，提高老年人的生活质量，从而切实做到“老有所养、老有所医、老有所为、老有所学、老有所乐”。

今后一个时期，老龄工作的重点是，宣传和强化社会老龄意识，倡导尊老助老的社会风尚。加强人口老龄化的政策研究，制定适合中国国情的安老养老总体规划和老龄工作发展纲要，积极引导老龄产业发展。

（一）强化宣传工作。增强全社会的老龄意识和养老意识。不断强化对老龄问题的重要性、紧迫性和老龄工作重要性的宣传，继续加大《老年法》的宣传力度、广度和深度。各级政府要不断提高对老龄工作的认识，把老龄工作纳入政府工作的议事日程。要加强对全社会的尊老敬老道德教育，密切代际关系。树立和宣传敬老助老的先进典型，用典型影响人、教育人。

（二）加强老龄问题对策研究。要抓住机遇，集中一定的人力、物力、财力，加快全国和省一级老龄政策研究，在此基础上制定《2010 年老龄事业发展规划》。这是 21 世纪综合治理老龄问题，推进老龄事业发展的需要，是老龄工作的一项重要而紧迫的任务。要完成这项任务，就必须加快老龄工作的理论建设，并把它抓紧抓好。

（三）积极引导，大力推进老龄产业的发展。老龄产业的兴起与发展是社会主义市场经济发展和人口老龄化的必然产物。发展老龄产业对实现我国经济可持续发展具有重要意义。各级老龄协会要抓住老年市场逐步形成的机遇，注意研究相关扶持发展政策，鼓励社会各行各业共同开发老龄产业，形成多种经济成分和不同所有制并存的老龄产业发展格局。

（四）加快社区和乡村老年服务体系的建设。要认真贯彻民政部等 14 个部门联合颁发的《关于加快发展社区服务业的意见》精神，以满足老年人的实际需求为目标，围绕老龄工作的总要求，以社区为依托，加快社区型的老年生活、医疗、文化、教育、体育和老有所为等服务网络建设，乡村也要根据实际情况，因地制宜，积极建立为老年人服务的设施，抓好物业管理队伍、志愿者服务队伍、低龄老人为高龄老人或患病老人服务队伍建设，创造新的居家养老环境。

（五）依法维护老年人的合法权益。1996 年 10 月颁布实施的《老年法》是我国第一部保障老年人权益的基本法律。它的制定和实施为亿万老年人安度晚年提供了切实的法律保障。标志着老年人权保障工作以此走上了法制化的轨道，同时也为老龄工作的深入开展提供了法律依据。各地执法部门要加大执法力度，维护法律尊严，打击侵害老年人权益的不法行为。要在普法教育的基础上，加强监督机制，定期检查执法情况，不断增强人们的法制观念。同时，也要提高老年人的自我保护意识，营造老年人安全有保障的法律环境。

（六）加强老龄科研队伍和老龄工作干部队伍的建设。实现跨世纪老龄工作的战略目标，推进老龄事业的发展，必须有一支具有高水平和高素质的科研队伍和老龄工作干部队伍。有条件的地方应建立专门的老龄研究机构，也可由老龄协会牵头组织老龄专家委员会，分头完成一些课题，适时召开研讨会，形成聚散有度的科研体制。要加强老龄工作干部队伍的建设，按照建立高素质干部队伍的要求，加强队伍的自身建设，提高干部队伍的思想、政治、业务素质水平，以适应跨世纪老龄事业发展的需要。

（七）弘扬传统美德。我国是一个敬老的国度，尊重老年人是中华民族的传统美德。新中国成立以后，广大老年人和其他社会成员一样成为国家的主人，老年人的社会地位进一步提高，尊老敬老的传统美德得到了进一步的继承和发扬，成为我国社会主义精神文明建设的重要内容。今后，不管社会经济如何发展，这种传统的美德都不能丢，要让全社会懂得，我国绝大多数老年人无论过去在什么岗位上，都为社会经济的发展，国家的富强和人民的幸福做出过自己的贡献。他们中的一些人为民族的解放、共和国的建立献出了自己的青春。今天，他们虽然离开了原来的工作岗位，但是，他们中的许多人至今还在利用长期积累起来的知识和经验通过各种方式继续为人民服务，为国家的改革、发展、稳定做出了新的贡献。因此，尊重老年人就是尊重历史，敬老、爱老、养老是家庭和社会主义义不容辞的责任，是社会主义精神文明建设的需要，也是开展老龄工作发展老龄事业的重要内容。

江泽民总书记曾经题词，“重视老龄工作，发展老龄事业”。今年“九九”重阳节，中共中央政治局常委、国家副主度胡锦涛同志代表党中央、国务院，代表江泽民主席发表电视讲话，对发展我国的老龄事业作出了部署。我们要按照江泽民总书记题词和胡锦涛同志的讲话精神，认真做好老龄工作，全面推进老龄事业的发展。同时，也真诚希望广大老年人要积极参与社会发展热情爱护、积极帮助、真诚提携年轻人，继续关心我国的改革开放和现代化建设事业，为国家的繁荣昌盛和子孙后代的幸福做一些力所能及的工作。年轻人要虚心向老同志学习，继承和发扬老同志们保持的艰苦奋斗、无私奉献的优良传统。经过大家的共同努力，进一步改善社会风气，促进社会主义精神文明建设。

让我们高举邓小平理论的伟大旗帜，紧密团结在以江泽民同志为核心的党中央周围，适应社会需要，做好老龄工作，为实现跨世纪的宏伟目标而努力奋斗。

李岚清同志致 1999 年“世界卫生日”座谈会的信

同志们、朋友们：

世界卫生组织为配合“国际老年人年”活动，将今年“世界卫生日”的主题定为“积极健康的老年生活”。老龄问题得到国际社会普遍的关注和重视，我国作为世界人口最多的国家，今天从卫生工作的角度来讨论老龄问题，倡导“积极健康的老年生活”，有着十分重要的意义。

随着人口老龄化的加剧，创造一个不分年龄、代际和谐、老少共融的社会，是历史发展的必然选择。我国是一个有着悠久尊老、敬老、爱老传统的国家。我们党和国家历采重视老龄工作和老年的卫生保健问题，强调要充分地体恤、尊重老人，保障老年人的权益，使他们“老有所养、老有所医、老有所为、老有所学、老有所乐”。老年人是人群中的一个特殊组成部分，老年人为社会经济发展以及家庭都做出过贡献，应该享受到必要的照顾。但是，由于我国的老龄化来势迅速，在某些方面如经济水平、医疗能力、健康知识普及率等与社会老龄化所带来的需求有较大差距，倡导“积极健康的老年生活”是我们解决社会老龄化问题的途径之一。因此，各级政府和全社会都有责任根据老年人群的特点，有针对性地采取措施，为老年人提供公正、平等的生存机会和更加经济、更加切合老年人需要的医疗保健服务。要将健康知识和保持积极健康生活的方法教给老年人，充分发挥他们的积极性，主动去开创生活，使他们具有良好生理、心理和社会适应力，更加身心愉悦、生活幸福。

我国的老年卫生工作刚刚起步,任重道远。让我们携起手来,为建立一个不分年龄人共享的社会共同努力。

宋任穷同志给全国“敬老好儿女金榜奖”、“老有所为奉献奖”、“重视老龄工作功勋奖”表彰大会的贺信

(1999 年 1 月 26 日)

欣悉全国评选出“敬老好儿女金榜奖”、“老有所为奉献奖”、“重视老龄工作功勋奖”先进人物 2600 名，将在北京人民大会堂召开颁奖盛会。这是我国 1.2 亿老年人的大喜事，充分说明党和政府对广大老

年人的关心和爱护。也是我国改革开放 20 年辉煌成果在老年人领域的生动体现，更是庆祝 1999 年“国际老年人年”全球活动中具有中国特色的一大景观。

我国党和政府十分重视人口老龄化问题，正在积极采取相应的对策。自 1989 年起 10 年间先后举办 3 次这样的大型评选活动，在全社会产生了很好的社会反响。我相信，这次大会对于全面贯彻胡锦涛副主席关于庆祝“国际老年人年”的讲话精神，动员全社会力量发展老龄事业，创造良好的敬老社会氛围，促进社会的稳定和经济发展将产生积极而深远的影响。

让我们团结在以江泽民同志为核心的党中央周围，高举邓小平理论的伟大旗帜，胜利地迈向 21 世纪。

祝大会圆满成功！

司马义·艾买提同志在全国“敬老好儿女金榜奖”、“老有所为奉献奖”、“重视老龄工作功勋奖”表彰大会上的讲话

（1999 年 2 月 7 日）

同志们：

在新春佳节即将来临的喜庆日子里，全国“敬老好儿女金榜奖”、“老有所为奉献奖”、“重视老龄工作功勋奖”表彰大会今天开幕，这是一件很有意义的事情。我代表国务院对这次表彰大会表示热烈的祝贺！向全国“三奖”获得者致以崇高的敬意！向辛勤工作在老龄工作战线上的同志们表示亲切的慰问！

由民政部、原劳动部、全国总工会、共青团中央、全国妇联、中国老龄协会联合开展的“三奖”评选表彰活动，是本世纪末一次重要的社会评选表彰活动。这项活动的开展，反映了我国改革开放 20 年来国泰民安，经济发展，代际和谐，老少共融的大好局面，体现了党和政府对老龄问题的高度重视和对老年人的亲切关怀，表达了人民群众对树立良好社会风尚，弘扬敬老文明的良好心愿。“三奖”既是对老年人老有所为的肯定和对中青年人敬老养老的鼓励，也是对各级领导干部关心老年人，重视老龄工作的褒扬，这件事办得好。这对于加强对老龄工作的领导，弘扬中华民族尊老敬老的传统美德，推动老龄事业的发展，促进社会主义精神文明建设，起到了积极作用。今年是中华人民共和国建国 50 周年，澳门将回归祖国，同时也是联合国确定的“国际老年人年”，这次评选表彰活动，既是老龄战线向国庆 50 周年的一次献礼，也是庆祝“国际老年人年”的实际行动。我相信，经过这次评选表彰活动，我国广大老年人一定会更好地发挥作用，中青年人一定会更加关心爱护老年人，领导干部一定会更加重视支持老龄工作，我国的老龄事业一定会更快更健康地发展。

我国是一个敬老的国度，尊敬老年人是我们中华民族的传统美德。随着我国社会经济的发展和人民生活水平的提高，尊老敬老的传统美德得到了进一步的继承和发扬，广大老年人的生活状况有了明显的改善。但我们也要看到，由于多方面的原因，部分老年人的生活还比较困难，社会上侵犯老年人权益以及有些子女不赡养老人的现象还时有发生。这是我们必须认真对待并加以彻底解决的重要问题。我们应当懂得，我国当代的广大老年人在革命、建设和改革的各个历史阶段，曾经为民族的解放、国家的富强和人民的幸福，奉献了自己的青春和力量，建立了光辉的业绩。今天，他们虽然离开了原来的工作岗位，但是，他们中的许多人至今还在通过各种方式继续为人民服务，为国家的改革开放和社会经济的发展出力。他们长期积累起来的丰富知识和经验是党和国家的宝贵财富，他们仍然是社会主义现代化建设的重要力量。我们一定要按照党和政府的有关法律和政策，认真解决他们遇到的困难，妥善安排他们的生活，使他们和其他社会成员一起，共享改革开放和现代化建设成果，并且创造条件，使他们积极参与社会发展，为国家的繁荣昌盛和子孙后代的幸福继续贡献力量。

我国是一个发展中的社会主义大国，又是世界上老年人口最多的国家。目前，60 岁以上的老年人已达 1.2 亿，预计到 2000 年将达到 1.3 亿，到下个世纪中叶，可能达到 4 亿左右。人口寿命普遍提高，老年人比重迅速增长，这从一个方面反映出我国经济、科技、教育、文化、卫生事业的蓬勃发展和人民生活水平的提高。同时，我们也应该看到，人口迅速老龄化和高龄化使家庭结构和社会生活发生变化，给经济和社会发展带来重大影响。对于这样一个关系国计民

生和现代化建设大局的重大社会问题，全社会都要予以充分认识，未雨绸缪，早做准备，利用“国际老年人年”的有利时机，大力开展老龄工作，全面发展老龄事业。各级老龄工作机构要在党委和政府的领导下，积极做好老龄工作。当前和今后一个时期，老龄工作必须从我国的国情出发，根据经济发展的总体水平，协调有关部门，动员社会力量，采取国家、社会、家庭、个人相结合的原则，统筹规划，合理负担，立足现实，逐步实现“老有所养、老有所医、老有所为、老有所学、老有所乐”的目标。围绕实现这一目标，要强化对老龄问题的宣传工作，进一步增强全社会的老龄意识和养老意识；认真搞好老龄问题的对策研究，提出一套科学的符合我国国情的政策建议；充分发挥家庭养老的功能，每个家庭都要责无旁贷地承担起赡养老人、照顾长辈的义务，通过道德、法律、舆论等多种手段，使人们更加重视家庭养老，使家庭成为老人颐养天年、享受天伦之乐的最好归宿；积极引导，大力开发老龄产业；加快社区老年服务业的建设，乡村也要根据实际情况，因地制宜，积极建立为老年人服务的设施，满足老年人的生活需求，逐步实现家庭养老和社区服务的密切结合；加大《中华人民共和国老年人权益保障法》的执法力度，严厉打击侵害老年人权益的不法行为，切实维护老年人的合法权益；加强老龄工作机构自身建设，不断提高干部队伍的思想、政治和业务素质，以适应跨世纪老龄事业发展的需要。

老龄事业是我国社会主义现代化建设事业的组成部分，老龄工作是党和政府一项重要的社会工作，党和政府历来十分重视。江泽民总书记早在1989年就明确提出：“老龄问题越来越成为一个重要的社会问题，我们要予以重视。希望各级党委和政府要加强对老龄工作的领导，切实做好这项工作。”去年“九·九”重阳节，中共中央政治局常委、国家副主席胡锦涛同志代表党中央、国务院，代表江泽民主席，发表电视讲话，对发展我国的老龄事业作出了全面部署。我们要按照江泽民总书记的指示和胡锦涛同志讲话精神，认真做好老龄工作，全面推进老龄事业的发展，逐步形成老龄事业同其它社会事业协调发展的新局面。

同志们，新的世纪即将来临，让我们高举邓小平理论的伟大旗帜，紧密团结在以江泽民同志为核心的党中央周围，适应社会需要，推进老龄事业，为实现跨世纪的宏伟目标而努力奋斗！

祝“三奖”表彰大会圆满成功！

祝全国老人们健康长寿！

祝全体同志春节愉快！

司马义·艾买提同志在中国老龄协会举办的老劳模、老先进联谊会上的讲话

（1999年4月29日）

在庆祝“五一”国际劳动节的喜庆日子里，我们怀着崇敬的心情，邀请100名来自全国各地的老劳动模范、老先进人物到北京、天津参观，并在钓鱼台国宾馆欢聚一堂，举行联谊活动，这是一件很有意义的事情。在这里，我代表国务院向你们表示热烈欢迎，并致以崇高的敬意！借此机会，向全国的老劳动模范、老先进人物表示亲切的慰问！

今年，我们将庆祝中华人民共和国建国50周年，迎接澳门回归祖国。回顾共和国的历史，展望现代化的未来，我们很自然地想到曾经为民族的解放、国家的富强和人民的幸福，建立了光辉业绩的老年人，想到了为共和国建设做出过重大贡献的老劳动模范、老先进人物。他们当中，有工人、农民、战斗英雄、教师、工程技术人员、文艺工作者，还有上山下乡知识青年。当年，这些老劳模和老先进怀着对党、对祖国、对人民的赤诚之心，不畏艰险，艰苦创业，奋发图强，勤俭建国，用自己的辛勤和智慧，为共和国谱写了一篇又一篇壮丽的颂歌。老劳模、老先进不计名利、无私奉献的精神，任劳任怨、忘我工作的品德曾经感染教育了无数劳动者，鼓舞了一代又一代人，成为推动社会主义建设事业的强大动力。老劳模、老先进是共和国的功臣，他们的模范事迹已经载入共和国的光荣史册。在改革开放的今天，在全国人民把建设有中国特色社会主义伟大事业全面推向21世纪的时候，我们不能忘记为共和国建设辛劳了大半生的老年人，不能忘记为党、为人民奋斗了一生的老劳动模范、老先进人物。每个共产党员、劳动生产者，都应该学习他们一心为公的高尚品质，继承和发扬他们保

持的艰苦奋斗的光荣传统。同时我们也要让老劳模、老先进和其他社会成员一起共享改革开放和现代化建设的成果，这是全社会的共同责任。各级政府都要关心爱护老劳模、老先进人物，按照党和政府的有关政策，认真解决他们遇到的实际困难，切实保障他们的生活。

我们的国家是一个敬老的国度，尊敬老年人是我们中华民族的传统美德。胡锦涛同志在庆祝“国际老年人年”的电视讲话中指出：“尊重老年人就是尊重人生和社会发展的规律，就是尊重历史。”我们应当懂得，人类社会是通过生产劳动一代接一代延续下来的，每一代人的生产劳动都是前一代人生产劳动的继续和发展，没有老一代人的劳动和创造，就没有社会财富和积累，也就谈不上社会的进步和发展。因此，尊敬老年人不仅是一种社会道德规范，也是社会文明与进步的标志。

目前，我国 60 岁以上的老年人口已经达到 1.2 亿，预计到 2000 年将达到 1.3 亿，成为老年型的国家。老年人口迅速增长，从一个侧面反映出我国经济、科技、教育、文化、卫生事业的蓬勃发展和人民生活水平的提高，同时，也会给经济和社会发展带来重大影响。对于这样一个事关全局的重大社会问题，党和政府十分重视，江泽民总书记最近题词：“加强老龄工作，发展老龄事业。”朱镕基总理在九届全国人大二次会议的政府工作报告中明确指出：“重视人口老龄化趋势，认真做好老龄人口的工作。”这些重要指示充分说明，党和政府越来越关心和重视老年人的事情。各级政府要充分认识做好老龄工作的重要性，抓住“国际老年人年”的有利时机，采取积极有效的措施，切实把老年人的事情办好。

当前，我国的形势很好，国民经济保持较快增长，改革开放继续推进，人民生活不断改善，安定团结得到进一步巩固。同时，我们也要清醒地看到，前进中还面临不少困难和问题，改革和发展的任务还很艰巨。我真诚地希望广大的老年朋友、老劳模、老先进，发扬当年的优良传统和作风，积极参与社会，热情爱护、积极帮助、真诚提携年轻人，继续关心我国的改革开放和现代化建设事业，为国家的繁荣昌盛和子孙后代的幸福多做有益的工作。

同志们，让我们高举邓小平理论的伟大旗帜，紧密团结在以江泽民同志为核心的党中央周围，按照党的十五大战略部署，振奋精神，团结奋斗，继续为我国的社会主义现代化建设作出新的贡献。

李岚清同志在全国老龄工作委员会第一次全体会议上的讲话

（1999 年 10 月 22 日）

党中央、国务院非常重视老龄工作，决定成立全国老龄工作委员会，这是加强老龄工作的一项重要措施，对推动我国老龄事业的发展将起到重要作用。今天，我们召开全国老龄工作委员会第一次全体会议，目的是统一思想，提高认识，研究和部署今后一个时期的老龄工作。同时，明确各成员部门的职责，建立起适应我国老龄事业发展的工作机制，为今后的工作打好基础。刚才，国务委员司马义·艾买提宣读了《国务院关于成立全国老龄工作委员会的通知》，国务院副秘书长徐荣凯宣读了《全国老龄工作委员会办公室职责及组成人员名单》，各成员部门的负责同志发表了意见，大家谈得都很好。下面，我讲几点意见。

一、我国老龄工作的基本情况

改革开放以来，在党中央、国务院的领导下，经过各级党委、政府及有关方面的努力，我国老龄工作发展较快，取得了显著成绩。概括起来讲，主要有四个方面：一是加强了法律、法规建设，制定了一些政策。例如：公布了《中华人民共和国老年人权益保障法》，制定了《中国老龄工作发展纲要》，出台了企业职工养老保险等方面的政策性文件。二是加强了调查研究，对我国人口老龄化的发展趋势、特点进行了预测分析，提出了一些政策性建议。三是通过开展老年福利、老年教育、老年文化、老年卫生、老年体育等工作，进一步弘扬了中华民族敬老、爱老、养老、助老的传统美德，增强了全社会的老龄意识和养老意识。四是积极开展了老龄问题的国际交流与合作，在国际上宣传了我国的老龄政策，产生了良好的国际影响。

但是，由于我国人口老龄化来势迅猛，加上我们思想准备不足，工作力度不够，我国老龄工作还存在着不少问题，主要表现在以下几个方面：一是对我国人口老龄化迅速到来的形势认识不足，老龄问题和老龄工作尚未得到全社会应有的关注和重视。二是随着改革的深入和我国人口老龄化的发展，传统的养老保障体系已经不能适应新形势要求，老有所养的问题日益突出，迫切需要建立和健全与社会主义市场经济体制相适应的社会保障体系。三是对老年人的活动还缺乏有效的管理和服务机制，各涉老部门和单位之间缺乏协调。我国老年人口日益增多，如何做好管理和服务工作，进一步关心老年人的精神文化生活，使他们保持身心健康，建立起齐抓共管、协调配合的工作机制，需要统筹考虑和谋划。四是老龄事业还没有纳入社会发展规划，对老龄事业投入不够，老年福利设施建设远远不能满足老年人的需要，老年产业也有待于开发。五是有关政策、法规还不完善，老龄工作还没有步入法治化、规范化管理的轨道。这些问题都需要我们在今后的工作中认真研究解决，可以说，我国的老龄工作任重而道远。

二、必须高度重视、充分认识做好老龄工作的重要意义

我国是世界老年人口大国，也是老年人口增长最快的国家之一。截止今年10月1日，我国60岁以上老年人口达1.26亿，已占总人口的10%，这表明我国已提早进入老龄社会。而且，我国的老年人每年还在以3%的速度增加，80岁以上的高龄老年人每年以5%的速度增加。照此发展下去，到2030年我国老年人口将达到3.36亿，约占总人口的20.4%；2050年将达到4.23亿，约占总人口的27.7%。

我国老年人口持续、快速增长，这在世界人口发展史上是少见的。发达国家的人口老龄化是在经济比较发达的情况下到来的，而我国是在综合国力还不强、经济和社会发展各项任务还十分繁重的情况下进入老龄社会的。21世纪前半叶我国人口将继续保持一个较低的生育水平，人口老龄化的进程还将继续加快。这种态势必然引起我国人口结构和消费结构的变化，直接关系和影响我国经济和社会的可持续发展。由此可以看出，老龄问题是带有全局性、战略性的重大问题，涉及到社会、政治、经济、文化等各个方面，解决得如何，对国家的稳定与发展至关重要。因此，各级党委和政府必须高度重视，充分认识做好老龄工作的重要意义。

首先，做好老龄工作是充分体现社会主义制度优越性的需要。我国是社会主义国家，生产的最终目的是消除贫困，实现共同富裕，满足广大人民群众物质文化生活的需要。让广大老年人安度晚年是国家和社会义不容辞的责任。老年人是社会财富的创造者，他们为新中国的建立、建设和发展做出了积极贡献，我们今天的物质文明和精神文明成果蕴含着他们的智慧和劳动，凝结着他们的辛勤汗水，尊重老年人，关心他们的生活，帮助他们解决生活中的困难，让广大老年人分享社会发展的成果，是社会主义制度优越性的体现，各级党委和政府一定要从这个高度来认识老龄工作。

其次，做好老龄工作是推进社会主义精神文明建设的需要。社会主义精神文明建设内涵丰富，不仅包括崇高的思想境界、健康的生活方式，而且包括和谐的人际、代际关系和优良的文化环境。弘扬“老吾老以及人之老”等中华民族传统美德，使其在社会主义市场经济条件下发扬光大，在全社会形成敬老、爱老、养老、助老的社会风尚，同时让老年人了解时事政治，了解现代科学知识，以丰富、健康、文明的生活方式安享晚年，影响、熏陶和教育好下一代，是社会主义精神文明建设的重要任务之一。

第三，做好老龄工作是维护社会稳定的需要。老龄问题事关稳定大局，处理得好，可以为我国改革开放和经济发展创造一个良好的社会环境，处理不好，就可能产生消极因素，甚至影响社会稳定。老年人是一个庞大而特殊的社会群体，他们中的绝大多数已经脱离了工作岗位，组织比较松散，空闲时间较多，这决定了他们既需要物质方面的照顾，更需要精神方面的关怀。我国社会正处在转型时期，各种社会思潮不可避免地反映到老年群体中来，我们同“法轮功”邪教组织进行的严肃政治斗争就充分说明了这个问题。在老年人中，也要提倡讲学习、讲政治、讲正气，提倡活到老、学到老、不断提高思想政治觉悟，保持良好的精神状态和科学思维能力，同时代一起前进。因此，做好老龄工作，抓好老年教育，正确引导和组织老年人的精神文化活动，对于社会稳定有着重要意义。

三、当前需要着重抓好的几项工作

（一）加强对老龄工作的领导，把老龄事业纳入国民经济和社会发展计划。江泽民总书记指出：老龄问题是一个重要的社会问题，我们要认真重视，切实做好老龄工作。老龄工作是党和政府的重要工作，发展老龄事业是各级党委和政府的重要职责。各级党委和政府要提高认识，统一思想，明确责任，把老龄工作列入议事日程。要把老龄事业纳入我国国民经济和社会发展第十个五年计划和到2015年的长期规划中，各地要根据本地实际，制定相应的发展规划，逐步增加对老龄事业的投入。要制定相应的扶持政策，鼓励、引导和扶持社会力量兴办各种老年福利事业。

当前，要尽快理顺和健全老龄工作机制。全国老龄工作委员会成立后，要统筹抓好全国的老龄工作，加强对全国老龄工作的宏观指导，协调有关部门和单位开展重大涉老活动，在适当时候召开全国老龄工作会议。各成员单位要做好这次会议精神的落实工作，指定具体机构和一名司局长具体负责老龄工作，要采取具体措施，制定近期行动计划，按照各自职责，积极主动地开展工作，同时要加强沟通和配合。各省、自治区、直辖市要根据国务院关于成立全国老龄工作委员会的通知精神，结合本地实际，尽快理顺和健全老龄工作机制。

（二）加强学习，加大对老龄人群宣传教育工作的力度。老龄问题涉及政治、经济、文化、法律等诸多方面，有些问题我们并不熟悉。要承担起老龄工作这一艰巨而光荣的任务，就必须善于学习，勇于实践。要了解人口老龄化的成因及其发展过程，掌握老年经济学、人口学、社会学、医学、文化、体育、法律和社会保障等方面的理论知识和政策法规。要在全社会开展尊老、养老、助老的传统道德教育，在对青少年进行思想政治教育时，要把这项内容列入教育计划中，要让他们懂得没有老年人的劳动创造，就没有我们今天的幸福生活，使中华民族尊老、养老、助老的传统美德代代相传。

各级宣传部门要加强对老龄问题的宣传，中央和有条件的省一级广播电视机构要开办老年节目，市、县级广播电视机构要进行转播，广泛宣传社会上敬老、爱老、养老、助老的先进事例，谴责歧视、虐待、伤害老年人的社会不良现象，通过多种渠道，采取多种形式，进一步增强全社会的老龄意识、养老意识和依法保护老年人合法权益的意识，努力营造适应人口老龄化的舆论环境。

今年是联合国确定的国际老年人年，中共中央总书记、国家主席江泽民同志专门为国际老年人年题词："加强老龄工作，发展老龄事业"，体现了党和国家对老龄事业的关心和重视。各地区、各部门要按照国务院办公厅关于开展国际老年人年活动的通知，做好庆祝国际老年人年的各项工作，并以此为契机，全面推动我国老龄工作。

（三）扎扎实实地做好为老年人服务的各项工作。

各涉老部门和单位要以高度负责的精神，带着敬老、爱老的深厚感情，用自己主动、积极和富有创造性的工作，认真做好关系到老年人切身利益的各项服务工作。

各级党的组织要加强对老干部工作的领导，要认真加强党的组织建设和思想建设，认真组织好老年人的组织生活和政治学习，按照规定及时传达中央文件精神，让老同志们了解党和国家的方针政策，了解国家改革开放的大好形势，切实做好老年人的宣传教育和思想政治工作。

各级劳动保障、民政、财政等部门要采取措施进一步健全和完善我国社会养老保障体系，确保企业离退休人员养老金、城市居民最低生活保障金的及时足额发放。要坚持社会养老和家庭养老相结合的方针，确保必要的政府投入，进一步完善家庭养老功能。要大力发展老年福利事业，兴建老年福利设施，扩大农村敬老院服务范围，使老年人"老有所养"。

各级文化、体育、广电等部门和工会组织要进一步加强老年文体工作，多为老年人开辟活动场所，因地制宜地开展生动活泼、形式多样、健康有益的老年文体活动和老年人健身活动，丰富老年人的精神生活。各级文化部门要做好老年文化教育工作，大力发展老年教育事业，鼓励、指导社会力量按照有关规定兴办各类老年大学和老年学校，使老年人"老有所学"、"老有所乐"。

各级卫生部门要大力开展多种形式的老年保健服务，完善老年医疗保健服务网络，逐步建立起以老年病预防、治疗、保健、康复为主的医疗护理康复机构和社区卫生服务机构。大力开展家庭病床、家庭护理等服务，为老年人提供方便、及时的医疗保健服务。要采取措施保障离休人员的医疗待遇和退休人员的基本医疗需求，使老年人"老有所医"。

此外，要加强社区管理，选派有知识、有文化、德才兼备的干部到基层工作。要大力发展社区养老服务，加快社区老年照料服务体系建设的步伐。例如，建立托老中心、社区综合服务呼叫网络，发放社区老年便民服务卡，给予老年人出行、参观、医疗等方面的照顾，尽快形成配套、完整的安老养老社会化服务体系。

（四）要加强老龄工作的法制建设，认真贯彻执行老年人权益保障法，依法维护老年人的权益。《中华人民共和国老年人权益保障法》是我国第一部保障老年人权益的法律，这部法律实施3年来，各地做了大量工作，人们的法律观念有所增强，老年人权益保护工作取得了一些成绩。但是也应当看到，有些地方还存在着对这部法律贯彻不力的问题，侵犯老年人权益的现象时有发生，有的还比较严重，迫切需要制定有关配套法规，出台实施细则，以切实保障老年人的权益。

各级司法部门和宣传部门要积极开展老年人法制教育和普法工作。一方面要不断增强老年人的法制观念和法律意识，在教育老年人遵纪守法的同时，鼓励老年人勇于运用法律武器保护自身的合法权益。另一方面要把老年人权益保障法的宣传工作纳入普法教育工作中，不断增强人们维护老年人权益的法律观念，努力营造良好的维护老年人权益的社会环境。同时，要坚决依法取缔以健身为名伤害老年人身心健康、诈骗和侵害老年人权益，宣扬迷信邪说等非法活动。

最后，我想谈一谈深入开展调查研究的问题。我国老龄工作起步较晚，有关的方针政策还很不完善。因此，全国老龄工作委员会的一项重要职责就是要尽快研究制定我国老龄工作发展的方针政策。我们的方针政策从哪里来呢？答案只有一个，就是从实践中来，从调查研究中来。毛泽东同志曾经说过“没有调查，没有发言权”。希望各成员单位的负责同志进一步发扬我党实事求是和走群众路线的优良传统，深入实际，搞好老龄问题的调查研究，积极探索具有中国特色的老龄事业发展道路，为我国老龄工作的发展提出有针对性的、切实可行的政策性建议。

同志们，21世纪即将到来，我国已经进入老龄社会，我们要以强烈的历史责任感和紧迫感，坚定信心，开拓进取，团结协作，扎实工作，在以江泽民同志为核心的党中央领导下，努力开创老龄工作和老龄事业发展的新局面，为我国经济和社会发展做出新的贡献。

胡锦涛同志为庆祝1999年“国际老年人年”向全国发表的电视讲话

（1999年10月28日）

老年朋友们，同志们：

在我国的传统节日“九·九”重阳节到来之际，我代表党中央、国务院，代表江泽民主席，向全国各族老年朋友们，向香港特别行政区和澳门、台湾的老年同胞以及海外老年侨胞，致以节日的祝贺和亲切的问候！

第47届联合国大会通过决议，将本世纪最后一年——1999年确定为“国际老年人年”，并决定于今年10月1日“国际老人节”开始全球性的庆祝活动。这表明，老龄问题已成为世界范围的一件大事，受到国际社会的普遍关注和重视。

在即将到来的21世纪，人口老龄化将达到历史上前所未有的规模和程度。我国是世界上老年人口最多的国家。目前60岁以上的老年人已有1.2亿，预计到2000年将达到1.3亿，下世纪中叶可能达到4亿左右。我国人口寿命普遍提高，老年人比重日益增长，这从一个方面反映出我国经济、科技、教育、文化、卫生事业的蓬勃发展和人民生活水平的明显提高。同时，人口老龄化也给家庭结构和社会生活带来新的变化，对经济和社会发展产生重大影响。对于这样一个重大的社会问题，全国上下都要有充分的认识，并积极研究制定相应的政策。

人的一生总要经历少年、青年、壮年和老年时期。尊重老年人就是尊重人生和社会发展的规律，就是尊重历史。在中国共产党领导人民进行革命、建设和改革的各个历史阶段，我国广大老年人为民族解放、国家富强和人民幸福奉献了自己的青春和力量，建立了光荣的业绩。今天，他们虽然离开了原来的工作岗位，但仍然“老骥伏枥，志在千里”，用长期积累起来的丰富知识和经验，通过各种方式继续为人民服务，为国家的改革、发展、稳定作出了新的贡献。他们应该受到全社会的尊重。

尊老敬老是中华民族的传统美德。在开展“国际老年人年”活动中，我们更要大力弘扬这一传统美德，在全社会倡导充分理解和尊重老年人，热情关心和照顾老年人。各级党委和政府要充分认识做好老龄工作的重要性，进一步加强和改善对这项工作的领导，充分发挥各社会团体和方方面面的积极性，认真依照《中华人民共和国老年人权益保障法》维护老年人的权益，切实为他们解决实际问题，保证他们同其他社会成员一起共享改革开放和现代化建设的成果，使他们“老有所养，老有所医，老有所为，老有所学，老有所乐”。我们相信，随着改革开放和现代化建设的发展，综合国力不断增强，社会保障体系逐步完善，我国老龄事业一定会不断地取得新的成绩。我们也希望广大老同志要热情爱护、积极帮助、真诚提携年轻人；年轻人要虚心向老同志学习。大家共同努力，进一步形成老少共融、代际和谐的良好风尚，以推动我国社会主义物质文明和精神文明建设更好地向前发展。

现在，全党全国各族人民正紧密团结在以江泽民同志为核心的党中央周围，高举邓小平理论伟大旗帜，满怀信心地向着新世纪全面推进建设有中国特色社会主义的伟大事业。我们衷心希望广大老年人为实现我国跨世纪发展的宏伟目标，继续做出新的贡献。

最后，祝老年朋友们健康长寿，生活幸福！

司马义·艾买提同志在全国社会福利社会化工作会议上的讲话

（2000 年 4 月 12 日）

在全国人民认真贯彻落实九届全国人大三次会议精神、各行各业正在研究制定跨世纪发展战略和“十五”规划之际，民政部召开“全国社会福利社会化工作会议”，共商我国社会福利事业改革与发展的大计，很有必要，也非常及时。这对于我们抓住机遇，开拓创新，全面开创社会福利事业的新局面，具有十分重要的意义。

改革开放以来，全国民政系统广大干部职工在各级党委、政府的领导下，积极进取，埋头苦干，各项工作顺利开展，不少工作取得了新的突破。特别是社会福利工作，经过十几年的努力，逐步摸索出了一条通过社会福利社会化促进社会福利事业发展的新路子，各地积累了许多经验，这是值得充分肯定的。借此机会，我代表国务院，向从事民政工作包括社会福利工作的同志们表示亲切的慰问和衷心的感谢！

刚才，民政部部长多吉才让同志对近年来社会福利事业改革与发展的情况和今后 5 年的工作作了总结和部署，讲得很好，我都赞成。下面，我着重就加快社会福利事业的改革与发展，进一步推进社会福利社会化问题讲几点意见。

一、深刻理解发展社会福利事业，推进社会福利社会化的重大意义

社会福利社会化，是现阶段发展我国社会福利事业的重要举措，也是社会主义市场经济条件下加快发展我国社会福利事业的必由之路，我们必须深刻理解推进社会福利社会化，对于加快发展社会福利事业进而推动社会发展进步的重大现实意义和深远历史意义。

发展社会福利事业，推进社会福利社会化，有利于更好地体现社会主义制度的优越性。邓小平同志曾经指出：“社会主义最大的优越性就是共同富裕，这是体现社会主义本质的一个东西”。江泽民总书记前不久在广东考察时指出：中国共产党代表着中国先进生产力的发展要求，代表着中国先进文化的前进方向，代表着中国最广大人民的利益。我们共产党人的根本宗旨是为人民谋利益，加快社会福利事业发展，积极推进社会福利社会化，确保社会特殊困难群体也能像全国人民一样过上小康生活并逐步向更高水平迈进，符合我们的根本宗旨。如果社会特殊困难群体的生活水平得不到明显改善，全国人民的共同富裕就难以实现，也就背离了根本宗旨。因此，发展社会福利事业，推进社会福利社会化，逐步缩小贫富差距，能充分体现党和政府乃至整个社会对特殊困难群体的关怀，体现社会主义制度的优越性。

发展社会福利事业，推进社会福利社会化，有利于促进经济与社会的协调发展。朱镕基总理在今年的《政府工作报告》中指出：“加强老龄人口的工作。关心和支持残疾人事业。认真贯彻实施中国妇女、儿童发展纲要。”他还强调：“建立健全社会保障体系，关系改革、发展、稳定的全局，意义重大，刻不容缓，必须切实抓紧抓好。”我国社会福利事业的主要作用在于解决残疾人、孤儿、孤寡老人等特殊困难群体的基本生活问题。做好这方面的工作，对于特困群体平等享受社会生活，维护社会稳定，对于实施可持续发展战略和建立健全社会保障体系，促进经济与社会的协调发展，具有重要意义。

发展社会福利事业，推进社会福利社会化，有利于加强社会主义精神文明建设，促进社会的文明进步。加强社会主义精神文明建设，需要在科学文化建设和思想道德建设两个方面努力。推进社会福利社会化，倡导社会力量参与发展社会福利事业，有利于弘扬社会互帮互助的道德风尚和中华民族尊老、爱幼、助残的传统美德，有利于深入持久地开展群众性的精神文明创建活动，促进社会的文明进步。

总之，发展社会福利事业，推进社会福利社会化，关系到社会经济生活、政治生活和人们精神文化生活的方方面面，我们只有深刻理解其重大意义，才能增强责任感和主动性，把这项工作做得更好。

二、充分认识加快发展社会福利事业，推进社会福利社会化的必要性和紧迫性

首先，推进社会福利社会化，是建立社会主义市场经济体制的必然要求。随着政府职能转变，企业转换经营机制带来的“单位人”向“社会人”的转变，原由机关和企事业单位承担的多种福利服务向社会转移，社会福利服务的需求迅速增长。要满足这种不断增长的需求，使社会福利事业适应社会主义市场经济发展的要求，就必须加快社区建设，发展社会福利事业，推进社会福利社会化。

其次，推进社会福利社会化，是迎接人口老龄化挑战，加快建立健全老年人福利服务体系的迫切需要。我国60岁以上的老年人口已达1.26亿，这表明尽管我国处在经济尚不发达的社会主义初级阶段，但是人口老龄化的挑战已经到来，今后几十年老年人口的增长速度将进一步加快，尤其是高龄化趋势更加明显。我国人口老龄化的这些特点必将对政治、经济和社会的发展产生深刻的影响，这就要求我们必须高度重视老龄工作，立足中国国情，加快发展为老年人服务的社会福利事业，尽快建立健全老年人服务体系。

第三，推进社会福利社会化，是适应现代化特别是城市化进程的客观要求。在现代化过程中，随着人们的生活节奏不断加快，人口迁移日益频繁，家庭规模逐步缩小，空巢家庭日益增多，特别是“四二一”（2个中年人，赡养4个老人，抚育1个孩子）家庭结构的出现，家庭养老、育幼的压力增大，使社会养老、育幼的服务需求急剧增长，必然要求提供形式多样、内容广泛的社会化服务，这只有通过加快发展社会福利事业、推进社会福利社会化才能解决。

第四，推进社会福利社会化，是迅速缓解目前社会福利服务供需矛盾的有效手段。据统计，我国现有各类福利机构能够为老年人提供服务的床位只有97.7万张，不到全国1.26亿老年人总数的0.8%，与发达国家7%和一些发展中国家5%的机构供养比例相比，差距甚远。同时，目前社区福利服务设施相对简陋，服务网点稀少，服务项目不配套的状况，也影响了福利供给的水平。尽快完善各类福利服务机构和设施，已成为我国社会福利事业发展的当务之急。但结合我国国情，吸取其他国家的经验教训，我们必须在由国家、集体办福利事业基础上，坚定不移地走社会福利社会化的发展路子。只有这样，才能尽快缓解社会福利服务的供需矛盾。

三、明确思路，加强领导，采取有利措施，加快发展社会福利事业，全面推进社会福利社会化

加快发展社会福利事业，推进社会福利社会化，要以邓小平理论和党的“十五大”精神为指导，立足社会主义初级阶段的基本国情，以满足社会日益增长的福利服务需求为目标，以残疾人、孤儿、孤寡老人福利服务为重点，以社区服务为依托，广泛动员社会力量参与社会福利事业，引进市场机制，探索并走出一条健康、有序、快速发展社会福利事业的新路子。

（一）加强学习，统一思想，转变观念，为推进社会福利社会化奠定思想基础。

推进社会福利社会化是社会主义市场经济条件下发展社会福利事业的一个新课题，也是当前民政工作一项新的重要任务，因此，必须加强学习，统一思想，提高认识，转变观念，提高行动的自觉性。要通过学习，认清社会福利事业在社会发展中的重要地位和作用，掌握社会福利事业产生、发展和演变的客观规律。要通过学习，在社会福利事业的投资主体、运行机制、服务对象、服务方式以及服务队伍等方面切实转变观念，以适应社会主义市场经济体制的要求。要通过学习，深刻领会国务院批准的《国务院办公厅转发民政部等部门关于加快社会福利社会化意见的通知》（国办发［2000］19号）精神，把握好社会福利社会化的指导思想、奋斗目标和总体要求，为加快发展社会福利事业，实现社会福利社会化打好思想基础。

（二）加强领导，把握重点，为推进社会福利社会化提供组织保证。

各级政府要高度重视发展社会福利事业工作，推进社会福利社会化工作，认真履行职责，切实把发展社会福利事业与贯彻党的全心全意为人民服务的宗旨联系起来，与维护改革、发展、稳定的大局联系起来，与其他各项建设事业结合起来，纳入政府工作的重要议事日程，统筹考虑和研究。同时，要搞好协调，解决社会福利事业发展过程中遇到的困难和问题。当前，要高度重视发展老年人社会福利事业，突出这个重点。党中央、国务院对老龄工作非常重视，1999年10月成立了“全国老龄工作委员会”。各级政府也要根据《国务院关于成立全国老龄工作委员会的通知》（国发［1999］22号）精神，结合本地实际，在机构改革中尽快理顺和健全老龄工作机构，加强老龄工作，并以此为契机，把推进老年人社会福利社会化作为促进整个社会福利事业发展的突破口，开创社会福利事业的新局面。

（三）政府有关部门要尽职尽责、密切配合，为发展社会福利事业，推进社会福利社会化共同努力。

加强社会福利事业的宏观管理，推动社会福利事业发展，是国务院赋予民政部门的一项重要职责，各级民政部门要积极主动地开展工作。但是，发展社会福利事业、推进社会福利社会化涉及方方面面，是一项系统工程，光靠民政部门一家是不够的，需要有关部门密切配合，齐抓共管。希望有关部门认真贯彻落实国办发［2000］19号文件精神，积极协助和配合民政部门开展工作，抓紧制定具体政策措施，把各类社会福利设施建设纳入社会发展计划统筹安排，加大投入力度，并给予政策支持。

各级民政部门作为社会福利事业的行政主管部门，更要认真履行职能，克服消极等待思想和畏难情绪，当好政府的参谋助手，制定切实可行的实施方案。要在全面分析和掌握社会需求的基础上，将不同类型、不同所有制形式、不同隶属关系的社会福利机构和设施进行统一规划，加强管理和指导，防止一哄而起，重复建设，造成福利资源的浪费。要根据有关规定，对社会福利机构严格审批、严格管理，依法保护服务对象和福利机构的合法权益。在推进社会福利社会化的过程中要注意坚持因地制宜、分类指导的原则，采取典型示范、以点带面的方法积极稳妥地推进；要确保对原有社会福利服务对象的服务，不能因为社会福利社会化而影响对残疾人、孤儿、孤寡老人的福利服务；在社会福利企业改革中，严格社会福利企业的资格认定，加强管理监督，确保国有资产不流失和残疾职工的合法权益不受侵害。

（四）建章立制，规范管理，把社会福利社会化纳入法制化轨道。

当前，社会力量兴办社会福利事业的积极性比较高。为正确引导和充分利用现有的社会资源，必须加强社会福利的政策法规建设，把发展社会福利事业，推进社会福利社会化纳入法制化的发展轨道。最近，国务院办公厅转发了民政部等11部委《关于加快实现社会福利社会化的意见》，民政部发布了《社会福利机构管理暂行办法》，民政部和建设部发布了《老年人建筑设计规范》，这些文件和规章为动员、引导和规范社会力量参与社会福利事业提供了基本的政策法规依据。但是，社会福利的法制化建设还仅仅是初步的，需要不断加强和完善。各地要研究制定符合本地实际的政策，健全和完善有关规章制度，做到对社会福利机构扶持保护有政策，审批管理有办法，建筑设计有标准，检查监督有依据。

同志们，我国已经成功地控制了人口数量的增长，相信在即将到来的21世纪，经过探索，也一定能够成功地解决人口老龄化带来的社会问题。让我们高举邓小平理论伟大旗帜，紧密团结在以江泽民同志为核心的党中央周围，加倍努力工作，加快发展社会福利事业，推进社会福利社会化，走出一条具有中国特色的社会福利事业发展道路，为实现我国可持续发展战略和跨世纪的宏伟目标，做出应有的贡献！

李岚清同志在全国老龄工作委员会第二次全体会议上的讲话

（2000年6月26日）

我国人口年龄结构已开始进入老龄化阶段，老龄问题在我国社会生活的各个方面日益突出起来。满足广大老年人日益增长的物质文化需要，让老年人共享社会经济发展的成果，是中国共产党全心全意为人民服务的根本宗旨的体现，是各级党委和政府在新的历史条件下贯彻落实中国共产党是“三个代表”的体现。进一步加强老龄工作，加快发展老龄事业，已经成为事关改革、发展和稳定大局的一项十分重要的工作任务。我们各级领导干部，必须进一步增强做好老龄工作重要性的认识，采取有效措施，正确地处理好人口老龄化过程中出现的各种矛盾和问题，认真做好老年人工作。

改革开放以来，我国老龄事业虽然获得较快发展，有了一定的基础，但是，还不适应人口老龄化发展的需要。特别是老年社会福利和服务设施的建设严重滞后，远远不能满足庞大的老年群体的需求。各级政府要将老龄事业纳入财政预算，加大对老龄事业的投入。要用2至3年时间集中建设一批老年福利服务设施。老龄工作涉及面广，单靠政府和某一部门的努力是远远不够的，要抓紧研究和制定相关的政策和措施，充分发挥社会各界的积极性，广泛动员社会力量共同参与，共同推进老龄事业走社会化和产业化的道路。

社区工作是我们群众工作的基础，也是老龄工作的重要阵地，十分重要。老年人生活在社区、活动在社区，社区工作的好坏直接关系党和国家老龄方针政策的落实，老龄工作的重心要下沉，落到社区。因此要切实加强社区的组织建设。文化部门要广泛开展群众文化活动，要多办老年学校，为老年人开展丰富多采的健康的文化、艺术活动。体育部门要把群众性的体育工作开展起来，让老年人积极参加体育健身活动。卫生部门要完善社区医疗保健服务网络，为老年人提供医疗保健服务，特别是社区医疗保健服务，提高老年人的生活质量和健康质量。要加强对老年人的思想政治工作，要防止一切不健康思想和愚昧迷信的侵蚀，在活到老学到老的同时，要重视发挥老年人在发展老龄事业中的作用，倡导老年人之间建立互助关系，参与社会公益事业和社区精神文明建设活动，这样既可以丰富老年人的晚年生活，又可以体现老年人的社会价值，还可以有效地促进老龄工作在老年群体中的落实。总之，各级党委和政府和有关部门要协调工作，齐心协力，做好老龄工作，让老年人“老有所养、老有所医、老有所为、老有所学、老有所乐”。

党中央、国务院批准在今年召开全国老龄工作大会，这是新中国成立以来召开的第一次全国老龄工作会议，表明以江泽民同志为核心的党中央对老龄工作的高度重视。一定要开好这个会议。做好老龄工作，首先要有一个办事高效的工作机构。党中央、国务院已成立全国老龄工作委员会，办事机构设在民政部，各省、自治区、直辖市也要参照全国老龄工作委员会的设置，在全国老龄工作会议召开之前，尽快健全老龄工作机构，理顺老龄工作管理体制，不合要求的要进行调整。

李岚清同志在国务院召开的全国老龄工作会议上的讲话

（2000 年 8 月 26 日）

同志们：

这次全国老龄工作会议是中央决定召开的，也是新中国建立以来第一次专门研究部署老龄工作的会议。会前，《中共中央、国务院关于加强老龄工作的决定》（以下简称《决定》）已经发布。这个《决定》是以江泽民同志为核心的党中央对我国老龄事业作出的重要部署，是指导当前和今后一个时期我国老龄工作的纲领性文件。希望通过这次会议，深入学习贯彻中央的《决定》精神，认真总结交流老龄工作经验，统一思想，明确任务，切实推动我国老龄事业的健康发展。下面，我讲几点意见。

一、统一思想，提高认识，高度重视老龄工作

老龄问题是一个重要的社会问题。做好老龄工作，满足老年人日益增长的物质文化需要，让老年人共享我国改革开放和经济社会发展的成果，不仅关系亿万老年人的切身利益，而且关系两个文明建设和社会政治稳定，关系到实践我们党“三个代表”的重要要求，全党全社会必须予以高度重视。

人口老龄化正在成为一种世界性趋势。随着新世纪的到来，我国已步入人口年龄结构老龄化阶段。1999 年我国 60 岁以上人口已达到 1.26 亿，占总人口的 10%；预计今年内，65 岁以上人口将达到 8600 万，占总人口的 7%。据预测，今后我国老龄人口还要继续较快增长，到 2015 年 60 岁以上人口将超过 2 亿，约占总人口的 14%，到 21 世纪中叶将超过 4 亿。届时，约每 4 个人中就有一位 60 岁以上的老年人，而且高龄老人大大增加。人口平均寿命延长，老龄人口增加，是我国经济和社会发展、人民生活水平提高、医疗卫生条件改善的重大成果，是人口出生率下降、社会文明进步的一个标志。但是，人口老龄化也会给我国经济社会发展带来一系列深刻影响。与西方发达国家相比，我国人口老龄化发展速度快，而且是在经济尚不发达、社会保障体系正在建立健全的过程中出现的，解决问题的思想和人才准备不足、物质基础和法律保障都不够充分。如果老龄问题解决得不好，就会导致家庭问题和社会矛盾的增多，对改革、发展、稳定产生不良作用，并最终影响社会各个年龄群体的利益。我们党作为代表中国最广大群众根本利益的执政党，我们政府作为全心全意为人民服务的政府，必须顺应人口老龄化发展的趋势，深刻认识人口老龄化的规律，正确处理和解决人口老龄化过程中出现的各种矛盾和问题，把老龄人口这一人民群众特殊群体的利益维护好、发展好。

改革开放以来，在党中央、国务院的领导下，经过各级党委、政府和社会各有关方面的共同努力，我国老龄工作取得了一定成绩。国家颁布了《中华人民共和国老年人权益保障法》（以下简称《老年法》），制订了《中国老龄工作七年发展纲要》，提出了“老有所养、老有所医、老有所为、老有所学、老有所乐”的工作目标，老年福利、教育、文化、卫生、体育事业都有了一定的发展，老龄问题的学术研究取得了不少有价值的成果，还开展了一系列老龄工作的宣传活动和国际合作与交流。为加强对我国老龄工作的领导，去年10月，党中央、国务院决定成立全国老龄工作委员会，各级党委和政府都按照中央要求陆续建立了老龄工作组织机构，这为进一步搞好老龄工作提供了组织保证。

但是也要看到，由于人口老龄化来势迅猛，加上不少同志包括不少领导干部对此思想准备不够，工作没有及时跟上客观情况的变化，我国老龄工作还存在着一些问题。主要表现在以下几个方面：一是全社会对人口老龄化迅速到来的形势认识不足，老龄问题和老龄工作尚未得到各方面包括广大中青年应有的关注和重视。二是随着改革的深入和我国人口老龄化的发展，传统的养老和医疗保障制度已经不适应新形势的要求，迫切需要建立健全与社会主义市场经济体制相适应的社会保障体系。三是老龄事业还没有纳入社会发展规划，对老龄事业投入不够。老年福利设施建设以及受过专业培训的人才都远远不能满足老年人的需要，老年产业更有待开发。四是对老年人的活动还没有建立起有效的组织和服务机制，各涉老部门和单位之间缺乏协调，工作没有形成合力，老年思想政治工作薄弱，而对于如何做好组织和服务工作，进一步关心老年人的精神文化生活，也需要统筹考虑和谋划，并建立起协调配合的工作机制。五是有关政策、法规还不完善，侵犯老年人合法权益的现象时有发生，老龄工作还没有步入法治化、规范化管理的轨道。这些问题都需要我们在今后的工作中认真研究解决。

关心老龄人口，重视老龄事业，是中华民族的传统美德，是文明社会一项重要的价值观，也是社会主义制度优越性的重要体现。我国向来有敬老、养老、助老的优良传统，在新的历史条件下，随着改革开放和社会主义现代化建设事业的不断推进，我们有了更好的物质条件和社会环境，更应该把这一优良传统发扬光大。我们是社会主义国家，我国的老年人绝大多数是从计划经济条件下走过来的。当时国家实行低工资政策，农民收入更低，老年人的青春都贡献给了国家和社会，大多数老年人没有多少积蓄，不可能为个人养老做充分准备，他们的晚年生活多半要依靠国家、社会、集体和家庭。他们为中国革命和建设作出了重要贡献，也理所当然地应受到全社会的尊重。因此，关心老年人，切实保障他们的合法权益，保障他们的基本生活、基本医疗，使他们晚年生活得幸福美满，是我们党和政府义不容辞的政治责任和神圣义务，也是社会可持续发展的一个必要条件。

老年人又是一个庞大而特殊的社会群体，他们中的绝大多数已经脱离了工作岗位，组织比较松散，空闲时间较多。我们既要看到他们需要物质方面的照顾、需要精神方面的关怀，又要看到这个群体对于促进社会主义物质文明和精神文明建设所能够起到的积极作用，特别是在教育下一代，树立家庭美德、社会公德和良好风尚，化解邻里纠纷和一般的人际矛盾，维护社会稳定等方面，他们有着其他人难以替代的作用。各级领导干部都要历史地、全面地看待老龄问题，从国家发展全局和战略的高度认真对待老龄工作。

二、全面贯彻中央的《决定》精神，突出重点，狠抓落实

老龄工作涉及各个领域，需要办的事情很多。各级政府要按照中央《决定》，统筹安排，抓住重点，围绕“老有所养、老有所医、老有所为、老有所学、老有所乐”的要求，切实解决好一些当前最为迫切而又涉及长远的问题。在这里，我着重强调几点：

第一，建立和完善社会保障体系。目前，我国的养老、医疗等社会保险制度还不够完善，老年人的养老、医疗等方面还存在不少问题。一些地方政府和企业不能按时足额发放离退休费，不能及时报销医药费，使得一些老年人生活出现困难，个别地方由此引起的矛盾甚至影响了社会稳定。当务之急，是采取有力措施，多方筹集资金，确保离退休人员基本养老金按时足额发放。

在城镇，要建立起以基本养老保险、基本医疗保险、商业保险和社会救济、社会福利、社会互助为主要内容的比较完善的养老保障体系。要逐步建立起独立于企业事业单位之外、资金来源多渠道、管理服务社会化的养老保险制度，建立基本养老金随着经济发展增长的机制。进一步完善城镇居民最低生活保障制度，确保符合条件的老年人享受最低生活保障待遇。要大力倡导社会互助。有的地方开展的扶老助困活动取得了良好的社会效果，要继续坚持下去，而且形式要生动活泼，使之和精神文明建设活动有机地结合起来。要加快医疗保险和医药卫生体制改革的步伐，形成城镇职工基本医疗费用由个人、企业、国家合理分担的机制和医疗机构；药品生产流通领域的竞争机制，使群众能够用比较低廉的费用享受比较优质的医疗服务。建立和健全社区医疗服务网络、家庭病房等方便老人就医的设施，搞好社会医疗救助，采取措施落实好离休人员的医疗政策，切实保障老年人的基本医疗需求。

在农村，要坚持家庭养老为主，进一步完善社会救济和对“五保户”以保吃、保穿、保住、保医、保葬为内容的“五保”供养制度，倡导村民互助。有条件的地区可探索多种形式的补充社会保险和社会养老路子，不断完善农村合作医疗制度，积极探索多种形式的农村医疗保障制度加快农村医疗卫生组织建设，完善农村基层卫生服务网络，切实解决贫困地区老年人缺医少药问题。

家庭养老是我国传统的养老方式。随着人口老龄化和家庭小型化的发展，家庭的养老功能有所弱化，需要以适当社会化的方式来承担这方面的功能。但是，根据我国的文化传统和社会主义初级阶段的国情，仍需保持家庭养老方式，同时在城乡倡导居家养老，使老年人继续生活在自己熟悉的住所和社区环境里，保持自己的生活方式和人际关系。这符合大多数老年人的意愿，有利于老年人的身心健康，也是全球都倡导的老年人居住模式。在今后一个时期内，家庭养老仍然是相当一部分人主要的养老方式。要坚持家庭养老与社会养老相结合，充分发挥家庭养老的积极作用，采取有效措施，增强家庭成员赡养老年人的法律意识，使他们自觉依法履行赡养义务，对老年人真正做到经济上供养、生活上照料、精神上慰藉。

第二，关心老年人的思想，丰富老年人的精神文化生活。思想充实、精神愉快，是保证老年人身心健康，提高老年人生活质量和生命质量的重要因素。老年人退出工作岗位以后，往往会程度不同地存在失落感、孤独感。各有关方面都要重视这个问题，关心老年人的思想情绪，丰富老年人的精神生活，为老年人学习知识、了解社会提供必要的条件。

一是要经常组织开展老年人学习交流活动。要为各种类型的老年人参与健康公益社会活动创造条件，通过及时向老年人传达中央及各级党委、政府的有关文件精神，组织适度的参观、座谈等，使他们了解国家的形势，能与快速发展的时代以及丰富多采的社会生活相融合，满足他们的精神文化生活需求。老年人受党的教育时间较长，政治觉悟较高，这是明显的优势。通过再学习，不但可以增加他们为个人、家庭和社会服务的本领，增强贯彻执行党和国家政策的自觉性，还可以通过他们带动家人、亲友及周围的群众，为形成良好社会风气，推动两个文明建设发挥积极作用。

二是要办好各种老年学校。办老年学校是组织引导老年人参与健康公益社会活动的好方法。目前，全国有老年学校 17000 多所，在校学员 130 多万人，发展比较快。据民政部同志反映，老年学校里没有发现“法轮功”练习者，这就很说明问题。现在，许多老同志学习的热情很高，这不仅有利于吸收新的知识，也有利于陶冶情操、丰富生活、强身健体。应当看到，老年学校存在着巨大的需求，只要办得好，不仅有良好的社会效益，也会有一定的经济效益。老年学校要走社会化的道路。各地要根据当地情况，动员社会力量，挖掘潜力，筹集资金，在政府的支持下，依靠社会力量兴办老年学校。老年教育要多样化、多层次，方便老年人就地就近参加，并努力改进教学内容，提高教学水平。还要发展各种广播、电视、网络和函授教育，使更多的老年人有学习的机会。

三是要加强和改进老年思想政治工作。老年群体中存在着各种思想问题需要认真研究解决。我们要坚持把马克思列宁主义、毛泽东思想，特别是邓小平理论作为老年思想政治教育的重要内容，积极开展党的基本路线、形势政策、民主法制和科学文化知识的教育，使广大老年人划清科学与迷信、文明与愚昧的界限，保持正确的世界观、人生观、价值观。要深刻理解老年人生活与国民经济和社会发展相适应的原则，积极研究和探索新形势下加强和改进老年思想政治工作的新形式、新办法。结合老年人的特点，把思想教育与开展健康有益的文化体育活动结合起来，把解决思想问题与解决实际问题结合起来，以理服人，以情感人，寓教于乐，把老年思想政治工作做深、做细、做活、做实。要总结和推广新经验，树立典型，表彰先进，弘扬正气。要创造条件，使老年人对社会继续发挥积极作用。鼓励他们在自愿、量力的前提下，从事关心和教育下一代、传授科学文化知识、开展咨询服务、参与社会公益事业和社区精神文明建设等活动，为两个文明建设贡献力量。当然，这里要注意一个问题：离退休的老同志不要干预原单位的工作，经商办企业也不宜提倡。

第三，大力发展老年服务业，走社会化、产业化的道路。老年服务事业既有福利性又有社会性。随着人口老龄化发展特别是进人高龄化之后，老年人对社会化、专业化服务的需求大量增加，单靠福利形式的服务和家庭服务将难以完全适应这方面的客观要求，必须通过走多种形式的社会化、产业化的路子，加快老年服务业的发展。近年来，在各级党委和政府的领导下，我国老年服务业发展较快，兴建了一批老年服务设施，增加了老年服务机构，老年服务队伍也有所扩大。但是，也要看到，目前老年服务业仍然严重滞后，远远不能适应老年人的需要。我们要拓宽思路，改变单纯由政府举办的局面，使老年服务业有一个较大的发展，以满足老年群体日益增长的不同层次、不同类型的需求。

一是要鼓励和动员社会力量积极参与，加快老年服务设施和服务网络建设。目前全国农村敬老院和城市养老院收养老年人一共不到 60 万，供需矛盾相当突出。要努力兴办一批不同形式、不同档次的托老所、老年福利院、老年公寓、文化活动中心等设施。发展老年服务设施，还可以同企业转制、转产、破产和安置就业结合起来。有的企业效益不好，甚至面临倒闭，又找不到出路，可以引导他们把企业改造成老年服务机构。这样既有经济效益，又可以安置各类学校毕业生和下岗职工就业。各地要尽快建设一批示范性的老年服务设施，现有的文化体育场馆要向老年人优惠开放，新建居民小区要在规划上考虑老年服务设施和文化体育活动场所的建设。农村要逐步将乡镇敬老院建设成为综合性、多功能的老年福利服务中心，为老年人提供生活照料和文化、健身等服务，特别是对“五保户”，有条件的地方应尽量就地集中赡养。设施建设要从实际出发，统筹规划，合理布局，把新建和改、扩建结合起来，充分利用资源，形成适应城乡不同特点、功能配套、管理规范的社区老年服务体系，避免重复建设。

二是要发展老年服务业和护理业。护理社会化是照料老人的重要途径。在我国，老年护理业还处于起步阶段，大量需要护理的高龄老人，家里没有必要的护理条件，住医院护理费用高，医院也往往不肯接受。这里存在着潜力巨大的市场需求。实现老年服务业和护理业的社会化、产业化，不仅可以满足广大老年人的需要，也可以增加社会就业。有关部门要通过制定优惠政策，引导和扶持社会力量兴办老年服务业和护理业，使老年人既可以进护理机构接受护理，也可以请护理员上门服务。

我们正在进行社会主义市场经济建设，正在进行经济结构的战略性调整。老龄事业是一项新型的社会事业，也是一项大有可为的新兴产业。从根本上说，做好老龄工作，需要依靠发展经济，增强经济实力和综合国力；但反过来看，做好老龄工作，开发老年产业，既可以为老年人提供服务和商品，又能促进产业结构的优化，带动第三产业的发展，有利于国民经济的持续快速健康发展。因此，各地一定要重视和支持发展老年产业。

三是要建立健全与社会主义市场经济体制相适应的老年服务机构管理体制和运行机制。老年服务机构的管理体制，要改变过去单纯依靠政府包办和部门直属、直管、直办的老办法，政府除加强宏观管理和举办少数福利性的老年服务设施外，要支持和鼓励社会力量兴办，逐步形成多种经济成分共同发展，老年服务机构自主经营的管理体制和运行机制。

第四，依法维护老年人的权益。老年人是社会中相对脆弱的群体，他们的合法权益比较容易受到侵害。加之许多老年人法律观念淡薄，自我保护意识和能力相对较弱。所以，全社会都要遵守《宪法》和《老年法》等法律法规，切实维护和保障老年人的合法权益。

一是要依法保护对老年人的家庭赡养和扶养。家庭成员有责任关心和照料老年人。赡养老人是子女必须承担的法定义务，要求子女赡养是老年人的合法权利。我国的《宪法》、《婚姻法》、《老年法》等法律，对家庭赡养和扶养，都有明确的要求和具体规定，必须贯彻执行。要切实保障老年人住房、财产、继承等合法权益。对于子女不尽赡养义务甚至虐待老人的，要严肃批评教育直至依法追究责任。对尊老、敬老、助老、养老成绩突出者给予表扬或奖励。

二是要加强法制建设，为老年人提供法律援助。根据调查，个别地方侵犯老年人合法权益的案件占民事案件的40%，这说明在一些地方老年人权益受到侵犯的情况还相当严重。为此，必须进一步完善有关维护老年人权益的法律法规，加大执法、检查和监督力度。要依法制裁侵犯老年人合法权益的人和事，对于各种打着关心、照顾、帮助老年人的旗号，诈骗、坑害老年人的不法行为，要进行舆论谴责并依法予以打击；对于宣扬歪理邪说、伤害老年人身心健康的邪教组织和愚昧迷信活动要坚决取缔。各级司法部门要建立健全法律援助制度，加强老年人法律服务工作，使老年人可以就地、就近、及时地得到优质的法律服务。老年人需要获得律师及其他法律帮助但无力支付法律服务费用的，应当使他们能够依照有关规定获得法律援助。老年人因其合法权益受到侵害提起诉讼但交纳诉讼费确有困难的，可以缓交、减交或者免交。对此，有关部门要研究制定具体办法。

三是要维护老年人婚姻自由的权利。我国法律规定，老年人的婚姻自由受法律保护。子女或者其他亲属不得干涉老年人离婚、再婚和婚后生活。赡养人的义务不因老年人婚姻关系变化而解除。老年夫妇不可能同时辞别人世，总是有先有后。单身老人找个老伴，生活上互相照顾，精神上互相慰藉，这些都是正常的需要，有利于老年人的身心健康。当前，影响我国老年人再婚和婚后生活的主要因素是子女干涉、观念陈旧和财产问题。要有针对性地加强宣传教育，移风易俗，转变观念，使当事老年人消除思想顾虑，家庭成员和社会更多地给予理解与支持。

三、加强领导，形成合力，开创我国老龄工作新局面

老龄事业是社会主义现代化建设事业的重要组成部分。老龄工作社会性强，是一个系统工程。各级党委、政府要统筹规划，各党政机关、企事业单位以及社会各个方面都要一齐努力。

各级党委和政府要加强对老龄工作的领导。早在1989年，江泽民同志就指出：“老龄问题越来越成为一个重要的社会问题，我们要予以重视。希望各级党委和政府要加强对老龄工作的领导，切实做好这项工作。”去年，江泽民同志又专门为“国际老年人年”题词：“加强老龄工作，发展老龄事业”。这次《决定》又对加强领导提出了新的要求。各级党委和政府要按照中央的要求，把老龄工作纳入党政领导的议事日程，加大对中央文件精神学习、宣传的力度，用文件精神统一广大干部群众的思想。各地要抓紧建立健全老龄工作委员会及其精干的办事机构，并支持他们发挥作用。要结合本地区、本部门、本系统的实际，尽快组织制订贯彻落实《决定》的具体措施、工作方案以及“十五”期间的老龄工作计划。对于《决定》中提出的各项政策要求，各有关部门都要拿出具体的可操作的实施方案。要制定具体办法，在老年人医疗、乘坐公共交通工具、参观、游览等方面，给予优待和照顾；对老年服务业的发展给予优惠和鼓励。各地、各部门要从全局出发，与老龄工作的主管部门密切配合，加强联系和协调，各负其责、齐抓共管、形成合力。各省、自治区、直辖市党委和人民政府，中央和国家机关各有关部门、各群众团体，要在今年12月底以前将落实情况报全国老龄工作委员会。

社区要成为老龄工作的重要依托。老年人的生活空间主要在社区，老龄工作的落脚点也应当在社区。在传统观念的影响下，老年人的家庭观念比较牢固，地缘文化观念浓厚，重视街坊邻里的情感维系。他们对社区有较强的归宿感、认同感和依赖感。绝大多数老年人愿意依托社区居家生活，最需要党和政府在社区为他们提供面对面、心贴心的服务。今后退休人员要逐步与所在企事业单位相脱离，由社区管理和服务，基层老龄工作将主要依托社区去做。社区基层党组织在老龄工作中要充分发挥作用，面向基层开展工作，把社区助老服务作为实践党的根本宗旨的一项重要任务来抓。社区行政机构要真正成为基层老龄工作的组织者。街道、乡镇的党政领导同志要经常深入基层、深入群众，带着深厚的感情为老年人做好事、办实事。要定期开展送温暖活动，为生活确有困难的老年人提供必要帮助，让他们充分感受到党和政府的温暖。上级党政领导要大力支持社区工作，并给予及时、具体的指导。要加强社区干部队伍建设。我国城市街道、居委会干部总的来说热情高、干劲大、有奉献精神，做了大量卓有成效的工作。但是，也比较普遍地存在年龄偏大、文化水平偏低的问题，难以完全适应形势发展的需要。要努力提高社区干部队伍的素质，选拔干部的眼界应当宽一些，鼓励高校毕业生和在职干部职工到社区工作，还可以公开向社会招聘，实行竞争上岗。要重视对老龄工作队伍的培训，有条件的普通院校要开设老年学专业和社区管理与服务类专业，培养从事老龄工作和社区工作的专门人才。

要动员全社会的力量关心老年人，支持老龄工作。老龄工作是一项群众性工作，关心、帮助老年人是全社会的共同责任。要充分依靠群众，提倡、鼓励和保护老年人之间建立互助关系，提倡中青年义务为老年人服务，动员全社会都来支持和参与老龄工作。要综合运用教育、舆论、行政和法律等手段，大力开展维护老年人合法权益的伦理、道德和法制教育，要让全体公民特别是中青年人懂得，人口老龄化与每个人的今天和明天都息息相关，中青年是老龄工作成果的最大受惠者，从而进一步增强维护老年人合法权益的自觉性和法律意识。中小学校要把敬老、养老、助老作为德育的重要内容，纳入教育计划。各地要把老龄工作与开展文明社区、文明村镇、文明家庭创建活动结合起来，大张旗鼓地树立和表彰先进典型，在全社会营造敬老、养老、助老的浓厚氛围。

同志们！老龄工作是一项重要而高尚的事业。我国在新世纪的改革与发展，必将为老龄事业的进步创造新的机遇和条件。我们要振奋精神，加倍努力，把中央的要求落到实处，把我国老龄事业的发展提高到一个新的水平。

司马义·艾买提同志在国务院召开的全国老龄工作会议上的讲话

（2000年8月28日）

全国老龄工作会议今天就要结束了。这次会议是我国老龄事业发展史上一次十分重要的会议，党中央、国务院对这次会议非常重视，会前下发了《中共中央、国务院关于加强老龄工作的决定》（以下简称《决定》）。会上中央政治局常委、国务院副总理李岚清同志代表党中央、国务院作了重要讲话。大家认真学习讨论了《决定》和岚清同志的重要讲话，中宣部、劳动和社会保障部、民政部等8个部委的领导就贯彻落实《决定》作了大会发言，北京、上海、山西等6个省区市的领导在大会上介绍了做好老龄工作的经验，同时还印发了各地的典型材料。会议圆满完成了预定的各项任务，开得很成功。

下面，我讲几点意见：

一、这次会议的主要收获

与会代表一致认为，全国老龄工作会议是一次提高认识，统一思想，明确方向，坚定信心，开创我国老龄工作新局面的动员大会。这次会议必将成为我国老龄事业发展史上的一个重要里程碑。总结大家的收获，主要有以下几个方面：

（一）统一了思想，提高了对加强老龄工作重要意义的认识

在世纪之交，我国开始进入人口老龄化阶段的时候，国务院召开全国老龄工作会议，充分体现了以江泽民同志为核心的党中央对我国老龄工作的高度重视和对亿万老年人的巨大关怀。《决定》从我国的基本国情出发，客观地分析了我国人口老龄化的发展趋势，总结了改革开放以来我国老龄工作的实践经验，深刻阐明了做好老龄工作的重大意义，明确了我国老龄工作的指导思想和目标任务，提出一系列政策措施。《决定》是指导今后一个时期我国老龄工作和老龄事业发展的纲领性文件，对推进具有中国特色老龄事业的发展具有重要的现实意义和深远的历史意义。岚清同志的重要讲话对此作了非常全面深刻的阐述，帮助大家加深了对《决定》的理解。

通过这次会议，大家对我国人口老龄化的形势和加强老龄工作的重要性，形成了以下共识：一是老龄问题已经成为一个重大的社会问题。各级党委、政府必须高度重视。人口平均寿命延长，老年人口增加，是我国社会主义制度优越性的体现，是社会文明进步的标志，是经济和社会发展、人民生活水平提高、医疗卫生条件改善的重大成果。但是，人口老龄化也会给我国经济社会发展带来一系列深刻影响。对这个问题，早认识、早重视、早解决，早主动。二是我国人口老龄化是在经济发展但还不发达的情况下到来的，解决这一问题的难度大，老龄工作面临的任务十分艰巨。大家认为，做好老龄工作，发展老龄事业，必须从我国社会主义初级阶段的基本国情出发，通过几年努力，建立和完善老年社会保障制度和社会互助制度，基本建立以居家养老为基础、社区服务为依托、社会养老为补充的养老机制。发展老龄事业，从根本上说要依靠发展经济，增强整体国力，同时要制定相关政策，采取积极措施，在政府指导下，广泛动员社会力量，走出一条社会化、产业化的道路。做好老龄工作，又能反过来促进国民经济的发展。三是大家都深切认识到，做好老龄工作是各级党委和政府的重要任务，必须把老龄工作列入党政领导工作的重要日程，统一部署，合理安排，加强领导。关心老年人的生活，做好老龄工作，不仅是党和政府的事情，也是全社会的共同责任。

大家认为，多年以来我国老龄工作取得了很大的成绩，为今后工作打下了一个比较好的基础。但是，由于对老龄工作认识不足，准备不够，还远远不能适应人口老龄化发展趋势的需要。目前，我国老龄事业的发展在经济社会的整体发展中相对滞后。大家认识到，做好老龄工作，努力满足老年人日益增长的物质文化需要，让老年人共享经济社会发展的成果，是中国共产党全心全意为人民服务根本宗旨的体现，是贯彻江泽民总书记“三个代表”思想的体现。也是弘扬中华民族传统美德，加强社会主义精神文明建设的一项重要内容。大家表示，这次会议之后，一定要认真贯彻执行《决定》，切实把老龄工作抓起来，抓出成效，让老年人满意，让中央放心。

（二）明确了老龄工作的指导思想、原则和目标，增强了做好老龄工作的信心

会议期间，代表们认真学习和讨论了《决定》和岚清同志的重要讲话。大家认为，加强老龄工作，发展老龄事业，关键是制定符合我国国情，适应人口老龄化的方针和政策。改革开放以来，国家陆续出台了一些法律、法规和政策，对保障老年人的生活，维护老年人的合法权益，促进老龄事业的发展起了很大作用。但是，目前我国与老年人有关的法律法规还不够完善，不适应人口老龄化发展的形势。党中央、国务院高瞻远瞩，从我国经济和社会可持续发展的战略全局出发，就加强老龄工作，全面发展老龄事业作出了战略性部署。《决定》对老龄工作的指导思想、原则和目标，保障老年人合法权益，加快发展老年服务业，推进老龄事业的有关政策措施，开展老年思想政治工作，加强对老龄工作的领导等一系列重大问题都作出了深刻论述和明确规定。通过这次会议，大家对做好老龄工作的方向明确了，思路清楚了，信心增强了。这对切实加强老龄工作，推进我国老龄事业发展必将产生重大而深远的影响。大家还认识到，老龄事业是一项新型的社会事业，也是一项大有可为、前景无限的新兴产业。大家坚信，只要认真贯彻执行《决定》和这次会议精神，解放思想，开拓进取，我国的老龄事业就一定会出现蓬勃发展的崭新局面。

（三）增强了紧迫感、使命感和责任感

在学习讨论中，大家认识到，全面贯彻执行《决定》和岚清同志讲话精神，要做的事情很多，任务艰巨，责任重大。岚清同志的重要讲话明确提出了今后一个时期老龄工作的重点和近期要抓的实事，具有很强的针对性、指导性和可操作性。大家都有一种强烈的紧迫感、使命感和责任感，表示要立即行动起来，结合本地区、本部门的实际情况，有计划、有重点地抓好几件大事、实事，以带动全局工作的开展。

（四）通过经验交流，开阔了视野，拓展了工作思路

会议期间，8个部委的领导同志就贯彻落实《决定》、6个省区市的领导就做好老龄工作的经验作了大会发言，还印发了各地的典型材料。大家认为，各

地的经验是我国老龄工作长期实践、老龄事业不断发展的重要成果，凝聚了广大老龄工作的智慧和汗水，是我们做好老龄工作的宝贵财富。通过交流，大家受到很大启发。这些经验可以归结为三个方面：一是党委和政府对老龄工作高度重视。二是老龄工作机构比较健全，有一支热心老龄事业的干部队伍。三是各有关部门协调配合，社会广泛参与，群众大力支持。

二、认真贯彻落实《决定》和这次会议精神，开创老龄工作新局面

（一）认真传达学习会议精神

会议之后，与会的领导同志要尽快向本部门党组、本地方党委和政府报告会议情况。各部门、各地方党政领导班子成员要带头学习《决定》和岚清同志重要讲话，认真传达会议精神。各级领导干部要把对老龄工作重要性的认识统一到《决定》上来。要从改革、发展、稳定的大局出发，切实提高对老龄工作重要性的认识，加强对老龄工作的领导，增强使命感和紧迫感，自觉积极地抓好工作。尽快制订贯彻落实《决定》和会议精神的具体工作方案和措施，并按照岚清同志讲话中所要求的时间和内容，向全国老龄工作委员会报告，由全国老龄工作委员会汇总后上报党中央、国务院。

（二）抓紧研究制定老龄事业发展规划，纳入当地国民经济和社会发展计划

老龄事业是社会主义现代化建设事业的重要组成部分，推进老龄事业的发展，必须统筹规划，合理布局，立足当前，兼顾长远。对这次会议印发的《老龄事业发展“十五”计划和2015年远景规划纲要（草案）》，请各地、各部门按照《决定》和这次会议的精神，尽快提出修改意见，报全国老龄工作委员会。当前，各级政府正在研究和制定《国民经济和社会发展第十个五年计划和2015年远景规划纲要》，要制定符合实际的老龄事业发展规划，并纳入本地区国民经济和社会发展规划。各级政府要按照《决定》要求，加大对老龄事业的资金投入，同时要认真落实有关优惠政策，广泛调动社会力量参与老龄事业的发展。大中城市要集中力量，以社区为依托，建立以老年福利服务、生活照料、医疗保健、文化教育、体育健身为主要内容的老年服务体系。通过多种投资渠道，发展老年服务业，尽快改善老年服务设施短缺的状况。

各地要根据实际情况，扎扎实实地抓几件有影响、看得见、摸得着的实事、好事，并纳入政府为民办实事的计划中，让广大老年人切实感受到党和政府的温暖。

（三）理顺老龄工作机构

当前，各地正在进行机构改革，老龄工作机构要按照中央的精神，尽快理顺关系，建立健全起来，并保证必要的工作经费。各级党委和政府要关心支持他们的工作，帮助他们解决工作中的困难。老龄工作委员会要认真履行对老龄工作宏观指导、组织协调、督促检查的职能。各成员单位要按照各自的职责任务，扎扎实实地做好工作。

（四）抓好会议精神的宣传工作

贯彻落实《决定》和这次会议精神，舆论宣传工作很重要。会后，各级宣传部门要采取措施，开展学习宣传活动，使《决定》和这次会议精神家喻户晓，深入人心。通过宣传，使广大干部群众了解我国人口老龄化的形势，了解老龄事业发展的目标、任务和政策措施。引导社会各方面共同关心老年人和老龄事业，支持老龄工作。要大力弘扬中华民族敬老、养老、助老的传统美德，营造良好的社会环境，推动老龄事业健康发展。

同志们，我国老龄工作的大政方针和总体思路已经确定，老龄事业蓬勃发展的历史机遇已经到来。让我们在以江泽民同志为核心的党中央领导下，高举邓小平理论伟大旗帜，开拓进取，求真务实，努力工作，开创老龄工作新局面。

司马义·艾买提同志在中国老龄协会举办的2001年新春敬老联谊会上的讲话

（2001年1月23日）

在全国上下一片欢歌笑语声中，我们迎来了新世纪，迎来了中华民族传统节日——春节。值此欢庆新春佳节之际，我代表国务院和全国老龄工作委员会，通过《中国老年报》向全国各族各界的老年朋友们和辛勤工作在老龄工作战线上的全体干部职工致以节日的问候和良好的祝愿！

刚刚过去的20世纪，中华民族经历了翻天覆地的变化。中国人民经过长期浴血奋斗，实现了民族的

独立和人民的解放，创建了新中国。改革开放以来，我国社会主义建设事业取得了举世瞩目的伟大成就。在百年的历史进程中，当代广大老年人，为中华民族的解放、祖国的繁荣昌盛，做出了巨大贡献，建立了光辉的业绩。在此，特向你们致以最崇高的敬意！

辞旧迎新，人类已经迈入了一个崭新的世纪。新世纪，给我们中华民族带来了难得的历史发展机遇。展望新世纪，我国科技和创新将会有新的突破，经济和社会必将迅速发展，综合国力将不断增强，人民生活水平将进一步提高。同时，随着经济和社会的发展、人民生活水平的提高和医疗卫生条件的改善，我国人口年龄结构开始进入老龄化阶段。党和政府历来高度重视老龄工作，十分关心老年人问题，颁布了《中华人民共和国老年人权益保障法》，设立了全国老龄工作委员会，召开了全国老龄工作会议，明确了我国老龄工作的指导思想、基本原则，制定了发展老龄事业的方针、政策和工作目标。我相信，随着我国经济和社会的发展，随着中央关于老龄工作一系列方针、政策的贯彻落实，老年群体日益增长的物质文化生活的特殊需求，将不断得到满足；老年人的生活、生命质量将得到进一步提高；“老有所养、老有所医、老有所教、老有所学、老有所为、老有所乐”的目标，一定会得到更好的实现。

同志们，2001 年是新世纪的开始之年，也是我国第十个五年计划实施的第一年。认真做好新世纪第一年的工作，具有承前启后的重要意义。各级政府、各级老龄工作部门，要认真学习和实践江泽民同志“三个代表”的重要思想，贯彻落实党的十五大和十五届五中全会精神，按照党中央和国务院关于加强老龄工作的要求，抓紧制定老龄事业发展“十五”规划，把党中央、国务院关于老龄工作的方针政策落到实处。要加强宣传教育工作，营造敬老、爱老、养老、助老的社会风气。要组织和调动社会力量，面向基层、面向实际、脚踏实地、满腔热忱地为老年人服务，办实事、求实效，努力推进新世纪老龄事业的全面发展和开创老龄工作的新局面。

同志们，我们的干部和老龄工作者要按照江泽民总书记最近到北京市看望企业职工干部时提出的要求，带头并认真组织社会力量，大力开展扶老助困送温暖活动，切实关心、帮助和解决好老年人特别是生活困难老年人的实际问题，把党和政府的温暖送给老年人，让老年人与全国人民一道，共享社会主义幸福生活。

最后，我衷心地祝愿全国的老年朋友们健康长寿！祝大家春节愉快！

司马义·艾买提同志在第二届老龄产业研讨会上的讲话

（2001 年 2 月 25 日）

在人类刚刚迈进 21 世纪的时候，中国老龄协会等单位共同召开第二次全国老龄产业研讨会，以实际行动积极贯彻落实全国老龄工作会议精神，这对推动老龄用品和服务产业化、社会化进程，推动我国老龄事业的发展是非常必要和有益的。我谨代表国务院、代表全国老龄工作委员会向会议的召开表示祝贺！向出席会议的专家学者、老龄工作者和企业界的代表致以亲切的问候！

近年来，在党和政府的关怀下，我国老龄工作进一步加强，老龄事业取得显著成绩，老龄产业也有了较快的发展。我国老年人口数量大、增长速度快，对老年设施、产品和服务方面存在着多方面、多层次的需求。而老龄产业起步比较晚，许多领域还没有得到很好的的开发。从总体上来说。我国老龄产业仍然滞后于人口老龄化迅速发展的客观形势，需要有一个较大的发展。

我国是老年人口大国，发展老龄产业是政府的职责，我国政府已采取了一系列措施，国民经济和社会发展第十个五年计划纲要草案已将发展老龄事业列入，指出要重视人口老龄化趋势，发展老龄事业和产业，加强老年人服务设施建设。但仅仅依靠政府的力量是不够的，应当动员全社会共同参与，鼓励走社会化、产业化发展的道路，推动老龄产业的发展。

去年，在全国老龄工作会议结束时，我讲过要扎扎实实地抓几件有影响、看得见、摸得着的实事、好事，以便让广大老年人切实感受到党和政府的温暖。发展老龄产业，满足老年人的物质和精神文化生活需求，就是我们应当抓的实事、好事之一。就此，我讲几点意见：

第一，要提高认识，加强对老龄产业的领导。提高包括老年人在内的全国人民生活水平和生活质量是我们党一切工作的根本出发点和立足点，也是贯彻“三个代表”重要思想的要求。我们应当站在这样一个高度上，统一思想，提高认识，增强发展老龄产业的自觉性责任感和事业心，齐心协力把老龄产业的发展推向前进，各级政府必须加强对老龄产业的领导，要根据人口老龄化和老年人口的需求，制定老龄事业的发展规划，指导老龄产业健康有序地发展。发展老龄产业是为了满足老年人各方面的特殊需求，要引入市场机制。同时，要把社会效益放在优先的位置上。要通过发展老龄产业，逐步完善老年设施，丰富老年产品，改善为老年人服务的状况，帮助老年人解决生活上的种种困难，提高老年人的生活质量。

第二，要研究制定发展老龄产业的政策，逐步形成有利于老龄产业发展的政策体系。鼓励老龄用品和服务走产业化、社会化发展道路，是社会主义市场经济体制改革的客观要求，也是加快改变老龄事业发展滞后的有效途径。为了推进老龄产业的发展，政府有关部门应当积极担负起责任，从有利于老龄产业发展角度出发，制定相应的优惠政策，以改善老龄产业发展的环境。全国老龄工作会议以后，财政部和税务总局等部门已经出台了相关优惠政策。各地也要根据本地实际情况，制定一些具体的政策和措施，希望各位专家学者多了解执行情况，提出完善各项政策的意见，参与政策研究，逐步形成有利于产业发展的政策体系。

各级政府还要加强对老龄产业的管理，要按照市场经济原则，加强宏观指导和调控。要在调查研究的基础上，制定老年设施、产品和服务的质量标准和价格，进行规范化管理，保证向广大老年人提供的产品和服务都能做到质优价廉。要加强检查和监督，搞好市场管理，严防各种假冒伪劣产品流入市场，以保护老年人的合法权益。

第三，要尊重市场经济规律，引导老龄产业健康发展。用市场化的办法发展老龄产业，必须了解市场的需求。为此，要搞好市场调查，了解老年人群的实际需求，不仅是物质方面，也包括精神文化生活方面的需求。要从整体上把握老年人各方面的需求，掌握市场信息，有效地引导老龄产业走上健康发展道路，防止一哄而起，盲目上马。在发展老龄产业，增加老年产品的同时，要注意引导消费，培育老年消费市场。要通过舆论宣传，帮助老年人更新观念，促进消费，繁荣市场，从生产和消费两个渠道推进老龄产业的发展。

同志们，老龄事业有许多理论问题和政策问题需要探讨，有一些实际问题需要解决。这次研讨会上，大家将讨论老龄产业发展中的许多理论问题和现实问题，这些探讨对指导今后老龄产业的发展将是十分有益的。只要我们按照党中央、国务院的要求，共同努力，群策群力，我相信我国老龄产业的发展一定会迈上一个新的台阶。

李岚清同志在全国老龄工作委员会第三次全体会议上的讲话

（2001 年 2 月 28 日）

今天，全国老龄工作委员会召开第三次全体会议，听取全国老龄工作委员会办公室关于 2000 年全国老龄工作情况的汇报，研究全国老龄工作委员会 2001 年的工作要点，审议《中国老龄事业发展“十五”规划纲要》，希望大家积极发表意见。会后，请全国老龄工作委员会办公室根据大家的意见对规划纲要和工作要点进行修改并报批，争取尽快下发。

2000 年，是我国老龄事业发展进程中具有重要意义的一年，老龄工作取得了重大进展，出现了新的局面，主要表现在：（一）党和政府高度重视老龄工作，加强了对这项工作的领导。2000 年 8 月，中共中央、国务院下发了《关于加强老龄工作的决定》（中发［2000］13 号，以下简称《决定》），国务院召开了全国老龄工作会议，这充分体现了以江泽民同志为核心的党的第三代领导集体对老龄工作的高度重视。此后，全国许多地方以党委和政府名义下发了贯彻落实《决定》的文件，并召开了老龄工作会议，老龄工作已经列入各级党政领导的重要工作日程。（二）老龄事业发展的政策法规体系正在建立和完善。以《决定》和《中华人民共和国老年人权益保障法》为主体，以有关部门及地方的政策法规为补充的老龄事业政策法规体系已具雏形。（三）老龄工作新的领导体制和运行机制基本确立。各地相继成立了由党政领导挂帅、有关部门参加的老龄工作领导机构，其办公室设在民政部门，从而理顺了管理体制。（四）老年服务业发展势头良好，初步改变了以往统由政府包办老年福利服务事业的格局，正在形成在政府支持推动下产业化、社会化的发展局面，老年服务设施有了明显改善。（五）关爱老年人的社会风尚得到进一步发扬。以办好事、办实事为内容的一系列关爱老年人的社会活动开展得比较活跃。广大老年人积极参与社区组织的各种活动，参加揭批“法轮功”邪教的斗争，进一步促进了身心健康。这些成绩的取得，是各级党委、政府重视和关心的结果，也是各涉老部门积极参与、密切配合，广大老龄工作者努力工作的结果。

在肯定成绩的同时，我们也要看到，老龄事业的发展还面临不少问题，工作中还存在一些薄弱环节，主要是：老龄工作和老龄事业的发展尚未完全适应我国人口老龄化发展趋势，与国民经济和社会发展水平还有较大差距；少数地方和部门对老龄工作还重视不够，没有真正把老龄工作摆上党和政府的工作日程；有的涉老部门开展工作的力度不够，各部门齐抓共管的合力尚未真正形成；少数地方在理顺管理体制方面行动迟缓，至今未按《决定》要求建立老龄工作领导机构并确定办事部门。对这些问题，我们一定要高度重视，切实采取措施加以解决。

关于2001年和“十五”期间的老龄工作，今天提交会议讨论的工作要点和规划纲要中已有明确的安排，文件印发后，各地区、各有关部门要认真贯彻执行。在这里，我再强调几点：

一、要把深入贯彻《决定》精神作为今后一个时期老龄工作的中心任务来抓

2001年是新世纪的第一年，是实施“十五”计划和现代化建设第三步战略目标的开局之年，也是我们全面贯彻落实《决定》精神，加快老龄事业发展的重要之年。各地区、各部门和各级老龄工作委员会要以江泽民同志“三个代表”的重要思想为指导，围绕深入贯彻《决定》和全国老龄工作会议精神这个中心任务，精心组织和安排好2001年的工作，起好步，开好头。《决定》对新世纪之初我国老龄事业发展的一系列重大问题作出了部署，是指导我国老龄工作的纲领性文件。贯彻落实《决定》和全国老龄工作会议精神，首先要制定好老龄事业发展的“十五”规划，这对于推动老龄事业的进步，促进国民经济和社会的持续健康发展具有重要意义。前一段时间，在全国老龄工作委员会的组织下，经过各成员单位的共同努力，《中国老龄事业发展“十五”规划纲要》的起草工作进行得比较顺利，目前已基本成熟。各地也要尽快制定本地老龄事业发展的“十五”规划并将其纳入当地经济和社会发展“十五”计划中，全国老龄工作委员会办公室要加强对各地的指导。规划制定后，各级老龄工作委员会要认真组织实施，加强督促检查，确保规划落到实处。各成员单位要根据职责分工，尽快制定贯彻落实规划的具体措施。同时，各级老龄工作委员会及其成员单位还要制定好2001年的工作计划和工作要点，并认真组织实施。

贯彻落实《决定》和全国老龄工作会议精神，要注意抓住工作重点。老龄工作的重点在社区、在基层。党中央、国务院对新形势下的社区建设非常重视，2000年底，经党中央、国务院同意，中共中央办公厅、国务院办公厅转发了《民政部关于在全国推进城市社区建设的意见》（中办发〔2000〕23号），明确了城市社区建设的指导思想、基本原则和主要目标、任务。各级党委和政府在推进城市社区建设工作中，要把老龄工作作为重要内容来抓，切实解决城市社区老龄工作中存在的问题和困难。城市街道、社区居委会是城市基层老龄工作的组织者，要积极探索建立与社会主义市场经济体制相适应的城市社区、基层老龄工作体系和运行机制，建设一支专、兼职和志愿者相结合的老龄工作队伍，做到城市社区老龄工作有人抓，老年人的事情有人管，老年人的困难有人帮助解决。要组织引导老年人进行自我教育、自我管理和自我服务，发现和树立社区、基层老龄工作的先进典型，以点带面，推动社区、基层老龄工作逐步走向规范化、制度化、法制化，把老有所养、老有所医、老有所教、老有所学、老有所为、老有所乐真正落实到社区、基层。乡（镇）、村民委员会是农村基层老龄工作的组织者，要积极探索与社会主义市场经济体制相适应、适合各地农村实际情况的农村基层老龄工作的路子，要坚持以家庭养老为主，进一步完善社会救济和以保吃、保穿、保住、保医、保葬为内容的“五保”供养制度，倡导村民互助。

二、要把深入开展同“法轮功”邪教组织的斗争作为老龄工作的一项重要政治任务

在党中央的正确领导下，我们同“法轮功”邪教组织的斗争不断深入，形势总体上是好的。通过一年多的斗争实践，广大人民群众进一步看清了“法轮功”的邪教本质和严重危害，全社会抵御邪教“精神毒品”的免疫力大大增强，中央处理“法轮功”问题的决策得到了广大群众的支持和拥护。同时，对这场斗争的复杂性、尖锐性和长期性我们也要有清醒的认识。李洪志及其“法轮功”组织在境外敌对势力的支持下，气焰仍然十分嚣张。2000年下半年以来，“法轮功”的不法活动出现持续反弹，元旦期间在北京闹事，农历除夕又组织策划了骇人听闻的“法轮功”痴迷者自焚事件。这进一步暴露了“法轮功”组织反人类、反社会、反科学的邪教本质，暴露了李洪志及其“法轮功”邪教组织企图颠覆我国家政权的政治目的。

一切从事老龄工作的同志都要深刻认识到，老龄工作中有政治。我们不能单纯地就老龄工作抓老龄工作，要从讲政治的高度，把老龄工作作为维护国家改革、发展、稳定大局，维护广大人民群众根本利益的一项重要政治任务来抓。当前，要在党委和政府的统一领导下，结合老龄工作，动员广大老年人旗帜鲜明地同“法轮功”邪教组织进行坚决的斗争。在这方面，要制订工作计划，作出周密部署，务求取得实效。各类老年群众组织是联系广大老年人的桥梁和纽带，要充分发挥自身的优势，特别要发挥老干部、老科技工作者、老教师、老职工等的积极作用，引导老年人联系实际，从不同角度、以不同方式，深入开展揭批“法轮功”邪教的活动。各级党政领导要支持老年群众组织积极开展法制讲座、科普宣传、文艺演出、举办展览等社会活动，营造“老年人拒绝邪教”的浓厚社会氛围。在农村，要加强对农村老年人协会的管理，发挥农村老年人协会的作用，引导老年人远离邪教。各级老龄工作委员会要加强对老年群众组织的联系和指导，定期召开会议，提出要求，协调行动。

要大力发展老年教育，加强老年人的思想政治工作。实践证明，老年学校在同“法轮功”邪教组织斗争中可以发挥重要作用。各地要办好老年学校，大力发展各种形式的老年非学历教育，进一步扩大覆盖面，使更多的老年人能够老有所教、老有所学、老有所乐。要坚持正确的办学方向，开展生动活泼的老年思想政治工作，使老年学校成为揭批“法轮功”邪教和各种歪理邪说的重要阵地，使老年学员成为同“法轮功”斗争的重要力量。老年人的思想政治工作要紧跟形势发展，内容要新，方法要活，措施要实。各新闻媒体要坚持正确的舆论导向，办好面向老年人的栏目，大力宣传党和政府的各项方针政策，宣传科学知识和唯物史观，倡导科学文明健康的生活方式，围绕老年人普遍关心的问题解疑释惑，引导老年人牢固树立正确的世界观、人生观、价值观。要加强社区党组织建设，充分发挥基层党组织的战斗堡垒作用，发挥老党员的先锋模范作用。

要丰富老年人的精神文化生活。各级老龄工作机构和涉老部门，要积极开展形式多样、内容丰富多彩、健康有益的文化娱乐和体育健身活动，抵制“法轮功”邪教组织对老年人的侵蚀。文化、体育、民政等部门要立足社区，因地制宜地兴办一批适用、方便的活动场所，争取在一两年内基本解决老年人活动场所不足的问题。针对当前老年人喜闻乐见的文艺作品少，适合老年人特点的出版物不多的状况，有关部门要制订创作和出版计划，组织力量，尽快拿出一批适合老年人欣赏的作品，满足老年人的精神文化需求。

三、要切实加强党和政府对老龄工作的领导

我国的老龄工作起步晚、困难多、任务重，加强党和政府对这项工作的领导，对老龄事业的发展至关重要。

首先，各级党委、政府要进一步提高对老龄工作的认识。老龄问题涉及政治、经济、文化和社会生活等诸多领域，是关系国计民生和国家长治久安的一个重大社会问题。老龄工作是党和政府的一项重要工作，具有很强的政治性、社会性、综合性。老年人是对社会做过贡献的人，也是更需要社会给予关怀和照顾的人，我们要发扬尊老、爱老、助老的传统，把老龄工作作为一件大事来抓。做好老龄工作是各级党委和政府在新的历史条件下，实践江泽民同志“三个代表”重要思想的要求，是体现社会主义制度优越性和推进社会主义精神文明建设的需要，也是经济社会协调发展和维护社会稳定的需要。各级党委和政府一定要站在全局的高度，深刻认识做好老龄工作的重要性、紧迫性，切实加强领导。对党中央、国务院关于老龄工作的各项要求，要做到有布置，有措施，有检查，有落实。要有针对性地研究、协调和解决老龄事业发展中的重大问题，定期听取老龄工作部门的汇报，帮助他们解决工作中遇到的实际问题。

其次，要尽快理顺老龄工作领导体制，建立办事机构。目前，已有24个省（自治区、直辖市）基本理顺了省级老龄工作的领导体制，建立了办事机构，但仍有7个省（自治区）、3个计划单列市的老龄工作机构问题还处在酝酿讨论阶段，进展缓慢。出现这一问题的原因可能是多方面的，但主要还是思想认识没有完全到位，重视程度不够。希望这些地方的党委和政府在2001年上半年之前，务必按照中央要求，理顺体制，健全机构，确保各项工作尽快开展起来。地、县两级在2001年机构改革中，也要理顺体制，建立机构。老龄工作机构在机构改革中，只能加强，不能削弱。全国老龄工作委员会办公室要继续加强这方面的督促和检查。

第三，要加大对老龄事业的投入。首先是各级政府要加大投入。老龄事业是一项新型的社会事业，具有很强的公益性，离不开政府的投入。对此，《决定》作了明确规定，各级政府要认真贯彻落实。要将老龄事业纳入经济和社会发展计划，其经费要列入财政预算，以保证老龄事业发展所需的资金。同时，要通过政府的投入，引导更多的社会资金参与老龄事业的建设，使老龄事业走社会化、产业化的道路。各地区、各有关部门要集中一定的资金，突出重点，争取在较短的时间内，办几件广大老年人看得见、摸得着、有影响的好事实事，以此促进老龄工作的整体发展。各级老龄工作委员会办公室要积极主动开展工作，发挥好综合协调、督促检查和参谋助手作用。

同志们！我国的改革开放和现代化建设已经进入新的发展阶段，老龄工作和老龄事业的发展任重而道远。我们要紧密团结在以江泽民同志为核心的党中央周围，以高度的政治责任感和历史使命感，认真做好老龄工作，为实现党和国家在新世纪的奋斗目标做出应有的贡献。

司马义·艾买提同志在全国城市社区建设工作会议上的讲话

（2001 年 7 月 12 日）

同志们：

这次全国城市社区建设工作会议，将以江泽民同志“七一”重要讲话精神为指导，深入学习贯彻“三个代表”的重要思想，落实《中共中央办公厅、国务院办公厅关于转发〈民政部关于在全国推进城市社区建设的意见＞的通知》（中办发［2000］23 号）精神，是全面推进城市社区建设的一次重要会议。会上将就全面推进城市社区建设工作进行部署，交流经验，讨论全国城市社区建设示范活动指导纲要，实地参观青岛市的社区建设。我相信，这次会议将对全国城市社区建设起到积极的推动作用。

党中央、国务院十分重视城市社区建设工作。去年底，中央政治局常委会讨论加强城市社区建设工作，会后下发了中办发［2000］23 号文件。国家“十五”计划纲要也把推进社区建设作为新时期我国经济和社会发展的重要内容。中央领导同志高度重视社区建设工作。江泽民同志在 1996 年就提出要大力加强社区建设。1999 年 10 月，他在天津市视察社区建设时又强调指出：加强社区建设是新形势下坚持党的群众路线，做好群众工作和加强基层政权建设的重要内容。中央其他领导同志也都十分关注社区建设，多次到城市基层考察社区建设工作，作过许多重要指示。近年来，社区建设工作已经引起各级党委和政府的高度重视。我也考察过城市社区建设，高兴地看到，由于党中央、国务院的高度重视，各级领导的重视和关心，社区建设在许多城市已经开展起来，成效显著，得到社会的普遍关注，受到广大居民的真诚欢迎。民政部组织开展的社区建设实验区活动取得了可喜的成绩，为全面推进城市社区建设奠定了工作基础，积累了不少经验。可以说，全面推进城市社区建设的条件已经具备，城市社区建设进入了一个全面推进、快速发展的新时期。

这次会上，多吉才让同志将代表民政部作工作报告，这个报告我看过，内容很好，我都赞同。有关部门的负责同志还将作重点发言，就城市社区建设工作有关方面提出意见和建议。下面，我就全面推进社区建设工作讲几点意见。

一、以“三个代表”重要思想为指导，全面推进城市社区建设

江泽民同志在庆祝中国共产党成立 80 周年大会上的讲话，高瞻远瞩，总揽全局，内容丰富，具有很强的理论性、实践性和指导性，对于推进改革开放和现代化建设各项事业，实现中华民族的伟大复兴，具有重大而深远的战略意义。“七一”重要讲话进一步阐述的“三个代表”重要思想，是在新历史条件下全面加强党的建设的伟大纲领，也是我们全面推进城市社区建设工作的行动指南。我们一定要认真学习江泽民同志“七一”重要讲话，全面贯彻和努力实践“三个代表”的重要思想，充分认识推进城市社区建设的重要性和必要性，增强工作的责任感、紧迫感和使命感。

推进城市社区建设是党中央、国务院为加强城市工作作出的一项重大战略决策。我们党在领导城市工作中形成了一整套的组织管理系统，但随着社会主义市场经济体制的建立和发展，现行的城市基层管理体制和管理办法已难以适应现代化城市建设和管理的要求，需要探索新的思路和方法。2000 年 11 月，中央政治局常委会研究决定，在全国全面推进城市社区建设工作；这是我党在新形势下加强城市基层工作的重大举措。加强城市社区建设，构建新的社区管理体制，把社区居民最大限度地组织起来，建设社区，服务社区，让社区居民自己管理自己的事情，是我们党在新时期加强城市管理和服务的新途径，也是党的群众路线在城市工作中的新发展。因此，全面推进城市社区建设，合理利用社区资源，完善社区服务功能，实行社区居民自治，有利于提高广大城市居民生活水平和生活质量，满足广大群众日益增长的物质文化需要，密切党和政府同人民群众的关系，打牢党在城市的组织基础和群众基础，巩固党的执政地位，巩固城市基层政权，维护城市政治社会稳定，促进城市现代化建设。

各地在推动社区建设实践中，一定要始终贯彻“以人为本”的原则，把提高社区居民的生活水平和生活质量放在首位。这既是社区建设工作的特点所决定的，更是实践江泽民同志“三个代表”重要思想的具体体现。我们要时刻关注人民群众的切身利益，急人民群众之所急，想人民群众之所想，办实事，重实效，从社区居民迫切要求解决和关注的问题入手，为广大社区居民提供多样化、多层次的服务，满足人民群众日益增长的物质文化需要。各地要结合自身实际，确定社区建设发展的主要内容，注重社区建设的内涵，以社区服务为龙头，提高社区服务水平。要全方位地推进社区建设，做好社区组织、社区教育、社区卫生、社区就业、社区文化、社区环境、社会保障服务及社区治安等工作，当前尤其要重视做好社区为老年人服务的工作。目前，民政部在全国部署实施了“社区老年福利服务星光计划”，决定利用发行彩票募集的资金，在2到3年内，在全国城市社区建设一大批老年人服务设施和活动场所。这是为老年人办实事、办好事的重要举措，希望各级政府和有关部门把这项工作做好。同时，要贯彻落实国家对发展社区服务的各项扶持政策，不断提高社区服务的质量和水平，推动社区服务的产业化、网络化和社会化。要根据本地区经济和社会发展的水平与现有工作基础，因地制宜地确定城市社区建设工作的内容，不断发展创新，形成特色。要不断丰富社区建设的内容，通过拓展社区服务，发展社区卫生、繁荣社区文化、美化社区环境、加强社区治安，让广大人民群众切身感受到党的温暖和政府的关怀。要以“三个代表”重要思想为指导，以实现最广大人民群众的根本利益作为检验社区建设的根本标准，把我们党全心全意为人民服务的宗旨落到实处。

二、以改革创新的精神，加快社区建设的发展步伐

江泽民同志不久前指出：“创新是一个民族的灵魂，是一个国家兴旺发达的不竭动力，是一个政党永葆生机的源泉。”中办发［2000］23号文件从我国的实际出发，明确了城市社区建设的指导思想、目标、原则和工作重点。可以说社区建设的大政方针已经确定。各地区、各部门要结合实际，以改革创新的精神创造性地开展工作，积极探索并逐步建立与经济、社会、城市发展相适应的、运转高效的新型城市管理体制和运行机制。社区建设是一项新事业，全面推进城市社区建设，必须坚持改革创新。首先是体制创新。要紧紧抓住社区组织建设这个关键环节，加大工作力度，完善社区组织体系，构建新的社区管理体制。要以地域为特征以认同感为纽带，按照便于服务管理、便于开发社区资源、便于社区居民自治的原则，科学合理地划分社区，并在此基础上建立社区居委会，建立健全社区党的组织，培育发展社区民间服务组织。这是加强社区组织建设，建立新型的社区管理体制，全面推进社区建设的基础。其次是机制创新。要理顺社区建设的各种关系，建立良好的社区建设运行机制。理顺关系的重点是正确处理好党的领导、依法办事和社区自治的关系。必须强调，社区居民自治是党领导下的依法自治。社区建设必须坚持党的领导，要在社区建立健全党的组织，坚持社区党组织在各种组织中的领导作用和核心地位；同时，社区党组织要发挥领导作用，大力支持社区居委会依法行使自治权力，管好社区事务。社区居委会要牢固树立党的领导的观念，维护和尊重社区党组织的领导核心地位，依法自治，依法办事，切实贯彻执行国家的法律、法规和政策，协助政府做好法律赋予的工作，实现自我管理，自我教育、自我服务和自我监督。第三，要更新观念，转变工作方式和工作方法。各级政府尤其是城市基层政府及有关部门，要切实转变职能，更新思想观念，调整工作方式，转变工作作风。要按照法律的规定和政策的要求，加强对社区自治组织的指导、支持和帮助，并放手让社区居委会开展属于居民自治范围内的工作。应该明确，政府及有关部门都应根据各自职能，把工作重心放到社区，落实到社区，服务到社区，而不是把组织机构设置延伸到社区，导致社区行政化。只有不断地改革创新，开拓进取，社区建设才会有强大的生命力，才能够充满生机和活力。

三、切实加强领导，形成推动城市社区建设的整体合力

社区建设是一项政治性、综合性很强的系统工程，涉及方方面面，难度大、责任重，必须上下协调，左右联动。中央要求，各级党委和政府要高度重视城市社区建设工作，把社区建设工作摆上重要议事日程，切实帮助解决城市社区建设中的困难和问题。各级政府要做到思想上高度重视，组织上充分保障，工作上落实到位。省、市两级政府在推进城市社区建设中承担着统揽全局、宏观管理的领导职责，要对本地的社区建设工作进行总体规划、政策指导和组织推进。城区政府在社区建设中发挥着承上启下、综合协调的作用，要建立有效的工作机制，政府负责同志要对本地区社区建设负起领导责任。街道办事处要充分发挥综合管理职能，对社区建设具体负责，落实工作任务。各有关部门要从本职工作出发，找到与社区建设工作结合的切入点，认真履行职责，为全面推进社区建设做好指导、服务工作。工会、工青团、妇联及老龄、残联等群团组织要发挥各自优势，在社区建设中更好地发挥党和政府联系群众的桥梁和纽带作用。

要制定相应政策，引导各类企业、事业等社会组织与社区建设，动员社会力量发展社区各类事业。真正形成“党委、政府领导，民政部门牵头、有关部门配合、社区居委会主办，社会力量支持、群众广泛参与”的工作格局，把这项工作扎扎实实地推向前进。

社区建设已经纳入我国国民经济和社会发展第十个五年计划纲要，各地要认真组织实施，并将社区建设列人本地区国民经济和社会发展规划。要加大对社区建设的投入力度，大力开发社区的社会资源，调动社区各单位的积极性，广泛参与社区建设，通过资源共享、共驻共建，多渠道解决社区建设的资金。

党中央、国务院赋予民政部“指导社区服务，推动社区建设”的职能。民政部门是各级政府具体负责社区建设日常工作的职能部门，要提高认识，振奋精神，切实负起责任，把社区建设作为城市民政工作的重点来推进。要在党委和政府的统一领导下，在有关部门的配合下，主动抓好社区建设工作，发挥民政部门综合协调和监督检查的职能，当好参谋助手，认真履行职责，把社区建设作为城市民政工作的重点和今后几年的主要任务抓紧抓好。要突出抓好社区建设的示范活动，以点带面，推动全局。要研究制定相关配套政策，逐步实现社区建设制度规范化、管理法制化，真正把政策引导、行政监督、指导管理落到实处，加大社区建设工作的指导力度，提高社区建设整体水平。我相信，只要领导高度重视，有关部门通力合作，形成推进城市社区建设的整体合力，就能够开创全面推进城市社区建设的新局面。

同志们，全面推进城市社区建设是党中央、国务院作出的一项重要决策，也是我们努实践“三个代表”重要思想的具体体现。让我们紧密地团结在以江泽民同志为核心的党中央周围，高举邓小平理论的伟大旗帜，以江泽民同志“三个代表”的重要思想为指导，进一步解放思想，振奋精神，开拓创新，全面推进城市社区建设，为促进城市的改革、发展和稳定作出更大的贡献！

李岚清同志在全国老龄工作委员会第四次全体会议上的讲话

（2002 年 2 月 7 日）

今天召开全国老龄工作委员会第四次全体会议，主要是总结 2001 年的工作，分析当前老龄工作形势，研究部署 2002 年的工作。刚才，多吉才让同志作了工作报告，讲得很全面，中央组织部、民政部、劳动保障部、文化部、卫生部、体育总局等部门的负责同志分别就做好今年的老龄工作作了很好的发言。下面，我讲几点意见：

一、当前老龄工作的形势

老龄工作是党和政府工作的重要组成部分，做好老龄工作必须正确把握形势，树立大局意识。2001 年，国际形势复杂多变，面对错综复杂的国际政治、经济形势，以江泽民同志为核心的党中央总揽全局，审时度势，沉着应对，采取了一系列正确的决策和措施，实现了我国国民经济的持续快速健康发展，保持了我国社会政治大局的稳定。一年中各种大事喜事不断：我们隆重庆祝建党 80 周年，认真学习贯彻“三个代表”重要思想；胜利召开党的十五届六中全会，对加强和改进党的作风建设作出全面部署；成功举办亚太经合组织第九次领导人非正式会议和“上海合作组织”成员国元首会议，大大提高了我国的国际地位；我国正式加入世界贸易组织，对外开放进入新的阶段；北京赢得 2008 年奥运会举办权，进一步增强了海内外中华儿女的民族自豪感和凝聚力。这一切，极大地振奋了党心军心民心，对党和国家事业的发展具有重大而深远的影响，也为我们做好今后的工作奠定了坚实基础。目前，全国上下正在认真贯彻落实十五届六中全会精神，努力实践“三个代表”重要思想，开拓进取，扎实工作，我国改革开放和社会主义现代化建设事业不断推进。

2001 年，我国老龄事业在党中央、国务院的领导下也取得了新的进展。国务院印发了《中国老龄事业发展“十五”计划纲要》，各地区、各有关部门认真贯彻落实《中共中央、国务院关于加强老龄工作的决定》（中发［2000］13 号）和全国老龄工作会议精神，采取有力措施，加大老龄工作力度，相继出台了一系列发展老龄事业的政策或措施，老年人养老、教育、文化、卫生、体育、福利设施建设、离退休干部工作以及社区老龄工作等都取得了新的进步，老年人精神文化生活不断丰富，生活质量有了新的提高。各地区、各有关部门以《中华人民共和国老年人权益保障法》（以下简称《老年法》）颁布5周年为契机，加大了执法检查力度，积极开展维护老年人合法权益工作，增强了全社会敬老、养老、助老的意识。各级老龄工作委员会组织开展了深入揭批“法轮功”邪教组织的斗争，收到良好的社会效果。省级老龄工作体制基本理顺，为老龄工作的顺利发展提供了组织保障。总的来看，各级党委和政府越来越重视老龄工作，全社会关心支持老龄事业的氛围越来越浓厚，老龄事业发展的社会环境越来越好，我国老龄事业已步入健康发展的轨道。

同时，国际社会也越来越重视老龄问题，自1982年召开第一届世界老龄大会以来，每届联合国大会都把老龄问题列入重要议题，通过了“联合国老龄问题宣言”等一系列重大决定或文件。今年4月，联合国将召开第二届世界老龄大会，重点研究发展中国家的老龄问题。国际社会对老龄问题的高度关注，有利于我国老龄事业的发展。

老龄工作形势很好，但我们也要清醒地认识到面临的问题。我国正处在社会转型和经济转轨时期，各种社会矛盾逐步显现，同时随着我国老年社会的到来，老年人口现已达1.3亿，老龄事业出现了不少新情况和新问题，老龄工作中还存在着许多不足，如：有的地方对老龄工作重视不够，措施不力；中央关于老龄工作的方针政策，在个别地方还只停留在口头上、会议上和文件上；一些市（地）、县（市）老龄工作体制还没有理顺，影响了工作的开展；各地老龄工作进展不平衡等。这些问题需要引起我们的高度重视，认真加以研究和解决。

二、以“三个代表”重要思想为指导，努力做好新时期的老龄工作

老年人是社会的重要组成部分，他们曾为我国革命和建设事业作出了重要贡献，应当受到全社会的尊重和各级党委、政府的关心帮助。必须认识到：做好老龄工作是我们党全心全意为人民服务宗旨和社会主义制度的本质要求，是实践“三个代表”重要思想的具体体现。老龄工作要坚持党政主导、社会参与、全民关怀的工作方针，首先是各级党委、政府和各有关部门要进一步提高认识，转变作风，深入实际，加大投入，为老年人办好事、办实事；同时要注意调动社会各方面的积极性，共同参与和推动老龄事业的发展。只有这样，老龄工作才能充满生机和活力，才能赢得人民群众对我们的信任和支持。

敬老、养老、助老是中华民族的传统美德，是我国优秀传统文化的重要组成部分，体现了先进文化的前进方向。党和政府历来重视对全社会进行敬老道德教育，中央去年发布的《公民道德建设实施纲要》又专门作了强调。我们要在全社会大力弘扬中华民族敬老、养老、助老的传统美德，教育青少年尊重老年人，爱护和帮助老年人，使他们真正懂得，老年人的今天就是自己的明天，尊重爱护老年人，就是尊重爱护自己。要用道德的力量，密切代际关系，促进社会公平，推动尊老爱幼、老少共融的良好社会风尚的形成。这些年来，广大老年人为充实晚年生活，充分发挥聪明才智，创造了独具特色的科学、文明、健康的老年广场文化、老年健身文化、老年校园文化等老年文化生活方式。这些文化活动遍及城乡，丰富了老年人的精神文化生活，缓解了老年人的孤独感和寂寞感，有利于老年人的身心健康。文化、老龄工作部门要认真总结、科学提炼、积极推广这些好经验、好做法，使更多的老年人参加进来，引导老年人开阔视野，跟上时代步伐，与其他社会成员一起，共享社会文明与发展的成果。这不但使老年人有一个健康幸福的晚年生活，也可以减缓社会特别是医疗治病的压力。

做好老龄工作，有利于促进社会生产力的发展。老年人在物质生活基本得到满足后，对社会服务和精神文化的需求将日益增长，这为我们大力发展老年服务业提供了有利的条件。老年人也是一个庞大的消费群体，积极培育老年消费市场，大力发展老年产业和老年服务业，对扩大内需，促进经济发展，必将产生积极的影响。财政、工商、税务等部门要研究制定扶持政策，营造宽松的发展环境，促进老年服务业的发展。

总之，我们要以“三个代表”重要思想为指导，坚持老龄工作为党的中心工作服务、为社会发展服务、为老年人服务，努力提高老龄工作整体水平，推动老龄事业再上一个新台阶，促进社会的繁荣与稳定。

三、突出重点，狠抓落实

老龄工作的大政方针已经确定，现在的关键是抓落实。当前，要重点抓好以下几方面的工作：

（一）深入贯彻中央关于加强老龄工作决定的精神，全面落实中国老龄事业发展“十五”计划纲要。中央的决定和计划纲要是今后一个时期老龄工作的纲领性文件，各地区、各有关部门要深入贯彻，加大实施力度。在贯彻过程中不能简单地“以会议贯彻会议”、“以文件落实文件”，要按照党的十五届六中全会决定的要求，进一步转变工作作风，深入实际，调查研究，解决问题，讲求实效。要克服形式主义和官僚主义，创造性地开展工作，在创新中落实，在落实中创新，真正把党和国家的老龄政策落到实处。目前，大多数省、自治区、直辖市已经制定了贯彻中央决定的实施意见，发布了本地区老龄事业发展“十五”计划纲要，当前要尽快制定与之相配套的具体政策措施，明确有关部门的具体任务，做到工作有部署，落实有检查，确保抓出成效。尚未制定实施意见和计划纲要的地方，要抓紧制定，尽快出台。今年底以前，各地老龄工作委员会、全国老龄工作委员会各成员单位要分别将本地区、本部门贯彻落实中央决定和计划纲要的情况报全国老龄工作委员会。

（二）加大维护老年人合法权益的力度。老年人是社会的弱势群体。近年来，随着社会经济的转型，老年人面临的一些困难和问题越来越突出，侵害老年人合法权益的案件增多。各有关部门要依法维护老年人的合法权益，加大执法和监督力度。要进一步完善城镇职工基本养老保险和基本医疗保险制度，确保养老金的按时足额发放。要加强城市居民最低生活保障工作，切实做到城市贫困老年人应保尽保。同时，要关注农村特困老年人的生活，开展帮贫助困活动，解决他们的实际困难。要把《老年法》纳入普法计划，加大宣传力度，进一步提高全社会尊老、敬老、养老、助老的自觉性和维护老年人合法权益的法律意识。要健全法律援助制度，加强老年人法律服务工作，使老年人能够就地、就近、及时得到优质的法律服务。各地老龄工作机构要把维护老年人合法权益作为老龄工作的重要方面，督促协调有关部门把老年维权工作落到实处。

（三）切实做好社区和基层的老龄工作。随着社会主义市场经济的发展，我国社会管理的重心将逐步下移，单位办社会的状况将逐步改变，社会保障服务的职能将从单位中逐渐分离出来，移交社会和社区。去年，我在全国老龄工作委员会第三次全体会议上就强调老龄工作的重点在社区、在基层。老龄工作的大政方针能否得到有效的贯彻落实，最终要通过社区工作、基层工作在老年人身上体现出来，这是我们工作的重心和出发点。社区和基层的老龄工作要以实施“星光计划”、建设老年服务设施、培育为老年服务的中介组织、建立老年志愿者队伍、开展健康有益的活动为重点，统筹规划，整合力量，切实抓紧抓好。民政部门要抓紧研究制定相关政策，加强管理，确保老年服务设施为老年人所用，帮助老年人用好服务设施。同时，要发挥老龄工作部门的综合协调作用，依托街道、社区居委会和村民委员会，积极探索新形势下社区和基层老龄工作新的管理体制和运行机制，使老龄工作的重心真正落在社区和基层。

要重视农村老龄工作出现的新情况和新问题。随着我国城市化、工业化步伐的加快和农村劳动力向城市的转移，农村老龄问题将日益突出。对此，我们要加强调查研究，采取相应的对策，推动农村老龄工作的深入开展。

（四）进一步丰富老年人的精神文化生活。邓小平同志指出，物质文明建设和精神文明建设，两手都要抓，两手都要硬。在满足老年人不断增长的物质需要的同时，还要满足老年人日益增长的精神文化生活需要。目前，适合老年人特点的精神文化产品、设施和服务还不能满足老年人的需要。文化、教育部门要把老年教育工作列入重要日程，为办好老年大学和老年学校创造必要条件。宣传、新闻、文化、体育部门要根据老年人的特点，有组织、有计划地开展有益于老年人身心健康的各种文化、体育活动。出版部门要组织生产老年人喜闻乐见的图书、电子读物及音像作品。要继续按照中央的统一部署和要求，把揭批“法轮功”邪教组织的斗争引向深入，引导广大老年人自觉地同“法轮功”邪教组织作坚决的斗争。要倡导科学、文明、健康的生活方式，丰富老年人的晚年生活，进一步提高老年人的生活质量。

四、切实加强对老龄工作的领导

各级党委和政府要进一步提高对老龄工作重要性的认识，切实加强对老龄工作的领导。目前，省级老龄工作体制基本理顺，但市（地）、县级老龄工作体制大多数尚未理顺，影响了工作的开展。去年，我在全国老龄工作委员会第三次全体会议上曾经强调，老龄工作在机构改革中只能加强，不能削弱，这次我还要强调这个问题。希望各地在机构改革中，按照中央决定精神，抓紧理顺和健全老龄工作体制，配好人员，保证经费，确保老龄工作的正常开展。要重视老龄工作干部队伍建设，从思想上、政治上、生活上关心老龄工作干部，把他们的培养、晋升、交流纳入各级组织人事部门的计划。要认真抓好老龄工作干部的业务培训，提高他们的业务能力和工作水平，努力建设一支政治过硬、作风扎实、朝气蓬勃、勇于创新的高素质老龄工作干部队伍。

各级老龄工作委员会办公室是老龄工作委员会的办事机构，认真做好办公室的工作十分重要。办公室要认真履行职责，充分发挥综合协调、督促检查和参谋助手作用。要按照党的十五届六中全会决定的要求，切实转变工作思路、工作方式和工作作风，加强调查研究，善于总结经验，发现和推广典型，使办公室的工作发挥应有的作用。

江泽民同志指出，创新是一个民族进步的灵魂，是国家兴旺发达的不竭动力。我国现代化建设取得的伟大成就，就是不断深化改革、不断创新的结果。老龄工作经过20年的探索，积累了不少成功的经验。但是，我们也要看到，随着人口老龄化的发展，全社会对老龄工作的要求越来越高。老龄事业要发展，就必须牢固树立创新意识，以与时俱进的精神研究和解决老龄事业面临的重大理论问题和现实问题。

同志们，老龄事业和老龄工作发展既有难得的机遇，也面临着严峻的挑战，任重而道远。让我们紧密团结在以江泽民同志为核心的党中央周围，努力实践“三个代表”重要思想，认真贯彻党的十五届六中全会精神，抓住机遇，开拓进取，锐意创新，扎实工作，以优异的成绩迎接党的十六大的胜利召开！

司马义·艾买提同志在提高老年人生活质量对策研讨会开幕式上的致词

（2002年6月27日）

各位代表，同志们、朋友们：

由全国老龄工作委员会办公室主办的提高老年人生活质量对策研讨会今天开幕了。首先，我代表全国老龄工作委员会对这次会议的召开表示热烈的祝贺！对各位代表的到来表示诚挚的欢迎！

人口老龄化是世界各国发展过程中不可回避的重大社会问题。今年4月，联合国在西班牙首都马德里召开了第2届世界老龄大会，分析了世界人口老龄化的发展形势，研究了发展中国家的人口老龄化问题，通过了《第2届世界老龄大会政治宣言》和《2002年世界老龄行动计划》。目前，全世界60岁以上的老年人已达到6亿，占总人口的10%，已经进入老年型社会。这将对个人、家庭、社区、国家和国际生活的方方面面产生深远影响。中国是世界最大的发展中国家，也是老年人口最多的国家，目前，中国60岁以上的老年人已达到1.32亿，占总人口的10%以上。可以说，人口老龄化给我们带来了新的挑战和机遇。在这一背景下，今天我们在这里召开研讨会，共商提高老年人生活质量对策，贯彻落实《中共中央、国务院关于加强老龄工作的决定》（以下简称《决定》）和《中国老龄事业发展“十五”计划纲要》，同时回应联合国第2届世界老龄大会通过的《2002年世界老龄行动计划》，将对进一步改善和提高老年人生活质量产生深远影响。

新中国成立以来，尤其是改革开放以来，我国老年人的物质生活、精神文化生活和健康水平等有了很大提高。近年来，中央先后下发了关于加强老龄工作的《决定》，理顺和健全了老龄工作体制，颁布实施了《中国老龄事业发展“十五”计划纲要》，加大了对老龄事业的投入，从而有力地推动了我国老龄事业的发展。

提高老年人的生活质量，要以“三个代表”重要思想为指导，按照李岚清副总理在全国老龄工作委员会第四次全体会议上提出的“党政主导，社会参与，全民关怀”的老龄工作方针，从国情、家庭和个人实际出发，坚持物质生活和精神文化生活并重，面向广大老年人与重点关注特困老年人、高龄老人和空巢老人相结合的原则，科学决策，共同行动。我高兴地看到，随着我们对人口老龄化认识的不断深化，越来越多的科研人员和有识之士加入到老龄科学研究队伍中来，研究的领域越来越广，越来越深入，取得了一批有价值的老龄科研成果。这标志着我国老龄科研工作迈上了新的台阶。参加这次研讨会的代表，既有理论工作者，也有实际工作者，有内地代表，也有港澳的代表，联合国人口基金和世界卫生组织也派代表参加了会议。许多代表的文章很有见地。我相信，这次研讨会的召开必将对进一步提高老年人生活质量起到积极的推动作用。

各位代表，提高老年人生活质量需要科学的理论。希望大家畅所欲言、集思广益、献计献策，也希望有关部门和社会各界以这次研讨会为契机，共同行动起来，为不断提高老年人生活质量而努力工作！

最后，预祝会议圆满成功！

第三部分

老龄工作政策法规、文件及老龄工作机构领导重要讲话

一、老龄工作政策法规、文件

国务院、中央军委《关于颁发〈关于军队干部离职休养的暂行规定〉的通知》

（1982 年 1 月 4 日）　　【（1982）1 号】

各省、市、自治区人民政府，各大军区、省军区、野战军，军委各总部、各军兵种，中央和国家机关各部委：

现将国务院、中央军委《关于军队干部离职休养的暂行规定》发给你们，望贯彻执行。

军队离职休养老干部，在长期革命斗争中，对革命事业和军队建设，作出了重大贡献。各地区、各部门、各单位，一定要加强领导，要在政治上、生活上关心他们，切实做好这些老干部的安置和管理工作。需要国家机关和地方政府各部门帮助解决的问题，尽力给予解决。要教育所属工作人员和人民群众，尊敬这些长期为革命奋斗的老同志。离休老干部要继续发扬革命传统，保持艰苦朴素和密切联系群众的优良作风。

附件：

国务院、中央军委《关于军队干部离职休养的暂行规定》

我军老干部在长期革命斗争中，英勇作战，努力工作，对革命战争胜利，对社会主义建设和军队建设，作出了重大贡献，是党和人民的宝贵财富。但是，随着年龄的增长和干部年轻化的要求，有些老干部需要作离职休养安置。关心、爱护老干部，是我党我军的光荣传统。为了把离休干部安置好、管理好，根据《国务院关于老干部离职休养的暂行规定》，结合我军实际情况，特作如下规定。

第一条　年大体弱不能坚持正常工作的 1937 年 7 月 6 日以前入伍（含参加革命工作，下同）的干部；1945 年 9 月 2 日以前入伍的团职或行政 18 级以上干部以及与其职、级相当的干部；1949 年 9 月 30 日以前入伍的师职或行政 14 级以上干部以及与其职、级相当的干部，可以离休。

具备上述条件的军队干部，离休的年龄为：师职以下干部年满 55 周岁，军职干部年满 60 周岁，兵团职和大军区职干部年满 65 周岁。身体不能坚持正常工作的，可提前离休。因工作需要，身体又能坚持正常工作的，可推迟离休。已离队的退休干部，符合离休条件的，由地方组织、人事部门负责改办离休。

第二条　离休干部的安置，要从实际出发，因地制宜。有的可以就地安置，有的可以回本人或配偶原籍以及配偶居住地区安置，有的也可到子女居住地区安置。自愿回农村安置的给予鼓励。驻边防、海岛、高原等地区的干部，在内地安置时，安置地区应优先接收。从外地到北京、上海、天津安置的要从严掌握。

第三条　离休干部就地安置的，由原单位管理，易地安置的，由接收单位管理，并由原单位一次发给相当本人两个月工资额的安家补助费；回农村安置的，由县市人民武装部管理，并由原单位一次发给相当本人4个月工资额的安家补助费。

第四条 离休干部住房标准，与在职干部相同。离休干部住房列入军队营建计划，由后勤部门统一修建和维修。建房经费和材料指标，由总政治部、总后勤部下达。建房任务当年没有完成的，经费和材料可结转下年度继续使用。

自愿在农村和县（含）以下城镇安置的，按规定标准发给建房费，由当地政府帮助建房或买房，节约归己。住房可以长期使用。

在城市有条件建房、买房分散安置的，也可按规定发给建房费，节约归己，产权归公，可以长期使用，但不得转让、出卖或出租。

第五条 各级领导和政治机关要关心离休干部的政治、文化生活。对于资历深或有一定影响的离休干部，要适当安排荣誉职务。在全国政协等机构安排的，由总政治部负责同中央组织部商定；在省、市安排的，由总部、军区、军兵种等单位负责同省、市有关部门商定。

干部离休后，按同职级在职干部规定的范围看文件，听报告，发学习材料。

重大节日和庆祝、纪念活动，要安排离休干部参加，并安排适当的席位。对离休干部的文娱活动，应优先安排。

干部离休后，继续享受规定的探亲待遇，另外本人可报销一次探视父母、子女或回原籍的往返车船费。

第六条 要关心离休干部的生活和身体健康，解决他们的实际困难。

离休干部的车辆、公勤人员，仍按中央军委规定的标准配备，或者按规定的标准发给交通补助费和公勤人员补助费。离休干部不领军服的，可按规定发给服装费。

离休干部治病、住医院，与在职的同职级干部同样办理，就诊时应优先照顾。到农村安置的，按干休所的医疗费标准发给。干休所和离休干部驻地附近有军队医疗机构的，将医疗费拨给该单位负责医疗，没有军队医疗机构的，将医疗费拨给供给单位，按规定报销。离休干部供养的直系亲属，医疗待遇与在职干部供养的直系亲属同样办理。

副军职以下离休干部因战因公伤残，饮食起居需要人扶助，或因瘫痪、双目失明等生活不能自理的，经大单位政治机关批准发给护理费。护理费标准一般不超过当地普通机械行业二级工的标准工资。

第七条 干部离休时，身边无子女的，可商请安置地区的人事、劳动或知青部门调一名子女（包括配偶）到安置地区工作。

离休干部的配偶和子女随迁、调动，按在职干部调动的有关规定办理。

离休干部到农村安置的，家属原为市镇户口的，包括随离休干部到农村安置的，随迁后不改变，仍吃商品粮，一切都按当地市镇户口办理。

第八条 离休干部去世后，其丧葬、抚恤等按同职级在职干部的有关规定办理。

第九条 要发挥离休干部的作用，鼓励他们总结部队建设、作战、训练、政治工作、后勤工作等方面的经验，撰写革命回忆录，进行革命传统教育等。离休干部要发扬革命传统，关心国家大事，关心军队建设，积极反映情况，提出建议，做些力所能及的工作。

第十条 各级党委和政治机关，要加强对离休干部工作的领导。要把做好离休干部工作列入党委和政治机关的议事日程。要经常了解情况，及时解决问题。健全各级离休干部管理机构，配好干部。要注意总结交流做好离休干部工作的经验，宣扬先进典型，切实把工作做好。

第十一条 本规定自公布之日起执行。本规定的实施细则由总政治部制定，报中央军委批准后公布。

国务院《关于老干部离职休养制度的几项规定》

（1982年4月10日）　　【国发（1982）62号】

第一条 对建国前参加中国共产党所领导的革命战争、脱产享受供给制待遇的和从事地下革命工作的老干部，达到离职休养年龄的，实行离职休养的制度。已经退休的干部，符合本规定的，应当改为离休。

第二条　老干部离休的年龄为：中央、国家机关的部长、副部长，省市自治区党委第一书记、书记、副书记和省市自治区人民政府省长、市长、主席、副省长、副市长、副主席及相当职务的干部，正职年满65周岁，副职年满60周岁；中央、国家机关的司局长、副司局长，省市自治区党委部长、副部长和省市自治区人民政府厅局长、副厅局长，地委书记、副书记和行政公署专员、副专员及相当职务的干部，年满60周岁；其他干部男年满60周岁，女年满55周岁，身体不能坚持正常工作的，可提前离休；确因工作需要，身体又能坚持正常工作的，经任免机关批准，可适当推迟。

老干部离休，由所在单位按照干部管理权限，报任免机关批准。

第三条　老干部离休后基本政治待遇不变，生活待遇略为从优。

1921年7月1日到1949年9月30日各个革命时期参加革命工作的老干部，离休后原工资照发。

1937年7月6日以前参加革命工作的老干部，按本人离休前标准工资，每年增发两个月的工资，作为生活补贴。

1937年7月7日到1942年12月31日参加革命工作的老干部，按本人离休前标准工资，每年增发一个半月的工资，作为生活补贴。

1943年1月1日到1945年9月2日参加革命工作的老干部，按本人离休前标准工资，每年增发一个月的工资，作为生活补贴。

1945年9月3日到1949年9月30日参加革命工作的老干部，不增发生活补贴。

行政八级和相当于八级以上（含八级）的老干部离休后，不增发生活补贴。

享受上述待遇的离休老干部，一律不再发给任何形式的奖金。

老干部离休后的生活补贴，自批准离休之日起按年发给。

已经离休的老干部（包括退休改离休的干部），从本规定下达之日起按年发给生活补贴。

第四条　老干部办理离休手续后，由国务院委托离休干部所在的省、市、自治区人民政府或中央、国家机关的部委授予“老干部离休荣誉证”。“老干部离休荣誉证”由国务院统一制定。

第五条　离休干部所在单位，要根据需要，建立健全老干部工作机构或确定专人负责，做好为老干部服务的工作。

第六条　本规定自发布之日起施行。过去有关规定与本规定不一致的，以本规定为准。

民政部、总政治部《关于〈国务院、中央军委关于军队干部退休的暂行规定〉的实施细则》

【民（1983）安56号　（1983）政干字第20号】
（1983年6月21日发布，自1983年10月1日起实行）

各省、市、自治区人民政府，各大军区、各军兵种、各总部、国防科工委、军事科学院和各直属院校政治部：

根据《国务院、中央军委关于军队干部退休的暂行规定》（下称《暂行规定》）第十六条规定，制定本实施细则。

第一条　《暂行规定》第二条、第三条所称“原工资（按照安置地区军队同职级干部的月工资额计算）”，包括职务（职称）工资、级别工资、地区工资补助（生活费补贴、地区津贴、地区工资性的林区津贴、矿区津贴、地区性生活补贴），不包括其他补助。未实行职务、级别工资的军队现役干部，其“原工资”应按照安置地区同类同级干部的月工资额计算，包括标准工资、地区工资补助，不包括其他补助。

《暂行规定》公布前已交政府安置的军队退休干部的“原工资”，是指退休时的工资额。

《暂行规定》第二条所称“军龄（含参加地方革命工作年限）”按满年计算，半年以上的按一年计算，不足半年的不计算。军龄计算截止时间，以办理退休手续之日为准。

第二条 《暂行规定》第二条（二）项所称“因战、因公负伤致残”，是指因战、因公负伤致残被评为二等乙级以上残废的。

《暂行规定》公布前已交政府安置的军队退休干部，已按1958年《国务院关于现役军官退休处理的暂行规定》享受伤残退休费待遇的继续保留。低于《暂行规定》第二条（二）项规定标准的，按规定标准予以提高。差额部分，1978年6月前退休的，从1978年6月起补发，以后退休的，从政府接收之月起补发。属于二等乙级以上残废或患二、三期矽肺病而未享受伤残退休费待遇的，经当地县以上民政部门审查，报省、自治区、直辖市民政厅（局）批准，从《暂行规定》公布之月起，按《暂行规定》第二条（二）项规定享受伤残退休费待遇。

第三条 符合《暂行规定》第二条（二）项规定，需发给护理费的，应是特等残废，或一等残废中生活不能自理、饮食起居需要人扶助的，并由师以上单位的医疗机构证明，军以上单位的政治机关批准。其护理费，离队前由军队发给，移交政府后，由安置地区的民政部门发给。离队前不符合发护理费条件的，移交政府后，因公负伤致残或原在部队期间因战因公所致伤残或矽肺病加重，已符合享受护理费条件的，应由当地县属以上医疗机构证明，县以上民政部门审查，报省、自治区、直辖市民政厅（局）批准，从批准之月起发给护理费。

《暂行规定》公布前已交政府安置的军队退休干部，原享受护理费的标准低于《暂行规定》第二条（二）项规定标准的，按规定标准予以提高，并按上述移交政府后报批程序办理。差额部分，1978年6月前退休的，从1978年6月起补发，以后退休的从接收之月起执行。符合享受护理费条件而未享受的，也按同样报批程序，从批准之月起发给护理费。

凡享受护理费的，生活基本能够自理后，由当地县属以上医疗机构证明，经县以上民政部门提出意见，报省、自治区、直辖市民政厅（局）批准，停发护理费。

第四条 《暂行规定》第三条（一）项所称“相当奖励”是指退休干部在1952年1月《中国人民解放军立功与奖励工作条例（草案）》颁发以前荣立的相当于三等功以上的功。在衡量确定其等级时，一般情况下，甲等功可按一等功计算，乙等功可按二等功计算，丙等功、中功、小功可按三等功计算。获得荣誉称号或立功的单位，其个人不提高退休生活费。由地方授予荣誉称号或予奖励的个人，按国务院和有关部门的规定执行。

第五条 《暂行规定》第三条（二）项所称“高原缺氧、特别艰苦的边防、海岛等地区”，是指海拔3500公尺以上的缺氧地区，沿陆地国境特别艰苦的县、自治县、旗境内的地区，驻岛部队按现行规定享有海岛生活补助的海岛，及当地省、自治区人民政府规定为特别艰苦地区的地区。所称“连续工作”年限，不包括中间调离上述地区的时间。凡符合此项规定条件的干部，退休时无论在何地区工作，均应按此项规定提高退休生活费。

第六条 《暂行规定》第三条亦适用于《暂行规定》公布前已交政府安置的军队退休干部。他们当中，符合该条提高退休生活费条件的，由当地县以上民政部门和武装部门共同审查，报省、自治区、直辖市民政厅（局）批准，从《暂行规定》公布之月起，享受提高退休生活费待遇。已按1958年《国务院关于现役军官退休处理的暂行规定》享受“特殊贡献”待遇的，也按照《暂行规定》第三条规定条件重新评定，并按上述程序报批。评定后的退休费标准低于原标准的，仍按原标准发给。此项评定工作，原部队政治机关要予以积极协助。

第七条 按《暂行规定》第四条和第七条规定，退休干部及随迁家属的交接和安置工作，应在当地政府的统一领导下进行，安置地的民政部门要及早作出计划方案，劳动、人事、公安、教育、商业、粮食、卫生等有关部门，要积极负责地落实他们的落户、医疗、家属工作安排、子女转学等事宜。住房建成后，就地安置的，应抓紧办理交接手续；易地安置的，等退休干部随迁家属、子女的工作安排、转学等事宜基本落实后，省、自治区、直辖市民政厅（局）即将《军队退休干部进住通知书》发往退休干部所在部队团以上政治机关，由团以上单位派人到安置地区的县以上民政部门办理交接。不需建房的，经军以上单位与省、自治区、直辖市民政部门协商同意后，由团以上单位派人（持不需建房的证明）到县以上民政部门办理交接。

军队退休干部的档案，由接收安置地区的县以上民政部门按照国家关于干部档案管理规定管理。

第八条 要求在城市安置的退休干部对于就地、回本人原籍、到配偶原籍或居住地安置的，一般应予接收。对于到父母、子女（不含现役军人、在校学生）居住地安置的，该地是中小城市（50万人口以下）的一般应予接收；该地是大城市（50万人口以上）的，如父母身边无直系亲属、干部未婚或干部身边无子女的，一般应予接收。

第九条 《暂行规定》第六条对军队退休干部住房问题作了原则规定，现明确如下：

①建房工作应在当地政府的主持下，由建委承担。具体分工按［81］建发综字528号和计基［1982］197号文件执行。

②住房可根据各地的具体情况，采取统建、分建、购买、自建（指回农村安置的）等多种办法解

决。

③夫妻双方只给一方分配住房。夫妻双方由部队同时退休，按职务高的一方分配住房；夫妻双方一方离休，一方退休，一般情况下，职务高的一方退休可分配住房，职务相当或职务低的一方退休，应随离休干部居住。住地方公房（指分配给本人或配偶的住房），本人要求分配住房的，可以分配住房，但应将原住房交回，不得同时占用两处住房。对人口较多居住拥挤的营职以下干部，经当地人民政府批准，可酌情留用一部分原住房。

④自愿回农村建房安置的是指回本人或配偶的原籍农村（含城市效区的农村）。凡回农村安置的，须由本人申请，原部队团以上单位证明，安置地区县以上民政部门同意，并按国发［1982］29号文件规定，取得批准机关发给的宅基地使用证明后，方可办理建房手续。进住时，本人和配偶必须将户口迁到农村。退休干部的配偶系农村户口的，应尽量回农村安置。

⑤在安置地点（指城镇）原有私房（指本人有房产权）的，一般不再分配住房，如需维修、扩建，可由本人申请，原部队团以上单位证明，经县以上人民政府批准，酌情一次拨给本人一部分经费和建筑材料。所拨经费和建筑材料指标，请省、自治区、直辖市人民政府确定。维修或扩建后，产权不变，以后维修自理。

⑥从退休干部所在部队团以上政治机关接到《军队退休干部进住通知书》之日起，3个月无正当理由不报到的，或因其他原因不进住的，其住房由民政部门安排以后退休的军队干部居住。

⑦住房建成后，由当地民政部门负责分配、房管部门负责管理和维修，有条件的地方也可由民政部门管理；退休干部进住前，所需住房看管费，由地方财政解决；任何单位或个人，不得以任何借口挪用和侵占住房。退休干部的房租费按当地机关干部住公房的标准收缴，所需补贴，按当地国家机关相当职级干部有关规定办理。

⑧已经确定接收并已拨款建房的，其安置地点原则上不再变动。

⑨《暂行规定》公布前已交政府安置的军队退休干部不补发家具费。

第十条　《暂行规定》第七条所称随迁人员，应包括干部退休前经批准随军供养的其他亲属；所称“无子女照顾的”，是指无成年子女（未满16周岁）或虽有成年子女，但因残疾等原因而不能照顾的；所称“准许调一个已工作的子女随迁”，应当包括随迁子女的配偶及其未成年子女。

干部退休前已随军供养的现有部队服役的子女，退伍后可到退休干部安置地区落户，并与当地城镇退伍军人一样安排工作。

对退休干部随迁的待业子女，应和城镇待业青年一样（到农村安置的优先），由劳动人事部门安排就业。

第十一条　《暂行规定》第八条所称“按当地标准供应”，是指按当地国家机关干部的粮、油标准供应。《暂行规定》公布前已交政府安置的军队退休干部，其粮、油标准低于当地国家机关干部的粮、油标准的，应予提高；高的可不降低。

第十二条　《暂行规定》第九条所称“前往居住地点途中所需的车船费、旅馆费、行李托运费和伙食补助费”，包括搬进住房前的上述费用。

第十三条　《暂行规定》第十条所称“退休当年的生活费”，是指退休当年剩余月份的退休生活费。除退休当年剩余月份的医疗费（按国家规定的标准）一次拨给安置地区的公费医疗管理部门外，当年剩余月份的退休生活费和副食品价格补贴、粮价补贴、本年度取暖补贴、护理费（均按安置地区规定的标准计）、福利费及残废金等，均由军队一次拨给安置地区的民政部门。退休当年所需的其他经费，由安置地区民政部门按当地国家机关干部的标准，向同级财政部门编造预算列支。

军队退休干部从交给政府安置后的下一年起，所需各项费用，按财政部（82）财事字第111号文件规定办理。其中医疗费用，由安置地区的公费医疗管理部门编列预算支付，超支部分按国家机关相当职级干部有关规定办理。

军队退休干部交政府安置后，应同当地国家机关中的退休干部一样，享受国务院和有关部门以及安置地区人民政府规定的各种优待。

第十四条　《暂行规定》第十二条所称“供养直系亲属”，是指必须依靠退休干部供养的下列人员：（一）父（含抚养退休干部长大的抚养人）、夫年满60周岁或基本丧失劳动能力的；（二）母（含抚养退休干部长大的抚养人）、妻年满50周岁或基本丧失劳动能力的；（三）子女（含遗腹子女、养子女、前妻或前夫所生子女）、弟妹（含同父异母或同母异父的弟妹）、年未满16周岁或满16周岁尚在普通中学学习，或者基本丧失劳动能力的；（四）其他必须依靠退休干部供养的无生活来源或其丧失劳动能力的亲属。

第十五条　县以上民政部门，应按《暂行规定》第十四条精神，会同组织、人事、卫生等有关部门，对军队退休干部阅读文件、听报告、组织生活、医疗和物质、文化生活等各项待遇提出安排意见，报当地党委和人民政府批准执行。

第十六条　《暂行规定》第十五条所称“本规定公布前已交政府安置的军队退休干部”，是指《暂行规定》公布前已经按照1958年《国务院关于现役军官退休处理的暂行规定》、1966年《国务院关于修改军队退休干部生活费标准的通知》、1975 年《国务院、中央军委关于军队干部退出现役暂行办法》办理退休的军队干部。所称“退休生活费”，是指上述文件中规定的退休生活费基本部分。

第十七条 现由民政部门管理的军队退休干部中，凡符合离职休养条件的，由民政部门会同组织、人事和财政部门，按照《暂行规定》第十五条和国发［1980］253 号及国务院、中央军委［1982］1 号、16 号文件的规定办理。改办离休后，由干部、人事部门管理。

第十八条 各省、自治区、直辖市民政厅（局）和省军区政治部，可根据《暂行规定》和本实施细则，结合本地实际情况，提出贯彻意见，经省、自治区、直辖市人民政府批准执行，并报民政部、总政治部备案。

第十九条 本实施细则自《暂行规定》颁发之月（1983 年 10 月 1 日）起实行。

国务院、中央军委批转民政部、总政治部《关于做好移交地方的军队离休退休干部安置管理工作的报告》的通知

（1984 年 12 月 3 日） 【国发（1984）171 号】

各省、自治区、直辖市人民政府，国务院各部委、各直属机构，各大军区、省军区、野战军，军委各总部、各军兵种、军事科学院、军委直属各院校：

国务院、中央军委同意民政部、总政治部《关于做好移交地方的军队离休退休干部安置管理工作的报告》，现转发给你们，望认真贯彻执行。

大批军队离休退休干部移交地方安置，是一项新的工作。这部分同志在长期的革命战争中，在社会主义建设和军队建设中，作出了重要贡献。做好他们的安置工作，对搞好军队建设，加强军政、军民团结，促进社会主义现代化建设，具有重要的意义。这是全党、全军、全国人民的一项重要的政治任务，各地区、各单位要切实加强领导，有关部门要积极负责，齐心协力，共同做好这项工作。

附件：

民政部、总政治部《关于做好移交地方的军队离休退休干部安置管理工作的报告》

（1984 年 11 月 2 日）

根据国务院办公厅有关文件规定，军队离休干部移交地方后由民政部门管理。这些离休干部，在长期的革命战争和建设中，为党和人民作出了贡献。现在，他们年老体弱或因战因公致伤致残离休回到地方。妥善安置这些同志，对于巩固部队，促进军队现代化建设，加强军政、军民团结具有重要意义。为了做好这项工作，我们征得国家计委、财政部、劳动人事部、城乡建设环境保护部、教育部、公安部、商业部、卫生部、国家物资局、总后勤部等有关部门同意，就有关的几个问题报告如下：

一、关于移交地方安置的军队离休干部的范围

当前移交地方的军队离休干部，是指符合国务

院、中央军委［1982］16号文件规定的离休条件的解放战争时期入伍（含参加地方革命工作时间，下同）的团职或行政15级以下和相当职务（职称）、级别的干部，以及抗日战争时期入伍的营职或行政19级以下和相当职务（职称）、级别的干部。其他离休干部，待地方具备了接收安置条件后，再逐步移交地方安置管理。

已经移交地方安置的军队退休干部改为离休的，继续执行劳动人事部劳人老[1982]10号文件的规定。

二、关于军队离休干部移交地方后的待遇

根据中发［1982］13号文件关于老干部离休后“基本政治待遇不变，生活待遇还要略为从优”的精神，军队离休干部移交地方后，暂时保留军籍（不发军服），其生活待遇原则上保持军队离休干部的标准。生活待遇包括：工资、粮油标准、医疗（包括无工作的直系亲属）、交通费、公勤费、服装费、房租补贴、水电补贴、冬季取暖补贴、残废金、护理费、副食品价格补贴、粮价补贴（按安置地区的标准）、洗理费以及福利费、特需经费、探亲路费、丧葬费、抚恤费和遗属生活补助费等。

军队离休干部的特需经费、福利费，由安置单位统一掌握。特需费主要用于解决他们的特殊困难和必要的活动经费开支。

军队离休干部移交地方所需的各项费用，当年剩余月份的由军队一次拨给地方的安置部门，具体办法由民政部、总政治部、总后勤部制定；从移交后的第二年起，由各省、自治区直辖市财政和民政部门，根据当年实际接收人数，编列经费预算，于下年初分别上报财政部和民政部核批下达，并列入地方预算。

三、关于各有关部门的分工

安置军队离休退休干部，任务繁重，工作艰巨，涉及许多部门。各级政府必须加强领导，各有关部门都要把完成这项任务当作自己应尽的职责，积极承担，既要分工负责，又要密切配合。根据中共中央、国务院、中央军委和国务院办公厅发布的有关文件中关于部门分工的精神，建议将有关部门的分工重新明确如下：总政治部负责提出安置人数计划；财政部负责离休退休干部的经费安排；国家计委负责下达建房经费指标和建房任务；各地人民政府负责住房建设的征地；城乡建设部门根据城镇建设规划和离休退休干部的需要负责安排住房用地、设计和施工；物资部门负责建筑“三大材料”和车辆的安排；房管部门负责离休退休干部住房的管理和维修；劳动人事部门负责管理人员的配备和离休退休干部按规定随迁家属、子女的工作安排（包括待业子女的安置）；教育部门负责离休退休干部随迁子女的转学、入学；公安部门负责离休退休干部和随迁家属的落户；粮食、商业部门按有关规定负责粮、油、副食品的供应；卫生部门负责离休退休干部的医疗；民政部门负责离休退休干部的安置审批和接收管理工作（包括住房分配），各项经费预算的编造，生活费的发放，政治学习、组织生活的安排以及去世后的有关事宜。

为了加强对离休退休干部安置管理工作的领导，协调各有关部门的工作，县以上各级人民政府应根据国务院发布的有关文件精神，建立健全相应的机构。

四、关于管理机构设置、人员编制和车辆配备

为了做好对军队离休干部的管理和服务工作，根据中共中央发布和中央办公厅发布的有关文件精神，本着军队离休干部移交地方后，基本政治待遇不变，生活待遇还要略为从优的原则，考虑到当前国家财政的困难和做好管理服务工作的最低需要，对管理机构、人员编制、车辆配备，提出如下意见：

要建立健全各级民政部门管理军队离休退休干部的机构。目前，地区以上管理此项工作的仅有500人，承担繁重任务很困难，需要补充的编制在地方总额内调剂解决已不可能。本着精简精神，尚需再增加1500人的编制，在军队转业干部中选调，所需经费在财政部追加给地方的军队转业干部经费中解决。具体分配方案由民政部、劳动人事部、财政部共同下达。

至于县(市、区)级直接为军队离休退休干部服务的工作人员，在民政部门的编制之外，列事业编制。

全国所需工作人员与安置军队离休退休干部人数的比例为1:5。

全国所需车辆与军队离休退休干部人数的比例为1:15。国家计委、国家物资局、财政部和民政部根据需要和国家车源的可能逐年分批解决，纳入年度分配计划统一平衡戴帽下达。地方有条件的，也要给以积极支持。

关于人员和车辆的配备，以充实和加强基层为主。要从实际出发，安置人数较多、居住点比较集中的地方，配备比例要小于居住比较分散的地方；交通、医疗、生活供应等条件较好的市、区，配备的比例要小于县属城镇；大、中城市的配备比例要小于小城市。

直接管理离休退休干部的机构的开办费，按照略低于军队各级老干部管理机构的标准执行。附属建筑（包括活动室、医务室、管理人员办公室和宿舍、车库等），可按离休退休干部住房面积的20%修建。

今后，随着安置任务的增加，所需工作人员、车辆、附属用房及开办费等，均按上述比例和标准增加。

五、关于各项经费的开支渠道

建议在国家预算支出科目中的“抚恤和社会福利救济费类”下面增设军队离休退休人员经费的具体科目。安置军队离休退休干部所需的建房（含附属建筑）经费，由财政部专项安排，在“基本建设拨款类”单列科目。房屋维修费用的差额，在离休退休经费中解决。军队离休干部（及其直系亲属）、退休干部的医疗超支费用由地方财政解决。财政部、国家计委、民政部可按照上述原则，具体制定军队离休退休干部的经费管理办法。

以上报告，如无不妥，请批转各省、自治区、直辖市人民政府和国务院有关部委以及人民解放军军以上单位贯彻执行，并建议以国务院、中央军委的名义，委托民政部、总政治部召开军队离休退休干部安置工作会议（各省、自治区、直辖市人民政府负责这项工作的领导同志和军队各大单位政治部的负责同志参加），部署这项工作。具体交接安置办法由民政部、总政治部制定。

中共中央办公厅、国务院办公厅《关于贯彻执行离休干部生活待遇规定的通知》

（1984年6月3日）　【中办发（1984）18号】

各省、自治区、直辖市党委和人民政府，各大军区、省军区、野战军党委，中央和国家机关各部委，军委各总部、各军兵种党委，各人民团体：

机构改革以来，有大批老干部陆续退出领导岗位离职休养。中央、国务院先后颁发了有关离休干部政治、生活待遇的规定。各地区、各部门在贯彻执行这些规定时，做了大量工作，取得了显著成绩。但工作进展尚不平衡，有些规定在一些单位还没有落实，离休干部在住房、就医、用车等方面的困难还未完全得到解决。各级党委和有关部门，应按照“基本政治待遇不变，生活待遇略为从优”的原则，认真解决离休干部的待遇问题。

各级党组织在落实离休干部政治、生活待遇的同时，要设法开辟一些新路子，发挥离休干部在社会主义物质文明和精神文明建设中的作用。例如，可以提倡老同志参加各种咨询服务组织，从事社会调查和教育青少年等社会工作。要勉励离休干部发扬艰苦奋斗，全心全意为人民服务的优良传统，在端正党风和改变社会风气的工作中，起模范带头作用。离休干部在生活待遇方面的要求，也要体谅国家的困难。

为了正确贯彻执行中央、国务院关于离休干部生活待遇的规定，遵照中央书记处和国务院的指示，现就有关问题作如下通知：

一、住房

离休干部的住房标准享受同级在职干部的待遇，在分配住房时，应当给予优先照顾。跨省安置的离休干部的建房问题，接受安置地区应积极予以落实。建房费用应按规定的建筑面积和接受安置地区制定的每平方米造价标准合理计价，不得超过当地规定多要建房费。

二、参观

离休干部参观工农业建设的活动，应就地、就近安排，注意勤俭节约。跨省参观应适当控制，一律经所在省、自治区、直辖市或中央、国家机关部委批准，由省级老干部工作部门统一组织，并事先征得所去地方的省级老干部工作部门同意，否则不要前往。跨省参观，每年一般只限于组织一批，人数不宜过多，参观时间不宜过长。地、县级单位一律不得组织跨省参观。

参观活动的经费开支一律按规定报销。凡个人自行外出的，费用自理。

三、医疗

在离休干部看病难、住院难的地方和部门，要认真采取措施加以解决。各省、自治区、直辖市的离休干部应在当地就医；当地医治不了而必须转外地诊治的，要按照卫生部门的规定办理医疗手续。不能违反规定多带陪护人员。病愈后应及时出院，不能以治病为名进行旅游或长期在大中城市宾馆、招待所留住。

四、用车

离休干部的配车用车，要按现行的有关规定执行。原配有专车的干部，离休后待遇不变，如本人自愿，可将专车组成为老干部服务的车队，统一调度。高级干部原未配专车的，离休后不再固定专车，但要保证用车。

五、办公室、秘书、电话

已经离休或退下来在原单位未任职的干部，其原来的办公室不再保留，但要保证他们有学习、看文件的场所，高级干部离休后，一般不配秘书，工作确实需要的，经所在省、自治区、直辖市或中央、国家机关部委领导批准，可临时抽调助手；原宿舍配备的普通电话应予保留，保密电话不再保留。

各级党组织和老干部工作部门，应按本通知和有关规定，对离休干部政治、生活待遇的落实情况，经常进行检查。不落实的抓紧落实，违反规定的，要按规定妥善解决。

民政部、总政治部印发《关于军队部分离休干部移交地方安置的若干问题的处理意见》的通知

（1985 年 4 月 23 日）

【（民 1985）安 24 号（1985）政干字第 172 号】

各省、自治区、直辖市民政厅（局），重庆、沈阳、武汉、大连、西安、哈尔滨、广州市民政局，各总部、各军区、各军兵种、国防科工委、军事科学院、军委各直属院校政治部，武警总部政治部：

1984 年 12 月 3 日国务院、中央军委《批转民政部、总政治部关于做好移交地方的军队离休退休干部安置管理工作的报告的通知》（国发［1984］171 号文件）中决定，将军队符合国务院、中央军委［1982］16 号文件规定的离休条件的解放战争时期入伍的团职以下和抗日战争时期入伍的营职以下以及相当职级的离休干部，移交地方安置管理，“具体交接安置办法由民政部、总政治部制定”。据此，我们制定了《关于军队部分离休干部移交地方安置的若干问题的处理意见》，现发给你们，望遵照执行。

附件：

民政部、总政治部《关于军队部分离休干部移交地方安置的若干问题的处理意见》

国务院、中央军委国发［1984］171 号文件决定，将军队符合国务院、中央军委［1982］16 号文件规定的离休条件的解放战争时期入伍的团职以下和抗日战争时期入伍的营职以下以及相当职级的离休干部（以下称军队离休干部），移交地方安置管理。现对这部分离休干部移交安置中的若干具体问题提出以下处理意见：

（一）军队离休干部安置地点的确定，按照国务院、中央军委［1982］1 号文件的规定办理，即：从实际出发，因地制宜。有的可以就地安置，有的可以回本人或配偶原籍以及配偶居住地区安置，有的也可到子女居住地区安置。自愿回农村安置的给予鼓励。驻边防、海岛、高原等地区的干部在内地安置时，安置地区应优先接收。从外地到北京、天津、上海（以下简称“三市”）安置的，按国务院、中央军委国发［1984］130 号文件规定的条件掌握，即：（1）离休干部配偶和子女在“三市”有常住户口，离休干部只身进“三市”安置的；（2）离休干部的独生子女在“三市”工作并有常住户口，因工作需要，调离确有困难的；（3）离休干部原籍是“三市”，本人是独生子女，原籍有父母需要照顾的；（4）离休干部从“三市”入伍，其配偶从同一市迁出随军，同一市又有子女的；（5）离休干部原籍是“三市”远郊区、县的，可到原籍远郊区、县安置；（6）离休干部原籍是“三

市"，离休时在新疆、青海、西藏或边防、海岛以及远离居民区等特别艰苦地区工作的。

原计划1982、1983年移交地方安置的军队退休干部中，符合国务院、中央军委［1982］16号文件而不符合［1982］1号文件规定的离休条件改为离休的（以下称退休改离休干部），其安置地点原则上仍按原计划不变。

（二）军队离休干部的建房计划，由军队各大单位在上报退休干部建房计划时一起报送总政治部。总政治部审查汇总后，由民政部向国务院报批，尔后由国家计委向有关省、自治区、直辖市下达建房任务。

不需建房的离休干部，可随时移交地方安置，不纳入建房计划。办理交接后，由省、自治区、直辖市民政厅（局）和军队各大单位政治机关将离休干部情况分别报民政部、总政治部备案；并由民政部、总政治部纳入安置计划。

（三）军队离休干部在住房面积标准与军队在职的同职级干部相同。修建办法可根据各地的具体情况，由当地政府采取统建、分建、购买、自建（指回农村安置的）等多种办法解决。

离休干部夫妻双方只给一方分配住房，按职务高的一方的住房面积标准分配。在离休干部安置地点，其配偶已分配住房且面积不低于离休干部住房面积标准的，一般不再分配；反之，仍应分配住房，但应将原住房交回，不得同时占用两处住房；对人口较多居住拥挤的营职以下干部，经当地人民政府批准，可酌情留用一部分原住房。

离休干部自愿回农村建房安置的，须由本人申请，部队团以上单位证明，安置地区县以上民政部门同意，并按国家有关规定办理了宅基地使用证明后，方可办理建房手续。按当地县、市军队离休干部的建房标准将建房费和建筑材料指标拨给本人。由当地政府帮助建房或买房，节约归己，住房产权归己。

离休干部在安置地点（指城镇）原有私房，一般不再分配住房，自愿维修、扩建的，由本人申请，部队团以上单位证明，县以上人民政府批准，酌情一次拨给本人部分经费和建筑材料。所拨经费和建筑材料指标，由省、自治区、直辖市人民政府确定。私房维修或扩建后，产权不变，以后维修自理。

原计划1982、1983年移交地方安置的退休改离休干部，政府已为其修建住房的，不再办理自建或维修扩建私房。

（四）军队离休干部因战因公伤残，饮食起居需要人扶助的，或因瘫痪、双目失明等生活不能自理的，发给护理费。需发护理费的，离队前由军队大单位政治机关批准，移交地方后由省级民政部门批准。离休干部经批准发给护理费的，不再发给公勤补助费。在生活基本能够自理后，经医院证明，由县级民政部门报请省级民政部门批准，停发护理费，改发公勤补助费。

（五）易地（指跨市、县）安置的军队离休干部，其配偶、未成年和待业的子女，以及离休前经批准随军供养的无正式工作的其他亲属，可随同前往；易地后身边无成年子女照顾，或虽有成年子女，但因残疾等原因不能照顾的，可准许调一个已工作的子女随迁（包括随迁子女的配偶和未成年子女）。

离休干部正在部队服役的子女，复员、退伍后可到离休干部安置地落户，当地政府有关部门应予接收安置。随离休干部生活的待业子女，应和城镇待业青年一样，由当地劳动人事部门安排就业。

随离休干部到农村安置的原为市镇户口的家属，随迁后不改变其户口性质，仍吃商品粮，一切都按当地市镇户口办理。

（六）军队干部经批准离休后，由军以上单位政治机关颁发《老干部离休荣誉证》，向地方移交时填发《军队离休干部安置通知书》和《军队离休干部介绍信》。安置地区的民政部门凭《通知书》和《介绍信》接收安置离休干部及其随迁家属。

离休干部的档案，由接收安置地区的县以上民政部门按照国家关于干部档案管理规定管理。

（七）军队离休干部的住房建成后，就地安置的，随时办理交接手续；易地安置，待随迁配偶、子女的工作安排、转学等事宜基本落实后，省、自治区、直辖市民政厅（局）即将《军队离休干部进住通知书》发往离休干部所在部队团以上政治机关，由团以上单位派人到安置地区的县以上民政部门办理交接。不需建房的，由军以上单位政治机关随时与省、自治区、直辖市民政厅（局）协商，团以上单位派人（持不需建房的证明）到县以上民政部门办理交接。

（八）军队离休干部离队时，由军队按规定发给家具费、安家补助费和离休干部及随迁家属前往居住地点途中所需的车船费、旅馆费、行李托运费和伙食补助费等。其他费用按有关规定办理。

（九）军队离休干部移交地方安置，是一项新的工作，时间紧，任务重，各级政府和有关部门，部队各级党委和政治机关，都要充分认识这项工作的重大意义，树立全局观念，认真做好离休干部的思想工作和移交安置的组织工作。民政部门要主动会同有关部门，按规定落实离休干部看文件、听报告和物质、文化等各项政治、生活待遇，及时研究解决他们的实际困难。军队离休干部同地方离休干部一样，享受政府规定的各种优待。要注意发挥离休老干部的作用，鼓励他们参加一些力所能及的社会活动，宣扬他们中的好人好事，总结交流经验，切实把这项工作做好。

（十）以上各条没有涉及到的问题，按国务院、中央军委国发［1984］171号文件和有关文件的规定执行。

（十一）本《意见》自颁发之日起执行。1982年6月8日国务院、中央军委［1982］16号文件发布前已移交地方安置的军队退休干部改为离休的，不按本《意见》办理。

中国老龄问题全国委员会转发北京市人大常委会《关于维护老年人合法权益的决议》的通知

（1987年7月15日）　　【中老字（1987）33号】

各省、自治区，直辖市老龄问题委员会：

1986年第4季度以来，有些省、市从当地实际情况出发。制定颁发了保护老年人合法权益的地方法规，例如湖南省第六届人大常委会第二十三次会议通过的《关于维护老年人合法权益的决议》，沈阳市第九届人大常委会第二十七次会议通过的《保护妇女、儿童、老人合法权益的若干规定》，天津市第十届人大常委会第三十三次会议审议通过的《保护老年人合法权益的若干规定》等，上述规定已在今年4月召开的《全国老龄工作经验交流会议》期间印发各地。现再将北京市1987年6月23日第八届人大常委会第三十七次会议通过的《关于维护老年人合法权益的决议》转发给你们，《决议》第八条还规定每年重阳节为敬老日。我们认为在全国统一的维护老年人合法权益的专门法规尚未颁发前，因地制宜地制定地方性的法规，这对于制止当前社会上时有发生的不尊重老人，侵犯老年人合法权益的行为，发扬敬老、爱老的社会主义道德风尚，促进社会主义精神文明建设是具有重要意义的。

附件：

北京市八届人大常委会《关于维护老年人合法权益的决议》

（1987年6月23日市八届人大常委会第三十七次会议通过）

北京市第八届人民代表大会常务委员会第三十七次会议审议了平谷县代表团在市八届人大六次会议上提出的《制定关于维护老年人合法权益的地方性法规》的议案，听取并审议了封明为副市长受市人民政府委托所作的关于维护老年人合法权益工作的报告。会议认为，建国以来，在中国共产党的领导下，我国政府一向重视维护老年人的合法权益。我国宪法和民法通则、刑法、婚姻法、继承法及其他有关宪法律、法规中，都对维护老年人合法权益作了明确规定。中国共产党十一届三中全会以来，本市把维护老年人合法权益作为社会主义精神文明建设的一项重要内容，做了很多工作，取得了一定成绩，体现了社会主义制度的优越性。但是，由于10年动乱的遗毒和资本主义腐朽思想的影响等原因，侵犯老年人合法权益的现象仍时有发生。同时，随着老年人口日益增长，人口老龄化必将对本市的政治、经济和社会发展产生重大影响。为了贯彻实施宪法和有关法律的规定，进一步维护老年人合法权益，发扬敬老、爱老的社会主义道德风尚，特作如下决议：

（一）老年人的人身自由和人格尊严受法律保护，任何人都不得侵犯。禁止谩骂、侮辱、殴打、虐待、遗弃和非法拘禁老年人。

（二）老年人的收入、房屋、储蓄、生活用品、文物、图书资料、林木、牲畜、家禽、知识产权和法律允许公民所有的生产资料以及其他合法财产，受法律保护。任何人包括子女及其他亲属不得侵占、哄抢、私分、破坏老年人的财产，不得强行挤占老年人的住房。

（三）子女对父母有赡养扶助的义务。子女应当保障无劳动能力的或者生活困难的父母的生活水平不低于子女的生活水平。

对因赡养发生的纠纷，居民委员会、村民委员会和街道办事处、乡、镇人民政府司法助理员以及子女所在单位应当进行调解处理。

人民法院对受理的赡养案件应当及时处理。对经判决或者调解仍不履行赡养义务的。由子女所在单位从子女工资中扣出赡养费。有关单位和个人都有义务按照人民法院的通知，协助执行。

（四）老年人离婚、丧偶后再婚，受法律保护，任何人不得干涉和歧视。

（五）老年人在合法权益受到侵犯时，有向乡、镇人民政府、街道办事处提出申诉或者向司法机关提出控告的权利。任何人不得压制和阻挠。有关部门应当认真查处，不得推诿。

对侵犯老年人合法权益的行为，情节轻微的，由有关单位给予批评教育；违反治安管理规定的，由公安机关处理；构成犯罪的。由司法机关依照刑法处理。

任何公民都有权检举、揭发侵犯老年人合法权益的违法行为。

（六）老年人有从国家和社会获得物质帮助的权利。人民政府的有关部门、各人民团体和企事业单位都应当积极为老年人的生活和学习创造便利条件，发展老年人福利和服务事业，开展老年人文化和体育活动。医疗卫生单位要努力采取措施。为老年人看病提供方便，积极建立和发展家庭病床，加强红十字卫生站的工作，开展防治老年病的研究。工业和商业部门要积极组织生产和经营老年人需用的衣物和日用品。

（七）各部门、各单位要采取各种形式，特别是在普及法律常识的工作中，有针对性地进行敬老、爱老和赡养扶助老年人的教育，造成维护老年人合法权益的社会舆论。同时要提倡和鼓励老年人学习法律、遵守法律，履行法律规定的义务，运用法律维护自身的合法权益。

（八）每年重阳节为本市敬老日。届时举行各种敬老、爱老活动，表彰老年人的先进事迹和敬老、爱老的好人好事。

（九）本市各级人民政府的有关部门、各人民团体和企事业单位。都应当在各自的工作范围内认真贯彻执行国家有关维护老年人合法权益的规定，尊重和重视老龄问题委员会等社会团体提出的意见和建议，发现问题，采取措施，妥善解决。

鼓励和帮助老年人参加力所能及的社会活动，在社会主义物质文明和精神文明的建设中继续发挥作用。

（十）市、区、县人民代表大会常务委员会，对市、区、县人民政府，人民法院、人民检察院执行本决议的情况应当进行督促检查。

中共中央组织部、人事部《关于认真执行干部退（离）休制度有关问题的通知》

（1988年8月25日）　　【中组发（1988）9号】

各省、自治区、直辖市党委和人民政府，中央各部委，国家机关各部委，各人民团体：

几年来，大批到了退休（包括离休，下同）年龄的干部响应党中央关于实行干部退休制度的号召，从工作岗位上退下来，办理了退休手续，为废除领导职务终身制，实现新老干部的正常交替做出了榜样。但是，由于种种原因，还有些到了退休年龄的干部，未及时办理退休手续。为了进一步贯彻执行干部退休制度，完善和简化手续，做好干部退休工作，经中央批准，现将有关问题通知如下：

（一）达到规定的退休年龄（周岁）的干部，都应及时办理退休手续，不需本人提出申请。各级组织、人事部门对本单位达到退休年龄的干部，应事先按干部管理权限报经任免机关批准，在其达到退休年龄的前1个月通知本人，并在其达到退休年龄后的1个月内按规定办完有关手续，不再列为在编人员。

对地、市（厅、局）级以上干部中个别确因工作需要暂时留任的，或需要安排到人大、政协任职的人选，应由所在单位事先提出留任或安排的理由和时间（留任时间一般为1年，最长不超过3年），按干部管理权限，报经任免机关审批。批准留任的，应及时通知本人。担任主要负责职务的干部需要留任的，由任免机关直接决定，并通知所在单位和本人。

（二）依据法律和有关规定经选举任职，在任届未满时达到退休年龄的干部，一般可待任届期满后，按有关规定办理退休手续。

（三）凡符合国务院国发［1983］141、142号文件规定，可以暂缓退休的高级专家和部分骨干教师、医生、科技人员，必须严格按上述文件规定和劳动人事部劳人科［1983］153号文件的规定执行。女干部退休年龄按中央组织部、劳动人事部劳人老［1987］2号文件的规定执行。

（四）少数身体健康、具有专长的干部，在达到规定的退休年龄时，如工作确实需要的，可在办理退休手续后，由需用单位按照政策规定予以聘用，但不列为在编人员。

干部退休工作，是一项经常性工作，各级组织、人事部门和老干部工作部门要各司其职，严格执行有关制度，切实做好深入细致的思想工作和各项管理工作，认真照顾好退休干部的生活，注意因人制宜地发挥他们的作用。

各地各部门接此通知后，要逐级负责，认真组织实施，检查落实情况，总结推广好的经验，发现问题及时解决。

人事部《关于严格执行退休干部享受特殊贡献待遇规定的通知》

（1989年7月21日）　　【人退发（1989）1号】

各省、自治区、直辖市人事（劳动人事）厅（局），国务院各部委、各直属机构：

近几年来，少数部门自行发文规定本行业、本系统退休干部享受特殊贡献待遇的范围和标准，造成了政策上的不平衡，引起了部门、行业、单位之间的相互攀比，也给地方的工作带来了困难。为了克服这种混乱现象，现就严格执行国家机关、事业单位退休干部享受特殊贡献待遇的规定通知如下：

（一）退休干部享受特殊贡献待遇严格按照《国务院关于安置老弱病残干部的暂行办法》（国发［1978］104号）第六条的规定执行。有关文件已明确由各省、自治区、直辖市人民政府确定的享受特殊待遇的范围和标准，各地要从严掌握。

（二）在本通知下发之前，一些部门自行下发的有关本行业、本系统退休干部享受特殊贡献待遇的规定，凡不符合国家发［1978］104号文件精神的，应停止执行。

（三）今后，各行业、各系统退休干部享受特殊贡献待遇的范围和标准问题，不得随意开口子。情况特殊，确需解决的，应由我部综合平衡同意后下达。否则，各地人事部门则可不予执行。

国务院《关于企业职工养老保险制度改革的决定》

（1991年6月26日）　　【国发（1991）33号】

我国企业职工的养老保险制度是50年代初期建立的，以后在1958年和1978年两次作了修改。近年来，各地区适应经济体制改革的需要，又进行了以退休费用社会统筹为主要内容的改革，取得了一定成效。按照国民经济和社会发展十年规划和第八个五年计划纲要的要求，在总结各地经验的基础上，国务院对企业职工养老保险制度改革作如下决定：

（一）根据我国生产力发展水平和人口众多且老龄化发展迅速的情况，企业职工养老保险制度改革要处理好国家利益、集体利益和个人利益，目前利益和长远利益，整体利益和局部利益的关系，主要是对现行的制度办法进行调整、完善。考虑到各地区和企业的情况不同，各省、自治区、直辖市人民政府可以根据国家的统一政策，对职工养老保险作出具体规定，允许不同地区、企业之间存在一定的差别。

（二）随着经济的发展，逐步建立起基本养老保险与企业补充养老保险和职工个人储蓄性养老保险相结合的制度。改变养老保险完全由国家、企业包下来的办法，实行国家、企业、个人三方共同负担，职工个人也要缴纳一定的费用。

（三）基本养老保险基金由政府根据支付费用的实际需要和企业，职工的承受能力，按照以支定收、略有结余、留有部分积累的原则统一筹集。具体的提取比例和积累率，由省、自治区、直辖市人民政府经实际测算后确定，并报国务院备案。

（四）企业和职工个人缴纳的基本养老保险费分别记入《职工养老保险手册》。

企业缴纳的基本养老保险费，按本企业职工工资总额和当地政府规定的比例在税前提取，由企业开户银行按月代为扣缴。企业逾期不缴，要按规定加收滞纳金。滞纳金并入基本养老保险基金。

职工个人缴纳基本养老保险费，在调整工资的基础上逐步实行，缴费标准开始时可不超过本人标准工资的3%，以后随着经济的发展和职工工资的调整再逐步提高。职工个人缴纳的基本养老保险费，由企业在发放工资时代为收缴。

（五）企业和职工个人缴纳的基本养老保险费转入社会保险管理机构在银行开设的“养老保险基金专户”，实行专项储存，专款专用，任何单位和个人均不得擅自动用。银行应按规定提取“应付未付信息”；对存人银行的基金，按其存期照人民银行规定的同期城乡居民储蓄存款利率计息，所得利息并入基金。积累基金的一部分可以购买国家债券。

地方各级政府要设立养老保险基金委员会，实施对养老保险基金管理的指导和监督。委员会由政府主管领导任主任，劳动、财政、计划、审计、银行、工会等部门的负责同志参加，办公室设在劳动部门。

（六）职工退休后的基本养老金汁发办法目前不作变动，今后可结合工资制度改革，通过增加标准工资在工资总额中的比重，逐步提高养老金的数额。

国家根据城镇居民生活费用价格指数增长情况，参照在职职工工资增长情况对基本养老金进行适当调整，所需费用从基本养老保险基金中开支，、

（七）尚未实行基本养老保险基金省级统筹的地区，要积极创造条件，由目前的市、县统筹逐步过渡到省级统筹。实行省级统筹后，原有固定职工和劳动合同制职工的养老保险基金要逐步按统——比例提取，合并调剂使用。具体办法由各省、自治区、直辖市人民政府制定。

中央部属企业，除国家另有规定者外，都要参加所在地区的统筹。

（八）企业实行补充养老保险由企业根据自身经济能力，为本企业职工建立，所需费用从企业自有资金中的奖励、福利基金内提取。个人储蓄性养老保险由职工根据个人收入情况自愿参加。国家提倡、鼓励企业补充养老保险和职工参加个人储蓄性养老保险，并在政策上给予指导。同时，允许试行将个人储蓄性养老保险与企业补充养老保险挂钩的办法。补充养老保险基金，由社会保险管理机构按国家技术监督局发布的社会保障号码（国家标准GBll643—89）记入职工个人账户。

（九）劳动部和地方各级劳动部门负责管理城镇企业（包括不在城镇的全民所有制企业）职工的养老保险工作。

劳动部门所属的社会保险管理机构，是非营利性的事业单位，经办基本养老保险和企业补充养老保险的具体业务，并受养老保险基金委员会委托，管理养老保险基金。现已由人民保险公司经办的养老保险业务，可以维持现状不作变动。个人储蓄性养老保险由职工个人自愿选择经办机构。

（十）社会保险管理机构可从养老保险基金中提取一定的管理服务费，具体的提取比例根据实际工作需要和节约的原则，由当地劳动部门提出，经同级财政部门审核，报养老保险基金委员会批准。管理服务费主要用于支付必要的行政和业务等费用。养老保险基金及管理服务费，不计征税、费。

社会保险管理机构应根据国家的政策规定，建立健全基金管理的各项制度，编制养老保险基金和管理服务费收支的预、决算，报当地人民政府在预算中列收列支，并接受财政、审计、银行和工会的监督。

（十一）本决定适用于全民所有制企业。城镇集体所有制企业可以参照执行、对外商投资企业中方职工、城镇私营企业职工和个体劳动者，也要逐步建立养老保险制度，具体办法由各省、自治区、直辖市人民政府规定。

（十二）国家机关、事业单位和农村（含乡镇企业）的养老保险制度改革，分别由人事部、民政部负责，具体办法另行制定。

企业职工养老保险制度改革，是保障退休职工生

活，维护社会安定的一项重要措施，对减轻国家和企业负担，促进经济体制改革以及合理引导消费有重要作用，这项工作政策性强，涉及面广，各级政府要切实加强领导，根据本决定的精神，结合实际抓紧制定具体的实施方案，积极稳妥地推进企业职工养老保险制度的改革。

人事部《关于离退休人员待遇有关问题的通知》

（1992 年 2 月 2 日）　　【人退发（1992）3 号】

各省、自治区、直辖市及计划单列市人事（劳动）厅（局），国务院各部委、各直属机构人事（干部）部门：

《国务院关于调整机关、事业单位工作人员工龄津贴标准的通知》（国发［1991］74 号）下发以后，不少地区和部门在调整离退休人员待遇方面，提出了一些具体问题，现就有关问题通知如下：

（一）按照国发［1982］62 号和国发［1989］82 号文件规定，每年享有 1 个月、1 个半月、2 个月离休费总数生活补贴的离休干部，这次增加的离休费，可作为计发“生活补贴”的基数。今后，凡是按国家规定增加的离休费，均可照此办理。

（二）按照中央组织部、劳动人事部组通字［1985］44 号文件精神，离休干部这次调整待遇后，其离休费分别达到原行政十四级、十八级工资数额的，不能按行政十四级、十八级对待享受局、处级待遇。

（三）按照国发［1989］82 号文件规定，享受退休费最低保证数的退休人员，这次增加的退休费基数，按现行办法打折扣后，可与原享受的退休费最低保证数合并发给。

（四）未参加 1985 年工资改革的离退休人员，这次增加离退休费基数的办法，应按在职人员计发工龄津贴的办法办理。

（五）符合国发［1978］104 号文件规定条件的退职人员，原则上可参照退休人员的办法增加退职生活费基数，具体办法由各省、自治区、直辖市和中央、国家机关各部门根据实际情况确定。

（六）原工作单位机构性质发生变化的离退休人员，原则上与原工作单位在职人员执行同一文件规定。

县级农村社会养老保险基本方案（试行）

（1992 年 1 月）

一、指导思想和基本原则

农村社会养老保险是国家保障全体农民老年基本生活的制度，是政府的一项重要社会政策。建立农村社会养老保险制度，要从我国农村的实际出发，以保障老年人基本生活为目的；坚持资金个人交纳为主，集体补助为辅，国家予以政策扶持；坚持自助为主、互济为辅；坚持社会养老保险与家庭养老相结合；坚持农村务农、务工、经商等各类人员社会养老保险制度一体化的方向。由点到面，逐步发展。

二、保险对象及交纳、领取保险费的年龄

1. 保险对象：市城镇户口、不由国家供应商品粮的农村人口。一般以村为单位确认（包括村办企业职工、私营企业、个体户、外出人员等），组织投保。乡镇企业职工、民办教师、乡镇招聘干部、职工等，可以以乡镇或企业为单位确认，组织投保。少数乡镇因经济或地域等原因，也可以先搞乡镇企业职工的养老保险。外来劳务人员，原则上在其户口所在地参加养老保险。

2. 交纳保险不分性别、职业，年龄为20周岁至60周岁。领取养老保险金的年龄一般在60周岁以后。

三、保险资金的筹集

资金筹集坚持以个人交纳为主，集体补助为辅，国家给予政策扶持的原则。个人交纳要占一定比例；集体补助主要从乡镇企业利润和集体积累中支付；国家予以政策扶持，主要是通过对乡镇企业支付集体补助予以税前列支体现。

1. 在以个人交纳为主的基础上，集体可根据其经济状况予以适当补助（含国家让利部分）。具体方法，可由县或乡（镇）、村、企业制定。

2. 个人的交费和集体的补助（含国家让利），分别记帐在个人名下。

3. 同一投保单位，投保对象平等享受集体补助。

按计划生育有关政策，在没有实行独生子女补助的地区，独生子女父母参加养老保险，集体补助可高于其他对象。具体办法由地方政府制定。

4. 乡镇企业职工的个人交费、企业补助分别记帐在个人名下，建立职工个人帐户，企业补助的比例，可同地方或企业根据情况决定。企业对职工及其他人员的集体补助，应予按工资总额的一定比例税前列支。具体办法由地方政府制定。

四、交费标准、支付及变动

1. 多档次，月交费标准设2、4、6、8、10、12、14、16、18、20元10个档次，供不同的地区以及乡镇、村、企业和投保人选择。各业人员的交费档次可以有所区别。交费标准范围的选择以及按月交费还是按年交费，均由县（市）政府决定。

2. 养老保险费可以补交和预交。个人补交或预交保险费，集体可视情况决定是否给预补助。补交后，总交费年数不得超过40年。预交年数一般不超过3年。

3. 个人或集体根据收入的提高或下降，经社会养老保险管理部门批准，可按规定调整交纳档次。

4. 当遇到各种自然灾害或其他原因，个人或集体无能力交纳养老保险金，经社会养老保险管理部门批准，在规定的时间内可暂时停交保费。恢复交费后，对于停交期的保费，有条件也可以自愿补齐。服刑者停交保险费，刑满回原籍者，原保险关系可以恢复，继续投保。

5. 投保人在交费期间身亡者，个人交纳全部本息，退给其法定继承人或指定受益人。

6. 领取养老金从60周岁以后开始，根据交费的标准、年限，确定支付标准（具体标准，另行下发）。调整交费标准或中断交费者，其领取养老金标准，需待交费终止时、将各档次，各时期积累的保险金额合并，重新计算。

投保人领取养老金，保证期为10年。领取养老金不足10年身亡者，保证期内的养老金余额可以继承。无继承人或指定受益人者，按农村社会养老保险管理机构的有关规定支付丧葬费用。

领取养老金超过10年的长寿者，支付养老金直至身亡为止。

7. 投保对象从本县（市）迁往外地，若迁入地已建立农村社会养老保险制度，需将其保险关系（含资金）转入迁入地农村社会养老保险管理机构。若迁入地尚未建立养老保险制度，可将其个人交纳全部本息退发本人。

8. 投保人招工、提干、考学等农转非，可将保险关系（含资金）转入新的保险轨道，或将个人交纳全部本息退还本人。

五、基金的管理与保值增值

基金以县为单位统一管理。保值增值主要是购买国家财政发行的高利率债券和存入银行，不直接用于投资。基金使用，必须兼顾当前利益和长远利益，国家利益和地方利益，同时要建立监督保障机制。

1. 县（市）农村社会养老保险机构，在指定的专业银行设立农村社会养老保险基金专户，专帐专管，专款专用。民政部门和其他部门都不能动用资金。

2. 各乡镇交纳的养老保险基金直接入银行的专户。

3. 养老保险基金除需现支付部分外，原则上应及时转为国家债券。国家以偿还债务的形式返回养老金。现金通过银行收付。

4. 养老保险基金用于地方建设，原则上不由地方直接用于投资，而是存入银行，地方通过向银行贷款，用于建设。具体做法，另行规定。

5. 农村社会养老基金和按规定提取的管理服务费以及个人领取的养老金，都不计征税、费。

六、立法、机构、管理和经费

1. 根据《基本方案》，由县（市）政府制定《农村社会养老保险暂行管理办法》。通过实践，补充完善后，由政府发布决定或命令，依法建立农村社会养老保险制度。

2. 县级以上人民政府要设立农村社会养老保险基金管理委员会，实施对养老保险基金管理的指导和监督。委员会由政府主管领导同志任主任，其成员由民政、财政、税务、计划、乡镇企业、审计、银行等部门的负责同志和投保人代表组成。乡（镇）、村两级群众性的社会保障委员会要协助工作，并发挥监督作用。

3. 县（市）成立农村社会养老保险事业管理处（隶属民政局），为非营利性的事业机构，经办农村社会养老保险的具体业务，管理养老保险基金。

4.乡镇设代办站或招聘代办员，负责收取、支付保费、登记建帐及其他日常工作。

5.村由会计、出纳代办，负责收取保费、发放养老金等工作。

6.农村社会养老保险，按人立户记帐建档，实行村（企业）、乡、县三级管理。保险费必须按期交纳，按规定进入银行专用帐户。逾期可罚交滞纳金。发给投保人保险费交费凭证，到领取年龄后，换发支付凭证。随着条件的成熟，逐步建立个人社会保障号码，运用计算机管理，提高效率。

7.县（市）成立的事业性质农村社会养老保险机构，地方财政可一次性拨给开办费，逐步过渡到全部费用由管理服务费支出。管理服务费按国家的规定提取并分级使用。

七、理顺关系，稳妥处理与部分现行养老办法的衔接

农民的社会养老保险，是国家在农村建立的基本养老保障制度，标准较低，覆盖面大。除此之外，乡村（含乡镇企业）还可根据其经济力量，自办各种形式的补充养老保障，鼓励发展个人的养老储蓄。同时应充分发挥农村已有的各种基层社会保障形式的功能，形成更为完善、具有中国特色的农村社会保障体系。

1.由保险公司开办的各种保险，可暂时维持现状，但不能再扩大，避免给建立农村社会养老保险制度造成困难。

2.对于目前一些部门已搞的养老保险和乡（镇）、村或乡镇企业的退休办法等，要慎重对待。一些以集体经济为基础的现收现支养老办法和其他形式的做法，有的可作为社会养老保险的补充层次而保留。有的待工作开展后，逐步调整。

3.对于优抚对象、社会救济对象、五保户、贫困户，现行保障政策不变。

国务院办公厅转发劳动人事部《关于中央和国家机关离休干部生活待遇问题的补充规定》的通知

（1983年5月23日）　【国办发（1983）39号】

根据《国务院关于老干部离职休养制度的几项规定》第三条关于“老干部离休后基本政治待遇不变，生活待遇略为从优”的原则，为了把离休干部安排得好一点，使老同志既能安度晚年，又能发挥其力所能及的作用，经与财政部、卫生部、中直管理局、国务院机关事务管理局等单位研究，现对中央和国家机关离休干部的生活待遇问题，补充规定如下：

（一）离休干部的政治待遇，原则上按同级在职干部的待遇阅读机要文件、听重要报告、看必要的学习材料以及参加重要的政治活动和会议。

对因病或年老体弱行动不便的离休干部，在不违背保密制度的原则下，老干部部门指定专人赴离休干部住地送阅重要文件或口头传达重要会议精神。

高级干部离休后，一般不配秘书。工作确实需要的，经所在部、委领导批准，可临时抽调助手。

(二)原享受保健医疗待遇的干部，离休后待遇不变。对其他离休干部，各医疗单位须积极创造条件，增设干部病床，在门诊、住院等方面予以优先照顾。

行动不便的离休干部，除在原单位合同医院就诊外，经所在区卫生局办理手续，可在居住地区附近再确定一个医疗机构看病，凭收据报销医药费。

合同医院会同离休干部所在单位医务室，须定期对离休干部进行体格检查。

各单位应按照有关规定组织离休干部健康休养。有疗养场所的，对离休干部应优先安排；没有疗养场所的要积极创造条件自建或联合筹建。离休干部经组织批准健康休养的车票、船票、住宿费，按同级在职干部差旅费标准报销。伙食费自理。

有条件的单位应设医务室，建立巡诊制度，为离休干部送医送药上门。

（三）离休干部使用的车辆，参照现行标准配备。原配有专车的干部，离休后待遇不变，鉴于工作量减少，根据本人自愿的原则，其专车也可组成为老干部服务的车队，由机关统一调度。离休后符合配专车条件的，不再固定专车。正、副部长级离休干部用车，保证随叫随到。司局长级(含十四级)离休干部看病、住院和处以下离休干部急诊、重病住院，应保证用车。在机关车辆不能保证的情况下，经有关部门同意，可租用车辆，费用报销。参加有组织的活动，对司局长级（含十四级）离休干部和行动不便的处以下离休干部用车要妥善安排。

参照上下班市内交通补贴标准，可继续发给离休干部交通补贴。

司局长级（含十四级）以上离休干部因病用车和处以下离休干部急诊、重病住院用车，均不收费，因私用车按规定收费。

老干部工作部门，根据实际需要，可配备适当数量的工作车辆，为离休干部服务。

（四）离休干部住房，按家庭同居人口、职务级别分配。原则上在同等条件下，比在职干部优先分配，并在住房的条件上给予照顾。

每户住房数量，以自然间为基本计算单位，以居住面积为辅助计算单位。一般可参照下列标准分配：部长级5间至9间，最多不超过150平方米；副部长级4间至6间，最多不超过100平方米；司局长级（含十四级）3间至4间，最多不超过70平方米；处以下离休干部2间至4间，最多不超过50平方米。平房小宅院不适用上述规定标准，仍按国管局有关规定办理。离休干部住房由所在单位负责解决。

（五）离休干部和在职干部一样享受机关的集体福利待遇和生活困难补助。

原配有服务员（或发给自雇费）的，可继续保留。副部长级干部离休后，从年满65周岁时起，可发给1个服务员的自雇费。

司局长以上干部家中装有电话的，离休后继续保留；没装的，有条件时，可予考虑。

本补充规定自下达之日起施行。

劳动部《关于做好离退休人员管理服务工作的通知》

（1993年7月12日）　　【劳部发（1993）61号】

各省、自治区、直辖市劳动（劳动人事）厅（局）及计划单列市劳动局：

近年来，我国人口老龄化问题日益突出，离退休人员不断增加，到1992年底已达2600万人。随着市场经济的发展，企业经营机制的转换，企业要求实现离退休人员管理服务社会化的呼声越来越高。加强对离退休人员的管理服务工作是政府的职责，也是社会保险制度改革的重要组成部分。为此，各级劳动部门应认真研究，制定切实可行的管理服务办法，以减轻企业的社会负担，为离退休人员创造一个良好的生活环境。为做好这项工作，现通知如下：

一、加强对离退休人员管理服务工作的领导，建立健全各级离退休人员管理服务组织

目前，许多地方已经成立了离退休人员管理服务委员会，下设管理服务办公室，组织离退休人员开展了多种形式的文体、社会公益活动，受到了离退休人员和企业及社会的普遍欢迎。但是，仍有相当一部分地区离退休人员的管理服务工作未受到重视。为此，各地劳动部门要积极向当地政府反映，建议当地政府学习有些地方的做法，尽快建立离退休人员管理服务委员会。委员会的主要职责是规划、制定离退休人员管理服务的方针、政策，协调各有关部门的关系，并负责监督管理服务费用的使用。委员会可由劳动、财政等部门和工会组成，日常工作主要由社会保险管理机构负责。其职责是：指导各级管理服务机构开展管理服务工作；负责管理服务费用的筹集与管理：组织指导以社区为单位兴办家务服务公司等第三产业，为离退休人员的特殊需要提供服务。各级管理服务机构可配备少量管理人员，可聘请身体条件好、年龄合适又具备一定的组织和领导能力且热心于公益事业的离退休人员参加管理服务工作。

离退休人员的管理服务工作，要按照“分级管理，条块结合”的原则开展，并充分发挥我国社区建设的优势，逐步在各街道办事处建立起离退休人员管理服务机构。离退休人员居住相对集中的大型企业和远离城市的企业，可在企业内设立离退休人员管理服务机构，由企业和地方劳动部门双重领导，积极开展管理服务工作。对居住在农村地区的离退休人员，可根据离退休人员的分布情况，因地制宜地成立管理服务机构。

在已经由工会组织负责离退休人员管理服务工作的地区，劳动部门要积极支持、参与和配合，与工会共同搞好离退休人员的管理服务工作。

二、离退休人员管理服务的内容

首先要认真对企业承担的社会职责进行一次调查

分析，弄清楚哪些职责应逐步由企业分离出来，主要由管理服务机构承担。

各级管理服务机构要本着“诚挚关怀、热情服务”的宗旨，切实为离退休人员办实事、办好事，为企业分忧解难，逐步形成“养、医、乐、学、为”一体的综合管理服务体系。主要内容包括：

1. 尽快实行离退休费用的社会化发放，为离退休人员提供方便，减轻企业的负担。发放的形式可以多样化，可以委托银行发放，也可由社会保险管理机构或管理服务机构发放。对于易地安置的离退休人员，可委托居住地的社会保险管理机构发放。

2. 定期组织离退休人员学习，使他们及时了解党和国家的方针政策，了解国内、国际的政治、经济和社会发展形势。有条件的地区可以举办各种类型的老年大学，让他们能学习一些专业知识，充实晚年生活。

3. 关心离退休人员生活，提供热情、周到的生活服务。各级离退休人员管理服务机构要建立离退休人员管理档案，及时了解掌握离退休人员的生活和身体状况。对家庭经济条件差、生活有困难的离退休人员，要尽可能帮助解决；对身体条件差，长期患病生活不能自理，或因病住院需要护理等特殊需要的离退休人员，要通过组织互助服务和家务服务公司提供有偿服务等方式帮助解决（只收取成本费用），以减轻其家庭的负担。

4. 维护离退休人员的合法权益。通过法制教育，使离退休人员明确了解自己的合法权益。对无理扣发离退休费，虐待离退休人员，侵犯离退休人员合法权益的现象，各级离退休人员管理服务机构应及时制止，必要时可诉诸法律，以保护离退休人员的切身利益。

5. 组织多种形式的娱乐健身活动，使离退休人员延年益寿，安度晚年。同时可以充分利用离退休人员的特长，组织他们积极参与社会公益事业，让他们发挥余热。

三、要因地制宜地建立离退休人员活动基地和福利事业，为离退休人员提供必要的活动场所和生活服务

目前有的地区建立了离退休人员活动中心，为离退休人员提供了娱乐活动场所和生活服务，得到了离退休人员的赞扬。但也有少数地区存在不顾基本条件而贪大求全，急于建立大型活动中心、甚至违反基金管理规定的现象。各级劳动部门对此应加强监督检查并及时予以纠正。今后，活动基地的建设要本着“分散与集中相结合，重点放在社区”的原则进行统筹规划，要将分散建立以社区为主的、小型的不以赢利为目的的活动基地为重点，以利于更多的离退休人员参加活动，并根据离退休人员的兴趣爱好和生活习惯设置相应的娱乐活动项目。有条件的地区，还可以兴建“养老院”、“老年人康复中心”、“临终关怀中心”等社会福利性的生活服务设施，也可以组织身体条件好的离退休人员和待业人员兴办家务服务和护理服务为主要内容的福利事业和实体。

四、离退休人员管理服务经费

离退休人员管理服务所需经费，按各地现行管理服务工作的领导体制和分工，由劳动部门或者工会分别商当地财政部门，通过一定的渠道专项提取、专款专用，并应及时将各项经费下拨给各级离退休人员管理服务机构。对于远离城市、离退休人员居住相对集中、以自己管理为主的企业，应将这些企业上缴的管理服务费用的大部分予以返还。具体办法可由地方自行制定。

民政部、国家计委、国家体改委、国家教委、财政部、人事部、劳动部、建设部、卫生部、国家体委、国家计生委、中国人民银行、国家税务总局、全国老龄委《关于加快发展社区服务业的意见》

（1993年8月27日）　　【民福发（1993）11号】

各省、自治区、直辖市及计划单列市民政厅（局）、计委（计经委）、体改委、教委（教育厅、局）、财政厅（局）、人事厅（劳动人事厅、局）、劳动厅（局）、建设厅（局）、卫生厅（局）、体委、计生委、人民银行分行、税务局、老龄委：

为了贯彻落实党的十四大精神和《中共中央国务院关于加快发展第三产业的决定》，适应社会主义市场经济的需要，加快建立健全社会保障体系和社会化服务体系，推动社区服务业全面、快速地发展，现提出如下意见，请遵照实施。

（一）社区服务业是在改革开放中发展起来的新兴社会服务业。社区服务业是在政府倡导下，为满足社会成员多种需求，以街道、镇和居委会的社区组织为依托，具有社会福利性的居民服务业。社区服务业由社区福利服务业、便民利民服务业和职工社会保险管理服务业组成，是社会保障体系和社会化服务体系中的一个重要行业。

社区服务业具有福利性、群众性、服务性、区域性四大特点。自1987年民政部倡导这项事业起，目前在全国大中城市已初具规模。截至1992年底，各类社区服务设施11.2万个，形成了以社区服务中心为骨干，以老年人、残疾人、优抚对象服务和便民利民服务为主要内容，以发展社区服务实体来增强自我发展能力的社区服务业格局。

社区服务作为新时期探索社会福利社会办和职工福利向社会开放的一条新路子，适应了政府转变职能，企业转变经营机制的需要，有利于经济的发展，社会的安定，人民生活质量的提高，促进了社区精神文明建设，得到了广大基层干部和人民群众的欢迎。

（二）把社区服务业作为一项重要工作来抓。在我国社会主义市场经济条件下，随着经济的发展，家庭结构小型化，人口老龄化，以及人民生活水平的提高和消费结构的多元化，群众对社会服务需求急剧增加。为此，各地区的有关部门要把发展社区服务业作为与提高人民生活水平、提高人口素质密切相关的行业纳入第三产业发展规划及其他有关规划；要进一步解放思想，更新观念，按照建立具有中国特色的，与社会发展、城镇建设、产业结构优化相适应的社会化、产业化、法制化的社区服务的方向，积极支持和推动社区服务业的发展，对其发展过程中遇到的新情况、新问题，要结合深化改革认真帮助解决。

（三）社区服务业的发展目标是：到本世纪末，基本建成多种经济成分并存、服务门类齐全、服务质量和管理水平较高的社区服务网络。社区服务业产值每年要以13.6%的速度增长；每千人口拥有的服务网点要有很大增长，各类社区服务设施达到26万个；85%以上街道兴办一所社区服务中心，一所老年公寓（托老所）、一所残疾人收托所和一所以上托幼机构。

（四）社区服务业的基本任务是：充分发挥国家、集体、个人三者的积极性，依靠社会各方面力量兴办社区服务业。加速建设社区服务中心，开展各种便民家庭服务、婚丧服务、初级卫生保健服务。文体健身娱乐服务、婴幼儿教育服务、残疾儿童教育训练和寄托服务、养老服务、避孕节育咨询、优生优育优教咨询、心理咨询等服务项目，大力创办社区服务实体，不断壮大社区服务志愿者队伍和社会工作者队伍，并通过培训，提高专业化水平。立足民政，面向社会，为老年人、残疾人、优抚对象提供社会福利服务；为社区居民提供便民利民服务；采取联营共建等形式，与社区内企事业单位和机关团体开展双向服务。

（五）统筹规划社区服务业。从1992年起，国家计委以社区服务站为立项指标，将社区服务业纳入国家计划。地方各级计划部门应结合当地实际情况，就发展社区服务业的资金、劳动力、用地等列入当地计划，统筹安排。

各级城市规划部门在城镇规划中，安排社区服务建设项目。在新区建设及旧区改造中，要将社区服务设施纳入公共设施配套建设规划，严格按照规划实施，对购买或租赁专门用于具有社会保障性质的社区福利服务的房屋，可在当地政府掌握的微利房、成本房中考虑；对居住区内用于非社会保障性质的服务的房屋和设施，可采取不同方式，实行有偿使用。

（六）大力扶持社区服务业。各级财政部门可将社区服务中心视为社会福利事业单位，并根据本地区的财政状况，在其开办期间给予适当补助。对于核定社会福利事业费开支的社区服务单位，要按照有关政策在经费上继续给予支持。为便于地方执行，可在“社会福利事业单位经费”项的说明中，增加对社区服务业补助的内容。继续贯彻执行财政部《国家能源交通重点建设基金征集办法实施细则》和《关于国家预算调节基金征免事项的补充通知》中，有关“民政部门所管的社会福利企事业收人免征国家能源交通重点建设基金”和“确属民政部门所办的残疾人社会福利企事业收入免征国家预算调节基金”的规定，对凡由民政部门所办，专门为优抚对象、残疾人、老年人提供服务的社区服务项目，创办初期免征两年能源交通基金和预算调节基金。

对婴托儿、医疗保健、婚姻介绍、殡葬服务项目的收入免征营业税，所得税按国家统一的减免税规定执行；对敬（养）老院（托老所、老年人寄托所）、盲人按摩诊所、盲聋学校（培训中心）、弱智儿童学校（启智站）、伤残儿童寄托所、残疾人职业技术培训中心、残疾人活动中心、康复中心、残疾人用品供应服务站（点）、民政部门管理的具有社会福利性质的老年人活动中心和老年公寓，其固定资产投资方向调节税，按国家税务总局和国家计委下发的国税发［1999］067号文件规定执行；对社区服务业中的其他第三产业经营项目的减免税问题，按照国家税务总局贯彻《中共中央国务院关于加快发展第三产业的决定》而制定的税收政策执行。

对效益好、有偿还能力的社区服务企业所需资金，各地银行按照银行信贷原则给予适当支持。

对不具备法人条件的经营单位，依法办理营业执照；对具备法人条件的经济实体，依法办理企业法人登记。

各级政府卫生主管部门要重视、支持初级卫生保健和社区康复的发展，开展健康教育，动员群众参与。对符合国家卫生法规的社区服务卫生保健、康复单位，优先发给卫生或医疗许可证，并加强指导和管理。

各级政府体育行政部门要重视、支持社区体育的发展，加强社区群众体育活动的管理和技术指导。

（七）根据国家有关政策，多方筹集社区服务业发展资金。各级政府要增加对社区服务业的投入；要广泛吸收社会资金和引进国外资金用于发展社区服务业；各级民政部门要增加社会福利有奖募捐对社区服务业的投入，使其基本建设、更新改造投资的比重得到提高。

鼓励国有企事业单位、城镇集体经济、民办企业及个人以资金、房产、设备、技术、信息、劳务等形式投入社区服务业；鼓励港澳台同胞、海外侨胞和国外人士、团体、企业在中国兴办社区服务设施。

各地要建立社区服务发展基金。基金主要来源于各级政府资助、社会福利有奖募捐投入、国内外捐助和社区服务单位部分经营收入等。资金要逐步实行有偿使用，滚动增值。要保持有相对稳定的资金渠道，发展社区服务业。

（八）建立合理的社区服务业价格体系。依照社会主义市场经济的法则，根据社区服务业的不同服务对象和项目，采取无偿、低偿、有偿相结合，以有偿服务为主的方式，建立起标准有别的服务价格体系，改变社区服务业价格偏低、价值补偿不足的状况。对老弱病残，服务价格必须优惠；对社区居民，除国家另有规定者外，价格和收费标准完全放开，实行市场调节，在注重经济效益的同时，注重社会效益。

（九）建立充满活力的社区服务业运行机制，要按照政事分开的原则，以产业化、社会化为方向，根据社区服务业具有社会福利性的特点，实行不同的经营管理方式。赋予社区服务单位经营、用工、分配自主权。社区服务单位可以根据市场的需要突破行业界限，确定经营、服务项目。实行企业化管理不需财政拨付经费的单位，享有相应的用人自主权和编制决定权。逐步建立辞退、辞职制度。实行用人单位与职工双向选择。社区服务业职工的收入与经营状况、服务质量挂钩浮动。社区服务业单位有权在提取的工资总额中自主决定职工的分配。在社区服务业从事专业技术岗位工作的专业技术人员，按照国家有关规定评定专业技术资格，其职务和待遇由社区服务业单位自主决定。要吸收离退休人员、离岗富余人员和待业青年参与社区服务业。

（十）加强社区服务行业管理。各级民政部门要根据国家产业政策，制定发展社区服务业的规划和政策，实行行业宏观管理，进行业务指导和提供服务。为了保持社区服务业的正确方向和性质，各级民政部门要加强从业管理，实行《社区服务证书》制度，要建立社区服务统计指标体系，进行科学评估。要抓紧制定与产业政策相配套的各项法规，促进社区服务业走上法制化、产业化的道路。

国务院办公厅《关于做好国有企业职工和离退休人员基本生活保障工作的通知》

（1993年11月5日）　【国发办（1993）76号】

各省、自治区、直辖市人民政府，国务院有关部门：

目前，部分国有企业（以下简称企业）由于亏损出现了不能按期支付职工工资和不能按时足额发放离退休人员离退休金的情况，使职工和离退休人员的基本生活受到了影响。保障职工和离退休人员基本生活是关系到经济发展和社会稳定的大事，应予足够的重视。现就有关问题通知如下：

（一）各地区、各有关部门要认真贯彻《全民所有制工业企业转换经营机制条例》，结合产品结构、企业组织结构和产业结构的调整，通过技术改造、开发适销对路产品、提高产品质量、挖掘潜力、降低成本等措施，帮助企业扭亏增盈，逐步解决企业的亏损问题。对一时难以破产、撤销和解散的亏损企业，要通过多种渠道，采取多种形式积极筹措资金，保障职工和离退休人员的基本生活。

（二）企业发放工资确有困难时，应发给职工基本生活费，具体标准由各地区、各有关部门根据实际情况确定。所需资金原则上由企业自筹解决。企业自筹资金确有困难的，主管部门和财政部门应给予适当帮助。

（三）应确保离退休人员离退休金的发放。所需费用，凡参加退休费用社会统筹的企业，从养老保险基金中支付；少数未参加社会统筹的，按本通知第二条规定的办法解决。

（四）发放工资确有困难的企业，经当地劳动部门、企业主管部门和开户银行批准后，可以开立工资预留户。对销货回笼款，银行可根据企业的委托将资金转入该户，以保证基本生活费的发放。

（五）企业应积极组织职工开展生产自救。对生产自救项目缺乏起动资金的，经劳动部门批准，可从待业保险基金中暂借部分生产扶持金，待生产恢复后归还；也可在银行同意贷给生产起动资金的情况下，经劳动部门批准，用部分待业保险基金予以贴息。

（六）对破产、撤销、解散企业的职工和停产整顿被精简的职工，按规定发给待业救济金。对基本生活确实无保障的停产整顿企业职工，凡参加了待业保险的，经劳动部门批准，可从待业保险基金中适当发给救济金，帮助解决生活困难；没有参加待业保险的，所需基本生活费用从企业清理维护费中列支。

（七）对破产、撤销和解散企业离退休金的发放，要予以保证。凡参加退休费用社会统筹的，用养老保险基金按时、按标准支付；对少数没有参加退休费用社会统筹的，用企业清理维护费支付。

（八）各地区、各部门在进行企业组织结构调整时，必须同时考虑企业职工和离退休人员的基本生活保障与安置工作。对破产企业，应按照《中华人民共和国企业破产法（试行）》和《国营企业职工待业保险规定》做好人员安置工作；对被兼并或合并（含合资、合作）企业，由兼并或合并（含合资、合作）的企业负责人员安置；停产整顿企业，应在制定停产整顿方案时对人员的基本生活保障做出安排。

（九）集体所有制企业职工和离退休人员的基本生活保障，由各省、自治区、直辖市人民政府和国务院有关部门参照本通知做出规定。

农村五保供养工作条例

（1994 年 1 月 23 日中华人民共和国国务院
令第 141 号发布，自发布之日起施行）

第一章　总　则

第一条　为做好农村五保供养工作，保障农村五保对象的正常生活，健全农村的社会保障制度，制定本条例。

第二条　本条例所称五保供养，是指对符合本条例第六条规定的村民，在吃、穿、住、医、葬方面给予的生活照顾和物质帮助。

第三条　五保供养是农村的集体福利事业。农村集体经济组织负责提供五保供养所需的经费和实物，乡、民族乡、镇人民政府负责组织五保供养工作的实施。

第四条　在五保供养工作中做出显著成绩的人员，由地方人民政府给予表彰、奖励。

第五条　国务院民政部门主管全国的五保供养工作。

县级以上地方各级人民政府民政部门主管本行政区域内的五保供养工作。

第二章　五保供养的对象

第六条　五保供养的对象（以下简称五保对象）是指村民中符合下列条件的老年人、残疾人和未成年人：

（一）无法定抚养义务人，或者虽有法定扶养义务人，但是扶养义务人无扶养能力的；

（二）无劳动能力的；

（三）无生活来源的。

法定扶养义务人，是指依照婚姻法规定负有扶养、抚养和赡养义务的人。

第七条　确定五保对象，应当由村民本人申请或者由村民小组提名，经村民委员会审核，报乡、民族乡、镇人民政府批准，发给《五保供养证书》。

《五保供养证书》由国务院民政部门制定式样，省、自治区、直辖市人民政府民政部门统一印制。

第八条　五保对象具有下列情形之一的，经村民委员会审核，报乡、民族乡、镇人民政府批准，停止其五保供养，收回《五保供养证书》：

（一）有了法定扶养义务人且法定扶养义务人具有扶养能力的；

（二）重新获得生活来源的；

（三）已满16周岁且具有劳动能力的。

第三章　五保供养的内容

第九条　五保供养的内容是：

（一）供给粮油和燃料；

（二）供给服装、被褥等用品和零用钱；

（三）提供符合基本条件的住房；

（四）及时治疗疾病，对生活不能自理者有人照料；

（五）妥善办理丧葬事宜。

五保对象是未成年人的，还应当保障他们依法接受义务教育。

第十条　五保供养的实际标准，不应低于当地村民的一般生活水平。具体标准由乡、民族乡、镇人民政府规定。

第十一条　五保供养所需经费和实物，应当从村提留或者乡统筹费中列支，不得重复列支；在有集体经营项目的地方，可以从集体经营的收入、集体企业上交的利润中列支。

第十二条　灾区和贫困地区的各级人民政府在安排救灾救济款物时，应当优先照顾五保对象，保障他们的生活。

第四章　五保供养的形式

第十三条　对五保对象可以根据当地的经济条件，实行集中供养或者分散供养。

第十四条　具备条件的乡、民族乡、镇人民政府应当兴办敬老院，集中供养五保对象。

第十五条　敬老院实行民主管理，文明办院，建立健全服务和管理制度。

五保对象人院自愿，出院自由。

第十六条　敬老院可以开展农副业生产，收入用于改善五保对象的生活条件。地方各级人民政府和有关部门对敬老院的农副业生产应当给予扶持和照顾。

第十七条　实行分散供养的，应当由乡、民族乡、镇人民政府或者农村集体经济组织、受委托的扶养人和五保对象三方签订五保供养协议。

第五章　财产处理

第十八条　五保对象的个人财产，其本人可以继续使用，但是不得自行处分；其需要代管的财产，可以由农村集体经济组织代管。

第十九条　五保对象死亡后，其遗产归所在的农村集体经济组织所有；有五保供养协议的，按照协议处理。

第二十条　未成年的五保对象年满16周岁以后，按照本条例第八条规定停止五保供养的，其个人原有财产中如有他人代管的，应当及时交还本人。

第六章　监督管理

第二十一条　县级以上地方各级人民政府民政部门，应当制定五保供养工作的监督管理制度，并负责督促实施。

第二十二条　农村集体经济组织未按照本条例规定供养五保对象的，五保对象有权提出供养要求，县级人民政府民政部门应当督促农村集体经济组织限期纠正。

第二十三条　按照五保供养协议负有扶养义务的人拒绝扶养五保对象，情节恶劣构成犯罪的，依法追究刑事责任。

第二十四条　五保供养工作人员贪污、挪用五保供养款物的，县级人民政府民政部门应当责令其全部退还，并给予行政处分；构成犯罪的，依法追究刑事责任。

第七章　附　则

第二十五条　本条例自发布之日起施行。

财政部、中共中央组织部、民政部、人事部、总政治部、总后勤部印发《关于调整移交政府安置的军队离休退休干部和退休志愿兵生活待遇的实施办法》的通知

（1994年9月1日） 【（94）财社字第19号】

根据党中央、国务院、中央军委关于军队离休退休干部生活待遇的有关规定，经研究决定，移交政府安置的军队离休退休干部和退休志愿兵，随军队工资制度改革调整生活待遇。具体实施办法如下：

一、实施范围

（一）1981年以来纳入国家安置计划移交政府安置的军队离休干部，1981年底前移交政府安置、按照《中共中央办公厅、国务院办公厅、中央军委办公厅转发〈关于解决1981年前军队移交政府安置的离休干部待遇问题的请示〉的通知》（中办发［1991］11号）规定，改为军队离休干部待遇的离休干部；

（二）1958年以来移交政府安置、执行军队干部退休生活费标准的退休干部；

（三）移交政府安置的退休志愿兵。

二、增加离休退休费

（一）1993年9月30日以前批准离休退休的干部，按同职级在职军官、文职干部的职务工资、军衔（级别）工资和基础工资的平均增资额增加离休退休费（具体标准见附件一）。

1988年9月底以前离休退休的执行地方原高教、科研、卫生、工程、文艺等1至6级的专业技术干部，按照附件1明确对应的军队干部专业技术等级1至6级，增加离休退休费。

（二）1993年10月1日以后批准离休的干部，离休费按离休时基本工资的全额计发。

（三）1993年10月1日以后批准退休的干部，退休费，职务工资和军衔（级别）工资，军龄20年（含）以下的，按85%计发，军龄20年以上的，从第21年起，每增加1年增发1%，最高不超过100%；基础工资和军龄工资（军龄工资每年1元）全额计发。退休干部中立功受奖的，在高原、边防、海岛等艰苦地区工作的，1953年12月31日前入伍的，因战、因公负伤致残被评为二等乙级以上残废等级的，患二、三期矽肺病基本丧失工作能力的等，需提高退休费比例的，仍按照现行规定执行。

1993年9月30日以前批准退休的干部，原按基本工资百分比计发的退休费，调整为：军龄工资全额发给，其余部分按1993年10月1日以后批准退休干部的退休费比例重新确定。

（四）1993年9月30日以前批准退休的志愿兵，比照退休干部增加退休费的标准增加退休费，具体标准见附件1。原按工资百分比计发的退休费，调整为：军龄工资全额计发，伙食费标准计入退休费的部分予以扣除，其余部分按1993年10月1日以后批准退休干部的退休费比例重新确定。

1993年10月1日以后批准退休的志愿兵（士官），退休费，军衔等级工资，按退休干部职务、军衔（级别）工资计发比例和规定执行，基础工资和军龄工资全额计发。

退休志愿兵立功受奖、在艰苦地区工作和因战、因公负伤致残等提高退休费比例的，按退休干部的有关规定执行。

（五）驻西藏地区的离休退休干部、退休志愿兵的军龄工资，由现行的每年1元调整为2元。

三、执行军人职业津贴

离休退休干部和退休志愿兵执行军人职业津贴（具体标准见附件二）。

四、现行补助补贴的归并和保留

（一）离休干部原享受的洗理费、书报补助费、副食品价格补贴、肉价补贴、肉蛋菜价格补贴、燃料价格补贴、伙食补助、粮油煤价格补贴、福利补助费，一部分并入离休费，一部分予以保留。副团职以上离休干部的166元补助补贴，并入离休费56元，保留福利补助60元、伙食补贴50元；正营职以下离休干部的164元补助补贴，并入离休费54元，保留福利补助60元、伙食补贴50元。

（二）退休干部的各项补助补贴，从这次工资制度改革起，由原来按安置地政府规定的项目和标准执行，调整为按照军队规定的项目和标准执行。并入退

休费的标准为，副团职以上 56 元，正营职以下 54 元。保留福利补助 60 元、伙食补贴 50 元。

退休干部的补助补贴按统一的项目和标准执行后，不再执行安置地政府规定的补助补贴。1993 年 10 月后已享受的予以冲销。

按照民政部、总政治部、总后勤部《关于给移交政府安置管理的军队退休干部、退休志愿兵发生活补助费的通知》（[1993] 政干字第 631 号）规定发放的生活补助、福利补助和伙食补贴，这次工资制度改革后，已分别并入退休费和保留的福利补助、伙食补贴中，从 1993 年 10 月起停发，此后已发的予以冲销。

（三）有些地区离休退休干部执行军队规定的补助补贴标准，副团职以上超过 166 元的部分，正营职以下超过 164 元的部分，并入离休退休费。

（四）离休退休干部除按本条第（一）、（二）款规定并入离休退休费和保留福利补助、伙食补贴的标准外，按照军队有关规定执行的 1979 年起发放的副食品价格补贴，1985 年工资改革增加的生活补贴费，1988 年军队干部工资结构调整增加的工资，从 1994 年 1 月起，并入离休退休费。

离休退休干部的防暑降温费、房租补贴（原住房补贴，下同）、政府特殊津贴、早期回国定居专家的生活津贴，离休干部的公勤费、交通费、服装费、荣誉金、1 至 2 个月离休费的生活补贴等，仍按现行规定执行。

部分离休干部按照参加革命工作时间计发的每年1至2个月的生活补贴，从1994年1月起，以工资制度改革后的离休费为基数计发。

（五）退休志愿兵的各种补助补贴，并入退休费 18.5 元，保留福利补助 25 元、伙食补贴 35 元。1985 年工资改革增加的生活补贴费，从 1994 年 1 月起，并入退休费。防暑降温费、房租补贴等，仍按现行规定执行。

五、地区津贴

离休退休干部和退休志愿兵的地区津贴，均统一执行军队的规定。现享受地区性补助的人员，暂按 1993 年 9 月 30 日以前的地区性补助数额计发，待新的地区津贴制度出台后，再按照新的规定执行。

六、审批手续

1993 年 12 月 31 日以前移交政府安置的军队离休退休干部和退休志愿兵增加离休退休费、军人职业津贴等待遇，由所在地政府地区级以上管理部门审批。

职务等级不明确的离休退休干部增加离休退休费和军人职业津贴，参照附件三确定。

七、经费开支

这次调整军队离休退休干部、退休志愿兵生活待遇所需经费，1993 年 10 月至 12 月增加的经费和退休干部、退休志愿兵 1994、1995 年的军人职业津贴、伙食补贴经费，从军费开支；由总后勤部分年度一次性拨给民政部门。从 1994 年 1 月起（其中退休干部、退休志愿兵的军人职业津贴和伙食补贴经费，从 1996 年 1 月起），按照现行有关规定，分别由中央财政和地方财政开支。

武装警察部队离休退休干部、退休志愿兵随工资制度改革调整生活待遇，亦按上述规定办理。需武警部队开支的经费，由武警部队分年度一次性拨给民政部门。

八、其他

（一）1993 年 10 月 1 日以后逝世的离休退休干部、退休志愿兵，可按照本办法调整生活待遇，并按规定补发有关经费。

（二）被拘留或立案审查的离休退休干部、退休志愿兵，现继续发给离休退休费的，可按照本办法调整生活待遇；停发离休退休费的，暂不调整生活待遇，待结案后按有关规定办理。

（三）离休退休干部、退休志愿兵在这次工资制度改革后计发各项生活待遇费用的基数，按照附件四的规定执行。

（四）军队退休干部、退休志愿兵移交政府安置管理后，各项生活待遇均按军队统一的项目和标准执行，不再执行安置地政府规定的各项补助补贴。上述移交政府安置的军队退休干部、退休志愿兵的各项生活待遇，由中央军委有关部门和国务院有关部门研究商定，共同发文通知各省、自治区、直辖市和军队有关单位执行。

移交政府安置管理的军队离休退休干部、退休志愿兵调整各项生活待遇所需经费，当年（以发文时间为准）剩余月份的由军费开支，从第 2 年 1 月起，按现行财政管理体制分别由中央财政和地方财政解决。凡由军队和武警部队开支的经费，由总后勤部和武警部队拨给民政部门。

本实施办法，除已明确规定执行时间的项目外，其余从 1993 年 10 月 1 日起执行。执行中的有关问题，由民政部、总政治部、总后勤部商财政部同意后统一解释。

劳动部《关于解决部分困难企业离退休人员基本生活问题的通知》

（1994 年 11 月 24 日）　　【劳部发（1994）471 号】

各省、自治区、直辖市及计划单列市劳动（劳动人事）厅（局），上海市社会保险管理局，国务院有关部委社会保险基金管理机构：

1994 年以来，各地区、各部门在解决困难企业和停产、半停产企业离退休人员基本生活方面做了大量工作。但是，由于多种原因，仍有一些国有企业经济效益不好，长期亏损，有的处于停产半停产状态，致使离退休人员的基本生活难以保障，从而影响了社会稳定。为了保障已参加养老保险社会统筹的部分困难企业离退休人员的基本生活，促进社会稳定，现就有关问题通知如下：

（一）各级社会保险基金管理机构，要采取积极措施，商请银行等有关部门支持，强化基金扣缴，保证基金收缴率的稳定和提高；要按原有规定渠道足额拨付离退休金；目前仍实行差额拨付的地区还要认真监督企业及时发放。

（二）对出现亏损，经济效益不好或处于停产、半停产的企业，暂时确无缴费能力的，在规定的缴费期间，可申请办理基本养老保险费的缓缴手续，经批准后执行。具体缓缴条件、期限及发放离退休人员生活费的标准，按省、自治区、直辖市人民政府规定执行。

（三）因破产、撤销、解散等原因已无法继续履行缴费义务的企业，按照财政部、劳动部、国家经贸委（94）财综字第 101 号文件精神，在破产财产清偿过程中“首先应将划出的劳动保险费交给待业保险和养老保险管理机构”。各地社会保险基金管理机构，应负责支付参加退休费用社会统筹的破产企业离退休人员的基本生活费用，具体支付标准按各省、自治区、直辖市有关规定执行。

（四）经国务院同意实行系统统筹的交通部等六个部门，在其系统统筹尚未正式运转之前，所属企业应按时向当地社会保险基金管理机构缴纳养老保险费用。当地社会保险基金管理机构要按照规定支付这些企业的离退休金，待系统统筹正式运转之后将此项工作交系统统筹部门管理。

（五）要尽快实行原固定工人和劳动合同制职工养老保险基金统一比例提取，合并调剂使用，以减轻企业负担，促进企业转换经营机制。

（六）积极着手建立省级和中央调剂金。目前，各地社会保险基金支付和积累水平极不平衡，悬殊较大，有些地区缺乏应付紧急突发事件的能力，存在本省内市、县之间基金不能调剂的问题。为此，各地应在慎重稳妥的基础上积极研究建立省级调剂金的可能性，并根据具体情况提出方案，报请当地政府批准。

省级调剂金的使用范围是：本省范围内市、县之间社会保险基金的调剂使用，应付本省范围内的突发事件，保障基本待遇的发放。

中央调剂金的建立办法另行规定。

（七）在社会保险基金支付遇到困难的紧急情况下，社会保险基金购买的有价证券可以变现，以保证按时支付离退休人员养老保险待遇。基金出现赤字时，可请示当地政府由财政予以补贴。

中国老龄工作七年发展纲要（1994—2000 年）

一、前言

（1）人口老龄化是全世界面临的重大社会问题，已经引起国际社会的普遍关注。1982 年，联合国在维也纳专门召开老龄问题世界大会，通过了《老龄问题国际行动计划》；1991 年第 46 届联合国大会确认了《老年人原则》；1992 年第 47 届联大又召开老龄问题特别会议，通过了《老龄问题宣言》和《1992 年至 2001 年全球老龄工作目标》，指出“社会人口结构的革命性改变要求社会在安排其事务的方法上有根本的改变”，要求各成员国“制定出人口老龄化方面的国家目标”。

(2) 我国人口正在迅速老龄化。目前，60岁以上的老年人已超过1亿，并以年均3%的速度增长。预测2000年，老年人口将达到1.3亿，占总人10%。开始进入人口结构老年型国家。2040年将是我国人口老龄化的高峰期，届时每4个人中就有一位老年人。随着人口老龄化，人口高龄化的问题日益突出。根据1982年到1990年的统计，80岁以上的高龄老人年均增长5.4%，明显高于60岁以上老年人口的增长速度。我国人口老龄化发展速度快，老年人口绝对数大，而且是在经济尚不发达的情况下到来的，这就增加了解决这一问题的复杂性和艰巨性。

(3) 人口老龄化是人类社会发展的必然趋势，会给社会带来一系列问题和影响。解决人口老龄化问题不只是关系到老年人自身，而且涉及到社会政治、经济、文化、代际关系等各个领域，是社会的系统工程，关系到国家的稳定、社会的发展和改革开放大业。认真做好这项工作，是党和政府乃至全社会的共同责任。

(4) 老龄事业是我国社会主义事业的重要组成部份。党和政府十分关心和支持老龄事业的发展。党的十三大明确提出“要注意人口迅速老龄化的趋向，及时采取正确的对策”。党的十四大又提出要“重视研究人口老龄化问题，认真做好这方面的工作”。七届人大和八届人大都要求关心老年工作，把老年人的事情办好。1983年，国务院正式批准成立了中国老龄问题全国委员会，全国各地也建立了老龄工作机构，系统地开展老龄工作，取得了较大成绩，在国内国际产生了良好影响。老龄工作已由初创阶段进入了一个新的发展时期，为今后的发展奠定了基础。

(5) 当前，老龄工作也遇到了不少困难和问题，主要表现在社会资金投入与老年人口的物质文化需要差距较大；部分离退休职工生活水平相对下降；农村老年人的养老问题比较突出；用于老年人的服务设施严重不足；不少地区老龄工作体制不顺，资金不足。在改革开放不断深化的过程中，还会遇到新情况、新问题所有这些都应认真研究解决。

二、指导方针

(6) 党的十四届三中全会决定建立社会主义市场经济体制，加快改革开放和现代化建设步伐。老龄工作必须全面贯彻和努力完成党和国家确定的战略任务。老龄工作总的指导方针是：在邓小平同志建设有中国特色社会主义理论指引下，坚持党的基本路线，依靠党和政府的领导，动员有关部门和全社会力量，调动广大老年人的积极性，从实际出发，有计划、有步骤推进老龄事业的发展，实现老有所养、老有所医、老有所为、老有所学、老有所乐的目标。

(7) 大力发展生产力，把经济建设搞上去，是解决老龄问题的根本对策。应坚持老龄事业同国民经济协调发展的原则，统筹规划。老龄工作必须服从于、服务于党的中心工作，为改革开放服务，为社会主义两个文明建设服务，为老年人服务。

(8) 坚持走积极养老的路子。大力开展老有所为，倡导老有所学、老有所乐。坚持以“为”促“养”、养为结合，以“学”促“为”、学为结合，寓“养”于为、学、乐之中，促进老年人身心健康，丰富晚年生活。

(9) 坚持家庭养老与社会养老相结合的原则。积极建立和完善社会养老保障制度，增加老年人福利设施，扩大社会化服务范围。同时继续发挥家庭在经济供养、生活照料、精神慰籍方面的作用。

(10) 坚持物质供养和心理调适相结合的原则。努力为老年人提供衣食住行用等物质保障，同时注重老年人心理健康，改善老年人的文化生活和家庭、邻里、代际关系，多方面提高老年人的生活质量。老年人应加强学习，增长知识，跟上时代发展步伐。

(11) 坚持法治和教育相结合的原则。依法保障老年人的合法权益，大力弘扬中华民族尊老、爱老、养老的传统美德，形成敬养老人的良好社会风气。

(12) 坚持因地制宜，分层决策，面向基层，分类指导的原则。

(13) 重视农村老龄工作的发展。我国75%的老人生活在农村问题突出，工作基础薄弱，条件差、困难大，应着重抓好。

三、任务目标

(14) 从现在起到2000年我国人口老龄化到来之前，老龄工作的基本任务是：从我国的国情出发，围绕老龄工作的总目标，从思想、理论、政策、法律、社会服务等方面做好迎接人口老龄化的准备工作，初步建立具有中国特色的老龄工作体系，形成适应我国人口老龄化社会的条件与环境。

(15) 积极推进老年立法，建立健全老年法规。用3年左右的时间制定颁布“中华人民共和国老年人权益保障法”。各地继续修改完善老年法规，并抓好贯彻执行。严肃查处侵犯老年人权益案件。有条件的地方要建立老年法律事务所或咨询中心，为老年人提供法律帮助。

(16) 实现老有所养，建立起适合我国国情的国家、社区、家庭、个人相结合的社会养老保障体系。

城乡老年人的生活水平与全国人民一道达到小康。对高龄老人各地政府应根据当地情况和条件，给予生活照顾和医疗帮助。

在城镇，逐步建立起适应社会主义市场经济要求的，待遇结构多层次、资金来源多渠道、管理方式社会化的统一的养老保险制度。建立基本养老金的调整机制，使养老保险待遇水平不因价格指数变化而降低，而应随社会经济发展有所提高。确定城镇居民最低生活费标准，对低于这一标准的老年人给以补助。对赡养老年人确有困难的家庭给予必要的帮助。大力发展社区服务业，帮助解决老年人特别是高龄老人和残疾老人的生活照料问题。

在农村，以家庭养老为基础，与社区扶持相结合，发扬子女赡养老人的优良传统，保证老年农民的生活水平不低于家庭成员的生活水平。切实保障孤寡老人的五保待遇，减免老年人的劳务等负担。逐步建立、健全农村的养老保险制度。

农村可继续推行签订《家庭赡养协议书》；鼓励低龄健康老年人发展种植业、养殖业、加工业和庭院经济；有条件的行政村建立养老基地和养老互助金，通过多种行之有效的途径保障农民老有所养。

（17）实现老有所医，大力发展老年医疗保健康复事业，完善老年医疗服务网络。

改革、完善城镇医疗保险制度，发展农村合作医疗，统筹解决医疗经费来源，逐步形成完整的医疗保障体系，切实保证老年人的疾病防治与医疗。

广泛开展以老年自我保健、疾病防治知识为主的老年健康教育，给予指导和服务，使广大老年人掌握基本的保健知识。

组织广大老年人参加各种形式的体育锻炼、健身活动以减少疾病，增强体质，延缓衰老。

加强对老年常见病、慢性病、多发病研究。有条件的大中城市要建立健全老年病防治研究机构。到2000年，有条件的大城市设有老年病医院、老年人护理院或老年医疗康复中心，地（市）、县（市）医院开设老年病门诊或老年病专科门诊，街道和乡镇设有老年病门诊或老年医疗站。要广泛建立老年家庭病床，送医上门。

对老年病人，医疗机构应给予优先方便的医疗照顾。

加强对老年医学研究和老年医学人才的培训。医学院校应增设老年医学和老年护理等专业课程。

充分发挥离退休医务人员在建立老年医疗服务网络中的作用。

（18）实现老有所为，发挥老年人作用。鼓励、支持低龄和健康老人在自愿量力的前提下，参与社会发展，推动社会精神文明和物质文明建设。到2000年，城镇的低龄、健康老年人参与老有所为的人数由目前的35%提高到50%以上。

（19）实现老有所学，保障老年人受教育的权利，不断提高老年人的素质。要因地制宜，多渠道、多层次、多形式地开展颐养康乐和进取有为相结合的老年教育。要充分发挥各类成人学校和广播电视等现代化传媒设施和手段在老年教育方面的作用。

老年大学、老年学校是老年教育的重要形式，它业已成为老年人老有所学、老有所为、老有所乐的重要场所，要进一步巩固和提高。到2000年，各省、自治区、直辖市有条件的地（市）、县（市）和大型企事业单位应有老年大学或老年学校，乡（镇）、街道有老年学校。

老年活动中心、站、室及其它各种社会文化设施要开展适合老年人特点的教育活动。农村要重视对老年人开展种植、养殖、加工等方面的科技教育。

（20）实现老有所乐，丰富老年人文体生活。电视台、广播电台要开办或增加老年专题节目；文艺、影视、戏剧、出版界要努力创作老年人喜闻乐见的高质量作品；要开展多样化的老年体育健身活动。

2000年前，有条件的县级以上城市要建立老年活动中心，城市社区和乡镇建有老年活动站，居委会和农村行政村建有老年活动室。

（21）增加老年福利设施，扩大老年社会化服务。有条件的地方要兴建老年公寓和临终关怀医院。积极兴办托老所、敬老院、福利院和各种照料老年人的社区服务组织，逐步形成以社区为中心的生活服务、疾病医护、文体活动、老有所为四大服务体系。城市规划、市政建设、居民住宅、公共设施都要照顾老年人的特殊需求。引导生产部门、经营部门开发老年用品市场，满足老年人需要。

（22）巩固发展老年福利企业，为振兴老龄事业提供物质条件。由老年人参与或老龄工作部门创办、以积累发展老龄事业基金为宗旨的老年福利企业要有一个大的发展，政府及有关部门应制定优惠政策予以扶持。到2000年，有条件的老龄组织和基层老年协会应办有老年福利企业。

（23）加强老龄科学的理论研究与应用研究，提出对策建议。要根据我国实际，针对人口老龄化中的重大课题，在深入开展调查研究的基础上，用5年左右时间提出具有科学性、可操作性的治理我国人口老龄化的综合对策建议，出版一批老龄问题研究的专著。

有条件的省、自治区、直辖市和科研部门、高等学校，应建立老龄科学专门研究机构，同时充分发挥老年学学会等老年学术团体的作用。

四、实施措施

（24）把老龄事业纳入国民经济和社会发展总体规划。各地应根据本纲要，结合实际，制定和完善本地区老龄工作发展规划并纳入当地国民经济和社会发展计划,统筹安排,分步实施。要及时研究解决实行过程中的各种问题,加强监督检查,落实纲要提出的目标。

(25) 改革和完善老龄工作管理体制。在我国老龄工作多部门分头管理的情况下,政府及老龄工作机构要加强老龄工作的调查研究,统筹规划,组织协调,督促检查。要逐步改革现有机构,理顺关系,保证本纲要的实施。

努力培养、建设一支以在编人员为主体,专兼聘相结合的老龄工作干部队伍和科研队伍。在有条件的大专院校设立老年学系或专业,以加强老龄工作干部的培训工作。

(26) 加强老龄问题的宣传。办好老年报刊,并利用各种舆论工具,宣传党和政府有关老龄工作的方针、政策,宣传老龄问题的重要性、紧迫性,宣传老年人对促进社会稳定和发展的重要作用,宣传中华民族尊老、爱老、养老的传统美德,提高全民敬老养老意识及实施本纲要的自觉性。

(27) 多渠道筹措老龄事业发展资金。各级政府逐步增加对老龄福利事业的投入;鼓励旨在促进老龄事业发展的社会资助和个人捐助;支持老龄工作综合部门、老年基金会向社会募集老龄福利事业发展资金;大力发展由老年人参与或老龄工作机构创办的老年福利企业,以积累资金,增加和改善老年福利设施。

(28) 充分发挥老年群众组织作用。积极支持各老年群众组织的工作,大力办好农村老年协会,发挥他们在发展老龄事业中的作用。

(29) 拓宽老龄工作的国际合作与交流。积极发展与联合国、国际社会组织及友好国家和地区老龄组织机构的合作关系,交流经验,取长补短,争取有关项目援助,推进我国老龄工作的发展。

(30) 加强对老龄工作的领导。各级政府要进一步重视老龄问题,把老龄工作纳入政府的议事日程,切实保护老年人合法权益,完善社会养老保障制度,安排好老年人物质文化生活,发挥老年人作用。各级老龄委要当好政府的参谋和助手,要发动全社会都来关心和支持老龄工作。

国务院《关于深化企业职工养老保险制度改革的通知》

(1995 年 3 月 1 日) 【国发(1995)6 号】

各省、自治区、直辖市人民政府,国务院各部委、各直属机构:

《国务院关于企业职工养老保险制度改革的决定》(国发[1991]33 号)发布以来,各地区、各有关部门积极进行企业职工养老保险制度改革,在推进保险费用社会统筹、扩大保险范围、实行职工个人缴费制度和进行社会统筹与个人帐户相结合试点等方面取得了一定成效,对保障企业离退休人员基本生活,维护社会稳定和促进经济发展发挥了重要作用。但是,由于这项改革尚处于探索阶段,现行的企业职工养老保险制度还不能适应建立社会主义市场经济体制的要求,必须进一步深化改革。根据《中共中央关于建立社会主义市场经济体制若干问题的决定》精神,经过调查研究和广泛征求意见,现就深化企业职工养老保险制度改革的有关问题通知如下:

(一) 企业职工养老保险制度改革的目标是:到本世纪末,基本建立起适应社会主义市场经济体制要求,适用城镇各类企业职工和个体劳动者,资金来源多渠道、保障方式多层次、社会统筹与个人帐户相结合、权利与义务相对应、管理服务社会化的养老保险体系。基本养老保险应逐步做到对各类企业和劳动者统一制度、统一标准、统一管理和统一调剂使用基金。

(二)深化企业职工养老保险制度改革的原则是:保障水平要与我国社会生产力发展水平及各方面的承受能力相适应;社会互济与自我保障相结合,公平与效率相结合;政策统一,管理法制化;行政管理与保险基金管理分开。

(三) 基本养老保险费用由企业和个人共同负担。实行社会统筹与个人帐户相结合。在理顺分配关系,加快个人收入工资化、工资货币化进程的基础上,逐步提高个人缴费比例。提高个人缴费比例的幅度,由各省、自治区、直辖市人民政府根据本地区职工工资增长等情况确定。为适应各地区的不同情况,对实行社会统筹与个人帐户相结合提出两个实施办法(见附件),由地、市(不含县级市)提出选择意见报省、自治区人民政府批准,直辖市由市人民政府选择,均报劳动部备案，各地区还可以结合本地实际，对两个实施办法进行修改完善。

（四）为了保障企业离退休人员基本生活，各地区应当建立基本养老金正常调整机制。基本养老金可按当地职工上一年度平均工资增长率的一定比例进行调整，具体办法在国家政策指导下由省、自治区、直辖市人民政府确定。

（五）国家在建立基本养老保险、保障离退休人员基本生活的同时，鼓励建立企业补充养老保险和个人储蓄性养老保险。企业按规定缴纳基本养老保险费后，可以在国家政策指导下，根据本单位经济效益情况，为职工建立补充养老保险。企业补充养老保险和个人储蓄性养老保险，由企业和个人自主选择经办机构。

（六）各地区应充分考虑到养老保险制度改革是一件涉及长远的大事，对企业与个人缴纳养老保险费的比例、发放养老金的标准和基金积累率等问题，要从我国生产力水平比较低、人口众多且老龄化问题日益突出等实际情况出发，兼顾国家、企业、个人三者利益，兼顾目前利益和长远利益，在充分测算论证的基础上进行统筹安排。要严格控制基本养老保险费的收缴比例和基本养老金的发放水平，减轻企业和国家的负担。

（七）要根据国家有关规定建立健全养老保险基金的预算管理和财务、会计制度，做好缴费记录和个人帐户等基础工作，严格控制管理费的提取和使用，坚持专款专用原则，切实搞好基金管理，确保基金的安全并努力实现其保值增值。当前，养老保险基金的结余额，除留足2个月的支付费用外，80%左右应用于购买由国家发行的社会保险基金特种定向债券，任何单位和个人不得自行决定基金的其他用途。养老保险基金营运所得收益，全部并入基金并免征税费。

（八）各地区和有关部门应积极创造条件，提高养老保险管理服务的社会化程度，逐步将企业发放养老金改为社会化发放，技术条件和基础工作较好的地区，可以实行由银行或者邮局直接发放；暂不具备条件的地区，可以由社会保险经办机构发放。社会保险经办机构也可以通过在大型企业设立派出机构等办法，对企业离退休人员进行管理服务。同时要充分发挥各方面的积极性，逐步将主要由企业管理离退休人员转为主要依托社区进行管理，提高社会化管理水平，切实减轻企业负担。

（九）要实行社会保险行政管理与基金管理分开、执行机构与监督机构分设的管理体制。社会保险行政管理部门的主要任务是制订政策、规划，加强监督、指导。管理社会保险基金一律由社会保险经办机构负责。各地区和有关部门要设立由政府代表、企业代表、工会代表和离退休人员代表组成的社会保险监督委员会，加强对社会保险政策、法规执行情况和基金管理工作的监督。

（十）已经国务院批准，由国务院有关部门和单位直接组织养老保险费用统筹的企业，仍参加主管部门和单位组织的统筹，但要按照社会统筹与个人帐户相结合的原则进行改革。

（十一）全国城镇企业职工养老保险工作由劳动部负责指导、监督，深化企业职工养老保险制度改革的工作亦由劳动部负责推动。国家体改委要积极参与，可选择一些地方进行深化改革的试点，劳动部要积极给予支持。国家计委、国家经贸委、财政部、中国人民银行等有关部门也应按照各自的职责协同配合，搞好深化改革的工作。

深化企业职工养老保险制度改革是一项十分重要的工作，对于完善社会保障体系，促进改革、发展和稳定具有重要意义。各地区、各有关部门对这项工作要高度重视，切实加强领导，精心组织实施，积极稳妥地推进，务求抓出实效。对深化改革中出现的新情况、新问题，要及时认真地研究解决，重大问题及时报告。

附件一：

企业职工基本养老保险社会统筹与个人帐户相结合实施办法之一

一、基本养老保险费用的筹集

基本养老保险费用由单位和个人共同负担。

（一）个人缴纳养老保险费。

职工本人上一年度月平均工资为个人缴费工资基数。月平均工资应按国家统计局规定列入工资总额统计的项目计算，其中包括工资、奖金、津贴、补贴等收入。月平均工资超过当地职工平均工资200%或300%以上的部分，不计入个人缴费工资基数；低于当地职工平均工资60%的，按60%计入。

个人缴费的比例。自本办法实施之日起，职工按不低于个人缴费工资基数3%的比例缴费，以后一般每两年提高1个百分点，最终达到个人帐户养老保险费的50%。已离退休人员个人不缴费。

个体工商户本人、私营企业主等非工薪收入者，可以当地上一年度职工月平均工资作为缴费的基数，并由个人按20%左右的费率缴费，其中4%左右进入社会统筹基金，16%左右进入个人帐户。

（二）企业缴纳养老保险费。

企业按职工工资总额的一定比例缴纳基本养老保险费。为度过本地区人口老龄化高峰，各地应按照部分积累制的筹资模式，测定长期的统筹费率。目前可先按当地现行的统筹费率缴纳养老保险费，通过提高收缴率和扩大覆盖面等措施，力求统筹费率稳定在测定的标准上并有所下降，以逐步减轻企业负担。

（三）企业缴纳的基本养老保险费在税前列支，个人缴纳的养老保险费不计征个人所得税。

基本养老保险基金发生困难时，由同级财政予以支持。

二、建立基本养老保险个人帐户

（一）按照社会统筹与个人帐户相结合的原则，由社会保险经办机构按照国家技术监督局发布的社会保障号码（国家标准GB11643—89）或居民身份证号码，为参加基本养老保险的人员每人建立一个终身不变的基本养老保险个人帐户。

（二）基本养老保险个人帐户按职工工资收入16%左右的费率记入，包括：

1. 职工本人缴纳的全部养老保险费。

2. 从企业缴纳的养老保险费中按个人缴费工资基数的一定比例划转记入的部分。

上述两项合计为11%左右。随着个人缴费比例的提高，从企业划转记入的比例相应降低。

3. 从企业缴纳的养老保险费中按当地职工月平均工资的5%左右划转记入的部分。

（三）基本养老保险个人帐户的储存额按“养老基金保值率”计算利息。“养老基金保值率”根据银行的居民定期存款利率，并参考当地上一年度职工平均工资增长率确定。

（四）职工在同一地区范围内调动工作，不变换基本养老保险个人帐户。职工由于各种原因中断工作，其个人帐户予以保留。职工调动或中断工作前后个人帐户的储存额可以累积计算，不间断计息。

（五）职工在不同地区之间调动工作，基本养老保险个人帐户的全部储存额由调出地社会保险经办机构向调入地社会保险经办机构划转，调入地社会保险经办机构为其建立基本养老保险个人帐户。

（六）职工基本养老保险个人帐户的储存额，只能用于职工本人离退休后按月支付养老金，不能移作他用。

（七）职工在离退休前或者离退休后死亡，其基本养老保险个人帐户的储存额尚未领取或未领取完，其余额中的个人缴费部分，按照规定发给职工指定的受益人或法定继承人；从企业缴纳的养老保险费中记入的部分，归入社会统筹基金。职工离退休后，基本养老保险个人帐户的储存额已领取完毕时，由社会统筹基金按规定标准继续支付，直至其死亡。

（八）建立基本养老保险社会统筹基金。企业缴纳的养老保险费的一部分进入社会统筹基金。原有离退休人员的养老金、改革时已有一定工龄的职工离退休后的部分养老金、寿命长和收入低的职工的部分养老金，以及根据在职职工工资增长调整养老金水平所需资金，按规定从社会统筹基金中支付。

三、基本养老保险金计发办法

职工到达法定离退休年龄，凡个人缴费累计满15年，或本办法实施前参加工作连续工龄（包括缴费年限）满10年的人员，均可享受基本养老保险待遇，按月领取养老金。

为确保职工离退休后的基本生活，又能体现本人在职期间的贡献大小和个人缴费多少，实行基本养老保险金与个人缴费的年限和数额挂钩。相应的计发办法是，以个人帐户累计储存额（包括本金和利息），按离退休后的预期平均寿命按月计发。

鉴于在职职工以前没有实行个人缴费，有些职工实行个人缴费后不久即将离退休，因此分别不同对象，采用不同的计发办法，以使新老养老保险制度有机衔接，平稳过渡。

（一）凡本办法实施后参加工作的职工，到达法定离退休年龄离退休时，一律按基本养老保险个人帐户的储存额，按月支付基本养老金。计算公式为：

月基本养老金＝基本养老保险个人帐户储存额÷120

（二）本办法实施前已经离退休的人员，仍按原来的办法计发养老金，同时享受改革后的养老金调整待遇。本办法实施前参加工作、实施后3年内到达法定离退休年龄离退休的职工，在按改革前原养老金计发办法计发的同时，再按缴费期个人帐户累计额存额的一定比例增发养老金。计算公式为：

月基本养老金＝按改革前原计发办法计发的养老金＋基本养老保险个人帐户储存额×增发比例

确定增发比例的原则是，使同一工资水平的职工，后离退休的养老金比先离退休的略有增加，但差距不宜太大。

（三）本办法实施前参加工作、实施3年后到达法定离退休年龄离退休的职工，其在本办法实施前的工作年限可视同缴费年限，以职工个人帐户中的储存额推算出全部工作年限的储存额，再除以120，按月计发基本养老金。计算公式为：

月基本养老金＝基本养老保险个人帐户储存额×系数÷120

设置系数是为了推算出其全部工作年限的储存额，以及合理调整过渡期间不同人员的养老金待遇。系数根据工龄和缴费年限制定。

少数职工按第（三）条计发的养老金如果低于按第（二）条计发的金额，可改按第（二）条计发。

（四）职工的离退休年龄，按现行规定不变。对国家规定可以提前离退休的从事高空、井下、高温、低温、有毒、有害工作和特别繁重体力劳动的职工，仍可按国家规定的离退休年龄执行，离退休时按本办法计发基本养老金。

（五）本办法实施后，职工获得劳动模范等称号时，由奖励单位给予一次性奖励或由单位为其办理补充养老保险，离退休时不另外提高基本养老金计发标准。对本办法实施前获得国家规定可享受养老保险优惠待遇的劳动模范等称号的职工，离退休时仍保留优惠待遇。

（六）离退休人员养老金最低标准，由地方政府制定。凡符合按月领取养老金条件的离退休人员，养老金达不到最低标准的，可补足到规定的养老金最低标准。

（七）本办法实施前参加工作、连续工龄（包括缴费年限）不满10年，或者本办法实施后参加工作、缴费不满15年，到达退休年龄的人员，按其基本养老保险个人帐户中的全部储存额一次性支付给本人，同时终止养老保险关系。

（八）符合离休条件的人员，其离休待遇仍按国家现行规定执行。

附件二：

企业职工基本养老保险社会统筹与个人帐户相结合实施办法之二

一、基本养老保险费用的筹集

（一）职工本人上一年度月平均工资为个人缴纳基本养老保险费的基数（以下简称缴费工资基数）。企业以全部职工缴费工资基数之和为企业缴费工资基数。月平均工资应按国家统计局规定列入工资总额统计的项目计算，其中包括工资、奖金、津贴、补贴等收入。职工月平均工资低于当地职工平均工资60％的，按60％计算缴费工资基数；超过当地职工平均工资300％的部分不计入缴费工资基数，也不计入计发养老金的基数。

（二）基本养老保险费由企业和职工个人共同缴纳。企业和职工个人共同缴纳养老保险费的年限，称为“缴费年限”。实行个人缴费制度前，职工的连续工龄可视同缴费年限。

（三）企业按当地政府规定的比例缴费，并在税前列支。

职工按当地政府规定的比例缴费。个人缴纳的养老保险费不计征个人所得税。个人缴费比例随着职工工资收入的增长而逐步提高。具体比例由当地政府根据本地实际需要和职工承受能力确定。已离退休人员不缴纳养老保险费。

（四）个体工商户本人、私营企业主等非工薪收入者，可以当地全部职工月平均工资作为基数，缴纳基本养老保险费。缴费比例不超过当地企业缴费比例与个人缴费比例之和，具体比例由当地政府规定。缴费年限自开始缴费始，至到达法定退休年龄时止。

（五）社会统筹基金发生困难时，由同级财政予以支持。

二、建立基本养老保险个人帐户

（一）按照社会统筹与个人帐户相结合的原则，由社会保险经办机构按照国家技术监督局发布的社会保障号码（国家标准GBl1643—89），为每个参加基本养老保险的人员建立基本养老保险个人帐户。企业和个人缴纳的养老保险费逐月计入职工养老保险手册和个人帐户。手册和个人帐户由所在企业填写，社会保险经办机构定期审核，职工本人保管。职工离退休时，按照手册中记载的缴费工资和个人帐户中的储存额（包括本金和利息）为其计发养老金。

（二）个人帐户包括：

1．职工个人缴费的全部或者一部分记入个人帐户；

2．企业缴费中，职工缴费工资基数高于当地职工平均工资200％以上至300％的部分，可以全部或者一部分记入个人帐户；

3. 上述储存额的利息。

个人帐户中还应当记录企业和职工个人的缴费工资基数以及缴费比例。

（三）个人帐户中储存额的利息，按照养老保险基金营运的实际收益计算。

（四）职工在同一地区内调动工作，不变换个人帐户。职工由于各种原因停止工作或失业而间断缴纳养老保险费的，其个人帐户予以保留。职工调动或中断工作前后缴费年限可以累积计算，个人帐户储存额不间断计息。

职工在不同地区之间调动工作，个人帐户及其储存额应随同转移。

三、基本养老保险金计发办法

（一）缴费年限满10年及以上的，按以下办法计发养老金：

1. 社会性养老金：按当地职工平均工资的20%～25%计发，具体比例由当地政府确定。

2. 缴费性养老金：个人及企业缴费每满1年，按缴费工资基数的1.0%～1.4%计发，具体系数由当地政府确定。

社会性养老金和缴费性养老金从养老保险社会统筹基金中支付，按月计发。

3. 个人帐户养老金：记入基本养老保险个人帐户的储存额（包括本金和利息）归个人所有，职工符合离退休条件离退休后，可以由本人选择一次或者多次或者按月领取。职工或离退休人员死亡后，其个人帐户储存额的结余部分一次发给其指定的受益人或者法定继承人。职工未达到规定离退休条件但遇到非常特殊的困难时，经过申请、审查和批准，可以在个人帐户中提前支取一部分费用，具体办法另行规定。

4. 随着个人帐户养老金逐年增加，逐步冲减基本养老金中保留的各种补贴，以至缴费性养老金。逐步将基本养老金调整到与我国经济发展相适应的合理水平。

（二）缴费年限不满10年的，社会性养老金和缴费性养老金按缴费每满1年发给相当于两个月当地职工平均工资的养老金，一次付清。个人帐户养老金按个人帐户的储存额（包括本金和利息）计发，一次付清。

（三）职工的离退休年龄和离退休后其他待遇，暂不作变动。

从事高空、井下、高温、低温、有毒、有害工作和特别繁重体力劳动的职工，仍可按国家规定的离退休年龄执行，离退休时按本办法计发基本养老金。

（四）本办法实施后，职工获得劳动模范等称号时，由奖励单位给予一次性奖励或由本单位为其办理补充养老保险，离退休时不另外提高基本养老金计发标准。对本办法实施前获得国家规定可享受养老保险优惠待遇的劳动模范等称号的职工，离退休时仍保留原规定的优惠待遇。

（五）符合离休条件的人员，其离休待遇仍按国家现行规定执行。

民政部《关于进一步做好农村社会养老保险工作的意见》

（1995年6月20日）

随着社会主义市场经济体制的逐步形成，在农村相应地建立社会养老保险体系已很紧迫。1991年1月，国务院决定由民政部负责开展建立农村社会养老保险制度的试点。民政部在深入调查研究和总结经验的基础上，制定了《农村社会养老保险基本方案》，并在山东等地组织了较大规模的试点，有条件的地区在试点的基础上正在逐步推开。截至目前，已有30个省、自治区、直辖市的1400多个县（市、区、旗）开展了这项工作，26个省、自治区、直辖市人民政府颁发了开展农村社会养老保险的文件，有的还制定了农村社会养老保险的地方性法规。全国参加社会养老保险的农村人口已有近5000万人，积累保险基金32亿元，形成了一定的规模。山东、江苏、上海、浙江、湖南、福建、江西等省市积累的基金都超过亿元。山东省有1600多万农村人口参加社会养老保险，积累保险基金13亿元，其中烟台市13个县（市、区）的197个乡镇全部开展农村社会养老保险，全市积累基金近4亿元。上海市有85万农村人口参加社会养老保险，占应参加保险对象的65%，积累基金2.3亿元。这些地区初步形成了省、市、县、乡上下贯通的管理体系，基本的操作程序比较规范，逐步健全了管理制度，保险基金能够按规定要求增值，开始走上正常运转的轨道。

几年来，各地根据民政部制定的《农村社会养老保险基本方案》，结合当地实际积极开展工作，积累了许多好的经验。参加社会养老保险的群众感到，个人按经济能力确定交费数额、集体视经济状况适当补助、国家给予政策扶持的办法很好，老年生活有保障，也比较合算。已经开展这项工作的地方政府和乡村干部反映，建立这项制度的经济和社会效益比较明显，不少农民的家庭关系改善，计划生育的自觉性提高，基层组织的工作也比以前好做。几年的实践表明，随着我国农村经济的发展，在群众温饱问题基本解决、农村基层组织比较健全的地区，采取政府组织引导和群众自愿相结合的方法，逐步建立较为规范的农村社会养老保险制度是可行的。

在农村建立社会养老保险制度，是个新生事物，当前的发展势头是好的，但也存在一些问题。主要问题是，思想认识不统一，有些经济条件较好的地区推行的难度反而比经济条件较差的地区还要大；有些地方没有制定有关法规，管理还不够规范；少数地方出现了挪用保险基金的问题。为了统一思想认识，加强保险基金的管理，避免出现混乱，以推动农村社会养老保险工作积极、稳妥、健康地发展，现提出如下意见：

一、统一认识　加强领导

建立农村社会养老保险制度，是促进我国农村改革、发展、稳定的一项重要政策，也是保障农民利益、解除农民后顾之忧的重要措施。各级政府要从我国农村经济与社会发展的全局出发，充分认识逐步建立农村社会养老保险制度对于深化农村改革、缩小城乡差别、保护农民利益、改善党群干群关系和落实计划生育基本国策、促进农村经济发展和社会稳定的重要意义。要进一步加强和改进对这项工作的领导，把开展农村社会养老保险作为深化农村改革的重要配套措施，列入议事日程，作出具体部署，认真组织实施。各有关部门应积极配合和支持民政部门开展工作，采取切实措施解决工作中的实际困难和问题，真正把农村社会养老保险的优惠政策落到实处。各级民政部门要根据国务院有关社会保险分工的规定，发挥好职能部门的作用，积极主动地做好工作。

二、从实际出发　分类指导

今后一个时期，具备条件的地区要积极发展农村（含乡镇企业）的社会养老保险事业。经济比较发达的地区要积极引导农民参加社会养老保险，制定地方法规，完善各项管理，初步建立农村社会养老保险制度；经济中等发达地区要在现有工作基础上，积极稳妥地推进，逐步建立农村社会养老保险制度；经济欠发达地区可选择条件较好的县（市、区）和乡（镇）进行试点，逐步积累经验。当前和今后一个时期，各级政府要一手抓发展，一手抓管理，从实际出发，抓住重点，分类指导。

三、推广规范操作　逐步完善管理体系

加强和改进各项管理工作，是巩固和发展农村社会养老保险事业的重要措施。各级民政部门要把加强管理摆上重要位置，在实践中不断完善管理办法，推行和普及规范化操作，逐步推广和运用计算机个人帐户管理系统，提高管理质量和服务水平，确保人个保险编号、缴费情况等基本要素的完整准确。要主动加强同有关方面的联系和协作，建立健全各级农村社会保险管理机构，完善管理服务体系。要组织好人员培训，努力提高专业干部素质，把农村社会养老保险的管理提高到一个新水平。

四、切实加强基金的管理和监督

农村社会养老保险积累基金数额大、周期长，各级政府要切实加强对基金的管理和监督，严肃财经纪律，严格基金运作，建立健全各项财务会计制度，保证基金安全无风险并规范运营加大增值。现阶段养老保险基金主要通过购买国债和存入银行增值，任何部门都不得挪作他用或用于直接投资。对贪污、挪用基金或由于渎职造成基金严重损失者，要按党纪政纪严肃处理，触犯刑律的要移送司法机关依法惩处。要在当地政府领导下，逐步建立由有关方面组成的基金监督委员会。要结合财政、金融和税收体制改革，加强对农村社会养老保险基金管理的政策研究，逐步建立适应社会主义市场经济体制的基金增值运营机制和基金管理监督体系。对农村社会养老保险的其他方面的管理，也要在深入调查研究、认真总结经验的基础上，制定相应的政策措施。

五、加强宣传教育　改进工作方法

加强宣传工作是搞好农村社会养老保险的重要环节。由于这项工作开展时间不长，农民养老保险意识不强，基层干部和群众需要有个提高认识的过程。要通过宣传媒介宣传农村社会养老保险的意义和这项工作的基本做法，提高农民对养老保险的认识和了解，增强自我保障意识。要深入乡村和农户。做细致的思想工作，把农村社会养老保险的政策讲好、好处讲清，坚持自愿原则，不能强迫命令。要通过政策引导、村民和企业职工民主讨论等方法，帮助群众解除各种思想疑虑，调动各方面的积极性，吸引群众参加养老保险。

劳动部印发《关于贯彻〈国务院关于深化企业职工养老保险制度改革的通知〉的实施意见》的通知

【劳部发（1995）207号】

《国务院关于深化企业职工养老保险制度改革的通知》（国发［1995］6号，以下简称《通知》），是继《国务院关于企业职工养老保险制度改单的决定》（国发［1991］33号）之后，有关社会保险制度改革的又一个重要的指导性文件，是党的十四届三中全会《中共中央关于社会主义市场经济若干问题的决定》中有关建立健全社会保障制度内容的具体体现。深入学习领会和认真贯彻落实《通知》精神，对于深化城镇企业职工养老保险制度改革，建立现代企业制度，促进经济发展和维护社会安定都具有重要意义。现就贯彻《通知》提出如下实施意见：

（一）认真学习领会《通知》精神。各级劳动部门，首先是各省、自治区、直辖市、计划单列市的劳动部门，要认真学习、深入领会党中央、国务院关于深化城镇企业职工养老保险制度改革的一系列重要文件、指示精神，结合本地区实际情况，提出全面的和切实可行的贯彻措施，向党政领导汇报。

（二）积极、稳妥地制订和推进“基本养老保险覆盖计划”。各地区都要按照《通知》提出的本世纪末的目标要求，制订“覆盖计划”，将城镇企业职工养老保险制度的实施范围逐步扩大到城镇所有国有企业、集体企业、外商投资企业、私营企业、股份制企业、联营企业及其职工；具备条件的地区可以扩展到城镇个体劳动者和私营企业主。东南沿海地区和中心城市至迟应在3年内基本完成这一计划，其他地区也应在五年内基本完成这一计划。与此同时，首先对国有企业合同制职工和原有固定工两项养老基金实行合并使用，并逐步对城镇各类所有制企业和各种经济成份的基本养老保险实行统一制度、统一标准、统一管理和统一调剂使用基金。

（三）恰当确定基本养老保险的待遇水平。基本养老保险待遇的水平应当以保障离退休人员的基本生活需要为标准。各地区在研究方案、确定待遇水平时，既要照顾到目前的现实情况，更要有长远观点，要与我国社会生产力发展水平及企业、职工、社会等方面的承受能力相适应，要从有利于减轻企业负担和迎接未来的人口老龄化高峰出发，并与建立完善企业补充养老保险和个人储蓄性养老保险等多层次的社会保险体系结合起来，逐步将基本养老保险待遇调整到适当的水平。

（四）基本养老保险费用由国家、企业和个人三方负担。各地区要继续巩固和推行个人缴纳部分基本养老保险费用的制度。个人缴费比例随着工资的增长并综合考虑个人的负担能力逐步提高，一般每两年提高1个百分点，经济发展较快和职工工资增长较多的地区和年度，个人缴费比例的提高幅度也可以高一些。随着个人缴费比例的逐步提高，一般不再提高企业缴费的比例，以减轻企业的负担。目前仍按企业工资总额和退休费用总额两项计缴养老保险费用地区，应逐步改为按工资总额一项计缴养老保险费用；有条件的地区，可以实行全额收支养老保险基金。

（五）基本养老保险实行社会统筹与个人账户相结合。基本养老保险实行社会统筹与个人账户相结合，是依据我国国情确定的一项基本原则，也是当前深化企业职工养老保险制度改革的核心内容。各地区要按照《通知》中的要求，参考两个实施办法，结合本地的实际情况，做好调查研究、定量分析和测算工作，1995年5月底前提出初步选择意见报劳动部，6月底前基本完成本地区实施方案的制订、论证工作，争取7月份出台。

各地要下大气力抓紧实施方案的落实工作。首先，做好干部的业务培训工作，在2、3季度对市县以上的主管业务干部普遍进行一次培训。第二要做好宣传发动工作，充分利用新闻媒介，把政策交给群众，取得群众的支持和理解。第三要完善有关的规章制度和办理程序，建立健全缴费记录、档案、台帐和个人账户，加快计算机管理网络的建设。三季度，各省、自治区要做到至少有部分地区进入实际运转。第四要严格执行方案的审批程序。一个地市只能选择一个办法，并要报省、自治区审批；省、自治区要精心组织，统一部署，在确定省级实施方案后，应一式5份报劳动部备案。各省、自治区可选择一个城市（或地区）作为劳动部重点指导联系的试点城市，各省、自治区也要确定2到3个城市（或地区）作为本地重点推动的试点城市，加强指导。重点推动的城市名单，在方案出台的同时报告劳动部。

（六）建立基本养老金正常调整机制。建立基本养老金正常调整机制是保障企业离退休人员基本生活、维护社会安定的需要。按照《通知》精神，各地区可以在每年7月1日，按当地职工上年度平均工资增长率的40%～80%调整企业离退休人员的基本养老金。具体调整比例由各省、自治区、直辖市根据养老保险基金的支付能力等情况，在上述范围内自行确定；在特殊情况下，也可以按低于40%的比例进行调整。

（七）大力发展并逐步规范企业补充养老保险制度。各地区要结合基本养老保险制度的改革，认真研究、推动企业补充养老保险制度的建立，并及时总结经验，逐步加以规范。企业补充养老保险采用个人账户形式，具体的补充方式、待遇标准、发放形式、经办机构等，应由企业与职工协商确定。各级劳动部门要加强对建立企业补充养老保险制度的指导，研究确定实施条件、补充水平、鼓励政策、经办机构资格认定及监督等基本规范。各级社会保险基金经办机构应当通过降低管理费用、保障资金安全、提供优质服务等措施，积极经办企业补充养老保险业务。同时，要积极发展和提倡个人储蓄性养老保险，并可将个人储蓄性养老保险与企业补充养老保险结合起来。

（八）加强养老保险基金的管理。各地区要强化养老保险基金的征缴，采取多种措施，提高收缴率。要建立健全养老保险基金的预算管理和财务、会计、审计、监督制度；要严格审核管理费的提取比例，控制管理费的支出；要建立定期向各级人民代表大会报告的制度，并向参加养老保险的企业和社会公布养老保险政策执行情况和养老保险基金使用情况，增加透明度，主动接受立法机构、政府主管部门和社会公众的监督。养老保险基金的结余额，根据财政部、劳动部财社字［1994］59号《关于加强企业职工社会保险基金投资管理暂行规定》的要求，除留足两个月的支付费用外，80%左右应用于购买由国家发行的社会保险基金特种定向债券。各地区都应尽快建立起社会保险基金监督机构，明确职责、权限，健全规章制度，保证社会保险基金的依法管理和运营。

（九）搞好政策衔接，实现平稳过渡。各地区要通过宣传教育，使广大企业和职工了解，基本养老保险实行社会统筹与个人账户相结合的改革，主要目的是建立公平与效率相结合的新机制，而不是普遍地、大幅度地增加待遇。与此同时，要妥善处理有关政策的配套衔接问题，从本地实际出发，确定一定期限的过渡期。在过渡期间，按照新的基本养老待遇计发办法计发的养老金如果低于按照原来办法计发的养老金的，可以补足。但对按照原来办法计发养老金的基数、比例、水平要严格控制，防止因其不合理提高而干扰新办法的顺利实行。各省、自治区、直辖市可以确定一个时限，将按原办法计发养老金的标准工资基数固定在一个合理的水平上；此后，标准工资基数可按省、自治区、直辖市规定的比例逐年适当调整，以作为与新办法的计发水平相比较的依据。各地区要在改革实践中不断总结经验，完善办法，确保实现平稳过渡。

（十）组织好有关行业和单位的养老保险制度改革。铁路、邮电、电力、中建、水利、煤炭、有色、交通、石油天然气、银行、民航等11个经国务院批准实行养老保险行业统筹的部门和单位，也要按照社会统筹与个人帐户相结合的原则，根据本部门、本单位的实际情况，并按照进行初级全国统筹试点的要求，提出深化养老保险制度改革的实施意见，报劳动部和财政部批准后执行。

（十一）加强组织领导。基本养老保险实行社会统筹与个人帐户相结合是养老保险制度的一项重大改革，涉及到多方面的利益调整和关系协调。各地区都要组成以劳动（劳动人事）厅（局）为主，吸收体改、财政、经贸等部门参加的试点工作领导小组，落实专人，作为一项经常性工作来抓。劳动（劳动人事）厅（局）要加强对此项工作的组织领导，并经常向党委、政府汇报情况，争取领导的关心和支持；同时要抓紧制订出今明两年具体推动此项工作的计划安排，明确工作任务、细化推动方法，落实进度要求，于1995年5月底前报劳动部。

劳动部已成立了试点指导小组，将通过调研、片会、培训、通讯等形式及时沟通各地情况，加强对此项工作的推动、指导。劳动部拟于第4季度召开试点工作交流汇报会，交流各地情况，总结初步经验，找出存在问题，研究解决措施，部署下一步工作。

劳动部《关于不得对企业离退休人员采取一次性结算离退休金的通知》

【劳部发（1995）262号】

各省、自治区、直辖市劳动（劳动人事）厅（局）、国务院有关部委、上海市社会保险局：

最近，一些地方反映，有的企业对离退休人员采取一次性结算离退休金的办法，引起了离退休人员的不满，影响了社会的安定。我们认为，这种做法是错误的，必须予以纠正。对此，特通知如下：

（一）凡执行《国务院关于工人退休、退职的暂行办法》（国发［1978］104号）的地区，对于达到国家法定退休年龄和工龄条件，办理退休、退职手续的，必须严格按照国家有关规定，按月支付退休（退职）金，不得采取一次性结算退休（退职）金的办法。

（二）凡按照《国务院关于深化企业职工养老保险制度改革的通知》（国发［1995］6号）进行基本养老金计发办法改革的地区，对于达到国家法定退休年龄、缴费年限（含视同缴费年限）达到规定年限（如10年或15年）的人员，必须按规定按月支付其养老金，不得采取一次性结算退休（退职）金的办法。

（三）由于企业破产、濒临破产、租赁、承包、辞退、终止劳动合同，安置富余人员及经济性裁员等原因，与职工解除劳动关系的企业可以按照国家有关规定一次性支付给职工一定数额的经济补偿费。在其达到法定退休年龄或重新就业后达到法定退休年龄时，凡参加退休费用社会统筹的人员仍由社会保险经办机构办理退休手续并按月支付其养老金。

（四）凡不符上述规定，采取一次性结算离退休金的办法，必须立即纠正。

请各地对目前支付离退休金的实际情况进行一次检查，并将检查结果和执行本通知的情况于1995年7月底前报我部。

劳动部、财政部《关于做好企业离退休人员生活保障工作的通知》

（1995年12月27日）　【劳部发（1995）449号】

各省、自治区、直辖市及计划单列市人民政府，国务院有关部委、直属机构：

企业离退休人员在我国社会主义革命和建设中曾作出过重大贡献，各级政府和有关部门有责任关心和照顾他们的晚年生活，以体现党和国家对他们的关怀，同时这也是维护社会稳定的一项重要工作。为了切实保障企业离退休人员的基本生活，使他们分享社会经济发展的成果，经国务院同意，现就做好企业离退休人员生活保障工作的有关问题通知如下：

（一）各级人民政府要根据《国务院关于深化企业职工养老保险制度改革的通知》（国发［1995］6号）的精神和《劳动部、财政部关于1995年调整企业离退休人员基本养老金的通知》（劳部发［1995］325号）的有关规定，尽快建立企业离退休人员基本养老金的正常调整机制，给企业离退休人员增加基本养老金。鉴于离休人员是一个特殊群体，各地要做好企业离休人员与机关、事业单位离休人员离休待遇的平衡工作。具体办法由各省、自治区、直辖市人民政府确定。

（二）增加离退休金所需资金，按企业的不同情况确定。凡参加养老保险费用社会统筹的企业，原则上由统筹基金支付；没有参加社会统筹的企业，按原资金渠道解决；对特别困难的企业和地区，当地财政可根据实际情况对调整企业离休人员的离休金给予适当支持。

（三）要认真做好困难企业和破产、撤销、解散企业离退休人员的离退休金发放工作。凡参加养老保险费用社会统筹的企业，社会保险经办机构应按时、足额支付养老金。未参加社会统筹的，企业应切实保证离退休金的发放；确有困难的，也应先给基本生活费，具体标准由各地区、各有关部门根据实际情况确定；所需资金原则上由企业自筹解决；企业自筹确有困难的，主管部门和财政部门应给予适当帮助。

（四）经批准实行养老保险系统统筹的行业和单位，也可按上述精神执行。

（五）元旦、春节即将来临，各地区、各有关部门要将保障企业离退休人员基本生活工作的情况及时报告劳动部、财政部。

劳动部《关于印发〈关于建立企业补充养老保险制度的意见〉的通知》

（1995年12月29日）【劳部发（1995）464号】

各省、自治区、直辖市及计划单列市劳动（劳动人事）厅（局），哈尔滨、长春、沈阳、济南、南京、杭州、武汉、广州、成都、西安市劳动局，上海市社会保险局，国务院各部委、直属机构：

《中华人民共和国劳动法》第七十五条关于“国家鼓励用人单位根据本单位实际情况为劳动者建立补充保险”的规定，为建立我国企业补充养老保险制度提供了法律依据。

《国务院关于深化企业职工养老保险制度改革的通知》（国发［1995］6号）也对建立企业补充养老保险和个人储蓄性养老保险做出明确规定。

近年来，各地劳动部门和社会保险机构积极开展企业补充养老保险试点工作，取得了一定的成效和经验。一些企业和行业也在建立企业补充养老保险方面进行了有益的探索。为加快建立企业补充养老保险制度的步伐，尽快完善多层次的养老保险体系，我们在总结各地试点经验和借鉴国外做法的基础上，提出了《关于建立企业补充养老保险制度的意见》，现印发给你们。希望各地区、各有关部门按照《劳动法》的规定和国务院6号文件的要求，积极推动建立企业补充养老保险制度，特别是首先抓好大中型企业的补充养老保险试点工作。各地区、各有关部门制定的本地区、本部门建立企业补充养老保险制度的计划和方案，应报劳动部备案。

中华人民共和国老年人权益保障法

（1996年8月29日第八届全国人民代表大会常务委员会第二十一次会议通过）

目　录

第五章　法律责任

第六章　附则

第一章　总　　则

第一条　为保障老年人合法权益，发展老年事业，弘扬中华民族敬老、养老的美德，根据宪法，制定本法。

第二条　本法所称老年人是指六十周岁以上的公民。

第三条　国家和社会应当采取措施，健全对老年人的社会保障制度，逐步改善保障老年人生活、健康以及参与社会发展的条件，实现有老有所养、老有所医、老有所为、老有所学、老有所乐。

第四条　国家保护老年人依法享有的权益。

老年人有从国家和社会获得物质帮助的权利，有享受社会发展成果的权利。

禁止歧视、侮辱、虐待或者遗弃老年人。

第五条　各级人民政府应当将老年事业纳入国民经济和社会发展计划，逐步增加对老年事业的投入，并鼓励社会各方面投入，使老年事业与经济、社会协调发展。

国务院和省、自治区、直辖市人民政府采取组织措施，协调有关部门做好老年人权益保障工作，具体机构由国务院和省、自治区、直辖市人民政府规定。

第六条　保障老年人合法权益是全社会的共同责任。

国家机关、社会团体、企业事业组织应当按照各自职责，做好老年人权益保障工作。

居民委员会、村民委员会和依法设立的老年人组织应当反映老年人的要求，维护老年人合法权益，为老年人服务。

第七条　全社会应当广泛开展敬老、养老宣传教育活动，树立尊重、关心、帮助老年人的社会风尚。

青少年组织、学校和幼儿园应当对青少年和儿童进行敬老、养老的道德教育和维护老年人合法权益的法制教育。

提倡义务为老年人服务。

第八条　各级人民政府对维护老年人合法权益和敬老、养老成绩显著的组织、家庭或者个人给予表扬或者奖励。

第九条　老年人应当遵纪守法，履行法律规定的义务。

第二章　家庭赡养与扶养

第十条　老年人养老主要依靠家庭，家庭成员应当关心和照料老年人。

第十一条　赡养人应当履行对老年人经济上供养、生活上照料和精神上慰藉的义务，照顾老年人的特殊需要。

赡养人是指老年人的子女以及其他依法负有赡养义务的人。

赡养人的配偶应当协助赡养人履行赡养义务。

第十二条　赡养人对患病的老年人应当提供医疗费用和护理。

第十三条　赡养人应当妥善安排老年人的住房，不得强迫老年人迁居条件低劣的房屋。

老年人自有的或者承租的住房，子女或者其他亲属不得侵占，不得擅自改变产权关系或者租赁关系。

老年人自有的住房，赡养人有维修的义务。

第十四条　赡养人有义务耕种老年人承包的田地，照管老年人的林木和牲畜等，收益归老年人所有。

第十五条　赡养人不得以放弃继承权或者其他理由，拒绝履行赡养义务。

赡养人不履行赡养义务，老年人有要求赡养人付给赡养费的权利。

赡养人不得要求老年人承担力不能及的劳动。

第十六条　老年人与配偶有相互扶养的义务。

由兄、姊扶养的弟、妹成年后，有负担能力的，对年老无赡养人的兄、姊有扶养的义务。

第十七条　赡养人之间可以就履行赡养义务签订协议，并征得老年人同意。居民委员会、村民委员会或者赡养人所在组织监督协议的履行。

第十八条　老年人的婚姻自由受法律保护。子女或者其他亲属不得干涉老年人离婚、再婚及婚后的生活。

赡养人的赡养义务不因老年人的婚姻关系变化而消除。

第十九条　老年人有权依法处分个人的财产，子女或者其他亲属不得干涉，不得强行索取老年人的财物。

老年人有依法继承父母、配偶、子女或者其他亲属遗产的权利，有接受赠予的权利。

第三章　社会保障

第二十条　国家建立养老保险制度，保障老年人的基本生活。

第二十一条　老年人依法享有的养老金和其他待遇应当得到保障。有关组织必须按时足额支付养老金，不得无故拖欠，不得挪用。

国家根据经济发展、人民生活水平提高和职工工资增长的情况增加养老金。

第二十二条　农村除根据情况建立养老保险制度外，有条件的还可以将未承包的集体所有的部分土地、山林、水面、滩涂等作为养老基地，收益供老年人养老。

第二十三条 城市的老年人，无劳动能力、无生活来源、无赡养人和扶养人的，或者其赡养人和扶养人确无赡养能力或者扶养能力的，由当地人民政府给予救济。

农村的老年人，无劳动能力、无生活来源、无赡养人和扶养人的，或者其赡养人和扶养人确无赡养能力或者扶养能力的，由农村集体经济组织负担保吃、保穿、保住、保医、保葬的五保供养，乡、民族乡、镇人民政府负责组织实施。

第二十四条 鼓励公民或者组织与老年人签订扶养协议或者其他扶助协议。

第二十五条 国家建立多种形式的医疗保险制度，保障老年人的基本医疗需要。

有关部门制定医疗保险办法，应当对老年人给予照顾。

老年人依法享有的医疗待遇必须得到保障。

第二十六条 老年人患病，本人和赡养人确实无力支付医疗费用的，当地人民政府根据情况可以给予适当帮助，并可以提倡社会救助。

第二十七条 医疗机构应当为老年人就医提供方便，对七十周岁以上的老年人就医，予以优先。有条件的地方，可以为老年病人设立家庭病床，开展巡回医疗等服务。

提倡为老年人义诊。

第二十八条 国家采取措施，加强老年医学的研究和人才的培养，提高老年病的预防、治疗、科研水平。

开展各种形式的健康教育，普及老年保健知识，增强老年人自我保健意识。

第二十九条 老年人所在组织分配、调整或者出售住房，应当根据实际情况和有关标准照顾老年人的需要。

第三十条 新建或者改造城镇公共设施、居民区和住宅，应当考虑老年人的特殊需要，建设适合老年人生活和活动的配套设施。

第三十一条 老年人有继续受教育的权利。

国家发展老年教育，鼓励社会办好各类老年学校。

各级人民政府对老年教育应当加强领导，统一规划。

第三十二条 国家和社会采取措施，开展适合老年人的群众性文化、体育、娱乐活动，丰富老年人的精神文化生活。

第三十三条 国家鼓励、扶持社会组织或者个人兴办老年福利院、敬老院、老年公寓、老年医疗康复中心和老年文化体育活动场所等设施。

地方各级人民政府应当根据当地经济发展水平，逐步增加对老年福利事业的投入，兴办老年福利设施。

第三十四条 各级人民政府应当引导企业开发、生产、经营老年生活用品，适应老年人的需要。

第三十五条 发展社区服务，逐步建立适应老年人需要的生活服务、文化体育活动、疾病护理与康复等服务设施和网点。

发扬邻里互助的传统，提倡邻里间关心、帮助有困难的老年人。

鼓励和支持社会志愿者为老年人服务。

第三十六条 地方各级人民政府根据当地条件，可以在参观、游览、乘坐公共交通工具等方面，对老年人给予优待和照顾。

第三十七条 农村老年人不承担义务工和劳动积累工。

第三十八条 广播、电影、电视、报刊等应当反映老年人的生活，开展维护老年人合法权益的宣传，为老年人服务。

第三十九条 老年人因其合法权益受侵害提起诉讼交纳诉讼费确有困难的，可以缓交、减交或者免交；需要获得律师帮助，但无力支付律师费用的，可以获得法律援助。

第四章 参与社会发展

第四十条 国家和社会应当重视、珍惜老年人的知识、技能和革命、建设经验，尊重他们的优良品德，发挥老年人的专长和作用。

第四十一条 国家应当为老年人参与社会主义物质文明和精神文明建设创造条件。根据社会需要和可能，鼓励老年人在自愿和量力的情况下，从事下列活动：

（一）对青少年和儿童进行社会主义、爱国主义、集体主义教育和艰苦奋斗等优良传统教育；

（二）传授文化和科技知识；

（三）提供咨询服务；

（四）依法参与科技开发和应用；

（五）依法从事经营和生产活动；

（六）兴办社会公益事业；

（七）参与维护社会治安、协助调解民间纠纷；

（八）参加其他社会活动。

第四十二条 老年人参加劳动的合法收入受法律保护。

第五章 法律责任

第四十三条 老年人合法权益受到侵害的，被侵害人或者其代理人有权要求有关部门处理，或者依法向人民法院提起诉讼。

人民法院和有关部门，对侵犯老年人合法权益的申诉、控告和检举，应当依法及时受理，不得推诿、拖延。

第四十四条　不履行保护老年人合法权益职责的部门或者组织，其上级主管部门应当给予批评教育，责令改正。

国家工作人员违法失职，致使老年人合法权益受到损害的，由其所在组织或者上级机关责令改正，或者给予行政处分；构成犯罪的，依法追究刑事责任。

第四十五条　老年人与家庭成员因赡养、扶养或者住房、财产发生纠纷，可以要求家庭成员所在组织或者居民委员会、村民委员会调解，也可以直接向人民法院提起诉讼。

调解前款纠纷时，对有过错的家庭成员，应当给予批评教育，责令改正。

人民法院对老年人追索赡养费或者扶养费的申请，可以依法裁定先予执行。

第四十六条　以暴力或者其他方法公然侮辱老年人、捏造事实诽谤老年人或者虐待老年人，情节较轻的，依照治安管理处罚条例的有关规定处罚；构成犯罪的，依法追究刑事责任。

第四十七条　暴力干涉老年人婚姻自由或者对老年人负有赡养义务、扶养义务而拒绝赡养、扶养，情节严重构成犯罪的，依法追究刑事责任。

第四十八条　家庭成员有盗窃、诈骗、抢夺、勒索、故意毁坏老年人财物，情节较轻的，依照治安管理处罚条例的有关规定处罚；构成犯罪的，依法追究刑事责任。

第六章　附　　则

第四十九条　民族自治地方的人民代表大会，可以根据本法的原则，结合当地民族风俗习惯的具体情况，依照法定程序制定变通的或者补充的规定。

第五十条　本法自1996年10月1日起施行。

司法部、民政部《关于保障老年人合法权益　做好老年人法律援助工作的通知》

（1996年10月23日）

各省、自治区、直辖市司法厅（局）、民政厅（局）：

维护老年人合法权益，是我国社会主义法制建设和人权保障的重要组成部分。最近，全国人大常委会通过了《中华人民共和国老年人权益保障法》（以下简称《老年人权益保障法》）明确规定需要获得律师帮助但无力支付律师费用的老年人可以获得法律援助。这对于弘扬中华民族尊老敬老的传统美德，促进社会稳定，推动社会主义精神文明建设，建立健全有中国特色的法律援助制度，都具有十分重要的意义。为了配合《老年人权益保障法》的实施，切实保障老年人的合法权益，做好法律援助工作，特就有关问题通知如下：

（一）各级司法行政部门要提高认识，采取有力措施，加强对老年人法律援助工作的指导和管理，切实将为老年人提供法律援助纳入法律服务工作的重要日程，逐步建立起以法律援助专门机构、律师事务所、公证处、法律服务所为主体，以委托或指定的律师事务所为骨干的老年人法律援助网络。

（二）各级司法行政部门和民政部门要运用各种宣传手段和多种形式，广泛、深入地宣传《老年人权益保障法》，要组织广大群众和法律工作者认真学习，深刻理解，让全体公民了解和履行应尽的责任和义务，以取得社会各界对老年人法律援助工作的积极支持。

（三）各级司法行政部门和民政部门应针对《刑事诉讼法》、《律师法》和《老年人权益保障法》有关法律援助的规定，密切协商，积极配合，采取必要的措施，指导法律服务机构承担起为老年人提供法律援助的义务，使符合条件的老年人就地、就近、及时地得到优质的法律援助。

（四）法律援助专门机构、律师事务所、公证处、基层法律服务所等法律服务机构要树立起尊老、敬老、帮老的良好风气，热心为老年人提供各种形式的法律服务；对生活困难、无力支付法律服务费用的老年当事人，应当依照规定减免其法律服务费用。

（五）各级民政部门要主动与司法行政机关和法

律服务机构建立联系，介绍老年人事业进展和老年人状况，提供老年人法律援助的需求信息，协助法律服务机构解决为老年人提供法律援助中遇到的一些实际问题，并对老年人法律援助工作提出建议。

（六）各级司法行政部门和民政部门要结合当地情况制定计划，编印学习材料，在老年福利院、敬老院、老年公寓等老年人比较集中的地方开办相关法律知识讲座，增强老年人的法制观念。

（七）各级司法行政部门要经常征求老年人对法律援助的意见，评选、表彰为老年人提供优先、优质法律援助服务的优秀法律援助机构和个人，广为宣传，深入报道，维护社会正义，增强尊老敬老责任意识。对为老年人提供“双优”服务成绩突出的法律援助机构，应当予以表扬或奖励。

请各地接此通知后，要认真落实，并及时向司法部和民政部报告当地老年人法律援助工作的开展情况。

劳动部《关于进一步做好困难企业离退休人员基本生活保障工作的通知》

（1996年12月13日）　　【劳部发（1996）408号】

各省、自治区、直辖市劳动（劳动人事）厅（局），国务院有关部委、直属机构，上海市社会保险局，广东省社会保险管理局，武汉市社会保险管理局：

做好当前部分困难企业离退休人员基本生活保障工作，是关系到经济发展和社会稳定的大事。党中央、国务院对此十分重视，今年10月专门印发了《中共中央办公厅、国务院办公厅关于进一步解决部分企业职工生活困难问题的通知》（中办发［1996］29号，以下简称《通知》）。为了贯彻落实好《通知》精神，进一步做好困难企业离退休人员基本生活保障工作，现就有关问题通知如下：

（一）要认真贯彻落实《通知》精神，高度重视并切实加强对解决困难企业离退休人员基本生活保障工作的领导，从讲政治的高度，把这项工作作为当前劳动和社会保险工作的一项重要任务；层层落实工作责任制，保证困难企业离退休人员的基本生活。

（二）对于已经参加养老保险费用社会统筹并按时足额缴费的企业，各级社会保险机构要保证其离退休人员基本养老金的按时足额发放，不允许以任何理由拖欠或减发。

对于经批准缓缴养老保险费用的企业，在缓缴期内（一般为3个月），社会保险机构应继续按时足额支付其离退休人员的基本养老金。对超过缓缴期仍无力缴纳养老保险费用的企业，经过严格审核，可批准延续缴期。延续缓缴期一般为3个月。是否继续延续由各地区、各部门依据基金负担能力确定。在批准的延续缓缴期内；社会保障机构应保证按月支付企业离退休人员的基本生活费。基本生活赞标准不低于支付给困难企业在职职工的标准。对超过批准的延续缓缴期、长期不缴纳养老保险费的企业，劳动部门和社会保险机构应向当地政府报告，由企业主管部门给予适当帮助，并建议由地方财政部门予以必要补贴。

（三）没有参加养老保险社会统筹的企业，要采取切实措施，监督企业保证离退休人员养老金或基本生活费的支付。企业支付基本生活费确有困难的，当地劳动部门可商企业主管部门和地方财政部门给予适当帮助。必要时，所需费用经审批可从帮困资金中列支一部分。

（四）各级劳动部门和社会保险机构在深化养老保险制度改革和统一基本养老保险制度工作中，要进一步扩大养老保险覆盖面，尽快提高社会统筹层次，强化基金收缴力度，增强基金的承受能力。同时加强离退休人员社会化管理，创造条件实行由银行或社会保险机构直接发放养老金。

各地劳动部门和社会保险机构要在当地党委、政府的领导下，认真对困难企业离退休人员基本生活保障工作的情况进行监督检查，发现问题及时解决，重大问题及时向当地党委、政府和劳动部报告。

农村敬老院管理暂行办法

（1997年3月18日民政部令第1号
发布，自发布之日起施行）

第一章　总　则

第一条　为加强农村五保供养工作的管理，促进敬老院事业的健康发展，根据《农村五保供养工作条例》和国家有关规定，制定本办法。

第二条　敬老院是农村集体福利事业单位。敬老院以乡镇办为主，五保对象较多的村也可以兴办。提倡企业、事业单位、社会团体、个人兴办和资助敬老院。

第三条　敬老院坚持依靠集体，依靠群众，民主管理，文明办院，敬老养老的办院方针。

第四条　敬老院所需经费实行乡镇统筹，并通过发展院办经济和社会捐赠逐步改善供养人员的生活条件。

村办敬老院所需经费由村公益金解决。

第五条　乡镇人民政府要加强对敬老院工作的领导，把敬老院事业列入当地经济和社会发展规划。

第六条　民政部门是敬老院事业的主管部门，负责对敬老院工作的业务指导。

敬老院的创办、撤销须经县级民政部门批准。

第二章　供养对象

第七条　敬老院以供养五保对象为主。在没有光荣院的地方可优先接收孤老优抚对象入院供养。有条件的敬老院可以向社会开放，吸收社会老人自费代养。精神病患者、传染病人不得接收入院。

第八条　五保对象入敬老院须由本人提出申请，经乡镇人民政府（村办敬老院经村民委员会）批准，并由本人和敬老院双方签定入院协议。

符合规定条件的对象，入院自愿，出院自由。

第九条　敬老院供养的各类人员（以下统称供养人员）应当遵守院内的规章制度，爱护公共财物，文明礼貌，团结互助。

第三章　院务管理

第十条　敬老院实行院长负责制，院长负责全面工作。其主要职责是：

（一）贯彻执行国家有关五保供养和敬老院工作的方针、政策和法规；

（二）组织制定院内的各项规章制度和敬老院发展规划；

（三）组织发展院办经济，增强敬老院自身发展的活力，不断提高供养人员的生活水平；

（四）督促工作人员履行职责，建立岗位责任制，实行目标管理，维护供养人员的合法权益不受侵犯。

第十一条　敬老院设立院务管理委员会。其职责是：贯彻落实办院方针、原则，审议院内重要事宜，检查、监督院长和工作人员的工作。

管理委员会成员经敬老院全体人员民主选举产生，管理委员会成员中供养人员所占比例不得少于1/2。

第十二条　敬老院的生活区和生产区要分设。搞好环境绿化，保持美观清洁的院容院貌。

第十三条　供养人员的饮食应当讲究营养，卫生，每周有食谱。

第十四条　供养人员生病，院方应及时负责治疗。有条件的敬老院应当设立医务室，建立供养人员健康档案。供养人员去世后院方要负责从简料理后事。

第十五条　适当组织供养人员进行学习，因地制宜开展适合供养人员特点的文体和康复活动。

第四章　财产管理

第十六条　敬老院的土地、房屋、设备和其他财产依法归敬老院管理和使用，任何单位和个人不得侵占。

第十七条　建立健全财务管理制度。经费、物资、伙食、生产经营账目要定期公布，接受供养人员和社会有关方面的监督。财会人员离职时，必须清查账目，按规定办理移交手续。

第十八条　五保对象入院，其财产交集体代管，生活用具可带入敬老院使用。五保对象去世后，其遗产按入院协议处理。

第五章　生产经营

第十九条　敬老院可采取多种形式开展生产经营活动，兴办经济实体，生产经营收入归敬老院集体所有，用于院内扩大再生产和改善供养人员的生活条件，任何单位和个人不得侵占、挪用。

第二十条 鼓励供养人员参加力所能及的生产劳动和经营活动,并根据生产和经营效益给予适当报酬。

第二十一条 地方人民政府和有关部门对敬老院的生产经营活动，应当按有关规定给予优先和优惠。

第六章 工作人员

第二十二条 敬老院的工作人员，由乡镇人民政府（村办敬老院由村民委员会）根据敬老院需要和规模进行配备。

第二十三条 敬老院院长由乡镇人民政府（村办敬老院由村民委员会）选派。敬老院其他工作人员采取合同制，实行公开招聘。其基本条件是：热爱敬老养老工作，有一定文化水平，身体健康，责任心强，吃苦耐劳。从事财会、医疗等专业工作的人员应当具备一定的专业技能。

第二十四条 敬老院院长和其他工作人员的工资福利待遇，比照乡、镇、村集体企事业单位干部和职工的待遇确定。

第二十五条 敬老院应当组织工作人员进行职业道德学习，不断提高工作人员的管理和服务水平。

第二十六条 敬老院对工作认真负责、热心为供养人员服务的工作人员应当给予奖励；对工作不称职的可以辞退；对工作失职、造成严重后果的应当认真处理或报请有关机关依法追究责任。

第七章 附 则

第二十七条 各省、自治区、直辖市可根据本办法制定实施细则。

第二十八条 本办法自 1997 年 3 月 18 日起施行。

国务院《关于建立统一的企业职工基本养老保险制度的决定》

（1997 年 7 月 16 日）　　【国发（1997）26 号】

各省、自治区、直辖市人民政府，国务院各部委、各直属机构：

近年来，各地区和有关部门按照《国务院关于深化企业职工养老保险制度改革的通知》（国发［1995］6 号）要求，制定了社会统筹与个人帐户相结合的养老保险制度改革方案，建立了职工基本养老保险个人帐户，促进了养老保险新机制的形成，保障了离退休人员的基本生活，企业职工养老保险制度改革取得了新的进展。但是，由于这项改革仍处在试点阶段，目前还存在基本养老保险制度不统一、企业负担重、统筹层次低、管理制度不健全等问题，必须按照党中央、国务院确定的目标和原则，进一步加快改革步伐，建立统一的企业职工基本养老保险制度，促进经济与社会健康发展。为此，国务院在总结近几年改革试点经验的基础上作出如下决定：

（一）到本世纪末，要基本建立起适应社会主义市场经济体制要求，适用城镇各类企业职工和个体劳动者，资金来源多渠道、保障方式多层次、社会统筹与个人帐户相结合、权利与义务相对应、管理服务社会化的养老保险体系。企业职工养老保险要贯彻社会互济与自我保障相结合、公平与效率相结合、行政管理与基金管理分开等原则，保障水平要与我国社会生产力发展水平及各方面的承受能力相适应。

（二）各级人民政府要把社会保险事业纳入本地区国民经济与社会发展计划，贯彻基本养老保险只能保障退休人员基本生活的原则，把改革企业职工养老保险制度与建立多层次的社会保障体系紧密结合起来，确保离退休人员基本养老金和失业人员失业救济金的发放，积极推行城市居民最低生活保障制度。为使离退休人员的生活随着经济与社会发展不断得到改善，体现按劳分配原则和地区发展水平及企业经济效益的差异，各地区和有关部门要在国家政策指导下大力发展企业补充养老保险，同时发挥商业保险的补充作用。

（三）企业缴纳基本养老保险费（以下简称企业缴费）的比例，一般不得超过企业工资总额的 20%（包括划入个人帐户的部分），具体比例由省、自治区、直辖市人民政府确定。少数省、自治区、直辖市因离退休人数较多、养老保险负担过重，确需超过企业工资总额 20% 的，应报劳动部、财政部审批。个人缴纳基本养老保险费（以下简称个人缴费）的比例，1997 年不得低于本人缴纳工资的 4%，1998 年起每两年提高 1 个百分点，最终达到本人缴费工资的 8%。有条件的地区和工资增长较快的年份，个人缴费比例提高的速度应适当加快。

（四）按本人缴费工资11%的数额为职工建立基本养老保险个人帐户，个人缴费全部记入个人帐户，其余部分从企业缴费中划入。随着个人缴费比例的提高，企业划入的部分要逐步降至3%。个人帐户储存额，每年参考银行同期存款利率计算利息。个人帐户储存额只用于职工养老，不得提前支取。职工调动时，个人帐户全部随同转移。职工或退休人员死亡，个人帐户中的个人缴费部分可以继承。

（五）本决定实施后参加工作的职工，个人缴费年限累计满15年的，退休后按月发给基本养老金。基本养老金由基础养老金和个人帐户养老金组成。退休时的基础养老金月标准为省、自治区、直辖市或地（市）上年度职工月平均工资的20%，个人帐户养老金月标准为本人帐户储存额除以120。个人缴费年限累计不满15年的，退休后不享受基础养老金待遇，其个人帐户储存额一次支付给本人。

本决定实施前已经离退休的人员，仍按国家原来的规定发给养老金，同时执行养老金调整办法。各地区和有关部门要按照国家规定进一步完善基本养老金正常调整机制，认真抓好落实。

本决定实施前参加工作、实施后退休且个人缴费和视同缴费年限累计满15年的人员，按照新老办法平稳衔接、待遇水平基本平衡等原则，在发给基础养老金和个人帐户养老金的基础上再确定过渡性养老金，过渡性养老金从养老保险基金中解决。具体办法，由劳动部会同有关部门制订并指导实施。

（六）进一步扩大养老保险的覆盖范围，基本养老保险制度要逐步扩大到城镇所有企业及其职工。城镇个体劳动者也要逐步实行基本养老保险制度，其缴费比例和待遇水平由省、自治区、直辖市人民政府参照本决定的精神确定。

（七）抓紧制定企业职工养老保险基金管理条例，加强对养老保险基金的管理。基本养老保险基金实行收支两条线管理，要保证专款专用，全部用于职工养老保险，严禁挤占挪用和挥霍浪费。基金结余额，除预留相当于2个月的支付费用外，应全部购买国家债券和存入专户，严格禁止投入其他金融和经营性事业。要建立健全社会保险基金监督机构，财政、审计部门要依法加强监督，确保基金的安全。

（八）为有利于提高基本养老保险基金的统筹层次和加强宏观调控，要逐步由县级统筹向省级或省授权的地区统筹过渡。待全国基本实现省级统筹后，原经国务院批准由有关部门和单位组织统筹的企业，参加所在地区的社会统筹。

（九）提高社会保险管理服务的社会化水平，尽快将目前由企业发放养老金改为社会化发放，积极创造条件将离退休人员的管理服务工作逐步由企业转向社会，减轻企业的社会事务负担。各级社会保险机构要进一步加强基础建设，改进和完善服务与管理工作，不断提高工作效率和服务质量，促进养老保险制度的改革。

（十）实行企业化管理的事业单位，原则上按照企业养老保险制度执行。

建立统一的企业职工基本养老保险制度是深化社会保险制度改革的重要步骤，关系改革、发展和稳定的全局。各地区和有关部门要予以高度重视，切实加强领导，精心组织实施。劳动部要会同国家体改委等有关部门加强工作指导和监督检查，及时研究解决工作中遇到的问题，确保本决定的贯彻实施。

国务院《关于在全国建立城市居民最低生活保障制度的通知》

（1997年9月2日）　【（国发（1997）29号）】

各省、自治区、直辖市人民政府，国务院各部委、各直属机构：

妥善解决城市贫困人口的生活困难问题，是当前我国经济和社会发展中的一个重要任务。为此，国务院决定在全国建立城市居民最低生活保障制度。现就有关事项通知如下：

一、要把建立城市居民最低生活保障制度当作一项重要工作抓紧抓好

建立城市居民最低生活保障制度，是《中华人民共和国国民经济和社会发展“九五”计划和2010年远景目标纲要》提出的一项重要任务，是改革和完善传统社会救济制度、建立健全社会保障体系的重大举措。它的建立和实施，充分体现了社会主义制度的优越性，体现了党和政府全心全意为人民服务的根本宗旨，有利于维护社会稳定、促进经济体制改革的顺利进行。各级地方人民政府要高度重视这一工作，采取有力措施，抓紧抓好。

为了确保“九五”期间在全国建立起城市居民最低生活保障制度，使城市居民的基本生活得到保障，要求：1997年底以前，已建立这项制度的城市要逐步完善，尚未建立这项制度的要抓紧做好准备工作；1998年底以前，地级以上城市要建立起这项制度；1999年底以前，县级市和县政府所在地的镇要建立起这项制度。各地要根据当地实际情况，逐步使非农业户口的居民得到最低生活保障。

二、要合理确定保障对象的范围和保障标准

城市居民最低生活保障制度的保障对象是家庭人均收入低于当地最低生活保障标准的持有非农业户口的城市居民，主要是以下三类人员：1.无生活来源、无劳动能力、无法定赡养人或抚养人的居民；2.领取失业救济金期间或失业救济期满仍未能重新就业，家庭人均收入低于最低生活保障标准的居民；3.在职人员和下岗人员在领取工资或最低工资、基本生活费后以及退休人员领取退休金后，其家庭人均收入仍低于最低生活保障标准的居民。

城市居民最低生活保障标准由各地人民政府自行确定。各地要本着既保障基本生活，又有利于克服依赖思想的原则，按照当地基本生活必需品费用和财政承受能力，实事求是地确定保障标准。保障标准由各地民政部门会同当地财政、统计、物价等部门制定，经当地人民政府批准后向社会公布，并且随着生活必需品的价格变化和人民生活水平的提高适时调整。所定标准要与其他各项社会保障标准相衔接。

各地在发放最低生活保障金时，对第一类保障对象要按最低生活保障标准全额发放，如其原来享受的生活救济标准高于最低生活保障标准的，则按原救济标准发放；对其他保障对象均按其家庭人均收入与最低生活保障标准的差额发放；根据国家有关规定享受特殊待遇的优抚对象等人员，其抚恤金等不计入家庭收入。

三、要认真落实最低生活保障资金

实施城市居民最低生活保障制度所需资金，由地方各级人民政府列入财政预算，纳入社会救济专项资金支出科目，专账管理。每年年底前由各级民政部门提出下一年的用款计划，经同级财政部门审核后列入预算，定期拨付，年终要编制决算，送同级财政部门审批。各地财政部门要认真落实城市居民最低生活保障资金，加强保障资金的管理和监督，保证保障资金专款专用，不被挤占、挪用。保障资金的使用要接受财政和审计部门的定期检查、审计及社会监督。目前最低生活保障资金采取由财政和保障对象所在单位分担办法的城市，要逐步过渡到主要由财政负担的方式上来。

四、倡导社会互助，鼓励保障对象劳动致富

在建立和实施城市居民最低生活保障制度的过程中，各地要教育群众体谅国家的困难，鼓励和支持有劳动能力的保障对象自谋职业、自食其力，通过劳动增加收入，逐步改善生活状况。对从事个体经营的保障对象，应给予必要的扶持。要充分发扬中华民族尊老爱幼、互助互济的传统美德，广泛发动社会力量，大力开展扶贫济困送温暖等活动，注重发挥家庭保障的作用。同时，各地可根据本地实际，在可能的情况下对保障对象在有关方面给予必要的照顾。

五、加强领导，确保城市居民最低生活保障制度顺利实施

各级政府要把建立城市居民最低生活保障制度作为当前正确处理改革、发展、稳定三者关系的一件大事，摆上议事日程，加强领导，统一部署，认真研究解决工作中的重大问题。民政部门要充分发挥职能部门的作用，精心组织，周密安排，加强管理，建立健全各项规章制度，坚持公开、平等、民主的原则，做到保障对象、保障资金和保障标准三公开，实行动态管理，切实做好各项具体工作。财政部门要积极配合民政部门的工作，落实保障资金，加强对保障资金的管理和监督，保证资金得到合理、有效的使用。劳动、人事、统计、物价等有关部门要积极支持、密切配合此项工作。基层民政部门、街道办事处和居委会是实施最低生活保障制度的基层组织，在实施这项制度过程中，这些单位责任很重，各级政府要加强对这些机构的领导，为其工作创造必要的条件，确保城市居民最低生活保障制度的顺利实施。

国务院《关于建立城镇职工基本医疗保险制度的决定》

【国发（1998）44号】

各省、自治区、直辖市人民政府，国务院各部委、各直属机构：

加快医疗保险制度改革，保障职工基本医疗，是建立社会主义市场经济体制的客观要求和重要保障。在认真总结近年来各地医疗保险制度改革试点经验的基础上，国务院决定，在全国范围内进行城镇职工医疗保险制度改革。

一、改革的任务和原则

医疗保险制度改革的主要任务是建立城镇职工基本医疗保险制度，即适应社会主义市场经济体制，根据财政、企业和个人的承受能力，建立保障职工基本医疗需求的社会医疗保险制度。

建立城镇职工基本医疗保险制度的原则是：基本医疗保险的水平要与社会主义初级阶段生产力发展水平相适应；城镇所有用人单位及其职工都要参加基本医疗保险，实行属地管理；基本医疗保险费由用人单位和职工双方共同负担；基本医疗保险基金实行社会统筹和个人帐户相结合。

二、覆盖范围和缴费办法

城镇所有用人单位，包括企业（国有企业、集体企业、外商投资企业、私营企业等）、机关、事业单位、社会团体、民办非企业单位及其职工，都要参加基本医疗保险。乡镇企业及其职工、城镇个体经济组织业主及其从业人员是否参加基本医疗保险，由各省、自治区、直辖市人民政府决定。

基本医疗保险原则上以地级以上行政区（包括地、市、州、盟）为统筹单位，也可以县（市）为统筹单位，北京、天津、上海3个直辖市原则上在全市范围内实行统筹（以下简称统筹地区）。所有用人单位及其职工都要按照属地管理原则参加所在统筹地区的基本医疗保险，执行统一政策，实行基本医疗保险基金的统一筹集、使用和管理。铁路、电力、远洋运输等跨地区、生产流动性较大的企业及其职工，可以相对集中的方式异地参加统筹地区的基本医疗保险。

基本医疗保险费由用人单位和职工共同缴纳。用人单位缴费率应控制在职工工资总额的6%左右，职工缴费率一般为本人工资收入的2%。随着经济发展，用人单位和职工缴费率可作相应调整。

三、建立基本医疗保险统筹基金和个人帐户

要建立基本医疗保险统筹基金和个人帐户。基本医疗保险基金由统筹基金和个人帐户构成。职工个人缴纳的基本医疗保险费，全部计入个人帐户。用人单位缴纳的基本医疗保险费分为两部分，一部分用于建立统筹基金，一部分划入个人帐户。划入个人帐户的比例一般为用人单位缴费的30%左右，具体比例由统筹地区根据个人帐户的支付范围和职工年龄等因素确定。

统筹基金和个人帐户要划定各自的支付范围，分别核算，不得互相挤占。要确定统筹基金的起付标准和最高支付限额，起付标准原则上控制在当地职工年平均工资10%左右，最高支付限额原则上控制在当地职工年平均工资的4倍左右。起付标准以下的医疗费用，从个人帐户中支付或由个人自付。起付标准以上、最高支付限额以下的医疗费用，主要从统筹基金中支付，个人也要负担一定比例。超过最高支付限额的医疗费用，可以通过商业医疗保险等途径解决。统筹基金的具体起付标准、最高支付限额以及在起付标准以上和最高支付限额以下医疗费用的个人负担比例，由统筹地区根据以收定支、收支平衡的原则确定。

四、健全基本医疗保险基金的管理和监督机制

基本医疗保险基金纳入财政专户管理，专款专用，不得挤占挪用。

社会保险经办机构负责基本医疗保险基金的筹集、管理和支付，并要建立健全预决算制度、财务会计制度和内部审计制度。社会保险经办机构的事业经费不得从基金中提取，由各级财政预算解决。

基本医疗保险基金的银行计息办法：当年筹集的部分，按活期存款利率计息；上年结转的基金本息，按3个月期整存整取银行存款利率计息；存入社会保障财政专户的沉淀资金，比照3年期零存整取储蓄存款利率计息，并不低于该档次利率水平。个人帐户的本金和利息归个人所有，可以结转使用和继承。

各级劳动保障和财政部门，要加强对基本医疗保险基金的监督管理。审计部门要定期对社会保险经办机构的基金收支情况和管理情况进行审计。统筹地区应设立由政府有关部门代表、用人单位代表、医疗机构代表、工会代表和有关专家参加的医疗保险基金监督组织，加强对基本医疗保险基金的社会监督。

五、加强医疗服务管理

要确定基本医疗保险的服务范围和标准。劳动保障部会同卫生部、财政部等有关部门制定基本医疗服务的范围、标准和医药费用结算办法，制定国家基本医疗保险药品目录、诊疗项目、医疗服务设施标准及相应的管理办法。各省、自治区、直辖市劳动保障行政管理部门根据国家规定，会同有关部门制定本地区相应的实施标准和办法。

基本医疗保险实行定点医疗机构（包括中医医院）和定点药店管理。劳动保障部会同卫生部、财政部等有关部门制定定点医疗机构和定点药店的资格审定办法。社会保险经办机构要根据中西医并举，基层、专科和综合医疗机构兼顾，方便职工就医的原则，负责确定定点医疗机构和定点药店，并同定点医疗机构和定点药店签订合同，明确各自的责任、权利和义务。在确定定点医疗机构和定点药店时，要引进竞争机制，职工可选择若干定点医疗机构就医、购药，也可持处方在若干定点药店购药。国家药品监督管理局会同有关部门制定定点药店购药药事事故处理办法。

各地要认真贯彻《中共中央、国务院关于卫生改革与发展的决定》（中发［1997］3号）精神，积极推进医药卫生体制改革，以较少的经费投入，使人民群众得到良好的医疗服务，促进医药卫生事业的健康发展。要建立医药分开核算、分别管理的制度，形成医疗服务和药品流通的竞争机制，合理控制医药费用水平；要加强医疗机构和药店的内部管理，规范医药服务行为，减员增效，降低医药成本；要理顺医疗服务价格，在实行医药分开核算、分别管理，降低药品收入占医疗总收入比重的基础上，合理提高医疗技术劳务价格；要加强业务技术培训和职业道德教育，提高医药服务人员的素质和服务质量；要合理调整医疗机构布局，优化医疗卫生资源配置，积极发展社区卫生服务，将社区卫生服务中的基本医疗服务项目纳入基本医疗保险范围。卫生部会同有关部门制定医疗机构改革方案和发展社区卫生服务的有关政策。国家经贸委等部门要认真配合做好药品流通体制改革工作。

六、妥善解决有关人员的医疗待遇

离休人员、老红军的医疗待遇不变，医疗费用按原资金渠道解决，支付确有困难的，由同级人民政府帮助解决。离休人员、老红军的医疗管理办法由省、自治区、直辖市人民政府制定。

二等乙级以上革命伤残军人的医疗待遇不变，医疗费用按原资金渠道解决，由社会保险经办机构单独列帐管理。医疗费支付不足部分，由当地人民政府帮助解决。

退休人员参加基本医疗保险，个人不缴纳基本医疗保险费。对退休人员个人帐户的计入金额和个人负担医疗费的比例给予适当照顾。

国家公务员在参加基本医疗保险的基础上，享受医疗补助政策。具体办法另行制定。

为了不降低一些特定行业职工现有的医疗消费水平，在参加基本医疗医疗保险的基础上，作为过渡措施，允许建立企业补充医疗保险。企业补充医疗保险费在工资总额4%以内的部分，从职工福利费中列支，福利费不足列支的部分，经同级财政部门核准后列入成本。

国有企业下岗职工的基本医疗保险费，包括单位缴费和个人缴费，均由再就业服务中心按照当地上年度职工平均工资的60%为基数缴纳。

七、加强组织领导

医疗保险制度改革政策性强，涉及广大职工的切身利益，关系到国民经济发展和社会稳定。各级人民政府要切实加强领导，统一思想，提高认识，做好宣传工作和政治思想工作，使广大职工和社会各方面都积极支持和参与这项改革。各地要按照建立城镇职工基本医疗保险制度的任务、原则和要求，结合本地实际，精心组织实施，保证新旧制度的平稳过渡。

建立城镇职工基本医疗保险制度工作从1999年初开始启动，1999年底基本完成。各省、自治区、直辖市人民政府要按照本决定的要求，制定医疗保险制度改革的总体规划，报劳动保障部备案。统筹地区要根据规划要求，制定基本医疗保险实施方案，报省、自治区、直辖市人民政府审批后执行。

劳动保障部要加强对建立城镇职工基本医疗保险制度工作的指导和检查，及时研究解决工作中出现的问题。财政、卫生、药品监督管理等有关部门要积极参与，密切配合，共同努力，确保城镇职工基本医疗保险制度改革工作的顺利进行。

中央组织部《关于认真贯彻党中央、国务院要求进一步落实离休干部的离休费和医药费的通知》

（1998年8月4日）　【组通字（1998）36号】

党中央、国务院召开的国有企业下岗职工基本生活保障和再就业工作会议，对切实保障离退休人员按时足额领取离退休金，落实离退休待遇，提出了明确要求。各级党委、政府及组织部门和老干部工作部门，认真落实会议精神，积极配合劳动和社会保障等部门，做了大量工作，在落实离休干部的离休费和医药费（以下简称“两费”）方面取得了明显成效。但工作发展不平衡，不少地方出现新的拖欠。据17个省区市统计，今年上半年又拖欠离休干部“两费”1.4亿多元。为进一步贯彻党中央、国务院会议精神，现就认真落实离休干部“两费”问题通知如下：

（一）要保证按时足额发放离休干部的离休费。凡是有离休干部的行政机关、事业单位和企业，都要按中央的要求，按时发放离休费，不能再有新的拖欠。各级组织部门和老干部工作部门要主动深入有关单位，帮助想办法，定措施，筹措资金，把中央的要求落到实处。有易地安置离休干部的，原单位要对易地安置离休干部登记造册，保证按时给这些离休干部寄发离休费。

（二）要坚持离休干部的医药费按规定实报实销。各级组织部门和老干部工作部门，要注意了解医疗制度改革中涉及离休干部的有关情况，会同有关部门和单位，采取切实可行的措施，把离休干部按规定报销医药费的问题落实好，要为离休干部看病、住院提供方便。

（三）要及时清理原拖欠离休干部的“两费”。各省区市和各部委在今年底前，要把过去减发、欠发离休干部的“两费”全部清理完毕。对那些拖欠数额较大、解决起来有一定难度的单位，组织部门和老干部工作部门要积极主动协调劳动和社会保障、财政等部门，从资金等方面给予必要的支持。

（四）要提高认识，加强领导，抓好落实。落实全国国有企业下岗职工基本生活保障和再就业工作会议精神，保证离退休干部的离退休费按时足额发放，不仅是一个经济问题，而且是一个政治问题。各级党委组织部门和老干部工作部门，要从维护改革、发展、稳定大局的高度，充分认识解决这一问题的必要性和紧迫性。各级组织部门和老干部工作部门，要积极主动与劳动和社会保障部门及财政等部门联系，配合他们做好离休干部“两费”的落实工作。已经初步建立“两费”保障机制的省区市，要抓好机制的运转和完善；尚未建立“两费”保障机制的，要抓紧建立。要加强对“两费”落实情况的督促检查。要认真、及时、妥善地处理离退休干部的来信来访。要积极做好离退休干部的思想工作。

为掌握落实“两费”工作进展情况，从8月份起，请各省区市老干部局和各部委离退休干部局（办、处）将落实离休干部“两费”情况逐月报给我部老干部局。

最高人民法院、司法部《关于民事法律援助工作若干问题》的联合通知

（1999年4月12日）　【司发通（1999）032号】

各省、自治区、直辖市高级人民法院、司法厅（局），解放军军事法院：

为切实贯彻“公民在法律面前一律平等”的宪法原则，保障公民获得平等的法律帮助，根据有关法律援助的法律法规和《人民法院诉讼收费办法》的规定，现就民事法律援助工作的有关问题通知如下：

（一）公民在赡养费、扶养费、抚育费、劳动报酬、工伤等方面提起民事诉讼，符合下列条件的，可到有管辖权的人民法院所在地的法律援助机构申请法律援助：

1.有充分理由证明为保障自己合法权益需要法律帮助；

2.本人及其家庭经济状况符合当地政府部门规定的公民经济困难标准。

请求发给抚恤金和请求国家赔偿的案件参照前款规定办理。

（二）法律援助机构对公民提出的法律援助申请进行审查。对于符合法律援助条件的，作出同意提供法律援助的决定。

法律援助机构作出上述决定后，受援人可以据此向有管辖权的人民法院提出缓、减、免交诉讼费的书面申请，并附符合法律援助条件的有效证明材料。

（三）人民法院对于法律援助机构决定减、免费

提供法律援助民事诉讼代理的，经审查认为符合法律援助条件，应当先行对受援人作出缓收案件受理费及其他诉讼费的决定，待案件审结后再根据案件的具体情况决定诉讼费的支付。

经人民法院调解达成协议的案件，诉讼费由诉讼双方协商解决；协商不成的，由人民法院根据诉讼双方具体情况作出决定。

由人民法院判决结案的案件，败诉方为非受援方当事人，诉讼费应当由败诉方承担；败诉方为受援方当事人，由其交纳诉讼费确有困难的，人民法院应当减、免收诉讼费；双方都有责任的由双方分担诉讼费，受援方当事人交纳诉讼费确有困难的，人民法院应当减、免收其应承担的部分。

（四）人民法院对于法律援助机构决定减、免费提供法律援助民事诉讼代理，经审查认为不符合法律援助条件的，应当作出不同意缓、减、免收诉讼费的决定，书面函告法律援助机构，并附简要理由。

对于人民法院决定不予缓、减、免收诉讼费的案件，法律援助机构可撤销该案申请人的受援资格，不予提供减、免收代理费的法律援助。

（五）人民法院应当根据民事诉讼法及其他相关法律法规的规定，对民事法律援助案件及时立案、及时审结、及时执行，对承办案件的法律援助人员应予支持配合，在工作上尽量提供方便，以维护受援人的合法权益。

（六）法律援助人员办理民事法律援助案件应当向人民法院提交由法律援助机构统一印制的公函和文书。在法律援助案件代理中，要尽职尽责，必要时可请求人民法院依法调查收集证据。

（七）法律援助人员办理法律援助案件所需差旅费、文印资、交通通讯费、调查取证费等办案必要开支，受援方列入诉讼请求的，人民法院可根据具体情况判由非受援的败诉方承担。

法律援助人员办案费用的计算办法为：差旅费按法律援助机构所在地财政部门规定的公务人员差旅费标准计算，文印费、交通通讯费等开支一般不超过500元；鉴定费、调查取证费和证人出庭费由人民法院根据国家的有关规定和实际情况决定。

文化部印发《关于加强老年文化工作的意见》的通知

（1999年7月20日）　　【文社图发（1999）27号】

党中央、国务院十分重视、关心老年工作，要求社会各方面共同努力，真正做到老年人老有所养、老有所医、老有所为、老有所学、老有所乐。为贯彻落实党中央、国务院的指示精神，文化部就加强老年文化工作，丰富老年人文化生活问题，提出以下意见：

一、提高认识，切实做好老年文化工作

目前，我国60岁以上老年人口达到1.2亿，占全国总人口的9.7%，并以年均3.2%的速度增长。人口老龄化，一方面反映出我国经济的发展和人民生活水平的显著提高；另一方面也对全社会提出了新的要求。各级文化行政部门必须从党的十五大确立的建设有中国特色社会主义经济、政治、文化的总体目标出发，充分认识人口老龄化这一社会经济和人口发展进程中带有全局性和战略性的重大问题，认识做好老年文化工作的重要性、必要性和紧迫性。

老年人是我国社会的重要组成部分。老年人的智慧、知识和经验是社会的宝贵财富。老年人不仅是社会物质文明和精神文明的创造者、继承者，也是优秀传统文化的传播者。老年人的生存状况和精神面貌直接影响到全社会文明程度的提高和社会的稳定与发展。加强老年文化工作对于丰富老年人的精神文化生活，提高老年人的生命生活质量，推进社会主义精神文明建设具有重大的现实意义。

随着社会经济领域的深刻变革，社会生活领域也发生了巨大变化，对文化工作提出了更新、更高的要求，也给做好老年文化工作提出了新的课题。如何创造一个安定、和谐、健康的社会文化环境，丰富老年人的文化生活，满足老年人的精神文化需求，是老年人个体和时代及社会发展的必然要求，也是全面实现建设有中国特色社会主义宏伟目标的客观需要。

各级文化行政部门及广大文化工作者，必须高举邓小平理论伟大旗帜，把做好老年文化工作、丰富老年人文化生活，作为文化工作的一项长期任务，摆到重要位置。要大力弘扬中华民族尊老敬老的传统美德，营造新时期养老、敬老、爱老、助老的良好社会环境与文化氛围，努力发挥老年人在社会主义精神文明建设中的作用。

二、认真搞好老年文化场所建设，积极开展丰富多彩的老年文化活动

开展老年文化活动，应从老年人的需要和愿望出发，从当地的实际情况出发，坚持立足社区、面向基层、落在实处。坚持小型分散与相对集中相结合，提高活动质量与改善设施条件相结合，坚持活动内容的广泛性与活动形式的多样性相结合，坚持社会效益与经济效益相结合的原则。做到有规划、有措施、有经费、有阵地、有检查。

各地文化部门，要在党委、政府的领导和支持下把老年文化设施建设提到重要议事日程，加快老年文化场所、设施的开辟与建设步伐。要进一步建立健全群众文化三级网络，充分发挥文化馆、图书馆、博物馆等现有的公益性群众文化单位在老年文化活动中的主导作用，努力完善老年文化阵地建设。坚持以现有的各级文化馆和各类老年活动中心为主要活动场所。各地大中城市要立足社区，开辟老年文化、健身广场活动点。有条件的地方可以根据需要，因地制宜兴办新的老年文化活动场所，并加强对这些文化活动场所的管理。

各地群众艺术馆、文化馆、文化站要充分发挥组织、引导各类社会文化活动的功能，对于老年人自发的、健康的文化、娱乐、健身活动要给予支持与指导。除经常开展馆、站活动外，要根据老年人的特点，积极组织开展形式多样、健康有益的社区、乡村文化体育活动。设施条件较好的文化馆、站，要开辟适宜老年人文化娱乐的活动场所，有关部门的内部老年活动场所要创造条件，争取向社会开放，吸引更多的老年人参加活动。各馆、站要把老年人组织起来，定期举行国内外形势、保护老年人权益、科技发展动态等方面的各类讲座和研讨会。对他们的自娱自乐活动要提供方便。

各级图书馆要大力倡导和开展老年人读书系列活动。有条件的图书馆可开设老年人阅览室、馆外图书流动点，组织适合老年人的读书小组、书评活动等。对老年人相对集中的干休所、疗养院、老年活动中心等场所，提供送书上门等服务，邀请专家、学者、教授定期为老年人举办专题知识讲座等。

各级博物馆、纪念馆、美术馆、展览馆等公共文化场所，对老年人参观可给予适当优惠。

各级艺术表演团体要把为老年人演出纳入年度演出计划，提倡艺术表演团体创作、排演老年题材的剧节目。在每年的重大传统节日之际，优先为老年人安排慰问演出活动，逐步成为一项制度。

要发挥老年人自身的积极作用，体现他们关心下一代的良好愿望。提倡和支持老年人和青少年共同开展文化活动，使老年人的知识、经验和智慧在文化艺术活动中得以传播，真正实现老有所为。

要充分发挥各种老年人文化活动团体的作用。要创造条件开展适合农村老年人的各类文娱活动，使他们的晚年生活丰富多彩。有条件的地方，可积极组织各种类型的老年合唱团，在经常开展活动的基础上，每年的重阳节前后举行歌咏大赛。文化部决定从1999国际老年人年起，每年组织举办一次老年合唱节文化活动。

少数民族地区文化部门和单位，应根据各民族的风俗习惯，积极开展具有民族特色、形式多样的适合老年人参与的文体活动。对一些边远的牧区、山区可作为工作重点，定期开展为老年人送戏、送书上门服务，将“三下乡”活动与关心农村老年人文化生活结合起来。

三、办好老年大学，建立老年教育网络

办好老年大学是老年文化工作的重要组成部分，老年的非学历教育工作由各级文化行政部门统一负责。各级文化行政部门必须充分认识到实现终身教育是社会发展进步的重要标志，要根据因地制宜、因人施教的原则，动员社会各方面力量，积极有计划地兴办各类老年大学，发展老年教育事业。

要充分利用社会上现有的教育、文化设施和各种老年人活动场所，开展老年教育，并注意发挥现代传媒手段在老年教育中的作用，积极进行老年人远程教育、电化教育的尝试和探索。

要依靠各级政府及有关部门、有条件的大型企事业单位，积极兴办质量较高的老年大学。基层单位也应根据条件为老年人提供各种学习场所，使更多的老年人能有就近参加学习、接受教育的机会。

开办老年大学，要符合国家的教育方针和老龄工作宗旨，要不断提高教育质量，使老年人通过学习提高思想理论和科学文化与生理心理素质，达到增长知识、丰富生活、陶冶情操、促进健康、服务社会的目的。

在课程设置上，要满足老年人的需要，因需施教；在教学方法上，要灵活多样，体现寓教于乐；在师资选聘上，既要注重教师的业务素质，又要注重教师尊老敬老为老年人服务的意识。

各级文化主管部门要认真做好各级各类非学历老年大学的规划、审批和管理工作。开办老年大学是一项公益性事业，要把社会效益放在首位，并逐步推进老年教育的产业化。各地可参照执行国家对各级各类学校的优惠政策和管理办法，视学习经费来源情况，适当收取学费，以保证更多老年人能进入学校学习。

四、动员社会力量参与，开创老年文化工作的新局面

解决老龄问题是国家、集体、家庭及个人共同的责任。尊老敬老是中华民族的传统美德。老年文化工作关系到社会的各个方面，需要全社会的关心和支持。要动员全社会积极行动起来，同心协力，齐抓共管，形成敬老、助老的良好社会风尚。

要加大工作力度，积极动员社会各方面力量，不断拓宽老年文化工作的领域。各级文化部门要会同老龄工作部门及工、青、妇等群众组织、文联各协会及社会文化团体组织。根据各自工作特点，积极开展具有较高质量的老年文化活动。要鼓励社会各界关心、支持老年文化活动，要大力倡导并组织志愿者队伍，为老年人提供包括精神慰藉、文化生活在内的各项服务。

大中城市缺少广场活动点的地区，可商当地园林部门本着就近就地原则，安排老年人定期优惠进入公园开展文化、体育健身活动。可根据当地季节和风俗习惯，集中组织老年人就近参观自然、人文景观。通过社会各方面的努力，使老年人的文化活动丰富多彩，使老年人更多地感受到社会的温暖和自身在社会的地位、价值。

五、加强领导，搞好老年文化活动的管理和规划

要切实加强对老年文化工作的领导，加强对老年文化活动的研究、规划、指导和管理，保证老年文化事业健康、有序发展。

要坚持唯物辩证思想和正确的导向，积极引导老年人开展各种健康、有益、科学的文化和健身活动，反对各种不利于老年人身心健康和迷信、伪科学的活动。

开展老年文化活动，应坚持老年人自愿、受益与社会满意的原则，使老年人充分享受到党和国家给予他们的关怀和照顾。开展老年文化活动，兴办老年教育事业，要坚持社会共建、共办、共享的方针，节俭办事，注重实效。要加强对老年文化产品的生产规划与指导。图书出版、电影生产、文学戏剧创作等单位，要及时调整产品结构，增加老年文化产品的种类和数量，以满足各类老年人的需求。特别要注重加强对民间小戏的创作与排演，满足广大农村老年人的文化需求。

要协同新闻出版部门共同做好老年文化工作的宣传报导，办好现有的老年栏目，积极创办新的老年节目，努力提高节目质量，以正确的舆论引导全社会对老年文化工作的高度重视与积极支持，提高老年文化宣传的整体水平。

各省、自治区、直辖市文化厅（局）要把老年文化工作作为一项重要工作任务列入议程，确定一名副厅（局）长分管老年文化工作，在政府领导下，定期召开会议，对本地区老年文化工作进行统一协调和部署，并组织实施有关活动。文化部将在适当时机对全国开展老年文化活动的工作进行总结、交流，表彰成绩突出的单位和个人。

各级文化行政部门和有关单位要搞好 1999 国际老年人年的文化活动，以高度的责任感，开创我国老年文化工作的新局面。

城市居民最低生活保障条例

（1999 年 9 月 28 日中华人民共和国国务院令第 271 号发布，自 1999 年 10 月 1 日起施行）

第一条　为了规范城市居民最低生活保障制度，保障城市居民基本生活，制定本条例。

第二条　持有非农业户口的城市居民，凡共同生活的家庭成员人均收入低于当地城市居民最低生活保障标准的，均有从当地人民政府获得基本生活物质帮助的权利。

前款所称收入，是指共同生活的家庭成员的全部货币收入和实物收入，包括法定赡养人、扶养人或者抚养人应当给付的赡养费、扶养费或者抚养费，不包括优抚对象按照国家规定享受的抚恤金、补助金。

第三条　城市居民最低生活保障制度遵循保障城市居民基本生活的原则，坚持国家保障与社会帮扶相结合、鼓励劳动自救的方针。

第四条　城市居民最低生活保障制度实行地方各级人民政府负责制。县级以上地方各级人民政府民政部门具体负责本行政区城市居民最低生活保障的管理工作；财政部门按照规定落实城市居民最低生活保障资金；统计、物价、审计、劳动保障和人事等部门分工负责，在各自的职责范围内负责城市居民最低生活保障的有关工作。

县级人民政府民政部门以及街道办事处和镇人民政府（以下统称管理审批机关）负责城市居民最低生活保障的具体管理审批工作。

居民委员会根据管理审批机关的委托，可以承担城市居民最低生活保障的日常管理、服务工作。

国务院民政部门负责全国城市居民最低生活保障的管理工作。

第五条　城市居民最低生活保障所需资金，由地方人民政府列入财政预算，纳入社会救济专项资金支出项目，专项管理，专款专用。

国家鼓励社会组织和个人为城市居民最低生活保障提供捐赠、资助；所提供的捐赠资助，全部纳入当地城市居民最低生活保障资金。

第六条　城市居民最低生活保障标准，按照当地维持城市居民基本生活所必需的衣、食、住费用，并适当考虑水电燃煤（燃气）费用以及未成年人的义务教育费用确定。

直辖市、设区的市的城市居民最低生活保障标准，由市人民政府民政部门会同财政、统计、物价等部门制定，报本级人民政府批准并公布执行；县（县级市）的城市居民最低生活保障标准，由县（县级市）人民政府民政部门会同财政、统计、物价等部门制定，报本级人民政府批准并报上一级人民政府备案后公布执行。

城市居民最低生活保障标准需要提高时，依照前两款的规定重新核定。

第七条　申请享受城市居民最低生活保障待遇，由户主向户籍所在地的街道办事处或者镇人民政府提出书面申请，并出具有关证明材料，填写《城市居民最低生活保障待遇审批表》。城市居民最低生活保障待遇，由其所在地的街道办事处或者镇人民政府初审，并将有关材料和初审意见报送县级人民政府民政部门审批。

管理审批机关为审批城市居民最低生活保障待遇的需要，可以通过入户调查、邻里访问以及信函索证等方式对申请人的家庭经济状况和实际生活水平进行调查核实。申请人及有关单位、组织或者个人应当接受调查，如实提供有关情况。

第八条　县级人民政府民政部门经审查,对符合享受城市居民最低生活保障待遇条件的家庭,应当区分下列不同情况批准其享受城市居民最低生活保障待遇：

（一）对无生活来源、无劳动能力又无法定赡养人、扶养人或者抚养人的城市居民，批准其按照当地城市居民最低生活保障标准全额享受；

（二）对尚有一定收入的城市居民，批准其按照家庭人均收入低于当地城市居民最低生活保障标准的差额享受。

县级人民政府民政部门经审查，对不符合享受城市居民最低生活保障待遇条件的，应当书面通知申请人，并说明理由。

管理审批机关应当自接到申请人提出申请之日起的 30 日内办结审批手续。

城市居民最低生活保障待遇由管理审批机关以货币形式按月发放；必要时，也可以给付实物。

第九条　对经批准享受城市居民最低生活保障待遇的城市居民，由管理审批机关采取适当形式以户为单位予以公布，接受群众监督。任何人对不符合法定条件而享受城市居民最低生活保障待遇的，都有权向管理审批机关提出意见；管理审批机关经核查，对情况属实的，应当予以纠正。

第十条　享受城市居民最低生活保障待遇的城市居民家庭人均收入情况发生变化的，应当及时通过居民委员会告知管理审批机关，办理停发、减发或者增发城市居民最低生活保障待遇的手续。

管理审批机关应当对享受城市居民最低生活保障待遇的城市居民的家庭收入情况定期进行核查。

在就业年龄内有劳动能力但尚未就业的城市居民，在享受城市居民最低生活保障待遇期间，应当参加其所在的居民委员会组织的公益性社区服务劳动。

第十一条　地方各级人民政府及其有关部门，应当对享受城市居民最低生活保障待遇的城市居民在就业、从事个体经营等方面给予必要的扶持和照顾。

第十二条　财政部门、审计部门依法监督城市居民最低生活保障资金的使用情况。

第十三条　从事城市居民最低生活保障管理审批工作的人员有下列行为之一的，给予批评教育，依法给予行政处分；构成犯罪的，依法追究刑事责任：

（一）对符合享受城市居民最低生活保障待遇条件的家庭拒不签署同意享受城市居民最低生活保障待遇意见的，或者对不符合享受城市居民最低生活保障待遇条件的家庭故意签署同意享受城市居民最低生活保障待遇意见的；

（二）玩忽职守、徇私舞弊，或者贪污、挪用、扣压、拖欠城市居民最低生活保障款物的。

第十四条　享受城市居民最低生活保障待遇的城市居民有下列行为之一的，由县级人民政府民政部门给予批评教育或者警告，追回其冒领的城市居民最低生活保障款物；情节恶劣的，处冒领金额 1 倍以上 3 倍以下的罚款：

（一）采取虚报、隐瞒、伪造等手段，骗取享受城市居民最低生活保障待遇的；

（二）在享受城市居民最低生活保障待遇期间家庭收入情况好转，不按规定告知管理审批机关，继续享受城市居民最低生活保障待遇的。

第十五条　城市居民对县级人民政府民政部门作出的不批准享受城市居民最低生活保障待遇或者减发、停发城市居民最低生活保障款物的决定或者给予的行政处罚不服的，可以依法申请行政复议；对复议决定仍不服的，可以依法提起行政诉讼。

第十六条　省、自治区、直辖市人民政府可以根据本条例，结合本行政区域城市居民最低生活保障工作的实际情况，规定实施的办法和步骤。

第十七条　本条例自 1999 年 10 月 1 日起施行。

民政部办公厅、建设部办公厅《关于宣传贯彻〈老年人建筑设计规范〉的通知》

（1999年10月8日） 【民办函（1999）61号】

各省、自治区、直辖市建委（建设厅）、民政厅（局），各计划单列市建委、民政局，新疆生产建设兵团建设局、民政局：

根据建设部、民政部1999年5月14日下发的《关于发布行业标准〈老年人建筑设计规范〉的通知》（建标［1999］131号）精神，《老年人建筑设计规范》（以下简称《规范》）作为强制性行业标准，于1999年10月1日起在全国范围内正式施行。这是我国第一部专门为老年人建筑制定的行业性设计标准，对于规范老年公寓、老人院和托老所等老年福利服务设施的设计和建设工作，促进老年福利事业的健康发展，维护老年人的合法权益，将起到重要作用。为了贯彻落实〈规范〉，特作如下通知：

一、认真学习《规范》

《规范》具有较强的专业性和政策性，各地建委（建设厅）、民政厅（局）要尽快把《规范》转发到基层，并采取举办讲座和学习班等培训形式，组织各级干部，特别是设计、施工人员和老年福利机构的管理、服务人员认真学习，掌握其基本要求和相关数据，为实施和遵守《规范》打好基础。

二、积极宣传《规范》

今年是国际老年人年，《规范》的出台为我国的老年人办了一件实事，体现了政府对老年人福利事业的高度重视。各地建设部门和民政部门要结合国际老年人年活动的开展，通过广播、电视、报纸、杂志和国际互联网等媒体，大力宣传《规范》，让全社会广泛了解《规范》的意义和基本内容。

三、切实贯彻执行《规范》

目前，我国老年福利事业发展迅速，各地掀起了一个兴办老年社会福利机构的高潮，《规范》的颁布顺应了这一发展趋势。为了配合《规范》的实施工作，各地要于近期做好以下工作：

（一）研究制定具体的贯彻实施意见，加强管理监督。各地建设部门和民政部门要结合本地实际，尽快研究制定出具体的贯彻实施意见，对老年人建筑从规划、设计、建设到老年福利机构设立的全过程进行管理和监督，明确各自职责，将《规范》的贯彻工作纳入日常工作范围。

（二）把好建筑工程的审批和验收关。各地建设部门要督促有关设计部门和施工单位在具体的工作中执行《规范》，在老年人建筑设计方案的审批和施工验收过程中，严格把关，对不符合《规范》的设计方案不予审批，对未达到标准的工程，不能签发验收合格证书。

（三）把好老年福利机构的审批关。各地民政部门在审批老年福利机构的工作中，要将建设部门对建筑设计方案的审批意见和对工程的验收合格证书作为必备条件之一，对未经建设部门审批和验收的老年人建筑不予颁发福利机构设置批准书。

（四）做好现有老年人建筑的普查和改建工作。各地建设部门和民政部门要密切配合，对已经使用和正在建设的老年人建筑，按照《规范》的要求进行一次普查，凡不符合《规范》要求的建筑、设施，能补救的要尽力补救。

（五）总结经验，研究制定《规范》的配套文件。各地建设部门和民政部门在贯彻实施《规范》的过程中，要及时总结经验，研究制定有关老年人建筑的设计导则和不同类型、不同规模的老年福利设施的设计方案等配套文件，以促进我国老年福利机构的规范化建设。

请各地将学习、宣传、贯彻《规范》的情况和普查情况及时报送建设部、民政部。

附件：

老年人建筑设计规范

1　总　则

1.0.1　为适应我国社会人口结构老龄化，使建筑设计符合老年人体能心态特征对建筑物的安全、卫生、适用等基本要求，制定本规范。

1.0.2　本规范适用于城镇新建、扩建和改建的专供老年人使用的居住建筑及公共建筑设计。

1.0.3　专供老年人使用的居住建筑和公共建筑，应为老年人使用提供方便设施和服务。具备方便残疾人使用的无障碍设施，可兼为老年人使用。

1.0.4　老年人建筑设计除应符合本规范外，尚应符合国家现行有关强制性标准的规定

2　术　语

2.0.1　老龄阶段　The Aged Phase

60周岁及以上人口年龄段。

2.0.2　自理老人 Self－helping Aged People

生活行为完全自理，不依赖他人帮助的老年人。

2.0.3　介助老人 Device－helping Aged People

生活行为依赖扶手、拐杖、轮椅和升降设施等帮助的老年人。

2.0.4　介护老人　Under Nursing Aged People

生活行为依赖他人护理的老年人。

2.0.5　老年住宅 House for the Aged

专供老年人居住，符合老年体能心态特征的住宅。

2.0.6　老年公寓 Apartment for the Aged

专供老年人集中居住，符合老年体能心态特征的公寓式老年住宅，具备餐饮、清洁卫生、文化娱乐、医疗保健服务体系，是综合管理的住宅类型。

2.0.7　老人院（养老院）Home for the Aged

专为接待老年人安度晚年而设置的社会养老服务机构，设有起居生活、文化娱乐、医疗保健等多项服务设施。

2.0.8　托老所 Nursery for the Aged

为短期接待老年人托管服务的社区养老服务场所，设有起居生活、文化娱乐、医疗保健等多项服务设施，可分日托和全托两种。

2.0.9　走道净宽 Net Width of Corridor

通行走道两侧墙面凸出物内缘之间的水平宽度，当墙面设置扶手时，为双侧扶手内缘之间的水平距离。

2.0.10　楼梯段净宽 Net Width of Stairway

楼梯段墙面凸出物与楼梯扶手内缘之间，或楼梯段双面扶手内缘之间的水平距离。

2.0.11　门口净宽 Net Width of Doorway

门扇开启后，门框内缘与开启门扇内侧边缘之间的水平距离。

3　基地环境设计

3.0.1　老年人建筑基地环境设计，应符合城市规划要求。

3.0.2　老年人居住建筑宜设于居住区，与社区医疗急救、体育健身、文化娱乐、供应服务、管理设施组成健全的生活保障网络系统。

3.0.3　专为老年人服务的公共建筑，如老年文化休闲活动中心、老年大学、老年疗养院、干休所、老年医疗急救康复中心等，宜选择临近居住区，交通进出方便，安静，卫生、无污染的周边环境。

3.0.4　老年人建筑基地应阳光充足，通风良好，视野开阔，与庭院结合绿化、造园，宜组合成若干个户外活动中心，备设坐椅和活动设施。

4　建筑设计

4.1　一般规定

4.1.1　老年人居住建筑应按老龄阶段从自理、介助到介护变化全程的不同需要进行设计。

4.1.2　老年人公共建筑应按老龄阶段介助老人的体能心态特征进行设计。

4.1.3　老年人公共建筑，其出入口、老年所经由的水平通道和垂直交通设施卫生间和休息室等部位，应为老年人提供方便设施和服务条件。

4.1.4　老年人建筑层数宜为三层及三层以下；四层及四层以上应设电梯。

4.2　出入口

4.2.1　老年人居住建筑出入口，宜采取阳面开门。出入口内外应留有不小于1.50m×1.50m的轮椅回旋面积。

4.2.2　老年人居住建筑出入口造型设计，应标志鲜明，易于辨认。

4.2.3 老年人建筑出入口门前平台与室外地面高差不宜大于0.40m，并应采用缓坡台阶和坡道过渡。

4.2.4 缓坡台阶踏步踢面高不宜大于120mm，踏面宽不宜小于380mm，坡道坡度不宜大于1/12。台阶与坡道两侧应设栏杆扶手。

4.2.5 当室内外高差较大设坡道有困难时，出入口前可设升降平台。

4.2.6 出入口顶部应设雨篷；出入口平台、台阶踏步和坡道应选用坚固、耐磨、防滑的材料。

4.3 过厅和走道

4.3.1 老年人居住建筑过厅应具备轮椅、担架回旋条件，并应符合下列要求：

1 户室内门厅部位应具备设置更衣、换鞋用橱柜和椅凳的空间。

2 户室内面对走道的门与门、门与邻墙之间的距离，不应小于0.50m，应保证轮椅回旋和门扇开启空间。

3 户室内通过式走道净宽不应小于1.20m。

4.3.2 老年人公共建筑，通过式走道净宽不宜小于1.80m。

4.3.3 老年人出入经由的过厅、走道、房间不得设门坎，地面不宜有高差。

4.3.4 通过式走道两侧墙面0.90m和0.65m高处宜设ф40～50mm的圆杆横向扶手，扶手离墙表面间距40mm；走道两侧墙面下部应设0.35m高的护墙板。

4.4 楼梯、坡道和电梯

4.4.1 老年人居住建筑和老年人公共建筑，应设符合老年体能心态特征的缓坡楼梯。

4.4.2 老年人使用的楼梯间，其楼梯段净宽不得小于1.20m，不得采用扇形踏步，不得在平台区内设踏步。

4.4.3 缓坡楼梯踏步踏面宽度，居住建筑不应小于300mm，公共建筑不应小于320mm；踏面高度，居住建筑不应大于150mm，公共建筑不应大于130mm。踏面前缘宜设高度不大于3mm的异色防滑警示条，踏面前缘前凸不宜大于10mm。

4.4.4 不设电梯的三层及三层以下老年人建筑宜兼设坡道，坡道净宽不宜小于1.50m，坡道长度不宜大于12.00m，坡度不宜大于1/12。坡道设计应符合现行行业标准《方便残疾人使用的城市道路和建筑物设计规范》JGJ50的有关规定。并应符合下列要求：

1 坡道转弯时应设休息平台，休息平台净深度不得小于1.50m。

2 在坡道的起点及终点，应留有深度不小于1.50m的轮椅缓冲地带。

3 坡道侧面凌空时，在栏杆下端宜设高度不小于50mm的安全档台。

4.4.5 楼梯与坡道两侧离地高0.90m和0.65m处应设连续的栏杆与扶手，沿墙一侧扶手应水平延伸。扶手设计应符合本规范第4.3.4条的规定。扶手宜选用优质木料或手感较好的其他材料制作。

4.4.6 设电梯的老年人建筑，电梯厅及轿厢尺度必须保证轮椅和急救担架进出方便，轿厢沿周边离地0.90m和0.65m高处设介助安全扶手。电梯速度宜选用慢速度，梯门宜采用慢关闭，并内装电视监控系统。

4.5 居 室

4.5.1 老年人居住建筑的起居室、卧室，老年人公共建筑中的疗养室、病房，应有良好朝向、天然采光和自然通风，室外宜有开阔视野和优美环境。

4.5.2 老年住宅、老年公寓、家庭型老人院的起居室使用面积不宜小于14m^2，卧室使用面积不宜小于10m^2。矩形居室的短边净尺寸不宜小于3.00m。老年人基础设施参数应符合附录A的规定。

4.5.3 老人院、老人疗养室、老人病房等合居型居室，每室不宜超过3人，每人使用面积不应小于6m^2。矩形居室短边净尺寸不宜小于3.30m。

4.6 厨 房

4.6.1 老年住宅应设独用厨房；老年公寓除设公共餐厅外，还应设各户独用厨房；老人院除设公共餐厅外，宜设少量公用厨房。

4.6.2 供老年人自行操作和轮椅进出的独用厨房，使用面积不宜小于6.00m^2，其最小短边净尺寸不应小于2.10m。

4.6.3 老人院公用小厨房应分层或分组设置，每间使用面积宜为6.00～8.00m^2。

4.6.4 厨房操作台面高不宜小于0.75～0.80m，台面宽度不应小于0.50m，台下净空高度不应小于0.60m，台下净空前后进深不应小于0.25m。

4.6.5 厨房宜设吊柜，柜底离地高度宜为1.40～1.50m；轮椅操作厨房，柜底离地高度宜为1.20m。吊柜深度比案台应退进0.25m。

4.7 卫生间

4.7.1 老年住宅、老年公寓、老人院应设紧邻卧室的独用卫生间，配置三件卫生洁具，其面积不宜小于5.00m^2。

4.7.2 老人院、托老所应分别设公用卫生间、公用浴室和公用洗衣间。托老所备有全托时，全托者卧室宜设紧邻的卫生间。

4.7.3 老人疗养室、老人病房，宜设独用卫生间。

4.7.4　老年人公共建筑的卫生间，宜临近休息厅，并应设便于轮椅回旋的前室，男女各设一具轮椅进出的厕位小间，男卫生间应设一具立式小便器。

4.7.5　独用卫生间应设坐便器、洗面盆和浴盆淋浴器。坐便器高度不应大于0.40m，浴盆及淋浴坐椅高度不应大于0.40m。浴盆一端应设不小于0.30m宽度坐台。

4.7.6　公用卫生间厕位间平面尺寸不宜小于1.20×2.00m，内设0.40m高的坐便器。

4.7.7　卫生间内与坐便器相邻墙面应设水平高0.70m的“L”形安全扶手或“‖”形落地式安全扶手。贴墙浴盆的墙面应设水平高度0.60m的“L”形安全扶手，入盆一侧贴墙设安全扶手。

4.7.8　卫生间宜选用白色卫生洁具，平底防滑式浅浴盆。冷、热水混合式龙头宜选用杠杆式或掀压式开头。

4.7.9　卫生间、厕位间室设平开门，门扇向外开启，留有观察窗口，安装双向开启的插销。

4.8　阳　台

4.8.1　老年人居住建筑的起居室或卧室应设阳台，阳台净深度不宜小于1.50m。

4.8.2　老人疗养室、老人病房宜设净深度不小于1.50m的阳台。

4.8.3　阳台栏杆扶手高度不应小于1.10m，寒冷和严寒地区宜设封闭式阳台。顶层阳台应设雨篷。阳台板底或侧壁，应设可升降的晾晒衣物设施。

4.8.4　供老人活动的屋顶平台或屋顶花园，其屋顶女儿墙护栏高度不应小于1.10m；出平台的屋顶突出物，其高度不应小于0.60m。

4.9　门　窗

4.9.1　老年人建筑公用外门净宽不得小于1.10m。

4.9.2　老年人住宅户门和内门（含厨房门、卫生间门、阳台门）通行净宽不得小于0.80m。

4.9.3　起居室、卧室、疗养室、病房等门扇应采用可观察的门。

4.9.4　窗扇宜镶用无色透明玻璃。开启窗口应设防蚊蝇纱窗。

4.10　室内装修

4.10.1　老年人建筑内部墙体阳角部位，宜做成圆角或切角，且在1.80m高度以下做与墙体粉刷齐平的护角。

4.10.2　老年人居室不应采用易燃、易碎、化纤及散发有害有毒气味的装修材料。

4.10.3　老年人出入和通行的厅室、走道地面，应选用平整、防滑材料，并应符合下列要求：

1老年人通行的楼梯踏步面应平整防滑无障碍，界限鲜明，不宜采用黑色、显深色面料。

2老年人居室地面宜用硬质木料或富弹性的塑胶材料，寒冷地区不宜采用陶瓷材料。

4.10.4　老年人居室不宜设吊柜，应设贴壁式贮藏壁橱。每人应有1.00m^3以上的贮藏空间。

5　建筑设备与室内设施

5.0.1　严寒和寒冷地区老年人居住建筑应供应热水和采暖。

5.0.2　炎热地区老年人居住建筑宜设空调降温设备。

5.0.3　老年人居住建筑居室之间应有良好隔声处理和噪声控制。允许噪声级不应大于45dB，空气隔声不应小于50dB，撞击声不应大于75dB。

5.0.4　建筑物出入口雨篷板底或门口侧墙应设灯光照明。阳台应设灯光照明。

5.0.5　老年人居室夜间通向卫生间的走道、上下楼梯平台与踏步联结部位，在其临墙离地高0.40m处宜设灯光照明。

5.0.6　起居室、卧室应设多用安全电源插座，每室宜设两组，插孔离地高度宜为0.60～0.80m；厨房、卫生间宜各设三组，插孑L离地高度宜为0.80—1.00m。

5.0.7　起居室、卧室应设闭路电视插孔。

5.0.8　老年人专用厨房应设燃气泄漏报警装置；老年公寓、老人院等老年人专用厨房的燃气设备宜设总调控阀门。

5.0.9　电源开关应选用宽板防漏电式按键开关，高度离地宜为1.00～1.20m。

5.0.10　老年人居住建筑每户应设电话，居室及卫生间厕位旁应设紧急呼救按钮。

5.0.11　老人院床头应设呼叫对讲系统、床头照明灯和安全电源插座。

国务院《关于切实做好企业离退休人员基本养老金按时足额发放和国有企业下岗职工基本生活保障工作的通知》

（2000 年 5 月 28 日）　　【国发（2000）8 号】

各省、自治区、直辖市人民政府，国务院各部委、各直属机构：

今年以来，各地继续把确保企业离退休人员基本养老金按时足额发放和国有企业下岗职工基本生活（以下简称：两个确保）作为一件大事来抓，为维护社会稳定、促进企业改革和经济发展发挥了重要作用。但目前仍有一些地区未能完全做到两个确保，企业离退休人员基本养老金发放出现了新的拖欠，部分国有企业下岗职工未能足额领到基本生活费，个别地方还由此产生了不稳定因素。针对这些问题，为进一步做好两个确保工作，现就有关问题通知如下：

（一）切实加强领导，增强做好两个确保工作的政治责任感。各级人民政府要坚决贯彻落实党中央、国务院制定的有关方针、政策，一把手要直接负责，经常了解两个确保工作情况，认真研究解决工作中的困难和问题。各级劳动保障、经贸、财政、民政等有关部门要密切配合，建立工作协商制度，加强工作交流和协调。企业领导班子要关心职工特别是离退休人员和下岗失业人员的生活，认真履行及时足额缴纳社会保险费的义务。要重视做好两个确保的宣传工作，发挥舆论和社会监督作用。对今年新发生拖欠的离退休人员基本养老金和未按规定发放的下岗职工基本生活费以及代缴的社会保险费，各地要尽快予以补发和补缴；对今后因工作不力而再度发生此类问题的地区，要在全国范围内予以通报批评，并追究当地政府领导的责任。

（二）积极筹措资金，确保不发生新的拖欠。各地要切实调整财政支出结构，提高财政预算中社会保障性支出的比例；各级财政预算安排的社会保障资金，要及时足额拨付，并比上年有所增加，财政超收的部分除用于法定支出外，应主要用于充实社会保障基金。对今年各项社会保障资金的收缴情况和各级财政预算安排社会保障资金的情况，各地要进行一次全面认真的检查，凡是资金安排不到位的，都应通过调整支出结构加以补充，以确保基本养老金发放和下岗职工基本生活保障资金不留缺口，省级人民政府要切实负起责任。对于财政确有困难的中西部地区和老工业基地的资金缺口，经劳动保障部、财政部核实后，由中央财政给予补助，但补助要与各地两个确保工作实绩挂钩，对未达到工作要求的地区要酌情扣减补助数额。对财政承受能力较强、基金结余较多地区当期发放出现的资金缺口，要采取积极措施，动用社会保险基金历年结余和通过增加财政投入解决，中央财政不予补助。

（三）进一步扩大社会保险覆盖范围，加强社会保险费征缴工作。今年内，各地要积极扩大社会保险覆盖面，将外商投资企业、港澳台商投资企业、集体企业、城镇私营企业及事业单位，按规定全部纳入覆盖范围。对于尚未参加社会保险统筹的农垦、森工等企业，有关部门要研究制定相应政策，保障其离退休人员和下岗职工的基本生活。城镇集体企业已参加社会保险的离退休人员和下岗职工，按规定享受社会保险待遇，未参加社会保险而又停产多年的，其退休人员和下岗职工直接纳入城市居民最低生活保障范围，按规定享受最低生活保障待遇。对转制和被兼并企业的职工，社会保险经办机构要及时为其接续社会保险关系。对破产企业和与原单位解除劳动关系的职工，重新就业后由用人单位和个人按规定继续缴纳社会保险费。参加社会保险的单位和职工要按规定及时足额缴纳社会保险费，对拒缴、瞒报、少缴的要依法处理。社会保险经办机构和承担社会保险费征缴工作的税务部门，要加强征缴工作的力度，依法做到应收尽收。对企业欠缴的社会保险费，要加大清理追缴力度，尽快回收。要严格实行社会保险基金收支两条线管理，保证专款专用，严禁发生新的挤占挪用，对已被挤占挪用的基金要尽快收回。审计机关要加强对社会保险基金和重点欠费企业的专项审计，对故意欠缴社会保险费和违规动用社会保险基金的单位和个人要依法追究责任，并向社会曝光。

（四）确保企业离退休人员基本养老金按时足额发放，加快实现管理服务的社会化。各地要通过加强基本养老保险费征缴、财政补助等措施，确保基本养老金按时足额发放。目前仍实行基本养老保险费差额缴拨的地区，要在今年9月底前改为全额缴拨。各地不得实行行业间的封闭运行，对尚未完全实行基本养老保险省级统筹的地区，在明确保证发放责任的同时，要加大基金调剂力度，对当期发放确有困难的地区要及时实施基金调剂。对基本养老金计发标准要认真进行清理，凡属国家规定统筹项目内的基本养老金，必须保证足额发放；统筹项目外的，应由企业根据效益情况自行确定。实行基本养老金社会化发放是确保按时足额发放、减轻企业负担的重要手段，也是建立独立于企业之外的社会保障体系的必要条件。各地要制定基本养老金社会化发放的工作方案和实施计划，力争在今年年底前基本实现由社会保险经办机构发放或委托银行、邮局等社会服务机构发放基本养老金的目标。要充分发挥街道办事处、居委会和社区服务组织的作用，为将退休人员纳入社区管理提供服务。

（五）确保国有企业下岗职工基本生活，大力促进下岗职工再就业。各地要坚持按照“三三制”的原则筹集资金，凡是有支付能力的企业和社会保险经办机构，必须保证资金到位，对困难企业自筹和社会筹集不足的部分，经劳动保障部门和财政部门审核后，由财政给予保证，以确保国有企业下岗职工基本生活费的发放。对于在企业再就业服务中心协议期满仍未实现再就业的下岗职工，要按规定终止或解除劳动合同，并按规定享受失业保险，失业保险到期仍未实现再就业的，由民政部门按规定提供最低生活保障。要加快建立市场导向的就业机制，实现国有企业下岗职工由再就业服务中心保障基本生活向失业保险和市场就业的转变。要拓展就业门路，大力扶持劳动密集型产业，支持社区服务业和中小企业的发展，组织下岗职工从事植树种草、环境保护和社区服务等工作，努力实现再就业人数大于新增下岗人数。各级财政要积极安排资金，支持劳动力市场建设和再就业培训工作。要加强督促检查，切实落实信贷、税收、经营场地等各项优惠政策，鼓励和支持更多的下岗职工自谋职业和组织起来就业。

（六）进一步完善城市居民最低生活保障制度。凡家庭人均收入低于当地最低生活保障标准的城市居民，都要纳入最低生活保障范围，实行最低生活保障。要根据当地居民生活水平和财政承受能力，合理确定最低生活保障标准，既要保障贫困居民的基本生活，又要有利于促进下岗和失业人员再就业。要准确核实保障对象的收入水平，规范申请、评审和资金发放的程序，严格审查，张榜公布，接受监督，做到公开、公平、公正。民政部门要加强工作指导和管理，各级财政要积极支持完善城市居民最低生活保障制度工作，努力增加投入，确保资金到位，对财政确有困难的地区，中央财政酌情给予支持。

（七）加强基础管理，转变工作作风。各级劳动保障、民政部门和社会保险经办机构，要进一步加快信息管理系统建设，建立健全离退休人员、下岗职工和享受最低生活保障人员的数据库等社会保障技术支持系统，切实解决社会保障工作中存在的底数不清、数据不实等问题，各级财政要对这项工作提供必要的经费支持。要加强社会保险经办机构、社区服务组织的队伍和基础设施建设，改善工作条件，努力提高服务质量。要切实转变工作作风，坚持深入基层、深入实际，及时了解企业下岗职工、离退休人员和困难群体的意见和要求。对社会保障体系建设中出现的新情况、新问题，要加强调查研究，严格检查有关政策的落实情况，对群众反映的突出困难和问题，要及时解决并向上级有关部门报告。

两个确保和城市居民最低生活保障工作，关系到广大职工特别是离退休人员、下岗职工和城市生活困难人员的切身利益。各地要按照本通知的要求，认真做好组织实施工作，加强督促检查，切实将各项政策措施落实到位，为改革、发展、稳定做出更大贡献。

劳动和社会保障部《关于加快实行养老金社会化发放的通知》

【劳社部发（2000）9号】

各省、自治区、直辖市劳动（劳动和社会保障）厅（局）：

为认真贯彻落实党的十五届四中全会和九届全国人大三次会议关于积极推进养老保险社会化管理和服务，逐步做到退休人员与企业事业单位相脱离，尽快实现养老金社会化发放的要求，今年要在全国范围内大力推进养老金社会化发放工作，使80%左右的企业离退休人员实现基本养老金社会化发放。现就有关问题通知如下：

一、提高认识，落实工作责任。

实行养老金社会化发放是建立和完善社会保障体系的重要内容，是支持国有企业改革、切实减轻企业社会事务负担的重大举措，也是进一步确保养老金按时足额支付的重要手段和将退休人员纳入社区管理的重要条件。各地劳动保障部门要提高认识，把推进养老金社会化发放作为今年劳动保障工作的重点之一切实抓紧抓好。要加强领导，制定周密的工作方案，并加强督导，认真组织实施。原行业统筹移交地方管理企业、中央军工企业和破产关闭企业的退休人员以及所有企业离休人员，要首先实行养老金社会化发放；新参加养老保险的企业，从参加之日起就要实行养老金社会化发放。各省、自治区、直辖市养老金社会化发放的工作方案要报我部备案。

二、落实养老金由社会服务机构发放的工作措施。

养老金社会化发放的基本形式是社会保险经办机构在国有商业银行或邮局为企业离退休人员建立基本养老金帐户，按月将规定项目内的应付养老金划入帐户，保证离退人员能够按时支取养老金。各级劳动保障部门要认真落实我部与国有商业银行和邮政部门印发的关于养老金社会化发放有关通知的精神，主动与银行、邮局系统协调配合，统一和规范各自的业务流程，建立健全有关工作制度和联系网络，落实对社会保险经办机构、企业和离退休人员免收、减收手续费的有关规定，努力创造条件，为离退休人员领取养老金提供优质服务。对于有特殊困难而不能到银行、邮局支取养老金的离退休人员，社会保险经办机构可直接或委托社区服务组织送发养老金。各级社会保险经办机构要积极为离退休人员提供有关养老金社会化发放方面的咨询、查询服务。

三、建立和完善离退休人员养老保险数据库。

各级社会保险经办机构要积极争取地方财政的支持，多渠道筹措资金，配置必要的设备，按照部《劳动和社会保险管理信息系统建设规划要点》（劳社部函［1998］138号）和《城镇基本养老保险管理信息系统建设实施纲要（1999—2001年）》（劳社厅函［1999］67号）的要求，尽快建立健全离退休人员养老保险数据库，加强数据库的日常管理和维护，及时准确地为社会服务机构和离退休人员提供服务。要采取行之有效的措施，防范和制止冒领养老金的现象。

四、实行养老保险费全额征缴，努力提高基金收缴率。

各级劳动保障部门及社会保险经办机构要认真贯彻落实国务院《社会保险费征缴暂行条例》和《国务院办公厅关于继续做好确保国有企业下岗职工基本生活和企业离退休人员养老金发放工作的通知》（国办发［2000］9号）精神，停止实行差额缴拨的结算方式，最迟在2000年9月底之前全部改为全额征缴养老保险费。要加强社会保险稽核工作，严格核定企业在职职工人数和工资总额，按规定比例全额征收社会保险费，努力提高基金收缴率，并大力清理回收企业欠费，增强基金的支付能力，要加强养老保险基金专户管理，确保基金安全完整。

五、建立养老金社会化发放准备金和基金支付风险预警制度。

各地区要认真周密地分析实行全额征缴、养老金社会化发放后的基金收支情况，预测可能出现的资金风险，预筹必要的准备金。要建立基金支付风险预警制度，一般应以支付2个月养老金的基金积累水平作为预警线。当基金积累水平低于预警线时，要及时报告并会同有关部门提出建议，做好应急准备。省级劳动保障部门要通过加大养老保险基金省级调剂力度等措施，帮助支付困难的地区解决资金问题。对实行养老金社会化发放必需的费用，劳动保障部门应商地方财政部门，在社会保险经办机构经费中据实列支。

六、广泛开展宣传工作，创造良好的社会舆论环境。

养老金社会化发放工作直接牵涉广大职工的切身利益，关系到深化国有企业改革和社会稳定。各级劳动保障部门要会同有关部门，采取多种形式大力宣传社会保险的有关政策、措施，争取社会的广泛理解和支持。对企业，要重点宣传实行社会保险费全额征缴和社会化发放养老金的重要意义，督促企业按时足额缴费，依法履行社会保险义务；对离退休人员，要重点宣传实行养老金社会化发放对维护其合法权益的积极作用和有关的工作程序及服务措施，消除职工群众的思想顾虑，确保养老金社会化发放工作的顺利实施。

七、加强分类指导，严格督促检查。

各级劳动保障部门要采取重点联系的方式，及时了解养老金社会化发放工作的进展情况，加强分类指导，实施重点推进。对各地工作进展情况要定期进行检查评估，重点检查实行养老金社会化发放的离退休人数和委托社会服务机构发放养老金的运行情况，以及实行全额征缴、加强基础管理、开展优质服务、严格退休审批等方面的工作情况。在重点抓好企业离退休人员养老金社会化发放的同时，要积极创造条件，对已参加养老保险社会统筹的事业单位离退休人员逐步实行养老金社会化发放。要加强调查研究，认真总结养老金社会化发放的经验，妥善解决工作中出现的问题，重大问题及时报告。

劳动和社会保障部、民政部、财政部《关于贯彻国务院8号文件有关问题的通知》

（2000年7月18日）　【劳社部发（2000）13号】

各省、自治区、直辖市劳动和社会保障、民政、财政厅（局）：

为认真贯彻《国务院关于切实做好企业离退休人员基本养老金按时足额发放和国有企业下岗职工基本生活保障工作的通知》（国发［2000］8号，以下简称《通知》），进一步做好两个确保和城市居民最低生活保障工作，现就有关问题通知如下：

一、加强组织领导，调整工作部署

要认真传达学习《通知》精神，切实加强对两个确保和城市居民最低生活保障工作的领导。《通知》对两个确保工作提出了新的更高的要求，各地要尽快调整工作部署，制定具体的贯彻落实措施和工作方案。各级劳动保障、民政、财政部门要加强协商，密切配合，建立工作目标责任制和领导负责制，主要负责同志要亲自抓。要进一步转变工作作风和工作方法，深入基层调查研究，及时了解真实情况，认真研究解决工作中的重点难点问题和普遍性倾向性问题，加强对基层工作的指导。

二、确保资金到位，切实做到按时足额发放

要按照《通知》要求认真落实两个确保资金，确保应筹措的资金落实到位。从今年开始，各地对企业离退休人员基本养老金和国有企业下岗职工基本生活费必须保证按时足额发放，不得再发生新的拖欠。今年前几个月拖欠的基本养老金和按规定应发而未发的下岗职工基本生活费，要在8月底前全部予以补发；对未按规定代下岗职工缴纳的社会保险费，也要同时予以补缴。各级财政部门要按照《通知》要求，提高财政预算中社会保障支出的比例，保证资金及时足额拨付到位。各地要坚持和完善两个确保的月报和季报制度，并在今年7月底前对两个确保资金的安排落实情况进行一次全面检查。凡是资金安排不到位的，都要通过调整财政支出结构加以补充，不得留有缺口。

三、加大扩面力度，强化社会保险费征缴

要采取有效措施，按照《社会保险费征缴暂行条例》规定，努力扩大社会保险覆盖范围，强化社会保险费征缴。要以外商投资企业、私营企业和事业单位为重点，扩大社会保险覆盖范围，年底前要基本实现养老、失业保险全覆盖。各地要对集体企业参保情况进行一次认真的调查核实，对于生产经营正常的，要尽快纳入养老、失业保险覆盖范围；对于未参加社会保险且已经停产多年、无力缴费的集体企业不再纳入养老、失业保险覆盖范围，其退休人员和下岗职工直接纳入城市居民最低生活保障，按规定享受最低生活保障待遇，具体办法由各地民政部门会同劳动保障、财政部门研究制定。要强化对企业缴费情况的执法监督和稽核工作，重点稽核职工人数和缴费工资基数，依法加大征缴力度。要制定养老保险费差额缴拨改为全额征缴的实施计划，并采取措施保证按期实现。要加大清理企业欠缴社会保险费的力度，对欠费企业要采取经济、法律、行政、舆论监督等各种手段进行督缴，并建立专门的清欠跟踪制度，确保应收尽收。

四、积极推进养老金社会化发放，按期实现工作目标

要坚定不移地推进养老金社会化发放工作，尽快实现由银行、邮局代发或由社会保险经办机构直接发放养老金。东部沿海地区和中心城市要在9月底前、其他地区要在年底前基本实现养老金社会化发放。要严格清理和规范基本养老保险统筹项目和计发标准，属于国家规定统筹项目内的养老金必须确保发放；统筹项目外的，由企业依据经济效益情况支付，并向退休人员做好解释工作，不得擅自将统筹外项目转为统筹内项目。劳动保障部、财政部近日将统一部署对基本养老保险待遇和计发标准的清理规范工作。今年各地不得自行调整基本养老金待遇，今后有关工作按国务院统一部署进行。各地要筹措安排不少于当地2个月支付额的周转资金，确保养老保险费由差额缴拨改为全额征缴和实行养老金社会化发放的顺利进行。要按规定将原行业统筹企业和中央直属军工企业纳入养老保险省级统筹，实行省级管理，并加强基金的统一调剂，切实打破对原统筹行业的封闭运行。要切实按照国务院和有关部门关于事业单位转制的政策规定，尽快将各类转制单位纳入当地企业职工基本养老保险统筹，并负责发放离退休人员基本养老金。

五、妥善处理劳动关系，加快建立市场导向的就业机制

要按照国家现行政策规定，把妥善处理下岗职工劳动关系和接续社会保险关系结合起来，解除下岗职工的后顾之忧，保证下岗职工出中心工作的顺利进行。要结合本地实际，根据企业和下岗职工的不同情况，制定妥善处理下岗职工劳动关系的工作计划和具体方案，指导企业按照规定及时与下岗职工终止或解除劳动关系。要认真做好出中心人员的跟踪服务工作，设置方便其办理社会保险的网点和专门窗口，及时为其接续社会保险关系；对未能实现再就业的，要按规定发放失业保险金、城市居民最低生活保障金。要正确把握建立和完善市场导向就业机制的舆论导向，做好周密细致的组织引导和政策落实工作，争取下岗职工的理解和支持。要进一步加快劳动力市场建设，加强再就业培训，落实再就业优惠政策，大力开展社区服务，促进下岗职工尽快实现再就业。有关处理下岗职工劳动关系的具体政策，劳动保障部将会同有关部门在调查研究的基础上制定，报国务院批准后下发。

六、精心组织实施，做好关闭破产企业的有关工作

要认真落实《中共中央办公厅国务院办公厅关于进一步做好资源枯竭矿山关闭破产工作的通知》（中办发［2000］11号）规定，高度重视做好关闭破产企业职工和离退休人员的安置工作。各地劳动保障部门要在当地党委、政府和同级企业兼并破产和职工再就业工作协调小组的统一领导下，积极参与制定工作方案，指导企业组织实施。对关闭破产企业的离退休人员，要直接纳入基本养老金社会化发放范围，确保按时足额发放，并探索做好退休人员移交社区管理的有效办法。对关闭破产企业的在职职工，要按照规定纳入当地社会保障和再就业工作计划，做好生活保障和再就业工作。对于按规定办理提前退休的人员，其基本养老金除特殊工种按《国务院关于颁发〈国务院关于安置老弱病残干部暂行办法〉和〈国务院关于工人退休、退职的暂行办法〉的通知》(国发［1978］104号)规定提前退休的年限,不减发基本养老金外,每提前1年减发2%(不含个人帐户养老金),减发基本养老金的计算公式为:基本养老金=(基础养老金+过渡性养老金+调节金及各种补贴)×(1－提前退休年限×2%)+个人帐户养老金。提前退休人员达到法定退休年龄后,基本养老金不再重新计算。要深入企业宣传政策,及时了解掌握职工和离退休人员的思想动态,认真落实安置政策,防止发生突发事件。

七、完善城市居民最低生活保障制度，做好三条保障线的衔接工作

要充分发挥城市居民最低生活保障制度的作用，严格按照《城市居民最低生活保障条例》规定，切实做好保障对象的审核工作，对符合条件的城市困难居民及时给予救助，真正实现全覆盖。各级民政、劳动保障、财政部门要加强联系和配合，建立正常的工作协商制度和信息沟通渠道，做好相关政策的衔接和配套工作。对一些生活困难的企业在职职工、离退休人员和下岗职工家庭，在按当地政府公布的有关标准计算其应得收入后，对其中人均收入仍低于当地最低生活保障标准的家庭，要及时给予救助。各级财政部门要积极支持城市居民最低生活保障工作，对所需资金要全部纳入预算，同时要加强资金使用的管理与监督，保证资金及时到位。对财政确有困难的地区，中央财政酌情给予支持。

八、健全社区服务组织，完善服务功能

各地要大力拓展和深化社区服务，积极开展企业离退休人员、下岗职工和社会贫困者的社会福利和社会救助服务，建立健全社会保险经办机构等社会保障社会化服务网络。要加强社区服务机构的基础设施建设，不断完善街道社区服务中心、居委会社区服务站的服务功能，逐步扩大服务范围和领域，认真做好社区各项社会保障的管理和服务工作。要结合地方政府机构改革，为社区服务组织调整充实部分精干的工作人员，并积极开展政策和业务培训，提高工作人员的业务素质。要保证社区服务机构开展社会保障管理和服务的工作经费，改善办公条件，提高工作效率。要建立健全离退休人员、下岗职工和社会贫困者的档案资料，及时了解他们的生活和工作需求，积极主动地开展服务，做到“不重复，不遗漏”。各级民政、劳动保障、财政等部门要加强指导，总结经验，完善社区服务体系，为建立独立于企事业单位之外的社会保障体系和社会化服务网络创造有利条件。

九、考核工作实绩，明确挂钩指标

按照《通知》要求，对于两个确保工作到位、财政确有困难的中西部地区和老工业基地的资金缺口，经劳动保障部、财政部核实后，由中央财政给予适当补助，并且要与各地两个确保工作实绩挂钩。挂钩考核的主要指标有：确保发放情况、补发拖欠统筹项目内基本养老金情况、调整财政预算支出结构安排社会保障资金情况、“三三制”资金落实情况、社会保险扩大覆盖面的提高征缴率情况、清理企业缴费工资基数的统筹外项目支出情况、养老金社会化发放情况和社会保障资金使用管理情况等。

十、加快建立社会保障信息系统，提高基础管理水平

要重视做好各项基础工作，特别是要加快信息系统建设，建立现代化的社会保障技术支持系统。要配备必要的软硬件设备，努力提高管理水平和工作效率，力争在今年底前建立健全参保职工、离退休人员、下岗职工、失业人员和城市居民最低生活保障对象的数据库，从根本上解决底数不清、数据不实的问题。各地要制定社会保障信息系统建设的具体实施计划和工作方案，坚持统一规划、统一标准，避免重复建设。要多渠道筹措资金，保证信息系统建设的资金需要，各级财政要提供必要的经费支持。

十一、加强监督检查，建立情况通报制度

今年要重点开展两个确保和社会保险扩面征缴执法监察。要制定完备的工作预案，采取切实有效措施避免发生群体性突发事件，重大问题要及时报告。各地要及时报告两个确保和城市居民最低生活保障的有关情况。对养老金社会化发放进展情况，劳动保障部将定期通过新闻媒体进行通报。要加强各项社会保障基金和中央财政补助资金的管理和监督，保证专款专用，及时拨付到位，发放到人，不得截留，严禁挤占挪用。各地要加大回收被挤占挪用基金的工作力度，对新发生的挤占挪用问题，要严肃查处，决不姑息。下半年，劳动保障部、民政部、财政部等部门将对各地社会保障资金管理使用情况进行一次专项检查。

十二、做好宣传工作，发挥社会监督作用

要大力宣传中央领导同志关于做好两个确保和社会保障工作的一系列指示精神，宣传国家社会保障的政策规定。要总结和宣传先进典型的经验，对不能做到两个确保的事例予以公开曝光。要通过宣传，营造有利于社会保障工作的舆论氛围，动员全社会关心和支持社会保障工作。在社会保障对象管理和资金发放工作中，要坚持公开、公正、公平的原则，按规定向群众公布有关情况，自觉接受社会监督。各地要按照本通知的要求，认真做好贯彻落实《通知》精神的各项工作，并请于7月底前将各地的贯彻落实意见报劳动保障部、民政部和财政部。

中共中央、国务院关于加强老龄工作的决定（摘要）

（2000年8月19日）　　【中发（2000）13号】

《中共中央、国务院关于加强老龄工作的决定》（以下简称《决定》）指出，我国人口年龄结构已开始进入老龄化阶段。今后一个时期我国老年人口还将以较快速度增长。采取积极措施，加强老龄工作，是一项重要而紧迫的战略任务。党和人民政府历来十分关心老年人。新中国建立后特别是改革开放以来，国家颁布实施了一系列维护老年人权益的法律法规和政策，加强了尊老爱幼思想教育，初步建立了养老、医疗等社会保障制度，老年福利、卫生、文化、教育、体育等事业有了一定发展，老年人的生活水平和生活质量不断提高。老龄工作取得的进展和成绩，对推动经济建设和社会发展起到了重要作用。

老年人是社会的重要组成部分，在中国革命和建设事业中他们作出了重要贡献。满足广大老年人日益增长的物质文化生活需要，让老年人共享经济建设和社会发展的成果，是中国共产党全心全意为人民服务根本宗旨的体现，是在新的历史条件下贯彻落实江泽民同志关于“三个代表”重要思想的体现，也是国家和社会义不容辞的责任。在社会主义市场经济条件下，弘扬中华民族传统美德，形成敬老、养老、助老以及代际和谐的良好社会风尚，是社会主义精神文明建设的一项重要内容。正确处理和解决人口老龄化过程中出现的各种矛盾和问题，切实保障老年人的合法权益，对促进经济建设和社会发展具有重要意义。

《决定》对我国老龄工作的指导思想和加强老龄工作，发展老龄事业要遵循的原则以及今后一个时期我国老龄事业发展的主要目标都作了明确规定。

《决定》指出，全社会都要依据《中华人民共和国宪法》和《中华人民共和国老年人权益保障法》等法律法规，切实维护和保障老年人的合法权益。要加强法制建设，进一步完善有关维护老年人权益的法律法规，加大执法和监督力度，依法处理和打击侵犯老年人合法权益的不法行为。依法取缔伤害老年人身心健康、宣传迷信邪说、侵害老年人合法权益的非法组织。要在全社会积极开展维护老年人合法权益的法制教育和普法工作。要健全法律援助制度，加强老年人法律服务工作。要大力弘扬中华民族传统美德，在全社会广泛开展敬老、养老、助老的道德教育，并与开展文明社区、文明村镇、文明家庭创建活动结合起来，在全社会树立尊重、关心、帮助老年人的社会风尚。

《决定》指出，要完善社会保障制度，逐步建立国家、社会、家庭和个人相结合的保障机制，确保老年人生活、医疗等方面的基本需求。在城镇，要逐步建立起以基本养老保险、基本医疗保险、商业保险、社会救济、社会福利和社会互助为主要内容的比较完善的养老保障体系。在农村，要坚持以家庭养老为主，进一步完善社会救济和以保吃、保穿、保住、保医、保葬为内容的“五保”供养制度，倡导村民互助。

《决定》指出，老年人有受赡养的权利，赡养人特别是子女要依法履行赡养义务。要维护老年人婚姻自由的权利。要重视发挥老年人的作用，坚持自愿和量力、社会需求同个人志趣相结合的原则，鼓励老年人从事关心教育下一代、传授科学文化知识、开展咨询服务、参与社会公益事业和社区精神文明建设等活动。

《决定》指出，要加强社区建设，依托社区发展老年服务业，进一步完善社区为老年人服务的功能。各地要充分利用现有设施，积极兴办不同形式、不同档次的老年福利院、老年护理院、老年公寓、托老所等，为老年人提供生活照料、文化、护理、健身等多方面的服务。各级医疗卫生机构要大力开展多种形式的老年医疗保健服务，逐步建立起完善的社区卫生服务机构，健全老年医疗保健服务网络，提高服务质量。各级文化、体育、广播电视等部门和工会、妇联等群众团体要进一步加强老年文化体育工作，发展老年文化体育事业。要建立社区老年活动中心或活动站，满足老年人的精神文化需求，丰富老年人的精神文化生活。各地要重视发展老年教育事业，发展广播、电视、网络和函授教育，鼓励和指导社会力量按照有关规定兴办各类老年学校。要培育和发展老年消费市场，引导老年人合理消费，满足老年人不同层次、不同类型的消费需求。

《决定》要求，各级人民政府要把老龄事业纳入国民经济和社会发展中长期规划和年度计划。要高度重视社区建设，认真做好“十五”期间社区建设规划。要坚决贯彻落实党中央、国务院有关方针政策，确保城市居民最低生活保障金和离退休人员基本养老金按时足额发放，不得拖欠，并随着经济发展合理增长。要进一步完善农村“五保”供养制度，提高供养水平，扩大农村敬老院的服务范围。要鼓励社会力量兴办老年福利服务设施。

《决定》指出，要进一步加强和改进老年思想政治工作，认真研究解决老年群体中的各种思想问题。要积极研究和探索新形势下加强和改进老年思想政治工作的新形式、新办法，把老年思想政治工作做实、做活、做深、做细，使广大老年人以丰富健康文明的生活方式安享晚年。要充分发挥基层党组织在老年思想政治工作中的战斗堡垒作用，重视和发挥老年党员的政治优势和先锋模范作用。所有老年党员都要编入党的基层组织，参加党组织的活动。

《决定》指出，老龄工作是党政工作的重要组成部分。各级党委和人民政府要统一思想、提高认识，加强领导，把老龄工作列入日常工作议程，及时研究解决工作中出现的新情况和新问题。要充分发挥各有关部门和工会、共青团、妇联等群众团体及老龄组织的作用，共同做好老龄工作。

《决定》最后要求，加强老龄工作，发展老龄事业，是党中央、国务院面向新世纪作出的重大决策。各级党委和人民政府要认真贯彻落实本决定精神，在以江泽民同志为核心的党中央领导下，高举邓小平理论伟大旗帜，努力开创我国老龄事业的新局面，为实现社会主义现代化建设的宏伟目标作出更大贡献。

国家体育总局《关于认真贯彻落实〈中共中央、国务院关于加强老龄工作的决定〉的通知》

（2000 年 9 月 12 日）　　【体群字（2000）122 号】

各省、自治区、直辖市、计划单列市、新疆生产建设兵团体委（体育局），各直属单位：

目前，我国已进入了人口老龄化阶段，今后一个时期我国老年人口还要以较快的速度增长。老龄问题涉及经济、政治、文化和社会生活等诸多领域，是关系国计民生和国家长治久安的一个重大社会问题，是一项重要而紧迫的战略任务。为使全社会进一步重视老龄工作，切实保障老年人的合法权益，中共中央、国务院联合下发了关于加强老龄工作的决定，对老龄工作提出了明确要求。现就认真贯彻落实中共中央、国务院的决定的有关要求通知如下：

（一）各级体育行政部门、直属单位要认真学习、深刻领会《中共中央国务院关于加强老龄工作的决定》的精神。要广泛宣传体育在老龄社会中的积极作用，并作为体育战线在新的历史条件下贯彻落实中国共产党“三个代表”的具体行动，提高体育战线广大干部职工对做好老年人体育工作重要意义的认识。

（二）根据《中共中央国务院关于加强老龄工作的决定》，各级体育行政部门、直属单位要把老年人体育工作列入议事日程，纳入体育事业发展的长期规划和年度计划，确定开展老年人体育工作的指导思想、原则和目标。

（三）地方各级体育行政部门要在当地人民政府的领导下，会同有关涉老部门和群众团体，发挥体育部门的优势，切实抓好老龄工作，为全国的老龄工作做出应有的贡献。要履行在同级老龄工作委员会担负的工作职责，做好老年人体育的有关政策、法规的制定，指导和推动老年人体育健身活动的开展。

（四）各级体育行政部门、直属单位要切实维护和保障老年人参加体育健身的合法权益。积极配合民政、公安等部门同伤害老年人身心健康、宣传迷信邪说、侵害老年人权益的行为进行斗争。

（五）各级体育行政部门、直属单位要重视发挥离退老体育行政管理人员、教师、工作者等的作用，坚持业余自愿、社会需求同个人志趣相结合的原则，鼓励他们从事老年人体育组织管理、体育健身技能的指导、体育健身知识咨询等活动。

（六）地方各级体育行政部门要会同有关部门，加大对老年人体育健身设施的投入力度，为老年人参加体育健身活动提供场地设施等条件。现有的体育场馆要为老年人提供优先优惠服务。

（七）各级体育行政部门、直属单位要重视发展老年人体育事业，逐步增加对老年体育的资金投入。采取措施，积极研制开发适合老年人特点的体育健身产品和服务项目，引导老年人进行自我健康投资和体育健身消费，推动老年人体育向社会化、产业化的方向发展。

（八）各级体育行政部门、直属单位要积极研究和探索新形势下开展老年人体育工作的形式和办法。要结合老年人的特点，把思想教育与开展健康有益的文化体育活动结合起来，使广大老年人以健康文明的生活安享晚年。

（九）请接此通知后，及时转发至基层单位贯彻执行。并将执行情况于2000年10月31日前汇总报国家体育总局群体司。

中华全国总工会《关于贯彻落实〈中共中央、国务院关于加强老龄工作的决定〉的意见》

（2000年10月8日）　　【总工发（2000）23号】

老龄问题涉及经济、政治、文化和社会生活等诸多领域，是关系国计民生和国家长治久安的一个重大社会问题。党中央、国务院对老龄工作十分重视，近日召开了全国老龄工作会议并发布了《中共中央、国务院关于加强老龄工作的决定》（以下简称《决定》），对我国老龄事业作出了重要部署。《决定》是指导当前和今后一个时期我国老龄工作的纲领性文件。

各级工会要认真组织学习《决定》和李岚清同志在全国老龄工作会议上的重要讲话，把思想统一到《决定》上来，切实提高对老龄工作重要性的认识，增强做好这项工作的使命感和紧迫感，自觉主动地把工会老龄工作职责落到实处。

工会要继续做好退休人员管理服务工作。据1999年度劳动和社会保障事业发展统计公报，截至1999年底，全国离退休人员总数已达3730万人，相当于城镇在职职工总数的30.8%。对这一庞大群体的管理服务工作理应引起全社会的关注和重视。

要充分利用《中国老年报》、《工人日报》、各地方工人报和老年报刊以及电视、广播等各种传媒，加大退管服务工作的宣传力度。通过宣传，使大家认识到，退管服务工作是养老保险制度以至社会保障制度的重要组成部分，事关国家改革发展稳定的大局。目前我国的退休人员大多是新中国社会主义建设事业创业的一代，是国家的宝贵财富，是保留会籍的工会会员。关心退休人员，协助政府做好退管服务工作是工会义不容辞的责任，是在新的历史条件下贯彻落实江泽民同志“三个代表”重要思想的体现，也是为政府分忧、迎接人口老龄化的重要工作。同时，要使大家认识到，随着我国经济体制改革的深入以及社会保障体系的不断规范和完善，退管服务工作将由企业管理走向社区管理，这是退管服务工作发展的方向和目标。但要真正实现这一目标，还需要有一个从思想、组织到物质的准备过程，需要一个过渡阶段。无论是过渡阶段，还是将来完全实现社区管理，各级工会都必须切实加以重视，充分发挥自身优势，积极主动地协助政府做好退管服务工作。

当前和今后一个时期，退管服务工作的指导思想是，坚持以邓小平理论和党的十五大、十五届四中全会精神为指导，贯彻《决定》和全国老龄工作会议以及全总十三届二次执委会议精神，切实履行第一次全国老龄工作会议确定的全国总工会老龄工作职责，加强和完善对退休人员的管理服务工作，积极推进统一规范完善的社会保障体系的建立，努力推动退管服务工作的社会化进程，促进全国老龄工作的开展，更好地为改革发展稳定的大局服务。各级工会要认真贯彻《决定》精神，切实履行工会老龄工作职责，加强和完善对退休人员的管理服务工作。

（一）积极参与统一规范完善的社会保障体系的建立，推进退管服务工作社会化。对退休人员实行社会化管理是退管服务工作的发展方向，也是建立统一、规范、完善的社会保障体系的重要内容。根据党的十五届四中全会提出的“要逐步推进社会保障的社会化管理，实行退休人员由社区管理”的有关精神，已建立退管组织的地方和单位，要坚持“依托家庭、扎根社区、面向社会”的工作思路，不断探索完善“政群结合、专兼结合”的管理模式，及时总结交流经验，并积极研究探索工会如何在社区管理中发挥作用。未建立退管组织的地方和单位的工会组织也要高度重视退管服务工作，按照工会承担的老龄工作的职责，积极协助有关部门，进一步加大工作力度，推动这项工作的开展。

（二）抓好退休人员权益的维护工作，努力为退休人员说话办事。一是加强“源头”维护，积极参与有关老年工作的法律、法规和政策的研究制定。特别是在深化养老保险和医疗保险制度改革中，要积极反映广大退休人员的意见和要求。二是切实履行对社会保险的社会监督职责，严防社会保险基金的挤占、挪用，确保退休人员养老金按时足额发放。三是开展专题调研，以养老金发放为重点，调查了解各地贯彻落实国务院关于（国发［2000］8号）文件的情况，掌握各地补发过去拖欠养老金及新出现的拖欠养老金情况，及时向有关部门反映，并提出意见和建议，督促有关部门解决。四是努力构筑职工互助补充保障体系，深入实施送温暖工程。各级工会特别是基层工会组织要大力组织开展贴心人服务队、社区志愿者服务队等群众互助活动，通过多种形式的劳力互助和经济互助，重点对鳏寡孤独、伤残和高龄退休人员等特殊群体，给予生活上的照顾。积极协助政府有关部门建立生活困难的退休人员档案并实行动态管理，做好对退休人员的定期走访慰问工作。

（三）加强退休人员的思想政治工作。要积极宣传党的路线、方针、政策，学习马克思主义唯物论、无神论、现代科学文化和社会主义法制等知识，帮助退休人员树立正确的世界观、人生观和价值观。丰富退休人员的精神文化生活，开辟退休人员文体、娱乐、社交等活动场所，积极开展科学、健康、文明的文体活动。教育、引导退休人员自尊、自重、自立、自强，保持晚节。开发退休人员人力资源，充分发挥他们在社会主义物质文明和精神文明建设中的作用。在保证退休人员老有所养、老有所医的基础上，努力实现退休人员老有所学、老有所乐、老有所为。

各省、自治区、直辖市总工会要结合本地实际情况，研究制定贯彻落实《决定》的具体意见。

中共中央办公厅、国务院办公厅《关于转发〈民政部关于在全国推进城市社区建设的意见〉的通知》

（2000 年 11 月 19 日）　　【中办发（2000）23 号】

社区是指聚居在一定地域范围内的人们所组成的社会生活共同体。目前城市社区的范围，一般是指经过社区体制改革后作了规模调整的居民委员会辖区。社区建设是指在党和政府的领导下，依靠社区力量，利用社区资源，强化社区功能，解决社区问题，促进社区政治、经济、文化、环境协调和健康发展，不断提高社区成员生活水平和生活质量的过程。社区建设是一项新的工作，大力推进社区建设，是我国城市经济和社会发展到一定阶段的必然要求，是面向新世纪我国城市现代化建设的重要途径。1999 年底，我国有 667 个城市，749 个市辖区，5904 个街道办事处，11.5 万个居民委员会。随着改革开放的不断深入，特别是社会主义市场经济体制的初步确立，包括街道办事处、居民委员会在内的城市基层社会结构面临改革和调整的任务，社区的地位和作用显得十分重要，社区建设的要求非常迫切。因此，很有必要在总结 26 个城市社区建设实验区一年多来试点经验的基础上，在全国范围内积极推进城市社区建设。为了做好这项工作，现提出以下意见。

一、充分认识推进城市社区建设的重大意义

（一）推进城市社区建设，是改革开放和社会主义现代化建设的迫切要求。在新的形势下，社会成员固定地从属于一定社会组织的管理体制已被打破，大量“单位人”转为“社会人”，同时大量农村人口涌人城市，社会流动人口增加，加上教育、管理工作存在一些薄弱环节，致使城市社会人口的管理相对滞后，迫切需要建立一种新的社区式管理模式。随着我国城市数量的不断增加和城市化进程的加快，基础设施日趋完善，现有城市的管理和服务不相配套，尤其是城市基层社会管理比较薄弱，大力加强和完善城市管理水平，提高居民素质和文明程度显得十分紧迫。随着国有企业深化改革、转换经营机制和政府机构改革、转变职能，企业剥离的社会职能和政府转移出来的服务职能，大部分要由城市社区来承接。建立一个独立于企业事业单位之外的社会保障体系和社会化服务网络，也需要城市社区发挥作用。同时，随着人民群众生活水平的不断提高和住房、医疗、养老、就业等各项制度改革的深入，城市居民与所在社区的关系愈来愈密切。他们不仅关注社区的发展，参与社区的活动，而且对社区的服务和管理、居住环境、文化娱乐、医疗卫生等方面提出多层次、多样化的要求。推动社区建设，拓展社区服务，提高生活质量，已成为广大城市居民的迫切要求。

（二）推进城市社区建设，是繁荣基层文化生活，加强社会主义精神文明建设的有效措施。改革开放以来，特别是党的十四届六中全会以来，以社区建设为载体，活跃基层文化生活和加强社会主义精神文明建设的工作呈现出扎实推进、持续发展的良好态势。随着创建文明社区活动的深入开展，社区面貌明显改观，社区风气逐步好转，文明楼院、文明小区数量不断增多，对促进改革、发展、稳定发挥了积极作用。实践证明，大力开展社区教育，引导居民爱祖国、爱城市、爱社区，可以形成崇尚先进、团结互助、扶正祛邪、积极向上的社区道德风尚；经常组织具有社区特色的群众性文体活动，丰富居民精神文化生活，可以增强社区的凝聚力，形成科学文明健康的生活方式；紧紧抓住社区居民关心的热点、难点问题，有针对性地开展思想政治工作，并坚持把解决思想问题同解决实际问题结合起来，加强社区服务与管理，可以进一步密切党同人民群众的联系，广泛调动社区居民“讲文明树新风，共建美好家园”的积极性。

（三）推进城市社区建设，是巩固城市基层政权和加强社会主义民主政治建设的重要途径。长期以来，受计划经济体制的影响，城市居民委员会不同程度地存在行政化管理的现象，居民参与社区建设的程度还不太高。随着改革的深化和居民对社区事务的日益关注，城市居民委员会原有的管理方式难以适应形势发展的需要。面对流动人口、下岗职工、老龄工作、社会治安、计划生育等各种问题，城市居民委员会在管理和服务上力不从心，存在着责权利不统一、职责任务不明确、管辖范围过小、人员老化、工作条件差等问题。推进社区建设，发挥社区居民自治组织的作用，保证社区居民依法管理自己的事情，是解决上述问题的有效办法。

二、明确城市社区建设的指导思想、基本原则和主要目标

城市社区建设的指导思想是：以邓小平理论和江泽民同志关于“三个代表”的重要思想为指导，认真贯彻落实党的十五大精神，从我国基本国情出发，改革城市基层管理体制，强化社区功能，巩固党在城市工作的组织基础和群众基础，加强城市基层政权和群众性自治组织建设，提高人民群众的生活质量和文明程度，扩大基层民主，密切党群关系，维护社会政治稳定，促进城市经济和社会的协调发展。

城市社区建设的基本原则是：（1）以人为本、服务居民。坚持以不断满足社区居民的社会需求，提高居民生活质量和文明程度为宗旨，把服务社区居民作为社区建设的根本出发点和归宿。（2）资源共享、共驻共建。充分调动社区内机关、团体、部队、企业事业组织等一切力量广泛参与社区建设，最大限度地实现社区资源的共有、共享，营造共驻社区、共建社区的良好氛围。（3）责权统一、管理有序。改革城市基层社会管理体制，建立健全社区组织，明确社区组织的职责和权利，改讲社区的管理与服务，寓管理于服务之中，增强社区的凝聚力。（4）扩大民主、居民自治。坚持按地域性、认同感等社区构成要素科学合理地划分社区；在社区内实行民主选举、民主决策、民主管理、民主监督，逐步实现社区居民自我管理、自我教育、自我服务、自我监督。（5）因地制宜、循序渐进。坚持实事求是，一切从实际出发，突出地方特色，从居民群众迫切要求解决和热切关注的问题入手，有计划、有步骤地实现社区建设的发展目标。

今后五到十年城市社区建设的主要目标是：（1）适应城市现代化的要求，加强社区党的组织和社区居民自治组织建设，建立起以地域性为特征、以认同感为纽带的新型社区，构建新的社区组织体系。（2）以拓展社区服务为龙头，不断丰富社区建设的内容，增加服务的发展项目，促进社区服务网络化和产业化，努力提高居民生活质量，不断满足人民群众日益增长的物质文化需求。（3）加强社区管理，理顺社区关系，完善社区功能，改革城市基层管理体制，建立与社会主义市场经济体制相适应的社区管理体制和运行机制。（4）坚持政府指导和社会共同参与相结合，充分发挥社区力量，合理配置社区资源，大力发展社区事业，不断提高居民的素质和整个社区的文明程度，努力建设管理有序、服务完善、环境优美、治安良好、生活便利、人际关系和谐的新型现代化社区。

三、促进城市社区建设各项工作的开展

（一）拓展社区服务。在大中城市，要重点抓好城区、街道办事处社区服务中心和社区居委会社区服务站的建设与管理。社区服务主要是开展面向老年人、儿童、残疾人、社会贫困户、优抚对象的社会救助和福利服务，面向社区居民的便民利民服务，面向社区单位的社会化服务，面向下岗职工的再就业服务和社会保障社会化服务。社区服务是社区建设重点发展的项目，具有广阔的前景，要坚持社会化、产业化的发展方向。各地区要继续贯彻落实国家对发展社区服务的各项扶持政策，统筹规划，规范行业管理。要不断提高社区服务质量和社区管理水平，使社区服务在改善居民生活、扩大就业机会、建立社会保障社会化服务体系、大力发展服务业等方面发挥更加积极的作用。

（二）发展社区卫生。要把城市卫生工作的重点放到社区，积极发展社区卫生。加强社区卫生服务站点的建设，积极开展以疾病预防、医疗、保健、康复、健康教育和计划生育技术服务等为主要内容的社区卫生服务，方便群众就医，不断改善社区居民的卫生条件。

（三）繁荣社区文化。积极发展社区文化事业，加强思想文化阵地建设，不断完善公益性群众文化设施。要充分利用街道文化站、社区服务活动室、社区广场等现有文化活动设施，组织开展丰富多彩、健康有益的文化、体育、科普、教育、娱乐等活动；利用社区内的各种专栏、板报宣传社会主义精神文明，倡导科学、文明、健康的生活方式；加强对社区成员的社会主义教育、政治思想教育和科学文化教育，形成健康向上、文明和谐的社区文化氛围。

（四）美化社区环境。要大力整治社区环境，净化、绿化、美化社区。要提高社区居民的环境保护意识，赋予社区居民对社区环境的知情权。要努力搞好社区环境卫生，建设干净、整洁的美好社区。

（五）加强社区治安。建立社会治安综合治理网络，有条件的地方，要根据社区规模的调整，按照“一区（社区）一警”的模式调整民警责任区，设立社区警务室，健全社会治安防范体系，实行群防群治；组织开展经常性、群众性的法制教育和法律咨询、民事调解工作，加强对刑满释放、解除劳教人员的安置帮教工作和流动人口的管理，消除各种社会不稳定因素。

（六）因地制宜地确定城市社区建设发展的内容。各地区在推进城市社区建设的过程中，应根据本地经济和社会发展的水平与现有工作基础，从实际出发，分类指导，从基础工作做起，标准由低到高，项目由少到多，不断丰富内容，力戒形式主义。

四、加强城市社区组织和队伍建设

（一）加强社区党组织建设。要按照《中国共产党章程》的有关规定，结合社区党员的分布情况，及时建立健全社区党的组织，开展党的工作。社区党组织是社区组织的领导核心，在街道党组织的领导下开展工作。其主要职责是：宣传贯彻党的路线、方针、政策和国家的法律法规，团结、组织党支部成员和居民群众完成本社区所担负的各项任务；支持和保证社区居民委员会依法自治，履行职责；加强党组织的自身建设，做好思想政治工作，发挥党员在社区建设中的先锋模范作用。

（二）加强社区居民自治组织建设。加强社区居民自治组织建设的前提是科学合理地划分社区。要以改革创新精神，按照便于服务管理、便于开发社区资源、便于社区居民自治的原则，并考虑地域性、认同感等社区构成要素，对原有街道办事处、居民委员会所辖区域作适当调整，以调整后的居民委员会辖区作为社区地域，并冠名社区。在此基础上，建立社区居民自治组织。社区居民委员会的成员经民主选举产生，负责社区日常事务的管理。社区居民委员会的根本性质是党领导下的社区居民实行自我管理、自我教育、自我服务、自我监督的群众性自治组织。

（三）逐步建立社区工作者队伍。社区建设需要大批专业的社区工作者。要采取向社会公开招聘、民主选举、竞争上岗等办法，选聘社区居委会干部，努力建设一支专业化、高素质的社区工作者队伍，尤其要从下岗职工和大中专毕业生中选聘政治素质好、文化程度高、工作能力强、热爱社区工作的优秀人才，经过法定程序，充实到社区工作者队伍中去。要切实改善社区党的组织和居民自治组织的工作条件和社区工作人员的生活条件；积极发展志愿者队伍，广泛动员社会力量参与社区建设。

五、制定规划，加强领导，形成推进城市社区建设的整体合力

（一）城市社区建设应纳入当地国民经济与社会发展计划。第十个五年计划期间，各地区要根据国家以及地方政府的经济和社会发展规划，在进行深入细致的社区调查、摸清底数、科学论证的基础上，制定城市社区建设五年规划和年度实施计划。制定规划要立足于长远，具有前瞻性；实施计划要着眼于现实，注重可操作性。要指导和帮助城市街道办事处、社区居委会作好社区发展规划，保证社区建设的发展有计划、有步骤地进行。

（二）各级党委和政府要高度重视社区建设，在推进社区建设的工作中，党政主要领导要亲自过问，经常给予指导，分管领导要切实负起责任，将工作落到实处。尤其是城市和城区的党委、政府，要切实加强对社区建设工作的领导，把社区建设工作摆上重要议事日程，帮助解决推进社区建设中的困难和问题。各级民政部门要在同级党委和政府的领导下，积极发挥职能作用，当好参谋助手，主动地履行职责，把社区建设作为城市民政工作的主要依托，作为今后五年城市民政工作的重点积极推进。要在总结试点经验的基础上，开展社区建设示范活动。社区建设涉及方方面面，在党委、政府的领导下，各有关部门和单位要各司其职，各负其责，相互配合支持，按照各自的职能共同做好工作。要充分发挥工会、共青团、妇联、残联以及老龄等组织在推进社区建设中的重要作用，努力形成党委和政府领导、民政部门牵头、有关部门配合、社区居委会主办、社会力量支持、群众广泛参与的推进社区建设的整体合力。

财政部、国家税务总局《关于对老年服务机构有关税收政策问题的通知》

（2000年11月24日）　　【财税（2000）97号】

各省、自治区、直辖市、计划单列市财政厅（局）、国家税务局、地方税务局：

为贯彻中共中央、国务院《关于加强老龄工作的决定》（中发［2000］13号）精神，现对政府部门和社会力量兴办的老年服务机构有关税收政策问题通知如下：

一、对政府部门和企事业单位、社会团体以及个人等社会力量投资兴办的福利性、非营利性的老年服务机构，暂免征收企业所得税，以及老年服务机构自用房产、土地、车船的房产税、城镇土地使用税、车船使用税。

二、对企业单位、社会团体和个人等社会力量，通过非营利性的社会团体和政府部门向福利性、非营利性的老年服务机构的捐赠，在缴纳企业所得税和个人所得税前准予全额扣除。

三、本通知所称老年服务机构，是指专门为老年人提供生活照料、文化、护理、健身等多方面服务的福利性、非营利性的机构，主要包括：老年社会福利院、敬老院（养老院）、老年服务中心、老年公寓（含老年护理院、康复中心、托老所）等。

本通知自 2000 年 10 月 1 日起执行。

国务院机关事务管理局、财政部《关于中央国家机关离退休人员离退休费和离退休干部管理机构人员工资实行统一发放的通知》

（2000 年 12 月 21 日） 【国管财字（2000）242 号】

国务院各部委、各直属机构：

为适应财政支出管理改革，进一步加强中央国家机关离退休经费管理，根据社会保障体制改革的要求，从 2001 年 1 月起，对中央国家机关离退休人员离退休费和离退休干部管理机构人员工资实行统一发放。现就有关事项通知如下：

（一）统一发放离退休费和工资（以下简称统发工资）的范围包括：由国务院机关事务管理局（以下简称国管局）核拨人员经费的中央国家机关各部门离退休人员和离退休干部管理机构人员。安全部机关的离退休人员离退休费和离退休干部管理机构人员工资，暂不纳入统发工资范围。

（二）离休人员统发工资要严格执行国家统一规定的工资制度和标准，列入统发工资的项目范围，包括：

离休费，指按基础工资、职务工资、级别工资、工龄工资计算的离休金，以及公务员工资制度改革中增资不足 35 元的补差、未参加 1985 年工资制度改革人员的生活补贴；

生活补贴，指按国家规定发放的 1945 年 9 月 2 日以前参加革命工作人员的年度生活补贴；

交通费，指按国家规定发放的交通费；

书报费，指按国家规定发放的书报费；

洗理费，指按国家规定发放的洗理费等；

护理费，指按国家规定发放的护理费；

警衔津贴，指按国家规定发放的警衔津贴；

其他补贴，指领导干部自雇费补贴、老红军生活困难补助费、在京中央国家机关补贴、住宅公务电话包干费，以及按国家规定发放的其他补贴。

（三）退休人员统发工资要严格执行国家统一规定的工资制度和标准，列入统发工资的项目范围，包括：

退休费，指按基础工资、职务工资、级别工资、工龄工资计算的退休金，以及公务员工资制度改革中增资不足 35 元的补差、未参加 1985 年工资制度改革人员的生活补贴；

护理费，指按国家规定发放的护理费；

警衔津贴，指按国家规定发放的警衔津贴；

其他补贴，指领导干部自雇费补贴、在京中央国家机关补贴、住宅公务电话包干费，以及按国家规定发放的其他补贴。

（四）离退休干部管理机构人员统发工资要严格执行国家统一规定的工资制度和标准，列入统发工资的项目范围，包括基本工资和国家统一规定的津贴、补贴，其中：

管理人员基本工资，即基础工资、职务工资、级别工资、工龄工资，以及公务员工资制度改革中增资不足 35 元的补差。工人基本工资包括岗位工资、技术等级工资、奖金。

国家统一规定的津贴、补贴，包括工改保留补贴、在京中央国家机关补贴、警衔津贴、国家批准的各项岗位津贴和补贴、住宅公务电话包干费、独生子女保健费等。

（五）各单位用自筹资金自行发放的津贴、补贴，不纳入统发工资的项目范围。

（六）国管局采取公开招标方式，确定中国工商银行北京分行（以下简称工行北京分行）为统发工资银行。

各单位可根据工行北京分行关于统发工资的服务承诺和服务指南，对其各项服务承诺的履行情况进行监督，在统发工资过程中出现的具体问题，就近与工行北京分行各营业网点联系协商解决。协商解决不了的，可与国管局财务司联系，由国管局财务司与工行北京分行协商解决。

（七）各单位财务部门会同离退休干部管理机构，负责编制本单位离退休人员和离退休干部管理机构人员的工资报表。各单位人事部门根据有关政策规定，负责审核财务部门编制的工资报表中的人员和工资、津贴补贴项目、标准等。

各单位财务部门应于每月20日之前，将经过本单位人事部门审核后的工资报表报送国管局财务司。国管局财务司对各单位的人员经费进行审核、汇总后，将人员经费拨付到工行北京分行，由工行北京分行直接拨付到个人账户。

（八）统发工资后，各单位发生增人增资、减人减资、正常工资变动以及津贴、补贴变化情况，由财务部门于每月20日之前，将各单位人事部门审核后的人员、工资等数据资料，报国管局财务司审核。国管局财务司在当月底前完成对各单位人员经费变化情况的审核、汇总后，于下月的2日之前，将人员经费拨付到工行北京分行。

（九）统发工资后，国管局将不再核拨各单位离退休干部和管理机构的人员经费，并按应发工资数抵扣单位预算拨款。每季度终了后10日内，各单位、工行北京分行、国管局相互核对统发工资数额，以确保准确无误。

（十）统发工资后，各单位的离退休经费预算指标仍然下达到各单位。各单位根据我局提供的《中央国家机关离退休费统发金额核对通知单》，按月登记入帐，年度末，将全年发放工资总额与公用经费预算拨款一并汇入单位决算上报我局。为便于各单位核算全年实际支出数和编制财务决算，各单位财务部门在统发工资后的具体账务处理办法是：

借：经费支出——工资、补助工资、职工福利费、其他工资（离退休干部管理机构人员工资）

离退休人员待遇（离休人员待遇、退休人员待遇）

贷：拨入经费

（十一）各单位应按要求如实提供人员工资资料及变动情况，接受国管局的监督检查。单位上报人员数字及工资标准不实，发生人员变动等情况不及时上报，要追究有关领导和直接责任者的责任，并按损失额扣发单位公用经费。

（十二）统发工资后，各单位离退休人员和离退休干部管理机构人员可以凭离退休证、工作证，到工行北京分行各营业网点免费领（或换）牡丹灵通卡。如发生工资卡遗失，由本人到工行北京分行各营业网点办理挂失手续，并将新帐户及时通知本单位财务部门，便于财务部门及时更改帐号。

（十三）参加工资统发的离退休人员和离退休干部管理机构人员可以拨打电话95588，利用工行北京分行开通的电话银行功能，查询个人工资帐户金额，也可以到工行北京分行各营业网点办理有关手续后，进行个人电话委托交费或转帐业务。

特此通知。

全国妇联《关于贯彻落实〈中共中央、国务院关于加强老龄工作的决定〉的意见》（试行）

（2000年12月29日）　　【妇厅字（2000）30号】

《中共中央、国务院关于加强老龄工作的决定》（以下简称《决定》）是以江泽民同志为核心的党中央对我国老龄事业做出的重要部署，是指导当前和今后一个时期我国老龄工作的纲领性文件。为全面贯彻落实《决定》，进一步加强老龄妇女工作，推动和发展老龄事业，提出以下意见：

一、充分认识加强老龄妇女工作的重要意义

随着我国经济发展和社会进步，人民生活水平不断提高，人口平均寿命延长，老龄人口增加，我国已步入人口年龄结构老龄化阶段。今后一个时期，我国老年人口还将以较快速度增长，老年问题将成为关系到我国经济和社会发展的重大问题。据调查，由于女性平均寿命高于男性，在老年人口中，女性所占比例较大，且有相当数量的老龄妇女文化水平较低，她们中许多人一生从事家务和农业劳动，经济收入偏低，自我保护意识较差，因此中国的老龄问题很大程度上是老龄妇女问题。采取积极措施，加强老年妇女工作，是做好老龄工作和妇女工作的重要组成部分。

党和政府历来十分重视妇女工作，也十分重视老年妇女问题。《决定》中特别提出“加强思想政治工作要与关心老人生活以及老龄妇女的特殊问题结合起来”；在切实保障老年人的合法权益中强调要“重视和解决好老年妇女问题”，这为做好老龄妇女工作指明了方向。

全国妇联书记处十分重视老龄妇女工作。今年专题研究了老龄妇女工作，成立了全国妇联老龄工作协调委员会，由全国妇联副主席、书记处第一书记顾秀莲同志担任主任，下设办公室，具体负责老龄妇女工作。同时筹建老龄妇女研究专门委员会。这是全国妇联老龄妇女工作的良好开端，也为今后开展老龄妇女工作提供了切实保障。

目前老龄工作刚刚开始，我们对人口老龄化特别是对解决老龄妇女问题的重要性和紧迫性还缺乏足够的认识，对老龄妇女群体的特殊问题还缺乏深入的调查研究，在如何加强老龄妇女的思想政治工作、反映老龄妇女的呼声、协助政府解决她们的实际困难，以及在维护她们的合法权益、参与推动全社会尊老、敬老风气的形成等方面都需要进一步加强力度。

老龄问题涉及政治、经济、文化和社会生活的诸多方面，关系到国计民生和社会长治久安。党的十五届五中全会通过的《中共中央关于制定国民经济和社会发展第十个五年计划的建议》中强调，要“重视人口老龄化趋势，努力解决老龄人口社会保障和精神文化生活问题”。在全国妇联八届三次执委会议上，胡锦涛同志要求妇联不断研究新情况，解决新问题，并明确提出：“随着我国老龄化社会的提前到来，老年妇女工作如何进一步加强”的问题。这不但指明了老龄妇女工作是妇女工作的重要组成部分，也指明了这是妇联工作的新情况，对之提出了新要求。全国妇联各部门、各直属单位及各级妇联组织必须从改革、发展和稳定的大局出发，站在实践党的全心全意为人民服务宗旨的高度，充分认识做好老龄妇女工作的重要性，采取积极措施，推进老龄妇女工作，发展老龄妇女事业。

二、老龄妇女工作的指导思想和主要任务

以邓小平理论和江泽民总书记“三个代表”的重要思想为指导，充分发挥妇联组织的桥梁纽带作用，深入开展老年妇女问题的调查研究，了解老年妇女的需求，反映老年妇女中的新情况新问题，为党和政府制定政策法规、解决好老年妇女的特殊问题提供科学依据；广泛开展敬老、养老、助老宣传和道德教育，积极促进法规建设，维护老年妇女的合法权益；不断研究和探索加强老年妇女思想政治工作的新形式、新办法，努力帮助她们解决实际问题；参与社区老年服务设施和服务网络建设，组织广大妇女开展为老服务；从妇联工作和妇女工作实际出发，把老龄妇女工作纳入妇联全局工作之中，坚持统筹规划、分类指导，因地制宜地开展工作。

三、加强领导，明确责任

各级妇联组织要将老龄妇女工作做为妇女工作的重要组成部分，实行统一领导，统筹安排。各级妇联组织要尽快成立相应的老龄妇女议事协调机构，配备干部，明确职责，开展工作。全国妇联及各省妇联老龄工作协调委员会要进一步发挥指导、协调和督查的职能。在制定新十年妇女发展纲要和妇联工作计划时，充分考虑老年妇女工作，明确具体任务，提出阶段性目标。要结合妇联和妇女工作实际，制定切实可行的2001年至2005年老龄妇女工作的五年规划和年度工作计划。各成员单位都要根据分工，认真履行职责，共同做好老龄妇女工作。

四、加强调查研究，增强老龄妇女工作的针对性、科学性和预见性

充分发挥妇联妇女研究工作的优势，深入开展老龄妇女问题的调查研究。近期要重点完成关于老年妇女群体的特殊问题和需求调查，老年妇女的权益保护及如何进一步加强老年妇女工作的研究，为在全社会的老龄工作中树立性别意识做好基础工作。

五、加强宣传，在全社会树立老龄意识和敬老意识

要把弘扬中华民族尊老、养老、助老的传统美德教育与妇联开展的主体活动结合起来，加大宣传力度。妇联系统的报刊、出版等新闻宣传单位要按照有关要求，开辟并办好老年妇女工作宣传专栏。

妇联系统的妇女干部学校要将老年法律法规知识纳入教育和岗位培训课程，开展尊老、养老的道德和法制观念教育。

组织开展敬老、养老模范和为老服务的优秀典型评选活动，倡扬敬老、养老、助老的社会风尚。

六、进一步加强和改进老龄妇女的思想政治工作

以马克思主义、毛泽东思想、邓小平理论为指导，积极开展党的基本路线、形势政策和维护稳定等方面的教育。认真研究老年妇女群体中的思想问题，把握老年妇女的特点，探索新形势下加强和改进老年妇女思想政治工作的新形式，新方法；组织引导老年妇女学习科学文化知识，反对唯心主义，破除封建迷信，树立科学健康、乐观向上的世界观、人生观和价值观。有条件的单位和部门可开设政治理论、法律法规、医学保健、文化艺术、书法绘画等适应老年妇女需要的教学课程，开展适合老年妇女身心健康的活动，以取得寓教于乐、愉悦身心的效果；充分利用社会资源，为老年妇女提供学习活动的场所，组织开展健康有益、内容丰富、形式多样的文体活动。

七、抓住时机，积极推动和参与老年服务设施建设，多为老年妇女办实事

各级妇联要抓住政府加快养老服务设施体系建设的有利时机，积极参与兴办老年妇女服务业，推动老年妇女服务网络建设；要和推动下岗女工再就业工作结合起来，培养、训练一批服务和管理人才，在社区老龄工作中发挥作用；有条件的地区可以创建示范性老年公寓和活动中心。各级妇联都要关心老年妇女的状况，因地制宜，创造条件，扎扎实实地为老年妇女办实事。

八、加强法制教育，依法维护老年妇女合法权益

积极推动建立健全保障老年妇女合法权益的法规，贯彻落实好现有法规，依法维护老年妇女的合法权益；广泛开展法制宣传教育和普法工作，举办法律宣传日和老年妇女法律课堂，提高全社会维护老年人合法权益的自觉性，特别要提高老年妇女对维护自身权益的认识；积极开展法律援助和法律服务工作。各级妇联要根据条件开设老年妇女法律咨询热线和咨询日，在日常工作中要重视和优先办理老年妇女权益保护方面的信（访）件。

全国妇联《关于加强老龄妇女工作的意见》

【妇字（2000）9号】

各省、自治区、直辖市妇联：

为了贯彻1999年全国老龄工作委员会第一次会议精神，充分发挥各级妇联在老龄工作领域的特殊作用，努力开创全国老龄妇女工作新局面，全国妇联对加强老龄妇女工作提出以下意见：

一、充分认识做好老龄妇女工作的重要性和紧迫性

当前，我国60岁以上人口已超过1.2亿，占世界老年人口的1/5，亚洲老年人口的1/2，占全国总人口的10%以上，这表明我国已进入老龄社会。

人口老龄化涉及到社会、政治、经济、文化等各个方面，对国家的稳定和发展至关重要。江泽民总书记强调指出：老龄问题越来越成为一个重要的社会问题，我们要予以重视。希望各级党委和政府要加强老龄工作的领导，切实做好这项工作。全国老龄工作委员会主任、国务院副总理李岚清同志强调做好老龄工作的重要意义，认为“处理得好，可以为我国改革开放和经济发展创造一个良好的社会环境；处理不好，就可能产生消极因素，甚至影响社会稳定。”

在我国老龄人口中，老龄妇女占到半数以上。因此，各级妇联在老龄工作中负有特殊的责任，要充分认识做好老龄妇女工作是社会主义制度优越性的重要体现，是推进社会主义精神文明建设的需要，是维护社会稳定的需要。各级妇联干部要切实增强责任感，把做好老龄妇女工作纳入议事日程，积极探索并开创老龄妇女工作的新局面。

二、明确责任，建立机制，依法维护老龄妇女的合法权益

全国老龄工作委员会明确了妇联组织在老龄工作中的职责，即：依法维护老龄妇女的合法权益和特殊利益；参与和维护有关老龄妇女法律法规及政策的制定和完善；为老龄妇女营造健康的社会环境；发挥老龄妇女在社会中的作用。

为切实维护老龄妇女的合法权益，各级妇联要把学习宣传《中国老年权益保障法》和《中国妇女权益保护法》结合起来，开展经常性的普法教育，广泛宣传敬老、爱老、养老、助老的先进事例，谴责歧视、虐待、伤害老人的不良现象。通过多种渠道，采取多种形式，进一步增强全社会的老龄意识、养老意识、依法保护老年人合法权益的意识以及老龄妇女依法自我保护意识，努力营造有利于老年人身心健康、生活愉快、家庭幸福的社会环境。

全国妇联于今年初成立了老龄工作协调委员会。各级妇联应根据本地情况尽快建立健全老龄妇女工作机制，制定工作计划，明确工作重点，落实工作责任。

三、进一步做好老龄妇女的思想政治工作

当前，我国处在改革的攻坚阶段和发展的关键时期，社会生活发生了更加复杂而深刻的变化。进一步做好老龄妇女的思想政治工作，是从政治上关怀老龄妇女的具体体现。

老龄妇女是一个庞大而特殊的社会群体，她们既需要物质方面的照顾，具体及时的服务，更需要精神方面的关心。特别是在社会转型期，各种思潮不可避免地反映到老年群体之中，我们同“法轮功”的政治斗争，一些地方封建迷信思想的回潮，都充分说明了这个问题。因此，在老龄妇女中也要提倡讲学习、讲政治、讲正气，开展主题鲜明、内容丰富、愉悦身心、促进健康的文化活动。不断提高她们的思想觉悟，使她们保持健康、良好的精神状态，增强识别与抵制唯心主义、封建迷信及各种伪科学的能力。

四、为老龄妇女办实事、办好事

要积极开展适应老龄妇女需要的丰富多彩的活动，充分利用现有的阵地与设施资源，为老龄妇女办实事、办好事。可考虑设立老年妇女活动中心、活动站和老年妇女咨询热线等，加强老年妇女与社会沟通、联系的渠道，使她们的生活过得愉快、健康、充实。

五、深入开展老龄妇女问题的调查研究

开展老龄妇女工作是妇联组织一项新的事业，因此，要切实加强对老年妇女问题的调查研究，组织各方面的力量，深入到群众之中开展调查，了解各阶层老龄妇女的思想状况、需求特点和具体困难，制定切实可行的工作规划，同时为探索具有中国特色的老龄事业发展道路，从理论和实践上提出政策性建设。

中国老龄事业发展“十五”计划纲要（2001—2005年）

从新世纪开始，我国将进入全面建设小康社会，加快推进社会主义现代化的新阶段。为促进我国老龄事业的发展，根据《中华人民共和国老年人权益保障法》、《中共中央、国务院关于加强老龄工作的决定》（中发［2000］13号）和《中华人民共和国国民经济和社会发展第十个五年计划纲要》，结合我国人口老龄化的实际，制定《中国老龄事业发展“十五”计划纲要（2001—2005年）》（以下简称《纲要》）。

一、背景

改革开放以来，在党中央、国务院的领导下，我国老龄事业有了较快发展。1994年12月，国家计委、民政部等部门联合制定了《中国老龄工作七年发展纲要（1994—2000年）》，1999年10月，党中央、国务院决定成立全国老龄工作委员会，2000年8月，党中央、国务院又下发了《关于加强老龄工作的决定》，有力地推动了我国老龄事业的发展。老年人的经济供养与医疗保障得到改善，老年福利、文化、教育、体育事业有了较快发展，老年人合法权益受到重视，敬老、养老、助老的社会氛围逐步形成，老年人生活质量明显提高，老龄组织健康发展，各级老龄工作委员会及其办事机构正在健全和加强。但是，我国老龄事业总体上仍滞后于人口老龄化的要求和社会经济的发展。社会保障制度不够完善，老年设施、产品与服务短缺，老年精神文化生活不够丰富，侵犯老年人合法权益的现象时有发生，适应社会主义市场经济体制的老龄事业发展机制尚待建立和完善。

世纪之交，我国60岁以上老年人口超过总人口的10%，人口年龄结构开始进入老龄化阶段。今后一个时期，我国老年人口还将以较快速度增长，到2015年60岁以上人口将超过2亿，约占总人口的14%。我国人口老龄化与先期进入人口老年型的国家相比，具有老龄化发展快、老年人口数量大、地区之间不平衡、超前于社会经济发展等特点。老年人对经济供养、医疗保健、生活照料和精神文化等方面需求的日益增长，必将给国民经济和社会发展带来巨大的挑战。解决老龄问题，满足老年人不断增长的物质和文化需求，实现老龄事业与经济社会协调发展，促进社会公平和稳定，是社会主义现代化建设一项重要而紧迫的战略任务。

从新世纪开始，我国将全面实施社会主义现代化建设第三步发展战略，经济发展和综合国力的增强将为解决老龄问题创造良好的物质基础。同时，未来十几年，虽然老年赡养比开始上升，但少儿抚养比明显降低，社会总抚养比持续下降，也为做好21世纪人口老龄化高峰前的准备提供了有利条件。我们要抓住机遇，制定对策，有计划、有步骤地推动老龄事业持续健康发展。

二、总目标和指导原则

（一）总目标。

加快老龄事业发展步伐，重点解决老龄事业发展中的突出问题，落实“老有所养、老有所医、老有所教、老有所学、老有所为、老有所乐”，把老龄事业推向全面发展的新阶段。

——初步建立适应社会主义市场经济要求、体现城乡不同特点的城市和农村养老保障体系。

——建立以城市社区为基础的老年人管理与服务体系。

——进一步丰富老年人的精神文化生活，加强思想政治工作。

——切实维护老年人的合法权益。

——建立老龄事业的正常投入机制。

——健全老龄工作体系。

（二）指导原则。

以邓小平理论和江泽民同志“三个代表”的重要思想为指导，以提高老年人口的生活质量，实现经济和社会的可持续发展为宗旨发展老龄事业，并遵循以下原则：

1. 坚持老龄事业与国民经济和社会发展相适应。把老龄事业纳入可持续发展战略，增加老龄事业投入，使其与经济社会发展水平和老年人口增长相适应。把解决现实老龄问题和应对人口老龄化高峰的长远准备结合起来，统筹兼顾，协调发展。

2. 坚持老龄事业与社会主义市场经济体制相适应。发展老龄事业要着眼于体制创新，发挥政府的主导作用，运用市场机制，动员社会各方面力量，推动老年服务业走社会化、产业化道路。

3. 坚持家庭养老与社会养老相结合。完善社会养老保障制度，加快发展老年服务事业，同时继续鼓励和支持家庭养老，倡导个人的自我养老准备，走政府、社会、家庭和个人相结合的养老保障道路。

4. 坚持用法制和道德的力量营造发展老龄事业的社会环境。加强法制建设，建立健全法律约束机制；完善道德规范，重视舆论引导，增进代际和谐。

5. 坚持从物质和精神两方面提高老年人的生活质量。在保障老年人生活的同时，注意丰富老年人的精神文化生活，重视老年人的价值，发挥老年人的作用，引导老年人自立自强，积极向上。

6. 坚持因地制宜，分类指导，突出重点。重视农村老龄问题和农民的养老问题；解决好老少边穷地区老年人的生活困难问题；保障高龄老人、残疾老人、老年妇女、独居老人等特殊群体的基本生活和合法权益；把老龄工作的重心放在社区、基层。

三、任务和措施

（一）经济供养。

1. 任务。

——初步建立政府、社会、家庭和个人相结合的经济供养体系，保障老年人基本生活。

——确保老年人生活水平随社会经济发展逐步提高。

2. 措施。

——在城镇，要加快建立统一、规范、完善的养老保险体系，确保企业离退休人员基本养老金的按时足额发放，全面实行基本养老金的社会化发放。依法扩大基本养老保险覆盖面，鼓励发展个人储蓄性养老保险。进一步完善基本养老金的正常调整机制，随着经济发展和职工工资水平的提高，合理增加基本养老金，使离退休人员共享经济和社会发展成果。多渠道筹集社会保障基金，为应对人口老龄化高峰作好准备。

——在农村，要逐步建立和完善土地保障、家庭赡养和社会扶持相结合的农民养老保障体系。农民养老以家庭赡养为主，倡导赡养人之间签订“家庭赡养协议”；鼓励低龄健康老人提高自养能力；对无劳动能力、无生活来源、无赡养人和扶养人，或者赡养人和扶养人确无赡养能力或者扶养能力的老人继续完善以保吃、保穿、保住、保医、保葬为内容的“五保”供养制度，逐步提高供养水平；有条件的地方可实行对老年人的集体福利制度；根据情况逐步建立独生子女户和两女户的计划生育养老保障制度；注意探索和解决城镇化过程中老年人的养老保障问题。

——按照政府救济和社会互助相结合的原则，构建多层次、多元化、多项目的贫困老人救助体系。确保城市居民最低生活保障制度在城市老年人中的贯彻落实，并随社会经济发展相应提高最低生活保障标准。通过政府救济和社会互助，多渠道筹集资金，对特殊困难的老人实行临时性救助，大力倡导多种形式的扶老助困送温暖活动。

（二）医疗保健。

1. 任务。

——努力满足老年人的基本医疗需求。

——初步建立以社区卫生服务为基础的老年医疗保健服务体系。

——做好健康教育和预防保健工作，提高老年人口健康水平。健康教育普及率城市达到80%，农村达到50%。老年人体育健身参与率达到40%～50%。

2. 措施。

——要完善和推进城镇职工基本医疗保险制度，按照规定，将符合条件的社区卫生服务机构纳入城镇职工基本医疗保险定点机构，服务项目纳入基本医疗保险支付范围，积极发展多种形式的补充医疗保险，逐步建立多层次的医疗保障体系。要探索多种形式的农村健康保障办法。逐步探索和建立城乡医疗救助制度，改善特困老年人的医疗条件。

——加强社区老年卫生工作。要充分利用城市现有卫生资源，大力发展社区老年卫生服务，以优质、便捷、经济为原则，为老年人提供预防、医疗、护理和康复等多种服务，逐步把老年人的基本健康问题大部分解决在社区。要完善县、乡、村三级医疗预防保健网，加快乡、村医疗卫生组织建设，努力改善老年人的医疗卫生条件。加强“老少边穷”地区老年人的医疗保健工作，逐步改善贫困老年人缺医少药的状况。

——重视健康教育和预防保健。在青少年中倡导科学、文明、健康的生活方式，降低老年期常见疾病的发病率和致残率；在老年人中普及卫生保健知识，增强自我保健能力；注意针对老年妇女的身心特点做好预防保健工作，努力提高健康预期寿命。逐步建立社区老年人口健康档案，加强健康教育和健康监测。重视老年期常见病、多发病的防治和康复研究，建立老年人口健康评价指标体系。

——为老年人参与体育健身创造条件。县（市、区）要普遍设立老年体育指导站（点），加强对老年人体育健身活动的科学指导；城市社区和农村乡镇要因地制宜地开辟老年人健身场所；逐步建立老年人体质监测站，开展老年人体质监测指导工作。

——高龄老人和残疾老人就医，享受优先服务。

（三）照料服务。

1. 任务。

——初步建成养老设施网络。城市养老机构床位数达到每千名老人 10 张，农村乡镇敬老院覆盖率达到 90%。

——初步形成以社区为依托的老年照料服务体系，提供全方位、多层次的服务。

——建立社区为老服务的有效管理体制和服务队伍。

2. 措施。

——国家在充分利用现有设施的基础上，增加对养老设施建设的投入，通过新建和改、扩建的办法，办好示范性的养老设施，同时制定优惠政策，吸引社会力量投资兴办以社区为基础、不同档次的养老服务设施，注意以需求为导向发展护理型养老设施。城市要有老年公寓、社会福利院、老年护理院，街道要有与老年人需求相适应的养老院或托老所，充分利用城市基层医疗机构的现有资源开展养老服务，逐步形成养老设施网络。乡（镇）敬老院要进一步加强设施建设，完善服务功能，服务范围扩大到周边地区的老年人。

——制订和完善各类老年设施的建设标准和设计规范。住宅、道路交通和公共设施建设应逐步满足老年人的特殊需求。

——大力发展社区老年照料服务。在社区建立综合性、多功能的服务站，依托社区老年服务设施，采取上门服务、定点服务等形式，开展看护照料、精神慰藉、家务帮助等服务项目。有条件的地区应逐步建立老年人紧急呼叫系统。充分利用家庭照料资源，积极探索支持家庭成员照料老年人的有效办法，逐步优化支持老年人居家养老的社会和社区环境。

——加强社区老年管理与服务人员的培训，提高职业道德和业务素质。建立管理人员定期培训制度；服务人员培训率达到 60%～80%，经过考核，持证上岗。重视整合和充分利用现有社区人力资源，大力发展社区志愿服务组织，积极鼓励在校学生以各种形式参加为老服务，形成专、兼职和志愿者相结合的为老服务队伍。

——适应退休人员逐步由社区管理的新形势，积极探索退休人员社区管理服务的新模式。逐步完善老年管理服务网络。充分发挥群众组织在社区老龄工作中的作用。

（四）精神文化生活。

1. 任务。

——营造全社会尊重、理解、关心和帮助老年人的社会环境与舆论氛围

——丰富老年人闲暇生活，提高老年人精神文化生活质量。

——大力发展老年教育，在校老年学员人数在现有基础上增加 1 倍。

——充分发挥老年人在社会生活中的积极作用。

2. 措施。

——充分发挥广播、电视、报刊等大众传播媒体的宣传教育和引导作用，采取多种形式，加强老龄宣传工作，增强全社会的老龄意识；要把弘扬敬老、养老、助老美德作为社会主义精神文明建设的重要内容，将敬老教育内容列入中小学教材；地方各级人民政府和有关部门要对老龄事业中涌现出的先进单位、家庭和个人给予表彰和奖励。

——加强老年活动设施建设。大中城市要逐步建立设施完备、功能齐全、综合性的老年活动中心，县（市、区）要建立老年文化活动中心，乡（镇）、街道要设立老年活动站，有条件的村委会、居委会要开设老年活动室。各地要在现有或新建的公益性文化设施中开辟老年人活动场所，同时鼓励部门和单位管辖的文化活动场所向老年人开放。公园、图书馆、文化馆（站）、体育馆、博物馆等公共文化活动设施要优惠向老年人开放。

——加强老年文化建设。广播电台、电视台要办好老年文化专题节目；文学、影视、戏剧界要积极创作老年人喜闻乐见的优秀作品；新闻出版部门要重视办好老年报刊，出版面向老年人的图书、音像、电子出版物。大力开展适合老年人特点的社区文体活动，对各类专业性老年群众文体组织给予支持和引导，有计划地组织老年文艺汇演、书画展览等活动。

——建立老年教育网络。各级政府要合理安排对老年教育的投入，同时动员社会力量，因地制宜办好老年教育。省（自治区、直辖市）要建立 1～2 所示

范性老年大学，地级市和有条件的县（市、区）要设立老年大学，乡（镇）、街道以及有条件的村委会、居委会要有老年学校、图书阅览室等学习场所；各种成人教育院校应积极开设老年班；发展老年电视大学、老年网上学校等多种形式的老年教育。重视做好老年教育教材的编写工作。制定并公布全国老年教育条例，加强老年教育的规范化管理。

——开展适合老年人特点的教育活动，帮助老年人增长知识，陶冶情操，倡导科学、文明、健康的生活方式。要特别重视加强老年思想政治工作，在城市，要通过举办各种讲座、学习班、报告会，就近就地开展多种形式、生动活泼的老年思想教育活动，帮助老年人树立科学的世界观和积极健康的人生观、价值观；在农村，要积极组织引导老年人学习科学文化知识和农业技术，崇尚科学，破除迷信，移风易俗。重视发挥基层党支部在老年思想教育工作中的作用和老党员的先锋模范作用。

——鼓励老年人继续参与社会发展。根据社会需要和自愿量力的原则，创造条件，积极发挥老年人在两个文明建设中的作用。在城镇，要重视老年人才资源的开发和利用，引导老年人从事教育、科研、咨询以及维护社会治安、社区服务等社会公益活动；在农村，鼓励健康老人从事种植、养殖和加工业。支持老年人自助互助。注意充分发挥老年人在基层民主政治建设中的作用。

（五）权益保障。

1．任务。

——加强立法、执法工作，逐步形成维护老年人合法权益的法律保障体系。

——加强普法教育工作。城市普法教育普及率不低于80%，农村不低于60%。

2．措施。

——抓紧制订中华人民共和国老年人权益保障法实施细则以及有关老年人社会福利等方面的法律法规，根据实际情况，制订地方行政法规和部门规章。

——加大执法力度，依法处理和打击侵犯老年人合法权益的不法行为。逐步建立较为完善的老年法律服务、法律援助组织网络，基层法律服务和法律援助机构要设立老年人合法权益维护岗，社区要设立法律服务网点，保证老年人能够就地、就近、及时得到有效的法律服务。对无力支付法律服务费用的老年人，按有关规定提供法律援助，给予缓交、减交或免交的优待。

——加大《中华人民共和国老年人权益保障法》的宣传力度，强化全社会维护老年人权益的法制观念。帮助老年人学法、懂法、守法，提高法律意识，依法维护自身的合法权益。

——加强法律监督。各级老龄工作机构要切实履行职责，督促和协调各部门依法行政，积极配合和协助司法行政部门，做好维护老年人合法权益的工作。有关部门要对《中华人民共和国老年人权益保障法》的贯彻执行情况定期进行检查。

四、实施《纲要》的保证

（一）加强组织建设。

地方各级人民政府要加强对老龄工作的领导，把老龄工作列入日常工作议程，建立和完善各级老龄工作委员会及其办事机构，明确任务和职责，核定编制，配备干部，保证必要的工作经费和工作条件。加强老龄工作队伍建设，采取多种形式，对老龄工作干部进行有计划的培训，提高政治和业务素质。

（二）加大经费投入。

将老龄事业纳入国民经济和社会发展总体规划，根据国民经济发展水平和老年人口规模，从实际需要和可能出发，增加对老龄事业经费的投入，用于补充基本养老保险基金、城市居民最低生活保障资金、老年服务设施建设、科学研究和老年教育等方面，逐步形成制度化的财力投入机制。在国家发行的彩票收益中要明确一定比例用于老龄事业的发展。同时，要调动社会各方面的积极性，建立多元化的老龄事业投入机制。

（三）加快体制创新。

大力推进老年福利事业社会化、产业化和法制化进程。在坚持政府主导，加大对老年福利事业投入的同时，要充分运用市场机制，动员社会各方面力量广泛参与。计划、财政、工商、税务、物价、国土、建设和民政等部门要制定优惠扶持政策，鼓励社会团体、民办非企业单位、私营企业和国内外人士投资老龄事业，发展老年产业，满足不断增长的老年群体对设施、产品与服务的需求。

政府办的老年福利事业也要引入市场机制，并积极探索公办民营等委托运作形式。同时，要改革内部管理体制，提高工作效率和服务质量。要对社会办的老年福利事业进行必要的调控、规范、指导和监督，逐步形成政府引导和宏观管理、社会中介组织经办运作、福利机构自主经营的管理体制。

（四）重视科学研究和人才培养。

加强老龄问题基础理论和应用研究，密切注视人口老龄化发展趋势及其对社会经济的影响，关注老年人口状况，建立老龄事业统计指标体系，形成统计工作制度，为科学规划和科学决策服务。加强对外交流与合作，借鉴国际经验，不断提高老龄科研水平。

加强人才培养，为老龄事业培养各类专门人才。在有条件的综合性大学开设社会老年学专业或课程，在医学和护理院校增加老年医学、老年护理学教学内容。有条件的院校可设立硕士、博士学位，培养老年学高级专门人才。大力开展老年教育和老年医学研究。

（五）建立督查和评估机制。

《纲要》由全国老龄工作委员会负责协调并督促实施。各地区、各部门要按照《纲要》的要求，根据各地实际和职责范围，制定本地区、本部门的具体实施方案。要对做出突出成绩的地方和部门给予表彰，形成老龄事业发展的激励机制。全国老龄工作委员会办公室要会同有关部门，组织力量定期对《纲要》的实施情况进行检查和评估，并在2005年对《纲要》的执行情况进行全面评审。

建设部《关于贯彻落实〈中共中央、国务院关于加强老龄工作的决定〉的通知》

【建标（2000）249号】

各省、自治区、直辖市建委（建设厅），计划单列市建委，新疆生产建设兵团：

中共中央最近印发的《中共中央、国务院关于加强老龄工作的决定》（中发［2000］13号），表明了以江泽民同志为核心的党中央十分重视和关心我国的老年人和老龄工作。各地建设行政主管部门应按照《中共中央、国务院关于加强老龄工作的决定》的要求，结合当地实际情况，制定切实可行的措施，把老龄工作落到实处。为此通知如下：

一、加快城镇老年服务设施的规划和建设

城市规划行政主管部门在城市总体规划编制中，要确定城市老年服务设施布局的规划原则和建设标准，在城市分区规划或详细规划中要统一考虑和安排老年服务设施的建设。城市原有居住区的改造与新建居住区规划建设均要有老年服务设施和可供老年人开展文体活动的场地和场所。小城镇规划建设中，必须把老年服务设施的建设搞好。

各地建设行政主管部门要加快对老年服务设施的新建、扩建和改建工程的审批；要特别重视对老年服务设施建设的质量监管、做好对老年服务设施的运行维护及相关的物业管理工作。

二、采取积极措施，为老年人的出行提供优惠

各级建设行政主管部门要结合当地的特点和实际情况，积极向人民政府提出建议或制定具体政策，对老年人的游览、乘坐公共交通工具（包括公共汽车、地铁和轮渡等）实行价格优惠。公园、风景名胜等在接待老年游客时，也应给予优待和照顾。

三、认真执行《城市道路和建筑无障碍设计规范》等有关建设标准，提高城镇设施对老年人的适应水平

各级建设行政主管部门在城镇设施建设中，要认真执行《城市道路和建筑无障碍设计规范》、《老年人建筑设计规范》等有关标准和规范，使城市设施的建设适合老年人生理特征，适应老年人的使用，方便老年人居住和出行。对专门用于老年人服务设施的建设，必须严格执行相关的强制性标准，确保其功能和质量满足老年人的特殊需求。

老年人是社会的重要组成部分，尊老敬老是中华民族的传统美德，满足广大老年人日益增长的物质和文化生活需求，使老年人共享经济建设和社会发展的成果，使他们真正做到老有所养、老有所乐、老有所为，是全面贯彻落实江泽民同志关于“三个代表”重要思想的具体体现。各级建设行政主管部门要以对党、对人民高度负责的精神，以落实全心全意为人民服务根本宗旨的高度来认识老龄工作，充分体现在城市规划、建设和管理中。

各地建设行政主管部门要对本地区现有的老年人服务设施和落实在城市管理中对老年人实行优惠和照顾的情况进行一次全面检查。在此基础上，结合本地区社会经济发展水平，制定出全面贯彻落实《中共中央国务院关于加强老龄工作的决定》的实施意见，在今年年底前报建设部。

国务院办公厅转发民政部等部门《关于加快实现社会福利社会化的意见》的通知

国办发［2000］19号

为了推进我国社会福利事业的改革与发展，建立适应社会主义市场经济体制的社会福利服务体系，现就加快实现社会福利社会化问题提出如下意见：

一、推进社会福利社会化的必要性和紧迫性

新中国成立50年来特别是改革开放以来，在党和政府的重视、关怀下，我国以老年人、残疾人、孤儿等社会特殊困难群体为主要对象的社会福利事业取得了长足进展，在社会主义物质文明和精神文明建设中发挥了积极作用。

我国已经进入老龄社会，老年人口基数大，增长快，特别是随着家庭小型化的发展，社会化养老的需求迅速增长。同时，残疾人和孤儿的养护、康复条件也亟待改善。但是长期以来，我国社会福利由国家和集体包办，存在资金不足、福利机构少、服务水平较低等问题，难以满足人民群众对福利服务需求日益增长的需要。社会福利事业的改革与发展，已经引起党和政府及全社会的广泛关注。为此，必须从长远和全局出发，广泛动员和依靠社会力量，大力推进社会福利社会化，加快社会福利事业的发展，这对于进一步建立健全社会保障制度，促进社会稳定和社会文明进步具有重要意义。同时，推进社会福利社会化，对于扩大内需，拉动经济增长，增加就业，也有积极的现实意义。

推进社会福利社会化不仅是必要的，也是切实可行的。全社会对社会福利需求的急剧增长，使社会福利社会化具有广阔的发展前景；我国综合国力的增强，人民群众生活水平和道德水准的提高，为推进社会福利社会化奠定了良好的基础；企业“办社会”职能分离后的资源与社会上闲置资源的综合开发利用和置换，国内外一些社会团体、慈善组织和个人的积极参与（捐助或投资），社区服务中养老、托幼和助残等系列化服务的蓬勃发展，为实现社会福利社会化创造了有利条件。

二、推进社会福利社会化的指导思想、目标和总体要求

（一）推进社会福利社会化的指导思想：立足我国社会主义初级阶段的基本国情，以邓小平理论和党的十五大精神为指导，在供养方式上坚持以居家为基础、以社区为依托、以社会福利机构为补充的发展方向，探索出一条国家倡导资助、社会各方面力量积极兴办社会福利事业的新路子，建立与社会主义市场经济体制和社会发展相适应的社会福利事业管理体制和运行机制，促进社会福利事业健康有序地发展。

（二）推进社会福利社会化的目标：到2005年，在我国基本建成以国家兴办的社会福利机构为示范、其他多种所有制形式的社会福利机构为骨干、社区福利服务为依托、居家供养为基础的社会福利服务网络。各类社会福利机构的数量和集中收养人员的数量每年以10%左右的速度增长，尤其是老年人社会福利服务机构的数量有较大增长；城市中各种所有制形式的养老服务机构床位数达到每千名老人10张左右，普遍建立起社区福利服务设施并开展家庭护理等系列服务项目；农村90%以上的乡镇建立起以“五保”老人为主要对象，同时面向所有老年人、残疾人和孤儿的社会福利机构。

（三）推进社会福利社会化的总体要求：

一是投资主体多元化。从我国的基本国情出发，推进社会福利社会化采取国家、集体和个人等多渠道投资方式，形成社会福利机构多种所有制形式共同发展的格局。各级政府应根据经济和社会发展的需要，逐年增加对社会福利事业的投入，重点用在一些基础性、示范性社会福利机构的建设上，同时采取民办公助的办法，将一部分资金用于鼓励、支持和资助各种社会力量兴办社会福利机构；适当增加中国福利彩票发行额度，为社会福利事业的发展筹措更多的资金；采取优惠政策，鼓励集体、村（居）民自治组织、社会团体、个人和外资以多种形式捐助或兴办社会福利事业；企事业单位可以根据自身条件自愿捐助社会福利事业，或利用闲置资源投资“面向社区、自主经营、自负盈亏”的社会福利事业；儿童福利机构在今后一段时期仍以政府管理为主，也可吸纳社会资金合办，同时通过收养、寄养、助养和接受捐赠等多种形式，走社会化发展的路子。

二是服务对象公众化。社会福利机构除确保国家供养的“三无”对象（无劳动能力、无生活来源、无法定抚养人或赡养人)、孤儿等特困群体的需求外，还要面向全社会老年人、残疾人，拓展服务领域，扩大服务范围和覆盖面，并根据服务对象的不同情况，实行有偿、减免或无偿等多种服务。

三是服务方式多样化。社会福利机构和社区除集中养老、助残外，应发挥多种服务功能，为家庭服务提供支持。要大力发展社区福利服务设施和网点，建立社区福利服务体系，因地制宜地为老年人、残疾人、孤儿等特殊困难群体提供各种福利服务。要积极推进单位福利设施社会化。

四是服务队伍专业化。要逐步提高社会福利服务队伍的专业化水平，制定岗位专业标准和操作规范，实行职业资格和技术等级管理认证制度；加强社会福利工作系统的专业教育、在职教育及岗位技能培训，建立并完善学科建设和教材体系；大力倡导志愿者服务，加强志愿者服务队伍建设，使志愿者服务制度化、规范化。

三、制定优惠政策，引导社会力量积极参与社会福利事业

对社会力量投资创办社会福利机构，各级政府及有关部门应给予政策上的扶持和优惠。

(一) 各地要将社会福利机构及床位数作为社会发展的指导性指标纳入国民经济和社会发展计划，要在基本建设计划中统筹安排社会福利设施建设。

(二) 社会福利机构的建设用地，按照法律、法规规定应当采用划拨方式供地的，要划拨供地；按照法律、法规规定应当采用有偿方式供地的，在地价上要适当给予优惠；属出让土地的，土地出让金收取标准应适当降低。

(三) 各地在制定城市居住区规划时，无论是新区建设还是旧区改造，都应按原国家技术监督局、建设部发布的《城市居住区规划设计规范》(GB 50180—93) 的有关规定，将社会福利设施特别是老年人服务设施纳入公共设施进行统一规划。城镇人口不足6万人的街道办事处要设立一处老年人综合福利服务设施，同时附设一处可容纳30名左右老人的养老院；城镇人口超过6万人的街道办事处则要按上述要求增设新的老年人综合福利服务设施。要充分考虑社会福利服务对象的要求和社会福利事业发展的需要，尽可能在靠近社区、交通便利、环境良好的区位安排社会福利设施建设，施工中要严格按照规划和福利机构建设、建筑标准及规范实施，建成后任何部门和单位不得挤占。各市人民政府对此项市政基础设施配套建设费应酌情给予减免。

(四) 对社会福利机构及其提供的福利性服务和兴办的第三产业，安置残疾人的福利企业，以及单位和个人捐赠支持社会福利事业的，国家给予税收优惠政策，按照现行国家税法规定执行。

(五) 对获得民政部门批准设置的社会福利机构按规定到有关部门办理法人注册登记时，有关部门应优先办理；对未获得民政部门批准而设置的社会福利机构，有关部门不应办理法人注册登记手续。

(六) 对社会福利机构的用电按当地最优惠价格收费，用水按居民生活用水价格收费；对社会福利机构使用电话等电信业务要给予优惠和优先照顾。

(七) 各地在制定本区域卫生事业发展规划时，要充分考虑老年人、残疾人、孤残儿童的医疗、预防、保健、康复等卫生需要，积极支持社区卫生服务机构开展老年医疗、预防、保健、康复、健康教育等工作，鼓励并扶持社会力量兴办以老年人、残疾人、孤儿为服务对象的非营利性医疗机构。对社会福利机构所办医疗机构已取得执业许可证并申请城镇职工基本医疗保险定点医疗机构的，可根据劳动保障部下发的《关于印发城镇职工基本医疗保险定点医疗机构管理暂行办法的通知》(劳社部发[1999] 14号) 的规定，经审查合格后纳入城镇职工基本医疗保险定点范围，社会福利机构收养人员中的基本医疗保险参保人员，在定点的社会福利机构所办医疗机构就医所发生的医疗费用，按基本医疗保险的规定支付。

(八) 对社会福利机构中收养的(包括社会福利机构在社区和居民家庭中分散寄养的)就读于小学、初中的孤儿，要按有关规定免收杂费、书本费；对被高中(职业高中)、技校、中专、高等学校录取的孤儿，要免收学费、住宿费。

(九) 对各类社会福利机构中具有劳动能力的成年孤残人员，应积极采取措施，优先推荐就业，免费给予上岗前的培训。社会福利企业、事业单位及其职工，要依据国家有关规定，参加社会保险，缴纳社会保险费，依法保障职工享受各项社会保险待遇的权益。对进入社会福利机构养老并享受社会保险的人员，社会保险机构可委托社会福利机构代办其养老金发放等服务性工作

四、统筹规划，规范管理，有序发展

(一) 统筹规划、依法规范社会福利事业的发展。各级政府及有关部门要加强调查研究，合理确定社会福利事业发展目标，对社会福利机构的数量、布局、规模档次以及资金、用地等统筹安排，防止盲目发展、一哄而起和重复建设，避免资源浪费。

要抓紧制定社会福利事业的有关法规，使社会福利事业的建设与管理有章可循、有法可依。今后，申办社会福利机构，要严格执行民政部颁布的《社会福利机构管理暂行办法》的有关规定，老年人福利设施建设要按照建设部、民政部联合颁布的《老年人建筑设计规范》(JCJl22—99) 进行设计和施工，接受行政主管部门的检查和监督。

（二）建立充满生机和活力的管理体制和运行机制。要按照社会主义市场经济体制的要求，处理好社会福利工作中政府职能和社会化的关系，研究制定社会福利机构分类管理的政策措施，逐步建立起政府宏观管理、社会力量兴办、社会福利机构自主经营的管理体制。要按照产业化的发展方向逐步建立起适应市场经济要求的运行机制。要深化现有国家、集体兴办的社会福利机构改革，探索社会化管理的新路子，盘活存量。对新办的社会福利机构，要打破旧框框，按照市场经济的要求运作，真正体现市场配置资源、价值规律调节、公平竞争、优胜劣汰的市场经济法则，使各类社会福利机构都能够自主经营、自负盈亏、自我发展。

（三）加强领导，促进社会福利社会化有序发展。社会化是我国社会福利事业发展的方向，也是我国社会福利事业管理体制的重大改革，必须积极稳妥地推进。各级政府要切实加强领导，把社会福利社会化列入重要议事日程，作为一件大事抓紧抓好；要从实际出发，因地制宜，积极推进；要注意抓好试点，总结经验，逐步推广。各级民政部门要当好政府的参谋，提出切实可行的实施方案，做好服务协调和督促检查工作。各有关部门要密切配合，大力协助，为社会福利社会化健康有序地发展做出积极贡献。

中共中央直属机关工作委员会印发《关于加强工委机关离退休干部工作的意见》

（2001 年 3 月 22 日）　　【办通字（2001）10 号】

老干部工作是我们党干部工作的重要组成部分，也是机关工作的一个重要方面，我们要从讲政治的高度，从改革稳定的大局出发，以对党和人民高度负责的精神，全心全意做好为老同志服务的工作，按照国家的有关规定，全面贯彻落实好老干部的政治、生活等各项待遇，使老干部老有所养、老有所乐、老有所学，发挥老干部在两个文明建设中的作用。

一、坚持正确的指导思想，提高服务意识

中直工委机关的老干部工作，要以邓小平理论和江泽民同志“三个代表”的重要思想为指导，认真贯彻《中共中央国务院关于加强老龄工作的决定》和全国老龄工作会议精神，坚持从中直工委机关的实际出发。中直工委办公室老干部处承担为工委机关离退休老同志服务的日常工作，每一位工作人员都要讲学习、讲政治、讲正气，树立政治意识、大局意识、开拓创新意识和责任意识，发扬奉献精神，努力提高理论水平、政策水平和实际工作能力，以适应做好老干部工作的需要。要树立全心全意为离退休老同志服务的思想，从大处着眼，从具体工作入手，满腔热情地做好为老同志服务的各项具体工作。工委机关各部门要关心和支持老干部工作，积极配合老干部工作部门做好工作。

二、从政治上关心老同志，落实好老同志的政治待遇

1. 建立健全老干部学习制度，一般情况下，每月组织一次老干部学习，学习内容主要是中央精神以及工委贯彻落实的安排意见。凡发给在职党员干部的学习材料，应同样发给老干部。要保证老干部能够按照规定看文件、听报告、及时了解党和国家的方针、政策和国内外大事。

2. 按照中央的有关规定积极安排落实好老干部参加重大节日的纪念活动。

3. 建立完善走访慰问和定期征求老干部意见制度，主要情况及时向老干部通报、通气，认真听取老干部的意见和建议。

4. 老干部处要协助老干部支部组织好老同志的学习，开展符合老干部自身特点的党日活动。协助老干部支部做好老同志的思想工作。

5. 充分发挥老干部的政治优势，支持他们开展党的优良传统和革命理想教育，鼓励他们在“两个文明”建设中做出新贡献。

6. 机关党委要把老干部支部建设作为机关党建的一个重要方面，认真抓好。机关党委的领导同志每年至少向离退休老同志通报一次机关党的工作的情况。

7. 为丰富老同志的政治文化生活，每年用公款为老同志订阅一份“中华老年报”和一份老年刊物。

三、生活上关心照顾好老同志，落实好对老同志的各项生活待遇

1. 认真执行国家有关离退休人员待遇的各项政策，保证离退休费足额按时发放及其他待遇的落实。

2. 工委机关利用固定资产创收为职工所办的福利，离退休老同志与机关在职人员的分配基本持平。对生活困难的老同志给予个别照顾。

3. 落实好老干部的医疗待遇，对住在离合同医院较远，看病不便，本人有就近医疗要求的，要积极与有关部门联系，办理就近医疗的有关手续。

4. 建立定期体检制度，每年组织离退休老干部全面体检一次。要及时为老干部办理医疗费用的报销手续。

5. 按规定组织好离休老同志到北戴河疗养。

6. 充分利用中办给工委机关提供的老同志活动场所，组织工委老同志参加适合他们身心健康的文体活动，鼓励老同志参加中办的老年大学；在机关条件允许的情况下建立工委老同志活动室。

7. 保证老同志集体活动用车和急重病人的用车。老同志得急、重病要及时看望，住院必访。

8. 根据具体情况和老同志的意见，在经费条件允许的情况下，除组织老同志在本市参加郊游活动外，一般每年酌情组织老同志到外地参观学习一次。

9. 做好日常服务工作，如把钱、物、报销的药费及时送到家等。

四、加强老干部工作人员队伍建设，不断提高思想和工作水平

1. 加强思想政治建设，用邓小平理论和江泽民“三个代表”的思想武装头脑，不断提高执行党的路线、方针、政策的自觉性，从讲政治的高度，认识老干部工作的重要性，把讲政治落实到为老干部服务的工作中。

2. 进一步改进工作作风，牢固树立服务意识，增强使命感和责任感，谨慎又谨慎，周到又周到，仔细又仔细，耐心又耐心，勤勤恳恳，任劳任怨，全心全意做好老干部工作。

3. 不断提高业务素质，老干部工作人员要认真学习钻研有关政策和专业知识。不断提高做好工作的政策和业务水平。

4. 加强调研工作，要适应新形势的变化，围绕老干部工作中出现的难点和热点问题开展调研，并注重学习他人经验，不断提高老干部工作的质量和水平。

五、加强对老干部工作的领导

1. 工委领导要把老干部工作摆上日程，研究解决老干部工作中和老同志中出现的问题。机关党委要加强对老干部支部的领导，积极发挥老干部支部的作用。

2. 要注重对老干部工作的投入，努力创造和改善老干部工作和老干部活动的条件。

3. 重视加强老干部工作人员的培养，关心他们的成长和进步。随着老干部人数的增加要适时选调思想好、作风正，对离退休老同志有感情，工作细致，任劳任怨的同志充实老干部工作部门。

建设部、民政部、交通部、铁道部、公安部、中国民航总局、国家旅游局、全国妇联、中国老龄协会、中国残疾人联合会关于印发《无障碍设施建设工作“十五”实施方案》的通知

（2001 年 5 月 28 日）　　【残联发（2001）93 号】

一、背景

——无障碍设施，是指为保障残疾人、老年人、伤病人、儿童和其他社会成员的通行安全和使用便利，在道路、公共建筑、居住建筑和居住区等建设工程中配套

建设的服务设施。无障碍设施建设，是物质文明和精神文明的集中体现，是社会进步的重要标志；

——我国无障碍设施建设起步较晚。1989 年 4 月，建设部、民政部、中国残联联合颁布了《方便残疾人使用的城市道路和建筑物设计规范（试行）》（以下简称《设计规范》）。《设计规范》实施 10 年来，部分大中城市的无障碍设施建设取得了一定成绩，但在许多地方，无障碍设施建设没有得到应有的重视。

——为切实推动我国的无障碍设施建设，建设部、民政部、中国残联将发布《城市道路和建筑物无障碍设计规范》，并且将其中有关规定纳入工程建设标准强制性条文；中国民用航空总局编制发布了强制性民用航空行业标准《民用机场旅客航站区无障碍设施设备配置标准》；铁道部工程建设标准中《铁路车站及枢纽设计规范》、《铁路旅客车站建筑设计规范》、《铁路站场客货运设备设计规范》规定了铁路旅客车站无障碍设施的要求。“十五”期间，我国将进一步加强基础设施建设，积极推行城镇化，抓好无障碍设施建设刻不容缓。

为进一步做好“十五”期间的无障碍设施建设工作，依据《中国残疾人事业“十五“计划纲要》，制定本方案。

二、任务目标

——“十五”期间新建、改建和扩建的城市道路、公共建筑、居住建筑应配套建设无障碍设施；城市既有道路、公共建筑和居住建筑应按照无障碍建设的要求有计划分步骤改造。

——民航、交通、铁路、教育等行业要加快无障碍设施建设和改造。“十五”期间建设的项目，要创造条件实施无障碍建设。特别是民用机场旅客航站区应实现无障碍建设。

三、主要措施

1.制定无障碍设施建设地方性规划、法规和标准

——各省、自治区、直辖市应制定本地区无障碍设施建设管理规定和“十五”期间无障碍设施建设、改造规划。

——国务院建设行政主管部门要抓紧制定《特殊教育学校建筑设计规范》；铁路、交通等部门应制定火车站、客运码头等无障碍设施设备配置的行业标准。

2. 切实加强对无障碍设施建设的管理

——各地新建、改建和扩建的城市道路、公共建筑、居住建筑中要认真执行《城市道路和建筑物无障碍设计规范》和其他有关的强制性标准，规划、设计、施工、监理等单位要各司其职，严格把关，保证工程建设中将无障碍设施建设落到实处。对城市既有道路、公共建筑和居住建筑，按《城市道路和建筑物无障碍设计规范》的要求有计划地逐步进行无障碍改造。小城镇规划、设计和建设中，要将无障碍设施建设纳入其中，统筹兼顾，同步实施。加强对无障碍设施建设的质量监督。

——建设行政主管部门和民航、铁路、交通等有关部门，要加大对城市地铁和轻轨、民用机场、铁路、车站、码头等公共交通设施的无障碍建设的监管工作。民航、地铁、公共汽车、客轮等公共交通工具应提高无障碍设备配置水平，并提供相应服务。

民航是无障碍设施建设的示范行业。“十五”期间，新建、改建和扩建的机场旅客航站区要严格按照《民用机场旅客航站区无障碍设施设备配置标准》进行规划、设计和施工，保证无障碍设施设备一次性建设和配置到位；对已经建成的机场旅客航站区，根据机场不同等级按标准分步进行增设、改造和完善。

——制定无障碍设施专用产品标准，加快专用产品开发生产；加强无障碍设施和设备维护管理。

——各级建设行政主管部门对无障碍设施建设实施统一管理和监督。民航、交通、铁路等部门负责对有关专业建筑的无障碍设施建设进行监督管理。各级残联配合有关部门对无障碍设施的建设、维护和管理实施监督。

直辖市、计划单列市、省会城市、旅游城市和有条件的省份、城市建立无障碍设施建设联席会议制度，由地方政府组织建设、民政、交通、铁道、公安、民航、旅游、妇联、老龄协会、残联等部门和专家代表、残疾人代表参加，定期召开会议，协调解决有关问题，切实推进无障碍设施建设。

3. 开展无障碍设施建设示范城（区）、示范街和示范单位活动

“十五”期间，建设 15 个无障碍示范城（区）和若干示范街、示范单位。建设部、全国妇联、老龄协会、中国残联等部门组织制定无障碍示范城（区）标准，并选择确定有一定无障碍设施建设基础和较好发展计划的城市（区）、街道或单位作为试点，验收合格，由上述部门命名并挂牌，确定为示范城（区）、示范街或示范单位，带动全国的无障碍设施建设。

4. 加强无障碍设施建设的宣传和国际交流

——有关部门和新闻媒体要加大对无障碍设施建设的宣传力度，普及知识，营造全社会都重视无障碍建设的环境。

——加强国际交流，学习发达国家和地区无障碍设施建设的先进经验。

四、经费

1. 中央经费：主要用于组织协调、制定标准、培训人员、检查评估、印刷材料、宣传交流、表彰以及对示范城市的工作经费补贴等。

2. 地方经费：省（自治区、直辖市）、地（市）、县（市、区）投入一定的宣传、协调、学习、培训、检查等工作经费。

国务院办公厅《关于进一步加强城市居民最低生活保障工作的通知》

【国办发（2001）87号】

各省、自治区、直辖市人民政府，国务院各部委、各直属机构：

自1997年国务院决定在全国建立城市居民最低生活保障制度以来，在各级政府的高度重视和有关部门的积极努力下，我国城市居民最低生活保障工作取得了较大进展。但是，这项工作发展不平衡，一些地方存在着财政投入不足属地管理原则没有完全落实、管理工作不够规范、基层日常管理、服务工作不适应以及最低生活保障与其他保障措施衔接不够紧密等问题。为切实做好城市居民最低生活保障工作，进一步完善社会保障体系，尽快使符合条件的城市贫困人口都能享受最低生活保障，经国务院同意，现就有关问题通知如下：

一、进一步提高认识，认真抓好城市居民最低生活保障工作

城市居民最低生活保障制度是我国社会保障体系的重要组成部分，是从制度上保障城市贫困人口基本生活的重要途径，体现了社会主义制度的优越性和全心全意为人民服务的根本宗旨，对于完善社会主义市场经济体制、维护社会稳定、保障国有企业改革的顺利进行和国家的长治久安具有十分重要的意义。当前，国有企业改革不断深化，国有企业下岗职工基本生活保障逐步向失业保险并轨，需要最低生活保障的人员会有所增加，迫切要求进一步加强城市居民最低生活保障工作，为城市贫困人口提供基本生活保障。各地区、各有关部门要从实践江泽民同志“三个代表”重要思想的高度，充分认识做好城市居民最低生活保障是工作的重要性和紧迫性，以对人民高度负责的态度，采取有力措施，大力推进，狠抓落实，切实把这项工作抓紧抓好。

二、认真贯彻属地管理原则，全面落实城市居民最低生活保障制度

各地区要全面贯彻执行《城市居民最低生活保障条例》，按照属地管理的原则，将中央、省属企业，尤其是远离城镇的军工、矿山等企业符合条件的贫困职工家庭纳入最低生活保障范围，不得以任何理由将他们排斥在外。当前，对企业改组改制和产业结构调整过程中出现的特殊困难人群，特别是中央、省属企业和城镇集体企业的特困职工家庭，以及下岗职工基本生活保障向失业保险并轨中新出现的需要最低生活保障的人员，要作为工作重点，及时纳入最低生活保障范围。同时，要坚决克服按非农业人口一定比例下达保障对象指标等简单化的办法，尽快把所有符合条件的城市贫困人口纳入最低生活保障范围。

三、加大财政投入力度，管好用好城市居民最低生活保障资金

建立和规范城市居民最低生活保障制度是地方各级人民政府的重要职责。地方各级人民政府，特别是省级人民政府必须加大最低生活保障资金投入。每年年底前，由地方各级政府部门根据核定的保障对象所需资金提出下一年度的用款计划，经同级财政部门审核后列入财政预算。中央财政将根据各地财政状况、最低生活保障任务和地方财政努力程度，加大对财政困难地区城市居民最低生活保障资金的专项转移支付的力度。地方各级人民政府要逐年增加最低生活保障经费支出，不得因中央加大支持力度而减少地方财政投入。

要把各级财政预算安排的城市居民最低生活保障资金纳入财政社会保障补助资金专户，实行专项管理，专款专用，确保资金不被挪用和挤占。

四、建立健全法规制度，推进城市居民最低生活保障工作的规范化管理

要尽快制订和完善与《城市居民最低生活保障条例》相配套的最低生活保障申请人家庭财产收入申报制度和审核办法、规范城市居民最低生活保障金申请、审批、发放和监督的程序。要认真调查核实申请人的家庭收入、家庭财产和劳动力就业状况，及时掌握保障对象的动态情况，严格按政策规定审批最低生活保障对象。对申请最低生活保障金的在职职工、进入再就业服务中心的下岗职工、领取失业保险金或养老金的人员，要按照当地政府公布的有关标准计算其收入。对申请最低生活保障金的有劳动能力的人员，劳动保障部门要配合民政部门核实其就业、收入状况，并负责出具有关证明。要进一步完善监督机制和操作程序，实行民主评议，接受群众监督，将最低生活保障金数额、保障对象人数等情况定期向社会公布，做到政策公开、资金公开、保障对象公开。

各地民政部门要会同财政、劳动保障、统计、物价等部门，根据当地维持城市居民基本生活所需费用，按照既要保证贫困居民的基本生活，又要有利于鼓励就业的原则，制订与当地经济发展水平和财政承受能力相适应的最低生活保障标准，并保持相对稳定，不要盲目攀比。最低生活保障金标准应与企业最低工资、下岗职工基本生活保障费、失业保险金等标准拉开距离，分清层次，相互衔接，形成合理配套的标准。

要大力推进最低生活保障工作的信息化和社会化管理进程，加快城市居民最低生活保障信息网络建设，逐步实现通过银行、邮局等机构发放最低生活保障金，努力提高最低生活保障工作管理水平。

五、加强组织领导，确保城市居民最低生活保障制度落到实处

各地区、各有关部门要以江泽民同志“七一”重要讲话和党的十五届六中全会精神为指导，改进工作作风，从改革、发展、稳定的大局出发，将城市居民最低生活保障工作列入重要议事日程，加强领导，周密部署，确保城市居民最低生活保障制度落到实处。各有关部门要各司其职，各尽其责，加强协调和配合，及时研究解决工作中出现的问题。民政部门要做好城市居民最低生活保障制度的组织实施工作；财政部门要保证最低生活保障资金按时足额到位，加强资金的监督管理，并安排必要的工作经费和人员经费；劳动保障部门要与民政部门共同做好各项保障措施的衔接工作。要认真落实最低生活保障对象在住房、医疗、子女教育、税收、水、电、煤气等方面的社会救助政策。要转变最低生活保障对象单纯依靠政府救济的观念，鼓励和帮助他们自谋职业，自食其力，逐步改善生活状况。同时，要广泛动员社会力量，积极开展扶贫济困送温暖活动，形成全社会互助互济的良好风尚。

要加强基层工作力量，把工作重点放在社区，充分发挥街道办事处和社区居民委员会的作用，建立健全基层最低生活保障管理服务网络，为基层民政部门、街道办事处、社区居民委员会配备必要的工作人员，解决必要的办公条件。

城市居民最低生活保障工作关系到广大人民群众的切身利益。各地区、各有关部门要按照本通知的要求，认真做好组织实施工作。民政部要会同财政部、劳动保障部等部门加大督促检查力度，及时了解有关情况，把各项政策措施落到实处。

民政部关于印发《全国城市社区建设示范活动指导纲要》的通知

（2001年7月27日）　　【民发（2001）198号】

为了贯彻落实中共中央办公厅、国务院办公厅《关于转发〈民政部关于在全国推进城市社区建设的意见〉的通知》（中办发［2000］23号）和《国民经济和社会发展第十个五年计划纲要》精神，在全国开展社区建设示范活动，全面推进城市社区建设，特制定本指导纲要。

一、开展示范活动的目的和意义

（一）在全国开展社区建设示范活动，是在各级党委、政府的统一领导下，以全国大中城市为重点，以提高城市居民群众的生活质量和文明程度为出发点和落脚点，全面贯彻落实中办发［2000］23号文件精神，创建具有榜样和示范作用的先进典型，进一步摸索城市社区建设的经验和方法，充分发挥典型引路、以点带面的作用，推动和促进全国社区建设不断向广度和深度发展。

（二）开展社区建设示范活动，把领导的积极性和群众的积极性、经济体制改革同城市基层社会管理体制改革、物质文明建设同精神文明建设、巩固城市基层政权同促进城市经济和社会发展结合起来，是全面推动社区建设的重要方法，是推进新世纪我国城市现代化建设的重要途径，是认真落实江泽民同志关于加强社区建设的重要指示和“三个代表”重要思想的具体体现。开展好社区建没示范活动，积极稳妥地推进城市社区建设，对于促进经济和社会协调发展，提高人民的生活水平和生活质量，扩大基层民主，巩固基层政权，维护社会稳定，推动城市改革与发展，具有十分重要的意义。

二、示范活动的目标和任务

（三）社区建设示范活动的目标是：从2001年开始，各省、自治区、直辖市要选择有一定工作基础的大中城市和市辖区作为示范单位，有组织、有计划、有步骤地开展社区建设示范活动。今明两年重点是抓好大中城市尤其是直辖市、省会城市和计划单列市的示范活动，逐步向中小城市和城镇发展，力争创建一批社区建设示范城、示范街道和一大批示范社区，并能发挥其示范作用。到2005年，全国直辖市、省会城市和计划单列市的社区建设都能达到中办发［2000］23号文件的要求。

（四）社区建设示范单位的任务是：以邓小平理论和江泽民同志关于"三个代表"的重要思想为指导，认真贯彻《中华人民共和国居民委员会组织法》，全面贯彻落实中办发［2000］23号文件精神，改革城市基层管理体制，转变政府职能，明确社区责权，理顺社区关系，建立与社会主义市场经济体制相适应的社区管理体制和运行机制；加强社区组织和队伍建设，扩充社区管理职能，规范社区管理，完善各项制度，通过民主选举、民主决策、民主管理和民主监督的社区居民自治活动，建立自我管理、自我教育、自我服务、自我监督的社区组织体系和工作机制；以拓展社区服务为龙头，发展社区卫生，繁荣社区文化，美化社区环境，加强社区治安，完善社区功能，不断丰富、提高社区建设的内容和水平；全面增强和提高社区居民委员会和居民群众的自治意识和能力，发动和依靠群众，努力建设一批管理有序、服务完善、环境优美、治安良好、生活便利、人际关系和谐的新型现代化社区。

三、示范活动的工作原则和要求

（五）突出重点，注重实效。社区建设示范活动重点在城市，工作基础是社区，必须把工作重点放在大中城市，放在城市基层。要结合本地实际，从大中城市的基础工作抓起，从创建示范街道、示范社区的基层单位抓起，把示范活动的各项任务落到实处。要发挥居民群众在社区建设中的主体作用，坚持以人民群众高兴不高兴、拥护不拥护、满意不满意为标准，一切从实际出发，不搞形式，不走过场，使示范活动成为解决实际问题、为群众办好事办实事的过程，成为提高创建工作水平、推动社区建设深入发展的过程。

（六）大胆探索，勇于创新。社区建设是一项综合性的改革工程。各示范单位在工作中要坚持解放思想，转变观念，以改革创新的精神，大胆探索和实践。要注重城市基层社会管理与服务的体制和机制的创新，通过开展示范活动，进一步转变政府职能，理顺各种关系，健全社区组织，明确各方责权，完善各项制度，规范工作程序，改进社区的管理和服务，推动具有本地特色的社区建设深入发展。

（七）以点带面，分步推进。各地要注意总结示范单位的经验，加强先进典型的宣传，有计划地组织各种形式的交流活动。推广示范单位的经验，充分发挥典型示范的引导、带动和辐射作用，逐步将社区建设向面上普及和推进，做到点与面的有机结合，进一步推动社区建设工作整体水平的提高。工作中要区别中心城市和其他城市、新城区与老城区的不同情况，根据城市和社区的实际，因地制宜，分类分步推进。

（八）严格标准，保证质量。要严格按照社区建设示范单位的标准，结合当地实际，制定切实可行的社区建设示范活动方案和规划，提出具体要求和措施，并抓好督促检查和验收工作。创建社区建设示范单位，要坚持标准，保证质量，真正把那些具有示范作用的先进典型树立起来。工作中既要严格程序，又要删繁就简，防止搞繁琐的层层评比和劳民伤财的突击行动。

四、示范单位的范围、验收和确认程序

（九）社区建设示范单位的范围是：社区建设示范社区、示范街道和示范市、区。社区建设示范单位分全国和省（自治区、直辖市）两级。全国社区建设示范城的范围为：县级以上城市和市辖区。省一级社区建设示范城的范围，由各省、自治区、直辖市自行确定。示范活动采取"分层选点、分级负责"的办法，即民政部负责全国社区建设示范市、区基本标准的制定，并组织实施。各省、自治区、直辖市参照民政部制定的标准，制定本地区的示范社区、示范街道和省级示范城的具体标准，并组织实施。

（十）民政部负责验收确认全国社区建设示范市、区；省、自治区、直辖市负责验收确认省一级社区建设示范城；地市级负责验收确认示范街道；市辖区（县）负责验收确认示范社区。验收的程序是：在自查的基础上，凡验收合格者可逐级申报，经审核确认。

（十一）各省、自治区、直辖市推荐申报全国社区建设示范城，必须是本省范围内具有示范作用的单位，经全国社区建设示范城评审委员会（由民政部牵头，有关部门参加）验收审定，报民政部确认。申报时，应附有各级验收情况和开展社区建设工作的典型材料。

五、加强示范工作的组织领导

（十二）开展社区建设示范活动，是一项涉及方方面面的系统工程，一定要坚持地方党委、政府的统一领导，有关部门密切配合，社会各界大力协作，形成整体合力。要充分认识开展社区建设示范活动的重要意义，把这项工作作为推动本地区社区建设全面发展的重要措施，认真规划，精心组织，切实抓紧抓好。

（十三）各级民政部门作为社区建设工作的职能部门，要在当地党委和政府的领导下，恪尽职守，主动当好参谋和助手，发挥牵头组织、综合协调和监督检查的职能作用，与各部门密切协作，认真负责地抓好示范工作的开展，确保社区建设示范活动扎扎实实，富有成效。

全国社区建设示范城基本标准

一、组织领导坚强有力

党委和政府高度重视，把社区建设纳入经济和社会发展总体规划，制定社区建设发展规划和年度实施计划。建立以党政领导挂帅的社区建设工作领导机构，民政部门切实发挥参谋助手、组织协调和监督检查的作用，各有关部门和单位各司其职，各负其责，形成合力。

二、社区体制改革创新

认真按照中办发［2000］23号文件精神，明确定位，统一规划，科学合理划分社区；全面贯彻执行《城市居民委员会组织法》，社区内实行民主选举、民主决策、民主管理、民主监督；政府转变职能，工作重心下移，强化社区功能；政府和社区的职责明确，社区各种关系理顺。

三、社区组织机构健全

社区党组织和社区居民自治组织机构健全，职责明确，发挥作用。社区党组织在社区建设中的领导核心作用发挥得好，社区居民委员会依法自治。社区居民代表会议和居民委员会能有效实行自我管理、自我教育、自我服务和自我监督。

四、社区服务功能完备

社区服务设施完备，社区志愿者和各类民间服务组织发育良好，积极开展活动，服务形成体系和网络。城区、街道均建有综合性、多功能的社区服务中心，社区建有社区服务站。社区内老年人服务形成网络，达到小型、就近、便利；残疾人合法权益得到保障；城市居民的最低生活保障得到落实；优抚对象的生活得到妥善安排；面向社区居民的婚丧服务、便民利民服务和面向社区单位的社会化服务及时方便；下岗职工的再就业服务成效显著。社区服务功能完善，程序规范，质量优良，居民普遍满意。

五、社区卫生不断发展

社区卫生服务站点健全，形成服务网络，方便群众就医。从业人员具有法定执业资格。根据群众需求，积极开展健康教育、预防、保健、计划生育技术指导，提供一般常见病、多发病及诊断明确的慢性病的治疗、护理和伤残康复，执业行为规范，服务质量优良。社区居民家庭健康档案规范。

六、社区文化活跃繁荣

社区各类文化活动设施齐全，经常组织具有社区特色、群众喜闻乐见、健康向上的群众性文体活动。充分利用社区教育资源，广泛开展青少年校外教育，在职和下岗职工培训，老年教育，社会公德，职业道德、家庭美德教育等各类教育培训活动，宣传普及科学知识，形成团结互助、平等友爱的新型人际关系和崇尚科学，破除迷信、抵制邪教的良好氛围。

七、社区治安状况良好

按照“一区（社区）一警”模式建立民警责任区、健全社区治安防范体系，形成群防群治。群众性的法制教育和法律咨询经常坚持，社区内民事纠纷调解、刑满释放和解除劳教人员的帮教转化，流动人口的管理等项工作取得明显成效。社区治安管理规范，社会秩序稳定，群众安居乐业。

八、社区环境整洁优美

社区内净化、绿化、美化、生态环境保持良好。路、街、巷等公共场所井然有序，居民出行无障碍。社区环境综合整治工作成效明显，主要考核指标达到全国或全省（自治区、直辖市）先进水平。

九、社区成效

社区内“倡导文明新风，共建美好家园”活动持之以恒，文明家庭、文明楼院、文明单位、文明社区等创建工作取得明显成效。社区居民的整体素质较高，对社区的认同感强，积极参与社区建设。志愿者活动形成制度。社区成员单位资源共享、事务共办、文明共建的机制初步形成。

十、基础建设完善规范

社区党组织和社区居委会有必要的办公用房、电话、微机等办公设备，办公经费和社区工作者补贴有保障。社区内各项规章制度健全，经济账目公开，财务管理规范。

卫生部《关于加强老年卫生工作的意见》

（2001年7月20日）　　【卫疾控发（2001）205号】

各省、自治区、直辖市卫生厅局：

随着我国人口老龄化进程的加快，老龄问题在我国已成为关系国计民生和长治久安的重要社会问题，老龄人口的迅速增加，一方面反映了我国社会经济快速发展、人民生活和健康水平迅速提高，寿命得到延长；另一方面，老年人口迅速增加，将带来一系列社会和卫生问题，1998年调查表明：我国60岁以上老年人两周患病率为全人群的1.7倍，慢性病患病率为全人群的4.2倍，人均患有2至3种疾病，与1993年第一次调查相比，老年人口两周患病率和慢性病患病率均有明显增加，尤其是肿瘤、心脑血管病、糖尿病、老年精神性疾病增加更为突出。60岁以上老年人活动受限率为8.1%，为全人群的2.7倍，残疾率为25.2%，为全人群的3.8倍。人口老龄化所带来平均预期寿命的延长并没有带来人们所期待的健康期望寿命的延长，所延长的寿命中大多数为非健康寿命，尤其是女性。老年人患病率和伤残率明显升高，对医疗保健与有关的卫生服务设施的需求增加，形成对社会福利和医疗费用支付等多种经济活动的压力等，如何提高老年人的生活质量，使老年人过上健康、温馨、舒适、方便、充实的生活，是摆在全社会面前的重大课题，我们一定要高度重视并积极努力，迎接人口老龄化向卫生保健提出的挑战，促进健康老龄化的实现。《中共中央、国务院关于加强老龄工作的决定》提出，全党和全社会必须从改革、发展、稳定的大局出发，高度重视和切实加强老龄工作。这个决定是以江泽民同志为核心的党中央对我国老龄事业作出的重要部署，是指导当前和今后老龄工作的纲领性文件。为了学习贯彻《决定》的精神，进一步加强老年卫生工作，发展老年卫生事业，现提出以下意见：

一、提高认识，加强对老年卫生工作的领导

做好老年卫生工作是卫生部门的重要责任，《中共中央、国务院关于加强老龄工作的决定》中指出，卫生部门的职责是完善老年医疗服务网络，为老年人提供医疗保健服务，特别是社区医疗保健服务，提高老年人的生活质量和健康水平。各级卫生部门要在新的历史条件下贯彻落实“三个代表”重要思想，从讲政治的高度出发，充分认识做好老年卫生工作的紧迫性、重要性和必要性，统一思想，将如何建立与之相适应的老年卫生保健服务系统，解决老有所医的问题作为一项长期的战略任务摆在议事日程上，把老年卫生工作作为整个卫生工作的组成部分，纳入卫生工作计划，强化各地老年卫生工作领导小组的职能，争取各级政府和相关部门的支持。同时加强对老年卫生保健问题的研究，提出适合实际情况的老年卫生保健政策和策略、工作目标、基本原则和具体措施，有力促进老龄卫生工作的开展。

二、推动医疗卫生机构积极为老年人提供卫生服务

（一）大力发展社区卫生服务。为老年人提供费用低廉、质量优良的卫生服务是改革城市卫生服务体系，积极发展社区卫生服务的主要目的之一，因此，各地要认真贯彻落实《关于城镇医药卫生体制改革的指导意见》和《关于发展城市社区卫生服务的若干意见》精神，把发展社区卫生服务作为城镇医药卫生体制改革的重要组成部分，作为适应人口老龄化需要，提高老年健康保障水平的重要举措。随着社区卫生服务体系的建立，应把老年卫生服务列入社区卫生服务的重要内容，纳入社区发展规划。

1. 大力发展社区卫生保健服务体系。通过体制改革、机构改造、资源重组等形式，引导基层医疗卫生机构转型为社区服务中心，将部分富余病房改造为多种形式的为老年人提供医疗、保健、护理、康复等服务的场所，配备必要的设施设备，把老年人大部分的基本健康问题就近解决在社区。

2. 落实经济补偿政策。结合本地实际，会同有关部门，积极贯彻落实财政补助、纳入城镇职工基本医疗保险和完善服务价格体系等有关经济政策，争取社会各方对老年卫生的投入和资助，不断完善老年卫生工作的经济补偿机制。

3. 开展多种形式的老年卫生保健服务，充分利用社区资源，应用适宜的技术，积极探索有效、经济、方便的社区老年卫生保健服务模式，拓展老年医疗、护理、保健、康复等服务领域，建立健康档案，掌握社区老年健康状况，根据老年人不同的卫生保健需求，发展家庭病床，加大对大病和重病导致生活困难的老人的帮困力度，提供家庭出诊、家庭护理、日间观察、临终关怀等服务，逐步建立老年人家庭医疗与急救呼叫信息服务网络，为老年人提供有效、经济、方便、温馨的服务。

（二）推动大中型医疗机构做好老年医疗卫生工作，医院要适应卫生体制改革和老龄化的需要，把老年卫生工作作为医院工作的一个重要方面抓紧抓好。逐步建立和完善双向转诊、便民服务制度，加强对社区卫生服务的业务指导。要在为老年人提供方便、适合的卫生服务上下功夫，不断扩展老年医疗、预防、保健等服务领域，增加方便老年就医的措施，有条件的医院可开设老年病门诊，为老年人提供优质、方便、快捷的医疗服务。在医疗机构改革中，注意引导现有的部分医疗机构，转向为老年人提供预防、医疗、康复、护理等内容的老年医疗卫生服务机构。

（三）加快农村医疗卫生组织建设，完善农村基层卫生服务网络。在有条件的地区，开展农村社区卫生服务试点，为农村老年人提供医疗保健服务，不断研究和发展新时期的农村合作医疗等多种形式的医疗保障制度，积极探索适应广大农村老年人需要的卫生工作新机制，加强对基层医务人员的培训。在开展城市卫生支农时，注意增加老年卫生的内容；同有关部门合作，切实解决农村贫困老年人的基本医疗问题。

三、以预防为主，积极开展慢性病防治工作

要贯彻“预防为主”的方针，积极开展社区老年慢性疾病的预防工作，不断改善老年人的健康状况，提高老年人生活质量。针对近年来高血压、糖尿病等慢性病发病率明显增长的趋势，重点开展以一级预防为主的二、三级预防，在普遍开展社区健康教育的基础上，加强对高危人群的干预和监测，推广经济、快速、方便的检测手段，使慢性非传染性疾病得以早发现、早诊断、早治疗。制定高血压、糖尿病等老年人多发病、常见病的防治指南和管理方案，在部分地区试行，为老年人提供连续性医疗和康复服务。预防慢性病并发症的发生，降低慢性病造成功能衰退的危险因素，延长健康寿命，提高生命质量。

四、积极做好老年健康宣传、人员培训和老年病的防治研究工作

一是积极开展以自我保健互助为内容的健康促进活动，广泛推行健康教育，倡导健康的生活方式，增加预防知识、养成乐观的人生态度、建立健康的行为、改善健康状况、提高生活质量；二是加强老年病防治队伍的自身建设，努力提高医护人员的素质，同时要改革医学教育，编制老年医学教材，以满足老龄化工作的需要；三是倡导有条件的单位以老年常见病防治研究为重点，加强对老年病诊断和治疗、护理、康复的研究，弘扬传统医学在延年益寿方面的作用。

中共中央办公厅、国务院办公厅《关于转发〈民政部关于进一步开展经常性社会捐助活动的意见〉的通知》

（2001年9月11日）　　【厅字（2001）33号】

自1996年《中共中央办公厅、国务院办公厅关于转发〈民政部、国务院扶贫开发领导小组关于在大中城市开展经常性捐助活动支援灾区、贫困地区的意见〉的通知》（中办发电［1996］1号）下发以来，按照党中央、国务院的要求，各级民政部门在全国范围内广泛开展了以“扶贫济困送温暖”为主题的经常性社会捐助活动，募集到大量款物，为解决灾区和农村贫困地区群众的生活困难起到了积极的作用，产生了很好的社会效应。但是，必须清醒地看到，在目前我国人民生活总体上达到小康水平的情况下，由于历史、自然和经济等因素，许多贫困地区和灾区的群众生活仍然相当困难，一些贫困人口温饱问题没有解决；各地开展经常性社会捐助活动的工作发展也不平衡，还存在一些问题。为进一步在全国开展经常社会捐助活动，并切实加强对这项工作的规范和管理，现提出以下意见。

一、充分认识开展经常性社会捐助活动的重要意义

在大力推进西部开发、加大农村贫困地区扶贫开发力度的同时，继续在全国大中城市和有条件的小城市、党政军机关、企事业单位开展对灾区、贫困地区群众的经常性社会捐助活动，是中央作出的重要决策，是依法促进我国公益事业发展，维护改革发展稳定大局的重要途径，也是认真贯彻江泽民同志“七一”重要讲话精神，实践“三个代表”重要思想的具体体现。有效开展经常性社会捐助活动，有利于灾区、农村贫困地区恢复生产，推动先进生产力的发展；有利于弘扬中华民族扶贫帮困、团结友爱的传统美德，促进社会主义精神文明建设，发展有中国特色社会主义的文化；有利于坚持党的群众路线和根本宗旨，使广大群众安居乐业，逐步达到共同富裕，更好地实现最广大人民的根本利益。各级党委、政府要从战略和全局的高度，深刻认识开展经常性社会捐助活动的重要意义，进一步明确政策，健全网络，严格管理，规范操作，把经常性社会捐助工作纳入规范化、制度化的轨道，推动这项工作深入、持久、健康发展。

二、进一步完善经常性社会捐助工作的管理体制和运行机制

经常性社会捐助工作由民政部门负责管理。民政部负责有关规章、政策的制定，组织、发动大灾之年全国性的集中捐赠活动，协调、指导和监督地方开展经常性捐助工作，负责全国范围内捐助款物的调剂、分配、统计和信息发布工作；地方各级民政部门负责本地经常性社会捐助活动的管理工作，按照民政部制定的有关对口支援方案，实施跨省（自治区、直辖市）对口支援。慈善组织等公益性社会团体或公益性民办非企业单位受民政部门委托，可承担经常性社会捐助有关工作。

三、努力建立健全经常性社会捐助活动服务网络

建立经常性社会捐助工作站点，健全服务网络，是开展经常性社会捐助活动的基本条件。各大中城市和有条件的小城市都要设立经常性社会捐助接收工作站，负责捐助物品的集中、清理、消毒、运输等工作和捐助款的清点、接收工作。同时，要按照方便、就近以及合理布局的原则，在各城市社区居民委员会设立经常性社会捐助接收工作点，负责捐助款的接收和捐助物品的验收、登记、整理、打包并运送到经常性社会捐助接收工作站。各机关、团体、企事业单位内部的捐助款物，以组织名义送所在城市的经常性社会捐助接收工作站。经常性社会捐助接收工作站点要向社会公布其名称、地址电话、银行账号等，以方便群众随时捐助。

四、严格规范捐助款物的接收、管理、发放制度

捐助应当是自愿和无偿的，禁止强行摊派或变相摊派。开展社会捐助活动要坚持经常性捐助为主、集中性捐助为辅的原则。经常性社会捐助接收工作站点接收捐助款物后，要向捐助者出具合法、有效的凭证，将捐助款物登记造册，妥善保管，做到账目清楚、手续完备、安全可靠。经常性社会捐助接收工作站要及时对接收的款物进行统计汇总，定期向社会公布接收和分配情况。对灾区、贫困地区不适用、不宜运输的捐助物品，要在严格审批和评估的条件下，由民政部门进行变卖，变卖所得款必须用于解决灾区、贫困地区群众生活困难，不得挪作他用。对捐助款物的发放，乡镇政府和村（居）民委员会要合理确定救助对象，切实把捐助款物发放到贫困户和灾民手中，分配情况要及时张榜公布，做到公开、公正、公平。各级民政部门要会同监察、审计等部门对捐助款物的使用和发放情况进行监督检查。

五、明确经常性社会捐助工作的经费来源和优惠政策

各级财政要为开展经常性社会捐助活动提供必要的经费。民政部门设立的经常性社会捐助接收工作站点在物品接收、整理、消毒、储存、运输等工作中所需经费，由地方各级财政负担。经常性社会捐助接收工作站点和仓储设施所需经费由地方政府筹措解决。对捐助物品接收工作量大、任务重的居民委员会，地方财政要提供必要的经费补助。捐助物资的运输以及过桥、过路等费用，各地要给予减免或优惠。跨省（自治区、自辖市）对口支援所需的铁路运输费用由中央财政给予补助。

六、切实加强组织领导，形成推进经常性社会捐助活动的整体合力

在开展经常性社会捐助活动中，各党政主要领导同志要高度重视，把这项工作摆上重要议事日程，及时研究解决工作中出现的突出问题。各有关部门和单位要各司其职，各负其责，大力支持和配合民政部门做好工作。要依靠工、青、妇等群众团体，在机关、企事业单位、军队、街道广泛动员，发动和组织群众积极参与捐助活动。各新闻媒体要主动做好宣传报道工作，树立典型，加强引导，使踊跃参加经常性社会捐助活动在全社会蔚然成风。

社会福利机构管理暂行办法

第一章　总　则

第一条　为了加强对社会福利机构的管理，促进社会福利事业的健康发展，根据有关法律，制定本办法。

第二条　本办法所称社会福利机构是指国家、社会组织和个人举办的，为老年人、残疾人、孤儿和弃婴提供养护、康复、托管等服务的机构。

第三条　社会福利机构应当遵守国家法律、法规和政策，坚持社会福利性质，保障服务对象的合法权益。

第四条　社会福利机构享受国家有关优惠政策。

第五条　国务院民政部门负责指导全国社会福利机构的管理工作。县级以上地方人民政府民政部门是社会福利机构的业务主管部门，对社会福利机构进行管理、监督和检查。

第二章　审　批

第六条　县级以上地方人民政府民政部门应当根据本行政区域内社会福利事业发展需要，制定社会福利机构设置规划。

社会福利机构的设置应当符合社会福利机构的设置规划和社会福利机构设置的基本标准。

第七条　依法成立的组织或具有完全民事行为能力的个人（以下称申办人）凡具备相应的条件，可以依照本办法的规定，向社会福利机构所在地的县级以上人民政府民政部门提出举办社会福利机构的筹办申请。

第八条　申办人申请筹办社会福利机构时，应当提交下列材料：

（一）申请书、可行性研究报告；

（二）申办人的资格证明文件；

（三）拟办社会福利机构资金来源的证明文件；

（四）拟办社会福利机构固定场所的证明文件。

申办人应当持以上材料，向社会福利机构所在地的县级以上人民政府民政部门提出申请，由受理申请的民政部门进行审批。

香港、澳门、台湾地区的组织和个人，华侨以及国外的申办人采取合资、合作的形式举办社会福利机构，应当向省级人民政府民政部门提出筹办申请。并报省级人民政府外经贸部门审核。

第九条　民政部门应当自受理申请之日起30日内，根据当地社会福利机构设置规划和社会福利机构设置的基本标准进行审查，作出同意筹办或者不予同意筹办的决定，并将审批结果以书面形式通知申办人。

第十条　经同意筹办的社会福利机构具备开业条件时，应当向民政部门申请领取《社会福利机构设置批准证书》。

第十一条　申请领取《社会福利机构设置批准证书》的机构，应当符合社会福利机构设置的下列基本标准：

（一）有固定的服务场所、必备的生活设施及室外活动场地；

（二）符合国家消防安全和卫生防疫标准，符合《老年人建筑设计规范》和《方便残疾人使用的城市道路和建筑物设计规范》；

（三）有与其服务内容和规模相适应的开办经费；

（四）有完善的章程，机构的名称应符合登记机关的规定和要求；

（五）有与开展服务相适应的管理和服务人员，医务人员应当符合卫生行政部门规定的资格条件，护理人员、工作人员应当符合有关部门规定的健康标准。

第十二条　申请领取《社会福利机构设置批准证书》时，应当提交下列文件：

（一）申请《社会福利机构设置批准证书》的书面报告；

（二）民政部门发给的社会福利机构筹办批准书；

（三）服务场所的所有权证明或租用合同书；

（四）建设、消防、卫生防疫等有关部门的验收报告或者审查意见书；

（五）验资证明及资产评估报告；

（六）机构的章程和规章制度；

（七）管理人员、专业技术人员和护理人员的名单及有效证件的复印件以及工作人员的健康状况证明。

（八）要求提供的其他材料。

第十三条　民政部门自受理申请之日起30日内，对所报文件进行审查，并根据社会福利机构设置的基本标准进行实地验收。合格的，发给《社会福利机构设置批准证书》；不合格的，将审查结果以书面形式通知申办人。

第十四条　申办人取得《社会福利机构设置批准证书》后，应当到登记机关办理登记手续。

第三章　管　理

第十五条　社会福利机构应当与服务对象或者其

家属（监护人）签定服务协议书，明确双方的责任、权利和义务。

社会组织和个人兴办以孤儿、弃婴为服务对象的社会福利机构，必须与当地县级以上人民政府民政部门共同举办；社会福利机构收养孤儿或者弃婴时，应当经民政业务主管部门逐一审核批准，并签订代养协议书。

第十六条 社会福利机构应当建立健全各项规章制度和服务标准。

各项规章制度和服务标准应当张榜公布，并报民政部门备案。

第十七条 社会福利机构应当在每年3月31日前，提交本年度的工作报告和下一年度的工作计划。

第十八条 社会福利机构中不具备上岗资格的护理人员、特教人员应当接受岗前培训，经考核合格后持证上岗。

第十九条 社会福利机构应当加强财务管理，其收益应当按照国家的有关政策规定分配使用，自觉接受财政、审计、监察等部门的监督。

第二十条 社会福利机构的资产受国家法律保护，任何组织和个人不得侵占。社会福利机构将其所属的固定资产租赁或者转让时，须经民政部门和登记机关同意后，办理有关手续。

第二十一条 社会福利机构应当严格按照公益事业捐赠法的规定开展捐赠活动。不得接受任何带有政治性等附加条件的捐赠。

第二十二条 社会福利机构在对外交往中应当遵守国家的有关法律、规定，严格履行报批手续。

第二十三条 社会福利机构变更章程、名称、服务项目和住所时，应当报民政部门审批。更换主要负责人，应当报民政部门备案。

第二十四条 社会福利机构分立、合并或者解散，应当提前3个月向民政部门提出申请，报送有关部门确认的清算报告及相关材料，并由民政部门报请当地政府对其资产进行评估和处置后，办理有关手续。

第二十五条 县级以上人民政府民政部门应当定期对社会福利机构的工作进行年度检查。

第四章　法律责任

第二十六条 民政部门对社会福利机构的审批和年检工作实行政务公开，有违反国家有关法律、法规和本办法规定的，视情节轻重，对直接责任人给予批评教育、行政处分，构成犯罪的依法追究刑事责任。

第二十七条 社会福利机构有下列情形之一的，由民政部门根据情况给予警告、罚款，直至建议登记管理机关取缔或者撤销登记，并按管理权限对直接责任人给予批评教育、行政处分，构成犯罪的依法追究刑事责任。

（一）违反国家关于老年人、残疾人和孤儿权益保护的法律法规，侵害服务对象合法权益的；

（二）未取得《社会福利机构设置批准证书》擅自执业的；

（三）年检不合格，限期整改后仍不合格的；

（四）进行非法集资的：

（五）未办理变更手续，其活动超出许可范围的；

（六）其他违法行为。

第五章　附　则

第二十八条 本办法实施前已经执业的社会福利机构，应当在本办法实施后的6个月内，按照本办法的规定，向县级以上民政部门提出申请，补领《社会福利机构设置批准证书》。

第二十九条 本办法自发布之日起施行。

民政部关于印发《“社区老年福利服务星光计划”实施方案》的通知

【民发（2001）145号】

在人类进入新世纪，我国步入人口老龄化之际，党中央、国务院作出了《关于加强老龄工作的决定》（以下简称《决定》）。《决定》站在战略和全局的高度，客观地分析了我国人口老龄化的现状和发展趋势，明确了老龄工作的指导思想和目标任务，对加快发展老年福利事业提出了明确而具体的要求。

广大老年人居住在家庭，生活在社区，加快发展社区老年福利事业，尽早建设一大批立足社区、面向老人，小型分散、方便实用，星罗棋布、形成网络的老年福利服务设施和活动场所，建立健全社区老年福利服务体系，是贯彻江泽民总书记“三个代表”重要思想的实际行动，是关系亿万老年人切身利益、关系“两个”文明建设、关系改革发展稳定大局的一件大事，对于加快老龄事业的发展，促进社区建设，推动社会福利社会化进程，具有重要意义。为此，民政部决定，今后2～3年，从中央到地方，通过发行福利彩票筹集的福利金，绝大部分（约40亿～50亿元）用于资助城市社区的老年人福利服务设施、活动场所和农村乡镇敬老院的建设。这项工作命名为“社区老年福利服务星光计划”（简称“星光计划”）。

一、总体要求

实施“星光计划”的总体要求是：立足我国社会主义初级阶段的基本国情，以江泽民总书记关于“三个代表”的重要思想为指导，以满足社区老年人的需求为出发点，以福利金的资助为手段，充分依靠区、县政府的组织领导，广泛动员社会参与，大力挖掘社区资源，建立和完善社区老年福利服务网络，为居家养老提供支持，为社区照料提供载体，为老年人活动提供场所。

——在城市，以社区居委会为重点，新建和改扩建一大批社区老年人福利服务设施和活动场所，逐步形成社区居委会有站点、街道有服务中心的社区老年人福利服务设施网络。社区居委会的老年人福利服务站、点要突出实用性特点，以活动场所为主，因地制宜，力求方便实用、灵活多样，不搞小而全。新建和改扩建的街道级社区老年人福利服务设施要突出综合性特点，从当地老年人急需的服务项目人手，逐步具备多种功能。

——在农村，以乡镇敬老院为重点，新建和改扩建一批乡镇老年人福利服务设施和活动场地，逐步形成县（市）有中心、乡镇有敬老院的老年人福利服务设施网络。农村新建、改扩建的敬老院要逐步具备住养、入户服务、日间照料、文体活动等功能，并向综合性、多功能的社会福利服务中心发展。

——在确有需要的地方，有控制地建设少量示范性、综合性的老年人社会福利机构。同时对原有一些设施条件很差的老年人社会福利机构进行必要的改造。

“星光计划”项目的实施，必须坚持以下原则：

（1）方便适用。社区老年人福利服务设施应当位于交通便利、环境良好、方便社区老人就地、就近享受服务的地方，让广大老年人看得见、摸得着、用得上。

（2）小型多样。建设社区老年人福利服务设施必须坚持从本地经济社会发展状况及老年人实际需求出发，因地制宜、因陋就简、形式多样、小型分散地发展适应当地特点的服务项目。

（3）功能配套。社区老年人福利服务设施应当从满足社区老年人的急需人手，逐步拓展项目，扩大服务内容。社区居委会的站、点和街道的中心要相辅相成，互成网络，服务内容要逐步覆盖住养、入户服务、紧急援助、日间照料、保健康复、文体娱乐等多种项目。入户服务的内容要逐步覆盖家务整理、生活照料、送餐服务、陪护服务等方面，并通过入户服务，为老年人建立福利服务档案，为有需求的老年人提供方便快捷的服务。同时，适当兼顾面向残疾人和孤残儿童的服务功能。

二、实施办法

1．统筹规划，突出重点。首先要侧重于大中城市，根据区、县政府的积极性和具体安排，两三年内，在主要城市的所有街道办事处建设一所功能完善的老年人服务中心、所有社区居委会建设一处老年人服务站，并形成网络。要积极推进中小城市的老年人社区福利服务设施和活动场所建设。同时要兼顾农村乡镇敬老院建设，着力在综合性、多功能上下功夫。

2．典型引路，以点带面。各级民政部门要把实施“星光计划”与开展社区建设示范区活动紧密结合起来，把“星光计划”的总体要求作为社区建设示范区的一项重要内容。同时，要在实施“星光计划”过程中，及时发现涌现出来的不同类型的典型，总结先进经验，以点带面，促进“星光计划”的顺利实施。

3．明确责任，狠抓落实。在“星光计划”的实施过程中，民政部主要负责宏观指导、组织协调、督促落实和检查监督等工作。各省、自治区、直辖市民政厅（局）具体负责当地“星光计划”资助项目的组织实施。要在认真统计本省、自治区、直辖市老年人福利服务机构、设施建设基本情况的基础上，根据区、县政府的安排，拟定老年人社区福利服务设施和活动场所建设三年发展规划、分年度资助实施计划和资助办法，通过地市、区、县民政部门层层抓落实。区、县民政部门要积极争取当地政府的重视，把这项工作纳入当地的国民经济与社会发展规划。“星光计划”由区、县政府出面组织实施，民政部门则对所有项目的规模布局、建筑设计、工程进度及管理机制等各个方面的情况进行跟踪和监督，并将整个工程的进展情况逐级上报。

4．落实资金，保证投入。要充分发挥福利金的资助、引导作用。在福利金部、省两级核算的前提下，必须保证民政部和省级民政部门掌握的福利金的绝大部分即80%集中使用于“星光计划”；这要作为一条纪律，不能保证这一比例的省、自治区、直辖市，部里将不予资助。部本级福利金的使用，主要用于资助贫困、欠发达地区，同时支持彩票发行业绩突出地方的重点项目建设。在具体操作方法上，部本级福利金将根据各地社会福利事业发展规划、社区福利设施建设资助计划、经济社会发展水平和福利彩票发行情况，切块分配给各省、自治区、直辖市；部里的切块资金与省级的福利金要捆绑使用，由省级民政部门协调、运作并落实到具体项目。“星光计划”的项目，在地方政府和社会力量投入为主的基础上，福利金按适当比例予以资助。同时，要认真贯彻国务院办公厅转发的民政部等11部门《关于加快实现社会福利社会化的意见》和全国社会福利社会化工作会议精神，坚持社会福利社会化的基本思路，通过贯彻落实各项扶持保护政策，充分动员一切社会力量积极参与“星光计划”。

三、组织领导

1. 要高度重视。实施“星光计划”，是贯彻江泽民总书记“三个代表”重要思想的实际行动，是应对老龄化挑战和做好老龄工作的重大举措，是推进社会福利社会化的有效形式，是促进社区建设的配套措施，是促进福利彩票发行和福利金使用双向互动的重要手段。各级民政部门一定要统一思想、提高认识，把这项利国利民的好事办好。

2. 要转变观念。“星光计划”是一项社会工程，充分体现了发行福利彩票筹集的福利金取之于民、用之于民的根本宗旨。各级民政部门一定要从大局出发，解放思想、转变观念，从直接举办、直接管理福利机构的旧观念中彻底解脱出来，认真履行自身职责，真心诚意地支持、配合地方政府建设社区老年人福利服务设施和活动场所，为广大老年人造福。

3. 要加强领导。“星光计划”的实施是一项重大而艰巨的任务，涉及面广，要争取各级政府的重视和支持。为了加强对“星光计划”的组织领导，确保工程的顺利实施，各省、自治区、直辖市民政厅（局）主要负责同志要亲自抓，同时要成立一个由分管社会福利工作的厅（局）长负责、以社会福利部门为主、抽调得力人员组成的强有力的工作班子，负责“星光计划”的组织实施。各地、市以及区、县要组成强有力的工作班子，务使所有的“星光计划”项目落到实处，发挥作用。

4. 加大宣传力度。各级民政部门要抓住实施“星光计划”的有利时机，广泛利用各种新闻媒体，强化宣传，创造性地做好宣传工作，使“星光计划”家喻户晓。同时，结合活动的开展，进一步加强对福利金使用情况和使用效果的宣传，并于项目建成后在显著位置设置全国统一的“星光计划——中国福利彩票资助”的标志，充分发挥福利金使用与福利彩票发行双向互动、相互促进的作用。尤其在工程开始时，要通过召开新闻发布会等方式，造成一定的宣传声势，形成广泛的社会影响。

5. 落实政策法规。各地在建设社区老年福利服务设施的过程中，要贯彻落实国家在建设用地、税收、信贷、电信、用水、用电等方面的优惠政策，并根据当地实际及时出台配套政策。要严格执行项目法人负责制，严格按基建程序办事，保证《社会福利机构管理暂行办法》、《老年人建筑设计规范》和《老年人社会福利机构基本规范》等一系列法规和行业标准的贯彻落实。要坚持社会福利社会化的基本思路，着力在投资主体多元化、建立市场化运行机制和新型管理体制上狠下功夫，新建和改扩建之后的社区老年人福利服务设施要保质保量，不浪费、不流失，服务机构能生存、能发展。

中组部、文化部、教育部、民政部、全国老龄工作委员会办公室《关于做好老年教育工作的通知》

【文社图发（2001）22号】

各省、自治区、直辖市党委组织部、老干部局，政府文化厅（局）、教育厅（教委）、民政厅（局），老龄工作委员会办公室，中央和国家机关各部委人事教育部门、离退休干部工作部门：

多年以来，各级党委组织部门、老干部工作部门和政府文化、教育、民政及老龄等部门积极兴办各类老年大学,努力探索老年教育事业发展的新路子,做了大量工作,取得了显著成绩。有效地提高了老年人的生命生活质量,促进了社会主义物质文明和精神文明建设。

根据《关于印发全国老龄工作委员会成员单位职责的通知》(全国老工委发［1999］4号)规定,今后文化部将“全面负责全国老年非学历教育工作,指导各级各类老年大学的工作”。为此,现就有关问题通知如下:

(一)各级党委组织部门、老干部工作部门和政府文化、教育、民政部门及老龄工作部门要以邓小平理论为指针,深入学习、贯彻江泽民总书记“三个代表”的重要思想,从全局性、战略性的高度,充分认识老年教育工作的重要性和做好老年教育工作的紧迫性。遵循老年教育事业发展的规律,以“老有所教”、“老有所学”、“老有所乐”、“老有所为”为目标,推动老年教育事业的健康发展。

(二)各级党委、政府和有关部门要进一步采取措施巩固老年教育事业取得的成果。文化行政部门要会同有关部门认真学习和借鉴各单位发展老年教育事业的成功经验,尽快制定老年教育事业发展规划和远景目标,进一步加强领导,科学指导,逐步规范老年教育事业的发展。

各级文化部门要抓紧时间对现有的老年大学、老年学校进行摸底调查,做好老年大学、老年学校的登记备案工作。各单位要给予大力支持和协助。

各级文化部门和文化事业单位要充分发挥现有文化设施的作用,依托省、市、县群艺馆、文化馆和乡镇文化站等群众文化设施,多渠道、多层次地发展老年教育事业,积极兴办新的老年大学。争取在较短的时间内实现“县县有老年大学”的目标,并逐步向社区、村镇延伸。培育和树立一批条件较好、质量较高、制度较全、颇具规模的规范化老年大学示范校。

(三)各单位兴办的老年大学、老年学校,不改变现有的行政隶属关系,不改变现有的经费来源渠道,不改变现有的正确的办学方向,不改变现有的科学的办学模式。各办学单位要有计划、有步骤地提高现有老年大学、老年学校的数量和质量,扩大办学规模。加强与各级文化部门的沟通,加强研究,在办学形式和内容上大胆探索,使现有的老年大学、老年学校向更高水平发展。

(四)鼓励社会各界积极兴办老年教育事业,逐步拓宽社会化办学的路子。继续倡导联合办学,民主办学。争取使全国现有的和新办的各级各类老年大学、老年学校基本做到有领导、有经费、有阵地、有队伍、有效益,在本世纪前10年建立健全具有中国特色的老年教育事业体系。

老年教育工作关系到社会的各个方面,需要全社会的共同关心和支持。各级文化部门要在当地党委和政府的统一领导下,与组织、教育、民政、老龄部门密切配合,动员全社会积极行动起来,同心协力,齐抓共建,积极开创老年教育事业的新局面,促进老年教育事业的全面繁荣。

劳动和社会保障部办公厅《关于进一步规范基本养老金社会化发放工作的通知》

(2001年12月21日)　　【劳社厅发(2001)8号】

各省、自治区、直辖市劳动和社会保障厅(局):

自2000年我部《关于加快实行养老金社会化发放的通知》(劳社部发［2000］9号)下发后,各地积极采取措施,目前全国基本养老金社会化发放的目标基本实现,有力地推进了建立和完善社会保障体系的进程,为进一步确保基本养老金按时足额发放和实现企业退休人员社会化管理创造了重要条件。为巩固和发展工作成果,解决工作中存在的业务流程不够规范、工作标准不尽统一等问题,进一步规范基本养老金社会化发放工作,现就有关问题通知如下:

(一)各级劳动保障部门和社会保险经办机构要进一步加强对基本养老金社会化发放工作的领导和管理,确保有关工作措施的落实。基本养老金社会化发放的基本形式是由各统筹地区社会保险经办机构直接委托银行、邮局等社会服务机构发放,对于有特殊困难不能到银行、邮局领取基本养老金的离退休人员,社会保险经办机构可直接或委托社区服务组织送发。目前仍由原行业统筹企业经办机构组织发放或由企业退休人员管理组织代发养老金的，要立即经进行调整和规范，改由社会保险经办机构直接委托社会服务机构发放。

（二）各级社会保险经办机构要进一步完善离退休人员数据库，并使其与社会化发放数据库实现变更联动。要严格执行基本养老保险待遇的计算、审核程序，新增离退休人员从次月起发放基本养老金，死亡离退休人员从次月起停发基本养老金。

（三）各级社会保险经办机构要保证基本养老金发放的有关数据和资金及时到位。每月基本养老金开始发放的日期一般应定于5日至25日之间，具体日期由各地社会保险经办机构确定。社会保险经办机构要在基本养老金发放日的2个工作日以前，将基本养老金发放数据传至代理发放业务的银行、邮局，同时汇人相应的资金。社会保险经办机构要督促银行、邮局等社会服务机构在资金汇人以后2日内，将资金划入离退休人员的个人储蓄账户。

（四）在国内异地居住或出国定居的离退休人员，经向社会保险经办机构申请并办理相关手续后，其基本养老金可以委托亲属或他人代领。在国内异地居住的，也可以委托社会保险经办机构通过邮局、银行寄汇给本人；出国定居的，若国内无亲属或他人代领，本人要求社会保险经办机构将款寄汇至国外的，汇费由其个人负担。

（五）已纳入社区管理的企业离退休人员死亡后，其亲属和户籍所在地（或常年居住地）的街道社区服务组织要在7日内向负责支付其基本养老金的社会保险经办机构报告；尚未纳入社区管理的企业离退休人员死亡后，其亲属要在3日内向死亡者原单位报告，原单位应在4日内向社会保险经办机构报告；异地居住的离退休人员死亡后，其亲属要在7日内向负责支付其基本养老金的社会保险经办机构报告。社会保险经办机构在接到报告并审核死亡证明材料有效后，应及时办理支付丧葬补助等项费用的手续，同时终止死亡离退休人员的基本养老保险关系。

（六）各级社会保险经办机构应当定期对参加基本养老保险的离退休人员领取基本养老金的资格进行核查。在国内异地居住的离退休人员，每年向负责支付其基本养老金的社会保险经办机构提供一次居住地公安机关出具的居住证明。出国定居的离退休人员，每年向负责支付其基本养老金的社会保险经办机构提供一次由我国驻该国使领馆出具的居住证明（未与我国建立外交关系的国家，由当地公证机关出具）。

（七）离退休人员发生下列情形之一，社会保险经办机构应停发或暂时停发其基本养老金：（1）无正当理由不按规定提供本人居住证明或其他相关证明材料的；（2）下落不明超过6个月，其亲属或利害关系人申报失踪或户口登记机关暂时注销其户口的；（3）被判刑收监执行或被劳动教养期间的；（4）法律、法规规定的其他情形。发生以上第（1）、（2）、（4）项情形的离退休人员，经社会保险经办机构确认仍具有领取基本养老金资格的，应从停发之月起补发并恢复发放基本养老金；发生以上第（3）项情形的离退休人员，服刑或劳动教养期满后可按服刑或劳动教养前最后一次领取的标准继续发给基本养老金。

（八）对弄虚作假违规办理离退休手续的人员，社会保险经办机构应立即停发基本养老金，并限期收回或从其以后应领取的基本养老金中逐步扣除已经冒领的金额；离退休人员死亡后，其亲属或他人冒领基本养老金的，社会保险经办机构应责令冒领者退还冒领金额，劳动保障行政部门依法给予处罚；对拒不退还冒领金额者，社会保险经办机构可向人民法院申请强制执行。

（九）各级社会保险经办机构应认真开展基本养老金社会化发放的查询服务，建立监督举报制度向社会公布查询服务和举报电话。对群众举报的问题，社会保险经办机构应当及时调查处理。

劳动和社会保障部《关于完善城镇职工基本养老保险政策有关问题的通知》

（2001年12月22日）　　【劳社部发（2001）20号】

各省、自治区、直辖市劳动和社会保障厅（局）：

《国务院关于建立统一的企业职工基本养老保险制度的决定》（国发（1997）26号）实施以来，全国城镇企业职工基本养老保险（以下简称养老保险）制度已实现了基本统一，养老保险覆盖范围进一步扩大，企业离退休人员基本养老金社会化发放率逐步提高。近年来，随着我国经济结构调整和国有企业改革深化，养老保险工作出现了一些新情况、新问题，需要尽快明确相关政策。根据完善城镇职工社会保障体系建设的要求，现就有关问题通知如下：

（一）参加城镇企业职工养老保险的人员，不论因何种原因变动工作单位，包括通过公司制改造、股份制改造、出售、拍卖、租赁等方式转制以后的企业和职工，以及跨统筹地区流动的人员，都应按规定继续参加养老保险并按时足额缴费。社会保险经办机构应为其妥善管理、接续养老保险关系，做好各项服务工作。

（二）职工与企业解除或终止劳动关系后，职工养老保险关系应按规定保留，由社会保险经办机构负责管理。国有企业下岗职工协议期满出中心时，实行劳动合同制以前参加工作、年龄偏大且接近企业内部退养条件、再就业确有困难的，经与企业协商一致，可由企业和职工双方协议缴纳养老保险费，缴费方式、缴费期限、资金来源、担保条件及具体人员范围等按当地政府规定执行。失业人员实现再就业，新的用人单位必须与其签订劳动合同，并按规定参加养老保险。自谋职业者及采取灵活方式再就业人员应继续参加养老保险，有关办法执行省级政府的规定。

（三）城镇个体工商户等自谋职业者以及采取各种灵活方式就业的人员，在其参加养老保险后，按照省级政府规定的缴费基数和比例，一般应按月缴纳养老保险费，也可按季、半年、年度合并缴纳养老保险费；缴费时间可累计折算。上述人员在男年满 60 周岁、女年满 55 周岁时，累计缴费年限满 15 年的，可按规定领取基本养老金。累计缴费年限不满 15 年的，其个人帐户储存额一次性支付给本人，同时终止养老保险关系，不得以事后追补缴费的方式增加缴费年限。

（四）参加养老保险的农民合同制职工，在与企业终止或解除劳动关系后，由社会保险经办机构保留其养老保险关系，保管其个人帐户并计息，凡重新就业的，应接续或转移养老保险关系；也可按照省级政府的规定，根据农民合同制职工本人申请，将其个人帐户个人缴费部分一次性支付给本人，同时终止养老保险关系，凡重新就业的，应重新参加养老保险。农民合同制职工在男年满 60 周岁、女年满 55 周岁时，累计缴费年限满 15 年以上的，可按规定领取基本养老金；累计缴费年限不满 15 年的，其个人帐户全部储存额一次性支付给本人。

（五）破产企业欠缴的养老保险费，按有关规定在资产变现收入中予以清偿；清偿欠费确有困难的企业，其欠缴的养老保险费包括长期挂帐的欠费，除企业缴费中应划入职工个人帐户部分外，经社会保险经办机构同意，劳动保障部门审核，财政部门复核，报省级人民政府批准后可以核销。职工按规定的个人缴费比例补足个人帐户资金后，社会保险经办机构要按规定及时记录，职工的缴费年限予以承认。

（六）对于因病、非因工致残，经当地劳动能力鉴定机构认定完全丧失劳动能力，并与用人单位终止劳动关系的职工，由本人申请，社会保险经办机构审核，经地级劳动保障部门批准，可以办理退职领取退职生活费。退职生活费标准根据职工缴费年限和缴费工资水平确定，具体办法和标准按省级政府规定执行。

（七）城镇企业成建制跨省搬迁，应按规定办理企业和职工养老保险关系转移手续。在职职工个人帐户记帐额度全部转移，资金只转移个人缴费部分，转入地社保机构应按个人帐户记帐额度全额记帐。企业转出地和转入地社会保险机构，要认真做好搬迁企业养老保险关系及个人帐户的转移、接续工作，按时足额发放离退休人员基本养老金。如搬迁企业在转出地欠缴养老保险费，应在养老保险关系转出之前还清全部欠费。

（八）加强对特殊工种提前退休审批工作的管理。设有特殊工种的企业，要将特殊工种岗位、人员及其变动情况，定期向地市级劳动保障部门报告登记，并建立特殊工种提前退休公示制度，实行群众监督。地市以上劳动保障行政部门，要规范特殊工种提前退休审批程序，健全审批制度。社会保险经办机构要建立特殊工种人员档案和数据库，防止发生弄虚作假骗取特殊工种身份和冒领基本养老金问题，一经发现，要立即纠正并收回冒领的养老金。

（九）做好机关事业单位养老保险试点工作。已经进行机关事业单位养老保险改革试点的地区，要进一步巩固改革试点成果，不能退保，要完善费用征缴机制，探索个人缴费与待遇计发适当挂钩的办法，积极创造条件实行养老金社会化发放，加强基金管理，确保基金安全。按照劳动保障部、财政部、人事部、中编办《关于职工在机关事业单位与企业之间流动时社会保险关系处理意见的通知》（劳社部发［2001］13 号）规定，认真研究做好职工在机关事业单位与企业之间流动时养老保险关系转移衔接工作。

劳动和社会保障部、财政部《关于2001年调整企业退休人员基本养老金的通知》

（2002年1月14日）

各省、自治区、直辖市人民政府，新疆生产建设兵团：

为保障企业退休人员基本生活，经国务院批准，从2001年7月1日起，调整企业退休人员基本养老金。现就有关事宜通知如下：

（一）调整基本养老金的人员范围为2000年12月31日前已办理退休手续的退休人员。

（二）基本养老金的调整水平，以2000年12月企业退休人员基本养老金为基数，按不超过当地2000年企业在岗职工月平均工资增长率的60%掌握，具体标准由各省、自治区、直辖市根据本地实际情况及基本养老保险基金承受能力确定。各地在调整中要注意向基本养老金水平偏低的退休人员倾斜、基本养老金替代率水平过高的地区，调整水平要适当控制。

（三）参加企业基本养老保险统筹的退休人员，调整基本养老金水平所需资金，由地方基本养老保险基金承担。对财政确有困难的中西部地区和老工业基地出现的基本养老保险基金缺口，由中央财政通过专项转移支付方式予以适当补助。未参加基本养老保险统筹的退休人员，调整基本养老金水平所需资金按原渠道解决。

（四）各地调整企业退休人员基本养老金的具体办法，尽快报劳动保障部、财政部审批后实施。

调整企业退休人员基本养老金水平，体现了党中央、国务院对广大退休人员的亲切关怀。各地区要高度重视，切实加强领导，在确保基本养老金按时足额发放、不发生新的拖欠的基础上，认真组织实施这项工作，尽快将调整的基本养老金发放到退休人员手中。对执行中出现的情况和问题，请及时报告劳动保障部、财政部。

国务院办公厅转发文化部、国家计委、财政部《关于进一步加强基层文化建设的指导意见》的通知

（2002年1月22日）　　【国办发（2002）7号】

党的十五大以来，各地区、各有关部门高度重视社会主义精神文明建设，大力加强文化工作，城乡基层文化设施状况得到较大改善，文化生活进一步丰富，有力地促进了经济和社会的发展。但也要看到，目前基层文化建设仍比较薄弱。在部分农村，特别是一些经济欠发达地区，文化生活还很贫乏；一些地方愚昧迷信活动抬头，腐朽思想蔓延，“黄、赌、毒”等社会丑恶现象沉滓泛起；少数地方非法宗教活动猖獗，影响了社会稳定和基层政权建设。为进一步加强基层文化建设，用先进文化占领城乡阵地，现提出以下意见。

一、认真学习实践江泽民同志“三个代表”重要思想，高度重视基层文化建设

（一）基层文化建设是中国先进文化建设的重要方面，是推动先进生产力发展的重要因素，也是实现广大人民群众根本利益的重要方面。搞好基层文化工作，对于宣传党和国家的方针政策，加强党和政府与人民群众之间的血肉联系，在全社会培养

健康、文明的生活方式，提高广大人民群众的思想道德和科学文化素质，具有重要作用。地方各级人民政府、各有关部门要认真学习实践江泽民同志“三个代表”重要思想，高度重视并大力推进基层文化建设。

（二）基层文化建设总体要求是：始终坚持中国先进文化的前进方向，大力弘扬民族优秀文化，摒弃落后文化，抵制腐朽文化。“十五”期间，以社区和乡镇为重点，全面加强文化阵地、文化队伍、文化活动内容和方式的建设，努力满足广大人民群众日益增长的精神文化需求。

二、加快推进基层文化设施建设

（三）文化设施是开展群众文化活动、传播先进文化的重要阵地，中央和地方各级人民政府要加大投资力度，加快文化设施建设，满足广大人民群众就近、经常和有选择地参加文化活动的需要。城市要在搞好群艺馆、文化馆、图书馆建设的同时，加强社区和居民小区配套文化设施建设，发展文化广场等公共文化活动场所。要在现有公共服务设施中开辟老年、少儿和残疾人文化活动场所，建设老年文化活动中心、老年大学（学校）、青少年校外文化活动设施和场所。要努力实现“县县有文化馆、图书馆”的目标。经济条件较好、人口规模较大的县可分设文化馆、图书馆；经济欠发达、人口规模较小的县可将文化馆、图书馆合二为一建设。农村要因地制宜建设乡镇文化站和村文化室；地广人稀、人口分散的少数民族地区、边疆地区、边远山区和农牧区要积极发展流动文化车、汽车图书馆和流动剧场等。全国万里边疆文化长廊建设要落实文化设施建设任务。民政部门实施的“星光计划”，要将资金落实到社区老年活动设施建设上，促进社区老年活动的开展。

（四）把文化设施建设纳入城乡建设整体规划，把群艺馆、文化馆、图书馆、文化站作为重点列入建设规划。各级城乡规划部门要会同文化部门，按照《中华人民共和国城市规划法》、《中华人民共和国土地管理法》规定和有关要求，在城镇建设中，统筹规划城镇文化设施建设。城市新建居民小区和经济开发区必须规划和配套建设相应文化设施。新建符合当地经济发展水平的非经营性文化设施所需用地，可以划拨供地的，地方人民政府应优先划拨；采用有偿方式供地的，应在地价上适当给予优惠。城镇建设确需征用文化设施用地，必须做到先建后拆，或建拆同时进行，要保证重建的文化设施规模不低于原有的规模。

（五）切实加强文化设施的管理和利用。完善群艺馆、文化馆、图书馆必要的设备和装备，加强对设备的日常维护保养。通过建立健全岗位责任制和工作目标管理责任制，完善综合服务功能，不断提高文化设施利用率。要防止文化设施被挤占、挪用，要坚决收回被挤占、挪用的文化设施。机关、学校、部队、企业的内部文化设施，凡有条件对社会开放的，要采取多种方式开放内部文化设施，为群众开展文化活动提供方便。要加强对城镇大型露天文化活动场所的管理和使用，各级文化部门要搞好活动的组织和安排。

三、努力建立一支稳定的专兼结合的文化队伍

（六）建立健全群艺馆、文化馆、图书馆和乡镇（街道）文化机构的工作岗位规范，逐步实行工作人员从业资格制度。充分发挥中央文化单位和省（自治区、直辖市）、地（市）、县（市）文化机构的积极性，尽快建立基层文化骨干培训网络，不断提高基层文化工作者的思想水平和业务素质。要改善队伍结构，以适应新形势下基层文化工作的需要。各地区、各有关部门要切实关心和帮助基层文化工作者解决工作、生活中的实际困难，保证工资的按时发放，提供必要的工作条件。

（七）积极推进基层文化机构人事制度改革。要逐步建立和完善能上能下、能进能出的用人机制和科学合理的人事管理制度。要采取有效措施，鼓励和吸引优秀人才到基层文化机构工作。在市县乡机构改革中，各地区、各有关部门要认真贯彻执行《中共中央办公厅　国务院办公厅关于市县乡人员编制精简的意见》（中办发［2000］30号）精神，结合当地实际情况，在乡镇设置集文化、宣传、广电、体育、科技培训等功能为一体的综合性宣传文化机构。同时，要积极解决农村电影放映队伍的编制问题。

（八）大力培养和发展民间文化队伍。积极鼓励民办社会文化团体、民办文化类非企业单位和文化经营户的发展，支持他们采取多种方式拓宽文化服务渠道，引导他们开展健康的文化活动。注意发挥民间艺人在活跃基层文化生活中的作用。逐步完善城市社区文化指导员制度，鼓励社区有文艺专长和组织才能的居民担任社区文化指导员，辅导和组织社区居民开展文化活动。建立和完善民间文艺团体注册登记和监督检查制度。在各类文化比赛和交流方面，民间文艺团体和民间艺人享有与公办文化事业单位及其人员的同等权利。

四、积极开展丰富多彩的文化活动

（九）利用现代科技推动先进文化传播。要建立和完善文化信息网络服务体系，加快网络服务平台建设，提高资源共享水平。要有计划有步骤地整合和开发现有图书、音像、信息等文化资源，以发展数字文化网络为突破口，为广大人民群众提供快捷、丰富的经济信息和文化服务。特别要从提高农民的阅读水平和质量人手,发展网络终端,普及网络应用知识,帮助农民脱贫治愚,使经济欠发达地区农村实现跨越式发展。

(十)积极繁荣社区文化。要充分利用街道文化站、社区服务活动室、文化广场等现有设施、组织开展丰富多彩、健康有益的文化活动,营造良好的文化氛围。积极发挥社区内的各种专栏、板报的宣传教育作用。因地制宜地搞好群众性歌咏活动。要高度重视并积极引导社会举办和群众自发组织的各种文化活动。

(十一)推进农村文化活动方式的创新。继续发展民间艺术之乡、特色艺术之乡和民族民间文化生态保护区,继承和发展民族民间传统特色艺术。充分利用农闲时间、集市和民族民间传统节日,开展生动活泼的文化活动。努力搞好农村电影发行放映工作,力争实现每村每月放映一场电影的目标。鼓励发展庭院文化。艺术表演团体、群艺馆、文化馆、图书馆、电影公司等要在文化、科技、卫生"三下乡"活动中发挥作用,深入基层为群众送戏、送书、送电影、送文化科技知识。要充分发挥流动文化车、文化小分队的作用,积极探索灵活多样、行之有效的文化下乡新方法和新形式。

(十二)加强对文化市场的培育和管理。各地区要根据经济、社会和文化发展的实际,制定文化市场建设、发展和管理规划,逐步建立与当地经济和社会发展水平相适应的内容丰富、健康规范的文化市场。积极引导群众的文化消费,扶持健康有益的文化活动。加强对娱乐、音像、演出等文化市场的管理,整顿和规范文化市场秩序,坚决制止传播各种色情、暴力、愚昧迷信等内容的违法活动。地方各级人民政府要加强文化市场的管理机构和稽查队伍建设,落实人员编制和日常工作所需经费,采取培训等方式,不断提高执法队伍的业务素质和执法水平。

五、切实加强领导并落实各项保障措施

(十三)地方各级人民政府要把基层文化建设纳入重要议事日程,切实加强领导。要把文化建设纳入当地国民经济和社会发展总体规划,所需经费列入地方财政预算。加强基层文化建设的主要责任在县(市)、区级人民政府。要继续开展创建文化先进县(市)活动,实施少儿文艺"蒲公英计划"和知识工程,落实《全国万里边疆文化长廊2001年至2010年建设规划》。

(十四)切实加大对基层文化建设的投入。要确保文化事业经费的增长不低于当年财政收入的增长幅度;文化事业建设费的安排应向基层文化建设项目倾斜;保证有影响的重大群众文化活动的经费投入;对于群艺馆、文化馆、图书馆等公益文化事业单位的日常工作给予必要的经费保障;保证各级公共图书馆有一定数量的购书经费。要加大对基层文化基础设施建设、配套设备及其维修、流动文化车购置、文化信息网络建设、文化队伍教育培训、老年教育等经费的投入,特别要对西部地区文化事业发展予以重点扶持。要适当增加全国万里边疆文化长廊专项补助经费,加强对具体项目的论证和实施,最大限度地发挥资金的使用效益。要切实加强民族民间文化遗产保护,扶持有代表性和有影响的农村区域性民间民俗艺术活动、艺术项目,资助民族民间艺术的传承及其资料的抢救和整理等。保证每年为贫困地区、革命老区、少数民族地区、边疆地区乡镇文化机构集中配送一定数量的图书。

(十五)各地区、各有关部门要认真落实《国务院关于支持文化事业发展若干经济政策的通知》(国发[2000]41号)精神,切实搞好文化事业建设费的征收、管理和使用;建立健全有关专项资金制度;鼓励对社会公益性活动、项目和文化设施等方面的捐赠。有关部门要对现行文化经济政策的落实情况进行督促和检查。新闻媒体要加强对现行文化经济政策和法律法规的宣传。要研究制定新的政策措施,鼓励社会力量投资文化建设,逐步形成政府投入为主、社会多渠道筹资为辅的文化建设投入格局。切实加强民族民间文化遗产的抢救保护和开发利用,抓紧制定民族民间文化保护的政策法规。

共青团中央、全国老龄工作委员会办公室《关于实施"志愿者为老服务金晖行动"的意见》

(2002年4月4日)　【中青联发(2002)22号】

敬老助老是中华民族的传统美德,也一直是青年志愿服务工作的重要内容。伴随着我国社会主义市场经济体制的建立和开始进入老龄化社会，越来越多的老年人对志愿服务的需求不断增长，越来越多的青年和其他社会公众参与为老志愿服务的需求也在不断增长。为组织动员广大青年和其他社会公众积极参与到为老服务的志愿者行列，以实际行动为有需要的老年人办实事、办好事，身体力行“三个代表”重要思想，共青团中央、全国老龄工作委员会办公室决定，在全国范围内实施“志愿者为老服务金晖行动”（简称“金晖行动”）。

实施金晖行动，既要充分发挥青年志愿者组织体系比较完备、机制比较健全、富有青春活力的优势，又要针对老年人特别是低龄老人经验丰富、闲暇时间较多的特点，调动他们投身志愿服务的内在积极性，做到朝霞与夕阳相互辉映，青年人与老年人相互学习、共同参与。现提出如下意见。

一、大力推进志愿者服务站建设，组织协调基层为老志愿服务工作

1. 志愿者服务站是联结志愿者和服务对象的纽带，是基层组织、协调和开展志愿服务活动的机构。创建志愿者服务站是实施金晖行动的基础性工作。一个规范的服务站要具备统一的标识，固定并相对独立的办公地点和必要的设备，专职或兼职工作人员，能长期坚持开展志愿服务工作。要按照2000年11月共青团中央、民政部联合召开的全国社区青年志愿者工作现场会的要求，力争今年在全国主要城市城区中50%以上的街道社区建起服务站。

2. 积极推动在已有的社区老年福利服务设施、场所建立为老服务站。把服务站建设纳入“社区老年福利服务星光计划”的实施范围，采取配套3万元资金建一个站的办法，在新建的老年福利服务设施、场所中建立规范的为老服务站。积极探索通过社会捐助方式创建服务站的路子。

3. 各级共青团组织、志愿者组织已经建成的服务站要切实发挥组织协调作用，加大为老服务工作的力度。服务站尚未建立的，基层共青团组织要主动承担组织协调志愿者开展为老服务工作的职责。

4. 各级共青团组织和老龄组织要密切配合，指导服务站建立健全志愿者和服务对象档案，完善各项工作规章制度，规范服务项目运行机制，充分发挥服务站在为老服务工作中的积极作用。

二、全面推行志愿者注册制度，建立为老服务的志愿者骨干队伍

5. 按照《中国青年志愿者注册管理办法（试行）》的要求，在为老志愿服务工作中全面推行志愿者注册制度，逐步形成一支以青年为主体、许多中老年人参与的为老服务志愿者骨干队伍。今年要力争为老服务注册志愿者达到100万人，各类志愿者为老服务队达到10万支。

6. 坚持普遍号召和重点发动、社会招募和组织招募相结合，广泛动员大中专学生、少先队员、企事业单位青年职工、机关青年干部加入为老服务注册志愿者行列，带动更多的青少年参与为老志愿服务工作。

7. 开展“青春辉映夕阳红”成人预备期主题志愿服务活动，通过一校包一院、一队助一人等方式，力争将所有有服务需求、志愿者能有所作为的社会养老服务机构确定为成人预备期志愿服务基地，动员14—18周岁中学生为老年人提供所需要的志愿服务，引导中学生尊重、爱护和帮助老年人，加强中学生思想品德教育，推动尊老爱幼、老少共融良好社会风尚的形成。

8. 开展“红领巾为老送温暖”活动，依托各级社区少先队组织引导和鼓励广大少先队员以少先队中队和小队为单位开展志愿服务，通过陪老年人聊天、为老年人唱一支歌、做一些力所能及的家务、走访敬老院等活动帮助老年人，从中体验走出自我、关心他人的美好情感，养成扶贫济困、助人为乐的良好习惯。

9. 探索志愿服务时间储蓄制度，使志愿者本人需要帮助时可以优先得到志愿者组织和其他志愿者的服务，以此动员社会公众积极加入志愿者队伍，特别是动员那些有愿望、有专长的低龄老人参与志愿服务，成为“金晖志愿者”，提高老年人互助能力，更好地发挥老年人作用。

10. 经常组织开展集中志愿服务活动，广泛吸纳社会各界的参与，更好地满足老年人对志愿服务的多方面需求和更多社会公众参与为老志愿服务的需求。

11. 与各级老龄委成员单位密切配合，发挥各相关系统的专业人才优势，逐步建立教育服务队、文化服务队、科技服务队、卫生服务队、法律服务队、家政服务队等为老服务志愿者专业队伍，不断提高为老服务志愿者的专业化、社会化水平。

三、以“一助一”长期结对服务为基本形式，形成志愿者与老年人重点服务对象间长期稳定的服务关系

12. 结合当前经济社会发展实际，志愿者为老服务要以企事业单位离退休困难职工和无劳动能力、无生活来源、无赡养人的老年人及有特殊困难的老干部、老科技工作者、老教师为重点，广泛开展日常生活照料、医疗保健、法律援助、文化娱乐等多方面的服务。

13. 开展“一助一”长期结对服务，动员一名志愿者或一支志愿者服务队为一个有困难的老年人或家庭提供其所需要的经常性服务，是实施金晖行动的基本形式。各级团组织、老龄组织要协调配合，立足社区，认真调查研究，掌握辖区内老年人的分布、数量及服务需求，确定重点服务对象。把困难老人的服务需求和志愿者的服务能力有机结合起来，制定服务规划，落实服务措施，共同签定服务协议，明确志愿者的服务时间、服务形式、服务内容。要着眼社会需求的增长，加大结对工作力度，力争今年使“一助一”结对服务涵盖全国主要城市城区中50%以上的重点困难老年人。已结成的“一助一”服务对子，要在服务实效上狠下功夫。

14. 在敬老院、养老院、老年公寓、托老站、老年学校等老年人集中的场所普遍建立志愿者服务基地，通过“多助一”方式引导各行各业的志愿者或志愿服务集体，利用双休日、节假日经常性地为一个服务基地的老人们开展各类所需要的志愿服务，不断扩大志愿者为老服务工作的参与面和覆盖面。

四、形成志愿者为老服务接力机制，促进志愿者为老服务工作可持续发展

15. “一助一”长期结对服务要努力形成接力机制，确保为老服务工作不因志愿者或志愿服务集体服务期的终止而终止。“个人助个人”的服务方式可以针对服务对象的实际需求，在上一名志愿者履行服务协议、完成服务期限之前，及时招募志愿者，建立志愿者后备人才库，做到为该服务对象的志愿服务到期轮换、长期坚持；“集体助个人”的服务方式可以按照集体人数的多少分成若干服务小组，定期轮换地为服务对象提供所需要的服务，同时在上一个志愿者集体履行服务协议、完成服务期限之前，及时协调确定下一个志愿者集体，继续不断地开展服务工作。

16. 对于来自不同行业的集体共同为敬老院等为老服务基地开展志愿服务的“集体助集体”方式，各级团组织、老龄组织要注意发挥协调作用，可以结合各行业的专业优势，安排不同的服务时间，定期分别提供不同内容的服务，满足老年人的不同需求。

17. 在服务站参与组织管理工作的注册志愿者也要形成接力机制，定期轮换，确保服务站不因工作人员的变动而影响工作连续性。

18. 着眼志愿者为老服务工作的可持续发展，努力争取党政有关部门和社会各界的支持，为金晖行动提供良好的政策环境和可靠的物质依托。

五、加强志愿者为老服务工作的组织领导，务求取得实效

19、实施金晖行动是维护改革、发展、稳定的大局，服务人民群众生产生活基本需求的重要举措，是学习实践“三个代表”重要思想的具体体现。各地团组织、老龄组织要切实提高认识，加强组织领导，务求取得实效。共青团中央、全国老工委办公室联合成立全国金晖行动领导小组，专门负责金晖行动的组织协调工作。各地团组织、老龄组织也要成立相应的领导机构，负责本地金晖行动的具体组织和协调工作。

20. 共青团中央、全国老工委办公室将适时对各地为老志愿服务工作进行集中的督促检查，了解工作进展情况，评估工作实际效果，总结推广工作经验。各级团干部、老龄工作干部要深入基层，深入群众，不定期到学校、企业、街道蹲点，调查研究，总结、指导和推进工作。

21. 按照《中国青年志愿者注册管理办法（试行）》中的有关规定，建立以服务时间为主要依据的奖章授予活动和以服务业绩为主要依据的评选活动相结合的表彰激励机制，将金晖行动评选工作纳入共青团和老龄工作系统评选表彰体系之中。综合运用多种媒体，深入宣传金晖行动实施过程中涌现出的先进人物和集体的感人事迹，营造新时期敬老助老的浓厚社会氛围。

二、老龄工作机构发文

全国老龄工作会议纪要

（1984 年 9 月 20 日）　　【中老字（1984）29 号】

一

为了开创老龄工作的新局面，中国老龄问题全国委员会于 8 月 17 日至 23 日在北京召开了全国老龄工作会议。参加这次会议的有 28 个省、自治区、直辖市（西藏除外）和国务院有关部门、科研机构、群众团体从事老龄工作的负责同志，共 120 多人。

这次会议受到党中央、国务院的关怀、重视和支持。王震、王平、耿飚，胡厥文、周谷城、严济慈、杨静仁、康克清、钱昌照、周培源、缪云台等党和国家领导人出席了开幕式，并同代表们一起照了相。

中央、国务院有关部委负责人也参加了开幕式。

全国人大常委会委员长彭真同志从外地给会议发来贺电；中国老龄问题全国委员会名誉主任聂荣臻同志给会议发来贺信；王震同志代表党中央、国务院向大会作了重要讲话。

王震同志代表党中央、国务院的讲话中指出："老龄问题是当今世界上重大的社会问题，同时也是直接关系到我国社会经济发展的战略问题"。"我党的各级领导、各级政府乃至全社会，都要重视关心老年事业"。"希望全国老龄委员会要积极协调政府有关部门和科研单位，通盘考虑，提出综合规划，逐步予以实行"。

彭真委员长在贺电中热烈祝贺会议的胜利召开，并取得圆满的成功。

聂荣臻同志的贺信中指出："老龄工作已初步打开了新的局面，呈现出一派新的景象，令人十分欣慰！……我还是那句老话，要把老龄问题提到战略高度来认识，切实加强领导，统筹规划，综合治理。希望大家再接再厉，共同研究，努力克服前进道路上的各种困难，一定要把老年事业办得更好，开创老龄工作的新局面"！

中央领导同志的重要指示，给老龄工作指出了工作方向，奋斗目标，使与会代表受到极大鼓舞和鞭策，是开好这次会议的重要保证。

会议还听取了中国老龄问题全国委员会主任于光汉同志代表中国老龄问题全国委员会所作"全社会都来关心解决老年人的问题"的工作报告。

报告着重从必须把老龄问题提到战略高度，摆上议事日程和努力开创老龄工作新局面两个方面，阐述了老龄工作的重要性、迫切性，并提出了今后的五项工作。

会议经过与会同志们的共同努力，在短短的几天时期里，进行了大会发言，小组讨论，交流情况，总结经验，研究了今后做好老龄工作的一些重大问题。特别是认真学习了王震同志的重要讲话，提高了认识，增强了做好老龄工作的信心。会议达到了预期的目的。代表们一致反映，这次会议开得好，开得及时，收获很大。希望今后每年召开一次这样的会议，推动工作。

二

会议期间，代表们着重研究讨论了有关老龄工作的几个重大问题，并提出了建议。

（一）关于对老龄工作的认识问题。代表们一致同意聂荣臻同志在贺信中对老龄工作形势的估价。经过两年多来的共同努力，老龄工作确实已初步打开了新的局面，呈现出一派新景象。目前，全国已正式成立老龄工作机构的省、自治区、直辖市有 16 个。自愿组织起来的各种老年人群众组织，如雨后春笋不断增多，都各自在发挥着不同的作用。

但是，老龄工作毕竟是项新的事业，至今尚未被全社会，特别是各级领导干部所充分认识。正如王震同志讲话中指出的："老龄问题是当今世界上重大的社会问题，同时也是直接关系到我国社会经济发展的战略问题。我国 60 岁以上的老年人有 8000 万，预测到本世纪末将为 1.3 亿，到 2025 年增加到 2.8 亿。这种发展速度，快于世界老年人增长的速度，对此，我们应有所准备，采取相应的措施，避免出现被动局面”。这是很有远见卓识的。为此，今后我们一项重要任务，就是广泛深入地大力做好宣传工作，能够让大家，首先是各级领导干部，对老龄工作的重要性、迫切性，有所认识，促进全社会都来关心和研究解决有关老年人的问题。

（二）关于老龄委员会的性质问题。这个问题是代表们议论最多、最为关心的问题。大家一致认为根据当前和今后老龄工作的任务，老龄委员会属社会团体，性质与任务不相适应。王震同志在讲话中提出：“希望全国老龄委员会要积极协调政府有关部门和科研单位，通盘考虑，提出综合规划，逐步予以实行”。聂荣臻同志贺信中也再次提出：“要把老龄问题提到战略高度来认识，切实加强领导，统筹规划，综合治理”。这个任务是光荣的，但是作为一个社会团体，很难承担这一繁重的任务。代表们建议迅速向党中央、国务院请示，明确中国老龄问题全国委员会，是在国务院领导下综合办理全国老龄工作的组织机构，由一位副总理负责管理。

（三）关于老龄委员会的任务问题。这个问题，认识比较一致。老龄委员会的宗旨，就是要全心全意维护各族老年人的合法权益，照顾好老年人的生活，发挥老年人的作用，尽力做到：老有所养、老有所为、老有所学、老有所医、老有所乐，使老年人健康长寿，欢度晚年。它的任务，总的讲有两个方面：一是对老龄工作的一些重大问题进行调查研究，统筹规划，综合治理，组织协调，督促检查；二是参加有关老龄问题的国际性和地区性会议以及对外活动。

（四）关于省、市老龄委员会的编制问题。现在成立老龄委员会的省、市普遍反映，老龄工作认真开展起来，任务十分繁重。要抓好宣传工作，组织建设工作，老年人的物质生活和精神生活，发挥余热等工作。目前，各省、市老龄委员会的编制，一般 3 至 5 人，很难完成上述任务。提出要根据工作需要，适当增加人员编制，以利开展工作。

（五）关于经费问题。讨论中，大家总的认为，目前要求国家拿出很多钱来办老年事业是有困难。要搞好老年事业，应该采取国家、集体、个人结合的办法，要以集体、个人为主。但是，也提出我们是社会主义国家，要体现党和国家对老年人的关怀，希望能把开办老年事业纳入国家计划，每年拨给老龄委员会一定的事业费，用在举办老年事业上。希望国家计委、财政部考虑研究解决这个问题。

（六）关于建立“老人节”问题。不少代表提出，我国有儿童节、青年节、妇女节，老年人也应有个节日，以示对老年人的尊敬。在一些资本主义国家，如日本就有“老人节”。联合国也提出希望各国都能建立“老人节”。代表们要求向中央郑重反映。

（七）关于老年人群众性组织及同老龄委员会的关系问题。老年人群众性组织，目前已发展不少。这些组织，当前主要指居住在城镇的离休、退休职工，根据各自不同的学识、专长、经验、兴趣和社会需要，在自愿自力的前题下，自动组织起来的各种不同形式的老年人群众性组织。其性质，有的是专业性，有的是综合性；有的是文化娱乐，学术研究，也有的是经济实体。总的是为老年人服务或为社会服务。要在国家政策允许范围内，自力更生，独立活动，责任自负。所需经费采取集资、募捐、信贷、引进外资、国家补贴等。所有这些组织，都必须有各自的章程，经有关政府等部门或老龄委员会审批，受审批部门的领导或指导。所有老年人群众性组织，都应同老龄委员会保持密切联系。

三

这次全国老龄工作会议是我国历史上从来没有的重要会议，具有深远的意义。它是在党中央、国务院亲切关怀下，在王震等党和国家领导人的亲临指导下召开的，会议取得了圆满成功。这次会议标志着我国老龄工作进入了新的阶段，是新兴的老年事业一个伟大的开端。

这次会议对开创我国老龄工作新局面，具有重大意义。它是动员全社会都来关心解决老年人问题的动员会、促进会。它体现了党中央、国务院对全国亿万老年人的关怀，是社会主义制度优越性的具体体现。因此，一定要把这次会议精神认真传达贯彻好。

首先，要把王震同志代表党中央、国务院的重要讲话，彭真委员长的贺电，聂荣臻同志的贺信原原本本的进行传达，组织学习，贯彻执行；要把于光汉主任代表中国老龄问题全国委员会所作的报告中提出的今后几项工作任务，认真研究贯彻；要把老龄问题提高到战略高度，摆到议事日程，并具体落实到各项工作中去。尚未成立老龄委员会的省、自治区，要在贯彻落实会议精神过程中，尽快成立起来。

各省、自治区、直辖市老龄委员会和中央、国务院有关部门都要制定出自己的规划，提出各自治理的方案，纳入国家发展的计划。

让我们共同努力，在党中央、国务院统一领导下，为开创我国老龄工作新局面而奋斗。

中国老龄问题全国委员会《关于庆祝“国际老人节”活动的通知

（1991年9月10日） 【中老字（1991）14号】

各省、自治区、直辖市老龄委：

现将外交部今年九月四日转来的联合国维也纳办事处主任安斯蒂女士给我国驻维也纳代表团特命全权大使陈实秋的信、我国驻维也纳代表团关于“国际老人节”纪念活动的函和“十一国际老人节”纪念活动的内容建议，印发给你们。

第45届联合国大会于1990年12月14日一致通过了“国际老龄行动计划实施和有关活动的第45/106号决议”。决议确定10月1日为“国际老人节”，以唤起国际社会对人口结构变化、人口老龄化的影响以及老年人凭借他们丰富的经验和智慧为社会作贡献的重视。为了宣传这个节日，联大要求各国开展庆祝活动。

我国是联大五个常任理事国之一，又是一个大国，总人口和老龄人口均占世界各国之首，应该积极开展“国际老人节”的庆祝活动。“国际老人节”正值我国的国庆节，因此庆祝“国际老人节”的活动可在国庆节前后进行。我们已向党中央、国务院写出报告，为早日做好准备工作，特将有关问题通知如下：

（一）“国际老人节”的确定，是中国老年人和世界老年人的一件大事。我国在庆祝这个节日的时候，要认真宣传我国人口老龄化的趋势；中华民族敬老养老的传统美德；在社会主义制度下党和政府对老年人的关怀；当代老年人的作用和价值，亿万老年人在国家稳定和发展中的作用；老龄工作已取得的成就，以唤起社会各界对人口老龄化和老龄事业的重视。因此，各级老龄委必须高度重视，很好地运用“国际老人节”这个有利时机，有计划、有组织、有重点地开展庆祝活动。通过庆祝活动，把老龄工作提高到一个新的水平。

（二）全国老龄委拟请国家领导人发表庆祝“国际老人节”的讲话，建议各省、市、区老龄委邀请省、市、区领导出面讲话，以引起全社会对“国际老人节”的重视。

（三）要召开庆祝“国际老人节”的座谈会或研讨会和新闻发布会，向社会宣告这一节日，请党、政领导，有名望的专家、学者，老龄工作者，宣传、新闻工作者参加。并利用广播、录像、报刊等宣传工具，向社会宣传，以扩大影响。

（四）“国际老人节”的庆祝活动要和各省、市、区的老人节（“九九”重阳节）已定的活动紧密结合进行。各省、市、区老人节的各项活动要贯穿庆祝“国际老人节”的内容，使“国际老人节”的庆祝活动，形式多样，丰富多彩。

（五）要通过各老年组织运用报刊、广播、电视、图片、墙报和文艺节目等多种形式，广泛宣传“国际老人节”，在全国形成一个庆祝“国际老人节”的热潮。

（六）请各地老龄委将开展庆祝“国际老人节”活动的情况、图片和有关资料，及时报送全国老龄委，以便汇总向联合国社会发展与人道事务中心通报有关情况。

中国老龄问题全国委员会《关于转发“重视老年工作领导者功勋奖”、“老有所为先进集体创新奖”评选活动方案的通知》

（1992年1月15日） 【中老字（1992）3号】

各省、自治区、直辖市老龄委：

“重视老年工作领导者功勋奖”、“老有所为先进集体创新奖”以下简称“双奖”是《中国老年》杂志社同《退休生活》、《山西老年》、《老人天地》、《长寿》、《老人世界》、《老年世界》、《银潮》、《当代老年》、《湖南老年》、《晚霞》、《晚晴》、《老人》等13家老年期刊及南京化学工业(集团)公司联合发起,旨在表彰那些明智贤达重视老年工作的领导者和在"两个文明"建设中,做出贡献的老年群体,以扩大老龄工作在全社会的影响。这是一项很有意义的社会活动,受到邓颖超、聂荣臻、薄一波等老一辈革命家的肯定和支持。"双奖"评选活动,对宣传和发展我国老龄事业将起到积极的影响。

现将全国"双奖"评选指导委员会评选活动方案和"双奖"评指委名单转发给你们。请结合实际情况,协调各涉老部门,在"双奖"评指委的统一组织下,认真搞好这项活动。

有关评选工作的具体事宜,请与全国"双奖"评指委办公室联系(办公地点在北京《中国老年》杂志社)

中国老龄问题全国委员会《关于庆祝"国际老人节"和"九九"重阳节情况通报》

（1992 年 8 月 8 日） 【中老字（1992）29 号】

各省、自治区、直辖市老龄委：

在全国上下认真贯彻邓小平同志南巡讲话，加快改革开放步伐，进一步把经济建设搞上去的大好形势下，迎来了第二个"十一"国际老人节和我国传统的"九九"重阳节。现将两个节的活动情况通报如下：

（一）今年的活动要遵照邓小平同志南巡讲话精神，围绕联合国《老龄问题国际行动计划》实施 10 周年和中国老龄事业发展 10 周年，重点宣传 10 年来我国老龄事业在党的基本路线指引下所取得的成就；我国人口老龄化和老龄事业的发展趋势；中华民族敬老养老的传统美德；党和政府对老年人的关怀；当代老年人的作用和价值，特别是在改革开放，进一步把经济搞上去的大好形势下，亿万老年人在国家稳定和发展中的作用，以进一步唤起全社会对人口老龄化和老龄事业的关怀和支持。因此，各级老龄委必须高度重视，有计划、有组织、有重点的开展活动。

（二）为了搞好这两个节的活动，全国老龄委拟进行如下活动：（1）在 8 月底 9 月初召开一次庆祝"两个十周年"的记者招待会，向新闻界介绍 10 年来老龄事业所取得的成就和老龄事业发展的趋势和对策，并就有关老龄事业方面的问题答记者问；（2）和中央电视台联合举办一次大型文艺晚会，初步定在 10 月 4 日晚由中央电视台播放；（3）全国老龄委主办、中华老年报和北京朝阳展览公司承办，定于 9 月 20 日到 10 月 10 日在北京地坛公园组织"中华不老城"活动，展示"五个老有"方面取得的成绩；（4）全国"重视老年工作领导者功勋奖、老有所为先进集体创新奖"评委会在京召开表彰大会，拟请党和国家领导出席讲话，具体时间再行通知；（5）为宣传老龄事业发展 10 年，与人民画报社联合摄编一部大型画册，年底前完成出版发行工作；（6）由中华老年报、中国老龄科学研究中心、中国政策科学研究中心联合举办"全国老龄百科知识竞赛"，竞赛结果将在年底前通过中央电视台和各新闻单位宣布。

（三）各省、自治区、直辖市如何开展"国际老人节"和"九九"重阳节的活动，可根据当地的实际情况自行安排。请各地老龄委将开展"两节"的活动情况，以及有关资料，送全国老龄委。

另，为了总结宣传两个 10 周年，探索具有中国特色的老龄工作，今年年底召开中国老龄问题对策研讨会，请各级老龄委按照已下发的通知要求抓紧准备工作。

中国老龄协会《关于开展“敬老好儿女金榜奖”、“老有所为奉献奖”、“重视老龄工作功勋奖”评选活动的通知》

（1997年4月25日）　【中老联字（1997）21号】

各省、自治区、直辖市民政厅(局)、劳动(劳动人事)厅(局),总工会、团委、妇联、老龄委(老龄协会):

大力表彰和鼓励有突出贡献的老年人,敬老养老绩显著的组织、家庭和个人,重视老龄工作的领导者,是一项很有意义的社会活动。1989年、1992年,我们举办了两届全国性的评选,受到江泽民、乔石、宋平、胡锦涛、宋任穷、邓颖超、聂荣臻、薄一波等党和国家领导人及老一辈革命家的肯定和支持,社会影响很好。多年来,不少省、市、自治区的地方和单位,一直坚持的评选活动,受到了广大人民群众和老年人的称赞。

为认真贯彻落实党的十四届六中全会《关于加强社会主义精神文明建设若干重要问题的决议》精神，大力提倡社会公德、职业道德和家庭美德，弘扬中华民族敬老养老的传统美德，促进社会主义精神文明建设，民政部、劳动部、全国总工会、共青团中央、全国妇联、中国老龄协会联合在全国范围内推出“敬老好儿女金榜奖、老有所为奉献奖、重视老龄工作功勋奖”社会性的“三奖”评选活动。

现将评选活动方案发给你们，望各地积极组织，认真开展评选工作。

附：“敬老好儿女金榜奖”、“老有所为奉献奖”、“重视老龄工作功勋奖”评选活动方案

附件：

“敬老好儿女金榜奖”、“老有所为奉献奖”、“重视老龄工作功勋奖”评选活动方案

（1997年4月25日）

为大力弘扬中华民族敬老养老的传统美德，增强社会敬老意识，鼓励广大老年人为社会主义四化建设继续奉献力量，表彰那些重视老龄工作，为老年人办实事办好事有远见的领导者；并旨在促进社会主义精神文明建设，贯彻落实《中华人民共和国老年人权益保障法》，在全社会树立尊重、关心、帮助老年人的良好社会风尚，民政部、劳动部、全国总工会、共青团中央、全国妇联、中国老龄协会联合举办“敬老好儿女金榜奖、老有所为奉献奖、重视老龄工作功勋奖”社会性的评选活动。

一、评选范围

（一）敬老好儿女金榜奖与老有所为奉献奖为模范个人的评选，必须是事迹突出，并产生一定社会影响，受到人民群众称赞的先进个人。

（二）重视老龄工作功勋奖的评选，原则上在各省、自治区、直辖市的厅（局）地（市），中央国家机关司（局），和解放军师及其以下的部门、企事业单位老龄工作领导者中进行，包括原省、部级干部退下来后担任老龄工作领导，有突出贡献的老同志。

二、评选条件

（一）敬老好儿女金榜奖应是，孝敬老人、家庭和睦、尊重理解帮助老年人，努力尽赡养义务，受到社会、邻里群众，尤其是老年人的一致好评，敬老养老事迹突出者。全国共评选1000名。

（二）老有所为奉献奖应是，有理想有追求，积极向上，自尊自律，不断学习不断创新，为发展老年

福利事业，为社会主义两个文明建设做出突出贡献的老年人。全国共评选1000名。

（三）重视老龄工作功勋奖应是，熟悉并掌握党和国家老龄工作方针政策并积极贯彻执行，重视支持老龄工作，切切实实为老年人办实事办好事，受到广大老年人和老龄工作者拥戴，政迹、事迹比较突出的老龄工作领导者。全国共评选600名。

三、实施计划

（一）成立评选指导委员会，评指委主任分别由主办单位的领导担任。评指委下设办公室承担评选的具体组织工作，办公室设在中国老龄协会宣传部。

（二）此次评选为社会性的评选活动，涉及部门比较多，各地可视具体情况采取一定组织协调形式指导评选活动的开展，各地老龄委（老龄协会）应承担组织协调与具体的评选工作。

（三）中央和国家机关“三奖”人物的评选，由各部门按要求直接向评选指导委员会办公室推荐。

（四）评选结果拟于1997年底公布。为扩大“三奖”活动的影响，宣传先进人物事迹，拟定在京举办“三奖”人物先进事迹报告会。

四、有关评选活动评指委的组成、工作安排、名额分配、上报时间等具体事宜将另行通知。

全国“三奖”评选指导委员会《关于全国“敬老好儿女金榜奖”、“老有所为奉献奖”、“重视老龄工作功勋奖”表彰决定》

（1999年2月7日） 【中老字（1999）2号】

为庆祝1999年国际老年人年，大力弘扬中华民族敬老养老的传统美德，增强全社会的敬老意识和养老意识，鼓励广大老年人积极参与社会发展，促进社会主义物质文明和精神文明建设，进一步推动老龄事业的发展，由民政部、全国总工会、共青团中央、全国妇联、中国老龄协会联合在全国开展了“敬老好儿女金榜奖、老有所为奉献奖、重视老龄工作功勋奖”评选活动，经过层层推荐评选，全国“三奖”评选指导委员会决定：

陈荔等935名个人和32个集体获得“敬老好儿女金榜奖”称号；

赵永镐等948名个人和59个集体获得“老有所为奉献奖”称号；

山东省济南市中级人民法院副院长王文福等599名同志获得“重视老龄工作功勋奖”称号。

特此表彰

全国老龄工作委员会办公室《关于各省（区、市）老龄工作委员会办公室负责人会议的情况报告》

（2001年6月28日） 【全国老工委办报（2001）14号】

岚清、司马义·艾买提同志：

6月12日至13日，全国老龄工作委员会办公室在陕西省西安市召开了各省（区、市）老龄工作委员会办公室负责人碰头会议。会议期间，各地汇报了贯彻《中共中央、国务院关于加强老龄工作的决定》（以下简称《决定》）和全国老龄工作会议精神的主要情况，传达学习了李岚清副总理在全国老龄工作委员会第三次全体会议上的重要讲话，研究明确了老龄工作委员会办公室（以下简称“老工办”）的主要职责和工作任务。现将会议情况报告如下：

一、各地贯彻中央《决定》和全国老龄工作会议精神的主要情况

会议期间，与会代表都提交了书面汇报材料，有9个省市的代表作了大会发言，其他省市的代表在分组讨论时作了情况交流。综合大家汇报的情况看，全国老龄工作会议以来，各地主要作了以下6个方面的工作：一是所有省、区、市都认真传达了中央《决定》和全国老龄工作会议精神，并结合各地实际制定了贯彻落实的措施，研究部署了老龄工作。二是全国除山西和新疆外，都按照中央要求建立了省级（含计划单列单位）老龄工作委员会和办事机构，绝大多数省市的办事机构设在了民政部门。尽管各地老工办的工作进展不太平衡，但都在积极地开展工作。三是大多数省市召开了省级老龄工作会议，明确了老龄工作的目标任务和工作重点。四是出台了一些政策措施和地方性法规，加大了办实事的力度。五是开展了为老年人办好事、办实事和丰富老年人精神文化生活为主要内容的社会活动。组织老年人深入开展了揭批“法轮功”邪教组织的斗争，收到了明显的社会效果。六是研究草拟了本地老龄事业发展“十五”计划。

这次会议起到了交流经验、互相学习、促进工作的作用。尤其是工作开展还不够有力的省市，通过交流看到了差距，受到了启发和教育，表示会后一定要结合当地实际，推广先进经验，缩小差距，把老龄工作扎扎实实地开展起来。

二、传达学习了李岚清副总理的重要讲话，统一了思想，提高了认识

这次会议认真传达学习了李岚清副总理在全国老龄工作委员会第三次全体会议上的重要讲话。大家一致认为，岚清副总理的重要讲话深刻阐述了加强老龄工作的重要性和紧迫性，指出了老龄工作要狠抓落实，工作重点要放到基层和社区；强调了老龄工作要讲政治，把同“法轮功”邪教组织的斗争作为重要政治任务来抓；提出了理顺老龄工作关系，健全工作机构的明确要求；明确要求各级老工办“要发挥好综合协调，督促检查和参谋助手作用”。大家一致认为，岚清副总理的讲话有高度，有力度，有深度，针对性很强，对深入开展老龄工作具有重要的指导意义。

大家表示，会后一定要认真贯彻落实岚清副总理的讲话精神，进一步提高对加强老龄工作的认识，切实抓紧理顺老龄工作体制，精心组织和安排好今年的工作，确保全国老龄工作委员会第三次全体会议精神和这次会议精神落到实处，促进老龄工作上一个新台阶。

三、明确了办公室应发挥的作用和今年的主要工作任务

这次会议认真研究讨论了老工办应发挥的作用和任务，统一了思想，提高了认识。会议认为，老工办既不同于党委、政府的职能部门，又不同于过去的老龄部门，其性质是高层老龄工作议事协调机构的具体办事机构。各级老工办要发挥好综合协调，督促检查和参谋助手作用，从工作思路、工作方式和工作作风上进行调整，努力实现“三个转变”，即在工作思路上，要从习惯于部门工作的局部思考问题，注重策划具体活动，转变到从老龄工作的全局思考问题，注重抓好带有全局性的大事，紧紧依靠各成员单位和社会各界的力量共同推动老龄事业发展上来；在工作方式上，要从事无巨细地直接操办，转变到进行宏观指导、综合协调、督促检查，总结经验和典型引路上来；在工作作风上，要从文山会海，浮在面上，流于形式，转变到重心下移，深入基层，调查研究，注重解决实际问题和讲求实效上来。

会议对老工办的任务进行了认真讨论。大家一致认为，做好老工办的工作，要善于协调各涉老部门相互配合，相互支持，形成合力，共同推进老龄工作；要加大督察督办力度，对有关老龄政策法规、党委政府和老龄工作委员会的工作部署、党政领导有关指示等要进行跟踪督察，确保上述工作落到实处；要牢固树立全局意识和服务意识，深入实际，调查研究，掌握了解实际情况，及时向领导报送高质量的调研报告、综合信息和意见建议，为老龄工作委员会的决策服务。

会议确定了老工办当前要抓好的三项工作：一是要抓好调查研究工作。今年要把贯彻实施《中华人民共和国老年人权益保障法》、维护老年人合法权益、城市社区老龄工作和老龄系统自身建设作为调研重点，深入基层，摸清情况，为老龄工作的深入开展提供决策依据。二是要抓好宣传和典型引路工作。今年要把中央《决定》和全国老龄工作会议精神、《中国老龄事业发展“十五”计划纲要》、组织老年人深入揭批“法轮功”邪教组织等作为重点内容，在宣传的广度和深度上下功夫，注重效果。要大力宣传老龄工作先进典型和模范人物，用典型引路的办法推进老龄工作。三是要抓好各地老龄事业发展计划的制定和实施工作。今年要下功夫拟定好本地老龄事业发展“十五”计划，督促有关部门纳入当地国民经济和社会发展中长期规划和年度计划。各级老工办要创造性地开展工作，积极探索推动实施计划的有效办法，加强督促检查，确保计划中的目标和任务落到实处。

这次会议还实事求是地分析了全国老龄工作中存在的一些问题：一是有些省级老龄工作体制虽然从形式上已基本理顺，但其内设机构、人员编制和工作经费还没有完全到位，办公条件简陋，工作还不能完全协调运转；二是部分地方老工办的工作思路尚未转变过来，仍习惯于沿用传统的思维定式思考问题，开展工作；三是干部队伍的年龄结构、知识结构、专业结构不尽合理。上述情况很不适应当前老龄工作的新形势和新任务，需要进一步研究解决。

总的看，代表们认为，这次会议是全国老龄工作会议以来召开的第一次老工办负责人会议，是一次鼓实劲、抓落实的会议。通过这次会议，大家统一了思想，提高了认识，明确了任务，增强了信心，对进一步贯彻落实中央《决定》、全国老龄工作会议和李岚清副总理在全国老龄工作委员会第三次全体会议上的讲话精神，促进老龄工作上台阶将产生积极作用，会议开得很成功。

民政部还利用这次会议，召集负责社会福利工作的民政厅局长，具体部署了“社区老年福利服务星光计划”，并要求各地老龄工作委员会办公室，积极配合民政部门落实“星光计划”。关于“社区老年福利服务星光计划”另报。

全国老龄工作委员会《关于尽快理顺和健全老龄工作机构的通知》

（2000 年 2 月 18 日）　　【全国老工委发（2000）1 号】

各省、自治区、直辖市人民政府：

国务院于 1999 年 10 月 20 日下发了《国务院关于成立全国老龄工作委员会的通知》（国发［1999］22 号）。李岚清同志在全国老龄工作委员会第 1 次全体会议上的讲话中，要求“各省、自治区、直辖市要根据国务院关于成立全国老龄工作委员会的通知精神，结合本地实际，尽快理顺和健全老龄工作机制”。

理顺和健全老龄工作机制，是认真贯彻落实江泽民总书记关于“加强老龄工作，发展老龄事业”的重要指示，加强老龄工作领导，开创老龄工作新局面的重要组织保证。目前，各地老龄工作机构尚未理顺。为此，请各省、自治区、直辖市人民政府按照国务院国发［1999］22 号通知精神和李岚清同志的讲话要求，抓紧理顺本地老龄工作机制，明确职能，尽快开展工作。地方老龄工作委员会及其办事机构可以参照全国老龄工作委员会方式设置。鉴于今年将召开全国老龄工作会议，为做好准备工作，请将你省（自治区、直辖市）老龄工作机构情况于 3 月底前报全国老龄工作委员会办公室。

中国老龄协会《关于“中国城乡老年人口状况一次性抽样调查”项目的总结报告》

（2002 年 12 月 23 日）　　【中老字（2002）20 号】

民政部：

我国自 2000 年开始进入人口老年型国家，60 岁及以上老年人口已经超过总人口的 10%。据预测，在未来的 50 年当中，老年人口的增长速度还将高于总人口的增长速度。到 2015 年，我国老年人口的绝对数量将超过 2 亿人，占总人口的比例将达到 14%。老年人口绝对数量和相对比重的持续增加，将对我国社会经济的持续发展带来越来越显著的影响。

为了准确反映我国人口老龄化的现状和趋势，提出解决老龄问题的政策性建议，由民政部申报，经国家统计局批准，2000 年 12 月全国老龄工作委员会办公室、中国老龄协会及其所属的中国老龄科研中心启动了“中国城乡老年人口状况一次性抽样调查”（以下简称“城乡调查”）。党中央、国务院对此非常重视，温家宝、司马义·艾买提、王忠禹等领导同志分别做了重要批示，国家财政首次拨了专款支持这项大型调查工作。

本次“城乡调查”涉及全国20个省、自治区、直辖市的160个县（市）、640个街道（乡）、2000个村（居委会），取得有效样本量为20255份。这次调查，遵循了量力而行、理论与实践相结合、规划与发展相结合、重点与全面相结合的原则，以老龄现实问题为主，以理论研究为辅，重点调查和反映中国老年人的生活状况，以及各地老龄工作中所取得的成绩和存在的问题。由于各级领导的重视，社会各界的紧密配合和各级政府、业务部门的大力支持，该项目得到严谨而科学的实施。目前，数据整理及初步分析工作已经结束，调查成果《中国城乡老年人口状况一次性抽样调查数据分析》待报批后即可出版发行。

该项调查，国家共拨款230万元，其中，拨给20个省、自治区、直辖市的入户调查费100万元（每省5万元），建立老龄协会数据库80万元，拨给实施单位中国老龄科研中心50万元。

现将本次调查的《主体报告》、“调查基本数据”及专家“评审意见”送上，请审阅。

附件：

“中国城乡老年人口状况一次性抽样调查”总报告

为全面反映老年人的生活状况，了解存在的问题，给制定老龄政策提供科学依据，根据国务院领导批示，全国老龄工作委员会办公室、中国老龄协会委托其所属的中国老龄科学研究中心从2000年下半年开始，承担并启动了由民政部申报的“中国城乡老年人口状况一次性抽样调查”项目。这是第一次由国家拨专款并以政府名义进行的全国性老年人口状况调查。调查得到各级政府、有关部门的高度重视和大力支持，获得了丰富的第一手资料。

本次调查涉及全国20个省、自治区、直辖市的160个市（县）、640个街道（乡）、2000个居委会（村）。调查时点为2000年12月1日，调查对象是抽样范围内城乡60岁及以上的老年人。调查问卷分城市问卷、农村问卷和城乡社区问卷。调查内容主要涉及老年人口的基本生活状况、经济供养、医疗保健、社区服务、精神文化生活、社会活动、老龄基层组织和工作等情况。调查采用分层配额系统随机抽样方法，共获得有效样本量20255份，其中城市10171份，农村10084份。获得社区问卷160份，其中城市80份，农村80份。

一、老年人的基本状况

本次调查显示：在我国社会主义经济体制改革的进程中，随着经济发展和社会进步，从总体上看，老年人的物质生活、精神生活及自身的素质都发生了显著变化，老年人在社会发展中得到了实惠，主要表现在：

1. 老年人的经济收入增加

近十几年，在国家经济实力增强的基础上，全国人民的生活迈入了小康阶段，老年人的生活水平也显著提高，经济收入大幅度增加。根据2000年调查，城市老年人的年平均收入达到8496元，较1992年的2053元增长了3.1倍；农村老年人达到2232元，较1992年的832元增长了1.7倍。

2. 老年人家庭生活条件改善

2000年，老年人的家庭生活设施较1992年有了显著增加。在城市，老年人家庭生活设施拥有率1992年达到50%的有自来水、电视机、电风扇和洗衣机等4种；2000年增加到8种，其中，自来水拥有率从1992年的92.0%增加到2000年的93.4%，电视机从88.2%增加到95.2%，电风扇从77.3%增加到78.3%，洗衣机从51.5%增加到70.6%。除了上述4种外，还增加了煤气、电话、电冰箱和室内厕所，煤气拥有率从49.9%上升到77.4%，电话从7.6%上升到71.1%，电冰箱从46.6%上升到65.9%，室内厕所从38.0%上升到68.9%。

在农村，老年人家庭生活设施拥有率达到50%的有电视机和电风扇2种。其中，电视机拥有率从1992年的47.4%上升到2000年的76.0%，电风扇从44.3%上升到52.1%。同时，自来水拥有率大幅度增长，从0.9%上升到39.2%。

城市老年人家庭平均拥有住房3.32间，户均住房面积达70.3平方米。90.5%的老年人有自己单独的住房。住房制度改革后，66.8%的城市老年人对自己的住房拥有所有权。农村老年人家庭平均住房

4.02间，户均住房面积达85.7平方米，90.3%的老年人有自己单独的住房。

3. 老年人口的文化素质有所提高

2000年，老年人的文盲率比1992年大幅度下降。城市老年人的文盲率从1992年的41.2%下降到28.4%，其中，男性的文盲率从19.5%下降到10.8%，女性从61.3%下降到46.7%；农村老年人的文盲率从74.4%下降到57.3%，其中，男性的文盲率从53.3%下降到37.3%，女性从93.4%下降到81.5%。在城市，小学程度的比例从26.8%提高到33.4%，初中程度从15.5%提高到17.4%，高中以上程度从16.5%提高到20.9%。在农村，小学程度从20.1%提高到35.7%，初中程度从4.4%提高到5.5%，高中以上程度从1.2%提高到1.5%。老年人口文化素质的提高在很大程度上是由于受教育程度较高的人群进入老年所致，同时，老年文化教育工作不断加强也是一个重要因素。

4. 老年文体活动比较丰富

物质生活得到基本满足后，老年人对精神生活有了更多的追求。老年人最多的闲暇活动是看电视，城市达到91.0%，农村为78.4%。其次是散步，城市为79.1%，农村为59.7%。第三为听广播，城市为48.7%，农村为40.2%。其他的闲暇活动老年人也积极参加，如打麻将、打牌、下棋、看电影、听戏、逛公园等。在城市，老年人读书看报的达到45.1%，种花养宠物的达到35.1%，做保健操的达到19.0%。经常或偶尔到老年活动室活动的老年人在城市为21.9%，农村为9.1%；到运动场所活动的老年人在城市为22.0%，农村为4.1%。近几年，城市老年人的闲暇生活还增加了新内容，如有8.8%的人外出旅游，1.2%的人学电脑。

5. 城市老年人积极参加社会公益活动

虽然大多数城市老年人已经退出了生产领域，但是，由于寿命延长及健康状况的改善，许多老人依然积极参与社会公益活动，为所在社区提供力所能及的服务。城市中23.8%的人从事过义务劳动，12.5%的人参加过治安活动，10.6%的人参加过对青少年的教育活动，7.3%的人参加过志愿者组织，7.7%的人参加过互助组织。由此表明，他们仍然是一支不可忽视的社会力量。

6. 社会救助缓解了特殊群体的经济压力

部分老年人的生活困难引起社会越来越多的关注，对老年人的经济救助力度不断加大。老年人中得到政府和集体救助的，在城市为4.8%，农村为10.4%。无退休金、健康状况差、独居、高龄、无子女的老人得到的社会救助相对更多一些。在城市，80岁以上老年人获得高龄老人补贴的达到4.2%；获得特困老人补贴的达到1.3%。经济帮助大大缓解了这些弱势群体的经济压力，为他们维持基本生活提供了有力支持。

7. 老年人享受到多方面优待

随着经济水平的提高，各级政府针对老年人的特殊需要在教育、交通、娱乐场所及其他公共设施等方面，向老年人提供不同形式的优待。如在城市，43.3%的老年人已经获得《老年人优待证》，在高龄老人中，这一比例达到60.2%。这不仅弘扬了中华民族尊老敬老的传统美德，而且也进一步促进了社会主义精神文明建设，体现了党和政府对老年人的关怀。

8. 老年人得到许多服务

随着老龄事业的发展，老年活动场地和设施不断增加，方便了老年人的文体活动。老年人居住区附近有老年活动室的，城市达到52.3%，农村达到20.6%；有运动场地的，城市达到41.8%，农村为14.4%；有老年大学的，城市达到22.1%，农村为5.1%。

社区为老服务的发展，方便了老年人的日常生活。目前，社区服务网络已初具规模。城市老年人居住的社区中有“上门看病”服务的达到43.4%，“上门做家务”的达到40.8%，“上门护理”服务达到33.8%。在所调查的城市，建立了社区服务中心的达到85.0%，建立了日间托老所的达到38.8%。在农村，有“上门看病”服务的占64.9%。

各级组织积极开展为老年人“送温暖”活动，经常深入老年人家庭看望、慰问。在城市老年人中，单位派人来看望过的占28.9%，街道看望过的占22.9%。在农村老年人中，村里派人来看望过的占20.1%。

老年人的合法权益受到广泛关注。2000年，绝大多数基层老龄工作机构都开展了《老年人权益保障法》的普法宣传工作，在所调查的城市已达到93.8%，农村达到96.3%，对保护老年人的合法权益起到了积极作用。

9. 老年人对现实生活状况基本满意

多数老年人认为自己的经济状况“够用有余”或“大致够用”，其中，城市达到78.4%，农村达到61.0%。城市老年人中，69.1%的人认为“与以前的老职工相比，经济上有了保障”。农村老年人中，83.6%的人认为“与过去的老年人相比，生活水平提高”了。在医疗保健服务方面，从总体上看，老年人感到看病就医还比较方便，在城市为78.5%，在农村为74.4%。绝大多数老年人有良好的家庭关系，认为家庭和睦的，在城市达到98.6%，农村达到94.8%；认为子女孝顺的，城市达到79.0%，农村达到73.2%：老年人对自己的生活状况表示满意或还可以的，城市达到89.9%，农村达到88.5%。

二、调查中发现的主要问题

（一）城市社会养老保障制度还不够完善

1. 城市还有一些老年人不能享受离退休金

对于老年人来说，退休金是一个基本的、稳定的收入来源。但是，养老保障制度尚未覆盖所有的老年人。城市老年人中，离退休人员占72.2%；仍在工作的人占0.8%；从未工作和其他人占26.9%，这部分老年人不能享受退休金，他们基本上依靠家庭养老。女性和高龄老人问题尤为突出。男性不能享受退休金的比例为10.8%，女性高达43.9%；60～79岁低龄老人不能享受退休金的比例为25.0%，80岁以上高龄老人达到50.6%。

2. 参加商业养老保险者少、没有养老储蓄者多

商业养老保险近几年才刚刚发展起来，城市有商业养老保险收入的老年人仅为3.2%，对老年人经济生活的作用微乎其微。由于低收入和多子女，老年人过去长期处于基本温饱状态，大多是收支相抵，所剩无几，所以很少有剩余钱储蓄。城市老年人中，仅有25.8%的人为养老进行了储蓄，他们中50.0%的人认为这笔钱不够养老所需，其中，男性老人认为不够养老的为45.2%，女性老人为57.5%。

3. 普遍担心今后的养老问题

退休金水平普遍偏低，其他收入来源又很有限，因此，在有退休金的老年人中，40.3%的人担心退休金养不了自己，其中，国营企业的退休人员有这种担心的占45.0%，集体企业退休人员的担心比例达到47.0%。在未就业的老年人中，无退休金或无社会保险金的老年人对自己的晚年生活最无安全感，担心“没有生活费来源”的比例达到52.7%。

（二）农村养老问题突出

1. 农村老龄化程度高

我国老年人口中2/3居住在农村，农民的养老问题始终是老龄工作的首要问题。在现代化过程中，随着农业劳动生产率的提高，农村青壮年劳动力陆续流入城镇，造成农村人口老龄化程度高于城镇。根据2000年人口普查，我国60岁以上老年人口占总人口的比例，城镇为9.68%，农村达到10.92%。农村人口老龄化的提高，使农民的养老问题越来越突出。

2. 土地不足以养老

长期以来，土地是农村老年人赖以生存的基础。他们在土地上从事生产劳动，直到丧失劳动能力为止。如今，农村老年人从土地中获得的经济收入发生了巨大的变化。据调查，我国农村老年人的人均占地为1.97亩，扣除农业生产性支出后，当年从土地中获得的年人均纯收入为433元，仅占农村老年人全年总收入的19.4%。显而易见，农村的老年人已经不能完全依靠土地来保障自己的晚年生活。事实上，农村老年人必须尽可能通过自己的劳动来获得晚年的经济收入，只有在年老体弱时，才依靠子女和其他家庭成员的赡养。

3. 社会保障制度基本没有建立

在农村，除了极少部分经济发达地区，绝大多数地区尚未建立起社会保障制度。根据本次调查，农村享受退休金的老年人只占5.5%，有乡镇企业养老补贴的仅为0.4%。因此，有48.8%的老年人在继续从事生产劳动。80岁以上的老年人中，仍在劳动的达16.3%。许多老人是为了生计而不得不继续劳动。由于缺乏养老保险和医疗保险，农村老年人的物质生活与城市形成巨大反差。他们的消费水平低，生活贫困者也多。在城市化过程中，在农村尽早建立行之有效的社会保障制度，是政府必须尽快解决的重大政策问题。

4. 传统的家庭养老面临挑战

目前我国的养老方式仍然以家庭养老为主。城市中，获得子女的经济支持的老年人为38.0%，而农村老年人达到64.3%。但是，子女作为主要赡养人的作用正在发生改变。市场经济的发展对尊老、养老的传统带来冲击，青年人孝敬、赡养、照料老人的观念不断淡化，虐待老人的现象时有发生。家庭对老年人提供最基本生活保障的传统作用正在削弱，农村社会保障制度又未建立，一旦子女不承担养老责任，农村老年人的生活将陷入困境。许多老年人对自己的生活来源表示了担忧，老年人中认为自己的经济没有保障的，农村达 到45.3%，城市为26.3%。在解决养老问题、保障基本生活方面，农村比城市更为紧迫。

（三）贫困问题亟待解决

1. 群体内部贫富悬殊

由于社会转型、城乡差异、所有制差异、体制改革以及文化、历史等诸多原因，在老年人口内部，城乡之间、离休和退休之间、性别之间、所有制之间、有无社会保障的老年人之间收入水平存在很大的差异。突出表现在：

（1）城市老年人人均月收人为708元，农村为186元。

（2）城市离退休老人的月平均水平为904元，而从未工作的老人月平均水平仅为174元。

（3）离休金月平均水平为1176元，退休金为618元。

（4）男性老人的月平均离退休金为724元，女性为527元。

（5）党政机关的月平均离退休金为1010元，事业单位为936元，国有企业为610元，集体企业只有387元。

老年人口不同群体之间在消费水平上的差异也很显著。城市老年人的月平均支出为727元，农村老年人只有190元。

2. 疾病是贫困的重要原因

老年贫困是由多种因素造成的，除了地区差别、体制转型及家庭因素的影响外，生病是导致贫困的一个重要原因。调查发现：在消费水平低于最低生活保障线之下的老年人中，健康状况差的人较多，在城市为30.2%，在农村为34.7%；而在最低生活保障线以上的老年人中，健康状况差的比例，在城市为20.8%，在农村为25.3%。

健康状况与经济状况的关系从另一个角度反映了疾病对贫困的影响。健康状况差的老年人反映经济困难的人较多，在城市为37.0%，在农村为58.0%；而其他人反映经济困难的，在城市为17.2%，在农村为31.9%。

一年内健康变差的老年人反映经济困难的比例也较高，在城市达29.5%，在农村，达到49.0%；其他人反映经济困难的比例，在城市只有16.2%，在农村为28.6%。

健康状况差的老年人欠债的比例也较高，在城市为15.1%，在农村为26.6%；而健康状况好或一般的欠债比例，在城市只占10.7%，在农村为17.4%。

3. 子女下岗加重了老年人的生活负担

家庭仍是老年人经济上的重要依托。家庭成员的支持量占老年人人均收入的比重，在城市为17.9%，在农村达到30.9%。农村女性老人在经济上对家庭的依赖更强，家庭的支持量占收入的35.4%。

一般来讲，子女是老年人经济发生困难时首选的依靠对象。但调查发现，在城市，子女经济状况有些困难的老年人占39.1%，经济十分困难的占13.7%。子女的经济状况影响到老年人的经济供养水平，有的甚至还需要老年人倒贴。55.0%的城市老年人家中有下岗子女。在城市有子女的老年人中，71.5%的人担心子女下岗。

(四) 医疗保障水平不高，社会服务不能满足需求

1. 医疗保障水平低，家庭负担重

随着年龄的增加，老年人的身体健康状况不断恶化，发病率上升，他们对医疗的需求越来越高，但是，他们的支付能力低，可利用的医疗卫生资源极为有限，城乡差异显著。享受公费医疗的老年人在城市为60.8%，农村仅为3.0%。医疗保障水平的差异导致城乡老年人医疗费用支出相差悬殊，城市老年人的医疗支出年平均为1664元，而农村老年人仅为422元，只是城市的1/4。由于缺乏医疗保障，老年人不得不依赖于家庭，在老年人的医疗费支出中由老人的子女或亲属负担的，城市为15.7%，农村为47.4%。

2. 治病就医是老年人最担心的问题

在城市，医药费拖欠现象较为突出。在享受医疗保障的老年人中，39.6%的人存在医药费拖欠问题，他们手中人均未报销的医药费达893元。国有企业的老年人医药费拖欠的比例达到41.5%；集体企业拖欠的金额最高，尚未报销的医药费人均为1040元。除了医疗保障水平低、医药费拖欠外，医疗费上涨快也在影响着老年人看病就医。就医看病的费用增长较快，老年人普遍对看病就医忧心忡忡。许多人担心生病没钱治病，在城市有这种担心的比例为57.0%，农村为50.2%。老年人普遍反映："什么都不怕，就怕生病。"

3. 家庭照料功能在减弱

在现代化过程中，家庭日趋小型化，老年人的家庭生活照料问题日渐突出。2000年我国平均每个家庭户的人口为3.44人，比1990年人口普查时的3.96人减少了0.52人。家庭结构小型化的同时，代际分离趋势也在增强。根据本次调查，老年夫妇以及老年人独自居住的比例，在城市为37.3%，农村为32.9%。其中，独居的老年人，在城市为6.6%，农村为7.6%；女性老人独居的在城市达到13.6%，农村达到11.8%；高龄老人独居的在城市达到18.9%，农村达到13.9%。

在我国，子女对于老年人的晚年生活具有非常重要的意义。被调查的老年人中无子女的人，城市为1.0%，农村为2.0%；低龄老人的比例为1.5%，高龄老人的比例为2.1%。无子女老人较其他老人会遇到更多的生活困难。不少老年人担心自己生病时无人照料，其中，城市为40.8%，农村为38.8%。独居老人担心生病无人照料的比例在城市为50.4%，在农村为48.3%。无子女老人的照料问题最突出，担心无人照料的比例在城市达到68.9%，在农村达到69.4%。

68.4%的城市老人和69.3%的农村老人同意"久病床前无孝子"的说法，从一个侧面反映出家庭传统的功能已不再能够完全保障老年人的生活照料需要了。

4. 社会化服务与老年人的需求有很大差距

目前，城市10.1%、农村10.8%的人反映看病不方便。城市老年人所在社区能提供"帮助日常购物"的比例为10.5%；有"老年饭桌或送饭"服务的为8.7%。农村的社区服务几乎处于空白，有"上门护理"的社区仅为4.4%；"上门做家务"仅为4.1%。

调查表明，老年人愿意住养老院、福利院、老年公寓等养老机构的比例不高，城市为19.9%，农村为15.5%。家庭成员、尤其是子女依然是老年人的主要照料者。对于需要照料的老年人来说，城市老年人有62.9%主要由子女或孙子女照料，农村这一比例达到80.2%。在城市，由保姆照料的占15.5%，由居委会或养老机构提供照料的仅占0.2%。

（五）精神文化生活与思想政治工作需要加强

1. 活动场所有限，设施短缺，文体活动参与率低

调查显示，在城市，老年人生活的社区内没有老年人活动室的占47.7%，没有运动场所的占58.2%，没有老年大学的占77.9%；在农村，没有老年人活动室的占79.4%，没有运动场所的占85.6%，没有老年大学的占94.9%。老年活动场所不仅十分有限，而且分布不均衡，设施短缺，利用率不高。

从总体看，老年人的兴趣爱好少，文体娱乐活动的参与率低，城乡差别大。在调查的16项文体活动中，老年人经常参加的比例不足半数的高达14项。对于需要文化、技术、经济条件的活动，如打太极拳、打球、书画、唱歌跳舞、旅游、集邮收藏、学电脑等活动，城乡老年人的参与率均不足10.0%。农村读书看报的比例只有10.0%，做保健操的比例只有1.8%。参加老年大学的，城市仅为1.6%，农村仅为0.2%。

2. 有参加社会活动的积极性，但需要加以组织和引导

我国目前多数老年人还属于低龄老人，他们的健康状况尚好，可以也愿意参加社会活动和服务。根据调查，表示愿意给生活有困难的老年人提供至少一种服务的，在城市为61.4%，在农村为81.3%；愿意代表老年人向上级反映困难的，在城市为50.4%，在农村为52.9%；愿意组织老年人开展娱乐活动的，在城市为30.8%，在农村为37.8%。动员、组织和引导老年人参与社会发展，进一步发掘老年人的潜力，成为新时期老龄工作的一项新任务。

3. 缺乏精神慰藉

转型时期社会、经济和文化的变迁，家庭的变化，不仅对老年人的物质生活产生影响，而且给老年人的心理健康也带来冲击。城市有5.9%的老年人感到不幸福，农村则高达10.2%。另外，城市有24.2%的老年人经常感到孤独，在农村则达到35.1%。在独居的老年人中经常感到孤独的比例在城市为43.8%，在农村为55.0%。由于缺少诉说对象，无配偶的老人有孤独感的比例，城市达到37.9%，农村达到45.8%。而有配偶老年人中有孤独感的比例较低，在城市为18.2%，在农村为27.8%。由此表明，老年人的精神卫生和精神慰藉需要引起足够的重视，社会和家庭应给予老年人更多的关怀。

4. 担心子女不孝顺

在以家庭养老为主的文化中，子女对老年人的态度直接影响到老年人晚年生活的经济保障与精神慰藉。从总体看，大多数子女是孝敬父母的，老年人对子女持肯定的态度，但仍有一小部分老人反映子女不孝顺，其中，城市为1.2%，农村为1.9%。还有一些老人担心子女不孝，其中，城市为29.7%，农村为33.8%。老年人对子女孝心的担心，从侧面反映了家庭养老中潜在的问题，也表明普遍提高成年子女敬老、养老意识这一工作的重要性和迫切性。

5. 部分老年人在宗教活动中寻求精神寄托

调查发现，精神需求难以得到充分满足，许多老年人在宗教活动中寻求精神寄托。老年群体中信仰宗教的人在城市达到15.7%，在农村达到15.4%。男性老年人中，信教的在城市为8.9%，在农村为12.3%。女性老年人中，信教的在城市为22.8%，在农村为19.2%。甚至在老年中共党员中，也有小部分人信教，城市为4.2%，农村为9.5%，无配偶和独居老人在心理上最没有精神寄托，因此参加宗教活动中的人也最多。城市无配偶老年妇女信教的人达25.8%，独居者中信教的人达到22.3%。关心老年人，尤其是老年妇女，加强老年人的文化工作和思想政治工作，已经成为目前老龄工作的一项紧迫任务。

（六）基层老龄机构的管理和服务工作薄弱

老年人协会是重要的基层老年群众组织。本次调查显示，老年人参加老年人协会活动的比例不高，偶尔参加或经常参加老年人协会活动的城市老年人仅有15.3%，农村仅有14.0%。老年人协会在农村老龄工作中发挥着非常积极的作用，然而长期以来却得不到承认，迄今为止尚不具有社团登记的条件，相关部门也很难依法对其进行管理。

在城市，老年人所在街道有维权小组的仅为15.0%，农村更少，老年人所在行政村有维权小组的仅为8.3%，很难满足老年人的需要。

我国的基层老龄工作建设还比较薄弱。在城市，每万名老年人口中有专（兼）职老龄工作人员仅1.4人，在农村，专职老龄工作人员更少。老龄工作机构的建设需要进一步加强，组织机构的作用亟待发挥。

三、对策建议

老年人问题是重大的社会问题。从本次调查的情况看，有些问题日益突出，有些问题初见端倪。按照社会经济协调发展和未雨绸缪的原则，我们对此应该引起高度的重视。自1999年全国老龄工作委员会成立后，中央在老龄工作上提出的一系列方针、政策和应对措施正在逐步贯彻，应继续狠抓落实。在此基础上，根据这次调查反映的问题，结合贯彻十六大精神，课题组提出如下建议：

（一）高度重视贫困老年人的救助工作

1. 政府应进一步加大对贫困老年人救助的投入，凡有条件的地方应加快建立针对老年人特殊困难的专项救助经费，并形成制度。在农村贯彻落实好中共中央、国务院最近颁布的《关于进一步加强农村卫生工作的决定》，积极组织引导农民参加以大病统筹为主的新型农村合作医疗制度，重点解决农民因患传染

病、地方病等大病而出现的因病致贫、返贫问题。

2. 建立和推行依靠社会各阶层和社会力量认助、认养、认捐特困老年人的制度，逐步建立起政府和民间相结合的特困老年人救助体系。建议各级老龄工作委员会办公室把动员社会力量、救助贫困老年人的工作作为一项重要职责，充分发挥组织协调和推动作用。同时，要加强对各地老年基金会的指导，发挥民间团体的积极作用，采用多种形式，利用多种渠道，筹集更多的救济资金。

3. 建立鼓励社会力量救助的激励机制。对在贫困老年人救助工作中做出突出成绩和贡献的先进集体和个人，要注意培养典型，及时总结和推广他们的经验，宣传他们的先进事迹，定期开展表彰活动。

（二）重视农村养老问题

1. 贯彻落实十六大报告提出的“有条件的地方，探索建立农村养老、医疗保险和最低生活保障制度”的精神，积极推进农村养老保障制度的建立。鼓励农民购买商业保险和人寿保险，有条件的经济发达地区应积极建立和发展农村社会养老保险。

2. 在税费改革中减免农村老年人的纳税负担。建议推广山东省在税费改革中对 70 岁以上老年人“免征新增农业税及附加”，“不承担村级公益事业出资业务”，“免交乡村公益事业金”，老年人“不承担筹劳任务”，“凡改革前不承担‘三提五统’的，改革后也不缴纳乡村公益事业金”。从政策上体现对老年人的关爱。

3. 在大力发展村级集体经济的基础上，建立村级或乡级老龄事业发展专项基金或养老基金，用于老年福利设施建设和特困老年人的救助以及老年人的养老补贴。改善农村敬老院的条件，逐步将单一的敬老院改造成为集居住、学习、健身、娱乐为一体的多功能的老年福利服务中心。

4. 巩固家庭养老基础。通过签订赡养协议书等形式，强化家庭养老的功能。同时，制定相关的监督机制和制约措施，切实保障老年人受赡养的权利。

5. 加强对农村老龄问题的研究。对农村老龄工作中一些事关发展稳定的突出问题，国家应组织进行专题调查研究，提出相应的政策和措施。在进行试点的基础上，总结经验，及时推广。

（三）进一步完善城市养老保障制度

1. 加快立法进程。在完善城市职工基本养老保险制度、基本医疗保险制度和城市居民最低生活保障制度的基础上，国家应加快制定相关的法律、法规，扩大保险覆盖面，加大资金征缴力度，使上述新制度不断巩固和完善。

2. 在巩固现行养老保险制度的基础上，应采取措施推动补充养老保险的建立与完善，适当降低退休金的替代率，切实保证老年人养老金的增长与社会发展同步。

3. 社会养老保障与自我保障相结合。提倡个人养老储蓄，从年轻时就树立起自我养老意识，为自己今后的养老做好经济和物质上的储备。

（四）继续加强对老年人的医疗和照料服务

1. 实行政府调控与市场配置卫生资源相接合，推进城市卫生资源配置结构的战略性调整，加快部分卫生资源向社区的转移，逐步完善医院和社区卫生服务机构的资源配置比例，增强社区老年卫生服务供给能力。

2. 在卫生资源缺乏，且没有社会力量举办社区卫生服务的地方，当地人民政府有责任按区域卫生规划及配备标准进行卫生资源调整，举办或委托举办社区老年卫生服务机构。

3. 把促进人群健康作为一项系统工程。从人们的日常生活方式和行为方式人手，进行健康教育和健康干预。推进各项有益老年期健康的文体活动，发展适合老年人特点的体育运动项目。关注老年人心理健康，帮助老年人增强自我心理调适能力。

4. 建立社区照料服务网络。发展“为老服务”事业，增加服务照料内容，尽可能地满足老年人对设施、产品和服务的需求。加强对社区内离退休人员的管理。各单位的老年服务设施应面向社会，提高使用率，尽可能地向所有老年人开放。

5. 要重视高龄老年人的照料、护理问题，现在应着手研究、建立高龄老人的照料保险。加强老年医学基础研究，高等医学院校应设置老年医学和老年护理专业。

（五）重视老年精神文化生活，加强思想政治工作

1. 以“星光计划”为契机，增加老年文化体育设施。经常组织开展老年人喜闻乐见的集体活动。充分利用电视和广播媒介办好老年节目。

2. 积极发展老年大学（学校）。根据老年人的特点，有针对性地搞好老年教育。国家要切实增加对老年教育的投人，实现在 2010 年前建成我国终生教育体系。

3. 寻找适合老年人思想教育的新形式、新方法。探索在新形势下开展老年人思想政治工作的新途径。福建省在做老年思想政治工作中运用“寓教于学、寓教于助、寓教于乐、寓教于管”的新形式，采用经常组织老年人学习理论，坚持正面教育，认真研究、解决老年人的实际困难，建立老年党支部，加强对老年党员管理等办法，将思想教育工作搞得有声有色。建议推广其经验，把工作做深做细。

4. 大力倡导“敬老、养老、助老”的传统美德。贯彻《公民道德建设实施纲要》，大力倡导敬老道德规范，将敬老道德教育纳入中小学教育计划，写进教

材；动员和组织广大青年和社会公众加入到为老年人服务的志愿者行列；宣传先进典型，树立敬老、养老、助老的良好社会风尚。

5. 积极引导老年人参与社会发展。高度重视老年人在社会发展和社会稳定中的积极作用，根据社会需要和自愿量力的原则，鼓励老年人参与社会和经济发展的活动；积极推动近期由全国老龄工作委员会办公室组织的“银龄行动”，组织和倡导东部相对发达地区的老年知识分子对口支援西部大开发的建设，引导老年人为实现全面建设小康社会的目标发挥积极作用。

（六）大力加强基层老龄工作

1. 加强老龄工作机构，配足专职干部，适当增加经费投入，保证老龄工作的正常进行。老龄工作重点在基层，基层老龄工作机构一定要加强。县一级很关键，老龄工作机构一定要配强配好。街道办事处应配备1～2名专职老龄工作人员，行使政府职能，对老龄事业和老龄工作进行规划、指导和管理。老龄事业的经费应建立按老年人口数量确定经费的机制。加强对老龄工作人员的培训，提高他们的管理和服务水平。

2. 增加《老年法》的执法力度。国家应进一步明确各级老龄机构在贯彻执行《老年法》中的职责，充分发挥各级老龄办在贯彻实施《老年法》中的督促、检查和协调作用。

3. 充分发挥老年群众组织的作用。支持老年人自愿建立文化学习、娱乐、健身、互助服务和调解等组织，在社区党支部、居委会和社区老龄工作委员会的指导下，开展形式多样的老年群众活动。老年人协会在老龄工作中发挥着不可替代的作用，有关部门应加强研究，尽快制定相应的政策，规范行为，加强管理，进一步发挥具在老龄事业中的积极作用。

4. 开展敬老模范单位和个人评比表彰活动，逐步建立制度化的奖励机制，调动各方面支持参与老龄工作的积极性。

三、老龄工作机构领导同志的重要讲话

于光汉同志在首都新闻界人士招待会上的讲话

（1984 年 4 月 19 日）

同志们：

今天，我们邀请首都新闻界人士，在人民大会堂举行招待会，中国老龄问题全国委员会名誉主任聂荣臻同志，因身体欠佳，不能到会，特意要我转达他向到会同志们的问候，“向同志们问好”！我在这里代表老委会的全体同志向出席今天招待会的同志们问好，并表示衷心感谢。

这次招待会的重要内容：一是向各位郑重宣布一件重要消息，就是从今年 1 月我们聘请中共中央政治局委员聂荣臻同志担任老龄委员会名誉主任之后，我们又聘请了 25 位德高望重的老同志担任老龄委员会的顾问；二是向各位简单介绍一下，从 1982 年老龄工作机构成立以来，我国老龄工作的进展概况，并就如何加强对老龄工作的宣传问题向各位请教。

为了进一步加强并体现党和政府对老龄工作的领导和关怀，逐步实现和落实聂荣臻同志提出的：“我们必须把老龄问题提高到战略高度，加强领导，统筹规划，综合治理”的指示精神，我们特聘请中共中央政治局委员聂荣臻同志担任中国老龄问题全国委员会名誉主任，今年 2 月，新华社、广播、电视台和首都各大报纸均已向国内外宣布过了。现在，我们又聘请了一些老同志担任中国老龄问题全国委员会的顾问，他们是：余秋里、宋任穷、王首道、肖克、段君毅、程子华、胡厥文、朱学范、胡愈之、康克清、庄希泉、费孝通、孔原、肖华、赵守一、刘建章、顾大椿、钱信忠、荣高棠、高登榜、黄镇、杨绍曾、连贯、薛暮桥、彭友今等 25 位。这些革命的老前辈，对我国老年事业所给予的巨大支持和指导，必将产生重大影响。为些，我仅以无比喜悦和感激的心情向首都新闻界并通过你们向全国宣布这一重大喜讯。

中国老龄问题全国委员会成立以来，由于党和政府的关怀、重视，各有关部委和各省、自治区、直辖市领导的共同努力，依靠社会各方面（包括离、退休老干部）的大力支持，作了不少工作，取得了可喜的成绩。天津、上海、河北、黑龙江、内蒙、广东等省、自治区、直辖市已成立了老龄问题委员会常设机构。北京、福建、河南等省市正在积极筹建中。许多省、自治区、直辖市、中央、国务院各部委和各民主党派、社会团体，对妥善安排老年人的生活，发挥老年人余热，成立了一些组织，最早的有铁道部老战士协会、中华医学学会、老战士诗文集编委会、老战士合唱团、广东岭海颐老会、上海老年人问题研究会、北京市离退休科技工作者协会、天津退休工程师协会等；1983 年以来，这种群众性组织，愈来愈多，仅就首都来说，如中国老年体育协会、中国老年文物研究会、中国老年书画研究会等。现在正在筹建的还有：中国老年教育协会、保建协会以及老年学会等。同时还筹建了许多老年人活动场所。在加强老龄问题的宣传方面，报纸、电台、新闻、出版等部门都作了不少工作，出版了一些老年书刊和报纸。省市出版的有：《长寿》、《老人》、《退休生活》、《老同志之友》、《老年文摘》、《老人天地》、《老年保健顾问》等。老龄委员会出版了《中国老年》；中组部老干部局和卫生部门还组织了老年保健讲座；山东、广东、黑龙江还成立了老年人大学，有的省市成立了老年人的读书会。对丰富老年人生活和两个文明建设都起了很好作用。此外，中国老龄问题全国委员会还正在筹建中国老年基金会、中国老年活动中心、中国老年实业总公司和中国老年报等。国际交往活动也日益增多。今年下半年由联合国资助将派代表团去日本考察，明年将同美国老龄学会联合发起在北京召开国际性老龄问题学术讨论会。所有这些活动，使老龄工作开始呈现出一派新景象，初步打开了新的局面。

老龄问题是当今世界上普遍存在的重大社会问题。我国 60 岁以上的老年人，1980 年为 8000 万人，占总人口的 8%，预计到 2000 年将增加到 1.3 亿人，占总人口的 11%，到 2025 年将为 2.8 亿人，占总人口的 20%。这种人口年龄结构老化的发展趋势，必将对我国经济、政治和社会发展产生重大影响。因此，聂荣臻同志明确指出：要“在党和政府统一领导下，进行广泛的宣传，让大家充分认识到老龄问题的重要性和迫切性。发动全社会都来关心研究解决有关老年人的问题。”“对人口日趋老化对我国社会、经济、政治带来的一系列深刻影响及早规划，组织协调，综合治理。”

为了进一步加强对老龄问题的广泛宣传，促进全社会充分认识老龄问题的重要性和迫切性并能积极行动起来，研究解决有关老年人的问题，树立敬老爱老养老的社会主义新风尚，促进两个文明的建设，离开报纸、通讯社、电台、出版等部门的同志们采用各种方式，大力支持，开展宣传活动是不可能实现的。因此，我们恳切要求新闻界的同志们担负起这个光荣的宣传任务，加强对老龄问题的宣传，使全社会都来关心老年人事业。报纸、电台等是党和政府的耳目喉舌，也是人民的耳目喉舌，天天和亿万人民打交道。老龄问题要做到家喻户晓，要依靠新闻界同志们的共同努力。我们要进一步宣传人口年龄结构日益老化的发展趋势及其影响，说明老龄工作的重要性和迫切性；宣传敬老、爱老、养老的中华民族传统美德，必须努力发扬，并予以法律保护；宣传老人是社会的宝贵财富，是我们四化建设中不可低估的智力资源和建设社会主义祖国不可缺少的一支智力大军；宣传“老有所养、老有所医、老有所学、老有所为”的各种先进事例。通过广泛、深入、系统的宣传，促进全社会都来关心研究解决有关老年人的问题。使老年人更加幸福地安度和欢度他们的晚年。

我国老年人越来越多，现在和将来都占世界的首位，如何动员和组织各方面力量、办好老年人事业，关心老年人，妥善安排，适当发挥他们的作用，这是当代老年人的迫切愿望和时代要求。我们应当努力，克服一切困难，千方百计把老年人事业办得更好，努力开创老龄工作新局面。

我真诚地希望今天到会的同志们，畅所欲言，各抒己见，献计献策，对如何加强老龄问题的宣传以及对老龄委员会的工作，提出宝贵的意见和建议。谢谢！

于光汉同志在全国政协会议上关于老龄问题的发言

（1984 年 3 月）

我完全赞成邓颖超主席、胡子昂、肖华副主席的报告，完全赞成赵紫阳总理的政府工作报告和宋平、王丙乾的报告。我想就中国老龄问题发表一点意见，供参考。

一、老龄问题是当今世界上普遍存在和关注的一个重大社会问题

老龄问题，就是老年人本身的问题和人口年龄结构老化的问题。1980 年联大三十五届 129 号决议，把老年人问题改名为“老龄问题”。老龄问题的含义：一是保障老年人正当的合法权益，联合国称之为人道主义方面的问题；二是关于人口结构逐步老化对经济和社会发展所产生的一系列影响以及如何发挥老年人作用的问题，联合国称之为发展方面的问题。联合国对老龄问题是十分重视的，1982 年 7 月在维也纳召开了老龄问题世界大会并制定了国际老龄问题行动计划。我国曾派代表团出席了这次大会。

联合国规定，年龄在 60 岁及 60 岁以上的人，称为老年人。全世界 60 岁及 60 岁以上的老年人：1950 年为 2.1 亿人，1975 年为 3.5 亿人。预测到 2000 年为 5.9 亿人，2025 年为 11.2 亿人。在此期间，世界总人口将由 25 亿增加到 82 亿，增长 3 倍多：而老年人口将由 2.1 亿人，增加到 11.2 亿人，增长 5 倍多。由于老年人口增长速度大大快于总人口增长的速度，这样老年人在总人口中所占的比重将由 8.5%，上升为 13.7%。

我国 60 岁及 60 岁以上的老年人：1980 年为 8000 万人，占总人口的 8%，预测到 2000 年将为 1.3 亿人，超过总人口的 11%，到 2025 年将增长到 2.8 亿人，占总人口的 20%。现在和将来我国的老年人数都比世界各国的多。在这段期间，我国人口总数将增长 40%，而老年人将增长 250%。这种人口结构老化的发展趋势，现已对我国经济和社会发展产生了一系列影响，并将日趋严重。

联合国规定，60 岁以上的老年人占总人口的 10%以上，称为老年型国家（或地区）。据调查，北京、天津、江苏、浙江、山东、河北、河南、广东 60 岁以上的老人均占该省、市总人口的 8%以上，已接近了老年型地区；上海市 1982 年全市 60 岁以上的老年人为1393000人，占全市总人口的11.75%，已进入老年型地区的行列。

我国老年人绝大多数居住在农村，居住在城市的约1000多万人。现在离休老干部约83万人，退休人员中60岁以上的1/3，约400万人。这些离退休人员有许多是老革命家和具有各种学识、技术专长的学者专家、或是工农业生产能手和管理人员；其中约有70%的人身体还好，且多自愿在力所能及的条件上为社会主义建设继续作贡献。这些老年人是我们四化建设中不可低估的智力资源，是建设社会主义祖国一支不可缺少的智力大军，可以为社会创造无可估量的财富。中共中央（1983）39号文件中指出："对于离休退休的老同志要妥善安排，充分发挥他们的作用"。邓小平、陈云、胡耀邦、赵紫阳、聂荣臻等中央领导同志，对老龄工作都有重要指示。这是时代发展的必然趋势。对此，我们必须要高度重视，认真贯彻执行。另方面我们还要看到老年人中70岁以上的高龄老人，不是人生七十古来稀，而是人生七十多来兮，越来越多。其中孤寡老人占相当大的比重，尤其是老年妇女生活上存在很多困难，有的甚至受到歧视、虐待。这个问题现在已经在不同程度上影响到计划生育工作的顺利开展，而且也影响中青年几代人对社会主义未来的向往。我们是社会主义国家，对这一问题绝不能等闲视之，世界各国也很关注。为此，必须动员全社会力量，千方百计，认真采取各种有效措施，予以逐步解决。

老龄问题是一个战略问题。聂荣臻同志去年11月给《中国老年》杂志社的信中提出：老龄问题是当今世界上普遍存在的重大的社会问题。我国是个人口众多的国家。随着科学文化、卫生保健事业的发展，人们平均寿命不断增长，老年人在我们社会中的比例还将迅速增加。人口老化将对我国的政治、经济和社会发展产生重大的影响。因此，我们必须把老龄问题提高到战略高度，加强领导，统筹规划，综合治理。去年12月他给《长寿》杂志编辑部的信中再次提出：有关领导机构要把老龄问题提高到战略高度认真研究。对人口日趋老化给我国社会经济、政治带来的一系列深刻影响要及早规划，组织协调，综合治理。聂帅的这两封信对老龄工作具有深远的指导意义，是一个纲领性的文件，对今后老龄工作将起重大推动作用。

二、开创老龄工作的新局面

为了适应我国老龄工作形势发展的迫切需要，经国务院批准：中国老龄问题全国委员会（以下简称老龄委员会）已于1982年成立，是一个常设机构，是由14个政府部门和7个群众团体、科研新闻机构联合组成的社会团体。委员会的任务是：对有关老龄问题的一些重大课题，进行调查研究、统筹规划、综合治理、组织协调、督促检查；参加有关老龄问题的国际性和地区性的专业会议，开展多边或双边的技术援助和技术合作等对外交往活动。老龄问题涉及面很广，不仅是一个很复杂的社会问题，而且也是一个很重要的自然科学问题。这对我们来说，完全是个新问题、新工作。

近一两年，由于党和政府的关怀、重视，各有关部委和各省、自治区、直辖市领导的共同努力，依靠社会各方面（包括离休退休老干部）的大力支持，老龄工作还是迈出了第一步，并不断取得新的进展。

为了加强领导，老龄委员会已聘请中共中央政治局委员聂荣臻同志担任中国老龄问题全国委员会名誉主任，聘请了25位德高望重的老同志担任顾问，他们是：余秋里、宋任穷、王首道、肖克、段君毅、程子华、胡厥文、朱学范、胡愈之、康克清、庄希泉、费孝通、孔原、肖华、赵守一、刘建章、顾大椿、钱信忠、荣高棠、高登榜、黄镇、杨绍曾、连贯、薛暮桥、彭友今。这些革命老前辈参与我国老龄工作，必将产生无可估量的重大影响。

各省、自治区、直辖市建立起老龄问题委员会的有：天津、上海、河北、黑龙江、内蒙、广东、辽宁省等；现在正在积极筹建的有：北京、福建、四川、河南、江苏、山东等；其他地方也在积极酝酿中。许多省、市、自治区，中央、国务院各部委和各民主党派、社会团体、红十字会等，为妥善安排老年人生活，发挥老年人余热，先后成立了一些组织，最早的有：铁道部老战士协会、中华医学学会，北京老年医学研究所，老战士诗文集编委会、老战士合唱团、广东岭海颐老会、上海老年人问题研究会、天津老年人问题研究会、北京市老年人问题研究会、北京市离退休科技工作者协会、天津市退休工程师协会等；1983年以来建立的有：中国老年人体育协会、中国老年文物研究会、中国老年书画研究会等；现在正在筹建的有：中国老年教育协会、中国老年保健协会、中国老年学学会、中国老年实业公司等。老龄委员会还利用外资筹建老年人活动中心、老年人公寓。中国老年基金会也将在近期成立。

这些不同形式的老年人组织的特点是：以离休退休干部为主体，在自愿和量力而行的条件下，根据个人不同专长和爱好分别组建，推选离休退休干部负责主持工作，实行民主集中制；实行三不要（即不要国家编制、不要国家的经费、不要国家的办公室），依靠社会，依靠群众，克服困难，独自经营、享有充分的自主权。

在老龄问题宣传工作方面，也做了不少工作，出版了一些老年书刊和报纸。省市、部门出版的有：《长寿》、《老人》、《退休生活》、《老同志之友》、《老年文摘》、《老年保健顾问》、《老人天地》等。报纸有

《老人报》。中国老龄问题全国委员会主办的《中国老年》杂志已于去年10月创刊，向全国发行，内部还印发了《老龄工作简讯》、《老龄问题研究资料》、《老年人之声》。此外还在筹备出版《中国老年报》。中组部老干部局和中宣部、卫生部去年主办了老年人保健讲座，深受老年人的欢迎。今年还要继续举办第二期。山东、广东、黑龙江还成立了老年人大学，有的地方成立了老年人学校、读书会等。对丰富老年人生活和两个文明建设，都起了积极推动作用。

国际交往活动也日益增多。今年下半年由联合国资助将派代表团去日本考察老龄问题；明年将同美国老龄学会联合发起在中国召开国际老龄问题学术讨论会。同世界很多友好国家经常往来，相互学习，交流老龄工作经验，也日益频繁增多起来。所有这些活动，使老龄工作开始呈现出一派新的景象，初步打开了新的局面。

尽管做了一些工作，取得了一些成效。但是，存在的困难是很多的，主要是由于我们对老龄工作这一新问题，认识不深，统筹规划和组织协调不够有力，工作发展极不平衡，不少地方还没有将这个问题提上议事日程。因此，有很多问题，未能得到尽快解决。所有这些，有待我们进一步克服。

如何动员和组织社会各方面力量，继续努力办好老年人事业，关心老年人生活，妥善安排好他们的活动，发挥他们的作用，继续为四化贡献力量，这是当代老年人的迫切愿望和时代要求。我们的目标就是要实现并真正做到："老有所养"、"老有所医"、"老有所乐"、"老有所学"、"老有所为"。为此，我们曾制定了一个1983年到1985年的短期规划，已经印发各省、自治区、直辖市和国务院各部委参照执行。在今年内我们要着重做好以下几件工作。

第一，对老龄问题继续进行广泛的宣传，让大家充分认识到老龄问题的重要性和迫切性，促进全社会都来关心研究解决有关老年人的问题。今年4月15日，聂荣臻同志给中国老龄问题全国委员会的复信中说：大家推我为名誉主任，实际上也只是个名誉。关键是委员会的同志们辛勤劳动，为中国老年人谋福利，发挥老年人余热，为祖国四化建设再出一把力，并使老年人把毕生经验留给子孙后代，成为我国智力财富的重要组成部分。今年的工作规划重点已报聂帅。他说："我赞成。当前重点是把宣传和组织工作做好。我们是世界上人口最多的大国，又是社会主义大国。理应把老年事业搞得更好，在解决老龄问题上创造出更好的经验。在党中央和国务院的领导下，经过同志们的努力，我国老年事业一定会与四化建设一样，不断取得丰硕成果"。这些重要指示，对我们是很大鼓舞和鞭策，我们一定要把宣传工作做好。宣传老年人是我们四化建设中不可低估的智力资源，应当受到社会的重视和珍惜。老年人绝不是"包袱"，而是我们建设社会主义祖国一支不可缺少的智力大军，可以为社会创造出无可估量的财富。宣传如何维护老年人的正当合法权益。宣传敬老、爱老、养老是我们中华民族传统的美德，必须努力发扬并予以法律保护。这是我们宣传重点，力求做到家喻户晓。

第二，续继做好老龄工作组织机构的建立和健全工作。建立省、自治区、直辖市直到县级老龄问题委员会，已成为开展老龄工作的当务之急。我们要求凡是没有成立老龄问题委员会的省、市、县，争取在今年上半年内迅速建立起来。要指定一位领导同志负责抓一下这项工作，把它提到议事日程上来。对于已经建立起来的，可根据工作发展需要，对机构人员作必要充实和调整，以利工作的顺利进行。

第三，继续做好组织协调工作。组织、推动各部门各地区制定计划，采取积极措施，发展为老年人服务和老年人为社会服务的各项老年事业。要特别注意发挥有技术专长的老年人的特殊作用和一技之长。

此外，要继续做好国际交往活动的各项工作。我们要团结奋斗，依靠社会各方面力量，共同努力，加强协作，共同为开创老龄工作新局面而奋斗。

三、我的两点建议

1. 鉴于我国老年人越来越多，老年人特殊需要的问题也日渐突出，而且比较普遍。有很多人身体条件尚好，不愿在家过闲居和孤独的生活，迫切要求继续发挥他们的光和热。这是个大问题。全国政协应组织一些力量搞些调查研究，提出建设性意见。因此，我建议政协增设一个老龄问题工作组，负责组织领导这方面的工作。这次政协会议唐哲委员也提出政协应增设老龄工作组的建议。我非常赞成。

2. 老龄委员会接到很多人民来信，提议为中国老年人建立一个"老人节"。在这个节日里可以开展尊老、敬老、爱老活动。这对老年人是一个极大的鼓舞，又可推动社会风尚的根本好转，促进两个文明建设的发展。因此，我建议第六届全国人大二次会议能够通过，规定每年的"九月一日"（或其他日子）为"中国老人节"。让全社会都来关心老年人。这次人大会议代表严载顺也提出建立"老人节"的建议，请大会审定。

以上意见如有不妥之处请指正。

于光汉同志在全国老龄工作会议上的开幕词

（1984年8月17日）

同志们：

全国老龄工作会议开幕式，现在开始。

全国老龄工作会议的胜利召开，标志着我党和政府对老龄工作的重视和对我国各族老年人的巨大关怀。

这次会议，在建国以来还是第一次，因此，也是一次很重要的会议。在这次会议上，我们要研究讨论有关我国老龄工作中的一些重大问题，总结过去、交流经验、提出今后的任务。我们一定要全力以赴，开好这次会议。

出席今天开幕式的，有党和国家的领导人：中共中央政治局委员王震，中央顾问委员会常委王平，全国人大副委员长胡厥文、耿飚、周谷城、严济慈；全国政协副主席杨静仁、康克清、钱昌照、周培源、缪云台，我们向他们表示衷心的感谢和欢迎。

出席今天开幕式的还有：中央、国务院有关部委的负责人，中国老龄问题全国委员会的顾问、委员，各省、自治区、直辖市老龄问题委员会的负责人，各省、自治区、直辖市人民政府的负责人，北京市有关部门的负责同志。还有首都新闻界、出版、广播、电视和中国老年体育协会、中国老年文物研究学会、中国老年书画研究会、老战士合唱团、老战士诗文集编委会，中国老年摄影学会、中国老年教育协会、中国老年历史研究会，中央党校研究班校友联谊会等等，共500余人，我们向他们表示热烈欢迎。

今天开幕式请王震同志作重要讲话，宣读彭真委员长的贺电、宣读中国老龄问题全国委员会名誉主任聂荣臻给会议的贺信，请中国老年体育协会主席、中国老龄问题全国委员会顾问刘建章讲话，请全国侨联副主席、中国老龄问题全国委员会顾问连贯讲话。

同志们：

开幕式结束。我代表中国老龄问题全国委员会向出席今天开幕式的党和国家领导人，再一次表示衷心感谢。特别是王震同志代表党中央、国务院所作的重要讲话，给我国老龄工作指明了前进的方向，体现了党和政府对老龄工作的巨大支持，对我国各民族亿万老年人的深切关怀，同时也是对我们的莫大鼓舞和鞭策。我们一定要深刻领会，贯彻落实，绝不辜负党和国家对我们的期望，一定要加倍努力，全心全意为老年人服务，对人类做出应有的贡献！谢谢。

于光汉同志在全国老龄工作会议上的报告

（1984年8月18日）

同志们：

全国老龄工作会议，昨天在北京正式开会了。现在，我代表中国老龄问题全国委员会向大会作工作报告，请予审议。

必须把老龄问题提到战略高度摆上议事日程

根据1983年4月国务院办公厅转发中国老龄问题全国委员会《关于我国老龄工作中几个问题的请示报告》的通知，各级政府和有关部门，在党中央和国务院统一领导下，在建立我国老龄工作机构，开展老龄工作、照顾老年人生活、发挥老年人作用等方面进行了不懈的努力、做了大量工作，取得了可喜的成效，发展趋势很好。

老龄问题是举世瞩目的重大社会问题。世界各国老年人，增长速度很快，比重很大，对社会经济的影响愈来愈严重。联合国对老龄问题甚为关注，近10年，联大历次会议都讨论这个问题，并作出了相应的决议。1973年通过了“年长人和老年人问题”的决议；1977年通过了32/182号决议，吁请各国政府考虑召开一次老年人世界大会，并提出意见；1978年通过了33/52号决议，决定1982年召开一次老年人世界大会；1979年通过了34/153号决议，要求做好大会筹备工作；1980年35/129号决议，决定“将‘年长人问题世界大会’更名为‘老龄问题世界大会’”，1981年36届联大通过为大会筹募基金和老龄问题世界大会的地址、日期、组织事项两个决议；1982年通过了37/51号决议，批准当年维也纳老龄问题世界大会提出的老龄问题国际行动计划，把老龄问题提上了世界议事日程。

联合国规定60岁以上的人称为老年人。老龄问题包含两个方面的内容：一是关于研究解决老年人个人特殊需要和保障老年人社会合法权益的问题，联合国称之为“人道主义方面的问题”，二是关于老年人在总人口中所占比重增大，对经济、社会发展产生的一系列影响和如何发挥老年人作用的问题，联合国称之为“参与社会发展方面的问题”。

当前，世界人口老化的趋势日益严重。据联合国统计，全世界60岁和60岁以上的老年人数：1950年为2.1亿，1975年为3.5亿，预测到2000年将为5.9亿，2025年将增加到11.2亿。在此期间，世界人口总数将由25亿增加到82亿，增长3倍多，而老年人数将由2.1亿增加到11.2亿，增长5倍多，这就是说老年人增长的速度，大大快于人口增长的速度。老年人在人口中的比重由8.48%上升为13.68%，其中发展中国家增长到12%，发达国家增长到23%。联合国规定，老年人数在总人口中的比重超过10%的属于“老年型”国家或地区。

我国60岁以上的各族老年人：1950年为4000万，1975年为7000万，预测到2000年将为1.3亿，2025年将增加到2.8亿。在此期间，我国人口由5亿多增加到14亿多，增长1.6倍，而老年人数由4000多万增加到2.8亿，增长5.7倍，我国老年人在总人口中的比重由7.6%上升为20%，这就说明我国老年人的增长速度，快于世界老年人增长的速度。特别是2000年到2025年我国老年人的人数将由1.3亿增到2.8亿，比重由11%上升为20%。25年间老年人人数、比重翻一番，可谓超速型“老龄化”。80岁以上的高龄人：1982年为533万，2000年将为1484万，2025年将为3117万，增长速度更快，而高龄人中妇女居多，困难也会更多。现在，我国老年人在人口中的比重为8%，有些省市已接近10%，上海为11.7%，已经进入“老年型”的行列。到2000年黑龙江是14.4%，北京是14.6%，上海将超过19%，接近20%。

人总是要老的，这是不可抗拒的自然规律。随着社会经济的发展，科学技术的进步，保健事业和人民生活的改善，人口出生率和死亡率的下降，人类寿命的延长，老年人数和在总人口中的比重必然增大，这是20世纪人类取得的重大科学成就，也是人类进步的一个标志。但是人口老龄化的发展变化，必将对经济和社会发展产生一系列不利的影响和问题，对此，我们必须给予足够的重视，绝不能掉以轻心，等闲视之。

我党和政府对老年事业一向是很重视的。我国是社会主义国家，有几千年尊老、爱老、养老的传统美德。建国30多年来，随着社会主义物质文明建设和精神文明建设的发展，老龄问题越来越受到人们的关注。我国宪法规定：“中华人民共和国公民在年老、疾病或者丧失劳动能力的情况下，有从国家和社会获得物质帮助的权利。国家发展为公民享受这种权利所需要的社会保险、社会救济和医疗卫生事业”。我国婚姻法规定：“成年子女有赡养扶助父母的义务”，“禁止虐待老人”。

党的十一届三中全会以来，党中央和国务院对老龄问题更加关怀。1981年9月经国务院批准，由国家劳动总局牵头筹组老龄问题工作机构，并组团参加老龄问题世界大会亚太地区政府间预备会议。1982年3月经国务院正式批准成立“老龄问题世界大会中国委员会”，7月间组派中国代表团参加了维也纳老龄问题世界大会。1983年中共中央39号文件中指出：“对于离休退休的老同志要妥善安排，充分发挥他们的作用”，“按照干部的不同情况，广开门路，分别安排适当工作”。这个时期中央领导同志也有过很多重要指示。邓小平同志说，改革党和国家领导制度，不能使一切确实还能为党做工作的同志不工作。对离休退休的干部，在政治待遇，生活待遇等各方面，都要逐个做出妥善安排。陈云同志说，老干部退出了第一线，革命是不是就到了头了呢？并没有。无论是退到第二线做自己力所能及的工作，还是离休退休都要支持中青年干部的工作，担负起对中青年干部传帮带的任务。要照顾好老年人。胡耀邦同志说，老干部的离休不是参加革命的结束，而是进入革命的新阶段。赵紫阳同志说，要依靠社会各方面力量，采用多种形式发展养老事业。聂荣臻同志更为明确具体地指出：“有关领导机构要把老龄问题提高到战略高度，认真研究。对人口日趋老化给我国社会经济、政治带来的一系列深刻影响要及早规划，组织协调，综合治理”。“我们是世界上人口最多的大国，又是社会主义大国，理应把老年事业做得更好，在解决老龄问题上创造出更好的经验”。1984年中共中央政治局委员聂荣臻同志担任了中国老龄问题全国委员会名誉主任，余秋里、宋任穷等25位德高望重的老同志担任了顾问。这些革命老前辈参与领导我国老龄工作，必将产生无可估量的重大影响，起着巨大的推动作用。

中国老龄问题全国委员会的成立，是体现党中央和国务院重视老龄问题在组织方面所采取的重大措施。这个组织是由14个政府部门和7个群众团体、科研新闻机构联合组成的。中国老龄问题全国委员会的任务是：（一）对有关老龄问题的一些重大问题，进行调查研究、统筹规划、综合治理、组织协调、督促检查；（二）参加有关老龄问题的国际性和地区性的专业会议，开展多边或双边的技术援助和技术合作等对外活动。国务院各有关部委、群众团体和科研机构按照分工，负责管理好自己有关业务范围内的老龄工作。有关重大问题报国务院审批。

近年来，老龄工作机构和老年人组织发展较快。各省、自治区、直辖市成立了老龄问题委员会的有：天津、河北、黑龙江、上海、内蒙、广东、辽宁、安徽、贵州、北京、河南、浙江、江苏、云南、江西、宁夏等16个省市，其他地方在筹建之中。许多省、自治区、直辖市，中央、国务院各部委，各民主党派，群众团体，红十字会等，为妥善安排老年人生活，发挥老年人余热，做了很多工作。先后成立了一些组织，过去已成立的有：铁道部老战士协会、中华医学会老年医学学会、北京老年医学研究所、老战士诗文集编委会、老战士合唱团，广州岭海颐老会、上海老年人问题研究会、北京市离退休科技工作者协会、天津市退休工程师协会等；1983年以来建立的有：中国老年人体育协会、中国老年文物研究学会、中国老年书画研究会、中国老年教育协会、中国老年摄影协会、中国老年历史研究会等；现在正在筹建的有：中国老年保健协会、中国老年学学会，中国老年实业总公司等。中国老龄问题全国委员会还利用外资筹建老年人活动中心、老年人康乐大厦。中国老年基金会即将在近期成立。广大农村也有不少地方成立了老年人活动室、老年人协会等组织，积极开展老年人各种活动，深受老年人的欢迎。

群众性老年人组织的特点是：以离休退休干部为主体，在自愿和量力而行的条件下，根据个人不同专长和爱好分别组建，推选离退休干部负责主持工作，实行民主集中制；这些群众组织，在国家法律、政策许可范围内，实行自力更生，依靠社会，依靠群众，克服困难，独自活动，责任自负，享有充分的自主权。

老龄问题的宣传和教育工作有新的进展。全国各种报纸、新闻、广播、电视重视了对老龄问题的宣传报道，出版了一些老年刊物。省市、部门出版的有：《长寿》、《老人》、《退休生活》、《老同志之友》、《老年文摘》、《老人天地》等杂志和《老人报》。中国老龄问题全国委员会主办的《中国老年》杂志已于去年10月创刊，向全国和国外发行；内部还出了《老龄工作简讯》、《老龄问题研究资料》、《老年人之声》。正在筹备出版《中国老年报》和成立老年出版社。中组部老干部局和中宣部、卫生部去年主办了老年人保健讲座，深受老年人的欢迎，今年继续举办第二期。山东、广东、湖南、黑龙江、北京还成立了老年大学，有的地方成立老年人学校，读书会等。对丰富老年人的精神生活和两个文明建设，都起了积极推动作用。

老年事业在原有的基础上也有了新的进展。在“老有所养”方面，我国机关团体、企事业单位的职工早已实行了离休退休养老制度，农村老年人一般从事力所能及的劳动维持生活或由子女赡养，同儿女生活在一起，共享天伦之乐。经济条件好的农村也实行了退休养老制度，对城乡无经济收入，无依无靠的孤寡老人，实行社会救济、“五保”等制度。近几年来，在“五讲四美三热爱”活动中，很多地方、街道基层单位和广大职工、妇女、青少年群众自愿组织了贴心人服务队、“三八”服务组，青少年服务组、综合包户服务站等多种形式，照顾老年人；有的还把老年人接到自己的家里供养，好人好事层出不穷，使老年人的晚年生活更加有了保障。同时还严肃处理了一些虐待老人的案件。在“老有所为”即“余热生辉”为四化继续作贡献方面，根据个人专长爱好开展了多种形式的活动，不少人在力所能及的范围内作了大量有益于人民的工作。在“老有所学”方面，有不少省市利用各种形式，举办了老年人大学、老年人学校或读书会，举办了各种讲座。在“老有所医”方面，筹建老年人医院，建立老年人病房，增设老年人家庭病床，广设基层医疗站，发老年人看病优先证，搞保健讲座，使老年人更加健康长寿。在“老有所乐”方面，近年来，老年体育事业，有较大发展，全国参加体育锻炼的有1000多万老人，许多地区、部门建立了老年活动站、俱乐部等，文化娱乐活动也很活跃，使老年人文化生活丰富多彩，精神愉快，能够欢度晚年。

国际交往活动也日益增多。一年来同世界许多国家的友好往来和联合国有关组织的来往，活动频繁。今年上半年同外宾的接触达20多次，其中6月份一个月就有6次。所有这些外事活动，扩大了同各国的联系和交往，增进了相互了解和友谊，发展和改善了我国老龄工作同许多国家老年人和老龄工作机构的关系。

总之，我国在老年事业方面，形成了具有中国特色的一套办法，即国家、社会、家庭相结合的办法。这是我国文明传统和社会主义制度优越性的具体表现。它与资本主义社会那种老年人被遗弃、受歧视、孤独寂寞、精神空虚、生活绝望形成了鲜明的对照。老龄问题世界大会秘书长柯里根说，希望中国在建设现代化国家的同时，创造出一个良好家庭关系的模式和正确对待老年人的办法，这将是对人类的一大贡献。

老龄工作由于党和政府的关怀，各部门、各地区同志们（包括离退休干部）共同努力下，取得可喜的成效。但是，工作中存在的问题很多，困难不少，主要是领导干部对老龄问题认识不深，重视不够，没有提到应有的地位，加之我们没有经验，有些问题理应及早解决的，而至今未能解决，如领导体制、编制、经费等。严重影响了老龄工作的进一步发展。总结我们这一段的实践，一句话就是必须把老龄问题提高到战略高度，摆上议事日程，在党中央和国务院统一领导下，才能把这项工作更好更快地开展起来。

努力开创老龄工作新局面

关心照顾好各族老年人，妥善安排各族老年人生活，发挥各族老年人的作用，继续为社会主义四化贡献力量，这是当代老年人的迫切愿望和时代要求。因此，我们必须把老龄问题提高到战略高度，加强领导，统筹规划，组织协调，综合治理，督促检查。这是我国老龄工作的总任务，总方针。我们的具体目标就是要实现并真正做到：“老有所养、老有所为、老有所医、老有所乐”。当前和今后相当长的一段时期里要着重抓好以下各项工作：

（一）对老龄问题继续进行广泛深入的宣传，让大家首先是各级领导干部充分认识到老龄问题的重要性、迫切性、促进全社会都来关心研究解决有关老年人问题

近年来，老龄问题的宣传教育工作虽有显著成效，但不够广泛深入和系统。因此，必须最大限度地运用各种宣传工具，加强宣传，提高认识，打好老龄工作的思想基础。要宣传敬老、爱老、养老是我们中华民族传统美德，是社会主义精神文明的重要组成部分，必须努力发扬并予以法律保护，树立良好的社会主义新风尚，要以共产主义思想教育青少年，让他们真正懂得老年人是社会物质文明和精神文明的创造者、继承者和传播者，应当受到社会的重视和珍惜，克服不尊重老年人，不关心老年人，甚至歧视、虐待老年人的各种错误思想和行为，尊重老年人的社会地位；要宣传老年人是我们四化建设中不可低估的智力资源，不可缺少的智力大军，可以为社会创造出无可估量的财富，提高干部特别是各级领导干部重视老龄工作的自觉性，把老龄工作提到应有的位置，认真去抓，做出成效；要大力宣传、表彰各族人民群众中敬老、爱老、养老的好人好事和老年人余热发光的先进事迹；要宣传社会主义制度下各不同年龄组之间团结、互助、友爱、合作的新型社会关系，维护好老年人的正当合法权益。这是我们的宣传重点，力求做到家喻户晓，深入人心。

（二）继续做好老龄工作组织机构的建立和健全工作，加强组织协调，这是开创老龄工作新局面的组织保证

老龄工作具有多部门、多学科、多层次等特点。据我们了解从联合国国际组织到世界各国，老龄问题的工作机构既有政府组织，也有民间组织。联合国三十七届51号决议，批准老龄问题世界大会提出的老龄问题国际行动计划，就要求各成员国成立国家一级机构来管理老龄工作。

我国的老龄问题全国委员会，是以政府部门为主体的综合办理全国老龄工作的一个组织。各部门选派的委员是代表部门的，此外还有少数特邀委员。各省、自治区、直辖市已成立的老龄问题委员会大体相同，但各有特色。

我们建议，现在还没有成立省级老龄问题委员会的省、自治区人民政府，要明确指定一位领导同志亲自抓这项工作，提上议事日程，切实加以解决，务于年内把老龄问题委员会建立起来。对于已经成文了老龄问题委员会的，我们建议在正副主任中要配备专职领导干部，以便有足够时间和精力，负责管理老龄问题委员会的日常事务，以便更好地组织力量，有步骤按计划地开展工作。老龄问题委员会是一个工作实体，要坚持日常工作，必须要有专职干部，而且要有一股干劲，敢于迎着困难上的毅力，才能开创老龄工作的新局面。

（三）妥善安排好各族老年人的物质生活和精神生活，重视发挥各族老年人的作用，继续为两个文明建设贡献力量，这是当代老年人的迫切愿望和要求

我国的各族老年人，绝大多数是体力劳动者少数人是脑力劳动者，他们当中有相当数量的人，早年就是从事革命工作的职业家或具有各种才能的专家、学者以及有生产实践经验的工人、农民。这些老年人在建国前后的几十年中，对中国革命和建设事业都作出过自己的贡献，建立了不可磨灭的功勋。他们在长期革命和建设事业中，积累了丰富的知识和经验，是我国的宝贵财富，是中华民族物质和精神文明的创造、继承和传播者。因此，理所当然应该受到全社会的重视、爱护和尊敬；在他们进入晚年，分享社会给予的物质援助，是受之无愧的应有权利并应受到法律的保护。特别是农村的广大老年人，更应当根据农村特点和经济条件，适当照顾好他们的晚年生活，注意继续发挥他们的作用。我国是发展中国家，人口多、底子薄，经济和科学技术比较落后，老年人数增长很快，现在的社会福利设施少、条件差，现行的保险福利制度范围小、水平低，法律制度也不够健全。所有这些给我们工作带来很多困难。我们要迎着困难上，越是因难越要关心和照顾老年人。我们是社会主义国家，有历史悠久的优良传统，关心和照顾好老年人是一定能够做到的。目前，我们要抓好三方面的工作：（1）根据需要和可能，对有关老年人的生活福利制度进行调查研究，组织协调，逐步加以改革和完善，建议和协助有关部门研究拟定“老人法”，切实保障老年人

的合法权益。(2) 认真总结我国养老事业的经验，进一步发展国家、社会、家庭相结合的养老办法，实行计划养老制度。(3) 动员和依靠社会各方面的人力、物力、财力（包括老年人在内），结合本地区、本部门的具体情况，积极发展为老年人社会福利、生活服务和医疗保健等各项事业。为适当满足老年人物质和精神生活提供方便和活动场所，使老年人生活得更加愉快、幸福地欢度晚年。

重视发挥各族老年人的作用，这是个大问题。有很多老年人经验丰富、知识渊博、社会阅历和联系广，是极宝贵的智力资源和社会财富。他们当中有很多人身体条件尚好，不愿在家过闲居和孤独的生活，迫切要求继续发挥他们的光和热。延年益寿，不仅要给老年人的生命以时间，而且要给老年人的时间以生命。只有这样，才能使他们“老有所为”，生活得更有意义。

中央指示，要妥善安排，充分发挥老年人的作用，这是十分正确的。但我们应该看到，按照当前主客观条件，要完全做到这点，是很困难的。现在一些地区和部门以及基层单位根据工作需要挑选和聘请了一些有才能、有专长、有知识的老年人担任顾问、咨询、联络员等不同职称的工作，这个办法好，但为数甚少，而且多为临时性的；有不少老年人自愿在基层或街道做各种义务性的公益事业，这是件好事，应予表扬，但多属零星专项工作，局限性很大。为此，我们必须协同有关部门、单位，共同协商，采取各种措施，广开门路，推动和支持老年人（主要是离休干部中有知识、有专长而身体还好，迫切要求发热发光要继续作贡献的），自己动起手来，根据各个人不同专长和爱好，分别组织规模不同，性质不同的各种社会团体或经济实体，按照国家政策和规定办理合法手续，开展活动。这样以利发挥离退休老干部的积极性、创造性，也易见成效。这种群众团体和经济实体，纯属民办性质，在国家法律、政策允许范围内，享有充分自主权。经济实体实行独立自主，自负盈亏，在盈利中提取一定比例做为老年事业的活动经费。老年事业在国家财政困难无力给予足够补贴，我们采取上述措施，筹集老年事业经费，开展老年事业是完全正当的，是开创老年事业的新途径。我们对此，必须采取积极支持的态度，并给予必要帮助，绝不能横加干涉防碍老年事业的发展。我们老年人，也要加强学习，注意知识更新，关心国内外大事，不断改造自己的主观世界。

(四) 积极开展老年科学研究，把我国的老龄工作建立在科学的基础上

老龄问题是多学科性的问题，它是对老年人问题进行综合研究的新兴的边缘科学，世界老年学的研究，早在30年代就开始了。第二次世界大战期间一度停顿。战后又得到很快发展，建立了很多学术团体。70年代以后，老年学研究进入一个新阶段。以日本为例：1975年建立了老年学研究国家委员会，研究课题有：老年病、人口学、健康与长寿、老年心理学，老年人与家庭关系、老年人生活意义、老年人饮食等等。

我国在60年代初期，开始了老年病学的研究，由于遭受“文化大革命”的破坏而中断了，直到粉碎“四人帮”以后，拨乱反正，于80年代初才重新开展起来。至于对老年社会学的研究，80年代才开始重视起来。老年学包括的内容很多，世界科学家说法不一，就其主要内容大体有：老年生物学、老年医学、老年心理学、老年社会学以及老年心理生物学、老年卫生学、老年社会心理学、老年体育、老年教育、人口学、老年政治经济学，老年哲学等等。我国老年科研工作的基础，总的说来比较薄弱，起步较迟，而面临的新课题却是很多。如何满足老年人生活特殊需要，如何发挥老年人的作用，保障老年人的合法权益，需要制定有关的方针、政策、规划，而这些方针政策规划的制定要有理论根据。这就要求从事老龄工作的部门要尽快地把各方面的专家、学者、管理人员组织起来，加强协作，分工负责，进行调查研究，理论联系实际，分门别类进行探讨，撰写有关学术论文和专题调查报告，提供咨询和建议。同时要积极筹建中国老年学会和老龄问题研究所，并建议有关大学增设老龄学系或老年学专业，把我国老龄工作建立在科学的基础上，创造出有中国特色的社会主义的老年学。培养和造就老年学专家和干部。老年学学会不仅有老年人参加，而且要吸收年轻的专家从事老年科学研究工作。老年学特别是老年社会学对我们来说，还是一个缺门或者是空白。我们应当努力迎头赶上，把这门科学建立和发展起来。

(五) 继续做好国际交往活动的工作

我国实行对外开放政策，积极开展外交活动，扩大同各国的联系和交往，增进同各国的友谊等，在国际上已产生了巨大的影响。我们同各国老年人和老龄工作机构来往也日益增多，这对我们是极其有利的。我们应当同友好国家、地区和联合国有关国际组织，进行双边或多边的技术援助和技术合作。除了平常的友好来往，今年下半年要做好赴日本考察老龄问题的准备工作和人口预测、出国培训等工作；还要做好明年与美国老龄学会，在北京召开老龄问题学术讨论会的国际性专业会议的各项筹备工作，以及同联合国来往和各国的交往活动，这样，可以相互了解，有所借鉴。

团结起来，振兴中华，是历史赋予我们的神圣使命。发展老年事业，做好老龄工作，是我们的光荣职责。我们一定要在党和政府的统一领导下，统一思

想，提高认识，加强政治思想工作，共同努力，加强协作，动员全社会都来关心研究解决老年人的问题，为开创老龄工作新局面而奋斗。我们要以新的成绩，迎接伟大祖国成立35周年光辉节日的到来。

于光汉同志在全国老龄工作会议闭幕会上的讲话

（1984年8月23日）

同志们：

全国老龄工作会议，开了6天，今天闭幕。

这次全国老龄工作会议，是我国历史上从来没有过的一次重要会议，具有深远的意义。中央和国务院对这次会议十分重视。彭真委员长从外地发来了贺电，热烈祝贺全国老龄工作会议胜利召开，并取得圆满成功。聂荣臻同志给会议写来贺信，指出这次会议是总结布新，进一步推动全国老龄工作的迅速发展，这是次很重要的促进会议，要把老龄问题提高到战略高度来认识，切实加强领导，统筹规划，综合治理。希望大家再接再厉，共同研究，努力克服前进道路上的各种困难，一定要把老年事业办得更好，开创老龄工作的新局面。王震同志代表党中央、国务院作了重要讲话，明确而有力地指出：我党的各级领导、各级政府乃至全社会都要重视关心老年事业，并就如何关心办好老年事业提出了四点希望，要认真总结我国老年事业的经验、要重视发挥老年人的作用，要继续广泛深入地宣传老龄问题、要把老龄工作建立在科学的基础上。中央领导同志的贺电、贺信和讲话，就是高度概括的总结布新。我们一定要认真研究，好好学习，提高认识，统一思想，具体落实，坚决贯彻。绝不辜负党中央、国务院对我们的希望和要求。一定要做好老龄工作，开创新局面。

这次会议大家都认为开得好，开得及时，收获很大，达到了预期的目的。是一次促进的会议，是一次胜利的会议。在党中央、国务院的重视和关怀下，各省、自治区、直辖市，中央、国务院各部门到会诸同志共同努力，在这短暂的时间，经过大会发言、小组讨论，交流了情况，总结了经验，讨论了今后做好老龄工作的一些重大问题，特别是认真学习了王震同志代表党中央、国务院所作的重要讲话，提高了思想认识，增强了工作信心，受到了很大教育和鼓舞。大家一致表示：回去后一定把这次全国老龄工作会议的精神向各级领导（特别是省级领导）和全体干部进行传达，贯彻落实到实际行动中去，把老龄工作推向新的阶段。

现在，我就几个问题讲点意见。

一、关于老龄委员会的性质问题

这次会议许多同志对老龄委员会的性质，提出了很好的意见，一致认为：根据当前和今后工作发展的需要，原定委员会的性质与任务很不适应。王震同志在讲话中向我们提出：“希望老龄委员会要积极协调有关部门和科研单位，通盘考虑，提出综合规划，逐步予以实行。”这个任务是很光荣的。但是作为一个社会团体去承担这一繁重任务是很困难的。因此，我们拟于会后把同志们提出的意见报告中央、国务院，建议重新考虑这一问题。

我们一向认为，中国老龄问题全国委员会是在党和政府统一领导之下，由政府有关部门和一些非政府部门联合组成的一个组织，它是综合办理全国老龄工作的机构。这个机构应由中央书记处一位书记或由国务院一位副总理直接领导。但这个问题至今没有落实，会后也要报告中央、国务院核定。

对于各省、自治区、直辖市及其管辖的市区、县设立的老龄委员会，我们意见都要在同级党委和政府领导下进行工作，并由一位省级主要领导同志负责此项工作，同时，接受上级老龄委员会的业务指导。

二、关于老龄委员会的任务问题

中国老龄问题全国委员会的宗旨，就是要全心全意维护各族老年人的合法权益，照顾老年人的生活，发挥老年人的作用，尽力做到：“老有所养、老有所为、老有所学、老有所医、老有所乐”，使老年人健康长寿，幸福欢度晚年。

它的任务总的来说有二条：一是对有关老龄问题的一些重大问题，进行调查研究、统筹规划、综合治理、组织协调，督促检查，二是参加有关老龄问题的国际性和地区性会议以及对外活动。

具体来说可分为以下7条：

（一）建立、健全老龄问题工作机构，协调政府有关部门和其它单位，对老龄工作的重大问题进行调查研究，提出综合规划，并组织实施。

（二）广泛深入地宣传老龄问题的重要性和迫切

性，动员全社会都来关心研究解决有关老年人的各种问题，推动社会各方面力量，兴办各民族老年人的各种公益福利事业，为老年人服务。

（三）依靠社会、依靠群众、广开门路，照顾好老年人生活，安排好老年人学习、工作以及各种社会活动，使老年人生活丰富多彩，精神饱满愉快，关心国内外大事，在社会主义物质文明和精神文明建设中，继续做贡献。

（四）建立和开展老年学的科学研究工作，从我国老年人实际情况出发，理论联系实际，建立中国式的老年学。

（五）发扬中华民族敬老、爱老、养老的优良传统，表扬各族人民群众中“老吾老以及人之老”的先进事迹，推动建立“五好”家庭，以及为老年人服务的各种群众性组织，树立社会主义新风尚。

（六）维护各族老年人的合法权益，坚决同一切歧视虐待和迫害老年人的行为作斗争。

（七）发展同世界各国老年人的友好往来，参加有关老龄问题国际性和地区性会议，维护世界和平，促进人类进步，尊重老年人社会地位，保护老年人的终身权益。

各省、自治区、直辖市老龄委员会，均可根据本地区情况，因地制宜，规定自己的任务。

有些同志提出：老龄委员会的几条任务都是应该做的，而且都应该做得更好，特别是统筹规划、综合治理尤为重要，并进一步作了很好的阐述，没有统筹规划，就没有综合治理。这个提法很好。同时又提出，究竟如何进行统筹规划、综合治理呢！颇有点难办的意思，我们认为，难办是难办，但不是不能办，只要在调查研究的基础上，依靠老龄委员会中各有关部委、群众团体和科研机构的部门委员，按照分工，各自就自己负责管理的有关业务范围内的老龄工作，提出各自的工作计划和规划，再加以综合，就可以制定出一个统一的计划和规划以及治理方案来，经过必要的组织协调、督促检查，就可以逐步予以实行。

三、关于广泛宣传和建立、健全老龄组织机构问题

这个问题，我在报告中已经讲过了，这里再说几句。从同志们的发言中，可以证明：凡是对老龄问题宣传工作做得好的地方，老龄工作就开展得好，特别是对各级领导干部的宣传更为重要，这是一个关键。反之，宣传工作做得很差，甚至没有进行宣传，老龄工作机构就建不起来。因此，必须最大限度地、充分运用各种宣传工具，加强宣传，提高认识。认识提高了，工作就好办了，一切问题都可逐步解决。我们要以宣传促进组织建设，又以组织建设去推动宣传工作的深入进行。

王震同志讲话中指出，各级政府要建立健全老龄工作的组织机构，应该肯定，一年来这方面工作有很大成绩，但一些省、市、自治区，至今还没有建立这一组织，有的建立了但工作进发不快，希望这次会议认真加以解决。我在工作报告中也提出，现在还没有成立老龄委员会的省、自治区人民政府，要明确指定一位省级领导同志亲自抓这项工作，提到战略高度，摆上议事日程，切实加以解决，务于年内把省老龄委员会建立起来，开展工作。对于已经成立了老龄委员会的，要增设专职领导干部和必要的专职工作人员，健全工作机构，深入工作。中国老龄问题全国委员会最近经国务院批准，委员会的专职工作人员已由8人增加到30人。准备设立宣传教育、组织协调、政策研究、外事工作和办公室，以适应工作发展的需要。各省、自治区、直辖市老龄委员会的编制问题，会议上各地同志普遍反映编制人数太少，不能适应工作发展的需要，要求适当增加编制。我们认为，这些意见是有道理的。各级老龄委员会所需编制可以单列，所需经费也可以单列，均由地方自行解决。

四、关于老年人群众性组织及同老龄委员会的关系问题

老年人群众组织，当前主要是指居住在城镇的离休退休职工，根据各自不同的学识、专长、经验、兴趣和社会需要，在自愿和量力而行的前提下，自己动手组织起来的各种不同形式的老年人群众组织。各种形式的老年人组织，其成员可多可少。其性质可以是专业性的，也可以是综合性的；可以是文化娱乐、学术研究，也可以是经济实体。可以举办物质文明和精神文明建设中各种有益事业，为老年人服务，或为全社会服务。但都要在国家法律政策许可的范围内，自力更生，独立活动，责任自负，享有充分的自主权利。所需经费可采取集资、捐募、信贷、引进外资、国家补贴等。所有这些组织，都要有各自的章程，都应经有关政府等部门或老龄委员会审批，办好合法手续，并受审批部门领导或指导。

五、关于会议中提出的问题和建议

在这次会议上，各省、自治区、直辖市提出了有关老龄工作中一些重大的问题和建议，如：关于保障退休职工生活水平问题、对身边无子女的老年人生活照顾的问题、关于保障老年人合法权益，制定“老人法”问题、关于建立“老人节”问题、关于离休退休人员再工作时如何报酬的问题、关于老年人的婚姻问题等等。这些问题都很重要，有些建议也很好，会后由我们进行综合整理，分送政府有关部门并向党中央、国务院请示报告，同时也请政府有关部门进行调查研究，提出意见向国务院和党中央报告。以便尽快解决这些问题。

对于建立“老人节”，这件事酝酿很久，有不少人已向政协和全国人大提出建议，正在审议之中。

关于离退休职工再参加工作，如有可能予以适当的报酬和福利待遇是可以的，但因情况复杂，我们认为目前做统一规定是很困难的。

有的同志建议，今后要写一个会议纪要或报告，很快报国务院批转各地贯彻执行。我们认为这个建议是好的，我们将尽力去办。但同志们不要等这个会议纪要或报告以及中央、国务院的批示，以免耽误工作。

六、关于这次会议传达贯彻的问题

我们召开的首次全国老龄工作会议，是在党中央、国务院亲切关怀下，在王震等党和国家领导人的亲临指导下，经过与会同志们六天的认真学习、讨论，会议取得了圆满的成功。这次会议将标志着我国老龄工作进入了新的阶段，是新兴的老年事业的一个伟大开端。

这次会议，对开创我国老龄工作新局面，具有重大意义。它是动员全社会都来关心解决老年人问题的动员会、促进会。它体现了党中央、国务院对全国亿万老年人的关怀，是我国社会主义制度优越性的具体表现。因此，我们说这也是一次历史性的盛会。我们一定要把这次会议的精神传达和贯彻下去，这是我们光荣的任务。我们要把王震同志代表党中央、国务院对会议所作的重要讲话，彭真委员长、聂荣臻名誉主任给会议的贺电、贺信，都要原原本本地传达下去；我们要把会议上所作的工作报告中提出的今后相当长的一个时期里要进行的几项工作任务传达下去。把老龄问题提高到战略高度，把老龄工作提上议事日程。同时要具体落实各项工作。我们一定要全心全意为老年事业和各族老年人服务，对人类作出应有贡献。为此，我们要求各省、自治区、直辖市老龄委员会和中央、国务院各有关部门都要有自己的规划，提出治理的方案，纳入国家社会发展计划，加强组织协作，共同努力，为开创我国老龄工作新局面而奋斗！我完全相信，在党中央、国务院统一领导之下，经过同志们和全社会的共同努力，我国的老龄工作如同其它工作一样，一定会取得新的成就。我们的目的一定要达到，我们的目的一定能够达到。

祝会议圆满结束。

于光汉同志在第一次全国老龄工作经验交流会议上的讲话

（1985年11月27日）

同志们：

全国老龄工作经验交流会议，今天就正式开始了。

参加这次会议的有：中央、国务院有关部委的负责同志，中国老龄问题全国委员会的部分顾问、委员、各省、自治区、直辖市老龄问题委员会的负责人，部分省、自治区、直辖市人民政府的负责人，中国老年体育协会、中国老年书画研究会等老年群众组织的负责同志，还有首都新闻、出版，广播、电视、杂志社的记者，共计100余人。

这次经验交流会议，是在党的全国代表会议胜利闭幕后不久，举国上下正在“团结奋斗，再展宏图”的大好形势下召开的，因此，这次经验交流会议更具有特别重要的意义。

去年8月，我们在党中央、国务院的关怀和领导下，召开了全国老龄工作会议，标志着我国老龄工作进入一个新的发展时期，是我国老年事业的一次飞跃。回顾一年来，各省、自治区、直辖市老龄委员会，在各级党委和政府的领导下，贯彻执行全国老龄工作会议精神，从当地情况出发，开创老龄工作新局面，取得了可喜成绩，我们感到格外高兴。

聂荣臻同志说，“老龄工作和全国各条战线一样，正在蓬勃开展，组织上进一步健全，宣传上进一步加强，是个大好局面。”他还进一步说：“我们老龄工作已初步打开了局面，呈现出一派新的景象，令人十分欣慰。”

现在，全国有24个省、市、自治区成立了老龄问题委员会，其余省、区也大多筹备就绪，这是组织建设上的重大成就，是做好老龄工作的根本保证。

各级老龄问题委员会，加强调查研究、组织协调，紧密配合各有关部门，动员社会各方面力量，都来关心研究解决老年人的各种问题，为老年人办实事，无论在“老有所养”、“老有所学”、“老有所医”、“老有所乐”等各个方面，都有所发现，有所创新，有所突破，做了大量工作，积累了许多丰富宝贵的经验，值得我们传播，学习和借鉴。

为了进一步推动老龄工作持续、稳步、健康地向前发展，我们决定召开这次全国老龄工作经验交流会议，看来是十分必要而及时的。

这次会议的主要任务是：（一）总结交流去年全国老龄工作会议以来，各地开创老龄工作新局面，所取得的成绩和新的经验。互相学习，互相促进，搞好老龄工作，为经济体制改革和四化建设做贡献。（二）要从战略高度出发，全面思考、研究提出1986年以及“七五”期间解决我国老龄问题的对策措施等设想方案，争取将老年事业计划纳入国家和地方“七五”规划之中。

这次会议是经验交流会议，从今天开始到12月2日结束。12月1日是星期天自由活动。大会发言两天半，小组讨论两天半，不举行开幕式和闭幕式，也不另组会议领导小组，一切简化从事。有关会议大事均由老龄委员会领导和召集人商量处理。希望大家，同心协力，畅所欲言，集思广益，把这次会议开好。

我就讲这几句，现在开始进行大会发言。

王照华同志在第二次全国老龄工作经验交流会议上的总结报告

（1987年4月4日）

同志们：

历时5天的全国老龄工作经验交流会今天结束。通过几天来的经验介绍和参观访问，大家共同感觉到上海的老龄工作做出了成绩，闯出了路子，很受启发。上海是全国第一个进入老年型的城市。上海面临的一些老龄问题，其他地区已经或将会遇到，上海的经验具有很好的借鉴作用。同时，从会议的交流情况来看，各地的经验也非常丰富。有的同志说，通过这次经验交流会，提高了认识，学到了经验，鼓舞了干劲。所以说会议开得好，达到了预期的目的，对我们今后的工作是个很好的推动与促进。会议之所以取得成功，是与中共上海市委和市政府的大力支持与热情关照，与各地同志的努力分不开的。在会议开幕时，芮杏文同志在百忙中亲临会议并讲了话，市委的常委、组织部长赵启正同志还有副市长谢丽娟同志参加了我们的会议。今天，市委副书记吴邦国同志又参加了我们的会议。我代表全国老龄问题委员会和各地到会的同志向上海市委、市政府以及上海市老龄委员会表示衷心感谢。向各地老龄委员会同志的积极支持、密切配合，表示感谢。

由于会议时间较短，一些省市的经验未能在大会上介绍，我们将把材料发下去，供大家学习参考。

下面我要讲4个问题。在讲问题前必须先说明一下：过去我作了40年共青团工作。后来到了中央组织部工作了8年。没有想到自己还会作老年工作。对老年学、老龄问题没有考虑过。我到老龄工作岗位才3个多月，时间不长，一些问题也还未能深入研究。会前，我到了南京、常州和无锡，然后又来到上海，沿途通过参观学习，吸取同志们的好经验，在同志们过去工作总结的基础上，准备了这篇稿子，这个讲话稿谈的一些问题，也是集中了大家的经验。

一、对几年来老龄工作的基本估价

中国老龄问题全国委员会成立以后，在党中央、国务院和老一辈革命家的关怀和领导下，以及各地区党委和政府的重视和有关部门的大力支持下，我国的老龄工作进展很快。几年来，工作局面已经打开。1982年，我们派出代表团参加联合国召开的老龄问题世界大会之后，成立了“中国老龄问题全国委员会”。“老龄问题”，来源于联合国的“老龄问题世界大会”，所以，是翻译过来的。工作真正开展是1984年全国老龄工作会议之后，如果从1984年到现在是3年多时间，从1982年到现在，是5年的时间。我们的老龄工作取得的成绩主要表现在以下几个方面：

1. 老龄组织机构已普遍建立。目前，全国已有27个省、自治区、直辖市成立了老龄委员会，一些大城市的老龄机构建到了街道，不少省的县以至镇和乡也成立了相应机构。

2. 贯彻执行了党中央和国务院对老龄工作的重要指示；广泛宣传了老龄工作的重要意义；在关心照顾老年人的生活、维护老年人的合法权益、发挥老年人的作用等方面做了一些努力；各地广泛开展了敬老活动，进行社会主义的道德伦理教育，在发扬和继承我国敬老、爱老、养老的优良传统、进行精神文明建设中起到积极的促进作用。

3. 调查研究，开展科研活动。各地对本地区的老龄问题进行了不同程度的调查，有的已向有关部门提出了一些解决老龄问题的有益的建议，老龄问题正逐步提到各级党委和政府的工作日程上来，许多政策、法规的制定已考虑到了老年人的利益与要求。社会保障列入了国家的“七五”规划。在调查研究的基础上，有些省市组织了不同范围的学术讨论会。经国家体改委批准成立了中国老年学学会，全国老龄问题委员会还承担了中日两国老龄问题的比较研究项目。这些工作有力地推动了我国老年科学研究的学术活动，促进了科学水平的提高。

4. 积极支持并协助各种老年群众组织，开展形式多样的活动，不断丰富老年人的晚年生活。

5. 疏通渠道，为尚有精力的老年人参与经济发展和社会工作创造了一些条件，使他们在两个文明建设中发挥余热。事实证明，在改革、开放、搞活的过程中，老年人是一支不可忽视的社会力量。

6. 依靠和协调社会各方面力量，积极发展老年福利事业，为老年人的物质生活和精神生活提供了一定数量的设施和活动场所。使老年人在老年事业的发展中切身感受到党和政府的关怀以及社会主义制度的优越性，从而更加坚定了坚持四项基本原则的信念。

总之，为满足老年人的特殊需要，各地同志进行了大量艰苦细致的实际工作，积极发展老年事业，为老年人办了许多好事、实事，产生了很好的社会效果。我们工作所取得的进展，都是在各级党委和政府的直接领导下，社会各方面的支持和老龄委员会全体同志共同努力的结果。

老年事业是一个新兴的事业，老龄委员会是一个新成立的单位，所以，在开展工作中遇到这样、那样的各种困难，许多同志对老龄工作比较生疏，不太了解这项工作的重要性。凡是对我们的工作理解得深切就重视，不很理解的，支持就差些。聂荣臻同志的信中特别讲了这个问题，他在信中说：“这几年老龄工作蓬勃发展，各地的老龄工作机构相继成立，老年学学会也建立起来，报纸、广播、电视上经常有关于老年人和老龄工作的好消息。我看全国老龄工作确是生机勃勃，一片兴旺景象。这与从事老龄工作的同志们的努力分不开的。当然，不是说大家一点困难也没有。相反，有的困难可能还很大，这就要求我们努力去解决。”一个新事业、一件新工作，大家还不很了解，不很认识，分工还不很明确的情况下，工作中有困难是很自然的。全国老龄委员会和各地的同志们做了大量艰苦细致的工作才取得这些成绩，所以，在这里，应该向我们在第一线从事老龄工作的同志，表示我们的敬意。

二、做好老龄工作必须解决的几个认识问题

现在，我仅就几个重大的问题谈谈认识与体会。

（一）老龄问题的战略意义

老龄问题包括两个方面：第一个从宏观上讲是群体问题，60 岁是一个年龄段，到了 60 岁，就进入老年，老年人口的大量增加将给国家、经济、政治和社会各方面带来一系列影响，第二个从微观上讲是老年人自身的问题，即老年人的特殊需要，就是“老有所养、老有所医、老有所为、老有所学、老有所乐”五个方面。我们尊敬的老一辈革命家、中国老龄问题委员会名誉主任聂荣臻同志多次指示：“要把老龄问题提到战略高度来认识，切实加强领导，统筹规划，综合治理。”王震同志代表党中央、国务院讲话时也指出：“老龄问题是当今世界上重大的社会问题，同时也是直接关系到我国社会经济发展的战略问题。”所谓战略问题，是从国家全局和长远发展来说的。从国外的经验和我国的实践来看，老龄问题不仅是老年人自身的问题，而且是一个全局性的不断发展的长期性的问题。老年人口的日益增长，直接关系到政治体制改革、经济建设和社会发展，解决老龄问题是一项长期的战略任务，这一问题解决好，将有利于经济建设的顺利进行和政治体制的改革；有利于离退休制度的巩固和新老干部的合作交替；有利于计划生育政策的贯彻实施；有利于维护国家安定团结的大好形势，有利于青少年教育和两个文明建设。

目前，我国 60 岁以上的老年人口约有 8900 万。由于社会的进步和经济的发展，解放 30 多年来，我国人口平均寿命大大延长，计划生育政策实施后，人口出生率大幅度下降。从 80 年代初开始，我国老年人口比重逐步提高。据预测，今后 40 年，我国老年人口将以平均每年 3% 的速度增长，大大超过总人口的增长速度，到本世纪末，我国将进入“老年型”国家，老年人口将达到 13000 万，约占总人口 10.5%，到 2025 年，老年人口达到 28000 万左右，约占总人口比重 19.2%；2040—2050 年，老年人口比重达到高峰，大约增长到 25.5% 左右。未来我国人口老化速度将有可能接近发达国家人口老化最快的国家——日本。现在，上海市和江苏省已率先成为老年型的市和省，北京、天津、浙江、辽宁等地区不久也将陆续进入老年型行列。

人口老化具有两重性：一方面，人口老化是人口转变的必然趋势，是社会进步的一个象征，也是社会经济发展的一种结果；另一方面，人口年龄结构的急剧变化将产生一系列社会问题。在人口老化过程中，劳动人口的老化将直接影响到劳动生产率的提高。医学会的专家说人的智慧分两种，一种叫结晶智慧，对老年人来说，结晶智慧比较强；另一种叫流动智慧，适应各种信息和情况的变化、新设备的使用，一般说接受新事物有很强的应变能力等等。这方面，老年人就差了，精力不够，反应也不那么敏捷了。随着人口老化，老年人的各种特殊需要也日益增多；社会和家庭负担加重，国家向老年人提供的养老金、医疗费等各种福利费用将急剧增加等等。我们是一个发展中国家，经济基础比较薄弱，如何克服人口老化带来的不利影响，大力发展经济，保证经济发展战略的顺利实现，建立雄厚的物质基础，造就良好的文化环境，安排好老年人的生活，是我国社会经济发展需要通盘考虑的重大问题。我们的赵紫阳总理很重视这个问题，在“七五”计划中，提到了社会保障、老年社会保障。宋平同志专门找人口专家去汇报，也十分重视老龄问题，上月国家计委李人俊同志还专门找我们全国老龄委汇报了工作。国家计委在进行了充分的调查研究后，向国务院写了“关于我国人口老龄化和养老保险制度改革问题的报告”。

现在，有的同志对老龄工作很生疏，还没有认识到老龄问题的迫切性。现在如果我们不预见，不早做准备，到人口老化比较严重时，我们的许多设施就跟不上了。例如，现在实行计划生育，一对夫妇只生育一个孩子，待这些独生子女长大后，一般的说，他们就要抚养 4 位老人，加上长寿祖父母、外祖父母还健在的话，那就不止抚养 4 个人了。这样大的负担，养老问题如何解决？赵紫阳总理同计划生育委员会主任王伟同志谈计划生育工作时，第一件事就问他“老年人问题如何解决？”劳动人事部部长赵东宛同志到日本同劳动省座谈，座谈中的第一个问题就是老年人问题。最近，联合国人口中心召开过一次座谈会。现在，西方发达国家都是老年型了，老龄工作十分突出，发展中国家大部分未进入老年型，但是有几个非洲和亚洲国家代表说了，发展中国家讨论老龄问题也是非常必要的，我们不能等到问题来了才解决，必须从现在就研究，早做准备。比如，老年退休金、养老金的发放，要有所准备，老年人多了，住房怎么解决？和儿女不能完全住在一起，怎么办？现在日本小家庭不断增多，老人没人照顾，又提倡三代同堂了，搞一碗汤距离的建筑，即给父母送去一碗汤还不会凉的距离。我国江苏省常州市作为国家的一个试点城市，在城市建筑中考虑了这一问题，他们设计了老少户的住宅，父子两代人两套住房，中间有一活动隔板，可分可关，既可照顾父母，又便于分别活动。还有老年活动场地，不解决，许多老年人只好蹲在街头下象棋，打扑克。所以，各种老年设施要提到日程上来，早作准备、及早规划。常州市的住宅建设就安排了老年活动场地，与其他设施配套发展，这里的经验能够成功，对我们的老年事业很有意义。

老年人是中华民族物质文明和精神文明的创造者、继承者和传播者，我国革命的老一代是中华人民共和国的缔造者和建设者。

在社会主义建设过程中，老一代都作出了他们的贡献，他们应受到社会的尊敬，享受一定的待遇。安排好老年人的生活，直接有助于巩固安定团结的大好形势。

目前，大批老干部陆续从第一线退下来，我们预先作好他们离退休后的物质和精神准备，可以提高他们的应变能力，在新的历程中做到健康长寿，继续发挥作用，这样有利于离退休制度的巩固和新老干部的合作与交替，这对当前的政治体制改革将产生积极的影响。1982 年，我国进行体制改革，干部队伍实行四化，首当其冲的是年轻化，解决职务终身制。当时有些同志退下来压力大得很，缺乏承受能力，退下来，老习惯一下改不过来，有的同志大概有半年到一年的苦闷时间。早已实行退休制度的国家，快到退休年龄前，工作岗位交给谁，自己退休后干什么，早就有所准备。过去，我们没有这样做，现在开始这样做，就需要做好老龄工作，安排好退下来的老同志的生活，继续发挥他们的作用，使即将退下来的同志有所准备。这在政治体制改革中也是一个重大问题。

做好老龄工作能够促进计划生育工作的落实。“养儿防老”是中国的传统习惯，但是现在完全靠子女不行了。天津的农村老人说“现在要靠集体、要靠社会了。”所以，我们把农村的养老问题解决好，消除他们的后顾之忧，有助于破除农民“养儿防老”的传统思想，可以促进农村中计划生育政策的贯彻执行。中国的家庭正在发生变化，小家庭增多了，大家庭逐渐分化，老年人将来靠儿女养不了了，必须要走国家、社会、家庭相结合养老的路子。这条路怎么走，我们在老龄工作过程中要作为一个课题配合有关部门共同研究。所以，这也是一个战略问题。

（二）加强调查，提高科研水平

老龄工作是一门科学，而且是一门多学科的科学。一个人从小到老要经过几个阶段：婴幼期、少年期、青年期、成年期和老年期，各个时期具有不同的特点和规律。进入老年，随着年龄增长，人的心理、生理机能、生活环境都将发生变化，产生一些特殊需要，不同年龄、不同文化、不同职业、不同地区的老年人也有特殊问题。随着社会的进步、社会福利事业的发展，人们更长寿了，老年期不断延长。所以，要研究人生的每一阶段，我们从事老龄工作的同志要把它作为一门学问来对待。在社会变革中，他们会遇到各种各样的矛盾，情况相当复杂。解决这些问题，是一门学问。老龄问题涉及医学、生物学、心理学、人口学、社会学、经济学、法学、教育学等等，内容十分丰富。老龄工作从内容到方法都要适应老年人的特点。当前改革中提出决策科学化的要求，提高老龄工作的科学性，必须加强科学研究，深入调查，掌握确切的数据跟踪研究，摸索出一个人在生长过程中规律性的东西来，进行全面系统的情况分析，了解产生各种问题的原因，解决问题的社会经济条件，各种具体措施的可行性，在实践中摸索老龄工作规律，提出解决老龄问题所采取的对策和实施办法的科学依据。

（三）充分发挥老龄工作机构的作用

党和国家一向十分关心老年人，通过各种渠道，从各个角度解决老年人问题，为老年人谋福利，在老龄委员会建立之前，许多老年福利设施、老年福利事业都有政府的部门在进行着，比如：敬老院、养老院，民政部门早就进行着。老龄委员会建立后，配合许多方面扩大了业务。总之，我们党和政府对老年人的福利事业一向是十分关心和重视的。80年代以来，我国老龄问题日益突出，成立了老龄委员会。老龄问题世界大会起了促进作用，当然，根本上是由于我国形势发展和客观的迫切要求。外因是条件，内因是根据。老龄委员会是新的历史条件下建立的专门从事老龄工作的组织机构。这是我们党和政府在发展老年事业上的一个重大措施，把老龄工作推进到一个新的阶段。

老龄委员会建立后，老年人认为有了专门代表其利益的组织机构，老龄委员会也以维护老年人的合法权益为己任，向有关部门反映老年人的意见、困难与要求，推动了问题的解决。老龄委员会还动员、组织老年人开展活动，发挥作用，解决老年人的特殊需要。依靠各方面的力量，把国家办、集体办和老年个人自己办密切地结合起来。发展老年事业，为老年人服务是老龄委员会的宗旨，这充分体现党和政府对老年人的关怀。在党和老年的联系方面，老龄委员会应起桥梁作用。

老龄委员会通过组织协调的方法，加强同各方面、各部门的联系，把分散在各部门和社会的力量联合起来，有利于老龄问题的统筹规划、综合治理。在这方面，老龄委员会可以起协调作用。组织协调，这是老龄委员会工作的特点。民政、卫生、教育等部门的工作，一般是按照条条部署下来，我们能够在块块的基础上把大家协调起来，形成网络，工作大有作为。

老龄工作的内容从社会福利、医疗保健扩大到从战略上研究人口老化对整个社会经济的影响。老龄委员会要科学地研究老年人的特点，使老龄工作科学化。通过调查研究，老龄委员会为党和政府解决老龄问题提供有科学依据的建议。

老龄委员会应该成为党和政府研究、解决老龄问题的参谋机关，成为进行协调、开展工作的办事机构。

由于社会工作的复杂性，老龄工作难免与其他部门的工作有交叉，我们必须从实际情况出发，统一规划，协调联络，分工合作，特别要在一些急需要做，而又无人系统去做的工作上下功夫，形成自己工作的特色。

三、主要工作经验

通过这次会议上大家的介绍看有以下主要工作经验：

（一）各级党政领导的重视是做好老龄工作的根本保证。老龄委员会是在各级党委和政府的直接领导下工作的，各级老龄委员会在工作中体会到，党政领导的重视是开展工作的强大动力。老龄工作是一项新的工作，遇到不少新的问题。我们从事老龄工作的同志，必须及时并经常向各级领导主动汇报、请示，让他们了解我们的工作情况，存在的实际困难，提出解决问题的建议，才能取得领导的关心和支持，才能将老龄工作纳入各级党委和政府的议事日程。由于老龄工作起步不久，及时报告情况，十分必要，可以得到领导给以必要的人力、物力和财力的支持。大家从工作中体会到，争取党委的重视，一是请示、汇报，二是宣传、介绍国内外材料，讲老龄工作的意义。还有一个重要的方面，就是要拿我们工作中的实际作用来宣传。南京的同志就采取了一个办法，把老有所为的情况整理成简短的材料送给领导看，让他们知道这是一支不可忽视的力量，引起领导的重视。现在大家提出，最好把我们机构的性质明确起来。按照文件是明确的，若按照全国老龄委员会的情况定下去，就限制了你们的积极性。这个问题不是靠我们定，中央还没有统一规定，需要再经过一段时间的工作，经验更成熟一些，各地的条件更好一些，则更有利于解决。现在，还是要发挥大家的主动性、能动性，争取党的领导。最重要的是把工作做好，使领导感觉到老龄工作确有作用。陕西省老龄委员会成立之后，办了几件事，成立了老年大学，退下来的老同志比较满意，省委书记就说："你们老龄委员会干得好，对我帮助很大，以后你们有什么困难，就来找我。"这就是通过我们的工作成果引起领导的重视。

（二）加强宣传工作，取得广泛支持。几年来，老龄委员会在宣传方面作了不少工作：宣传了老龄工作的战略意义和需要解决老龄问题的重要性和迫切性；宣传了党中央和国务院有关老龄工作的方针、政策；宣传和推广了一些老龄工作的典型事例和先进经验及我国尊老、爱老、养老的光荣传统等。但总的来说，宣传工作是做的不够的，今后要继续加强宣传工作，特别要注重实际，通过办实事、办好事，取得成绩，产生好的社会效果来取得各级领导和兄弟部门以及社会上广泛的理解与支持。如上所述，对领导同志，要从领导的角度讲我们的作用，对于各个部门，要从同他们的业务结合上，讲老龄工作对整个事业和他们的工作都有利，互相帮助，以取得支持。例如对计划生育，应多宣传老龄工作对计划生育大有好处。特别要加强对在职同志的宣传。老龄事业为老年服务，为中青年铺路，现在的工作还不够，今后随着工作的开展，各种制度健全起来，现在的年轻人就可以在比较健全的工作基础上，过更好的晚年生活。宣传要适合各种人的心理。区委、村干部反映，老龄委员会成立后，老年人的事有了集中的地方，这就是代表性，老人的信息及时得到反映。通过老龄委员会可以动员社会力量办老年事业，比较方便。老龄委员会成立后还成立了老年协会，解决不少问题，帮了基层干部的大忙，他们感觉到老龄委员会的作用。这就是说，要从各个方面来说明我们老龄组织机构的作用，使他们加深理解，更积极地支持老龄工作。

（三）深入调查研究，提出建议。从战略的高度，加强调查研究，了解老年人生活当中以及我们工作当中存在的问题，掌握数据，进行分析研究，向上级和有关部门反映情况，提出解决问题的建设性意见，是老龄委员会的一个重要任务。各地在调查研究方面都是做了一些工作的，较为突出的有：北京市老龄委员会承担了关于老龄问题的科研项目，会同有关部门向市委和市政府提出了《关于首都人口结构老龄化的趋势及其对策的初步设想》。湖北、辽宁、天津等省市老龄委员会组织力量，有计划、有目的地调查老年人的状况。湖北省还提出了落实好“五保”老人供养问题的可行办法，为全省制定供养农村“五保”老人的统一规定提供了依据。湖南、天津等省、市老龄问题（工作）委员会会同有关部门草拟保护老年人合法权益的地方法规，业经地方人大常委会批准实施。为维护老年人的合法权益做出了努力。江苏省常州市老龄委员会与其他部门合作，提出了发展老年福利事业的方案，及时将老年事业纳入城市发展规划等等。在这方面，今后还要不断加强。除了这里提到的省、市之外，许多地方的老龄委员会都作了这方面的工作。

（四）协调联络，分工合作，共办老年事业。老龄工作具有多部门、多学科、多层次的特点，不是一个部门，一个单位能够规划、治理得了的。老龄委员会需要联络各部门、依靠有关单位，汇集社会各方面力量开展工作。老龄工作是全社会的工作，要依靠全社会的力量。组织协调是达到这一目的的有效途径，是老龄委员会的一个基本工作方法，大家在工作中是深有体会的。在组织协调中要主动积极，谦虚耐心，注意方法。老龄工作是一个新生事物，被别人认识，要有一个过程，这不是中央发几个文件就能解决的。农村的生产责任制，中央一年发一个文件，搞了好几年，最后有的省才统一起来。所以，要在实践过程中提高人们的认识。开展老龄工作，就是要取得社会各方面的支持，主动地为老年人奔走、说话。为老年人服务，无尚光荣。积极、主动、不要消极，老龄工作难度再大，也没有我们建国时期工作的难度大。现在我国各方面都有难处，不要遇到困难就泄气了，依然要主动、积极，要注意谦虚耐心，不要以领导自居。原国家计委副主任李人俊同志谈到老龄委员会时说：“你们是半官半民。”老龄委员会有些事和政府协作，还有点象群众团体，介于这二者之间，要琢磨一下这个特点。普遍感到，通过老龄委员会委员会议和各种联席会议的方式，可以加强老龄委员会与各部门之间的联系，协调配合，使工作顺利推开。在实践中大家还体会到，开展老龄工作需要有一支热心为老年人办事的工作队伍，我们要注意依靠各地德高望重的老同志，通过他们的影响，为开展老龄工作创造有利条件。这里有两个意思，一个，我们从事老龄工作的同志，不管你是兼职的，还是专职的，都要全心全意为老年人服务，要热心这个事业。王震同志讲了，这是一个新兴的事业，这个事业大有搞头，越发展越大，越发展越好，越发展越健全。万事起头难。在创业期间，克服困难，正是我们最好的学习机会，也是一种最好的锻炼。同时我们要注意依靠德高望重的老同志，有的地方可以增加一些负责的同志，把其他有威望的、身体好的，热心这个工作的同志补进来。名誉主任不一定一个，顾问也可以增加。我们为了一个目的，发展老年事业，开展老龄工作，这方面应该千方百计。

（五）搞好组织工作。积极开展适合老年人的各种活动。首先要抓好组织建设，健全老龄工作机构，有的省如山东建立较晚，但抓得紧，成员都比较过硬。发展老年公益事业是老龄工作的一个方面，例如，老年设施是满足老年人需要的物质条件，应根据国家、集体的经济条件去建立，既要积极又要稳妥。根据老年人的特点，开展群众活动是实现五个老有的重要途径，也是老龄委员会的一个重要的工作内容，如湖北省在农村开展普法教育，制定一些乡规民约，江苏省通过签订“赡养协议书”活动，依靠社会力量，落实、巩固了家庭养老。近两年，农村老人协会发展较快，许多省、市已建立了这样的组织。老年人组织起来，开展活动，维护自身的合法权益，丰富晚年生活，参与农村发展，成为自我教育、自我管理、自我服务的好形式。各地老龄委员会成立之后，都开展了大量的、丰富多彩的老年文化体育活动，如组织各种文艺演出，举办展览，组织比赛，集体学习、锻炼等等，充实老年人的精神生活，增强体质，有利于健康长寿，同时，又在社会上产生影响。有的省搞书法展览，邀请各界人士和领导看，本身就是一种很好的宣传形式。对老年人来说，又可培养他们业余爱好的兴趣。山东泰安地区积极开展体育活动，打门球成了风，有些老同志吃过早饭就去打门球，家里和和美美，也不闹矛盾了。这就增强了体质，有利于家庭，又有利于社会。为了继承和发扬我国尊老爱幼的光荣传统，各级老龄委员会普遍开展了形式多样的敬老活动，一些地方自行设立老年节、老年日或老年周，逢年过节慰问老人。天津老年协会按时给老人作寿，作寿有各种各样的，经济条件好一点的，水平可以高一点，经济条件差一点的，可以搞得水平低一点，大家来到这里、祝祝寿，就很好，老年人非常感动。四川省动员县委书记参加敬老活动，县委书记亲自到山沟里去慰问百岁老人，影响一大片。我们老龄委员会把敬老这个旗帜高高举起，来推动各方面。开展敬老活动，既有利于青少年的教育，又调动了在岗位上的干部的积极性，从而推动了当地老龄工作的发展。上海市还开创了“忘年交”活动，交流了思想，加深了两代人的感情。城市中许多低龄老人迫切要求继续发挥作用，老有所为。此事在政策允许的条件下，关键在于组织。上海同志根据老年人的特点、爱好、能力、生活条件分门别类加以组织，开展咨询活动，社会公益活动，兴办第三产业等等，效果较好。大家看了上海的经验后，感觉很突出，有的同志说，我回去以后先抓两条，一是老有所养，二是老有所为。这就是我们会议上交流经验中感觉到的共同经验。

四、今年的任务

按照国务院文件精神和各地实际情况拟抓好以下工作：

1. 继续广泛深入地宣传老龄工作的重要性、迫切性和战略意义，提高社会各方面对老龄工作重要性的认识，为解决老龄问题做好思想准备和舆论准备。要利用各种宣传工具，继续办好老年报和老年刊物，争取各种方式，加强宣传，尤其是要利用电视、广播等现代化的宣传工具，搞得有内容，有趣味，采取老年人喜闻乐见的形式，就会受到欢迎。再一个要开展活动，做出成绩，通过宣传我们的工作成绩，宣传我们的活动内容，形式多样生动活泼，才能取得好的宣传效果。

2. 进一步抓好调查研究工作，加强老年科学研究。注意从战略上、整体上对老龄问题进行综合分析研究，为党和政府制定有关老龄工作的方针、政策、发展规划提供有数据、有分析的调查材料和可行性建议。从宏观着眼，从微观入手，将老龄工作的当前任务与长远任务有机地结合起来，保证老年事业顺利向前发展。目前，在调查研究的基础上，要积极建议并协同有关部门制定“老年人保护法”或地方法规、条例。

3. 围绕“老有所养、老有所医、老有所为、老有所学、老有所乐”五个方面，为老年人办实事，当前着重注意抓好“老有所养”和“老有所为”方面的工作，做好组织协调工作，联络各有关方面，动员社会力量，从各地的经济条件出发，多渠道、多层次、多形式，有计划地兴办和发展老年公益事业，落实、巩固家庭养老；疏通渠道，组织健康老人从事力所能及的工作，寓老有所养、老有所学、老有所乐于老有所为之中。

4. 要充实、调整和加强老龄工作机构，继续开展群众工作，支持在农村建立老年人协会，通过有组织的活动，服务于自身，服务于社会。

5. 积极开展老年群众活动，加强组织，创造条件，抓好时机，使各种活动保持经常化，力求形式多样化。要努力维护老年人的合法权益，广泛开展敬老活动，有条件的地方可以通过“老年节”的方式，推动当地的老龄工作。目前各地定的老年节，日期也不一样，东北的老年节大部分定在6月，那时候气候比较好，中部地区都定在重阳节，九月九，各地条件不同，时间也不同，我看这一问题不必强求一律，各地可根据当地的具体情况，搞“老年节”或“敬老周”、“敬老日”，开展敬老活动。老年活动要以精神文明建设为指导，健康发展，同时要适合老年人的特点，讲究科学性。

各级老龄委员会的任务应有所侧重。全国老龄问题委员会侧重于调查研究、理论建设，提出政策性建议，及时发现并推广具有普遍意义的、带方向性的先进典型，推动工作向纵深发展，并积极进行国际性的学术交流和友好往来。县和县以下的老龄委员会，应面向基层，面向群众，直接为老年人服务。老年活动和老年设施应遵循就地就近，小型分散的原则，使老龄工作扎根于基层，扎根于群众。省、自治区、直辖市一级委员会则介于二者之间，兼顾两方面的任务。

最后，提出几点希望：

（1）老龄工作一定要坚持四项基本原则，加强党的领导，坚决贯彻执行党中央和国务院关于老龄工作的各项方针和政策。反复学习、全面理解我们敬爱的聂荣臻同志的最近指示，“大家崇尚实际，取长补短，订出规划、计划，力争每年做几件实事，扎扎实实地向前发展，在坚持四项基本原则的前提下，使老龄工作，日臻完善。”

（2）老龄工作要紧紧依靠各级党委和政府的领导。各地的条件不同，老龄工作发展很不平衡，工作中有关编制、经费或其他方面的问题，要及时主动地向各级领导汇报、请示，请党和政府帮助解决。同时，要加强同其他部门的联系，相互配合好，协同工作。这次会议，上海和各地都有很好的经验，大家可以相互学习，取长补短。

（3）继承和发扬中华民族的优良传统，吸取外国好的经验，创造出符合中国国情的养老方式，形成具有中国特色的老龄工作体系，这是摆在我们老龄工作者面前的一个光荣的历史使命。

老龄工作是为老年服务，为中青年铺路，是一项具有深远意义的工作，大有作为。尽管前进道路上存在不少困难，但是，我相信，经过同志们和全社会的共同努力，老龄工作一定能够做得更好。

崔乃夫同志在第二次全国老龄工作会议上的讲话

（1989年10月13日）

同志们：

第二次全国老龄工作会议今天就要结束了，这是我国老龄工作史上很重要的一次会议。通过回顾、总结近5年老龄工作的经验、成绩和问题，分析当前我国人口老龄化的状况和趋势，提出了老龄工作的发展战略、工作方针和规划，这将对今后产生深远的影响。照华同志代表全国老龄委作的工作报告很全面，我完全赞同。

民政部是一个涉老的工作部门，但是很长一段时间我们只管一部分老年人工作，视野不够开阔，埋头于日常事物。只是近一年来，通过向老龄委领导同志学习和向长期从事这项工作的同志学习，才更深地感到老龄工作意义重大，做好这项工作也并非易事。它需要对问题清醒地、科学地、透彻地认识；需要上下左右各方面通力合作；需要全社会的理解和支持。

借此机会，我想谈以下3点想法：

一、经过各方面的共同奋斗，我国老龄工作已奠定了一个良好的基础

我国是发展中国家里较早地注意到人口老龄化问题的国家。早在50年代，我国在城市就制定了退休劳保和公费医疗制度，在农村依靠集体经济建立“五保”体制。进入80年代以后，伴随着我国人口老龄化趋势的显露，老龄工作日益受到多方面的关注，继而发展成为一项新兴的事业。这项事业受到了党和政府的关怀、重视，党和国家领导人，和一批德高望重的老一辈革命家亲自关心指导，作了许多重要指示。这些重要指示成为老龄工作强有力的推动力。老龄化问题已经正式写入了党的十三大报告和七届人大二次会议政府工作报告，这标志着老龄工作已引起了党中央、国务院和全国人民的高度重视。近年来老龄工作在党和政府直接关怀、指导下，在诸多涉老部门的共同奋斗下，可以说取得了令人瞩目的成绩，已经奠定了一个具有广阔、良好发展前景的开局。其主要标志是：人口老龄化问题已引起了各级党政部门的重视，不少地方列入了工作议事日程，许多涉老工作部门已经开始研究对策，制定计划；人口老龄化的宣传达到一定的深度和广度，在社会产生了广泛的影响，老龄科研工作已初具规模，提出了一批有重要参考价值的成果；各级为老年人工作的组织、团体和老年人自己的群众组织蓬勃发展，十分活跃；新建了一批为老年人服务的各类福利设施，为老年人服务的活动开展得有声有色；整个社会尊老敬老、维护老年人合法权益的呼声高涨，形成了气候；老年文化教育、卫生事业发展迅速，方兴未艾；老年工作及科研的国际合作也初步打开局面。以上这些成绩的取得是与各级党政领导的重视分不开的，是各涉老工作部门共同艰苦奋斗的结果。在第一线工作的广大老龄工作者更是为此付出了心血，做出了贡献。

特别要指出的是，全国老龄委和各地老龄委为开拓我国老年事业做出了重要贡献。1982年全国老龄委成立，承担着“对有关老龄问题的一些重大问题，进行调查研究，综合规划，组织协调，督促检查”的重任。老龄委的同志凭着一种高度的责任感和事业心，在人员少、经费缺、各方面工作条件比较艰苦的情况下，奋力开拓，顽强地推动老年工作向前发展，精神可嘉。今天的大好局面来之不易。我同意照华同志在工作报告中的提法：“过去的五年是老龄工作艰苦奋斗的五年，是开创局面的五年。”

二、做好人口老龄化前的各项准备工作具有紧迫性

我国是一个人口大国，人口问题从来都关系到国计民生和社会主义现代化建设的大局。在人口问题上，我们曾经有过失误和深刻的教训。当前在我国人口问题上第一位仍然是人口数量和质量问题，应当继续实行严格的计划生育政策，控制出生率。但是与此同时，我们必须密切地注意伴随出生率的下降和人口平均年龄的延长而产生的人口老龄化问题。这也是个关系到国计民生和现代化建设大局的重要问题。

解放后40年，由于人民生活水平的不断提高和医疗卫生事业的改善，人均寿命大大延长，由解放前的36岁提高到现在的69岁。我国人口老龄化的特点是：人口基数大，来势猛，发展速度快。据1987年全国百分之一人口抽样调查，全国现有60岁以上的老年人9154万，约占全国人口数的8.5%。此后，老年人口将以每年3%的速度递增，平均年增长300万人。预测到1995年，全国老年人口将增长到1.2亿，占当时人口总数的10%。到下个世纪三四十年代，我国人口老龄化发展到严重阶段，65岁以上老年人口约占人口总数的13%～17%，这个数字将仅次于瑞典、联邦德国、日本等人口老龄化的水平。世界上许多发达国家65岁以上人口比重由5%（成年型人口）上升到7%（老年型人口），一般要经过50～80年时间，而我国只需要18年，这种发展速度在世界上也是罕见的。

人口老龄化既是社会进步的一种体现，同时也给社会发展带来一系列重大影响，产生一系列需要妥善解决的社会问题。这些社会问题主要有4个方面：

一是老年人绝对数量的激增，使老年人的各类特殊社会需求量加大。老年人在医疗方面的开支大约是17—60岁之间的成年人的3倍。老年人对商品、交通、住宅、文化娱乐、社会福利、服务等方面也都有特殊的需求。如不能及时合理地从宏观和微观上统筹安排，就会出现一系列的社会失调。老年人看病难、乘车难、住房难、购物难等等问题会越来越突出。在这方面我国的工作刚刚起步，缺环甚多，不少领域还是空白。

二是劳动力结构的老化和劳力资源的相对减少，老年人消费基金比例加大。据统计，我国老年人口增长速度超过总人口和劳动力人口的增长速度。从下个世纪20年代开始到50年代，我国劳动力人口将每年平均减少100多万。与此同时老年消费基金呈增加趋势。目前已在部分老龄化程度高的城市和企业表现出来。上海1985年全民和集体单位离退休职工已达133.4万，相当于在职人数的27%，退休费达13亿，相当于在职职工工资总额的20%；天津一个棉纺厂退休人员已达4400多人，占在职人数的43.5%；退职退休费用占年开支工资总额42.7%，福建省一个企业在职职工751人，退休职工966人，每年退休金总额比在职职工工资总额还要多。据预测，到2000年全国退休费总额将达520亿，相当于在职职工工资总额的17%。目前北京市全市平均每8个劳动力人口抚育1个老人，到2030年，将会下降到每2个劳动人口抚育1个老人。老年消费基金的大幅度增长必须及早预算，合理筹措，及早提出对策。

三是人口老龄化与家庭小型化之间的矛盾将逐渐突出，形成对传统养老方式的冲击。我国实行一孩化的计划生育政策，家庭正在趋向小型化，核心家庭增加，主干家庭减少。解放前我国家庭人口平均5.38人，现在已经缩小到4.40人。1982年，全国239个镇市户均人口为4.09人，38个百万人口以上的城市户均人口4.01人。据北京、上海、天津、南京、成都的调查，核心家庭已占家庭总数的66.4%。由于家庭的小型化和人均寿命的延长，养老问题将变得愈来愈突出。“四二一”结构的出现，必将对传统的养老形式提出挑战，要求社会发展养老服务事业，由完全的家庭养老向家庭、社会、国家三结合的养老形式转化。

四是老龄人口增大也给社会思想领域里提出了新的课题。代际之间的沟通、相互理解和衔接问题比以往更突出、更重要，这关乎到社会科学、文化、技术、经验的传播和继承，也关乎到精神文明建设。如何增进老年人与中青年人之间的相互理解；如何进一步提倡尊老、敬老、维护老年人的合法权益，都要有更大量的工作去做。

应当指出的是老年人是社会的宝贵财富，发挥老年人的作用是进行四化建设不可忽视的力量。我们必须持积极的态度去迎接老龄化社会的到来。现在距本世纪末还有11年的时间，因此做好迎接老龄社会到来的各项准备工作具有十分的紧迫性，要加紧工作。事实上，现在上海、北京、天津、江苏、浙江等省市已进入老年型社会，还有一些省市也将在近几年内跨入这个社会。探索问题需要一个过程，解决问题更需要反复的实践。我们绝不能等到社会已进入老龄化阶段，问题成堆以后再找出路，惟一正确的办法是，及早重视，及早研究对策，循序渐进，水到渠成。

老年人的事业是一项新兴的事业，也是需要全社会理解的事业。只要坚持不懈地把这项工作的意义宣传给群众，就一定能得到群众的理解和支持，搞好这项事业就有了可靠的保证。

三、民政部门要支持老龄委的工作，并在这一事业中发挥积极作用

前面我已说过民政部门是政府中一个涉老工作部门。建国40年来，在中央、国务院和各级党政的领导下，在老人事业方面做了一些工作，初步形成了体系，但仍很不够，要倍加努力。

近些年来，为适应社会发展和人口老龄化的需要，各级民政部门在原有涉老工作的基础上，又开拓了一些新的领域。第一，是在农村探索了基层社会保障制度。针对我国经济水平低，各地经济状况不平衡的特点，根据因地制宜分类指导的原则，在经济富裕的地区开展农村养老保险试点，全国有270多个县，近8000个村、800多个乡，近90万农民参加了养老保险。这种养老保险的特点是在以家庭养老为基础的前提下，以农村的社区——村、乡为单位，走自我积累、自我管理、自我发展的道路。尽管这种养老保险的层次还不高，但它改变了几千年传统养老的方式，培养了通过社会保险养老的新习惯。在经济状况中等地区，大力发展了敬老院事业，现在全国乡、镇和村办的敬老院达到36750所，比10年前增加了3.9倍，入院人数43万，比79年增加了3.1倍。全国还有1万个乡建立了以敬老院为中心的服务中心，把“五保户”吃、住、医都统管起来，使敬老院逐步发展成为农村老人事业的中心。在经济落后的地区，重点抓好对贫困老人、五保老人的救济，使他们的生活水平保持在当地中等生活水平之上。第二，是在城市开展了社会服务工作。通过街道、居委会，创办各类小型多样的福利设施，采取灵活多样的服务方式，为社区老年人提供各方面的帮助。各地相继建成的老年公寓、托老所、老年活动站、老年庇护所、老年康复站、老年婚姻介绍所、老年心理咨询点等社区福利设施网点39000多个。此外，依托街道和居委会成立了各类孤老包户组36000多个。社区老人福利服务工作具有投资少、见效快、归属感强的优点，受到了广大老年人的衷心欢迎。目前全国很多城市已把社区服务列入了政府制定的社会发展规划，不少地方还形成了志愿者工作队伍，体现了这项工作的生命力。

根据多年的实践，进行老年工作我们认为要注意这几个方面的原则：（1）增强老人对自身能力的认识，支持他们进行一些力所能及的工作；（2）加强老人的社交活动，为他们提供一定的场所，并发挥所长；（3）加强康复和保健工作，防止体质和智力的衰退；（4）要以社区为单位，与社区成员一起共同分享价值和社会结构、权力分配和参与形式；（5）重视法律和政策的作用，运用法律和政策保护老人的合法权益不受侵犯。

这次全国老龄工作会议以后，各级民政部门要认真贯彻会议精神，按照会议的要求和倡议，研究部署自己的工作，要继续抓好属于自己分管的老龄工作，要继续探索农村养老的基层社会保障和发展社区服务，努力做出成绩。

民政部门和老龄委系统的工作有着密切的联系。我们有着共同的奋斗目标。各级民政部门都应大力支持，协助老龄委的工作。老龄委承担着综合协调老龄工作的任务，凡是属于民政部门应该抓的工作，都应尽职尽责做好；凡是需要民政部门配合做好的工作，也要全力支持协助。让我们携手并肩，共同奋斗，为全面解决人口老龄化的问题，为发展中国的老年事业做出应有的贡献。

我的话完了。谢谢！

王照华同志在第二次全国老龄工作会议上的报告

（1989年10月9日）

同志们：

第二次全国老龄工作会议正式开幕了。

在制止动乱、平息反革命暴乱取得决定性胜利，全党、全军、全国各族人民认真贯彻党的十三届四中全会精神，集中力量抓好四件大事的时候，我们在北京召开这次会议有着十分重要的意义。

这次会议的任务是，在党的十三届四中全会精神的指导下，认真贯彻党的十三大报告和七届人大二次会议政府工作报告中关于老龄工作的指示；总结工作，交流经验；研究确定今后一个时期老龄工作的战略目标、方针和基本任务，把老龄工作推向一个新的发展阶段。

一、过去5年老龄工作的基本总结

从第一次全国老龄工作会议至今已经5年了。5年来，各级老龄组织在党和政府的领导下，在老一辈革命家和德高望重的老同志的关怀下，经过各有关部门的配合、支持和广大老龄工作者的共同努力，坚持四项基本原则，贯彻党和政府关于老龄工作的方针政策，艰苦奋斗，改革创新，努力开拓，积极进取，做了大量工作，取得了很大成绩，开创了老龄工作的新局面。

（一）建立健全组织机构，基本形成了老龄工作的组织网络。中国老龄问题全国委员会成立以来，老龄组织从无到有，从小到大，发展较快。现在，全国已有28个省、自治区、直辖市，95%的地（市），70%的县（市）建立了老龄委员会，街道和乡镇也建立了老龄基层组织。各级都选拔配备了一批热心老龄事业的工作干部。他们当中，既有德高望重、经验丰富的老同志，也有年富力强、朝气蓬勃的中青年同志。这是5年来老龄工作得到全面发展，取得可喜成绩的组织保证。广大农村建立的村老年人协会，在调解家庭纠纷、签订赡养协议、推行计划生育、教育年轻一代、维护老年人权益、移风易俗等方面起了重要作用。全国和一些省、市还成立了老年学学会和老年基金会，开展了学术研究和募集老年事业基金活动，取得了一定的成绩。中央和许多地方根据老年人的特点、老年人的爱好或其原来从事的工作，成立了各种类型的老年群众组织，如老年体育协会、老年书画研究会等，这些组织为促进老龄工作的开展，活跃老年人生活，协助解决老年人的各类问题，搞好两个文明建设发挥了很大作用。

（二）广泛开展宣传工作，提高了对老龄工作重要性的认识。各级老龄工作机构与新闻、宣传部门配合，运用多种舆论工具，采取各种方式，广泛宣传我国人口迅速老龄化的趋势以及对社会、经济可能带来的影响和党中央、国务院有关老龄问题的方针政策，运用马克思主义人口理论，从宏观和微观上加以论证，提高了人们对人口老龄化战略意义的认识。现在全国已有老年报刊30多家。由全国老龄委主办的《中国老年》杂志，月发行量近35万份；全国老龄委与各省、自治区、直辖市老龄委共同主办的《中华老年报》每期发行近10万份；中央和地方的许多广播电台、电视台和报刊杂志还开辟了老年专题节目或专栏，深受老年人的欢迎；不少省、市规定了“敬老日”、“敬老周”、“老人节”，广泛开展了敬老活动，提高了老年人在社会生活中的地位，弘扬了尊老、爱老、养老的传统美德。

（三）老龄科学研究工作获得可喜成果。全国和各地老龄委员会、老年学学会与有关科研单位合作，对老龄问题进行了广泛的调查研究，召开了不同层次、不同专题的讨论会，提出了一些有价值的论文和建议。现在，中国老龄科学研究中心已经成立，有些省、市也相继成立了老龄科研机构，培养吸收了一批科研骨干，加强了老龄科学的理论研究，整理了许多有价值的资料，编辑出版了一些学术著作。这些工作有力地推动了老龄科学研究的发展。

（四）维护老年人权益的立法工作，取得了重要进展。各级老龄委员会从实际出发，深入调查研究，积极推动并参与老年人权益的立法工作。目前，全国已有16个省、自治区、直辖市依据《宪法》和有关法律规定，制定颁发了保护老年人的人身、财产、婚姻自主，劳动收入等权利的地方性法规。这些法规的制定和贯彻执行，使老年人的权益得到了保护，使虐待、迫害老人的案件有一定幅度的下降，社会风尚有了好转。同时也为全国制定统一的老年法规奠定了基础。

（五）积极组织老年人参与社会发展，为两个文明建设作出了贡献。各级老龄委员会积极配合有关部门为“老有所为”广开门路：有的地区采取多种形式，组织老年人从事技术咨询服务、翻译、教学、行医等工作，弥补或缓解了各条战线科技骨干力量的不足；有的把老年人组织起来兴办第三产业；有的组织老年人从事维护社会治安、参与市场管理、维护交通秩序等低酬或无酬的社会服务活动；有的组织老同志从事关心教育下一代，帮助青少年健康成长的活动；老年人参与社会发展的人数逐年增加。实践证明，在改革开放和两个文明建设中，老年人是社会的宝贵财富，是一支不可忽视的力量。

（六）积极创办老年大学，老年教育得到了发展。1983年各地开始创办老年大学，1985年召开全国老年大学经验交流会时，已发展到60余所。在这次会议上，李鹏、薄一波、宋任穷等中央领导同志称赞老年大学的创办是我国老年事业的一大创举。之后，各地老年大学象雨后春笋，蓬勃发展。到目前为止，全国老年大学（学校）已发展到900余所，先后参加学习的有近20万人。老年大学的创办，对老年人更新知识，学技习艺，陶冶情操、延年益寿起了很好的作用，受到了老年人的普遍欢迎。

（七）在全国范围内开展的“两奖”评选活动，赢得了全社会的重视和广泛的支持，收到了很好的效果。“老有所为精英奖”和“敬老好儿女金榜奖”评选活动，经过广泛发动，层层评选，分级表彰，取得了很大成绩。全国29个省、自治区、直辖市和中央国务院49个部、委、局共评出“两奖”人物20余万名，推荐到全国表彰的近2000名，选出近百名代表到北京参加全国“两奖”表彰会议。此项活动的开展，展现了老年人焕发革命青春的英姿和中青年人敬养老人的社会新风貌。这对扩大老龄工作的影响，推动社会主义两个文明建设，促进社会风气的好转，发扬尊老爱幼的优良传统起了重要作用，深得社会各界的好评。

（八）积极配合有关部门，兴办老年活动场所，老年福利事业得到了发展。为了解决老年人缺少活动场所的问题，各地老龄委大力推动和依靠各方面力量。本着“合作共建，因陋就简，就近就地，一室多用”的方针，广泛修建老年活动场所，活跃了老年人的文化体育生活。有条件的地方还积极兴办了设备较为齐全、具有多种功能的带示范性的老年活动中心。各地还建立了老年病医院和老年病门诊部，兴办了一批托老所、老年公寓、老年用品商店等。这些设施为老年人医疗保健和日常生活提供了方便。各地老年基金会的建立对老年福利事业起到了积极的作用。

（九）加强培训，提高了干部素质。全国和地方老龄工作机构，通过举办不同形式的培训班，邀请专家学者和有经验的老龄工作者讲课，讲授老年学的基础知识，调查研究的基本方法，做好老龄工作的基本经验，提高了老龄工作干部的素质和业务水平。

（十）开展国际合作与交流。全国老龄委和一些省、市老龄委与国际老龄组织以及一些国家进行了友好往来，开展了国际的多边或双边的技术合作及互访交流活动，学习了外国的经验，介绍了我国老龄工作的情况和好的做法，扩大了我国老龄工作在国际上的影响。全国老龄委在联合国人口基金援助下，开展了中日间人口老龄化对比研究及亚洲 4 国人口老龄化国别调查，取得了一定成果。

同志们，过去的 5 年是老龄工作艰苦奋斗的五年，是开创局面的 5 年，老龄工作的开展，对社会风气的转变，安定团结局面的巩固，改革开放政策的贯彻落实起到了很好的作用，从而扩大了老龄工作的影响，使老龄问题越来越为人们所关注。回顾 5 年来的工作，我们认为，做好老龄工作的经验和体会有以下 5 个方面，这也是今后老龄工作的基本工作方法和原则。

（一）党和政府的重视，是做好老龄工作的关键。

近年来，世界老年人口越来越多。人口老龄化的趋向，不仅严重地存在于发达国家，也在发展中国家开始显露出来。老龄问题已经成为举世瞩目的重大社会问题。我国人口老龄化迅速发展的趋势已经引起党中央和国务院的重视。1984 年，在第一次全国老龄工作会议上，王震同志代表党中央、国务院作了重要讲话。党的十三大政治报告和七届人大二次会议政府工作报告，都对老龄问题作了明确指示。各级地方党委和政府也十分重视老龄工作，把老龄问题列入议事日程，主动听取汇报，建立机构，配备干部，批给编制和经费，研究解决老龄工作中的重大问题，采取适当的对策和措施。实践证明，老龄事业是一项新兴的事业，党和政府重视，老龄工作就充满活力，老龄事业就兴旺发达。

（二）加强宣传，提高全社会对老龄工作重要性的认识，是做好老龄工作的重要环节。

老龄工作是一项新的工作，要使全社会认识和理解它的重要性，并关心和支持这项工作，加强宣传是十分重要的。各级老龄委充分运用舆论工具反复宣传人口老龄化的发展趋势和将要给社会、经济、政治带来的影响，围绕“老有所养、老有所医、老有所为、老有所学、老有所乐”，广泛开展宣传教育和各种活动，进行社会伦理道德方面的教育，发扬尊老、爱老、养老的优良传统，改善了社会风气。根据大家的体会，只有积极主动地反映情况，提出建议，采用多种方法和方式，把宣传工作贯穿于老龄工作的始终，才能动员全社会力量共同做好老龄工作。

（三）加强组织协调是做好老龄工作的重要方法。

老龄工作涉及到很多部门、很多方面，要通力合作才能做好。根据各级老龄委几年来的体会，有些工作要以老龄委员会为主来办，很多工作要由老龄委联合其他部门来办。因此，只有在党和政府的统一领导、统一规划下，老龄委主动与党政有关部门、群众团体和有关单位联络和协调，大家都充分发挥积极性，齐抓共管，才能做好。

（四）加强理论建设，是做好老龄工作的基础。

老龄问题是一个涉及诸多方面的复杂的社会问题，老年学是一门新兴的多学科的交叉科学。因此，加强对老龄工作的理论指导，建立一支科研队伍，是十分重要的。首先，要搞好调查研究，对本地区老年人口发展趋势和可能带来的问题有一个科学的分析；其次，要从实际出发，注意吸取外国的经验，及时提出综合治理老龄问题的对策建议。几年来的实践证明，抓好调查研究，重视理论探讨，提出的对策建议就比较符合实际，老龄工作就开展得比较有生气。

（五）加强组织机构和干部队伍建设是顺利开展老龄工作的组织保证。

我国地区辽阔，经济发展水平不同，人口老化的程度和趋势差别较大。各省、自治区、直辖市党和政府的领导，从有利加强老龄工作出发，结合本地区情况各自规定了老龄机构的性质和地位。例如：有的地方老龄机构纳入政府序列，成为主管老龄工作的职能部门；有的把“老字号”的机构归并为老龄委员会，实行一套机构、几块牌子的办法；有的老龄委机构单独设置，独立工作，但挂靠某个政府部门。从各地工作的实际情况看，把老龄机构作为党或政府主管老龄工作的综合部门，对开展老龄工作比较有利。在抓好组织建设的同时，各地还选拔、配备了一批热心老龄事业的干部，组成老中青三结合班子，使老龄工作的开展，有了可靠的保证。

几年来，老龄工作在全国各级机构的共同努力下，取得了很大的成绩，但发展还不平衡，老龄工作机构还有待于加强，老龄工作体制还需逐步加以理顺。全国老龄委和大家一样都是初学乍练，面对新问题经验不足，工作缺乏规划，在调查研究，深入基层，指导检查工作，及时总结推广各地经验等方面还存在不少缺点。我们相信，这些问题经过我们广大老龄工作者的共同努力、互相学习和督促，随着改革的深化和老龄事业的发展，会逐步得到改善的。

二、老龄工作面临的形势和任务

（一）老龄工作面临的形势

我国正处在社会主义初级阶段，经济不十分发达，而人口将迅速老龄化，这是一个突出的矛盾。据预测，到2000年我国60岁以上老年人口将达1.3亿，占总人口的10%以上，开始进入老龄化社会。根据国民经济发展的设想，到本世纪末，我国人均国民生产总值尚不足1000美元，这同目前已经成为人口老年型国家的经济力量相比，距离是比较大的。这些国家的人口老龄化是伴随着工业化、城市化而逐渐到来的，其过程是缓慢的，它们的经济发展为对付人口老龄化带来的问题打下了一定的基础。而我国人口老龄化的迅速到来，除人民生活水平提高，卫生医疗条件改善，死亡率下降外，国家推行计划生育政策使出生率迅速下降是一个重要的因素。因此，我国人口老龄化具有起步晚、来势猛、发展快的特点，这就造成了人口老龄化超前发展同经济发展不相适应的问题。而且，我国人口老龄化还具有发展不平衡的特点。现在，全国已有5个省、市先于全国人口老龄化，还有一些省、市也将在几年内人口老龄化。这种局面对社会、经济的影响将使我们面临严重的挑战。为此，解决我国老龄问题的各项对策必须适应我国经济水平，同时必须认识到大力发展经济是解决老龄化问题的根本措施。这是我们观察问题，制定规划，部署工作首先要遵循的基本出发点。

当前，我国正处在改革的关键时期，改革的过程是复杂而艰巨的。这对我们解决人口老龄化带来的问题将会产生深刻的影响。如在养老经济保障问题上，传统的家庭养老的方式正逐步变化，社会养老保障制度尚未完全建立；现行的退休养老办法已不大适应当前的情况，必须进行改革，而社会养老保障制度的建立涉及面很广，不是一朝一夕所能实现的；“白发浪潮”正逐渐冲击着社会生活的各个领域，而各种社会福利事业还跟不上老年人增加的需求等等。因此，我们在处理和解决与老龄工作有关的问题上，只能顺应形势的发展，及时采取积极的对策。

人口老龄化问题对政治、经济、文化等各方面将产生的影响及其程度要被全社会所认识还要做许多艰巨的工作。如：人口老龄化带来的劳动力结构老化的问题；日益增加的社会保障开支问题；为满足老年人群体需要所引起的社会生产结构变化和投资结构变化的问题；城市规划、社区建设、服务设施适应老年人特殊需要问题等等。应当说，这些问题，我们研究还不够，认识还不充分，还没有用科学的、有说服力的论据，去唤起全社会的关注。从现在起到2000年，只有不到12年的时间，要动员全社会的力量，做好迎接人口老龄化的各项准备工作，任务是十分艰巨的。

老龄问题是一个综合性的社会问题，涉及政府很多部门的工作，老龄工作机构如何适应新的形势，需要认真加以研究。目前，老龄工作管理体制的现状，很难适应老龄问题的综合治理。这样，就要求我们各级老龄组织和老龄工作干部，从本地区的实际出发，大胆探索，勇于创新，不断总结经验，主动向党和政府提出建议，使管理体制逐步加以改进和完善，这是十分重要的。但是，有一点可以肯定，老龄问题是客观存在的，老龄工作不会削弱，只会加强。全国老龄工作管理体制将会随着国家体制改革的深入和老龄工作的发展得到调整和解决。

（二）老龄工作的战略目标和指导方针

根据老龄工作面临的新形势，遵照党的十三大报告中关于“要注意人口迅速老龄化的趋向，及时采取正确的对策”和七届人大二次会议政府工作报告中关于“人口老龄化越来越成为我国社会的重要问题，各地区、各部门都应关心老年工作”的指示精神，从现在起到本世纪末，即在我国人口老龄化之前，老龄工作应在理论、政策、法律等方面做好迎接人口老龄化的准备，经过各地区、各有关部门的共同奋斗，力争实现这样的战略目标：初步建立符合我国国情的社会养老保障制度；围绕“五个老有”的总要求建立以社区为中心的老年服务网络；制定国家维护老年人权益的法律或法规；建立一支具有较高水平的老龄科研队伍，提出对付老龄问题的综合对策；建立和完善老龄工作体系，发展壮大老龄工作干部队伍；努力创造一个适应人口老龄化社会的条件与环境。

为了实现上述战略目标，老龄工作的指导方针应当是：贯彻党的基本路线，以经济建设为中心，坚持四项基本原则，坚持改革开放，紧紧依靠党和政府的领导，协同有关部门，动员全社会力量，积极探索，艰苦创业，从我国的实际情况出发，有计划，有步骤地发展适合我国经济水平、符合我国历史文化传统的具有中国特色的老龄事业。

（三）各级老龄委的任务

明确各级老龄委的任务，对于进一步做好老龄工作至关重要。全国老龄委要继续贯彻国务院国办发［1983］29号文的规定，即“对有关老龄问题的一些重大问题，进行调查研究、综合规划、组织协调、督促检查；参加有关老龄问题的国际性和地区性专业会议，开展多边或双边的技术援助和技术合作等对外活动”。根据这一规定，结合我们的实际情况，全国老龄委的具体任务是：调查分析人口老龄化的发展趋势，作出科学的预测；研究人口老龄化对社会经济的影响，吸取世界先期老龄化国家的经验，根据我国特点，及时提出符合国情的对策和近期、远期规划，供政府参考；受政府委托，协调有关部门，在“五个老有”方面做好迎接人口老龄化社会的准备工作，并推进维护老年人权益的立法工作；指导、督促、检查地方老龄委工作。

省、自治区、直辖市老龄委的任务可参照上述规定，结合本地区的实际情况确定。我们建议，应抓好本地区老龄问题的调查研究和综合规划；针对本地区人口老龄化的突出问题，提出对策建议；在党和政府的统一领导下，协调党政有关部门组织落实有关老龄问题的方针、政策或决议；规定地（市）、县（市）老龄委的任务，部署工作并进行指导、督促、检查；总结交流经验；完成党和政府委托的其它任务。

地（市）、县（市）以下各级老龄委，应面向基层，面向群众，调查研究，提出建议，协调有关部门解决好本地老年人带普遍性的问题，直接为老年人的“五个老有”服务。

同志们，我国人口老龄化的发展趋势是迅速的，老龄工作面临的任务紧迫而艰巨。但是，我们有优越的社会主义制度和尊老、爱老、养老的优良传统，有党和政府的领导及各有关机构的通力合作，全国老龄工作者的努力，又有一大批老同志的关怀与支持，只要及时采取正确的对策和措施，我国人口老龄化问题将会比发达国家解决得更好，我们对此充满信心。

三、要抓好的几项工作

老龄事业是社会主义事业的重要组成部分，我们要在十三届四中全会的指引下，在已经取得的成绩的基础上，振备精神，积极进取，作出新的贡献。特别需要指出的是，发展老龄事业，解决人口老龄化带来的问题，需要有一个长治久安的社会环境，在制止动乱，平息反革命暴乱之后，各级老龄工作部门要旗帜鲜明地反对资产阶级自由化，切实加强思想政治工作，把老龄工作推向一个新的阶段。为此，今后一个时期，我们要着重抓好以下几项工作：

（一）继续搞好宣传教育工作

搞好老龄宣传教育，是一个长期的任务。我们一定要在广泛宣传的基础上，努力提高宣传工作的水平，才能收到预期的效果。在老龄工作的方针、政策和人口老龄化问题的宣传上，我们要用科学的理论和可靠的资料来加以阐述，努力克服形式主义和一般化的倾向；要弘扬中华民族尊老、爱老、养老的传统美德，改变社会风气；老年报刊要在继续扩大发行量的基础上，提高质量、增强思想性、科学性、加大信息量，形式上要活泼多样，提高编辑、排版和印刷水平，防止资产阶级自由化倾向，使报刊真正成为为老年人服务的社会主义宣传阵地；要广泛利用报纸、电台、电视台等宣传阵地并注意提高实效；老年大学要在认真总结经验的基础上。提高办学质量，招生对象要逐步面向社会，增加为老年人职业转换服务的教学内容，完善学校管理制度和教学计划，把老年大学真正办成有生命力的，为老年人服务的社会主义成人大学。

（二）加强老龄科学研究，建立理论研究队伍

当前，老龄事业的发展迫切需要老龄科学的指导。因此，需要建立一支具有较高水平的理论研究队伍。今后一个时期，老龄科学理论研究的重点应放在人口老龄化的现状与发展趋势和综合治理的对策上。人口已经达到老龄化的省、市，要先于全国提出正确的对策，为其它省、市和自治区提供经验。为了完成上述任务，要制定切实可行的老龄科学研究规划，同时要加强同高等院校、科研机构和有关部门专家学者的联系，团结各方面的力量，共同做好这项工作。我们还要广泛开展国际间的学术交流活动，借鉴国外的经验，提高科研水平。

（三）要制定老龄工作近期和远期发展规划

各级老龄委要把制定规划作为当前一项重要工作抓紧抓好。制定规划要充分体现老龄工作的特点，贯穿改革的思想，坚持实事求是、一切从实际出发的原则。要在调查研究，摸清本地区情况的基础上，对五年和十年老龄工作的方向和任务，目标和措施，做出明确的、符合实际的规定。全国和各省、自治区、直辖市老龄工作发展规划要力争一二年内制定出来并报有关部门审批。要通过规划的制定，使老龄工作纳入国民经济发展计划的轨道，推动老龄工作的深入发展。

（四）积极推进维护老年人权益的立法工作

制定和完善维护老年人权益的法规，是我们今后一个时期的重要任务。凡已经制定地方性法规的省、自治区、直辖市，要积极配合司法等有关部门，加强宣传，认真贯彻实施，并进一步完善；还没有制定的，要依据《宪法》和有关法律的规定，吸取上述省市的经验，抓紧制定。国家维护老年人权益的法律制定工作，全国老龄委将协同有关部门抓紧进行。

（五）围绕“五个老有”，为老年人办实事，办好事

今后一个时期，主要为实现“五个老有”开展工作，农村要着重抓好“老有所养”，城市要抓好“老有所为”。各级老龄委要积极配合有关部门，加强调查研究，提出具体方案，促进农村养老制度的建立和城市养老制度的完善，大力推广养老保证书和协议书的签定。同时要通过各种途径，充分发挥家庭在现阶段的养老作用。在“老有所为”方面，要协同有关部门搞好组织管理，沟通信息，制定一些政策，鼓励老年人参与社会发展并做出贡献。要根据不同层次老年人的需要，为老年人办一些实事、好事，如兴办老年活动场所、建立老年病医院、老

年公寓、托老所、办好老年大学（学校）、开展老年群众性文体活动等，促进以社区为中心的老年服务网络的形成和完善。

（六）组织老年人做好关心教育青少年的工作

要发挥广大老年人特别是老工人、老干部、老知识分子在教育青少年方面的优势，帮助广大青少年坚定社会主义方向，树立共产主义思想，并把这项工作作为老龄工作的重要内容。当前，要集中精力对青少年进行坚持四项基本原则，反对资产阶级自由化的教育；民主和法制教育；热爱党、热爱祖国的教育。广泛开展忘年交活动，主动与青少年交朋友，调动青少年中的积极因素，维护安定团结的政治局面。要警惕资本主义思想对我国青少年的侵蚀，挫败国外反华势力和平演变的阴谋。

（七）进一步拓宽国际交流与合作的渠道

同世界各国老年组织和个人、学术团体的友好往来及学术交流活动，对于开阔我们的视野，繁荣发展老龄事业，借鉴国外经验做好老龄工作是十分重要的。全国和有条件的省、自治区、直辖市老龄委都应继续加强这方面的工作，进一步开展与友好国家、地区和联合国有关国际老龄组织的交往，进行学术交流与友好合作。

（八）依靠党和政府的领导抓好组织建设工作

老龄工作是一项新的事业，各级老龄委要积极主动地向党和政府请示、汇报工作，争取党和政府的支持、帮助。按照中央对地方机构改革的精神，地方老龄委工作机构的设置，由各地根据本地情况和有利于加强领导、开展工作进行研究确定，不强求一致和上下对口。目前，各级老龄委困难很多，希望各级党委和政府加强对老龄委的领导，明确机构性质、规格和干部待遇，配备得力的干部，增加必要的经费和编制，改善老龄委的工作条件，解决他们的实际困难。各级老龄委要十分重视自身建设，充分发挥老同志的作用，选拔培养自觉坚持四项基本原则的热心老龄工作的中青年同志，注意解决他们的职务、职称和生活方面的实际问题，增强老龄工作部门的凝聚力。同时，还要注意抓好老龄委的思想建设、作风建设和干部队伍的业务建设，抓好清政廉洁，树立对党负责，对人民负责，对老龄事业负责的思想。

农村建立老年人协会，是一种好的组织形式，起了很好的作用，可以大力推行。

同志们，经过大家的艰苦努力，基本上完成了党和政府交给我们的老龄工作任务，初步开创了老龄工作的局面，为下一步的老龄工作积累了经验。我们要继续艰苦创业，克服困难，改革创新，调动一切积极因素，齐心合力把老龄工作推向一个新的发展阶段。

过去几年，各级党委和政府，老一辈革命家、各有关部门都对老龄工作给予了大力的支持和帮助，借此机会，我代表全国老龄委和老龄战线的全体同志表示衷心的感谢。

同志们，让我们团结一致，共同做好老龄工作，为进一步促进社会的安定团结，加强两个文明建设，实现四化，振兴中华而努力奋斗。

王照华同志在第二次全国老龄工作会议上的总结讲话

（1989 年 10 月 13 日）

同志们：

刚才民政部崔乃夫部长作了一篇很好的讲话，这是对我们工作有力的支持。第二次全国老龄工作会议，经过大家的共同努力，圆满完成了各项议程，今天就要结束了。现在我讲几点意见：

一、对这次会议的估价

我们这次会议是在改革开放不断深入，老龄事业蓬勃发展的形势下召开的。在全国制止动乱、首都平息反革命暴乱取得决定性胜利，又恰逢中华人民共和国成立四十周年大庆、“九九”重阳佳节之际，因此，这次会议具有十分重要的意义。我们这次会议开得隆重、热烈、充实、简朴，是开得很成功的，是老龄工作的一次历史性的会议。所以成功，首先得到了党中央、国务院的极大重视。会前和会议进行中间，江泽民总书记和田纪云副总理听取了全国老龄工作的汇报。会议开幕时，江泽民、乔石、宋平、宋任穷、王平、王首道、彭冲、王任重、康克清等同志亲切接见了大家，并一起合影留念。聂荣臻同志、邓颖超同志写来了贺信。江泽民总书记在接见代表时作了重要讲话。宋平同志在大会上作了重要讲话。党中央、国务院的亲切关怀，是对全国老龄工作者的鞭策和巨大鼓舞。会上，少先队员向大会献花，献辞，十分感人。

在这里要特别说明，老一辈革命家，我们的名誉主任聂帅的支持和关怀起了重大作用。我们的会议得到了有关部门和单位的支持。中共中央组织部、全国总工会、全国妇联、团中央、中国社会科学院、民政部、外交部、劳动部、人事部、商业部、财政部、卫生部、国家计委、国家民委、文化部、国家体委、广播电影电视部、国家计生委、国家教委、解放军总政治部等单位的负责同志出席了会议，有关部门的负责同志还介绍了情况。新华通讯社、人民日报、中央电视台、中央人民广播电台等50多家新闻单位的同志参加了会议，并作了大量的宣传报道，通过新闻媒介，扩大了会议的影响，传播了会议的信息，这是对老龄工作有力的推动。当然，我们会议的成功还由于大会代表们的通力合作。在此，我代表与会的全体同志对他们，以及全国的老龄工作战线上的同志们，向德高望重的聂荣臻元帅和其他德高望重的老一代革命家，向党中央、国务院的领导同志表示敬意，向各兄弟部门和新闻单位表示衷心的感谢！

这次会议，大家经过热烈讨论，在总结过去五年的老龄工作，分析当前老龄工作面临的形势的基础上，明确了老龄工作的战略目标、指导方针和基本任务。会上，还讨论了全国老龄工作规划纲要征求意见稿，这个稿经过努力，但还不够成熟。大家就纲要的指导思想、方针原则、规划措施等方面，提出了许多修改意见，为进一步写好这个纲要打下了良好的基础。上海、四川、黑龙江、山东、天津、甘肃、江苏、湖南、湖北和北京市西城区等地的老龄委代表在大会上发了言。各地老龄委带来了80多篇书面材料。这些发言和书面材料，从不同角度、不同方面展示了老龄工作取得的新成果，也反映了广大老龄工作者艰苦奋斗，忘我工作，全心全意为老龄事业服务的崇高思想和高尚的精神风貌。在这里，我要向辛勤战斗在老龄工作战线上的同志们表示衷心的感谢。

这次会议是同全国"两奖"表彰大会同时召开的，这给工作会议增添了异常的光彩。大家还反映，这次会议的组织和后勤工作做得较好，在这里我代表大家，对为这次会议提供后勤方便的食堂、车队、招待所等方面的同志，表示感谢，向大会工作人员表示感谢。

总之，大家普遍感到，这次会议时间虽短，但收获不小，会议开得热烈、充实，有开拓精神。我相信，这次会议一定会把老龄工作推向新的发展阶段。

二、认真学习、深刻领会，坚决贯彻江泽民、宋平同志的讲话

江泽民同志在国庆四十周年发表的重要讲话，是我们党的纲领性文件，是指导我们各项工作最有力的思想武器。我们老龄工作战线上的同志要认真学习，坚决贯彻，用报告的精神统一思想、统一行动。

江泽民同志、宋平同志在这次会议上作的重要讲话，我初步学习理解这两个讲话的核心内容是指出老龄问题是一个重要的社会问题，我们要认真重视，切实做好这项工作。讲话指出："各级党委、政府和有关部门要把老龄工作列入议事日程，加强领导，加强老龄委的组织建设，切实帮助他们解决实际困难，使他们更好地为老年人服务，不断总结经验，努力把老龄工作推向一个新的发展阶段"。讲话充分肯定了老龄工作的地位和作用，指明了老龄工作的方向。并同时指出，要充分发挥老同志的作用，以发扬尊老敬老的中华民族的传统美德，发扬革命的光荣传统，教育青少年一代，反对资产阶级自由化，防止和平演变。

中央领导同志讲话的精神，大家回去以后还要深入学习体会，用他们的讲话的精神统率老龄工作，指导老龄事业。

三、继续扩大"两奖"活动的成果

"两奖"表彰大会的作用，不能低估，丰富了老龄工作的内容，增添了老龄工作的光彩，扩大了老龄工作在全社会的影响。实践证明，这是最有效、最实际、最生动的宣传工作。

表彰大会结束了，但这项工作不能结束，今后还要继续发扬下去，要继续宣传"两奖"代表人物的事迹，以他们的事迹来带动全社会，树立尊老、爱老的道德风尚。

各省、自治区、直辖市，也应该借颁奖大会，开展宣传活动，扩大影响。

可以把"两奖"代表人物组织起来作报告，让先进人物直接与广大群众见面，现身说法，以自己的模范行动，带动全社会树立新风尚。

有条件的地方，可以把"两奖"活动继续开展下去。

四、为老年人多办好事，办实事

老龄委应该代表老年人的利益，为老年人多办好事，多办实事。在我的报告中，讲了10个方面的工作，有的同志列举了12条，总之，我们要多办一些好事、实事。这是我们老龄工作的重要内容。由老龄委主抓的工作，我们要全力抓好，尽力吸收其他部门参加，共同配合；由别的部门主抓的工作，我们也要尽力配合拾遗补缺甘当配角，只要对老年人有利，为老年人服务的事，推进老年事业前进的工作，我们都要做好。如：调查研究老龄化趋势和老年人存在的种种问题；维护老年人权益的立法工作，组织老年人参与社会发展，为两个文明建设作出贡献；从事技术咨询、兴办第三产业、维护社会治安；创办老年大学，为老年人提供学习机会，或为陶冶情操、或为创造再就业条件；以及兴办老年活动站，建立老年婚姻介绍所，搞好老年人协会等。对各类老年群众组织，如老年书画研究会、老年体育协会等，要支持他们的工作，发挥他们的作用，共同为老龄事业贡献力量。

五、正确对待老龄工作存在的困难问题

过去5年，全国老龄工作干部，在条件差、困难多的情况下，艰苦奋斗，使老龄工作开展起来，并且达到这个局面，应该说成绩是巨大的。形势大好、困难不小。

这次会议是极其重要的一次会议，也可以说是老龄工作划阶段的会议，以这次会议为标志，今后老龄工作，必将更上一层楼，进入新阶段，获得新成就，取得新成果。

当前，我们国家还不富裕，还要过几年紧日子，我们要体谅国家的暂时困难，提倡勤俭办一切事业，我们的一切想法、要求，都不能脱离中央的这个精神，要顾全大局，过去的条件很困难，尚且取得那么大的成绩，现在已经改善得多了，只要提高思想，艰苦奋斗，一定会取得更加伟大的成绩。

这里，我想强调提倡两个精神：

（一）不怕困难的拼搏精神。有的同志用通俗的话讲，老龄工作干部，真要有“铜头”，不怕碰钉子；“铁嘴”，善于做宣传工作；“飞毛腿”，勤跑，勤找领导，勤找有关部门领导同志。这个说法很生动。

（二）不断创造，不断充实，不断完善的开拓精神。老龄问题是新问题，老龄工作是新工作，没有先例可循，没有样板可搬，要靠我们自己走出一条路，这条路这几年已经有了很好的开端，通过不断开拓，努力探索，路是越走越宽。我们要以新的努力，迎接新的第二个五年！

最后，祝大家工作顺利，身体健康！

王照华同志在全国“老有所为”研讨会上的讲话

（1991年1月30日）

同志们：

这次在上海召开的全国“老有所为”研讨会是继全国“两会”之后，进一步推动老龄工作深入发展的一次重要会议。

这次会上许多专家、学者和老龄工作者发表了不少论文，交流了经验，对研究“老有所为”问题很有启发。全国老龄委名誉主任陈丕显同志对我国人口老龄化问题、发挥老年人作用的重要意义和“老有所为”的方向作了深刻阐述和重要指示，大家要认真学习贯彻。上海市和中央有关部门的负责同志出席我们的会议，发表讲话，对老龄工作给予了很大支持，在这里我代表全国老龄委表示衷心的感谢。下面我就如何做好“老有所为”工作的问题，讲三点意见。

一、“老有所为”的由来

在80年代，老龄工作经过不断探索，提出了“老有所养、老有所医、老有所为、老有所学、老有所乐”的奋斗目标。这充分反映了广大老年人的愿望，体现了党和国家对老年人的关怀。作为具有中国特色的解决人口老龄化的基本要求，已形成社会的共识。

随着老年人口日益增多，大批离退休人员离开工作或劳动岗位，如何发挥老年人作用的问题引起了各方关注，理论研究日趋活跃，对“老有所为”有了新的认识，而且实践已走在前头。

“老有所为”，自古有之。但作为一项工作，一个积极对策，则是近几年的事。党中央、国务院对发挥老年人作用十分重视，有关部门也发布过一些文件，最近，中组部还发出5号文件，再次强调发挥老干部作用的重要性，中央和地方的各部门在这方面进行了大量工作。1988年，全国开展“两奖”活动中，涌现了一大批获得“老有所为精英奖”的先进人物和先进典型，把老有所为工作向前大大推进了一步。老年群体的作用日益突出，在稳定政治、稳定经济、稳定社会中发挥了巨大作用，也给老龄工作注入了生机和活力。

这次会上不少同志运用辩证唯物主义和历史唯物主义的观点，从经济学、社会学、生理学、心理学的不同角度，对老年价值观、当代老年人的特点、老年群体的作用、“五个老有”的关系和老有所为的概念、内容、途径、范围等等做了探讨。同时，交流了一批机关、工厂、社区、农村、部队及老年群众组织开展老有所为的经验。尤其是陈丕显同志对老年群体的分析，使我们既看到人口老龄化给社会带来的压力和负担，又看到老年群体的巨大潜力挖掘和发挥出来，又会成为社会发展的动力和财富，这就从根本上指明了老年群体的价值和倡导“老有所为”的根本意义。这次会议对老龄工作来说就是要着眼于调动老年群体的积极因素，为国家的稳定和实现90年代国民生产总值再翻一番的宏伟任务作出贡献。如果我们能在这个大的前提上统一认识，其它的具体问题就容易解决。

这次会上大家还研讨了“老有所为”的概念,尽管说法不同,但多数同志认为它的含义应当是:“老年人在自愿和量力的前提下,为国家的稳定和发展,为社会主义的精神文明和物质文明建设再做贡献”。这里包括了从老年人的特点出发,开展“老有所为”的目的和发挥作用的领域。因此,“老有所为”应当是广义的而不是狭义的。不能一说“老有所为”就认为是“再就业”,或只是“离退休人员的事”,也不能把“老有所为”只局限于办生产实体。它的领域宽广,内容广泛。凡是老年人直接或间接参与有利于社会主义两个文明建设的一切活动,都应当看作是“老有所为”。

我们殷切地期望，通过这次研讨会，能把理论研讨向前推进一步，对“老有所为”的丰富实践给予理论的概括，从理论和实践的结合上不断推动“老有所为”的深入发展。

二、“老有所为”的现状

对老有所为的现状，全国老龄委和各地老龄委都作过一些初步调查。从实践看，“老有所为”已成为我国城乡众多老年人参与社会发展的广泛实践；在各级党和政府的领导下，“老有所为”正从自发分散的状态,向有组织有领导的方向发展。据部分地区和单位的调查,老年人参与“老有所为”的比例高者可达60%,低者约在20%,全国大约在30%左右(不含家务劳动)。一支几千万人的老年队伍正在我国两个文明建设中发挥着不同作用。尽管各地“老有所为”的形式多种多样,但归纳起来大体可分五种类型:

（一）教育传授。主要是由具有政治优势的老干部、老工人、老农民、老战士、老知识分子组织起来，通过“忘年交”、宣讲团、报告会，办家长学校，担任校外辅导员等形式，向青少年进行爱国主义、社会主义和革命传统教育。

现在全国已有百万老年人参加了关心下一代协会的工作，为青少年的健康成长贡献力量。特别是在前年我国发生的政治风波中，绝大多数老年人坚持四项基本原则，旗帜鲜明地反对动乱，教育子女，劝说青年，同党中央保持一致，起到了中流砥柱作用。有的老同志通过撰写回忆录，修史编志，把宝贵的精神财富留给后人。不少老教育工作者，为发展教育事业，积极参与举办职工大学、民办中学、高考补习班以及各种职业培训班，有的自愿到老少边穷地区或回到家乡为改变当地教育落后面貌作出贡献，为社会培养了大批有用人才。

（二）参谋咨询。主要是由长期担任党政领导工作，具有丰富经验的老干部、老专家和大批科技工作者从事的各种咨询服务工作。

有些地区和单位的党政领导机关吸收老同志参加的咨询委员会（小组）或聘请的咨询顾问，对当地的重大问题进行调查研究，提出可行性分析，拟定方案建议，参与考察领导班子，促进廉政建设等，发挥了很大作用。

各地按行业、按系统成立的生产、科技、管理、卫生、工程设计等各类咨询服务组织，充分发挥了科技工作者的作用，取得了良好的社会效益和经济效益。一项技术咨询、一个信息救活一个工厂；一项法律咨询挽回巨额经济损失的事例不胜枚举。有些咨询组织还开展科技扶贫、科技兴农、医疗下乡、人才培训，促进了经济发展。

（三）社会公益。主要是城乡老年人组织起来从事维护社会治安、管理交通秩序、参与市场管理、物价监督、卫生绿化；调解民事纠纷、进行普法教育，宣传计划生育，纳税交粮，扫除“六害”，移风易俗等活动。

目前，在城乡街道居委会和村镇基层工作中，活跃着一支老年队伍，他们作为政府与人民群众联系的纽带，在保持社会稳定，促进基层政权建设，参与社区服务中已成为一支主要力量。据一些地区调查，街道乡镇的积极分子和领导骨干中百分之八九十是老年人。他们担任居委会的领导，兴办便民服务点，组织治安巡逻，关心教育下一代，设立医疗门诊、家庭病床等，为居民做好事办实事，有力地促进了社区建设。

（四）自我服务。主要是由老年人自己组织、自我管理、自我服务、自我教育的各种管理组织和各类专业协会，如退科联、退工协、退教协、退医协、退法协、老年体协、老年大学以及老年人才交流等组织。这些组织为发挥老年人的余热，提供了用武之地。

目前全国已创办老年大学（学校）2000多所，促进了老年人更新知识，学习技艺，陶冶情操，延年益寿。一些军队的干休所以老同志为主建立了管理、服务组织，调动了他们自我管理、自我服务的热忱。北京市由15位老同志组织的老年人才交流中心，成立4年，为2073人找到了“老有所为”的岗位。经他们推荐的5位高级工程师，参与亚运工程的预算审查，为国家节约了4000多万元投资。

（五）生产经营。主要是由厂矿、街道、农村老年人在政策允许的范围内兴办的生产实体和第三产业以及农村老年人参与的种植业、养殖业、加工业和庭院经济等。

许多大中型厂矿企业随着离退休职工增多，在企业面临困难的情况下，注意挖掘老职工的潜力，组织他们参与开发新产品、技术攻关、维修设备、修旧利废、管理咨询及职工培训，为振兴企业再做贡献。有些组织老年生产实体、第三产业，安排了一批待业青年，缓解了企业养老和安置就业的压力。如上海市创办的老年生产实体已达1200多家，4年来产值达12.9亿元，上交税利4000多万元，补贴退休职工生活费用达9000多万元。太原钢铁公司组建太钢老龄企业总公司，下设30多个生产实体，成为企业中的一支重要力量。太钢党委把企业内的6万全民职工、2万集体职工、1万退休职工称作“621”，说太钢的兴衰离不开“621”。哈尔滨组建的老年生产实体和第三产业除为国家、企业、退休职工做贡献外，还为全市老年福利事业筹集资金350多万元，兴建了老年活动中心和老年公寓等设施。

这里我要特别讲一讲发挥农村老年人作用的问题。目前，对农村存在不存在“老有所为”问题有不同认识。但从发挥老年群体作用来说，80％的老年人生活在农村是不可忽视的现实。农村老年人目前多数没有实行退休制度，能发挥作用的时间更长，领域更宽。大量事实证明发挥农村老年人作用，倡导“老有所为”，对促进农村基层建设，加强精神文明建设，发展商品经济和种植业、养殖业、加工业有积极意义。在农村倡导“老有所为”往往和发挥老年人协会的作用联系在一起，开展好的地区一般都发挥了三方面作用：

一是发挥了老年人在保持社会稳定中的作用。许多老年人成了村支部、村委会的助手，他们在当参谋、树新风、反腐蚀、育新人等方面发挥了显著作用。

二是唤起了农村老年人为“四化”贡献，为后人造福的责任感，促进了农村经济的发展。有些农村老人组成了种植、养殖专业户，巩固了农村联产承包责任制，有的从事适度规模经营，壮大了集体经济，有的带头学习科技知识，起到了示范作用。有的地区在倡导老有所为中把退休农业科技人员、老年农民示范户组织起来，在推广科技知识、发展农村商品经济、提供农业社会化服务中发挥了老年人的整体优势。

三是提高了农村老年人在家庭和社会中的地位，促进了老有所养。老年人通过有组织的老有所为显示出的作用，受到社会的尊重，增进了家庭和睦。许多地区发动老年人绿化荒山，发展种植养殖业，从事传统的手工业，种“养老树”、养“养老牛”等都起到了很好的作用。据山西长治市潞城县调查，全县开展老有所为后，老年人养的水平大为提高，60％老人的生活水平超过或达到了全县的平均水平。

三、正确引导，健康发展

当前，全国“老有所为”的形势是好的，发展是健康的。但是，在“老有所为”工作中还存在认识不尽一致，发展不够平衡，政策不够完善，理论研究落后于实践的状况。为了使“老有所为”工作继续深入健康地发展，根据各地经验，今后应着重解决以下3个问题。

（一）提高认识，加强宣传。

当前，发展“老有所为”的首要任务仍然是提高认识，改变认识落后于实践的状况。各地要结合这次研讨会，进一步宣传“老有所为”的意义，宣传“老有所为”的先进人物和典型经验。宣传他们无私奉献、艰苦创业的精神。要从理论和实践结合上加强理论研究，使全社会充分认识老年人的价值和老年群体的作用。

这次会上大家反映，在“老有所为”问题上还存在一些不同认识，如会不会“与青年人争饭碗”、会不会“影响干扰现职领导的工作”、会不会“助长分配不公”以及“家务劳动”算不算在“老有所为”的范围之内等等。我想随着实践的发展，这些问题都不难解决。从我国劳动力资源情况看，在一个相当长的时期内是供大于求，每年约有上千万人需要安置，因此在工作中正确处理“老有所为”与青年人就业的关系，是非常重要的问题。实践证明，只要处理得好，是不会有矛盾的，反而会有利于促进青年的就业。关于“分配不公”，这是一个复杂的社会现象，主要应靠完善分配政策和税收调节职能妥善解决。“家务劳动”算不算老有所为的范围，可以在学术上继续探讨。总之，只要“老有所为”这个大题目是对的，有利于社会主义两个文明建设，就要继续总结经验，积极引导。

（二）党政重视，齐抓共管。

“老有所为”是一项社会性、政策性很强的工作，需要各级党政领导的重视关怀和社会各单位、各团体的积极组织以及劳动、人事、老干局和工商、税务等部门的支持和管理。总之，“老有所为”工作要在党的领导下，各部门齐抓共管，才能深入发展。

“老有所为”工作是各级老龄委的一项重要任务。经验证明，老龄委要着重抓好“老有所为”的宣传、指导、协调、服务。要经常开展调查研究，总结经验，提出建议，正确引导；要树立典型样板，不断表彰先进。近年来各地开展的“两奖”、“双学”和老有所为研讨会、经验交流会、现场会等都是行之有效的方法。同时，各级老龄委还要加强协调、服务，经常同有关部门积极联系、磋商、建立信息网络，为老年人牵线搭桥。

（三）掌握方向，积极引导。

从这次会议的研讨中，大家认为要把“老有所为”工作做好，应注意处理好以下几个问题：

1．紧密围绕党和政府的中心任务，在政策法令的范围内开展“老有所为”，充分调动广大老年人的积极性，使“老有所为”保持正确的方向。

2．坚持“养为结合，以为促养”的方针，走出一条积极养老的道路。要防止片面性，使“老有所为”有利于发挥老年人的作用，有利于老年人的身心健康，有利于“老有所养”。

3. 坚持自愿、量力，因人因地制宜，多渠道、多层次、多形式发展老有所为，不要强求划一，不搞一种模式。“老有所为”的重点应放在低龄老年人和健康老年人身上。

4. 发挥老年群体作用这件工作，要城市农村一起抓。要按照城市与农村的不同特点开展老有所为。在农村不仅有大量的农村老人，还有一批离退休回乡的干部和职工；这是农村发展的一支积极力量。发挥农村老年人作用还要同发挥农村老年人协会的作用紧密结合。

5. 提倡奉献精神，允许合理取酬。现在各地有一些行之有效的规定应继续总结，逐步完善。同时要注意为发展老年社会福利事业积累必要的资金。

6. 统筹安排，积极引导。开展“老有所为”要根据老年人的特点，着重发挥他们的政治优势、智力优势、经验优势，多做一些拾遗补缺，搞好传帮带的工作，使之有利于待业青年的安置。

同志们！党的十三届七中全会刚刚闭幕，全会提出了《中共中央关于制定国民经济和社会发展十年规划和“八五”计划的建议》，这对我国亿万老年人是极大的鼓舞，为“老有所为”指明了方向。我们一定要团结在以江泽民同志为领导核心的党中央周围，进一步做好老龄工作，为实现90年代的宏伟任务，为国家的稳定和发展，贡献我们的力量。

王照华同志在全国农村老龄工作经验交流会上的讲活

（1991年12月10日）

同志们：

这次农村老龄工作经验交流会，是学习贯彻党的十三届八中全会精神，集中研究农村老龄工作，促进农村两个文明建设的重要会议。会上交流了围绕党的中心任务、大力开展农村老龄工作，搞好农村老年协会建设，加强农村老龄工作领导以及老有所养，维护老年人合法权益等方面的好经验，参观了潍坊市的潍城区、诸城市的老龄工作的先进单位。会议是开得成功的，对今后发展有中国特色的农村老龄工作具有重要的指导意义。

党的十一届三中全会以来，我国农村发生了历史性的变化。农村的改革和建设取得的巨大成就，不仅促进了农村经济的发展和农民生活水平的提高，而且有力地支持了城市改革和国民经济的发展。在这个大好形势下，我国农村的老龄工作在各级党和政府的领导下，经过各级老龄委和有关部门的共同努力，也有了长足的发展。老年法规的制定和实施，使农村老年人的合法权益进一步得到保护；尊老爱老教育的开展，促进了农村社会风气的进一步好转；广泛推行家庭赡养协议书，提倡养为结合，以为促养，发展社会养老保障事业，改善了老年人的晚年生活：老年协会的建立，使老年群体的作用得到充分发挥；促进了农村的社会稳定和经济发展；县、乡两级老龄机构的逐步建立和建全，为农村老龄工作的发展奠定了基础。老龄工作已经在我国广大农村生根开花，为开拓具有中国特色的老龄事业打下了良好的基础。

但是，我国农村老龄工作起步较晚，各地工作的发展也不平衡。同时，在前进中也遇到了一些新情况和新问题，需要深入系统地进行调查研究，及时总结推广新鲜经验。我相信，随着十三届八中全会通过的《中共中央关于进一步加强农业和农村工作的决定》的贯彻执行，在各级党和政府的领导下，经过广大老龄工作者的共同努力，农村的老龄工作一定会开创出新的局面。

下面，我就贯彻党的十三届八中全会精神，开展农村老龄工作讲几点意见。

一、以八中全会精神为指针，从实际出发做好农村老龄工作

八中全会通过的《中共中央关于进一步加强农业和农村工作的决定》（以下简称《决定》），全面总结了我国80年代农业和农村工作的成就，提出了90年代的主要任务，明确了一系列方针政策，号召全党和全国各族人民，在全面实现国民经济和社会发展第二步战略目标的过程中，努力开创我国农业和农村工作的新局面。《决定》是今后相当长时期里指导我国农业和农村工作的纲领性文件。

贯彻（决定》，首先要充分认识农业和农村工作的重要性。《决定》指出：“农业是经济发展、社会安定、国家自立的基础，农民和农村问题始终是中国革命和建设的根本问题，没有农村的稳定和全面进步，就不可能有整个社会的稳定和全面进步；没有农民的小康，就不可能有全国人民的小康；没有农业的现代化，就不可能有整个国民经济的现代化”。这些论断，是历史经验的总结，也是我们认识农村老龄工作重要性的基本出发点。目前，我国1亿老年人中百分之七八十生活在农村，把他们的事情办好，是老龄工作的重要任务；充分发挥老年这个庞大群体的作用，对农村的稳定和发展关系极大。因此，大力加强农村老龄工作，是建设社会主义新农村的重要组成部分，是一项具有战略意义的工作。

我国广大农村经历10年改革，经济得以迅速发展，农民的温饱问题基本解决，少数地区达到小康，当前正在实施国民经济和社会发展十年规划和八五计划，这为我们深入开展农村老龄工作提供了极为有利的条件。党的八中全会《决定》提出的10个方面的要求和任务更使我们大大拓宽了农村老龄工作的视野。只要我们认真贯彻《决定》，农村老龄工作的天地是无比广阔的，是大有可为的。当然，我们也应当看到，我国农村老年人和老龄工作与城市相比，有着许多不同情况和特点：农村老年人口多，绝对数大，随着农村工业化、城市化的发展和计划生育的贯彻落实，人口老龄化的速度将是很快的；农村多数地区经济还不富裕，养老保险、医疗条件、老年福利设施、社区服务等方面与城市相比，都有较大差距，农村老龄工作基础比较薄弱，管理机构和管理制度不健全，老年人中的许多问题还不能很快得到解决；农村老年人勤劳朴实，有从事劳动的习惯，在农村有发挥作用的广阔天地，当前和今后一个时期，农村的养老主要靠家庭和个人，随着商品经济的发展与核心家庭的增多，正在逐步向社会养老过渡，我国农村地域辽阔，人口老龄化程度不同，经济、文化和习俗也有着很大差异。我们只有充分认识这些特点，看到农村老龄工作的艰巨性和复杂性，才能做好农村老龄工作。我们在工作中一定要把《决定》作为农村老龄工作的根本指导思想，紧紧依靠各级党和政府，依靠各有关部门，依靠老年组织和老年群众，因地制宜，分类指导，坚持走群众路线，面向基层，努力把工作推向前进。

二、发挥家庭和社会养老功能，切实解决好农村养老问题

老有所养是农村的一个突出问题，越来越受到广大农民的关切和各级党和政府的重视。认真解决好农民的养老问题，对于在新形势下调节国家与农民的关系，巩固工农联盟，缩小城乡差别，促进计划生育，加强精神文明建设，巩固和发展社会主义制度，有着重大意义。

农村实行家庭联产承包制以后，原来以集体经济为基础的养老保障体制已不适应。过去农民养老靠劳动工分和集体补贴，现在主要靠家庭。随着经济发展，生活改善，老年法规的贯彻实施，绝大多数老年人的生活是有一定保障的。但是，社会养老保障制度刚刚起步，一些措施还不配套，加上思想工作、道德教育跟不上，一部分老年人的养老并不落实，家庭赡养矛盾突出，有一些地区已成为影响农村社会稳定的重要因素，解决好这一问题是十分紧迫的任务。

解决农村养老问题的根本出路在于认真贯彻《决定》，大力发展农村经济，不断提高生产力水平，逐步建立和健全国家、集体、家庭、个人相结合的社会养老保障体系。国务院［国发（1991）33号］文件决定，农村社会养老保险工作，由民政部门负责，目前已在全国157个比较富裕县的农村开展起来。老龄委要主动配合，发动老年人搞好这项工作；在不具备实行社会养老保险的地区，则应发动老年人积极参与农村改革，发展经济，并从当地实际出发，多渠道、多形式地解决养老问题，为实行社会养老保险创造条件。在这方面，许多地区已积累了不少成功经验，主要是：

（1）签订家庭赡养协议书，充分发挥家庭养老功能。1987年在上海召开的全国老龄工作经验交流会上，提倡签订家庭赡养协议书以来，全国多数地区已开展了这项工作，受到广大农民群众的欢迎。司法部还专门颁发了《赡养协议公证细则》，来支持这项工作，实践证明，签订协议书是发挥家庭养老功能的有效措施，能够大大减少赡养纠纷，是贯彻老年法规的必要补充，增强了赡养人的法律意识。协议书不仅包括物质赡养的内容，也包括生活照料和精神慰藉等方面的要求。签订赡养协议书的过程，是对广大群众进行道德和法制教育的过程。可以这样说，家庭赡养协议书是在我国农村新形势下发挥家庭养老功能，加强社会主义精神文明建设的创举。当然签订协议书的具体做法，各地不宜强求一律，是全部签，还是有家庭纠纷的签，或在子女结婚时签，都可以。要讲究实效，防止形式主义。

（2）养为结合，以为促养，提高自我保障能力。当前农村老年人多数为低龄老人，大部分身体尚好，有一定的劳动能力和生产技术，并拥有一定的生产资料，完全可以通过倡导老有所为，使他们参加力所能及的劳动，继续创造物质财富，提高自我保障能力，这是我国农村老龄工作不同于其它发达国家老龄工作的显著特点。走积极养老的道路，应是我国农村解决养老问题、迎接人口老龄化挑战的重要对策之一。根据各地实践经验，农村的养为结合主要有以下几种形式：一是发展庭院经济。老年人在家庭院落，房前屋后，栽种果树、蔬菜等经济作物，饲养禽畜。二是参加乡镇企业的工作。有的凭一技之长参加经营管理或技术指导，或拾遗补缺从事轻体力劳动。三是在乡村或家庭从事手工业、服务业等。四是参与家庭联产承包，发展专业户、示范户。总之，老年人从事劳动，增加家庭和个人的收入，有些地区老年人年收入在几百元、几千元乃至万元以上，不仅补充了自我养老的需要，而且减轻了家庭和集体的负担，改善了代际关系，提高了老年人的家庭和社会地位。有的还依靠科技兴农，为当地壮大集体经济和带领群众脱贫致富做出了贡献。组织老年人养为结合，以为促养，要注意发挥老年人的优势，坚持就近就地、力所能及的原则，保护老年人的健康。乡村合作经济组织要在技术、良种、运销、防治病虫害等方面为老年人提供有效服务，保护合法收入。

(3) 建立养老基地和养老基金，发展壮大集体经济和养老福利事业。目前在我国大多数地区还不具备条件实行社会养老保险制度的情况下，有些乡村，积极创办养老基地和养老基金是解决老有所养的一个好办法。养老基地一般是由乡村划拨土地、山林、鱼塘、果木、畜禽养殖场等，由老年协会或老年人经营管理，其收入一部分用于老年人参加劳动、管理的报酬，一部分用于老年人的文化娱乐和福利事业以及医疗补助、困难救济等。“老年基地”的建立，壮大了集体经济，提高了集体养老的能力。“老年基地”工作要注意发挥本地自然资源优势，广辟财路，加强管理，科学规划，提高经济效益。要把近期目标和长远利益结合起来，使之充满活力，保持后劲。有条件的乡村，经过批准还可以建立老年基金，接受资助和部分个人特别是港澳同胞和海外侨胞的捐款，用于老年福利事业。

总之，根据我国农村的情况，一定要很好发挥家庭养老和社会养老这两种功能，使之互为补充，相互促进，解决好农村的养老问题。

三、运用法治和教育手段，维护老年人合法权益

加强老年立法，依法维护老年人的权益，是我国社会主义民主法制建设和精神文明建设的组成部分，也是我国人口老龄化发展的必然要求。根据宪法和有关法律的规定，老年公民除了享有普通公民共同的权益外，还享有生活保障、物质帮助、被赡养扶助、免除劳动年龄人口应承担的义务等特别权益。近年来，全国已有28个省、自治区、直辖市先后制定颁布了维护老年人合法权益的地方法规，这是针对老年公民在行使权利和获得合法权益的能力相对减弱的客观情况，而采取的必要法制措施。

老年法规的贯彻实施，教育了那些不赡养老人的不孝子孙，打击了虐待、遗弃、侵害老年人的不法行为，维护了老年人的合法权益，这对于稳定社会秩序，调节代际关系，弘扬尊老爱幼的社会风尚，加强精神文明建设产生了良好影响。不少地区的实践表明，老年法规颁布实施后，赡养纠纷减少，侵害老人的发案率下降，社会风气好转。这是我国老龄事业的一大进步。

但是，在我国农村，赡养纠纷和侵害老人的违法犯罪行为，目前仍是一个突出的社会问题。究其原因，主要是由于思想教育和法制教育不够深入；一些人“一切向钱看”的思想严重，道德观念和法制观念淡薄；再加上有法不依，执法不严，致使侵害老人权益的现象时有发生，有些地方还比较严重。因此，维护老年人的合法权益，必须坚持一手抓法治，一手抓教育，充分运用这两个手段，使之相辅相成，相互作用，才能有效地维护老年人的合法权益。在这方面，各地做了大量工作，取得了很大成绩，总结出许多成功经验，有利于指导我们今后的工作。这些经验是：(1) 开辟多种宣传渠道，进行普法教育，广泛宣传老年法规，增强人们法律意识。充分利用老人节等重大节日开展敬老活动，提高人们赡养老人的自觉性；(2) 结合老年法规的实施，制定乡规民约和党团员、国家干部敬老的规定，使维护老年人权益工作规范化、制度化；(3) 注意从娃娃抓起，把维护老年人的合法权益纳入中小学的德育课程，使青少年从小就树立尊敬老人的道德观；(4) 联合党政群有关部门检查维护老年人合法权益的执行情况，公开审理侵犯老年人的典型案件，表彰敬老的好儿女、好媳妇、好家庭、好单位，受到老年人的欢迎和人民群众的赞许；(5) 发挥老年协会作用，使老年人运用法律和教育手段保护自己，并设立维护老年人合法权益的组织，如老年法律咨询站、老年庇护所、老年调解组织、法院维护老年人权益合议庭等。今后各地区要根据实际情况，坚持以上好的做法，使老年人的合法权益得到充分保障。

四、发展、巩固老年协会，充分发挥老年群体作用

70年代，我国农村出现了老年协会组织。这一新生事物在80年代后期如雨后春笋蓬勃发展。目前，根据22个省市区的调查，行政村一级老年协会约占这些省市区行政村总数的47%，其中湖南、山东、山西、黑龙江、甘肃、吉林、上海、江苏、湖北、辽宁等省市的农村已达70%以上。老年协会的产生和迅速发展不是偶然的，它是我国人口迅速老龄化、老龄工作深入发展的客观需要，是维护老年人的切身利益和发挥老年群体作用的需要，也是深化农村改革，加强思想政治工作，继承和发扬革命传统的需要。实践证明，老年协会的兴起和发展使老龄工作有了坚实的群众基础，充分显示出旺盛的生命力。老年协会是党的群众路线在老龄工作中的具体体现，是党和政府团结联系老年群众的纽带和桥梁，是基层党支部、村委会的得力助手。

农村老年协会是党支部、村委会领导下的老年群众组织，它实行自我管理、自我保护、自我教育、自我服务，并在农村老龄工作和农村两个文明建设中发挥积极作用。

（一）当好村干部的参谋助手，推动基层工作落实。老年协会的骨干，大多熟知村情，有较丰富的组织领导和生产管理经验，他们经常在深化农村改革，制定村的规划，农田水利基本建设，发展农村经济，防腐倡廉和精神文明建设等方面为村干部出主意、当参谋；对村中的一些“老大难”问题，如纳税交粮、计划生育、处理宅基地纠纷等，也经常为村干部排忧解难，并带头贯彻落实。

（二）依靠集体力量，维护老年人切身利益。老年协会把分散的老年人组织起来，形成了一个集体力量，当老年人遇到赡养纠纷，丧偶再婚等问题有困难时，老年协会出面调解，为老人说话，有效地维护了老年人的切身利益。老年协会还在接待来访，签订赡养协议书，教育不孝子女，照料高龄老人、特困老人方面做了大量工作，增强了老人的温暖感、安全感，减轻了村干部的负担，深受老年人的欢迎和村民的赞扬，老年协会被誉为“老人之家”。

（三）从事力所能及的劳动，发展农村经济。许多老年协会不仅是发展生产的参谋部，而且还可以用老年人丰富的经验优势，带头发展力所能及的种植业、养殖业、加工业和服务业，搞庭院经济，承包果园，绿化荒山，饲养禽畜。现在有的老年人已成了专业户、示范户，为发展商品生产和壮大集体经济、脱贫致富贡献了力量。

（四）维护社会治安，转变社会风气。老年协会凭借老年人的政治优势，组织他们参加治安联防，帮助村干部扫黄、禁赌、打击盗窃、诈骗、破坏公共设施、流氓肇事等违法犯罪活动；倡导用社会主义的思想文化占领农村阵地，易旧俗，树新风，解决了许多地方一度出现的封建迷信泛滥、红白喜事大操大办的不良风气；有的带头宣传实行殡葬改革，鼓励厚养薄葬，改变了村风民俗。许多落后村变成了文明村。

（五）宣传计划生育，落实基本国策。许多老年协会紧紧抓住农村这一老大难问题，对老年人进行教育，带头破除“多子多富”的陈腐观念，宣传党的方针政策和计划生育的好处，动员自己的子女、亲属模范执行计划生育政策，使许多家庭不仅超生，还主动献出二胎指标。协助党支部、村委会，对于那些不执行计划生育的育龄夫妇，登门家访，耐心说服。有的还建立联系户制度，坚持不懈地工作，使许多村出现老龄工作做好了，计划生育呈新貌，成为计划生育的先进单位。

（六）关心教育青少年，促进下一代健康成长。老年协会以培养教育下一代为己任，引导青少年参加健康有益的活动，经常用自己的亲身经历对青少年进行村史、家史和集体主义、爱国主义、社会主义以及革命传统的教育。做有劣迹青少年的转化工作，帮助他们树立正确的人生观、道德观，提高抵制不良思想侵蚀的能力。

（七）带头兴办公益事业。老年协会组织动员老年人参加村里修桥补路、路边绿化、集资募捐等公益活动，在发展公共卫生、教育、福利事业上起模范带头作用。

（八）改善老年人政治文化生活。老年协会成立后一般都办起了活动室，为老年人的学习、娱乐、聚会提供了场所，减少了孤独感、寂寞感、促进了老有所学、老有所乐、增进了身心健康。

当前，各地老年协会工作的发展还不平衡，从各地调查的情况看，大体是开展活动好的占30%左右，一般的占50%左右，差的约占20%。现在老年协会在基层的发展已成为必然趋势，主要问题是搞好巩固、充实、提高工作。从各地经验看，解决这一问题，一是要选好班子，有一批得力的骨干。班子成员要有较高的威望，较强的组织能力，较好的身体，并热心老龄事业。这些骨干大部分是农村干部或离退休回乡定居的干部、职工；二是要摆正位置。老年协会是老年群众组织，要在村党支部和村委会领导下进行活动和工作。更重要的是围绕党的中心工作，在支持和帮助党支部、村委会建设新农村，为群众办好事办实事上有所作为，显示出老年群体价值，老年协会才具有强大生命力；三是要有章程和制度。内部要有分工，善于发扬民主，充分调动广大老年人的积极性，四是要有活动场所和必要的活动经费。各地已建的老年活动室，是融工作、学习、娱乐于一体的好办法；经费可发动老年人自筹，有条件的集体也可适当拨款。

目前还有一些地区未建立老年协会，应积极稳妥地发展，使老年协会从一开始就打好基础，更好地为老年人服务，为建设社会主义新农村服务。

五、深化农村老龄工作的关键在于加强领导

首先，要加强党和政府对老龄工作的领导，充分认识做好老龄工作会促进农村各项事业的发展。应把老龄工作列入党政工作的日程。帮助建立健全老龄工作机构，充实必要的工作人员，解决工作中碰到的实际困难，为做好老龄工作创造有利条件。目前，尚未建立县乡老龄机构的地区，应尽快地建立起来。县级老龄机构要配备一定数量的专职干部，乡一级可采取专、聘结合的办法，除了设专职干部外，可聘请退居二线的有威望、有能力、热心老龄事业的乡村干部或离退休回乡的干部、教师，担任老龄的专职工作人员，这也是解决部分地区编制不足的好办法。

第二，要紧紧围绕党的中心任务开展老龄工作。要确立老龄工作必须服从和服务于党的中心工作的思想。要动员和组织广大农村老年人，根据自身的特点和优势，为实现现代化建设的第二步战略目标和90年代党在农村的各项任务贡献自己的力量。要积极参与发展农村经济，落实计划生育，关心教育下一代，移风易俗，维护社会治安等工作。特别是《决定》中指出的，要在农村深入进行社会主义思想教育，是一项长期的根本性工作。在社教工作中要注意充分发挥“三老”（乡、村老干部，退休回乡的老干部、职工，农村老党员）的作用。他们不仅可以用亲身经历现身说法，还可以增加社教工作的骨干力量，同时，也是老年人进行自我回顾、自我教育的好时机。农村的两个文明建设搞好了，人民生活达到小康水平，也就为解决老龄问题创造了条件与环境。老龄工作也只有围绕党的中心工作去做，才能充满活力，充分发挥老年人的作用。各地老龄委要以自己的工作实绩，主动争取党政领导和全社会的重视与支持，从而推进老龄事业的发展。

第三，各级老龄委要加强对农村老龄工作的领导，注意工作方法，改进工作作风。各级老龄委都要面向基层，面向广大老年人，深入实际，调查研究，做扎实工作。要善于发现先进典型，总结新鲜经验，推动工作。要密切联系群众，倾听老年人的呼声，为他们排忧解难，多办实事。要加强同有关部门的联系，积极协调配合，共同做好工作。要调动各老年群众组织的积极性，使他们的作用得到充分发挥。要特别注意培训老龄工作干部和骨干，提高队伍素质和工作水平，保证工作质量。

这里我要强调一点，进一步做好农村老龄工作，加强和改善县乡两级的领导至关重要。县乡两级处在农村工作第一线，农村老龄工作的各项方针、政策的贯彻落实，离不开县乡两级强有力的领导。农村老龄工作和老年人中的大量问题，有赖于县乡两级的反映和解决。农村老年协会的发展、提高，也需要县乡两级的具体指导。过去老龄工作大量的经验，也主要来自县乡两级创造性的工作。县乡两级老龄委和有条件的老年协会、老年经济实体，都应订阅全国老龄委主办的《中华老年报》、《中国老年》杂志，以便及时了解全国老龄工作的动态和信息，不断提高自己的工作水平。

同志们，90年代是我们全面贯彻《决定》引导农民奔向小康的关键十年，也是我们深化农村老龄工作、迎接人口老龄化到来的关键十年。我们已经有了一个良好的基础，让我们在党的八中全会精神的指引下，再接再厉，勇于探索，为开拓具有中国特色的农村老龄工作而努力奋斗，以优异的成绩，迎接党的第十四次全国代表大会的召开。

王照华同志在庆祝“双十周年”记者招待会上的讲话

（1992年9月18日）

同志们，朋友们：

今天，我们在这里举行庆祝联合国《老龄问题国际行动计划》实施10周年、中国老龄事业发展10周年（以下简称“双十周年”）及“九九”重阳节和“十一”国际老人节记者招待会。首先，我代表全国老龄委向前来参加招待会的记者同志们，表示热烈的欢迎！向在10年里支持全国老龄委工作和为宣传我国老龄事业作出贡献的所有新闻界和社会各界的同志们、朋友们表示诚挚的感谢！

为积极响应联合国第46届会议提出的关于“在全球以适当规模庆祝《老龄问题国际行动计划》通过10周年和第二届国际老人节”的号召，全国老龄委将会同有关部门，从现在起陆续举行一系列庆祝“双十周年”和国际老人节的活动。主要有：①1992年全国老年生活保健用品博览会；②以展示“五个老有”为主要内容的“中华不老城”活动；③庆祝双十周年老年大型文艺晚会；④“全国重视老年事业功勋奖”、“老有所为先进集体创新奖”表彰活动；⑤“全国老龄百科知识竞赛”活动；⑥编辑出版《10年老龄事业成就大型画册》；⑦宣传老龄事业好新闻评选活动；⑧拟召开一次“中国老龄问题对策研讨会”。全国各地也将采取不同方式进行庆祝活动。

今天，我主要就我国老龄事业10年来的发展状况、人口老龄化的发展趋势及今后10年我国老龄事业的发展方向，向同志们作一通报，并就有关老龄事业方面的一些问题作一解答。希望通过新闻界的同志们向全社会进一步加强对老龄问题、老龄工作的宣传，以引起各级领导、党政部门、社会各界对老龄问题的重视。

一、老龄问题的提出及中国老龄问题全国委员会的成立

老龄问题，最早是在1969年召开的第24届联合国大会上由马耳他国家的代表提出来的，引起了与会各国的关注。此后，历届联大都将这个问题列入讨论的议题，并多次作出决议。这些决议的主要精神是：提请国际社会和各国政府注意老年人口迅速增长的趋势，呼吁加强国际和区域间的合作，以减缓乃至消除人口老龄化对经济和社会发展带来的严重影响；强调要保障老年人的各种权利和福利，并敦促各国政府在制定国家经济、社会发展规划时，充分考虑老年人的利益，制定老年人的政策，以确保老年人的特殊需要和使老年人有机会在社会中发挥适当作用。第33届、35届联大决议在1982年召开一次“老龄问题世界大会”，同时，要求各国成立老龄问题世界大会全国委员会，以在国家一级开展有关活动。

为履行联大决议并根据我国人口老龄化的发展趋势，国务院于1982年3月正式批准成立了“老龄问题世界大会中国委员会”，并组团出席了联合国于1982年7月26日至8月6日在维也纳召开的“老龄问题世界大会”。出席这次大会的有124个国家的代表和160个联合国专门机构代表共1000多人。大会通过了联合国老龄工作的第一个指导性文件《老龄问题国际行动计划》。

老龄问题世界大会之后，老龄问题引起了我国政府的注意，经国务院批准将“老龄问题世界大会中国委员会”改名为现在的“中国老龄问题全国委员会”，并于1983年4月又正式批准为常设机构（国办发［1983］29号文），明确规定了其任务为“对有关老龄问题的一些重大问题进行调查研究、综合规划、组织协调、督促检查；参加有关老龄问题的国际性和地区性专业会议，开展多边或双边的技术援助和技术合作等对外活动。”中国老龄问题全国委员会的成立，为迎接我国人口老龄化的到来，从思想、组织、理论、物质等方面做好准备工作，提供了组织上的保证。得到了联合国的赞赏。第39届联大曾指出，“中国政府已正式核准中国老龄问题全国委员会为常设机构，该委员会在执行《老龄问题国际行动计划》方面，非常积极地进行了各种活动。”

二、我国老龄事业十年来取得的主要成就

我国早在50年代，就已有老年人的工作，如在城市制定的退休劳保和公费医疗制度，在农村依靠集体经济建立的“五保”体制，以及此后进行的离退休工作等等。但是，提出人口老龄化问题，并把它作为一项重大的社会工作，从中央到地方都建立机构，全面开展老龄工作和老龄问题的调查研究，继而发展成为一项新兴的事业，却是从1982年联合国“老龄问题世界大会”之后，国务院批准成立中国老龄问题全国委员会开始的。10年来，我国老龄事业的发展得到了党中央、国务院领导同志及老一辈革命家的关怀和支持，江泽民、邓小平、李鹏、彭真、聂荣臻、宋平、王震、薄一波、宋任穷、王平、陈丕显等先后出席老龄工作会议、发表重要讲话、题辞，聂荣臻、陈丕显还担任全国老龄委名誉主任。领导同志亲自过问，关心老龄工作，对老龄事业发展起了重大的推动作用。经过各级老龄组织和涉老部门的共同努力，我国老龄事业的发展取得了令人瞩目的成就：

1. 老龄组织机构在全国基本形成网络。大陆30个省、自治区、直辖市，除西藏和海南省正在筹备成立老龄委外，其他28个省、自治区、直辖市，98%的地（市），86%的县（市），66%以上的乡镇（街道）均已建立了老龄委及其办事机构；与此同时，各级各类行业性、专业性老年群众组织、学术团体，如老年学学会、老年基金会、老年大学协会、老年书画研究会、老年体育协会、老教授协会、退科协、退教协、退医协、退法协等组织应运而生。近年来，我国农村老年人协会组织如雨后春笋，蓬勃发展，据统计，全国行政村有50%以上建立了老年人协会，有的地方达70%以上。目前，全国已基本形成了专群结合的老龄组织网络。这些组织为促进老龄事业的发展，活跃老年人的生活，协助解决老年人的各类问题发挥了重大作用。

2. 培养、建设了一支专、兼、聘相结合的老中青干部队伍和科研队伍。目前，全国各级老龄委有专职在编干部约1万人，在各级老龄组织从事老龄工作的兼职、聘任人员约10万人。

3. 老龄问题已逐渐引起党、政部门，社会各界的重视和关注。中国老龄问题全国委员会成立后，首先向全社会明确提出了在我国也和世界许多国家一样存在着人口老龄化问题，并大力开展了多方面的舆论宣传活动。先后创办了《中国老年》杂志，发行量达35万份；《中华老年报》，发行量达16万份；《中华英才》画报，发行量5万份。目前，全国老年报刊、杂志近70家。中央和地方的电视台、广播电台开办了许多老年节目，创作了一系列老年体裁的电视剧、文艺作品；在全国范围内大张旗鼓地开展了老有所为精英奖、敬老好儿女金榜奖表彰活动，弘扬了中华民族敬老、爱老、养老的道德风尚；老龄问题被正式写入了党的十三大政治报告和七届人大二次会议政府工作报告，党政部门、科研单位开始研究对策、制定规划。

4. 从我国实际出发，确立了解决老龄问题的

“老有所养、老有所医、老有所为、老有所学、老有所乐”目标，为我国老龄事业的发展指明了方向。在全社会取得了共识。

5.老龄问题的科学研究深入发展，取得了一批重要成果。组织多方面力量广泛深入地开展了我国人口老龄化的调查研究，对其发展趋势、特点进行了较为科学的预测和分析，提出了一些对策、建议，整理、出版了一批理论学术著作。先后与联合国和有关国家联合开展了老龄问题的对比研究，主办召开了多次国际性研讨会议。向国务院提出了“中日老龄问题对比研究二十七条建议”。

6.老龄事业开始步入法制建设轨道。全国已成立老龄委的28个省、自治区、直辖市都制定了保护老年人合法权益的地方性法规。国家保护老年人权益条例已起草完毕，现已上报待批。

7.我国社会养老保障制度正逐步建立和完善。为推进我国社会养老保障制度的建立，从我国国情出发提出了“养为结合、以为促养，发挥家庭和社会养老两个功能”的方针，在全国农村普遍开展了签订家庭赡养协议书工作，取得了很好效果。

8.老有所为已经成为广大老年人参与社会发展的广泛实践。目前，全国1亿老年人中大约有35%左右在社会主义两个文明建设中发挥着各种不同作用。如从事教育传授、参谋咨询、社会公益、自我服务、生产经营等。老有所为工作围绕党和政府的中心任务正在全国范围内有组织、有领导地健康发展。

9.老年福利、教育、文化、卫生、体育事业取得了较快发展。全国创办老年大学、学校2500多所，近30万人参加学习；新建、改建了一批为老年人服务的文体活动场所、老年公寓、托老所（院）、老年病医院和门诊部、老年用品商店等福利设施。全国生产老年用品的厂家达2000多家。

10.老龄问题的国际合作与交流渠道不断拓宽。先后与联合国及40个国家和地区的老龄组织建立了工作关系，开展了老龄问题的多边或双边技术合作及交流。为实现祖国统一大业，近年来又加强了与台湾、港、澳老年组织和个人的联络工作。

总之，我国老龄工作的有效开展，使中华民族敬老、爱老、养老的传统美德得到了继承和发扬，老年人的合法权益受到了保护，老年人的作用得到了发挥，密切了党和政府同老年人的联系，促进了社会的稳定和经济的发展，在国际上也产生了良好的影响。

三、我国人口老龄化的发展趋势

人口老龄化，是当今世界各国的普遍现象。预计到下个世纪，这个问题将成为世界各国人口发展中的突出问题，中国也不例外。

据联合国统计，目前全世界60岁以上的老年人口约5亿人，预测到2000年将超过6亿人，到2025年将高达12亿人，约占全球总人口的14%，比1950年增长了6倍，而世界总人口只增长3倍多一点。联合国还预测到，发展中国家人口老龄化的速度要比发达国家快，到2025年12亿老年人口中约有71%生活在发展中国家。

目前，我国60岁以上老年人口已达1亿人，预测到2000年，将增到1.32亿人，约占总人口的10.6%，比1982年几乎翻了一番，届时我国将进入人口“老年型”国家。到2025年将达到2.84亿人，约占总人口的20%，成为高度老龄化国家，到2040年将猛增到3.8亿人，约占总人口的25.3%，达到人口老龄化的高峰。也就是说，每4个人中就有1个老年人。我国老年人口高速增长的现象在世界各国是罕见的，其主要原因：一是随着我国经济的发展，人民生活水平的提高，医疗卫生条件的改善，人口死亡率下降，由解放初期的20‰下降到现在的6‰，而人均寿命不断延长，由解放前的35岁，提高到现在的70岁，上海已达75岁；二是由于我国计划生育政策的成功，人口出生率和自然增长率下降，加速了人口的老化。80年代同70年代相比，我国平均人口出生率由24‰下降到19.73‰，平均人口自然增长率由17‰下降到13.21‰。由于人口出生率和死亡率的下降，导致了人口的老龄化，这是人口发展中的普遍规律。

与世界上已进入人口老龄化的47个国家相比，我国人口老龄化的特点：一是，发展快。世界上许多国家的人口老龄化由成年型过渡到老年型一般要经历50～80年时间，而我国只用18年时间；二是，我国人口老龄化是在经济尚不发达的情况下提前到来的，与经济的发展速度是不同步的；三是，我国人口老龄化在地区之间、城乡之间、城市之间发展不平衡，其程度不一致，具有复杂性和多样性。目前，我国上海、北京、天津、江苏、浙江五省市已先于全国进入人口老龄化，其中上海又是我国人口老龄化程度最高的城市，1979年就已进入老龄化。其他省区老年人口占总人口7%而不到10%的有14个，7%以下的有11个；四是，老年人口众多。约占世界老年人口总数的21%，占亚洲老年人口总数的50%。

我国人口的迅速老龄化，必然给我国社会、政治、经济等各方面带来一系列需要妥善解决的社会问题。如：老年人口迅速增长，被抚养人数相对增加，必然加重社会经济负担和家庭负担；人口老龄化将产生劳动力老化和劳动力资源的相对减少，给社会劳动生产率的提高带来影响；老年人口的激增，使老年人的特殊需求加大，必然要求提供社会化服务，从而直接影响到经济结构和产业结构的调整；人口老龄化使传统家庭养老功能逐渐受到削弱，越来越多的老年人将逐步从家庭养老转入社会养老。对这些问题，当前在全社会，特别是有关领导部门还没有引起足够重视，老龄事业还没有纳入国民经济和社会发展计划予以综合治理；老龄工作的管理体制不顺，多部门分散管理，缺乏综合协调，统筹规划，给老龄问题的解决造成许多困难。

四、今后十年，我国老龄事业发展的基本构想

今后10年，是我国进一步加快改革开放和经济发展步伐的关键10年，也是我国迎接人口老龄化并步入老年型国家的关键10年。10年间，我国的老龄工作应紧紧围绕党的中心任务，着重在理论、政策、法律、老年福利、社会服务等方面做好各项准备工作，以努力创造一个适应人口老龄化社会的环境和条件。

1. 进一步完善社会养老保障体系，充分发挥社会养老和家庭养老两个功能，大力提倡养为结合，以为促养，走出一条适合我国国情的国家、集体、家庭相结合的养老道路。

2. 按照联合国提出的“全球老龄工作目标”和“老年人原则”，结合我国的实际情况，制定全国老龄工作目标，将老龄事业纳入国民经济和社会发展计划予以综合治理。

3. 加强老年立法工作。制定全国保护老年人权益条例，并根据执行情况，用几年时间制定全国《老人法》，做到依法保护老年人的合法权益。同时，继续大力弘扬我国敬老、爱老、养老的传统美德，开展多方面教育，增强人们的法律意识。充分运用法制和教育两个手段，促进和形成全国敬老、爱老、养老的社会主义新风尚。

4. 制定相应政策，充分开发利用老年人的聪明才智。老年人是财富，不是包袱，是生产力的一部分，要积极组织、引导他们参与社会发展，兴办以老年人为主体的老年福利经济实体，弥补老年事业发展资金的不足。

5. 继续推进老年福利事业、教育事业、医疗卫生事业、文化体育事业的发展。围绕“五个老有”，协同有关部门，动员社会力量建立起以社区为中心的老年服务网络。在社区逐步形成老年文体活动、疾病医护、生活服务、老有所为四大体系。特别要加强对高龄老人的社会服务和护理工作。

6. 改革和完善老龄工作组织体系。根据联合国要求，结合我国实际，建立全国性的组织协调机构，以负责老龄事业的规划、对策制定工作。

7. 继续培养、造就一支具有较高水平的老龄工作干部队伍和科研队伍，加强老龄科学的基础理论研究，在深入系统的调查研究基础上，从理论和实践的结合上提出解决我国老龄问题的科学论据和综合对策。

8. 积极开展老龄问题的国际合作与交流，进一步拓宽交流渠道。加强与台湾、港、澳地区老年组织和个人的联系，为实现祖国统一大业积极做好工作。

王照华同志在中国老龄问题对策研讨会上的总结讲话

（1993年11月29日）

同志们：

中国老龄问题对策研讨会今天就要结束了，下面我讲几个问题。

第一，对会议的估价。

这次会议是一次综合性的、阶段性的会议，是回顾总结10年成就，展望今后10年前景，迎接人口老龄化社会到来做好准备的会议。

会上贵鲜同志代表国务院对老龄工作作了重要指示，名誉主任陈丕显同志就全面推进具有中国特色的老龄事业，发表了重要书面讲话，武装了我们的思想，指出了方向，提高了大家的信心，对我们会议及今后的老龄工作有重要的指导作用。

这次会上，全国老龄委提出了《1994——2000年全国老龄工作发展纲要》，大家进行了热烈的讨论，发表了许多好的修改意见，特别是国务院研究室及中央有关部委的同志对纲要提出的修改意见很有价值，会后我们将根据大家的意见加以修改并征求各部委的意见后，争取国务院转发。

这次会上共收到200多篇论文，内容比较丰富，质量较高，有的很系统，很深刻，有些问题讲的很有新意，听了很有启发，对今后工作很有指导意义。这说明我们老龄工作经过10年的实践，在认识上有了很大的深化和提高。理论和实践的结合比较好，搞科研的同志与实践结合的更紧了，搞实际工作的同志把实践的经验的东西上升到一定的规律，有一定的理论性，已经不是老龄工作初期的情况了，也不是就事论事，应该说这是检验我们10年老龄工作在探索中前进的成果，理论工作与实践工作的结合就是上升和深入的结合，深入实际了，系统调查了，研究规律了，就能升理论。这次会议上不少专家发表了重要的论文，对我们研究工作很有启发。邬沧萍教授，他研究老年人问题，就不光是从老年人出发，而是从全局出发，从人民的利益出发，认识研究的重要性。我们讲老龄工作也是这样，就是为了国家的发展，为了人民的团结，为了社会的安定，为了把我们好的传统，革命的传统代代相传。从整体意义出发，从这一高度来研究老龄工作，就可以避免片面性，我们就不怕人家说三道四。

这次会议开的成功，还表现在大家的拼搏精神，老当益壮，老有所为体现在我们到会的老同志中，开会比年青人到的还早还齐，发言争先恐后，不同意见敢于发表。这次会议总的来说是很好的，有创新，是一次团结的会，鼓劲的会。我们的会议也是老龄事业从初创时期进入发展阶段的一个标志，去年李鹏总理就对老龄工作评价指出："已由初创阶段进入了一个新的发展时期，取得了工作经验和明显成绩，"这次会议就体现了这一点，证明了这一点。

第二，我想讲一下，从社会效益和科研工作的角度看我们10年来老龄工作及科研工作成果。

第一点，是科学地预测了人口老龄化的趋势。当然不只是我们，还有其它的一些科研单位都做了这方面的工作，这点很重要。党的十三大政治报告指出："要注意研究人口老龄化的趋向，及时采取正确的对策"。正确对策是根据人口老龄化趋势提出的。10年来老龄化的问题在我们国家逐渐地被重视起来，引起重视当然和咱们的宣传有关系。什么是老龄问题，过去不知道呀，现在怎么出来了。老龄问题不是凭空喊叫出来的，是客观存在的，是科学家们、科学研究工作者给我们预测的数据，通过各种渠道各种形式向各方面去宣传，向领导人去宣传，才逐渐地形成了人们的共识。

我们通过开展尊老、爱老的各种活动，唤起了全社会对老龄问题的关注。在我们社会的发展中，党的事业中，社会工作中增添了一项新的事业——老龄事业，这中间有我们的实际工作者做的工作，科研工作者做的工作，通过这些活动，树立了老龄工作观念。开始提出老龄问题，人家都不懂呀，说："老年人有问题，青年人就没问题?"有的老同志还不接受呢。经过实际工作，预测情况和宣传，确实感到在老年人中存在许多实际问题要解决。过去我们搞政治运动惯了，一说问题以为就是政治问题，我们讲老龄问题不是这个意思。老年人如何养老是个问题；老同志如何继续发挥作用，发挥光和热，也是个问题，老同志还不愿意讲余热这个词，有的同志说：我们正常的热还未发挥完呢。存在很多问题，特别是老有所为这个问题就不好办。老有所乐，我们刘建章顾问特别提出要欢度晚年，不要再叫安度晚年了。他那个老年体育协会，欢迎所有老年人都参加，年龄上不封顶。经过10年的努力，现在老龄工作的重要性，老龄机构不可缺少，已成为社会的共识。当然也有的单位和地方，正如陈老讲话中说的，缺乏远见，撤销了机构，这是违背事物发展规律的，因而是错误的，迟早要追悔的。为什么说错误呢？因为他违背事物的发展规律，咱们说人家错误，要讲出道理，人的自然发展规律就是必然有生老病死嘛，请问这些取消老龄委的地方，他们对老人到底是怎么看的，他们对老人到底怎么安排的，我们国家现在需要老龄机构，不应撤消，到2000年，我们老年人达到1.3亿，进入老龄化社会更需要。

第二点，"五个老有"的内容不断得到充实和发展。"五个老有"的提出应该说是对人口老龄化对策的创举。这是继承中华民族的传统美德，也借鉴了外国经验。外国讲"参与"、"照料"，也是这个意思。"五个老有"中老有所养、老有所医反映了老年人的生存要求，反映国家和社会应该给予老年人的物质生活保证。老有所学反映了活到老、学到老、革命到老的精神，特别是老有所为更为积极，反映了社会主义新时期老年人的精神风貌，象刘建章部长讲的要欢度晚年，不是安安稳稳地过日子就行了，他还是要为人民作奉献，一生多奉献，晚霞更生辉，积极向上，才能健康长寿。这"五个老有"是相互联系的，互为条件的，互相促进的，把这"五个老有"很好地做到家，就达到了综合治理的目的。10年中"五个老有"不断地得到了发展和提高。国家和集体应该给予老年人的物质保障，但是我们不能只是伸手要，我们要开创事业，开展活动，兴办实体。老年人需要国家和社会的支持，同时我们也要自己创，发挥老年人的优势自己开创。通过综合治理实现"五个老有"，达到欢度晚年，达到健康长寿。单方面的科学研究成果就不多说了，综合的讲就是"五个老有"得到了充实，得到了发展。过去说老有所养，想到的是物质的，现在说不只是物质的，还有精神养老，还有心理养老，这不是科研工作深入了嘛！科研工作发展了，科研队伍也得到了发展和提高。理论的系统性是随着人口老龄化发展规律逐步发展的。就象我们医学方面对人体很多东西还认识不到，还要有新发现，我们老龄工作也有许多新的东西要认识。我们现在的老年人一代一代都不同了，现在的老年人经过新旧两个社会，他们的思想境界、精神状态、心理状态与上代人就不同。现在的年轻人等到他们老了，又有不同。所以我们现在的研究成果是初步的，也是可喜的。我们的科研队伍是老中青，专兼聘相结合的，有老年也有青年嘛，有专职的也有兼职的聘请的。我们老龄工作队伍也是老中青，专兼聘相结合，我们整个老龄工作队伍中专职干部吃皇粮的只有 9000 多人，哪一个部门稍微精简都比我们多，但是我们更多的从事老龄工作的队伍 10 万多人都是兼职的聘请的。老专家带队，青年科研人员正在成长，祝愿科研工作再接再厉更上一层楼。

第三，我讲讲今后如何做好科研工作。

首先，我们要学习好《邓小平文选》，把小平同志关于建设有中国特色的社会主义理论运用到工作中，发展具有中国特色的社会主义老龄事业。咱们也要有特点，“五个老有”就是特点。这就是要贯彻解放思想，实事求是的思想路线，实事求是不容易，我们需要打破一些过时的传统观念，传统观念有些是过时了的，有的传统美德我们是需要发扬的，我们都要加以分析，对于国外的经验也要加以分析，符合国情的，我们择其善者而从之。解放思想就是从实际出发，不是从本本出发，从过时的经验出发，一定要这样才能实事求是嘛。

其次，进一步加强理论工作和研究工作，为发展老龄事业制定政策提供理论依据和科学依据。科学研究工作真正要找到规律，就要从我们国家实际出发，认识老年人哪些问题迫切需要解决，找出规律，提出问题。提出问题是解决问题的一半嘛，提出问题就能启发你找出解决问题的办法。这就是科学研究工作。我们要借鉴外国的经验，也要研究我们国家的历史，我们还要象毛主席讲的“古为今用，洋为中用”，过去我们没有很好运用，现在把这个口号运用到老龄工作当中，外国的经验是好的，我们就加以运用，这就象我们学习外国的先进技术、先进设备、新产品一样。我们的科研队伍开始对老龄工作不熟悉，需要看国外的大量资料，有些东西要传播，引起人们对老龄工作的重视，这些很需要。先得有个模仿，模仿里面再创造，我们的工作就是这样，吸收古今中外的东西，从现实的需要和可能提出课题。我们提课题光讲需要不行，还要看能不能办到，这样课题才能变成现实。做科研工作就要有课题，深入下去，掌握材料，加以分析比较，就能提高。毛泽东谆谆教导干部要注意总结经验，这就要求我们实际工作者加以重视，理论与实践结合，提到理论的高度，做到言之有理，持之有据，这样我们才能向政府提出建议，才能被考虑、接受，否则就不容易落实，落实不了就影响我们的积极性。

再一点，就是科研工作要结合老龄工作实际，咱们的科研工作有的与老龄工作结合得密切，有的不是很密切，今后科研工作和老龄工作要结合起来，实际工作要理论化。各级老龄委要支持科研单位，建立机构，给予任务，帮助解决一些实际问题。现在一些高等院校，也建立了老龄科研机构，要给予支持。加强科研工作光靠科研单位自己去抓还不够，各级老龄委要支持，科研工作反过来又指导老龄工作，所以科研与实际要互相结合。

第四，谈谈明年要抓的几项工作。

老龄工作从初创阶段进入发展阶段，我们这个阶段体现在发展纲要上，明年的工作要点上。工作纲要要修改得更完备，共同协商，取得大家的共识，然后再由政府下发。但我们的工作不能等。七年看五年，五年看三年，三年看头年，一定要抓好明年的工作，要在过去工作的基础上抓几个重点：

一是学习小平同志建设有中国特色的社会主义理论，这是挂帅的。当前要抓住机遇，发展为老年人服务的经济实体。经济是基础，有经济实力，就有了地位，有了人员。咱们老龄工作的同志，有的搞了十年，有的退居二线后一直做这个工作，越做越感觉到这个工作重要。但是长期困惑我们的一个问题没解决，就是老龄工作机构理不顺，经费也不多，地位无法定。这个问题困惑了我们多少年了。我们每次开会都提这个问题，大家都很着急，忧心忡忡。我看，不管怎么定，最主要的是咱们要有实力。我们老龄委工作有没有地位，不能光靠上边怎么样，领导对咱们怎么样，地位还是要靠工作。3 年前，我去保定参加老龄会议，保定市委书记对我说，照华同志你得办经济实体，不办经济实体，你一见面就向人家要钱要人，人家就怕你呀，你有了钱，有了实力，就有了老龄机构的地位，也就有了人员。江苏的同志说得好，有实力才有活力，有作为才有地位。不是要实行公务员制吗？你公务员发多少钱，我们有了经济基础待遇就可以不低于公务员，年轻的同志也就不会担心了。实力政策，不光在国外讲，在国内也是一样，特别是社会主义市场经济时期也要讲实力，社会主义市场经济是一个很好的机遇，我们要有场经济的意识。要以经济工作为中心，党的一个中心两个基本点的基本路线 100 年不变，要抓住这个机会发展经济。

再一个要有竞争的意识，社会主义市场经济就是要竞争。我们过去不说竞争只说竞赛，好象竞争就是属于资产阶级。竞争并不一定是打击别人，我们要用自己的条件，发挥自己的优势，要超过其他人。老龄工作也有竞争问题，不竞争我们老龄工作地位就没有呀，我们要在竞争中间争取老年人地位，在竞争中间展示我们的经济实力，我们有了物质基础，我们就可以盖办公大楼，盖工作人员宿舍。鞍山市老龄委盖了老年公寓、老年活动中心、老年医院；哈尔滨老龄委也建设不少，这样有的政府厅局还羡慕老龄委哩。

还要树立为老年人服务的意识，社会主义市场经济中既要有经济意识，还要有奉献意识。不能削弱为人民服务，为老年人服务的思想。老龄委成立时，当时思想还没解放，有人认为老龄委办企业，影响不好。但是也有一些确确实实使我们吃大亏了，用人不当！有些人借着老龄委的旗号，装满了自己的腰包，亏了国家，亏了老年人。我们有的企业赔了钱，要找法人找不着人了，找到全国老龄委，老龄委找谁呢？就找王照华，这就不行了。我们还有的人，共产党员拿着《中华老年报》信笺不签自己的名，赚了钱是自己的，亏了钱找不到他的责任，搞了3年不为报社做贡献，就给了一个传真机，还说，"这就可以打发他们，"什么态度，什么立场。所以用人非常重要，用人不当就会吃亏。不要以为风风雨雨过来的老同志，在金钱面前一定经得起考验，有的人遇到钱就变了。所以市场经济对我们来说是个考验，既要有发展经济的意识，还要保持我们为人民服务的高贵品德，就是为老年人服务，所以我们要抓住这个大好形势，发展经济实体。

明年我们准备在鞍山开个交流办经济实体经验的会。真正为老年人服务的经济实体，才真是老年实体。有的老年人个体户，他也算是老有所为，但不是老年经济实体，只有为老年人服务的企业才可以争取适当的优惠政策。我们发展经济实体是理直气壮地，为建设有中国特色的社会主义献力，为什么不可以呢？我们不是伸手向国家要钱，我们是帮助国家、减轻国家负担，我们发展老年事业，发挥老年人作用也有益于老年人身心愉快，有利于老年人的健康长寿，这有什么不可以呢？我们在社会主义市场经济中要抓住机遇，继续提倡"老有所为"，发扬老一代的奉献精神，老当益壮，老有奉献，老有乐趣，改变传统的消极养老的过了时的观念。当然，老年人可以依赖国家，依赖社会，他们有资格依赖，但是众多的老年人并不想全依赖国家，愿意"老有所为"，贡献自身的力量，达到为国分担些责任，充实生活内容并显示老年人的人生价值。

过去一说老了，就说老年人嘛，不要这样不要那样等过时的观念要改变。如老年婚姻，传统观念认为人老了还谈什么老有所伴，我们刘部长的伴是老年婚姻，非常非常地细致地照顾他。所以通过刘老的经验，我们好几个老同志找到伴了，很好。这与传统的观念不同，爱情不是青年人的专利，过去《中国老年》杂志进行过专门讨论，《中华老年报》也发表文章讲了丧偶老年人的苦恼。昆明电视台上演了一个电视剧《秋天的报道》，讲的也是老年人的这些问题。有的子女们认为父亲找一个还可以，母亲找一个就不行，子女们就盯梢。所以我们要打破过时的传统观念。这和社会风气也有关系，现在正是转折时期，社会主义和资本主义不同，和封建社会也不同，所以我们社会主义时代的老年人要为下一代树个榜样。

我们这一代老年人应该有充实的生活，我们要把一个中心两个基本点的路线，经济建设100年不变的思想深入下去，传给下一代，我们要把老年人生活的精神风貌，树立的新的风尚传给下一代，所以我们的老龄事业是为现在的老年人服务的事业，也是为未来的老年人铺路的事业。人都有老的那一天，有一天我和某个省的书记见面，我请他多支持老年事业，他说："当然了，支持老年事业，也是支持我自己"。对老龄事业的重要性，我们就是要理直气壮地去宣传。在小平同志南巡讲话的鼓舞下，1993年我们在哈尔滨开了一个会，对工作有所推动。那么今年在三中全会的鼓舞下，我们应当搞得更好一些，这是第一。

二是我们要积极推进老年立法。大家谈了老年立法，请在人大常委会立项。但是我们要促进，我们要积极抓，积极推动。《中华人民共和国老年人权益保障法》有很多条文，按《宪法》的标准去要求。

三是我们要把科研工作推进一步，加强科研队伍，出题目，建机构。机构可以大，可以小，可以专职可以兼职。

最后就是正确对待机构改革问题。我们全国老龄委开始是挂靠劳动人事部，第一任主任是于光汉同志，是劳动总局的副部长，他参加了维也纳的会议，回来写了报告，成立了老龄委，建立了老龄机构，提出了"五个老有"的工作目标，奠定了一定的基础，这应该说是很大的贡献。但是发展起来有难处，机构一直没解决。我认为老龄工作应有自己的机构，上次机构改革时，找不到挂靠单位就要撤销。咱们不能撤销啊，民政部崔乃夫部长重视老龄工作，对老年人是理解的，所以挂在了民政部。现在不存在撤销问题，是以什么形式存在。现在总书记题词："重视老龄工作，发展老龄事业"；罗干同志对我说："老龄委只有你们一家，只能加强不能削弱"；李贵鲜同志这次也讲只能加强不能削弱。老龄工作从聂帅到陈老都非常重视，给中央写信。过去我们找"婆婆"找不到，现在找到了，我们挂靠民政部，国务院谁分管民政部，谁也就管老龄委了。机构改革大家迫切要求进入政府序列，现在政府机构在缩减，那么采取什么形式，编委正在研究，他们要提出报告。胡锦涛同志和人事部宋部长也要他们研究，提出报告。这次会上编委也派了一个处长来听取我们的意见，这就前进了一步，总的方面是乐观的。同时我们的观念也应该转变，不要只想进政府序列，认为不是公务员就不好办，在计划经济向社会主义市场经济转轨的现阶段，政府职能也要逐步转化，我们一定要看到这一步。所以我们不能消极观望、等待，失去了机会，把工作给耽误了。前面讲有了经济实力就有地位。我们要抓住时机，推进工作前进。如果说有人要取消你，消极就是自己取消自己。对老龄机构该加强的加强，该健全的健全，积极开展工作。同时要努力发展经济实力，有实力就有地位，不要认为铁饭碗比泥饭碗可靠，泥饭碗搞好了比铁饭碗更有优越性。我们有了经济实力，就可以搞好，所以我们观念要转变，我们要更加自主、自立、自强。江苏的江阴市老龄企业产值有两个亿，他们不怕当不成公务员。所以我们老龄事业的振兴，要在市场经济中花大力气发展，不要退缩。不要局限在进政府序列，苦思冥想当个公务员，我们应以积极的状态迎接市场经济的挑战，迎接人口老龄化的挑战，迎接机构改革。我们思想要解放，今后在经济建设中老龄工作机构要勤政廉政，防止腐败，防止亏了国家，亏了老年人，肥了个别人，这样的干部我们应从老龄干部队伍中清理出去。我们要警惕右，更要防止左的东西干扰我们，要以是否有利于发展社会主义社会的生产力，是否有利于增加社会主义国家的综合国力，是否有利于提高人民的生活水平为标准。有利于人民生活的改善就会有利于老年人欢度晚年。总之，我们要排除干扰，稳住阵脚，抓住机遇，发展实体。

我就讲这些，合理的地方就接受，不合理的可以讨论，再加以完善。

王照华同志在部分省市老年经济实体研讨会上的讲话

（1993 年 7 月 19 日）

同志们：

全国部分省、市老年经济实体研讨会，经过 5 天的讨论、交流，今天就要结束了。这次会议进一步贯彻落实了小平同志到南方视察发表的重要谈话和党的十四大精神，分析了老年经济实体发展的形势，交流了创办老年经济实体的经验，研究了遇到的问题和措施。会议规模不大，但大家反映是一次很及时、很重要的会议。当前突出抓住发展老年经济实体这项工作，对整个老龄事业的发展具有积极意义。

这次会议在哈尔滨召开，实质上带有现场会性质。哈尔滨老年经济实体办得早，发展快，效益好，创造和积累了比较成功的经验，在全国起了带头示范作用。归结起来，他们的主要经验有以下三点：一是党政领导重视，把发展老年经济实体纳入政府目标管理，常抓不懈；二是指导思想明确，以发挥老年人作用，积累老龄事业发展基金，提高老年人的生活水平和保障能力为宗旨，有了一定的规模和实力；三是政策统一，有专门管理机构，有一套行之有效的管理办法。13 个省市的代表也都带来了很好的经验和研讨成果，具有指导意义。

江泽民同志最近在《当前的经济工作》一文中指出：“我们在形势和机遇的问题上，应当有这样的态度：要有时代的紧迫感，抓住机遇；要有历史的责任感，珍惜机遇；要有科学的态度，用好机遇。”这不仅是对经济工作提出的要求，也完全符合老龄工作的实际。当前，我国国民经济蓬勃发展，改革不断深化，社会主义市场经济体制逐步建立，这给老年经济实体的发展带来了难得的机遇。我们一定要很好地把握时机，解放思想，因势利导，通过兴办实体，开拓老有所为，振兴老龄事业，促进社会生产力的提高，力求老龄工作有一个新的突破性进展。

下面我讲 3 个问题：

一、当前老年经济实体发展的形势

老年经济实体的产生和发展不是偶然的，它是伴随着人口老龄化进程和我国改革开放的深入发展出现的。早在 80 年代中期，上海、哈尔滨等一些大中城市和山西等部分农村，从实际出发，把大批退休职工和有经验的农民组织起来率先办起了经济实体，发挥了老年人在经济建设中的作用，创造了老龄工作步入经济建设主航道的经验，在全国起了带头作用。1991 年初，全国老龄委在上海召开的老有所为研讨会，从理论和实践上肯定了老有所为在“五个老有”中的核心地位，肯定了亿万老年人是国家稳定和经济发展的重要力量，肯定了城乡老年人兴办经济实体的作法。

1989年和1992年召开的两次“双奖表彰大会”，推动了老有所为和老年经济实体的发展。特别是1992年初小平同志到南方视察发表重要谈话之后，更加激发了广大老年人参与国家经济建设的热情；各级老龄组织以“三个有利于”为标准，进一步解放思想，采取各种措施积极兴办老年经济实体；各地党政领导十分重视，有关部门大力支持，制定了优惠政策，出现了城乡老年经济实体多渠道、多层次、多形式发展的大好局面。概括起来老年经济实体的发展有以下几个特点：

1. 发展迅猛，前景喜人

全国除部分地区创办老年经济实体较早，并形成一定规模外，大部分地区是1991、1992年才发展起来的，到今年3月份已发展到4万多家。其中发展较快的上海已达8700家，江苏4500家，山东4477家，浙江3342家，太原市1000家，无锡市874家。有些农村也大力创办老年经济实体，注意发挥老年协会作用，积极兴办小商店、小食店、小茶园、小加工厂、小养殖场等。如湖北京山县已有446家，四川巴县已有127家。山西晋城市有31%的村创建起不同类型的创收基地。老年经济实体从无到有，由少到多，方兴未艾，预示了一个广阔的发展前景。

2. 发挥优势，效益明显

老年人凭借他们的经验和特长，大多从投资少、市场需要的“短、平、快”项目入手，或者从事那些年轻人不愿干、干不了的项目，这样风险小，见效快，再加上各地政府部门给予优惠政策，使老年经济实体能稳步发展，一般都有效益。据重庆市调查，全市664家老年经济实体盈利的占99%，发展是健康的。上海去年各类老年经济实体的产值和营业额近57亿元，创利税近5.3亿元；从1988年到现在累计用于老年福利设施资金达1.4亿元，用于补助生活困难的退休职工825万元，用于慰问老人9073万元，用于开展老年活动361万元。哈尔滨市现在一年有320万元的收益用于发展老年事业，兴建了老年公寓、老年医院、老人之家、老年活动中心等。抚顺钢厂办老年经济实体，两年创利350万元，为离退休职工每人每年补助700元。实践告诉我们，兴办老年经济实体，为国家创造了财富，为老龄事业增加了积累，也在一定程度上改善了老年人的物质生活，取得了较好的经济和社会效益。

3. 领域宽广，形式多样

老年人中具有各方面人才，分布在不同的领域和部门，所办实体形式多种多样。有生产型、服务型、流通型，也有外向型；城市办、农村办、机关办、学校也办；有工业、农业、第三产业；有国有性质的，也有老年人自办、领办、联合办的；按资金来源分，有集资、贷款、引进外资。这种多形式、多渠道发展老有所为，为发挥老年人的聪明才智创造了良好的条件，适应了各种老年人的特点和市场经济的需要。

4. 立足老年，服务社会

老年经济实体的创办，为老年人参与经济建设开辟了一条途径，为老年人提供了“第二次创业”的机会。同时还大量吸收了社会富余劳动力，安置了待业青年，缓解了社会就业矛盾。如泰安市参与经济活动的老年人4885人，安置社会其他劳动力7715人。太原市老年经济实体有1.8万老年人参与，同时安置3000多名待业青年。有的老年经济实体适应市场需求，开辟新途径，形成了自己的“拳头”产品，有的已成为出口创汇大户。泰安郊区永青化工厂生产的苯酚已畅销东南亚，年创汇250万美元。有的地区出现了一批具有一定规模，在市场占有一定地位的老年经济实体，成为地方经济的一个组成部分。这种发展势头，证明老年经济实体不仅有“拾遗补缺，自补互济”的作用，而且也涉足了重要经济领域，为参与社会主义市场经济发展奠定了基础。

就全国来看，兴办老年经济实体的时间不长，尚处在起步阶段，工作中还有不少困难和问题，主要是：兴办老年经济实体的重大意义、作用尚未被社会充分认识，思想还不够解放；政策不统一，措施不配套，管理跟不上；在资金筹措，场地选择，项目开发等方面都遇到一些实际困难。我们相信，随着改革开放的深入和社会主义市场经济的发展，这些问题会逐步得到解决。

二、从战略高度看待老年经济实体的发展

人口老龄化与我国经济发展水平不相适应的矛盾日益突出。兴办和发展老年经济实体，是缓解这一矛盾的积极对策，开辟了具有中国特色的积极养老之路，成为我国经济建设和建立社会养老保障制度不可忽视的力量。从这个意义上讲，兴办和发展老年经济实体决不是权益之计，而是适应人口老龄化和发展生产力的需要，是从国情国力出发，发展老龄事业的一项战略举措。

1、老年经济实体是老龄工作为经济建设服务的重要途径

党的十四大确定党的基本路线100年不动摇。因此，集中精力搞好经济建设，大力发展生产力，是当前和今后全党、全国人民的中心任务。老龄工作是党和政府工作的一部分，贯彻十四大精神，围绕党的中心工作兴办和发展老年经济实体，是老龄工作的重要任务，是众多老年人直接参与国家经济建设，为社会主义市场经济服务的重要途径。

我国的老年人70%属于低龄和健康老人，是重要的人才资源和智力资源，是国家的宝贵财富。随着改革开放的深入和社会主义市场经济体制的建立，老

年人参与社会发展的意识与日俱增，潜在的老年生产力得到解放，广大老年人施展了自己的才华，释放出新热，实现了在市场经济主战场“第二次创业”的愿望。许多老年经济实体在激烈的市场竞争中经受了考验，取得了社会、经济效益双丰收，保持着很强的生命力。这是老年人的新贡献，也是老龄工作在新形势的新发展。

2. 兴办老年经济实体是建立社会养老保障体系，提高老年人生活质量的积极措施

我国人口的日益老龄化和社会主义市场经济的发展，要求改革和建立与之相适应的符合我国国情的社会养老保障制度。兴办老年经济实体是建立“国家、社区、家庭、个人”相结合养老保障体系的积极措施。特别是现阶段我国经济还不富裕，社会养老保障能力较低的情况下，通过兴办老年经济实体，实行“以为促养，养为结合”，提高老年人自我保障能力，不仅减轻了国家负担，为国家创造了财富，还用他们的劳动所得改善了自己的生活，增强了承受能力；同时也密切了老年人与社会的广泛联系，提高了在社会和家庭中的地位，丰富了精神生活。

3. 兴办老年经济实体是振兴老龄事业的有效手段

老龄事业是一项新兴的社会事业，这项事业的发展要求政府在经济上逐步加大投入，把老龄社会福利事业列入社会发展总体规划。尽管我国经济发展迅速，综合国力有所提高，但适应人口老龄化的承载能力仍较薄弱，国家不可能在短期内拿出大量资金用于老龄事业，需要组织全社会的力量积极投入和参与。组织老年人兴办老年经济实体，积累了老年福利基金，拓宽了老龄事业经费渠道，补充了国家投入的不足，加快了老龄事业的基础建设，为老年人办了大量实事、好事，扩大了老龄事业的社会影响，增强了老龄工作的生机与活力。

三、解放思想，扎实工作，促进老年经济实体的发展再上一个新台阶

当前，我国社会稳定，经济发展。经过 14 年的改革，经济体制发生了深刻变化，现代化建设进一步加快，特别是建立社会主义市场经济体制的目标，为老年经济实体的发展提供了广阔的天地。现在各地老年经济实体的发展有了一定规模，在实践中积累了不少宝贵的经验，奠定了良好的基础。为使其更快更好地发展，应抓好如下几项工作：

1. 学习理论，提高认识

兴办和发展老年经济实体，关键在于解放思想，转变观念，提高认识。当前，要继续破除怕说与青年人争饭碗，怕涉足经济领域容易犯错误、影响晚节，怕出乱子找麻烦等思想障碍。要认真学习小平同志建设有中国特色的社会主义理论和社会主义市场经济理论，学习有关的方针、政策和法规，以“三个有利于”为标准统一思想，充分认识兴办和发展老年经济实体的重要意义。同时要进一步总结、宣传那些在市场经济大潮中发展起来的老年经济实体的成就和经验，促进老年经济实体更快更好地发展。

2. 明确宗旨，把握方向

兴办和发展老年经济实体，要坚持正确的宗旨和方向。老年经济实体是由老年人参与或组织，以积累发展老年事业资金为目的，经老龄工作机构审核同意，在工商行政管理部门登记注册的经济组织。这样的经济实体属于老年福利企业性质，享受政府给予的优惠政策。老年福利企业必须始终坚持为国家经济建设服务，为老龄事业积累发展资金，为广大老年人谋福利的宗旨。有的老龄工作部门自办了一些企业，将收益的一部或大部用于发展老龄事业，符合上述宗旨，也应视为老年福利企业。我们坚决反对那种打着发展老龄事业旗号，利用争取到的优惠政策，损公肥私，损害国家利益和老龄事业的行为。各地老龄委和有关部门，应严格审批条件，搞好监督检查，保障优惠政策确能有利于发展老龄事业。至于老年人办的个体和私营经济组织，也是老有所为参与经济发展的形式，也应给予支持，但不属于老年福利企业性质。各级老龄委一定要重点抓好自办企业和老年福利企业，同时指导社会上各个层次的老年人搞好老有所为，共同参与国家的经济建设。

兴办老年经济实体，应采取积极稳步发展的方针。发展一批，巩固一批，创办一个，办好一个。不要一哄而起，大起大落，造成损失。可多创办一些生产型、科技咨询型、服务型的经济实体，这样风险小，承载能力强。要按市场规律办事，正当经营，遵纪守法，树立良好的社会大形象，在维护市场经济秩序方面起模范带头作用。

3. 加强管理，搞好服务

老年经济实体的发展离不开有效的管理和服务。各级老龄委要认真搞好老年经济实体的班子建设，选派那些懂技术，会管理，作风正派，奉公守法，热心老龄事业的人当法人代表。选好法人是办好企业的关键。要严格按法律、法规办事，建立健全必要的规章制度和办法。要加强企业管理和业务人员的培训，不断提高其素质和水平。要根据工作需要，建立相应的精干的管理机构，配备或聘请懂业务、能力强的人从事管理工作。要加强分类指导，用典型推动工作，不断总结搞好服务工作的经验，加强横向交流，为企业提供市场信息和咨询服务。

4. 在党政领导下加强指导，统一政策

目前，多数老年经济实体基础较薄弱，且隶属关

系不同，所有制形式不同，使管理工作呈现复杂局面。因此，各级老龄委要紧紧依靠当地党和政府的领导，主动反映情况，提出积极建议，协助政府搞好有关部门的协调配合。部门之间，决不能相互排挤、挖墙脚，应当是相互支持，共同促进老年经济实体的健康发展。值得强调的是，在一个地区要制定兴办老年经济实体的统一政策，在一定时期内保持相对稳定性，不要政出多门，各行其事，以免基层无所适从，造成工作被动。对办得好、具有一定规模的老年经济实体，不要收回上交，不能实行平调，要继续支持其发展。

同志们，目前全国老年经济实体发展势头很好，我们的工作任务繁重。为此，要加倍努力，扎实工作，使老年经济实体的发展在改革开放的大潮中再上一个新台阶。

王照华同志在全国老龄宣传工作会议上的讲话

（1994 年 11 月 18 日）

同志们：

全国老龄宣传工作会议历时 5 天，今天就要结束了。会议贯彻了中央四中全会和全国宣传思想工作会议精神，交流了老龄宣传工作经验，讨论了今后如何加强宣传工作的问题，对邢雁同志的报告，进行了讨论，提出了很好的修改意见。会议还讨论了明年老龄工作要点。对全国老龄委机构改革问题，进行了酝酿讨论，大家畅所欲言，反复探讨研究，从不理解到逐步理解，从感到无所举措到积极做工作，逐步统一了思想。这次会议时间虽短，但内容丰富，完成了预定的任务，会议开的是成功的。这次会议得到了云南省委、省政府，昆明市委、市政府的大力支持。云南省老龄委承担了大会的会务工作，做了很大贡献，生活安排得很周到，是会议圆满成功的保证。我代表全国老龄委和全体与会同志向省委、省政府、市委、市政府和省、市老龄委以及参加会务工作的同志们表示衷心的感谢！

下面我讲三个方面的意见：

一、正确地充分地认识老龄事业发展的大好形势，提高信心鼓起勇气，把我们从事的老龄事业推向新的阶段

我国老龄事业发展 12 年来，通过老龄工作战线同志们的共同努力。得到了长足的发展，影响扩大了，社会承认了，领导重视了，老龄事业的地位逐步提高了，这次机构改革以后，可以比较稳定地前进了。我们所进行的工作是很多的，概括起来说：

第一，弘扬了中华民族尊老爱老养老的传统美德。经过大力提倡，广泛开展活动，这种美德在新的时期更加深入人心，起到了改善社会风气的作用。中国的敬老养老是有传统的。在我国基本上是家庭养老，有传统的“孝悌忠信”，哪里有不孝子孙虐待老人，就会引起公愤，哪里有为老人做好事，就会受到赞扬。现在有的地方规定，不孝顺父母的人不能当干部，也不能提拔任用，连自己的父母都不能服务，还能为人民服务吗？

第二，推动了老龄事业的全面发展。我们经过调查研究，结合中国的国情，提出了“老有所养、老有所医、老有所为、老有所学、老有所乐”的老龄工作目标。在老有所养方面，积极推动和协助政府开展社会养老保险，发展社会养老保障事业。为此，我们做了大量的社会调查和研究工作，为国家政策的制定提供依据。国家和政府在这方面做了大量工作，在今年召开的“亚太地区社发会议”上老龄委、劳动部均组团参加并交流了经验。我们还提倡“补充养老”的方针，鼓励大力兴办老年经济实体，办企业，办实体，努力发展老年福利事业。在这方面很多省（市）都做得比较好，如上海市退管会、江苏、无锡等等。我们提倡的补充养老，可以说是上为国家排忧，下为老年人解愁，不仅受到了广大老年人的欢迎，也得到了社会的赞誉；在老有所医方面，推动老年病的研究，大力兴办老年医院，老年家庭病床，推动临终关怀事业的发展。还积极支持老年保健品的生产，大力开发老年用品市场，为老年人延年益寿创造条件；在“老有所为”方面进行了大量的社会宣传和积极的引导，提倡“老有所为”是积极养老的一个方面。老有所为是第二次创业，体现了老年人的人生价值，要提高老同志的信心，发挥他们的作用。我到处宣传老同志的“四大优势”，就是政治、经验知识、德高望重、时空这四个方面的优势，要鼓励他们克服自卑感、失落感、孤独感。现在老有所为已逐步为老年人接受，为社会所承认；“老有所学”成绩是很大的。在我国已有老年大学、各类老年学校5300余所，在校学员47万余人，他们在老年大学学习深造，修身养性，“学为结合”，提高参与社会经济发展的能力，老年教育在我国蓬勃发展；在老有所乐方面，老年体协做了大量工作，提出了“创造人生第二个春天”的口号。老年文艺活动生动活泼，对社会产生了很大影响，活跃了老年人，带动了中年人，影响了青年人。

第三，形成了一支有奉献精神的专兼职相结合的老龄工作干部队伍，一支全心全意为老年人服务的队伍，为党和政府拾遗补缺办实事的队伍。这是老龄事业发展的组织保证。

第四，扩大了国际影响。我国提出的“五个老有”的工作目标在国际上产生了很大影响。农村“赡养协议书”的养老形式影响了第三世界国家，在联合国受到重视。1992年在47届联大上我们宣传了中国的老龄事业，产生很大影响。我国常驻联大代表团反映，老年人和残疾人事业在联合国是中国的强项，是走在前面的。

总而言之，老龄事业的大好形势是社会公认的。在这次机构改革中，我们的机构性质、任务得到明确，也是由于我们做了大量工作的结果。这就是有重视才有发展，有实力才有活力，有作为才有地位。

机构问题，大家都很关心。现在明确老龄委机构是国务院的事业单位。14日我向李鹏总理汇报了老龄工作和老龄事业的发展情况及社会影响；汇报了在政府分头管理的情况下，老龄委在老龄工作属于共性问题上的牵头、协调作用；重点谈了“五个老有”。当汇报到老龄委给政府做了大量拾遗补缺的工作时，总理问各省、市、自治区是否都有老龄委，我说老龄委的机构一直到乡镇，农村有老年人协会组织，总理说，这很好。是肯定的。汇报到老龄委的性质时，总理讲，老年人是社会中的脆弱群体，需要有个团体关心照顾，老龄委同妇联、工会的工作有些是交叉的，老龄委要管政策，要管社会上的老年人，同残联工作相似。老龄委要确定一个性质（具体规定见国务院发文）。对于机构问题，有不同看法，这个问题困扰我们十几年。我1987年到老龄委工作后主持的每次大的会议，都要抽很多时间讨论这个问题。1988年机构改革时，主要解决挂靠单位，经过协商挂靠到民政部，但没有明确是事业单位，我们对外宣传是“半官半民”机构，以带有政府性质的职能，利用社会团体的活动方式进行工作。我们很多同志是政府部门出来的，不很习惯这种工作方式。我看，我们不要强调这个“权”，要把工作开展起来，让社会承认我们。为争取政府序列，在这次机构改革中，我们做了很大努力，曾两次向国务院报告成立老龄工作协调议事机构，具体工作由老龄委承担，但没批准。各地也担心成为社会团体或被取消，我们又做了大量协调和努力。现在大家对确定事业单位表示赞同，但认为名称不太理想，事业单位又是个社团名称，我们再向领导反映。现在原则上大局已定。某些同志还存在“老龄委无用论”的思想，我们要克服这种思想，这十几年的奋斗有力地证明了我们存在的地位。我们要开创中国的老龄事业，开创有中国特色的养老道路。现在对老龄委机构的正式确定是一大进步，是老龄事业从初创阶段进入发展时期的标志。不要认为老龄委一改名就划句号了，就前功尽弃了，旗帜就倒了，队伍就散了。关键在思想，改名不等于改了老龄事业，不等于改了我们老龄工作机构的性质。我们要积极想办法克服消极影响，变消极为积极，变无能为力为大有作为。各地要按照中央只能加强不能消弱的精神，努力争取机构不动，人员不散，继续增强信心开展工作，争取达到理想结果，还要继续发扬“铜头铁嘴蛤蟆肚子飞毛腿”的精神，理直气壮地宣传。中央也有上下不对口的精神，这样也给地方的同志回旋争取的余地，巩固和发展已奋斗来的结果。需要我们支持帮助的，我们会尽力而为的。这就是要正确认识形势。老同志要努力为老龄事业的新发展献出有生之年，中青年同志要做出更大贡献。在坐的都是老龄工作的领导干部，工作骨干，要发挥领导作用和带头作用，率领我们的队伍一如既往地奋勇前进。不要消极埋怨，如果消极被动，我们的事业就要受损失受挫折，就会自毁长城。我想，我们是不愿意看到这种情况发生的。

二、关于1995年的工作

全国老龄委的工作给大家通报一下。明年要召开第三次全国老龄工作会议和表彰先进单位和先进工作者的会议；贯彻将由国务院转发的老龄工作发展纲要；认真做好全国社会发展会议和明年3月召开的联合国社会发展首脑会议的宣传工作，为会议做好准备，提供条件；加强老年法的起草工作；继续推动老年福利事业的发展，这是老年人最大的问题，尤其是高龄老人的照顾问题，要发展老年社会福利事业和社区老年服务。老龄委要协助政府把这个事业搞好。

三、进一步做好老龄宣传工作

在这次会议上，邢雁同志做了工作报告，大家对报告进行了认真讨论，提出了很多好的修改意见，我们修改后发给大家。现在我补充几点意见。要以小平同志建设有中国特色的社会主义理论为指导做好我们的老龄宣传工作。第一，宣传中华民族的传统美德要和现实老年人所处的环境条件相结合，发扬传统美德要树新风破陋习；第二，争取党政领导的重视。请领导做宣传，有重视才有发展。党的十三大、十四大报告以及政府工作报告都讲了老龄工作，充分体现了党和政府十分重视老龄事业的发展。我们要多请领导人讲话、题词、写文章，推动老龄事业的发展；第三，向党和政府献计献策。要积极组织老年人参与社会实践，老年人和青年人是不一样的，是不能等的；第四，多办实事，见缝插针搞宣传，为经济建设、改革开放服务，为精神文明建设服务。我们的农村老年人协会在这方面做了大量工作；第五，工作要细，区别不同对象深入思想实际，动之以情做宣传。对领导干部，要宣传在位时办得到而想不到，退下来后想得到而办不到。鼓励领导干部在位时多为老年人办实事，而且要向他们宣传老年人对社会所起的稳定作用，对领导班子巩固和树立威望所起的作用。对全社会要讲为老年人服务无尚光荣，是传统美德。对青年人要宣传老龄事业是为未来的老年人铺路的事业。对老年人也要做好宣传，如既将退下来的老同志要宣传做好充分的思想准备，做好转变，不要自卑、孤独，在这方面老干局要做工作。向社会宣传老年人是财富不是包袱，向老年人宣传积极养老的意义，宣传老年法，提高老年人自我保护的能力。

总的来说，老龄事业是新兴的事业，是发展的事业，有不同的认识要在实践中逐步统一。宣传工作很重要，要破旧的观点树新的观念，如“财富”和“包袱”问题，老年婚姻问题等。宣传就是要造成社会舆论，弘扬美德。要善于抓住典型大力宣传，如敬老好儿女，老有所为先进人物等要造成声势敲锣打鼓，领导慰问。宣传有中国特色的国家、社区、家庭、个人相结合的养老之路。现在有些西方发达国家也很重视我国的经验。对于机构问题要做好充分的酝酿工作，要有思想准备，最后还是以正式文件为准。不要乱，要做到组织不乱心不乱，要鼓劲，心要聚不能散。争取在新的起点上向新的阶段发展前进！

张文范同志在全国宣传贯彻《老年法》座谈会上的讲话

（1996年9月8日）

同志们：

中国老龄协会召开的全国老龄系统宣传贯彻老年法座谈会，历时3天，今天就要结束了。

这次会议大家紧紧围绕如何宣传贯彻老年法这个主题，集中精力，认真学习讨论了《中华人民共和国老年人权益保障法》（以下简称《老年法》），交流了各地维护老年人合法权益的好经验、好做法。大家畅所欲言，集思广议，提出了不少好的建议和意见。通过相互交流，沟通信息，提高了认识，统一了思想，增强了信心，明确了方向和任务。同志们普遍认为，这个会开的很及时很必要，北戴河会议是一次纲举目张的重要会议，是一次增强凝聚力、向心力的重要会议。会议时间不长，收获很大，达到了预期目的。

八届全国人大常委会第21次会议在1996年8月29日全票通过的《老年法》，是我国亿万老年人盼望已久的一件大事，也是全国各族人民政治生活中的一件大事。它是我国有史以来第一部全面保障老年人权益的基本法律，它的颁布和施行，标志着我国老龄工作从此走上了科学化、规范化、法制化建设的轨道，进入了一个新的历史发展阶段。因此，认真学习、广泛深入地宣传贯彻好这部法律，是我们老龄工作的重要任务，对于进一步做好老龄工作，推进老龄事业的深入发展，具有重要的现实意义和深远的历史意义。下面，我讲几点意见：

一、认真宣传贯彻《老年法》，推进老龄工作的法制化建设

（一）《老年法》产生的背景和过程

80年代以来，随着我国老年人口的增长，人口老龄化速度加快，老龄问题越来越突出，老年人合法权益受侵犯的现象无论在城市还是在农村都时有发生。因此，制定一部《老年法》，是我国人口老龄化发展的需要，是老龄事业发展的需要，也是广大老年人的迫切愿望，是加强社会主义精神文明建设的需要，也是经济发展、社会进步的必然要求。对此，广大老年人、老龄工作部门及有关方面都有强烈反映，引起了党和政府及社会的关注。自1984年以来，每年的全国人大和全国政协会议都有代表提案呼吁制定老年法规，这些提案反映了老年人的实际情况和人民群众的呼声。从1987年开始，全国28个省、自治区、直辖市陆续制定颁布了保护老年人合法权益的地方性法规。与此同时，原全国老龄委协同有关部门着手起草了保护老年人合法权益条例初稿。所有这一切，都为《老年法》的产生奠定了一定基础。在这一背景下，1993年，八届全国人大常委会将制定《老年法》列入了五年立法计划。全国人大内务司法委员会于1994年4月组成了起草小组，吸收中组部、民政部、人事部、劳动部、卫生部和中国老龄协会参加，开始了《老年法》的起草工作。在历时两年多的时间里，收集研究了国内外大量有关资料，深入八个省、自治区、直辖市的工厂、矿山、农村、街道调查研究，反复听取中央和地方有关部门、专家学者、老龄工作部门、老年群众组织，以及基层干部、群众和老年人的意见，召开各类座谈会 100 多个，累计参加 2000 多人，16 次易稿。老年法从起草到颁布，反映了党中央、全国人大、国务院和中央各部委长期以来对老龄工作的重视、支持和关怀，浸透着于光汉、王照华两届老龄委全体同志的心血和贡献，包容着全国广大老龄工作者和专家学者实际工作的辛勤劳动。这次《老年法》在全国人大常委会全票通过，也说明这个法是一个成熟的法律。《老年法》的形成可以说凝聚了上下左右众多人的心血，是集体智慧的结晶，具有深厚的群众基础和社会基础。

（二）《老年法》的颁布对推进我国老龄工作的发展，具有重要的现实意义和深远的历史意义

《老年法》的颁布，充分体现了党和政府对老龄工作的高度重视，将老龄工作的地位正式地用国家法律的形式确定了下来，使我国老龄工作从此走上了法制建设的轨道。它对于促进各级党委、政府依法加强对老龄工作的领导和老龄工作的深入发展，具有重要的推动作用。

《老年法》的颁布，为老年事业的长远发展提供了基本纲领和指导方针。过去老年事业投入很少，老年事业与经济发展不协调，这次《老年法》明确规定“各级人民政府应当将老年事业纳入国民经济和社会发展计划，逐步增加对老年事业的投入，并鼓励社会各方面投入，使老年事业与经济、社会协调发展。”这将有力地促进老年事业与经济和社会的同步发展。

《老年法》的颁布，对于维护老年人合法权益、安度、欢度晚年提供了法律武器。老年群体是脆弱的特殊群体，是容易受到伤害的群体。《老年法》将有力地制止和制裁侵害老年人合法权益、虐待、遗弃、不赡养老年人的行为，进一步促进社会敬老、养老风尚的形成。

总之，《老年法》是我国社会政治制度和民族文化成熟的象征，是我国经济发展，改革开放不断深入，社会文明进步的必然产物和具体体现，是我国老年事业发展基本经验的高度概括和总结，是老年事业发展史上具有重要意义的里程碑。它对于促进良好的适应人口老龄化的社会大环境，进一步促进我国社会主义两个文明建设的健康发展将产生重大影响，具有深远的历史意义。

（三）认真学习、深刻领会、把握重点，把宣传贯彻《老年法》落到实处。

《老年法》是以宪法和有关法律为依据，从中国实际和老年人具体状况出发，制定的一部具有中国特色的法律。它将保障老年人合法权益与发展老年事业、弘扬中华民族敬老、养老的传统美德有机地结合在一起，既突出重点，又兼顾一般；既明确了政府职责，又倡导了社会行为，实用性与可操作性相结合，其内容十分丰富。能不能宣传贯彻好这部法律，对老龄工作至关重要，纲举目张，《老年法》就是我国老龄工作的纲领。因此，宣传贯彻好这部法律，我认为，我们从事老龄工作的人员，必须首先学好法、懂好法，深刻领会好其精神实质，把握住重点。

首先，要把宣传贯彻《老年法》与宣传老龄工作的重要性、宣传人口老龄化的严重性紧密结合起来。加大宣传力度、广度和深度，使各级党政领导、国家机关工作人员、社会各界和青少年，了解老龄问题是怎么回事，老龄工作是做什么的，为什么我们国家要制定《老年法》，以增强全社会的老龄意识、养老意识和法制观念；

其次，要紧紧把握维护老年人合法权益与弘扬中华民族敬老、养老美德的关系，把宣传贯彻老年法与抓正反两方面的典型结合起来。浙江省老龄委四次督促检查处理仙居县杨村下王庄二位老人被三个儿子被逼自焚事件；哈尔滨老龄委理直气壮地协助执法部门处理发生在道外区大方里街道办事处一起逆子为逼要老父房产，非法拘禁其父 21 天案件，我认为做得非常好。宣传贯彻老年法就是要大力表彰敬老、养老的好典型，配合执法部门严惩严重侵害老年人合法权益的不法分子，只有这样才能发扬正气，纠正歪风斜气，才能保障老年人的合法权益，在全社会树立起尊重、关心、帮助老年人的良好社会风尚；

第三，要把宣传贯彻《老年法》与抓住时机促进老年事业的发展结合起来。借《老年法》颁布的东风，进一步促进《中国老龄工作发展纲要》（1994—2000 年）的落实，大力推进老年福利事业的建设，切实为老年人办好事、办实事；

第四，要把握住宣传贯彻《老年法》既是老龄工作部门义不容辞的责任，也是政府和全社会的共同责任。《老年法》明确规定，“国家机关、社会团体、企事业组织应当按照各自职责，做好老年人权益保障工作。”“居民委员会、村民委员会和依法设立的老年人组织应当反映老年人的要求，维护老年人合法权益，为老年人服务。”因此，要通过工作，动员社会各方面积极宣传贯彻《老年法》，自觉地维护老年人的合法权益。

第五，宣传贯彻《老年法》要抓住重点。《老年法》内容丰富，在宣传贯彻中，我认为要抓住以下几个重点：

一是宣传贯彻好《老年法》的宗旨。“保障老年人合法权益，发展老年事业，弘扬中华民族敬老、养

老的美德。”是《老年法》的立法宗旨，也是这部法律的总纲，字字份量很重，寓意深刻。宣传贯彻《老年法》，不仅要宣传保障老年人与其他社会成员共有的权益，尤其要宣传保障老年人的特殊权益。同时要使广大老年人知道自己依法享有哪些权益，学会用法来保护自己；宣传贯彻《老年法》，要积极推进老年事业的发展。如健全老年社会保障制度，建设老年福利设施，完善老年供养体系、照料服务体系，建立老龄工作管理机构、科研机构等等；继承历史文化传统，发扬新风尚新道德，把社会道德规范变为法律规范，使其变为人们的自觉行为，是宣传贯彻《老年法》的重要方面。

二是保障老年人合法权益是国家和社会应承担的责任。《老年法》明确规定，“国家和社会应当采取措施，健全对老年人的社会保障制度，逐步改善保障老年人生活、健康以及参与社会发展的条件。”《老年法》对老年人应享受的合法权益及其权益受到侵害时的法律责任都作了明确规定。因此，要通过宣传，使人们自觉维护老年人合法权益，树立起法律意识。

三是继续推进“五个老有”目标的实现。“五个老有”是我国老龄工作基本经验的概括，是中国的东西，东方的东西，是对老龄工作的充分肯定，也是对老年人基本生存权利的肯定。因此，要大力宣传贯彻。

四是《老年法》规定的“家庭赡养与扶养、社会保障、参与社会发展。”既是保障老年人权益的核心内容，也是解决养老问题的三大核心，它构成了我国的养老保障体系，是具有中国特色的积极养老之路。在今后较长时期内，要从中国实际出发，积极倡导居家养老，发挥家庭养老功能，同时大力发展养老保险、医疗保险，社区服务事业，并动员老年人量力而行地参与社会发展，鼓励其自力、自助、自我养老。

五是继续推行老龄工作过去创造的一些成功做法。发展老年教育、办好老年学校、赡养人之间签订赡养老人协议书、办好农村养老基地、兴办老年福利设施等，是过去老龄工作创造的成功做法和经验，这次老年法肯定了下来。因此，对这些工作要继续巩固、提高，使其发展到新水平。

六是正确处理好物质养老与精神养老的关系。老年人需要的不仅仅是物质方面的供养，同时，需要家庭成员、社会成员的关心、体贴、尊重，需要精神文化生活。因此，在全社会树立尊重、关心、帮助老年人的社会风尚，是解决养老问题的一个重要内容。

七是老年人有享受社会发展成果的权利。要通过广泛宣传，使人人明白，我们现在的生活是老一辈奉献的结果，他们在过去高积累、低分配的年代里，把劳动的大部分贡献给了国家和社会，在家庭中也作出了重要贡献。今天我们有责任、有义务为他们作出回报。老年人不仅需要获得基本的生活条件，而且有权利享受社会进一步发展的成果。

八是宣传贯彻《老年法》是全社会的共同责任。这个法要长期起作用，受益的不仅仅是当代老年人，也是后来的老年人。因此，宣传贯彻好这部法律，既是政府的职责，也是全社会每一个成员义不容辞的责任和义务。对此，《老年法》在多处提出了明确要求，要通过宣传贯彻《老年法》，使人人皆知，家喻户晓。

关于执法主体的问题现正在协调，但宣传贯彻《老年法》的责任是明确的，是别人不能代替的。因此，我们不要等待观望，要积极主动地承担起这个责任，紧紧依靠党和政府的领导，主动协同有关部门，调动全社会力量，做到周密策划，统一部署，细致工作，把宣传贯彻《老年法》落到实处，把维护老年人权益工作具体化。在宣传贯彻《老年法》中，要采取多种形式，如：开展法律知识竞赛；开展咨询服务活动；组织各级领导干部开展看望、慰问高龄老人和特困老人活动；协同工会、共青团、妇联，组织大中专学生、青少年开展为老年人帮困服务、送温暖等等活动，把宣传贯彻《老年法》的声势搞大一些，活动搞丰富一些，在全社会掀起一个高潮，使每一个社会成员，都知道中国有一部老年法，知道不敬老、不养老是一种不道德的行为，侵犯老年人合法权益是一种违法行为。

二、从可持续发展战略高度，充分认识我国老龄工作面临的新形势，增强做好老龄工作的信心

我国的老龄工作，在党和政府的正确领导下，在有关部门的配合支持下，在各级老龄组织和广大老龄工作者的共同努力下，经过15年的积极探索，开拓前进，取得了很大成绩，创造了一些成功的经验。老龄问题已经被越来越多的人们所认识和关注；老龄工作机构从无到有初步形成了网络；老龄工作在探索中逐步摸索到一些规律；提出了“老有所养、老有所医、老有所为、老有所学、老有所乐”的工作目标；制定颁布了《中国老龄工作发展纲要》(1994—2000年)；组织开展了老龄问题的调查研究，取得了一些有价值的成果，对我国人口老龄化的发展趋势、特点进行了科学预测和分析；开展了老龄问题的宣传和一系列丰富多彩的老龄社会活动及国际合作与交流活动；老年福利、老年教育、老年体育事业有了一定的发展。

但是，由于我国老龄工作起步较晚，人们对人口老龄化有一个逐步认识的过程，加上现实社会和经济等原因，应该看到老龄工作的基础还比较薄弱，老龄机构虽然有了一定网络，但摇摇晃晃七、八年；社会对老龄问题还没有形成共识；老龄工作政策还不够完善，政策体系还没有形成；事业发展比较缓慢，在某些方面还是空白；适应人口老龄化的社会大环境还没有形成。从跨世纪人口老龄化的发展趋势看，我国老龄工作面临的形势仍不容乐观。

（一）对人口老龄化的严峻挑战，我们还没有做好充分准备

建国40多年来，中国人口经历了从高出生率、高死亡率向低出生率、低死亡率的转变。70年代以后，随着我国计划生育国策的成功实施，控制了人口总规模的膨胀，但也同时加速了我国人口老龄化的发展进程。90年代以来，老年人口每年以3%左右的速度增长，目前已接近1.2亿；到2000年将达到1.3亿，占总人口比重10%以上，进入老年型人口国家，到2010年将达到1.63亿。庞大的老年人口规模和迅速增长量，对于一个经济尚不发达的发展中国家来说，必将是一个沉重的负担。老年人口迅速增长，无疑给我国经济和社会发展的进一步改善造成巨大压力，老年人社会抚养问题、社会福利问题、社会服务问题日益突出，国家用于老年人的各项费用开支无论其总额，还是占当年国民收入的比重都呈迅速增长的趋势。据统计，1993年全国离休、退休、退职职工费用支出747亿元，比1978年增长约40多倍。根据卫生部1989年统计，全国离退休人员人均医疗费支出高于全国人均医疗费用支出4.6倍。可以想见，随着人口老龄化的发展，老年人口增加，政府在财政上的负担将越来越重，给我们的老龄工作带来了艰巨的任务。

伴随人口老龄化，人口高龄化趋势日益显著。我国80岁以上高龄老年人每年以5%左右的速度增长，到2000年，将达到1000万人，到2010年将达到1700多万人，其增长速度明显地快于老年人口的增长。高龄老人生活自理能力下降，带病老人、残疾老人、孤寡老人、空巢老人增加，不仅要求解决供养问题、医疗问题，同时还要解决护理照料问题，给社会提出的特殊服务需求更加迫切。

与发达国家相比，我国人口老龄化与经济发展不同步。解决人口老龄化所带来的问题，主要依靠经济的发展，而我国国情决定了经济还不十分发达。到2000年我国人均国民生产总值也就1000美元左右，人们生活才达到小康水平。因此，国家不可能拿出更多财力、物力用于老年事业发展，这给解决人口老龄化带来的问题增加了更大困难。

到本世纪末我国进入人口老龄化社会只有不到5年时间，而我们在迎接人口老龄化挑战需要做好的思想舆论、理论政策、物质、环境等等各项准备工作上还很不充分。时间紧迫、任务艰巨、准备不足，这就是我们面临的形势。

（二）随着改革开放的深入和社会主义市场经济体制的建立，老龄工作面临着许多新情况、新问题

我国二元经济的长期存在，决定了家庭养老与社会养老并存。随着工业化、城市化进程加快，计划生育政策成功实施，传统家庭养老功能正在受到削弱。农村大批剩余劳动力向城镇迁移，一方面使农村人口老龄化进程加快，同时，也使老年人在家庭中备受尊敬的地位受到冲击。对家庭小型化带来的负面反应我们还考虑得不够，研究得不够。大批老年人离开工作岗位造成的情感交流圈越来越小。拜金主义不良社会风气抬头，年轻人敬老、养老意识淡化。老年人合法权益受侵犯，虐待、歧视、不赡养老年人等现象，不管在城市还是在农村都时有发生。加上社会保障制度不完善等等原因，使脆弱的老年群体面临种种困境，这也给我们解决老龄问题增加了难度。

（三）对老龄问题和老龄工作，必须从战略的高度，从社会、经济发展的全局认识其重要性、深刻性和严重性

党的十四届五中全会提出，在我国社会主义现代化建设中，必须把实现可持续发展作为一个重大战略方针。所谓可持续发展，就是既要考虑当前发展需要，又要考虑未来发展需要，不以牺牲后代人的利益满足当代人利益，搞短期行为。人口问题是关系全局的重大问题，在人口问题上，我国面临着两个突出的问题，一是人口总规模的压力，二是人口老龄化的压力。这两个问题对实现可持续发展战略具有重大的制约因素。这应是我们考虑老龄工作和认识人口老龄化所带来问题的基本出发点。

对我国人口考龄化的严重挑战，一是要从宏观上把人口老龄化所带来的问题放在经济与社会发展的全局中予以考虑，全面理解人口老龄化在社会、经济、政治、文化等方面给我国可持续发展战略所带来的影响，将其作为一个战略问题对待；二是要从微观上协调处理好老年人与成年人之间、老年人与青少年之间、老年人与老年人之间、老年人与社会生活环境之间的相互融合和互助关系；三是把建立适合我国国情国力的养老体系，作为解决老龄问题的关键措施予以特殊关注，使之与经济发展、社会进步相互协调、持续发展；四是把逐步提高和改善老年人生活质量作为老龄工作的重要任务。总之，从可持发展战略的高度出发，从中国人口老龄化的特点出发，认识中国的老龄问题，研究制定符合中国国情的相应政策，这是解决中国人口老龄化所带来问题的着眼点。

老龄工作是党和政府的重要工作。老龄工作的主要任务是为党和政府制定老龄问题的战略方针、政策提供决策依据。因此，我们工作的好坏，直接关系到党和政府决策的正确与否。其重要性不言而喻；老龄工作又是直接为老年人服务的工作，做好这项工作对于促进社会稳定与经济和社会发展，具有重要意义。一些发达国家都非常重视老龄问题，重视做好老年人的工作，给老年人许多优惠照顾，我们社会主义国家更应该重视老龄问题的解决，做好老龄工作，使社会主义优越性得到充分体现。家家有老人，人人都要

老，老龄问题涉及到社会方方面面，每个家庭、亲属朋友、左邻右舍，解决不好，就会引发许多矛盾，影响到社会安定和社会主义两个文明建设的发展。因此，老龄工作是一项全党、全社会的重要工作。

三、当前和今后一个时期我国老龄工作的基本思路

对我国的老龄问题和老龄工作，党和政府是十分重视的。党的十三大、十四大政治报告，七届人大、八届人大政府工作报告都对做好老龄工作提出过明确的任务和要求。中央领导同志也分别做过一系列重要指示。早在1989年江泽民总书记就指出，“老龄问题越来越成为一个重要的社会问题，我们要予以重视。希望各级党委和政府要加强对老龄工作的领导，切实做好这项工作。”1993年又专门题词要求我们“重视老龄工作，发展老龄事业”。李鹏总理在今年召开的八届人大四次会议《关于国民经济和社会发展“九五”计划和2010年远景目标纲要》报告中指出，“要研究人口老龄化问题，并采取相应对策”。国务委员李贵鲜同志强调“老龄工作只能加强不能削弱”，“各级政府在贯彻制定‘九五’计划和2010年远景目标时，要把老龄事业纳入社会发展计划，使老龄工作落到实处”。这些重要指示为我们做好老龄工作创造了有利条件。

今后15年，是我国改革开放和社会主义现代化建设事业承前启后、继往开来的重要历史时期，是中华民族全面振兴的关键时期。我国国民经济将继续保持持续、快速、健康的发展势头，社会生产力、综合国力、人民生活水平将迅速提高，这为我国老龄工作的发展带来了难得的历史机遇；同时，《老年法》的颁布也为我国老龄事业发展提供了契机；今后15年，我国正处在少儿人口下降，老年人口才刚刚开始上升，人口老龄化高峰尚未到来，社会总扶养比处在下降到上升的低谷，这个时期是我国劳动力资源丰富，劳动力相对年轻的时期，是我国发展经济最有利的“黄金时期”。只要我们贯彻改革开放的总方针，理顺各种经济关系，我们就有可能把经济搞上去，同时，也就为迎接人口老龄化高峰到来的挑战奠定了经济基础。我们老龄工作部门，应认清形势、抓住机遇、迎接挑战，进一步推进老龄工作的深入发展。

今年以来，我们跑了几个省市，应邀出席了一些地方老龄委召开的会议，与地方老龄委的同志就老龄工作如何深入发展问题交换了意见，总的感到，有几个问题需要我们共同思考，一是，老龄工作要找准自己的位子。工作要定位，思路要清晰。工作着眼点在哪里，落脚点在哪里，什么事应全力以赴去办，什么事点到为止；二是，要抓主要矛盾，要纲举目张。老年法的宣传贯彻、老龄事业发展、老龄方针政策体系的研究制定等是老龄工作的头等大事。社会活动要搞，但要把握好份量，不要用社会活动来代替事业发展；三是，要把工作的着眼点放到基层。要面向基层、面向社会、面向实际，把工作做实。

基于上述认识，我们考虑，当前和今后一个时期，老龄工作的总体思路是：以邓小平建设有中国特色社会主义理论为指针，从国情国力出发，从中国传统文化背景出发，遵循经济与社会发展的规律，顺应社会主义市场经济的要求，按照可持续发展战略方针，加强老龄问题战略研究和政策研究；制定老龄事业发展的远景目标；大力推进老龄事业的发展；逐步建立起国家、社区、家庭、个人相结合的具有中国特色的养老保障体系和社会照料体系。据此，老龄工作的重点是：

（一）进一步加大老龄问题宣传的力度和广度，强化全社会的老龄意识和养老意识，逐步形成一个良好的敬老、养老的社会氛围

当前，老龄工作的舆论宣传力度和深度不够，老龄问题在全社会还没有形成共识。老龄问题在老龄工作部门、老年人中感到重要，而在一些中青年中，特别是不从事老龄工作部门中的一些在职干部并不知道老龄问题是怎么回事。有不少人认为，老龄问题就是把老年人养起来，看看病的事；再就是老龄理论研究不够。因此，强化老龄意识和养老意识，首先，要强化和解决我们自身的认识问题。不要怨天忧人，不要心恢意冷，最好的办法是以实际行动干好工作，干好事业，干出成绩来，取得领导重视、各部门和社会各界的支持；其次，要通过积极主动地向领导汇报和宣传老龄工作，使我们的各级在职领导干部从跨世纪战略高度充分认识老龄问题的重要性、紧迫性、严重性。领导干部思想认识提高了，就能够将老龄工作列上议事日程，加大领导力度，老龄工作也就好做了；第三，要通过全国老年报刊和社会新闻媒体，加强两个意识和一个法的大力度、大份量、打动人心的宣传，使各个部门、每一位社会成员认识到老龄问题不单单是老年人自身的问题，而是涉及到每个人、每个家庭及社会方方面面的重大社会问题。认识到老龄工作不仅仅是老龄工作部门的事情，而是全党、全社会的事情，需要全社会的共同努力；第四，要抓好青少年的敬老养老教育，从娃娃开始就养成敬老、养老的意识。同时，要在全社会大力弘扬中华民族敬老、养老的传统美德，通过树立、表彰一批孝敬老人的好儿女、好媳妇、好干部的典型，开展各种各样富有教育意义的尊老、敬老、爱老、助老的奉献活动，促使人们自觉地树立敬老、养老意识。

（二）加强老龄问题的战略研究和对策研究，逐步完善老龄政策体系

老龄问题既有宏观政策的问题，又有老年人自身的问题。老龄宏观政策问题，主要是人口老龄化对经济与社会发展带来问题的解决，供养、照料体系的建立等等。老年人自身的问题主要是经济保障、生活照料和精神慰藉问题。而老年人自身问题的解决又主要

靠宏观政策的制定与实施。因此，老龄问题的战略研究和对策研究工作，就决定着老龄工作的发展方向，关系到老龄问题的妥善解决。古语说“天行有常”“真物知终始”。老龄工作是一个系统工程，同其它事物一样有其客观规律性，需要我们仰之弥高地去探索、去研究、去认识。我们老龄工作部门要按照国务院确定我们的任务，积极研究符合中国国情的老龄对策，加强老龄供养体系、社会照料体系等方面的研究，要根据《国民经济和社会发展“九五”计划和2010年远景目标纲要》，修定好《中国老龄工作发展纲要》（1994—2000年），制定老龄事业发展的远景目标，并将其纳入国民经济和社会发展计划予以实施，使老龄事业与我国经济和社会发展相协调。

（三）从我国的国情出发逐步建立起国家、社区、家庭、个人相结合的社会养老保障体系

在积极推进社会养老保障制度建立和完善的同时,在当前和今后一个较长时期,要坚持以家庭养老为基础,以社区为中心大力发展社会化养老服务网络为重点,实行家庭养老与社会养老相结合的方针。家庭是社会的细胞,也是老年人长期生活的场所,是一生的归宿。家庭是为老年人提供安全、照顾、照料的最佳载体。据上海1991年调查,对生活不能自理的老年人,子女照料比较好的为67.7%,照料不够周全的为25.3%,照料有严重困难的仅7%。因此,在今后相当长的时期内,都不会改变大多数老年人居家养老的局面。社区是养老的重点,人到老年后地缘文化观念更加浓厚,左邻右舍的情感维系更为重要,老年人一般都十分乐意生活在熟悉环境中。因此,加快建立和完善以社区为中心的社区养老社会化服务体系,就越来越迫切。

（四）积极推进老年福利事业的发展，逐步解决老年人特殊需求方面的问题，不断提高老年人的生活质量

发展老年福利事业,直接为老年人办实事、办好事,使老年人感受到党和政府及社会对他们的关心、爱护和帮助,这是社会主义优越性的具体体现。因此,要继续围绕“五个老有”的工作目标,在各级政府逐步增加对老年事业投入的同时,本着社会事业社会办的方针,积极鼓励旨在促进老年事业发展的社会资助和个人捐助,引导企事业单位经营开发低收费、公益性的老年产业,兴办托老所、敬老院、老年活动中心、老年公寓、老年医院、老年学校等等老年福利设施。对现有部门、单位已建的服务设施,要动员其逐步向社会老年人开放,以充分发挥其效益。同时,要积极推进各种老年社会服务业的发展,为老年人提供生活方便。

（五）把宣传贯彻《老年法》作为老龄工作的长期任务抓紧抓好，切实保障老年人的合法权益

《老年法》是保障老年人合法权益与发展老龄事业相结合的法律。大力宣传贯彻该法，是老龄工作的长期任务。中国老龄协会正积极协同有关部门，做好老年法的宣传贯彻，在北京举办一系列重大活动。宣传贯彻老年法要在加强正面宣传的同时，积极配合执法部门，选择一些虐待、遗弃老年人，侵犯老年人合法权益的典型案件予以公开审理，公开曝光，以达到揭露一案，教育一片的目的。要在面向全社会宣传贯彻的同时，组织力量直接向老年人进行《老年法》的宣讲，使老年人懂法、知法，依法保护自己。

（六）进一步加强老龄工作机构的自身建设

十几年来，我国的老龄工作已初步形成了组织网络，造就了一支素质较好的干部队伍。为了做好新形势下的老龄工作，我们必须按照江泽民总书记在建党75周年座谈会上关于要建立高素质干部队伍的要求，加强老龄工作部门的队伍建设。前段时间，民政部党组书记、部长多吉才让同志率领民政部在京的党组成员到中国老龄协会机关看望大家，检查工作时强调，协会机关要面对现实，把自身建设搞好。在这次机构改革中，不少省市老龄机构得到了加强，但也还有一些地方老龄机构被削弱了，有的撤并了，这不利于老龄工作的发展。要按照中央领导同志关于老龄工作只能加强不能削弱的精神，积极争取党政领导重视老龄机构建设，巩固已形成的组织网络。

老龄工作部门要树立全局意识，老龄工作必须坚持为经济发展服务，为社会稳定服务，为老年人服务，自觉地服从和服务于党的中心工作。江泽民总书记在党的十四届五中全会讲话中指出，我们搞现代化建设，中心的任务是发展经济，但是必须有政治保证，不讲政治，不讲政治纪律不行。他要求各级领导干部，在重大问题上一定要坚持原则，明辨是非，始终保持政治上的清醒和坚定。老龄工作是一项全局性、战略性的社会工作，涉及政治、经济、人口、社会等各个领域，关系到国家的长远发展和进步，关系到人民的切身利益，关系到国家的稳定。因此，我们必须在思想上、政治上与以江泽民同志为核心的党中央保持高度一致，严守党的政治纪律，保证中央的政令在老龄工作中畅通无阻。我们在考虑老龄工作或领导某项工作时，必须从大处着眼，为大局服务，一切从党和国家的利益发展，这是我们考虑和处理问题的出发点和落脚点。

老龄工作者要加强政治理论学习和业务培训，不断提高做好老龄工作的光荣感、责任感和使命感，苦练老龄工作的基本功。老龄工作是一门科学，涉及政治学、经济学、社会学、人口学、卫生学、生物学、医学等多学科。是一项多结构的系统工程，内涵丰富，意义重大。做好老龄工作，一方面我们要认真学习小平同志的理论，同时要努力学习科学知识，提高我们的理论和政策水平。我认为，真正做好老龄工作并不那么容易。做为一个老龄工作者，既要有坚实的

马克思主义理论功底，坚持四项基本原则，又要有科学的世界观、方法论，还要有广博的知识。仰之弥高地研究处理老龄工作中面临的各种问题，坚持按客观规律、按原则办事。

老龄工作必须坚持实事求是，杜绝空谈，杜绝高论。我在机关讲，我们老龄工作的对象是一个知识丰富、经验丰富、淡泊名利的一代老年人，我们如果没有知识，就很难做好这项工作。因此，要多读一点书，多钻研一点业务，丰富自己的头脑，不断扩大自己的知识面，每个人都要学习一点老年社会学、老年心理学、老年人才学、老年医学，只有这样才能做好工作。

同志们，科学地解决中国的老龄问题，是国家重大的人口战略问题。党和政府将老龄工作的重担交给了我们，我们应该以强烈的事业心和历史的责任感去求真务实地做好这项为当代老年人服务，为党和政府分忧，为中青年解愁的功德事业。老龄工作要面向农村、面向基层、面向社会，想老年人之所想，急老年人之所急。中国老龄协会将加倍努力工作，主动与各省市老龄委加强联系，及时交流信息。同时，我也诚恳地希望，各省市老龄委支持中国老龄协会的工作，多提意见和建议。让我们面向21世纪，团结一致，为了一个共同的目标——这就是，积极推进健康老龄化社会的实现而努力奋斗！

我的话完了，谢谢大家！

张文范同志在全国部分省市老龄外事工作座谈会上的讲话

（1997年5月20日）

同志们：

全国部分省市老龄外事工作座谈会今天在长城脚下、风景秀美的怀柔召开了，这次会议的主要任务是学习贯彻国务院、外交部、民政部有关加强外事工作管理的指示精神，交流、沟通老龄外事工作的经验和信息，进一步讨论如何做好新时期我国的老龄外事工作，加强国际合作和交流，积极开展各种富有意义的活动，迎接“国际老年人年”的到来。外交部、民政部对召开这次座谈会非常重视，外交部孟宪英参赞和民政部徐留根司长专程前来出席我们的会议，并将在会上做重要讲话。

首先，我代表中国老龄协会，向各位参加会议的代表和外交部、民政部的同志们表示热烈的欢迎和感谢！今天是香港回归倒计时42天，这说明一个重大的历史时期正在向我们走来。一国两制的伟大构想正在一步一步成为现实。香港回归牵动着每一个老年人的心，是老年人最关心的一件非常大的事，在倒计时42天的这一重要时刻，我们在这里召开全国部分省市老龄外事工作座谈会更富有历史意义。借此机会，我想把全国老龄工作的情况，全国老龄外事工作的情况跟大家沟通一下，另外，也想讲一讲外事工作的设想，同大家一起进行讨论。下面我讲三个问题：

一、做好世纪之交的老龄外事工作是人口老龄化发展的需要

21世纪，被许多人认为是人口老龄化的世纪，老龄问题已越来越成为重要的全局性、战略性的重大社会问题。最近，我看到《参考消息》登载了西方发达国家在即将召开的“7+1”首脑会议上将老龄化问题作为会议重要议题之一。这说明，人口老龄化是国际社会一种普遍性的、规律性的人口现象，是人类社会经济发展到一定历史时期的必然产物。解放初期，我国人口平均预期寿命39岁，目前，已达到70岁，女同志比男同志寿命长，是72～73岁。按照国际标准，一个国家和地区60岁以上的老年人口占总人口的比重达到10%或65岁以上老年人口占总人口比重达到7%，就是人口老龄化的国家和地区。目前，全世界已有66个国家进入了人口老龄化。发达国家最早进入老龄化的是法国，是在115年前。一些发展中国家也将陆续进入老年型国家。瑞典65岁以上老年人口已经占到总人口的18%，有的国家60岁以上老年人口已占到总人口的1/4，下世纪可能要占到1/3。西欧、日本下世纪20年代，80岁以上老年人要占到全部人口的5%，所以大家都公认21世纪是人口老龄化的世纪。

人口老龄化问题已经引起联合国和世界各国的高度重视和关注。人口老龄化这一重大问题，最早是马耳他在1969年召开的第24届联大上提出的。马耳他是一个小国家，但提出了两个大问题，一个是人口老龄化问题，一个是海洋法的问题。马耳他提出的这两个非常重大的问题，引起了国际社会的关注。联合国于1982年7月26日至8月6日在维也纳召开了举世瞩目的老龄问题世界大会，124个国家和地区的代表参加了大会。会议通过了《老龄问题国际行动计划》，呼吁各国政府要采取有效措施，处理人口老龄化的问题。这次会议以后，中国政府成立了中国老龄问题全国委员会，来研究人口老龄化的发展战略和对策。联合国老龄问题世界大会至今的15年期间，老龄问题已成为历届联大的重要议题，先后通过了《“十一”国际老人节》、《联合国老年人原则》、《世界老龄问题宣言》、《1992—2001年解决人口老龄化问题的全球目标》、《1999国际老年人年》等一系列重大决议。今年2月25日至3月6日，联合国社会发展委员会在美国纽约总部召开35届会议，再次提醒各会员国要“铭记着20世纪的社会老龄化，是人类历史上前所未有的，对任何社会都是一个重大挑战。”我认为“前所未有”表现在三个方面：一是老龄化的发展速度是前所未有的；二是大规模发展是前所未有的；三是普遍的发展是前所未有的。这次会议要求各会员国要加强老龄问题的国家机制，鼓励各国建立一个国家的老龄问题协调中心，以在国家的区域和地方各级制定老龄政策和方案，鼓励各国设立深入基层的全国老龄问题协调机制，建立不分年龄人人共享的社会。所以，我觉得这次会议非常重要。最近，《人民日报》搞了一个专版，很显著地刊登了这次会议的重要性，提出了一些重大问题。第35届会议决议中提到4个问题：①要从本质上改变社会的组织方式和对老年人的看法。目前，社会上一些人不愿和老年人谈话，嫌老年人啰嗦，不愿意帮助照料老年人，这种现象在某些方面还是比较突出的；②要重视老年人的个人需要和社会需要；③要重视老年人对社会的贡献。这就是我们讲的“老有所为”；④必须改变对老年人的态度。

目前，世界各国都非常重视老龄问题。美国、日本、荷兰、瑞典等许多国家都把老龄工作作为政府重要职能。美国在国家机构中设立了老龄署，参议院专门有一个委员会协调这项工作，而且在法律上明确规定了老龄事业的年度经费预算等。日本设立了老龄对策本部，先后制定了《日本老人福利法》、《日本老人保健法》等法律和《日本长寿社会对策大纲》来解决人口老龄化带来的问题并采取了一系列重大措施。

我国60岁以上的老年人口已达到1.2亿，占到总人口的9.7%，到2000年将占到10%，每年以3.2%的速度增长，增长速度快于人口的增长速度。再过3年我国的老年人口将达到1.3亿，届时，中国将进入人口老龄化国家的行列。现在更加突出的问题是80岁以上的老年人有800万，而且每年以5.4%的速度在增长。过去公园是青年人谈情说爱的地方，现在基本上被老年人占据了。现在的立交桥下、树荫下、墙角下下棋、跳舞的都是老年人。全国有8300多所老年大学，要求上老年大学的人越来越多。一个1亿多老年人的特殊群体已经出现在我们面前，这样一个大的群体必然会影响到我国社会经济的发展，必然带来产业结构、消费结构的变化。我在给国家科委汇报工作时建议在《21世纪议程》中增加人口老龄化的份量。人口问题是两大问题：一是人口规模问题。这个问题由于中国采取有效措施而得到了控制，少生了3亿多；二是人口结构老龄化的问题。这两大问题是可持续发展战略面临的重大问题。我国人口老龄化来势凶猛，是世界上人口老龄化发展最快的国家，人口老龄化的发展与50年代人口增长比较相似，都有一个增长的惯性，在初始阶段容易被忽视，一旦出现问题就比较严重，如果我们对人口老龄化问题现在不予重视，50年代人口问题的失误将是前车之鉴。

随着世界人口老龄化的发展，老龄问题的国际交流也已日趋频繁。10多年来，中国老龄协会和许多省、市老龄委按照中央外事工作的方针、政策，积极发挥各自的优势，相继开展了不同形式的国际交流与合作。中国老龄协会先后与包括联合国在内的90多个政府、非政府以及国际性老龄机构建立了业务联系，执行了多次双边和多边的科研项目，召开了多次国际研讨会，同国外老龄组织联合，采取走出去、请进来的形式举办了多期老龄干部培训班。通过这些活动的开展，在国际上有力地宣传了我国改革开放以来在社会、经济各方面取得的成就；宣传了我国老龄工作和国家的方针、政策，扩大了对外影响，提高了我国在老龄领域内的国际地位。我国“五个老有”的工作目标，尤其“老有所为”和四结合的养老方式得到了国外许多老龄组织、专家、学者的赞同。老龄外事工作的有效开展，学习和借鉴了先期进入人口老龄化国家开展老龄工作的一些成功经验和做法，开阔了视野，有力地促进了国内老龄工作的发展。随着我国和世界人口老龄化的进一步发展，各国之间的相互交流、相互学习、取长补短、相互促进的作用将更加重要，老龄外事工作也必将更加活跃。

二、积极进取，开创老龄外事工作的新局面

20世纪，世界发达国家都先后进入了老龄化社会。21世纪，发展中国家也将陆续进入老龄化社会。老龄国际间的交往活动将日益频繁。中编委在中国老龄协会的三定方案中对外事工作的任务也作了明确规定。即：“联系参与联合国老龄组织的有关活动；组织协调对外合作交流项目；联系参与有关老龄问题双边和多边国际会议；组织对外学术交流；办理日常外事业务。”为此，我想对今后老龄外事工作谈几点意见，供大家参考。

（一）老龄外事工作要坚决执行中央的外交路线、方针、政策和上级主管部门的有关规定。老龄工作涉及到政治方面，涉及到社会发展方面，涉及到科技方面，是一个牵扯到社会科学、自然科学的系统工程，也涉及到国家的政治原则，涉及国家的重大方针及一些敏感问题。老龄外事工作是老龄工作的一项重要工作，是我国对外工作的一个组成部分，也是我国老龄系统对外开放、对外宣传的一个窗口。从联合国多次会议和许多文件中都可以看到这一点。“外事无小事”，我们一定要严格地遵守外事纪律、外事原则，坚决执行中央的方针、政策和有关规章制度，保证老龄外事工作沿着正确的方向发展。

（二）加强中国老龄协会及各省、市、自治区老龄委外事工作的情况及信息交流，优势互补，相互配合，共同发展。与省市老龄委相比，中国老龄协会可能与国外接触、交往的机会多一些，得到的有关国际老龄信息的范围广一些、及时一些。但各省、市、自治区也各有各的优势，有不同的对外联系渠道。今后，中国老龄协会将主动和地方多通气，多提供一些国外信息，也希望各省、市之间互相沟通，互相借鉴，促进共同发展。

（三）老龄外事工作要正确处理好几个关系。一是要处理好整体和局部的关系，也就是全局和局部的关系，全局就是国家利益，局部就是老龄工作。老龄外事工作一定要服从服务于党的中心工作，一定要坚持党的基本路线，坚持实事求是，以邓小平建设有中国特色的社会主义理论为指导；二是要处理好共性和个性的关系，在学习和借鉴别国老龄工作经验的时候，一定要防止照搬照抄，一定要从中国的国情、实际出发；三是要处理好一般性国际交往和合作项目的关系，推进老龄事业在中国大地上的发展，拓展老龄外事工作的区域更宽更广。

三、积极开展活动，迎接“国际老年人年”的到来

47届联大决议将1999年确定为“国际老年人年”，这是本世纪末老龄领域的一件大事。认真做好’99老年人年的各项筹备工作，开展必要的活动，对于进一步唤起全社会重视和关注老龄问题，推进老龄工作的发展，迎接21世纪人口老龄化社会的到来具有重要意义。筹备和庆祝国际老年人年的活动，不应看做仅仅是外事工作，应成为我们近几年内整个老龄工作的一项重要内容。我们要充分利用这一机会，在各级党和政府的领导与支持下，结合宣传《中华人民共和国老年人权益保障法》，进一步增强两个“意识”，推动老龄工作的开展，形成一个全国性的宣传和庆祝声势，为落实联大提出的“建立一个不分年龄人人共享的社会”的主题做出努力。下面，我简单地通报一下中国老龄协会为迎接’99国际老年人年拟进行的几项活动，供大家参考。

1.1998年拟在北京举办一次“首届老年用品北京国际博览会暨老年产业国际研讨会”。

现在，世界上60岁及以上的老年人口5.5亿。据预测，到2000年将达到6.2亿。庞大的老年群体在物质和精神生活方面都有其独特的需求。西方发达国家普遍认为，老年产业是潜在的有发展前途的产业。我国老年产业和老年市场也已崭露头角，但发展比较缓慢，有些地方还是空白。举办老年用品国际博览会和老年产业学术研讨会旨在开辟老龄事业的新领域，进而促进老年产业和老年市场的形成和发展，以适应人口老龄化发展需要，不断丰富老年人的生活。

2.1998年拟召开一次以家庭养老和社区服务为主题的亚太地区研讨会。

3.与国际老龄协会联合会合作于1999年在中国召开一次庆祝老年人年的国际性会议。

4.为加速老龄系统“两个队伍”的建设，拟继续采取走出去、请进来的形式，与日本、马耳他、帮助老年人国际等组织合作，组织老龄干部和科研人员培训。

同志们，1997年在中国历史上是不平常的一年，我们将迎来香港回归和党的十五大召开，同时也是联合国召开“老龄问题世界大会”通过《维也纳老龄问题行动计划》15周年，也是中国老龄事业发展15周年。希望大家通过这次座谈会，认真学习党中央、国务院有关文件，学习联合国老龄问题的有关决议，交流经验，共同努力，把我们的外事工作做得更好，以进一步促进国内老龄工作取得更大成绩。

谢谢大家！

张文范同志在全国老龄工作委员会成员单位联络员会议上的讲话

（1999年11月11日）

同志们：

今天，我主要向大家汇报3项内容，一是10月

22日全国老龄工作委员会第一次全体会议的主要精神；二是全国老龄委成立后，李岚清同志和司马义·艾买提同志就尽快开创老龄工作新局面所作的重要指示和批示；三是介绍一下全国人口老龄化发展的基本情况，以便使大家从总体上了解情况。

一、全国老龄工作委员会第一次全体会议主要精神

全国老龄工作委员会第一次全体会议于1999年10月22日在京召开。全国老龄工作委员会组成单位的负责同志共28人出席了会议。会议宣布了党中央、国务院关于成立全国老龄工作委员会的决定，讨论部署了全国老龄工作委员会成立后的工作任务，明确了成员单位的职责，统一了思想，提高了认识。

中共中央政治局常委、国务院副总理、全国老龄工作委员会主任李岚清同志出席会议并发表了重要讲话。

国务委员、全国老龄工作委员会常务副主任司马义·艾买提同志主持会议，并宣读了《国务院关于成立全国老龄工作委员会的通知》（国发［1999］22号）。国务院副秘书长、全国老龄工作委员会副主任徐荣凯同志宣读了《全国老龄工作委员会办公室职责及组成人员》。会议就如何做好老龄工作进行了认真地讨论。

与会同志一致认为，党中央、国务院决定成立这样高规格、高层次的议事协调机构——全国老龄工作委员会，充分体现了党中央、国务院对老龄工作的高度重视和对老年人的关怀。这是适应我国人口老龄化发展形势，加强老龄工作，发展老龄事业，综合解决我国老龄问题采取的重大举措，非常必要，非常及时，必将对我国跨世纪的老龄工作产生重大推动作用。

大家一致表示，坚决拥护党中央、国务院的决定，一定在全国老龄工作委员会的领导下，按照全国老龄工作委员会确定的职责，积极主动地做好工作。在日常工作中，积极支持全国老龄工作委员会办公室的工作，密切配合，相互协调，为全国老龄事业的发展做出应有的贡献。

会议经过认真讨论，原则通过了《全国老龄工作委员会办公室职责和组成人员》、《全国老龄工作委员会成员单位职责》。

会议要求，各成员单位要认真贯彻好这次会议精神。要抓好组织落实工作，指定一名司局级干部作为联络员；要尽快制定本部门近期老龄工作行动计划；要将老龄事业列入第十个五年计划；要加强调查研究，制定相应的政策。

李岚清同志在会议上的重要讲话，阐明了我国老龄工作的基本情况及做好老龄工作的重大意义，提出了当前要抓好的几项主要工作。

他指出，党中央、国务院非常重视老龄工作，决定成立全国老龄工作委员会。这是加强老龄工作的一项重大举措，对推动我国老龄事业的发展将起到重要作用。今天，召开全国老龄工作委员会第一次全体会议，目的是统一思想，提高认识，部署工作，明确职责，齐抓共管，形成合力，建立起适应我国老龄事业发展的机制，为今后工作打下基础。

他指出，改革开放以来，在党中央、国务院的领导下，经过各级党委、政府和有关方面的努力，我国老龄工作取得了很大成绩。但是，由于我国人口老龄化来势迅猛，加上我们思想准备不足，工作力度不够，老龄工作中还存在不少问题。老龄问题是带有全局性、战略性的重大问题，涉及到社会、政治、经济、文化等各个方面，解决得如何，对国家的稳定与发展至关重要。各级党委和政府必须高度重视，充分认识老龄工作的重要意义。

李岚清同志对当前需要抓好的几项主要工作提出了四项要求：一是加强对老龄工作的领导，把老龄事业纳入经济和社会发展计划；二是加强学习，加大老龄工作的宣传力度；三是要扎扎实实做好为老年人服务的各项工作；四是要加强老龄工作的法制建设。李岚清同志重要讲话精神，各大报都刊登了，这次会上全文印发给了大家，请组织认真学习和贯彻。

二、全国老龄工作委员会第一次全体会议之后领导同志的重要批示和指示

（一）李岚清同志10月27日的重要批示

"司马义·艾买提同志：送上我的讲话，请审议。当前恐要首先请有关部门按要求拿出行动计划，并经办公室研究后有选择地在报上公布，各部门自己也要发文；第二是做调查研究，搞出一个综合的《老年工作行动计划》；第三是抓紧进行全国老龄工作会议召开的准备工作。总之，老龄委成立后，要有一系列行动跟上，使老年工作较快有一个新的局面。关键还是调动各部门各地区积极性，动员全社会来加强和活跃老年工作，当否，请酌"。

（二）司马义·艾买提同志11月3日在河北考察工作时关于老龄工作的重要指示

他指出，老龄问题是一个带全局性、战略性的重大社会问题。最近，党中央、国务院根据我国人口老龄化的发展趋势，多次研究加强老龄工作的问题。党中央、国务院决定成立全国老龄工作委员会。由中共中央政治局常委、国务院副总理李岚清同志担任主任，由我担任常务副主任。这是党中央、国务院加强老龄工作的重大举措。全国老龄工作委员会由中央、国家机关等22个部委组成。各部门齐抓共管、紧密配合，加大了老龄工作的领导力度，加强了对庞大的老龄群体引导和管理。

河北是一个人口大省，1997年全省的老年人口就达753万人，占总人口的11.6%。现在全国有11个省进入人口老年型的省份，河北是第9个。听省老龄委同志讲，近几年来，河北省的各级政府和老龄委都做了大量的工作，取得了一定的成绩。主要表现在这几个方面：一是各级政府对老龄工作是重视的，省地市主要领导亲自过问老龄工作，列入了政府的议事日程，制定出台了一些老年人的优惠政策，为广大老年人办了好事和实事；二是广泛进行了老龄工作的宣传和教育，增强了人们的养老意识、敬老意识和法律意识，树立和表彰了一批敬老爱老的先进单位和先进个人，通过现身说法弘扬了中华民族的尊老爱老的优良传统。广泛宣传和贯彻落实老年法，依法维护了老年人的合法权益。在农村，有的县市实施了赡养老人责任书，在赡养老年人的民事纠纷案件上，为老年人提供免费的法律服务。有的县市，如任丘市还组织“流动法庭”，对涉老案件进行现场审理，使老年人感受到了党和政府的关心；三是加强了老年人的文化、教育、体育工作，丰富了老年人的文化生活。叶连松同志讲，河北省的老干部多、老革命多。省老干部活动中心档次很高，不少老年朋友到那里活动。河北省的老年大学已发展到200多所，在校学员近3万人。在这些学员中，没有发现练习“法轮功”的。这都丰富了广大老年人的精神文化生活，使广大老年人陶冶了情操，受到了教育。

1. 各级政府要进一步统一思想，提高认识，重视和加强老龄工作。老龄问题涉及到社会、政治、经济、文化等各个方面。它关系国家的长治久安，是一个不容忽视的社会问题。我国人口老龄化大规模、迅速地到来是前所未有的。我国60岁以上的老年人已达到了1.26亿，已经进入了人口老年型国家的行列。我们还没有完全在思想上、舆论上、物质上、环境上、政策上等做好迎接人口老龄化的准备。对老龄问题的紧迫性、重要性认识不足。江泽民总书记指出“老龄问题越来越成为一个重要的社会问题，我们要予以重视。希望各级党和政府要加强对老龄工作的指导，切实做好这项工作。”胡锦涛同志也强调“这样的一个重大的社会问题，全国上上下下都要有充分的认识，积极研究相应的政策。”做好老龄工作是弘扬中华民族尊敬老人的传统美德、建设社会主义精神文明的需要，是社会主义制度优越性的体现，对于维护社会稳定也具有重要的意义。各级政府要高度重视，充分认识做好老龄工作的重要性，加强领导，把老龄事业列入各地的发展规划。

2. 要认真贯彻落实全国老龄工作委员会第一次全体会议精神，扎扎实实做好老龄工作。党中央、国务院已经把老龄工作列入重要的议事日程，建立了高规格的老龄工作领导机构，已下发了国发［1999］22号文件，各级政府要根据这次会议精神，进一步理顺各地老龄工作机构，充实加强老龄办事机构的力量。各级老龄委要按照这次会议精神，深入基层，深入实际，面向基层，面向社会，搞好老龄问题的调查研究，研究加强改进工作的政策和措施，当好各级政府参谋助手，积极探索具有中国特色的老龄事业发展的道路。

3. 要加强老年文化、体育工作，丰富老年人的精神文化生活。随着社会经济的迅速发展，科学技术的进步，人们的寿命普遍提高了。我国的老年群体以低龄健康老年人为主，是一个年龄跨度比较大的群体。我们既要满足老年人的物质生活需求，更要满足老年人的精神文化需求。“法轮功”从反面提醒我们，老年精神文化阵地不用无产阶级思想去占领，封建迷信和歪理邪说就会去占领。我们要旗帜鲜明地拥护和支持全国人大的决议，同“法轮功”进行坚决的斗争。同时，要坚持正面教育，积极引导管理好老年群体队伍。因此，各级政府一定要加强对老年人的精神文化生活的引导和管理，积极开展科学、健康、文明的文化、体育活动。我们的体育场、文化活动场地要尽量为中老年人开放。要办好老年教育，使老年人能做到“老有所学、老有所教、老有所乐”。老年人应该做到自尊、自强、自立，保持晚节，继续为国家的发展和稳定做出贡献。

4. 要积极制定优惠政策，动员社会力量兴办老年福利事业。养老安老是国家、社会和个人的共同责任。一方面，国家要增加对老龄事业的投入，要把老龄事业纳入社会的发展计划。另一方面，动员社会力量，用产业化来推进老龄事业的社会化发展。我过去看到一些敬老院、福利院是低供养水平，条件比较简陋，设施比较落后，服务工作也需要加强。要比较快地改变这种面貌，根本一条是要把经济搞上去，增强经济承受能力，同时，要积极制定出台优惠政策，鼓励和支持社会力量兴办老年福利设施，如托老所、日间照料中心、老年公寓等。

5. 增强全社会的养老意识和法制意识，弘扬中华民族的敬老养老的传统美德。孝敬父母是社会的基本伦理道德，这是天经地义的事情，更是社会主义法制的基本规范和要求。如果一个连自己的父母都不孝顺、不赡养的人，还谈得上什么全心全意为人民服务！我希望我们的宣传媒体和有关部门要加大这方面的宣传力度，树立和表彰敬老养老的先进典型，同时，对一些典型的虐待老人的案件要进行媒体曝光。

三、我国人口老龄化发展的基本情况

我国是世界老年人口大国，也是老年人口增长最快的国家之一。根据国家统计局最近公布的数字，我国60岁以上老年人口已达1.26亿，占总人口的10%，已提早进入了人口老龄化国家的行列。我国的老年人每年以3%的速度增加，80岁以上的高龄老年人每年以5%的速度增加。这意味着，我国每年净增60岁以上的老年人大约380万，净增80岁以上的高龄老年人大约50万。照此发展下去，预计到2030年老年人口将达到3.36亿，约占总人口的20.42%；2050年老年人口将达到4.23亿，约占总人口的27.71%。

我国人口老龄化的发展，从1990～2050年将经历3个阶段：

——1990～2000年为中国人口老龄化的过渡阶段。中国人口年龄结构类型将从成年型进入老年型。

——2000～2025年为中国人口老龄化的加速发展阶段。65岁及以上老年人口占总人口的比例将从7%左右上升至12%，25年间上升5个百分点，每年平均的变化率为0.2个百分点。中国人口的年龄结构已成为典型的老年型人口类型，彻底完成了从成年型向老年型的转变。

——2025～2050年为中国人口老龄化的快速发展阶段。65岁及以上老年人口占总人口的比例将从12%上升到20%以上。同样在25年时间内，人口老龄化的比例上升了8个百分点，平均每年的变化率约为0.3个百分点。

据专家预测，在今后半个世纪的时间内，中国老年人口的负担系数是不断上扬的变化趋势。世纪之交时，大概每100个劳动适龄人口要负担约10个左右的65岁及以上的老年人；到2020年，这一比例将上升到100:15；到2030年时，将上升到100:22；到2040年，这一比例将上升到100:31；到2050年，这一比例将维持在100:30。也就是说，到下世纪的三、四十年代，中国将迎来老年人口高负担的历史时期。这也正是中国人口老龄化带来的严峻挑战。

中国人口老龄化发展速度之快，高龄人口之多，都是世界人口发展史上前所未有的。发达国家的人口老龄化是在经济比较发达的情况下到来的，而中国是在综合国力不太强的情况下，迎来了人口老龄化，并且将在多重社会经济压力下渡过人口老龄化阶段，由于下世纪前半叶人口压力仍然沉重，要坚持计划生育基本国策，生育率将会继续下降，使中国人口老龄化的进程加快。目前，我国已呈现出老年人口快速增长期，高龄老年人口快速增长期，农村老龄化加速期的基本态势。这种态势必将深刻地影响到国家经济和社会发展，需要我们从宏观、微观上加以重视和尽早提出相应对策。

根据我国人口老龄化的发展态势和我国老龄工作十几年的实践，中国老龄协会认为，经济的富足、政策的完备、政府强有力的领导机制，是一个国家成功地治理人口老龄化所带来问题的必备条件。经济的富足和政府强有力的领导机制都要体现在政策和法律的制定上，以便从科学化、制度化、法制化角度来解决中国人口老龄化问题。一是解决人口老龄化的根本出路是进一步发展经济，增强经济承受能力；二是进一步建立和完善符合中国国情的老年社会保障体系；三是要加快以社区为中心的老年照料服务体系的建设；四是建立和完善老年法规体系，维护老年人合法权益；五是积极创造形成一个以家庭为核心，社区养老服务网络为外围养老制度为保障的居家养老体系。逐步建立适合中国国情的家庭保障安全网、社区养老服务安全网、社会养老保障制度和政策安全网；六是在党和政府的统一领导下，调动全社会力量，逐步营造一个健康老龄化的社会环境。

张文范同志在1999年“国际老年人年”新年献辞

（1999年1月）

1999年是充满生机和喜庆的一年，也是全球欢庆国际老年人年的年份，我代表中国老龄协会向全国各族老年朋友们，向香港特别行政区和澳门、台湾地区的老年同胞们及海外侨胞致以节日的祝贺和亲切的问候！向为我国老龄事业发展辛勤耕耘的广大老龄工作者和所有关心、支持中国老龄事业的社会各界朋友们表示衷心的感谢！

1998年10月1日，联合国秘书长安南在1999年“国际老年人年”开年仪式上说，我们的时代毫无疑问已进入长寿的时代。目前，全世界60岁以上的老年人口已接近5.5亿，预计到2000年将达到6亿左右，占总人口的比重为9.8%，到2010年将增加到10.7%，到2150年，全世界60岁以上的老年人口将为总人口的1/3。目前，80岁以上的老年人口占60

岁以上老年人口的10%，而到2050年，将增加到25%。人口结构大规模地迅速老化，引起世界各国政府和国际社会的普遍重视和关注。近年来，联合国相继召开了多次老龄问题会议，并作出了一系列重大决议。1992年10月，第47届联合国大会通过了《世界老龄问题宣言》，将1999年确定为“国际老年人年”，这标志着21世纪世界将进入人口老龄化时代，标志着国际社会对老年群体特殊地位的正式承认；标志着人的寿命的延长是现代文明的表现和进步。在世纪之交之际，积极作好“国际老年人年”的工作，开展相关的庆祝活动，将使全世界的人充分重视老年人已经成为社会人口重要组成部分的现实，对进一步唤起全球重视和关注老龄问题，深入开展老龄工作，全面发展老龄事业，促进社会稳定和发展，具有十分重要的意义。

“老吾老,以及人之老”,尊敬老年人是古今社会崇尚的美德。人的发展与进步是社会发展的核心。以人为本,不分年龄,代际和谐,尊老爱老,人人共享,这是最值得骄傲的传统美德,也是中华民族不断繁荣昌盛的精神支柱,更是坚持可持续发展的基本要求。人们往往容易忘记过去和历史。作为社会的人,我们不能忘记含辛茹苦养育我们的父母,我们不能忘记为创建共国而沤心沥血的一代革命老前辈,我们也不能忘记在社会主义建设和发展时期艰苦奋斗、无私奉献的开拓者。作为社会的人,我们应该时刻铭记,不尊重老人,歧视老人,不仅是违背做人的起码道德,更是断送我们子孙后代的明天,也是在否定我们自己。中国有句古话:“滴水之恩,当涌泉相报”。我看了电视连续剧《儿女情长》很受感动。老人有病,儿女们寻医问药,日夜陪伴。他们对父母的孝敬之心感染了许多人。在社会主义大家庭中,在商品经济日益发达的今天,无论人们的思想观念、价值取向及家庭结构发生怎样的变化,中华民族的传统伦理道德依然是维系人们正常生活的基本准则,也是社会稳定的基本基础。从整体上看,绝大多数子女在生活中能够处处关照自己的父母,能细心周到地赡养老人。而不孝顺、不尊敬、不赡养老人的还是极少数。这些歧视、虐待、不赡养老人的行为应当受到社会的共同谴责,甚至法律的制裁,

“建立不分年龄,人人共享的社会”是联合国确定的“国际老年人年”的主题,它反映了人类社会对人口老龄化的共识,也反映了社会历史发展的必然选择。人人共享的社会是一个根据所有人的需要和能力,调整自身结构和运作并调整自己政策和计划的社会,从而发挥所有人的潜能并为所有人谋福利。这个社会应当是“不分年龄,老少共融,代际和谐”的社会,各个年龄段的人都能共享社会发展成果的社会。胡锦涛副主席在1998年重阳节的电视讲话中要求我们,“认真贯彻《中华人民共和国老年人权益保障法》,维护老年人的合法权益,切实为他们解决实际问题,保证他们同其他社会成员一起共享改革开放和现代化建设的成果。”

在新的一年里，我们一定要进一步认真深入地学习贯彻胡锦涛同志就国际老年人年向全国发表的电视电话精神，按照国务院关于开展“国际老年人年”活动的通知要求，做好“国际老年人年”的各项工作；要进一步集中人力、物力、财力，把加强我国人口老龄化问题的战略对策研究作为老龄工作的首要任务，抓紧抓好，抓出成效；进一步加大宣传工作的力度，在全社会弘扬尊老敬老的传统美德，促进敬老、养老良好社会风气的形成；进一步抓好《中华人民共和国老年人权益保障法》的贯彻实施，维护老年人的合法权益；进一步围绕“老有所养、老有所医、老有所为、老有所学、老有所乐”的工作目标，扎扎实实地开展老龄工作，为广大老年人做好事、做实事，为不断提高老年人的生活质量做出应有的贡献。

尊重老年人就是尊重人生和尊重社会发展的规律，就是尊重历史。形成代际关系融洽，尊老爱幼的良好社会风尚,不仅是国家的责任,也是社会的责任,家庭的责任,同样,也是老年人自身的责任。目前,大多数老年人生活在家庭中。老年人要关怀爱护子孙后代,子女应当履行对老年人经济上供养、生活上照料和精神上慰藉的义务,家庭中的其他成员也要关心和照料老年人,共同努力创造一个适合老年人的温馨、祥和、尊老爱幼的家庭环境和社会环境,使老年人能幸福愉快地充满生机地度过晚年,也使年轻人能更好地为社会作出应有贡献。历史是一面镜子,只有拉开一段时空的距离,才能看清其发展的脉络。中国在深化改革、开拓创新中,出现了翻天覆地的变化,民族振兴了,国家富强了,人民安居乐业了。广大老年朋友们亲眼看到了祖国的巨大进步,感到欢欣鼓舞和高兴,青年一代将高举邓小平理论的伟大旗帜,在以江泽民同志为核心的党中央领导下,将会以创新的知识、创新的思想、创新的行动,把祖国建设得更美好。

期待更多的家庭和子女，以及社会能给予我们身边的老年人更多的温馨和快乐！

最后，我祝愿所有老年人健康长寿！

多吉才让同志在全国“敬老好儿女金榜奖”、“老有所为奉献奖”、“重视老龄工作功勋奖”表彰大会上的讲话

（1999年2月7日）

各位代表、同志们：

今天，我们在这里隆重召开表彰大会，表彰“敬老好儿女金榜奖”、“老有所为奉献奖”、“重视老龄工作功勋奖”获得者。这是庆祝国际老年人年的一项有意义的活动。我代表全国“三奖”评选指导委员会向大会表示热烈的祝贺！向全国受表彰的先进个人和集体致以崇高的敬意！向全国各地为“三奖”评选活动付出艰苦劳动的工作人员表示衷心的感谢！

为了认真贯彻落实党的十四届六中全会《关于加强社会主义精神文明建设若干问题的决议》精神，大力弘扬中华民族敬老养老的优良传统，鼓励广大老年人继续为社会奉献力量，呼吁社会各界进一步关心和重视老龄工作，民政部、原劳动部、全国总工会、共青团中央、全国妇联和中国老龄协会等六部门于1997年在全国开展了“三奖”评选表彰活动。两年来，各地、各单位对此次评选活动十分重视，分别成立了专门的评选机构，通过精心组织，逐级推荐，认真评选，最后经全国“三奖”评选指导委员会严格审核，全国总共评选出“敬老好儿女金榜奖”967名，“老有所为奉献奖”1007名，“重视老龄工作功勋奖”599名。这次评选出的“三奖”模范人物多数来自基层的各条战线，具有广泛的代表性。在受表彰的先进个人中，有几十年如一日精心照料病残父母的好媳妇、好儿子；有致富不忘国家，创办敬老院收养老人的企业家；有年过八旬仍然致力于关心和教育下一代的离退休老干部；有关心和重视老龄工作，为老年人办好事、办实事，深受广大老年人欢迎和爱戴的领导干部。“三奖”模范的感人事迹充分反映了我国社会主义精神文明建设所职得的丰硕成果，体现了中华民族尊老敬老的传统美德，展示了广大老年人自尊、自强、自立，积极向上的精神风貌和我国老龄事业取得的可喜成就。这次评选活动在全国产生了良好的社会影响，得到了各级政府的支持和肯定，评选活动取得了圆满成功。

同志们，今年是我国建国50周年，又是“国际老年人年”。我们要通过这次表彰大会，大力宣传“三奖”模范人物的先进事迹，号召全社会向他们学习，进一步促进社会的文明与进步，使中华民族敬老爱老的传统美德发扬光大。同时，希望“三奖”先进个人和集体珍惜并保持获得的荣誉，继续为国家、为社会、为人民作出新的贡献。我们要抓住当前的有利时机，通过多种形式的宣传，在以下三个方面推动老龄工作和老龄事业的发展。

一是增强敬老助老意识，倡导尊重和关心老年人，为老年人办实事的良好社会风尚。老年人为党和国家及社会做出了历史性的贡献。现在他们老了，应该受到政府、社会、家庭的关怀和照顾，享受社会发展的成果。我们要在全社会大力弘扬中华民族尊老爱老，养老助老的优良传统，关心老年人的疾苦，帮助解决老年人的困难，维护老年人的合法权益，促进社会的和谐与稳定。

二是鼓励老年人参与社会活动，充分发挥老年人的作用。我们既要看到老年人需要关心照顾的一面，同时还要看到老年人是社会的宝贵财富。我们必须重视老年人的知识、经验和智慧，支持老年人力所能及地参与社会活动，为社会主义两个文明建设贡献力量。

三是增强老龄意识，重视、关心、支持老龄工作。我国是人口大国，也是老年人口大国，现在60岁以上的老年人有1.2亿，明年将达到1.3亿，将进入老年型社会。而且老年人口还将以每年3.2%的速度增长，这势必对我国经济、文化、社会产生重大影响。面对人口老龄化的新形势，各涉老部门必须进一步增强老龄意识，注意研究新情况，解决新问题，按照经济、社会协调发展的要求，促进老龄事业的健康发展。

同志们，新的世纪即将到来。让我们紧密团结在以江泽民同志为核心的党中央周围，高举邓小平理论的伟大旗帜，共同努力，把我国的老龄事业进一步推向前进。

最后，祝各位代表取得更大的成绩！祝广大老年朋友身体健康，生活幸福，新春快乐！

范宝俊同志在全国老龄工作座谈会上的讲话

(1999年2月8日)

同志们:

首先，我代表民政部向全国老龄工作座谈会的召开表示热烈的祝贺！并借此机会向辛勤工作在老龄工作第一线的老龄工作者和参加今天会议的各地老龄委领导及代表致以亲切地问候！

昨天，党和国家领导人亲切接见了“三奖”代表和各地老龄委的同志，对老龄工作发表了重要指示，充分体现了党中央、国务院对亿万老年人的关心和对老龄工作的高度重视，这必将成为推动我国老龄事业发展的强大动力。

十几年来，在党和政府的领导下，中国老龄协会和各级老龄工作部门，在人员少、经费缺、关系不顺、各方面条件比较困难的情况下，艰苦创业、不断探索、勇于实践，为发展我国老龄事业付出了很大努力，做了大量卓有成效的工作，职得了可喜的成绩。提出了“老有所养、老有所医、老有所为、老有所学、老有所乐”的工作目标并形成了社会的共识；积极推进了《中华人民共和国老年人权益保障法》和地方性老年法规建设，制定了《中国老龄工作发展纲要》，使老龄工作走上了法制化和规范化的轨道；大力开展了老龄方面的社会宣传活动，使社会的老龄意识和养老意识不断增强；积极开展了老龄问题的调查研究、科学研究、学术研究，科研水平不断提高，并取得了一批可喜成果，为政府制定老龄政策提供了依据；开展了一系列为老年人服务的工作，为老年人办了许多好事、实事；组织低龄健康老年人参与社会发展，兴办老年大学和老年学校，开展丰富多彩的文化体育活动；积极参与国际交流活动，扩大了我国在国际上的影响。经过广大老龄工作者的努力，我国老龄工作在国内外的地位有所提高，影响越来越大。十几年来，我国老龄工作的有效开展，为21世纪全面发展老龄事业奠定了良好的基础。老龄工作部门的同志们，凭着一种高度的责任感和事业心，积极顽强地推进老龄工作不断发展，精神十分可嘉。取得今天这样的大好局面，是来之不易的。

目前，全国老龄工作的形势很好，我国改革开放和现代化建设事业持续发展，综合国力逐步提高，必将进一步加大对老龄事业的投入；十几年老龄工作创造和积累的经验，为老龄工作的改革和发展创造了良好的内部环境；国际社会对老龄问题的重视，为老龄工作的发展赢得了有利的外部条件；各级党和政府、社会各界对人口老龄化问题越来越重视。从党的十三大和七届人大开始，老龄工作已被提上了党和政府的议事日程。江泽民总书记和许多党和国家领导同志发表过一系列重要指示。去年重阳节，中共中央政治局常委、国家副主席胡锦涛向全国发表了重要的电视讲话，最近，国务委员司马义·艾买提在《人民日报》发表了《重视老龄问题，发展老龄事业》的重要文章，国务院发了《关于转发〈民政部关于开展“国际老年人年”活动意见〉的通知》。所有这一切，都为老龄事业的发展提供了难得的机遇。我相信，只要我们高举邓小平理论伟大旗帜，坚持正确的理论指导，老龄事业一定会取得更大的发展。希望中国老龄协会和各地老龄委抓住机遇，以创新求实的精神做好工作，努力把老龄事业推向一个新阶段。

2000年，我国将进入人口老年型国家行列。老龄问题，正如江泽民总书记早在10年前就指出的“越来越成为一个重要的社会问题，我们要予以重视。”我国人口老龄化发展速度快，老年人口多，地区发展不平衡，经济不发达，这一基本国情决定了解决中国人口老龄化问题的艰巨性、复杂性和紧迫性。由于我国老龄工作起步比较晚，就总体上看，基础仍很薄弱。老龄福利事业、老龄产业、老年社会服务业发展缓慢，适应人口老龄化的社会的环境还没有形成，老龄工作的任务仍然十分艰巨。在这里我建议老龄工作部门要在过去工作的基础上，在以下几个方面加大工作力度。一是加快老龄问题的对策研究，从宏观与微观的结合上对带规律性的问题进行科学预测和分析，为党和政府制定老龄政策提供决策依据和建议；二是要积极推进老年福利事业的发展，按照社会福利社会化发展方向，引进市场机制，鼓励社会各方面的投入，使老年福利事业适应我国人口老龄化的发展形势；三是要继续做好老年人权益保障法的宣传和贯彻实施，做到以法维护老年人的合法权益；四是要把国际老年人年的事情办好，认真贯彻国务院关于开展国际老年人年活动的通知精神，抓住机遇，全面推进老龄事业的发展；五是要继续抓好老龄委自身建设，认真贯彻党中央关于开展“讲学习、讲政治、讲正气”的三讲教育，加强老龄干部队伍和科研队伍的建设，这是做好老龄工作的保证。

从老龄事业的大系统来讲，民政部是一个涉老工作部门，受国务院的委托代管中国老龄协会的工作，这次机构改革，对民政部的职能配置作了局部的调整，明确民政部负责老年人等特殊困难群体合法权益保护的行政管理工作。民政工作与老龄工作都是为党和政府分忧、为人民群众解难的工作，有着共同的奋斗目标。民政工作部门与老龄工作部门要互相支持，密切配合，协调行动，携起手来共同为发展我国老龄事业作出更大的贡献。

最近，我到浙江考察工作，参观了杭州市建设的社区福利中心。我认为，老龄工作部门协助政府，动员社会力量发展老年社会福利设施很重要。我们国家与西方国家相比，福利设施是很落后的。不搞些硬件建设，光搞宣传不行。现在不少外商、企业投资兴办老年福利设施的积极性很高。我上面讲了五点建议，核心是三条，一是抓好宣传教育，向党委、政府宣传汇报，向社会宣传，向有关部门、企事业单位，特别是有经济实力的企业宣传，使他们强化老龄观念和意识；二是要搞些老年福利设施建设；三是要加强队伍建设。老龄工作队伍是蛮整齐、蛮有战斗力的。希望大家回去后，向老龄工作的同志问好！

让我们高举邓小平理论伟大旗帜，紧密团结在江泽民为核心的党中央周围，创新求实，努力工作，以一流的工作、优异的成绩，庆祝国际老年人年，迎接中华人民共和国成立五十周年的到来。

最后，祝全国老龄工作座谈会圆满成功。祝各位春节愉快！

张文范同志在全国老龄工作座谈会上的讲话

（1999 年 2 月 8 日）

同志们：

全国老龄工作座谈会，是在全国各族人民认真贯彻党的十五大精神，全世界热烈庆祝国际老年人年，我国即将迈入人口老年型国家的行列，老龄工作经过 16 年探索，进入一个新的发展时期召开的一次跨世纪的重要会议。

这次会议的主题是：高举邓小平理论伟大旗帜，认真贯彻党的十五大精神，实事求是地总结过去十六年老龄工作的基本经验；贯彻落实国办发［1998］128 号文件精神，研究庆祝国际老年人年的工作；交流老龄工作的信息，与各省市老龄委共商如何加快老龄工作发展步伐，明确面向 21 世纪我国老龄工作的发展方向问题。

下面，我讲几点意见，供大家参考。

一、我国老龄工作的发展历程和基本经验

党的十一届三中全会以来的 20 年，是很不平凡的 20 年。我们党在马克思列宁主义、毛泽东思想和邓小平理论指导下，坚持党的基本路线不动摇，领导全国人民艰苦奋斗，励精图治，开辟了建设有中国特色的社会主义新道路，开创了改革开放和现代化建设的新局面，各项事业取得了举世瞩目的伟大成就。我国老龄工作从 1982 年开始，经过 16 年的艰苦创业，不断探索，不断实践，不断发展，开创了新局面。人口老龄化问题引起了各级党和政府的高度重视及社会各界的广泛关注，我国老龄工作在国内外的影响不断扩大。

（一）16 年老龄工作取得的主要成绩

16 年来，由于各级党和政府对老龄工作的重视和关心、有关部门和社会各界的参与和支持、广大老龄工作者的共同努力，我国老龄工作取得了很大成绩，为 21 世纪人口老龄化的到来，做了一定的思想、舆论、政策、法律等方面的准备工作。

——我国老龄工作组织网络初步形成，机构不断加强。全国县以上和绝大部分乡、镇、街道成立了老龄委（老龄协会）。经过机构改革，中国老龄协会和一些省、市、区的老龄机构得到了加强，为老龄工作的开展提供了组织上的保障：各类老年社会团体应运而生，工作十分活跃；城乡基层老年人协会普遍建立。目前，我国已初步形成了政府组织与非政府组织相结合的老龄工作组织网络。在老龄工作的实践中，培养造就了一支热心老龄工作、勤奋敬业的干部队伍。许多同志为老龄事业的发展无怨无悔，呕心沥血，做出了很大贡献。

——大力度地开展了老龄宣传工作，社会老龄意识和养老意识不断增强。各级老龄委坚持把老龄宣传工作放在重要位置，联合有关部门成功地在全国范围内开展了三次较大规模的敬老好儿女、老有所为、重视老龄工作先进个人和集体评选表彰活动、大力度地开展了老年法的宣传贯彻，创办了各种类型的老年报刊百余种，开展了一系列丰富多采的老龄活动，向全社会广泛深入地宣传了老龄问题和老龄工作的重要性，提高了人们对老龄问题重要性、紧迫性的认识，引起了各级党和政府、各有关部门和社会各界对老龄工作的重视和支持，弘扬了中华民族敬老养老的传统美德，有力地促进了社会主义精神文明建设和社会敬老文明新风的形成。目前，一个领导重视、部门支持、全社会关注老龄工作的良好氛围正在形成。

——从我国实际出发，提出了“五个老有”的目标，制定了老龄工作发展的中长期计划，加强了老龄工作的规范化建设。“五个老有”是中国老龄工作的创造，它高度概括了老龄工作的主要内容，反映了老年人的需求，明确了老龄事业发展的方向，在国内得到了各部门及专家学者的认同，形成了社会共识，载入了《中华人民共和国老年人权益保障法》（以下简称《老年法》），在国际上也产生了很好的影响。在老龄工作的实践中，为了把“五个老有”的目标落到实处，推动老龄事业的规范化建设，我们联合13个部委制定了《中国老龄工作发展纲要》（1994—2000），各地根据本地实际制定了老龄事业的中长期计划，并纳入了当地国民经济和社会发展计划付诸实施，有力地推动了老龄事业的发展。

——老龄调查研究工作不断深入，科学研究和学术研究水平逐步提高。各级老龄委成立以来，始终把老龄问题的调查研究放在工作首位，协同有关部门、科研单位的专家学者，对我国人口老龄化的发展趋势和特点，进行了系统深入的调查研究，作出了较为科学的预测和分析，开展了中外对比研究活动，取得了一批重要的研究成果，为党和政府制定老龄政策提供了决策依据和建议。有些研究成果，已转化为政府的政策并付诸实施。近年来，上海、湖北、北京、天津、安徽等省市及一些大专院校相继成立了老龄科研机构。目前，全国老龄科研活动出现了可喜的活跃局面。

——积极推进老年立法工作，老龄工作步入了法制建设的轨道。各省、市、区相继制定了地方性老年法规并颁布实施。1996年，在全国人大、国务院的重视和有关部门的共同努力下，《老年法》颁布施行，这是我国老龄事业发展史上的一个重要里程碑。老年法的出台，为依法维护老年人的合法权益，依法推进老龄事业的发展，提供了重要的法律依据，使老龄工作的法制化建设进入了一个新的发展阶段。

——老年福利、老年公益事业得到了逐步发展。以满足众多老年人需求的老年公寓、托老所、敬老院、老年病医院、老年活动中心等老年福利事业，经过政府逐步增加投入，社会广泛支持，企事业单位兴办，有了较快地发展；近年来，以社区为中心的老年照料服务功能不断加强，照料服务体系在一些大中城市正在形成；以扶老助困为主要内容的老年公益事业迅速发展。随着助老工程在全国各地的启动和城市社区志愿者队伍的建立等，使部分特困老人的生活得到了改善和照顾。

——老年教育、文化、卫生、体育等项事业有了一定的发展。全国老年大学已发展到13000多所，累计毕业人数几百万人，为众多老年人提供了终生学习的机会；为满足广大老年人精神需求的图书报刊、文艺作品等相继出版和问世；老年体育活动的广泛开展提高了老年人的健康水平；老年医学、老年病的研究引起了医疗卫生界的重视。

——老龄工作的国际影响日益扩大。我国老龄工作本着积极参与老龄问题的国际活动，加强对外合作与交流，借鉴国外有益做法为我所用的方针，先后与联合国、国际社会组织、国家和地区的96个老龄组织建立了工作联系。目前，我国已加入了国际老年学学会、国际第三年龄大学协会、老年社会保障协会等国际老龄组织。各省市老龄委与一些国家建立了对等的工作交流。成功地组织举办了一些国际性和地区性老龄问题的研讨会。

（二）基本经验

16年来，我国老龄工作在实践中创造了许多宝贵的经验，概括起来主要有以下几点：

一是坚持从国情出发，解放思想，积极探索，大胆实践，走自己的路。在中国这样一个老年人口众多，人口老龄化发展速度快，经济不十分发达的国家，发展老龄事业，开展老龄工作既没有现成的模式可借鉴，也不能走发达国家实行的高福利政策的路子。只有从我国的国情出发，解放思想、积极探索、大胆实践，走自己的路，这是我国老龄工作16年实践得出的最基本的经验。我国在广大农村创立的由老年人组织起来自我管理、自我服务的老年人协会组织；签定赡养协议书巩固家庭养老的作法；以为促养兴办养老基地、发展种植业、养殖业、加工业和庭院经济，通过多种途径提高老年人生活质量的做法；坚持家庭养老为基础，实行家庭养老与社会化养老相结合的养老道路等等，都是老龄工作在实践中摸索出来的具有中国特色的行之有效地好做法，被誉为东方养老模式，受到国际社会的赞誉。

二是紧紧依靠党政领导，争取全社会支持。老龄工作是党和政府工作的一部分。发展老龄事业必须紧紧依靠党和政府的领导，紧密围绕党和政府的中心任务，这是做好老龄工作的关键。同时，老龄工作又是一项社会性很强的工作，必须积极主动地争取政府有关部门的支持，动员社会力量积极参与。16年来，老龄工作坚持以上做法，赢得了党和政府的高度重视，有关部门的大力支持，社会各界的广泛参与，形成了全社会共同关注的局面。老龄问题列入了党的十三、十四、十五大，七届、八届、九届人大议程。江泽民总书记、党和国家领导同志就老龄问题、老龄工作发表了一系列重要指示，为发展老龄事业指明了方向。

三是坚持以舆论为先导，不断推动老龄工作发展。通过强有力的宣传工作，不断增强全社会的老龄意识和养老意识，是做好老龄工作，发展老龄事业的前提。十几年来，各级老龄委通过向在职领导多请示、勤汇报老龄工作，使各级领导同志了解了老龄问题的重要性；通过邀请在职领导出席老龄方面的会议、参加活动、发表讲话、撰写文章宣传老龄工作，扩大了老龄工作的社会影响；各级老龄委充分运用自己的宣传阵地，积极调动社会各种媒体的力量，广泛开展健康有益的社会活动，初步形成了良好的舆论宣传环境，为老龄事业的发展提供了有力的保证。

四是协同有关部门，充分发挥老年社团组织作用。老龄工作涉及很多部门、很多方面，不可能由一家部门全部包揽，这是我国老龄工作的性质和管理体制所决定的。各级老龄委主动与其他部门配合、协商开展工作，该老龄委办的事积极主动办，能够通过社团办的放手让社团办，探索出了一条在党和政府的统一领导下，政府组织与非政府组织相结合，调动多方面积极性，共同推进老龄工作发展的路子。实践证明，这种做法是成功的。

五是遵循市场经济规律，调动各方面积极性，共同参与老龄事业的发展。在建立社会主义市场经济体制的大背景下，发展老龄事业仅靠国家投入是不够的。近年来，各地结合实际，积极开发、培育老龄人才和老龄服务市场，引导老年消费，发展老龄产业，建立老龄事业的自我补偿机制，逐步形成了国家投入、社会支持、个人消费和老龄经济自我造血的多元化投资格局和多种所有制并存发展老龄事业的格局，为建立适应社会主义市场经济体制的老龄工作机制，奠定了比较好的基础。

我国老龄工作16年来职得了很大成绩，创造了许多宝贵的经验，但由于我国老龄工作起步比较晚，就总体来看，基础仍很薄弱，整体水平不高，不适应新形势的要求；老龄工作体制顺，工作力度不够，有的地方老龄工作机构名存实亡，影响老龄工作的开展；老龄工作的理论研究、政策研究还比较薄弱；老年福利事业、老龄产业、老年社会服务业发展比较缓慢。总之，适应人口老龄化社会的大环境还没有形成。从跨世纪人口老龄化的发展趋势看，老龄工作的任务相当艰巨。

二、我国老龄工作面临的挑战和机遇

当今社会，挑战与机遇并存，矛盾与发展相交。在跨世纪的改革大潮中，能否正视挑战，抓住机遇，是关系老龄事业兴衰成败的大问题。

16年来，我国人口结构的急剧变化和老龄工作的实践证明：人口老龄化的严重性和解决这一问题的紧迫性、艰巨性、复杂性，是老龄工作面临的最大挑战。我国老年人口已经达到1.2亿，到2000年将成为老年型国家。进入21世纪，人口老龄化的发展速度将进一步加快，到2025年，老年人口高达2.8亿，占总人口的18.46%，比2000年净增一倍多。人口老龄化大规模地、迅速地、普遍地到来，尤其是高龄化趋势更加明显，这是前所未有的，必将对我国经济、政治、文化等社会生活的各个方面产生重大影响，给家庭结构和社会生活带来新的变化，也必然带动投资结构、消费结构和产业结构的调整，改变国民经济积累和消费的比例关系，形成老年人的特殊需求与社会资源配置的反差，促使国家在制定相关法律、法规和政策方面进行必要的适时适度地调整。

我们应当看到，我国现在处于并将长期处于社会主义初级阶段，人口老龄化与经济发展不相适应的矛盾将在相当长的历史时期内存在。我国虽然经过50年的经济建设，特别是20年来的改革开放，综合国力大大增强，但老龄事业发展的物质基础仍然十分薄弱，对人口老龄化的经济承载力在相当长的时间内仍将处于较低的水平。要实现“老有所养、老有所医、老有所为、老有所学、老有所乐”的目标，还需要经过长期的努力。

当前，我国围绕社会主义市场经济体制的改革力度越来越大。改革是一场革命，必然触及到人们的利益调整。老年人是退出工作岗位的一代人，是社会的特殊脆弱群体，要保证老年人的切身利益，使他们同其他社会成员一起，共享改革开放和现代化建设的成果，绝不是一件容易的事情，需要进行大量的政策性工作。从这个意义上讲，改革对老龄工作，既是机遇，也是挑战。老龄工作如何跟上改革的步伐，使老龄事业的发展同社会主义市场经济体制的建立相协调，是我们各级老龄工作机构应该认真对待的重大课题。

在21世纪即将到来的时候，我们既要正视挑战，也要看到我们面临的大好机遇。从国内环境看，我国经济建设持续发展，综合国力不断增强，社会政治稳定，改革开放取得新的突破，精神文明建设迈出新的步伐，人民生活水平显著提高，各项社会事业有了很大进步。特别是与老龄事业关系密切的社会保障事业有了较快发展。这样的大环境无疑给老龄工作的深入开展提供了有利条件。从国际环境看，老龄问题已经引起国际社会的高度重视。联合国大会把老龄问题列入了重要的议题，作出了一系列重大决议，先后通过了《维也纳老龄问题国际行动计划》、《“十一”国际老年人节》、《联合国老年人原则》、《1992至2001年解决人口老龄化的全球目标》、《世界老年人宣言》，并确定了1999年为国际老年人年。从1982年以来的16年间，联合国召开了两次老龄问题世界大会，今年召开的联合国大会将再一次专门讨论人口老龄化问题。继去年10月1日联合国举行大规模的庆祝国际老年人年开年仪式后，又定于今年2月11日举行庆祝国际老年人年全球电视会议。所有这一切，对我国老龄工作都将产生重大影响，为我国老龄工作的进一步发展创造了良好的国际环境。

更为重要的是，经过16年的艰苦努力，各级党政领导和全社会对老龄问题的认识不断深化，对老龄工作的重视和支持力度不断加大。早在1989年，江泽民总书记就强调指出："老龄问题越来越成为一个重要的社会问题，我们要予以重视，希望各级党委和政府加强对老龄工作的领导，切实做好这项工作"。去年，中共中央政治局常委、国家副主席胡锦涛代表党中央、国务院，代表江泽民主席为庆祝国际老年人年向全国发表了重要的电视讲话，他强调指出，对人口老龄化"这样一个重大的社会问题，全国上下都要有充分的认识，积极研究制定相应的政策"。要求"各级党委和政府要充分认识做好老龄工作的重要性，进一步加强和改善对这项工作的领导"。国务院领导多次强调"老龄工作只能加强，不能削弱"，要"加强人口老龄化的政策研究和对策研究"。国务委员司马义·艾买提同志强调"尤其要解决好在位领导对老龄工作的认识问题"，最近又在《人民日报》发表了《重视老龄问题，发展老龄事业》的重要文章，对今后一个时期，我国老龄事业的发展目标、工作重点提出了明确的要求。这些重要指示都为发展我国老龄事业指明了方向，是我国老龄工作应该遵循的方针，我们要认真学习和贯彻执行。

目前，我国老龄工作的发展已具备了一个良好的国内外环境和条件。我们一定要认清形势，抓住机遇，用好机遇，奋力开拓，把老龄工作推向一个新的发展阶段。

三、老龄工作的战略目标和工作重点

根据我国老龄工作16年发展的经验和存在的问题，以及老龄工作面临的新形势，确定面向21世纪老龄工作的基本思路、战略目标和工作重点，对于全面推进老龄工作的发展至关重要。

（一）基本思路和战略目标

今后10年，是我国老龄事业发展的关键时期。老龄工作要坚持以邓小平理论和党的15大精神为指导，坚持党的基本路线和基本方针不动摇，解放思想，深化改革，勇于创新，大胆实践，紧紧依靠党和政府的领导，协同有关部门，动员社会力量，力争实现以下战略目标：基本形成适应社会主义市场经济要求和人口老龄化的老龄工作体制；建立起较为完善和配套的老龄政策和法规体系；努力营造一个敬老、养老、助老的良好社会氛围：依法保障老年人的基本生活权益，提高老年人的生活质量，使老年人"老有所养、老有所医、老有所为、老有所学、老有所乐"，积极促进健康老龄化的实现。

（二）今后一个时期老龄工作的重点

一是继续强化老龄问题的宣传力度，增强全社会的老龄意识和养老意识，创造适应人口老龄化社会的舆论环境。老龄宣传工作是老龄工作的一项重要任务，也是一项长期的任务。今后一个时期，老龄宣传工作的重点：一是要不断强化老龄问题和老龄工作重要性、紧迫性、严峻性的社会宣传；二是要继续加大老年法的宣传力度、广度和深度；三是要切实加强对各级在职领导干部的宣传。各级领导干部对老龄问题的重视程度如何，影响层面大，直接关系到老龄工作能否摆上议程，得到重视和发展；四是面向全社会，特别是在青少年人群中大力开展敬老、养老的道德教育。不少地方把敬老养老的美德列入中小学课本和守则的作法要大力推广；五是要以点带面，在全社会表彰树立一批先进典型，用典型影响人、教育人。

二是加强老龄政策研究。老龄事业的发展必须建立在正确的理论和政策的指导下才能健康有序地发展。今后一个时期，中国老龄协会和各省、市、区老龄委要加强密切合作，抓紧时间，组织力量，集中人力、物力、财力加快全国和省一级老龄政策研究，在此基础上协同有关部门制定《2000年至2010年老龄事业发展规划》。这是进入21世纪推进老龄事业发展的大事，也是老龄工作重中之重的首要任务；其次是把加快老龄工作的理论建设作为老龄工作的重要任务抓紧抓好。

三是积极引导老龄产业的发展。老龄产业是以满足老年人日益增长的物质和精神需求的产业。老龄产业的兴起与发展是社会主义市场经济和养老保障体系转变的必然产物。发展老龄产业对实现人口、经济可持续发展具有重要意义。我们老龄工作部门要抓住老龄需求市场逐步形成的机遇，注意研究相关扶持发展政策，积极引导和支持社会各行各业开发老龄产业，形成市场竞争机制，转变政府一家办福利的局面。

四是坚持和完善家庭养老，积极推进社区为中心的社会化服务体系建设。我国目前还处于家庭养老向社会养老过渡的阶段。特别是在农村，建立完善的社会养老制度，还需要比较长的时间。从我国政治、文化传统和经济承受能力来说，不论现在还是将来，走家庭养老和社会养老相结合的居家养老道路，积极创造形成一个以家庭养老为核心，社区养老服务网络为外围，养老制度为保障的居家养老体系，是解决我国养老问题的正确选择。我们应该在调查研究的基础上，建议有关部门，积极推进并逐步建立适合我国国情的家庭保障的安全网、社区养老社会化服务的安全网、社会养老保障制度和政策的安全网。

五是继续抓好《老年法》的宣传贯彻。大力宣传、贯彻《老年法》，维护老年人的合法权益是各级老龄工作部门义不容辞的责任。我们要积极、主动地配合执法部门，为老年人伸张正义，保障他们的合法权益不受侵害。《老年法》对老龄事业的发展作了明确的规定，我们要积极争取各级政府加大对老龄事业的逐步投入，引导社会企事业单位兴办老龄福利事业。

六是积极做好庆祝“国际老年人年”的各项工作。第47届联大确定的1999年国际老年人年，是本世纪末国际老龄领域中的一件大事，给老龄工作的发展提供了一个极为有利的历史机遇。我们一定要认真学习，深入贯彻落实好胡锦涛同志为庆祝国际老年人年向全国发表的电视讲话和《国务院办公厅转发民政部关于开展国际老年人年活动意见的通知》，认真做好国际老年人年的各项工作，积极主动地协同有关部门开展一系列活动。

七是加强老龄科研队伍和老龄工作干部队伍的建设。推进跨世纪老龄事业的发展，必须有一支具有高素质的科研队伍和老龄工作干部队伍。目前，我国老龄科研力量薄弱，基础理论和应用研究不适应事业发展的需要，与国际老龄科研水平相比存在不小的差距。因此，需要建立专家队伍和实际工作者相结合的老龄科研体制，充分发挥大专院校、科研单位和社会有志之士的作用，加强老龄工作的基础理论研究和应用研究，通过调查研究，提出老龄政策报告，当好各级政府的参谋。

为了做好新形势下的老龄工作，要切实加强老龄工作干部队伍的建设。我国老龄工作在实践中造就了一支素质较好，热爱老龄工作的干部队伍，要珍惜这支队伍，爱护这支队伍，在实践中培育锻炼这支队伍。要按照建立高素质干部队伍的要求，加强队伍的自身建设，提高干部队伍的思想、政治、业务素质，以适应跨世纪老龄事业发展的要求。

四、解放思想，积极推进面向21世纪老龄工作新机制的建立

党的十五大确立了从现在起到下个世纪前10年我国经济发展的战略目标。在这个时期，党和政府要积极推进经济体制改革和经济增长方式的根本转变，建立比较完善的社会主义市场经济体制，保持国民经济持续快速健康发展。老龄工作要在16年发展的基础上有所突破，就必须解放思想，按照经济体制改革的总要求，转变工作方式，调整总体部署，拓宽工作领域，确定发展方向，建立面向21世纪的适应市场经济体制和人口老龄化社会的工作体制。在我国经济尚不发达、社会资源分配有限的情况下，老龄事业的发展必须坚持走政府投入、市场开发、群众参与、社会资助的道路，逐步形成政策指导、市场推动、行业管理、社会兴办老龄事业的发展格局。

市场经济的发展将为老龄事业的发展提供广阔的天地。我们要积极促进老龄事业同经济的结合，充分发挥市场和社会需求对老龄事业的导向和推动作用，支持和鼓励企事业单位积极参与老年市场的开发。运用市场机制的作用，推动老年福利、老年用品、老年保健、老年服务业的发展，走老年福利社会化的道路。

广大群众的积极参与和社会各界的大力支持是老龄工作的基础。要改变过去那种老龄工作局限于老年群体的运作方式，大胆地向社会群体特别是中青年中延伸，逐步形成人人关注老龄问题，社会各界共同发展老龄事业的局面。

建立老龄工作新机制，推动老龄工作的规范化发展，必须在思想观念、工作思路、工作方式等方面实现根本性转变。老龄事业的发展，要由计划经济体制下完全由国家包下来的做法，转到市场经济体制下由国家投入、政策扶持、社会广泛参与上来。我们老龄工作部门应加强这方面的研究，提出相应的政策建议；老龄工作的重点，要由开展老龄社会活动转到以加强老龄政策研究，为政府提供决策依据，动员社会力量兴办事业上来。这是我们各级老龄工作机构的重要职责，也是老龄工作地位和价值的重要体现。必要的有影响的老龄社会活动要搞，一般性的不搞或少搞。重点是搞研究、办事业。

五、做好老龄工作，需要处理好的几个关系

（一）老龄工作必须服从服务于党和政府的中心工作。老龄工作既是政府的重要职能，也是一项社会性很强的工作。老龄工作必须服从服务于党和政府的中心工作，在思想上、政治上、行动上同党中央保持一致。必须坚持党的基本路线，认真地贯彻执行党中央、国务院的方针和政策，在改革、发展、稳定中发挥稳定器的作用，这是一条非常重要的政治原则。我们既要为党和政府当好参谋，也要为老年人服好务。只有这样，才能体现老龄工作的价值。

（二）要正确处理好老龄工作机构与涉老部门的关系，协同各方面力量共同做好老龄工作。老龄工作涉及面很广，涉及的部门很多，靠老龄委一家唱独角戏是不行的。我们的工作要善于在各涉老部门之间架起一座畅通无阻的桥梁，以便携起手来，共同推进老龄事业的发展。这里需要指出的是，凡是各涉老部门的业务工作，我们老龄委不包不代，积极配合；有了成绩，不争不抢，虚心向他们学习。采取这样的态度，有利于发挥各涉老部门的作用，有利于老龄机构各项工作的开展，有利于减少各种矛盾，团结各方面力量把老龄工作做好。关键是我们的工作要有特色，多做那些于国于民有利、社会影响大、开拓性强、群众欢迎的事情，以及别的部门代替不了，也取代不了的事情。

（三）正确把握好老龄工作中的宏观问题与微观问题。这里所说的宏观问题就是要站在战略全局的高度，为党和政府制定有关老龄问题的方针、政策、规划进行调查研究，提出建议，为建立完善的老龄政策法规体系，实现“五个老有”，营造适应人口老龄化社会的条件与环境；所谓微观问题，就是做好老年人自身对社会的各种特殊需求问题的解决，搞好为老年人的服务工作。宏观问题与微观问题是辩证的统一，没有宏观政策，微观问题就不能解决，微观问题解决不好，宏观政策就会落空。因此，我们在考虑工作，处理问题时，既要把握大局，从宏观上为党和政府当参谋、出主意、提建议，又要坚持全心全意为人民服务的宗旨，多为老年人办实事、办好事。只有把二者有机地结合起来，才能有效地促进老龄事业的发展。

（四）要正确处理好老龄工作机构与老年社会团体的关系。老龄工作机构担负着政府交办、的职责任务，既对政府负责，又对老年人负责。老龄工作机构与老年社团组织都是为党和政府工作服务，为发展老龄事业服务，为老年人服务的组织，虽然分工不同，但工作目标是一致的。因此，我们要积极主动地加强与老年社团的团结合作、工作联系、信息交流，妥善处理好与老年社团之间的关系，尊重支持老年社团的工作，以共同推进老龄事业发展。

（五）要正确处理好学习和业务的关系。党的十五大号召全党兴起一个学习马克思列宁主义、毛泽东思想，特别是邓小平理论的新高潮。十五大以来，中央多次强调加强理论学习问题。江泽民总书记反复强调指出，加强学习“关系党和国家工作的全局，关系改革和建设事业的长远发展”，要求“各级领导干部必须坚持不懈地学习、学习、再学习”。当前，老龄事业的发展已进入一个新的发展时期，老龄工作面临着十分艰巨而繁重的任务。在即将到来的21世纪，我国人口老龄化将达到前所未有的规模和程度，老龄工作将遇到许多新情况、新问题，如果不很好地加强理论学习，自觉用邓小平理论武装我们的头脑，武装我们老龄工作干部队伍，我们就会迷失方向，就难以解决面临的复杂情况和问题，也就不可能开创老龄工作的新局面。因此，我们一定要把邓小平理论的学习摆到各项工作的首位，要善于运用邓小平理论来认识和把握老龄事业发展的大局，着眼于对实际问题的理论思考，坚持不懈地学习和实践邓小平理论，从根本上提高我们干部队伍的理论水平和政策水平，这是做好老龄工作的根本所在。

当今时代，是一个知识经济的时代，科学技术的发展日新月异。老龄工作涉及经济、政治、法律、科技、卫生、文化、教育、人口等几乎每一个领域，是一项十分复杂的、因素诸多的综合性社会系统工程。伴随人口老龄化速度的加快，我们对人口老龄化问题的规律还有许多“必然王国”有待进一步去认识。因此，我们要在重视理论学习的基础上，努力学习老龄专业方面的新知识，不断提高我们的业务水平。

同志们，20世纪即将过去，一个崭新的世纪即将到来。在世纪之交的重要时刻，我们面临着正在发展重大而又深刻变化的国际形势，面临国内改革、发展、稳定的繁重而又艰巨的任务。老龄事业是建设有中国特色社会主义的组成部分，老龄工作崇高而艰巨。我坚信，老龄工作必将越来越受到各级党委、政府的高度重视，越来越受到全社会的大力支持。在各级党和政府的领导下，我国的老龄事业一定会取得更大的成就。

让我们高举邓小平理论伟大旗帜，紧密团结在以江泽民同志为核心的党中央周围，大家齐心协力，团结一致，为把我国老龄事业全面推向21世纪而努力奋斗！

多吉才让同志在全国社会福利社会化工作会议上的讲话

（2000年4月12日）

同志们：

这次全国社会福利社会化工作会议，是在世纪之交推动社会福利事业改革与发展的一次重要会议。会议的主要任务是：总结交流发展社会福利事业的经验，研究确定今后5年积极推进社会福利社会化进程、加快发展社会福利事业的总体要求、目标任务和政策措施。下面，我讲几点意见，供大家讨论。

一、社会福利事业改革与发展的简要回顾

建国50年来，在党和政府的领导下，我国的社会福利事业从小到大，不断发展，有效地保障了特殊困难群体的基本生活权益，发挥了维护社会稳定、促进社会进步的重要作用。特别是党的十一届三中全会以来，各级民政部门在党委、政府的领导下，以邓小平理论和党的基本路线为指导，从我国社会主义初级阶段的基本国情出发，以实事求是的精神，解放思想，大胆尝试，积极探索了发动和依靠社会力量发展社会福利事业的新途径，并在实践中积累了一定的经验。在第十次全国民政会议正式提出"深化福利事业单位改革，加快社会福利社会化进程"的要求之后，各级民政部门抓住机遇，开拓创新，从本地实际出发，因地制宜地推进社会福利社会化，使社会福利事业获得了长足发展，主要表现在以下三个方面：

（一）多形式、多渠道发展社会福利事业的局面开始形成

改革开放以来社会福利事业的发展过程，就是逐步走向社会化的过程。特别是1998年3月以来，为了推动社会福利社会化的进程，民政部在各地探索与实践的基础上，选择13个城市进行了社会福利社会化试点，出现了广东、上海、温州、苏州等一批各具特色的先进典型，取得了明显成效：一是提高了思想认识。通过试点，各级民政部门的干部职工逐步认识到，对国家、集体举办的社会福利机构不进行改革，就不可能适应社会主义市场经济的要求，不发动和依靠社会力量，社会福利事业就不可能快速发展，从而进一步提高了对社会福利社会化重要性和紧迫性的认识，更加坚定了改革创新的决心和信心。二是制定了发展社会福利事业的优惠政策和管理办法。经过各级民政部门的努力，多数试点省、市都出台了相关的政策法规和管理办法。在总结各地试点经验的基础上，经国务院批准，国务院办公厅转发了民政部等部委《关于加快实现社会福利社会化的意见》。部里制定并颁布了《社会福利机构管理暂行办法》，还与建设部一道下发了《老年人建筑设计规范》。通过上下努力，对社会力量兴办社会福利机构，初步做到了扶持保护有政策、审批管理有办法、建筑设计有标准、检查监督有依据。三是动员社会力量兴办社会福利机构迈出了可喜步伐。十多年来特别是近几年，通过政策引导和资金扶持，不仅改造和新建了一批国有福利机构，较快地发展了集体举办的福利机构，而且新建了各种形式的民办福利机构1075家，床位数已达到3.3万张。与此同时，各地在社区服务中，突出养老、助残、抚孤等福利服务内容，使社会福利社会化在社区内得到了较好的实现。目前，一个以国家、集体举办的福利机构为骨干，社会举办的福利机构为新的增长点，多渠道、多形式发展社会福利事业的局面开始形成。

（二）国家、集体举办的社会福利机构面向社会深化改革，增强了自身活力

目前，国家举办的社会福利机构已有1364个，收养人数达到11.8万多人；集体举办的敬老院39377个，收养人数达到64万多人。近年来，国家、集体举办的社会福利机构以社会化为方向，深化改革，扩大开放，强化管理，自身活力明显增强。

国家举办的社会福利机构，从改革内部的管理制度、用工制度和分配制度入手，全面推行管理人员聘任制、服务人员合同制和按劳分配制度，增强了服务意识和效益意识，提高了管理水平和服务水平，初步实现了由封闭型向开放型、单纯供养型向供养康复型、救济型向福利型的转变。在改革探索中，各地创造了各具特色的先进经验。例如，北京、武汉、南昌等地的儿童福利院，积极推行家庭分散寄养，摸索出了一条儿童福利社会化的新途径；山东省部分福利院推行"末位淘汰制"，增强了职工的竞争意识；上海市在保持现有财政拨款基数和正常递增幅度不变的情况下，把原来拨给养老机构的款项改为直接补贴给入住老人，变暗补为明补，实现了国有福利机构服务与市场的接轨，昭示了国有福利机构深化改革的方向。

不少农村敬老院，在保证"五保"供养的同时，把收养对象扩大到社会老人、残疾人、孤儿和弃婴，把服务范围扩大到入户服务。据统计，目前全国乡镇敬老院的自费收养人数已经占到了收养总数的11%多。特别是吉林省根据本省农村敬老院数量多、基础好的特点，提出把敬老院建设成为乡镇综合性社会福利服务中心，使城乡结合部的敬老院同时承担起收养城市自费老人的任务，增强了集体福利机构的生存与发展能力，在一定程度上满足了社会对不同层次的福利服务的需求，有力地促进了农村社会福利事业的发展。

（三）社会福利企业在改革中求生存、求发展，使残疾人的劳动、生活权益得到保障

据初步统计，截至去年底，全国社会福利企业已经达到4.7万多家，其中社会举办的福利企业占到总数的85%。安置残疾职工84.3万多人，去年销售收入1580.3亿元，创利税61.6亿元。在国家扶持保护政策的支持下，广大残疾职工在福利企业中得到了就业，靠自己的辛勤劳动获得了经济收入，成为自食其力的劳动者，为国家作出了贡献。

随着社会主义市场经济体制的逐步建立，社会福

利企业面临着在市场竞争中生存和发展的严峻挑战。许多地方的民政部门审时度势，把福利企业的改革同改组、改造、加强管理结合起来，按照建立现代企业制度的要求对福利企业的管理体制进行改革，使经营机制不活的情况得到了初步扭转，许多过去长期亏损的福利企业止住了效益下滑的局面，不少企业扭亏增盈，出现了良好的发展势头。在改制过程中，各地坚持企业的社会福利性质不变、享受税收优惠的政策不变、残疾人合法权益不受损害、国有资产不流失的原则，通过承包、租赁、托管、兼并、联合、股份制改造、整体转让出售等方式，初步实现了所有制形式和经营方式的多样化，朝着适应社会主义市场经济要求的新体制迈进，促进了企业的发展，取得了明显的经济效益和社会效益。如广东省顺德市，福利企业在改制后的1999年，销售收入增长了2.3倍，利润增长了4.4倍，固定资产总额增长了2.9倍。实践证明，社会福利企业的改革与发展保证了残疾人的劳动就业，减轻了国家负担，缓解了社会矛盾，为维护社会稳定作出了贡献。

回顾近年来社会福利事业改革与发展的历程，我们深刻地感受到：只有解放思想、转变观念，才能突破传统观念的束缚，增强推进社会福利社会化进程的自觉性；只有动员社会力量、调动各方面的积极性，才能加快社会福利事业的发展，增加社会福利的有效供给；只有深化改革，才能增强社会福利机构的生存和发展能力，促进社会福利资源的合理配置；只有加强政策法规建设、科学规划、规范管理，才能保证社会福利社会化的健康、快速发展；只有典型引路，以点带面，才能加快社会福利社会化的进程。

同志们，社会福利事业改革与发展的成绩是显著的，经验是丰富的。这些成绩和经验，是在各级党委、政府、有关部门和社会各界的高度重视、大力支持下取得的，也是在各级民政部门和广大社会福利工作者的艰苦努力下取得的。同时，这些成绩和经验，也充分表明了积极推进社会福利社会化进程、加快发展社会福利事业合国情、顺民意，具有广阔的发展前景。

二、加快发展社会福利事业的总体要求和目标任务

下世纪头5年，是我国全面实现现代化建设第三步战略目标的起步阶段，也是建立社会主义市场经济体制的关键时期。社会福利作为社会主义现代化建设事业的重要组成部分，既面对着严峻的挑战，也面临着前所未有的有利条件和大好机遇。

——经济成分、利益主体、社会组织和社会生活方式的多样化发展趋势，对推进社会福利社会化进程、加快发展社会福利事业，提供了良好的条件和机遇。经过20多年的改革开放，我国的经济、社会发生了深刻变化，人们的就业方式、生活方式、生活需求日趋多样化，家庭观念和家庭功能也正在发生着变化。这种新的发展趋势，对增加社会福利设施、拓宽福利服务领域、提高福利服务水平提供了必要的条件和极好的机遇。

——我国老龄人口的迅速增加，对积极推进社会福利社会化、加快社会福利事业发展，提供了广阔市场和良好前景。老龄社会的到来，将对我国经济和社会发展产生深刻影响。目前，我国60岁以上老年人口已达1.26亿，今后还将以年均3.2%的速度递增；现有80岁以上的高龄老人900多万，而且正在以年均5.4%的速度增长。白发浪潮的到来，对我们提出了多层次、多形式的福利服务需求，提供了发展福利事业的广阔市场。

——我国各项改革的不断深化，对社会福利事业的改革与发展提供了良好的社会环境。随着社会主义市场经济体制的建立，各项改革不断深化，社会福利事业改革与发展的大环境将日益改善。特别是随着“小政府、大社会”格局的形成，将使政府更加关注社会福利事业，财政支出结构的调整，将有利于社会福利事业投入的增加，推动社会福利设施的建设和完善。这些都为发展社会福利事业提供了良好的社会环境。

在看到发展机遇和有利条件的同时，我们也必须清醒地看到，在前进的道路上，还有不少矛盾和困难，还面临着严峻的挑战。推进社会福利社会化进程、加快发展社会福利事业不是轻而易举的事情。计划经济时期形成的国家、集体包办，民政部门“直属、直办、直管”的做法还没有完全改变，只对“传统民政对象”服务的观念还没有彻底转变，对计划经济条件下形成的管理体制和运行机制的改革还不到位，加上各地经济和社会发展不平衡、政策法规不配套、优惠政策不落实、服务队伍专业化水平较低等因素，在推进社会福利社会化、加快发展社会福利事业的进程中，还有一系列困难需要我们去研究，去克服；还有一系列新的课题需要我们去探索，去回答。我们必须从全局和战略的高度，正视困难，迎接挑战，坚定不移地走社会福利社会化的路子，把社会福利事业的发展提高到一个新的水平。

今后一个时期，加快发展社会福利事业的总体要求是：以邓小平理论和党的十五大精神为指导，立足社会主义初级阶段的基本国情，以满足全社会日益增长的福利服务需求为目标，以老年人福利服务为重点，抓住机遇，深化改革，积极推进社会福利社会化进程，实现社会福利事业的健康、有序、快速发展。

根据上述总体要求，今后5年发展社会福利事业的主要目标是：基本建成以国家兴办的社会福利机构为示范、其他多种所有制形式的社会福利机构为骨干、社区福利服务为依托、居家供养为基础的社会福利服务网络。各类社会福利机构的数量和集中收养人员的数量每年以10%左右的速度增长，尤其是老年人社会福利机构的数量要有较大增长。

在城市，要在县级市和大中城市的城区一级各建一所综合性、多功能的社区福利服务中心，街道一级各建容纳30名以上老人的养老院，各种所有制形式的养老服务机构床位数要达到每千名老人10张左右。

在农村，要在90%以上的乡镇建立敬老院，其中有条件的敬老院要逐步建设成为综合性、多功能的社会福利服务中心，并采用集中供养、院户挂钩、志愿者包户服务等方式，为老年人、残疾人、孤残儿童等提供福利服务。

要实现上述目标和任务，必须积极推进社会福利社会化进程。要在政府的倡导、组织、支持和必要的资助下，动员社会力量建设社会福利设施，开展社会福利服务，满足社会对福利服务的需求。推进社会福利社会化的基本思路是：

（一）实现投资主体多元化、服务对象公众化、运行机制市场化、服务方式多样化和服务队伍的专业化与志愿者相结合

投资主体多元化，就是要改变过去投资主体单一的状况，开辟国家、集体、社会组织和个人的投资渠道，以多种所有制形式发展社会福利事业。

服务对象公众化，就是要改变过去社会福利机构仅仅面对“三无人员”、“五保户”、孤儿等传统服务对象的观念和做法，以有偿、低偿和无偿相结合的方式，向老年人、残疾人、孤儿及有需求的居民提供福利服务。

运行机制市场化，就是要改变计划经济条件下的管理方式和运行机制，按照产业化思路和市场经济规律发展社会福利事业，建立市场化的运行机制，在注重社会效益的同时注重经济效益，使所有社会福利机构不仅能生存，而且能发展。

服务方式多样化，就是要充分利用家庭、社区福利服务网络和社会福利机构等载体，因地制宜地开展集中、分散、上门包户等多种形式的福利服务，形成社会福利服务的完整体系，满足不同人群不同层次的需求。

服务队伍的专业化与志愿者相结合，就是要通过专业教育和职业培训，逐步建立起一支政治强、业务精、作风正的福利服务专业化队伍；通过倡议、发动、引导志愿者服务活动和建立“劳务储蓄”制度等，不断壮大志愿者队伍，使志愿者服务制度化、经常化，建立起专业人员与志愿者相结合的福利服务队伍。

（二）从我国国情出发，建立以国家兴办的社会福利机构为示范、其他多种所有制形式的社会福利机构为骨干、社区福利服务为依托、居家供养为基础的社会福利服务网络

以国家兴办的社会福利机构为示范，就是国家举办的福利机构在运行机制、管理方式、服务水平、操作规范及硬件建设等方面发挥示范、辐射作用。

以其他多种所有制形式的社会福利机构为骨干，就是各种所有制形式的社会福利机构，通过拓展服务领域、增加服务项目、提供优质服务，满足不同层次的福利服务需求，在社会福利服务体系中发挥骨干作用。

以社区福利服务为依托，就是通过在社区修建一批福利服务的设施和网点、成立一批中介性福利服务组织、形成一支福利服务的专兼职队伍、动员社区单位参与社会福利事业，使社区福利服务形成网络，并通过该网络的有效运作，基本满足社区居民的各种福利服务需求。

以居家供养为基础，就是要坚持家庭在养老、助残、抚孤中的基础地位，通过道德教育、舆论宣传、制度规范和政策支持，最大限度地发挥家庭的福利服务功能和作用，绝不能因为推进社会福利社会化而将本应由家庭承担、家庭又能够承担的责任推向社会。

（三）适应社会主义市场经济体制的要求，建立政府宏观管理、社会力量主办、福利机构自主经营的社会福利事业管理体制

政府宏观管理，就是政府通过转变职能，尽可能地减少直接举办、直接管理社会福利机构，不再对社会福利机构的日常运营活动进行干预，把主要精力用到制定有关社会福利的政策、法规和规章上来，用到制定规划、依法审批、监督检查上来，用到总结、推广先进经验上来，并做好服务工作，解决实际问题，营造引导各类社会福利机构发展的大环境。

社会力量主办，就是政府通过倡导、组织、支持和必要的资助，动员、引导和帮助集体、村（居）民自治组织、社会团体、企事业单位、个人和外资以多种形式捐助或兴办社会福利事业，充分发挥社会中介组织在筹集社会资金、组织社会资源、提高服务质量、完善服务项目、规范服务行为等方面的积极作用，使社会力量成为承办社会福利事业的主体。

福利机构自主经营，就是各类社会福利机构都要实行实体化管理，建立市场化运行机制，真正成为自主经营、自负盈亏、自我积累、自我发展的独立的法人实体。

（四）坚持因地制宜、分类指导，典型引路、以点带面，积极稳妥地推进社会福利社会化

要本着实事求是的精神，区分不同地区，分阶段、分步骤地发展，逐步形成层次不同、标准有别、形式多样的福利事业发展格局。采取典型引路、以点带面的方法，积极稳妥地推进社会福利社会化。从全

国来讲，发达地区要先行一步，全面推进；中等发达地区要根据实际情况，选择若干环节重点突破；欠发达地区则应量力而行，因地制宜，适度推进。不同类型的社会福利机构，也要根据各自的实际办出特色，不搞一个模式。任何时候，都要坚决防止一哄而起、贪大求洋和盲目攀比。

三、加快发展社会福利事业的主要措施

（一）统一思想，广泛宣传，提高对实现社会福利社会化、加快发展社会福利事业重大意义的认识

各级民政部门的干部职工，要充分认识积极推进社会福利社会化进程、加快发展社会福利事业的必要性和紧迫性，进一步统一思想，提高认识。实现社会福利社会化，是加快发展我国社会福利事业的重大举措，是社会主义市场经济条件下加快发展我国社会福利事业的正确道路，是政府转变职能、企业转换经营机制的配套工程。发展社会福利事业，有利于提高人民群众的生活水平和生活质量，有利于维护改革、发展、稳定的大局，促进社会的长治久安，有利于推动社会的全面发展和文明进步。不走社会化的路子，社会福利事业的发展就没有出路，广大人民群众的福利服务需求就难以满足。必须破除传统思想观念的束缚，跳出狭隘的部门利益、树立全局意识，克服畏难情绪、大胆改革创新，把这项功在当代、利在千秋的事业抓紧、抓好、抓出成效。

要高度重视宣传工作。要在各级党委、政府的重视和有关部门的支持下，努力扩大社会宣传，广泛利用各种新闻媒体，充分利用“老人节”、“助残日”和“儿童节”等有利时机，开展尊老、助残、抚孤的宣传，使社会福利社会化深入人心。要通过召开现场会、经验交流会、先进表彰会、事迹报告会等多种形式，提高宣传效果，为在全社会形成广泛参与社会福利事业的局面创造良好的社会氛围。

（二）认真贯彻落实国办发［2000］19号文件，把社会福利事业引向健康、快速、有序的发展轨道

最近，经国务院批准，国务院办公厅转发了民政部等11个部委《关于加快实现社会福利社会化的意见》，民政部发布了《社会福利机构管理暂行办法》，民政部和建设部联合发布了《老年人建筑设计规范》。这些文件和规章，不仅明确了推进社会福利社会化的指导思想、目标任务和总体要求，而且明确了兴办社会福利事业的各项扶持、保护政策，规定了申办社会福利机构的条件、程序，提出了社会福利事业应当遵循的基本准则，规范了老年人建筑的设计工作。这些文件和规章的颁布实施，标志着社会福利工作开始步入制度化、规范化的轨道。因此，要采取得力措施，认真学习宣传、贯彻落实，并根据这些文件和规章的精神，对各地已经出台的扶持政策和管理办法作进一步修改、充实和完善；尚未出台扶持政策和管理办法的地方，则要紧密结合本地实际，抓紧研究制定，并确保落到实处。

要加强社会福利事业的规范化建设。社会福利方面政策法规的制定，是比较薄弱的环节。今后几年，要专题研讨、全面规划，有计划、有步骤地予以完善，力争有一个突破性进展。当前，要突出强调从基础做起，抓紧制定各类福利服务机构的建设标准、设计规范、服务标准和职业资格认定、年检办法等，尽快形成较为完备的政策法规，保证社会福利事业的健康、快速、有序发展。

（三）加大力度，进一步深化国有社会福利机构的改革

抓好国有社会福利机构的管理体制和运行机制的改革，既是推进社会福利社会化的必然选择，也是社会主义市场经济条件下发展社会福利事业的客观要求。各地要从实际出发，学习和借鉴牡丹江管理经验，在进一步改革内部管理制度、用工制度和分配制度的基础上，加快国有福利机构的改革步伐。要在社会福利机构中普遍建立市场化运行机制，实行法人实体化管理。在条件成熟的地方，逐步推广上海在保持现有财政拨款基数和正常递增幅度不变的情况下，把原来拨给养老机构的款项改为直接补贴给入住老人，变暗补为明补的经验，把国有社会福利机构推向市场。

要积极稳妥地推进国有儿童福利机构的改革。考虑到儿童福利事业的特殊情况，依据有关法规的规定，今后一个时期，以收养孤儿、弃婴为主的儿童福利机构仍然以政府管理为主，并在加强管理的基础上，通过收养、寄养、助养、捐赠和与社会力量合办等多种形式走社会化的路子。要因地制宜地推广北京等地的经验，使家庭寄养成为儿童福利事业社会化的一条重要途径。

积极探索农村敬老院的改革之路。我国有75%的乡镇已经实现了一个乡镇一所敬老院。今后，发展农村社会福利事业的重点，应该放在继续增加敬老院的数量和提高敬老院的质量上。要积极推广吉林经验，通过扩大服务对象、拓展服务领域、增加服务项目，把敬老院建设成为综合性、多功能的社会福利服务中心。同时，要进一步巩固和规范家庭供养，大力倡导邻里互助。

（四）坚持集中与分散相结合的残疾人劳动就业方针，加快福利企业的改革进程

要以党的十五届四中全会精神为指导，认真贯彻落实国务院办公厅转发的八部门《关于进一步做好残疾人就业工作的意见》。今后一个时期，残疾人的劳动就业，要坚持集中与分散相结合，采取优惠政策和扶持保护措施，通过多渠道、多层次、多种形式，全面实施按比例安排残疾人就业，大力扶持个体就业和

自愿组织起来就业，稳定、搞活集中就业，使残疾人劳动就业工作提高到一个新水平。

社会福利企业，是保障残疾人权益的有效组织形式，是残疾人福利事业的重要组成部分。在《中共中央关于国有企业改革和发展若干重大问题的决定》中，明确提出了“推进国有企业战略性改组”、“建立和完善现代企业制度”、“加强和改善企业管理”的要求和原则。中央的这些重大的战略决策，对于深化社会福利企业改革，同样具有重要的指导作用。据此，各级民政部门要认真抓好福利企业的改革、改组、改造和管理工作，继续推进政企分开，逐步与直属的福利企业在人财物等方面脱钩。要以建立现代企业制度为目标，按照当地企业改革的总体规划，有计划、有步骤地对福利企业进行改制。通过改制，形成福利企业投资主体多元化、所有制形式多样化的新局面。在改制中必须坚持企业的社会福利属性，保障残疾职工的合法权益，确保国有资产不流失。改制后的福利企业，只要符合有关规定的要求，继续享受减免税等扶持保护政策。通过实施政企分开和改制、改组等措施，使福利企业在国家政策的扶持保护下，实现产权清晰、权责明确、政企分开、管理科学，成为自主经营、自负盈亏的法人实体和市场主体。今后，民政部门对福利企业的管理，主要体现在研究制定扶持保护政策和规章制度、依法管理监督、保障残疾职工合法权益等方面。当前，要继续执行现行的优惠政策。各级民政部门要积极会同财政、税务等部门做好福利企业的检查认证和监督管理工作，严格清理假冒福利企业。

（五）造就一支专业化与志愿者相结合的福利服务队伍

社会福利工作是一项专业性很强的社会服务工作，必须尽快造就一支专业化与志愿者相结合的福利服务队伍。要大力加强专业教育，加大专业化的培训力度，抓好在职人员的职业道德、专业知识和岗位技能培训工作。要逐步建立社会工作者职业资格制度和专业职称评聘制度。各地要根据福利机构的职责任务，制定各个工作岗位的专业标准和操作规范，搞好定岗、定员、定责，按照岗位职责要求进行有针对性的专业技能培训，逐步做到持证上岗。要大力提倡社会互助，积极组织志愿者服务队伍。在有条件的地方，还可以逐步建立“劳务储蓄”制度。通过开展这些形式的活动，逐步在全社会形成“人人为我，我为人人，今天我助人，明天人助我”的道德风尚。

（六）加大政府投入，积极筹集社会资金，为社会福利事业的发展提供更多的资金支持

发展社会福利事业是政府的职责。社会福利社会化的推进，并不意味着政府可以减轻对社会福利事业的投入责任。相反，政府的投入还要随着经济和社会的发展不断增加。要努力争取逐步改变社会福利事业经费占财政支出比例过低的状况，增加政府对社会福利事业的投入。当前要特别注意把所有符合救济标准的老年人、残疾人和孤残儿童，全部纳入最低生活保障制度的范围。

发行福利彩票，是筹集社会福利资金的有效形式和主要手段。各级民政部门在认真抓好即开型彩票销售的同时，要加快用电脑销售福利彩票的进程，适应并完善全部用现金兑奖的设奖方案、宣传办法和组织方式，确保实销量稳中有升。要改革发行管理体制和销售机构运行机制。要改革福利资金的收缴、分配、使用、管理办法，统筹考虑和安排福利金使用范围和资助重点。要自觉接受财政、审计、监察等部门和社会舆论的监督。同时，加强福利金使用情况和使用效果的社会宣传，扩大社会影响。通过上述工作，努力扩大福利彩票的发行数量，筹集更多的福利资金，尽力支持社会福利事业的快速发展。

（七）加强领导，充分发挥政府主导作用

推进社会福利社会化，政府的责任不是减轻了，而是加重了。各级民政部门的领导同志，必须把推进社会福利社会化进程、加快发展社会福利事业，作为今后几年民政工作的重点之一，列入议事日程，统筹安排，综合协调，经常研究并切实解决工作中出现的各种新问题。在近期内要着重抓好以下3项工作：

第一，加强规划工作。制定社会福利事业发展规划，是推进社会福利社会化的前提条件，是合理配置和有效利用社会资源的必然要求。各级民政部门一定要抓住当前制定国民经济和社会发展“十五”计划的有利时机，抓紧制定社会福利事业发展规划，并纳入国家和地方“十五”计划。制定规划时，要从实际出发，立足当前、谋划长远，做到切实可行，既考虑有效需求，又考虑潜在市场，既顾及投资者的经济利益，又顾及服务对象的支付能力，避免盲目发展、重复建设。

第二，加大养老安老设施的建设力度。为了迎接人口老龄化的挑战，要动员全社会都来关心、支持、参与和投资兴办老年人福利事业，民政部决定在“十五”期间加大养老安老服务设施的建设力度。各级民政部门要加强领导、精心组织、周密部署，按照建立社会福利服务网络的基本思路，以大中城市为重点，以社区服务为依托，广泛动员社会力量，新建、更新和改造一批适合老年人需要、便于老年人使用、面向社会老年人的福利服务设施。

第三，开展社会福利社会化示范活动。今后，部里将选择一批有条件、有积极性的地方，开展创建社会福利社会化示范市、区的活动，着重在市、区、县和乡镇的不同层面上，就建立社会福利服务体系进行深入探索。各地都要积极开展示范活动，并及时总结

经验、树立典型，由点到面、扎扎实实地推进社会福利社会化进程，加快社会福利事业的全面发展。

同志们，推进社会福利社会化，是我国社会福利事业发展进程中的深刻变革。我们一定要增强信心，努力工作，尽快把我国社会福利事业推进到一个新阶段，提高到一个新水平。让我们高举邓小平理论伟大旗帜，紧密团结在以江泽民同志为核心的党中央周围，抓住机遇，开拓进取，为开创我国社会福利事业的新局面而努力奋斗。

杨衍银同志在全国社会福利社会化工作会议上的总结讲话

（2000 年 4 月 15 日）

同志们：

这次全国社会福利社会化工作会议，开了 4 天，今天就要结束了。会上，国务委员司马义·艾买提同志就进一步推进社会福利社会化，加快发展我国社会福利事业发表了重要讲话。多吉才让部长作了主题报告，总结了社会福利事业改革与发展的基本情况和实践经验，分析了新时期社会福利事业面临的形势，提出了今后一个时期加快发展社会福利事业的总体要求和目标任务。广东、北京、天津、吉林、山东、上海、江苏、浙江、宁夏等 9 个省市的有关部门和单位介绍了推进社会福利社会化的经验和做法。与会同志围绕如何深化改革，推进社会福利社会化进行了认真讨论，提出了许多好的意见和建议。代表们普遍反映，这次会议时机好，地点好，主题鲜明，内容丰富。经过大家的共同努力，开得圆满成功，达到了预期目的。

一是进一步提高了对社会福利社会化重要性和紧迫性的认识，更加坚定了改革创新的决心和信心。与会同志感到，随着社会和经济的发展以及人民群众生活水平的不断提高，特别是由于政府转变职能、企业转换经营机制和老龄社会的到来，我国社会福利事业供求矛盾日益突出。加大投入、加速发展社会福利事业迫在眉睫。根据我国国情，只有通过政府倡导、组织、资助，动员社会力量广泛参与，才能有效利用社会资源，形成多元化的社会福利事业发展格局，满足人民群众不同层次的社会福利需求。改革现行的社会福利事业运行机制和管理体制，实现社会福利社会化，是新时期社会福利事业深化改革必须坚持的基本方向，也是社会主义市场经济条件下迎接人口老龄化挑战、加快发展社会福利事业的必由之路。通过社会福利社会化，逐步建立以居家为基础、社区为依托、福利机构为补充的福利服务体系，既是对中华民族传统美德的继承和发扬，也是对新的健康文明生活方式的倡导和发展，对于提高人民群众的生活水平和生活质量，维护改革、发展、稳定的大局，加强社会主义物质文明和精神文明建设，都有十分重要的意义。不走社会化的路子，社会福利事业就难以得到发展，人民群众对福利服务的需求就难以满足。民政系统的广大干部职工特别是各级领导干部，必须有高度的责任感和使命感，以只争朝夕的精神大胆去试，大胆去闯，为社会福利事业的发展而努力奋斗。

二是总结交流了各具特色的先进经验，开阔了眼界，拓宽了思路。这次会议上介绍的典型经验和参观点，从不同侧面、不同角度反映了近年来探索社会福利社会化取得的成果。与会代表感到，这些经验实在管用，具有很强的示范作用。归纳起来，主要有这样几个方面：（1）要有一个明确的指导思想。就是始终坚持从实际出发，以满足老年人、残疾人和孤儿为重点的福利服务需求，促进社会稳定和社会进步为目的，通过改革创新，探索国家倡导资助、社会力量积极兴办福利事业的新路子，建立与当地社会和经济发展水平相适应，适合人民群众需求的社会福利服务网络。（2）必须解放思想，更新观念。观念是行动的先导，要推进社会福利社会化，首先要破除社会福利事业只能由政府投资举办的旧观念，树立发动和依靠社会力量兴办福利事业、走社会化路子的新观念；破除社会福利仅为三无对象、五保老人服务的传统观念，树立社会福利立足民政、面向社会，服务公众的新意识；破除只重视福利机构建设、重集中服务，忽视家庭和社区福利服务功能的片面思想，树立软件硬件一起抓、集中和分散服务一齐上的服务思想；破除社会福利机构只能由民政部门直属、直管的狭隘意识，树立正确履行职能，有所为而有所不为的宏观管理意识。（3）要坚持从实际出发，因地制宜，发挥优势。

会上，大家介绍和交流了很多这方面的经验。如广东省、温州市发挥市场经济发达、社会资金充足、海外华侨众多的优势，用政策鼓励、靠市场引导，调动社会力量兴办福利事业，从而走上了多元化、高水平的发展之路；上海市针对国办养老机构负担重、成本高、效益低、服务对象范围窄的问题，在保持现有财政拨款基数和正常递增不变的情况下，将对福利机构的拨款，改为对服务对象的补助，改暗补为明补，营造了一个相对公平的竞争环境，进一步调动了国家办和社会办养老机构的积极性；苏州市根据乡镇企业发达、集体经济实力雄厚、社区服务功能完善的特点，发挥政府主导作用，形成了市、区（县）、街道（乡镇）三级养老与居家养老相结合的养老服务体系；吉林省发挥农村敬老院数量多、基础好的优势，改造和建设了一批集敬老院、福利院和福利服务中心于一体的综合福利服务机构，增强了集体福利机构的生存和发展能力，促进了农村社会福利事业的发展。

三是认真讨论研究问题，明确了社会福利社会化的任务和要求。与会同志普遍反映，司马义·艾买提国务委员和多吉才让部长的讲话，充分肯定了近年来社会福利事业取得的成绩，实事求是地分析了新时期社会福利事业面临的形势，明确了当前和今后一个时期发展社会福利事业的总体要求、目标任务和主要措施。通过听取报告、经验交流、实地参观和座谈讨论，大家对加快社会福利事业发展的思路更清晰了，任务更明确了。只要我们坚定信心，振奋精神，扎扎实实抓好这次会议精神的贯彻落实，以昂扬的精神状态开拓进取，社会福利社会化就一定能够全面推进，社会福利事业一定能够快速发展。

这次会议是世纪之交推动我国社会福利事业改革与发展的一次重要会议，研究的是社会福利事业运行机制和管理体制改革的重大问题，希望大家回去后，及时向各级领导汇报，特别是对司马义·艾买提国务委员和多吉才让部长强调的问题，要原原本本地汇报好。同时，要结合本地区本部门的实际，提出贯彻意见，切实把社会福利社会化列入各级政府的工作议程，纳入当地经济和社会发展规划，真正把这次会议精神落到实处。这里，我根据大家讨论的情况，对贯彻落实工作中需要注意的几个问题再强调几点。

（一）统筹规划，加强指导，促进社会福利事业健康有序地发展。近年来，各地民政部门大胆探索，努力实践，积极推行社会福利社会化，为加快社会福利事业的发展作出了重要贡献。但是，在推进社会福利社会化过程中，也存在着一些不容忽视的问题。其中缺乏统一规划就是突出问题之一。一方面是福利机构、设施布局不合理。一些地方的社会福利事业严重滞后于当地经济和社会发展水平，福利设施匮乏；而有些地方福利机构又过分集中，造成资源过剩甚至浪费。另一方面是管理体制不顺。有些地方多头审批，盲目设置福利机构、导致重复建设甚至无序竞争。这些问题如不及时解决，就会影响社会福利社会化的健康发展。现在，从中央到地方都在制定第十个五年计划和到2010年的远景规划，各级民政部门一定要抓住这一有利时机，认真研究和制定社会福利事业的发展规划，最近民政部办公厅下发了《关于开展区域社会福利机构设置规划工作的指导意见》，各地可以参考借鉴。编制规划，必须坚持科学设置、布局合理的原则，走多样化、多层次、多形式的发展道路，以满足人民群众不同层次的福利服务需求。编制规划，还要立足现实，着眼长远。既要根据当地经济和社会的发展趋势，制定中长期总体目标，也要提出适应现阶段人民群众不同福利需求的近期目标和保证措施。在工作中，对不同地区要因地制宜，分类指导。经济发达地区可以先行一步，加快发展；中等发达地区可以从实际出发，适当加快发展速度；经济欠发达地区，也要根据需求和供给的可能，提出切实可行的发展目标和具体措施，推动社会福利事业健康有序快速地发展。

（二）把推进社会福利社会化进程与充分履行政府职能有机结合起来，不断加大政府对福利事业的投入。发展社会福利事业，为特殊困难群体提供救助和保障，是各级政府义不容辞的责任。我们推进社会福利社会化，拓展服务领域，扩大服务范围，目的是为了更好地满足人民群众不同层次的福利服务需求。政府所承担的责任，特别是保障社会特殊困难群体和社会弱者的基本生活权益这个最主要的任务，不能有任何改变和削弱。因此，社会福利社会化，绝不意味着可以减轻政府的责任，减少政府对社会福利事业的投入。相反，由于服务对象的增加和服务范围的拓展，各级政府还要不断加大投入。朱镕基总理在今年的《政府工作报告》中明确提出，要调整财政支出结构，加大对公共事业和社会发展的投入。各级民政部门一定要抓住机遇，积极争取各级领导的重视和支持，加大各级政府对社会福利事业发展的投入，使之与当地经济发展水平相适应。当然，也要看到，与人民群众日益增长的福利服务需求相比，政府的财力仍然十分有限，我们还必须采取积极的扶持鼓励政策，广泛发动社会力量，募集社会资金，增加对福利事业的投入。以社会化方式筹集社会福利资金的方式很多，但目前，发行福利彩票仍是筹集社会福利资金的最有效形式和主要手段。我们一定要按照多吉才让部长提出的要求，切实做好福利彩票的发行工作，管好、用好福利资金，按照规定，把它用在各项福利事业及公益事业上。现在有许多地方沉淀积累福利金不及时投放，致使全国各地民政部门沉淀的福利金高达23亿多元，严重违反了国家对福利资金当年投放比例的要求。这种现象如不纠正，势必影响彩票的声誉和社会福利有奖募捐工作的顺利开展，这个问题务必要引起各地民政厅、局的高度重视，回去后对沉淀的福利金作一次彻底的清理，加快投放，更好地发挥资金效益。还有一个问题在这里也顺便提一下，就是有些省区市上缴福利金不够积极，缴款不足额，致使民政部的本级福利资金收缴慢，比例低，严重地影响了本级福利资金资助项目的实施。希望各省区市民政厅局的领导同志回去后也过问一下此事，尽快把应该上缴的福利金交上来。

（三）进一步深化福利企业改革，采取有力措施维护残疾职工合法权益。办好各类社会福利企业，抓好残疾人的集中安置就业，作为国家安置残疾人就业的一条重要渠道，具有重要的现实意义。我们要认真贯彻落实《国务院办公厅转发劳动和社会保障部等部门关于进一步做好残疾人劳动就业工作若干意见的通知》（国办发［1999］84号）精神，继续深化福利企业的改革，积极推进社会福利生产领域的社会化进程，把福利企业的改革同改组、改造和加强管理结合起来，加快建立现代企业制度，努力探索福利生产中公有制的多种实现形式，逐步建立起多元化的投资机制和灵活的经营机制。最近，财政部和国家税务总局下发了《关于福利企业有关税收政策问题的通知》，进一步稳定和完善了国家对社会福利企业实行的扶持保护政策。各地在认真贯彻落实文件精神时，一是要积极主动地做好工作，把“即征即退”的税收优惠政策落实到位。同时要会同财政、税务等有关部门，加强对福利企业的管理监督和检查认证，认真清理和查处假冒福利企业。二是要采取有效措施，切实保障残疾职工的合法权益不受侵害。福利企业的改组改制工作，必须坚持社会福利属性，把福利企业承担安置残疾人的义务和享受国家政策扶持的权利结合起来。一些地方采取调剂安置、补偿疏散、政策保护就业等措施保障残疾人的权益，收到了很好的效果。应当指出，无论是改制过程中处置历年减免税金积累的资产，还是改制后分配使用新的减免税金，都要充分考虑残疾职工的切身利益，在国家、企业和残疾职工之间确定合理的分配比例。用部分减免税金为残疾职工提供生活困难救助、养老医疗保险金缴纳、岗位技能培训等，使他们安居乐业，促进福利生产的发展和社会的稳定。

（四）完善政策法规，加强规范管理，为发展社会福利事业提供政策支持。政策法规建设是带根本、管长远的建设。发展社会福利事业，很大程度上也要靠政策法规作保障。为了推进社会福利社会化进程，国务院办公厅转发了民政部等11部委《关于加快实现社会福利社会化的意见》，民政部颁布了《社会福利机构管理暂行办法》，民政部和建设部联合发布了《老年人建筑设计规范》。这些文件的颁布，标志着社会福利工作开始步入法制化和规范化的轨道。但从总体上看，社会福利事业的政策法规建设还很不完善，许多配套的规章制度还亟待建立与健全。政策法规建设，需要上下共同努力。从部里来说，继前段时间已下发的几个政策性文件之后，正在抓紧研究制定与《社会福利机构管理暂行办法》相配套的《社会福利机构设置基本标准》和《社会福利机构的服务规范》，并准备与国家计委、建设部一道研究制定《老年人设施建设标准》等相关的专业技术方面的规定。各地在贯彻落实上述指导性文件的过程中，要因地制宜地制定出台一批符合当地实际的政策和配套实施办法。要进一步加大执法监督力度，保证各项政策法规落到实处。近期要注意抓好两项工作：一是要严格执行《社会福利机构管理暂行办法》，尽快制定区域社会福利事业发展规划，按照规划布局设置和审批新建的社会福利机构。对未经民政部门审核批准的新办社会福利机构不准进行法人注册登记；对已经办起来的社会福利机构，要抓紧按规定重新审核登记，不符合条件的要限期整顿，整顿后仍不符合规定的，应予以撤销。二是认真抓好《老年人建筑设计规范》的贯彻实施。各地要对现有的老年人福利机构和设施进行一次全面普查，提出更新改造意见，对其中严重危及老年人生命安全的，要坚决予以撤消；对影响老年人身心健康的设施，要限期改造。与此同时，各地也要加强对管理人员的培训，使之掌握对社会福利机构进行检查验收和审批的标准，确保政策法规的贯彻落实。

同志们，我们这次会议在广东省召开，广东省和广州市、深圳市的各级领导非常重视，为会议创造了很好的条件，各有关部门做了大量的工作，提供了有力的保障，参加会议服务的同志工作细致，热情周到。所有这些，都给大家留下了美好深刻的印象。在这里，我代表民政部，代表与会的全体同志，再次向他们表示衷心的感谢！

多吉才让同志在全国老龄工作会议上的讲话

（2000年8月27日）

这次国务院召开的全国老龄工作会议非常重要，也很及时。我们参加这次会议，深受教育，获益匪浅。《中共中央、国务院关于加强老龄工作的决定》（以下简称《决定》）深刻阐述了加强老龄工作的重要意义，明确了老龄工作的指导思想和目标任务，对如何加强老龄工作的领导、搞好老龄工作提出了明确要求，是今后一个时期指导老龄工作的纲领性文件。李岚清同志的重要报告不仅精辟地分析了老龄工作面临的形势，深刻阐述了加强老龄工作的重要性和紧迫性，而且对全面贯彻落实中发［2000］13号文件作了全面部署，对搞好新时期的老龄工作，尽快开创老龄工作新局面，有着很强的指导作用。通过学习、领会《决定》和李岚清同志的重要报告，不仅提高了对加强老龄工作的重要性和紧迫性的认识，而且进一步明确了民政部门应该承担的任务。

民政工作有20多项业务，其中的不少业务工作直接或间接地与老龄工作有关，深感任务繁重。近十几年特别是近几年来，我们按照我部的"三定"方案，通过建立城乡居民最低生活保障制度、发展社会福利事业、开展社区服务、探索社区建设、落实优抚安置政策、组织"爱心献功臣行动"等与老龄事业密切相关的工作，在保障老年人的基本生活权益方面做了不少工作，取得了明显成绩。但与《决定》和李岚清同志重要报告的要求相比，深感我们的工作还有很大差距，做好老龄工作任重而道远。我们决心认真传达、学习、贯彻、落实这次会议精神，重点抓好以下五项工作：

一、通过认真传达、学习会议精神，统一思想，提高认识，增强做好老龄工作的责任感和紧迫感

这次全国老龄工作会议，是在我国人口年龄结构开始进入老龄化阶段、改革开放处于攻坚阶段的关键时刻召开的，对于维护改革、发展、稳定的大局，保持经济和社会的协调发展，有着十分重要的意义。认真传达、学习、贯彻和落实好这次会议精神，是今后一个时期民政部门的主要工作之一。会议结束后，各级民政部门将及时召开会议，组织民政系统的干部职工认真学习会议文件，深刻领会和全面理解《决定》和李岚清同志重要报告的精神实质，提高认识，统一思想，从体现中国共产党始终代表最广大人民根本利益的高度，进一步增强做好老龄工作的责任感和紧迫感，特别是各级民政部门的领导班子，要把老龄工作提上日程，列入重点，狠抓落实。

二、通过努力推动最低生活保障、"五保"供养工作和大力倡导社会互助，进一步健全和完善社会救助制度，确保老年人的基本生活权益

进一步做好城市居民最低生活保障制度的规范和落实工作，把家庭人均收入低于当地最低生活保障标准的老年人全部纳入保障范围；抓紧建立社区的社会化服务网络，规范工作程序，培训工作人员，努力提高社会救助的服务水平；认真协调和落实配套优惠政策，使贫困老年人救助工作更加规范有序、扎实有效。

进一步做好农村"五保"供养和敬老院建设工作，继续坚持和完善"五保"供养制度，以集中供养和分散供养相结合的服务方式，不断提高供养能力，确保"五保"供养的实际标准不低于当地村民的一般生活水平；努力加快农村敬老院的建设，力争5年之内把农村敬老院在乡镇的覆盖面由现在的75%提高到90%；通过狠抓"五保"协议书的规范工作和发挥敬老院的辐射功能，把分散供养工作提高到一个新的水平。

进一步组织好扶贫济困送温暖和社会互助活动，在抓好社会互助、社会捐助工作经常化和规范化的同时，努力建立较为完善的社会互助、社会捐助工作体系和运行机制，为进一步健全和完善社会救助制度，及时、有效地保障老年人的基本生活权益创造有利条件。

三、通过大力推进社区建设和社会福利社会化进程，加快发展老年福利事业，逐步健全和完善老年福利服务体系

今后几年，我们将通过扩大发行福利彩票和采用投资主体多元化、服务对象公众化、运行机制市场化、服务方式多样化、服务队伍专业化和志愿者相结合的方式，加快发展老年福利事业，开展老年福利服务。在城市，不仅要加快维修、改造、扩建现有老年福利机构的步伐，而且要大力发展各种所有制形式的老年福利机构。到2005年，在县级市和大中城市的城区一级各建一所覆盖所有老年人的社区福利服务中心，街道一级各建容纳30名以上老人的养老院，使各种所有制形式的养老机构床位总数达到每千名老人10张以上；在农村，要在坚持以家庭养老为主的前提下，把有条件的敬老院逐步建设成为综合性、多功能、面向所有农村老年人的社会福利服务中心，并采用集中供养、院户挂钩、志愿者包户服务等方式，为老年人提供生活照料、文化娱乐等方面的福利服务。与此同时，还要加强老年福利事业的规范化建设，从基础做起，抓紧制定各类老年福利服务机构的建设标准、设计规范、年检办法和从业人员的服务标准、职业资格认定办法等，尽快形成较为完备的政策法规，保证老年福利事业的健康、快速、有序发展。

在构建老年福利服务体系的过程中，我们将把重点放在健全社区老年福利服务网络上。通过在社区修建一批老年福利服务的设施和网点、成立一批中介性为老服务组织、形成一支为老服务的专兼职队伍、动员一批社区单位参与老年社会福利事业，使社区老年福利服务形成网络。要把老年社区福利服务网络建设与社区建设结合起来，统一规划和优先发展社区为老服务，满足老年人的各种需求。今后一个时期，我们将把社区为老服务作为重点纳入社区建设的总体规划之中，突出抓好老年人急需的养老机构和活动场所的建设；力争在大中城市有条件的街道，以老年人为重点安装“社区综合服务呼叫系统”；通过建立和推广“劳务储蓄制度”，使社区志愿者服务活动经常化、制度化。

社会中介组织，是老年人参与社会生活的重要媒介。在动员社会力量参与老年福利事业发展的过程中，我们将注意充分发挥社会中介组织在筹集社会资金、组织社会资源、提高服务质量、完善服务项目、规范服务行为等方面的积极作用，加强与老年人关系密切的社会中介组织的规范化建设，指导他们有计划地开展各项活动，维护老年人的合法权益，保持社会稳定，促进社会进步。

四、切实做好老优抚对象和军休干部的优抚安置工作，落实好他们的政治和生活待遇

目前，我国共有享受国家长期抚恤补助的伤残军人、烈属、在乡老红军和老复员军人440万人。他们都是各个革命时期入伍的共和国功臣，平均年龄已经70多岁，属于老年群体的重要组成部分。今后，我们将依靠国家和社会力量，切实解决好他们的生活难、住房难、医疗难问题。积极协调有关部门，根据职工平均工资和城乡居民平均生活水平，不断提高抚恤补助标准，探索建立抚恤补助标准自然增长机制，使老优抚对象的生活水平与国民经济发展和城乡人民生活水平相协调；在建立和实施最低生活保障制度时，进一步明确优抚对象的抚恤补助标准不计入家庭收入，确保他们能够享受政策优待，以体现国家对他们的特殊照顾；把建立健全基层优抚服务网络、建设优抚事业单位同建立社会福利服务体系结合起来，巩固和发展各类基层群众性拥军优属服务组织，指导和支持他们开展多种形式的服务活动。

继续把“爱心献功臣行动”引向深入。两年多来的实践表明，“爱心献功臣行动”是行之有效的社会互助活动。今后一个时期，我们将在全面落实各项优抚政策的基础上，继续动员社会力量开展帮扶行动，多渠道、多形式地帮助老优抚对象彻底解决生活、住房、医疗等方面的实际困难，使他们的生活水平和生活质量有明显提高。

妥善安置好移交政府安置的军队离退休干部，加强干休所建设，做好服务管理工作。截至1999年底，民政部门共接收军队离退休干部10多万人，还有第四、第五批3万多人正在接收安置之中。针对当前军休安置工作中的新情况、新问题，我们将进一步调整完善相关政策，加快接收安置进度，积极探索安置工作的新路子，改进安置工作，提高服务水平，使军休干部的政治、生活待遇得到全面落实。

五、认真履行老龄工作委员会办公室的职责，尽力为领导和成员单位的工作提供优质、高效服务

老龄工作涉及国民经济和社会的协调发展，直接关系到国家改革、发展、稳定的大局，做好老龄工作，意义深远。各级老龄工作委员会办公室设在民政部门，我们深感任务艰巨，责任重大。我们决心恪尽职守，以高度的政治责任心和求真务实的工作作风，充分发挥好参谋助手作用、综合协调作用和督促检查作用，履行好办公室的各项职责，不辜负各级党委、政府和老龄工作委员会成员单位对我们的期望。

发挥参谋助手作用，就是要深入基层，深入实际，深入群众，开展调查研究，倾听老年人的呼声，了解老年人的要求，发现老龄工作中存在的问题和解决这些问题的成功经验，为老龄工作的决策提供科学依据。

发挥综合协调作用，就是要及时了解和掌握老龄工作委员会各成员单位的工作部署、工作进度、重大活动、新鲜经验以及希望和建议等，及时反馈，及时交流；在有关部门共同参与的联合行动中，做好联络、组织和协调方面的服务工作。

发挥督促检查作用，就是要对老龄工作部署和党政领导关于老龄工作批示的落实情况进行跟踪检查，发现问题，会同有关部门研究分析，及时汇报。对于带有倾向性的重大问题，组织力量进行专题督察调研，写出有情况、有问题、有分析、有对策的调研报告。通过督促检查，确保老龄工作各项任务的落实和完成。

要履行好办公室的各项职责，必须牢固树立为领导服务、为老龄工作委员会成员单位服务、为老龄工作对象服务的意识，努力提高工作效率和工作质量，以热情、优质、高效的服务赢得社会各界的理解、信任和支持。同时，我们也衷心希望各级领导对办公室的工作严格要求，给予及时的指导和帮助。

以上发言不妥之处，请大家批评指正。

杨衍银同志在全国老龄工作委员会成员单位联络员会议上的讲话

（2001 年 4 月 16 日）

同志们：

今天，我们在这里召开全国老龄工作会议以来的第一次联络员会议，主要是通报全国老龄工作委员会第三次全体会议精神，沟通情况，了解全国老龄工作的形势，进一步明确任务，以便更好地发挥联络员的作用，贯彻落实好第三次全体会议精神，推进下一步的老龄工作。

2 月 28 日，全国老龄工作委员会召开了第三次全体会议，李岚清同志出席会议并作了重要讲话。会议听取了由多吉才让同志汇报的各地和成员单位贯彻《中共中央、国务院关于加强老龄工作的决定》（以下简称《决定》）和全国老龄工作会议精神的情况。审议了全国老龄工作委员会 2001 年工作要点和《中国老龄事业发展“十五”计划纲要》（以下简称《纲要》）。各成员单位的领导发表了意见。司马义·艾买提国务委员作了总结讲话。会议开得很有成效，对推进今后一个时期的老龄工作具有重要意义。

下面，我首先简要传达一下第三次全体会议精神。

一、李岚清同志在第三次全体会议上的讲话精神

李岚清同志在讲话中全面回顾了全国老龄工作会议以来的老龄工作，肯定了成绩，指出了存在的问题，对今后的老龄工作提出了明确要求。

李岚清同志指出，各地、各部门和各级老龄工作委员会要以江泽民同志“三个代表”的重要思想为指导，围绕深入贯彻《决定》和全国老龄工作会议精神这个中心任务，精心组织和安排好今年的工作，起好步，开好头。各地老龄工作委员会也要尽快组织制定本地老龄事业发展计划，将其纳入当地经济和社会发展“十五”计划中，并认真组织实施。各级党委和政府在推进城市社区建设工作中，要把老龄工作作为重要内容来抓，切实解决省市社区老龄工作中存在的问题和困难。各地要积极探索建立与社会主义市场经济体制相适应的社区老龄工作体系和运行机制，做到社区老龄工作有人抓，老年人的事情有人管，老年人的困难有人帮助解决。岚清同志强调，要从讲政治的高度，把老龄工作作为维护国家改革、发展、稳定大局，维护广大人民群众根本利益的一项重要政治任务来抓。当前，要动员广大老年人旗帜鲜明地同“法轮功”邪教组织进行坚决的斗争。各类老年群众组织要充分发挥自身优势，引导老年人联系实际，从不同角度、以不同方式，深入开展揭批“法轮功”邪教的活动。要大力发展老年教育，积极创办老年学校，大力发展各种形式的老年非学历教育，将政治思想教育作为老年学校的重要内容，使老年学校成为揭批“法轮功”邪教的重要阵地。要加强社区党组织建设，充分发挥基层党组织的战斗堡垒作用，发挥老党员的先锋模范作用。各级老龄工作机构和涉老部门，要积极开展形式多样、内容丰富多彩、健康有益的文化娱乐和体育健身活动，丰富老年人的精神文化生活，倡导科学文明健康的生活方式。文化、体育、民政等部门要立足社区，兴办一批实用、方便的老年活动场所，争取在一两年内基本解决老年人活动场所不足的问题。

李岚清同志进一步指出，做好老龄工作是各级党委和政府在新的历史条件下，实践江泽民同志关于“三个代表”重要思想的重要任务。对党中央、国务院关于老龄工作的各项要求，要做到有布置，有措施，有检查，有落实。在今年上半年之前，各地要按照中央要求，理顺体制，健全机构，确保各项工作尽快开展起来。地、县两级在今年机构改革中，也要理顺体制，建立机构。老龄工作机构在机构改革中，只能加强，不能削弱。要加大对老龄事业的投入。老龄事业是一项新型的社会事业，具有很强的公益性，离不开政府投入。对此，《决定》作了明确规定，各级政府要认真贯彻执行。同时，要引导更多社会资金参与老龄事业建设，使老龄事业走社会化、产业化道路。各地区、各有关部门要集中一定的资金，突出重点，争取在较短的时间内，办几件广大老年人看得见、摸得着、有影响的好事实事，以此促进老龄工作的整体发展。

二、各地和成员单位贯彻《决定》和全国老龄工作会议精神情况

全国老龄工作会议结束之后，各地和各成员单位及时召开会议，传达、学习《决定》和全国老龄工作会议精神，积极制定贯彻落实措施，认真研究部署老龄工作，全国的老龄工作有了一个良好的开局。

各省、区、市积极行动，采取有力措施，认真贯彻落实《决定》和全国老龄工作会议精神。按照中央要求已经成立了老龄工作委员会的省市，及时召开了第一次全体委员会议或联络员会议。有9个省市以党委和政府的名义下发了贯彻《决定》的实施意见或通知，其他省、区、市贯彻《决定》的实施意见正在抓紧起草或报批之中。有13个省、区、市召开了地方老龄工作会议，传达贯彻了《决定》和全国老龄工作会议精神，总结交流了老龄工作经验，部署了今后的老龄工作。其他省、区、市目前正在抓紧做好召开地方老龄工作会议的筹备工作。在全国老龄工作委员会制定《纲要》的同时，各地也把制定《计划纲要》作为贯彻落实《决定》和全国老龄工作会议精神的重要措施之一，正在组织力量研究制定本地的《计划纲要》。目前，北京、上海等9省市结合本地实际，已经组织起草了本地的《计划纲要》，其他省、区、市，除了尚未理顺关系、建立工作机构的省市以外，都正在组织力量着手研究制定规划。各地按照中央的要求加快了理顺工作关系和建立工作机构的步伐。到目前为止，全国26个省、区、市，3个计划单列市和新疆生产建设兵团已按中央要求理顺了老龄工作关系。同时，各地还陆续出台了一些为老年人办好事、办实事的具体措施，加大了老龄工作的力度。此外，为贯彻《决定》和全国老龄工作会议精神，各地还开展了丰富多彩的活动，丰富了老年人的精神文化生活。在老人节期间，全国各地普遍以茶话会、座谈会、文艺戏曲晚会、游园会、文艺表演、体育比赛、旅游观光等形式，组织老年人开展了活动。针对在天安门广场发生的“法轮功”痴迷者自焚事件，各地老龄组织发挥老年人的政治优势，普遍开展了批判“法轮功”的社会活动。根据岚清同志的指示，全国老龄工作委员会发出通知，要求各级老龄工作委员会、各成员单位、各涉老部门、老年群众组织和广大老年人积极行动起来，同“法轮功”邪教组织做坚决斗争，各地正在积极行动之中。

全国老龄工作委员会成员单位也采取了积极措施，明确了今后老龄工作的重点和任务。建设部、国家体育总局、全国总工会、全国妇联下发了贯彻《决定》的通知。财政部会同国家税务总局及时制定并下发了《关于对老年服务机构有关税收政策问题的通知》，中央组织部专门召开全国老干部工作会议，对贯彻落实《决定》和全国老龄工作会议精神作了具体的安排和部署。中直机关工委召开专门会议，传达学习了《决定》和全国老龄工作会议精神，部署了本部门的老龄工作。民政部确定了围绕老年人生活照料、保障贫困老年人的基本生活、老年人福利服务和精神文化生活等加强老龄工作的具体措施。劳动和社会保障部进一步加大了落实“两个确保”的工作力度，养老金的社会化发放和服务工作取得新的进展。中宣部将老龄宣传工作列入宣传计划，面向社会加大了对加强老龄工作发展老龄事业的宣传力度。卫生部围绕老年人的医疗和保健服务做了大量工作。文化部召开了全国会议，对老年非学历教育工作作了具体部署。司法部及时下发了通知，要求各地司法部门为老年人提供法律援助。中国老龄协会确定了把老龄问题的政策理论研究、加强老龄宣传工作和参与国际老龄工作交流与合作作为今后工作的主要任务。

总体来看，全国老龄工作会议闭幕以来，在李岚清同志和司马义·艾买提同志的领导下，各地和各成员单位共同努力，通过传达、学习和贯彻《决定》和全国老龄工作会议精神，使全国的老龄工作取得了积极的进展，为今年老龄工作的深入开展打下了良好的基础。

三、关于2001年全国老龄工作委员会工作要点

第三次全体会议认为，2001年是新世纪的开局之年，也是实施“十五”计划的第一年，搞好2001年的老龄工作至关重要。2001年全国老龄工作的总体要求是：以邓小平理论和江泽民总书记关于“三个代表”的重要思想为指导，认真贯彻《决定》和全国老龄工作会议精神，进一步完善老年社会保障制度，加快发展老龄事业，积极推动老年服务业的社会化和产业化进程，广泛开展老年教育、文化、体育活动，丰富老年人的精神文化生活，加强老年思想政治工作，切实维护老年人的合法权益，开创老龄工作新局面。为此，全国老龄工作委员会确定了今年要抓的10项工作：

一是要认真抓好《决定》和全国老龄工作会议精神的贯彻落实。这是2001年全国老龄工作的中心任务。各级老龄工作委员会及其成员单位，要在各级党委、政府的领导下，围绕“六个老有”的工作目标，制定切实可行的行动计划、政策措施和实施方案，为老年人办好事，办实事，使《决定》和全国老龄工作会议确定的各项任务和要求逐步落到实处。

二是要深入开展同“法轮功”邪教组织的斗争，加强老年思想政治工作。要按照党中央和各级党委的统一部署和要求，深入地组织开展揭批“法轮功”邪教组织的活动。要充分发挥基层党组织的战斗堡垒作用和老党员的模范带头作用，建立健全社区老年人的思想政治工作机制。要继续抓好老年教育、文化和体育工作，开展有利于老年人身心健康的各种文化、体育活动，倡导科学、文明、健康的生活方式。

三是要抓好《计划纲要》的制定工作，督促各地制定老龄事业发展计划，纳入当地国民经济和社会发展计划。要积极协调和推动有关部门组织实施老龄事业发展计划，加大督促检查力度，针对存在问题及时采取相应措施。

四是要开展《中华人民共和国老年人权益保障法》（以下简称《老年法》）执法、普法大检查。各级老龄工作委员会要充分利用《老年法》颁布实施五周年这一有利时机，协调有关部门开展《老年法》执法、普法大检查，重点检查老年人的养老、医疗、继承、住房、婚姻和法律服务等权益的保障情况，及时解决存在的问题，切实维护老年人的合法权益。

五是要进一步完善老年社会保障制度。要督促、协调有关部门，认真落实离退休人员养老金的按时足额发放和医疗保障的各项政策；认真做好城市老年居民最低生活保障工作；切实落实老年人的各项优待政策；进一步完善“五保”供养制度，落实各项优抚政策；加大对农村特困老年人的救助力度，倡导村民互助。

六是要积极推进社区老龄工作。老龄工作的重点要放到社区。要通过推进社区建设，把“六个老有”的工作目标切实落实到社区。要建立健全社区老龄工作机制和服务网络，把为老服务作为社区服务的重点。要督促有关部门加大投入，积极兴建一批方便易行、实用多样的老年活动场所和服务设施。

七是要加强老年福利事业的政策法规建设。要认真贯彻落实有关扶持保护老年福利事业发展的政策规定，积极研究制定有效动员社会力量参与老年福利事业的扶持保护政策，尽快形成较为完善的政策法规。要按照社会化、产业化的思路，努力构建老年人福利服务网络。

八是要加大老龄工作的宣传力度。要积极协调宣传和新闻媒体等部门加大对《决定》的宣传力度，使《决定》精神家喻户晓，深入人心。

九是要进一步理顺老龄工作体制，加强老龄工作队伍建设。已理顺了工作关系、建立了工作机构的地方，要尽快健全各项工作制度和工作程序，切实履行职责。尚未理顺工作关系、建立工作机构的地方，要抓紧理顺关系，建立机构，尽快开展工作。

十是要加强老龄问题的政策理论研究。要深入开展调查研究工作，为搞好老龄工作，发展老龄事业提供决策建议。

同志们，总的看，由于党中央、国务院的重视和关怀，李岚清同志和司马义·艾买提同志的正确领导，全国各地和成员单位的积极努力，全国的老龄工作形势和发展势头很好。李岚清同志指出，老龄工作要上一个新台阶，这给我们提出了更高的要求。当前如何把老龄工作引向深入，我提几点意见，供大家参考：

首先，要认真学习和深刻领会岚清同志在第三次全体会议上的讲话精神。岚清同志在讲话中明确要求，各部门要围绕深入贯彻《决定》和全国老龄工作会议精神这个中心任务，根据职责分工，抓住社区老龄工作这个重点，尽快提出贯彻落实《纲要》的具体措施。

岚清同志要求，各有关部门要集中一定的资金，突出重点，争取在较短的时间内，办几件广大老年人看得见、摸得着、有影响的好事实事。岚清同志强调指出，老龄工作中有政治，要把同“法轮功”邪教组织的斗争作为老龄工作的重要政治任务。同时，要站在全局的高度，深刻认识做好老龄工作的重要性和紧迫性。我们一定要按照岚清同志的讲话精神，进一步提高对加强老龄工作的认识，统一思想，齐心协力，共同行动，在各自职责范围内突出重点，抓几件大事实事，务实求真，把岚清同志的讲话精神落到实处，促进老龄工作再上一个新台阶。

其次，要制定好今年的工作计划和工作要点，并认真组织实施。第三次全体会议审议并通过的《全国老龄工作委员会 2001 年工作要点》已经下发。工作要点是指导今年老龄工作的重要文件，我们要根据各自职责和本部门的工作实际，尽快制定好本部门今年的工作计划和工作要点，并精心安排，周密部署，抓紧组织实施。老龄工作是一项系统工程，涉及方方面面，而且工作内容非常具体。今年是新世纪加强老龄工作发展老龄事业的开局之年，各部门特别是与老年人经济生活、日常照料、社会服务、医疗保健、心理健康、政治思想、文体活动、权益保障等关系密切的部门要突出重点，把各自职责范围内的老龄工作目标具体化，形成工作计划和工作要点，并认真组织实施。在组织实施的过程中，要善于总结推广先进经验和先进典型，以此推动本部门的老龄工作，为各地的老龄工作起到模范带头作用，促进全国的老龄工作深入开展。总之，各部门要认清形势，统一思想，齐心协力，创造性地开展工作，确保全国老龄工作委员会第三次全体会议精神落到实处。

第三、以高度的责任感和使命感，相互支持，密切合作，共同推进老龄工作。全国老龄工作会议以来，老龄工作所取得的积极进展，是和我们各位联络员的共同努力分不开的。党中央、国务院决定成立全国老龄工作委员会，目的是要各部门密切合作，齐抓共管，形成合力，共同推进老龄工作。当前，党中央、国务院对今后一个时期老龄工作的大政方针已经确定，现在的关键是抓落实。抓落实仅靠全国老龄工作委员办公室是不够的，大量的工作需要各成员单位抓落实。我认为，联络员是各部门抓落实的关键，各部门的老龄工作需要联络员直接参与和具体落实，各部门的老龄工作的进展快慢，与联络员的作用直接相关。岚清同志指示各部门要指定一名联络员，说明对联络员的充分信任。希望我们大家进一步增强责任感和使命感，尽心尽力地履行自己的职责，做好自己的工作。办公室的同志一定主动积极地与大家加强联系，及时沟通情况，听取大家的意见，为大家搞好服务，努力把办公室的工作做好。最后，希望大家齐心协力，相互支持，密切合作，共同推进老龄工作上台阶。

杨衍银同志在“社区老年福利服务星光计划”部署会上的讲话

（2001年6月15日）

同志们：

为了贯彻落实《中共中央、国务院关于加强老龄工作的决定》和全国老龄工作会议精神，加快社会福利社会化进程，民政部决定在全国实施“社区老年福利服务星光计划”。才让部长对此十分重视，亲自创意并多次组织研究“星光计划”的实施意见。根据才让部长的要求，下面，我就实施“星光计划”讲几点意见。

一、深刻认识实施“星光计划”的重大意义

在人类进入新世纪，我国步入人口老龄化之际，在全国实施“星光计划”，用2～3年的时间，以福利金资助为手段，积极争取政府投入，广泛动员社会力量参与，建设一大批社区老年人福利服务设施、活动场所，建立健全老年人福利服务体系，具有特别重大的意义。

实施“星光计划”，是全面贯彻落实江泽民总书记“三个代表”重要思想的实际行动。广大老年人曾经为国家的建设和发展作出过很大贡献。解决老年人的生活困难，满足老年人对社会福利服务的需求，是全社会义不容辞的责任。“家家有老人，人人都会老”，建设一大批立足社区、面向老人的服务设施和活动场所，从表面看，面对的是老年人，从实质讲，是面向所有家庭，面对每一个人。实施“星光计划”，为广大老年人提供社区福利服务，让老年人共享改革开放和经济社会发展的成果，代表了广大人民群众的根本利益，是全面贯彻落实江总书记“三个代表”重要思想的实实在在的行动，也充分体现了中国共产党全心全意为人民服务的根本宗旨和社会主义制度的优越性。

实施“星光计划”，是应对人口老龄化挑战，做好老龄工作的重大举措。据统计，我国现有老年人1.32亿，超过总人口的10%。今后50年，老年人口还将以年均3.2%的速度递增。老龄问题涉及经济、政治、文化和社会生活等诸多领域，关系国计民生和改革、发展、稳定的大局，既是重大的社会问题，也是重大的政治问题，对此，党中央、国务院高度重视。去年，党中央、国务院制定了《关于加强老龄工作的决定》，站在战略和全局的高度，客观地分析了我国人口老龄化的现状和发展趋势，明确了老龄工作的指导思想和目标任务，对加快发展老年福利事业提出了明确而具体的要求。九届人大四次会议通过的《中华人民共和国国民经济和社会发展第十个五年计划纲要》，也提出了加强老年人服务设施建设，发展老龄事业的目标。民政部门作为全国老龄工作委员会的成员单位，同时又是负责老年人社会福利的政府职能部门，就要从老年人的切实需要出发，从老年人最急需的养老福利服务入手。全面实施“星光计划”，建设一大批社区为老服务设施，是贯彻落实党中央、国务院关于发展老龄事业指示精神和“十五”计划纲要，做好老龄工作的具体行动，是民政部门“为政府分忧，为百姓解愁”工作宗旨的生动体现。

实施“星光计划”，是推进社会福利社会化的有效实现形式。去年，国务院办公厅转发的民政部等11个部门《关于加快实现社会福利社会化的意见》，提出了社会福利社会化的发展思路和目标任务，明确了社会福利社会化是现阶段发展我国社会福利事业的重要举措，是社会主义市场经济条件下加快发展我国社会福利事业的必由之路。推进社会福利社会化，在当前就是要以老年人社会福利服务为重点，坚持投资主体多元化、服务对象公众化、运行机制市场化、服务方式多样化和服务队伍的专业化与志愿者相结合的方向，努力建设居家为基础、社区为依托、福利机构为补充的老年人福利服务体系。实施“星光计划”，在社区建设一大批小型分散、方便适用的为老福利服务设施，有利于广泛调动社会资源，有利于为广大老年人乃至更广泛的人群提供服务，有利于培育和建立志愿者队伍，是实现社会福利社会化的有效形式。

实施“星光计划”，是促进社区建设的配套措施。《中共中央办公厅、国务院办公厅关于转发〈民政部关于在全面推进城市社区建设的意见〉的通知》中明确指出：“大力推进城市社区建设，是新形势下坚持党的群众路线、做好群众工作和加强基层政权建设的重要内容，是面向新世纪我国城市现代化建设的重要内容”。社区服务是社区建设的重要组成部分，为老年人等特殊困难群体提供社会救助和社会福利服务，是社区服务的基本要求。开展老年人社区福利服务，一方面可以带动社区服务的整体发展，促进社区建设，另一方面可以把发展社区照顾和传统的家庭养老结合起来，进一步巩固和发展适合中国国情的居家养老模式。“星光计划”的实施，使社区建设更加贴近普通百姓，更加适合老年人的需要。

实施“星光计划”，是促进福利彩票发行和福利金使用双向互动的重要手段。福利彩票自 1987 年发行以来，得到了全社会的支持。截至 2000 年底，共发行福利彩票 500.7 亿，筹集福利金 126.3 亿，资助社会福利项目 9.5 万个。这些项目遍及全国，特别是老少边穷地区，帮助了数以亿计的老年人、残疾人、孤儿、五保户、优抚对象等特殊困难群体。实施“星光计划”，在社区中建设一大批老百姓看得见、摸得着、用得上的老年服务设施，将受助对象扩大到所有老年人，同时兼顾残疾人、孤儿等，这是发行福利彩票对社会的最好回报。福利彩票用好了，群众满意了，也可以进一步激发群众关注福利彩票的积极性，实现福利金使用与福利彩票发行的双向互动。

总之，“星光计划”是一项关系亿万老年人切身利益、凝聚党心民意的民心工程。它集中反映了党和政府关心重视老年人、民政部门服务老年人、福利彩票造福老年人的主旨，是一件一举多得的好事情。

二、全面理解“星光计划”实施方案的精神实质

为了顺利实施“星光计划”，民政部制定了《“社区老年福利服务星光计划”实施方案》。这个方案是在反复征求各方面意见的基础上经部长办公会议审议通过的。《实施方案》中提出的“星光计划”的总体要求是：立足我国社会主义初级阶段的基本国情，以江泽民总书记“三个代表”的重要思想为指导，以满足社区老年人的需求为出发点，以福利金的资助为手段，充分依靠区、县政府的组织领导，广泛动员社会参与，大力挖掘社区资源，建立和完善社区老年福利服务网络，为居家养老提供支持，为社区照料提供载体，为老年人活动提供场所。同时，《实施方案》还明确了“星光计划”的目标任务、实施办法、指导原则和具体措施。各级民政部门一定要认真学习，深刻领会，准确把握《实施方案》的精神实质。

首先，“星光计划”是立足社区，面向老人。“星光计划”以街居特别是社区居委会的老年福利服务设施建设为重点。这是因为，近年来，随着我国城市化进程的加快，社区日益成为连接社会与家庭的纽带。据统计，截至 2000 年底，全国共有街道 5902 个，已建老年福利设施 4534 个，占 76.82%；有居委会 108000 个，已建老年福利设施 35544 个，占 32.91%；有农村乡镇 43511 个，已建敬老院 37344 个，占 85.83%。统计数字表明，缺口最大的部分是社区居委会老年人福利服务设施，而最贴近老年人生活、需求最大的也恰恰是居委会为老年人提供的服务设施。社区靠近居民，有为老服务方面的区位优势，特别是在人口老龄化、家庭小型化发展趋势下，突出以面向老年人、服务老年人为重点是十分必要的。正是基于这种考虑，部里下决心在社区范围内建设一大批投资少、见效快的为老服务设施，尽快增加社会福利服务的供给，为老年人及社区居民提供方便、适用、快捷、优质的服务。“星光计划”的实施强调从基层社区做起，以广大老年人为服务对象，做一些实实在在的事情。因此，衡量我们工作成功与否的标准就是广大老年人是不是得到了实惠，他们的需求是不是得到了相应的满足。把握住这一点，才能扎扎实实地为老年人办好事、办实事，才会受到老年人的欢迎。相反，如果不这样做，脱离群众，摆花架子，搞形象工程，老年人用不上，或者只是少数老年人用得上，多数老年人用不上，都是背离“星光计划”初衷的。

在实施步骤上，要首先侧重于大中城市，积极推进中小城市，同时兼顾乡村的敬老院建设。这是因为，大中城市人口密度大，老龄化程度高，老年人的福利服务需求也最为迫切，而且大中城市有很多优势，它的街居组织比较健全，社区建设基础比较好，从大、中城市入手实施“星光计划”既必要，也可行。大、中城市的社区居委会和街道为老服务设施基本覆盖后，在积累并总结经验的基础上，再集中一定财力，逐步向其他城市和乡村扩展、延伸，就可以分期分批地解决老年人福利服务设施和活动场所的建设问题。

其次，“星光计划”强调坚持方便适用、小型多样、功能配套的原则。这项工作之所以定名为“星光计划”，是因为它不仅体现了党和政府关怀老年人的出发点，反映了民政部门服务老人的着力点，展示了福利彩票造福老年人的亮点，而且突出体现其方便适用、小型分散、功能配套，星罗棋布、形成网络的特点。所谓方便适用，就是要把社区老年人福利服务设施建在交通便利、环境良好、方便社区老人就地、就近享受服务的地方。所谓小型多样，就是要从本地经济社会发展状况及老年人实际需求出发，因地制宜、因陋就简，形式多样、小型分散地发展适合当地特点的服务项目。所谓功能配套，就是指新建和改扩建的社区老年人福利服务设施要从老年人最急需的服务项目入手，立足当前，谋划长远，逐步覆盖住养、入户服务、紧急求助和为老年人提供活动场所等多种功能，逐步做到老年人需要什么服务，我们就提供什么服务。

要坚持“星光计划”提出的几个原则，就要创造性地开展工作，特别是要从实际出发，不盲目攀比，不统一模式，不一刀切，不搞形象工程。要在深入调查的基础上，探索适合本地特点的工作思路和工作方式。比如在硬件建设方面可以采取新建、改扩建、购建、插建、租用等多种方式；在软件建设方面，要以满足老年人需求为前提，在加强管理、提高服务质量上狠下功夫。同时，实施“星光计划”，还必须开通思路，大胆实践，大胆探索。发展社区福利服务，在我国还是一项新生事物，有许多问题等待我们去探索、去实践，比如社区福利服务的管理体制和运行机制问题、社会效益与经济效益的关系问题、志愿者队伍的动员组织与规范化问题、专业人员的培养问题、社区各种资源的整合问题、社区福利服务与机构服务以及家庭服务的关系问题等等。

再次，“星光计划”不是部门行为，而是社会工程。“星光计划”是一项立足社会、面向社会、依靠社会、服务社会的社会工程，之所以这样讲，是因为：第一，“星光计划”虽然由民政部门发起，但民政部门在整个“星光计划”的实施过程中主要是起着协调、组织、监督、检查的作用，建成的设施和场所更多的属于社区，属于社会的共同资源，而不只是民政直属或直管的机构或单位。第二，民政部门在“星光计划”的实施中投入的福利金只是起到资助和引导的作用，更重要的是积极争取地方政府的投入和广泛发动社会力量，多渠道、多层次、多方面筹措资金。在实施“星光计划”的过程中，部本级福利金的资助方式也进行了重大改进，由各地向部里申报项目变为部本级福利金根据各地社会福利事业发展规划、社区福利设施建设资助计划、经济社会发展水平和福利彩票发行情况，切块分配给各省、区、市。第三，“星光计划”的实施依靠地方政府，特别是区、县政府的组织领导，由当地政府出面组织实施。“星光计划”涉及到社会福利、社区建设和老龄工作等各个方面，从调查的情况看，区县政府对此有很高的热情和积极性。因此，要抓住政府高度重视这一有利条件，统筹规划，积极推进。第四，“星光计划”项目的责任主体在街居，建成后的社区老年福利服务设施由街道和社区居委会来具体主办和运作。其在服务内容、服务对象、服务方式以及管理模式上都与以往不尽相同。对此，各级民政部门要有一个清醒的认识，要从大局出发，解放思想、更新观念、转变职能，认真履行自身职责，支持和指导街道和社区居委会，把这项造福老人、服务社会的事业办好。

三、采取有力措施，确保“星光计划”顺利实施

第一、要高度重视，加强领导。实施“星光计划”是今后几年民政工作的重中之重。各级民政部门一定要高度重视，切实加强领导。为了加强对“星光计划”的组织领导，确保计划的顺利实施，各省、自治区、直辖市民政厅（局）主要负责同志要亲自抓，同时要成立一个由分管社会福利工作的厅（局）长负责、以社会福利部门为主、抽调得力人员组成的强有力的工作班子，负责“星光计划”的组织实施。各地市、区县也要成立相应的班子，务必使“星光计划”项目落到实处。在操作方式上，实行省厅负责、区县落实、街居主办。省厅负责，就是资金到省、任务到省、权力到省、责任到省。区县落实，就是依靠区、县政府的领导，并落实资金、落实项目、组织实施。街居主办，就是街道和社区居委会负责设施建设管理及以后的日常运作。在此基础上，各级民政部门要统筹规划，对所有项目的规模布局、建筑设计、工程进度及管理机制等各个方面的情况进行跟踪和监督，并及时发现问题、解决问题，做好协调工作。

第二，要制定规划，周密部署。“星光计划”的实施方案已经下发，各省、自治区、直辖市要按照部里的总体要求，立即行动，抓紧研究，尽快部署，狠抓落实。要结合本地实际，认真调查、核实本地社区老年人福利服务机构、设施建设基本情况以及老年人的需求状况，抓紧研究制定当地“星光计划”的具体实施方案和老年人社区福利服务设施、活动场所建设三年发展规划；要结合当地福利彩票发行情况和地方政府的统一安排，确定分年度实施计划；要明确福利金的具体申报、审批和使用程序，制定福利金资助方案，并及时上报。其中，三年发展规划和今年的实施计划要在7月中旬前上报部里。各地在建设社区老年福利服务设施的过程中，要严格执行项目法人负责制，严格按基建程序办事，保证工程质量和有关建设法规、行业标准的贯彻落实。同时，在实施“星光计划”的过程中，要及时发现并树立一批典型，以点带面，推动“星光计划”的稳步实施。

第三，要广开渠道，保证投入。实施“星光计划”，首先要充分发挥福利金的资助、引导作用。“星光计划”的目标能否实现，关键是各级福利金能否及时足额到位。对此，部里的态度十分明确，才让部长一再强调，要求各地一定要把80%以上的福利金用于“星光计划”，并要作为一条纪律，对于没有做到这一点的地方，以福利金使用违规论处，同时停止部本级福利金的资助。部里下决心这样做是经过深思熟虑的。各级民政部门一定要统一认识，步调一致。另外，现在有些地方为了集中资金搞大项目，福利金的当年投放率不高，致使各地民政部门沉淀的福利金高达20多亿元，这种现象如不尽快纠正，不仅会影响福利彩票的声誉和福利彩票发行工作的顺利进行，而且会影响“星光计划”的顺利实施。对此，各地民政厅、局务必要引起高度重视，采取有力措施予以纠正。

在福利金资助的基础上，更重要的是积极争取地方政府的投入和广泛发动社会力量，多渠道、多层次、多方面筹措资金。各地在建设社区老年福利服务设施的过程中，要贯彻落实国务院转发的民政部等11部门的《关于加快实现社会福利社会化的意见》中关于国家在建设用地、税收、信贷、电信、用水、用电等方面的优惠政策，并根据当地实际及时出台配套政策，确保社会上投资“星光计划”的单位和个人在政治上有荣誉，经济上有实惠，社会上有地位。同时，要建立适应社会主义市场经济体制要求的管理体制和运行机制，使新建和改扩建之后的社区老年人福利服务设施保质保量，资源不浪费、不流失，机构能生存，形成能自我发展的良性循环。

第四，要广泛宣传、营造声势。各级民政部门要抓住时机，广泛利用各种新闻媒体，强化宣传，创造性地作好宣传工作，掀起一个宣传高潮，使“星光计划”家喻户晓。我们已经召开了新闻发布会，将“星光计划”向全社会公告，还要通过制作专题节目、公益广告、设置张贴画和宣传标语等形式，造成更大的宣传声势，塑造“星光计划”的良好形象，形成广泛的社会影响。同时，结合活动的开展，要进一步加强对福利金使用情况和使用效果的宣传，并于项目建成后在显著位置设置全国统一的“星光计划——中国福利彩票资助”的标志，以充分发挥福利金使用与福利彩票发行双向互动、相互促进的作用。

同志们，九届全国人大四次会议通过的“十五”计划为我们描绘了新世纪建设有中国特色的社会主义国家的宏伟蓝图。让我们同心同德，团结一致，通过“星光计划”的实施，为开创我国老年社会福利事业和老龄事业的新局面，为实现社会主义现代化建设的宏伟目标做出更大贡献。

多吉才让同志在各省、自治区、直辖市老龄工作委员会办公室负责人会议上的讲话

（2001年6月13日）

同志们：

这次省级老工办负责人会议是全国老工委成立以后召开的第一次会议。会议期间，各地汇报了贯彻《中共中央、国务院关于加强老龄工作的决定》（以下简称《决定》）和全国老龄工作会议精神的基本情况，有9个省市做了大会发言，交流了工作；还传达学习了岚清副总理在全国老工委第三次全体会议上的重要讲话，进一步提高了认识，增强了搞好老龄工作的信心；同时，又分组讨论了实施“星光计划”的方案，使与会人员统一了思想，明确了任务。总之，会议开得很好。今天下午，会议就要结束了，借这个机会，我简要介绍一下全国老龄工作的进展情况，谈一谈如何做好老工办工作的一些初步认识和体会，对今后的工作讲几点意见和建议。

一、全国老龄工作的进展情况

全国老龄工作会议召开以后，全国各地从实际出发，认真贯彻落实会议精神，进展情况是好的，突出表现在以下7个方面：

一是各地都认真传达了全国老龄工作会议精神和《决定》，并结合各地实际制定了贯彻落实的措施，研

究部署了老龄工作。北京、重庆、黑龙江、山东、江苏、河南、广东、青海、福建、湖南等省市，以党委、政府的名义出台了贯彻《决定》的文件，把老龄工作摆上了党委和政府的工作日程。

二是基本理顺了省级老龄工作体制，各地都建立了老龄工作委员会。目前，全国绝大部分省、市、区和6个计划单位都按照中央要求，基本理顺了省级老龄工作关系，建立了本级老龄工作委员会，为加强老龄工作提供了组织保证。

三是召开了省级老龄工作会议，明确了老龄工作的目标任务和工作重点。北京、上海、黑龙江、云南、陕西、重庆、江苏、浙江、福建、湖北、湖南、广东、广西、四川、贵州等省市区，以政府名义召开老龄工作会议，部署了今后一个时期的老龄工作。

四是出台了一些政策措施和地方性法规，加大了办实事的力度。浙江省《老年法实施细则》已经颁布，黑龙江省出台了对老年人实行优待的措施，上海市确定了2001年完成的20项涉老实事，江苏省计划建设省级老年公寓。

五是开展了丰富多彩的活动，营造了关爱老年人的社会氛围。在去年老人节期间，各地普遍下发了文件，开展了为老年人办好事、办实事为主要内容的丰富多彩的活动。各地的老年旅游活动也空前活跃，受到了广大老年人的欢迎。北京、上海、黑龙江、湖北、浙江、陕西、四川等省市，组织老年人深入开展了揭批“法轮功”邪教组织的斗争，收到了明显的社会效果。

六是研究草拟了老龄事业发展“十五”计划。北京、上海、吉林、江苏、浙江、陕西、湖北、福建、河南、云南、广东、广西、贵州等大部分省、市、区已经起草了本地老龄事业发展“十五”计划。

七是省级（含计划单列市）以上的各级老工办逐步建立健全起来，并正在有效地开展工作。

全国老工办建立以后，为了认真履行办公室的职责，我们从中国老龄协会抽调了部分干部，在办公室内部设立了两个组，一个是秘书联络组，另一个是综合调研组。对秘书联络组确定了6项任务，对综合调研组确定了5项任务。两个组的组长都是正司级干部。办公室的干部全部脱离原工作岗位，专职从事办公室工作。当然，2个组的设置带有试验性质，有可能根据工作需要还要进行调整。现在看，工作人员是少了一点，对此，我们已经做了研究，准备再增加十几个人，以充实和加强办公室的力量。

全国老工办成立至今，已做了大量的具体工作，主要的工作有：组织起草了《决定》；参与了全国老龄工作会议的筹备工作，并具体承担了会议文件的起草工作；组织起草了《中国老龄事业十五计划纲要》；组织筹备了3次全国老龄工作委员会全体会议，起草了包括领导讲话在内的有关会议文件；组织筹备召开了3次全国老龄工作委员会联络员会议；制定下发了《全国老龄工作委员会2001年工作要点》；根据李岚清同志的指示精神，起草下发了《关于深入开展与“法轮功”邪教组织斗争，进一步做好老龄工作的通知》；加强了信息工作，编发了50期《老龄工作简报》和8期《老龄情况反映》；就当前各地理顺工作体制等问题安排了5次督察调研；组织发表了宣传《决定》的系列文章。上述这些工作能够顺利完成，与全国老龄工作委员会的直接领导，有关部门的积极配合，各地的大力支持是分不开的。

省级老工办建立后，也做了大量的工作，有的已经打开了工作局面，做出了成绩。上海组织了10个专题的调研，明确了工作思路；云南在全省范围内推广玉溪市老龄工作目标管理责任制的做法，工作很有力度；福建省决定在全省范围内开展特困老人基本情况调查，体现了务实的工作作风；北京、山东、陕西等地老龄工作部门发动社会力量，开展对特困老人的认养认助活动，效果明显；湖北、山东等许多省市用很大精力，制定并实施了老年优待政策，发放老年人优待证，产生了很好的社会反响。

总之，全国老龄工作的进展情况是好的，已经有了一个很好的基础。但是，从目前各地反映和我们所了解的情况看，还存在不少问题，主要表现在5个方面：一是民政和老工办的部分领导干部在理顺工作体制和开展老龄工作等问题上存有畏难情绪，在一定程度上影响着老龄工作；二是省级老龄工作关系从形式上虽已基本理顺，但有些地方还不同程度地存在一些问题，内设机构和人员编制还没有完全到位，工作还不能完全协调运转；三是部分地方老工办的工作思路尚未转变过来，仍习惯于沿用传统的思维定式思考问题，开展工作；四是原有的工作基础比较薄弱，工作经费紧张，办公条件简陋；五是干部队伍的年龄结构、知识结构、专业结构不尽合理。上述情况很不适应当前老龄工作的新形势和新任务，希望各地予以高度重视，认真研究解决。

二、关于办公室的工作

目前，各级老工办成立的时间都不长，如何做好办公室工作，是一个值得我们认真研究探索的问题。全国老工办成立以来，我们就如何做好办公室工作，进行了一些思考和研究，也形成了一些初步的认识和体会。下面，我就如何做好办公室的工作谈三点体会和意见，供同志们参考：

第一，要正确认识办公室的性质、职责和作用，搞好“三个转变”。

做好老工办的工作，就要正确认识老工办的性质、职责和作用。各级老工办既不同于党委、政府的职能部门，又不同于过去的老龄部门，其性质是高层老龄工作议事协调机构的具体办事机构。各级老工办的职责是由各级老工委明确和委托的，是按照各级老工委明确、委托的职责开展工作的。各级老工办的作用可以概括为“参谋助手、综合协调和督促检查”。我们只有正确认识和准确把握办公室的性质、职责和作用，才能扮演好自己的角色，履行好自己的职责，处理好各种关系，搞好自己的工作。

做好老工办的工作，就要从工作思路，工作方式和工作作风上进行调整，努力实现“三个转变”：一是在工作思路上，要从习惯于部门工作的局部思考问题，注重策划具体活动，转变到从老龄工作的全局思考问题，注重抓好带有全局性的大事，紧紧依靠各成员单位、社会各界的力量和作用来推动老龄事业发展上来。二是在工作方式上，要从事无巨细地直接操办，转变到进行宏观指导、综合协调、督促检查和总结经验，典型引路上来。三是工作作风要从文山会海，浮在面上，流于形式，转变到重心下移，深入基层，调查研究，注重解决问题和讲求实效上来。

第二，要立足职责，充分发挥好“三个作用”。

一是要充分发挥参谋助手作用。当好参谋，做好助手，要牢固树立全局意识和服务意识。要深入实际，调查研究，掌握了解实际情况，及时向领导报送高质量的调研报告、综合信息和意见、建议，为老龄工作委员会的重大决策提供参考和服务。目前，全国老工办的《老龄工作简报》和《老龄情况反映》是党中央、国务院和全国老龄工作委员会了解全国老龄工作情况的重要信息渠道，也是与各地沟通情况和指导工作的重要手段。各地也应该办类似的工作简报。在中央和省一级，我们还可以考虑建立专家咨询组，发挥专家学者的作用，就重大老龄问题进行论证咨询，为党政领导决策提供参考。

二是要充分发挥综合协调作用。综合就是要在了解各个成员单位、各地工作情况的基础上，进行综合分析，从宏观上把握老龄工作的整体情况。综合工作要做到客观、准确和全面，分析问题要力求有高度，有深度，有见解。协调就是协调各涉老部门的关系和工作，使各涉老部门在工作上相互配合、支持，形成合力，共同推进老龄工作。协调的内容，主要是在贯彻《中华人民共和国老年人权益保障法》（以下简称《老年法》），维护老年人合法权益，制定实施老龄事业“十五”计划，制定实施各种优待政策，策划和推动有关部门共同参与的重大老年活动等方面。协调要注意方式方法，要寓协调于服务之中，防止和克服简单的发号施令。综合协调工作要立足于建章立制，通过制定成员单位职责分工、成员单位年度行动计划、联络员职责、联络员联席会议、老工办负责人会议等方面的规章制度，发挥各个成员单位和各地的积极作用，推动工作开展。

三是要充分发挥督促检查作用。发挥好督促检查作用，就要对《老年法》和《决定》的贯彻执行、老龄事业发展“十五”计划的具体实施、有关老龄法规政策的贯彻落实、党委政府和老龄工作委员会的工作部署和党政领导有关指示的办理等情况进行跟踪，督察督办，确保上述工作落到实处。对在贯彻落实中存在的问题，协同有关部门认真研究解决，重大问题及时上报。对带有倾向性、涉及多个地方或部门的重大问题，组织力量进行督察调研，写出有情况、有问题、有分析、有建议的调研报告，争取领导批示。发挥好督促检查作用，还要注意抓好正反两个方面的典型，发挥新闻媒体的作用，表彰先进，敦促落后。

第三、当前要突出抓好三项工作。

今年，是全面贯彻落实《决定》和全国老龄工作会议精神，加强老龄工作的重要之年。各地老工办应紧紧围绕深入贯彻《决定》、全国老龄工作会议和岚清副总理在第三次全国老工委全体会议上的讲话精神，结合今年的工作要点，抓好落实工作。当前，办公室应重点抓好三项工作：

一是要抓好调查研究工作。目前，我国老龄工作已经进入了一个新的发展时期，面临许多新情况和新问题，这就要求我们围绕老龄工作的重点、热点和难点问题认真开展调查研究，提出解决问题的方法，切实解决实际问题。今年，应把贯彻实施《老年法》、维护老年人合法权益、城市社区老龄工作和老龄系统自身建设作为今年的调研重点，调查研究要深入实际，深入基层，注意发挥大专院校和科研院所的力量，把综合性与专题性、跟踪性与前瞻性以及点的调研与面的调研结合起来，增强调研的针对性、实用性。调研工作既是办公室工作的重要方法，又是办公室工作的重要内容，要形成制度，持之以恒，坚持下去。全国老工办最近就加强 2001 年的调研工作下发了通知，希望各地认真贯彻落实。

二是要抓好宣传和典型引路的工作。宣传是开展工作的先导，是完成各项任务的一项重要保证。老龄宣传工作要有所作为，就要紧紧围绕老龄工作的中心任务和工作重点进行。当前，要把《决定》和全国老龄工作会议精神、《中国老龄事业发展十五计划纲要》（以下简称《纲要》）、发展老龄事业的各项方针政策、老龄工作的重要性和紧迫性、老龄工作先进典型，以及组织老年人深入揭批“法轮功”邪教组织的情况，作为宣传工作的重点内容。老龄宣传工作要在宣传的广度和深度上下功夫，要注重效果。做好老龄宣传工作，要充分发挥有关新闻媒体的作用，使老龄宣传工作纳入新闻媒体的工作计划，并付诸实施，共同为老龄事业发展营造一个良好的舆论氛围。各级老工办应及时向各新闻媒体提供情况和典型材料，同时要加强对主管的老年报刊实施业务指导，充分发挥他们在老龄宣传工作中的积极作用。

宣传工作要注意抓先进工作的典型和先进模范人物。发现典型、树立典型、典型引路，是一种十分有效的工作方法。榜样的力量是无穷的，典型示范的作用是巨大的。目前，我们老龄工作的先进典型，无论是数量还是质量都还不够，客观要求我们要深入实际，发现典型，培育典型，树立典型，宣传典型；学会用典型引路的工作方法，以点带面，推动整体工作的开展。

三是要抓好各地老龄事业发展计划纲要的制定和实施工作。今年，各地老工办的一项重要任务，就是按照《决定》的要求，拟定好各级老龄事业发展“十五”计划，并报请各地老工委和政府审批后，督促有关部门纳入当地国民经济和社会发展中长期规划和年度计划。各级老龄事业发展“十五”计划，是指导今后五年老龄事业发展的蓝图，是具体落实《决定》的重要措施。为此，各级老工办要把制定老龄事业“十五”计划作为一件大事，摆上工作日程，认真组织。《纲要》已经国务院批准颁布实施。各地在制定地方“十五”计划时，要参照中央的计划纲要，做好衔接和贯彻落实的工作。计划制定后，各级老工办要创造性地开展工作，积极探索推动实施计划的有效办法，加强督促检查，确保计划中的目标和任务落到实处。

三、对各地民政部门的几点要求

第一、要切实加强领导，把老工办的工作摆上重要工作日程。民政工作有 20 多项业务，其中的不少业务工作，如社会福利、社区建设、城乡居民最低生活保障、优抚安置、婚丧改革等工作，都直接或间接地与老龄工作有关，是老龄工作的重要组成部分。党中央、国务院决定，“全国老龄工作在全国老龄工作委员会的领导下，由民政部牵头，中央和国家机关有关部门、群众团体共同参与；地方各级党委、人民政府要参照全国老龄工作委员会的设置，尽快建立健全本地区老龄工作议事协调机构，并在民政部门建立精干的办事机构”。这一重大决策，从根本上理顺了老龄工作关系，是党中央、国务院交给各级民政部门的一项十分重要的任务，是对民政部门的信任和委托。这对于整合民政部门的涉老资源，加强老龄工作，是非常有利的。各级民政部门的领导同志要进一步提高思想认识，克服畏难情绪，增强做好这项工作的光荣感和责任感。同时，也要认识到办公室的工作任务是艰巨的，责任是重大的。各级民政部门的党委、党组、行政领导要给予高度重视，要列入重要工作日程，当作重点工作之一，加强领导，加强力量。各级民政部门的分管领导和老工办的同志要尽快熟悉老龄工作业务，理清工作思路，加大工作力度，把办公室的工作认真抓起来。

从老龄工作全局讲，民政部门要正确处理好各种关系，必须明确，民政部门不仅是老龄工作的牵头部门，承担着老工办的工作职责，而且又是老龄工作委员会的一个成员单位，要按照职能抓好作为成员单位应该做的工作。因此，我们既要做好作为成员单位应该做好的工作，又要加强、支持老工办的工作。在这里需要强调的是，老工办的工作要对老龄工作委员会负责，但办公室的党务、思想政治工作、人事、外事等工作应归口民政部门管理。老工办的干部要把民政部门作为自己的家，服从领导，同心同德。

重视办公室工作要体现在行动上。民政部门的领导要注意解决办公室面临的一些实际困难和问题，使办公室工作能够正常运转。要按照“办事高效，运转协调，行为规范”的总体要求，健全内设机构，制定各项规章制度，加强办公室自身建设。在这方面，各地要力争尽快改变办公室的面貌，使办公室的自身建设不能差于民政部门。

第二、在省以下的机构改革中，要按中央要求，理顺工作关系，健全机构，加强队伍建设。目前，省级以下的老龄工作关系还没有理顺，更没有建立办事机构。按照中央部署，省以下的机构改革今年下半年将要进行。没有机构，或是工作关系不顺，一切工作就无从谈起。省级老工办要把理顺体制、建立机构的工作，作为今明两年的重要工作任务之一予以关注和推动。要按照岚清副总理关于“老龄工作机构在机构改革中只能加强，不能削弱”的指示精神，健全工作机构，调整充实工作人员，并保证必要的工作经费。要重视干部队伍的素质，把那些热爱老龄工作、政治强、业务精的干部调整到办公室工作岗位上来，并在年轻化、知识化上多下功夫，这是我们做好老龄工作的基本保证。要重视和加强老龄工作队伍的培训，不断提高老龄干部的综合素质。在这方面，全国和省级的老工办要认真研究，制定培训计划，认真抓好落实。

第三、要把社区老龄工作作为重要内容纳入城市社区建设的示范活动。今年初，在全国民政厅局长会议上，我已经把做好社区建设和加强老工委办公室工作，作为今年民政工作的重点之一作了部署。为认真贯彻落实岚清副总理关于“要加强社区老龄工作”的指示精神，民政部已经作出决定，从今年开始，把社区老龄工作作为城市社区建设示范活动的重要内容，重点推进。目前，“社区建设示范活动的方案和标准”将要出台，并在全国社区建设工作会议上作出具体的安排和部署。各级民政部门和老工办的同志要充分认识到，把城市老龄工作作为城市社区建设示范活动的重要内容，是加强城市老龄工作的重大措施，要从思想上予以高度重视。在这方面，各级老工办的同志要紧密配合民政部门的工作，研究拿出具体的操作办法，共同推动这项工作。

第四，要切实抓好"星光计划"方案的落实工作。关于"星光计划"，部里专门发了文件，今天上午，杨衍银副部长又作了全面的安排和部署。这里我再强调三点：一是要高度重视，保证落实。"星光计划"是民政部门实践江总书记"三个代表"重要思想的重大行动。各级民政部门一定要从"讲政治"的高度认识"星光计划"的重大意义，把"星光计划"作为搞好老龄工作的一项重大举措，切实抓紧、抓好落实。二是要统筹安排，精心组织。各级民政部门要深入实际，调查研究，制定切实可行的总体规划和实施计划，做到有规划、有步骤和因地制宜，并与社区建设示范活动紧密结合起来统筹安排，精心组织。三是要加强领导，督促检查。实施"星光计划"，要加强领导，实行省厅负责、区县落实、街居主办的工作制度。各级民政部门要切实做好监督检查工作，确保"星光计划"按规定和要求落到实处。

李宝库同志在全国"星光计划"启动工作会议上的讲话

（2001年8月15日）

同志们：

从6月中旬部里在西安召开部署"星光计划"的会议之后，各地民政厅、局以高度的责任感和极大的工作热情，立即投入到实施"星光计划"的准备工作中。到目前，绝大多数省、自治区、直辖市都成立了专门的工作班子，完成了"星光计划"方案的制定和申报工作，有的地区已经开始实施。可以说，"星光计划"的序幕已经拉开，势头良好。

西安会议之后，部里在才让部长的直接领导下，对各地申报的"星光计划"方案进行了认真的统计分析，并在此基础上，对下一步工作如何开展进行了仔细研究，草拟了《关于"星光计划"启动工作的安排意见》。为了贯彻好这个"安排意见"，今天上午，陈群林司长已经谈了很好的意见，我都同意。北京、陕西、广西及青岛四省、市分别介绍了他们那里"星光计划"的进展情况和下一步打算，都谈得很好。在下午的分组讨论中，大家提出一些很好的建议，对我们很有启发。有些意见，在这里可以答复，有些意见，回去研究后以下发的文件为准。下面，我讲几点意见，供同志们参考。

一、提高认识，转变观念，把"星光计划"作为社会福利工作、老龄工作和社区建设的一件大事来抓

今年是"星光计划"的启动之年。俗话说，"万事开头难"，"良好的开端是成功的一半"。做好启动工作，对于积累落实"星光计划"的经验做法，树立实施"星光计划"的良好形象，营造推进"星光计划"的强大声势，都具有重要意义。

启动好"星光计划"，首先要提高认识，转变观念。要认识到"星光计划"的实质是解决社区为老服务问题。这件事情，意义重大。它是全面贯彻江总书记"三个代表"重要思想的实际行动，是应对人口老龄化挑战、做好老龄工作的重大举措，是推进社会福利社会化的有效实现形式。我们民政部门的同志，一定要从只热衷于由民政部门直办直管福利事业的观念和做法，转变到动员和支持社会力量共同发展社会福利事业上来。在这个问题上，我们的同志一定要用长远的、全局的观点看问题，要想得开，千万不能目光短浅，只顾眼前。在转变观念的同时，在认识上还要处理好以下几个关系：

一是实施"星光计划"与发展社会福利事业的关系。"星光计划"的目标是以社区为重点，新建和改扩建一大批社区老年人福利服务设施和活动场所，逐步形成社区居委会有站点、街道有服务中心的社区老年人福利服务设施网络。有的地方却错误地认为，"星光计划"是个筐，什么东西都可以往里装。在上报的"星光计划"方案中，不是以社区为重点，而是以民政部门直属的福利院为重点，有的省甚至提出要新建和改造300多所福利院和敬老院。这样做，显然违背了"星光计划"的目的和初衷。"星光计划"的目的是要解决社区老年人设施严重匮乏的问题，以此推动社区福利服务体系的建立，它既不可能一揽子解决建设社区福利服务体系的所有问题，更不可能包办整个社会福利事业。我们的工作，在一定时期内，总有一个重点。抓住重点，带动一般，是行之有效的工作方法。如果不分轻重，不分主次，胡子眉毛一把抓，就什么问题也解决不了，什么问题也解决不好。因此，各地要处理好“星光计划”与社会福利事业发展的关系，集中精力打歼灭战，通过“星光计划”的实施，把社区的福利服务设施提高到一个新水平。这项工作做好了，就为整个社会福利事业的发展打下了坚实的基础。

二是实施“星光计划”与社会福利社会化的关系。社会福利社会化，就是要动员一切社会力量，实现社会福利事业的投资主体多元化、服务对象公众化、运行机制市场化、服务方式多样化和服务队伍的专业化与志愿者相结合。“星光计划”全面贯穿了社会福利社会化的思想，为实践社会福利社会化找到了一个很好的突破口。可以说，今后两三年内，做好实施“星光计划”的工作，就是在以最有效、最实际的方法推进社会福利社会化进程。

三是实施“星光计划”与老龄工作、社区建设的关系。社区服务在社区建设的诸多内容中起着龙头和骨干的作用，而为老服务又是社区服务的重中之重。“星光计划”的目的是在街道和社区居委会建设一大批老年人福利服务设施和活动场所，为居家养老提供支持，为社区照料提供载体，为老年人活动提供场所。所以，“星光计划”也是当前老龄工作的一项极为重要的工作，是贯彻岚清同志关于重视社区老龄工作的指示，为全国老年人办的一件实事、好事。由此看来，抓“星光计划”，就是抓老龄工作，就是抓社区建设，三者密切相关，不可分割，共同体现着人民群众特别是广大老年群体的根本利益。我在青岛会议上讲过，从一定意义上讲，“星光计划”是社区建设示范活动的“点睛”之笔。因为只有把“星光计划”搞好了，社区建设这条龙才能活起来，才能更生动、更精神、更能得到居民群众的欢迎。最近，部里下发了《全国城市社区建设示范活动指导纲要》和《全国社区建设示范城基本标准》，为老服务是一项十分重要的内容。如果一个城区或一个城市的“星光计划”搞得不好，就不可能成为社区建设示范单位。希望与会同志要把这个精神转告地方政府的有关领导，以引起他们对“星光计划”的高度重视。

二、抓好首批启动项目，典型引路，形成一套行之有效的操作方法

启动好“星光计划”，首先要抓住省会城市和计划单列市。全国 31 个省会城市，5 个计划单列市，再加上新疆生产建设兵团，共 37 个单位，是首批“星光计划”的重点。在其他有积极性、有条件的地方，也可以搞些试点。

在西安会议上，部里已经明确提出了先大中城市、后中小城市的要求。在即将下发的《关于“星光计划”启动工作的安排意见》中，又进一步明确了今年首先在省会城市和计划单列市实施“星光计划”的要求。这是因为：这些城市人口密集，老年人口比例高，对社会福利服务的需求最大、最迫切；有较好的工作基础，“星光计划”容易取得成效；社区建设工作大都做得较好，可以带动社区福利服务的发展。同时，这些城市都是区域性中心城市，是每个省、自治区、直辖市的政治、经济、文化中心，“星光计划”做好了，就积累了经验，树立了样板，既可以很快在全国形成广泛的政治影响和社会影响，也便于带动本地区的其他市县。因此，各地要按照这一思路，重新调整今年的工作计划。

当前，各地要在前一阶段工作的基础上，进一步搞好调查摸底，重点是摸清省会城市和计划单列市的老年人口、老年人服务设施和老年人对社会福利服务需求的情况，按照部里对各省、自治区、直辖市的福利金资助分配数额及相应的要求，将本省区的福利金及财政投入合并计算，具体确定并申报第一批“星光计划”项目。与此同时，进一步修订三年发展规划。

各省会城市和计划单列市要选择那些政府领导积极性高，资金配套足额及时，社区建设搞得好，社区范围作了调整，而且社会影响力大的街道和社区居委会作为试点，首先启动。在社区规模尚未调整的地方，也要按照中办发正［2000］23 号文件的要求，在搞好社区调整规划的基础上，再实施“星光计划”。

在“星光计划”实施过程中，各地要严格按照部里的统一要求，省级福利金要拿出 80% 用于“星光计划”。而且，福利金要专款专用，不得资助大型福利机构，包括区县（含区）以上社区服务中心；不得用于民政部门的直属企、事业单位；也不能用盖房子、建场地的钱来购买内部设备（内部设备由地方政府通过开发社区资源、动员社会力量来解决）。这要作为一条纪律严格执行，违者停止部本级福利金的资助，并在全国通报批评。

为了使“星光计划”做到既适用，又好看，达到向社会宣传福利彩票，宣传社会福利事业的目的，“星光计划”项目要做到“四个统一”：在全国范围内统一名称、统一标识。在省、自治区、直辖市范围内，统一建筑设计、统一基本服务功能。全国统一的名称，我倾向于叫“星光老年之家”，同时标上“福利彩票资助”。全国统一的标识，指“星光计划”标志和建筑物门楣装饰，请四个直辖市和五个计划单列市各拿出一个方案，其他地方有积极性的，也非常欢迎，8 月底报部，择优而定。统一建筑设计，是指对于新建的老年福利设施，各省民政部门要根据当地建筑风格和民族风情，委托建筑设计部门统一设计几种大小不同，档次有别的方案，供不同地区选择。统一基本功能，是指各地要按照民政部的有关要求，结合当地老年人的实际需求，在一个城市内统一规定街道和社区居委会养老设施和活动场所的基本服务功能。关于统一名称和标识的问题，部里还要发文，以文为准。同时，要积极倡导引进市场机制，鼓励以市或区为单位统一招标、统一施工。各地要尽快对建筑设计和基本服务功能进行论证和确定，以便尽早启动“星光计划”。

在首批启动项目中，要一级抓一级，层层有人抓。要从当地实际出发，创造性地开展工作，要找出一些关键性的、可以带动全局的问题进行积极探索。要在项目的管理体制、运作方式、资金落实、建设招标、效益评估等方面，努力形成一套切实可行的操作模式。

今年，部里在分配部本级福利金时，综合考虑了东部与中、西部的地区差异和街居数量、老年人口数量及彩票发行情况等因素。从明年开始，我们还要将“星光计划”的执行情况作为部本级福利金的分配要素予以考虑。

三、广泛宣传，营造声势，使“星光计划”家喻户晓、深入人心

“星光计划”是一项民心工程、德政工程。我认为，“星光计划”的实施，老年人高兴，家家户户高兴，民政部门高兴，党政领导高兴，社会各界也高兴。总之，无人不拍手，无人不高兴。但要使这项工作真正得到社会的理解和支持，就要通过卓有成效的宣传。青岛市召开新闻发布会，并给各区拨出首批福利金1800万元；陕西省除召开“星光计划”新闻发布会，还在电脑福利彩票设立“星光计划”特别奖，扩大宣传效果，这些做法都很好。希望各地高度重视宣传工作，利用各种机会，采取各种有效形式宣传“星光计划”。只有这样，才能使“星光计划”不仅媒体知道、领导也知道、百姓也知道，才能赢得民心，得到社会的认可和支持。与此同时，也要做好省会和计划单列市以外城市和地区的解释工作，向大家讲明“星光计划”的实施步骤，不要挫伤他们的积极性。在“星光计划”首批项目启动后，各地要尽快部署下一阶段的工作，摸清底数，做好规划，为明年工作的继续推进做好准备。

四、积极争取各级党政领导的重视和有关部门的大力支持，共同搞好“星光计划”

最近，李岚清副总理、司马义·艾买提国务委员，对民政部《关于在全国实施社区老年福利服务星光计划》的报告上作了重要批示。李岚清副总理的批示是：“无论对老年的服务、学习和精神文明建设，都需要有必要的设施，我赞成推动‘星光计划’。实行这一计划，民政部门要大力推动，同时也要各级党委、政府的积极支持和社会的参与。建议以老龄委名义转发此件，以引起各地区各部门领导的重视”。司马义国务委员的批示是：“才让同志：请按照岚清同志的批示，抓紧做好落实工作。我赞成实施‘星光计划’，全国城市社区建设工作会议上，也给各地、各部门提出了要求。建议在老龄委转发此报告的前面印发岚清同志的批示，以便各地各部门领会精神，做好贯彻落实工作”。部里最近即将按照两位领导同志的重要批示，以全国老龄工作委员会的名义向各地发文，转发民政部的报告，提出有关要求。希望民政部门借好这个东风，积极争取省、自治区、直辖市党、政领导和有关部门的重视和支持，共同把这件好事办好。

同志们，这次会议是西安会议的继续，也是西安会议精神的具体化，目的是使“星光计划”更具有可操作性，有个良好的开端。大家要根据会议的统一要求，对已有的方案尽快进行调整和落实，使“星光计划”早日付诸实施。在这次会议上，大家形成一个共识，就是经过我们的积极努力和扎实工作，在今年年底之前开始动工，到明年“五·一”之前，在31个省会城市、5个计划单列市和新疆生产建设兵团，建成相当一批“星光计划”项目。到那时，星星之火，连成一片，就会形成星光灿烂的气势，那就是了不起的成绩。让我们为这一目标而努力奋斗！

多吉才让同志在全国“星光计划”现场经验交流会上的讲话

（2001年11月10日）

同志们：

全国“星光计划”现场经验交流会，经过大家的共同努力，取得了圆满成功。会议期间，大家听取了保定市在“星光计划”项目建设阶段的经验介绍，实地考察了保定市“星光计划”的建设成果，还有几个省市交流了实施“星光计划”的情况和经验。会议达到了预期的目的。这对统一思想，统一步伐，加快首批项目建设进度，将产生推动作用。

下面，我讲3个问题。

一、如何看待保定的做法和经验

这次会议选择在保定召开，是因为他们在“星光计划”首批项目建设阶段走在了全国的前列。保定的成绩，概括起来，就是“两月百点”。从9月初到现在，短短两个月时间，保定市在城区建设了100个老年人福利服务设施和活动场所，取得了显著的成绩！保定之所以取得这样的成绩，当然可以从不同的侧面进行分析和总结，但其基本做法，我看以下5条是值得肯定的：

一是保定市委、市政府的高度重视。为了加强领导，保定市委、市政府成立了由市委副书记任组长，市人大副主任、副市长、市政协副主席任副组长的社区建设领导小组，并设了办公室，由市委副秘书长任主任、政府副秘书长和民政局长任副主任。在实施“星光计划”的过程中，这个班子在市委、市政府主要领导同志的亲自指导、支持之下，真正发挥了战役指挥部的作用。从项目规划到建设进度，从资金筹措到场地落实，从宏观指导协调到具体标识制作，这个班子都统筹兼顾，周密组织。特别是市委副书记武国堂同志，两个月来以主要精力抓“星光计划”，不仅积极参与全局谋划，而且坚持靠前指挥，不回避矛盾，亲自解决难题，保证了工作的顺利展开。可以说，没有市委、市政府的高度重视，100个项目点、2个月时间，要一个不拉、一个不少地建成，是根本不可能的。

二是集中力量打歼灭战。保定介绍的“小干不易，大干不难”的体会，富含哲理。做一件事，按部就班，拖拖拉拉，一干几年，是一种办法；集中力量，一气呵成，毕其功于一役，是另一种办法。两相比较，在很多情况下，尤其是比较难的事情，后一种办法肯定比前一种效果好。如果把“星光计划”比作一场战役的话，保定的做法给我们提供了一个集中力量打歼灭战的指导思想。道理很简单，用于为老服务的财力、物力是有限的，党政领导将社区建设作为工作重点的时间也是有阶段的，与其旷日持久，不如乘势而上，发动总攻，一次解决难题。正是在这一思想的指导下，他们发扬不怕苦、不怕累的精神，夜以继日，只争朝夕，两个月攻下了100个。紧接着，他们还将以这种指导思想，再抓第二批项目，保证明年5月份全市147个社区居委会和15个街道，都实现各自拥有一个老年服务设施和活动场所。

三是将“星光计划”同社区建设有机结合。从今年4月起，保定在全市范围内开展了城市社区建设工作，由于领导重视、思想统一，组织得力、措施到位，他们在调整社区规模、建立社区组织、理顺社区关系、加强社区队伍建设等方面取得了显著的成绩。今年9月，又迈出第二步，以社区建设带动“星光计划”，以“星光计划”促进社区建设，用“星光计划”这个看得见、摸得着的具体成就去激发广大居民参与社区建设的积极性。他们将这两步工作比喻为“同一火箭，两级发射”。这个比喻，形象地说明了两项工作的内在关系，找到了两者相互促进、共同发展的最佳结合点。这种认识和做法，为全国各地各级民政部门同时抓好这两项工作树立了榜样。

四是充分挖掘社会资源。实施“星光计划”，资金和场地是两大难题。保定因地制宜，创造出了许多行之有效的办法和措施。比如一点一策，即针对情况不同、问题各异的社区，在克服困难、解决问题的政策、措施和方法上，不搞一刀切，不寄希望于一个文件解决全部问题，而是逐个商讨对策，逐个解决疑难，从而保证所有项目如期开工、顺利建成。比如帮扶共建，即要求市直各部门、各企事业单位、驻保定各单位都要无一例外地为实施“星光计划”出钱出物，一帮一地帮助建设老年福利服务设施，从而最大限度地发掘了社会和社区的资源。再比如政策扶持，即协调建委、规划等部门制定优惠政策，凡“星光计划”的建设项目，免缴城市建设配套费、设计费、规划审批手续费等相关费用，有效地缓解了建设资金不足的矛盾。还有资源共享，即充分利用社区现有的闲置房屋和其他场所，将其改造为老年人专用的福利服务设施，真正实现了共驻社区，共建社区。这些成功的办法说明，实施“星光计划”，仍然要坚持因地制宜和具体问题具体解决的正确思路，要坚持社会福利社会化的基本方向。

五是积极探索“星光计划”项目的管理和运营方式。保定的首批“星光计划”项目虽然还在建设之中，但他们已把目光投向了项目建成后如何管理、如何维持发展的问题上。他们提出社区老年的中间组织管理老年服务设施的构想和“星光计划”项目的产权归属方案，是在保证“星光计划”设施不流失、不浪费，社区老年服务单位能生存、能发展方面进行的有益探索，很有新意，很有特点，具有启发性。

以上5条，我认为值得各地学习和借鉴。保定的经济社会发展水平在全国259个地级市中处于中游，代表了我国大多数中等城市的现状。保定实施“星光计划”面临的问题其他地方也会碰到。“星光计划”是一件新事，到底怎么搞，大家都没有经验，需要在实践中不断摸索和总结。保定没有因为资金不足而等靠要，没有因为缺乏经验而畏难观望。他们大胆地往前闯了，而且闯出了成效，闯出了经验。既然保定社会各界能够在市委、市政府的组织领导之下以极大的热情投入到支持“星光计划”的行动中来，在短时间里取得显著效果，其他大中城市，特别是省会城市，有什么理由做不了，做不好这件事呢？

当然，保定“星光计划”的项目建设工作也不是十全十美的。比如，同经济发达地区相比，他们的设施硬件水平并不高；同社区服务基础好的地方相比，他们的设施服务功能还比较简单；同贵阳、哈尔滨等城市相比，在项目建设尤其是新建项目的统一建筑设计方面还没有做到，等等。这些不足和缺陷，既有待于随着经济社会发展水平的提高而逐步提高，也有待于保定的同志们在今后的工作中着力弥补和改进。我们相信，保定会朝着完美的力向继续前进。

二、各地实施“星光计划”的总体情况

“星光计划”在全国启动之后，应该说反应良好，进展顺利，总体上讲形势喜人。具体说，至少表现在以下五个方面：

第一，全社会关注的态势正在形成。南宁会议之后，各地都将会议精神和要求向当地政府作了汇报，有的甚至向党委常委会议作了汇报，引起党政领导机关的普遍关心和重视。民政系统内部，也及时召开会议进行传达和部署，调动起基层特别是街道和社区居委会空前的积极性。大多数地方，都以政府名义召开新闻发布会，将“星光计划”的实施公布于众，加上新闻发布会后组织当地媒体的配合宣传，使“星光计划”在首批实施的城市中，日益成为新闻报道和人民群众关心的热点，在全国形成了不小的声势。

第二，项目规划和布点已经完成。各地对首批项目的确定，不仅按照部里的要求保证了省会城市作为重点，而且对一个城市内的项目布局作了认真规划。在选择具体项目时，普遍注意到因地制宜、综合评价、讲求实效。江苏、黑龙江、浙江、山西、广东等地，省、市两级工作部门还对项目逐个考察，逐个定案。这样做，既保证了首批项目的扎实可靠，也为今后计划的延续掌握了翔实的第一手资料。到10月底止，全国首批项目的申报汇总已经完成，列入这批计划的项目，全国共6032个，其中街道1214个，社区4792个，其他类型的项目26个。从申报材料看，这些项目绝大多数应该说是确实可靠的。

第三，资金配套情况比预想要好。从汇总材料看，地方各级福利金、各级财政、街居自筹和社会各方面投入的资金总额为19.7亿元，相当于民政部本级福利金投入的近5倍，即使扣除可能存在的水分，配套资金的比例也肯定高于我们事先的设想和要求。而且，部本级福利金现在还没有拨款，而一些地方配套的资金已部分到位。这两方面，都是近年来福利金资助中未出现过的可喜现象，可见“星光计划”得民心，受重视。

第四，全国统一的要求开始见到成效。民政部关于“星光计划”项目“四个统一”的要求和《老年人建筑设计规范》受到各地重视，陕西、上海、贵州、大连、宁波等地已从当地实际出发，明文制定了相应的设计规范和功能要求。到10月份，部分地方已按照“四个统一”的要求建成了一批项目，在社会上产生了良好的轰动效应。

第五，好的做法和经验不断涌现。由于“星光计划”受到各方面的欢迎，各地在实施过程中勇于探索，因此，在过去的2个月中，已经出现了许多值得提倡和推广的经验和典型。比如：北京项目建设实行“以奖代补”的政策；天津提出将“星光计划”打造成精品工程，提高“星光计划”的科技含量，使社区服务朝着现代化的方向迈进；上海对建成项目实行示范型和标准型分级定位管理；山西等地在项目起始阶段就着手研究项目的管理与运营，通过签订协议书、委托中介组织等方法保证建成后的项目不走样，不流失；哈尔滨实行项目建设层层承包责任制；贵阳对新建项目实行“八统一”等等，都是值得认真学习和借鉴的办法。

但是，我们也要清醒地看到，项目建设中也还存在一些问题。一是思想认识上还有障碍。一些同志还没有从传统的直属、直办、直管福利机构的观念中解放出来，因而积极性、紧迫感和投入精力还不够，导致工作松懈，步伐迟缓。二是作风和方法有待改进。满足于开会布置了事，习惯于坐在办公室里闭门造车，把要钱的积极性等同于工作的积极性等常见的毛病，在一些地方依然存在，致使这些地方的工作流于形式，处于一般化。三是省、市两级民政部门齐心协力不够。个别地方甚至互相猜疑、相互推诿，致使工作迟迟开展不起来。所有这些，已经直接影响到了“星光计划”的推进，应当引起我们的高度警惕。我们要以对党、对人民、对历史高度负责的态度，转变观念、改进作风，真正把这项利国利民、造福老年人的好事、实事做实做好。

三、加快“星光计划”项目建设进度的几点要求

现在已经知道，“星光计划”全国首批项目总数为6032个，这个数字应当说是不少的，超过了我们最初的预期，说明各地积极性很高，干劲很足。这6000多个项目，就是我们从现在起到明年5月份的奋斗目标，就是我们实施“星光计划”的第一个战役。现在，“星光计划”的方案已经向全社会公布，李岚清副总理和司马义国务委员也极为重视，全国老龄工作委员会最近又专门下发了文件，转发了国务院领导同志的重要批示和民政部实施“星光计划”的报告，我们已经是箭在弦上，不得不发。因此，民政部门的每一位同志都应当意识到自己肩上的责任重大，都应当明确这场战役只能打好，不能打坏。为了确保下一阶段目标任务的完成，今后几个月中，我们要切实注意以下几点：

首先，要从实践“三个代表”重要思想和贯彻党的十五届六中全会精神的高度进一步认识实施“星光计划”的重要意义。“星光计划”是实实在在地为人民服务的重大举措，同全体老百姓的切身利益密切相关，代表了最广大人民群众的根本利益。家家有老人，人人都会老。一个家庭，如果养老问题解决了，就为整个家庭解决了后顾之忧，就为其他家庭成员全心全意地投入到自己的工作和事业中去创造了条件。同时，解决好老年人的社区养老问题，使老年人在社区享受到周到细致的服务，既能够进一步保证他们度过健康、充实、欢乐的晚年，也能够有效地解决“法轮功”一类的社会问题，这就为社会稳定、精神文明建设乃至整个社会的发展作出了应有的贡献。党的十五届六中全会作出了《关于加强和改进党的作风建设的决定》。按照江泽民总书记的要求，贯彻落实六中全会精神，要着眼于人民群众，切实解决实际问题。实施“星光计划”，直接面向基层、面向老人，根本要求是为老年人办实事，解决老年人的实际问题。所以，能不能脚踏实地地做好实施“星光计划”的工作，是对各级民政部门和民政干部工作作风的一次实际考验。

第二，要把“星光计划”与社区建设、老龄工作和城市低保工作结合起来，四位一体，共同推进。当前，民政部门有四件事情需要特别紧密地结合起来，即社区建设、老龄工作、城市低保工作和“星光计划”。社区服务是社区建设的龙头，为老服务和保障老年人的基本生活是社区服务的重中之重，而“星光计划”是社区建设的点睛之笔、老龄工作的具体抓手。因此，四件大事，相互关联，密不可分。抓“星光计划”，能促进社区建设，能促进老龄工作，能促进落实城市的低保工作。各级民政部门一定要把实施“星光计划”、做好老龄工作与开展社区建设示范活动和落实城市低保工作紧密结合起来，把实施“星光计划”作为社区建设示范活动的一项必不可少的重要内容抓紧抓好。

第三，要突出重点，集中力量打歼灭战。按照部里制定的方案和总体规划，实施“星光计划”要分几个阶段，每个阶段都要有所侧重。第一阶段的重点是省会城市和计划单列市，当然其他一些具备条件、积极性又特别高的城市，也可以作为重点来抓。今年的重点放在省会城市和计划单列市，明年的重点肯定要转移。对此，各级民政部门要有充分的思想准备。在实施“星光计划”的过程中，一定要一个城市一个城市地抓；在一个城市中，一定要集中精力打歼灭战，在尽可能短的时间内解决问题。如果搞平均主义、撒芝麻盐，或者拖拖拉拉、四平八稳，就不能吸引党政领导的注意力，不能在社会上造成强大的声势，不能有效地利用社会资源，不能因势利导、减少麻烦，反而会增加困难、积压矛盾、影响士气，致使处处是难点、到处有问题，最终哪里也搞不好。

第四，民政部门要立足全局，同心协力，发挥好职能作用。民政部门的宗旨是上为中央分忧，下为百姓解愁。我们的眼睛，不应该只盯在下属的几个直属单位身上，而应该时刻关注广大人民群众的根本利益。在实施“星光计划”的过程中，我们必须站在整个老年人社会福利事业全局的高度，解放思想，转变观念，齐心协力，把思想统一到扎扎实实地为老年人办实事上来，不允许为了狭隘的小团体利益互相推诿，互相扯皮。必须积极争取地方党政领导的重视，积极争取有关部门的支持和社会力量的参与，充分发挥自身职能，为政府出谋划策，当好政府的参谋助手。

第五，要从实际出发，创造性地开展工作。在这次会议上，保定等地介绍了本地区在“星光计划”项目建设阶段好的做法和经验，这些都值得大家回去以后认真学习和借鉴。但是，任何经验都不是放之四海而皆准的，关键还是要从这些好的做法中获得启示，从本地区的实际情况出发，创造出自己的经验。在“星光计划”服务功能的配置上，要以广大老年人的需求为依据，尽可能地满足他们的各种需求；但同时，也要通过多种手段对群众的需求进行积极有效的引导，倡导健康、文明、科学、向上的生活方式。要积极探索“星光计划”项目的管理和运营模式，使已经建成的设施不流失、不浪费，项目单位能生存、能发展，真正有效、持久地发挥作用。在这方面，我们提倡百花齐放。只要符合全心全意为老年人服务的宗旨，有利于社区为老服务事业的发展壮大，有利于社区资源的良性循环，都可以大胆地去闯、大胆地去试。

同志们，这次在保定召开的“星光计划”项目建设阶段现场经验交流会是继西安和南宁会议之后的又一次重要会议，标志着“星光计划”的实施取得了初步的成绩。我相信，随着工作的进一步深入，大家的思想会更加统一，认识会更加明确，只要我们团结一致，加倍努力，我们预期的目标就一定能够实现。

李宝库同志在首都理论界学习《中国老龄事业发展“十五”计划纲要（2001—2005年）》座谈会上的讲话

（2001年8月11日）

各位专家、同志们：

今天，各位专家、学者在这里学习座谈《中国老龄事业发展“十五”计划纲要》（以下简称《纲要》），大家各自从不同角度畅谈了对《纲要》的理解和体会，讲得很有见地，也很深刻。作为老龄事业的一个新兵，听了大家的发言，很受启发。借此机会，我结合当前的老龄工作谈点自己的理解和体会。

一、实施《纲要》具有重大的现实意义

以国务院的名义颁布《纲要》，这是老龄工作形势深入发展的结果。1982年以来，我国老龄工作和老龄事业在各级党委政府的领导下，在社会各界的共同努力下，经历了起步、探索、不断发展的历史。当前，我国老龄事业已经进入快速发展的新阶段。1999年，中共中央、国务院决定成立了全国老龄工作委员会。2000年，中共中央、国务院又下发了《关于加强老龄工作的决定》（以下简称《纲要》），并召开了全国老龄工作会议。全国老龄工作会议之后，各地认真贯彻落实《决定》和会议精神，积极开展工作。目前，除山西省以外，全国省级老龄工作机构已按照中央要求理顺了工作体制，建立了办事机构。许多省市的工作搞得很活跃，很有成绩。当然，也还存在不少问题，需要认真研究解决。总的看，全国的老龄工作进展情况是好的。当前的形势可以概括为这样5句话：人口老龄化的形势越来越严峻，党中央、国务院对老龄工作越来越重视，加快发展老龄事业的客观环境越来越好，老龄工作的任务越来越重，老龄工作干部的责任越来越大。

现在，国务院发布了《中国老龄事业发展“十五”计划纲要》，这是继《决定》之后又一个新的重大决策。《纲要》根据《决定》的精神，从我国的基本国情和人口老龄化的实际出发，规定了老龄事业发展的目标、任务和措施，体现了“三个代表”的方向，体现了为人民服务的根本宗旨，体现了改革创新的精神和综合治理老龄问题的思路，是指导未来我国老龄事业发展的行动纲领。在我国进入老龄社会的初期，颁布实施《纲要》，这是我国社会生活中的一件大事，具有重大的现实意义。我认为主要有四条：

第一、实施《纲要》有利于缓解人口老龄化的压力。目前，我国正处于老龄社会的初期阶段，老龄问题还不突出，有些深层次问题还只是端倪性的。到本世纪中叶，也就是我国全面实现第三步战略目标的时期，我国将进入人口老龄化的高峰。届时，老龄问题将全面暴露，给我国经济社会发展带来巨大压力。因此，着眼长远，未雨绸缪，实施《纲要》可以使我们赢得战机，争取主动。

第二、实施《纲要》将促进经济社会的协调发展。一个国家的健康发展，必须把经济发展和社会发展结合起来，把经济发展作为社会发展的基础，把社会发展作为经济发展的目的。国家的“十五”计划突出了社会发展的目标，明确提出“重视人口老龄化趋势，鼓励家庭养老。加强老年人服务设施建设，发展老龄事业和产业”。老龄事业属于社会发展的范畴，《纲要》是国家“十五”计划解决老龄问题的进一步具体化，它的实施必将进一步促进经济社会的协调发展。

第三、实施《纲要》将促进社会和谐和政治稳定。老年人为国家和社会作出了历史性的贡献，他们的知识和经验是社会的宝贵财富。但同时老年人也是社会相对弱势群体，在市场原则的作用下，同其他群体的社会生活差距有拉大的趋势，他们还存在这样或那样的困难。因此，认真贯彻实施《纲要》，解决好老年人的各种问题，不仅可以为老年人谋利益，而且可以为千家万户除忧解难，必将有力地促进社会的和谐和政治的稳定。

第四、实施《纲要》是贯彻落实《决定》的重要举措。中央《决定》是加强老龄工作、发展老龄事业的纲领性文件。《纲要》是《决定》的具体化和操作化。《纲要》的实施，将会使党中央、国务院关于加强老龄工作的一系列大政方针落到实处。

二、贯彻实施《纲要》重在抓落实

从各位专家的发言来看，《纲要》是一个好文件。

大家也一致认为，这个文件关键在抓落实。如何抓好《纲要》的落实，我认为，需要从以下几个方面着手：

第一，抓紧建立健全老龄工作体系。《纲要》的贯彻落实，必须要有一个强有力的组织保证。当前，省级老龄工作体制基本理顺。为使《纲要》落实到基层，各级党委政府要切实加强领导，贯彻李岚清副总理关于老龄工作机构在机构改革中只能加强，不能削弱的指示精神，用较短的时间，建立健全地（市）、县、街道（乡镇）老龄工作机构。要充实人员，确保经费，尽快形成从中央到地方的五级老龄工作体系，做到上下贯通，运转有效。同时，要培养一支热爱老龄事业、素质高、业务精的老龄工作干部队伍。有了这样高效的工作体系和高素质的工作队伍，不仅《纲要》的落实有可靠的保障，整个老龄事业也必将充满生机。

第二、高高举起维护老年人合法权益的旗帜。《决定》把切实维护老年人合法权益作为老龄工作的一项重要任务。对此，《纲要》从任务、措施等方面作了规定。老年人是社会的弱势群体。近年来，由于市场原则的作用等原因，老年人还存在不少困难和问题，老年人相对贫困问题在一些地方还比较突出，冷落、歧视、虐待老年人等侵害老年人合法权益的现象时有发生，有些甚至发展到了触目惊心的地步。总的看，目前老年人维权工作比较薄弱，亟待大力加强。我们老龄部门要高高举起依法保护老年人合法权益这面旗帜，把实施《纲要》和老年人维权工作提到实践“三个代表”的高度，切实解决老年人的各种问题。我们共产党人就是要为老年人撑腰做主。老实说，这方面的工作，我们以前力度不够。现在，我们要以贯彻实施《纲要》为契机，切实加强对老年人合法权益的保障，使老年人维权工作出现一个新的局面，让广大老年充分感受到党和政府的温暖。

第三、切实把《纲要》落实在社区和基层。加强社区老龄工作是我国社会经济发展到一定阶段的必然选择。我国工业化和城市化进程正在加快，社会工作的管理模式将会发生很大变化，强化社区管理将是今后我国基层社会管理的重要方向。从老年人的实际状况看，老年人退休后，其生活空间主要在社区，老年人口大部分问题也要依托社区来解决。目前，我国社区老龄工作还比较薄弱，为老年人服务的硬件设施建设严重滞后，远远不能满足广大老年人的需求。要使社区老龄工作和老年服务业快速发展，就必须认真贯彻实施《纲要》，加强社区老龄工作，把发展老龄事业的重点放在社区。街道、乡镇一级的党政领导同志要把社区老龄工作放在社区整体建设中的重要位置，确定工作目标，建立健全社区老龄工作机制。要在社区培育老年民间组织，建立一支专兼职和志愿人员相结合的老年服务队伍。要拓展社区老年服务的内容和项目。要发挥社区基层党组织、群众自治组织、驻区单位以及家庭、老年人个人的作用，形成共同做好社区老龄工作的合力，逐步建立以社区为基础的老年人管理和服务体系，使广大老年人在社区安享晚年。

第四、探索建立推动老龄事业的激励机制。老龄事业是一个涉及社会方方面面的系统工程。《纲要》的实施需要政府各部门的齐抓共管，社会各界的积极参与，以及每个家庭的支持，这就需要建立一种可持续的激励机制，需要一种能调动各方面积极性的有效载体和手段。在这个方面，陕西、河南等地曾经作了有益的尝试，但还存在一些亟待解决的问题。当前，各地正在依据《纲要》研究制定当地老龄事业发展计划。我认为，无论是国家的《纲要》还是地方的发展计划，要组织实施好，建立一种有效的和可持续的激励机制至关重要。为此，我们需要进一步从实际出发，结合过去老龄工作的经验，发挥群众的首创精神，努力探索建立起一种有效整合各方面资源的激励机制和运作载体，确保《纲要》的全面落实。

第五、进一步加强老龄科学研究工作。老龄社会给我们提出了许多具有挑战意义的现实问题和理论问题。可以说，对于老龄社会，我们还不十分熟悉。近20年来，我国的专家、学者从多层次多角度对老龄问题做了深入的研究，取得了显著的成绩。去年，岚清同志曾经讲过，要注意研究老龄社会的特点，弄清老龄社会与青年型社会和成年型社会的区别。这就给我们理论工作者提出了更高的要求。明年，联合国将召开第二届“世界老龄大会”，主题是“发展中国家的老龄问题”。我国是发展中国家，发展中国家和发达国家的老龄问题在实践上和理论上是不同的。那么，作为发展中国家面临老龄社会，其中的一系列理论问题和现实问题都需要我们作出新的探索。我认为，当前是老龄科学研究事业的春天，《决定》和《纲要》为老龄科学研究提出了许多重要的课题，也为发展老龄科学研究事业创造了更加有利的宏观环境。我相信，中国的理论工作者有胆略，也有创新，建立有中国特色的老龄科学理论体系应当是大家的使命。

各位专家，同志们，大家在近20年老龄事业发展过程中发挥了重要的作用。《纲要》的实施同样也需要在座各位献计献策。今后，我们要加强和各位专家、学者的联系和沟通，同时也要为大家进一步做好服务工作。各位专家，希望我们大家不负春光，只争朝夕，相互支持，共同推进老龄事业全面发展。

李宝库同志就《中国老龄事业发展“十五”计划纲要（2001—2005年）》答记者问

（2001年8月21日）

问：《纲要》是新世纪老龄事业第一个5年计划，也是我国人口年龄结构迈入老年型后的第一个5年计划，它的颁布实施都有哪些重大意义？

答：老龄问题是影响全局的战略性问题，《纲要》是在我国老龄事业发展的关键时期颁布的一个重要的指导性文件。它的重大意义在于：

第一，是我国应对新世纪人口老龄化挑战的行动纲领。1999年，我国60岁以上人口占总人口比重已超过10%，2000年第五次人口普查数据显示，65岁及以上人口占总人口的6.96%。按照国际通用标准，这些都表明我国人口年龄结构已开始迈入老年型。在新世纪，我国人口老龄化还将继续以较快的速度发展。预计2020年65岁及以上人口将超过总人口的10%，2040年将占到总人口的1/5强。老年人口总量和占总人口比重的快速增长，必将使老年人问题日益突出，也将使社会经济发展面临庞大的人口规模与人口老龄化的双重挑战，这对我国实现人口、经济、社会与环境的协调和可持续发展是一个严峻的考验。制定和实施《纲要》，保障日益增长的老年人口的物质和精神文化需求，减少人口老龄化对社会经济发展的负面影响，从思想上、物质上、政策上、制度上做好迎接人口老龄化高峰的各项准备，对促进人口老龄化与社会经济协调发展，具有重大意义。

第二，是贯彻落实《国民经济和社会发展第十个五年计划纲要》和《中共中央、国务院关于加强老龄工作的决定》（以下简称《决定》）精神，开创老龄事业发展新局面的重要举措。《国民经济和社会发展第十个五年计划纲要》把老龄事业纳入国家的可持续发展战略，放在经济社会发展的突出位置。党和政府高度重视老龄事业，下发了《决定》，为老龄事业发展指明了前进方向。通过制定《纲要》，把老龄事业切实纳入国家社会经济发展总体规划，把党中央、国务院的《决定》精神落到实处，必将加快推动新时期的老龄事业健康、有序、全面发展。

第三，是贯彻江泽民同志关于“三个代表”重要思想的具体体现。“三个代表”的实质就是要代表最广大人民的根本利益，这是我们一切工作的出发点和落脚点。《纲要》制定的目标、任务和措施，从广大老年人的需求出发，全面提高老年人的生命和生活质量，努力实现老年人口与社会其他年龄人口共享社会经济发展成果。《纲要》的制定和颁布充分体现了党和国家对广大老年人的关怀，代表了广大老年人的根本利益。

问：《纲要》是从全局和宏观高度指导老龄事业发展的纲领性文件，《纲要》的总目标比较全面地概括了老龄事业的基本任务，为老龄事业发展指明了方向。那么，作为起草者，在《纲要》的制定过程中，对这个总目标是如何把握的？

答：《纲要》的总目标也是未来5年老龄事业发展的基本思路。我们在制定过程中，主要是根据我国社会主义初级阶段的基本国情，立足于现阶段我国社会经济发展的宏观背景，在回顾老龄事业十几年来的发展，总结经验教训的基础上，针对人口老龄化的发展趋势和老年人口的需求，理清发展思路，抓住发展重点，努力调整目前老龄事业发展中与人口老龄化要求和社会经济发展不相适应的部分，保障日益增多的老年人口共享社会经济发展成果，实现人口老龄化与社会经济的协调发展。通过总目标的实现，力争在较短的时间内，使老龄事业有一个较大的发展，也为迎接即将到来的人口老龄化高峰奠定良好的事业基础。

同时，总目标的设定也是慎重的。我们考虑到，尽管老龄事业经过十几年来的发展有了较大进步，但从总体上讲，基础还比较薄弱。特别是，我国老年人口基数大，发展快，地区间发展不平衡，且超前于社会经济的发展。这些情况要求我们，在制定老龄事业发展计划时，应当从实际需要和可能出发，实事求是，使《纲要》符合实际，切实可行，通过努力能够实现。这也是我们在制定《纲要》总目标时的一个基本考虑。

问：《纲要》中关于老龄事业发展的6条指导原则提得很好，为发展老龄事业提供了重要的理论依据，感到非常符合实际，便于在执行中遵循。那么，这些指导原则的确定都出于哪些考虑？

答：指导原则是行动的指南，工作的依据，是老龄事业沿着正确的轨道发展所必须遵循的。《纲要》的总的指导原则就是，老龄事业要与社会经济发展相适应，与人口老龄化的发展要求相适应。这是发展老龄事业必须贯穿始终的一条主线，任何时候都必须遵循。在现阶段，对这一总原则的具体贯彻就表现在，要紧密结合时代特点和反映时代的要求，特别是要坚持老龄事业发展与社会主义市场经济体制改革的要求相适应，进一步加强政府在老龄事业发展中的主导作用，同时充分运用市场机制，走社会化、产业化的发展道路，调动社会各方面的力量，共同推动老龄事业较快发展。

在发展老龄事业，开展老龄工作的过程中，还必须注意把握和协调好各种相关因素之间的辩证关系，防止片面性。比如，在养老保障制度建设上，要处理好家庭养老与社会养老的关系；在营造老龄事业的社会环境上，要处理好法律约束与道德规范的关系；在满足老年人需求上，要处理好物质需求和精神文化以及参与社会发展的需求的关系，等等。还需要把握和协调好一般与特殊的关系，这包括全局与局部，城镇与农村，较发达地区与欠发达地区，一般人群和特殊人群等的关系。

发展老龄事业还要善于抓住主要矛盾，在整体推进的基础上实现重点突破。整体推进为重点突破创造了条件，重点突破是为了更好地实现整体推进。

问：《纲要》与原来的《中国老龄工作七年发展纲要（1994—2000年）》相比，有哪些发展？

答：《中国老龄工作七年发展纲要》是我国第一个老龄事业发展纲要，在老龄事业发展史上占有重要位置。它的制定和颁布实施反映了我国对人口老龄化及其社会经济影响，对人口老龄化在社会主义建设事业中的重要地位的认识，反映了党和政府对老龄事业的重视，在推动老龄事业发展上的作用应当说是功不可没的。7年来，在党和政府的领导下，我国各级老龄组织和政府各有关部门为推动老龄工作，发展老龄事业做出了重要贡献，在工作中也创造和积累了许多新鲜经验，对此，《纲要》都做了充分的吸收。

时隔7年，我国的社会经济形势发生了巨大的变化。综合国力进一步增强，社会主义市场经济体制初步建立，社会保障制度在改革中不断完善，社会主义法制建设与精神文明建设取得重大进展，人民生活水平总体上达到小康。这些，既为老龄事业创造了进一步发展的条件和基础，同时，也对老龄事业的发展提出了更高的要求。特别是，在这段时间里，我国的老年人口数量又增长了2000万左右，人口年龄结构已开始从成年型迈人老年型，这就要求老龄事业要有一个较大的跨越性的发展，需要我们根据新形势的要求，探索新时期发展老龄事业的新任务和新途径。

《纲要》确立了适应新时期形势要求的老龄事业发展新机制。新时期老龄事业的发展，要坚持发挥政府的主导作用，充分运用市场机制，广泛动员社会各方面力量，推动老年服务业走社会化、产业化道路。在市场经济条件下，政府在老龄事业中的主导作用必须进一步加强。政府在老龄问题的两个基本方面——发展问题与人道主义问题上都负有义不容辞的责任。应对人口老龄化给经济社会的可持续发展带来的挑战，适时制定宏观政策加以调控，解决发展方面的问题，政府责无旁贷。老年人是社会的弱势群体，维护他们的权益，保障他们的生活，使他们共享社会经济发展成果，特别是做好贫困老年人群的基本保障，更需要政府重点关注。同时，政府还要重视发挥市场机制，制定有关政策、法规，通过计划指导和必要的行政管理，为老龄事业，特别是老年服务业进入市场，走产业化发展道路创造一个有利的政策大环境，以满足老年人日益增长的多样性、多层次的物质和文化需要。应当看到，随着人民生活水平的提高，老年群体的不断壮大，老年人口的高龄化和家庭规模的小型化，老年人的需求不仅是量上的增长，而且内容上趋于多样化，也需要质的提高。庞大的市场需求不通过产业化的道路不能解决。市场经济体制的初步建立，也为老年产业的发展创造了条件。充分运用市场机制，调动社会各方面的积极性，发展老年人需要的设施、产品与服务，是市场经济条件下发展老龄事业的必由之路。

《纲要》提出了适应新形势要求的老龄事业发展的新任务。《纲要》从城乡不同特点出发，提出在城镇要加快建立统一、规范、完善的养老保险体系，在农村要逐步建立和完善土地保障、家庭赡养和社会扶持相结合的农民养老保障体系；要按照政府救济和社会互助相结合的原则，构建多层次、多元化和多项目的贫困老人救助体系，切实加强对老年弱势群体的保障；要初步建立起以社区为基础的老年医疗保健服务体系，努力满足城乡老年人的基本医疗需求；要初步建成养老设施网络，初步形成以社区为依托的老年照料服务体系；要逐步形成维护老年人合法权益的法律保障体系。

《纲要》强调要把老龄工作的重点放在社区。《纲要》适应市场经济体制改革深化过程中离退休职工的管理与服务逐步转向社区的要求，针对老年人绝大部分时间生活在社区的特点，顺应多数老年人希望居家养老的愿望，提出建立起以社区为基础的老年人管理与服务体系，把老年人的大部分基本需求满足在社区。《纲要》从老年人的医疗保健、照料服务、老年教育、文体娱乐、法律保障等方面全面规定了“十五”期间社区层面的任务和目标，强调要加快社区养老设施与服务网络建设，建立专、兼职与志愿者相结合的为老服务队伍；逐步优化支持老年人居家养老的社会和社区环境，等等。

《纲要》强化了贯彻落实的内容。《纲要》以国务院的名义印发各地贯彻执行，明确了全国老龄工作委员会作为《纲要》检查落实的职能部门，赋予其检查督促《纲要》贯彻落实的职责，确立了《纲要》的权威地位，加大了贯彻实施的力度。《纲要》从组织建设、经费投入、体制创新、人才培养等方面加强了《纲要》的实施保证。同时强调了《纲要》实施过程中的检查、督促、评估和激励。

问：我们注意到，《纲要》在任务和措施中，比如老年社会福利设施，老年法律保障和医疗保健等方面，提出了一些具体的量化指标。作为全国性的老龄事业发展纲要，在对具体任务和措施的规定上，都有哪些考虑？

答：第一，将原则性要求和可量化指标结合起来。在制定《纲要》的具体目标和任务时，我们根据实际需要和可能，提出了一些量化指标，这些指标是考虑到城乡和地区间差别的，我们认为，经过“十五”期间的努力是可以实现的。另一方面，作为全国性的发展计划，应当着重体现它的战略性、宏观性和政策指导作用。特别是，我国城乡和地区间社会经济基础差异较大，人口老龄化发展速度有快有慢，老龄事业发展很不平衡，制定过多过细的指令性指标既不切合实际，也会束缚各地的积极性和创造精神。因此，我们对多数任务都只做了原则性的要求，这并不表明要求的力度降低了，而是给各地留下了更大的发展空间。同时，我们也要求各地根据《纲要》要求，结合本地实际，进一步制定出本地的老龄事业发展计划。

第二，兼顾了老龄事业发展的阶段性和前瞻性。《纲要》既立足于当前老龄事业发展的实际，抓住重点、难点，解决目前老龄事业发展中迫切需要解决的现实问题，同时根据老龄事业发展的总趋势，通过制定规划，有计划、有步骤地为迎接人口老龄化高峰的挑战做好各项准备，使《纲要》既有很强的现实性，又具备科学的前瞻性。

第三，重点放在满足老年人的基本需求上。《纲要》在任务和措施的规定上，突出了一个“实”字。《纲要》围绕“老有所养、老有所医、老有所教、老有所学、老有所为、老有所乐”这一总目标，从老年人的基本需求出发，将“十五”期间的具体任务概括为经济供养、医疗保健、照料服务、精神文化生活及权益保障5个方面，并将各项措施与任务一一对应起来，突出了重点，明确了任务，措施更有针对性，更具体和可行。

问：现在，《纲要》已经由国务院批准颁布实施了。那么，应如何使《纲要》深入人心，动员社会和各有关部门积极参与，推动《纲要》的落实，形成全社会关心老龄事业，发展老龄事业的大好局面？

答：《纲要》的制定前后经过了一年多的时间。中央和国务院领导同志高度重视这项工作，多次对《纲要》的指导思想、基本框架、目标和任务做出重要指示。各级老龄工作部门和有关政府机构、广大老年组织以及许多理论与实际工作者都广泛参与了《纲要》的讨论制定工作。可以说，《纲要》倾注了他们大量的心血，《纲要》的编制成功是各方面共同努力的结果。下一步就是要狠抓落实。

首先，要统一思想，提高认识。认识发展老龄事业的重要性和紧迫性。把老龄事业作为社会主义现代化建设事业的一个重要组成部分，把落实《纲要》作为贯彻江泽民同志关于“三个代表”重要思想的具体行动，把发展老龄事业，改善老年人生活作为各级政府的一项重要责任，从维护改革、发展、稳定大局，从维护国家长治久安的高度来看待这个问题。

第二，要从实际出发，开拓进取，锐意创新。我们把老年比作夕阳，但老龄事业对我们来说却是朝阳事业，发达国家在处理老龄问题过程中所取得的经验和教训，我们要借鉴，但不是盲目照搬、照抄，而要从我国的实际出发，在实践过程中不断探索和创造有中国特色的老龄事业的发展道路。在贯彻《纲要》的过程中，各地也要根据《纲要》的精神，从本地区的社会经济和人口老龄化发展的实际出发，解放思想，运用创新的思维，积极探索发展老龄事业的新思路，创造老龄工作的新方法。

第三，要脚踏实地，狠抓落实。要树立全心全意为人民服务的思想，为群众解决实际问题，为广大老年人谋利益。坚决摒弃虚夸不实、形式主义和官僚主义作风。各地要根据《纲要》提出的各项任务，结合本地实际情况，制定好本地区本部门的老龄事业发展计划，采取切实有效的措施，加强指导，推进工作。要进一步健全老龄工作机构，加强队伍建设，做好发展老龄事业的组织准备；要建立多元化、制度化的老龄事业财力投入机制，为老龄事业发展提供可靠的经费保障；要重视科研和人才培养；要建立政府主导，社会广泛参与的老龄事业发展机制和老龄工作体制，为推动老龄事业发展做好各项保证。同时，要建立《纲要》实施的检查、督促、评估和激励机制，有力推动《纲要》的落实。

老龄事业是一项社会系统工程，涉及方方面面，需要政府、社会、家庭和个人的共同参与。必须强化全社会的老龄意识、养老意识和自我准备意识，调动社会各方面参与老龄事业发展的自觉性、积极性和创造性，形成共同推动老龄事业发展的合力。

《纲要》的颁布实施吹响了新世纪老龄事业的进军号，我们要奋发努力，与时俱进，为实现这一宏伟蓝图而奋斗。

李宝库同志在26城市老龄工作委员会办公室负责人联席会议上的讲话

（2001年9月18日）

同志们：

很高兴来参加26城市老龄工作委员会办公室负责人联席会议。召开联席会议是一种非常好的工作形式，通过互通工作信息，交流工作体会，研究探讨问题，能够达到开阔视野，拓宽思路，取长补短，推动各地工作开展的目的。今天的会议是我担任全国老龄工作委员会办公室常务副主任、中国老龄协会会长以后，到地方参加的第一个老龄工作方面的会议，主要是向同志们学习来的，同时，也借这个机会，就当前办公室的工作讲几点意见：

一、适应形势发展，抓紧理顺工作体制，尽快建立工作机构

全国老龄工作会议以后，各地老龄工作进展情况是好的。对此，前不久在西安召开的各省、自治区、直辖市老龄工作委员会办公室负责人会议上，多吉才让部长已经作了比较全面的总结。当前的老龄工作形势可以概括为这样5句话：人口老龄化的形势越来越严峻，党中央、国务院对老龄工作越来越重视，加快发展老龄事业的客观环境越来越好，老龄工作的任务越来越重，老龄工作干部的责任越来越大。总之，现在是建国以来老龄工作形势最好的时期。希望大家认清形势，抓住机遇，明确思路，转变作风，用扎扎实实的工作，认真履行好办公室的职责，不辜负各级党委和政府对我们的信任和重托。

为适应工作需要，最近，民政部对全国老龄工作委员会办公室和中国老龄协会的机构进行了调整。大家可能知道，中国老龄协会承担全国老龄工作委员会办公室日常工作以后，为了履行好办公室的职责，我们曾对老龄协会的机构进行了一些调整，从设立四个组到抽专人从事办公室的工作，进行了一年多的试验和探索，但都不太理想。为了从根本上强化办公室的职能，加强办公室的工作，我们按照“精简、统一、效能”的原则，对全国老龄工作委员会办公室和中国老龄协会机构进行了较大的调整。调整后的机构以全国老龄工作委员会办公室职能为主，同时兼顾中国老龄协会的职能；根据工作需要，在国际和民间交往等方面工作，我们还可以举中国老龄协会这块牌子。现在，全国老龄工作委员会办公室（中国老龄协会）内设6个部，直属1个中心。这6个部分别是综合部、联络部、政研部、权益部、国际部、政工部，还有1个机关服务中心。其中，综合部主要负责综合性文件的起草，对办公室党委决定和上级领导批示督察督办，行政事务管理，财务管理。联络部主要负责办公室和老工委各成员单位之间的联络，负责《老龄工作简报》和《老龄情况反映》的编发，协调推动各成员单位积极开展工作。政研部的主要工作是老龄工作政策研究和宣传，指导和推动全国各地基层老龄工作。权益部的主要工作是依法保护老年人合法权益，接待来信来访。国际部的主要工作是负责老龄领域国际联络、合作和交流，对外宣传我国老龄工作成就。政工部负责机关干部思想政治、人事、党务、群团工作。另外设了纪委办公室，专门负责纪检、监察、审计工作。机关服务中心主要负责生活福利等后勤保障工作。全国老工委办公室（中国老龄协会）机关现有事业编制60人，设常务副主任1名，由我来兼任，还设副主任（协会副会长）4名，为正局级。以前，由于中国老龄协会没有对地方进行工作指导的职责，老龄工作全国上下渠道是不贯通的，今后，全国老龄工作委员会办公室要加强与各地的联络工作，希望大家积极同我们进行联系，沟通情况，介绍经验，反映问题，提出建议，确保上下工作渠道畅通。

目前，全国省一级的老龄工作体制已经基本理顺，省级以下有的地方也已经理顺了。据我了解，在理顺体制的一些地方，也还存在一些这样那样的问题，需要认真研究解决。还没有理顺体制的地方，希望有关领导要高度重视，摆上重要工作日程，再不能往后拖了！《中共中央、国务院关于加强老龄工作的决定》（以下简称《决定》）对今后一个时期老龄工作作出了战略部署，提出了很高的要求，使我们现在所承担的工作职责同以前相比发生了很大的变化，工作任务变实了，责任加重了。工作任务决定工作机构，机构要适应任务。工作体制没理顺，办事机构没建立，就很难完成好党中央、国务院交给我们的工作任务。当前，地市及其以下的机构改革正在进行中，希望各地抓住有利时机，下大气力把这个问题解决好。在这方面，省一级老龄工作委员会办公室要把理顺体制、建立机构作为今明两年的重要工作，予以积极关注和推动。在机构问题上，各地要坚持两个原则：一是要严格按照《决定》的要求，成立老龄工作委员会，在民政部门建立办事机构。二是要认真贯彻李岚清副总理关于“老龄工作机构在机构改革中只能加强，不能削弱”的指示精神，理顺体制，建好机构，配强人员，从组织上保障老龄工作的开展。

二、高高举起维护老年人合法权益的旗帜

老年群体是社会的弱势群体，维护老年人的合法权益意义重大。随着人口老龄化的发展，老年人日益增多，老年人遇到的供养、照料等方面的问题越来越多，因此，保障老年人的基本生活和其他特殊需求，维护老年人的合法权益，已经成为政府和社会面临的重要问题。虽然我国的宪法、婚姻法、民法通则、刑法等法律已经对维护老年人合法权益做出了一些规定，1996年全国人大常委会又通过了《中华人民共和国老年人权益保障法》，各级政府加强了对老年人权益的保护工作，但是，在改革开放不断深入和社会主义市场经济体制逐步健全完善的过程中，老年人遇到了一些新问题。不管是在城市还是在农村，老年人合法权益受到侵犯的现象时有发生，而且近年来有增多的趋势。有些老年人得不到赡养，有的财产权受到侵犯，有的婚姻自由受到干涉，有的住房被挤占，等等。据福建省司法部门提供的数据，近两年审结的涉老案件有562起，80%属于养老纠纷。两年前山东省也出现过父母逃避儿媳虐待的“躲儿庄”。其他各省农村老年人中受虐待的现象也屡见报端，少数农村老年人由于各种原因，生活还相当困难。四川省还出现过一位副县长不养老母，让其乞讨饿死街头的骇人听闻之事。尽管这些问题是发生在少数地方的个别现象，但与我们的社会主义制度很不相融，与社会主义精神文明建设要求格格不入。我们要高度重视，认真研究解决。代表人民群众的利益是我们党一切工作的出发点和落脚点。捍卫广大老年人的权益，为他们撑腰做主，是各级老龄工作部门在实践中贯彻落实江泽民总书记关于中国共产党要“代表最广大人民的根本利益”的重要思想的具体体现，是我们义不容辞的责任。在新的历史时期，各级老龄工作部门要进一步提高认识，高高举起维护老年人合法权益的这面旗帜。

维护老年人的合法权益是各级老龄工作部门的一项重要任务。去年，中共中央、国务院下发了《决定》，对切实保障老年人的合法权益提出了明确要求，今年7月国务院又发布了《中国老龄事业发展“十五”计划纲要》（以下简称《纲要》），对今后五年老年人的权益保障工作作了具体部署，我们要认真贯彻落实。维护老年人的合法权益重要的是加强法规政策建设。为此，省一级老工办要加强这方面的调研，与有关部门一道加快制定保护老年人合法权益的实施细则，推动有关部门出台配套政策，逐步形成维护老年人合法权益的法规政策体系。各级老龄工作部门要切实履行好职责，督促和协调各部门依法行政，积极配合和协助司法行政部门，做好维护老年人合法权益的工作。要积极联合有关部门，加强对有关老年法规政策贯彻执行情况的检查，发现问题，及时解决。要把执法检查制度化。要采取多种形式，加强对《老年法》的宣传，力争做到家喻户晓，人人皆知，强化全社会维护老年人权益的法制观念，形成保护老年人合法权益的良好社会氛围。要树立和表彰尊老、敬老、养老、助老等保护老年人合法权益的先进典型和人物，弘扬中华民族的传统美德。对侵犯老年人合法权益的典型案件和反面人物，要充分发挥新闻媒体的舆论监督作用，进行跟踪，公开曝光，予以抨击。要帮助老年人学法、懂法、守法、用法，提高他们法律意识，依法维护自身的合法权益。为了加强维权工作，全国老龄工作委员会办公室增设了权益部，希望各地从实际出发，重视老年人权益保护工作，切实把它作为老龄工作中的重要任务，抓紧抓好，抓出成效。

三、把老龄工作的重点放到社区

因为广大老年人生活在社区，所以老龄工作的基础在社区，重点在社区。《决定》要求，加强社区建设，依托社区发展老年服务业，进一步完善社区为老年人服务的功能。《纲要》把“建立以城市社区为基础的老年人管理和服务体系”作为总目标之一。李岚清副总理今年2月明确指出：“老龄工作的重点在社区、在基层”，要求“各级党委和政府在推进社区建设中，要把老龄工作作为重要内容来抓，切实解决社区老龄工作中的问题和困难”。这说明，党和政府对社区老龄工作是非常重视的。今年7月，民政部在青岛召开了全国社区建设工作会议，要求把社区老龄工作作为社区建设的一项重要内容来抓，把为老服务摆在社区服务重中之重的位置，把老龄工作、“星光计划”和社区建设紧密结合起来，共同推进。

加强社区老龄工作意义重大，它是贯彻落实江泽民总书记“三个代表”重要思想在老龄工作中的具体体现，是提高社区老年人生活质量和生活水平的客观要求，是贯彻落实《决定》和《纲要》的具体行动，是新形势下转变老龄工作方式的重要举措。同时要看到，做好社区老龄工作任务艰巨。如何做好社区老龄工作，我们还没有一套成熟的经验。因此，探索社区老龄工作新体制、新机制的任务迫在眉睫。我们要以高度的政治责任感和紧迫感投入到社区老龄工作实践和探索之中，特别是与会的大中城市老龄工作委员会的负责同志更是责无旁贷，应当先行一步，走在前面。

在探索过程中，要坚持以下几条原则：一是要坚持以人为本，从老年人的实际需要出发开展工作，把提高老年人的生活质量和生活水平放在首位。二是坚持社区居民民主自治，让社区居民包括社区的老年人依法管理自己的事情。三是坚持广泛参与，老龄工作不仅仅是老年人和老龄工作者的事情，它是一项社会工作，需要广大社区居民的参与和支持，需要调动社会各方面的积极性共同做好老龄工作。四是坚持党对社区老龄工作的领导，健全党的社区基层组织，发挥党员先锋模范作用，保证党的路线、方针政策在社区得到贯彻落实。

目前，上海正在进行老年社团进社区的探索，用社团的形式实现老年人自我教育、自我服务、自我管理、自我监督，同时大力发展为老服务民办非企业单位，使社区为老服务工作形成福利化、市场化、社会化。北京市西城区积极推进政府职能转变，强化社区老年人自治功能，并制定政策不断激发社区服务的生机和活力，以此来推进市场化和社会化发展。天津最近准备召开社区老龄工作经验交流会，研究探索推动社区老龄工作。他们这些做法很好，值得各地学习。我认为，只要符合我国社会主义市场经济发展的需要，符合中共中央办公厅、国务院办公厅转发的《民政部关于在全国推进城市社区建设的意见》（中办发［2000］23号）的要求，有利于促进“六个老有”在社区的落实，都可以大胆探索，大胆试验。大家可以参考上海、北京、天津的做法，结合自己的实际情况，选择适合自己的模式去操作，我们会随时关注各地的进展情况，并适时地总结推广各地的经验和做法。

四、积极探索新形势下推动老龄工作的激励机制

老龄工作不同于其他许多部门性的工作，它是一项综合性、社会性很强的系统工程，涉及政府的许多职能部门以及社会的方方面面，需要调动起各方面的人力、财力和物力资源，单靠老龄工作一个部门的力量是远远不够的。那么，通过一种什么样的手段，或者说采取一种什么样的机制，才能够把各方面的积极性、自觉性和创造性充分调动起来，形成齐抓共管整体推进老龄工作的合力呢？《纲要》中明确提出，要形成老龄事业发展的激励机制，这是有效推动老龄工作必须解决的一个重要问题，也是摆在我们各级老龄机构面前的一个重要课题。

激励机制是鼓励和调动人们积极性的一套办法和措施。老龄工作激励机制就是要使老龄工作的各个要素之间组成良性互动的关系，激发每个要素在老龄工作中发挥努力竞争、合作创新的功能。应当说，近年来各地在探索推动老龄工作的激励机制上做了许多工作，摸索并创造出了不少典型经验和做法。比如青岛市以市委市政府的名义开展了创造敬老模范市（区）活动，河南省安阳市开展了敬老模范城的创建活动，陕西省开展了“创建敬老模范村活动”，北京市开展了“家庭百颗星”评选活动等等，都取得了较好的效果。我认为，这些工作都是值得肯定和鼓励的。希望大家根据各地的实际，同时借鉴其他部门的经验，大胆摸索，认真实践，勇于创新，创建适合新形势下推动老龄工作的激励机制。

我认为，在探索建立老龄工作激励机制的过程中，应当注意把握以下3个方面：一是老龄工作激励机制的建立要与各地的中心工作结合起来。老龄工作是社会主义现代化建设的一个组成部分，老龄工作激励机制的建立最终是为了解决老龄问题，促进经济发展和社会稳定，促进改革开放和两个文明建设。所以它首先必须服从于服务于当地社会经济发展的全局，纳入到党委和政府的统一规划中去，这样的激励机制才能得到各级党政的高度重视和支持，才会有力地推动老龄工作的发展。二是老龄工作激励机制的内容要与落实《纲要》结合起来。《纲要》是党中央、国务院对今后5年老龄事业发展的战略部署，各地要根据《纲要》精神制定符合本地实际的具体发展计划，把“十五”期间的各项任务落到实处。激励机制的内容要紧紧围绕对《纲要》落实情况的督促检查和审评来进行，使激励机制成为落实《纲要》的有力手段和重要载体。三是老龄工作激励机制的落实要与有关政策的制定和制度建设结合起来。激励机制必须依靠制度创新，必须建立在一套适宜的制度体系基础之上。老龄工作要加强制度建设，有了制度，行动才有准则；有了制度，检查和督促才有依据。激励机制的实现还要依靠有关政策的制定和落实，没有政策支持的激励机制只不过是空中楼阁。比如，在调动社会力量积极参与为老服务方面就需要优惠政策的吸引，我们在这方面做了一些工作，但是离实际要求还很不够，还需要进一步加强。

今天，借联席会议的机会，我强调上面这四个问题，希望各地引起重视。最后，祝这次会议圆满成功。

李宝库同志在全国老龄工作委员会成员单位联络员会议上的讲话

（2001 年 10 月 13 日）

同志们：

今天我们召开全国老龄工作委员会成立以来第四次联络员会议。借此机会，我代表全国老龄工作委员会办公室欢迎各位联络员出席今天的会议，感谢大家对我们工作的关心和支持。这次会议的主要议题是，交流、座谈成员单位贯彻落实《中共中央、国务院关于加强老龄工作的决定》（以下简称《决定》）、《中国老龄事业发展“十五”计划纲要》（以下简称《纲要》）的情况，研究探讨明年的工作任务，推动成员单位老龄工作的深入开展。还有一个目的是，为拟于明年 1 月召开的全国老龄工作委员会第四次全体会议做些准备。我先向大家通报一下全国老龄工作的有关情况，然后就贯彻落实《纲要》和老龄工作委员会办公室明年的工作讲点意见。

一、全国老龄工作由于党和政府高度重视，形势较好

去年 8 月，中共中央、国务院下发了《决定》。随后，国务院召开了全国老龄工作会议。今年 5 月，国务院印发《纲要》，这是党中央、国务院在新的历史条件下就老龄工作做出的重大决策。对此，各地党委和政府高度重视，采取积极措施认真贯彻落实《决定》和《纲要》，进展情况总体上是好的。突出表现在以下几个方面：

一是认真传达了全国老龄工作会议精神。各地都组织学习了《决定》，并结合各地实际制定了贯彻落实的措施，研究部署了老龄工作。北京、重庆、黑龙江、山东、江苏、河南、广东、青海、福建、湖南等省市，以党委、政府的名义出台了贯彻《决定》的文件，把老龄工作摆上了党委和政府的工作日程。

二是理顺了省级老龄工作体制，为深入开展老龄工作提供了组织保证。目前 31 个省、自治区、直辖市和 5 个计划单列市都按照中央要求，理顺了省级老龄工作关系，建立了本级老龄工作委员会。部分省、区、市正按中央要求理顺地县级老龄工作机构。现在地市一级正在进行机构改革，我们已经要求各地抓住有利时机，贯彻落实李岚清副总理关于“老龄工作机构在机构改革中只能加强，不能削弱”的指示精神，理顺体制，建好机构，配强人员，从组织上保证老龄工作的顺利发展。

三是召开了省级老龄工作会议，明确了老龄工作的目标任务和工作重点。全国绝大多数省、区、市都以政府名义召开了老龄工作会议，部署了今后一个时期的老龄工作。23 个成员单位大部分都制定了落实《决定》的意见或行动计划，力度比较大。《纲要》颁布后，部分省、区、市相继制定了本地的老年事业发展规划，把老龄事业纳入了当地的经济和社会发展总体规划，加大了对老龄事业的投入，加快了老年福利设施建设和为老服务业的发展步伐。

四是围绕《中华人民共和国老年人权益保障法》颁布实施 5 周年，各地开展了一系列活动。各地老龄工作委员会办公室和涉老部门充分利用《老年法》颁布实施 5 周年的有利时机，广泛开展了形式多样、丰富多彩的社会活动，营造了维护老年人合法权益的社会氛围。新闻媒体开辟了专栏，广泛宣传《老年法》，提高了全社会的尊老、养老、助老意识和老年人的自我保护意识。各地老龄工作机构和城乡基层组织配合司法部门开展了《老年法》执法、普法大检查，维护了老年人的合法权益。上海、天津、黑龙江、吉林、浙江、江苏、安徽、山东、湖南、湖北、云南、重庆、四川、陕西、甘肃等省市制定了地方性的老年法规。有些省市还出台了老年优待政策，对老年人在乘车、医疗、购物、参观游览等方面给予优先或优惠；对百岁老人发 100 元保健费，进行免费医疗保健服务；对农村老年人实施减免“三提五统”的优待办法。有的省还召开现场经验交流会，推广先进经验，把维护老年人权益和敬老优待工作落到实处。中国老龄协会配合全国人大内司委到湖南、重庆开展了老年法执法检查，全国近 20 个省、直辖市、自治区的老龄工作机构也开展了老年法实施情况的调查研究，对今后进一步作好维护老年人合法权益工作打下了坚实的基础。

五是利用“重阳节”广泛开展了社会活动，丰富了老年人的精神文化生活。今年重阳节期间，全国大部分省、直辖市、自治区都开展了形式多样、丰富多彩的庆祝和慰问活动，各级党政领导分别在庆祝大会、文艺晚会、联欢会、游园会上发表讲话，表示要把老龄工作和老龄事业纳入社会经济发展总体规划，为老年人安度晚年创造良好的条件；不少地方的老工委办公室联合有关部门，举行了老年文艺演出、书画展览、体育健身、法律咨询、医疗义诊、老年用品展销等活动，为老年人办好事、办实事，营造了良好的社会环境。

总之，全国老龄工作的进展情况是好的，已经有了很好的基础。但是，从目前各地反映和我们掌握的情况看，还存在一些突出的问题。一是机构还没有完全理顺，有些省一级机构虽然表面上建立了，但内设机构和人员编制还没有完全到位，工作还不能完全协调运转；多数省、区、市的地县级机构还没有理顺，影响了老龄工作的深入开展。二是部分地方老工办的工作思路尚未转变过来，仍习惯于沿用传统的思维定式思考问题，开展工作。三是有些地方工作基础比较薄弱，工作经费紧张，办公条件简陋。四是干部队伍的年龄结构、知识结构、专业结构不尽合理，不适应老龄工作的开展。五是侵犯老年人权益的现象仍时有发生。上述情况很不适应当前老龄工作的新形势和新任务，需要高度重视，认真研究解决。

二、各成员单位认真落实《决定》和《纲要》，成效明显

党中央、国务院《决定》和《纲要》公布后，全国老龄工作委员会各成员单位高度重视，积极行动，认真研究贯彻落实措施，按照成员单位职责制定了行动计划，出台了一些政策，增加了投入，并启动了一些重大项目，在全国产生了良好影响，有力地推动了老龄工作的发展。财政部、国家税务总局在《决定》公布后，很快制定了《关于对老年服务机构有关税收政策问题的通知》。财政部、劳动和社会保障部从制度建设和增加财政投入上为老年人着想，确保两费足额发放，提高养老金标准。国家计委在起草国家“十五”计划时，把老龄事业纳入了国家社会发展计划，与澳大利亚合作组织开展了人口老龄化宏观政策研究，召开了中国农村养老保障国际研讨会，探讨农村养老保障的制度建设。卫生部在《关于进一步加强精神卫生工作的若干意见》和《中国精神卫生工作2001—2010年规划》中，把老年群体的精神卫生工作单独写了一节，作为卫生部的重要工作内容之一予以强调。文化部正在起草老年教育条例。建设部、残联、中国老龄协会等部门联合印发了《无障碍设施建设工作“十五”实施方案》。人事部党组认真传达中央《决定》和《计划纲要》，并结合人事部的职能和工作实际，研究了具体落实措施，今年两次增加了机关和事业单位离退休人员的离退休费，使广大离退休人员的生活水平得到进一步提高，还配合中组部等有关部门解决了离退休人员的“两费”拖欠问题。中组部召开了全国老干部工作会议，研讨建立和完善老干部工作机制，强化公仆意识，改进工作作风，着力解决老干部工作中存在的突出问题，为进一步做好老干部工作奠定了了基础。全国妇联制定了《关于加强老龄妇女工作的意见》和《关于落实“中共中央、国务院关于加强老龄工作的决定”的意见》。中直机关工委建立了联络员队伍，由中直各机关党委指定人员作为本机关的联络员，负责中直工委和成员单位机关的联系，协助相关部门做好老龄工作，并将在年底前召开中直机关第二次老龄工作经验交流会，进一步推动了中直机关的老龄工作。民政部今年启动了“全国社区老年福利服务星光计划”，这个计划预计3年完成，筹集福利彩票所得福利金和地方配套资金80亿—100亿元，在全国10万个社区居委会建设老年福利服务设施和活动场地，这是一项造福全国老年人的巨大工程，在全国老龄事业发展历史上是第一次。随着这项计划的实施，全国老年活动场所严重不足的局面将大大缓解。国家体育总局按照《决定》的要求，在全国开展了“亿万老年人健身活动”，从体育彩票收益中拨出专款在居民小区修筑健身路径，安装健身器材，明年将与老年体协一起为老少边穷地区增加专项资金100万元，用于修建门球场等老年体育设施。广电总局通过《宣传通报》，指导各地广播电视厅局和电台电视台宣传《决定》和《纲要》，强调按党中央的要求做好老龄工作的宣传报道。总政进一步加强了军队离退休干部思想政治工作，健全完善了老干部安置管理等政策，为加强军队干修所的全面建设，指导军队老干部在国家和军队建设中发挥作用做了大量工作，取得了显著效果。

上述工作成绩的取得，说明各成员单位的领导高度重视老龄工作，各位联络员倾注了大量心血。希望在今后的工作中，继续发挥成员单位的优势，为进一步做好老龄工作，全面推进老龄事业的发展作出新的贡献。

三、全国老龄工作委员会办公室为适应工作需要，调整了内设机构

为了适应老龄工作发展的需要，加强和充实全国老龄工作委员会办公室的力量，使中国老龄协会更好地承担老龄工作委员会办公室的日常工作，最近，民政部对全国老龄工作委员会办公室和中国老龄协会的内设机构进行了调整。调整后的机构以全国老龄工作委员会办公室的职能为主，同时兼顾中国老龄协会的职能，现在新调整的老龄工作委员会办公室和中国老龄协会是两块牌子一套人马。全国老龄工作委员会办公室（中国老龄协会）内设6个部，1个中心。即综合部、联络部、政研部、权益部、国际部、政工部和机关服务中心。综合部主要负责综合性文件的起草，对全国老龄工作委员会办公室的决定和上级领导批示督察督办，负责行政事务和财务管理。联络部主要负责办公室和各成员单位之间的联系，受全国老龄工作委员会的委托，配合、协调各成员单位整体推动全国老龄工作的开展，并负责《老龄工作简报》和《老龄情况反映》的编发等信息工作。政研部主要负责老龄工作的政策研究和宣传，指导和推动全国各地基层老龄工作。权益部的主要工作是依法保障老年人的合法权益，负责来信来访。国际部主要负责老龄国际领域的联络、合作与交流，对外宣传我国老龄工作成就。政工部负责机关的思想政治工作及人事、党务、群团工作。还设了纪委办公室，专门负责纪检监察、审计工作。机关服务中心主要负责机关的后勤保障工作。经岚清和司马义·艾买提同志批准由我兼任办公室常务副主任，中国老龄协会副会长张志鑫、赵宝华、白桦、袁新立4位同志兼任办公室副主任。另外，国务院还任命我兼任中国老龄协会会长。袁新立副会长分管联络部工作。联络部的主要工作就是为成员单位提供服务、及时与成员单位保持联系，整合成员单位的优势，形成合力。希望大家共同努力，营造一个团结合作的和谐氛围，建立通畅的信息联络渠道，充分发挥桥梁和纽带作用，把全国老工委的决定事项，通过我们联络员卓有成效的工作，落到实处。

四、老龄工作委员会办公室明年要抓的几项重要工作

根据岚清同志在全国老龄工作委员会第三次全体会议上的讲话精神和国务院印发的《纲要》，老工办党委经过认真研究，初步打算，明年要集中精力抓好以下几项重要工作：

一是继续推进各地的机构建设，主要是地、县两级。我们现在所承担的工作职责同以前相比发生了很大的变化，工作任务变实了，责任加重了。从党中央、国务院对我们的要求看，老龄工作的任务会越来越重，这就决定了各级老龄工作机构只能加强，不能削弱。当前，地市及其以下的机构改革正在进行中，我们将抓住有利时机，下大气力把这个问题解决好。

二是督促各地制定本地老龄事业发展“十五”计划纲要，并纳入当地国民经济和社会发展中长期规划和年度计划。目前多数省、区、市正在起草本地老龄事业发展规划，这是一件大事，要抓紧进行。明年我们将继续督促各地参照国务院印发的《纲要》结合本地实际情况，尽快制定老龄事业发展计划。

三是高举维护老年人权益这面旗帜，了解情况，抓好典型，表彰先进，批评落后。《老年法》是我们为老年人服务，维护老年人合法权益的法宝，各地、各部门要把维权工作作为重点，注重解决实际问题。成员单位也应该制定一些涉老的条例和法规，形成老年法律体系。我们要树立一批敬老、养老的先进典型，曝光一些侵犯老年人权益的案例，希望宣传和司法部门要从正反两个方面入手，弘扬中华民族的传统美德，营造敬老养老的良好社会氛围。

四是研究老龄工作的重点如何放在社区的问题。李岚清同志多次强调，老龄工作的重点在社区。我们准备抓一些社区开展老龄工作的试点，要通过试点，找到切入点，找到抓手，配合民政部门落实好“星光计划”。老工办明年要摸索经验，总结提高，以点带面，进一步推动基层老龄工作的开展。

五是开好两个会。一个是落实岚清同志批示，开好提高老年人生活生命质量对策研讨会。8月26日，李岚清同志在一份报告上作出重要批示“使老年人身心健康是老龄工作的重要内容，适当时候我们亦可召开一次老年学的会议”。为落实李岚清同志的重要批示，我们拟于明年六月份召开研讨会，重点研讨如何引导老年人通过科学、文明、健康的生活方式，提高他们的生活生命质量，希望成员单位给予支持。另外一个是明年4月在西班牙马德里召开的第2届世界老龄大会。这是联合国继1982年在维也纳召开第1届世界老龄大会后的又一次重要会议，这届大会将主要研究发展中国家的老龄问题。我国是最大的发展中国家，将组成政府代表团、非政府代表团和老年学术代表团参加这届大会，并在大会上发挥应有的作用。目前我们正在紧锣密鼓地做准备工作。希望得到大家的支持和帮助。

五、对成员单位继续贯彻落实《决定》和《纲要》提点要求

党中央、国务院《决定》和《纲要》是今后一个时期指导我们做好老龄工作，发展老龄事业的纲领性文件，为了进一步贯彻落实这两个文件，加快老龄工作的步伐，我就当前的工作提点要求，供大家参考。

一是进一步增强对人口老龄化形势的认识。目前，我国60岁以上老年人口已达到1.3亿，超过总人口的10%，人口年龄结构已进入老龄化阶段。今后一个时期我国老年人口还要以较快速度增长，到2015年60岁以上人口将超过2亿。到2050年将超过4亿，约占总人口的26%。80岁及以上的高龄人口目前有1300万，到本世纪中叶将达到1亿。人口预测寿命已由建国前的35岁提高到目前的71岁，比发展中国家的平均指数高出10岁，达到中等发达国家的水平。人口平均寿命延长，老年人口增加，是我国社会主义制度优越性的体现和社会文明进步的重要标志，是经济发展、社会进步、人民生活水平提高、医疗卫生条件改善的重大成果。但是，人口老龄化也会给我国经济和社会发展带来一系列深刻影响。采取积极措施，加强老龄工作，是一项重要而紧迫的战略任务。这项工作事关我国改革开放和社会稳定的大局，我们必须高度重视，按照中央的要求，提上工作日程，作出具体部署，根据部门职责，完成老龄工作任务。

二是加大贯彻落实《决定》和《纲要》的力度。《决定》和《纲要》，充分肯定了过去20年来老龄工作所取得的成绩，总结了行之有效的基本经验，明确了老龄工作和老龄事业发展的战略目标和指导方针。全面贯彻落实好《决定》和《纲要》是各级党委和政府的重要职责，也是各成员单位的重要任务，希望各位联络员在部委领导考虑或讨论全局性工作的时候，提醒他们把老龄工作作为一项重要内容，给予统筹安排，加大贯彻落实的力度。《纲要》是根据《决定》和《中华人民共和国国民经济和社会发展第十个五年计划纲要》，结合我国人口老龄化的实际，促进新世纪老龄事业发展而制定的第一个五年计划，是指导我们做好老龄工作的纲领性文件。希望大家在百忙之中，挤出时间认真研究一下这个计划纲要，根据成员单位的职责和《纲要》的相关内容，制定本部门贯彻落实的方案，并研究制定相关的方针政策，扶持、引导、鼓励社会力量共同发展老龄事业。

三是要实施一些重大项目，推动老龄事业发展。老龄工作的主要任务就是扎扎实实为老年人办好事，办实事。当前，要以大中城市为重点，以社区为依托，加快社区养老社会化的步伐，带动老龄事业的整体发展。国家体育总局的《全民健身计划》和民政部的“星光计划”是两部委实施的造福老年人的重大项目。国家体育总局利用体育彩票筹集的资金修建社区体育活动场地，将有效地推动老年人健身活动的开展。民政部用福利彩票筹集的福利金资助的“星光计划”实施后，我国老年人福利服务设施和活动场地将遍布城乡，形成网络，为居家养老提供支持，为社区照料提供载体，为老年人活动提供场地。这两个项目的社会反响都很好，希望各成员单位要配合支持。

四是建立信息员队伍，加强信息交流。为了更好地与成员单位建立密切的联系，及时沟通信息，也为了适当减轻各位联络员的负担，请各成员单位确定一名干部担任信息员，以便将本部门落实《决定》和《纲要》及开展老龄工作等方面的信息通报全国老龄工作委员会办公室。请各位回去后尽快将人员名单报到联络部，明年适当的时候，我们将举办信息员培训班。对于工作成绩突出的单位和个人，将进行表彰。衷心希望我们大家密切配合，互相支持，齐抓共管，共同促进老龄事业的发展，努力完成好党中央、国务院交给我们的任务。

我就讲这些，有不妥当的地方请大家指正。

谢谢！

李宝库同志在10省市老龄工作委员会办公室负责人座谈会上的讲话

（2001年11月19日）

当前，老龄工作面临着建国以来最好的形势。一是老龄工作有法可依，中华人民共和国《老年人权益保障法》已颁布实施五周年；二是全国和省一级老龄工作机构已经建立；三是《中共中央、国务院关于加强老龄工作的决定》（以下简称《决定》）和国务院印发的《中国老龄事业发展“十五”计划纲要》（以下简称《纲要》）正在贯彻；四是与老龄工作密切相关的社区建设和“星光计划”正在顺利推进，如火如荼。在此大好形势下，当前应当怎样推进老龄工作？这是每个老龄工作者不能不思考的问题。对这个问题，我的想法是：在上层，主要是加强政策、法规建设，中央、省一级老工办和涉老部门，主要是研究法律、法规；地、县老工办和涉老部门，主要是研究政策、制度、办法。在基层，在城市社区和农村社区，主要是研究探索社区老年中介组织建设，寻找推进老龄工作的抓手和切入点。在内部，主要是加强机构队伍建设，搞好培训工作，提高人员素质，从根本上解决老龄机构队伍不适应形势发展的问题。在外部，主要是加强对社会的宣传。老龄工作是群众工作，舆论宣传非常重要。要通过宣传，使大家认识到老龄工作的重要性，老龄工作和精神文明、道德建设的关系。一个文明的国家，必然是敬老的国家。敬老是社会文明的一面镜子，也是一个人的人格道德的一面镜子。

李岚清副总理指出：要把老龄工作的重点放在社区。今天我主要谈谈对这个问题的理解和一些初步打算，供同志们参考。

第一，为什么说老龄工作的重点在社区？

一是从老年人的分布来看，绝大多数在社区。我国13亿人口，其中有1.32亿老年人，老年人超过了总人口的10%。这些老年人，居住在老年公寓和社会福利院的很少，绝大部分在80多万个村子里和近10万个社区居委会里。这个分布状况，要求老龄工作的重点必须在城乡基层，必须在社区。

二是从我国的养老方式来看，必须依靠社区的支持。我国是发展中国家，老年人绝对数量大，只能走家庭养老为基础的路子。搞很多的福利院、老年公寓把老年人集中起来供养是不可能的。但是，我国目前“四二一”的家庭结构，又使家庭养老遇到很大的实际困难，这就需要社区的支持和帮助。没有社区的支持，家庭养老就会出现很多难以克服的问题。

三是从维护老年人的权益，实现“六个老有”看，也必须在社区才能得到落实。老年人晚年幸福的标准是“六个老有”。围绕“六个老有”来维护老年人的合法权益，即维护老年人的基本生活权利，解决好“老有所养、老有所医”的问题；维护老年人受教育的权利，解决好“老有所教、老有所学”的问题；维护老年人继续参与社会发展的权利，解决好“老有所为”的问题；维护老年人的婚姻自由权利，解决好老年人孤独这一心理上最大的问题。只有把这些问题都解决好，才能实现“老有所乐”。而这些问题的解决，都离不开社区。这是因为，对老年人来说，社区离他们最近，依托社区开展养、医、教、学、为，最为方便；对政府和社会来说，帮助老年人解决各种实际问题，提高他们牛活和生命的质量，也只有通过社区这个离家庭最近的地方来实现。

从以上 3 方面来看，只有把社区老龄工作做好了，做实了，才能把中央关于老龄工作的方针政策落到实处。才能真正造福老年人。老龄工作是民政工作的一个重要内容。民政工作的宗旨是“上为中央解愁，下为百姓分忧”。我认为，这两句话的重点是后面一句。这是因为，中央之所忧，正是百姓之所愁，只有为百姓解了愁，才算真正为中央分了忧。

第二，社区老龄工作的抓手是什么？怎么抓？

我们做任何一项工作，都要有一个抓手，有一个切入点。不然，就只能是空喊。民政部基层政权和社区建设司，负责城乡基层群众自治组织的建设，它的抓手，在农村是村民自治，在城市是社区建设。社会福利工作，与社会主义市场经济相适应，必须走社会化的路子。如何推动社会福利社会化？在社区实施老年福利服务“星光计划”就是一种好的形式，一个好的抓手和切入点。那么，社区老龄工作的抓手是什么呢？我认为就是社区的老年中介组织。如果说，社区建设和“星光计划”是为社区老龄工作打基础，搭台子，那么，社区老年中介组织就应当在这个台子上扮演角色。才让部长讲到社区工作时，强调要培育社区中介组织。社区中介组织是联系政府和社区群众的桥梁、纽带。怎么把一家一户中的老年人联系起来，组织起来，动员起来，形成一种积极健康的社会力量，为维护老年人的各种权益服务，为实现基层社会的稳定服务，我看社区老年中介组织的作用不可忽视。

社区老年中介组织包括二类：一是老年群众组织，特别是各类老年志愿组织；二是为老服务的民办非企业单位。从社区发展和老年人的需要出发，我认为，两者缺一不可。没有这两类中介组织，要把“六个老有”落实到基层就可能成为一句空话。在农村，老年中介组织的主要形式是老年人协会。这一组织形式，在山东、陕西、吉林、福建、辽宁、山西、浙江、云南等地的农村中已大量存在。这类协会，由村里德高望重者担任会长，有自己的章程，只在本村活动。在村党支部和村委会领导下，协会在调解家庭纠纷、维护老年人老有所养的合法权益，在移风易俗和参政议政等方面做了不少工作。群众说：老年人协会是村级组织的助手，老年人的靠山。在城市，河北省保定市也已普遍建立了这种老年协会。保定的做法是：社区老年协会设会长、副会长、秘书长，有自己的章程，办公地点就在“星光老年之家”，会员为社区的老年人。这种协会，受社区党组织和居民委员会的领导，受区老龄工作委员会办公室（设在民政局）的指导，依法开展活动，活动范围限于本社区，上下不贯通，左右不串联。这种情况，类似计生委部门在社区建立的计划生育协会。和保定类似情况的，有广东省的老年人俱乐部，实行会员制，依法开展各种活动；天津和平区、上海市长宁区华阳街道为加强基层老龄工作，也先后进行了建立老年志愿者协会、老年人协会的试点工作，据说效果不错。

有了老年群众组织这个抓手，抓什么呢？我认为至少有三项：一是抓老年志愿者队伍建设；二是开展各种有益于老年人身心健康的活动；三是维护老年人的合法权益。有了这个抓手，又有了抓的内容，老龄工作就好做了。但城市社区老年中介组织到底怎么搞，目前还没有十分成熟的经验，需要大家认真实践总结。参加这次会议的北京、上海、天津、辽宁、黑龙江、山东、江苏、福建、云南、湖北 10 个省市，会后要搞好社区老龄中介组织的试点工作。每个省市确定 2 个试点。一个是在老龄工作开展得最好的县搞，在村一级就叫老年人协会，对领导体制、组织机构、章程、活动方式、活动内容、社会效果、需要注意的问题等进行总结。另一个是在社区建设、“星光计划”开展得最好的城区搞，在社区建立老年中介组织，包括老年群众组织和为老服务的民办非企业单位，具体怎么搞，什么内容，什么形式，什么名称，没有统一要求，大家可以充分进行试验，在试验的基础上进行研究。明年的适当时候，再开个小型会议，对各地试验的情况进行总结。全国老工办政研部要对试点情况加强调查研究，要下去和大家一起试验、总结，写出在全国城乡社区建立老年中介组织的调研报告。

要做好老龄工作，不仅要有抓手，有内容，还要逐步建立老龄工作激励机制。老龄部门具有“两无两有”的特点。“两无”是说它既没有多大权，也没有多少钱，不可能依靠行政命令和经费杠杆来推动工作。说它“两有”，一个是有尚方宝剑，即党中央、国务院的《决定》和《纲要》；另一个是有广泛的群众基础。家家有老人，人人都要老。做好老龄工作，既是为了现在的老年人，也是为了明天的老年人，即今天的青年人。因此说，老龄工作和每个人每个家庭都有关系。这是最广泛的群众基础。这个“两有”符合江总书记“三个代表”的重要思想，可以打动人心，是我们通过激励机制推动老龄工作的内因所在。当前，一方面要把为老服务列入政府为群众办实事的内容之中，以老年群众的满意程度来激励政府关注老龄工作；另一方面，要开展各种创建活动，群众性的创建活动本身就是一种教育、激励机制；再一方面，要开展定期的表彰活动，树立榜样，宣传典型，确立正确的社会导向，同时对少数反面典型也要及时予以曝光。

多吉才让同志在全国老龄工作委员会第四次全体会议上的报告

（2002 年 2 月 7 日）

各位主任、各位委员：

我受岚清和司马义同志的委托，向全体会议汇报 2001 年全国老龄工作情况和 2002 年工作的安排意见。

一、2001 年全国老龄工作的基本情况

2001 年，是新世纪的第一年，是国家实施“十五”计划的开局之年，也是我国老龄工作全面贯彻落实《中共中央、国务院关于加强老龄工作的决定》（以下简称《决定》）和全国老龄工作会议精神的重要一年。老龄工作在党中央、国务院和各级党委、政府的领导和关怀下，在各级老工委的协调和推动下，坚持以邓小平理论和江泽民同志“三个代表”重要思想为指导，按照全国老工委第三次全体会议的部署和要求，紧紧围绕深入贯彻落实《决定》和《中国老龄事业发展“十五”计划纲要》（以下简称《纲要》），中央、地方各成员单位都认真履行各自职责，加强团结协作，为推进我国老龄事业发展做了大量的、扎扎实实的工作，在大家的共同努力下，全国老龄工作取得了长足进步，老龄事业开始步入健康发展轨道。

（一）《决定》和全国老龄工作会议精神在各地各部门得到了较好的贯彻落实，发展老龄事业的相关政策陆续出台

去年，全国老工委成员单位，认真履行部门职责，充分发挥政府部门在老龄工作中的主导作用，积极开展老龄工作的调查研究和老年活动，制定相关政策措施，将老龄工作纳入了部门的工作安排，做了大量富有成效的工作。中组部认真抓了离休干部的管理服务工作和“两费”的清欠工作，会同财政部、劳动保障部对各地落实离休干部“两费”的情况进行了督促检查。还与中直机关工委、中央国家机关工委等部门共同组织举办了老同志学习“七一”重要讲话专题报告会。会同中央电视台拍摄了《革命人永远是年轻——老干部思想政治工作巡礼》电视片。劳动保障部把确保养老金按时足额发放作为重点，同时大力推进养老金社会化发放工作和积极探索退休人员社会化管理工作。到去年 12 月底，全国企业离退休人员养老金的按时足额发放率达到 99.9%，养老金社会化发放的人数达到 3122 万人，比 2000 年底增加了 181 万人，社会化发放率达到 98%。还按照国务院的部署，对企业离休人员待遇两次进行了调整，对企业退休人员的待遇也进行了适当调整。目前，正在会同民政部制定《养老护理员国家职业标准》。中直机关工委、中央国家机关工委进一步加强了老同志的思想政治工作和管理服务工作，组织举办了建党 80 周年老同志歌咏会，镕基和岚清等中央领导同志观看了老同志的演出。国家计委把老龄事业纳入了国家社会发展计划，突出了社区建设与为老服务的设施建设，并会同有关部门开展了人口老龄化宏观政策、社区医疗服务、养老服务设施建设研讨及中国农村养老保障制度调查等。民政部制定了《老年人社会福利机构基本规范》，正在制定《城市和村镇老龄设施规划设计规范》、《老年人福利机构等级标准》、《社会福利机构民办公助管理办法》。财政部进一步加大了对老龄事业和地方基本养老保险、城市居民最低生活保障制度的资金投入，保证了特困老人的基本生活，有力地支持了老龄事业的发展。人事部两次增加了机关事业单位离退休人员的离退休费，并会同中组部、财政部解决了部分老艺术家生活补贴问题。建设部修订了《老年人建筑设计规范》、《城市道路和建筑物无障碍设计规范》，增加了方便老年人设施建设内容，与有关部门联合印发了《无障碍设施建设“十五”实施方案》。文化部为推动和指导全国老年文化教育工作的开展，联合中组部、教育部、民政部、全国老工委办公室下发了《关于做好老年教育工作的通知》，并正在拟定《老年教育条例》。卫生部建立了老年卫生工作督办制度，下发了《关于加强老年卫生工作的意见》，把老

年卫生纳入了卫生工作计划，并设立了老年社区卫生保健服务研究课题。国家计生委积极组织有关专家就建立农村计划生育养老保障制度开展了调查研究。国家体育总局制定了老年人体育工作发展规划，从本级体育彩票公益金投入2.4亿元，用于体育活动场地和体育健身器材设施建设，其中包括老年人健身需要的设施。同时，实施了“雪中送炭”计划，每年从体育彩票公益金中拿出100万元专款用于资助贫困省（自治区、直辖市）建设适合老年人体育活动的室外小型场地设施。解放军总政治部进一步加强了军队系统老干部管理服务工作的领导，制定了军队老干部工作“十五”规划，健全完善了老干部安置管理政策。全国总工会实施送温暖工程，对生活困难的离退休人员开展了包户帮扶工作。全国妇联下发了贯彻落实《决定》的实施意见，召开了部分省（自治区、直辖市）妇联老龄妇女工作座谈会，推动了老年妇女工作的开展。积极组织开展了维护老年妇女合法权益等活动。其他成员单位也都结合本部门情况，采取相应措施加大了老龄工作的力度。

各省（自治区、直辖市)、计划单列市，以不同形式传达贯彻了《决定》和全国老龄工作会议精神，其中29个省（自治区、直辖市)，分别以党委或政府名义召开了老龄工作会议，研究部署了今后工作。24个省（自治区、直辖市）已制定下发了贯彻落实中央《决定》的实施意见。各地将老龄事业列入了本地区国民经济和社会发展“十五”计划，27个省（自治区、直辖市）已根据《纲要》，结合本地区实际情况制定了老龄事业发展“十五”计划，其中，20个省（自治区、直辖市）已下发执行。

（二）省级老龄工作体制基本理顺，老工委办公室的工作基本走上正规

全国31个省（自治区、直辖市）和5个计划单列市、新疆生产建设兵团，都建立了与全国老工委及其办公室基本一致的工作体制，制定了成员单位和办公室的工作职责，建立了必要的工作制度，其工作已经走上正轨。为进一步加强各级老工委办公室的工作，全国老工委办公室在西安召开了省级老工委办公室的负责人会议，传达了岚清同志去年的重要讲话，通报了情况，部署了工作，明确提出了各级老工委办公室的工作要充分发挥好综合协调、督促检查、参谋助手“三个作用”，努力实现“三个转变”，一是在工作思路上，要从习惯于部门工作的局部思考问题，注重策划具体活动，转变到从老龄工作的全局思考问题，注重抓好带有全局性的大事，紧紧依靠各成员单位、社会各界的力量和作用推动老龄事业发展上来；二是在工作方式上，要从事无巨细地直接操办，转变到进行宏观指导、综合协调、督促检查和总结经验、典型引路上来；三是工作作风要从文山会海、浮在面上、流于形式，转变到重心下移、深入基层、调查研究、注重解决实际问题和讲求工作实效上来。按照上述“三个作用”、“三个转变”的工作思路，各级老工委办公室转变工作作风和工作方式，注意抓大事，加强调查研究、宏观指导、综合协调、督促检查工作，充分发挥成员单位在老龄工作中的主导作用，有力地推动了工作的开展。去年，全国老工委办公室加强了与成员单位的工作联系，召开了两次成员单位联络员会议，及时通报了情况，交流了工作，建立了部门工作的联络制度。

（三）围绕《老年法》颁布实施5周年，积极开展维护老年人合法权益工作，老年优待政策得到落实，维权工作不断加强

2001年，是《老年法》颁布实施5周年，各地、各部门进一步加强了《老年法》的宣传贯彻力度。一是普遍开展了《老年法》执法检查。全国人大内务司法委员会组织调研组，对湖南、重庆贯彻实施《老年法》情况进行了调研。绝大部分省（自治区、直辖市）都组成了由人大牵头，司法、民政、老工委办公室等多部门参加的联合检查组，对《老年法》的执行情况进行了普遍检查；二是老年优待政策规定陆续出台，大部分省（自治区、直辖市）根据《老年法》的规定，出台了老年人优待办法，对老年人在乘车、医疗、购物、参观游览等方面予以优先优惠。一些地方把对老年人实行优待优惠作为党委和政府工作的“德政工程”、“民心工程”，积极为老年人办好事、办实事。湖北、湖南、福建、天津等省市对百岁以上老年人实行了发放保健费补贴和免费医疗保健服务。北京、山东等省、市对特困老年人实行了救助，去年北京市政府财政拨款20万元救助特困老人1000名，山东省各级政府为13万特困老年人发放补贴或救助金达2300万元。南京市对最低生活保障对象和患病老人实行了医疗救助制度。离退休人员的“两个确保”政策、特困老人的最低生活保障和“五保”供养的制度得到较好落实；三是维护老年人合法权益的工作得到进一步加强。许多地方成立了“老年人法律援助中心”等维权组织，建立了老年法庭，进一步加大了对涉老案件的执法力度，实行了优先立案、优先审理、优先执行的“三优先”制度。四是广泛组织开展了宣传《老年法》活动。“重阳节”期间，全国老工委办公室联合中央电视台举办了《老年法》颁布5周年《共享一片蓝天》主题晚会。司法行政部门将《老年法》纳入普法计划，进行宣传普及。各地普遍开展了形式多样的领导讲法、竞赛学法、宣传用法、评选表彰敬老模范单位和个人活动。在社会上树立了一批敬老、养老、助老的典型。

（四）积极推进社区老龄工作，社区为老服务设施建设迈出重要步伐

为认真落实《决定》和岚清同志关于“老龄工作的重点在社区、在基层”的重要指示，民政部在全国启动了“社区老年福利服务星光计划”，全国老工委就此专门下发了通知，有力地推动了这项工作的开展。目前，民政部本级福利金4亿元加上地方福利金和地方配套资金共20亿元已陆续到位，首批建设项目主要在全国27个省会城市、4个直辖市、5个计划单列市和新疆生产建设兵团实施，到2002年5月前，将完成6032个项目。国家体育总局在社区开展了修筑健身路径及安装健身器材工作。民政部和国家体育总局实施的这两项造福亿万老年人的工程，将大大缓解全国社区老年活动场所和设施严重不足的局面，受到全社会的普遍关注和广大老年人的热烈欢迎。

各地进一步加强了社区老龄工作。为适应城镇居家养老的需要，北京、上海、哈尔滨、青岛、淄博等城市一些社区建立了老年人呼叫系统。许多城市社区开设了老年人才交流、医疗咨询、助老热线等为老服务项目。全国老工委办公室为推进社区老龄工作的开展，在进行深入调查研究的基础上，召开了10省市老工委办公室负责人座谈会，研讨了如何加强社区和基层老龄工作，并确定了试点。

（五）大力倡导科学、文明、健康的生活方式，积极组织老年人开展了深入揭批“法轮功”邪教组织的斗争，收到良好的社会效果

按照全国老工委《关于深入开展与“法轮功”邪教组织斗争，进一步加强老龄工作的通知》要求，各级老工委办公室把深入开展同“法轮功”邪教组织的斗争，作为老龄工作的重要政治任务，摆上了日程。中国老龄协会向全国发出了《致全国亿万老年人的公开信》、中国老年大学协会向全国17000所老年大学发出了《致全国老年大学师生员工的倡议书》。各级老工委办公室协同各涉老部门，通过组织召开老年人座谈会、声讨会，举办法制讲座、科普展览等多种形式，发动广大老年人深入开展了揭批活动，并积极组织老年大学在校学员参加教育、挽救“法轮功”练习者的工作，形成了老年人拒绝邪教的浓厚社会氛围。

在深入开展揭批“法轮功”邪教组织的斗争中，各地、各部门通过组织开展科学、文明、健康的老年社会活动，吸引广大老年人远离“法轮功”邪教组织，收到良好效果。中国老龄协会、国家体育总局、全国妇联、中组部老干局、中央电视台等部门分别或联合组织举办了“全国百名老劳模赴深圳、珠海参观活动”、“夕阳红全国老年电视风采大赛”、“全国亿万老年人健身活动”、“全国老年健身秧歌大赛”等。山东省举办了“首届老年文化艺术大赛”，北京、天津开展了“敬老之星评选表彰活动”。“十一国际老人节”和“九九重阳节”期间，各地普遍组织举办了老年文艺演出、联欢会、游园会、书画展览、体育健身、法律咨询、医疗义诊等丰富多彩的活动，丰富了老年人的精神文化生活。

（六）积极参与老龄事务的国际活动，提高了我国老龄工作的国际地位和影响

一年来，全国老龄工作委员会办公室和中国老龄协会，先后主办了“国际助老会2001年亚太地区会议”、“建立社区能力，促进积极老龄化国际培训研讨会”、“第16届中日韩健康老龄化学术研讨会”。参加了“国际社会保障协会第27届大会”、“联合国亚太经社会国际老龄政策地区研讨会”等国际和地区性老龄会议。接待了联合国人口基金、国际第三年龄大学协会、国际老年人联合会和西班牙、美国、马耳他、日本等老龄组织来访。通过老龄国际交流活动的开展，向国际社会展示了我国老龄工作取得的重大成就，提高了我国在国际上的地位和影响，同时也了解了国际老龄领域的最新动态及其他国家开展老龄工作的有益经验和做法。

（七）积极开展老龄工作的调查研究，《中国城乡老年人口状况一次性抽样调查》任务基本完成

去年，各地、各部门重视老龄工作的调查研究，取得了一批可喜的调研成果。福建、江苏、甘肃、宁夏等省区开展了特困老人生活状况调查。北京、上海等地进行了老年人生活质量调查。全国老工委办公室积极组织和协调全国20个省（自治区、直辖市）老工委办公室，较好地完成了《中国城乡老年人口状况一次性抽样调查》任务。此调查项目，是经国务院批准的一项旨在调查摸清我国城乡老年人口基数、基本生活状况、老年人特殊需求状况，为老龄工作决策服务的重要项目。目前，该项目已完成数据录入，项目报告正在起草。为推动我国老龄产业的发展，中国老龄协会联合国家计委、人民大学、北京大学等有关单位，召开了全国老龄产业研讨会，上百名专家学者对推动老龄产业发展的理论和实践等问题进行了广泛深入的探讨，国务委员司马义·艾买提出席会议并作了重要讲话。为及时了解和掌握各地老龄工作情况和存在的问题，部署安排好2002年的工作，年底前，全国老工委办公室组成了5个调查组，深入10省市进行了工作调研。

（八）进一步加强了全国老龄工作委员会办公室自身建设，调整了内部机构，整合了人员

经民政部党组研究，并与中央编委办公室协商，对全国老工委办公室和中国老龄协会的内部机构进行了调整（机关内设6部1个中心，即：综合部、联络部、政研部、权益部、国际部、政工部和机关服务中心）。调整后的机构强化了办公室职能，兼顾了中国老龄协会的职能，实行两块牌子一套人马。从目前机构运转情况看，这次调整是必要的、成功的，有利于办公室工作的开展。在调整内设机构，整合人员的基

础上，通过深入学习贯彻党的十五届六中全会精神，认真整顿了机关作风，提出了整改措施，健全了必要的规章制度，使机关的思想、作风、业务建设得到加强。

总之，全国老龄工作的进展情况是好的，已经有了一个很好的基础。但是，从全国老工委办公室对各地的调查情况和平时掌握的情况看，省与省之间，省内地区之间也存在工作发展不平衡的问题。目前最突出的问题是地方老龄工作的机构编制、人员配备，在一些地方还没有很好解决，特别是大部分地县的老龄工作机构还没有理顺；各地老工委办公室的经费紧张，办公条件简陋，此问题越到基层越突出，有些县老工委办公室全年工作经费不到1000元，有些地方老工委办公室的办公条件很差。

二、关于2002年全国老龄工作的意见

2002年，老龄工作的总体思路是：以邓小平理论和江泽民同志“三个代表”的重要思想为指导，继续深入学习贯彻江总书记“七一”重要讲话和党的十五届六中全会精神，全面落实《决定》和《纲要》，进一步理顺老龄工作机构，把老龄工作的重点放到基层和社区，围绕“老有所养、老有所医、老有所教、老有所学、老有所为、老有所乐”的工作目标，开拓创新、扎实工作、狠抓落实，切实维护和保障老年人的合法权益，丰富老年人的精神文化生活，努力提高老年人的生活质量，使全国老龄工作再上一个新台阶。

（一）全面贯彻落实《决定》和《纲要》，加快老龄事业发展相关政策的研究制定工作

当前和今后一个时期老龄工作的中心任务，是扎扎实实地贯彻落实好《决定》、《纲要》的精神和目标任务。各地、各部门要把贯彻落实两个文件精神，作为2002年开展老龄工作的重点，结合本地区、本部门的工作实际，制定切实可行的政策措施，保证中央关于老龄工作的方针政策、目标任务有效贯彻落实。尚未制定老龄事业发展“十五”计划的省（自治区、直辖市），要将此作为一件大事，摆上日程，组织力量，抓紧年内制定发布。已经制定的要认真抓好计划的实施。要依据《决定》和《纲要》的精神，积极研究制定老龄事业发展的相关政策，尽快形成配套的政策措施，为老龄事业的健康发展提供政策支持。

（二）继续理顺和健全地方老龄工作机构，加强老龄工作干部队伍建设

目前，地县正在进行机构改革，各地要按照《决定》精神和岚清同志关于“老龄工作机构在机构改革中只能加强，不能削弱”的重要指示精神，抓紧理顺和健全机构，明确编制，配好干部，保证经费，确保老龄工作的正常开展。各级老工委办公室要认真履行职责，积极主动地开展工作，切实从工作思路、工作方式和工作作风上实现“三个转变”，充分发挥好综合协调、督促检查、参谋助手“三个作用”。要加强与各成员单位的工作联系和协调，充分发挥成员单位在推进老龄工作中的重要作用，形成齐抓共管的局面。要认真抓好老龄工作干部的培养培训工作，把老龄工作干部纳入各级党委和政府的培养、培训计划。全国老工委办公室要抓紧全国老龄工作干部业务培训教材的编写和培训计划的制定，重点抓好省、地线老龄工作干部的业务培训，年内争取举办2至3期培训班。省级老工委办公室要重点抓好县以下老龄工作干部的业务培训。

（三）积极推进城市社区和农村基层老龄工作，把“六个老有”的工作目标落到实处

各地要切实把老龄工作的重点放到社区、放到基层，充分发挥成员单位的作用，广泛动员社会力量，大力推动城市社区和农村基层老年文化、老年教育、老年体育、老年福利服务、老年康复医疗、老年生活保障和老年维权等各项工作，推进“六个老有”工作目标在基层的落实。同时，要抓好社区老龄工作的试点，积极探索推动社区和基层老龄工作的有效形式、激励机制，发挥社区老年中介组织的作用，将社区老龄工作纳入有组织、有领导、规范化的健康发展轨道。

（四）进一步加强维护老年人合法权益工作，加大《老年法》的宣传贯彻力度

认真贯彻中央印发的《公民道德建设实施纲要》，积极协调有关部门在全社会广泛开展敬老、养老、助老的道德教育，并将此列入文明社区、文明村镇、文明家庭创建活动。要把《老年法》的宣传教育纳入“四五”普法计划，向全社会尤其要重点面向中青年人和少年儿童开展宣传教育。要积极推动老年维权组织网络的建立健全，司法部门及有关部门要加大涉老案件的执法力度，加强对老年人的法律服务和援助工作，对侵犯老年人权益的申诉案件，要及时、优先审理。认真抓好正反两个方面的典型，树立表彰一大批敬老、养老、助老的先进单位和个人，同时有重点地选择一些侵犯老年人合法权益的典型案例，在新闻媒体公开曝光，以增强全体公民的敬老、养老法律意识，自觉履行敬老、养老义务。要着手《老年法》实施细则的调研论证工作。

（五）积极组织开展科学文明健康的老年社会活动，丰富老年人的精神文化生活

继续组织广大老年人深入开展与“法轮功”邪教的斗争。通过组织举办科学、文明、健康的老年社会活动，丰富老年人的精神文化生活，占领老年人思想文化阵地。举办老年社会活动，主题要鲜明，内容要健康，社会效果要好。各地要认真安排好“十一国际老人节”和“九九重阳节”期间的活动，切实加强经

常性老年社会活动的组织引导，大力推进社区老年文化体育活动的开展。重阳节期间，全国老工委办公室拟协同有关部门，举办一次“全国老年文艺调演”活动，反映新世纪我国老年人的精神风貌。推动全国老年文化活动的开展。

（六）认真做好出席联合国“第二届世界老龄大会”的筹备工作

联合国定于2002年4月在西班牙召开的“第二届世界老龄大会”，是1982年第一次世界老龄大会之后的又一次重要会议。会议将主要讨论发展中国家的老龄问题。我国是最大的发展中国家，也是世界老年人口大国。参加此次大会，向国际社会宣传我国改革开放以来老龄工作取得的重大成就，是我国老龄工作中的一件大事，意义重大。全国老工委办公室和中国老龄协会要认真抓好出席此次会议的各项筹备工作，并积极开展与国际老龄组织、国家和地区老龄组织的合作与交流活动。

（七）加强老龄工作的调查研究，不断提高老龄工作的整体水平

深入开展老龄问题的调查研究，是做好老龄工作的前提。各级老工委办公室要积极组织有关部门、科研院所的专家学者和老龄工作者，围绕老龄工作的重点、难点和老龄事业发展中的新情况、新问题，有针对性地开展老龄问题的调查研究活动，为政府决策老龄工作和制定老龄政策，提供具有前瞻性、建设性的意见、建议和依据。全国老工委办公室拟联合有关部门，重点抓好“社区老龄工作运行机制”、“推动老龄工作激励机制”、“中国经济转型期老年人口相对贫困状况”和农村老龄工作的调查研究，认真按照岚清同志重要批示组织开好“提高老年人生活生命质量对策研讨会”，会同有关部门抓紧《中国老龄事业统计指标体系》的调研和制定。

以上报告，请全会审议。

如有不妥，请批评指正，并提出修改意见。

李宝库同志在全国省级老龄工作委员会办公室负责人会议上的讲话

（2002年3月17日）

同志们：

刚才，才让部长传达了李岚清副总理在全国老龄工作委员会第四次全体会议上的讲话，才让部长在四次会上所作的工作报告也已印发给大家。李岚清副总理的讲话非常重要，对今后全国的老龄工作提出了新的更高的要求，希望大家认真学习，深刻领会，全面贯彻。才让部长的报告全面总结了去年全国的老龄工作，对今年的工作做了部署，为各级老龄工作委员会办公室开展工作提出了重要的指导性意见。根据李岚清副总理和才让部长讲话精神，下面，我对去年老龄工作委员会办公室的工作做个回顾总结，并就今年老龄工作委员会办公室的工作谈点意见。

一、去年工作的回顾

2001年，我国的老龄工作在党中央、国务院的领导下取得了很好的成绩。对此，才让部长在全国老工委第四次全体会议的报告中指出：去年，“各地紧紧围绕深入贯彻落实《中共中央、国务院关于加强老龄工作的决定》（以下简称《决定》）和《中国老龄事业发展‘十五’计划纲要》（以下简称《纲要》），中央、地方各成员单位都认真履行各自职责，加强团结协作，为推进我国老龄事业发展做了大量的、扎扎实实的工作，在大家的共同努力下，全国老龄工作取得了长足进步。”会议审议并通过了这个报告。司马义国务委员专门对去年的工作做了批示，指出：去年老龄工作认真贯彻《决定》、全国老龄工作会议和岚清同志讲话精神，扎实工作，取得了很大进展。各地老龄工作委员会办公室同志们做了很多工作。岚清副总理也对去年的工作给予充分肯定，明确指出：我国老龄事业取得了新的进展，已步入健康发展的轨道。

这些成绩的取得，离不开各级党委、政府的高度重视和正确领导，离不开各成员单位的通力协作，也离不开社会各界的大力支持，更离不开我们各地老龄工作委员会办公室同志们的辛勤工作。去年，各级老龄工作委员会办公室积极主动地、创造性地进行工作，对于推动全国老龄工作的开展发挥了关键作用，功不可没。概括起来，去年各地老龄工作委员会办公室的工作有以下几个特点：

第一，深刻认识老龄工作的重要性，以高度的政治责任感、强烈的事业心和对老年人的深厚感情投入工作。去年是各地成立老龄工作委员会办公室的第一

年，各地的同志们都认真学习《决定》和《纲要》，极大地提高了对老龄工作重要性的认识，增强了责任感，激发了事业心，为开展工作奠定了坚实的基础。老龄工作委员会办公室在人员构成上包括两部分人，一部分是多年从事这项工作的老同志，他们对老龄事业很有感情，又熟悉情况，经验丰富，在新的条件下，焕发出极大的工作热情；另一部分是刚刚调入的新同志，他们虚心学习，刻苦钻研，全身心地投入到新的工作中去。同志们的这种精神状态，是我们做好办公室工作最重要的内在因素。

第二，较快地转变了工作思路，较好地发挥了“三个作用”。西安会议以后，许多地方按照才让部长的要求，努力发挥参谋助手、综合协调和督促检查的作用，在工作思路和工作方式方法上做了有益的探索。上海市老龄工作委员会办公室确立了“转变模式，加强管理，完善机制，落实载体”的工作思路。陕西省老龄工作委员会办公室提出了老龄工作要在指导思想、领导体制、工作思路、工作方法和工作作风五个方面搞好转变。浙江、湖北等多数地方的老龄工作委员会办公室发挥参谋助手作用，就当地老龄工作中急需解决的问题，及时向党委政府提出了建议。由于定位准确，方法得当，办公室工作更主动、更有效了。北京、浙江、江苏、青海、广东等地老龄工作委员会办公室发挥综合协调作用，推动有关部门及时解决了养老、助老设施紧张问题，受到老年人的欢迎。

第三，积极争取党政领导的重视和支持，主动协调成员单位开展工作。党政领导的重视和支持是做好工作的关键，成员单位的密切配合是做好工作的基础。但是，领导同志的事情很多，成员单位的工作很忙，如何使老龄工作摆上位置，摆上议程呢？我认为，办公室同志及时请示汇报，及时沟通情况，是十分重要的。在这方面，大家做了很多工作。目前，在党政领导的关心支持下，省级机构基本理/顷，办公条件有了改善，办公经费也在逐步解决。云南、上海、天津、福建、湖北、北京等地在理顺机构的同时，办公经费有所增加，办公条件得到改善。在成员单位的大力配合下，全国24个省、区、市已制定下发了贯彻落实《决定》的实施意见。20个省、自治区、直辖市已经制定下发了本地的《老龄事业发展“十五”计划》。各成员单位还相继出台了一系列政策法规。

第四，调查研究，制定政策，为老年人办好事、办实事。各地老工办深入基层，调查研究，倾听民意，想老年人之所想，急老年人之所急，积极向政府提出建议，为老年人办好事、办实事。北京、黑龙江、湖北、山东分别以政府名义下发文件，对老年人乘坐交通工具、挂号就医、参观游览等多方面实行优待。湖北、山东等省还规定农村70岁以上老年人可以享受减免“三提五统”优待。福建、浙江等地对百岁以上老年人调拨专款进行慰问。湖南、天津等省市政府做出决定，对全市百岁以上老年人每人每月发放200元营养补助费。针对落实老年人优待政策中存在的有关问题，山东各级老龄工作部门采取了通报情况、领导下基层检查、派督察组督察等手段，狠抓了对老年优待政策的贯彻落实。许多地方采取多种形式，加大了救助贫困老年人的工作力度。在去年“重阳节”期间，福建省从福利彩票筹集的资金中拨出专款，救助全省特困老年人。北京市政府去年拨专款20万元救助千名特困老年人，区县和乡镇两级政府拨专款达200万元救助了特困老人。山东济南建立了特困老年人救助基金，专门用于对全市特困老年人的救助。不仅如此，各地还动员社会力量，救助特困老年人，弥补政府救助金的不足。福建省老年基金会救助山区和革命老区400位特困老年人。北京市老龄工作委员会办公室协商律师协会为特困老年人募集了18万元捐款。

第五，开展丰富多彩的文体活动，占领老年思想文化阵地。各地普遍开展了内容健康、形式多样的老年文化体育活动。黑龙江省老工办为营造“老年人拒绝邪教”的社会氛围，印制了百米长卷，深入到省直机关、老年大学和社区老年人中间，开展签名活动。云南组织了1300名老年人参加的“云南福彩老年健康游”大型旅游活动，以此拉开了全省“关爱老人、服务老人”主题系列活动的序幕。山东省老工办联合省文化厅共同举办了“首届老年文化艺术大赛”。湖北省老工办与省体育局、省老年人体育协会共同主办了“百万老人健身”启动仪式。江苏省开展了评选“健康长寿之星”活动。重阳节期间，辽宁、吉林、山西、新疆、内蒙古、江西、安徽、宁夏、湖南、河南、广西、重庆、贵州等大多数省市开展了游园参观、文艺演出、体育比赛等丰富多彩的庆祝活动。这些活动的开展，丰富了老年人的精神生活，提高了老年人的思想境界。

我们的机构虽然刚刚建立，人员不齐，困难较多，任务繁重，但是大家以良好的精神状态和饱满的工作热情，探索前进，开拓创新，工作卓有成效。这说明，我们这支队伍是一支充满朝气和活力的队伍，是一支不怕困难、有战斗力的队伍，是一支真心诚意为老年人办实事办好事的队伍。在此，我代表才让部长和全国老龄工作委员会办公室，向同志们表示衷心的感谢！

二、今年的工作任务

大家知道，我国是在社会经济转型的情况下进入老龄社会的。目前，60岁以上老年人口已达1.32亿，并以每年3.2%的速度急剧增长。人口老龄化的严峻形势，庞大的老年群体和由此产生的各种社会经济问题，已经引起党中央国务院、各地党委政府和有关部门的高度重视。去年，国务院颁布了《纲要》，各地区、各有关部门完善了老龄政策法规，老年人养老、教育、文化、卫生、体育、福利设施建设、离退休干部工作以及社区老龄工作等都取得了新的进步。老年人的精神文化生活不断丰富，生活质量有了新的提高。总之，各级党委政府越来越重视老龄工作，各有关部门都把老龄工作作为本部门工作的一项重要内容，全社会关心支持老龄事业的氛围越来越浓厚，老龄事业发展的社会环境越来越好，老年人对老龄工作部门的期望也越来越高。可以说，当前是加强老龄工作和加快发展老龄事业的最好时期。

同时，我们也要看到，全国老龄工作在一些地方还存在认识不够到位、整体推动老龄工作的机制尚未真正形成、农村老龄工作相对落后、工作开展不平衡等问题。特别是各级老龄工作委员会办公室还面临一些亟待解决的问题：一是地县级老龄工作体制还没有理顺。二是老龄工作经费严重不足。三是老龄工作干部队伍建设有待进一步加强。四是办公室的工作思路、工作方式方法和工作作风尚未完全转变。总之，我们面临的形势是机遇与挑战并存，优势与困难同在。对此，我们要认清形势，抓住机遇，克服困难，迎接挑战，努力做好今年的各项工作。

今年老龄工作的主要任务，就是贯彻落实全国老龄工作委员会办公室第四次全体会议精神。我认为，全国老龄工作委员会办公室第四次全体会议是一次非常重要的会议。在这次会议上，李岚清副总理提出了“党政主导、社会参与、全民关怀”的老龄工作方针。他同时强调指出，今年老龄工作的重点是抓落实、办实事。这是这次会议的主要精神。岚清副总理提出的老龄工作方针，是20年来我国老龄工作经验的总结，也为今后老龄事业的发展指明了方向。党政主导、社会参与和全民关怀，三者相辅相成，缺一不可。我们要认真学习，领会精神实质，并用于指导办公室的各项工作。贯彻这次会议精神，就是要认认真真地为老年人办几件看得见、摸得着、用得上的好事和实事。根据岚清同志的指示，全国老龄工作委员会办公室已要求全国老龄工作委员会各成员单位报送办实事的计划，各地老龄工作委员会办公室也要按照岚清同志的指示，要求各成员单位报送办实事的打算。我们各级老龄工作委员会办公室要加强对这项工作的督促检查。

关于今年的工作，岚清副总理提出了明确要求，才让部长作了全面部署。全国老龄工作委员会办公室据此制定了今年的工作要点。今年，办公室工作的总体要求是：以江泽民同志“三个代表”重要思想为指导，以全面贯彻落实《纲要》和全国老龄工作委员会第四次全体会议精神为主线，以理顺地县级老龄工作关系、健全工作机构为重点，围绕“六个老有”的工作目标，积极探索社区建设、“星光计划”和老龄工作三位一体的工作机制，进一步实现工作思路、工作方式方法和工作作风的转变，在推动各部门各地区为老年人办实事上发挥好参谋助手、综合协调和督促检查的作用。贯彻落实全国老龄工作委员会第四次会议精神，各地老龄工作委员会办公室地位重要，责任重大。各地老龄工作委员会办公室可根据会议精神，参考全国老龄工作委员会办公室的工作要点，结合当地的实际情况，制定自己的工作要点。在这里，我再强调几个问题：

第一、抓紧理顺地县级老龄工作关系，尽快健全机构和工作机制。理顺工作关系和健全老龄工作机构是开展工作的前提和基础。没有机构或者关系不顺，开展工作就是一句空话。《决定》指出：“地方各级党委、人民政府要参照全国老龄工作委员会的设置，尽快建立健全本地区老龄工作议事协调机构，并在民政部门建立精干的办事机构，提供必要的工作经费。”岚清副总理在全国老龄工作委员会第三次全体会议上明确要求：“老龄工作机构在机构改革中只能加强，不能削弱。”今年，又进一步强调指出，“各地区要按照《决定》精神，抓紧理顺和健全地县级老龄工作体制，健全机构，配好人员，保证经费，确保基层老龄工作的正常开展。”去年，经过大家的共同努力，省级老龄工作关系已基本理顺，工作机构已基本建立，今年的重点是理顺地县两级老龄工作关系，健全工作机构。省级老工办和民政部门要紧紧抓住地县机构改革的有利时机，按照《决定》和岚清副总理的要求，密切关注，及时向党委政府反映情况，提出建议，积极推动，督促检查，务必在年内理顺工作关系，健全工作机构，建好班子，配好人员，保证必要的工作经费。

第二、突出重点，切实加大老年维权工作力度。老年人是社会的弱势群体，维护老年人的合法权益是老龄工作的一项重要任务。作为各级老龄工作委员会的办事机构和成员单位的综合协调部门，我们要高高举起维护老年人合法权益这面旗帜，把维护老年人合法权益的工作落实到社区，落实到基层，落实到老年人身上。今年，各级老龄工作委员会办公室要在维权工作上抓好三件事：一是要落实中央关于重视解决弱势群体的生活困难问题的会议精神，组织力量对特困老年人的生活状况进行调查，摸清情况，研究对策，提出建议，推动有关部门加大对特困老年人的救济力度。同时，要动员社会力量，开展扶贫济困送温暖活动，帮助特困老年人解决实际困难，决不能让他们冻着、饿着。在这个问题上，要充分发挥老龄工作委员会办公室的综合协调作用。二是要协同新闻、宣传、教育部门加大宣传力度。要面向中青年和少年儿童开展宣传教育活动，进一步提高他们敬老、养老、助老的自觉性，在全社会形成良好的社会风尚。要树立维护老年人合法权益的先进典型，当前特别要树立先进地区、先进单位的典型。因为，一个地区一个单位的工作做好了，就会出现一大批的先进个人。同时，对侮辱、虐待、遗弃等严重侵害老年人合法权益的恶性案件进行曝光，并协助司法部门及时认真地处理。要通过典型案件的处理，增强全社会对老年人合法权益的关注。三是要认真做好老年优待工作。已经出台老年优待政策的省市，老龄工作委员会办公室要加强检查、督促、落实和完善工作。没有出台的地方，要抓紧工作，制定相关政策，争取尽快出台。总之，要通过抓好这三件事情，带动整个老年维权工作的深入开展，把维权工作落到实处。

第三、积极开展试点，努力探索社区、基层老龄工作运行机制。老年人生活在社区，在基层，老龄工作的大政方针能否得到有效的贯彻落实，最终要通过社区、基层工作在老年人身上体现出来。这是我们工作的重心和出发点。做好社区、基层老龄工作，对于落实中央关于老龄工作的方针政策，不断满足老年人的物质文化需求，实现“六个老有”，具有十分重要的意义。岚清副总理曾多次强调社区、基层老龄工作的重要性。各地要抓住推进社区建设的大好机遇，从本地实际出发，勇于实践，研究探索社区老龄工作的工作体制和运行机制等重要问题，创造性地做好社区老龄工作。去年底，全国老龄工作委员会办公室选择了一些省市进行社区、基层老龄工作试点。各试点省市要周密部署，认真组织实施，加大指导力度，尽快拿出试点成果和经验。其他省市也要结合自己的实际情况，研究探索社区、基层老龄工作的有效形式。搞好城市社区试点工作，我认为重点要抓好3个环节：一是老工办要协调和推动各成员单位立足社区，紧紧围绕养老、医疗、生活照料、精神文化生活等老年人迫切需要解决的问题，履行职责，发挥作用，努力形成社区老龄工作齐抓共管的局面。二是要注意培育以老年志愿者为主体的社区老年中介组织，发挥它们的积极作用，引导广大老年人参与到社区建设中来。老年中介组织要按照组织规范、决策民主、制度健全、活动经常、内容多样的要求，加强自身建设，严格按照章程办事。要注重活动和服务工作的社会效果，努力提高老年人的受益率和参与率。社区老年群众组织只在本社区内开展活动，上下不贯通，左右不串联。三是要按照《老龄事业发展“十五”计划纲要》的要求，探索社区老龄工作的激励机制。各级老工办要通过把社区老龄工作纳入政府目标管理，树立和推广先进典型，开展争先创优活动，使社区老龄工作充满活力。

在抓好城市社区老龄工作的同时，也要重视农村基层的老龄工作。要加强对农村老年人协会的规范和指导，充分发挥他们在维护农村稳定、与“法轮功”邪教组织进行斗争等方面的作用。要特别关注农村贫困老年人的生活状况，及时掌握情况，向政府部门提出建议。要研究探索新形势下农村老龄工作的新方式、新思路，推动农村老龄工作的深入开展。

第四、以文艺调演为契机，推动老年精神文化生活上台阶。丰富老年人的精神文化生活，是老年人自身的需要，是社会主义精神文明建设的需要，是同“法轮功”邪教组织作斗争、占领老年思想文化阵地、促进社会稳定的需要。今年，各地要把组织老年人开展各种文体活动，作为办公室的一项重要任务，计划好，组织好，落实好。四次会议已经决定，今年重阳节期间，将举办“全国老年文艺调演”。岚清副总理、司马义国务委员都很重视这件事情，要求我们办好。目前，全国老龄工作委员会办公室正在同中组部、文化部、广电总局、解放军总政治部，就组织好这次调演制定方案，不久将下发各地。通过这次大型文艺调演，在全国范围内，在老年群众中，倡导科学、健康、文明的生活方式，形成浓厚的老年文化氛围，丰富老年人的精神生活，提高老年人的生活质量，使他们更加热爱我们这个社会，更加热爱生活，身体更健康，心情更愉快。希望各地要高度重视，认真组织，精心安排，把你们最精彩的节目选送上来。搞好这项活动，需要投入一些经费，但也要注意节俭，不要铺张。

第五、围绕迫切需要解决的问题，开展老龄调查研究工作。调查研究不仅是一种工作方法，也是各级老工办的职责。去年，各地在调研工作上投入了一些力量，掌握了一些基本情况，取得了一些研究成果。但是，就全国来说，我们的调研工作还很不够，许多情况还不太清楚。今年，各地要紧紧围绕老龄工作中迫切需要解决的问题，结合贯彻党的十五届六中全会精神，深入基层、深入实际，深入老年群众，广泛开展调查研究。调研要抓好两头，一头是先进典型，一头是突出问题。办公室领导同志每年要撰写一到两篇高质量的调研报告。对办公室其他同志，也要提出相应的要求。全国老龄工作委员会办公室把调查研究作为一项重点工作，已就“社区老龄工作运行机制”、“推动老龄工作激励机制”、“经济转型期老年人口相对贫困状况”、“老龄事业统计指标体系”等课题立了项，各地老龄工作委员会办公室也可参照这些课题，结合本地的实际情况，组织力量，积极开展调查研究工作。要配合全国老龄工作委员会办公室完成好交办的调研任务。同时，还要按照全国老龄工作委员会办公室的通知要求，认真组织好“提高老年人生活生命质量对策研讨会”论文和“老龄工作优秀调研报告”的推选和报送工作。

第六、充分发挥新闻媒体作用，形成宣传合力，加大老龄宣传工作力度。老龄工作涉及到政治、经济、文化、伦理道德等方方面面，关系到千家万户。加强老龄宣传工作，增强敬老、爱老、助老的伦理道德意识，营造良好的舆论氛围，对于贯彻老龄工作的大政方针，实施《公民道德建设实施纲要》，落实“六个老有”，至关重要。目前，全国各级各类涉老新闻媒体有100多家，开展宣传工作的空间很大，资源也很丰富。如何整合报纸、期刊、广播、电视、图书以及互联网等现有新闻资源，加大老龄宣传工作力度，形成推动老龄工作的强大舆论氛围，是各级老工办的一项重要任务。今年，全国老龄工作委员会办公室将下发宣传提纲，适时召开“老龄宣传工作座谈会”，交流经验，探索老龄宣传工作的规律。同时，要组织力量，制作一部集中反映老龄工作和老龄事业发展的系列电视政论片。此事目前正在策划，确定创作思路，届时将需要各地积极支持，提供典型素材。各地也要积极协调宣传部门和有关新闻媒体，采取多种形式，大力宣传《决定》、《纲要》和四次会议精神，宣传为老年人办实事、办好事的先进典型，努力在全社会营造关心支持老龄工作和老龄事业的良好环境。

三、进一步加强老工办自身建设

今后，老龄工作的任务将越来越重。要想把这项工作做好，就必须有完善的组织，得力的干部，扎实的作风，就必须切实加强老工办的自身建设。一年多的实践证明，凡是办公室自身建设搞得好的地方，老龄工作就有声有色。在回顾去年的工作时，我重点肯定了成绩，同时也提出了一些亟待解决的实际问题，这些问题直接或间接都与老龄工作委员会办公室的自身建设有关，必须予以高度重视。今年，我们要进一步下大气力，把老龄工作委员会办公室的自身建设工作抓紧抓好，把内功练扎实，把形象树起来。

第一，要加强业务建设。省级老龄工作委员会办公室机构理顺后，多数地方对人员进行了充实调整，现在的问题是，新的人员到位以后，急需掌握情况，熟悉业务，尽快进入角色。因此，加强干部业务培训工作，提高干部队伍的综合素质，就成为老龄工作委员会办公室的一项紧迫而重要的任务。当前，老龄工作干部要尽快掌握老龄工作的基本理论、基本政策和基本方法这三项基本业务。基本理论主要是人口老龄化理论、可持续发展理论、社会保障理论和社会工作理论；基本政策主要是有关老年人养老、教育、医疗、福利服务、参与社会等方面的政策；基本方法主要是调查研究的方法、督促检查的方法、通过建立激励机制推动工作的方法和老年社区工作的方法等。目前，全国老龄工作委员会办公室正在根据这“三个基本”，抓紧编写老龄工作干部培训教材，准备在二三年内把省级老龄工作干部普遍培训一次。省级老龄工作委员会办公室也要把地县老龄工作干部的培训列入计划，做出安排。同时，对有培养前途的中青年干部可以选送到有关院校进行深造，也可与大专院校联合培养人才。全国老龄工作委员会办公室正在与教育部联系，争取在有条件的院校，开设老年学专业，为老龄工作部门培养更多的专业人才。总之。我们要加速对老龄工作干部的培养，争取在较短的时间内，使老龄工作干部队伍的综合素质有一个较大的改观。

第二，要加强作风建设。加强老龄工作委员会办公室作风建设的核心是通过我们的工作，加强党和政府同广大老年人的血肉联系。加强老工办作风建设，就是要树立对老龄事业高度的政治责任感，要有深入基层、了解真实的社情民意的作风，要有求真务实、扎扎实实为老年人办实事的态度，要有不谋私利、全心全意为人民服务的公仆形象。去年，在西安会议上，才让部长就工作作风问题向我们提出了要求。今年，我们要以党的十五届六中全会精神为指导，继续贯彻西安会议精神，把转变作风和实实在在为老年人办好事、办实事结合起来；要深入基层，深入老年人中间，开展调查研究，及时掌握新情况和新问题，认真研究对策，把转变作风和解决实际问题结合起来；要加强学习，转变观念，勇于实践，把转变作风和不断创新结合起来。今年是调查研究年，转变作风年，各地老龄工作委员会办公室要大兴调查研究之风，要通过深入的调查研究和扎扎实实地为老年人办好事、办实事，带动整个老龄工作的发展。

第三，要加强信息工作。世界已经进入信息时代，做好老龄工作，必须与时俱进，加强信息工作。老龄信息是办公室的一项基础性工作。信息工作的好坏在一定程度上反映了老龄工作的状况和水平。各地老工办要加强领导，高度重视老龄信息工作。要选配政治上强、熟悉老龄工作、能熟练掌握计算机技能的专兼职人员从事老龄信息工作。要加强硬件建设，逐步实现老龄信息工作的网络化。要办好老龄工作简报，及时向党委政府和全国老工办上报信息，反映情况，为老龄工作的决策提供依据。全国老工办将定期通报各地报送信息的情况。

同志们，全面贯彻落实全国老工委第四次全体会议精神，是今年老龄工作的中心任务；狠抓落实是办公室工作的光荣使命。我们要紧密地团结在以江泽民同志为核心的党中央周围，努力实践“三个代表”的重要思想，认真贯彻十五届六中全会精神，抓住机遇，开拓进取，锐意创新，以高度的政治责任感和历史使命感，做好今年的各项工作，以优异的成绩迎接党的十六大胜利召开！

多吉才让同志在全国省级老龄工作委员会办公室负责人会议上的总结讲话

（2002 年 3 月 18 日）

同志们：

省级老龄工作委员会办公室负责人会议开了两天，今天就要结束了。对这次会议，各地都很重视，不少省市的厅局长都来了。两天来，大家学习讨论了岚清副总理在全国老龄工作委员会第四次全体会议上的重要讲话；传达了《关于 2001 年老龄工作情况和 2002 年工作安排建议的汇报》；宝库副部长对去年各地老龄工作委员会办公室的工作作了总结，对今年的工作进行了部署；北京、上海等十省市作了大会发言。与会同志一致认为，岚清副总理在全国老龄工作委员会第四次全体会议上的讲话，统揽全局，高屋建瓴，十分重要，为下一步的老龄工作指明了方向；宝库副部长的讲话实事求是，既肯定了各级老龄工作委员会办公室成绩，指出了存在的问题，又对今年办公室的工作重点和自身建设提出了明确要求，是一个很好的报告；十省市的发言从不同侧面反映了老龄工作的新成绩、新进展，沟通了思想，交流了经验，拓宽了视野。会议期间，大家围绕着形势与任务，成绩与问题，机遇与挑战，畅所欲言，进行了热烈讨论，使与会人员统一了思想，提高了认识，理清了工作思路，明确了今年的工作重点，达到了预期的目的。下面，我对贯彻会议精神和办公室的工作提三点要求：

一、要认真传达贯彻好全国老龄工作委员会第四次全体会议和这次会议精神

全国老龄工作委员会第四次全体会议总结了去年的工作，安排部署了今年的工作，特别是岚清副总理发表了重要讲话，为今年的老龄工作提出了明确要求，指明了今后工作的方向。这次会议又明确和安排了今年老龄工作委员会办公室的工作。大家回去以后，首先要认认真真、原原本本地把全国老龄工作委员会第四次全体会议和这次会议精神，尤其是岚清副总理的重要讲话，向省级老工委领导作好传达汇报，并按照四次会议和这次会议的要求，结合各地实际提出今年的工作安排和抓落实、办实事的具体方案，建议纳入党委和政府工作的年度工作计划。其次，要结合自己的实际情况，明确好办公室的工作重点，切实抓好几件实实在在的事情，真正做到抓住不放、一抓到底、抓出成效。

二、各级老龄工作委员会办公室要注重抓落实、办实事，切实发挥好“三个作用”

全国老龄工作委员会第四次全体会议的主要精神是“抓落实、办实事”。岚清副总理讲，我最看重的是抓落实、办实事，为老年人办实事，就是全心全意为人民服务宗旨的具体体现。抓落实、办实事，就是要想老年人之所想，急老年人之所急，排老年人之所忧；就是要从实际出发，突出重点，积极主动地帮助老年人解决热点、难点问题。这既是党的十五届六中全会的要求，又是“三个代表”重要思想的具体实践。

各级老龄工作委员会办公室如何抓落实、办实事？我认为，抓落实、办实事，不是要求我们事必躬亲，具体操办。抓落实，办实事，主要靠各级老龄工作委员会的成员单位，靠街道、社区、村镇。在当前，就办公室的工作来讲，主要是紧紧围绕着贯彻落实《决定》、《纲要》和岚清副总理的几次重要讲话精神，切实发挥好综合协调、督促检查和参谋助手这三个作用。这就是说，要及时地掌握、综合、分析情况，向老龄工作委员会领导提出建议和决策参考；及时地协调有关部门相互配合，共同抓好各项老龄工作任务的落实工作；及时地检查、督促有关部门制定工作计划、落实工作目标；及时地发现、总结、推广经验，指导面上工作；及时地树立各类典型，用典型经验来推动工作。各级老龄工作委员会办公室是老龄工作委员会的办事机构，服务机构，不是权力机构，必须按照老龄工作委员会的决定和领导的意图、要求，进行工作，努力作到工作到位而不越位。我相信，只要我们各级老龄工作委员会办公室的同志们做到了工作定位准确，职责思路明确，方式方法对头，工作积极主动，我们各级老龄工作委员会办公室就一定会有所作为。我们老龄工作委员会办公室的工作刚刚起步，我们要振奋精神，克服困难，以饱满的工作热情和务实的工作作风，确保今年的工作任务落到实处。

三、各级民政部门要重视、支持和加强办公室的工作

去年，在西安会议上，就这个问题我提出过要求。一年来，各地民政部门重视、支持和加强了办公室工作，老龄工作的关系逐步理顺，老龄工作委员会办公室的自身建设也逐步得到了加强。比如，云南省老龄工作委员会办公室的工作运转正常、有序，省老龄工作委员会办公室的人事、财务、党务、工青妇、职工福利、离退休干部管理、办公用房都纳入到民政厅的范围统一安排和管理。上海、天津、河北等地也做得不错，使老龄工作委员会办公室的工作得到了加强，工作协调，运转正常。这些地方的做法，值得其他地方学习和借鉴。但是，有些地方的民政部门和老龄工作委员会办公室的关系还不够顺当，有的民政部门还把承担老龄工作委员会办公室的工作当成一种负担，关心不多，支持不够，解决实际问题非常有限，重视、支持和加强办公室的工作还停留在口头上，缺少实际行动，没有当成自家人；一些地方的老龄工作委员会办公室与民政厅、局联系不紧，请示汇报不够，关系不够协调。这些问题的存在都影响了办公室工作的正常开展。还有个别地方甚至没有怎么开展工作，老龄工作没有打开局面。对此，必须引起各地民政厅、局领导的高度重视，并把加强老龄工作委员会办公室的建设真正作为民政部门的一项重要任务。这次会议以后，建议省级民政厅、局要召开一次党组会议，专题研究老龄工作委员会办公室的自身建设问题。要解决四个问题：人员不齐的要配齐人员；力量不强的要调配干部；经费不足的要帮助他们解决经费问题；工作和生活条件很差的要尽快改善他们的工作条件和生活条件。老龄工作委员会办公室干部职工的一切待遇要与民政厅（局）一样，要一视同仁。如果老龄工作委员会办公室的工作不得力，责任在民政厅（局）长。各地民政厅（局）长都要兼任老龄工作委员会办公室的主任，至于说配几名副主任，各地视情况自己确定，我们不做具体要求。只有这样，老龄工作委员会办公室的工作才好开展，老龄工作委员会办公室的困难才能真正得到解决。总之，要加强他们的力量，支持他们的工作，关心他们的生活，把老龄工作委员会办公室的各项建设搞好。

同志们！老龄工作委员会办公室是各级老龄工作委员会的办事机构，是联系成员单位的枢纽。老龄工作委员会办公室的工作开展得好坏，在很大程度上影响着老龄工作的开展。当前，老龄工作的大政方针已定，目标任务已经明确，工作重点已经确定，我们要认真贯彻全国老龄工作委员会第四次全体会议精神，抓落实，办实事，扎扎实实地做好各项工作，争取今年各级老龄工作委员会办公室的工作再上一个台阶，以优异的成绩迎接党的十六大的胜利召开！

多吉才让同志在提高老年人生活质量对策研讨会上的讲话

（2002 年 6 月 26 日）

今天，我们在这里举行提高老年人生活质量对策研讨会，目的就是要对当前老年人生活质量的现状进行讨论，对影响老年人生活质量的诸多因素进行研究，对如何提高老年人生活质量提出对策建议。借此机会，我想就 4 个方面的问题谈点个人意见，请同志们批评指正。

一、提高老年人生活质量具有重要意义

纵观人类社会发展的历史，人们进行生产和社会活动的一切目的都是为了不断提高自己的生活质量。从这个意义上讲，人类社会的历史就是一部不断提高生活质量的历史。新中国成立以后，党和政府一贯致力于发展生产，提高包括老年人在内的全体人民的生活水平，不断满足人民群众日益增长的物质文化生活需求。经过 50 多年的努力奋斗，特别是 20 多年的改革开放，我国的社会经济发展取得了举世瞩目的成就，为提高老年人的生活质量，提供了诸多有利条件：

首先，我国已经进入全面建设小康社会，开始向现代化建设第三步战略目标迈进的新的发展时期。2000 年我国 GDP 总量达到 10000 亿美元，人均国民生产总值 800 美元。今后 10 年，中国经济预期平均增长 7%左右，2010 年 GDP（国内生产总值）将比 2000 年增长 1 倍，人均产值将超过 1500 美元。经济的长期高速发展和良好的发展预期必然为提高老年人生活质量提供可靠的物质基础。

第二，党和政府十分重视老龄工作。1999 年成立了以国务院副总理李岚清为主任，由 24 个成员单位组成的全国老龄工作委员会，地方各级政府也相应成立了老龄工作委员会。与此同时，各地都成立了如老年学会、老年大学、老年体育、老年书画、老年法律、老年科技、老年保健等非政府老年组织，农村不少的村民委员会成立了老年人协会，为提高老年人生活质量提供了组织保障。

第三，以《中华人民共和国宪法》、《中华人民共和国老年人权益保障法》、《中共中央、国务院关于加强老龄工作的决定》(以下简称《决定》)、《中国老龄事业发展“十五”计划纲要》(以下简称《纲要》)为主体的一系列保障老年人合法权益，提高老年人生活质量的法律、政策体系的不断完善，为提高老年人生活质量提供了法律和政策的支持。

第四，老年人群体的迅速增加，人口老龄化的不断加剧，广大老年人对生活质量认识的不断提高，全社会尊老、敬老、养老、助老社会环境的形成，为提高老年人生活质量提供了广泛的群众基础。

我国人口老龄化的发展趋势告诉我们，今后相当长的一个时期，老年人作为一个特殊的社会群体，一个相对弱势且迅速扩大的群体，在社会生活中的位置会越来越突出。不断满足他们的物质文化需求，提高他们的整体生活质量，具有十分重要意义：

第一，提高老年人生活质量，是落实江泽民总书记“三个代表”重要思想的具体行动，是我党全心全意为人民服务宗旨和社会主义制度优越性的重要体现，是回应联合国第二届世界老龄大会的重要举措。

第二，提高老年人生活质量，实现健康老龄化，一方面能够延长老年人参与社会发展的时间，可以创造出更多的物质精神财富；另一方面能够延迟老年人疾病发生时间，节约医药费用，减少医疗资源的占用。如果每个老年人每年减少支出 100 元的医疗费用，全国 1.3 亿老年人每年将减少 130 亿的医疗费用支出，其经济效益是相当可观的。

第三，提高老年人生活质量，从客观上讲是要建立适合老年人生活的良好社会环境，而从老年人主观上讲，则要自觉形成科学、健康、文明的生活方式，积极向上的生活态度。这一切，对于弘扬我国尊老敬老爱老助老的传统美德，对于提高国民素质，建设社会主义精神文明，都具有深远的意义。

第四，提高老年人的生活质量，是实现“六个老有”工作目标的重要标志，是老年人享受社会发展成果的具体体现，是老龄工作的出发点和落脚点。加强这方面的研究，对于深化老龄工作理论，指导健康老龄化实践，具有重要的价值。

二、老年人生活质量及其指标的评价体系

生活质量是一个多层面的复合概念,它不仅包括生活的物质层面,如生活水平、自然条件和基础设施建设,而且包括健康状况、精神生活、社会环境等许多层面。因此,不同学科、不同角度对生活质量有着不同的界定方式。可以说,到目前为止,人们对生活质量还没有形成一个公认的概念。对老年人生活质量的研究,起步相对较晚,同样很难给出一个确切的概念。如果一定要给它下个定义的话,我认为,老年人的生活质量应该是一定社会条件下老年人在物质生活、精神生活、身体状况、社会环境中所处的状态及老年人自我感受的总和。从这个意义上讲,老年人的生活质量,首先是一个动态的不断变化的过程,它随着社会经济的发展而提高,随着社会经济的衰退而降低,但一般滞后于社会经济的发展。其次,老年人生活质量是一个系统工程,涉及人们社会经济生活的各个方面,而且对生活质量的心理要求会不断提高,这是由人类生活需求的多样性和不断增长的心理预期所决定的。第三,老年人生活质量的提高既有主观因素,又有客观因素,既有内因,又有外因,是主观和客观、内因和外因共同作用的结果。第四,老年人生活质量的高低,有一个科学、客观、公正的社会评价标准,同时也有一个自我评价标准,有时候自我评价结果和社会评价结果会有一定的差异。

1991年,联合国在《老龄问题国际行动计划》的文件中,把“独立、参与、照顾、自我实现、尊严”作为联合国老年人问题的原则。这是世界公认的原则,它涵盖了老年人生活的全部,也包含了老年人生活质量的本质。以此为基础,结合我国经济社会发展水平和老龄工作的实际情况,我认为,现阶段我国老年人的生活质量至少应该包括以下四个方面:一是经济保障,包括:养老保障、医疗保障、经济收入、生活开支等;二是健康状况,包括:身体状况、营养状况、心理卫生等;三是精神文化生活,包括:文化教育、情趣爱好、感情需求等;四是生活环境,包括:居住条件、家庭环境、社会环境等。这几个方面统筹协调,平衡发展,整体推进,才会真正有利于老年人生活质量的提高。如果强调一点,不顾其他,不但无助于老年人生活质量的提高,有时还会导致老年人生活质量的下降。

研究老年人的生活质量问题,促进老龄事业的发展,建立一套老年人生活质量指标评价体系,用量化的指标来评价看似无形的生活质量的复杂问题,为政府今后制定相应的老龄社会政策提供科学的依据,是十分必要的。那么,建立这样的体系要遵循怎样的原则呢?我认为:

第一、要坚持以老年人为本的原则。要以老年人为出发点和落脚点，急老年人所急，想老年人所想，要站在老年人的立场上来考虑问题，解决问题，努力满足老年人物质文化生活的需求。

第二、要坚持提高老年人生活质量与国民经济和社会发展水平相适应的原则。老年人生活质量标准定得太高，难以实现；定得太低，没有意义。

第三、要坚持循序渐进的原则。提高老年人的生活质量，建立老年人生活质量的评价体系是一个不断完善的动态过程，是一个长期的工作目标。当务之急是解决老年人“老有所养、老有所医”的问题，特别是贫困老年人的养老保障问题。

第四、要坚持因地制宜的原则。我国西部和沿海，农村和城市，无论经济社会发展水平还是人口老龄化程度，都有很大差异，用同样的标准来衡量不同地区老年人的生活质量显然是不现实的。

第五、要坚持系统性、可比性和实用性的原则，使指标体系在操作层面上比较容易把握。

三、正确评价我国老年人生活质量的现状

我国从1982年联合国第一届世界老龄大会以来，为应对人口老龄化的挑战，采取了一系列重大措施：1982年成立了以调查宣传为主要职责的中国老龄问题委员会；1993年国家计委、民政部等10个部委联合制定了《中国老龄工作七年发展纲要》；1996年颁布实施了《中华人民共和国老年人权益保障法》；1999年成立了以国务院副总理李岚清为主任的全国老龄工作委员会；2000年中共中央、国务院下发了《决定》；2001年国务院制定了《纲要》（2001—2005年），把老龄事业纳入国民经济和社会发展计划；在此基础上，全国老工委各成员单位，地方各级党委政府也制定了一系列养老保障、医疗保障、社区服务、老年产业、优待优惠、扶贫救助、文体活动等方面的具体政策措施，为促进老龄事业的发展，提高老年人生活质量，发挥了重要的作用。

根据刚刚结束的“中国城乡老年人口生活状况一次性抽样调查”提供的情况表明，我国老年人生活质量有了明显的提高，主要表现在以下几个方面：

（一）老年人经济收入不断增加。改革开放以来，老年人的经济状况有了较大提高。调查显示，城市75.6%的老年人和农村55.6%的老年人感到自己经济基本有保障。尤其在城市70.3%的老年人认为与以前的老离退休职工相比，“经济上更加有保障了”。在农村，86.1%的老年人认为与过去在生产队里的老年人相比，生活水平明显提高。由于农村土地承包制的广泛推行，使得农村经济得到较大发展，农村老年人对经济状况改善的感受比城市老年人更为突出。

（二）老年人住房条件大大改善。调查显示，城市老年家庭平均拥有住房面积66平方米，90.2%的老年人有自己单独的房间。城市老年人不但住房条件得到改善，而且在住房制度改革中，其权益得到了体现和加强，城市66.2%的老年人对自己的住房拥有所有权。在农村，老年人平均住房面积为87平方米。

（三）老年人的健康状况和医疗保健服务逐步改善。本次调查显示，我国城乡老年人自认为健康状况还可以的占一半以上。在城市，62.3%的老年人享受国家规定的公费医疗。国家在医疗制度改革过程中，特别注重为老年人提供基本医疗保障，以满足他们最基本的医疗要求。在许多大城市都建立了老年病医院或老年病专科。调查表明，在医疗保健服务方面，我国老年人总体上感到看病还比较方便，城市和农村老年人中认为看病不方便的比例仅占10%左右。

（四）老年人精神文化生活内容日趋丰富。我国城乡老年人闲暇时间最主要的内容是看电视、听广播，既能增长知识，又能了解国家的方针政策。在城市，80%的低龄老年人参加社区组织的文化体育活动和有关公益活动，还有不少老年人到老年学校去学习，进一步丰富和提高自己。20%的城市老年人经常以串门聊天的形式和邻里交往，在农村这种现象更为普遍。浓浓的邻里之情给老人们的心理上带来很大满足。

（五）老年人参与社会意识增强。调查表明，城市有10.4%的老年人从事有收入的各项经济活动，18.7%的老年人愿意为本社区生活困难的老年人提供“家务服务”，有37.5%的老年人愿意帮助调解邻里和家庭纠纷。在农村，老年人参与生产的时间一般取决于自己的身体状况，只要还能劳动就不会在家里休闲。

从总体上讲，我国老年人的生活状况和过去相比有了较大改善和提高，但是本次调查也显示出一些突出的问题，特别是贫困地区老年人的生活水平，有的不但没有提高，反而有所下降。主要问题是：养老保障水平不高，2001年底，城镇企业职工领取基本养老金的人数为3381万人，农村绝大多数老年人没有养老保障，城乡有60%以上的老年人没有被纳入社会保障制度之内；健康状况较差，老年群体中60%的人有慢性病史，并且常常身患多种疾病，随着年龄的提高健康状况不断下降；家庭养老功能弱化，社会化养老服务发展滞后；老年妇女和高龄老年人是最脆弱的老年群体，需要更多地关爱；部分地区老年人面临的再婚、赡养纠纷、侵权等社会问题也比较多。

四、提高老年人生活质量是全社会共同的责任

老年人生活质量是一个永恒的话题。提高老年人的生活质量，是老龄工作部门和全社会长期的奋斗目标。我们必须提高对这一问题的认识。要充分认识到，长寿时代已经到来，未来相当长的时期内我国老年人口会越来越多，老年生活的时间会越来越长，老龄化程度会越来越高，这是不可改变的现实。要充分认识到，老年人为社会发展做出了历史贡献，他们有共享社会发展成果的权利，社会有义务不断提高他们的生活水平。要充分认识到，总体上我国生产力发展水平还比较低，用于老龄事业的经济实力还很有限，现在的“未富先老”和将来的“生之者寡、食之者众”是我国的基本国情，我们必须从这个现实出发考虑问题。

李岚清副总理在全国老龄工作委员会第四次全体会议上提出的“政府主导、社会参与、全民关怀”的老龄工作指导方针，为不断提高老年人生活质量，实现健康老龄化指明了方向。我们要按照这个指导方针，调动国家、社会、家庭和老年人各方面的积极性，共同做好提高老年人生活质量这件事情。

第一，政府的主导作用主要是体现在制定规划、制定政策、培育市场、加大投入等方面，把提高老年人生活质量纳入社会经济发展总体规划之中。当前，在城市要进一步改革和完善养老保险制度，完善最低生活保障制度，保证离退休人员养老金按时足额发放，并随着社会经济的发展逐步提高养老保障标准。要大力建立和发展以社区为依托的老年卫生服务网络，逐步建立社区老年人健康档案和老年人体质监测站，加强社区老年护理队伍的建设和技能培训，推广和普及科学的老年养生保健方法。在农村，在税费改革中，要确保减轻老年人特别是高龄老年人的负担，进一步提高“五保户”的供养标准，鼓励有条件的地方建立农村老年福利设施、农民养老补贴制度和最低生活保障制度，加快乡、村医疗卫生组织建设，逐步完善县、乡、村三级医疗预防保健网，努力降低老年人的医疗费用负担。要加大推动政府倡导的“星光计划”、“亿万老年人健身活动”、“青年志愿者行动”、“光明行动”等造福老年人项目的力度，让老年人实实在在地感受到自己的生活质量在不断提高。

第二，社会各界要积极参与老龄事业的发展，根据国家相关政策规定，发挥自己的行业优势为老年人解决实际问题。企事业单位要把老年用品、老年服务业、老年文化作为一项产业来经营，在考虑经济效益的同时更要考虑社会效益。要不断研究老年消费心理，增加老年产品的科技含量，推出老年人满意的产品和服务。民办非企业单位及中介组织要在老年人和市场之间发挥桥梁和纽带作用，要向老年人提供真实全面的信息，引导和帮助老年人消费；同时还要向生产者发布老年人信息，引导企业生产出更多更好的老年产品。新闻媒体要充分发挥“两个喉舌”的作用，一方面要积极宣传党和政府有关老龄工作的方针政策，宣传老龄事业的发展情况；另一方面要反映老年人的心声，强化老龄意识，在全社会形成尊老、爱老、养老、助老的社会舆论环境。

第三，家庭是老年人长期居住的场所，是支持老年人生活的最直接的环境。可以说，老年人生活质量的好坏，很大程度上取决于家庭。家庭成员要在物质供养、精神慰藉、生活照料等方面尽力满足老年人的需求，让老年人随时得到家庭的温暖。维护老年人的社会尊严首先要从家庭做起，家庭成员不仅要尊重自家的老人，也要尊重社会上其他老人，“老吾老以及人之老”。我认为，尊老敬老助老，是人的高尚品格的一面镜子。

第四，提高老年人生活质量，老年人个人的作用是任何人无法替代的，老年人的幸福感很大程度上取决于老年人自己。老年人要不断调适自己的心理，更多地以宽容和体谅的心态看待社会，看待家庭，看待人生。要活到老，学到老，不断学习新的知识，不断提高和丰富自己，做到“与时俱进”，跟上时代前进的步伐。要积极参与社区文化体育活动和社会公益事业，过科学、健康、文明、积极、尊严的老年生活。

关于老年人生活质量的话题，无论是内涵还是外延都包含了十分丰富的内容，需要从事老龄科研的专家学者和实际工作者深入研究，我今天的发言仅作抛砖引玉。

李宝库同志在提高老年人生活质量对策研讨会上的讲话

（2002 年 6 月 28 日）

提高老年人生活质量对策研讨会今天就要结束了。这次研讨会是我国老龄事业发展史上一次重要的会议。出席本次会议的社会各界人士 150 余人，会议收到论文 500 余篇。会议期间，与会同志怀着高度的责任感和饱满的参与热情，围绕提高老年人生活质量这个重大课题，从多学科、多层次的角度进行了广泛深入的讨论。会议准备充分，内容丰富，思想活跃，交锋热烈，成果丰硕，开得很圆满，很成功。我参加这次会议，和大家一样，很受启发，很有收获。下面，我受全国老龄工作委员会办公室和多吉才让部长的委托，做大会总结。

一、本次研讨会的特点

这次研讨会是建国以来第一次系统研究提高老年人生活质量的专题研讨会。从总体上看，这次研讨会有以下几个特点：

一是会议规格高。党中央、国务院对这次会议非常重视。会前，国务院副总理、全国老工委主任李岚清同志就召开这次会议做了明确批示。会上，国务委员、全国老工委常务副主任司马义·艾买提同志出席大会并作了重要讲话；民政部部长、全国老工委副主任多吉才让同志作了大会主旨发言；世界卫生组织派代表与会致词，联合国人口基金也为大会发来致词；

中科院两位院士莅临大会讲话；中组部、民政部、劳动和社会保障部、卫生部等许多政府部门派代表出席了大会。

二是参与人员广泛。参加这次会议的有科研机构的同志，有政府部门的同志；有涉老部门的同志，也有非涉老部门的同志；有理论工作者，也有基层的老龄工作者；有老年群众组织的代表，也有离退体老人；除了内地的同志，还有来自香港、澳门的专家学者。提交本次会议的论文也是多年来数量最多的一次。以上充分说明，本次会议具有广泛的参与性，体现了社会各界对老年人生活的重视和关注。

三是主旨报告精彩，论文质量高。全国老工委副主任、多吉才让部长的主旨报告，系统阐述了提高老年人生活质量的背景及意义、老年人生活质量的涵义及指标体系、我国老年人的生活现状及问题、提高我国老年人生活质量的思路等问题，为会议深入探讨老年人生活质量提供了一个很好的框架。这次研讨会的论文，涉及影响老年人生活质量的社会、经济、政治、文化、思想、环境等方方面面。和以往相比，本次会议的论文主要集中在老年人贫困问题、农村老年人问题、老年妇女问题、老年人政治思想工作问题和老年人的权益保障问题这五个方面，基本上反映了当前我国老年人生活质量存在的主要问题。针对这些问题，大家从社会科学、自然科学和人文科学等跨学科、多层次的角度，通过宏观与微观相结合、定性与定量相结合、理论与应用相结合的方法，进行了分析和探索。许多专家学者从理论上对老年人生活质量的界定、影响老年人生活质量的因素以及评价生活质量的指标体系进行了深入探讨。从事实际工作的同志，通过大量的调查研究，介绍了我国老年人生活质量的现状，在分析存在问题的基础上，提出了切实可行的具体建议。许多论文选题新颖，观点明确，方法创新，在理论上有突破。会议提出的大量有价值的对策建议，代表了我国老年学研究的总体水平。因为会议规模的限制，许多人不能参加会议，他们的意见和建议，我们将吸收到会议的论文摘要中。

四是理论联系实际紧密。研讨会体现了理论研究为老龄工作实践服务的精神。从会议的设计、论文的征集以及会议的召开，均贯彻了这一精神。本次会议的论文从老年人生活的实际出发，注重调查研究，反映问题客观，应用数据准确，所提政策建议具有可操作性，具有鲜明的针对性和现实性，对实际工作具有很强的指导作用。

五是会议形式有创新。这次会议既不是纯粹的学术会议，也不是官方的工作会议，而是采取了理论工作者和实际工作者、官方和民间相结合的形式。此外，为了集中反映和面向全社会宣传研讨会的成果，加强理论研讨对实际工作的指导作用，本次会议讨论通过了《提高老年人生活质量行动建议》。这是20年来老龄问题学术研究上的一个创新，是推进老年学研究成果社会化的有效形式。

二、会议的主要成果

经过小组发言和大会交流，大家普遍认为，这次研讨会成果显著。归纳起来，主要有以下几点：

一是，提高了对老年人生活质量重要性的认识。长期以来，我们主要关注老年人生活数量方面的问题，对老年人的生活质量问题没有引起足够的重视。近些年来，随着我国进入全面建设小康社会，开始向现代化建设第三步战略目标迈进，随着老年人对物质文化生活需求的日益增长和老龄事业的不断发展，老年人生活质量问题越来越成为社会关注的新焦点。在这一背景下，本次会议把提高老年人生活质量作为主题进行专题研讨。会议认为，在老龄社会，老年人在社会生活中的位置越来越突出。因此，弘扬我国敬老爱老助老的传统美德，不断满足他们的物质文化需求，提高他们的整体生活质量，使老年人共享社会经济发展成果，是老龄工作和老龄事业的出发点和落脚点，是落实江泽民总书记“三个代表”重要思想的具体行动，是全心全意为人民服务宗旨和社会主义制度优越性的重要体现。从我国国情出发，不断提高老年人生活质量，对于实现“六个老有”工作目标，促进经济和社会的协调发展，维护社会的和谐与稳定，具有重要的意义。

二是，提高了对老年人生活质量规律性的认识。生活质量是一个内容丰富的复合性概念。通过讨论，大家在老年人生活质量的概念上取得了一致。认为，经济保障、健康水平、精神生活及生活环境这四个方面，既是老年人生活质量的内容，也是评价生活质量指标体系的核心部分。其中，健康和保障是生活质量中的基本要素。大家认识到，老年人是一个特殊群体，他们对提高生活质量的需求因性别、年龄、居住地、婚姻状况、居住方式、文化程度、过去职业等因素而具有差异性。随着社会环境的变化和老年人新的需求的产生，老年人生活质量的内涵就会相应变化，相关政策就需要进行调整。大家还认为，老年人需求和国家社会经济承受力的结合点，就是我们制定老龄政策的出发点，只有立足这个基本点，处理好社会进步和经济发展的关系，我们的老龄政策才既能满足老年人的需要，又能促进经济社会的可持续发展。

三是，对我国老年人生活状况的认识更加客观。大家认为，党和国家对老年人的生活历来十分重视，采取了一系列政策措施，老年人的生活质量比改革开放前有了显著提高。但是，从发展的角度看，目前我国老年人生活中还存在一些问题，比较突出的是“两费拖欠”问题、看病难问题、生活照料问题、合法权益维护问题、精神文化生活匮乏问题、老年妇女问题，等等。

四是，提出了有价值的对策建议。会议认为，提高老年人的生活质量需要一个支持体系，需要政府、社会、家庭和个人共同采取行动。经过认真而热烈的讨论，会议在集中许多有价值的意见的基础上，形成了一个系统的对策，即《提高老年人生活质量行动建议》。《行动建议》从实际出发，坚持理论联系实际的原则，立足当前，放眼长远，对提高老年人生活质量提出了新的理念、新的战略和新的要求，既有现实性，又有前瞻性。它的形成不仅对于提高老年人的生活质量，而且对于进一步增强全社会的老龄意识，推动全国老龄事业的深入开展，也具有重要的意义。

三、研讨会取得成功的原因

这次会议之所以取得成功，主要有以下几个方面的原因：

一是第二届世界老龄大会的推动。1998年，全球60岁以上老年人口达到6亿，占世界总人口的10%，全球进入老龄化社会。随着老年人口的增多，作为弱势群体，老年人的生活质量越来越成为一个全球性的社会问题。针对全球人口老龄化，特别是发展中国家人口老龄化的加速发展，今年4月份，联合国在西班牙召开了第二届世界老龄大会。会议的主题是发展中国家的老龄问题。其中，发展中国家老年人的生活质量问题是一个重要内容。无论是政府论坛，非政府论坛还是老年学学术论坛，发展中国家老年人特别是贫困老年人的生活质量问题都是重要议题。我们这次研讨会是对全球人口老龄化浪潮的回应，是贯彻落实第二届世界老龄大会精神的重要举措。

二是20年来我国老龄事业的稳步发展奠定了坚实基础。党和政府历来关心老年人的生活。特别是改革开放以来，我国确立了“老有所养、老有所医、老有所教、老有所学、老有所为、老有所乐”的长期目标，陆续出台了一系列发展老龄事业的法律法规和政策措施，逐步建立了社会养老保障制度，大力推进社区老年福利服务、卫生保健、文化体育等各项事业的发展，系统地进行了老龄问题的调查研究，有力地推进了老龄事业的全面发展。进入新世纪前后，党中央、国务院审时度势，做出了一系列重大决定：1999年成立了全国老龄工作委员会；2000年中共中央、国务院做出了《关于加强老龄工作的决定》；2001年国务院印发了《中国老龄事业发展“十五”计划纲要》；目前，全国已基本上建立了从中央到地方的老龄工作协调机构；在全国老龄工作委员会第四次全体会议上，中央又明确了“政府主导、社会参与、全民关怀”的老龄事业发展方针。广大老龄工作者认真落实中央的一系列方针政策，从当地实际出发，为老年人做了大量好事、实事。所有这些，在全社会范围内增强了人们的老龄意识，促使人们积极关注、认真研究和切实解决老年人的生活质量问题。理论是对实践的反映，没有这么多年扎扎实实的老龄工作，要在老年人生活质量问题研究上取得成就是很难想象的。

三是社会各界的积极参与。本次会议的征文通知发出后，社会各界积极回应，全国各涉老部门、各阶层老年人、各学术团体踊跃投稿。除老龄系统外，铁路、林业等部门的同志也纷纷组织力量撰写论文。广大老干部、老工人、老知识分子、甚至边远地区农村的老年人，得知会议召开的消息后，非常激动。他们说，为提高老年人的生活质量，李岚清副总理批示要召开专门研讨会，这体现了党和政府对亿万老年人的关怀。与会同志反映，他们参加过多次研讨会，但本次会议是由政府组织的学术研讨会，规格高，规模大，意义深远。他们为自己的建议被听取或采纳而高兴。大家一致认为，这次研讨会对我国的老龄科学研究事业将产生重要影响。

四是研讨会的准备充分。在李岚清副总理批示召开此次会议之后，全国老龄工作委员会办公室将这次会议列入工作计划。从去年11月发出征文通知到会议召开，历时半年多时间，全国老工委办公室和中国老龄科学研究中心集中精干力量，认真组织，反复研究，周密安排，做了大量细致的准备工作。这也是会议成功的一个重要原因。

同志们，朋友们：本次研讨会是面向新世纪共商提高老年人生活质量大计的一次重要会议。会议的召开体现了党和政府对亿万老年人的关怀和对老龄事业的重视，也表达了党和政府要进一步提高老年人生活质量的决心。会议所取得的丰硕成果对切实提高老年人生活质量，进一步加强老龄工作和开拓老龄事业，促进社会的和谐稳定，都将产生积极的作用。会上，我们讨论通过了《提高老年人生活质量行动建议》，下一步的关键是如何把它变成具体的行动。全国老工委办公室将把这次会议的情况和这个《行动建议》向全国老龄工作委员会汇报，同时面向全社会进行宣传，使研讨会产生更加广泛的影响。

同志们，朋友们：提高老年人的生活质量是一项长期的艰巨的任务。这次会议虽然结束了，但对如何提高老年人生活质量问题的探讨才刚刚开始，还有许多问题需要我们不断探索。我们殷切希望社会各界继续关注这一问题，立足现实，放眼未来，坚持理论与实践相结合的原则，通过深入的研究和探索，取得更大的成就。

李宝库同志在全国老龄工作委员会成员单位联络员会议上的讲话

（2002 年 5 月 10 日）

同志们：

今天我们在这里召开全国老龄工作委员会第五次联络员会议，主要任务是通报第二届世界老龄大会的情况，传达全国老龄工作委员会第四次全体会议精神，各成员单位交流今年为老年人办实事的计划。刚才，新立同志传达了李岚清副总理在全国老龄工作委员会第四次全体会议上的重要讲话；20 个成员单位的联络员根据本部门的职责交流了今年为老年人要办的实事。讲得都很好。下面，我向大家简要通报一下全国老龄工作委员会第四次全体会议和全国省级老工办负责人会议情况，通报联合国第二届世界老龄大会的情况，并对抓落实的问题提几点建议。

一、全国老龄工作委员会第四次全体会议及全国省级老工办负责人会议情况

2 月 7 日下午，全国老龄工作委员会召开第四次全体会议。中共中央政治局常委、国务院副总理、全国老龄工作委员会主任李岚清作了重要讲话。国务委员、全国老龄工作委员会常务副主任司马义·艾买提主持会议，民政部部长、全国老龄工作委员会办公室主任多吉才让受岚清和司马义同志的委托，向全体会议汇报了 2001 年全国老龄工作情况和 2002 年工作安排的意见。中组部、劳动保障部、卫生部、文化部、国家体育总局、民政部 6 个成员单位的负责同志汇报了本部门老龄工作的情况。这次会议非常重要。李岚清同志在讲话中提出了“政府主导，社会参与，全民关怀”的老龄工作指导方针。强调党中央、国务院对老龄工作的大政方针已定，关键是抓落实。李岚清同志要求各地区、各有关部门要按照十五届六中全会决定要求，进一步转变工作作风，深入贯彻中央关于加强老龄工作的决定，全面落实中国老龄事业发展“十五”计划纲要，把各项老龄工作任务落实到实处。

为落实全国老龄工作委员会第四次会议和李岚清副总理讲话精神，我们于 3 月中旬在北京召开了全国省级老龄工作委员会办公室负责人会议，多吉才让部长主持会议并讲话，对做好今年的老龄工作提出了具体的要求。他希望全国各级老工办负责人要认真学习岚清同志讲话精神，切实发挥好综合协调、督促检查和参谋助手作用，及时地掌握、综合，分析情况，向老工委领导提出建议和决策参考；及时地协调有关部门相互配合，共同抓好老龄工作任务的落实工作；及时地检查、督促有关部门制定工作计划、落实工作目标；及时地发现、总结、推广经验，指导基层工作；及时地树立各类典型，用典型经验来推动工作。他相信，只要老龄工作者定位准确，职责思路明确，方式方法对头，行动积极主动，就一定能有所作为。

我在会议上代表老工办回顾了去年的工作，部署了 2002 年老龄工作任务。并对今年工作提出几项要求：第一，抓紧理顺地县级老龄工作关系，尽快健全机构和工作机制。第二，突出重点，切实加大老年维权力度。第三，积极开展试点，努力探索社区、基层老龄工作运行机制。第四，以文艺调演为契机，推动老年精神文化生活上台阶。第五，围绕迫切需要解决的问题，开展老龄调查研究工作。第六，充分发挥新闻媒体的作用，形成宣传合力，加大老龄宣传工作力度。各省市老龄工作委员会办公室负责人分 5 个小组进行了热烈讨论。北京、江苏等 10 个省市介绍了他们开展工作的经验和做法，会议开得很成功。目前，各省市老龄工作委员会办公室的同志们都在积极努力地工作，千方百计落实会议提出的要求。

二、联合国第二届世界老龄大会情况

4 月 8 日至 12 日，第二届世界老龄大会在西班牙首都马德里召开。本次大会的目的是，全面回顾第一次世界老龄大会 20 年来取得的成果，讨论通过指导 21 世纪老龄问题的全球行动战略。158 个国家及联合国系统和国际组织约 1500 人出席了大会。其中 7 个国家由总统或总理、副总理率团与会，其他绝大部分为部长级。西班牙首相阿斯纳尔当选大会主席。联合国秘书长科菲·安南、第 56 届联大主席韩升珠出席了大会开幕式。安南在讲话中指出，全世界正在经历前所未有的人口转变，从现在到 2050 年，全球老年人口将从约 6 亿上升到 20 亿。在今后 50 年内，人类历史上将第一次出现 60 岁以上老年人口超过 15 岁以下少儿的景象。一场老龄化的革命必将给由于受全球化、人口迁移和经济变迁的影响而处于转变中的世界以巨大的挑战。我们必须设计一个老龄问题行动计划，以适应21世纪的现实情况。

各国代表团、有关国际组织的负责人在会上作了为期4天的一般性辩论发言，阐述了对老龄问题的立场、观点和看法。会间，同时召开了主要委员会和部长级圆桌会议。大会一致通过了《政治宣言》和《老龄问题国际行动计划》两个重要文件。把消除贫困、巩固退休金制度、建立灵活的退休年龄制度、全社会有义务善待老人、保障老年人的医疗服务，以及加强国际合作等列为行动计划的主要目标。强调各国应把老年人作为社会发展的重要力量，而不应该把他们看作负担，国际社会鼓励和支持家庭对老年人进行赡养，尤其对生活能力差的老年妇女要予以特殊照顾。

中国政府代表团是出席本届大会较大的国家代表团之一。由民政部、外交部、中组部、劳动保障部、国家计委、财政部、文化部、卫生部、全国老工委办公室，北京、上海老工委办公室，香港、澳门特别行政区等单位共37人组成代表团。团长国务委员司马义·艾买提同志代表中国政府在大会上发言，阐明了我国老龄工作20年来取得的重大成就和对老龄问题的基本立场，受到各国代表的广泛好评。

会议期间，我代表团本着宣传自己、积极参与、相互学习、开展交流的与会方针，积极开展了各方面的工作。司马义·艾买提同志会见了联合国秘书长安南和澳大利亚、印尼代表团团长，就共同关心的问题交换了意见，出席了西班牙王国首相招待会，接受了联合国记者采访。民政部副部长、全国老龄工作委员会办公室常务副主任李宝库参加了大会组织的部长级圆桌会议，就《家庭、社区、老年人及对未来代际关系的影响》为题作了发言。我代表团还积极参加了大会通过的《政治宣言》和《老龄问题国际行动计划》的磋商，同77国集团密切合作，更多地反映了发展中国家的利益和愿望，为两个重要文件的最后通过作出了积极贡献。

作为非政府组织，中国老龄协会组织了28名社会各界的代表列席了这次大会。此前，他们参加了第二届世界老龄大会非政府组织论坛，举办了“中国老年问题论坛”和“中国老年艺术展”，散发了有关文件资料，引起与会代表的浓厚兴趣。非政府组织论坛是大会的重要组成部分，有世界各国200多个非政府组织的3000余名代表与会，进行各种会议163次。通过全体代表的团结努力，我代表团取得了可喜的成果，主要有以下3点：

1. 宣传了中国的老龄事业，在国际上产生了积极的影响。我代表团规格之高，人数之多，和我们在占世界老年人口1/5的国家所取得的成就，使各国代表为之瞩目，普遍认为，中国的老龄事业在世界老龄领域中处于举足轻重的地位。

2. 扩大了中国非政府组织在老龄领域的国际影响。由于我非政府组织代表的水准普遍较高，代表性较强，在会议期间，非常注意广交朋友，加强交流，赢得了许多国家代表的赞誉，扩大了我国老龄事业的国际影响，树立了中国老龄工作的良好形象。

3. 加强了中国与世界各国政府、非政府组织和国际组织之间的交流。通过大会发言，论坛交流，参观展览，广泛接触许多国家代表纷纷表示，要与中国加强交流合作，共同推进老龄事业的发展。联合国老年基金会和联合国老龄研究所主动表示要支持中国建设地区性国际老龄培训中心。

三、抓落实，促发展，把实事办好

四次会议后，我们按照岚清同志指示精神，要求各部委上报办实事计划。办实事计划实际上是落实中共中央、国务院《关于加强老龄工作的决定》和《中国老龄事业发展“十五”计划纲要》的延续。为做好这项工作，各位联络员认真履行职责，上下沟通，做了大量工作，经过大家的共同努力，截至3月底，有20个部委向老龄工作委员会办公室报送了自己的行动计划，有几个部委因有特殊情况，没有及时报行动计划，向我们做了解释。最近司法部、新闻出版总署也将办实事的计划报来了。我们已经将各部委办实事计划的主要内容进行了汇总，在《全国老龄工作简报》第9、10期上编发，上报给党中央国务院，下发给省、市、自治区老龄委。我们认为，这些计划切合部委工作实际，并有切实可行的政策措施，都很好。全国老龄工作委员会第四次会议纪要和李岚清副总理的讲话，已经形成了文件。全国省级老工办负责人会议上才让部长的讲话和我在会议上的发言，也已经形成了文件，都发给了大家。可以说今年老龄工作的任务和工作重点已经确定，我们的责任就是抓落实，就是一个“实”字。为此，我提几点建议：

第一，抓住根本，搞好完善政策法规工作。随着老年人口的不断增加，将会对我国的产业结构、投资结构、劳动力市场、消费结构、医疗结构、服务结构产生越来越大的影响，适时调整和制定相关的老龄政策与法规，对于满足老年人口对物质和文化生活的要求，促进社会经济与老龄事业协调发展具有重要意义。虽然，我国的老龄工作取得了巨大成绩，但是，我国老龄工作的基础比较薄弱，还不能很好的适应人口老龄化发展的要求。主要表现在：对人口老龄化问题认识不足，老龄工作政策和法规不够健全，社会保障制度尚不完善，社区管理和老年服务设施、服务网络滞后，侵犯老年人合法权益的现象时有发生等。我们强调为老年人办好事、办实事，作为中央一级机关，就要在宏观方面即政策法规层面上下工夫，主要集中在两个方面：一是根据《中共中央、国务院关于加强老龄工作的决定》确定的原则和方向，继续建立和健全以社会养老保障和家庭养老相结合、医疗保障、老年社会服务体系为基础的老龄政策与法规体系。政府有关部门要抓紧进行此项工作。二是根据我国社会经济发展水平、人口老龄化的发展状况及所产生的新情况和新问题，及时调整或制定新的政策与法规。在本世纪上半叶，我国高龄老年人口数量将增长迅猛，由于高龄老年人生活自理能力低，因而对医疗、护理、照料和服务的需求将大大增加，这也是老龄政策与法规体系必须面对和解决的重要问题。从各部委送来的计划来看，建设部、文化部、中组部、人事部、总政治部、国家计生委都有一些配套的政策性措施要出台。建议其他部委也应该从宏观层面上研究、制定、出台一些方针政策法规，这样坚持下去，就会逐步形成完善的政策和法规体系。

第二，加强调查研究。调查研究是各部委的一项重要工作，总结经验也好，发现问题也好，都离不开调查研究。很多部委在办实事计划中，都提出要搞纵向性的深入调研，希望通过调查研究，解决实际问题，推动事业发展。希望各部委联络员积极发挥参谋助手作用，协助本部委领导做好调查研究的相关工作，有关部门也可以联合起来，整合力量，一起下去搞调查研究。全国老工办和老龄协会也准备联合有关部委进行老龄有关问题的专题调研，希望一起到基层调研，具体工作由联络部的同志和你们详细协商。

第三，认真落实联络制度。全国老龄工作委员会办公室联络制度已印发，希望各位联络员认真落实这项制度。特别是今年部分成员单位更换了联络员，有关的文件资料还是要认真学习一下。这里还要提请大家注意，要尽快将信息员名单报来。各位联络员都是司局级领导，工作都很忙。联络工作不可能事无巨细都亲自操办，需要有一个部门来承担业务，需要有一个助手来办具体事。这也是我们要求各部委报一名信息员的初衷。目前有10个部委报来信息员名单，希望其他部委尽快将信息员确定下来，我们将于近期内办一期信息员培训班，请专家学者给他们进行辅导，确保老龄信息的上传下达。老龄信息是老龄工作中重要的基础性工作，我们要发挥中央和国家机关的政策和信息优势，希望各位联络员对此事给予高度重视。我们现在有《老龄工作简报》和《老龄情况反映》，还有一本《老龄工作导刊》由政研部和老年杂志社编发。主要是负责成员单位和全国各地之间老龄工作信息的交流，承担“下情上报”和“上情下达”的任务。希望各部委与我们及时交流信息，积极提供情况，便于我们及时汇总上报、为中央领导同志科学决策提供依据，也便于地方党委政府指导各地的老龄工作。同时，也便于成员单位之间沟通与交流。为做好这项工作，我们将定期向大家通报各部委报送信息的情况。

今天我就讲这些，供各位参考。谢谢大家！

李宝库同志在全国老龄工作委员会成员单位联络员会议上的讲话

（2002年8月16日）

同志们：

今天，我们在这里召开全国老龄工作委员会第六次联络员会议。会议的主要任务，一是交流各成员单位今年为老年人办实事计划的进展情况，二是介绍对中国科学院《中国人口老龄化的若干问题和建议》报告的反馈意见。刚才，各成员单位的联络员对这两项工作做了很好的发言，有些意见很有见地，说明大家工作非常努力，非常认真，我代表全国老龄工作委员会办公室向大家表示感谢。下面，我把各成员单位的情况和意见作个汇总，并对继续抓好落实工作提几点建议。

一、成员单位上半年为老年人办实事计划的落实情况

今年年初，各成员单位根据全国老龄工作委员会第四次全体会议和岚清同志指示精神，按照各自承担的老龄工作职责，提出了本部门为老年人办实事的计划。半年多来，大家努力工作，狠抓落实，使为老年人办实事取得了很大成果。归纳起来，主要有以下几个方面：

（一）研究制定了相关的政策法规。政策法规是发展老龄事业的前提条件和重要保证。为此，中组部会同有关部门指导督促各地建立和完善离休干部离休费、医药费等保障机制。民政部正在制定《社会福利机构民办公助管理办法》和《老年社会福利机构等级管理规范》，联合建设部研究制订《城市和村镇老年设施规划设计规范》。建设部正在编制《老年人住宅设计标准》、《老年人住宅设施规划设计标准》，将上海的《养老设施建筑规范设计标准》修改后上升为国家标准。文化部加强了对老年大学的管理，拟定的老年大学管理办法已经形成初稿，正在征求各方意见，争取尽早颁布实施。总政治部已与有关部门研究起草了军队伤病残干部退役安置政策。国家计生委正在研究农村计划生育家庭养老问题的政策建议。卫生部着手完善有关规章制度，制定老年社区卫生服务规范。

（二）重点解决老年群体中的实际问题。劳动保障部全力以赴做好两个确保工作，抓紧落实企业离退休人员养老金调整政策，会同财政部积极落实资金，确保离退休人员基本养老金按时足额发放，研究提出了2002年中央财政对地方养老保险基金补助方案，并按季拨付到位，同时也加强了养老保险基金征缴工作；今年上半年主要是落实企业退休人员的待遇调整工作，在抓紧审批各地方案的同时，督促各地筹集调度资金，认真组织落实。医疗保险制度的改革正稳步推进，目前正在以解决困难群体（包括困难的退休人员）的医疗保障问题为重点，加快建立多层次的医疗保障体系和社会医疗救助制度，确保离退休人员老有所医。中组部为切实落实老干部的生活待遇，解决部分地区拖欠老干部“两费”问题，对个别情况严重的省市派人进行了督察，使“两费”拖欠问题从年初的近20亿元下降到2亿元。人事部针对离休人员特需经费标准长期偏低的情况，研究制定了调整政策，经国务院批准后实施，并结合机关、事业单位在职职工工资调整，研究拟定了机关、事业单位离退休人员离退休费调整方案，已上报国务院。总政治部下大力气落实离退休干部医疗待遇，调整了离休干部公勤费、护理费和特需费标准，抓好离退休干部住房建设。财政部继续帮助地方确保企业离退休人员基本养老金按时足额发放，继续推进城镇职工医疗保险制度改革，降低老年人的医药费负担。民政部进一步完善城市居民最低生活保障制度，狠抓最低生活保障工作的落实，全国低保人数达到了1930万，实现了应保尽保，把应享受低保待遇的城镇贫困老年人纳入了低保范围，基本解决了城市老年人家庭生活困难问题。他们还加强了对农村“五保”老人供养工作以及对老优抚对象、军休干部的优抚工作。卫生部积极推进适宜老年人的医疗方式，为老年人提供优质、方便、快捷的医疗护理服务，并积极筹备为中西部老年人开展治疗白内障的“光明行动”。全国总工会组织各级工会通过劳力和经济互助形式，对鳏寡孤独、伤残和高龄退休职工给予帮助照顾，推广“退休职工住院补充医疗互助保险计划”，切实减轻退休职工医疗费负担。

（三）组织开展了丰富多彩的社会活动。全国老工办联合中组部、文化部、广电总局、总政治部举办的全国老年文艺调演活动，极大地推进了基层老年文化活动的开展。调演组委会办公室制定了活动方案和工作职责，召开了新闻发布会。根据参演单位提出的有关问题和建议，两次召开组委会办公室协调会，赴11个省市了解了调演进展情况，通过与当地老年群众文艺团体交流并观摩排演，掌握了第一手情况，为进一步组织好调演打下了基础。全国各地对举办“全国老年文艺调演”活动十分重视，多数省市都是在文艺调演的基础上，精选出优秀节目，正在制作录像带上报。各成员单位领导也非常重视此项工作，中央国家机关工委的节目初选已完成，全系统的调演汇报演出将于8月29日举行；中直机关工委已收到各单位推荐的参评节目百余个；总政宣传部艺术局已对全军上送的120个节目进行了初审，已确定报送全国组委会的50个节目正在作进一步加工。总的看，全国老年文艺调演活动组织有序，进展顺利。国家体育总局今年举办了全国中老年人门球、柔力球、健身秧歌比赛，还要召开全国老年人体育工作会议和老年人体育科学研讨会。中央国家机关工委已召开离退休干部党支部建设经验交流会，并通过组织报告会，编辑制作音像资料等形式，加强离退休干部的思想政治工作。中直工委也将召开这样的经验交流会。中宣部、广电总局发文要求各地做好老龄工作的宣传报道，弘扬中华民族尊老敬老的传统美德，教育青少年尊重、爱护和帮助老年人，鼓励老年人参与力所能及的社会公益事业和精神文明建设活动，引导广大老年人同“法轮功”邪教作斗争。中组部、文化部、教育部加强老年教育工作，继续办好各种各类老年大学，并在城市社区积极开办不同类型的老年学校。国家新闻出版总署指导出版了许多适合老年人的书籍，积极扶持老年报刊做好出版、发行工作。

（四）实施了一些有重大影响并使老年人直接受益的项目。民政部“星光计划”项目在全国顺利实施，去年，以省会城市和计划单列市为重点的首批6800个星光老年之家已经建成，受到广大老年人的热烈欢迎。目前，以中小城市为重点的第二批2万多个“星光老年之家”的选点和建设工作正在进行之中，今年投入的彩票福利金为5.9亿元。国家体育总局从建设老百姓身边的场地，抓身边的组织，开展身边的活动入手，加强对中老年体育健身工作的领导，继续开展“亿万老年人健身活动”，目前全国已有68%的城市社区和农村乡镇建立了老年人体育组织，全国城市老年人参加健身活动的已经达到了近50%。今年上半年对社区健身路径工程又投入8100万元，加上各省的配套资金，目前已投入大约1.5亿元左右。在此基础上，他们还开展了建设多功能综合性的室内全民健身中心和“雪炭工程”，免费或低价向老年人开放。中组部认真抓好老同志政治待遇落实工作，积极组织老同志学习中央文件，努力做好老同志的思想政治工作。他们为组织老干部开展健康有益的文体活动，大力推动老干部活动中心建设，今年各地各部门又扩建和新建了一批老干部活动中心，到目前为止，全国的老干部活动中心（站、室）已增加到5.6万个。建设部会同民政部、中残联、全国老工委办公室对北京、上海、深圳、成都、武汉、郑州、西安等市开展城市道路和建筑物无障碍设施建设情况和老年人建筑设计规范执行情况进行了检查，有力地推动了方便老年人、残疾人等社会群体的无障碍建设在全国范围内的实施。文化部要求各地群艺馆、文化馆等开辟老年人文化活动场地，与中央电视台《夕阳红》栏目举办的第四届中国老年合唱节活动，已经有160多个老年合唱队报名参加。共青团中央与全国老工办联合开展的“志愿者为老服务金晖行动”，已于6月15日在南京启动，目前这一行动正在全国大中城市逐步展开；今年计划为老服务注册志愿者达到100万人，各类志愿者为老服务队达到10万支。司法部发挥司法行政部门的优势，加强维护老年人权益的法制宣传教育，提高老年人依法维权的能力。近日，他们联合全国老工办、全国妇联、共青团中央举办“尊老、敬老、帮助老人—加强老年法律救助”活动，启动了“老年法律救助万里行”，努力为老年人提供法律援助和法律服务，鼓励、表彰为老年人提供法律救助的先进集体和个人。与此同时，他们还积极推动司法工作进社区，发挥人民调解工作的优势，及时为老年人调解纠纷，提供法律咨询，近一年来各地解答涉及老年人合法权益的法律咨询达31万余人次。

（五）加强调查研究。国家计委进行了加强人口老龄化宏观政策研究，把老龄事业发展纳入社会发展规划，引导社会各方面在老龄事业中发挥作用，并研究了市场经济条件下适合农村地区的养老保障办法。中组部针对新形式下老干部如何继续发挥作用的问题，加大了对各地离休干部信息管理系统建设的指导力度，加强了老干部工作的调研力度，明确提出了5个调研课题，全国副省级以上城市和十几个部委的老干部局分别承担了调研任务，一些调研报告对指导工作非常有益，有的已把调研成果转化为具体政策和措施。国家计生委启动了“农村独生子女、双女户家庭的养老保障政策研究”课题，召开了专家座谈会。国家民委就少数民族地区老年人问题开展调查研究，并已着手研究制定有关对策。全国妇联完成了全国老龄妇女工作的组织网络建设，从组织上保证老龄妇女工作落在实处。全国总工会积极参与维护退休职工切身利益的法律、法规、政策的调研工作。

二、对中科院报告的反馈意见

中国科学院和中国工程院5位院士和21位老龄问题方面的专家学者及老龄工作者，经过全方位和多学科的研究，形成了一份《中国人口老龄化的若干问题和建议》的报告，报告搜集了大量数据和资料，深刻分析了人口老龄化对我国经济发展、社会保障、健康保障、老年人口生活质量的影响，以及人口老年型社会所产生的社会伦理等问题。报告一针见血地指出，面对我国目前日趋严重的人口老龄化问题，“我们并没有真正切实作好应对人口老龄化的准备”。为此，报告从战略的高度提出了加大老龄问题的宣传力度、正确认识老龄问题、做好老年人各方面的保障工作、制定和实施老龄化终身准备的政策和措施、发展老年教育和科学研究的对策建议，并从社会可持续发展的角度提出了解决这些问题的具体办法。报告上报国务院后，引起了国务院领导的高度重视，要求国家计委、国家经贸委、教育部、科技部、民政部、财政部、劳动保障部、卫生部阅研。李岚清副总理批示：请全国老龄工作委员会办公室进行研究，检查今年部署的工作并研究该报告中提出的一些问题。司马义国务委员指示：请老龄委办公室按照岚清同志批示要求，认真研究该报告，提出意见。我们按照国务院领导同志的意见，将该报告印发给所有成员单位，希望大家结合报告上所指出的问题提出自己部门的解决办法。8月10日前后，我们先后收到了国家体育总局、全国妇联、教育部等部委的反馈意见。大家一致认为，报告所提问题和建议符合我国人口老龄化的客观实际，切中要害，对具体工作部门提出了明确的任务和要求，对我们做好老龄工作有重要的指导作用，表示作为全国老龄委成员单位，一定要站在全局和战略的高度，认真履行职责，扎扎实实地为老年人办实事，充分发挥职能部门应有的作用。有几个部委还提出了很好的意见。以上情况，我们经过整理后，将向国务院领导汇报。

三、抓住机遇，立足长远，把老龄工作抓实做好

第一，要加大为老年人办实事的力度。老年人过去为国家、社会和家庭做出了贡献，社会应当给他们更多的关心，特别是在他们年老体衰之时，社会各界都有责任给予他们更多的帮助。党中央、国务院十分关心老年人，也十分重视老龄工作，采取了一系列的重大决策。作为全国老龄工作委员会成员单位，给老年人办实事是我们义不容辞的职责，也是我们各成员单位实践“三个代表”重要思想的具体体现。老龄工作是一项综合性的工作，需要有关部门齐抓共管。但是，有关部门在老龄工作中所承担的职责是有所不同的，这就要求大家各司其职，各负其责，把各自的事情做好。当然，有些工作是由几个部委联合开展的，这就要求我们既有分工也要合作。希望各成员单位认真履行各自的职责，加大工作力度，把实事办好，把好事做实，让老年人满意，不辜负党中央国务院的重托。

第二，立足长远，大力发展老年福利服务设施建设。随着我国老年人口的增加，老年人的衣食住行已经形成了庞大的市场，在一些大中城市，老年人空巢家庭比例上升很快，他们的子女很多不在身边，有些想照顾也照顾不了。目前的一些中年人，很快也将进入老年行列。据专家预测，我国老年人口到2050年将达到4.1亿，那时，每四个人里就有一个老年人。老年人口多，人均财力有限，加上“四二一”的家庭结构，决定了我们必须实行以居家养老为基础，以社会服务为依托的养老工作方针。因此，大力发展社区老年福利服务设施建设，就成了当务之急。要重视“星光老年之家”、老年活动中心、老年大学、老年公寓等设施的建设，使之成为老年人康复医疗、文化娱乐、生活照料、参与社会、学习新知识的重要场所，使广大老年人养成科学健康文明的生活方式，抵制封建迷信思想和“法轮功”的毒害，提高生活质量，实现健康老龄化。希望各有关成员单位要高度重视老年福利服务设施建设，共同把这项造福老年人的好事办好。

第三，要加强对为老年人办实事工作的宣传力度。大多数成员单位对为老年人办实事工作重要意义的认识都比较高，在投入和实施方面作了大量工作。但也要看到，我们的工作还存在一些问题，如有些工作部门之间协调不够，缺乏配合；社会各界和广大老年人对办实事计划了解不多，参与和关注的热情不高，影响面不够广泛。因此，希望各部委联络员回去以后，协助部委领导及有关部门充分利用部委主办的报刊和广播电视等新闻媒体，做好为老年人办实事工作的宣传，大力报道各地各部门为老年人所办的各种实事，同时也动员社会各界一起行动，让广大老年人充分感受到党和政府的关怀。

以上所讲，供各位参考。谢谢大家。

李宝库同志在全国老龄宣传工作座谈会上的讲话

（2002年8月2日）

同志们：

今天，我们在哈尔滨召开全国老龄宣传工作座谈会，目的是交流老龄宣传工作的经验体会，探讨加强老龄宣传工作的对策，整合老龄宣传资源，建立老龄宣传联系网络，促进老龄宣传工作整体水平的提高。借此机会，我就有关老龄宣传工作的几个问题讲点意见，供大家参考。

一、20年来老龄宣传工作的回顾

大家知道，老龄问题是一个既古老又年轻的话题。说它古老，在2000多年前的春秋战国时期，人们就在谈论这个话题；说它年轻，作为一个世界性问题被提出来，是从1982年第一次世界老龄大会开始的，不过短短20年的历史。在中华民族的历史长河中，以敬老、养老、助老为主体的老年文化的形成、发展、传播和弘扬，从本质上讲就是一种对老龄问题的宣传，它说明我们老龄宣传工作的历史源远流长。但是，现代意义上的老龄宣传工作，是从我国成立专门的老龄工作机构以后开始的，是从创办第一家老年媒体开始的。许多老同志不会忘记1983年，那一年《中国老年》、《老同志之友》、《老人天地》杂志和《黑龙江老年报》相继创刊，老龄工作有了自己的宣传阵地。20年弹指一挥间，老龄宣传事业得到了突飞猛进的发展，从一株幼苗长成了一颗大树。主要表现在：

——老龄宣传阵地不断扩大。目前，全国各类老年报刊已经发展到70多家，月发行量近千万份；中央和省级广播电台、电视台都开办了老年节目或老年栏目，每天收听收看老年节目的人数超过两亿；从事老龄宣传工作的专职人员达到2000多人。

——老龄宣传样式呈现多样化。老龄宣传载体从最初的杂志、报纸、图书到目前的广播、电视、互联网；老龄宣传手段从最初的铅字印刷到现在的声光电一体化，老龄宣传工作的科技含量不断提高，老年类节目“专业化合作、专题化生产”的制作方式基本形成。

——老龄宣传工作地位不断提高。国内外许多大型综合性媒体都有专门人员报道老龄问题和老龄工作，他们主动与老龄工作部门联系，要求开展活动，开办专栏，安排采访。

——推出了一批好栏目、好刊物、好作品。中央电视台《夕阳红》栏目制作水平逐步提高。今年4月，他们派出精干摄制组到西班牙马德里跟踪采访第二届世界老龄大会，推出《2002马德里》专题节目，以国际化的视野，学术化的编导，系列化的制作方法，快速、立体、连续、深度地向国内报道了大会的盛况和中国代表团的活动，节目容量大、视角新、效果好，受到社会各界广泛好评。中国教育电视台《岁月如歌》专栏，也成为老龄节目的后起之秀，以其鲜明特色引起了社会的关注。最近，他们投资20万元，准备跟踪采访全国老年文艺调演活动。中央人民广播电台《桑榆情》栏目不断更新节目的内容和形式，成为广大老年人特别是农村老年人必听的节目，连续两年荣获广播优秀栏目一等奖。《中国老年报》和《老龄工作导刊》作为全国老龄工作委员会办公室主办的报刊，坚持为中心工作服务的正确方向，不断加强指导性，加大言论的份量和力度，增强了一报一刊在涉老部门中的权威性和影响力。地方老龄媒体的发展也形势喜人，黑龙江《老年日报》坚持靠质量扩大市场，发行量已超过52万份，成为老年报刊的第一发行大户。特别值得称赞的是，这张报纸坚持精选精编头版头条新闻，许多新闻选题新颖，视角独特，内容丰富，评论深刻，体现了老年报刊的鲜明特色和很强的社会指导性。新疆《老年康乐报》以“文章短小、信息量大和浓厚的地域特色”，在新疆实现了很高的市场占有率，目前正准备走出新疆，走向全国。湖北人民广播电台《老年天地》栏目今年推出了精心设计的“活到老学到老”、“天涯知音”、“老年心理漫谈”、“人生故事”等专栏，突出个性，贴近生活，办到了老年人的心坎上，使老年广播节目跃上了新的高度。

20年来，从事老龄宣传工作的同志们，始终坚持在政治上同党中央保持一致，牢固树立大局意识，责任意识，服务意识，做了大量卓有成效的工作：一是及时宣传了党和政府关于老龄工作的方针政策，把党的方针政策传达到千家万户，传达到老年人心中，使广大老年人时刻感受到党和政府的关怀，感受到社会主义制度的优越性；二是大力弘扬了中华民族敬老、养老、助老的传统美德，积极宣传“独立、参与、照顾、自我实现、尊严”的老年人原则，努力营造适合老龄化的社会环境，促进了社会主义精神文明建设；三是结合我国第一部《老年法》的颁布实施，各新闻单位及时推出了一批敬老、养老、助老的先进典型，曝光了一批伤害和虐待老年人的典型案件，引起社会的强烈反响，对维护老年人的合法权益起到了极大的推动作用；四是把“老有所教、老有所学”作为宣传的重要内容，通过老年人喜闻乐见的形式，把老年人思想政治工作贯穿其中，提高了老年人的思想政治觉悟，使老年人在与“法轮功”邪教的斗争中表现出高度的政治责任感，成为维护社会稳定的重要力量；五是推出了一大批“老有所为”的先进典型，通过展现老年人自身价值，为促进老年人参与社会发展，参与社区建设发挥了积极的作用；六是根据老年人的特点和需要，各老年媒体提供了大量的有关健康养生、心理卫生、医疗保健、生活常识等方面的信息，促进了老年人科学、文明、健康生活观念的形成，对提高老年人生活质量，促进健康老龄化发挥了重要作用；七是在对老龄科学研究的宣传中，注重宣传老龄工作的难点和前沿问题，对带有指导性的理论问题作了有影响的深度报道。有条件的媒体开辟了老龄研究栏目，为老龄科学研究提供了园地。此外，还向世界宣传了我国老龄事业的发展，宣传了老龄工作的成就，展现了中国老年人的风采，扩大了我国的国际影响。

老龄宣传事业之所以能够蓬勃发展，老年新闻媒体之所以能够不断壮大，首先得益于各级党委和政府的重视和关心。邓小平同志亲笔为《中国老年》杂志和《中国老年报》题写刊名和报名。江泽民总书记为《中国老年》杂志创刊10周年题词：“重视老龄工作，发展老龄事业”。王平、王首道、杨成武等老一代无产阶级革命家担任了老年报刊的名誉社长或顾问。国家宣传和新闻出版部门对老龄宣传工作给予了及时的指导和帮助。许多老年报刊在经费最困难的时候，财政部门给予资金支持。其次是靠老龄宣传战线上同志们的努力拼搏。老年宣传媒体在创办之初大都资金紧张，没有办公场地，缺少专业人员。在这种情况下，我们的同志坚持和发扬自力更生、艰苦奋斗的精神，克服困难，努力拼搏，创造出一个个辉煌的业绩，推动了老龄宣传工作的不断前进。在座的许多报刊的社长、总编都是当年的创业者，他们每个人身上都有一串曲折动人的故事。第三是靠老龄工作部门及社会各界的大力协作。各级老龄工作部门及时帮助老年媒体解决具体问题，提供相关信息。许多企事业单位与老年新闻媒体联合开展活动，积极支持赞助老龄宣传，也是老龄宣传事业顺利发展的重要因素。第四是靠广大老年人的关爱和支持。老年人对老年宣传媒体有着独特的感情，他们是老年报刊的忠实读者，是老年广播节目的忠实听众，是老年电视节目的忠实观众。他们时刻关心着老年媒体的成长和发展，及时提出意见和建议，像关爱自己的儿女一样关爱我们老年宣传媒体的成长和发展。老龄宣传工作由小到大，由弱到强，成为大阵势、大气候，成为整个宣传工作中一支不可忽视的力量，这里面倾注了多少同志的心血汗水！在这里，我代表民政部、全国老龄工作委员会办公室和中国老龄协会，向从事老龄宣传工作的同志们致以崇高的敬意！

二、新时期老龄工作的形势和宣传工作的地位

目前，我国60岁以上老年人口已经达到1.32亿，占总人口的10%以上，我国已成为老年型国家。根据预测，到本世纪中叶，我国老年人口将达到4亿左右，即那时每四个人里就有一个老年人。我国的人口老龄化呈现以下5个特点：一是老年人口基数大。60岁以上老年人口占世界老年人口的1/5，占亚洲老年人口的1/2。二是发展速度快。我国人口老龄化从5%增加到10%需要34年，比发达国家平均值少23年。三是高龄化显著。80岁以上高龄老人大约以年均4.7%的速度增长，是英国的2.7倍、美国的1.9倍，目前已达1300万，到本世纪中叶将超过1亿。四是老龄化地区差异明显。上海早在1980年就进入老龄化社会，而青海、宁夏等西部省区则要到2010年左右才能进入，相差约30年。五是人口老龄化超前于社会经济发展。与先期进入人口老龄化的国家和地区相比，我国是在经济不发达的条件下进入老龄化国家的行列，是典型的"未富先老"国家。

我国的人口老龄化对社会经济发展产生了一系列深刻影响。一是加重了政府财政支出和现有劳动人口的负担；二是对社区照料服务的需求迅速增加；三是老年群体对精神文化生活、特别是对参与社会发展的要求不断提高；四是老年消费的特殊性对产业结构调整提出了要求；五是代际关系方面也出现了许多值得重视的新情况和新问题。面对这一严峻形势，党中央、国务院高度重视，采取了一系列重大举措：1996年颁布实施了第一部《中华人民共和国老年人权益保障法》，使我国的老龄工作步入法制化轨道；1999年成立了以国务院副总理李岚清为主任的全国老龄工作委员会，统一领导全国的老龄工作；2000年中共中央、国务院下发了《关于加强老龄工作的决定》，明确了我国老龄工作的目标、原则、方针、任务和措施；2001年国务院制定了《中国老龄事业发展"十五"计划纲要》，把老龄事业纳入国民经济和社会发展的总体计划之中。与此同时，全国老龄工作委员会各成员单位也制定了一大批有关老龄工作的政策法规，地方各级政府进一步加大了对老龄事业的投入，把老龄工作纳入议事日程和目标管理。可以说，我国的老龄事业已经开始步入了健康的发展轨道。但是，我们必须清醒地认识到，我国的老龄事业，特别是在政府领导下全面推进的老龄事业仍然处于起始阶段。世界老龄人口大国、发展中国家的经济基础等种种制约因素，使我国的老龄事业面临着许多的困难。

老龄事业任务艰巨，任重而道远。要完成这一艰巨任务，除了加强对老龄工作的领导，加大对老龄事业的投入外，老龄宣传也是整个老龄工作不可缺少的、极为重要的一个组成部分。宣传工作之所以在老龄工作中占有举足轻重的地位，是由老龄工作的性质和特点所决定的。首先，老龄工作具有很强的群众性。老龄工作的群众基础不只是1.3亿老年人，还有老年人身后的千千万万个家庭和家庭成员，几乎包括了社会成员的全部。其次，老龄工作具有很强的综合性。就是说，解决老龄问题、做好老龄工作需要政府和全社会的共同努力，决不是哪一个部门、哪一个单位能够包办的。第三，老龄工作具有很强的政治性。老年人是维护稳定的重要力量，也是代际和谐的关键，做好老龄工作，对于促进社会的安定团结和代际和谐具有十分重要的政治意义。老龄工作这三个鲜明特点，要求我们必须高度重视宣传工作，把宣传工作贯穿于老龄工作的全过程，普及到老龄工作的各个方面。通过加强宣传，把人口老龄化的严峻形势及其对社会经济的影响，把党和政府关于老龄工作的方针政策及对老年人的关心，把"关爱老年就是关爱自己"的理念，把正确的老年价值观和"不分年龄人人共享"的奋斗目标，传达给社会、社区、家庭和每个公民，让更多的人关注老龄化，关爱老年人，营造推进老龄工作的良好社会环境。老龄工作是全社会的工作，全民的工作，没有全社会和全民的参与不行；而要唤起全社会、全体人民的热情关注和积极参与，没有广泛深入、家喻户晓的宣传工作是不行的。实践证明，老龄事业离开老龄宣传，工作就无法开展；老龄宣传离开老龄事业这块沃土也无法生存。老龄工作和老龄宣传的关系是相辅相成，相得益彰，互为依托，共存共荣。

三、如何加强老龄宣传工作

前面我们讲了老龄宣传工作的成绩，讲了老龄宣传工作的重要地位，与此同时，也要看到老龄宣传工作中存在的问题和不足：一是老龄宣传工作开展得不平衡，有的地方搞得轰轰烈烈、有声有色，有的地方冷冷清清，甚至处于停滞状态；二是老龄宣传媒体没有形成合力，往往是你干你的，我干我的；三是宣传方法和手段还落后于现代科技的发展；四是宣传内容的广度和深度不够，与形势发展的要求还有不少差距。如何发挥优势，克服不足，进一步做好和加强老龄宣传工作，正是我们这次会议需要认真研究和解决的问题。我认为，做好老龄宣传工作，认真把握好以下几点是很重要的：

第一，要以"三个代表"的重要思想为指导做好老龄宣传工作。江泽民总书记"三个代表"的重要思想，揭示了各项工作的根本规律，也揭示了做好老龄宣传工作的本质要求：即老龄宣传工作一定要通过丰富、深刻、生动、鲜明的宣传内容和新颖的形式，促进代际和谐与社会稳定，为先进生产力的发展创造良好的社会环境；通过大力宣传敬老文化和健康的老年文化，促进社会主义先进文化的发展；通过充分反映老年人的愿望和要求，既要代表当代老年人的利益，也要代表未来的老年人即现在的中青年的利益，从老年人利益和社会整体利益的统一上代表广大人民群众的根本利益。老年人是为国家、社会和家庭做出贡献的重要群体，是人民群众的重要组成部分。老龄宣传工作坚持以“三个代表”重要思想为指导，就要以深厚的感情、满腔的热情、强烈的激情进行工作，把广大老年人的根本利益放在首位，为解决老年人困难，为发展老龄事业鼓与呼。

第二，要按照“党政主导，社会参与，全民关怀”的老龄工作方针做好老龄宣传工作。李岚清副总理今年初在全国老龄工作委员会第四次全体会议上提出的“党政主导，社会参与，全民关怀”的老龄工作方针，对于我们做好老龄宣传工作同样具有很强的指导意义。党政主导，就是老龄宣传工作要由党和政府来主导，在政治上、在宣传方向上必须坚定地与党中央保持一致，在宣传业务上要听从有关部门的指导，严格遵守宣传工作纪律，确保老龄宣传战线永远是党和人民的喉舌，在广大老年人群中巩固和加强社会主义政治思想阵地。社会参与，就是要拓宽视野，面向社会，搭建老龄宣传平台，把老龄话语圈扩展为社会话语圈。要动之以情，道之以理，引导社会各界关注老龄事业，动员社会力量最大限度地参与老龄事业，使有钱的出钱，有力的出力，有主意的出主意。在动员社会参与上，没有比老龄宣传更好的手段了。全民关怀，就是要努力让每个公民都明白，家家有老人，人人都要老；今天的中青年，就是明天的老年人；关爱今天的老年人，就是关爱明天的自己。要让人们把是否关爱老年人，作为衡量自己品格高低的一面镜子，从而树立良好的道德风尚。

第三，要努力整合老龄宣传工作资源。这里所说的整合，是在宣传方向、宣传重点、宣传力度上的整合。如何进行整合？我想用四句话来概括：一是围绕“中心”。就是要紧紧围绕党和政府的中心工作进行整合。当前老龄宣传工作的最大中心，就是宣传贯彻江泽民总书记“七一”讲话和“五·三一”讲话精神，为党的十六大召开创造舆论环境。就是解放思想，实事求是，与时俱进，在发展经济的同时，关注和帮助社会弱势群体，包括老年人群体，维护社会的稳定。只有围绕这个中心，来整合宣传资源，才能抓住老龄宣传工作的实质，促进老龄事业的发展。二是抓住重点。这个重点就是老龄工作的重点。全国老龄工作的重点，在每年的全国老龄工作委员会全体会议上都会提出，全国老工办会据此制定全年的工作重点和宣传要点。各省市根据自己的实际，也会有自己的重点。老龄宣传工作只有抓住这些重点，才能有力推动全国和各地的老龄事业的发展。三是沟通信息。就是在老龄工作部门和宣传媒体之间建立起沟通信息的渠道，架设起增进感情的桥梁，实现工作上互动，资源上共享。为此，全国老工办准备建立“全国老龄宣传工作协作网”。通过协作网，交流老龄宣传工作的思路、信息、经验；组织全国性的联合采访报道活动；共同策划每年重阳节的宣传主题；针对宣传工作中的问题进行专题研讨；协助做好老年报刊的发行和老年节目的收听收看工作：组织老年宣传方面的座谈、培训、联谊活动。我们拟定了一个管理办法，请大家讨论。希望通过这样一种形式，把大家联系在一起，共图老龄宣传大业的发展。四是交流经验。老龄事业是一项崭新的事业，老龄工作是一项崭新的工作，整合老龄宣传资源肯定会遇到许多新情况、新问题，媒体和老龄工作部门要不断总结交流经验，不断研究探讨，不断开拓创新，才能找到整合宣传资源的有效形式。

第四，要建立老龄宣传工作激励机制。建立激励机制，有利于促进老龄题材新闻报道多出精品，有利于发掘鼓舞新闻人才，有利于树立老龄新闻宣传的先进典型。全国老龄工作委员会办公室决定设立“老龄新闻奖”，在老龄宣传系统推出一批“好栏目、好作品”。评选程序是各地推荐，专家评审，组委会把关。评选结果向社会公布。各地老工办和新闻媒体要早作准备，组织力量，推出精品，争取获奖。

四、当前老龄宣传工作的重点

年初召开的全国老龄工作委员会第四次全体会议提出，当前老龄工作的主要任务是：深入贯彻党中央、国务院关于加强老龄工作的决定精神，全面落实中国老龄事业发展“十五”计划纲要，加大维护老年人合法权益的力度，切实做好基层、社区老龄工作，努力为老年人办实事，办好事，不断丰富老年人的精神文化生活，理顺老龄工作机构。根据以上任务，全国老龄工作委员会办公室明确了当前和今后一个时期老龄宣传工作的重点：

第一，加大对《决定》和《纲要》的宣传力度。《决定》和《纲要》是老龄工作的大政方针，是今后一个时期老龄工作的纲领性文件，必须坚持不懈地加大宣传力度，对其精神实质进行全面把握，深入宣传，努力使党和政府关于老龄工作的方针、政策和发展老龄事业的目标、任务深入人心。要大力宣传各地贯彻落实《决定》和《纲要》的具体行动和实施情况，宣传把计划纲要纳入当地社会经济发展总体规划的做法，宣传加大政府对老龄事业投入力度的具体事例，宣传对计划纲要落实到岗位目标责任制的好经验。

第二，继续深入宣传《老年法》。《老年法》颁布实施已经6年了，各地积累了许多好的经验和做法。要积极宣传各级党委和政府对贯彻落实《老年法》的重视程度，宣传各级人大和司法部门对《老年法》执法检查的情况，宣传司法行政部门对涉老案件的处理情况，宣传广大老年人学法、懂法、用法不断提高法律意识的情况和典型事例。要把《老年法》的宣传教育纳入当地普法计划，重点面向中青年、少年儿童宣传《老年法》，提高他们敬老、养老、助老的自觉性和维护老年人合法权益的法律意识，建立良好的代际环境。同时，对遗弃、虐待、伤害老年人的典型案件予以曝光，用正反两方面的典型宣传教育群众。

第三，要大力宣传“党政主导，社会参与，全民关怀”的老龄工作指导方针。要从理论上进行阐述，从实践上进行引导，要把这个方针作为老龄宣传工作的立论基础。要报道各地结合实际贯彻这个方针，创造性地开展工作的情况，和各地各部门落实全国老龄工作委员会第四次会议精神的情况。要加大对各地、各部门为老年人办事实、办好事的宣传力度。要及时宣传各地出台的优待优惠老年人的政策，关注老年贫困群体。要及时反映各地政府和社会各界在新年、春节期间开展的为老年人送温暖活动的情况。

第四，要大力宣传“老龄工作的重点在社区，在基层”。要反映各地各部门在社区落实“六个老有”的新措施和新气象。要宣传社区老龄工作的成功经验和典型，报道社区老年志愿者队伍的工作业绩，关注培育社区老年中介组织的成功做法，及时反映新形势下老龄工作试点区、县的管理体制和运行机制，推动基层社区老龄工作的开展。要大力宣传各地实施“星光计划”的社会影响，宣传社区“星光老年之家”使用和管理方面的好经验好做法。

第五，加强老龄组织机构和队伍建设的宣传报道。要按照中央领导同志关于“老龄工作机构只能加强，不能削弱”的要求，及时报道各地理顺机构，加强队伍建设的新情况和新经验。要关注老龄工作队伍建设，大力宣传老龄工作者的先进事迹和无私奉献精神，适度反映他们工作上的困难，呼吁有关部门为老龄工作创造必要的条件。要加强对老龄工作干部业务培训的报道，引导老龄工作者加强学习，更新观念，熟悉业务，提高素质，改进作风，开拓进取。

第六，要多层次地反映老年人积极向上、与时俱进的精神风貌。要反映他们丰富多彩的精神世界和文化生活，宣传老年人在社会主义精神文明建设中发挥的巨大作用，宣传老年人为国分忧的先进事迹和无私奉献的高尚品德，及时报道老年人与“法轮功”邪教组织进行坚决斗争的典型事例，倡导科学、健康、文明的生活方式。

同志们！老龄宣传工作光荣而艰巨，从事老龄宣传工作责任重大。我们要紧密地团结在以江泽民同志为核心的党中央周围，努力实践“三个代表”的重要思想，以高度的政治责任感和历史使命感，做好老龄宣传工作，为我国老龄工作和老龄事业的不断发展做出应有的贡献。

第四部分

老龄问题和老龄工作科学研究

中日人口转变和人口老龄化过程比较研究

邬沧萍

一、中日死亡率的比较研究

人口转变一般都是死亡率下降先于出生率下降，很少例外。中日两国人口转变都是按这一顺序。死亡率下降先于出生率下降的“时间差”（Timelag）越长，人口转变过程的人口增长越多越快，与此同时人口结构更年轻化。可见在人口转变初期和中期死亡率的下降对人口老龄化的影响是较小的。但是，在一个人口死亡率，特别是婴儿死亡率已下降到相当低、青少年和成年人口死亡率也都很低，死亡率进一步下降余地不大的人口中，死亡率进一步下降。平均寿命的提高，都将意味着老年人口增加相对快于其他人口。这时会出现年龄金字塔顶端老化。在这种情况下死亡率下降将对人口老龄化产生更大的影响，特别是生育率已低于更替水平的人口，人口老龄化的速度和程度很大程度上取决于老年死亡率的降低。这种情况在过去未出现过，但现在可能性已逐渐成为现实。日本、瑞典和另一些平均寿命很高，生育率已很低的国家就出现这种前景。这是中日老龄化比较研究中一个值得重视的问题。

现在把中日两国死亡率和婴儿死亡率的资料列出（见表一）。

表一

年　份	死亡率（‰）			婴儿死亡率（‰）		年份	死亡率（‰）			婴儿死亡率（‰）	
	日　本		中　国	日　本	中　国		日　本		中　国	日　本	中　国
	实　际	标准化					实　际	标准化			
1920	25.41	25.59		165.7		1954	8.23	8.04	13.18	44.6	
1921	22.74	22.92		168.3		1955	7.82	7.18	12.28	39.8	
1922	22.42	22.58		166.4		1956	8.09	7.05	11.40	40.6	
1923	22.93	22.97		163.4		1957	8.33	7.02	10.80	40.0	
1924	21.32	21.20		156.2		1958	7.51	6.74	11.98	34.5	
1925	20.27	20.24		142.4		1959	7.50	6.67	14.59	33.7	
1926	19.11	19.04		137.5		1960	7.61	6.12	25.43	30.7	
1927	19.69	19.64		141.7		1961	7.42	5.94	14.24	28.6	
1928	19.76	19.71		137.6		1962	7.51	5.99	10.02	26.4	
1929	19.87	19.85		142.1		1963	7.02	5.57	10.04	23.2	
1930	18.17	18.17		124.1		1964	6.97	5.44	11.50	20.4	
1931	18.96	19.06		131.5		1965	7.17	5.37	9.50	18.5	
1932	17.69	17.83		117.5		1966	6.81	5.57	8.83	19.3	
1933	17.71	18.04		121.3		1967	6.78	5.44	8.43	14.9	
1934	18.08	18.32		124.8		1968	6.82	5.37	8.21	15.3	
1935	16.78	17.03		106.7		1969	6.81	5.25	8.03	14.2	
1936	17.55	17.88		116.7		1970	6.91	5.22	7.60	13.1	
1937	17.10	17.35		105.8		1971	6.56	4.81	7.32	12.4	
1938	17.74	17.99		114.4		1972	6.47	4.69	7.61	11.7	
1939	17.77	18.22		106.2		1973	6.56	4.65	7.04	11.3	
1940	16.49	16.80		90.0		1974	6.49	4.49	7.34	10.8	
1941	16.04			84.1		1975	6.31	4.25	7.32	10.0	
1942	16.12			85.5		1976	6.26	4.09	7.25	9.3	
1943	16.66			86.6		1977	6.08	3.88	6.87	8.9	
1944						1978	6.08	3.76	6.25	8.4	

（续）

年份	死亡率（‰）			婴儿死亡率（‰）		年份	死亡率（‰）			婴儿死亡率（‰）	
	日本		中国	日本	中国		日本		中国	日本	中国
	实际	标准化					实际	标准化			
1945						1979	5.97	3.60	6.21	7.9	
1946						1980	6.22	3.62	6.34	7.5	
1947	14.68	11.03		76.7		1981	6.15	3.48	6.36	7.1	34.68
1948	11.96	9.93		61.7		1982	6.0	3.31	6.60	6.6	
1949	11.64	8.91	20.00	62.5		1983	6.2	3.31	7.08	6.2	
1950	10.95	8.88	18.00	60.1		1984	6.2		6.69	6.0	
1951	9.99	8.19	17.80	57.5		1985			6.57		
1952	8.98	7.70	17.00	49.4		1986			6.69		
1953	8.94	7.89	14.00	48.9		1987			6.4		

二、中日出生率的比较研究

人类社会发展的经验至今已表明，目前发展中国家人口老龄化基本上都是出生率下降造成的。

出生率对于老龄化的影响并不在于老年人口的增加，而在于使老年人口的相对比例增加。从人口的年龄金字塔来说，由出生率下降导致的人口老龄化称为底部的老化。

另一方面出生率对于人口老龄化的影响，在高出生率的年份出生的人口到达老年时就会存活更多的老年人口，加快老年人口的绝对增长。例如一个婴儿激增时期（baby boom）到65年后就会出现一个老年人的激增时期（aged boom）。在人口不断增长时还不明显，在出生率和死亡率不断下降的人口中，老年人的激增就显得很突出。

为了比较中日两国人口出生率、生育率和再生产率，现把中日两国官方公报资料列下（见表二、表三）。

表二　中日两国出生率比较（‰）

年份	日本	中国	年份	日本	中国
1920	36.2		1954	20.2	37.97
1921	35.1		1955	19.5	32.60
1922	34.3		1956	18.6	31.90
1923	35.2		1957	17.3	34.03
1924	33.9		1958	18.1	29.22
1925	34.9		1959	17.7	24.78
1926	34.6		1960	17.3	20.86
1927	33.4		1961	17.0	18.02
1928	34.1		1962	17.1	37.01
1929	32.7		1963	17.4	43.37
1930	32.4		1964	17.8	39.14
1931	32.1		1965	18.7	37.88
1932	32.9		1966	13.8	35.05
1933	31.5		1967	19.4	33.96
1934	29.9		1968	18.6	35.59
1935	31.6		1969	18.5	34.11
1936	30.0		1970	18.8	33.43
1937	30.9		1971	19.1	30.65
1938	27.2		1972	19.2	29.77
1939	26.6		1973	19.3	27.93
1940	29.4		1974	18.5	24.82
1941	31.8		1975	17.1	23.01
1942	30.9		1976	16.3	19.91
1943	30.9		1977	15.5	18.93
1944			1978	14.9	18.25

（续）

年　份	日　本	中　国	年　份	日　本	中　国
1945			1979	14.2	17.82
1946			1980	13.6	
1947	34.5		1981	13.1	20.91
1948	33.7		1982	12.8	21.09
1949	33.2	36.00	1983	12.7	18.62
1950	28.3	37.00	1984	12.5	17.50
1951	25.4	37.80	1985		17.80
1952	23.5	37.00	1986		20.77
1953	21.6	37.00	1987		21.20

表三　中日总和生育率和总再生产率的比较

年　份	日　本		中　国		年　份	日　本		中　国	
	TFR	GRR	TFR	GRR		TFR	GRR	TFR	GRR
1920	5.24	2.56			1967	2.23	1.08	5.31	2.58
1930	4.71	2.30			1968	2.13	1.03	6.45	3.13
1937	4.36	2.13			1969	2.13	1.03	5.72	2.78
1940	4.11	2.01			1970	2.14	1.03	5.81	2.82
1947	4.54	2.21			1971	2.16	1.04	5.44	2.64
1950	3.65	1.77	5.81	2.82	1972	2.14	1.04	4.98	2.42
1951			5.70	2.77	1973	2.14	1.04	4.54	2.20
1952			6.47	3.14	1974	2.05	0.99	4.17	2.02
1953			6.05	2.94	1975	1.91	0.93	3.57	1.73
1954			6.28	3.05	1976	1.85	0.90	3.24	1.57
1955	2.37	1.15	6.26	3.04	1977	1.80	0.87	2.84	1.38
1956			5.85	2.84	1978	1.79	0.87	2.72	1.32
1957			6.41	3.11	1979	1.77	0.86	2.75	1.33
1958			5.68	2.76	1980	1.75	0.85	2.24	1.09
1959			4.30	2.09	1981	1.74	0.85	2.63	1.28
1960	2.00	0.98	4.02	1.95	1982	1.77	0.86	2.50	1.21
1961	1.96	0.95	3.39	1.60	1983	1.80	0.88	2.10	1.02
1962	1.98	0.96	6.02	2.92	1984			2.00	0.97
1963	2.01	0.98	7.50	3.64	1985	1.74	0.86		
1964	2.05	1.00	6.18	3.00	1986				
1965	2.14	1.04	6.08	2.95	1987				
1966	1.58	0.76	6.26	3.04					

三、中日人口年龄结构和老龄过程比较

人口老龄化是人口年龄变化的一个过程或阶段，人口年龄结构变化或是稳定、静止都反映为人口老化、人口年轻化或人口年龄结构静止化的过程。

比较中日人口年龄结构发展变化，需要使用不同时期的人口年龄资料，利用年龄金字塔则更便于比较。在这方面日本五年一次的人口普查提供了从1920年起到现在的详尽的资料。可以作为比较的是1953年、1964年、1982年三次中国人口普查的人口年龄资料和最近1987年1%的人口抽样调查，现将这四次的年龄金字塔列下，以便观察。

（一）中日人口年龄结构及其变化的共同之处：

历史地考察中日两国人口年龄结构，可以看到有许多共同或者类似之处：

其一，在人口转变前，中日两国人口年龄结构十分类似。

其二，中日两国在人口转变过程中，由于死亡率先下降且下降快，首先出现的都是人口年轻化，然后才逐步加速人口老龄化（见表四）。这一点与一些发达国家不同。他们由于出生率和死亡率是逐步下降的，因而人口逐步老龄化，没有像中日那样在一个短时期内出现明显的年轻化（见表四）。

表四

	中　国				日　本						
	1953	1964	1982	1987	1920	1930	1940	1950	1955	1960	1965
出生率（‰）	37.00	39.14	21.09		36.2	32.4	29.4	28.1	19.4	17.2	18.6
死亡率（‰）	14.00	11.50	6.60		25.41	18.17	16.49	10.95	7.82	7.61	7.17
65 岁及以上人口占%	4.4	3.6	4.9	5.46	5.3	4.8	4.7	4.9	5.3	5.7	6.3

其三，中国和日本在人口转变过程中由于出生率都是从较高出生水平急剧下降的，因此都出现婴幼儿组人数急剧收缩，使年龄金字塔出现一个蜂巢形。而大多数发达国家的人口转变，由于出生率是缓慢下降，形成的年龄金字塔接近矩形，即或有所收缩其程度也大大多于中国和日本。这说明中日人口年龄金字塔底部老化比较突出（见表五）。

表五

年龄组（岁）	中　国		日　本		法　国		瑞　典	
	1982 年		1960 年		1891 年		1930 年	
	占总人口%	以 0—4 岁组为 100	占总人口%	以 0—4 岁组为 100	占总人口%	以 0—4 岁组为 100	占总人口%	以 0—4 岁组为 100
0～4	9.43	100	8.4	100	8.72	100	7.37	100
5～9	11.03	117	9.9	118	8.80	101	8.55	116
10～14	13.13	139	11.8	140	8.72	100	8.92	121
15～19	12.49	132	9.9	118	8.76	100	9.09	123

其四，通过中日人口年龄金字塔可以看到：由于中日人口转变都经历了一个急剧变化的阶段，年龄金字塔底部急剧收缩，从而使少年人口负担系数降低较快，而同时老年人口负担系数较轻，这样就会形成一个负担系数相对很轻的时期，在这一时期中负担系数甚至会低于一些人口转变较早的发达国家。这些发达国家由于人口转变相对缓慢，底部老化也是缓慢出现的，所以没有出现负担系数像中日已出现或将要出现的很轻的情况。

（二）中日两国人口年龄结构和老龄化的相异之处：

尽管中日两国在人口年龄结构和老龄化的问题上有很多相似之处，但是两国也存在相异之处（见表六）。

表六

	年　份	年龄结构（%）			平均年龄（岁）	年龄中位数（岁）	抚养比			老年化指数
		0—14	15—64	65+			对老年和少年负担合计	对少年抚养比	对老年抚养比	
		(1)	(2)	(3)	(4)	(5)	(6) $=\frac{(1)+(3)}{(2)}$	(7) $=\frac{(1)}{(2)}$	(8) $=\frac{(3)}{(2)}$	(9) $=\frac{(3)}{(1)}$
中国	1953	36.3	59.3	4.4	26.5	22.7	68.59	61.16	7.43	12.16
	1964	40.7	55.7	3.6	24.9	20.2	78.41	72.09	6.32	8.76
	1982	33.6	61.5	4.9	27.1	22.9	63.3	55.4	8.0	14.58
	1987	28.7	65.9	5.5		24.2	51.9	43.6	8.3	19.16
日本	1930	36.6	58.7	4.8	26.3	21.8	70.5	62.4	8.1	13.0
	1940	36.1	59.2	4.7	26.6	22.1	69.0	61.0	8.0	13.1
	1950	35.4	59.6	4.9	26.6	22.2	67.7	59.4	8.3	13.9
	1960	30.2	64.1	5.7	29.0	25.6	55.9	47.0	8.9	19.0
	1970	24.0	68.9	7.1	31.5	29.0	45.1	34.9	10.3	29.4
	1980	23.5	67.3	9.1	34.0	32.7	48.4	34.9	13.5	38.7
	1984	22.0	68.0	9.9	35.3	34.6	47.0	32.4	14.6	45.1
美国	1981	22.34	66.21	11.45	34.20	30.33	51.03	33.74	17.29	51.25

（续）

	年　份	年龄结构（%）			平均年龄（岁）	年龄中位数（岁）	抚养比			老年化指数
		0—14	15—64	65+			对老年和少年负担合计	对少年抚养比	对老年抚养比	
		(1)	(2)	(3)	(4)	(5)	(6) $=\frac{(1)+(3)}{(2)}$	(7) $=\frac{(1)}{(2)}$	(8) $=\frac{(3)}{(2)}$	(9) $=\frac{(3)}{(1)}$
英　国	1981	20.30	64.43	15.27	37.52	34.98	55.21	31.51	23.70	75.21
法　国	1982	21.97	64.52	13.51	35.95	32.81	55.00	34.06	20.94	61.49
西　德	1981	17.51	67.16	15.32	38.22	36.77	48.89	26.08	22.82	87.50
瑞　典	1981	20.02	67.86	12.11	35.76	33.16	47.35	29.50	17.85	60.51
印　度	1981	39.14	57.38	3.48	24.51	19.97	74.27	68.21	6.06	8.88
墨西哥	1979	46.18	50.55	3.26	21.73	16.77	97.80	91.36	6.45	7.06
孟加拉	1981	41.20	56.04	2.76	23.01	18.83	78.43	73.52	4.92	6.69
摩洛哥	1978	45.66	51.67	2.67	21.89	17.03	93.53	88.36	5.17	5.85

资料来源：（1）见《人口统计资料集》P37

其一，从中国的年龄结构来看，中国人口比日本年轻很多，1982年甚至1987年中国年龄金字塔与日本1960年的年龄金字塔很相似。人口的年龄中位数、老年比、老少比都介于日本1955—1960年的水平之间。日本目前已是老年型人口，而中国仍属于成年型人口。如果中国的出生率和死亡率都按日本的变动速度发展下去，从1982年算起也需要25年甚至30年，即下一世纪的头十年时才能达到日本现在的年龄结构和老龄化的程度，老年人口占全部人口的10%左右。

其二，尽管中国1982年和日本1960年的年龄金字塔都呈蜂巢型，但是中国高出生的峰值比日本高，持续的时间也比日本长，因而中国年龄金字塔隆起的部分比日本更突出。下面用中国1982年5—19岁人口的比例的资料与日本几个年份的同类资料相比可以看到：中国的5—19岁人口占总人口的比例高于日本任何时期同一年龄组的比例（见表七）。

表七

年龄组	中　国	日　本		
	1982年	1955年	1960年	1965年
5—9	11.03%	12.4%	9.9%	8.0%
10—14	13.13%	10.6%	11.8%	9.4%
15—19	12.49%	9.7%	9.9%	11.0%
合　计	36.65%	32.7%	31.6%	28.4%
人口总数	3.67（亿）	0.292（亿）	0.295（亿）	0.279（亿）

在历史上已经出现人口转变的国家中，年龄金字塔也有过隆起的现象，但隆起部分的15个年龄的人口占到总人口的30%则是极个别的，日本在这方面已是属于比例最高的了，中国又高出日本不少，说明中国过去的持续的高出生情况对未来将有深远的影响。首先是将形成庞大的生育人口群，其次是将形成庞大的劳动力人口群，最后到老年人口高峰（下世纪20年代以后），使得人口年龄金字塔顶部老化为时较长，并影响到人口老化的程度。相对来说，日本婴儿高峰的影响要小一些，也比中国容易过去。

其三，中国1982年0—14岁少年组人口比例相当于日本1955年的水平，达到33.4%，比目前日本22%的水平高出一半以上。日本是从1955年以后经过连续20多年出生率维持在20‰以下，各年基本在27‰～19‰之间波动；最近10年大部分年份出生率在15‰以下；最近5年又低到12.5‰～13.6‰，经过这一过程才出现0—14岁人口只占22‰这一低比例的，而中国要在短时期内底部老化到日本目前这种程度是有一定困难的。因为这就要求中国的出生率持续保持在平均15‰左右，即一年只能出生1500多万婴儿。而中国近15年仅是生育旺盛年龄的夫妇每年就有2400万对。因此要达到日本目前的水平，生育率就要比日本目前的水平还要低。这在仍有大量农业人口的中国不无困难，1986年、1987年出生率回升就足以说明。因此在一个相当长的时期内，中国的少年抚养比将比日本高，老年抚养比将比日本低，总的抚养比将不相上下。

其四，中国劳动人口的年龄结构目前还很年轻。相对来说日本劳动年龄人口的结构比中国要老，中国目前的水平和状况相当于日本50年代的情况。

其五，目前中国老年人口的结构比日本轻，日本高龄人口问题比中国严重（见表八）。

表八 中国日本老年人口构成比较（%）

年龄组	中国			日本									
	1953	1964	1982	1920	1930	1950	1955	1960	1965	1970	1975	1980	1983
60 岁以上人口	7.32	6.08	7.64	8.2	7.4	7.6	8.0	8.8	9.7	10.7	11.7	12.9	13.86
60—64	39.72	41.82	35.7	36.6	36.5	36.8	35.0	35.2	35.0	33.6	32.5	29.5	29.51
65—74	47.16	45.00	46.5	47.6	44.6	47.4	46.3	45.5	45.4	46.7	46.1	46.5	45.06
75+	13.12	13.18	17.8	15.8	18.9	15.8	18.7	19.3	19.6	69.7	21.4	24.0	25.43
65 岁以上人口	4.4	3.6	4.9	5.3	4.8	4.9	5.3	5.7	6.3	7.1	7.9	9.1	9.77
65—74	78.24	77.34	72.3	75.1	71.2	74.3	70.8	69.6	69.6	69.7	68.0	65.6	63.9
75+	21.76	22.66	27.7	24.9	28.2	25.7	29.2	30.4	30.4	30.3	32.0	34.4	36.1

简 短 结 论

通过对中日人口的出生、死亡和年龄结构情况的全面比较，对中日人口老龄化过程有如下结论：

（1）通过对中日人口年龄结构的特点、死亡率下降、出生率下降以及老龄化程度的比较都可以看到中国的人口转变大体比日本人口转变晚 25～30 年。经过各方面的比较这是可信的。

（2）中日人口转变过程大体是类似的，两国的死亡率下降、出生率下降速度都是属于世界上最快的。人口老龄化主要归因于出生率的迅速下降。根据日本学者的计算，日本在 1950—1980 年老龄指数提高了 21.08%，其中有 68%是由于出生率的变动导致的，由死亡率的变动引起的只占 16%，其它原因的影响占 14%。出生率所起作用约为死亡率的 4 倍多。尽管中国老龄化指数目前提高不多，但日本的情况告诉我们，中国今后人口老化也主要取决于人口出生率的下降情况。

（3）中国人口老龄化的过程同日本已经历过的老化过程是类似的。因此日本的经验值得中国借鉴。从日本目前情况来看，人口问题集中在人口结构问题上。根据日本的经验可以预见到：中国下个世纪除了有计划生育、人口城市化外，也将面临人口结构问题和高龄人口问题。至于这类问题的严重程度，除受以往人口出生率、死亡率及人口年龄结构特点的影响以外，也取决于未来几十年人口的出生率、死亡率的变化，尤其是出生率的变动情况。因此，在考虑人口决策和对策时，中国应根据日本的情况和特点，结合中国的客观实际来决定取舍。

（4）中日人口转变和老龄化过程许多方面既不同于西方发达国家，同发展中国家也不好比较。由于日本人口转变和老化先于中国 20～25 年，情况也很相近。因此，可以从日本已经走过的道路中吸取适用于中国的经验和教训。这一经验对于相当一部分发展中国家可能都会有借鉴作用，因为当代发展中国家的死亡率和出生率的下降更类似于中日而不同于西方发达国家。

（5）中国尽管人口转变和人口老化类似于日本，但中国人口的进一步转变将比日本更为困难，中国今后对付人口老龄化问题也会比日本更困难。因为日本早已是工业化国家，现在又属于最发达的国家。中国则是个发展中社会主义国家，因此在吸取日本经验时必须考虑到本国的特点，走出一条中国人口转变的道路和总结出解决人口老龄化问题的新的经验。从目前看，中国还有一段准备时间，但应从现在起就要作好准备。

几个老龄课题研究情况概述

中国老龄科学研究中心高级统计师 肖振禹

中国行之有效的人口控制工作，使不到一代人的时间，基本完成了人口过程的转变。伴随着生育水平的急速下降，老年人口的健康长寿，人口年龄结构正在发生深刻的变化，将面临着一个加速走向老龄化的历史时期。一个经济还不够发达的国家，面临老龄化的挑战，过早地承受人口老化带来的日益增长的负担力，会存在着许多困难。中国老龄科研工作者，为响应中国共产党第十三次全国代表大会报告中提出的“要注意人口迅速老龄化倾向，及时采取正确的对策”的号召，正在积极研究和探索这个带有全社会性的问题。现将几个主要研究课题的情况介绍如下：

一、中国老龄化发展趋势研究

1982年中国第三次人口普查和1‰人口生育率抽样调查之后，为人口科学研究提供了较详实的资料。几乎所有的人口学研究单位和定量人口学家，对今后的人口发展和年龄结构都做了不同方法和不同假设的预测，它包括老年人口的预测。其预测结果，多数如下表。

中国老年人口发展预测

年份	总和生育率	平均年龄（岁）	平均寿命（岁）	总人口（亿）	老年比（%）
1987	2.6	29	68.7	10.8	5
1991	2.4—2.0	29.9—30.1	68.9	11.5—11.4	6
1995		30.3—31.0	69.1	12.2—11.9	6
2001		31.2—32.3	69.3	13.2—12.6	7
2011		33.5—35.0	70.0	14.4—13.4	7—8
2025		35.6—38.2	71.0	16.2—14.3	10—11
2051	2.4—2.0	37.5—41.3	72.8	18.4—14.2	14—18

从预测的结果来看，到2000年中国人口将成为老年型结构，届时老年人口约9000万人左右，到2025年为1.7亿、2050年为2.4亿左右。根据预测结果，结合中国的实际情况可以看出中国老龄化的特点是发展速度快，老年人口基数大，各地区人口老化程度不平衡等等。中国是在经济还不够发达的情况下，迎来了人口老龄化。因此许多问题需要及早研究，为政府解决老龄问题提供依据。

二、人口老龄化对经济发展影响的研究

人口老龄化对中国的宏观经济发展影响，主要从三个方面入手来研究：

1.劳动力老化对生产的直接影响

人口老化首先表现为劳动力老化。目前中国生产技术水平还不够高，生产率有待提高，特别是65%左右的劳动力在农村，他们的耕作方式以手工劳动为主，目前农村19.1%的老年人仍在自食其力，加之劳动年龄人口较多，人均耕地较少，对农业发展不会有大的影响。

1987年全国1%人口抽样调查推算，除农业在业人员外，各类专业人员在业与其他在业人员比为1∶6.5，这表明在业的大部分劳动力还没有从劳动密集型产业转向资金、技术密集型产业。因此，在城镇不宜更改法定退休年龄，在有限度的扩大再生产投资的情况下，应有计划地减少老化劳动力。目前全国城镇有14%左右的老年人在就业，其中老年专业人员80%左右仍在工作，只要他们身体好，愿意工作，应当鼓励。

2.人口老龄化对分配的影响

中国的离退休制度规定男性60岁，女性55岁享受离退休待遇，有的可以提前三五年，农村尚未实行离退休制。60岁至64岁的在业人数占同龄人数比重较少，城市为29.8%，镇为37.4%，大大低于劳动年龄人口在业人数比重（76.8%），这样就相对增加了城市老年负担系数。据1987年老年人口抽样调查提供的资料表明，退休金、子女供给和劳动收入是老年人口经济收入来源的"三大支柱"，占全部收入的90%以上，城镇老年人主要收入为退休金，市占63.7%，镇占56.3%；居第二位的是子女（或少数其他亲属）供养，市占16.8%，镇占21.0%；居第三位的是自身劳动，均占14.7%左右。农村老人自身劳动占50.7%，子女供养占38.1%，退休金仅占4.7%。对政府来说，解决老年生活保障问题的重点是城镇。从退休人数和退休费用增加情况来看，1980—1986年间，退休人数由816万增加到1805万，由占在职职工的7.8%上升到14%；退休费用由47亿元增加到189亿元，增加300%，相当在职职工工资总额的6.1%上升到12%。据预测，到本世纪末，中国退休人员将达4000万人，退休费将达520亿，占在职职工工资总额20%。因此，城镇的养老问题的研究是亟待解决的重大问题。

3.人口老龄化对社会其它方面的影响

老年人的生活方式和消费观念也发生了变化，社会和家庭都需要给他们特殊的关照，提供特殊的服务。

中国农村养老，过去主要靠家庭、集体公益金来赡养，随着农村以户为单位的生产承包制和家庭的小型化，许多问题有待研究。

随着乡镇企业的发展，城市个体户的兴起，农村大批青壮年流向城镇，养老金来源和养老形式都是新课题。

三、老年人医疗保健研究

老年人的医疗保健问题，是老龄问题的一个突出问题，根据中国社会科学院1987年对60岁以上老年人困难情况的抽样调查，老年人的最大困难是住房和看病。特别是随着年龄的升高，困难情况反映更多。城市的64.9%、镇58.4%、农村52.4%的老年人反映就医不成问题，其余有不同程度的困难。

老年人主要疾病为呼吸系统、心血管、内脏病和风湿病。无病者男性占34.1%，女性占30.6%。身体较好和很好的占50%左右。

目前中国每千人只有2.2张病床，老年医疗卫生工作更薄弱一些，特别是专职老年病的防治机构更少，主要是以家庭为主的养老形式。关于医疗费支付办法有三种情况：①公费医疗，主要是离退休干部和职工，享受这种待遇者占总数的5%～10%；②自费，主要是农村老人和城镇无固定职业的老人，约占老人总数的80%；③介于①和②之间者，主要是指一些小型企业或集体所有制企业中退休的职工，人数不多，他们的医疗费有的可以解决，有的则得不到解决。从上述情况看，中国老年人就医难问题，主要表现在：一是设施不够；二是经费不足。要改善老年人的医疗保健，根据中国的实际情况，要完善医疗费用的统筹制度和医疗制度。

1. 农村老年医疗费来源应采取国家拨款、社会捐赠、个人负担三结合的办法来处理，其比例程度应视经济情况来确定。

2. 改革医疗制度，增加老年人卫生保健设施，并给一定的优惠，使社会、医院、家庭结合起来，承担和满足老年人的多种医疗需要。

3. 在养老金中提取一部分经费用于老年医疗保健，使经费有稳定来源。

4. 广泛开展老年保健知识宣传教育，开展体育和传统的健身术活动。

5. 积极开展老年医学研究，对老年人的多发病、常见病进行积极预防和诊断。

四、老年人劳动就业研究

中国的在职干部和职工，离退休年龄一般男性为60岁，女性为55岁，根据实际情况，可以适当延长或提前。继续工作者为在业，退休后再找工作称再就业。农民和个体劳动者普遍没有实行退休制，也就不存在再就业问题，因此，中国老年人的劳动就业情况大致有两种，一是再就业；二是农村老年人劳动状况。

1. 老年人在业总情况

根据1987年国家统计局人口抽样调查的资料表明，65岁以上老年人在业人数占同龄人数的17.22%，占总就业人数的1.73%，男性高于女性，分别为30.19%和6.64%。其中市低于镇，镇低于农村，比例分别为12.36%、15.63%、19.07%。

2. 老年人再就业状况

根据1987年中国社会科学院对老年人口再就业的抽样调查，城市老年人口再就业率为13.4%，镇为10.7%。

从离退休人员再就业的情况来分析，城市经济需要占第一位，为36.7%，依次为工作需要占25.8%，发挥特长占19.7%，精神寄托占17.8%。镇的老年人再就业动机与城市有差别，精神寄托为第一位，占33.3%，依次为经济需要占32.5%，发挥特长为21.7%，工作需要为12.5%。

从老年人离退休人员再就业的成分来看，专业人员89.3%的人仍然从事专业人员工作，干部和工人也占90%左右，其他人员为50%左右。

对不再就业的人员调查，城市老年人想安度晚年和身体不好的，各占约35%，而找不到工作者，仅占6%；经济不需要、帮助子女和配偶者共占24%左右。

老年人再就业主要集中在低年龄组，60—64岁占58.5%，65—69岁占28.1%，75岁以后极少。再就业动机与年龄间的变化不大，与原职业和文化程度有关。专业人员再就业主要是精神寄托和工作需要；干部、办事人员、商业人员再就业主要是工作需要；而服务人员、生产工人与其他就业者主要是经济需要。老年人的经济收入和再就业的动机、再就业的人数比例关系变化差异不大。

有效发挥老年人的就业意愿与能力，以保持整个社会赡养与被赡养的平衡，维持和加强社会活力，是一个重要社会问题。但是鉴于中国是发展中国家，青年人不能完全接受义务教育，有大批的青年等待就业，这就形成对老年人再就业的冲击。但是在老年人中，有些有丰富的管理经验和技术特长，发挥这些人的余热补充高级专业人才的不足，有益于社会和个人。在农村由于生产力落后，主要还是以手工劳动为主，多数老年人可以自食其力，参加一些社会劳动，对减轻社会、家庭负担及老年人自身发展都有一定的作用。

根据上述情况，许多研究者认为：

1. 目前中国劳动力过剩，一般应按法定退休年龄退休。如确因工作需要，可适当延长年限。

2. 应鼓励高级专业人员和有一技之长的人继续工作，只要他们身体健康，本人愿意应当发挥余热。

3. 随着老年人的增多，应设立专门机构为老年人再就业提供咨询服务。同时还要对老年人的生活、医疗、社会活动等统筹考虑，使他们安度晚年。

五、有关其他老年人生活研究

1. 婚姻现状

根据1987年1%人口抽样调查，65岁以下老年人未婚者占1.2%，有配偶者占48.9%，丧偶者占49.2%，离婚者占0.7%。

由于老年人口赡养、生活习惯等原因，分居的比例，一般比成年人要高，约为2%。

老年人再婚者为16.9%。

2. 家庭户状况

家庭户平均人口1940年前约为5.1人，到1982年降至4.49人，1987年又降至4.23人。据一些地方调查，老年人同子女一起居住者占80%。老年人单身户占5%，三代同堂占50%。城市老年人靠子女供养者占22%，镇为27%，农村为67%左右。

3. 活动时间分配

在老年人的日常生活中，睡眠时间占9个小时左右，家务劳动约为3个小时。其余时间分配，城乡间有较大差别。突出表现在文娱和体育活动时间上，城市为3个小时，农村仅为1个小时。

来自贫困地区老人生活状况的调查

陕西省榆林地区老龄委员会办公室　石如宏　邹　明

陕西省榆林地区佳县,地处山区,土地贫瘠,交通不发达,无甚资源可供开发和利用,经济上以农业为主,全县人均收入290元,属革命老区的贫困地区之一。全县有60岁以上的老年人36357人,占总人口的8.7%,这样一大批老年人需要供养,不能不说是该县一个沉重的负担。

从目前老人的生活来源和养老模式看,大体有三种状况:

第一类是依靠离退休费生活的老人,全县共有434人,占全县老年人总数的2%。应该说他们的生活是有一定保障的。但因县财政困难,对在职干部和职工的工资都无法保证,三四个月还领不到一次工资,那些离退休干部和职工的退离休费就更不能按时领取了。由于物价不断上涨,离退休人员的生活极为拮据,有相当一部分人员的实际生活水平下降。佳县南关小学退休老人高光庭,全家两口人,10年前退休时领取57元退休金。这些年来国家调整退休金和增加各种补贴,每月合计应拿163元退休费。可现在实际只能领到78元。在粮食、蔬菜及其日用品价格不断上涨的情况下,老两口生活过的相当艰苦。

第二类是社会上无依无靠的孤寡老人和"五保户"老人。这部分老人占全县老年人总数的比例也不大。无依无靠的孤寡老人一般都收住在福利院或敬老院生活,但这仅是少数,佳县24个乡镇中,只有5个敬老院。南区8个乡镇,只有木头峪乡一个敬老院，现有6位老人入院，他们的生活用粮来源，由全乡人均负担，每人每年交1斤公购粮，统一交到粮站，由敬老院按月去粮站购取。这些老人的生活费用虽不高还算安定，吃、穿、住都有一定保障。另一部分就是分散供养的“五保”老人，由县、乡、村三级负责，行政村具体管理。佳县螅镇乡有“五保户”34户，其中22户是由乡政府每月每户定额补助8元，12户由县民政局每月每户补助20元。这些社会救济金是极为有限的，而且又不能按时到位。依靠行政村集体，也保证不了“五保”老人的生活，原因是在农村改革之初，行政村农民把原生产大队的集体财产分的净光、绝大多数集体成了一个“空架子”，村干部只是挂个名，个人干个人的，“五保户”也就鲜有人过问。

近几年，经过整顿和教育，情况虽有好转，但农业经济发展缓慢，绝大多数集体没有积累，还靠国家资助，“五保户”只能依靠社会救济，在救济金不能按时到位的情况下，有的就有断顿之危，行政村集体又无力补助，所以“五保户”的生活是非常困难的。

第三类是依靠家庭赡养的老人。在佳县36000多老年人中，有90%以上的老人是在家庭赡养的模式中度过自己晚年的，在家庭中主要依靠儿子赡养，而大多数老人又与儿子分家另过，如螅镇乡在890个家庭中，有97%的家庭是儿子和老人分开过的，在一起生活的却是极少数。老人的生活来源，主要是儿子根据自己的经济、物质条件给老人一定的钱物。该乡总人口17600多人，年人均收入256元，群众的物质生活普遍低下，衣、食、住、行条件很差。食物以小米、洋芋之类为主，只有逢年过节才能吃到点肉食，老人对衣着要求很低，冬不冷，夏不热即可，甚至穿用儿孙不穿的衣服，什么面料、款式统统不在考虑之列。住房只要能遮风挡雨就满足了，很多老人为了让儿孙们住的舒适，能娶到媳妇，自己住在破旧的房屋内。交通不便是普遍的，很多村、镇没有公路，只有尘土飞扬、崎岖不平、坡陡路窄的羊肠小道，毛驴和架子车是惟一的交通工具，有的可以通行手扶拖拉机，很少有汽车光顾偏僻小村。所以老年人很少出外走动，对外面世界了解极少，类似这样的生活环境，在榆林这块贫困地区是很普遍的。

在这些地区由于经济不发达，不仅人们的物质生活条件低下，而随之而来的文化生活和医疗卫生条件也极差。文化素质低，精神生活贫乏不仅是许多老年人，也是相当可观的青壮年的一个特点。在佳县乡镇接受调查的100名老年人中，有初中和小学文化程度的分别只有4%和8%。近90%的老人是文盲。

佳县峪口乡有20个村成立了老年协会，仅有一个村有老年活动室，老人的精神生活极为单调，村口便是他们的活动场地，集聚一起也不过就是拉拉家常，回忆往事而已。至于保健条件，榆林地区许多县的乡镇大都处在山区，20世纪60年代后期以来的合作医疗站，现在没有了，赤脚医生，也大部分改了行。佳县南区8个乡、镇，只有螅镇等三镇处在佳县至吴堡公路边，螅镇医院负责全乡17600多口人的医疗保健工作，只有医生4人，护士2人。由于通往各村的交通不便，农民看病首先得翻山越岭经过一番艰难的跋涉，乡镇医院医疗设备条件差，小病尚可应付，但农民又不愿长途跋涉去就医，危急病人医院又束手无策，加上现在药品价格昂贵，农民只能望而却步，只好是小病抗，大病熬，就医难成了这些贫困地区难以解决的老大难，很多老年人有病得不到及时治疗，有些低龄老人也因此而过早地去世。

在这里养老是自发的，不是受法律的制约，而是传统的伦理道德观约束着人们。人们对陕西省关于《保障老年人合法权益的规定》知之甚少，更谈不上实施。因此，一些不赡养老人和虐待老人的事件时有发生，难以解决。佳芦镇四居委的康拮环老人，四次被儿媳赶出家门，直到现在，老人还靠捡破烂、乞讨度日。有些老人受传统思想影响，过早把财产分给儿子，弄得自己一无所有，反受晚辈的白眼，甚至打骂。螅镇乡青瓜崔村王汝杰老人，有 3 个儿子，老大、老二已结婚，只剩老三还未成家，所以老人就把家产分给这三兄弟，不久，老大媳妇借口老人给自己的财物少，经常吵闹，与丈夫闹离婚，老人被迫无奈，只好把自己养老用的钱拿出 200 元另加三棵枣树，给了老大媳妇，这还不行，老大媳妇又逼老人请人写下字据，写明老死后她不管后事，并且在她与老人的房子之间打起围墙，从此不闻不问。今年又与老人打了一架，使王汝杰老人出外躲了一个多月，而老大媳妇却住在娘家不回来，现在王汝杰老人仍然生活在儿怨、媳骂的困境之中。许多老人受家丑不可外扬的束缚，即使得不到赡养，受儿媳辱骂，也不声张，忍气吞声，凄惨度日。他（她）们根本不懂得用法律保护自己，不认为晚辈们的所为属违法行为。

佳县地区老年人生活状况之所以不能随着改革开放同当地人民生活水平而同步改善，除受制于经济、文化发展缓慢之外，还有传统的旧观念的严重约束，比较突出的是：

第一，在当地人们的思想观念中，普遍存在赡养老人只是儿子的义务，女儿不承担赡养义务。生有女儿的老人家庭，当女儿嫁出后，就被认为是外姓人，既无权继承父母的遗产，又无承担赡养父母的义务。儿子是当然的继承者和赡养者。已嫁出的女儿还不能在娘家走动过多，否则，就会遭到兄嫂的白眼和冷遇，或婆家的辱骂和群众的耻笑。有些想赡养老人的女儿，由于受旧观念的影响，也难以启口或行动。

第二，承担赡养老人义务的晚辈，思想观念上存在严重的片面性。认为赡养老人，只限在物质上的关心。在佳县峪口乡调查，有 90% 的人认为老人该受到抚养，以报母亲十月怀胎之苦，三年乳哺之劳。父母含辛茹苦抚育成人之恩，但却又认为“只要让父母有吃有穿就行了，搞得花样多反被人笑话。”他们往往忽略了老人文化、精神等多方面的生活需要。

第三，在佳县调查有 80% 的人认为，赡养老人纯粹是自己家庭和个人的事，赡养好与差，与外人无关，不需别人干涉，别人也无权去过问，不认为赡养老人安度晚年是社会问题。

第四，近两年有关部门在农村推行签订赡养协议书，群众则认为是干部们闲得无事，给农民添麻烦，有些村民不愿签订赡养协议书，在上压下抗的情况下个别行政村就集体代办，变成形式主义。

如何逐步改善贫困地区老年人的生活现状?研究和探索一条适合贫困地区养老的新路子?老龄部门在贫困地区重点应做好哪些工作?通过调查我们有几点思考。

首先，要下大力气动员和组织老年人积极投入当地的生产建设，发展农业生产和多种经营，增强经济实力。其次应主动积极配合、协调有关部门大力普及科学技术知识和提高文化素质教育，进一步解放思想，更新观念，广泛开展普法教育，增强法制意识。第三，积极宣传、推广适合当地情况，促进生产发展，改变贫困面貌，由穷致富的外地农村的先进经验和做法，特别组织老年人参与发展农村经济，开展“老有所为”，“以为促养”的经验。第四，紧紧依靠党和政府的领导，老龄工作者一定要深入基层，深入群众，做好调查研究，及时向党政领导汇报请示，反映情况，争取把老龄工作列入党政领导的议事日程，加强对老龄工作的领导。第五，随着生产的发展，财政经济状况条件的许可，争取多为老年人做好事、办实事，以自己的实际工作，争取社会各界对老龄工作支持和帮助，提高老龄工作的社会地位。

巩固家庭养老　发展集体辅助养老

广东省中山市老龄工作委员会办公室　杨文荣

随着近几年改革的不断深化，各项社会养老保险陆续出台，包括农民养老保险试点，也开始探索。但是，任何一种社会养老保险，对于现年 55 岁以上的农民老人，都没有条件享受。这一庞大老年群体老有所养出路如何，成为老龄工作必须正视的现实而又棘手的问题。市委、市政府 1991 年 6 月明确指出了“老龄工作的重点放在农村”的方针，我们就尝试探索农村集体“辅助养老”的路子，在大力提倡和巩固家庭养老的同时，根据经济发展情况，由集体给予老年人适当的生活补贴。两年多来，全市已有 105 个管理区实行每月或每季向老农民发放一定数额的“辅助养老金”制度。其中每人每月超过 10 元以上的有 90 多个管理区，最高的每人每月 125 元（今年最高 150 元），一般大都在 30～60 元之间。按理论数计算，105 个管理区 1 年要付出 1000 多万元进行辅助养老。虽然标准还很低，但已开拓出一条可行的路子。

我市实行“辅助养老”制度的管理区，解决养老金的途径，根据各地不同情况和条件，大致有如下几方面：

一是基金会建立养老基金。如东区紫马岭管理区划出 15 亩工业地给基金会经营出租，1991 年下半年收入 4 万多元，1992 年收入 12 万多元，1993 年收入 20 多万元。这种收入不仅收入稳定，而且长期保障。

二是划拨高值果园经营。如环城区渡头管理区，把集体 1000 棵荔枝园全部划拨给基金会经营，1992 年收入 18.6 万元，1993 年收入 22.5 万元。荔枝一般产果期 40～50 年，且是高值作物，收入可观。

三是向山区开发，广种薄收。如南朗镇合里管理区是个山区村，经济发展缓慢，就因地制宜，把村边溪的竹子林、开发一个竹子山全部划给基金会，广种薄收，已开始有收益，当前年收入超过 1 万多元。

四是建立流通经济实体。如东区的小鳌溪、港口镇的群众等管理区建立经济发展公司，所得收益首先保障老年人养老金。港口镇的群众经济发展公司 1992 年纯利润 120 多万元，养老金就付出了 60 多万元。

五是农村股份公司建立福利基金。如三乡镇平东管理区建立农村股份合作制公司时，就规定提留养老福利基金，老年人除了享受土地入股分红外，每月还可享受 150 元养老金（1993 年每月 50 元）。

六是建立两位一体的物业收益。如闻区的厚兴、环城区的曹边等管理区，投资建立一幢大楼，一部分为老年活动中心，一部分为出租厂房，收益投入供养老年人。活动、收益，两位一体，相得益彰。

七是建立庞大基金收息养老。如三乡镇的古鹤、茅湾，沙溪镇的元亨里等管理区基金会拥有 100～150 万元，基金存放在有关厂企，收取高利息解决老年人养老金和各项老年福利、活动经费。

八是两级承担，各负其责。如横栏镇六沙管理区有 15 个经济社，1 万多人口，950 多位老年人，每季度享受养老金 50 元（每年 200 元）。他们采取两级各负 50%。管理区的干部认为：这样可以形成今后谁当干部，都有一个“养老敬老”的责任意识。

九是金额由管理区集体经济解决。目前农村实行“辅助养老”制度，特别是刚建立该项制度的管理区，大都是暂时采用该办法解决。

我市农村发展养老保险事业，坚持“实事求是，因地制宜，不拘一格，量力而行”的原则，采取多渠道、多形式，不强调一个模式，也不搞一刀切。发展过程中虽然经过迂回曲折，但是，它一建立，就有很强生命力。目前，这项制度仍在继续发展中，必将更加完善。

我国老年人口现状及发展趋势

一、我国老年人口的现状

第四次全国人口普查 100% 机器汇总资料表明，我国老年人口的现状具有以下几个特点：

1. 老年人口数量大，增长速度快

1990 年全国 65 岁及 65 岁以上的老年人口为 6299 万人，占全国总人口的 5.57%①，与 1982 年的 4927.6 万人相比，增长了 27.8%，年平均增长速度为 3.12%；而同期总人口的年平均增长速度仅为 1.50%。老年人口的年平均增长速度是总人口年平均增长速度的 2 倍多。

与一些发达国家相比，我国的人口老化速度也是相当快的。英国老年人比重从百分之五点多增长到百分之七点多用了 80 多年，瑞典用了 40 多年，世界上人口老化速度最快的日本老年人口比重从 1950 年 4.9%增长到 1970 年的 7.1%用了 20 年时间。而我国在今后十几年内老年人口比重将可能达到 7%以上，速度明显高于上述国家。

2. 沿海地区老年人口比重较高

在 30 个省、自治区、直辖市中，65 岁及 65 岁以上的老年人口比重超过全国平均水平 5.57%的有

---

① 老年人口若按全国 60 岁及 60 岁以上的口径计算，则全国共 9697 万人，占全国总人口的 8.58%。

12个，大多分布在沿海地区（见附表）。其中超过6%的有6个，它们是：上海（9.38%）、浙江（6.83%）、江苏（6.79%）、天津（6.46%）、北京（6.35%）、山东（6.20%）。上海是老年人口比重最高的地区，人口类型已进入老年型。老年人口比重低于4%的有4个，新疆（3.91%）、黑龙江（3.78%）、宁夏（3.51%）、青海（3.07%）。可见，我国老年人口比重的分布是沿海地区高内陆边疆地区低。

3. 老年人口的婚姻状况稳定

我国老年人口的已婚率为98.81%，终身未婚的仅占1.19%，离婚率仅为0.71%（见下表）。

	人数（万人）			占老年人口的（%）		
	合　计	男	女	合　计	男	女
合　计	6 299	2 866	3 433	100	100	100
未　婚	75	65	10	1.19	2.27	0.29
有配偶	3 184	1 908	1 276	50.55	66.57	37.17
丧　偶	2 995	860	2 135	47.55	30.01	62.19
离　婚	45	33	12	0.71	1.15	0.35

这说明我国老年人口的婚姻关系十分稳定。但也要看到，老年人口中有近一半过着无偶的生活，无偶率为49.45%。分性别看，终身未婚的老年人多为男性，是女性未婚人数的6.5倍；离婚的男性老年人数也多于女性，是女性的2.75倍，而丧偶的老年人数则是女性多于男性，是男性的2.5倍。这是因为女性的平均预期寿命高于男性。

4. 老年人口的文化素质低于全国平均水平

我国老年人口中具有大专以上文化程度的占老年人口的0.52%，而全国60岁及60岁以上人口中具有大专以上文化程度的占1.59%；老年人口不识字或识了很少字的比例为75.07%，远远高于全国20.61%的平均水平。其他各类文化程度的比例均低于全国平均水平。

5. 在业老年人口集中在农、林、牧、渔业

我国65岁及65岁以上的在业老年人口占老年人口总数的19.27%，占在业人口总数的1.87%。分性别看，男性老年人口的在业比例为32.72%，女性仅为8.03%。从行业看，在业老年人90.10%集中在农、林、牧、渔业。这种状况主要是由于对从事农、林、牧、渔业的没有明确的离退休界限，只要身体条件允许就仍在从事劳动。

二、我国老年人口的发展趋势

1990年我国0—14岁少年儿童人口占总人口的比例为27.69%，65岁及65岁以上老年人口占总人口的比例为5.57%；年龄中位数为25.25岁，这表明我国的人口类型已经完成了从年轻型向成年型的转变。据预测，上个世纪初我国的人口类型将完成向老年型的转变，然后向高度老龄化发展。在继续严格执行现行计划生育政策的前提下，未来60年我国人口年龄结构的变化过程大致可以分为三个阶段：

1.1990—2003年，人口由成年型向老年型转变。到2003年65岁及65岁以上的老年人占总人口的比例将达到7%以上，少年儿童比例将可能降到30%以下，年龄中位数将超过30岁。

2.2003—2020年，人口类型成为典型的老年型人口。这一阶段的老年人口比例将可能从7.03%增长到10.85%，少年儿童比例将可能下降到19.04%，年龄中位数将达到35.67岁。

3.2020—2050年，人口老龄化程度急剧提高。老年人口比例将可能达到20.43%，少年儿童比例将下降到16%，年龄中位数将高达43.7岁，人口年龄结构将出现高度老龄化。

鉴于我国老年人口的现状及今后发展的趋势，我们应及早采取对策以减轻人口老化给社会和经济发展带来的影响。

附表：

1990年省、自治区、直辖市老年人口状况

地　区	65岁及65岁以上人口比重（%）	65岁及65岁以上人口数（万人）	年龄中位数（岁）	地　区	65岁及65岁以上人口比重（%）	65岁及65岁以上人口数（万人）	年龄中位数（岁）
总计	5.57	6299	25.25	安徽	5.41	304	24.02
上海	9.38	125	33.80	海南	5.41	35	23.26
浙江	6.83	283	28.27	山西	5.39	155	25.36
江苏	6.79	455	28.14	陕西	5.15	169	24.97
天津	6.46	57	30.85	江西	5.09	192	22.83
北京	6.35	69	30.47	福建	5.07	152	23.49
山东	6.20	523	26.59	云南	4.90	181	22.87
广东	5.93	373	24.55	西藏	4.63	10	22.21
河南	5.83	499	24.33	吉林	4.52	111	25.98
河北	5.81	355	26.20	贵州	4.47	145	22.11

（续）

地　区	65岁及65岁以上人口比重（%）	65岁以上人口数（万人）	年龄中位数（岁）	地　区	分65岁及65岁以上人口比重（%）	65岁及65岁以上人口数（万人）	年龄中位数（岁）
四川	5.71	612	25.97	甘肃	4.06	91	23.83
辽宁	5.68	224	28.54	内蒙古	4.01	86	24.65
湖南	5.60	340	24.83	新疆	3.91	59	22.16
湖北	5.50	297	25.06	黑龙江	3.78	133	25.36
广西	5.42	229	22.86	宁夏	3.51	16	21.86
				青海	3.07	14	22.46

注：按老年人口比重由高到低排列　（国务院人口普查办公室）

中国生育率下降过程中的新人口问题及其对策学术讨论会有关老龄问题的综述

1994年7月25日至30日，来自全国各地的近40位人口学者在北戴河参加了中国生育率下降过程中的新人口问题及其对策学术讨论会。本次会议是由《中国生育率下降后果与对策》研究组发起，由中国老龄科研中心、国家计生委宣教司、中国人民大学人口所联合举办的。会议得到了联合国人口基金、中国老龄科研中心和中国人口学会的有力资助。会议共收到论文47篇，其中《中国生育率下降后果与对策》研究组提交了系列研究报告10余篇，中国老龄科研中心提交论文9篇。

召开本次学术讨论会的有关背景

在人类历史上，生育率普遍的迅疾的下降主要是20世纪60年代以后，而持续的低生育率所引发的诸多后果的讨论则是最近的事。由于生育率非同寻常的迅速下降，人类正面临着持续的低生育率继而是生育率低于更替水平的挑战，而这一挑战开始从发达工业化国家波及东亚以及东南亚国家和地区，其中也包括中国。

经过本世纪70年代的大幅度急速下降和80年代的波动中缓慢下降之后，中国妇女的总和生育率在90年代前期又有了引人瞩目的变化：这就是，中国越来越多的省、自治区、直辖市正在接近甚至开始低于生育的更替水平。从全国来看，综合反映妇女生育水平的总和生育率已从1990年的2.31降到1992年的2.00左右。1992年与1989年比较，处在低于更替水平地区的人口比例增加了48.77个百分点，若与1987年比较，则增加了60.19个百分点。有理由认为，目前中国已进入了低生育率国家的行列。

伴随着生育率的转变，人口问题已经开始从高生育率带来的挑战转向人口老龄化以及其它和低生育率有关的诸多问题。这种宏观意义上的人口问题转型有着显而易见的普遍性。在可预见的将来，人类将日益强烈地感受到持续的低生育率所带来的诸多挑战，中国也不例外。

人口老化及有关问题

持续的低生育率带来的后果很多，但核心问题是人口老化和老年人口问题。在一项中日比较研究中，乔晓春指出，中国人口老化比日本起步晚、起点低、速度慢，但快于其它发达国家，也快于所有发展中国家，并估计，中国人口老化发展的关系较为复杂。面对人口老化的挑战，日本政府采取的一些有效对策值得我们借鉴。但在讨论中，张恺悌指出：中日两国对付人口老化问题和挑战的对策会有差异，虽然从人口学角度看，日本的今天是中国的明天。

人口老化是全球共同的人口发展趋势，是难以回避的。问题只在于，在人类智慧和能力所及的范围内，我们应该也是能够追求的是健康的老龄化，也是生产性的老龄化，这将是使人口老化的负面影响减少到最低程度的基本战略。邬沧萍和穆光宗认为，人口老化有一个内涵问题或者说结构问题，真正重要的是老龄人口的高龄化问题。并认为，老龄社会是一个更需要道德的社会，“精神赡养”问题要引起重视，此其一；其二，伴随持续的低生育率和迅速的人口老化，老年人的健康问题和就业问题将日渐突出。

张恺悌、党俊武在分析生育率下降过程和人口老龄化关系时指出：中国的人口压力是双重的，一是人口的规模性压力；一是人口的结构性压力。计划生育在缓解人口规模性压力的同时却导致了人口的结构性压力，而中国的人口老龄化正是缓解人口规模性压力的代价。换言之，降低生育率是有代价的。但比较而言，人口的结构性压力是矛盾的次要方面。在讨论中，乔晓春不太同意“人口老化问题”的提法。朱国宏则就生育率下降的“代价”提出疑问，“代价”指什么？人口老化能否视作纯粹的“代价”？因为人口老化是现代人口转变的必然，是利弊互见的，但作为生育率下降直接人口学后果的人口老化与基于社会经济发展参照系才能给出具体价值评判的人口老化问题是两个不同的概念，遗憾的是，不少同志没有注意到其间细微的和重要的差别。洪英芒则认为中国人口老化的压力不是生育率下降所致，顾宝昌认为经济落后是主要根源。

杜鹏通过实证研究分析了生育率下降对人口老化的影响，认为：在我国1950—1990年的人口年龄结构变动中，生育率下降对人口老龄化的影响远远大于死亡下降的影响。应当指出，生育率下降是目前中国人口老龄化的主要影响因素，这一判断同中国人口老龄化问题的产生主要同社会经济发展变量有关，这一认识并不矛盾。杜鹏认为，人口老龄化本身并不一定就是问题，人口老龄化问题是人口老龄化这一人口年龄结构的动态变化发展到一定阶段后才形成的，而且它主要是通过老年人口问题的加剧表现出来的。

穆光宗从人口的角度赋予了人口年龄结构的演变，以新的含义提出了人口老龄化是一种特殊形态的人口逆淘汰（人口的自然逆淘汰的一种自然趋势）的假说。认为，健康的和生产性的老龄化是人类走向21世纪的共同选择，通过人类的努力可以有效降低实际的老年抚养比，这就是“老有所健”和“老有所为”。穆特别指出了“健康储蓄”的新概念，倡导“为未来而储蓄健康”，并认为“健康储蓄”行为的大众化是实现健康老龄化的重要举措。总之，为有效遏制伴随人口老化而来的人口逆淘汰趋势，不仅要高度重视国民的健康储蓄问题，而且要十分关注老年人的能力发挥问题。本文引发了热烈的讨论。党俊武认为，“健康储蓄”是一个极具战略性的概念；顾宝昌则认为，对中青年人口进行健康投资以解决人口老化问题是一种新的思路。但也有学者提出质疑，郭志刚、杜鹏等认为，比诸“老有所健”和“老有所为”，“老有所养”还是第一位的；党俊武、夏传玲等则对“健康老龄化”的提法和定义提出了异议。

还有代表探讨了人口流迁与人口老化的关系。肖振禹、郭平在《人口流动与老龄化》一文中指出我国老年人口流动率较低的事实；据四普资料，1985—1990年间，60岁及以上老年人口占流动人口总数的3.2%；而据1993年国家计生委进行的38万人口的抽样调查，外出流动的老年人口占总外出人口的4.2%。老年人口是流动人口中的脆弱群体。无论是四普或是38万人口调查，反映出的老年人口流动特点有共同性，即无论城乡，流动的首位动因是投亲靠友，其次是退休退职和随家搬迁，最后才是因为从事经济活动的需要。肖、郭认为有技在身的老年人口由城向乡的“逆向流动”值得提倡。陈卫在《城市化、国内迁移与人口老化》一文中认为，80年代以来日趋显著的两大人口变化趋势是人口老化与人口城市化，但中国由于人口转变引起的年龄结构转变要快于城市化转变，人口老化与城市化之间存在着较松散的联系。从人口老化角度讲，迁移对缓解地区性人口老化是可行的，但也是暂时的。

老年人口问题

目前在中国，突出的老年人口问题还是养老问题。夏传玲和麻风利合作的《子女数对家庭养老功能的影响》一文引起与会代表的关注。该文对“随子女数下降，家庭养老的功能会有所削弱”这一观点提出了质疑。首先，夏、麻认为，家庭养老不同于子女养老，老年人自己与配偶之间的代内关系和老年人与孙子女之间的代际关系也应予以关注；其次，子女要从潜在的照料者变成实际照料者还受许多因素的影响，子女数只是影响子代对父代赡养的一个因素；再次，家庭养老是一个多维概念，其内涵至少包括经济供养、生活照料和精神慰藉三个方面，而子女数对这三方面的影响是不同的。进一步地将父代和子代之间的相互关系分为游离型、供养型、抚养型、互惠型四类。最后的结论是“随着子女数的减少，家庭养老功能将会削弱”这一观点并不成立。

与上述不同的一种观点则认为“生育率的急剧下降，使我国平均家庭规模缩小，家庭平均孩子数减少，大大削弱了我国传统的家庭养老的方式和功能，从而对老年人的经济供养和生活照料问题产生了重大的影响”。（刘小治、郭平、原野《生育率下降和老年人经济供养问题》）刘等认为，（1）家庭养老在现行的养老体制中发挥着主导作用，而且无论社会与经济发展到何种程度，家庭养老的一些基本的和主要的功能是无法替代的；（2）老年人经济供养的水平决定了老年人晚年生活的质量和水平，而老年人的劳动能力对其经济供养水平又有着决定性的影响；（3）城镇地区老年人经济供养体制的局限性一是覆盖面小，二是资金来源渠道短缺，此外无离退休金老年人的经济供养问题正日趋突出。童增、罗亚杰在理论上探讨了老年人供养体系问题，概括了目前中国老年人供养体系的特征。徐勤认为，中青年照料老人的负担加重将成为今后一个带普遍性的社会问题。张祖成评析了目前在江苏农村各地实行的各种养老方法利弊得失，在理论上提出了农村独生子女父母养老保险的新设想。但这种“虚拟基金”做法的可操作性尚可讨论。刘贵平分析了商业性保险与社会保险在老年人生活保障中的作用，认为：就养老保险来说，社会保险应占主导地位，而商业性保险在某些方面也具有不可替代的作用，可作为社会养老保险的一种补充手段。

郭志刚在《低生育率下我国家庭模式的发展前景》一文中探讨了低生育率对于家庭结构及其家庭养老的影响。郭文认为，家庭模式在80年代变动是复杂的，1982至1987年出现了反家庭核心化的趋势，但从1987年后转向了核心化的发展方向，与此同时，核心家庭虽然已经占有相当的比例，但并没有改变主干家庭的主导地位。换言之，大多数老年人仍然与后代一起居住。在可预见的将来，家庭养老的地位和作用还是不可动摇的。独生子女父母的养老问题将日趋突出（特别在一些城市和计划生育工作较好的地区）。最后，郭建议根据实际情况进行分类指导，某些先进地区应该开始考虑开放二孩生育的问题。

生育率下降对代际关系的影响

王洪春认为生育率下降对代际关系的基本影响体现在8个方面：第一，生育率下降对代际经济关系的影响是多方面的。第二，生育率下降扩大了代际之间的年龄差距，形成了“代沟”冲突的年龄条件。第三，生育率下降会强制纠正代际之间的性别歧视和不平等。第四，生育率下降使两代人在家庭生活中的独立性增强。第五，生育率下降使代际社会关系的“血缘”成分减少。地缘和职缘成分增多。第六，生育率下降对父母的婚姻状况和子女的婚姻状况都产生利弊互见的影响。第七，生育率下降有利于提高两代人的人口素质。第八，生育率下降使人们对代际伦理关系进行反思。如老年人的社会价值减少，老年人社会问题增多。生育率下降后代际关系变化的基本特征是：第一，代际关系由相互依赖转向自主型。第二，由封闭型转向开放型。第三，由家庭型转向社会型。

党俊武则认为生育率的持续下降将引发21世纪中国代际关系的革命。首先，他从理论上界定了“代际关系”，如代际关系的3种主体，3种主体间的隔代关系和连代关系，家庭代际关系和社会代际关系等。未来的家庭代际关系将从分散型转变为集中型。一对夫妇面临赡养4个以上老人的供养压力将成为中国家庭代际关系的普遍现象。资源分配的代际平衡问题、代际率等问题、代际公平问题将是中国未来社会代际关系问题的核心，同时也将是未来中国诸多社会问题的一个重要组成部分。

独生子女问题

独生子女问题的人口学含义是有限的，而其社会学意义却十分丰富。“独生子女问题”可从两个角度来看。狭义地看，所谓独生子女问题是指相当一部分独生子女存在着明显的个性品质问题，也就是独生子女素质发展出现偏差的问题，或者说，就是独生子女的教育失当问题。这种狭义的独生子女问题是时下国人颇为关注的，也是本次研讨会所集中讨论的。但从广义的角度看，下面一些问题是值得在今后加以关注的：（1）部分独生子女家庭存在的代际关系冲突问题，“代沟”的产生大多与教育失当有关。（2）独生子女父母的养老问题在将来是客观存在的。而且这一问题较为特殊，因为中国人历来讲家庭养老，而在有些独生子女家庭中，两代人感情上和行为上的互相依赖可能较一般家庭为甚。然而，因为独生子女成人后的分户独居或者远走高飞，有相当一部分独生子女父母将不得不放弃靠子女养老的梦想。与此同时，倒可能出现一种亲子间的代际取予关系倾斜甚至颠倒的现象，这就是部分摆脱不了依赖心态的独生子女哪怕在成年后依然会在物质乃至精神上成为年老的父母的负担。（3）独生子女自身的婚姻家庭问题，这方面迄今尚未引起注意。但我们可以断言，相当数量的“问题儿童”一旦成人后又“秉性难移”（如自私任性缺乏责任心，如有依赖心态而不能自强自立），那么他们自身的婚姻家庭质量因其自身的局限而将很难保证，因此而损及社会生活的质量也未可知，等等。毫无疑问，上述问题是相互交织在一起的。

与非独生子女相比，独生子女究竟有无特异个性？这是狭义独生子女问题的一个焦点。黄鹂根据安徽大学和美国康乃尔大学等的合作调查的有关数据进行了分析，结论是：(1) 从总体水平看，独生子女个性特征无显著特异性。(2) 独生子女的个性发展在某些方面的确弱于非独生子女。(3) 独生子女的个性特征存在着两端性，即好的很好，差的很差。而独生子女个性发展的两极分化主要来自家庭教养方式的不同。李秀英从教育条件和环境条件两大方面剖析了独生子女教育，提出了一个冷峻的问题：“本来是为了控制人口数量，提高人口素质才实行计划生育的，可是计划生育的结果，许多独生子女都成了有问题的儿童，那么这个计划生育的意义又何在呢？在李的问题中，隐含了一个观点：即独生子女之所以成为问题，在客观上与“独生”是有关系的。但李也认为，后天因素更重要。张智敏也持相似观点，指出了现代独生子女教育的三大误区，并提出了优化独生子女培养教育环境的对策。

对本次研讨会的若干评论

桂世勋教授认为，这是一次跨世纪的会议。问题的出现和暴露主要在下个世纪。研究者也是跨世纪的。大家能做到知无不言，言无不尽，学术空气很浓很好。

顾宝昌博士认为会议很有意义，目前，人口发展内部环境发生变化的同时其外部环境也在发生变化。这诸多变化给我们提出了许多问题，需要我们有新的视野，而本次研讨会则为开拓视野做了很好的工作。

金志诚先生在讲话中提到，联合国人口基金驻华代表豪伟先生很重视本会，资助本身就说明了UNFPA对问题的重视。关于“中国生育率下降及其后果”的研究意义十分重大，中国学者的研究成果将为世界提供经验。本次研讨会是有超前性意义的。研讨会信息量很大，与会代表在研究中均下了很大功夫。

郭志刚教授评论道，会安排得很好，主题非常重要，有前瞻性意义。一些青年学者敏锐地抓住了这个重要的问题，难能可贵。本次会议为今后的研究提供了一个基础。

乔晓春博士作为本次会议的总负责人作了总结发言。他提到本项研究“有头无尾”，是长期性的。但我们的研究并不是纯学术的，最终的旨意是在人口转型过程中能经常为政府有关部门提供科学的咨询意见，以期政府的有关决策能更加及时、合理和有效。研究中的合作十分必要，我们期待着一切有兴趣的学者和实际工作者都能来共同关注这一问题的发展和研究。

当代中国老年人力资源的特征研究

浙江省老龄科学研究中心　王先益

“老年只是每个人的生命、事业和经验的自然延续，而他的知识、能力和潜力在整个生命期都一直存在”。老年群体中蕴藏着大量具有一定知识和技能的人力资源。这些人力资源是现成的、不需要进行人力投资即可开发利用的资源。中国虽然是劳动力资源丰富的国家，但老年人力资源仍具有重要的开发利用价值。事实上，当代中国老年人力资源凭借其知识、技能和经验在经济发展中正发挥着不可忽视的作用，其资源优势逐渐为人们所认识。为了正确估价和更好地开发利用这一资源，对其特征进行分析具有重要意义。本文认为当代中国老年人力资源具有五方面的特征：

一、低龄健康老人数量大，增长速度快

老年人参与社会经济发展有一定的年龄限制。这种限制主要表现为高龄老人在生理、心理上不适于再从事有规律的、经常性的户外工作。国外将75—84岁以上老人称为老年老人，85岁及以上老人称为高龄老人，75岁及以下老人称为年轻老人。这主要是依据老年人生理、心理等综合特征来划分的。根据中国目前的人口平均预期寿命水平（即男68岁，女71岁）及中国老年人的健康状况，国外对老年人的上述划分标准有所偏高，中国年轻老人的年龄定为70岁以下为宜。老年人力资源的主体是年轻老人。鉴于中国退休年龄为男60岁、女55岁的实际情况，本文将55—59岁女性人口也作为老年人力资源的范围。因此，本文所研究的老年人力资源年龄界限为男60—69岁、女55—59岁（下文同）。

根据“四普”资料，1990年中国男60—69岁、女55—59岁年中人口数为80 178 172人，占55岁及以上（男性为60岁及以上）总人口的68.12%，其中男性30 399 433人，女性49 77 739人。年轻老人占大多数是中国老年人口的特色，也是开发老年人力资源的一个优势。根据1990年的人口年轻状况，该年龄组人口数在下世纪40年代以前将呈不断增长趋势。本文采用年龄移算法对1995年男60—69、女55—59岁人口进行测算，即根据1989年市、镇、县男55—64岁、女50—64岁各年龄的年中死亡率和1990年的年中人口数来测算1995年55—69岁的年中人口数。预测1995年55—69岁人口数为90 399 879人，比1990年该年龄增长10 221 707人，增长12.75%。其中55—59岁 20 169 875人，占22.31%；60—64岁39 922 909人，占44.16%；65—69岁30 307 095人，占33.53%。市为19 641 590人，镇为6 570 616人，县为64 187 673人。

由于生活水平的提高和医疗卫生条件的改善，年轻老人的健康状况较好，健康水平将会继续提高。判断老年人力资源的健康标准仅用患病率或生活自理能力来衡量有局限性。因为某些疾病并不妨碍工作，而具备生活自理能力者不一定具有工作能力。采用老年人健康状况的主观自我评价即总体健康感觉比较能综合反映老年人生理、心理等总体健康水平。根据1992年初联合国人口基金P22项目调查，城市60—64岁老年人自我感觉不健康者占16.60%，65—69岁占20.77%，农村60—64岁老年人自我感觉不健康者占19.46%，65—69岁占19.99%。也就是说，80%以上的城乡60—69岁老年人感觉身体健康或一般还可以。另据P22项目补充调查资料计算出中国60岁老年人的平均余寿、平均预期健康期为：城市男性16.30岁、5.96岁，女性19.26岁、5.03岁；农村男性15.77岁、6.75岁，女性18.36岁、5.98岁。可见，当代中国老年人的健康水平较高，城乡60岁老年人按其健康状况平均至少可再工作5年以上。但老年人个性差异较大，许多老年人即便到了70岁仍然具有再工作的身体条件。如果把自我感觉不健康的老年人不纳入老年人力资源的范围，按上述水平推算，1995年老年人力资源数仍达73 132 136人(其中55—59岁组总体健康感觉数据根据60岁及以上女性资料推算而得)。

二、农村老年人力资源利用率高，是当代中国老年人力资源的主体

中国目前农业生产力水平不高，基本上还是以简单手工劳动为主。尤其是在农村产业结构发生转变和市场经济逐步发展的条件下，农村大批中青年劳动力转移到乡镇企业或外出务工经商，造成从事农业劳动的劳动力实际上的短缺，农村老年人所拥有的农业生产技术和经验既能够也十分必要地在农业生产中发挥作用，特别是参与农田管理，根据“四普”材料，1990年从事农、林、牧、渔劳动的55岁及以上人口数为32 654 424人，占农、林、牧、渔劳动者总人数的7.15%，占该年龄组在业人口总数的89.12%。其中男性占54.02%。根据P22项目调查资料，农村男性60—69岁老年人继续参加农业劳动的占78.23%，其中60—64岁组为85.27%，65—69岁组为70.88%；女性参加劳动的占43.75%，60—64岁组为49.52%，65—69岁组为36.90%。由此可见，农村老年人力资源的利用率很高。当前开发利用老年人力资源的重点应是市、镇老年人。除去自我感觉不健康的老年人口所得市、镇、县老年人力数（见表一）。无论从资源利用率还是从资源数量上看，农村老年人力资源都是当代中国老年人力资源的主力军，他们对中国农业经济发挥着并将继续发挥着重大的作用。

表一　1995年预测老年人力数

年龄别	合　计	市	镇	县
总　计	73 132 136	16 172 652	5 424 441	51 535 043
55—59	7 694 529	3 429 013	1 375 464	11 560 208
60—64	32 580 986	7 883 442	2 450 670	22 246 874
65—69	24 186 465	4 860 197	1 598 307	17 727 961

注：表中55—59岁不包括男性

三、虽然老年人力资源总体文化水平不高，但具有较高文化水平的资源绝对量巨大，且总体文化水平呈不断增长趋势

从总体而言，当代中国老年人力资源的文化素质较低。但老年人力资源中不乏高素质的劳动力，其绝对数仍然巨大。1990年具有中专及以上文化程度的55—59岁（女性）人口数为293 271人，60—64岁组为585 289人，65岁及以上为485 885人（“四普”资料对65岁及以上人口文化程度未再分组），合计1 364 445人。不同文化程度的55岁及以上人口在业状况（见表二）。从表二可以看出，文化程度与老年人再就业相关不大。采用年龄移算法测算出1995年具有中专及以上文化程度（见表三）的55—59岁女性人口数为691 633人比1990年增长135.83%，而该年龄组女性总人口数只增长1.51%；60—64岁组为1 254 760人，比1990年增长114.24%，该年龄组总人口数增长17.50%；65—69岁组为518 678人，超过1990年65岁及以上同等文化程度人口总数。55—69岁合计2 465 071人，为1990年55岁及以上具有中专及以上文化程度者总数的1.81倍。中国老年人力资源文化素质将会不断提高。在中国当代中青年劳动力总体文化水平不高和由于历史原因造成人才断层、青黄不接（特别是中年人才）的情况下，身体健康、具有较高文化程度的年轻老人自然成为促进经济发展的宝贵财富，他们所拥有的专业技术知识是现成的、可立即投入使用的资源。值得一提的是，还有为数众多的老年人虽然文化水平不高，但他们掌握了熟练的技术知识和丰富的工作经验。在目前许多企业出现技术工人断层的情况下，他们所拥有的技术专长是许多企业急需的。

表二　不同文化程度的55岁及以上人口在业率（%）

年龄别	文盲半文盲	小学	初中	高中	中专	大专	大学
55—59	47.75	39.39	25.65	26.81	31.61	29.46	50.70
60—64	43.51	54.07	39.01	32.40	27.93	34.83	41.66
65+	16.74	28.77	22.10	17.01	12.68	16.19	17.58

注：表55—59岁不包括男性

表三 1995 年 55—69 岁具有中专及以上文化程度预测人口数

年龄别	大学			大专			中专		
	小计	男	女	小计	男	女	小计	男	女
合 计	647 188	382 189	264 999	590 092	391 938	198 154	1 227 791	609 538	618 253
55—59	160 788	—	160 788	114 814	—	114 814	416 031	—	416 031
60—64	322 895	250 965	71 930	323 102	263 896	59 206	608 763	455 791	152 972
65—69	163 505	131 224	32 281	152 176	128 042	24 134	202 997	153 747	49 250

注:表中 55—59 岁不包括男性

四、性别差异大，男性老年人在老年人力资源中占主要地位

从整个老年人口来说，女性人口数量多于男性。但在年轻老人中，男性与女性的数量比较接近，甚至男性多于女性。1990 年 60—69 岁男性人口为 30 399 433 人，女性为 29 909 341 人，性别比为 101.6。1995 年 60—69 岁男性人口为35 755 921人，女性为34 474 083人，性别比为 103.7。如果加上 55—59 岁女性人口，则女性人口数多于男性。但男性劳动力是老年人力资源的主体，这主要是由以下因素决定的：（1）男性老年人口素质高于女性。根据 P22 项目调查资料，自我感觉不健康的城市 60—64 岁男性为 13.39%，女性为 19.54%；65—69 岁男性为 18.69%，女性为 22.78%。自我感觉不健康的农村 60—64 岁男性为 16.79%，女性为 21.94%；65—69 岁男性为 18，19%，女性为 21.84%。自我感觉的总体健康水平男性高于女性。从文化素质来看，男性文化程度也高于女性。从表 3 可以看出，55—69 岁具有中专及以上文化程度的男性占 56.13%。在 60—69 岁组中，男性占 78.02%。（2）进入老年以后，夫妻双方都再工作存在着生活照料上的实际困难，难以适应高节奏、有规律的工作要求。女性老年人自身状况及中国传统文化的影响决定了女性适宜于从事家务劳动，在生活上照料再工作的配偶。从老年人的实际在业状况看，男性老年在业人口也远远多于女性（见表四)。女性在业人口集中在 55—59 岁组，1990 年该年龄组在业人数占 55 岁及以上女性在业总人数的 55.24%，在业率达 45.08%。到了 60 岁以后，女性在业人口迅速下降，60—64 岁在业人数占 27.76%，在业率为 27.29%；65 岁及以上仅占 17.0%，在业率仅为 8.03%。因此，从老年人力资源的性别来看，男性老年人在老年人力资源中占主要地位，女性人力资源以 55—59 岁为主。

五、与中青年人力资源比较而言，老年人力资源具有成本低、收益高、工作灵活方便等优点

表四 1990 年 55 岁及以上人口在业状况

年龄别	在业率（%）			在业构成（%）		
	合 计	男	女	小 计	男	女
总 计	31.36	44.27	22.94	100.00	55.74	44.26
55—59	45.08	—	45.08	100.00	—	100.00
60—64	45.76	63.19	27.29	100.00	71.05	28.95
65 +	19.27	32.72	8.03	100.00	77.28	22.72

注：表中 55—59 岁人口不包括男性

老年人所拥有的知识、技能和经验是其过去几十年工作的积累，不需要再进行人力投资，并且老年人再工作的劳动报酬一般低于同类在业中青年劳动者，因而在投入利用后具有成本低、收益高的优点。老年人一般已经拥有比较稳定的经济来源，再工作主要不是为了维持基本生活，而主要是为了充实生活或发挥特长。据宁波市老龄委员会 1992 年对该市 374 位 60—69 岁再就业老年人再就业原因的调查，只有 21.3%的人是为了经济需要，26.8%的人是为了精神寄托，21.9%的人是因为原单位工作需要，22.6%的人是为了发挥自己的特长，因为健康需要的占 6.9%，其它占 0.6%。再就业动机决定了再就业老年人一般会对工作持认真负责的态度。老年人力资源的另一个优势是工作灵活方便。老年人再就业不受目前实际存在的人才流动限制条件的束缚，可以自由流动。并且，老年人可以适应一些企事业单位所需要的非全日制工作，可为企事业节省不必要的费用开支。

从以上分析我们可以得出以下结论：

1. 老年人力资源具有重要的开发利用价值，开发老年人力资源不仅为中国经济发展所需要，也为老年人自身所需要。

2. 当代中国老年人力资源正在为中国经济发展发挥着重大的作用。

3. 当前开发利用老年人力资源的重点在市、镇，尤其是开发市、镇老年专业技术人才。

4. 中国退休年龄可实行弹性制度，即规定退休年龄为男60—65、女55—60岁，在规定的退休年龄范围内由劳动者根据自身情况决定是否退休。

5. 目前老年人再就业具有自发性，政府有关部门有必要从宏观上对老年人力资源的利用进行总体部署。

老中青三代人共创社会财富、共享发展成果的研究

安徽省老龄科学研究中心“共创与共享”课题组

老中青共同创造财富、共享社会发展成果是人类文明的标志，也是社会稳定、代际和谐的条件。然而，在我国先期进入人口老龄化的地区，经济发展与人口老龄化不同步，存在着社会发展中的矛盾现象：一是创造财富时间最长、积累财富最多的老人与其他群体比较相对受益滞后，甚至生活水平降低。二是当人们提高了人类预期寿命，长寿老人增加时，却又发现恰恰是在被延长的那段生命中——老年期竟生活在孤寂、冷落之中。

理想与实践的反差，理论与现实的背离已成为老龄科学亟待研究和解决的问题。

我们带着这个问题，最近在合肥高压开关厂进行了初步的探索性调查。有一些青年人认为：“自己辛辛苦苦养活不干活的离退休人员”；而老人最反感和愤愤不平的是一些人把资金不足、效益不好的企业归结为“背了离退休人员的沉重包袱”。那些40—50岁的职工目睹现状，深感不久自己将进入这个尴尬局面而担扰，从而影响了生产劳动积极性。如不及早提出对策，将成为困扰企业经济发展，危极社会安定，影响代际关系的一大隐患。

贡献是共享的前提，共享是贡献的延续。老年群体对“共享”发展成果问题，马克思主义经济理论和社会学说已有精辟论述，重要的是用马克思主义的立场观点方法，探讨当代中国老年人的现实问题。我们采用整群选择进行深度调查、实证研究方法，选择对人类社会发展的有关的三类：第一，创造物质财富，从事物质生产的部门——企业；第二，关系人类健康和寿命的机构——医院；第三，开发智力、提高人们素质的教育实体——学校。

如上所述，我们确定在合肥、铜陵、淮南3市；宣城、六安、阜阳3地区各抽一个工厂、一所学校、一家医院，以期通过对“五脏俱全”麻雀解剖，获得对社会结构和状况的整体性认识。

一、老年人为什么应该共享社会发展成果

在调查研究进程中，我们越来越接近一个明晰的结论：中国社会的发展进步，凝结了当代老人的血汗，没有他们的贡献，就没有今天的一切。因此，老年人共享社会发展成果，绝非老年人对社会的奢求，而是社会对他们离退休前积累财富的“延期支付”；或者说是因他们的积累而再生的财富的“二次分配”，总之是社会对老人合乎情理的回报。

（一）当代老人为社会创造和积累了巨大财富

据国家国有资产管理局统计：1949年我国国有资产总量只有200亿。1993年已达34950亿。44年间净增34750亿（转引自《中华老年报》1995年3月13日）。

这组数据的含义至少有以下几点值得注意：第一，它标明了时间。即从1949年至1993年这44年的历史阶段；第二，它标明了范围，国有资产总量指的是由全民积累的实实在在的那一部分资产，它已经除去了当年生产当年分配转入个人消费的部分；第三，社会成员对这份积累的贡献不同最明显的是时间长短不一；第四，作为社会财富的国有资产，其效益的发挥，并非因当代老人退休而终止，它继续与下一代的劳动力相结合，而新产生的效益仍然有退休老人的份额。

我们在安徽有关企业调查的资料，可以证明于国家统计局的数据：

宣城地区绩溪缫丝厂

该厂在1956年公私合营组建，当时只有职工36人，年产值不过四五千元。此后，由于全厂职工艰苦奋斗，规模不断扩大，产值利税逐年提高，1966年全厂已发展到380人，产值7万元。1972年改为国营，职工发展到700人，1975年扩大发展，新招工人1000人，此后工人有进有出，1993年全厂职工1774人，已经成为出口创汇的专业厂，每年缫丝450吨，产值7151万元，人均利税达

6373元。

合肥电工机械厂

该厂于1958年由机床厂、造纸厂、香烟厂合并组建。从初期的产值几万元提高到100多万元。但多年来徘徊，形成了上不去、下不来的局面，以1985年为例，产值150万元，发了人员工资交了税，企业濒临亏损边沿。

就在这时市政府决定调整班子，进行整顿。经过调整的新班子，根据本厂职工由上海、肥东、长丰三股力量的状况，提出“团结、拼博、奉献、艰苦奋斗”口号作为凝聚全厂职工的精神支柱，1986年初见成效，当年盈利100多万。在此基础上提出“产品新、质量精、经营活、服务好”12字方针。在短短几年中研制了4个系列58个新产品，用户508个，遍及全国各地，产值从1987年的500万、1990年的700万、1992年的3000万到1993年产值突破亿元大关，达到1.04亿，利税1250万元，人均利税多年保持在2000元以上，与此同时职工年平均工资达到6000多元。社会事业也有相应发展，幼儿园、职工歌舞厅、饭店和食堂等生活设施都进行了更新和改造，丰富了职工文化娱乐活动，解除了后顾之忧。此外还捐款120万元，救助困难企业。

六安客车厂

该厂前身是六安佛子岭客车厂，大跃进年代，缺设备、缺资金、缺人才和技术的条件下，硬是以“蚂蚁啃骨头”的精神，边学边干，生产出“佛子岭”牌大型客车。1990年换了新厂长，进行了一系列改革；1992年创产值1000万、利税198万元；1993年产值2300万，利税280万元。第一批100台汽车出口巴基斯坦，加上其它创收，企业效益成倍上升，职工工资也翻了一番。

阜阳汽车工业有限责任公司

公司前身是1952年在一个叫“鸭子湖”的臭水塘上盖起来的，多年来承担了数千辆客车的保修、进行汽车综合性能检测和技术服务。20世纪80年代开始生产中型客车，改装半挂车、全挂车、零担车和专用车，现又生产“安达时”轿车，企业不断发展壮大。

以上例子有几个共同之处：第一，几乎都是20世纪50年代在一片空地上艰难起步。当时，乃至以后相当长的岁月中，职工劳动条件、生活条件之艰苦不言而喻；第二，企业发展道路都不平坦，多是几经周折，几度兴衰；第三，当企业面临困境，总会出现有识之士，作出明智决策，并有一批实干家带领职工使企业起死回生，虽然目前企业承受压力不小，但前途是光明的。

上述特点，说明今天的物质财富来之不易，它反映出的是一代人的智慧、毅力和奋斗的历程。当代老年人把一生都献给了企业和国家。他们共享社会发展成果是符合马克思主义科学原理的，并且有坚实的群众基础。如合肥电工机械厂的职工说：“严正同志当4年厂长、5年书记的9年时间所创出的产值和利税，如果给他个人1%，那么他是个不小的富翁了，但他却和大家一样按月领回数百元的工资。如果他离退休后不能继续共享本厂乃至社会发展的成果，那还有什么‘公平’和‘道德’可言”。阜阳地区汽车公司的党委书记方远达说：“没有老一代人的贡献，就没有我们今天的一切，无论党和政府怎样制订共享社会成果的离退休政策，我们都甘心情愿去执行；何况我们也有年老的一天”。

（二）中国人的寿命在不到半世纪的时间翻了一番，它其中包括了老一代医务工作者的艰辛和贡献。

据统计：中国人平均预期寿命从1950年以前的35岁，提高到1993年的70岁，仅用40多年的时间，实现了千百年人类追求的长寿目标，这个速度在人类历史上是罕见的。我们调查的例子，证明了老一代医务工作者对人类健康、减轻病痛，乃至延长寿命的历史功绩。

第一，当代离退休医务工作者，在40多年岁月里，从最初的设备简陋，人员少的条件下，一步步扩大规模，提高医疗质量。

例如六安市人民医院，1951年正式挂牌时，只有医护人员20人，病床10张，基本没有设备，医疗水平和受益患者可想而知。40多年后的今天，医院在编人员420人，占地1.6万平方米，每年住院1.8万人次，门诊2万人次，此外还安排医卫护学校的学生实习，成为当地医疗、科研、教学中心。

又如合肥市第一人民医院，1952年开诊，至1975年时才有病床250个。又经10多年的努力，现在已是分科完备的二级医院。全院职工867人，住院部11个病区，每年收住病人8500人次，门诊开出27个普通门诊，17个专科门诊，每年门诊23.8万人次，可进行320个项目的检测，每年约有180篇论文发表，此外还有支援也门等国的援外任务。

第二，当代离退休医务工作者，不断改进公共卫生和医疗技术，使许多人得以再生。

据宁国县医院离退休医务工作者回忆，解放前当地一些接生婆土法接生，消毒不严，甚至用生锈的剪刀来剪断新生婴儿的脐带，不少婴儿因此就断送了生命。人们无不把分娩视为母婴的生死大关，50年代初期推广新法接生，今天看来也许不算什么，然而，现在40多岁的成年人中，就有不少人是当年剪刀下救活的婴儿。

就绝大多数人来说，幼年、少年至青年时期患一二次重病是相当普遍的，然而在解放前，一些幼儿和少年发了高烧，尚未搞清原因就断送了性命；而在50、60年代，青少年的命运截然不同了，虽患同样疾病，几次门诊就痊愈了。现在成了企业家、科学家、艺术家、党政要员、劳动模范等等。试想，没有当年医务人员——今日的离退休医务工作者的救死扶伤，还有这些人今天的成就和荣耀吗？

第三，当代离退休医务工作者有许多先进人物和更多的无名英雄，他们以身作则所形成的医风医德，鼓舞着后来人们为人类的生命和健康而献身。

在我们调查研究中了解到许多感人肺腑的事例。如阜阳地区医院有位医生，姐姐在澳大利亚，父亲在美国，这些社会关系在他年轻时常有不愉快事情，但他姐姐多次叫他移民澳州他却谢绝了，他父亲回国病故，他当时谁也没有告诉，第二天上午自己送去火化，下午就按时上班了。近几年，高级医务人员一批一批地搬进新居，可他还住在数十年前盖的二间平房里，尽管社会上有不少事情使他困惑或烦恼，但如他所说："一接触病人，一切问题都解决了，平生惟一的爱好就是看病"。现在他已近60岁，对于名利已无所求，只希望专心为人看病，多治好几个病人。又如宁国县医院一位医生，50年代大学毕业分配到皖南山区贡献了青春，治好了无数病人，还许多家庭亲人幸福和健康，而他现已近60岁，只是单身一人。

至于在区乡医院工作的广大医护人员，亲自动手改善医院环境，像亲人一样照顾住院病人，无论寒冬酷暑，或者白昼深夜，随叫随出诊亦是常事，他们虽无惊天动地的伟大创举，却受到当地百姓的无限爱戴。

第四，当代离退休医务工作者，虽已办了离退休手续，仍然是医院的"无形资产"，吸引着众多患者，成为医院在市场竞争的人力资源。

据对合肥市第一人民医院职称与年龄关系的基本分析，正高职称多都已超过65岁，办了离退休手续，他们之中大多是1955年、1956年医科大学毕业的。又有40多年的临床经验，治好了不少疑难重病，被患者视为"救命恩人"，如果他们不上班了，或被其他单位聘请，实际上就是把患者也带走了，医院的经济效益和社会效益都会受到损失。

（三）经过新中国40多年来，一代人的努力，大大改变了旧中国教育落后的局面，为更多人脱颖而出提供了机会。

阜阳地区老年学会教育分会会长田怀亮回忆：50年代专区办暑期教师进修班时，总共几百人，完全中学只有23所；现在全区有学校1万多所，由于教育的发展，升学率高，毕业生中考进重点大学，出国留学或工作的以及现任地委书记、政府专员、地县机关的干部，很多都是本地区各类学校的高材生。地区还办了阜阳教育学院，为国民义务教育供给充足数量的师资。

当代老年教育工作者在平凡的岗位上默默无闻地工作，照亮许多青少年成才之路。历史悠久的宣城一中是一所重点中学，据推算，一个教师从大学毕业至退休约35～40年的时间里，平均教1200人左右的学生。由于国情学校中普遍出现学生多、课时多、作业多的"三多"现象，教师超负荷劳作，有的教师每周授课36节、每天要批几百本学生作业，教师几乎没有假日，全身心为教育事业贡献了青春。然而由于离退休时间早，相形之下所得回报偏低，工资只有现任教师的一半，已是一个不容忽视的问题。

调查研究中的大量事实证明，当代活跃在社会舞台的人才，无一不受各种教师的精心培育，越是出色的人才，越是得到教诲多、受益大。任何一个人通往成才之路中，没有为自己铺垫的人梯和石子都是不可能的。从这个意义上说："没有老一代师长，就没有个人的成就"绝非言过其实。

二、老年人应怎样共享社会发展成果

（一）当代老人基本特点。

从老人与社会的关系观察，我国当代老人不仅不同于国外老人，也不同于我国过去的或未来的老人。他们的特殊性主要是：第一，我国当代老人是一个功德群体。由于特定历史条件，中国当代老人为新中国建立南征北战，在社会主义建设中又呕心沥血，他们视革命事业，超过自己的健康、家庭乃至生命，用"革命的一生、战斗的一生"概括当代老人"功"和"德"是十分确切的；第二，当代老人毕竟因年龄关系而体力渐衰，这与他们高度的觉悟、责任感相矛盾，从而形成了很大的精神压力，因此，是一个更为需要理解和给予照顾的群体；第三，当代老人在战争年代实行供给制，计划经济又是低薪，个人积蓄甚微；第四，市场经济这支"无形的手"对社会生活的支配作用，从计划经济向市场经济过渡所出现的新情况，如企业亏损、住房改革、人事变化、物价浮动上升等等，是当代老人面临的客观现实。全面正确认识以上事实，是制定和实行老人共享社会发展成果政策的前提。

（二）当代中国老人应共享哪些成果呢？根据调查我们认为主要的应从以下方面着手。

第一，在物质方面的共享。

绝大多数单位都能做到，凡是上级有规定，一律照办；少数效益好的单位，只要本单位在职人员发的东西。也同样发给离退休老人；一般说，职工分配新房对离退休老人略有照顾，因此近几年来老人搬进新居的颇多。有些干部虽然已经离休，单位仍然按照规定给他们家庭安装了电话，在社会发展中受益。

但是在物质生活方面，确实存在一些问题，部分老人生活水平下降的趋势早已发现，迄今尚未根本改变，其中主要原因是物价上涨过高、过快。日常生活价格差不多都上涨了10倍以上，但工资都没有提高10倍，尤其是离退休较早的那部分人和经济效益不佳企业更甚，如果这两个因素结合在一个人身上，就出现了“五六十年代吃螃蟹，七八十年代吃黄鳝，九十年代吃鱼都要考虑考虑了”，菜篮子这种变化困扰着这一些老年人。此外，有老人政策、福利的“红头文件”太多，诸如长期的规定、短期的补贴、临时的照顾，单位领导、有关部门、以及老龄工作机构忙于应付一个个接连不断的文件，常常发生顾此失彼的情形。

解决物质生活总体的基本对策：

①退休金与物价指数挂钩，这还不是严格意义上的“共享”，只是维持原生活水平不至于下降。

②按年度的经济发展水平，给离退休人员增加退休金，其增长幅度，与当年职工工资的幅度一样，也可略低于或略高于（老干部从优）这个水平。

③设立临时性补贴和救助，以解决各单位的某些特殊问题。

第二，在精神方面的共享。

精神生活的共享，范围很宽，这里主要指下代人对上一代人的精神慰藉。总的看，与传统社会相比，现代社会老人地位呈下降趋势，将出现新的“危机”，但这种“危机”在目前物质生活尚很突出的情况下，暂时被掩盖着，一旦物质生活方面的“共享”得到根本解决，精神的共享必要突出出来，并与代际关系逐渐疏稀形成尖锐矛盾。为此要从以下方面解决。

①保持老年人对社会的参与，使他们充分享有不断发展的社会主义民主。离退休是从工作岗位上退下，但不能理解为对他们社会活动的限制。在人民代表、政协委员中保持真正代表老年人利益的代表。尤其是应鼓励中青年代表提有关老人福利的提案。

②在政府中，亦有与老龄工作相适应的机构。无论叫什么名称（诸如老龄委员会、老龄福利部、局等），都应有编制、有经费、有与政府职能相当的权力。

③提供和开辟老人活动场所，康乐设施和器具，以满足老人的需要。老人活动中心（室、站）应有定量指标，诸如多少人家，多少老人应有多大规模的服务机构，各类服务机构具备的服务项目，以便衡量各级政府对老龄事业的实绩。这些老人服务机构可以政府直接办，也可以资助社会团体办，乃至鼓励热心公益的个人办。帮助排忧解难的心理咨询尤应放在十分重要的位置。

第三，在科技发展及生活方式方面的共享。

科技进步为人类造福，并为人类创造科学健康合理的生活方式。但由于老年人一般不如青年一代对新事物的敏感，再加上经济收入限制和价值观的影响，以致造成社会生活在某些方面已经现代化了，而许多老年人的观念和生活方式仍停留在传统社会之中。因此，我们建议：

①在医疗方面应给老人以共享的机会，比如定期检查身体，重视老人康复医疗和临终关怀，特别是老人医院、或综合医院的专科门诊，使老年人的医疗条件能与我国现代医学的发展水平相一致。

②社区建设和社区服务是现代生活发展的结果。社区发展应注意老人衣食住行的特殊需要，并在国民经济和社会发展计划中体现。

③举办各类老人学校，培训机构，特别是运用科技成果于一般生活的课程，避免一些老人不会用洗衣机、不敢开录像机、煤气等等，这些科技发展为人们提供的方便，可是老人都搁置不用，仍然用搓板手洗、用煤球炉烧饭的憾事。

第四，在继续贡献社会尤其是再就业机会方面的共享。

就业，既是个人的权利，也是对社会的义务。当代老年人，由于革命人生观和责任感，退休后仍想为他们奋斗一生的事业继续有所作为。即使是为了经济原因，通过自己劳动改善生活也无可非议。何况，从社会方面看，他们的经验优势、技术优势以及政治优势弃之不用也属社会资源的巨大浪费。因此，克服和纠正“年龄歧视”，为老年人提供尽可能多的再就业机会，造成有利于老人发挥作用的舆论环境，使他们心情舒畅地共享经济发展必然增多的就业机会。另一方面讲，这也是老年人与中青年共同创造财富，解决人口老龄化可能产生的一些消极影响的需要，也是老年人充分地更好地“共享社会发展成果”的前提。

市场经济条件下的家庭养老与社会化服务

北京市老年学学会“家庭养老与社会化服务”课题组

近几年来，随着我国社会保障制度改革措施的实行，特别是职工养老保险方面进行的一系列卓有成效的改革，城镇地区老有所养的问题状况有了明显的改观。但是，这些进步还只是初步的，随着人口老龄化的到来，高龄人口的大幅度增加，老年人口的诸如家庭照料与社会化服务等一些深层次的矛盾和问题已越来越突出地摆在了我们的面前。

据统计，1994年底北京市60岁及以上老年人已达145万人，占总人口的比重达12.5%，与1990年相比增加35万多人。人口老龄化趋势的加快，老年人群体的日益庞大，无疑已经成为市场经济发展过程中不可忽视的社会问题，它给社会经济发展所带来的多方面影响，也越来越引起社会各阶层和各管理部门的普遍关注。随着人口老龄化的不断发展，特别是在建立社会主义市场经济体制过程中，老龄工作面临着许多新情况和新问题。建立和完善全方位的老年人供养体系已成为社会经济发展总体规划中必不可少的问题之一。全国1亿多老年人的特殊需求，不仅对社会保障制度的改革提出了新的内容，同时也对“老有所养”提出了更高的要求。因为老年人晚年生活质量的高低是衡量一个社会是否全面发展的重要标志。在家庭养老的传统与急剧变迁的社会现实的矛盾之间，家庭与社会在照料和赡养老年人方面，如何取得和保持一种合理的平衡？

应该看到，在大多数老年人在安度幸福晚年的同时，也有一部分老年人由于经济收入水平低、年纪大、身体差，甚至长期卧床不起，而处于被照料的风险之中。这些人除了要应付老年人所面临的一般困难之外，还要应付贫困和健康问题所带来的特殊困难。这些困难不仅影响着老年人自己的生活，而且也影响其子女的工作和生活，给他们带来了沉重的赡养和照料负担。老龄化和高龄化将使得这一部分老年人的比例和总量有所增加，因而使得老年人口的总赡养和照料需求增加。但是，另一方面，老年人的赡养者和照料者的数量和结构正在发生变化。传统的家庭养老观念正受到家庭日益小型化，家庭成员生活个性化的冲击。历史上，以子女为代表的家庭成员一直是老年人主要的照料者，但今天的特殊性在于，子女的数量在减少，而子女的精力将更多地投入到自己的工作和生活中去，因而他们满足老年人的赡养和照料要求的能力，与老年人的需求相比已经有所消弱。我们的社会正处在一个迅速发展的人口老龄化和高龄化阶段，照料老年人的问题无疑将会变得更加严重。它不仅仅是家庭的内部问题，而且也是一个社会问题。因此对照料者和被照料者的关注应是我们整个社会的职责。

针对上述问题，我们经过酝酿与商讨，由北京市老龄委和市老年学会牵头成立了“市场经济条件下家庭养老与社会化服务”课题组，并于1995年6月组织北京的东城、西城、宣武和海淀区老龄委进行了专题调查。

本次调查对象的选择是处于照料风险中的老年人及其子女，在具体操作时，以1994年是否得到他人照料为选样标准。我们试图从这些被访者当中了解，家庭成员在家庭养老，尤其是对老年人日常生活照料过程中所存在的困难，及其潜在的需求，为政府制定完善的养老政策提供依据。

本次调查采取非随机抽样的方法，在4个城区共发放老年人问卷和子女问卷各636份，老年人问卷采取入户面访形式，子女问卷采取自填方式。回收老年人有效问卷606份，回收率为95%；回收子女有效问卷535份，回收率为84.1%。其中回收的子女有效问卷中有38份为空白卷（即拒答），另有30份是误填，因此，子女有效问卷实为467份，有效率为87.3%。本次调查结论适用于需要照料的老年人群体及其子女。

调查样本基本特征：

1. 年龄：被调查老年人的最小年龄为55岁；最大年龄为102岁。平均年龄为75.3岁。

被调查子女的最小年龄为20岁；最大年龄为71岁。平均年龄为43.4岁。

2. 性别：老年人性别构成：男性40%；女性：60%

子女性别构成：男性55.6%；女性44.4%

3. 平均受教育年限：老年人5.08年；子女11.75年。

4. 职业构成：老年人：干部26.1%；专业技术员7.0%；工人39.3%；无业27.6%。

子女：干部33.6%；专业技术人员22.6%；工人38.5%；无业5.3%。

以下我们将从家庭养老存在的问题，老年人对生活照料的需求及社会化服务网络的完善等几个角度来探讨北京在市场经济条件下家庭养老与社会化服务相关的问题。

一、家庭养老风险日趋增加

老有所养的问题，现在一般归纳为三大方面，即：经济供养、生活照料和精神慰藉。三者之中，第一方面是最关键的部分。经济收入水平直接关系到老年人晚年的生活质量，以及他们对照料的需求程度，同时也会影响着老年人的身心健康，社会和家庭中的地位等诸多方面。当前，在市场经济体制建立的初级阶段，老年人面临着社会变革的冲击，他们的自我养老能力日渐削弱，经济状况令人深感忧虑。

1. 被照料老人的经济需求与供给

据推算，因身体健康状况差而行动不便，甚至卧床不起的处于“照料风险”中的老年人在北京大约有10多万人。此次调查的606个老年人的月平均收入为305元，而同期北京离退休人员的平均收入为336元，居民家庭月人均收入为489元。被调查老年人均收入仅相当于全市人均水平的62.4%。如果从这些人的收入与日常生活费用支出角度来看，其经济状况随着年龄的增加而不断恶化。

表一 处于“照料风险”老年人的收支构成（元）

年 龄	月均收入	月均生活费支出	月均节余
60—64	365	330	35
65—69	310	304	6
70—74	351	385	-34
75—79	346	325	21
80—84	253	309	-56
85+	182	299	-117
总 计	305	324	-19

*数据中有一个个案的月支出为5000元，是样本中的极值，去除该极值后，月支出为341，月剩余为10元

调查说明，需要照料的老年人经济拮据，入不敷出，生活困难的情况确实十分严重。老年人出现自己收入难以维持生计时，其子女首先要承担起养老的义务。在对子女的调查发现，子女认为老年父母需要提供照料的人占73.2%，需要提供经济帮助的占35.1%，而实际提供经济资助的占63.4%，年人均经济资助为2023元，其水平相当于子女平均3.6个月的月均收入，而最高者可达3万多元。

而据北京市统计局同期进行的一项调查证明，北京有占79.8%的离退休人员，每月在经济上能得到其子女44元的经济资助。相比之下，老年人一旦处于被照料风险之中，那么其子女为父母提供的经济资助，将会成为他们生活中的沉重负担，它必定加大家庭养老的风险。

表二 不同社会地位老年人的收支构成（元）

身 份	月均收入	月均生活费支出	月均节余
干 部	578	417	161
专业技术人员	528	395	133
工 人	279	275	4
无 业	19	284	-265

由于被照料老年人的社会身份不同，他们的收入水平有着明显的差异，调查结果证明社会地位的不同是影响老年人自我养老能力的另外一个重要因素。社会地位较高的干部与专业技术人员，其收入与支出水平高于工人和无业的老年人，每月的收支相抵，大约还有月均收入25%的结余，而处于相对较优越的经济状况，因此在依靠家庭提供经济帮助的程度也必然会较低。但是他们只占被调查老年人的56.2%。而另外占43.8%的工人和无业老年人，则主要是依靠家庭其他成员提供经济上的供养。从而说明，老年人社会身份越低，家庭养老的负担就越重。由此可见，社会身份的不同，对于家庭养老风险所产生的影响程度也是有所不同的。

2. 被照料老人的日常生活需求与供给

众所周知，随着年龄的增长和生理老化进程，人们在晚年生活阶段都有可能在日常生活方面需要别人的帮助。从理论上讲，一个人需要他人照料的起因，可能是来自他生活环境的诸多方面，但就其自身而言，他现在健康状况，个人生活经历，以及生理的衰老，都有可能使他暂时和长期处于照料风险中。在此我们讲的“照料风险”是指在晚年生活阶段，老年人处于需要别人提供照料的可能性之中。据本次调查结果证明，在去年一年里，被调查的老年人平均卧床时间为74天，并有近1/4的人几乎完全丧失自主活动能力，有大约1/10的老年人在个人日常生活中，如：吃饭、穿衣、上厕所等活动需要他人提供帮助。其需要帮助的时间平均长达6年之久。此外，老年人在日常家庭生活中，如扫地、买菜、洗衣、管理个人财物上完全依赖他人照料的占31.9%，另有43.3%的人需要他人的部分照料。

在生活照料中为老年人提供帮助最直接的是其配偶，有85.1%的老年人配偶能帮助做家务。每当老年人生病时，在其配偶中有高达90.1%的人能给予护理和照料。他们是患病老年人最直接的依赖者。但是我们在调查中发现，在家庭中这些提供主要照料的老年配偶本人的健康状况令人感到十分忧虑。虽然他们中有46.6%的人认为自己身体状况较好，但是，

认为自己身体较差或很差的人占28.4%，实际上他们也处在被照料的风险当中。这就直接影响提供照料的有效性。一旦他们的健康发生恶化，那么家庭照料的功能会受到根本的削弱。

老年人生活自理能力越低，需要子女提供帮助的愿望就越强烈。有75%的老人希望与子女生活在一起，有52.6%的老人认为他们最需要子女提供生活方面的照料。而在被访子女中更有70.4%的人认为他们应该向老年人提供生活照料。

调查发现，尽管有53.7%的子女认为自己和爱人是老年人最适合的照料者，但是他们大多数人处中年，正是人生道路中竞争最激烈的阶段，不仅工作负担重（占75%），而且家庭经济状况困难（占21.9%），从而使子女们面对着自己年老多病、需要更多照料的父母而力不从心。实际上他们平均每星期只能探望父母一次，因而子女所能提供的照料也是十分有限的。显而易见，子女们在照料方面所能提供的帮助是远不能满足老年人的需求。尽管如此，照料老年人已使子女中39%的人感到生活不便，使34.4%的人感到经济负担较重。他们中有94.5%的人迫切希望本人所在单位能够对照料老年父母给予一定的支持与帮助。事实证明，老年人对照料的需求与家庭实际供给之间的巨大差异，是不可否认的客观事实，它在很大程度上促发了家庭照料的风险性。

目前,“家庭人力资源”不足的现象，直接制约着家庭养老这一传统功能的实施，迫使家庭向其他方面寻求补充与替代的方法。为了应付家庭照料资源短缺的状态，在被调查老年人当中已有25%的孙子女已加入到了家庭照料的行列之中。据调查，有38.2%的老年人家庭雇过保姆或小时工，另外还有31.8%的人有相同的愿望，可是这些人当中的绝大多数是苦于经济承受能力低而难以实现。

二、老年人对医疗风险的承受能力脆弱

在我们分析了家庭养老的现状后，那么随之而来的便是“老有所医”的问题。随着高龄老年人的增加，老年期的疾病、医疗和健康的问题也日渐突出，因而更多地需要医疗护理，需要更多的医疗设施、人员和资金。另外，由于老年人体力衰弱，行动不便而使就医看病增加了额外的困难，从而需要更多的特殊帮助。

1. 社会分配中的医疗风险

近年来，我国在医疗统筹方面进行了重大的改革，但是在考虑总体改革的过程中，还未能解决被照料老年人的许多特殊需求。对于处在照料风险中的老年人而言，就医看病已成为他们除吃饭穿衣这些最基本的生活要求以外，另一项为保证生存而不可缺少的内容。调查表明，去年一年中，老人们平均看了11次病，取药14次，平均医药费开支为3115.38元，在此有两个方面的问题应引起我们的关注，一是医药费的支出存在着明显的社会分层现象。在被调查的606位老年人中，其平均医药费报销水平为73.8%，如在实际医药费支出中扣除国家可报销的部分，那么他们实际的个人药费支出平均为816.30元，这相当于被访老年人平均2.7个月的月收入。另一方面使我们更关注的事实是，由于社会地位的不同，老年人在医疗费方面的个人负担倚重倚轻的现象十分严重（见表三）。通过对分层指标的分析表现出，同处在医疗服务网络中的老年人，由于受现行医疗保障制度的制约，所以越是收入少的老年人，用于承担医药费用也就越高，因此会造成有些人由于自己特殊的社会身份而过度使用医疗服务。现行的社会分配体制在一定程度上加大了老年人，尤其是那些最需要医疗服务的低收入老年人的医疗风险，这些人在医疗费用方面的“超载”现象，不仅加重老年人个人的心理负担，更重要的是这种经济负担会转嫁到其子女身上。家庭成员为了尽可能低地减少无收入老年人的医疗风险，就采取“隐蔽报销”的对策。按国家有关政策，无业老年人的医疗费是不能报销的，可是调查中发现无业老年人年均医疗费报销为450元，这通常是通过在家庭其他成员的医疗费中加带报销所造成的。老年人是在通过一条“灰色渠道”得到了政府的医疗补贴。尽管如此，低收入老年人由于经济条件的限制，他们大多处于不敢看病的状态，这在一定程度上抑制老年人对医疗设施和卫生保健服务的利用。

表三　不同社会身份老年人的医疗费支出（年/元）

身　份	收　入	医药支出	报销额	个人实际支付
无业	234	1697	450	1247
退养	1643	1741	902	839
退休	4414	3498	3057	441
离休	8211	5622	5609	13
总计	3665	3115	2299	816

这种现象的背后，隐含着有限医疗服务设施和巨大的实际需求之间所存在的社会性矛盾，导致了现有医疗服务设施使用具有一定的不公平性和浪费性。

我们认为，市场经济体制改革对老年人医疗费用的影响是从以下几个方面发生作用的：(1) 被照料老年人数量的增加，导致人们对医疗服务有效需求的提高。(2) 物价上涨促使老年人看病、住院医疗费用迅速增长。(3) 医院经营自主权的扩大，导致经济利益驱使医疗单位追求利润，利用离休干部全额报销的政策性优惠条件而提供高额服务，从而极大提高了诱导性需求。医疗机构单纯追求利润，搞掠夺性经营，使医疗资源过度消费，在一定程度上扩大了社会的分配不公。医疗服务体系是一个特殊的市场，它对于老年人来说是国家直接分配福利产品的机构。如何充分发挥它的职能，这需政府的有效控制，必须保障老年人的最基本需求，最大限度地减少医疗风险。

2. 多种原因加剧了就医难

就医难的问题，是目前我们社会中的一个突出问题。但这对于年老体弱需要他人照料的老年人来说尤其突出。以前有关部门针对离退休职工反映较大的问题，诸如挂号难、候诊时间长、住院难等，采取了一些措施，进行了治理。并且也对离退休后就近医疗作出了规定，所以在一定程度上缓解了就医难的矛盾。但我们在调查中发现，仍有44.4%的老年人在就医时感到困难，同时我们也发现社会身份的不同，影响着就医的困难程度有所差异。干部在就医方面的困难程度最低，仅为28.5%，但是无业老年人在就医方面认为有困难的就占50.9%。

表四　不同社会身份对就医的态度（%）

身　份	干　部	专业技术人员	工　人	无业者
有困难	28.5	32.6	42.4	50.9
无困难	71.5	67.4	57.6	49.1

调查发现，老年人就医的主要困难依次为：(1)医药费高（27.1%）；(2)没钱看病（12.0%）；(3)没人陪同看病（7.1%）；(4)路远不能及时去医院（6.1%）；(5)有病治不了（4.0%）；(6)医院服务差（2.3%）。这也不难看出，老年人就医难的主要问题的产生还是经济上的原因。对于医药费的高低与否，也是因人而异的。通常是收入较高的干部、专业技术人员对此问题反映不很强烈，只有不到20%的人认为目前医药费太高。但是收入较低的工人和无收入的无业老年人对此反响则不然，在他们当中，认为医药费高的人分别为29.0%和37.1%。这种情况也可从老年人的就业状态中得到佐证。调查发现，离休干部当中只有10.4%的人认为医药费高，退休工人和退养老人持有同样看法的占27.0%和25.5%，而无业老年人中则有36.3%的人认为医药费高。从以上分析不难看出，老年人就医难不仅有经济因素，而且还有更深层次的社会因素。我们认为，无论医疗市场如何特殊，它终归要按市场经济固有的规律运行。其主要表现是医疗服务的供给要适应社会的需要和老年人的支付能力。服务交换的结果应体现为需方受益、供方有利。近几年，居高不下的通货膨胀，不健全的医疗保障制度，限制了老年人在医疗方面的合理消费。不可否认，医疗服务市场也同其他市场一样有一个不断培育、逐步成熟的过程，而部分老年人对医疗服务的支付能力较弱，正是我们发展医疗服务市场过程所要克服的问题。

就为老年人提供照料而言，在调查中发现有19.5%的老年人对就医过程颇感困难。这也提示我们，空巢家庭的增多，高龄老年人的增加，医疗服务机构对老年提供家庭护理已刻不容缓。有42.4%的老年人和46.9%的子女强烈呼吁建立老年家庭病床。调查中发现，为了缓解就医难的问题，无论老年人(占36.8%)，还是子女(占40.8%)，迫切希望提高自我保健知识，加强自我保健护理的能力。这种自我照料意识的加强，也向政府有关部门提出了新的要求。同时我们要看到，医疗服务资源的匮乏与市场机制的导向，造成了家庭照料正向多层次化方向发展。

三、社会化服务是市场经济的必然选择

老年人由于他们在社会、经济等方面的差异，所以在养老方面的需求是多方面的，既有就医、供养和社会服务等基本生活需求，也有生活质量、精神慰藉等高层次的需求。目前我国60岁以上老年人的平均预期寿命为18岁，而平均预期带病期大约为13年，人们已开始认识到老年期不再是一个短暂的尾声。而处于照料风险的带病或不自理期中的老年人，则需要社会给予特殊的关注与照顾。社会化服务是社会保障的必然延伸和有效补充。随着市场经济的快速发展，原来的那种计划经济体制下，个人与单位、社区与家庭之间的关系发生了本质的变化。原有的社会保障体制与医疗保障体制的运作，出现了与时代发展不相适应的困难，老年人在需要照料时，社会的分配格局已经发生变革。被照料老人大量增加，使人们对社会化服务的需求日渐加强，原有的照料资源已很难支撑起这样沉重的负担，也迫使家庭把其传统的照料期望转移到社会。按照市场经济发展的规律，有需求就会产生供给。然而，我们首先对老年的实际需求要有一个准确的判断，然后才能形成有效供给机制。

调查发现，有18.9%的老年人、7.4%的子女认为需要托老所，而目前实际托老所的覆盖面仅占被照料老年人的0.5%。

表五　老年人对下列服务的需求（%）

服务类型	已接受服务	需要服务
入户家务料理（收费）	3.2	18.7
志愿者服务	1.8	26.2
老年应急服务	4.0	45.1
传授保健知识	9.3	36.8
热线咨询电话	0.8	17.4
老年人饭桌（盒饭）	0.7	13.9
家庭病床	14.6	42.4
老龄优待证	39.7	46.5
托老所	0.5	18.9
定期体检	27.6	57.8

由上表不难看出，老年人对上述10项的需求程度都是很高的。但实际上仅有很少的人数得到此类服务。所以大力发展社会化服务也是现代经济社会发展的客观要求。传统的由家庭解决的老年赡养问题扩大成为深层次的社会问题，由此必须由社会来统一给予解决。在目前市场经济体制改革过程中，老年人的照料还未被充分得到重视，对老年人的服务还处于一种无序的状态。上述矛盾与问题产生的原因，主要是社会服务滞后，服务体系不健全造成的。解决这些矛盾的根本出路在于通过政府的指导，逐步建立全方位、多层次的照料服务体系。政府应树立起社会资源合理配置的主导思想，使个体的以家庭为依托的分散照料方式，向社会化、一体化的体制转变。随着经济体制改革的深入发展，处在中青年时期的子女们，在工作上要求提高工作效率的思想普遍提高。但在家庭上又背负沉重的劳务负担，这种社会角色和家庭角色的矛盾，迫切要求通过社会化服务来解决。另外，还有一种不可回避的事实是，由于低文化素质和传统文化影响，家庭成员之间情感需求较强，而满足情感需求的手段和时间又有限，从而导致老年照料的状况处在低质量、重维持的局面。虽然子女平均每周来看望老年人一次，但能提供实质照料的是十分有限的。况且，目前人们的生存空间与交往范围日益扩大，并且有开放性和多元性，青年人的主体性和个性日益增长，这必然使家庭关系变得更为脆弱。而对以亲情为基础的道德责任的普遍意义的认同正在淡化。当今社会把个人生育行为与国家利益相结合，这种生育观被强化到无以复加的地步，与此同时赡养功能的弱化也是显而易见的。原有的家庭照料功能与新的生活质量不相适应的矛盾越来越明显地暴露出来，这就要求社会能及时地调整，并疏通照料供给渠道。

应看到，社会化服务的条件是双方面的：一方面是老年人自身具有接收服务的主观需求和能力；另一方面社会又有提高这方面专项服务的条件和设施。正是老年个体条件与社会整体条件的结合才能使社会化服务得以展开和进行。

社会化服务要与社会经济发展相适应，社会化服务超前，会造成沉重的社会经济负担，制约经济的发展。而社会化服务滞后于社会的实际需求，则会挫伤劳动者的积极性，甚至影响社会稳定。我们认为，老年照料的社会性，决定了老年照料必须要实现社会化，必须扩大其受照料的社会渠道，得到全社会的支持与帮助。社会化服务要立足于社区，因为老年人生活在该地区，他们具有地缘上的归属感、参与感，并有心理上的认同。所以这种区域性服务的效率要更高些。我们社会化服务水平还很低，在市场经济大潮冲击下，原有的一些社区服务机构，服务性功能弱化，必须承认，这是市场经济发展初期必然要付出的社会代价。但问题的关键是不能让本来就十分脆弱的老年群体来过多地承担这种风险和损失。

四、结论

在城镇中，对老年人的日常生活照料是家庭养老中日渐突出的问题。本次调查的侧重点是了解处于“照料风险”中老年人的家庭照料状况；同时，还考察了他们对其他的社会照料的需求。面对市场经济体制改革的发展，如何评价老年照料问题，这也是我们老龄工作在新形势下亟待解决的问题之一。照料问题不仅涉及到老年人本身，而是更多地涉及到照料者，即老年配偶、子女及孙子女。分析证明，这些人实际上正扮演着多重社会角色，随着老年人口规模的不断扩大，对“老有所养”的研究已向更深层次方面发展。老年人由于自身的经济状况、健康水平、心理和生理机能、社会交往与生活需求等老年人的生活照料与社会化服务无疑是矛盾相对集中，问题比较突出，急需要给予解决的重要方面。但不能仅拘泥于某一领域的小观点去探讨这个问题，而是要把眼光投向社会深层，以及社会工作与政策等方面，要多观点地研究这个现象。

本次调查的结果进一步证明，家庭养老过程中的困难仍然没有缓解的迹象。老年照料以及家庭自我照料的能力不断弱化，不能适应新的社会生活条件的要求。然而现阶段社会化服务又无力给予足够的补充。我们还发现，政府在社会分配方面的政策不平衡性，造成了一些人无偿占有高额服务，扩大了对社会资源的诱导性需求。而另一些人在医疗费用方面的“超载”现象，导致对医疗服务收费承受力不足，抑制了合理消费心理。

我们认为，社会基础设施制约着社会化服务的水平，短时间内不可能一蹴而就，所以在市场经济条件下，社会化服务必须以商品经济关系为纽带，并通过商品等价交换这一形式表现出来。我们在发展社会化服务时，应首先明确其服务原则与层次。我们认为，家庭的自我服务水平与老年人的实际需求，规定了社会化服务的两个边界。即是说，老年人的需求和家庭照料所能解决的部分之间的差距，应是社会化服务所应努力的方向。而在社会化服务中，政府的职能与社会保障水平又是最关键的两个因素，在分类指导的原则下建立多层次服务网络：（1）纯福利性服务，为低收入和无收入老年人提供最基本的生存保障；（2）邻里互助式的社区服务，社区成员要尽其所能，为需要帮助的老年人提供道义上的支持；（3）有偿性服务，对有支付能力的家庭按其需要提供服务，简而言之，社会化服务首先应体现其福利性和自助性。但这并不能因此而否定其商品性。我们应根据市场经济原则来发展社会化服务，这也是社会化服务自我完善、自我发展的内在要求。

加大社会化服务力度，并不意味着将老人从家庭推向社会，恰恰相反，我们根本的目的在于通过社会化服务方式，帮助家庭解决高龄有病老年人的照料困难，以维护当前的家庭养老功能，保证社会的可持续发展和稳定。

农村“老有所养”的新模式——老年福利会

青岛市老龄工作委员会战京堂和胶南市老龄工作委员会办公室王洪林在《创建福利会，造福老年人——胶南市烟台东村创建老年福利的调查与思考》一文中阐述：农村实行家庭联产承包责任制后，原有的集体养老机制被打破，新的适应农村经济形式的养老制度尚未建起，而伴随着家庭养老功能日趋削弱，农村集体经济还不发达以及日益严峻的人口老化的前提下，农村采取什么办法加强集体养老功能、以保障当代老年农民的晚年生活？这是当前广大农村面临的亟待解决的突出问题。胶南市烟台东村党支部、村委会勇于开拓，大胆探索创建了适应农村养老需求的社会、集体、个人相结合的老有所养新模式——烟台东村老年福利会，无疑是一条解决农村养老的新路子。

据县志记载，烟台东村已有200年的历史，因地处古战场传递消息的狼烟台东侧而得名。1984年以前只有250户，800人，其中老年人口113人。因该村地处市郊，从1984年以后，经批准陆续迁入了690户，1878人，现在增至940户，2678人，老年人口达到240人，约占总人口的9%。如何解决日益严峻的村老人问题，摆上了村“两委”的议事日程。

村党支部、村委会在对村民进行敬老养老教育，统一思想的基础上，经过反复研究，于1995年经市民政局注册登记建立了青岛市农村第一个以弘扬中华民族传统美德，倡导敬老养老社会新风尚，促进农村稳定为宗旨，以逐步实现“老有所养、老有所医、老有所为、老有所学、老有所乐”为目标的老年福利会。

一、老年福利会具体做法

1. 选配好班子。搞好组织建设，选拔有威信、办事公道、老年人信任放心的人组成老年福利会的管理班子，是老年福利会发展壮大的前提。

2. 制订章程，规范福利会的行为与管理工作。老年福利会的发展需要一个科学严谨的好章程，制定老年福利会章程是老年福利会工作中的一项重要内容。

3. 多渠道募集基金。烟台东村“两委”协助老年福利会通过多种渠道和形式筹集了基金。(1) 集体捐赠。村“两委”从公积金中分四次共捐赠270万元。(2) 社会募集。村“两委”成员利用熟人多、联系广的优势，与本村有经济往来的单位、村周围的企业联系募集7万元。(3) 个人募赠。通过召开会议广泛动员，在村“两委”成员的带动下，老干部、老党员、村办企业负责人、个体户、在外工作人员及村民捐献5.69万元。

4. 正确使用老年福利基金。目前，老年福利基金主要在三个方面进行了开支；(1) 发放老年人养老金。已由原每人每月的30元增至每人每月80元。福利基金利息的15%用于解决特困会员的应急性救助。(2) 为老年人过节购置物品。(3) 对担任过村干部的老年人按任年限、职务分别给予年均150元、300元、400元的生活补助。

二、老年福利的建立，促进了烟台东村“两个文明”建设

1. 促进了村办经济的发展。烟台东村“两委”为老年福利会的资金投入，使该村村民看到，经济越发展，投入的老年福利基金就越多，等到自己老了就会领到更多的养老金，所以一心扑在经济建设上，为本村经济发展献计献策，使村办经济发展很快。仅1995年全村经济纯收入就达150万元，比1994年增长了7.5倍，增强了集体经济实力，为解决养老问题奠定了物质基础。

2. 老年福利会凭借特有的优势，帮助村“两委”解决了一些棘手的问题，成为村“两委”得力助手。

3. 改变了养儿防老的旧观念，促进了计划生育工作的进一步发展。

4. 促进了社会稳定，家庭和睦，村风村貌焕然一新。过去村里每年都发生10多起社会治安案件、家庭赡养纠纷不断，村调解委员整天忙的团团转。老年福利会成立后，人们的思想面貌发生了很大变化，出现了老年人挂念儿孙，儿孙孝敬老人的欢乐祥和的新气象。

5. 带动了其它福利制度的建立与发展。老年福利会成立后，烟台东村“两委”又相继为村民实施了两项福利制度：(1) 为不够退休年龄的原烟台东村籍的村民，每月发15元的医疗费和15元的生活补贴。(2) 对考入大本、大专、中专的本村学生，分别发给2000元、1500元和1000元的奖学金。

6. 社会效果反映强烈，带动了周围乡村的发展。

老年福利会成立一年多来，所产生社会影响之大是人们所未预料的，为老年人谋福利的做法使周边的乡村引起了强烈共鸣，纷纷跑到烟台东村取经，有的村借资料办理各种手续，有的村正积极做成立老年福利会的筹备工作。

三、老年福利会的启示

老年福利会同其它新生事物一样，有需要不断探索与完善的地方。但它是农村社会保障的重要组成部分，以及在填补农村社会保障资金缺乏中，起到了一定的积极作用，给我们以下启示：

1. 发展壮大集体经济。是老年福利会发展壮大的物质基础。从烟台东村老年福利会的资金来源看，90%以上是靠集体经济提供的，因此，只有大力发展集体经济，才能保证老年福利会的生存、发展、壮大。

2. 领导重视、支持是老年福利会发展的保证。对老年福利会来说物质条件固然是非常重要的，但不是首要条件。烟台东村的经济条件在胶南农村中属中等偏上，在目前村政建设、经济发展急需大量资金的情况下，村“两委”仍划拨了一定资金作为老年福利会基金，并参与其组织领导工作。而比烟台东村经济条件好的村却没有做到这一点，不难看出，老年福利会的建立和发展，关键在于领导的重视与支持。

3. 充分体现了社会主义制度的优越性。实践说明，老年福利会的影响已远远超过了其自身价值。第一次发养老金时，老人们热泪盈眶，情不自禁地说：“共产党万岁”。

4. 老年福利会是当前农村解决老有所养的一种有效形式。当代的农村老年人为集体、家庭做出了重要贡献。在人们老了以后，依靠集体力量把老人们养起来，随着集体经济的发展，在倡导家庭养老同时，逐年加大对老年福利基金的投入，能够让老年人共享农村经济发展的成果，愉快地欢度晚年。

企业离休干部“两费”落实情况的调查及对策

沧州市委老干部局研究室

为了更好地摸清当前在管理离休老干部工作中遇到的新情况、新问题，开拓改革新思路，探索工作新途径，实现新突破，我们利用两个月的时间，对全市14个市县、三区、二场和市直属单位上半年的企业离休干部“两费”落实情况进行了较为详细的调查。现将调查情况和应采取的对策报告如下：

一、企业离休干部生活待遇落实上存在的问题与原因

沧州市区现有企业离休干部2651人，所在企业559个。其中：盈利企业113个，有离休干部846人，分别占企业20%和离休干部32%；微利企业210个，离休干部873人，分别占37%、33%；亏损企业232个，离休干部924人，分别占42%、35%；倒闭企业3个，离休干部5人，分别占0.5%、0.2%；租赁企业2个，离休干部3人，分别占0.4%、0.1%（注）。

调查表明，随着国有企业经营体制的改革，生产形势的波动起落，致使1/5离休干部所在的企业，1/3的企业离休干部“两费”落实不到位，究其原因，主要有以下几点：

1. 生产经营不景气，客观上没有能力。在计划经济向社会主义市场经济转轨过渡时期，很多企业由于种种原因不能适应，没有进入市场，生产出现滑坡，有的甚至停产倒闭；有的由于资金紧张，生产上不去；有的产品销路不畅，转产困难，在市场竞争中处于劣势。在离休干部所在的559个企业中，微利、亏损、倒闭、租赁企业就有447个，占离休干部所在企业总数的80%。在这些企业的职工大多数不能开工资或不能开满工资，有的职工放假或自谋生路。对这些企业中的1805名离休干部（占企业离休干部的68%），企业虽然想尽一切办法，解决他们的吃饭就医问题，但一些企业仍回天无力，离休干部“两费”不能按时或全部兑现。一些老同志看到所在单位干部职工长期领不出工资，虽有满肚子委屈，也有口难开。

2. 对老干部感情不深，重视不够。主观上不能积极想法落实待遇。随着企业经营体制的改革，企业领导人变动频繁，从1992年以来多数变动了三次，有的一年一次。绝大多数的企业领导人，已不是老干部在职时的领导人，甚至不是原厂干部职工，有些是投标和外单位调入的承包者，他们中有的人对老干部感情淡薄，一心想赚钱，很少关心老同志；对老干部政策了解甚少，有的把老干部视为包袱和累赘。个别企业的领导因为生产上不去，以至迁怒老干部，认为他们是瘦驴拉大车，“包袱”太重。有的盈利企业对老干部感情不到位，老干部政策亦不能落实。全市有2个盈利企业的3名离休干部，医药费仍拖欠0.76万元。他们解决老干部的就医问题，非不能也，是不为也，连老同志的基本生活待遇都不能保证，“从优”就无从谈起。

3. 政策不配套，措施上不保障。随着计划经济向社会主义市场经济转变，关、停、并、转企业不断出现。这些企业老干部两个待遇如何落实，至今没有明确详尽的政策。有些领导开会时针对出现的一些问题讲一讲，有的市区在某些方面也出台了一些地方性规定，但多是靠行政干预要求主管系统或部门及新接受单位负责，这就往往取决于主管领导的“一念之差”，落实老干部政策的随意性很大。由于没有法规性的制约措施，不能从根本上将这部分老干部的两个待遇落实置于法规的保护范围，虽然在某个时期也能起到促进作用，但不能从长远保证老干部生活待遇的落实。

二、企业离休干部生活待遇落实中的现状分析

沧州市区从1983年建立老干部局到1992年，企业离休干部实行由原单位管理，负责落实老干部的各项待遇，确实很好地体现了党的老干部政策，树立党的威信，老同志非常满意。但是从1992年以后，随着企业经济体制的不断改革，企业发展出现了不少新变化，计划经济中内含的一些问题，逐步暴露了出来。过去，老干部生活待遇的落实，本来不是问题，现在成了老干部工作的重点、难点、热点；企业离休干部生活待遇归原单位负责的做法曾经是成功的经验，目前呈现出诸多不合理因素。计划经济中制定的一些政策规定，在市场经济中越来越不适应，而我们现在依然固守着某些旧的政策做法不变，如同“穿新鞋走旧路”，给老干部工作者造成许多困扰。尽管他们在工作中使出浑身解数，但总是突不破旧的“围城”，改变不了由政策本身带来的被动局面。

1. 从老干部分布看，存在着负担不均衡现象。由于企业建立的早晚不同，人员来源各异，客观上存在着有的老企业离退休人员多，超出在职职工的几倍；有的新建企业离退休人员少，甚至一个老同志也没有。不仅如此，老企业不仅人员老化，厂房设备也陈旧不堪，在现代化大生产中竞争无力，度日维艰；而新企业设备先进，兵强马壮，职工收入丰盈。

2. 从奉献与受益面看，存在着负担不公平现象。广大离休干部为了新中国，南征北战，出生入死；解放后又为社会主义经济建设含辛茹苦、艰难创业，其奉献和受益具有社会性。分配到某个企业去工作，是组织的安排，并非是他们的志愿挑选。现在大多数企业已实行承包、租赁给个人，特别是那些曾经为社会主义建设做出重大贡献的微利亏损老企业，让他们单独承担离休老干部“两费”不仅力不从心，而且也不尽合理。

3. 从企业的工资政策看，存在很大的亏老现象。企业与机关工资政策不同，企业工资具有较强的激励性。在岗人员除工资外，超产可得奖金，这在市场经济的条件下，无疑是正确、积极的。但对老干部来说，他们已经退出了工作第一线，奖金与他们无缘。而在一些单位奖金的数额往往超过工资。在这种情况下，企业职工收入是活的，可以水涨船高；而离休干部的离退休金是死的，必然出现相对实际生活水平下降。即使上级有文件给企业老干部调整离退休金，我们看到大部分调整工资的文件都规定：“企业参照执行”，缺少指令性政策；这就给一些单位执行政策留出“机动性”，可参照也可不参照，可多参照也可少参照。事实上，在离退休人员退休金上，由于一些企业生产不景气，往往就低不就高，有的企业将老干部近几年调整增加的补贴，列入所谓“档案工资”，实际上是“打白条”，有些县市至今老干部二步调资不能兑现，大概就是这种参照的结果。

三、对企业离休干部生活待遇落实工作的设想及对策

（一）采取“三统一”的方法，实现对企业离休干部的全面统管。所谓“三统一”，即：统筹、统管、统一医疗保险。我们经过调查研究，认为采取“三统一”相结合的方法，是解决目前企业离休干部生活待遇的有效途径之一。

首先，搞好系统统筹，拓宽落实企业老干部生活待遇的资金来源渠道。一是将企业老干部的工资关系上收到主管系统或业务主管部门，由主管系统或业务部门负责统筹老干部经费，保证老干部离休费的落实。沧州市区青县、盐山、南皮、任丘、献县、孟村等县市的计委、商业、供销、粮食等系统，采取统筹以后，摆脱了企业离休人员生活待遇不能落实的困境。主要的好处有三点：其一，按照企业职工人数工资比例和经营状况收缴经费，可以避免贫富不均的现象；其二，收缴的经费专款专用，保证了微利亏损企业老干部生活待遇的落实；其三，系统统筹可以保证社会大统筹。现在沧州市区加入社会保险的企业有310多个，但有将近1/3企业不能按时上缴统筹金。虽然劳动部门1995年印发了企业缴不上统筹金，保险所也要按时发给老干部离休费的文件，可不少保险所未能执行，停发了老干部的离退休费。系统统筹以后，可以从统筹金中保证社会统筹金，做到个人、集体、国家三不亏欠。二是社会保险部门要充分发挥社会统筹的作用。勿庸讳言，当前有些社会养老保险部门，做的是交钱买东西的商业生意，而未能起到统筹保险的作用。三是纳入地方财政，由县市负责统筹。各县市可将此笔支出列入财政预算，纳入地方税收之中通过增加税收等途径，增加地方财政收入，然后下拨到老干部所在单位的主管系统，使企业老干部和行政老干部一样吃“皇粮”，这是比系统统筹更高一级的统筹。现在全市区的132名企业老干部从亏损企业调到盈利企业或调到主管部门吃财政饭。但这比起整个企业老干部人数来毕竟是少数，杯水车薪，不能从根本上解决问题。

其次，实行系统统管，营造单位、系统、机关三级管理机制。为适应市场经济的发展，企业必须转换经营机制，改革企业内部不适应生产力发展的有关劳动、人事、产品、技术、生产管理等一系列结构，实现生产要素的优化组合。随着企业经营机制的改革，企业的离退人员必然从企业中分离出来，由国家实行统管统筹，是客观形势发展的必然趋势。但是，目前国家还没有能力一下子统管起来，需要有一个逐步发展的过程。这个过程的第一步是建立社会养老金统筹制度，奠定统管的物质基础。我们感到，从当前企业的实际出发，应该从系统统管抓起。

统管的原则：根据人事干部管理程序，实行统一管理、分级负责的原则。体现单位、系统、机关三级负责制。有些主管系统只管经费统筹不负责管理工作；有的企业统筹以后，撒手什么都不管了，这都有片面性。老干部工作的基础还是原单位，如果以为离休干部统管，原单位就没有任何责任了，这是一种误解。统管是为了更好地体现老干部的政策，达到统而不死，分而不乱，各司其职。

统管的范围：一是统一行政管理，各企业和主管系统都必须完善老干部工作机构，在系统老干部科（股）的统一领导下进行工作，而不是现在的“指导下”开展工作。二是统一组织人事管理，各企业要建立相应的党组织（包括老干部党组织），在系统党委的领导下开展工作。按照分级管理，各负其责的原则予以管理。三是统一经费管理。对离休费实行统支统收，统一平衡，调剂余缺，保障每个离休干部按时足额领到离休费。为盘活资金，各系统部门可以有计划地开办经济实体增加效益，给一些临时的特困户予以适当补助，效益好的大家共享，这是解决离休干部生活困难的一个好办法。

实行统管的方法：领导重视，上下一心，齐抓共管；依靠老干部的力量，实现自我管理、自我教育、自我服务。

再次，实行系统医药费统一报销制度，解决企业老大难。目前，社会对企业离休干部的养老保险，只是负责统筹养老金部分，使老同志吃饭就医形成“两张皮”；离休费到保险所去领，医药费原单位报销。所谓社会保险，对老干部基本生活待遇只保险了一半。青县自1994年采取了大病统筹，小病原单位报销的做法，收到了好的效果。从当前我国经济发展的情况看，实行系统统筹比较实际，不仅解决微利亏损企业离休干部生活待遇问题，而且为将来社会统筹打下坚实的基础。

（二）国家实行统筹供养，从根本上解决企业离休干部的生活待遇。离休干部是我国在特殊的历史条件下，形成的一个特殊群体。国家对他们实行政治待遇不变，生活待遇从优，原工资照发，医药费实报实销，特需经费、护理费、生活补贴等，实际上对这部分有功之臣是采取“包起来”的政策。事实上，国家只有包起来的政策，而无包起来的举措，把这付担子推给了基层，使基层单位承受了越来越大的压力。

随着市场经济的建立和完善，各项制度的改革不断深化，离休干部各项待遇的落实，出现了许多新问题。从工资福利待遇来看，同职级的离休干部，由于所在地区、行业或单位不同，差别较大。在经济欠发达的地区和经济效益不好的单位与好的地区、单位，也有很大的差异；在企业与行政机关、事业单位也大不一样。尤其那些微利、亏损、停产、倒闭企业，离休干部“两费”拖欠严重，按文件增发的工资和各项补贴长期不能兑现，使他们的基本生活得不到保障。

如何从根本上解决这个问题？从理论和实践的结合上，研究探讨由国家对离休干部统筹供养问题，我们看法如下：

第一，自建国以来，我国实行的是统一干部政策和福利待遇制度，不管军队和地方，也不管行政机关、事业或企业单位，同职级干部的工资和福利待遇大体没有多少差别。如今不同了，由于地区之间，行业之间，单位之间经济状况不一样，领导重视程度不一样，加之行政、企事业单位又实行不同的工资与福利制度，同职级的离休干部，由于所在地区、行业或单位不同，工资和福利差距很大。如果实行国家统筹供养，这个问题就可以从根本上解决。

第二，我国长期以来实行的是低工资制，离休干部几十年来全负荷工作，拿着少得可怜的工资，咬紧牙关为祖国振兴建设、创造的大部分财富缴给了国家，统一用于全国各项事业建设和发展。如今进入市场经济，国家把落实离休干部生活待遇的担子，完全压给企业，有些老干部多，经营又不景气的老企业，确实难负重荷。因此，国家对离休干部实行统筹供养，既尊重客观历史实际，又要合情合理适合实际情况。

第三，各省、市、区、县、单位之间，离休干部人数多少不一样，供养他们的负担有轻有重。一般的情况下，越是革命老区、越是老企业、越是经济欠发达的地方，离休干部人数越多，负担越重，老干部各项待遇落实难度也越大，而这些地方恰恰正是对中国革命做出突出贡献的地方。现在他们老了，国家应该统一考虑他们的养老问题。否则，势必造成各省、市、区的负担不尽合理，人为地造成离休干部之间的待遇差别。

第四，国家实行统筹供养，可以统一政策规定，消除离休干部之间诸多矛盾。从当前全国情况看，由于全国各地的经济状况不同，对离休干部的各项待遇政出百家、各行其是，实际上国家政策已经失控。如公用经费、特需经费、护理费、生活补助费、交通费，甚至包括退休金、丧葬费等，各地有各地的“土政策”，有的差距悬殊，很不统一。这样一来，尽管都是党的离休干部，待遇却不一样，造成相互攀比的心态和诸多矛盾。

（三）制定落实企业离休干部生活待遇的制约政策。落实老干部生活待遇，中央、省、市已有政策规定。为了使这些政策落到实处，还应该建立一套保证政策的规定。如各市县下发的指令性文件，要求老干部工作作为企业党委的一项重要工作，列入年终考核重要内容，实行一票否决权；在企业承包租赁时，责权人要负责老干部各项待遇；在一个企业里，老干部待遇没落实，对企业一把手要给予一定的政治和经济处罚，直至像青县经委那样亮“红牌”。对关、停、并、转企业老干部生活待遇问题，要由上级主管部门负责妥善安排等。

（注：文中详细调查数据发表时略去，读者如需要可向原作者联系）

社区养老服务的实践与思考

天津和平区老龄委

《中华人民共和国老年人权益保障法》（以下简称《老年法》）第3条明确规定：“国家和社会应当采取措施，健全对老年人的社会保障制度，逐步改善保障老年人生活、健康以及参与社会发展的条件，实现老有所养、老有所医、老有所为、老有所学、老有所乐”。这就用国家法律对实现“五个老有”作出规定与要求。《中国老龄工作七年发展纲要》的任务目标中，确定了“实现老有所养，建立起适合我国国情的国家、社区、家庭、个人相结合的社会养老保障体系”。这是要建立起具有中国特色的养老模式，也是老龄工作者在当前和今后一个时期实践探索的一个重要课题。

一、社区养老服务非常重要

老有所养是老龄工作的重点内容，而社区养老服务是家庭赡养、扶养的有效补充，又是实现老有所养的重要举措。社区养老服务之所以非常重要，是由三个因素决定的：

（一）小型化家庭在现代社会逐渐占主导地位。据天津有关部门提供的资料表明：全市280万家庭户中，84万户有60岁以上的老年人，占总户数30%；其中有两个及两个以上老人的占40%；子女婚后同老人分开居住的小型化家庭已达48.7万多户，占58%。家庭小型化的发展趋势，是社会大生产的产物，是人口再生产类型演变的结果。虽然家庭小型化有利于减少家庭纷争，但也给家庭自我服务功能带来了不利影响。这是因为，家庭规模小了，标志着家庭总量的增加，还标志着社会家务劳动的总量也随之增加；然而，家庭小型化，却带来了家庭自我服务的弱化，尤其是独身子女需要照顾四个老人甚至更多老人有很大的困难。

（二）老年人口的增加对社区养老服务的需求增大。据有关部门调查的资料显示：天津60岁以上的老人中，有孤寡老人9万多人，女性占6成，男性占4成；单身无偶者有37万人，占老年人口的32%；无偶老人中女性占70%；生活不能自理或半自理的老人有4万多人；无收入的老人有15.64万人，比5年前增长8万人。这些老人生活方面的特殊需求，无疑给社会和家庭带来了很大负担，因此必须加强社区养老服务。

（三）社区养老服务是时代发展需要。《老年法》第35条规定，“发展社区服务，逐步建立适应老年人需要的生活服务、文化体育活动、疾病护理与康复等服务设施和网点”。“发扬邻里互助的传统，提倡邻里关心、帮助有困难的老年人”。“鼓励和支持社会志愿者为老年人服务”。这就明确了发展社区服务的方向，带来了发展的新起点和推动力。另一方面，社区养老服务的发展趋势被实践活动效果所决定。比如，它起到了“上为政府分忧、下为群众解难的作用，较好地解决了老年人的生活困难”。这正是发展社区养老服务的根本所在。

二、社区养老服务的初步实践

社区养老服务，是街道办事处，居委会组织本社区内的社会群体或社会组织，包括家庭、个人和邻里发挥各自的功能作用，优势互补，形成合力，以自我服务、互助服务的形式，帮助解决养老方面的特需服务。在实践中，要正确处理好家庭赡养、扶助与社区养老服务的关系，家庭自我服务始终占主导地位，社区养老服务是家庭自我服务的补充，任何家庭成员不能把自己应尽的责任推向社会，任何社区也不能把家庭自我服务能解决的问题统统包下来。同时，还应解决好生活照料与精神慰藉相结合的问题。

基于这种认识与思考，我们在社区养老服务活动中，从四个方面探索实践，帮助老年人解决了一些养老保障方面的实际困难。

第一、帮助企业退休孤老解决生活难题。我区有企业退休孤老298户，他们在养老保障方面遇到一些实际问题，比如，他们的居住地离原单位较远，信息不畅通，得不到及时服务，有的企业单位经济不景气，孤老人的生活待遇落实得不好；退休孤老的供给关系属于原单位，街道在开展服务中，对孤老人的实际问题难以解决，如发放退休金、报销医药费等问题街道办不了，只能靠原单位来解决；居委会工作虽然服务在孤老人身边，但对他们生活方面的特殊需求，没有权、没有钱，也显得无能为力。我区甘肃路街从实践中摸索到了解决问题的办法，他们组成了由街道办事处牵头、协调，以退休孤老原单位为主体，以居委会和社区生活服务单位为辅助的“四结合”服务网，采取签定协议服务的方式，确定了各自承担的义务与责任，建立了协调服务组织与制度，实行齐抓共管，坚持服务到位，为34户企业孤老提供长期稳定的社区综合服务。这个经验推广后，全区298户企业孤老的日常生活有了保障。

第二、开展生活照料服务。我区现有6763位高龄老人，其中，有2395人实行自助自理，另有4368人，因年老多病、体质较差，生活方面的困难需要扶助照料。通过组织、协调、逐人落实，由老伴扶助照顾999人；由子女负责照料2223人；由亲友关照105人；还有1041人由邻里签定协议义务包护服务，使高龄老人的生活需求得到落实。对身边无子女的老人服务，我区现有960位老人，其中，有466人身体状况还好，生活可以自理；有222人由老伴照料；由子女出资雇保姆服务73人；由邻里关照员负责照顾163人；另有24人采取签定协议由共建部队坚持定户、定人、定内容、定时间上门服务，可以说，这些老人的生活困难解决得比较好。还有2042位生活不能自理、半自理老人，其中，有1030位老人由子女照料得舒适畅心；有907位老人由老伴护理得也非常周到；雇保姆照料的70位老人也都比较满意；还有35位老人由老年协会组织低龄老人开展自助扶助，使他们的生活难题得到缓解。

第三、为特困老人排忧解难。全区有64位特困老人，均系无职业、无生活来源、无劳动能力，并且无赡养和扶养的义务人，或者有赡养和扶养的义务人但没有赡养和扶养的能力，他们维持日常生活困难很大。尽管如此，也必须让每户老人生活都能过得去。比如，建立解困基金救助39户；由居委会“三产”救济12户；由街办企业承包6户；干部订亲扶养3户；军民共建包养2户；还有2户由亲友扶养。总之，采取上述六项措施，64户特困老人的日常生活有了着落。

第四、开展精神生活服务。提高老年人的生活质量，搞好物质生活服务与精神生活服务是同样必要的，在城区老人中，提供精神服务则更为重要。那么，如何为老年人提供精神服务呢？我区兴安路街创办了老年人聊天站，有23名陪聊员热情提供服务，每天有100多位老人来聊天、找乐，他们根据聊天中涉及到的问题，先后成立了医疗保健组、气功疗法组、法律咨询组、婚姻介绍组、生活服务组、家庭矛盾调解组、房屋矛盾调解组等7个专门小组，有针对性地提供服务。这样，把聊和乐结合起来，寻求理解与支持，倾吐生活难题，求得帮助与支持，因此，聊天站受到老年人的热烈欢迎。小白楼街老年协会开办了老年人知音站，体育馆街和甘肃路街建立了老年人舒心会，新兴街老年协会还建立了48个谈心服务组，这些各具特色的服务组织，在为老年人精神服务中，均发挥了特有的积极作用。

三、社区养老服务的几点启示

启示之一：要尽早建立老年生活照料体系。我区在1982年，60岁以上老年人口达到总人口的10.2%，跨入了老年型人口的行列。现在，全区总人口474208人，其中60岁以上老年人口79069人，占16.67%，需要提供生活照料的老人占老年人口总数的12.42%，据预测到2050年，我区老年人约达25%，需提供生活照料的老人达20%左右。为了减轻独生子女的负担，满足老年人生活照料的各种需求，建立与发展老年照料体系是非常必要的。应尽早建立与完善社会整体性老年照料体系和社区老年照料网络。从现在起，要广泛开展健康老龄化的宣传教育，推行终身自我保健；在小学、中学普遍进行敬老养老的思想教育。开设尊老助老的课程，从儿童起就加强对独生子女这方面的教育；试行建立老年服务劳务市场，培养和培训一支专业化队伍，寻找一条在市场经济条件下，符合国情的社会化老年护理、照料途径。

启示之二：要进一步扩大针对老年人的社区服务。在未来的社会发展中，应进一步扩大老年人生产服务的范围，在继续做好对孤老、残疾老人，身边无子女老人和不能自理、半自理老人重点服务的同时，逐步把社区服务项目扩大到面向全体老年人；要根据社会经济发展和老年人需求变化情况，及时建立一些新的服务项目，以满足各种老年人的不同需求；在社区为老年人服务中，巩固“军民共建”发展“街企共建”，以调动社会力量，更好地为老年人服务；在一些新建的楼群中，应及时建立社区服务的网络；利用各种可能的资源来发展老年的服务事业。

启示之三：要重视发挥老年协会、志愿者协会特有的优势与作用。我区老年人协会有个人会员13426人、团体会员单位283个；全区志愿者协会有个人会员10845人、团体会员单位383人。这两个社团是为老年人服务的重要力量。要关心他们的自身建设；要支持他们开展自助互助服务；要重视发挥他们特有的优势与作用；要鼓励他们在社区建设、照料老年人生活中作出更大贡献。

启示之四：要切实加强老龄工作机构和老龄干部队伍建设。面向21世纪的老龄问题，需要强有力的组织体系，需要一支高素质的老龄干部队伍。因此，应进一步增强老龄委及其办事机构在老龄事业中的组织协调能力，更好地发挥其职能作用；应进一步加强老龄干部队伍建设，努力提高他们的政治素质和业务素质；应建立老龄工作者和老年服务人员的定期培训制度，帮助基层老龄干部掌握与发展老龄事业相关的老年学、社会学、经济学、心理学、老年教育学、医疗护理学等现代科学知识。这必将会对于开拓发展社区养老服务、乃至深化老龄工作发挥积极作用。

城乡老年人生活抽样调查情况分析

无锡市老年学学会

为了贯彻落实《中华人民共和国老年人权益保障法》，更好地为老年人服务，进一步发展老年事业，我们对城乡老年人的生活情况做了一次抽样调查，现将调查结果分析如下：

一、基本情况

这次共调查37个居（村）委，其中居委11个，村委26个。共调查7518名60岁以上老年人，占调查地区总人口59608人的12.6%。

从人员结构分，在被调查的老年人中，离退休人员2459人，占32.71%；社会老人5059人，占67.29%。从城乡来看，离退休人员城市多于农村，城市占90.12%，农村占19.95%。而社会老人农村多于城市，城市只占9.88%，农村占80.05%。

从性别分，男性3332人，占44.32%；女性4186人，占55.68%。离退休人员中男性1360人，占55.31%；女性1099人，占44.69%；社会老人中男性1972人，占38.98%；女性2087人，占61.02%。离退休人员中男的多，女的少；社会老人中男的少，女的多。

从年龄结构分，60—69岁的3982人，占52.97%；70—79岁的2591人，占34.46%；80—89岁的847人，占11.27%；90岁以上的98人，占1.30%。离退休人员中低龄老人多，高龄老人少，60—69岁的有1556人，占63.28%；70—79岁的有736人，占29.93%；80岁以上的有167人，只占6.79%；而社会老人中低龄老人少，高龄老人多，60—69岁的有2426人，占47.95%；70—79岁的有1855人，占36.67%；80岁以上的有778人，要占到15.38%。高龄老人占老人总数的比例农村大于城市，城市80岁以上的只占9.07%，农村要占到15.69%。总体来看，70岁以上的高龄老人增长速度较快，1990年第四次人口普查时只占40.08%，现在已占到47.03%，到2000年预计将超过50%，这部分人现在和将来是我们老龄工作和发展老年事业要考虑的主要对象。

从身体健康情况看，健康的1765人，占23.48%；较好的有2095人，占27.87%；一般的有2813人，占37.42%；较差的有845人，只占11.23%。说明改革开放以来，社会稳定，经济发展，医疗事业和人民生活有很大的改善，从而使老年人健康长寿。

从子女对老人的态度看，孝敬的有1895人，占25.21%；较好的有3039人，占40.42%；一般的有2431人，占32.34%；较差的有132人，占1.76%；无子女的21人，占0.27%。表明大多数子女对老人的态度是好的，不好的只是极少数，但值得注意的是，子女对长辈孝敬态度表现一般化者大有人在，这与思想道德教育，本人品德修养以及子女的经济收入也有一定关系。

二、生活分析

从调查情况看，随着改革开放和社会主义现代化建设的进程，广大人民群众的生活水平有了很大提高，城乡老年人的生活大多数还是好的和比较好的，困难的只是极少数。为便于分析比较，根据老年人的经济收入和子女孝敬赡养如何，区别不同情况，我们在调查时，把老年人生活情况，分为欢度晚年、安度晚年、苦度晚年三种类型。所谓欢度，在城市中生活比较富裕，有单独住房，健康状况较好，生活能自理，子女孝敬，自觉承担赡养义务，照料较好；农村主要是吃用不愁（吃饱吃好，有零用钱），住房宽敞舒适，生活能自理，子女孝敬，能尽赡养义务，生活照顾得好。所谓安度，在城市中有吃有穿，温饱不成问题，有住房，子女能照顾、承担赡养义务；农村主要是吃用有着落，能吃饱穿暖，有住房，子女能给予基本生活的赡养。所谓苦度，在城市中缺衣少吃，勉强维持或无法维持基本生活，住房困难，子女不孝顺、不关心；农村主要是缺衣少吃，温饱无保障，吃用无着落，住房破旧或无固定住处，子女不孝顺，不关心。

经调查初步分析，被调查的7518名老年人中，属于欢度晚年的有1522人，占20.24%；属于安度晚年的有5743人，占76.39%；属于苦度晚年的有253人，占3.37%。其中，在2459名离退休人员中属欢度晚年的有644人，占26.19%；属安度晚年的有1752人，占71.25%；属苦度晚年的有63人，占2.56%。在5059名社会老人中属欢度晚年的有878人，占17.36%；属安度晚年的有3991人，占78.89%；属苦度晚年的有190人，占3.75%。从城市和农村来分，属欢度晚年的，城市中有222人，占16.24%；农村有1300人，占21.13%；属安度晚年的，城市中有1066人，占77.98%；农村有4677人，占76.04%；属苦度晚年的，城市中有79人，占5.78%；农村有174人，占2.83%。

从上述情况看，城乡老年人绝大多数是属于欢度晚年和安度晚年，但确有少数老年人由于各种不同原因生活比较苦，活得比较艰难，确实在苦度晚年。

三、几点思考

调查数据证明，党的十一届三中全会以来，我市社会稳定，经济发展，人民收入增加，生活和医疗条件不断改善，老年人延年益寿，健康老人占绝大多数。继承和弘扬了中华民族敬老养老的传统美德，敬老养老的子女占98%以上，97%的老年人能欢度或安度晚年。

通过调查分析，也可以看到几个值得注意和思考的问题：

1. 我市高龄老人所占比例较大，潜在的养老矛盾多。目前70岁以上老人占老年人总数的47.3%（其中80岁以上高龄老人已占老年人总数的12.57%，而且增长速度逐步加快，预计到2000年将占老年人数的一半。老年人口高龄化来势越快，老人同家庭子女的矛盾越多，压力也愈来愈大，因此他们要求国家、集体尽快采取辅助养老措施的呼声愈来愈强烈。

2. 调查中有一个群体值得重视，就是子女中对老人的赡养孝敬态度一般化的要占32.34%，这些子女徘徊在养老与弃老的“十字路口”上，对能否保障老年人安度晚年影响很大。思想道德教育搞得好，他们会尽赡养老人、担负起孝敬父母的责任，让长辈安度晚年，反之他们将把父母抛在一边，不闻不问。

3. 年老多病是规律，相对来说，当代老年人收入较低，医疗费用较高，这也是养老的薄弱环节。因病残而造成生活水平下降和生活不能自理是老年人生活的最大痛苦，也是造成家庭养老困难的主要原因之一，如果子女不孝，老年人的晚年生活就更为凄惨。

4. 农村高龄社会老人多，城市低龄退休老人多。由于城乡多数老年人所处年龄阶段不同，因此他们各自的要求和期望各异。农村主要希望有个祥和的家庭环境安度晚年，城市多数低龄离退休老人，希望离退休后能为两个文明建设贡献余热，这样既可做些力所能及的事情，同时也可增加个人收入，改善自己的生活。

5. 城市居民居住集中，从一个地区来说，老年人也比较集中，普遍反映业余生活单调，市区适合老年人娱乐的场所有限，现有的老年活动室规模小、设备简陋，而且是一室多用，无法满足老年人精神生活需求。

6. 敬老养老的思想教育，任重道远，目前未引起有关领导的重视，特别对青少年的教育亟待加强。

四、对策建议

1. 各级党委和政府要根据《中华人民共和国老年人权益保障法》的要求，把做好老龄工作，发展老年事业作为精神文明建设的内容之一，应摆上各级政府的工作日程，广泛开展敬老养老的宣传教育，重点抓好党员干部和青少年的思想道德教育，动员全社会为老年人做好事，办实事，要教育子女认真履行对老年人的赡养义务。

2. 鉴于我市人口老龄化来得早，高龄老人占的比例大，来势猛，问题多，社会影响大，建议各级政府和有关部门尽快落实老年事业发展计划。统筹规划，合理布局，增加投入，逐步实施，争取在“九五”期末，市、区、街道和乡镇都有老年公寓或托老所，街道、居委会都能配套建设多功能的老年活动室，让老年人就近方便参加有益身心健康的各种活动。

3. 对生活有困难的老年人要经常给予关心帮助。要制定解困扶贫的政策，助老工作要向高龄、病残和特困老人倾斜。因子女待业、下岗而直接影响老年人生活的，有关部门对其子女应予以照顾，优先安排就业。经济收入低又因病长期卧床不起的困难老人看病住院时要给予必要的补贴；按人口征收的地方税费应给予减免。农村要加快推进养老保险，健全医疗保险制度。加快社区服务网络建设，适应老人和家庭求助的需要。

4. 根据《中华人民共和国老年人权益保障法》，各级政府应创造条件使更多的低龄老人参与两个文明建设，开发潜在的生产力，发挥老年人的余热。

（注：本文附表发表时略去，读者如需要可向原作者索取）

城镇老年人基本需要的研究

浙江省城镇老年人基本需要研究课题组

为了解浙江省城镇老年人在经济、生活、健康、社会等方面的需要，给党和政府制定有关人口老龄化政策提供科学的理论依据，我们在1997年对全省城镇老年人的基本需要进行了专题调查。

本次调查的对象为60周岁以上（1937年6月30日以前出生）城镇老年人口。调查方法为多阶段整群随机抽样，首先在全省按人口老龄化程度差异抽取6个市地级城市为第一层次调查点，分别是湖州、绍兴（老龄化指数最高）、杭州、宁波（老龄化指数处中），舟山、温州（老龄化指数最低）6个抽样点。然后，在这6个市抽取区、县各1个，县再抽取1个镇。样本按区政府所在地100人，县和镇政府所在地各50人抽取（萧山市多抽取100人）。调查采用问卷采访式入户调查：由调查员上门询问，调查对象回答，并由调查员进行填写登记。共收回问卷1304份，有效问卷1303份，无效问卷1份，有效率达99.92%。

这次调查的内容，包括老年人口的基本特征及经济、生活、健康、社会等四大需要共70个大项，215个小项。

问卷调查结束后，对调查数据进行了计算机处理，并根据统计的有关数据撰写了本课题的报告。

一、基本特征

（一）性别和年龄

在1303位老年人中，男性为692人，女性为611人，男女性别比为111.8。各年龄组的人口分布为：60—64岁组老年人为420人，占32.2%；65—69岁组有373人，占28.7%；70—74岁组为297人，占22.8%；75—79岁组有133人，占10.2%；80岁及以上老年人为80人，占6.1%。年龄最大的老年人为93岁。

（二）语言能力和文化程度

根据老年人的实际语言能力，我们将调查对象分为三种类型，即正常、重病卧床有语言困难、聋哑。调查显示，拥有正常语言能力的老年人占96.4%，重病卧床有语言困难的老年人有2.8%，聋哑老年人为0.8%。

老年人文化程度的分布为：不识字或识字很少者为28.2%，小学为29.2%，初中为23.3%，高中为8.1%，中专为6.1%，大专为3.3%，大学本科及以上占1.8%。不识字或识字很少和小学这两项共占57.4%，老年人大多数文化程度较低。

（三）婚姻状况

在1303位老年人中，有偶老年人占78.5%。其中，与配偶同居者占98.6%，与配偶分居者占1.4%。丧偶老年人为21.0%（其中女性占75.5%），离婚者为0.3%，从未结过婚的老年人为0.2%。老年丧偶后再婚者共有42人，占总数的3.2%。

（四）子女个数和家庭规模、类型

老年人平均现有子女数为3.5个。被调查的18人无子女，占总数的1.4%。在有子女的1285位老年人中，有1个子女的占7.7%，有2个子女的占15.2%，有3个子女的占28.6%，有4人子女的占23.8%，有5个及以上子女的占24.7%。老年人子女数最多的为12个。老人子女多与“养儿防老”的观念有关。

老年人的平均家庭规模为2.81人。以2人户为最多，占总数的49.0%。1人户占11.1%，3人户为13.0%，4人户占10.2%，5人户占11.7%，6人户占3.1%，7人及以上户占1.9%。老年人家庭中，一代户即纯老人家庭户的比例最高，为57.9%，两代户占18.0%，三代户占23.3%，四代户占0.8%。847人不与子女同住，占有子女老年人总数的65.9%。从这次调查可以看出，我省家庭规模越来越小，老年人的家庭比全省家庭规模还小0.65人，晚年的生活照料将是一个亟待解决的大问题。

二、调查的主要内容

（一）经济需要

1. 退离休

享有离退休待遇并已退休的老年人为 1084 人，占 83.1%；到了离退休年龄但没退休的只有 2 人，占 0.2%；不享有离退休待遇或未参加过工作的老年人有 217 人，占 16.7%。离退休人员的月离退休金为 538 元，男性比女性高，各为 586 元、463 元。

2. 收入状况

本次调查询问了老年人生活费的主要来源，结果显示：离退休金排在第一位，占总数的 81.3%；子女帮助占 7.7%，居第二位；配偶供给居第三位，占 5.3%；然后依次为抚恤金（1.8%）；再就业收入（1.3%）；房租金（0.4%）；社会救济（0.3%）；个人积蓄（0.2%）；银行利息（0.2%）；亲友救济（0.1%）和其他来源（1.4%）。调查表明，离退休金是城镇大多数老年人主要的经济来源，而子女帮助和配偶帮助则是不享有离退休待遇的老年人的主要经济来源。

据调查，有收入的老年人共 1268 人，占总数的 97.3%，其月平均总收入为 625 元，男性 742 元，女性 485 元。有 35 位老年人没有收入，占总数的 2.7%。分性别、分档次老年人月平均收入状况（见表一）。在 1022 位有配偶老年人中，82.4% 老年人配偶有收入，其配偶月平均收入 538 元；17.6% 老年人配偶无收入。

表一 分性别老年人月平均收入状况

收入 / 性别	无收入		100 元以下		100－199 元		200－299 元		300－399 元		400－499 元		500－999 元		1000－1499 元		1500－1999 元		2000 元以上	
	人数	%	人数	%	人数	%	人数	%	人数	%	人数	%	人数	%	人数	%	人数	%	人数	%
合计	35	2.7	18	1.4	53	4.1	65	5.0	168	12.9	307	23.6	512	40.7	100	7.7	13	1.0	12	0.9
男	3	0.4	3	0.4	8	1.2	8	1.2	44	6.4	166	24.0	339	51.9	82	11.8	10	1.4	9	1.3
女	32	5.2	15	2.5	45	7.4	57	9.3	124	20.3	141	23.1	173	28.3	18	2.9	3	0.5	3	0.5

3. 子女帮助和帮助子女

在有子女的 1285 位老年人中，子女提供经济帮助的有 365 人，占 28.4%。月平均帮助老年人 192 元。需要子女提供经济帮助的有 336 人，占 26.1%，其中有 271 人得到了子女帮助，占 80.7%；65 人没有得到帮助，占 19.3%。

在经济上老年人帮助子女的 303 人，占有子女老年人的 23.6%。月平均帮助子女费用达 288 元。

4. 存款

有 803 位老年人有存款，占总数的 61.6%。在问及老年人的存款目的时，51.7% 的有存款老年人希望利用存款增强自我养老能力；20.3% 是为应付突发事件；16.2% 为了治病；为子女婚事的占 4.5%；为了购房的占 2.7%；其他占 4.6%。可见，增强自我养老能力、应付突发事件和治病是老年人存款的主要目的。有 38.4% 的老年人银行无存款，个别的老人还有负债。

5. 消费结构

本次调查将老年人的生活费用划分为饮食、医药、衣着、房屋水电、为子女花费、娱乐费用和其他费用等七大类。调查显示，老年人月平均消费支出为 526 元。其中，饮食费用最多，共 295 元，占 56.1%；医药费用为 62 元，占 11.8%；为子女花费 55 元，占 10.5%；房屋水电费 43 元，占 8.2%；衣着费 20 元，占 3.8%；娱乐费 4 元，占 0.8%；其它费用 46 元，占 8.8%。老年人普遍以满足生活基本需要为主进行消费，解决温饱仍是其消费构成的一大群体特征。老年人分性别、分档次月平均消费支出状况（见表二）。

问及老年人每个月的钱是否够花时，认为相当充裕的有 29 人，占 2.2%；略有结余的有 488 人，占 37.5%；大致够用的有 528 人，占 40.5%；略有困难的共 184 人，占 14.1%；感到相当困难的有 74 人，占 5.7%。说明仍有一部分老年人的经济状况有待于进一步改善。

表二 分性别老年人月平均消费支出状况

消费 / 性别	无支出		100 元以下		100－199 元		200－299 元		300－399 元		400－499 元		500－999 元		1000－1499 元		1500－1999 元		2000 元以上	
	人数	%	人数	%	人数	%	人数	%	人数	%	人数	%	人数	%	人数	%	人数	%	人数	%
合计	20	1.5	33	2.5	74	5.7	156	12.0	248	19.0	243	18.7	446	34.3	51	3.9	12	0.9	20	1.5
男	5	0.7	9	1.3	22	3.2	70	10.1	118	17.1	138	19.9	281	40.6	36	5.2	4	0.6	9	1.3
女	15	2.5	24	3.9	52	8.5	86	14.1	130	21.3	105	17.1	165	27.0	15	2.5	8	1.3	11	1.8

（二）生活需要

1. 自理能力

本次调查以穿衣、吃饭、洗澡、上厕所、室内行走等 5 个方面来评价老年人的日常生活自理能力，调查结果（见表三）。

表三　城镇老年人日常生活自理能力

项目/类别	穿衣		吃饭		洗澡		上厕所		室内行走	
	人数	%	人数	%	人数	%	人数	%	人数	%
完全能	1265	97.0	1279	98.2	1257	96.4	1269	97.4	1294	97.0
部分能	23	1.8	17	1.3	23	1.8	18	1.4	24	1.8
完全不能	15	1.2	7	0.5	23	1.8	16	1.2	15	1.2

从表三可以看出，绝大多数老年人能够自理日常生活，但是还有2%左右的老年人丧失生活自理的能力，需要别人提供特别照料。随着高龄老人的增长，这类老年人的护理问题将日趋突出。

2. 生活情况

有700位老年人认为生活中并无困难，占总数的53.7%；有603人认为有困难，占46.3%；在有生活困难的老年人中，认为经济是最大困难的最多，占25.4%；认为住房是最大困难的居第二位，占16.9%；然后依次为身体不好、行动不便（16.7%）；有病治不好（14.6%）；为后代的困难担忧（9.5%）；家务劳动重（5.1%）；生活无人照料（3.8%）；精神孤独（3.8%）；购物不方便（1.8%）；其他困难占2.4%。

3. 住房状况

被访者中，住房居住权属于自己的占总数的56.5%；属于配偶的占16.0%；属于子女的占12.8%；其他如租房、借住、拆迁户等占14.7%。

有偶老年人（1022人）与配偶实际居住面积平均为42.8平方米。无偶老年人（277人）的实际居住面积平均为30.7平方米。

在有子女的1285位老年人中，目前有34.1%的老人与子女同住。但60.7%的有子女老年人表示不希望与子女同住；29.8%表示希望与子女同住；还有9.5%在与子女同住问题上说不清。

65.6%的老年人对自己住房感到满意，对自己住房不满意的占34.4%。在对住房不满意的老年人中，认为使用面积小的最多，占37.4%；然后依次为：朝向不好、光线不足占14.5%；室内无厕所占11.4%；住房不成套占11.1%；与子女住在一起、生活规律不一致占8.0%；楼层太高占4.0%；发生紧急情况时难以与邻居或外界联系占0.7%；因其他原因对住房不满意的占12.9%。

有465位老年人希望住户安装紧急呼叫装置，占35.7%。

4. 饮食与衣着

认为自己吃东西方便的老年人有784人，占总数的60.2%；认为不方便的有519人，占39.8%。在认为吃东西不方便的老年人中，牙齿不好者最多，占79.0%；肠胃不好者居第二位，为16.2%；不能自理者占2.4%；认为自己做饭太累者占1.0%；与子女饮食习惯不一致者占0.7%；其他占0.7%。

上个月在商场买过食品的有776人，占总数的59.6%；没有在商场买过食品的有527人，占40.4%。认为方便在商场选购适合自己的食品的占92.1%，认为不方便者占7.9%。

衣着方面，831位老年人在去年添置了新衣服，占总数的63.8%，平均每人添置3.1件（女性老年人3.2件，男性老年人3.1件）；去年未添置衣服的老年人有472人，占36.2%。在去年没有添置新衣服的老年人中认为已有许多衣服不想再买的占46.4%；上年纪不想再打扮的占28.6%；没有足够的钱买衣服的占20.1%；买不到合适衣服的占1.1%；其他如有病不用添置衣服、穿别人旧衣服等原因占2.8%，共有4人未填原因，占总数的1.0%。

5. 兴趣爱好

调查发现，老年人的兴趣爱好是多方面的，其分布情况（见表四）。

表四　老年人在兴趣爱好方面的分布情况（%）

项目/类别	看电视听广播	种花养鸟	欣赏戏曲音乐	读书看报	打牌下棋	唱歌跳舞	体育活动	旅游	垂钓	写作绘画	工艺制作	书法	其他
有	88.4	32.7	41.0	52.6	23.7	5.8	30.1	19.5	5.8	3.5	1.3	7.6	5.0
没有	11.6	67.3	59.0	47.4	76.3	94.2	69.9	80.5	94.2	96.5	98.7	92.4	95.0

从表四看出，爱好看电视、听广播的老年人最多，然后依次为读书看报、欣赏戏曲音乐、种花养鸟、体育活动、打牌下棋、旅游等活动；爱好书法、跳舞、垂钓、工艺制作、写作等活动的老年人均低于10%。有散步、念佛、集邮和收藏纪念品等其他方面爱好的老年人也有一定数量，占5.0%。值得一提的是，旅游已成为部分老年人休闲生活的一个内容，喜欢旅游的老年人占总数的1/5左右，有关部门可以作

为参考。

6. 料理家务与生活依靠

在问及“谁帮助您料理家务”时，调查结果显示：老年人自己做家务的占89.5%；得到配偶帮助的占69.0%；然后依次为：女儿帮助（28.9%）、儿子帮助（23.9%）、儿媳帮助（17.2%）、女婿帮助（9.4%）、朋友或邻居（2.2%）、街道居委会（1.8%）、其他亲属（2.1%）、保姆（1.6%）、志愿人员（0.5%），其他人员帮助占1.2%。

问及老年人希望主要由谁帮助做家务时，愿意自己做家务的只占3.8%；54.1%希望主要由配偶帮助做家务；20.6%希望主要由女儿帮助；12.7%希望儿子帮助；希望儿媳帮助的为3.3%；希望女婿帮助的为0.5%；希望志愿人员帮助的占1.7%；保姆为0.9%；其他亲属帮助为0.3%；朋友或邻居为0.4%；街道居委会为0.5%；其他为0.3%。有12人未填原因，占总数的0.9%。

通过对被访老年人做家务“希望由谁帮助”的比较，发现希望由女儿提供主要帮助的人中，46.4%得不到女儿的帮助；希望由儿子提供主要帮助的人中，77.6%得不到儿子的帮助。老年人对儿媳和女婿提供帮助的期望值不高。老年人家务料理的主要帮助者和期望帮助者（见表五）。

表五　分性别老年人家务料理的主要帮助者和期望帮助者（%）

项　目		自己	配偶	儿子	女儿	儿媳	女婿	其他亲属	保姆	朋友邻居	志愿人员	街道居委会	其他
主要帮助者	合计	13.8	62.4	6.0	11.9	2.8	0.5	0.3	1.3	0.3	—	0.5	0.2
	男	9.0	78.8	2.6	6.4	1.4	0.3	0.1	1.0	—	—	0.4	—
	女	19.3	43.9	9.8	18.2	4.4	0.8	0.5	1.6	0.7	—	0.5	0.3
期望帮助者	合计	3.8	54.2	12.7	20.6	3.3	0.5	0.3	0.9	0.4	1.7	0.5	1.2
	男	2.6	68.6	9.2	13.2	1.7	0.4	0.1	1.0	0.1	1.6	0.6	0.9
	女	5.1	37.8	16.5	29.0	5.1	0.7	0.5	0.8	0.7	1.8	0.3	1.7

问及“当生活不能自理时希望依靠谁”这一养老意愿时，统计显示：52.9%的老年人希望依靠子女等亲属；32.8%的老年人希望依靠配偶；然后依次是住老年公寓或敬老院（6.4%）、雇保姆（3.5%）、进托老所（1.4%）、靠社区服务（1.4%）、请钟点工（0.2%），还有1.4%的老年人对此未作考虑或希望采取其他手段。

7. 日常生活和生活满意度

调查老年人每天主要做什么时，54.7%的老年人每天主要做家务；16.0%在家里做一些自己有爱好、感兴趣的事；10.4%从事有报酬的工作；卧病在床或闲在家里没事可做的达到8.4%；帮助子女看孩子的占2.5%；从事社会公益事业的有2.4%；上老年活动室的为2.2%；上老年大学的占0.5%；其他占2.9%。

对日常生活感到满意的有1049人，占总数的80.5%；表示不满意的有58人，占4.5%。还有15.0%的人说不清满意还是满意。

8. 对未来养老担忧的事

47.4%的老年人对未来养老问题表示担心，不担心的占52.6%。本次调查将老年人担心的未来养老问题分为8项（见表六）。

表六　老年人担心的未来养老问题分布（%）

类别＼项目	没有生活费来源	退休金养不了自己	失去生活自理能力	生　病	生活无人照料	失去配偶	子女不孝顺	其　他
担心	16.0	14.6	26.2	32.7	16.0	13.7	5.3	1.6
不担心	84.0	85.4	73.8	67.3	84.0	86.3	94.7	98.4

从表六可以看出，老年人对未来生病和失去生活自理能力担心的人数较多；然后依次为没有生活费来源、生活无人照料、退休金养不了自己、失去配偶、子女不孝顺和其他。

在对未来养老问题“最担心的事”中，担心生病的老年人占29.3%；担心失去生活自理能力占25.4%；担心无生活费来源占19.1%；担心退休金养不了自己占12.9%。这四项排在前四位，共占86.7%。

关于理想的养老费用来源，83.8%的老年人认为社会养老保险最理想，认为子女提供养老费用好的人有7.8%；选择配偶提供的占3.5%；选择个人储蓄的占2.1%；选择自我养老的为1.1%；选择商业养老保险的占0.9%；其他占0.8%。

9. 日常生活照顾

不需要别人照顾的有873人，占总数的67.0%。需要不同方面照顾的老年人有430人，占33.0%；其中60—69岁组需要照顾的占25.47%；70—79岁组需要照顾的占41.86%。这说明越是高龄老人，生活需要照顾的越多。在需要照顾的老年人中，陪医、陪护需求的人最多，占70.0%，其他方面的需求依次为：洗衣服为55.8%；打扫和整理房间为46.0%；购物为38.8%；做饭为38.4%；陪读、陪聊占18.8%；梳洗占15.8%；生活护理（穿衣、上厕所等）占13.5%。

认为目前需要请保姆或家政服务员的老年人有90人，占调查对象总数的6.9%，其中有经济能力请保姆或家政服务员的有24人，占26.7%；无经济能力者66人，占73.3%。

（三）健康需要

1. 健康状况自我评价

本次调查将健康程度划分为健康、一般、不健康。被访者中，24.9%的老年人认为健康，58.3%的老年人认为一般，16.8%的老年人认为不健康。

患有不同种类，不同程度疾病的老年人共1046人，占被调查老年人总数的80.3%。各种疾病的发病情况（见表七）。

表七　分性别各种疾病的老年人患病率（%）

项目＼性别	有病				没病			
	男		女		男		女	
	人数	%	人数	%	人数	%	人数	%
脑溢血、脑血栓	36	5.2	29	4.7	656	94.8	582	95.3
高血压、冠心病	237	34.2	208	34.0	455	65.8	403	66.0
气管炎、肺气肿、肺心病	156	22.5	100	16.4	536	77.5	511	83.6
肠、胃、肝、胆、肾疾病	207	29.9	203	33.2	485	70.1	408	66.8
糖尿病	38	5.5	29	4.7	654	94.5	582	95.3
前列腺肥大	79	11.4	—	—	613	88.6	611	100.0
关节炎	156	22.5	183	30.0	536	77.5	428	70.0
骨质增生	107	15.5	106	17.3	585	94.5	505	82.7
白内障、青光眼	110	15.9	107	17.5	582	84.1	504	82.5
恶性肿瘤	10	1.4	3	0.5	682	98.6	608	99.5
老年痴呆症	1	0.1	4	0.7	691	99.9	607	99.3
其他	79	11.4	60	9.8	613	88.6	551	90.2

从表七可以看出，男性老年人在气管炎、肺气肿、肺心病、糖尿病、脑溢血、脑血栓、恶性肿瘤等疾病上的发病率高于女性老年人；而女性在肠、胃、肝、胆、肾疾病、关节炎、骨质增生、白内障、青光眼、老年痴呆症等疾病上的发病率高于男性；两者在高血压、冠心病上的发病率十分接近。

2. 医疗与保健

据调查，667人在两周前看过病或买过药，占总数的51.2%。26.4%的老年人在最近两年内做过全面健康检查。这里有经济上的原因，没有钱做身体检查，另外，也有一些老年人对身体检查不重视，健康意识有待进一步提高。

有632位老年人在看病、住院或买药过程中遇到过不同的困难，占总数的48.5%。其中，没有足够的钱看病者占37.7%；认为看病手续繁琐者占26.4%；行动不便需要家人陪同者占20.9%；不识字自己看病不方便者占5.5%；到指定的医院看不好病者占5.2%；交通不便或乘车困难者占1.3%；其他诸如医护人员态度差、滥开药品和营养品、医药费高、挂号费高、异地求医不便等老年人占3.0%。值得指出的是，老年人对近几年来医药费上升太快反应强烈，认为这不仅使个人难以承受，而且增加了国家不必要的经济负担。对于改善医疗服务：80.0%希望就近就医；43.3%希望建立社区老年保健医疗服务机构；37.5%希望能随时住院医疗；36.1%希望医务人员能定期上门巡访保健医疗；29.6%希望设家庭病床；其他占2.0%。

84.3%的老年人住地附近有康复中心或医疗服务站，住地附近没有康复中心或医疗服务站的占15.7%。

有252位老年人自负医药费，不享受公费医疗或劳保医疗，占总数的19.4%。有136人享有包干形式的劳保医疗，占10.4%。915人享受自己不负担医药费或负担部分医药费的公费医疗或劳保医疗，占70.2%；其中19.9%自己不负担医药费；34.8%自负10%医药费；15.9%自负20%医药费；自负20%以上的占29.4%。

在享受公费医疗或劳保医疗的1051位老年人中，59.4%认为报销医药费方便（624人）；6.8%劳保医疗包干（72人）；33.8%认为医药费报销不便（355人）。在医药费报销不便者中，不能按时报销的占71.3%，手续繁琐的占41.7%，不能按规定足额报销的占40.8%。

52.0%的老年人没有吃过营养保健品，42.3%偶尔吃过，经常吃的人只有5.7%。有7.2%的老年人相信市场上的营养保健品，持部分相信态度的有19.7%；10.4%的老年人说不清；而62.7%的老年人不相信营养保健品的功效。

关于老年保健知识，43.5%的老年人通过看电视、听广播、读书看报、上老年大学等各种途径学过，56.5%没学过。在没学过老年保健知识的人中，只有21.2%想学习。

55.6%的老年人经常参加体育锻炼，其中男性老年人占60.4%，女性占50.2%。老年人参加各项体育锻炼的情况（见表八）。

表八　分性别老年人参加各项体育活动的情况（%）

项目	打球	舞剑	练气功	跳舞	游泳	跑步	爬山	其他
合计	3.0	3.7	19.2	2.8	0.7	16.0	13.0	25.9
男	4.0	3.0	17.3	1.6	1.3	20.7	17.8	27.6
女	1.8	4.4	21.3	4.1	—	10.8	7.7	23.9

从表八可以看出，练气功、跑步、爬山是老年人较喜爱的体育活动方式。

（四）社会需要

1. 心理部分

被访者中，80.7%的老年人认为不孤独，12.4%感到孤独，说不清是否孤独的人占6.9%。

88.8%的老年人有诉说心事的对象，达1157人。其中，向配偶诉说心事者最多，占76.1%；其次为向女儿诉说心事者，占55.5%；向儿子诉说心事的有47.2%；然后依次是朋友或邻居（24.0%）、儿媳（22.4%）、女婿（19.2%）、原工作单位的人（14.1%）、其他亲属（13.1%）、街道居委会工作人员（11.9%）、老龄组织（8.7%）和其他人（2.9%）。

经常与朋友或邻居交往的老年人有1201人，其中，经常与1人交往者占4.2%；与2人交往者占8.7%；与3人交往者9.7%；与4人交往者9.7%；与5人及以上交往的占67.7%。另外，102位老年人没有经常接触的朋友或邻居，占总数的7.8%。

在有子女的老年人中，认为自己儿女孝敬的占67.8%；觉得一般的为30.0%；认为子女不孝敬的占0.9%；说不清的占1.3%。在社会上，对老年人是否尊重方面，37.3%觉得社会尊重老年人，45.8%认为一般；有8.7%的人认为社会对老年人并不尊重；持说不清态度的占8.2%，说明社会需要进一步加强敬老养老意识的宣传和教育。

2. 公共活动

本次调查将老年人活动场所分为老年人活动站（室）、老年大学（学校）、老年人会、老年聊天站和其他等五项，其分布和老年人参与情况（见表九）。

表九　居住地附近有老年活动场所及老年人参与情况

项目＼类别	有老年活动场所		老年人参加	
	人数	%	人数	参与率（%）
老年人活动站（室）	999	76.7	457	45.7
老年大学（学校）	705	54.1	176	25.0
老年人协会	1077	82.7	528	49.0
老年聊天站	158	12.1	100	63.3
其他	128	9.8	51	39.8

老年人协会的参与率（指参加活动人数与居住地老年人数之比）为49.0%；老年人活动站（室）的参与率为45.7%；老年大学（学校）的参与率为25.0%；老年聊天站的参与率为63.3%，最受老年人的欢迎；其他场所的参与率为39.8%。

上老年大学（学校）的共有176人，占总数的13.5%；未上老年大学的有1127人，占86.5%。在未上老年大学（学校）的老年人中，希望上的有98人，占8.7%。

在1084位退离休老年人中，原工作单位去年没有组织活动的占68.9%，组织过活动的占31.1%。在节日期间原单位上门慰问的有600人，占离退休老年人总数的55.2%。

55.8%的老年人所在居委会去年没有组织过老年人活动，组织过老年人活动的占44.2%。

3. 再工作

被访者中，219位老年人仍在工作，占总数的16.8%，其中男性老年人161人，占73.5%；女性58人，占26.5%。其中有收入者191人（另有28人无收入或未填收入），他们的月平均收入是295元；其中男性为307元；女性为260元。再工作的老年人主要从事街道居委会工作（19.6%）、专业技术工作（19.6%）、个体工商业（15.1%）、门卫（9.2%）、咨询服务（6.4%）、关心教育下一代（5.0%）、维护交通秩序、社会治安（2.3%）、著书立说（0.9%），其他如从事老年人协会工作、单位活动室管理、手工业、种地、宗教活动、街头设摊等方面的老年人共占21.9%。在再工作的老年人中，60—69岁组占79.0%。

问及老年人未再工作的原因，调查显示：在1084位未再工作的老年人中，不想再工作的占51.1%；23.7%因为身体健康状况较差而不能再工作；8.7%找不到再工作的机会；需要帮子女做家务（4.6%）；需要照顾配偶（2.9%）；没有再工作的专长（2.3%）；其他原因占2.0%；有51人未说明原因，占未再工作老年人的4.7%。

问及“根据身体健康状况，认为自己还能工作多少年”时，认为自己不能再工作或不想再工作的有834人，占64.0%；认为自己还能继续工作的有469人，占36.0%。

4. 社区服务

被访者中，807位老年人希望社区提供各方面的服务，占总数的61.9%。其中，82.9%的老年人希望提供应急医疗服务；70.8%希望组织老年人活动；52.7%希望建立经常性联系制度；35.6%希望得到生活照料服务；21.9%希望帮助购物；还有6.4%的老年人希望社区提供其他服务。

认为在社区活动方便的有1092人，占83.8%；有211人认为自己在社区活动不方便，占老年人总数的16.2%。其中，47.9%认为缺乏活动场地；18.9%不喜欢老年人活动室的活动内容；17.1%认为没人组织活动；认为场地脏乱占4.7%；其他原因占11.4%。

5. 老年活动站（室）的配置

问及老年活动站（室）配置哪些设施时，调查显示：认为老年活动站（室）应有电视室的占79.8%；认为应有阅览室的占71.7%；应有棋牌室的占68.6%；应有茶座的占63.6%；应有书画室的占57.1%；应有健身房的占50.4%；应有食堂的占22.1%；应有舞厅的占12.7%；应有理发室等其他设施的占9.4%。

6. 托老所、老年公寓和敬老院

本次调查询问了老年人对建立托老所、老年公寓和敬老院的意愿及入住的经济承受能力。调查显示：744位老年人认为社区有必要建立托老所，占总数的57.1%。在托老方式上，45.3%的老年人选择全托方式；34.9%选择高兴时就入托的方式；9.1%选择日托方式；7.1%选择搭伙方式；还有3.6%的老年人对托老方式未作选择。

在问及“如果经济条件允许，您是否愿意入住自费性老年公寓或敬老院”时，有557位老年人表示愿意入住，占总数的42.8%。其中，目前经济上无承担能力的有112人，占20.1%；有经济条件承担入住费用（含吃、住、护理等费用）的有445人，占79.9%。在目前有经济条件入住的老年人中，每月能承担600元以上费用的有27人，占6.1%；能承担501—600元者39人，占8.8%；401—500元者68人，占15.3%；301—400元者135人，占30.3%；201—300元者103人，占23.1%；200元以下者73人，占16.4%。说明大多数老年人目前只能选择中低档的老年公寓或敬老院。

不愿入住的742位老年人中，544人认为从目前来看不需要，占73.3%；担心引起子女误会的有73人，占9.8%；不喜欢老年公寓或敬老院生活方式的有50人，占6.7%；怕社会影响不好的有33人，占4.4%；认为进住活动不方便的有28人，占3.8%；担心老年公寓或敬老院服务不好的有10人，占1.3%；认为没有完善设备不能提供上档次优质服务的有3人，占0.4%。另有1人未说明原因。

三、对策与建议

根据这次调查获得的上述数据可以看出，城镇中仍有少数老年人生活比较困难，经济等方面的需要得不到满足，亟待有关方面的重视和妥善解决。为此，我们提出以下对策与建议：

（一）加大经济改革的力度，扩大社会养老保障的范围，以满足城镇老年人的经济需要。

从这次调查显示，城镇大多数老年人经济状况较好，但仍有13.5%有离退休金的老人感到入不敷出，担心退休金养活不了自己；有37.7%的老人没有足够的钱看病；有16.7%的老人不享受离退休待遇，养老需要依靠子女等，老年人中最大困难还是经济上的困难。因此，需要采取以下措施：

深化职工养老保障制度改革，共享改革开放成果。加快改革步伐，全面贯彻落实国务院制定的“实行企业职工基本养老保险省级统筹”等一系列政策，建立适合我国国情的养老保障体系，进一步提高养老保险的社会化程度，扩大养老基金的来源，加大养老基金的调剂力度，确保离退休人员养老金的按时足额发放。从这次调查看，有21.7%的老人是1980年以前退休的，最早的退休已有20多年。由于这些退休人员大部分没有参加到工改，基础工资很低。政府应建立养老金补偿制度，对这些“早退”的老年人实行养老金补偿，让他们共享改革开放成果，以满足经济生活的需要。

制定最低生活保障线，确保贫困老人有稳定的经济来源。据这次调查，在城镇中有5.7%的老年人感到经济相当困难。其中无收入的老人有35人，月收入在200元以下的，有71人。他们有的无劳动能力、无经济来源、无子女依靠，有的子女或配偶经济困难无力赡养和扶养，有的不能按时拿到离退休金，有的自己长期生病等。目前，我省杭州、宁波等地已制定了最低生活保障线，对解决贫困老人的基本生活起到了一定的保障作用。但是，各地的差异很大，有的没有把经济困难的老人纳入重点救济对象，有的每月只发四五十元钱，有的县（市、区）至今还未执行。发放的办法也不规范，有的是每月发放，有的是按季发放，也有的半年发放一次，且有逐级审批，手续极为繁琐。建议省政府根据我省的实际，统一制定“最低生活保障线”，明确规定最低生活保障线划分的标准、享受的范围、发放的办法、中止执行的原则等，以规范“低保”工作，确保贫困老人有稳定的经济来源。

创造参与社会的条件，确保身体尚好的老年人能再工作。《中华人民共和国老年人权益保障法》明确规定："国家和社会应当重视、珍惜老年人的知识、技能和革命、建设经验，尊重他们的优良品德，发挥老年人的专长和作用"。"国家应当为老年人参与社会主义物质文明和精神文明建设创造条件"。老年人参与社会发展，既为社会创造物质财富，自己也可从中获得一部分收益来弥补经济上的不足。从本次调查看，还有48.9%的低龄身体尚好的老人想继续再工作，最长的可干10年以上，却很难找到再工作的机会。老年人力资源不同于青年人，是不需再专门培养而当即可用的一种资源。老年人参与社会决不是与青年人、与下岗职工"争饭碗"。各级政府要为老年人参与社会创造条件，制定相应的政策，如兴办老年福利企业要在税收、信贷等方面给予一定的优惠，以鼓励老年人的积极性。要切实帮助解决参与社会中碰到的如医疗、住房等实际困难，以满足老年人再工作的需求，实现老有所为的愿望。

进一步营造敬老养老氛围，使老年人在经济上得到子女的帮助。在加大经济改革的力度中，要重视中华民族传统美德的教育，加强社会主义精神文明的建设，营造敬老养老的氛围，提高子女养老的自觉性。这次调查显示，有16.7%的老年人不享有离退休待遇，需要子女经济供养；有21.6%的老年人需要子女提供经济帮助；有21.8%的老人认为子女不孝顺，经济上供养不足等。家庭养老现阶段仍是我国主要的养老方式，老年人不仅在经济上希望得到子女的帮助，还想在生活照料、精神慰藉等方面得到帮助。要对子女加强尊老敬老的教育，使其自觉赡养老人，孝敬老人，让自己的父母亲不仅能安度而且能欢度晚年。

（二）努力搞好社区服务，扩大服务范围，以满足老年人的生活需要。

这次调查告诉我们，由传统的家庭养老逐步向社会养老的过渡势在必行，做好社区的老年人服务工作应当引起各级党和政府的重视。

加强社区服务的管理。社区服务作为一种社会事业，本质上是福利性的。老年人居家养老离不开社区，老年人将成为社区服务的主要对象。但是，社区服务不同于社会救助，不能将社区服务一律视为无偿服务。各级政府要设立相应的机构，城镇要由街道办事处（居委会）及民政部门承担主要责任，组织实施和管理。要防止社区服务事业全部依赖政府，又要防止社区服务事业简单地进入市场，甚至完全商业化的倾向。

尽力办好托老所。老年公寓。在这次调查中，有744位老年人要求建立托老所，占总人数的57.1%。老人入托老所，一是可以减轻家务负担，子女也放心；二是住托老所比进老年公寓花钱少，经济上能承受；三是可日托、半托，也可临时搭伙，来去自由等，因此深受老年人的欢迎。各地要从实际出发，因地制宜办好托老所。要坚持就近、小型、方便的原则，为老年人提供膳食、护理、洗浴、社交、娱乐、康复、医疗、接送等服务。湖州市城区泮家廊居委会、杭州市清泰街道等地对如何办好托老所已为我们提供了现成的经验，可供各地借鉴。要鼓励社会各界配合国家住房改革，发展符合我国国情的新型老年公寓。可采取政府决策，以社会筹资为主，政府资助为辅，形成多渠道、多层次、多种经济成分并存的投资体系。

搞好家政服务。老年人群体的需求，是多层次的。有的感到孤独，需要人陪聊；有的洗衣做饭有困难，需要人帮助；有的看病、住院，需要人护理；有的日常生活不能自理，急切需人照料，等。于是，社会上出现了家政服务这一新的行业。这是一个新生的产业，各级政府要给予大力的支持，这不仅能为老年人分忧，解决他们的后顾之忧，还能解决一大批下岗职工的再就业，减轻社会的压力。当前的问题是从事家政服务的工作还刚刚起步，人员少、素质低、服务质量差。劳动、人事等有关部门要积极推进家政服务的企业化管理：一是要通过严格的培训和落实工作责任制，确保家政服务的规范和质量，使被服务的老人满意；二是要制定有关的法律条例，保护家政服务人员的合法权益；三是对家政人员的医疗、养老保险等进行管理，解除从业人员的后顾之忧。

改造并新建适宜居家养老的住房。这次调查中，有34.4%的老年人对现实的住房不满意，有的感到面积太小、有的感到朝向不好、有的房屋漏雨、但最主要是现有的大、中、小套住房，只适合核心家庭居住，子女结婚后不得不与老人分居，这样照料老人的生活就成了大问题。有的子女虽与老人住在一起，由于使用面积小，日常生活也不方便。因此，对现有的住房要适当的改造，以利于老年人居家养老。建房设计部门在今后的社区新建住房设计中，要考虑"4—2—1"家庭的需要，多建造一些能适合几代人同住的套房。这样便于子女照料老人，老人也可与子女、孙辈共享天伦之乐。

鼓励企业多生产适合老年人的特殊商品。老年人牙齿不好、肠胃功能减弱，喜欢吃松软的食品；老年人生活俭朴，希望买到宽松、耐穿、价廉的服装；老年人行动不便，希望安装求助铃等。目前，市场上专为老年人设计的产品不多，厂商对老年产品不愿生产，原因是认为老人的钱难赚，利润少。要大力开发老年市场，有关部门要制定生产老年商品的优惠政策，包括提供场地、原材料、减免税收，等，鼓励更多的企业生产老年商品。社区要设立销售老年用品的商品，以方便老年人购买，满足老年人的生活需要。

（三）改进医疗保障制度，开展老年健康教育和体育活动，以满足老年人的健康需要。

据这次调查，患病的老人占总数的80.3%，多的有四五种疾病，严重影响老年人的生活质量，也给家庭和社会带来很大的压力。要满足老年人健康的需要，实现国际卫生组织1990年提出的“健康老龄化”的目标。

改革医疗费的报销制度。当前，我省享受公费医疗或劳保医疗的老年人都需要到指定的医院看病，但一般路程较远，又没有特色专科，老年人感到看病不便或难治好自己的病。建议有关卫生部门制定老年人就医的优待政策，允许享有公费或劳保医疗的老年人就近就医或到有专科特色的医院看病，其医药费用回原单位报销或转账支付。对“大病要实行医疗费统筹”。确保老年人能及时得到治疗。

开展老年保健知识的教育。开展保健知识教育，是促进健康老龄化最有效的办法和途径。要通过报刊、电台、电视等新闻载体，广泛宣传老年保健知识。老年大学、老年学校要设立“老年保健知识课”。通过宣传教育，增强老年人自我保健的知识，提高老年人预防疾病的能力，做到防患于未然。这样可以减少老年人的疾病，改进老年人的健康状况，又可减轻家庭的精神压力和国家的医疗费用。

组织老年人开展体育活动。生命在于运动。老年人适时参加一些爬山、打球、舞剑、打太极拳等活动，对延年益寿大有好处。各地要成立老年体育组织，组织老年人积极开展全民健身运动。一是要创造条件，尽力为老年人参与体育活动开辟活动场地，提供锻炼的体育器械；二是要适时组织一些评比、竞赛，以提高老年人参与体育活动的兴趣；三是要引导老同志量力而行，正确开展体育锻炼，避免因锻炼不当而损害健康。

（四）逐步增加老年福利设施的投入，搞好“夕阳红工程”以满足老年人的社会需要。

老年人离开工作岗位后，由于生活方式和生理、心理的变化，对社会的需求增多。他们需要扩大人际交往、参与社会的文化娱乐活动、学习科学文化知识、聊天叙旧、安静养生等。这就要求社会逐步加大老年福利设施的建设，搞好“夕阳红工程”，包括老年活动中心（室）、老年大学（学校）等，以满足日益增加的老年人的社会需要。

要拓宽投资渠道，逐步加大对老年福利设施的投入。《中华人民共和国权益保障法》第五条规定：“各级人民政府应当将老年事业纳入国民经济和社会发展计划，逐步增加对老年事业的投入，并鼓励社会各方面投入，使老年事业与经济、社会协调发展”。发展老龄事业光靠国家的投入是不够的，因我国是个发展中国家，财力有限，要按照市场经济规律，拓宽投资的渠道，依靠企业、个人共同搞“夕阳红工程”建设。上海市政府推出了《养老机构管理的办法》，除政府继续增加投入外，鼓励企事业单位、社会团体和个人兴办养老机构，也欢迎境外组织和个人合资、合作兴办养老机构。我省温州等地已有一些私人企业家投资建造老年公寓、老年医院等老年福利设施，这些经验也可供各地学习。要贯彻谁投资、谁受益的原则，鼓励全社会都来办老年福利事业。要认真贯彻省政府（98）65号“关于加快发展社会福利事业的通知”精神，对兴办老年福利事业在征地、土管、城建等方面给予优惠。

加强老年福利设施的管理，充分发挥其作用。老年活动中心（室）等老年福利设施要办得好，能吸引人，关键是要加强组织管理。要选配不计名利，无私奉献、热心为老年人服务的人参与管理；要不断充实和完善老年福利设施，如老年活动中心（室）要有电视机，有报刊、杂志，有球类，还要有室外的活动场地；要经常组织开展活动，如开展祝寿活动，搞体育比赛等，以吸引更多的老年人，增强凝聚力；要制订规章制度，杜绝赌博等不良倾向的发生。

“高龄老人健康长寿调查”数据汇总结果

“高龄老人健康长寿调查”涉及到22个省、直辖市、自治区的有百岁老人的561个县（区），共回收有效调查问卷9073份，调查数据初步汇总结果如下：

1. 老年人的个人状况

年龄性别分布：经过认真的年龄核实，在调查的9073位（男性3641位、女性5432位）高龄老人中，80岁以下113人（男性73人、女性58人），占1.4%；80—89岁3493人（男性1767人、女性1727人），占38.5%；90—99岁3023人（男性1314人、女性1709人），占30.2%；100岁及以上2425人（男性487人、女性1938人），占26.7%。在百岁及以上老人中，100—104岁2163人，105—109岁207人；110—114岁19人；115岁和122岁各1人。

民族分布：共有9056名高龄老人回答了此问题，在被调查的高龄老人中，汉族占92.9%，其他少数民族占7.1%。

文化程度：共有9024名高龄老人回答了此问题，在80—89岁、90—99岁、100岁及以上老年人中，文盲分别占54.9%、68.1%、84.5%；小学程度分别占31.6%、23.9%、12.9%；初高中程度分别占9.1%、6.0%、2.0%；大学程度分别占4.4%、2.1%、0.7%。在男性老年人中，文盲占37.0%、小学程度占41.1%、初高中程度占12.2%、大学程度占5.6%；在女性老年人中，文盲占87.1%、小学程度占4.1%、初高中程度占1.5%、大学程度占0.8%。

60岁以前的职业分布：共有9068名高龄老人回答了此问题，在80—89岁、90—99岁、100岁及以上老年人中，从事农副业的分别占49.3%、56.8%、62.0%；从事工业的分别占9.9%、6.5%、2.2%；从事技术管理的分别占12.6%、5.6%、2.0%；从事商业服务业的分别占11.1%、9.5%、5.4%；从事家务的分别占14.4%、19.6%、26.3%；从事其他的分别占2.8%、2.1%、1.9%。在被调查的老年人中，男性从事农副业的占54.2%，女性占55.2%；男性从事家务的占1.1%，女性占31.5%。

婚姻状况：共有9068名高龄老人回答了此问题，在80—89岁、90—99岁、100岁及以上老年人中，已婚有偶的分别占31.4%、12.7%、3.1%；离婚的分别占0.7%、0.5%、0.7%；丧偶的分别占66.4%、85.6%、95.3%；从未结婚的分别占1.5%、1.2%、1.1%。在被调查的老年人中，已婚有偶的男性占33.1%、女性占5.3%；从未结婚的男性占2.2%、女性占0.6%。结过一次婚的老年人占84.9%。

初婚年龄：共有8571名高龄老人回答了此问题，在80—89岁、90—99岁、100岁及以上老年人中，在18岁之前结婚的分别占34.9%、40.8%、47.2%。在被调查的老年人中，在18岁之前结婚的男性占22.2%、女性占52.1%。

生育子女数：共有5369名女性高龄老人回答了此问题，在80—89岁、90—99岁、100岁及以上的女性老年人中，从未生育的分别占6%、3.9%、3.7%；生育一胎的分别占10.4%、8.7%、6.9%；生育二胎的分别占10.7%、9.7%、9.7%；生育三胎的分别占12.8%、12.4%、13.7%；生育四胎的分别占12.7%、13.9%、13.4%；生育五胎及以上的分别占47.1%、51.4%、52.5%。

居住方式：共有9041名高龄老人回答了此问题，在80—89岁、90—99岁、100岁及以上的老年人中，仅与配偶居住或独居的分别占26.5%、14.8%、7.9%；两代一起居住的分别占15.6%、27.9%、33.3%；三代一起居住的分别占39.0%、32.6%、28.4%；两代一起居住的分别占10.5%、19.1%、24.8%；其它居住方式的分别占1.5%、1.9%、2.7%。

2. 老年人的主要经济来源构成

主要的经济来源：共有9068名高龄老人回答了此问题，在80—89岁的老年人中，其主要经济来源所占的比例分别为，来自子女的占57.2%、来自退休费的占26.2%、来自政府与社会救济的占6.1%；在90—99岁的老年人中，其主要经济来源所占的比例依次为，来自子女的占70.2%、来自退休费的占13.0%、来自孙子女的占7.5%；在100岁及以上的老年人中，其主要经济来源所占的比例依次为，来自子女的占69.9%、来自孙子女的占15.3%、来自政府与社会救济的占7.6%。在男性老年人中，其主要经济来源所占的比例依次为，来自子女的占53.5%、来自退休费的占31.0%、来自政府与社会救济的占5.1%；在女性老年人中，其主要经济来源所占的比例依次为，来自子女的占72.0%、来自孙子女的占10.0%、来自政府与社会救济的占6.8%。

上述数据表明，被调查老年人是以家庭供养为主，随着年龄的提高，家庭供养所占的比例逐步增加；女性老年人依靠家庭供养的比例明显高于男性老年人。

对生活状况的满意度：共有9053名高龄老人回答了此问题，对目前生活状况比较满意的占68.9%，认为一般的占21.4%，不满意的占2.9%，无法回答的占7.0%。在各年龄组和男女性老年人中，对生活状况的评价差别不大。

3. 老年人的健康状况

对健康的自我评价：共有9058名高龄老人回答了此问题，认为健康状况较好的占53.2%，认为一般的占31.5%，不好或无法回答的占15.3%。女性老年人对健康状况好的评价比例，低于男性老年人。

视力状况：共有8937名高龄老人接受了简单测试，视力状况比较好的占68.6%，一般的占11.4%，不好的占17.1%，失明的占3.0%。男性老年人的视力状况明显好于女性老年人。

牙齿状况：共有8969名高龄老人接受了检查，没有牙齿的已占39.9%；在女性老年人中，没有牙齿的占46.1%；在男性老年人中，没有牙齿的占30.7%。

血压状况：共有6102名高龄老人接受了检查，血压正常的占53.9%，血压偏高的占45.8%，血压偏低的占0.2%。百岁及以上老年人的血压状况好于其他年龄组老年人。

心律状况：共有8867名高龄老人接受了检查，心律正常的占84.6%，心律不正常的占15.9%，

看病次数：1997和1998年，没有去医院看病的

被调查老年人占89.1%，看过病的占6.5%，长期卧床不起的占4.4%。

患病状况：在被调查老年人中，目前患有各种疾病的为7186人次，其中患白内障的1873人；患呼吸系统疾病的1130人；患高血压的1169人。

4. 老年人的身体活动能力

起坐能力：共有9001名高龄老人接受了测试，自己完全能从椅子上起坐的占65.2%，靠人帮忙能起坐的占26.0%，完全不能的占8.9%。随年龄的提高，老年人的起坐能力呈下降趋势，男性老年人的起坐能力高于女性老年人。

弯腰和下蹲能力：共有8937名高龄老人接受了测试，自己完全能从地上捡起书的占62.1%，坐在椅子上能捡起书的占24.9%，完全不能的占12.9%。随年龄的提高，老年人的弯腰和下蹲能力呈下降趋势，男性老年人的弯腰和下蹲能力高于女性老年人。

双手触摸颈根的能力：共有8971名高龄老人接受了简单测试，双手完全能触摸颈根的占87.9%，左手完全能触摸颈根的占2.5%，右手完全能触摸颈根的占5.0%，完全不能的占4.6%。随年龄的提高，老年人双手触摸颈根的能力呈下降趋势，男性老年人双手触摸颈根的能力高于女性老年人。

双手触摸后腰的能力：共有8960名高龄老人接受了测试，双手完全能触摸后腰的占89.6%，左手完全能触摸后腰的占2.1%，右手完全能触摸后腰的占3.8%，完全不能的占4.5%。随年龄的提高，老年人双手触摸后腰的能力呈下降趋势，男性老年人双手触摸后腰的能力高于女性老年人。

5. 老年人的饮食状况与饮水种类

主食结构：共有9067名高龄老人回答了这个问题，以食大米为主的占75.1%，以食杂粮为主的占5.2%，以食面粉为主的占19.2%。

平均饭量：共有9051名高龄老人回答了这个问题，日平均吃1～3两的占14.4%，日平均吃4～5两的占30.0%，日平均吃6～8两的占38.5%，日平均吃9～10两的占13.2%，日平均吃11两以上的占3.8%。随年龄的提高，老年人的饭量呈下降趋势，男性老年人的饭量大于女性老年人。

吃水果状况：共有9063名高龄老人回答了这个问题，每天吃水果的占15.7%，经常吃水果的占1.7%，有时吃水果的占53.7%，很少吃水果的占28.9%。

吃蔬菜状况：共有9063名高龄老人回答了这个问题，每天吃蔬菜的占73.1%，经常吃蔬菜的占4.1%，有时吃蔬菜的占18.0%，很少吃蔬菜的占4.7%。

吃咸、泡菜状况：共有5355名高龄老人回答了这个问题，现在经常吃咸、泡菜的占22.0%，有时吃咸、泡菜的占33.3%，很少吃咸、泡菜的占44.7%。

吃肉类状况：共有5392名高龄老人回答了这个问题，目前经常吃肉类的占27.8%，有时吃肉类的占50.7%，很少吃肉类的占21.5%。

吃水产品状况：共有5366名高龄老人回答了这个问题，目前经常吃水产品的占12.3%，有时吃水产品的占53.7%，很少吃水产品的占32.2%。

吃蛋类状况：共有5386名高龄老人回答了这个问题，目前经常吃蛋类的占28.6%，有时吃蛋类的占49.8%，很少吃蛋类的占21.6%。

吃糖类状况：共有5388名高龄老人回答了这个问题，目前经常吃糖类的占26.6%，有时吃糖类的占42.6%，很少吃糖类的占30.8%。

饮水种类：共有9052名高龄老人回答了这个问题，目前饮用井水的占39.8%，饮用河湖水的占2.6%，饮用泉水的占5.9%，饮用塘水的占0.5%，饮用自来水的占51.3%。

饮茶状况：共有5187名高龄老人回答了这个问题，经常喝茶水的占20.4%，有时喝茶水的占16.4%，很少喝茶水的占63.2%。

6. 老年人吸烟饮酒状况

吸烟状况：共有9054名高龄老人回答了这个问题，现在仍吸烟的占0.7%，过去吸烟的占31.7%，从不吸烟的占67.6%。百岁及以上老年人从不吸烟的比例，比80—89岁老年人低20.8%，比90—99岁老年人低11.7%。

饮酒状况：共有9051名高龄老人回答了这个问题，现在仍饮酒的占2.0%，过去饮酒的占32.8%，从不饮酒的占65.1%。男性老年人饮酒的比例明显高于女性老年人。

7. 老年人性格与心理状况

是否遇事想得开：共有9058名高龄老人回答了这个问题，遇事想得开的占70.4%，遇事有时想得开的占12.0%，遇事想不开的占6.6%。无法回答的占11.1%。

是否喜欢干净整洁：共有9058名高龄老人回答了这个问题，喜欢干净整洁的占76.0%，有时喜欢干净整洁的占9.8%，不喜欢干净整洁的占4.2%。无法回答的占10.0%。

是否经常感到紧张害怕：共有9060名高龄老人回答了这个问题，从不感到紧张害怕的占65.9%，有时感到紧张害怕的占12.0%，经常和总是感到紧张害怕的占11.3%。无法回答的占10.8%。

是否经常感到孤独：共有9059名高龄老人回答了这个问题，感到不孤独的占60.8%，有时感到孤独的占14.3%，经常感到孤独的占13.8%。无法回答的占11.1%。

是否自己的事能做主：共有9059名高龄老人回答了这个问题，能自己做主的占54.1%，有时能自己做主的占14.5%，不能做主的占19.4%。无法回答的占12.1%。男性老年人能自己做主的比例高于女性老年人。

是否觉得越老越不中用：共有9059名高龄老人回答了这个问题，不觉得越老越不中用的占32.2%，有时觉得的占21.8%，经常觉得的占34.2%。无法回答的占11.6%。男性老年人不觉得越老越不中用的比例高于女性老年人。

7. 老年人的思维和语言能力

反应能力：共有9051名高龄老人接受了测试，反应能力较好的占54.6%，反应能力一般的占19.4%，反应能力不好的占12.3%。无法回答的占13.6%。男性老年人反应能力好的比例高于女性老年人。

计算能力：共有9017名高龄老人接受了测试，计算能力较好的占57.5%，计算能力一般的占13.2%，计算能力不好的占14.3%。无法回答的占16.9%。男性老年人计算能力好的比例高于女性老年人。

摹仿画图型能力：共有9055名高龄老人接受了测试，摹仿画图型能力较好的占26.9%，摹仿画图型能力不好的占38.0%，无法画的占35.1%。男性老年人摹仿画图型能力较好的比例高于女性老年人。

回忆能力：共有9051名高龄老人接受了测试，回忆能力较好的占45.5%，回忆能力一般的占11.9%，回忆能力不好的占23.7%。无法回答的占19.0%。男性老年人回忆能力较好的比例高于女性老年人。

识别能力：共有9055名高龄老人接受了测试，识别能力较好的占84.5%，识别能力一般的占1.9%，识别能力不好的占1.3%。无法回答的占12.2%。男性老年人识别能力较好的比例高于女性老年人。

语言重复能力：共有9060名高龄老人接受了测试，语言重复能力较好的占69.6%，语言重复能力不好的占12.6%。无法回答的占17.8%。男性老年人语言重复能力较好的比例高于女性老年人。

理解和自我协调能力：共有9051名高龄老人接受了测试，理解和自我协调能力较好的占73.8%，理解和自我协调能力一般的占5.9%，理解和自我协调能力不好的占5.2%。无法回答的占15.1%。男性老年人理解和自我协调能力较好的比例高于女性老年人。

8. 老年人生活自理能力和照料状况

吃饭能否自理：共有9063名高龄老人回答了这个问题，吃饭无需帮助的占88.1%，需要部分帮助的占9.8%，需完全喂食的占2.1%。男性老年人吃饭无需帮助的比例高于女性老年人。

穿衣能否自理：共有9069名高龄老人回答了这个问题，穿衣无需帮助的占82.5%，需要部分帮助的占4.3%，需完全帮助的占13.3%。男性老年人穿衣无需帮助的比例高于女性老年人。

室内活动能否自理：共有9050名高龄老人回答了这个问题，室内活动无需帮助的占83.6%，需要部分帮助的占11.4%，卧床不起的占5.0%。男性老年人室内活动无需帮助的比例高于女性老年人。

洗澡能否自理：共有9060名高龄老人回答了这个问题，洗澡无需帮助的占68.4%，一处需要帮助的占11.8%，多处需要帮助的占19.8%。男性老年人洗澡无需帮助的比例高于女性老年人。

上厕所能否自理：共有9067名高龄老人回答了这个问题，上厕所无需帮助的占80.7%，需要帮助的占14.1%，卧床不起的占5.2%。男性老年人上厕所无需帮助的比例高于女性老年人。

能否控制大小便：共有9068名高龄老人回答了这个问题，能控制大小便的占91.2%，偶尔失禁的占7.6%，完全失禁的占1.2%。

身体不适时由谁照料：在被调查的老年人身体不适或生病时，其照料者构成如下：由配偶照料的占10.1%，由子孙辈和其他家庭成员照料的占81.7%，由社会服务照料的占5.3%，其他和无人照料的占3.0%。

9. 老年人活动娱乐状况

过去是否经常从事体力劳动：共有9050名高龄老人回答了这个问题，过去经常从事体力劳动的占78.2%，过去不经常从事体力劳动的占21.8%。男性老年人过去经常从事体力劳动的比例高于女性老年人。

现在是否经常从事户外体力劳动：共有9053名高龄老人回答了这个问题，现在每天从事户外体力劳动的占10.3%，有时从事的占12.5%，现在不参加的占77.3%。男性老年人现在从事户外体力劳动的比例高于女性老年人。

现在是否从事家务劳动：共有9062名高龄老人回答了这个问题，现在每天从事家务劳动的占24.5%，有时从事的占18.0%，现在不参加的占57.6%。男性老年人和女性老年人现在从事家务劳动的比例相差无几。

是否从事体育锻炼：共有9050名高龄老人回答了这个问题，现在从事体育锻炼的占5.8%，过去从事的占29.5%，从不锻炼的占64.7%。男性老年人从事体育锻炼的比例高于女性老年人。

是否阅读书报：共有9057名高龄老人回答了这个问题，现在每天阅读书报的占10.1%，有时阅读的6.7%，不阅读的占83.2%。男性老年人阅读书报的比例高于女性老年人。

是否看电视听广播：共有9061名高龄老人回答了这个问题，现在每天看电视听广播的占25.2%，有时看电视不听广播的占26.3%，不看电视听广播的占48.5%。男性老年人看电视听广播的比例高于女性老年人。

是否打牌与麻将：共有9058名高龄老人回答了这个问题，现在每天打牌与麻将的占3.6%，有时打的占9.0%，不打的占87.4%。男性老年人打牌与麻将的比例高于女性老年人。

是否从事宗教佛事活动：共有9062名高龄老人回答了这个问题，现在每天从事宗教佛事活动的占4.0%，有时从事的12.4%，不从事的占83.6%。女性老年人从事宗教佛事活动的比例高于男性老年人。

提高老年人生活质量行动建议

（2002年6月28日）

提高老年人生活质量，是人类社会进步的必然要求，也是第二届世界老龄大会的重要议题。根据李岚清副总理的批示，全国老龄工作委员会办公室于2002年6月26日至28日在北京召开了“提高老年人生活质量对策研讨会”，以此作为中国回应第二届世界老龄大会的后续行动。中国内地和港、澳从事老龄问题研究的专家学者及老龄工作者约160余人出席了会议。经过充分讨论，会议形成以下共识和行动建议：

1.21世纪是人类长寿的时代。人类寿命的延长和老年人口的增多是经济发展和社会进步的重要标志。随着人口老龄化、经济全球化、生活信息化和农村城市化进程的加快，老年人作为弱势群体越来越处于不利地位。逐步改善老年人的物质文化生活条件，不断提高老年人生活质量，使老年人共享社会经济发展成果，已经成为当代国际社会共同关注的新焦点。

2.我国党和政府历来十分关心老年人。建国后特别是改革开放以来，国家颁布了一系列保障老年人权益的法律、法规和政策，初步建立了养老、医疗等社会保障制度，老年福利、卫生、文化、教育、体育等事业有了较快发展，老年人的生活发生了巨大变化，生活质量显著提高。但与其他社会人群相比，老年人仍面临许多不容忽视的问题：养老和医疗保障水平不高，老年社会服务发展滞后，精神文化生活不够丰富，社会参与程度相对较低，损害老年人合法权益现象时有发生，部分老年人还处于贫困状态。这些问题必须引起社会各界的高度重视，需要切实采取措施逐步加以解决。

3.我国是老年人口最多的国家，有悠久的敬老优良传统。老年人为社会发展做出了历史性贡献，他们有权共享社会经济发展成果。在新的历史条件下，弘扬我国敬老爱老助老的传统美德，保障全球1/5老年人的生活，不断满足他们的物质文化需求，提高他们的整体生活质量，是落实江泽民总书记“三个代表”重要思想的具体行动，是全心全意为人民服务宗旨和社会主义制度优越性的重要体现，不仅对于促进我国经济发展、社会进步和政治稳定，而且对于推进国际老龄事业，都具有重要的意义。

4.老年人的生活质量是指一定社会条件下老年人在物质生活、精神生活、健康状况和生活环境等方面的客观状态及老年人自我感受的总和。面向新世纪，提高老年人生活质量的目标是：从我国国情出发，以“老有所养、老有所医、老有所教、老有所学、老有所为、老有所乐”老龄工作长期目标为指导，改革和完善养老、医疗保障体系，丰富文化生活，改善生活环境，促进老年人身心健康，使老年人融入社会，享有“独立、参与、照顾、自我实现、尊严”的晚年生活。实现这一目标是全社会的共同责任，也是一项系统工程，需要政府、社会、社区、家庭和每个公民齐心协力，认真实施“党政主导，社会参与，全民关怀”的老龄工作方针，共同采取行动。

第一方面建议：提高保障水平

5.改革和完善城市养老保障制度。切实保证离退休人员养老金按时足额发放，并随着社会经济的发展逐步提高养老保障标准；完善最低生活保障制度，使符合条件的老年人应保尽保；鼓励发展多种形式的补充养老保险；建立百岁老人津贴，逐步扩大到其他高龄老年人；有关部门要采取措施限制提前退休，防止将就业压力转变为养老压力。

6.完善土地保障、家庭赡养和社会扶持相结合的农村养老保障体系。强化子女赡养老年父母的责任，巩固和加强家庭赡养协议签订和落实工作；巩固和完善独生子女户和双女户的计划生育养老保障制度；进一步提高“五保户”的供养水平；在农村税费改革中，确保减轻老年人特别是高龄老年人的负担；倡导按因地制宜的原则继续发展农村养老保险制度；加大社会扶持力度，鼓励有条件的地方建立农村养老生产基地、农民养老补贴制度和最低生活保障制度；支持和帮助低龄健康老年人从事有收入的劳动。

7. 加强对特困老年人的救助力度，增强全民自我保障意识。按照政府和民间相结合的原则，建立特困老年人救助体系，并逐步纳入扶贫规划；有条件的地方应制定针对老年人特殊困难的特殊救助政策，体现政府对老年人的特殊关怀；各级政府应积极建立依靠社会力量认助、认养、认捐特困老年人制度，大力表彰社会化救助工作中的先进集体和个人。在中青年中开展自我保障意识教育，提倡和鼓励个人储蓄，为自己的未来养老做长期准备。

第二方面建议：促进身心健康

8. 加快城镇职工基本医疗保险制度改革。扩大基本医疗保险覆盖面，提高服务质量和水平；大力发展以社区为依托，以疾病预防控制中心为骨干，各有关医疗机构参与的老年卫生服务工作网络；逐步建立社区老年人健康档案和老年人体质监测站，开展监测指导工作；加强社区老年护理队伍建设和技能培训；做好老年病预防和康复工作，推广和普及科学的老年养生保健方法；推动大中型医院积极拓展老年医疗服务领域，转变服务模式，增加方便、快捷、经济的老年医疗保健服务；多渠道开展对老年人、尤其是中西部残障老年人的医疗保健服务，实施“光明行动”等关爱老年人的工程。

9. 加强农村特别是老少边穷地区的老年医疗卫生服务工作，强化家庭对患病老年人的责任。加快乡、村医疗卫生组织建设，完善县、乡、村三级医疗预防保健网；恢复和发展合作医疗制度；努力降低老年人的医疗费负担；在经济发达的农村地区应探索建立医疗保险制度。

10. 加强特困老年人医疗救助工作，增强全民健康意识。探索建立特困老年人医疗救助制度，使特困老年人享受基本医疗服务；建立城乡老年人健康教育、预防保健和健康促进的工作体制，普及卫生保健知识，促进老年人实现健康老化；做好老年妇女的预防保健工作；重视老年期常见病、多发病的防治和康复研究，建立老年人健康与生活质量评价指标体系；大力倡导老年人合理膳食、适量运动、戒烟限酒和心理平衡；重视和开展临终关怀服务，尽可能减轻临终老年人的痛苦，使其感受家庭和社会的温暖；在青少年和成年人中倡导科学、文明、健康的生活方式，提倡终身健康。

第三方面建议：丰富文化生活

11. 发展老年教育事业。合理增加对老年教育事业的投入，依托社区建立不同类型的老年大学和老年学校，规范教学内容，提高办学质量，提高入学率；逐步开展退休教育，引导即将退休的职工适应退休生活；开展适合老年人特点的思想政治和文化教育活动，帮助老年人学习新知识、新技能，提高适应社会的能力。

12. 开发老年文化资源。中央电视台应开设老年电视频道；各地广播、电视要办好和增加老年文化体育专题节目，有条件的地方应开设老年电视频道；老年报刊要不断提高质量，满足老年人和老龄工作的需要；出版等部门要加大老年图书、音像、电子出版物的出版力度；建设老年网站；鼓励创作面向老年人的文艺作品，鼓励和帮助老年人参与文化艺术创作。

13. 发展老年群众性文化体育活动。各地因地制宜地组织老年人开展多种形式的老年社会活动，提高老年人的参与程度；对开展“亿万老年人健身活动”要加强组织和科学指导工作；在积极建设老年人文化体育活动场所的同时，加强管理，确保为老年人所用。

14. 支持老年人参与社会发展。充分认识和高度重视老年人在社会发展和社会稳定中的积极作用，根据社会需要和自愿量力的原则，创造条件，扩展途径，充分开发和利用老年人才资源；在各级人民代表大会和政协设立老年界别，充分反映老年人的心声；组织和引导老年人从事社会公益活动；加强老年群众组织，尤其是农村老年人协会的建设，落实经费，发挥它们在老年群体管理中“自我教育、自我服务、自我发展”的作用。

第四方面建议：改善生活环境

15. 完善提高老年人生活质量的政策环境。根据国民经济发展水平和人口老龄化形势，调整老龄事业发展规划和计划，建立老龄事业投入的增长机制；逐步增加国家对基本养老保险、特困老年人救助、老年卫生保健、老年服务设施、老年教育、老年文化等老龄事业的投入，改善老年人的生活条件，鼓励、支持和资助有关老年人生活质量的科学研究，探索促进老年人全面发展的有效途径。

16. 完善保护老年人权益的法制环境。加快制定《中华人民共和国老年人权益保障法》实施细则；以农村为重点，做好《中华人民共和国老年人权益保障法》的宣传和普及工作，强化全社会维护老年人合法权益的法制观念；在老年人中开展法制教育，增强老年人依法维护自身合法权益的自觉意识；加强有关保障老年人合法权益的政策、法律和法规的落实工作，重点对老年人人身、经济、住房、婚姻自由等权益加大法律监督和舆论监督的力度；严厉打击侵犯老年人合法权益的不法行为；逐步建立和完善老年法律服务和法律援助组织网络，确保老年人就地、就近得到及时、方便的法律服务；充分发挥农村老年人协会等老年群众组织维护老年人合法权益的积极作用；严厉打击宣扬迷信、邪教等伤害老年人身心健康的非法活动。

17. 积极营造敬老养老助老的社会道德环境。贯彻《公民道德建设实施纲要》，大力倡导敬老道德规范，将敬老道德教育纳入中小学教育计划，教育青少年尊重、爱护和帮助老年人；动员和组织广大青年和社会公众加入到为老年人服务的志愿者行列；开展敬老爱老评比表彰活动，宣传先进典型，树立敬老养老助老的良好社会风尚。

18. 努力营造敬老爱幼、代际和谐的家庭环境。充分发挥家庭在提高老年人生活质量上不可替代的作用；强化子女的敬老意识和赡养老年父母的法律意识，保证其物质生活，为其提供生活照料和精神慰藉；鼓励代际之间相互关心、相互帮助、相互支持；提倡代际平等和夫妻平等；鼓励子女更新观念，支持其无偶老年父（母）再婚；继续推动各地敬老模范家庭的评比表彰活动。

19. 建立安全、方便、舒适的人居生态环境。各级政府发挥主导作用，增加对社区老年服务设施建设的投入；继续推进“星光计划”，加快老年社会福利设施建设；住房、社区、医院、交通等场所和设施的建设，要按照有关工程建设技术标准，创造无障碍环境，方便老年人特别是残疾老年人的行动，提高生活的独立性；建立和保护有利于老年人健康长寿的生态环境；建立健全城镇社区服务体系，有条件的地区逐步建立老年人紧急呼叫系统和应急服务网络；城市现有的公共体育设施和文化活动设施要全面向老年人开放，并提供优惠服务和便利条件；把老年人体育纳入“雪炭计划”，资助贫困省市修建适合老年人活动的室内外小型体育设施。

20. 创造和改善老年人的消费环境。倡导老年人转变消费观念，切实保护老年消费者的合法权益；制定和落实优惠政策，鼓励社会团体、企业和国内外人士投资老龄产业，生产、研制和开发适合老年人特点的产品，开拓服务项目。

第五部分

老龄国际事务

中国代表团团长魏恒仓在亚太地区老龄问题世界大会政府间预备会议上的发言

（1981 年 10 月　马尼拉）

主席夫人：

中国代表团来到美丽的群岛之国菲律宾的首都马尼拉，参加亚太经社会召开的亚太地区老龄问题世界大会政府间预备会议，感到很高兴。首先，我以中国代表团的名义，对东道国菲律宾为会议提供的各种方便，和对我们的盛情接待，表示由衷的感谢，并向各国朋友致以亲切的问候。同时，对西尔维亚·蒙苔丝夫人当选为会议主席，表示热烈的祝贺。我们祝愿这一届会议，在她和以她为首的领导小组的主持和与会代表的共同努力下，取得园满的结果，达到预期的目的，为明年世界大会的召开，做好必要的准备，作出应有的贡献。还应该提到，亚太地区老龄问题技术会议的报告，对本地区的老龄问题，作了概括性的描述，为我们提供了有关的数字、情况、观点、问题和建议，是一个好的基本工作文件。对于为此而付出辛勤劳动的亚太经社会社会发展部部长拉姆先生，老龄问题世界大会首席顾问舒曼先生，以及其他有关的专家们，我们表示赞赏和感谢。

我们认为，老龄问题对于一个国家的社会发展和人民福利，确实具有重要的影响。如果处理不当，会带来消极的经济和社会后果。相反，正确地认识和对待，制定适当的方针政策，采取有效的具体措施，不仅可以推动经济的发展，提高人民的福利，促进社会的安定，而且有利于改善社会的道德风尚，维护老年人的尊严和权利。因此，这个问题理应引起我们的重视。各个国家和地区就这个问题通过研究讨论，交流情况，介绍经验，形成本地区的、最后制定国际性的行动计划，对于各个国家和地区以至整个国际社会，都是有益的。中国代表团愿意与大家一起，为开好这次会议，作出自己的努力。

主席夫人：

中国是个有近 10 亿人口的国家。建国以来，由于生产的发展，生活的改善，健康的增进，近几年计划生育工作的成就，我国的人口死亡率和出生率趋于降低，老年人口相对增加，平均寿命逐步提高。根据 1978 年对若干市县的人口调查，60 岁和 60 岁以上的老人约占总人口的 7.5%，男性约占 3.5%，女性约占 4%。百岁以上老人据 1953 年人口普查，有 3000 多人，1964 年普查时增加到近 4000 人。我国人民的平均寿命，1957 年为 57 岁，1978 年增为 68 岁。

在我国的现阶段，老年人口相对增加，平均寿命逐步提高，还不构成人口的“老龄化”。根据有的人口理论工作者研究，在我国的具体条件下，认真实行计划生育，提倡一对夫妇只生一个孩子，人口出生率还会趋于降低。平均寿命还会趋于延长，老年人口的比重也会逐渐增大，按本世纪末我国人口总数不超过 12 亿的平均生育率推算，从全社会说来，本世纪末，我国将进入“老年型”国家的行列，21 世纪初，老龄化问题将更加突出。但是，我们相信，由于在我国的社会制度下，有尊老的优良传统，又有别国的经验借鉴，适时地调整有关政策，采取相应措施，老龄问题将会得到妥善的解决。

主席夫人：

在我国，成年人口绝大多数是劳动者，包括脑力和体力劳动者在内，今天的老年人，就是昨天的青年工人、农民、知识分子和其他劳动者。他们对社会的发展，都曾不同程度地作出过自己的贡献。同时，这些昨天的劳动者，在过去的社会实践中积累的丰富经验，对今天以至后代的劳动者，又是宝贵的财富。通过他们对青年一代的“传、帮、带”，对今天以至后代的物质和文化生产，继续起到应有的作用。因此，老年人分享社会发展的成果，获得各项养老待遇，是当之无愧的。我们尊敬老年人，供养老年人，是完全应该的。对那些为我们国家作出过重大贡献的老红军、老干部，以及工人、农民、知识分子中的英雄模范人物，给予较为优厚的养老待遇，也是理所当然的。而且，今天的青年，就是明天的老人。他们看到政府和人民这样对待老年人，更能激励他们在各自的工作岗位上，为社会的发展作出更多更好的贡献。这就是我们认识和对待老年人的基本观点和出发点。同时，中国是个有几千年文明历史的国家。尊老扶幼，是我国人民的优良传统。新中国建立以来，这种传统的社会美德又增加了崭新的社会内容，成为社会主义道德观念的重要组成部分。这种新的道德观念，结合上面所述的对老年人的基本观点，体现在我国的一些立法和具体措施之中，反映在人民的日常生活和行动准则里面。我国的宪法、婚姻法、劳动保险条例和工人、干部的退休规定等立法，对于子女的抚养父母,职工的退休养老,老人的生活福利,都有明文规定或优惠待遇。

我国婚姻法规定:“子女对父母有赡养扶助的义务”。我国绝大多数家庭都能做到赡养老人,尊敬老人,爱护老人。我国宪法规定:“劳动者在年老、生病或者丧失劳动能力的时侯,有获得物质帮助的权利”。按照体现这种权利的劳动保险条例和工人、干部的退休规定,男职工一般年满60岁,女职员年满55岁,女工人一般年满50岁,具备一定工龄时,即可退休,享受养老待遇。

在机关、企业和事业单位中,对于未到退休年龄而在50或55岁以上的男女职工,或者已到退休年龄而仍在工作岗位的职工,还有各种各样的优待。在公共场所,老年人也受到尊敬、优待和各种方便。

对于退休的干部和职工,以及社会上的老人,我国由国家、集体和家庭分别负责供养,而以家庭为主。按照传统的习惯,城市中的干部和职工退休以后,多数同儿孙生活在一起;无儿无女的孤独老人,有的仍住家中,由所属街道邻里照顾;有的进政府举办的养老院或社会福利院,由专门人员进行医护和服务。农村中的老人,多数也和儿孙生活在一起;无依无靠的孤老社员,由社队给予“五保”,或由集体举办、政府酌情补助的敬老院供养起来,保证他们的生活达到当地一般社员的水平。据1980年统计,城市的养老院和社会福利院有600多所,供养老人2.3万多人;农村中的敬老院有8000多所,供养老人11万多人。无论在城市或农村,住在家庭特别是在养老院的老年人,大多注意保持同社会接触,坚持适宜的体育锻炼,从事力所能及的公益活动和生产或家务劳动,以丰富生活内容,做到延年益寿。

主席夫人:

老年人参与社会发展,是老龄问题的一个重要方面。我国比较注意发挥老年人和退休人员的积极作用,使他们的能力、技术和知识继续为社会发展作出贡献。城市中的退休人员,有的辅导学生校外活动,有的参加维持交通秩序,有的协助街道和居委会搞好环境卫生和治安工作。工厂企业的退休工人,技术较高、体力较好的,不少被原单位或城乡集体所有制企业聘为生产技术指导。目前城市中有些集体所有制的生产服务单位,就是由这样的退休工人指导或带领一批青年举办和经营起来的。农村中有些社队举办的企业,也聘请他们在生产技术或经营管理上进行指导。这不仅有助于农村工副业的发展,方便群众的生活,而且有利于青年的就业,增加个人的收入。老艺人、老中医、老科学家,则组织他们教徒弟、带研究生,并著书立说,使祖国的科学艺术继续流传,造福人民。对机关中的老干部,开始试行顾问制度。资质和水平较高,身体条件较好的,按其原任职务和能力,在相当的政府部门和机构中,分别安排担任各级顾问,以贡献他们的聪明才智,继续为人民服务。上面这些做法,对社会发展的作用,正在逐步显露出来。

主席夫人:

中国是个发展中的国家。由于人口多,底子薄,农民占80%,全国人民的平均生活水平不高,社会福利包括老人的待遇,虽在项目和水平上逐步有所增加和提高,广大人民的基本生活也有起码的保证,但是同一些发达国家相比,还有不小的差距,农村的情况更是如此。对于如何使老年人更好地度过他们幸福的晚年,以及如何使他们对社会发展继续尽可能作出有益的贡献,我们还在摸索前进。例如,对老年人和老年病的科学研究,近几年刚刚开始;对散居的退休职工的组织管理和文娱生活、社会活动的安排,还处于试点阶段;对街道所办的集体所有制企业和个体劳动者的老年保险,还有待解决。我们相信,随着我国生产建设的发展,人民生活的提高,社会福利和保险事业的增加和改善,不断总结我国的实践经验,充分发扬固有的优良传统,认真借鉴国外的合理做法,广泛进行必要的技术合作,及时改进工作中的缺点和错误,并且取得本地区和国际上有关组织的积极支援,我国的老年人口问题将能得到较好的解决。

我的话完了,谢谢主席夫人!

注:西尔维亚·蒙苔丝系菲律宾社会服务和发展部部长

中国出席亚太地区老龄问题预备会议代表团《关于参加老龄问题世界大会亚太地区政府间预备会议的报告》

(1981年12月15日)

外交部、民政部、国家劳动总局并报国务院:

经国务院批准,由劳动总局负责组团参加老龄问题世界大会亚太地区政府间预备会议。会议于今年10月19日至23日在马尼拉举行。代表团由魏恒仓同志率领，有劳动、民政和外交部门的同志参加，共6人。通过参加这次会议，了解了国外的有关情况，进行了友好工作，介绍了我国的基本观点和主要做法。现将情况简要报告如下：

出席这次会议的，有菲、马、印、泰、日、美、苏、新西兰、澳大利亚、香港和我国共11个国家和地区的39个代表；联合国社会发展和人道事务中心、国际劳工组织和国际老人联合会等10个专门机构、政府和非政府组织的代表和观察员15人列席了会议。

这次会议以人口“老化”问题为中心，就老年人的社会福利和参加发展两大重点，从亚太地区的实际出发，通过大会发言和分组讨论，交流了情况，交换了看法，肯定了认真对待人口“老化”问题的重要性和迫切性，提出了亚太地区老龄问题行动计划草案，对如何使老年人公平分享社会经济发展的成果，如何使老年人继续为社会发展作出贡献，提出一系列建议。世界老龄问题大会秘书长柯里根说：“这次会议开得很成功，给世界其他4个地区提供了宝贵的经验”。

人口“老化”是指60岁以上的老人占人口的比重越来越大。这个问题在发达国家中比较明显。例如，美国1980年，60岁以上老人占人口的比重为15%，预计到2000年，这个比重将上升到18%；现在老年人口的增长比总人口的增长高出一倍。澳大利亚在1981年，65岁以上老人占人口的9.8%，到2000年将增加到12.2%。日本65岁以上的老人，1979年为9.1%，预测未来老人将超过总人口的14%。在发展中国家里，目前虽然人口结构比较年轻，老年人口比重不大，但增长速度较快。若干年后，这个问题也将突出起来。我国据1978年部分县市的人口调查，60岁以上的老人约占人口总数的7.5%；据联合国预测，我国老人的比重，2000年将上升到10.7%。

人口“老化”的原因，主要是出生率和死亡率下降，平均寿命提高。人口“老化”的结果，主要是劳动人口的比重降低，不劳动人口的比重增高，逐步形成“生之者寡，食之者众”的局面，这将增加劳动人口和整个社会的负担，带来严重的社会经济后果，特别是西方某些发达国家近年执行“福利主义”，政府用于这方面财政支出越来越大，有的国家地方财政支出的24%用于退休金和老年人抚恤金。因此，这个问题越来越引起人们的重视和关心。明年召开世界老龄问题大会，并在今年召开地区预备会议，就是在这样的背景下提出来的。

我们认为，老龄问题对于一个国家的社会发展和人民福利，确实具有重要的影响。如果正确的认识和对待，拟定适当的方针政策，采取有效的具体措施，不仅可以推动经济的发展，提高人民的福利，促进社会的安定，而且有利改善社会的道德风尚。因此，这个问题应该引起我们的重视。在我国，今天的老年人，就是昨天的年轻工人、农民、知识分子和其他劳动者。他们对社会的发展，曾不同程度地作出自己的贡献。同时，这些昨天的劳动者，在过去的社会实践中积累的丰富经验，对今天以至后代的劳动者，又是宝贵的财富。通过他们对年轻一代的传帮带，对今天以至后代的物质财富和精神财富的生产，继续起到应有的作用。因此，老年人分享社会发展的成果，获得各项养老待遇，是当之无愧的。我们尊敬老年人，供养老年人，是完全应该的。对那些为我们国家作过重大贡献的老红军、老干部，以及工人、农民、知识分子中的英雄模范人物，给予较为优厚的养老待遇，也是理所当然的。而且，今天的青年，就是明天的老人。他们看到政府和人民这样对待老年人，更能激励他们在各自的工作岗位上，为社会的发展，作出更多更好的贡献。

会上，我们在阐述认识和对待老年人的这一基本观点的同时，介绍了我国尊敬老人的优良传统，由政府、集体和家庭结合及以家庭为主供养老人的主要做法，以及老年职工和退休人员继续为人民服务，为社会作出贡献的几种办法。

我国代表在大会上的上述发言，博得了赞赏和好评。世界老龄问题大会秘书长柯里根对我表示：“中国在对待老人方面有优良的传统，近年来又有很多好的制度和办法，特别是在人与人的关系方面的处理，对于世界都具有重大意义”。

关于供养老人的方式，基本上有两种类型：一是家庭供养为主；一是由国家财政资助为主。我国和东南亚各国属于前一类型；澳大利亚、新西兰属于后一类型。会议肯定了亚洲应继续以家庭供养为主、政府补助为辅的供养方针。对我国老人由家庭供养，以及农村中由社队负责供养无子女依靠的老人的做法表示欣赏，给予高度评价。秘书长柯里根说：“随着各国工业化和都市化，许多国家的家庭遭到破坏，趋于瓦解，这特别对老年人产生可悲的后果。希望中国在工业化的同时，创造出整套处理好家庭关系的办法，树立正确对待老人的榜样，是对人类社会的一项巨大贡献”。

关于如何使老人继续为社会发展作出贡献，不少国家的着眼点放在提高或限制退休年龄和保障老人的就业上。因此，我国退休职工从事街道工作，当集体企业技术指导，以及机关老年干部试行顾问制度，对下一代进行“传帮带”的做法，引起了广泛的兴趣。

通过参加这次会议，我们主要有以下几点体会和建议：

1. 对老年人的问题，过去我们主要把它作为一项社会福利工作来对待，并没有从人口“老化”对社会、经济发展的影响这样的战略高度来考虑。现在看来，这是个重要的社会问题，目前我国的人口构成虽然还不“老化”，但随着计划生育工作的开展，对这个问题也应及时进行调查研究，在制定长远规划和有关方针政策时予以适当考虑，以免到一定时侯出现被动局面。

2. 对老年人的社会福利，以及发挥退休职工的积极作用，过去我们做了不少工作，也取得了一定成绩。但是，及时总结经验不够，对于一些行之有效的做法，对外宣传介绍也不够。所以，我们在这次会议上介绍的情况也比较一般。不少代表要求具体了解，甚至要求对我国进行参观访问。因此，建议劳动、民政等业务部门今后注意多总结这方面的经验，宣传部门今后加强这方面的对外报道。

3. 有些国家已考虑在人们快要进入老年期前即对他们进行教育，灌输有关老年期中生理、心理、工作等方面变化的知识，并对那些继续能工作的老年人予以必要的转业训练，使他们进入老年期后能对社会继续做出贡献。这些动向值得我们注意。另外，有些国家尊敬老人的做法也值得我们借鉴。例如，日本每年规定 9 月 15 日为老人日；菲律宾也有类似的做法。有的国家对老人乘火车有半价优待等等。

四、老年的福利工作。我国目前企业职工由劳动部门管，城乡社会上的老人由民政部门管，机关、事业单位又由人事部门管，而这些福利工作又涉及卫生、教育、文化、建筑、交通等几个部门。老年人参加社会发展的问题，也涉及多方面的业务部门，而且需要工会、妇联、红十字会等群众团体的配合。因此，似乎有必要由一个组织机构进行统筹规划和协调工作。同时，随着国际上对老人、妇女、青年、儿童、残废人等社会问题的重视，以及我国在这一领域的对外活动的开展，有一个统一领导这些社会事务的部门，也便于进行双边或多边的有关国际活动。在今天考虑精简机构的时侯，建议把这一问题也列入议事日程。

此外，参加会议前后，代表团顺访了菲律宾的社会发展服务部和劳工就业部。

老龄问题世界大会中国委员会《关于出席老龄问题世界大会代表团的人员组成和与会方针的请示》

(1982 年 5 月 15 日)　　【(82) 中老字第 1 号】

国务院：

联合国决定于今年 7 月 26 日至 8 月 6 日在维也纳召开老龄问题世界大会。经国务院批准，以老龄问题世界大会中国委员会名义组织中国出席老龄问题世界大会代表团，具体组团工作由委员会主任、副主任同外交部商定。据此，经中国委员会正副主任同外交部商定，并征得民政部、卫生部和劳动人事部的同意，决定派出 11 人代表团出席世界大会。代表团具体组成如下，团长：于光汉（中国委员会主任、前国家劳动总局副局长，70 岁）；代表：魏恒仓（中国委员会副主任、前国家劳动总局副局长，60 岁）、武元晋（中国委员会秘书长、前国家劳动总局外事司司长，62 岁）、曹思慧（中国委员会委员，国家体委群体司副司长，62 岁）、林太（民政部城福司副司长，56 岁）、何慧德（北京医院老年医学研究室副主任，57 岁）；顾问：王公石（劳动人事部外事局副处长）、胡思贤（外交部国际司干部）、徐华粱（国际关系学院英语系副教授）及英语翻译 2 人。

据最近来访的老龄问题世界大会秘书长柯里根介绍，这次大会预计有 110 个代表团约 1500 人参加，代表团除团长外正式代表一般规定为 5 人，但顾问等辅助工作人员由各国自定。日、美、西德等国的代表团据知有二三十人。大会除全体会议外，有“人道”、“发展”两个委员会，有卫生保健、社会福利、就业收入等 16 个工作小组，分别研究讨论有关问题。

我出席这次世界大会的方针拟为：进行友好活动，适当宣传自己，虚心向人学习，根据我方的需要与可能，探索技术合作的可能性。重点介绍我国敬老、养老的优良传统和发挥离休、退休人员作用的方式方法；了解别国满足老人特殊需要和发挥老人作用的理论、技术，探索组织对老年医学和老人体育多边或双边技术合作的可能性；同友好国家的代表团广泛接触，为今后有关活动建立必要的联系。苏、越等国如指名对我攻击，按我一贯立场予以回答。会议活动除参加全体会议和两个委员会外，有选择有重点地参加工作小组会。在友好活动中，必要时可进行一些工作午餐或个别小型招待会。出席会议的具体方案对策和大会发言稿，如无特殊问题，将由中国委员会和外交部共同审定，不再报批。

当否，请示。

附件

老龄问题世界大会和老年人问题简况

近20年来，全世界老年人（按联合国定义，指60岁以上的人）越来越多。1960年世界老年人口为2亿，1970年已增至3亿，预计到2000年将高达6亿。这种老年人迅速增长的现象，不仅严重地存在于人口增长呈下降趋势的发达国家，而且受其影响的发展中国家也越来越多。联合国有关数字预示，今后20年中，老年人口的增长将大大超过人口增长的速度。到本世纪末，世界人口将增长70%，而老年人的增长则达90%；发达国家人口增长21%，老年人增长为54%；发展中国家人口增长88%，老年人增长为123%。

老年人口的迅速增加，改变了人口年龄结构，提高了人口中老年人的比例，致使许多国家，已经或即将出现不同程度的人口老化问题。同时，老年人口的迅速增加，还给这些国家的经济和社会发展，特别是老年人的社会福利工作带来严重问题。因而，老年人问题日益受到各国政府和联合国的关注。

联大有关老年人问题的决议

自1969年马耳他在24届联大提出此问题以来，老年人问题已成为历届联大所必要讨论的议题，联大并多次就此问题作出决议。这些决议的主要思想是：提请国际社会和各国政府注意老年人日益迅速增长的趋势，呼吁加强国际和区域间的合作，以减缓乃至消除人口老龄化对经济和社会发展的严重影响；强调要保障老年人的各种权利和福利，并敦促各国政府在制定国家经济、社会发展规划时，要充分考虑老年人的利益，制定出妥善的老年人政策，以确保老年人的特殊需要和使老年人有机会在社会中发挥适当作用。

33届联大决议（33/52）还决定在1982年召开一次老年人世界大会（THE WORLD ASSEMBLY ON THE ELDERLY），35届联大决议（35/129）将大会改名为老龄问题世界大会（THE WORLD ASSEMBLY ON AGING），以更确切地反映出老年人问题所包含的老年人本身和人口老化两个内容。35届联大决议还决定成立老龄问题世界大会咨询委员会和世界大会自愿基金，同时还要求各国成立老龄问题全国委员会，以在国家一级开展有关活动。

老龄问题世界大会

老龄问题世界大会定于1982年下半年在维也纳召开。大会的目的是：就老年人有关的各种问题进行广泛、深入的讨论，进而制定出一个国际行动计划，确认国际、区域和国家各级所应采取的行动，以保障老年人的各种权利和社会福利，确保老年人有机会对其本国的发展作出贡献。大会主题有两个：即人道问题和发展问题。人道问题指的是：与满足老年人特殊需要有关的问题，如保健、住房、环境、社会福利、收入、保险、教育和家庭等。发展问题讨论的是：老年人的增长和人口老化问题对经济、社会发展的影响及其相互关系，如何使老年人参与社会发展，并对社会发展作出贡献等问题。

老龄问题世界大会的筹备工作

老龄问题世界大会的具体组织工作由联合国社会发展和人道事务中心负责，大会的筹备工作已于1981年1月1日正式开始。世界大会的准备工作主要有以下几项：

一、召开各区域老龄问题技术会议，并由专家起草各区域老年人状况及需要的报告。

中心准备在发展中国家召开中东和地中海地区、亚太地区、拉美地区和非洲地区等4次老龄问题技术会议；在发达国家召开北美地区和西欧地区等两次技术会议；东欧地区不举行技术会议，由乌克兰编写本地区老年人情况报告。

二、举行联合国各区域世界大会预备会议，研究本区域老年人问题并制定区域行动纲领。这些预备会议由联合国区域经（社）委会负责组织。

三、组织老龄问题世界大会咨询委员会并在大会召开之前举行3次会议。

咨询委员会已于1981年6月底组成，成员为21国：印度、印尼、黎巴嫩、日本、贝宁、多哥、尼日利亚、摩洛哥、智利、哥斯达黎加、多米尼加、苏里南、委内瑞拉、法国、马耳他、西班牙、瑞典、美国、苏联、匈牙利、白俄罗斯。

中国代表团团长于光汉在老龄问题世界大会上的发言

（1982年7月　维也纳）

主席夫人：

首先，我作为一个70岁的老人，有机会率领中国代表团参加这个大会，感到十分高兴。现在，我以中国代表团的名义，对东道国奥地利政府为我们提供的方便，表示衷心的感谢，对赫塔菲尔恩贝格博士当选为大会的主席，表示热烈的祝贺，并预贺这次大会取得圆满的成功。

联合国决议召开这样一次大会，由100多个国家和地区的代表团参加，经过互通情况，交流经验，研究讨论，形成一个老龄问题国际行动计划，指导和推动各个国家和地区，结合具体条件，拟定行动计划，对于解决已经或即将出现的老龄问题，是很有益的。中国代表团愿意同大家一起，为开好这次大会，完成预定任务，作出自己的贡献。

主席夫人：

目前，我国人口结构还比较年轻。据不完全统计，我国60岁和60岁以上的老年人，1953年约有4000多万人，占总人口的7%，1980年根据部分地区调查推算，约有8000万人，约占总人口的8%。据预测，到2000年老年人将达1.3亿人，将约占总人口的11%，2025年时，将达2.8亿人，将占到总人口的20%左右。由此可见，我国的人口老化问题，在本世纪内还不明显，但进入21世纪后，这一问题可能逐渐突出起来。近几十年，我国对控制人口增长，实行计划生育，做了大量工作；但对人口老化的发展趋势及其对经济和社会发展的影响，则还研究不够，认识不深。我们愿意向其他国家了解有关的经验教训，学习有益的知识和技术。

主席夫人：

中国是个具有几千年文明历史的国家，敬老、爱老、养老是中华民族的优良传统。建国以来，随着社会主义制度的建立，物质和精神文明的建设，这种优良传统进一步得到发扬。在我国，今天的老年人，绝大多数就是昨天的劳动者。他们对社会的发展，都作出过自己的贡献，也积累了丰富的经验。通过他们对青年一代的“传、帮、带”，对现代以至将来的物质和精神文明建设，都将继续发挥作用。而且，今天的青年，就是明天的老人。因此，敬老、爱老、养老，是完全应该的，也是我们应尽的义务。老年人在家庭里和社会上受到尊敬、爱护和赡养，是受之无愧的，也是他们应有的权利。我们认为，这样认识和对待老年人，有利于制定出适当的方针政策，推动经济的发展，促进社会的安定，改善社会的道德风尚，维护老年人的尊严和权利。我们就是从这种基本观点出发，依靠国家立法、行政措施、宣传教育和社会舆论，保障和鼓励尊敬老人，爱护老人，赡养老人。

我国是个发展中的国家，尽管目前经济技术比较落后，人民的平均生活水平还不高，但是，我们通过退休制度、社会福利、医疗保健和卫生体育，使老年人的生活和健康得到了保障，延年益寿，欢度晚年。

农村中的老年社员，一般在社队或家中参加力所能及的劳动，基本上依靠劳动收入生活，或由其子女赡养。有些经济富裕、收入较高的社队，老年社员也实行了退休制度，按月领取养老金。有病时大都享受合作医疗待遇。鳏寡无靠的老年社员，大都由社队实行“五保”（保吃、穿、住、医、葬），或由社队举办的敬老院供养，他们的生活一般不低于当地社员的水平。

国家机关和企事业单位的老年职工，都实行了退休制度，一般按工龄长短每月领取相当于原工资60%—90%的养老金。有卓越贡献的英雄模范人物，享受优惠的养老待遇，最高的可达原工资的100%。

建国前早期参加革命的老干部，离休退休后的生活待遇更优厚一些，都继续享受公费医疗。街道集体企业和个体劳动者一般还没有退休制度，有些地方正在试办老年社会保险，他们的最低生活也是有保证的。城镇鳏寡无靠的老人，则由民政部门进行救济，对自理生活有困难的，组织街道邻里照顾；或由社会福利院收养，保证他们的基本生活需要。有些热心为社会服务的人把鳏寡老人当自己亲属一样赡养起来。

按照我国传统，老年人多数与儿孙在家庭里共同生活。这样，老小可以互相照顾，对于老人欢度晚年，教育后代，都有好处。今后还要继续发挥家庭的作用。进敬老院或社会福利院的老人，尽量保持同社会的联系，并从事力所能及的活动，以利于身心健康，延年益寿。

为了老年人的健康长寿，使他们安度晚年，政府还从医疗保健和卫生体育等方面采取了措施。我国老年医学的研究，在50年代中期已经开始，60年代中期后陷于停顿，70年代末期逐步恢复发展，1981年成立了全国性的老年医学学会。目前不少地区设立了老年医学学会和研究机构。对老年医学方面的流行病学调查、基础研究和临床防治，都做了很多工作。传统的中医、中药和针灸等疗法，对于防治一些老年病，取得了不少的疗效。医疗保健结合体育锻炼，特别是我国传统的太极拳、气功等锻炼方法，对于增强老人体质，延缓衰老过程，防治老年病和慢性病，具有显著的功效。

由于生活有保障，体质不断增强，我国健康长寿的人越来越多，平均寿命逐步提高。据统计，100岁以上的老人，1953年有3384人，1964年有4900人。据全国若干地区的调查，人的平均寿命，解放前为35岁，1957年为57岁，1980年为69岁。据北京市城区统计，男女的平均寿命，1950年分别为53.9和50.2岁，1953年提高为61.4和60.6岁，到1979年又提高为71.8和74.2岁。

主席夫人：

如何发挥老年人的作用，使他们继续为社会发展作出贡献，是老龄问题的一个重要方面。

在我国，10亿人口有8亿在农村。农村的广大老年社员，只要不完全丧失劳动能力，他们都从事力所能及的各种劳动，继续为社会创造物质财富，也有利于他们的身心健康。

企事业单位的退休职工，一般都勤奋学习，不少是业务或技术骨干。许多人是“退而不休”，仍然以各种不同的方式，用自己的能力、技术和知识，继续为社会作出贡献。他们或者重新受聘于本地或外地的企事业单位，担任生产技术指导；或者按地段和行业组织起来，开展咨询、翻译、培训、合理化建议等技术服务；或者带领一些待业青年，开办一些集体生产、服务单位；某些具有特长的老年专家、学者、中医和艺人，分别著书立说，或带徒传艺；不少人经常参加街道里弄工作，热心青少年教育，调解民事纠纷，维持交通秩序，维护社会治安，兴办社会福利事业，开展邻里互助活动，积极为社会办好事。

中央和地方机关中的老干部，特别是建国前参加革命的老干部，多数具有丰富的领导经验和专业知识。他们过去为中国人民革命和建设事业的胜利和发展，建树了不可磨灭的历史功勋。在当前的政府机构和干部体制的改革中，他们荐贤让能，把年富力强的优秀干部推到第一线，而他们自己，少数退居第二线，当顾问，出主意，发挥特有的历史作用；多数则离休退休，其中不少人仍然利用适合自己情况的方式，参加各种活动，密切联系群众，热心于祖国的物质和精神文明建设。当然，如何更加合情合理地进行安排，还需要我们认真研究，积累经验，以更好地发挥他们的作用。

主席夫人：

老龄问题是个重大的社会问题，它涉及面广，需要有关部门通力协作，共同努力，采取行动。配合今年老龄问题世界大会的召开，我国已建立了由20个单位组成的全国委员会，由有关的政府部门、科研单位、群众团体和新闻宣传机构的司局级以上领导干部担任委员，在全国范围内组织协调有关活动。目前已制定出老龄问题的活动计划要点，从行政措施、科学研究、宣传教育和群众工作等方面，通过参加委员会的有关单位，分别制订具体行动计划，逐步开展活动。

我们认为，解决老龄问题，开展有关活动，各国应从本国情况出发，以自力更生为主，同时，进行双边或多边的技术合作和技术援助，也是必要的。我们建议，联合国有关机构在组织这些技术合作和技术援助时，特别对发展中国家给予更多的关注。

我们希望，通过参加这次世界大会，吸取别国的经验，探索技术合作和技术援助的可能，同友好国家和有关国际组织建立必要的联系。在大会通过老龄问题国际行动计划以后，结合我国的经济发展水平和社会文化传统，搞好大会的后续活动，把我国的老龄问题处理得更好。

关于是否确定一天为“老人日”，我国正在认真研究。同时，我们也赞同像国际儿童节、国际妇女节那样，统一确定一天为国际老人节。

我的话完了，谢谢主席夫人！

中国老龄问题全国委员会《关于中国老龄问题全国委员会考察团访问日本的情况报告》

（1984年11月18日） 【中老字（1984）33号】

国务院：

经国务院批准，以于光汉为团长的中国老龄问题全国委员会考察团一行7人，于10月4日至18日到日本进行了14天的考察访问，现将访问结果简报如下：

这次考察访问是由联合国人口活动基金会的资助和安排，由日本家族计划国际协力财团（联合国人口活动基金会委托的执行机构）负责接待到日本进行考察访问的。考察团的任务，一是考察日本老龄问题的概况、政策制定以及老年事业方面的实施和经验等；二是同日本家族计划国际协力财团就联合国人口活动基金会对我国老年事业的援助项目进行磋商提出方案。经过两周的访问和交换意见，达到了预期的目的，考察访问是成功的。

日本家族计划国际协力财团对我考察团的访问做了精心的安排。在东京都活动期间同总务厅老人对策室、厚生省、劳动省、外务省以及老年学方面的专家、教授进行了10次会见和交谈，介绍了老龄工作方面的情况并提供了有关文字资料；同日本家族计划国际协力财团举行了3次正式会谈，研究拟定了联合国人口活动基金会1985年至1989年项目文件初步方案。参观了东京都养育院、老人专门病院和老人综合研究所。在静冈县藤枝市活动期间参观了广幡公民馆、老年保健康复中心，观看了老年人体育运动，进行了家庭访问，参加了市长主持的招待会。由于中日两国友好关系的发展，我考察团所到之处都受到了政府有关方面的官员和老年组织的热烈欢迎和亲切款待。我考察团在各次会见、会谈中也相机介绍了我国老龄工作的概况、对策以及今后的任务等问题，得到了日本有关方面高度评价，反映很好。有些活动场面，日方电视、报纸都有反映。

这次考察访问加深了对日本老龄问题的了解，留下了深刻印象。

（一）日本人口老龄化严重将居世界首位

日本在第二次世界大战后，人口的年递增率为2.9%，是日本人口史上空前未有的。但日本政府很快注意了这个问题，采取了对策，人口增长率急剧下降，1955年人口的年递增率稳定在1%左右，而近年来则降到了0.7%，日本人口增长的问题基本上得到了解决。现在，日本老年人增长很快，比重很大。据统计1983年日本总人口为1.19多亿人，60岁以上的老年人1650多万人，占总人口13.9%；预测到2000年总人口为1.28多亿人，60岁以上的老年人有2749多万人，占总人口21.5%；到2025年总人口为1.27多亿人，60岁以上老年人将为3440多万人，占总人口的27.1%。日本现在平均寿命男的74.20岁，女的79.78岁。日本人口老化将居世界第一位。

（二）日本政府对老龄问题很重视

日本政府对老龄问题的重视集中表现在政府对老龄工作的组织领导。全国管理老龄工作的最高领导机构是老人对策本部，内阁总理大臣兼任本部长，副本部长由总务厅长官、厚生省大臣兼任，其他成员由劳动省、厚生省等17个部门的事务次官担任，具体工作由老人对策室办理。它是决定政策的决策机构。有关全国老龄工作的大政方针、政策，必须由本部召集会议作出决定公布施行。会议召开与否，什么时候召开均由总理大臣决定。

老人问题恳谈会和老人对策室是总理大臣管理全国老龄工作的咨询和办事机构。老人问题恳谈会有14位著名的教授参加（如：木下茂德、黑田俊夫、坂田期雄等都是日本老年学权威人士），两名调查员，共有16人组成。从1974年开始制定了10年规划，到今年正好10年。今年发表了调查报告，政府将根据报告中提出的建议制定相应的老人对策。

老人对策室于1973年成立，原为总理府单独机构，现为总务厅所属行政机构，编制9人，室长1人，调查官2人，其他人员由劳动省、厚生省等有关部门选派，每2年轮换一次。现在感到人手太少拟扩大编制增加人员。全国各地都有相应的机构从事老龄工作。这些机构都聘请各有关大学教授、副教授和科研机构研究人员充当老龄学顾问、研究员、调查员，每年定期召开两次学术讨论会或报告会，宣传和研究老龄问题。这方面的学术论著刊物很多，可供借鉴。

日本政府规定每年9月15日为“敬老日”，从9月15日至21日为“老人福利周”，各级政府长官分别给老年人发慰问信、送礼品，对高龄老人登门拜访，组织老年人活动，宣传、散发老年人福利事业的各种消息等。日本民间有照顾老年人的优良传统，如公共汽车设有老人专座并注上“银座”二字，对老年人的照顾各方面都比较周到。

（三）日本对人口老龄化所采取的对策

据日本官方机构预测，人口老龄化在阻碍日本经济发展诸因素中，将成为仅次于资源、能源制约和国际冲突的第三个不利因素。因此，日本已将“老龄化对策”列入政府的重要议事日程。最近几年着重抓了两件事：一是如何在不增加国家开支的情况下搞好老人福利；二是尽量避免退休者完全成为社会的抚养对象，使他们最大限度地为社会出力。为此，他们一边认真吸取欧美各国搞“福利社会”的经验教训，一边摸索自己的道路，促进老人“福利服务”商品化，政府、企业和个人都来兴办各种为老年人服务的新行业。例如：①组织“福利公社”。专门为65岁以上卧床不起的老人免费派遣“家庭服务员”的行业。服务员要经过培训，负责照料老人的全部家务。现有家庭服务员1300多人，每人平均照料7户人家。②建设“老人住宅”。为照顾老人生活，国家设有“养育院”，不仅接纳孤老，有子女的老人愿意到养育院的也接纳。除伙食外，每人每月平均10万日元费用，基本由国家负担，也有收费的，如个人一次花上2500万日元的巨款，可终身居住。今年2月成立了“全国收费老人住宅协会”，专门管理这项事业。老人住宅已发展到2257所，其中公私各半，共接纳老人16万多人。③推广“白发人才银行”。日本的高龄化对策，不光是考虑到如何解决老年人的保健等生活问题，更立足于怎样使退休老人通过继续造福于社会来度过健康而有意义的晚年。据日本厚生省1980年调查，57%以上的人愿在60岁以后继续工作。为避免日益增多的退休者无事可作（失业），劳动省建议将退休年龄延长到60岁，对60岁以上的职工实行“部分工资、部分领养老金制度”。东京都组织“白发人才银行”负责介绍退休者重新就业。政府决定在10万人以上的城市都成立这种组织。④兴办“老年服务事业”。服务项目很多，包括：保健检查、寻找职业、婚姻介绍、组织旅游、举办各种讲座等，总部设在东京，全国各地都有它的分部，它是民间组织，经费自理，不靠国家拨款。总之，老年人的各种事业正在日本兴起。

联合国人口活动基金会援助我老龄委员会的项目，经过正式会谈拟定了5年计划初步方案。在极为友好和合作的气氛中，我考察团同日本家族计划国际协力财团和联合国人口活动基金会聘请的专家黑田俊夫先生、小川直宏先生，根据联合国人口活动基金会援助的要求，就老龄问题的科学研究、培训老龄工作专职人员和赴欧美等地考察等项目进行了磋商，草拟了5年计划（1985年—1989年）初步方案。

1.1985年的项目：

研究课题是——人口预测、老年经济学。中日各派2名专家，均于明年1月份确定人选，3月份日方派专家来北京；9月份中方派人到日本；12月提出研究成果向老龄委员会报告。

第1期培训——中方派5名进修生到日本培训（包括翻译1名），时间为5周，4周讲课25次，1周参观学习。于明年4月份报名，10月份到东京，结业后写出评价书向老龄委员会报告。以上各项费用（包括人口预测计算费和购买一台复印机费用），按联合国规定标准全年预算共需费用60622美元。

2.1986年项目：

研究课题是——老年社会学、老年社会福利问题。中日各派两名专家，作法与1985年相同。

第2期培训——中国派进修生到日本培训，人数为5名（包括翻译1人），进修时间仍为5周，作法与1985年相似。

赴美考察——由中国老龄问题全国委员会组团，人数7人，去美国、加拿大考察老龄问题，以利对比研究。时间20天，拟于10月份成行，由联合国和日本家族计划国际协力财团安排。以上各项预算为87238美元。

3.1987年项目：

研究课题是——老年医学、老龄问题对策的综合分析研究。中日各派两名专家，作法与往年同。

赴欧考察——由中国老龄问题全国委员会组团，人数7人，去英国、瑞典考察老龄问题。以利各种类型的对比研究，时间20天。上述两项费用预算为

64712美元。

4.1988年初步确定在东京召开专家会议，将过去所研究的6项专题，进行讨论，规模30人，会期7天。中日各派专家15名，会场设同声翻译，发表报告书，包括研究成果在内。具体开会时间另定。预算为58950美元。

5.1989年确定在北京举行小型国际会议，讨论中日两国合作研究老龄问题的成果。规模35人，中国参加20人，外国15人，会期7天。进行方法采用报告书，设同声翻译。预算为63702美元。

上述5年援助项目及计划，预算37万美元均由联合国人口活动基金会无偿提供，将于1985年初由对外经济贸易部和联合国人口活动基金会共同审定并签订项目文件。1989年联合国要派专家小组到中国对5年计划执行结果进行评审。

从上述各方面的情况看，这次考察访问获得了圆满成功，达到增进了解、加深友谊、相互学习、开阔眼界、密切合作的预期目的。

中国老龄问题全国委员会《关于访问联合国社发中心和法、奥两国老龄组织的情况和我们建议的报告》

（1992年6月5日）　　【中老字（1992）14号】

民政部并报国务院：

应联合国社发中心的邀请，中国老龄委组成了以王照华主任为团长的5人代表团，于4月21日至5月6日访问了社发中心和法国、奥地利两国的老龄组织。与社发中心就今后10年（1992—2001）在老龄领域的合作举行了工作会谈；与法国政府负责老龄事务的国务秘书和社会事务部的官员进行了座谈；与法、奥两国的老年组织和设在法国的国际榕树基金会进行了接触，并参观考察了法、奥两国的老年福利设施及社会保险机构。

在访问期间，联合国副秘书长，新任维也纳办事处主任贾科梅里先生、法政府国务秘书洛朗·卡塔拉先生分别会见了代表团，进行了亲切的交谈。

通过访问，加强了对社发中心的了解，双方签定了今后10年的合作计划，学习了发达国家老龄工作的经验，也宣传了我国老龄事业的成就。现将访问成果报告如下：

一、增强了对社发中心的了解，宣传了我国老龄事业的成就

社发中心是联合国负责社会发展和与特殊人群，如青年、妇女、残疾、老龄等有关的事务。1982年联合国召开世界老龄大会之后，该中心的主要任务之一是帮助各成员国实施维也纳《老龄国际问题行动计划》，并负责执行监测。在双方会谈中，社发中心对中国响应联合国大会建议，成立中国老龄问题全国委员会并作为国家级老龄常设机构表示欢迎，对中国老龄问题全国委员会面对老龄化的快速发展，围绕以老年人的参与、赡养、照顾和幸福为主要内容的“五个老有”所开展的诸多活动表示欣赏。社会发展司长索卡尔斯基说：“中国是一个人口大国，老年人口占世界老年人口的1/5，中国所进行的老龄工作可以说是一个国际试验场，尤其对发展中国家更有意义，与这样一个大国合作是没有止境的。”

二、签定了今后10年（1992—2001）合作计划，概括起来可分为3个方面

1.加强信息交流：双方商定今后在各自的老龄刊物及有关报告中宣传老龄活动，社发中心将帮助中国老龄问题全国委员会与活跃在老龄领域的其它国家或国际组织建立联系并开展合作。

2.近期合作项目：双方商定于明、后两年（1993—1994年）在北京共同召开两次国际会议，确立亚太地区2001年老龄目标和老年教育国家目标。双方将在中国1个省，开展“老龄化与发展”的专题调查和每4年1次的老龄问题全球调查。双方还商定中国老龄问题全国委员会向社发中心提供6名中国专家名单，担任正式或非正式顾问，参加审评与会议并提供咨询服务。中国老龄问题全国委员会允诺印制1992国际老人节宣传画，作为对联合国老龄工作的支持与贡献。

3. 两个意向性项目：社发中心拟在中国设立老龄培训中心，2000年在中国举办国际老年奥林匹克运动会。因这两个项目较大，涉及国家要投入经费，并需与国家体委、老年体协等有关部门研究，因此，只作一个意向，视条件再定。

三、与国际榕树基金会建立了联系

榕树基金会设在巴黎，是联合国社发中心倡导建立的一个非政府性的基金会，其宗旨是为各成员国开展直接用于老年人的项目筹措资金。会谈中该会负责人提出中国老龄问题全国委员会最好能派1人参加理事会工作；愿为中国1名老年医学研究生提供奖学金；并愿为与社发中心的合作项目筹措资金。

四、了解了先期进入老龄化国家的老龄工作

法国60岁以上老人已占总人口的20%，奥地利占25%，而且老年人口中又向高龄化发展。两国政府和议会都很重视老龄工作，法国在1984年还专门设立了分管家庭与老龄的国务秘书(相当于部长级职务)，并在社会事务部中有专门机构，在客观上负责老龄工作的协调和政策制定。政府还专门建有社会保险银行，负责全国退休人员的社会养老保险、医疗保险等，总的看这两个国家退休人员的收入和医疗已不成问题。因此，他们把老年群体分为独立老人(60—79岁)和依赖性老人(80岁以上的高龄病残老人)，认为独立老人主要是社会参与问题，即我们所说的"老有所为、老有所学和老有所乐"。他们感到老龄问题更多的是依赖性老人的照料问题，即我们所说的"老有所养和老有所医"。为此，他们一方面建立养老和医疗相结合的老人院，但由于标准高，收费昂贵，不易普及；另一方面他们提倡老年人呆在家里，发展家庭上门服务(包括服务和护理)，类似我国正在兴起的社区服务。

五、几点建议

1. 因联合国只与各成员国政府机构打交道，把中国老龄问题全国委员会视为国家级常设机构，为保持同联合国机构的正常联系，并照顾到中国的实际，建议将中国老龄问题全国委员会明确为具有政府性的半官半民的事业团体，并请一位副总理或国务委员负责领导全国的老龄工作，以利于老龄工作协调、规划和国际交往。

2. 我国老龄工作开展10年，逐步形成了维护老年人合法权益、发挥老年人作用，为老年人服务的"老有所养、老有所医、老有所为、老有所学、老有所乐"的具有中国特色内容的老龄工作，得到了联合国社发中心的赞赏，而且与联合国通过的《国际老年人原则》和1992—2001年老龄全球目标与国家目标相一致，应当在总结10年老龄工作经验的基础上，继续完善和发展。

3. 随着我国人口老龄化的快速发展和改革开放的加快，应尽快推进我国的老年立法和社会养老保障制度，改革医疗保障制度。在我国低龄老人中（60—70岁），应大力提倡"老有所为"，满足他们参与社会经济发展作贡献的愿望，尤其在兴办为经济发展为社会服务的老年经济实体上应给予政策优惠，在管理上加强领导；对高龄老人（80岁以上）则应发展社会福利设施和以社区为主的第三产业，更好地为他们服务，把发挥家庭养老功能与加强社区服务结合起来。

4. 与社发中心合作的项目，除积极争取国际组织资助经费外，希望我财政部也给予必要的配套经费。如召开两次国际会议开展专题调查，印制国际老人节宣传画等，约需人民币25万元。如同意在中国设立培训中心，则每年要支付4万美元，作为国际培训的经费。

以上报告如同意，请批转有关部委落实。

中国老龄问题全国委员会《关于出席四十七届联大老龄问题特别全会的报告》

（1992年11月19日）　　【中老字（1992）38号】

党中央、国务院：

今年10月15日至16日，中国老龄问题全国委员会主任王照华以我政府代表团特别顾问身份，参加了47届联大老龄问题特别全会，并在会上发表了讲话，现将情况报告如下：

（一）

为庆祝维也纳《老龄问题国际行动计划》实施10周年，联合国秘书长向中国常驻联合国代表团发出邀请，希望我国政府能派出尽可能高级代表团，出席第47届联大期间召开的老龄问题特别会议。经国务院批准，全国老龄委派出王照华等一行3人赴纽约参加了会议。在我常驻代表团的安排和协助下，顺利完成了任务，达到了预期目的。

联大老龄问题特别会议开了两天，联合国秘书长加利在开幕式上发表了讲话。加利指出：1982年联大通过的《老龄问题国际行动计划》，目的是加强各成员国应付人口老龄化的能力。他强调要重视人口老龄化问题，高兴地看到世界各国特别是发展中国家已日益关注老龄问题，认为《老龄问题国际行动计划》为老年人融合于社会发展的洪流提供了机会。他在肯定青年对现代社会的贡献同时，呼吁人们改变“崇尚青年”的态度，不要忽视老年人问题。认为长寿和增寿是人类的一大胜利，老年人对社会发展同样大有作为。主张在未来10年应对《老龄问题国际行动计划》赋予更普遍的意义。

加利最后指出：到2001年，世界老龄人口将占总人口的10%，它对各国政府都是一个挑战。因此，下个10年的重点是围绕全球性老龄目标，联合国将帮助成员国，制订本国的行动目标，纳入政府的发展计划，组成全球网络，开展跨国研究等。

（二）

会议期间，30多个国家政府组织代表在会上发表讲话。在15日的大会上王照华作为我政府组织代表发言，他概述了《老龄问题国际行动计划》的作用，介绍了我国老龄工作取得的成就和今后10年的老龄目标（发言全文见附件一）。

与会代表对中国通过政府手段重视老龄问题，以及报告中强有力的数据和科学论证人口老龄化发展及今后10年的老龄工作目标，感到极大兴趣，给予了较高的评价。王照华在讲话中建议将老龄问题列入社发世界首脑会议的重要议程，得到与会各国的拥护。会议期间，王照华还会晤了一些国家和国际老龄组织的代表。

大会于16日协商一致通过了多米尼加、中国等31国共同提出的《老龄问题宣言》，决定将1999年定为“国际老人年”。

（三）

联合国大会全体会议讨论老龄问题尚属首次。从发展趋势上看，今后老龄问题将成为联合国领域的重要问题之一，将在联合国召开的一系列会议中涉及，为此建议我国政府应当对这一情况高度重视：

1．老龄问题已是一个全球性问题。它反映一个国家的经济发展、社会进步乃至人权状况。据我常驻联合国代表团讲：老龄和残疾两项工作在联合国是强项，受到世界各国的重视和好评。因此，我们应根据十四大报告中指出的：“重视研究人口老龄化问题，认真做好这方面的工作”的要求，加强党和政府对老龄工作的领导，继续探索具有中国特色的解决人口老龄化的对策。

2．联合国作为政府间的组织，对政府机构和非政府机构是区别对待的，联合国不与后者直接打交道，后者也不能在正式会议上发表讲话。鉴此，我常驻代表团建议（建议全文见附件二），全国老龄委应作为官方机构参与联合国有关活动，这样有利于宣传我成就，扩大我影响，拓展国际合作和交流，对外可宣布我全国老龄委为政府任命的常设机构，具有官方性质。

附件一：

中国代表团特别顾问、中国老龄问题全国委员会主任王照华在第四十七届联大关于老龄问题特别全会上的发言

（1992年10月15日　纽约）

主席先生、女士们、先生们：

1982年联合国召开的老龄问题世界大会及通过

的《老龄问题国际行动计划》，对中国和全球老龄工作的发展起了重大推动作用，也促进了世界和平、友好、团结与合作。10年来，在联合国有关机构的努力下，老龄问题也越来越引起世界各国的重视和关注。

本届联大特别会议，总结过去，展望未来，这是一次有关老龄问题的具有历史意义的大会，是又一次远见卓识的举措，它标志着世界老龄问题进入了一个新的历史发展阶段。我们深信，此次大会将给世界各国，特别是发展中国家的老龄事业，带来新的生机，产生积极影响。

主席先生：

敬老、爱老、养老是中国的传统美德，中国政府一向重视老龄问题，在履行联大有关老龄问题的决议和实施《行动计划》中取得了显著成效：

——1982年设立了负责全国老龄问题战略实施的执行机构——中国老龄问题全国委员会。此后，地方各级政府普遍建立了相应机构，并促进了老年学学会、老年基金会、老年大学协会、老年体育协会等自愿组织和学术团体的建立。在中国农村有50%以上的行政村成立了老年人协会，全国老龄组织已形成网络，有上万名专职老龄工作者，10多万名兼职和志愿人员为老年人直接服务；

——中国根据自己的国情和传统历史文化，确立了解决老龄问题的5项目标，这就是“老有所养、老有所医、老有所为、老有所学、老有所乐”；

——在全社会广泛开展了老龄问题的宣传教育，创办了老年报纸、杂志和画报，广泛举行了庆祝国际老人节和中国“九·九”重阳节（中国敬老日）的活动，表彰了“老有所为”和孝敬老人的先进人物，敬老、爱老蔚然成风；

——为加强老龄问题的科学研究，成立了专门科研机构和学术组织，开始了中国人口老龄化的系统调查研究和预测分析；

——为保护老年人权益，全国已有28个省、自治区和直辖市颁布了地方性老年法规。全国性的“保护老年人权益条例”起草工作已完成；

——中国社会养老保障制度正在不断完善。从国情出发提倡的“养为结合，以为促养，发挥家庭和社会养老两个功能”的方针正在有效地实施。在农村广泛开展了签订家庭赡养协议书等活动；

——政府积极鼓励老年人参与社会发展。全国1亿老年人中，有35%的人在社会上发挥着不同作用；

——为推进老年福利、教育、文化、医疗、体育事业的发展，新建了1批为老年人服务的文体活动场所、老年公寓、老年医院、老年商店等。目前，中国有各类老年大学和学校2500多所，创办老年报刊70多家，生产老年用品厂家2500多个，参加体育锻炼的老年人3000多万；

——与世界40多个国家和地区的老年组织建立了联系。

10年来，中国老龄事业的发展，得到了联合国人口基金、社发中心等机构、亚太经社会及许多国际组织的支持和帮助。在此，我代表亿万中国老年人致以衷心的感谢！

主席先生：

中国还是一个发展中国家，老龄工作的基础比较薄弱，面临的困难还很多。目前，中国老龄人口已超过1亿，并继续以年均3%的速度增长，预测到2000年将达到1.3亿人，约占总人口的10%以上，进入“老年型”国家。到下个世纪40年代，老龄人口将猛增到3.8亿人，约占总人口的25%，达到人口老龄化高峰。中国老龄人口高速增长的现象，在世界各国是罕见的。由于中国人口老龄化发展速度快，老龄人口数量大（约占世界老龄人口的1/4，占亚洲老龄人口的1/2）。因此，我们还要继续努力，同时也真诚地希望进一步得到联合国及国际社会的支持与帮助。

为了实现《全球老龄工作目标》，我们将进一步完善社会养老保障体系，充分发挥家庭和社会养老两个功能，走出一条适合中国国情的国家、集体、社区、家庭相结合的养老道路；制定中国老龄事业发展规划，并纳入国家经济和社会发展计划予以实施；加强国家立法和全民敬老教育，运用法治与教育两个手段促进全国敬老、爱老、养老的新风尚；制定相应政策，充分开发老年人智慧和才能，使之有更多机会参与社会发展；继续推进老年福利事业、教育事业、医疗卫生事业、文化体育事业的发展，建立起以社区为中心的老年服务网络；加强老龄科学研究，从理论和实践的结合上提出解决老龄问题的综合对策；继续加强老龄问题的国际交流和友好合作。

主席先生：

经过国际社会近10年的共同努力，世界老龄工作已经出现了一个新局面，并将在今后10年步入一个新时期，当前世界各国普遍存在包括老龄问题在内的各种社会问题，而发展中国家面临的问题尤为严峻，国际社会对此应给予更多的关注和有效的援助。我们相信，联合国在促进国际合作，推动和加强各国老龄工作的交流方面是大有可为的。我们热切希望全世界老年人都能得到社会保障，并不断提高生活质量，在和平幸福的环境中欢度晚年。

祝愿大会圆满成功，祝愿全世界老年人生活幸福、健康长寿！

谢谢主席先生。

附件二：

出席第四十七届联大代表团常驻联合国代表团《关于老龄问题联大特别全会的报告》

（1992年10月17日）

外交部、民政部、全国老龄委并抄驻维也纳代表团：

第47届联大于10月15至16日举行了专门讨论老龄问题的特别全体会议，纪念《关于老龄问题国际行动计划》（以下简称《国际行动计划》）通过10周年。联合国秘书长加利出席了开幕会并讲话，30多个国家和一些国际性的非政府组织的代表在会上发了言。我出席本届联大代表团特别顾问、全国老龄委主任王照华同志出席了本次特别全会并发言。受到各方重视和欢迎。15日，加利会见了王照华同志及其它一些国家的代表。

加利在讲话中强调重视人口老龄化问题的重要性，高兴地看到世界各国特别是发展中国家已日益关注老龄问题，认为《国际行动计划》为老年人融合于社会发展的洪流提供了机会。他在肯定青年对现代社会的贡献的同时，呼吁人们改变“崇尚青年”的态度，不要忽视老年人问题。认为长寿和增寿是人类的一大胜利，老年人对社会发展同样大有作为。主张在未来的10年应对国际行动计划赋予新的更普通的含义。

各国代表普遍肯定《国际行动计划》10年来所发挥的指导作用。指出人口老龄化是目前各国所面临的一个共同问题，发达国家老龄问题比较明显，但发展中国家老龄化速度更快，面临的困难更多。10年来，世界上老龄人口80%来自发展中国家。到2025年，全球老龄人口预计将达到12亿。因此，各国在制定社会和经济发展计划时必须予以充分考虑。发展中国家的代表还呼吁国际社会对他们的老龄事业给予更多的关注和支持，加强这方面的国际合作和交流。马来西亚等国还建议1993年的世界人权大会、1995年的世界妇女大会和社会发展世界首脑会议均应讨论老龄有关问题。

王照华主任在发言中介绍了我国在贯彻《国际行动计划》方面的作法、成绩和计划，并建议将老龄问题列入世界首脑会议的重要议程，受到与会者的好评。在会议期间，王照华还会晤了一些国家和国际老龄组织的代表。

大会于16日协商一致通过了多米尼加等31国（包括中国）共同提出的《老龄问题宣言》，其中决定将1999年定为“国际老人年”。

从本次会议反映出的趋势看，今后老龄问题将成为联合国社会领域的重要问题之一，在联合国召开的一系列有关会议中涉及；联合国作为政府间的组织对政府机构和非政府组织区别对待，后者不能在正式会议上讲话，鉴此我全国老龄委作为官方机构参与联合国的有关活动有利于宣传我成就、扩大我影响，拓展国际合作和交流。建议对外可宣布我全国老龄委为政府任命的机构，具有官方性质。

特报。

中国老龄问题全国委员会《关于申请加入国际第三年龄大学协会的报告》

（1994 年 3 月 2 日）　　【中老外字（1994）12 号】

民政部国际合作司：

国际第三年龄大学协会（简称 AIUTA）是一个由世界各国老年大学和学术机构组成的国际团体。其宗旨是促进世界各第三年龄大学以及类似的教育团体和那些关心老年教育的团体之间的合作，通过教育研究和促使老年人继续发挥积极有益的作用，达到改善老年人生活状况的目的。

协会总部设在法国图卢兹。

该协会属非政府组织，它与联合国教科文组织、世界卫生组织、国际劳工组织、欧洲议会等国际组织保持联系，已形成了一个包括 20 多几个国家 90 多个机构，遍及四大洲（北美、南美、欧洲和大洋洲）的国际网络：

协会的任务和活动是：

1. 推动世界各地老年大学的发展；

2. 在它们之间建立联系；

3. 协调它们的培训、学习和组织研讨会及其他会议；

4. 提供信息，开展交流与合作；

5. 与从事高等教育和提高老年人生活条件的其他组织合作。

中国老年大学协会常务理事会认为，为了与外国老年教育机构建立广泛联系，加强信息交流，资料交换，借鉴国外先进经验，取长补短，不断提高我国老年大学办学教学水平，在国际间开展双边多边合作，我协会应加入国际第三年龄大学协会。

1992 年我协会代表团参加巴塞罗那 AIUTAl6 届年会时该协会主席拉裴尔教授向线协会贾方副会长提出，希望中国加入 AIUTA。1993 年线协会刘平生秘书长在巴黎约见了该协会执行秘书路易斯女士，双方介绍了情况，就中国加入该协会的有关问题进行磋商，今年 1 月份，路易斯女士代表拉裴尔教授来函表示欢迎中国老年大学协会作为亚洲第一个会员入会。1994 年 2 月法国克劳斯汀女士来华，代表国际第三年龄大学协会访问了两所老年大学，并了解了中国老年大学协会工作情况，王照华会长会见了她，并进行了友好的交谈。

根据上述情况，我们认为中国老年大学协会申请加入国际第三年龄大学协会的条件已基本成熟，拟提出入会申请。

上述报告如无不当，请报部领导审批。

中华人民共和国社会发展报告（节选）

（1994 年 8 月）

——中国政府十分重视妇女、未成年人、老年人和残疾人等群体的生存和发展问题。中国目前有 5 亿多妇女，5000 多万残疾人，18 岁以下的未成年人 3.8 亿，60 岁以上老年人口超过 1 亿。作为世界上人口最多的国家，中国政府在本国始终进行着务实的工作，使妇女、未成年人、老年人、残疾人等群体以平等的权利、同样的机会，充分参与社会生活，共享社会物质文化成果。同时，积极参与国际社会的行动，承担应尽的国际义务。

由于出生率的下降和平均预期寿命的提高，中国人口老化的速度加快，已引起政府和社会各方面的注意。在过去几年中，老年福利、医疗、文化、教育、体育事业得到了较快的发展。社会养老保障制度正在逐步建立和完善。全国创办老年大学、学校5300所，新建、改建了一批老年公寓、老年活动中心、托老院、老年病医院等设施。1亿多老年人中大约有45%仍在社会公益事业和经济建设中发挥着各种不同作用，有3000多万老年人参加各种有组织的健身体育锻炼。

人口问题是全球关注的焦点之一。妥善处理人口、资源、环境和发展之间的相互关系，是实现经济、社会可持续发展的一个极为重要的方面。中国政府基于对这一问题的深刻认识，采取了积极有效的人口政策和各项计划生育管理、服务措施，取得了举世瞩目的成就。尽管如此，人口规模大，增长速度快、绝对量多，人口素质较低，地区分布不合理等问题，仍是目前和今后相当长的一个时期里的重大问题。

1993年末，中国大陆总人口已达到11.85亿，每年出生人口仍在2000万以上，净增加人口1400万左右。庞大的人口规模和增长量，对于一个发展中国家来说，是一个沉重的负担。人口增长过快，给人民的就业、教育、住房、交通、医疗保健、社会福利等方面的进一步改善造成很大压力。人口的过快增长也给自然资源和生态环境带来压力，人均耕地面积持续减少。水资源短缺使300多个城市的居民生活和工业生产受到不同程度的影响，农村约有5000万人口饮水有困难。人口老龄化使老年人的社会抚养问题日益突出。国家用于老年人的各项费用开支无论是其总额，还是占当年国民收入的比重都呈迅速增长的趋势。

到2000年，中国老龄人口将继续增加，中国的人口老龄化具有速度快和人数众多的特点，而且人口老龄化高峰到来时，正是中国由小康向中等发达国家迈进的关键时期。但是社会对此所作的准备还不够充分，老年人服务中心、敬老院等为老年人服务的机构、设施越来越难以满足需要。

——按照“老有所养、老有所医、老有所为、老有所学、老有所乐”的老龄工作总目标，充分发挥社会养老和家庭养老两种功能，建立起适合中国国情的国家、社区、家庭、个人相结合的社会养老保障体系和养老保险制度；保障老年人享有教育的权利；增加老年福利和医疗保健设施；逐步形成以社区为中心的生活服务、疾病医护、文体活动、老有所为四大服务体系，创造适应人口老龄化的社会环境。

——发挥中华全国妇女联合会、中华全国青年联合会、中国老龄问题全国委员会、中国残疾人联合会和中华全国总工会等非政府组织的代表、服务和监督作用。

社会发展中的老龄问题

——联合国社会发展问题大会侧记

萧振禹　夏传玲

联合国社会发展问题世界首脑会议于1995年3月6日至12日在丹麦首都哥本哈根举行。各国首脑汇聚一堂，就“消除贫困，增加就业以及促进团结”3个主题进行了探讨，形成了行动宣言和纲领，要求各国政府对此作出承诺，并付诸实施。

这是各国首脑第一次坐在一起，就影响我们人类在下一个世纪生活质量的重大问题进行磋商。在“以人民为中心，人人参与和享有社会发展”的指导原则下，老龄问题也成为“社会融合”主题下的一个重要议题。

大会注意到人口老龄化的趋势：自1950年至2025年的75年中，世界老龄人口将从2亿人增加到12亿人，占世界总人口的比重将从8%上升到14%，高龄老年人（80岁以上）将从1300万人上升到1.37亿人。同时人们也注意到人口老龄化在各国之间的不平衡发展：在1993年，老年人占总人口中的比重，最低的只有2.1%（科威特)，有一些国家小于5%，如赞比亚、叙利亚、斯里兰卡，但有的国家则高于20%以上，如奥地利、比利时、丹麦、瑞典、德国和英国等许多西欧国家。

大会认为，老年人和妇女、儿童、残疾人、难民一起，隶属于“社会脆弱群体”的范畴，他们处在社会发展的边缘地位，特别容易受到社会排斥。当今“世界面临了一个社会和道德危机，在许多社会，这个危机具有巨大的规模”。贫困、失业、疾病、社会解体等阻碍社会持续发展的因素对他们所造成的伤害，比其他社会群体更为严重。即使在欧盟所谓的“发达”国家中，仍有1/5的老年人生活在旧城区中，过着相对贫困、孤独、缺乏家庭照料的日子。

人口老龄化对各国政府都是一个挑战，不仅对发达国家如此，而且对处在转型期经济国家和经历政治、经济和社会根本变革的国家也同样如此。这种挑战主要来自两个相关的方面：人口老龄化对社会的各个部门和各代人的总体影响；以及处在传统地位与角色之中的老年人在社会变迁中的处境。具体说来，人口老龄化对健康、住房、教育、社会、就业和收入保障等领域具有深远的影响。因此，应调整国民预算以反映之。

大会注意到：在人口老龄化的趋势下，发达国家和发展中国家所面临的形势及其所采取的策略是不同的。大会认为，老年人的需要不仅包括如何得到照料的问题，而且包括如何继续参与社会发展的问题。发达国家比较充分地考虑到老年人的这些需要，已经或正在调整和修正其社会发展政策和纲领。而人口老龄化将会变成发展中国家的一个至关重要的社会问题。这是因为：在大多数发展中国家中，能够满足老年人需求的基础设施还比较薄弱；而且，许多发展中国家正在经历着经济转型和社会制度变革，考虑到人口迁移和妇女就业增加等社会变迁的影响，家庭是否能够继续承担向老年人提供照料和慰藉的功能，仍是一个不能确定的问题。

大会提出，家庭是社会的基本单位，并确认它在社会发展中具有关键作用，因而应予加强，同时并应注意到其成员的权利、能力和责任。从工业化国家经历来看，即使在国家提供大量社会福利的时候，家庭仍然是最主要的照料单位，承担着照料幼儿、老年人、残疾人和病人的责任。但贫困、失业、社会福利的削减等社会变迁，都会增加家庭的经济和照料负担。因此，在制定任何社会政策时，应有“对家庭的影响”这根弦。理想的状态是在“对家庭友善的社会”中制定和实施“对家庭敏感”的政策，以便使老年人得到全面的保护和支持。

最近几年，无论在发达国家，还是在发展中国家，一个正在成型的政策选择是：“为自助而助”；即制定一种鼓励和促进老年人积极参与社会发展的国家政策，使老年人既是社会发展的行动者，也是社会发展成果的受益者。这一政策既考虑到老年人的尊严和能力，也顾及到他们对就业、收入保障和社会融合的需要，不断提高老年人获得更美好的生活的可能性。

为此，联合国老龄问题世界大会于1992年将每年的10月1日定为“国际老年人节”，1999年定为“国际老年人年”。届时，在“老年人的新时代”和“为所有人所有的社会”两个主题下，联合国将讨论老年人的处境和社会对人口老化调适的复杂性问题。从今年以后，每年的10月1日，联合国将依次讨论：老年人的就业机会（1995年）；消除老年人的贫困（1996年）；庆祝老年人组织（1997年）；帮助老年人容忍国际年（1998年）；迈向老年人的新世纪：为所有人所有的社会（1999年）。

而在国家这一级上，各国政府将考虑如何保持和提高老年人参与社会经济活动，如何保护老年人避免贫困，以及如何调整就业政策以适应老年人的需求这3个问题，并制定相应的政策。大会要求各国政府对老年人作出如下承诺：

1. 在“人人能够更公平地获得收入、资源和社会服务”原则下，使老年人有适当的经济和社会保障，并有机会享有一切基本社会服务。

2. 使老年人受到保护，并充分参与经济和融入社会，鼓励他们为社会发展做出贡献。

3. 在强调家庭成员有责任和义务赡养老年人的同时，政府要为家庭提供有利的环境，并确保对它的保护和支持。

4. 使老年人具有同样机会获得教育、信息、技术和专门技能的权利。

老龄问题是个全球性社会问题，它与社会发展之间具有相互作用。对这一问题的解决，需要深谋远虑，各方协作和共识，以制定一个长远的战略规划。沿着“哥本哈根之路”，中国老年人的社会参与和福利问题将在社会持续发展的过程中得到进一步的解决。

中国老龄协会《关于中国老龄协会拟加入国际老龄协会的报告》

（1996年12月11日） 【中老外字（1996）55号】

民政部国际合作司：

国际老龄协会（以下简称国际老协）于1980年成立于法国巴黎，是在联合国享有一类咨询地位的非政府组织。其宗旨是推动老年人融入社会生活。该组织成立15年来，已有遍及亚、非、拉、美、欧洲的50个国家成员，代表了1亿以上的老年人。

国际老协是一个非盈利的组织。任何国家、地区、区域的老年组织均可申请成为该组织成员。该组织每两年召开一次会员大会，国家会员每年应缴会费5000法国法朗。据了解，该组织没有台湾问题。国际老协作为老年人的代言人，在世界各国推动老年人参与社会活动中发挥了积极作用。近年来，中国老龄协会在一些国际活动中与国际老协有过接触，并通过我驻外使馆了解了该组织的情况。1996年9月，中国老龄协会副会长于国厚在法国巴黎国际老协总部与该组织秘书长丁贺先生进行了会谈。对方表示，真诚希望中国早日成为该组织成员，并共同参与1999年“国际老年人年”庆祝活动，以壮大该组织力量，推动全球老龄工作进一步发展。

我协会认为，国际老协在联合国和各国老龄工作领域都有较大的影响力和代表性，其宗旨与我协会提倡的“老有所为”有共同之处，在1999年“国际老年人年”到来之前，中国老龄协会申请加入国际老协时机较合适。加入该组织后，可以借助该组织的力量，扩大我国老龄工作的对外影响，与国外老年组织交流经验，推动国内老龄工作的开展。为此，中国老龄协会拟作为国家会员加入国际老协，并作为该会员国于1999年“国际老年人年”之际在北京承办该组织的会员大会。

此报告如无不妥，请予批准。

联合国社发会提醒世界各国20世纪社会老龄化前所未有

（1997年6月25日）

今年2月25日至3月6日，联合国社会发展委员会召开第35届会议，46个联合国会员国的代表出席了会议。会议提醒各国铭记着20世纪的社会老龄化是人类历史上前所未有的，对任何社会都是一项重大的挑战，因此必须在本质上改变社会的组织方式及其对老年人的看法，鼓励各国考虑设立深入基层的全国老年人特设协调机制，以加强与各方面，特别是与民间社会代表的协作，争取“建立不分年龄，人人共享的未来社会”。会议要求“各会员国加强有关老龄问题的国家机制，尤其使之成为筹备和举办老年人年的国家协调中心”，会议进一步鼓励各国设立国家协调中心和制订“国际老年人年”方案，希望各国通过“国际老年人年”来增强对人口老龄化挑战的认识，让更多的人了解老年人的需求和社会需求，要求社会重新认识老年人对社会的贡献，以求改变社会对老年人的态度。

针对需要帮助的老年人人数越来越多的现实，会议要求各国在国家、区域和地方各级制订综合战略，以满足老年人在其家庭、社区和社会公共机构内，得到更多的照顾和供养需求；鼓励各国制订老龄化政策，使老年人有机会利用其经验和知识同全体社会成员一道，建立一个各代人休戚相关的不分年龄，人人共享的社会，以便有助于老年人能够充分参与社会并从中得到好处。

以中国常驻联合国代表团王学贤大使为团长的中国代表团出席了会议。王学贤代表中国政府介绍了中国老龄工作的基本经验和迎接“国际老年人年”的活动方案，受到与会代表的好评。在老龄议题工作组会议上，中国老龄协会代表发言，建议在筹备“国际老年人年”的活动中，要积极倡导老年人参与社会发展，提倡家庭、社区和国家相结合的养老方式。鉴于在未来的30年间，全世界有70%的老年人居住在目前的发展中国家，中国老龄协会代表提出，希望联合国和国际社会对发展中国家的老龄问题给予特别的关注，并提供有效的援助。

目前，“国际老人年”的筹备工作已成为联合国系统老龄问题活动的重心，并将在第53、54届联合国大会予以涉及。

第十六届老年学世界大会通过《阿得莱德宣言》

（1997年8月23日）

国际老年学学会第16届老年学世界大会，于1997年8月23日在澳大利亚的阿得莱德市胜利闭幕，来自65个国家和地区的2 000多名代表在会议期间一致通过了《阿得莱德宣言》。由会长邬沧萍、副会长张亚群率领的中国老年学学会代表团和中国社会科学院、部分中央部委和北京、上海、黑龙江、江苏、安徽、湖南、广东、福建、湖北、山西、山东、广西等省市从事老年学研究和老龄工作的专家、学者近60人参加了这次盛会。

《阿得莱德宣言》（以下简称《宣言》）在总结和肯定人口老龄化这一人类进步的成就之后，进一步指出老龄化对所有国家的现实性和重要性，认为老年学的研究与实践不仅造福于现在的老年人，而且也是对下个世纪老年人提高生活质量的投资。《宣言》列举了老年人面临的主要威胁，即贫困、营养不良、慢性病和被忽视，号召采取全球性行动，通过教育、研究、培训和实践，消除对老龄化消极观念和成见。并敦促学术界与政策部门合作，拟定21世纪的研究规则，抓住机遇，迎接挑战，为进一步提高全体老年人的生活质量作贡献。

《宣言》将提交各国政府和国际机构，吁请采取全球性行动共同迎接老龄化挑战。

邬沧萍教授在汇报第十六届老年学世界大会情况时的讲话

（1997年9月29日）

中国参加国际老年学学会是1987年经过国家体改委吴学谦批准的，当时重要的1条就是不要搞一中一台。我们经过履行合法手续，参加了16届国际老年学大会。中国老年学学会自成立以来，我们一共参加了3次，第一次是在墨西哥召开，当时的主题是“第三世界的老人”，这是个新命题。原来国际老年学学会参加的成员都是发达国家，所以，1989 年在墨西哥召开第 14 届老年学大会的时候，就意味着老龄问题不单是发达国家有，发展中国家也同样存在这样的问题。第 15 届是在匈牙利召开的，题目是“健康老龄化”，或者说“为健康老龄化服务”，我们这一届是第 16 届，命题是“2000 年以后的老龄化——全世界同一个前途”，意味着所有国家、整个人类都要老龄化。

第一、先讲讲这次会议命题的意义。我们这次命题是很吸引人的，因为这是本世纪最后一次老年学大会，采取这样的命题有它的特殊意义。这是经过精心研究国际国内及世界老年学形势以后，作为 21 世纪的很重大的问题提出来的。

这次会议也可看出大会摆出各种形式来反映 21 世纪人口老龄化的情况，可以这样说，21 世纪是人口老龄化的转折点，因为过去几千年人类不懂得什么是人口老龄化，真正开始懂得是在 20 世纪后半叶，第二次世界大战以后才比较明确人类老龄化问题。那个时候，也只是发达国家的问题，可以说 20 世纪是老龄化的起步，21 世纪是人口老龄化的加速阶段，也就是说，到时所有国家都老龄化了。20 世纪到 21 世纪是老龄化从起步到全面发展的过程，到 22 世纪老龄化可能开始收敛了，因此，从整个人类的历史长河里，20 世纪到 21 世纪是老龄化的转折点。可惜这个问题大多数人还没有完全认识，发达国家原来也认为老龄化到头了，再不会老化了。原来一度认为，60 岁以上的老年人再也不能高到占人口的 1/4 以上，现在，老龄化进入了一个新的阶段，进入到了一个高龄化的阶段，又开始重新认识，认为老龄化并没有到头。

这次大会上很多发达国家发言，专门研究欧洲国家老年人，特别是高龄老人的寿命问题、死亡率问题。因为过去认为高龄老人死亡率不会怎么下降了，现在事实证明不对，高龄老人的死亡率还在下降，所以发达国家现在开始认识到他们的老龄化已进入到一个新阶段。很多发展中国家到现在也不知道老龄化为何物，特别是现在人口增长很快的西亚国家、阿拉伯国家、非洲国家、南亚国家，有的根本考虑都没考虑这个问题，他们想到的只是人口增长过快，所以到 20 世纪只有少数国家感到这个问题，到 21 世纪就会全面感到这个问题。所以这个时候选这个主题是很有意义的。

我们这个大会有个很有名的老龄专家、人口学家叫马耶斯，在新加坡组织了一个专题讨论，他请的就是下一世纪人口老龄化最突出几个地区的代表，一个是拉美国家的，一个是英国的（代表发达国家），一个是日本的（让他专门谈东亚国家的老龄化），另外一个就是我们国家的杜鹏。请了 4 个人来谈人口老龄化，这就意味着在这 4 个人的谈话里可以看出，在全世界，也可以说是几大洲人口老龄化的发展趋势。

发达国家开始认识到他们的老龄化进入到一个新阶段，似乎有一点“山雨欲来风满楼”的感觉，表现在什么地方呢？大家不知道注意到没有，全世界最发达的几个国家每年开一个会议，叫“7 国首脑会议”，这个会议基本上决定世界的走向。在今年 5 月的时候，全世界最发达的几个国家，美国、英国、法国、德国、加拿大、日本还有一个欧洲的国家，再加上俄罗斯开了一个首脑会议。今年的首脑会议俄罗斯硬要挤进去，但是只参加个别而不是全部的会议，所以仍然属于富国的会议。今年的首脑会议发表的“7 国首脑宣言”里，第一个就是“人口老龄化”。把“人口老龄化”作为 7 国首脑会议的第一个大问题提出，说明他们已经感觉到这个问题的重要性，应该从财政、经济、各个方面来对待。从很多迹象也可以看出，所有发达国家都要进行社会保障改革，如法国、瑞典，但是都没有成效。原来发达国家认为老龄化没有什么，现在认为高龄化问题对他们影响很大，所以要认真研究。

现在的一些资料已经证明，一些发达国家的高龄化已经很高了，有的最发达国家 60 岁以上的已占到人口的 1/3，65 岁的能够占到 1/4，到 2025 年有的国家平均年龄中位数将接近 50 岁，换句话说，有些国家一半人低于 50 岁，一半人高于 50 岁，所以问题对他来讲是相当严峻的。另外，到 21 世纪有些国家渐渐地开始提出这样一个问题，就是第二次世界大战出生高峰时期的人将要进入老龄，谁来养活高出生的这代人？美国就提出这样一个问题，认为是无法解决的。美国是比较重视老龄问题的，60 年代、70 年代都在白宫召开过老龄会议，在 1995 年美国白宫也开了一个老年会，命题是几代人一起老龄化，换句话说，就是不仅仅是祖父、曾祖父，还连同自己也一道老龄化。以前我们也认为，最发达国家老龄化已经最严重了，现在发现经济相对落后于西欧的有些南欧国家如意大利、希腊、西班牙这类国家，过去认为这些国家的老龄化并不严重，现在发现这些国家的老龄化比西欧一点都不逊色，甚至更厉害，原因就是当西欧国家生育率下降的时候，南欧国家的出生率很高，出生了一两代人，这一两代人现在都老化了，都变成老人了。所以下世纪老化最严重的是这些国家，这是什么道理呢？就是因为曾经大量出生的人都能活到老龄，都能活到高龄，这对发达国家、发展中国家都提出了一个新问题，以前是不知道的。

现在发展中国家对老龄化的认识是怎么样呢？现在开始知道老龄化的是所谓新型的工业国家，如我们亚洲的几小龙，经济比较发达的墨西哥、巴西、阿根廷等，中国是特殊情况，我们的老龄化就不用讲了。原先，大多数国家不怎么注意，拉丁美洲也不怎么注意，现在开始十分关心。这是什么道理呢？将来拉丁美洲的老人是全世界增长最快的，因为拉丁美洲没有怎么打仗，当我们打仗的时候，拉丁美洲没有控制，出现了出生高峰，他们的生活条件相对来说也不是很坏，所以大批的40年代出生的人已经到了老龄时期。他们现在老年人的增长速度已达到3%、4%、5%，下一世纪最关心老龄化的是拉丁美洲。正是因为这一形势，这一次进行投票决定申办2005年世界老年学大会的国家的时候，巴西在与许多强手国家如英国等的争夺下，最后摘取了桂冠。就是因为巴西是第三世界国家，将来第三世界人口老龄化的人数将占绝对的优势。

这次会议采取这个命题既提醒人们注意21世纪是人类老龄化的加速阶段，是个高峰期，也告诫人们，世界上所有的国家，无论是发达国家还是发展中国家到下一世纪都将走向老龄化。

第二、我谈谈这次会议的题目。每次老年学大会的题目都是经过慎重选择的。这次会议选的几个题目，既考虑到发达国家，也考虑到发展中国家，选择新加坡作为一个分会场，本身就有很深的含义。因为新加坡没有搞社会养老，是采取家庭养老的东方模式。这次会议上有很多亚洲国家，也有欧洲国家，还有一些第三世界国家的人谈家庭养老问题，会场发论文的也相当多。我觉得选新加坡还有一个含义，就是在解决老龄问题的时候，家庭能够起到什么作用？子女孝顺父母能够维持多久？在新加坡开始探讨这类问题。

这次会议3个地方同时开，先开两个分会，一个在新加坡，一个在檀香山。中国可能上海有个别人参加了檀香山的会议，其他的中国代表大部分是从新加坡顺路到澳大利亚的，部分参加了新加坡的会议。会议的组织者估计参加阿德莱德会议的人数一共是2000人，加上新加坡和檀香山的人数，共有65个国家参加，其中大部分是发达国家，发展中国家的很少，但是新型的工业国家如四小龙和加勒比海的拉美国家参加的人数就比较多。一方面是认识问题，另一方面就是费用问题。比方说，非洲国家的就极少，印度这么大的国家也只有几个人，凡是认为没有实际需要的参加的就少。看来老龄化到现在为止，还是发达国家考虑的多，研究的多。他们的经验和教训对我们是很有现实意义的。中国现在经济条件比以前好了，这次参加的人数就相当多，估计有60多人，加上香港的实际人数已过百人。主持人对中国有这么多人来参加会议表示满意，说明我们很重视这个问题。这次会议印出来的论文一共是2000多篇（连新加坡和檀香山的），题目类型真是五花八门，应有尽有。

第三、介绍一下开幕式和闭幕式。（之间举行了各种会议，第一类叫主题报告会，邀请专家来作报告；第二类叫专题会议，就是约好专家来谈；第三类叫圆桌会议，有兴趣的可以组织起来进行谈；另外还有一类不在大会发言，采用张贴的形式供大家交流。）我们的主题很多反映在开幕式里面，开幕式是在3个地方同时举行，通过电视传递信息。开幕式里，较有代表性的发言者是南澳的一位总理，他介绍南澳有很丰富的资源，他们应该利用这些资源为老年人服务。另外，他说，这次会议与1999年国际老年人年是有联系的，现在南澳老年人增长得也很快，老人的健康状况也很好，应该研究一下对“老”的定义，究竟65岁算不算老？这类问题都可以进行研究，我们认为老年人有很多潜力，应该利用它来开发资源，当然应该照顾好老的一代。他同时提出现在有很多青年人失业，有资源与青年人失业并存。当然政府不能保证每个人就业，但是，对大家的失业是应当负责的，所以我们希望通过调整财政机制到资源的分配，让老年人过个很好的晚年，有更多的独立性和自主性，应该给予老年人在住房、环境各方面给予照顾。希望老年人与非老年人能过一种伙伴的生活，能够很好地合作。澳大利亚老年学学会除了欢迎以外，还加上一个“我们应该对老年人有一种积极的思维”，我们应该看到老年人积极的方面，应该让老年人享受到完全公民的生活，并能继续发挥作用，这当中隐含着他认为老年人在有些方面总有点受到歧视。

然后就是电视会议，新加坡和檀香山各出4个人作为代表将他们的会议归纳起来向大会汇报、对话，我们坐在下面听。檀香山的代表是美国参议员、老年学会长和两个老龄专家。新加坡的代表一个是老龄学会会长，一个是马耶斯，还有一个就是专门请来作主要发言的德国老年研究所的所长。檀香山的代表首先代表克林顿总统对会议表示支持，克林顿在讲话里谈了两点，一是关于老年人的价值，第二谈到这次会议是一次很好的彼此交流的机会，可以交流处理老龄化的各种经验，可以促进老年人多样化的生活。所以希望这种合作要继续下去。檀香山然后主要汇报他们讨论的专题，他们谈的比较多的是关于衰老生物学和临床医学的，主要是讲防治和康复，治疗讲的较少，许多与高龄有关。他们研究了很多生活方式，如个人的行为怎样导致如心脑血管病、癌症、帕金森病、骨质疏松、风湿病等，主要讲各种病和各种因素之间的关系，如维生素k和老龄化之间的关系，吸烟、酗酒和衰老的关系。夏威夷谈了不少老年妇女的病，如闭经后会带来什么疾病，主要从医学角度谈衰老生物学与健康老龄化的关系，也从心理学的角度谈了怎样保持心理健康，怎样预防早老性痴呆等。新加坡主要是谈社会老年学的多，因为新加坡比较特殊，新加坡专门请了德国老年学研究所所长发言，他专门对比西方和新加坡在养老问题上的差别，比方老人单独住的一人户在德国占40～50%，但是在新只有2～3%。新加坡卫生部部长介绍了新加坡老龄化的情况，新加坡怎样对待老年人以及在养老方面的不足。人口学家马耶斯谈长寿和各种因素之间的关系时，他认为，没有一个单因素能够决定长寿的，它和环境、遗传、社会地位等多种因素都有关系。

两方汇报完了之后就开始对话，如吸烟与寿命的关系，闭经对老年妇女寿命的影响等，很多谈到长期护理，主要是发达国家，他们的经验对我们很有现实意义。然后发了两个老年学研究的奖，一个是美国费城研究心理学的学者，他对一个人居住环境等各方面的心理因素如何影响一个人的生活质量进行了很多调查。第二个是法国衰老生物学家，他研究组织老化、细胞老化对人类长寿的影响。

正式开会时由澳大利亚家庭服务部代表澳方发言。首先，他介绍了澳老龄化的情况，并说澳不论年龄结构还是老年结构都在发生着巨大的变化，澳洲政府对老龄化非常重视。关于健康老龄化的问题，他说，除了老年人的身心健康外，还应该考虑人口问题、国家的福利和财政制度等问题存在，我们最关心的是老年人的生活质量问题包括住房、环境，如何让他们更富裕，更少依赖人。澳洲预计65岁以上的老年人将达到19%，老年人下一世纪将从200万增加到500万，所以我们的观念必须更新，我们对老年人的态度要改变，我们要考虑他们的健康和幸福。

安德鲁斯的演讲也很有代表性，他说现在我们处于21世纪的门槛里，20世纪是基础科学和应用科学都有所发明、有所发现的世纪，在这个世纪里我们做了很多造福于人类造福于老年人的事，结果使人类的平均寿命大大延长了。回顾一下科学史，非常数学化的物理是第一个成为现代化的，在20世纪得到了很大的发展，接着就是化学。那时候生物学还是默默无闻，但是到本世纪40年代以后，生物学研究出现了新纪元，变成了很重要很有贡献的科学，它发明了抗生素、荷尔蒙，以及化学免疫、遗传学都取得了很重要的进展。从1953年人类第一个肾移植以后又开拓了一个新纪元。80年代到90年代，分子生物学是最有贡献的一门学科，有许多发明创造，例如，通过很多干扰素，通过改变基因和组织来延长人的寿命。现在还有一个新的领域叫神经再生。人类寿命延长的前景是乐观的，人活得更长了应该考虑新增加的岁月质量怎么样。未来的世纪是一个高技术运用于实际的世纪，因此我们下一世纪应该将基础科学和应用科学更好地联系起来更好地为人类服务。下一世纪我们自然界有巨大的资源，我们应该利用巨大的资源为人类为老人谋福利，尤其在给我们创造更好机会的信息时代，我们有可能通过各种技术来延长寿命。他还讲人类老化现在走到了一个十字路口，一方面，全世界人口老化的速度是很快的，每个月净增老人100万，100万相当于阿德莱德的全部人口。另一方面，我们比任何时候都清楚人口老化的后果，如一些北欧国家对老年人的服务、保健、护理等需要的开支和成本已超过了儿童，国家越来越难以支付老年人的各种尤其是过高的治疗护理费用了，经济负担越来越大。现在许多欧洲国家重新研究他们的各种政策包括医疗政策。美国现在想进行全面的改革，但只能是小修小补。日本花了很多钱打算建立一个新体制，就是依靠社区来为老年人服务。现在是我们利用积累的所有知识为人类造福的时候了，我们应该提出一些对策。要研究老龄化的生物过程，要研究如何做到成功地增龄，也就是成功地老龄化。另外，需要国家制定规划，考虑对付老龄化的对策。他认为，这个大会有机会研究老年学的成就，了解面临的挑战，因为我们对付人口老龄化还有很大的潜力。

这次出现最多的词是“aging”，另一个就是“quality of life”，究竟应该翻成“生活质量”，“生命质量”，还是“活得怎么样”，我们可以研究。大会期间，有一个讨论题目就是“生活质量的结束还是生命质量的结束”，另一个讨论题目是“安乐死”问题，都与此有关。

闭幕式开得很简单，顶多1000人参加。分别由各个地区的老年学会汇报工作，比方亚太地区就由香港的主席做了汇报。1999年的亚洲分会在韩国开，韩国的代表汇报了他们要讨论的主题。最后宣布2005年将在巴西召开国际老年学大会。

第四、谈一谈对老年学的思考。党的十五大确定我国社会主义初级阶段继续坚持改革开放，对科学发展也是必不可少的。人口老龄化是人类的共性。吸取其失败教训对我们是有益的，如果不吸取成功的经验，固步自封，对我们没有好处。从中国人口老龄化过程可以看出，我国寿命能提高这么快，有社会制度、社会经济的原因，也不能不承认与打开国门，吸收国外科学研究的成果有关。不然我们不可能在很短的时间战胜传染病、寄生虫病，有很多人可以存活到60岁，原因就是我们把国外的医疗科技拿过来，为我所用。再加上我们制度的优越性，就如鱼得水，提高了我国人口的寿命。我们对人口老龄化的认识也是在改革开放以后，参加了国际会议、恢复了人口科学，才认识了老龄化，样样都靠我们实践就慢得多了。健康老龄化就是吸取外国的，包括社会保障、三方负担，多因素、多维化等等都是吸收了外国的科研成果与本国相结合。国际老年学对我们是有益的。老年学是从西方开始的，包括这次会议的阿得莱德宣言，大多是概括了西方老龄化的情况，很多条是针对高龄化的，这些对我们来讲是有益的，很多经验教训我们还不很了解，可以细琢磨一下，哪些是可以借鉴的，哪些我们没有做到，哪些目前还用不着的。开放的科学技术对我们是大有好处的。

我参加了国际老年学大会，在研究这个宣言过程中，有几点体会：

1.对我国人口老龄化的认识应该全面一点。我们现在注意的是人口老化程度高，老龄化速度快，规模大的地区，如北京、上海、浙江等，对经济发展比较落后、老龄化不够快的地区相对研究的比较少、注意的少。这次我发现经济落后的地区将来老龄化问题比发达地区老龄化问题严重的多。发达地区老龄化快，就是因为出生率低，很快就低出生了。也就是说他们高出生的时期相对短，象北京进入老龄的人相对少一点。但是在经济不发达的地区，出生率下降的很慢，高出生持续的时间很长。因此这些地区就形成一个高出生的人群，当他们进入老龄化的时候，庞大老年人群的问题要比发达地区严重。从南美、拉丁美洲国家有一个庞大的、长时期的高出生时期，老年人群更多。我们曾经有一个假设，老龄化是跟发达相联系的，老龄化是富贵病，穷的地方不会有很高的老龄化。但是有一点是应该注意到的，我们定的老龄化标准不高，65岁不是高标准，相对贫困的人也能活到65岁。所以不能说贫困地区老龄化就一定低，温饱情况下完全可以达到老龄化。美国百岁老人有1.5万人，他们的人口是我国的5倍，百岁老人也是我们的几倍。我国的百岁老人很多生活在相对贫困的地区，老龄化与贫困没有必然联系，是可以并存的。这就给我们解决老龄化问题提出一个很艰巨的任务，相对贫困的地区老年人也很多。广西巴马地区勉强温饱，但是百岁老人很多，有一个庞大的贫困老年人群。我们一方面要对付贫困，一方面要对付老龄化，两个任务同时来，国家的任务很重。

2. 我们对老年人投资不仅是对当代人，而且是对以后几代人的投资。很多人认识不到现在对老年研究的投资，是对以后几代人的造福。我参加了14、15、16届国际老年学大会有点惭愧，按老年人我国人数最多，尊老爱老传统最悠久，但我国老年学与国外老年学有一个相当大的差距，有分量的纵向调查没有，多维的、多学科研究的也很少；零散的调查很多，系统的、比较好的、有分量的调查不多。国际老年学会主席几次提出中国是否可以组织分会，主持分会。这就意味着中国能够组织全世界的专家学者来参加你的分会，你自己要有高质量的论文，有学科带头人、主持人。可是现在我们全国找不出几个能主持的人。香港会议希望我们主持分会，全国提出的候选人寥寥无几，没有几个能走上国际学术舞台，每次会议专题发言、主题发言、专请发言的很少（除了介绍中国情况的）。这说明我们的基础研究差、纵向研究差，不重视老年学研究，投入少，没有培养出相应的人才，在大学里没有老年学系。这次在澳大利亚参观了几个养老院，每个院都有有经验的专门护理老人的护士，我们这方面的人才也没有培养。我们在人才培养、学术上、舆论上非常薄弱，而且投入相对少。比如我们的社区服务还是小打小闹的，在澳大利亚社区供应老人吃饭，全是社会供应统一制作，分发到各个社区送给每个老人。人家是真正的社会化服务，我们还是小打小闹，小饭桌供几个老年人的服务。我们对付老龄化的准备工作做得不够。国际老年学会主席安得鲁斯说，“我们现在准备还来得及，如果我们再错过这个时机，将是一个可怕的灾难”。

3. 我们对健康老龄化应有一个更高更远的视野。我们对健康老龄化理解主要还停留在生物医学这个领域，这次国际老年学会比较重视的是生活质量、生命质量，更确切点叫活的怎样。澳大利亚总督说，我们应该感谢科学家，科学发明把我们的寿命延长了。但是我们有理由向科学家提出来，我们延长的寿命不是带病的、不健康的、悲惨的寿命，延长的寿命应该是有质量的、幸福的活着。把健康老龄化提到更宽、更深、更多维。从一个人的一生发展来看，有人提出健康的中年化，中年人也要健康，全民健康与健康老龄化要挂起来。这次会上介绍的成功的老龄化比较多。我们健康老龄化还可以用，但视野要更宽、更广、更深，目标是活的质量提高。

4. 对老年人的看法。宣言中再次提到，怎样看待老年人？观念应该是什么？过去在农耕社会把老年人看得很高，现代化社会又把老年人看得很矮，这次提出对老年人的看法要更新观念，很值得思考。澳大利亚总理在致词中说：现在的老年人在社会上不得不扮演一个角色——20世纪老年人在经济上的小丑，一只手将公共钱包的钱偷光的小丑。你们的研究应该树立一个形象，老年人对社会是有积极的、大量贡献的。我们现在一提老年人就是有病的、躺在床上的、非常顽固的，形象很差，这是不符合现代老年人实际的。现在七、八十岁的老人还是很健康的，地位也是很高的，是有潜力的。我们应该更新观念，不然很难与老年人成为伙伴关系。这次会上强调老年人独立性、自主性，不依赖别人。我们每个人对老年人都是欠帐的，老人对人类社会作过很多贡献，老年学应该在怎样改变老年人形象上下功夫。

5. 关于家庭养老。西方由于社会养老不成功，有些人认为，亚洲和农耕社会的家庭养老是可以效仿的。德国的学者对这点有保留。他认为时代已经变了，家庭养老是不是就能解决问题。我们研究的不多，老年人权益保障规定家庭有责任，是不是这样就完事大吉了？国家不能撒手不管，应该家庭和社会保障相结合。华人社会的家庭养老处于动摇的状态。原因就是子女一代教育已发生了变化，没有什么依赖了，子女也少了，子女与父母一起住也不可能了。德国人说，子女和父母分开住不等于不理，通过其他方式来联系，分居的亲热，不一定住在一起，住在一起不一定是上策。德国三代家庭只有1%点几，很难恢复大家庭。我们要研究中国家庭养老能够依赖到什么程度，能够维持多久？子女多时，几个子女轮流养老人，只有一个独生子女在生活水平不高的情况下，怎么养？很多问题要研究。

多吉才让同志在联合国亚太经社会'98北京老龄问题地区研讨会上的致词

（1998年5月26日）

各位来宾、各位朋友，女士们，先生们：

值此联合国亚太经社会'98北京老龄问题地区研讨会开幕之际，我代表中华人民共和国民政部，对会议的召开表示衷心的祝贺！向出席会议的联合国亚太经社会的官员和有关国家的来宾表示诚挚的、热烈的欢迎！

在1992年，联合国第47届大会讨论通过了《联合国老龄问题宣言》，并确定1999年为“国际老年人年”，这是本世纪末国际老龄领域的一件大事。亚太经社会'98北京老龄问题地区研讨会的召开，将围绕迎接和庆祝1999年“国际老年人年”，“建立不分年龄人人共享的社会”这一主题，进行讨论和交流，展望21世纪全球人口老龄化发展的前景，并制定亚太地区老龄行动计划，以此作为亚太地区筹备和庆祝国际老年人年的开始。这是对亚太地区乃至国际社会迎接和庆祝国际老年人年一个推动，是对迎接21世纪人口老龄化发展面临的新挑战采取的重要举措。我相信，这次会议在与会朋友的共同努力下会取得积极的成果。中国政府非常重视迎接和庆祝1999年国际老年人年的工作，制定了行动计划，并已筹备开展了相关的活动。这次会议之后，将进一步推动“国际老年人年”活动在中国的开展。

自1982年联合国召开老龄问题世界大会，通过《维也纳老龄问题国际行动计划》至今16年来，国际社会和各国政府对人口老龄化问题的认识发生了深刻的变化，联合国历届会议都将这一问题列入议题，并通过了一系列重大决议。尽管各国经济发展水平和文化背景不同，面临的人口老龄化问题也不尽相同，但是致力于采取有效措施，综合治理人口老龄化带来的社会问题，以实现人口与经济、社会、资源、环境的协调发展，已逐渐成为国际社会和各国政府的共识。中国是世界上人口最多的发展中国家，也是老年人口最多的国家。目前，60岁以上老年人口已经达到1.2亿人，并继续以年均3.2%的速度增长。中国人口老龄化发展速度快，老年人口多，地区发展不平衡，经济不发达，这一基本国情决定了解决中国人口老龄化问题的艰巨性。多年来，中国政府十分重视老龄科学理论研究和社会实践，重视人口老龄化问题的综合解决，注重从中国传统文化出发，以教育、倡导的方法，不断提高全社会的老龄意识和养老意识；开展老龄科学研究和调查工作；提倡“老有所养、老有所医、老有所为、老有所学、老有所乐”的工作目标；建立各种老龄工作的组织服务网络；积极组织广大低龄健康老年人参与社会发展，对高龄老人实行优惠照料服务；颁布实施了《中华人民共和国老年人权益保障法》、《中国老龄工作发展纲要》等一系列解决人口老龄化问题的政策法规。当前，正在进一步加强人口老龄化问题的战略研究和对策研究工作，制定相关的政策、法规体系。

中国政府在长期的老龄工作实践中认识到，采取综合措施解决人口老龄化问题，走可持续发展的道路，是必然的选择。进入21世纪以后，中国人口老龄化问题将面临新的挑战，问题将日益突出，老龄工作的任务十分艰巨。如何积极、妥善地解决人口老龄化问题，是中国需要认真对待的重大课题。中国作为国际社会的一员，在认真解决好本国人口老龄问题的同时，愿意同国际社会和各国政府一道，为解决人口老龄化这一世界性的重大社会问题作出不懈的努力。同时，我们也热切地希望，国际社会对中国老龄事业的发展给予大力支持和帮助。因为，占世界1/5老龄人口的大国，成功解决人口老龄化问题将是对世界和平与发展的重大贡献。

女士们、先生们、朋友们，让我们携手共进，为迎接21世纪的到来，为迎接1999年国际老年人年的到来，为建立一个人人共享的未来社会作出应有的贡献！

祝大会圆满成功！祝大家在北京期间生活愉快！

国务院办公厅转发民政部《关于开展“国际老年人年”活动意见》的通知

（1998年9月7日）【国办发（1998）128号】

各省、自治区、直辖市人民政府，国务院各部委，各直属机构：

联合国第47届大会通过决议（47/5号），确定1999年为“国际老年人年”，这是本世纪末国际老龄领域的一件大事。我国是世界老年人口大国，积极做好“国际老年人年”的工作，开展相关活动，弘扬中华民族敬老传统美德，培育良好的社会风气，促进社会主义精神文明建设，维护社会稳定，具有重要意义。

国务院同意民政部《关于开展“国际老年人年”活动的意见》，现转发给你们，请结合当地实际情况，认真贯彻执行。

附件：

民政部《关于开展“国际老年人年”活动的意见》

（1998年8月11日）

1992年，第47届联合国大会举行老龄问题特别全会，通过了《1992至2001年解决人口老龄化问题的全球目标》（47/339号）和《世界老龄问题宣言》（47/5号），确定1999年为“国际老年人年”。这是本世纪末一次世界性的重大活动，也是国际老龄领域的一件大事。

联合国对迎接和庆祝“国际老年人年”的活动给予了高度重视，提醒各国“铭记着20世纪的社会老龄化是人类历史上前所未有的，对任何社会都是一项重大的挑战”。多次要求各国履行联大决议，“加强有关老龄问题的国家机制，设立一个国家协调中心，以制定国家老年人年方案，在国家一级开展活动”。鼓励所有国家、联合国组织和机构及非政府组织为筹备“国际老年人年”的庆祝活动进行积极准备，并确立了“国际老年人年”的主题是“建立不分年龄人人共享的社会”。

1997年9月8日，第52届联合国大会通过的《1999年“国际老年人年”的行动框架》，确定“国际老年人年”于1998年10月1日“国际老人节”开始。

我国是联合国安理会常任理事国，也是世界老年人口大国。做好“国际老年人年”的筹备工作，开展必要的活动，将有利于进一步提高我国在国际上的地位，扩大我国的国际影响；对于进一步唤起全社会对老龄问题的重视和关注，推动我国老龄工作的发展，体现党和政府对老龄事业和对亿万老年人的关怀，弘扬中华民族敬老传统美德，培育良好社会风气，促进社会主义精神文明建设，维护社会稳定，具有重要意义。为此，提出如下意见：

一、进一步提高对人口老龄化问题重要性的认识

我国老年人口增长速度快、基数大，高龄老人多。目前60岁以上老年人口已达到1.2亿，占总人口的9.7%，并以年均3.2%的速度增长，到2000年将达到1.32亿，占总人口的10%以上，进入人口老龄化国家。老龄问题事关国家稳定大局，已开始并将进一步对我国经济和社会发展带来重大影响。进入21世纪以后，我国人口老龄化问题将变得更加突出。对老龄工作，党中央、国务院十分重视。各地、各部门要从我国经济和社会发展的全局出发，提高对老龄工作重要性的认识，加强对老龄工作的领导，切实做好这项工作。要利用“国际老年人年”，开展一定的宣传活动，进一步增强社会的老龄意识和养老意识。

二、要加强对“国际老年人年”活动的领导

各级政府、各有关部门要加强组织领导，把开展“国际老年人年”的活动作为当前社会主义精神文明建设的重要工作，认真部署。各部门、各有关方面要密切配合，积极支持。要充分发挥各级老龄委和老龄群众组织的作用，共同把这项工作做好。

三、“国际老年人”年活动的主题

“建立不分年龄人人共享的社会”是联合国确定的“国际老年人年”的主题。各地要围绕这个主题，把开展“国际老年人年”的活动与推动社会主义精神文明建设紧密结合起来，充分调动各方面的积极因素和亿万老年人的积极性，为我国改革开放、经济发展服务。

四、“国际老年人年”的活动安排

拟开展的主要活动有：

（一）在全国开展以敬老、爱老为主要内容的助老工程。

（二）1998年，由中国老龄协会联合有关部门通过一定形式开展全国“敬老好儿女金榜奖”、“老有所为奉献奖”、“重视老龄工作功勋奖”社会性评选表彰活动；召开第13届东北亚（中、日、韩）家庭养老与社区养老服务研讨会。

（三）1999年10月，由中国老龄协会负责组织在京召开一次庆祝“国际老年人年”会议，推动全社会关注老龄问题。

（四）“国际老年人年”期间，由中国老龄协会组织有关专家、学者开展人口老龄化问题的研究。

各地可结合当地实际，开展相应活动。要本着隆重、热烈、俭朴、求实的原则适度进行，力戒形式主义；活动重点要放在基层，面向社会，面向广大老年人。要组织机关干部、青年志愿者队伍和大、中、小学的学生积极开展向老年人献爱心、送温暖、扶老助困活动，以体现党和政府及社会对老年人的关心和爱护；要大力宣传贯彻《中华人民共和国老年人权益保障法》，表彰敬老、养老的好的家庭和个人的典型，以促进良好社会风气的形成；要积极发挥老年人的知识、技能、经验优势，鼓励低龄健康老年人参与社会主义精神文明和物质文明建设，为经济发展和社会稳定再作贡献。

中国老龄协会《关于第十三届东北亚老龄化研讨会的情况报告》

（1998年11月5日）　　【中老字（1998）20号】

民政部：

经民政部批准，中国老龄协会于1998年10月7日至9日在北京召开了第13届东北亚老龄化研讨会。在民政部领导与国际合作司的指导下，为期3

天的会议圆满结束了。中央电视台、中国人口报等7家新闻单位分别作了报道。现将有关情况汇报如下：

参加这次会议的代表共136人，其中中国代表78人，日本国代表42人，韩国代表16人。这次会议得到了中国政府有关部门的重视和关注，国务院政策研究室、国家计委、民政部、财政部、计生委、全国妇联及社科院等部委都派人参加了会议。

民政部副部长范宝俊出席了会议开幕式并致词。中国老龄协会会长张文范致开幕词，副会长赵宝华做了总结发言。联合国开发计划署驻华代表莱特娜女士也到会致词。日本驻华使馆派员出席了开幕式。

这次会议共收到论文26篇，在会上发言的有19人。与会代表从不同角度对东方养老模式的地位、作用、发展趋势，以及完善这种模式的政策建议，进行了深入的探讨。许多论文和发言观点新颖、论证充分，很有说服力和借鉴作用。通过广泛交流，不仅对东方养老模式加深了认识，拓宽了进一步完善这种模式的思路，形成了许多共识，而且加深了各国老龄工作者之间的友谊，会议取得了圆满成功。

从会议的发言和收到的论文看，这次会议大体有以下6点收获和共识：

一、老龄问题是东北亚国家和地区共同面临的重大社会问题

东北亚各国由于自然和历史条件的不同而处于不同经济发展水平，但都面临着一个人口老龄化问题，即：由于出生率、死亡率的下降和人口平均寿命的延长，老年人口数量和占总人口的比例都显著增加。据预测，从1950年到2025年的跨世纪的75年中，中日韩总人口将增加1.6倍，而老年人口将增加6.6倍，80岁以上高龄老人将增加13倍。这无论对哪一个国家来讲，无疑都是一个严峻的挑战。我们3国的人口结构由成年型过渡到老年型，仅用了20多年时间，而欧美一些国家则经历了近百年时间。急迫的人口老龄化，给我们各国政府和社会带来了巨大的压力。在人口迅速老龄化的同时，城市化和工业化的进程使家庭结构趋向小型化、核心化；大批妇女参加工作使照料老人的家庭成员减少。这些客观情况使家庭的养老功能逐步弱化。这是人口老龄化对东北亚各国和地区提出的严峻挑战，老龄问题已成为我们各国和地区重大的社会问题。因此，认真研究和完善行之有效的东方养老模式，是我们东北亚各国和地区政府及老龄工作者的共同责任。

二、家庭是东北亚各国和地区养老体系的基础和主要力量

与会代表认为，中、日、韩3国有着相近的文化背景，素有敬老、爱老、养老的传统美德，对于家庭养老的含义与认同，没有太大的差异，仍保留着许多传统的家庭生活方式。尽管我们3国具有不同的人口规模、经济基础和社会制度，但家庭养老这种模式都处于主要的地位。特别是中国目前处于二元经济结构，内部的差别性较大，以父祖辈是农民或手工业者，而子孙逐渐成为工薪阶层的趋势在发展中，同时，中国是发展中国家，经济还很不富裕，没有足够的时间推行积累制，又很难以现收现付制的形式支持大量的老年人口供养，国家的政策只能强调以家庭为基础的养老模式。事实上，中日韩子女在很大程度上是可以依赖的，我们3国的老年人60%以上都生活在成年子女的家庭，并接受大部分的生活服务。这是我们坐在一起进行讨论的基础。

三、改善家庭环境是提高老年人生活质量的关键

我们所讨论的家庭养老是指广义而言，既包括感情交流、生活照料，又包括经济上的支持。从本次研讨会的发言中可以看出，虽然家庭养老的性质和范围因国而异，但是我们获得一个共识：要提高老年人的生活质量，必须首先要改善家庭的环境。对此，许多代表介绍了许多成功的经验，提出了各种政策建议和战略计划。这里包括政府制定的各种老年人权益保障、子女孝敬的法律，为刺激和鼓励家庭照料老年亲属的积极性所实行的减免税收等优惠政策，为保护传统养老的文化价值，大众媒介和各种教育机构所进行的宣传和教育，以消除歧视虐待和遗弃老人的现象。

四、加强社区服务是减轻政府和家庭照料老人负担的最有效途径

事实证明，随着老年人的增多和子女的减少，家庭养老的负担越来越重，而完全靠政府资助和养老机构照料是任何一个国家所无法做到的。为避免西方国家存在的过多供给和过分依赖的情况，应当积极寻求社区帮助服务的综合性措施，向家庭赡养的老年人提供各种形式的住地服务，这样既可以减少国家财力的投入，也可以弥补家庭养老功能的不足。同时还可以发挥社区居民的自助互助精神，鼓励和促进老年人参与社会发展，为老年人营造一个良好的生活空间。社区为老服务是家庭养老和社会养老的最好结合点，是东方养老模式的最佳选择。会上，韩国专家提出的“养老福利事业的课题”，日本专家提出的“培养福利工作者的爱心”，中国专家提出的“拓展老年社区照料的设想”等，都是为建立社区为老服务提出的积极而有价值的建议。

五、提倡各代人之间的亲情和责任是家庭养老的

精神支柱

在我们讨论“东方养老模式”之时，会议并没有忽视研究各代人之间的亲情、责任和义务关系。尽管我们探讨的深度和表达的方式不同，但它确实是我们东方家庭养老模式的重要文化价值取向。代际间的“契约”、互惠和“叠加”，是我们社会普遍存在的客观事实，体现了各代人之间存在的相互依赖关系。尽管中日韩3国的社会背景有较大差异，但是传统的儒教价值观都同样存在，其影响仍然较强大，而且共同把不尊老、不敬老视为不道德的行为。在子女不能与父母居住在一起的情况下，日本提出的“一碗汤”距离，中国提出的“分而不离”，韩国倡导的“地区保护网”等，都是增加老年人与分居子女的联系频率，加强感情支持，获得生活帮助而提出的新政策和新方案。

六、会议一致通过了北京宣言

宣言集中表达了与会代表对老龄化、东方养老模式以及发展老龄福利事业的意见、观点和政策建议，反映了大家的共同愿望和要求。这将成为举办东北亚系列老龄会议以来最重要的文件，必将产生十分重要的影响。

上述这些收获和共识，仅仅是这次会议成果的一部分，还有许多精彩的意见没有能全面概括。这次研讨会的成果是丰硕的，这些成果，将成为我们东北亚国家推动老年福利事业发展的新起点。

中国老龄协会关于向联合国提交《中华人民共和国关于〈老龄问题国际行动计划〉的修改建议》的报告

（2000年8月16日）　　【中老外字（2000）33号】

民政部：

联合国第54届联大通过了题为《“国际老年人年”的后续行动：不分年龄人人共享的社会》的决议（A/RES/54/24号）。该决议第15款明确：“请秘书长同各国政府、政府间组织和非政府组织协商，拟订一份订正《行动计划》草案，其中包括审查机制的建议，于2001年提交社会发展委员会”。联合国社会发展委员会第38届会议（2000年2月在纽约召开，我协会派员随我国代表团出席了此次会议）也作出了关于对《老龄问题国际行动计划》进行修改的决定。

此前，联合国曾就是否要修改及如何修改《老龄问题国际行动计划》征求过各国政府的意见。应外交部的要求，我协会对修改《老龄问题国际行动计划》提出了两条原则性的意见：一、自1982年《老龄问题国际行动计划》制定以来，全球老龄化情况发生了变化，故应对其进行适当修改；二、在修改《老龄问题国际行动计划》时应更多地考虑发展中国家人口老龄化的情况。

根据联合国的有关决议，我协会自今年初起就对组织修改《老龄问题国际行动计划》的工作进行了布置，最近又专门邀请了国内有关专家集中对《老龄问题国际行动计划》进行了认真的研究，并结合当前全球人口老龄化的基本态势及我国的实际情况对该《行动计划》进行了适当的修改。

现将《中华人民共和国关于〈老龄问题国际行动计划〉的修改建议》（送审稿）送上，请修改审定。定稿后可由我协会负责将此文件翻译成英文，然后经外交渠道提交给联合国。

特此报告。

中华人民共和国老龄问题报告

（1999 年 8 月）

联合国第 47 届大会通过决议，将 1999 年确定为“国际老年人年”，把建立“不分年龄人人共享的社会”作为国际老年人年的主题，并决定在第 54 届联合国大会期间，在适当的全球决策层专门讨论国际老年人年的后续工作。这体现了国际社会对人口老龄化问题的高度重视，也表达了人类追求和平、平等和幸福的共同愿望。

中国政府历来重视人口老龄化问题，积极、务实地履行联合国有关老龄问题的决议，研究和逐步解决人口老龄化问题。为支持和履行联合国关于国际老年人年的决议，中国政府提交老龄问题国家报告，阐述中国政府对人口老龄化问题的基本立场及解决人口老龄化问题的目标与政策，介绍中国的人口老龄化现状及发展趋势，中国为庆祝国际老年人年开展的主要活动。

本报告已经中华人民共和国政府批准。

一、中国政府对人口老龄化问题的基本立场

70 年代开始，中国政府在全国范围内实行计划生育政策，在控制人口增长，降低出生率和死亡率等方面取得了显著的成就。中国人口的出生率由 1969 年的 34‰。降低到目前的 17‰。而人口死亡率自 70 年代以来一直稳定在 6—7‰，人口平均期望寿命从 70 年代中期的 65 岁增加到目前的 70 岁。中国的人口年龄结构也迅速地发生了变化，老年人口持续、不断增长将成为 21 世纪上半叶中国面临的重大社会问题之一。

中国政府认为，老龄问题是影响一个国家社会经济发展的重大战略问题。伴随着人口老龄化必然会引起人口年龄结构的变化，国家财政支出结构的变化及产业结构、消费结构、投资结构、家庭结构等一系列社会经济、政治方面的变化。因此人口老龄化不可避免地对中国的政治、经济和社会发展产生重大的影响。中国政府强调必须把老龄问题提高到战略的高度，加强领导，统筹规划，将老年人口与经济、社会、环境和资源相互协调，走可持续发展的道路。中国是在经济尚不发达的情况下迎来人口老龄化的。因此，解决人口老龄化所带来的社会、经济发展方面的问题，必须大力发展经济，努力壮大经济实力，提高综合国力水平，以强大的经济实力作为后盾来解决人口老龄化所带来的问题。为此，中国政府毫不动摇地把经济建设作为中心任务，努力促进国民经济健康、全面地发展，为解决老龄问题准备必备的物质条件。

敬老、养老是中华民族的传统美德。这种传统在现代社会应该得到继承和发扬。中国政府号召全社会都来关心老龄事业，关心老年人，积极倡导和树立尊老、爱老、养老的社会风尚；同时，要完善老年法规体系，以法维护老年人的合法权益。

中国政府认为，老年人是社会的宝贵财富，是国家物质文明和精神文明的创造者、继承者和传播者。国家应尊重、提倡、鼓励老年人自立、自助，积极养老，创造条件，继续发挥老年人的作用，使老年人有机会参与社会的发展。中国政府认为，解决老龄问题，既是政府的责任，也是全社会的责任，发展老龄事业要采取国家、社会、家庭、个人相结合的方针，在政府逐步增加投入的同时，鼓励和扶持社会组织或个人共同参与老龄事业的发展，投资兴办老年福利院、敬老院、老年公寓、老年医疗康复中心和老年文化体育活动场所等设施，多渠道地满足老年人的各种需求。

中国政府坚持从本国国情和传统文化出发，走积极养老的道路。家庭养老是中华民族赡养老年人的传统方式。在当前和今后相当长的时期内，家庭仍将是老年人经济供养、生活照料和精神慰籍的主要场所。中国政府在建立和完善社会保障制度的前提下，采取措施加强家庭的养老功能，积极推动以社区为中心的社会化养老服务事业，走家庭养老和社会养老相结合的道路。中国政府认为，国家和政府在解决老龄问题和发展老龄事业方面应发挥重要作用。中国政府要求把老龄事业纳入到国家和地方国民经济和社会发展计划。中国政府认为，老龄领域的国际交流与合作有利于世界各国相互学习，有利于促进全球老龄事业的发展。中国政府也一贯重视和支持老龄领域政府间及非政府组织间的多边和双边交流与合作。中国政府将一如既往地发展与联合国、老龄国际组织及友好国家和地区的老龄机构的合作，相互交流，取长补短，推动中国及世界老龄事业的健康发展。

二、中国人口老龄化及老年人口现状

（一）人口老龄化的现状和趋势

中国的人口老龄化是持续的生育率下降和平均期望寿命延长共同作用的产物。由于70年代以来中国卓有成效的推行了计划生育政策，总和生育率（total fertility）从1970年的5.8降到了现在低于更替水平（replacementlevel fertility）的1.8。与此同时，由于中国社会经济的显著进步特别是医疗卫生条件的大力改善，各类疾病的发生率和人口粗死亡率均有所下降，人口平均期望寿命相应延长，由建国前的35岁提高到70岁。由此，中国人口的年龄结构逐渐从年轻型向成年型转变，并迅速向老年型过渡。

目前，中国65岁以上老年人口有8375万，占总人口的6.7%；60岁以上老年人口已超过1.2亿，占总人口比重9.7%，预测到2000年，60岁及以上的老年人口将达到1.3亿，占总人口的比重超过10%，人口年龄结构成为典型的老年型；到2025年，将达到2.8亿，占总人口的比重超过18%；到2050年，将达到4亿左右，占总人口的比重超过25%，从而成为高度老龄化的国家。中国老年人口规模之大，老龄化速度之快，高龄人口之多，是世界人口发展史上所罕见的。与发达国家和地区比较，中国人口老龄化具有鲜明的特点：

——人口老龄化发展速度快。1982年到1997年，中国总人口年平均增长率为1.3%，而老年人口年平均增长率高达3.9%。另一方面，发达国家和地区人口年龄结构从成年型转向老年型一般经历几十甚至上百年的时间，而中国只用了不到20年。

——老年人口数量大。中国60岁以上老年人口2000年将达到1.3亿，占全球老年人口总量的20%，相当于英国、法国、瑞典、挪威4国全国人口的总和。

——老年人口高龄化的态势显著。1982年至1990年，中国80岁及以上的高龄老人年平均增长速度达到5.4%，快于60岁及以上老年人口的增长速度。1990年至2010年，80岁及以上的高龄老人年平均增长速度将达到4.1%，快于世界平均水平3.0%和发达国家的2.0%。目前，80岁以上高龄老人已高达1100万。老年人口高龄化将对社会经济的可持续发展形成巨大的压力。

——人口老龄化存在显著的区域差异。上海早在1979年就已经成为“老龄化城市”。随后，北京、天津、江苏、浙江、山东、广东、辽宁和四川等省市相继进入老年型。而地处边远的青海、西藏等欠发达省区则要到2010—2020年前后才能跨入老龄化社会的行列。

——中国人口老龄化是在经济不发达的情形下出现的。这与发达国家和地区的情况截然不同。先期进入人口老年型的国家在年龄结构老化的时候，就已经具备较强的经济实力。而中国则是“先老后富”。这一情形说明，未来中国所面对的人口老龄化挑战远比其它国家和地区严峻和复杂。

（二）老年人口状况

老年人口的社会经济状况主要表现在健康、婚姻、居住、收入、教育、活动等诸多方面：

1．健康状况

建国50年，特别是改革开放20年以来，中国老年人的健康状况有了显著的改进。首先表现在平均期望寿命的延长，其次表现在老年期各年龄组的死亡率均有所下降。但作为一种规律，无论是肌体健康还是心理健康，老年人的健康状况均随年龄的增长而逐渐下降。1992年中国老年人供养体系调查的数据表明：在60—64岁低年龄组，40%的老年人感觉健康，而80岁以上的老年人自我感觉健康的仅有1.5%。特别是75岁前后的变化比较明显。

中国老年人的健康状况还表现出明显的性别差异。60岁及以上的老年人中，女性略多于男性。在80岁及以上的老年人中，女性明显多于男性，高龄老年人口性别比只有60。

2．婚姻状况

中国的老年人，未婚率和离婚率都较低，分别为1.39%和0.84%，多数中国老年人的婚姻是稳定的。随着改革开放的深入和老年人生活质量的改善，老年人再婚者越来越多，开始引起社会的关注。

3．居住状况

自古以来中国就有家庭养老的传统，家庭关系一般比较稳定，大多数老年人与自己的儿女居住在一起，共居比例高达72%：其中三代户为48%，二代户为22%，隔代户为2%；分居比例或者说“空巢家庭”约占27%：其中夫妇户为20%，一人户为7%；其他为1%。在农村，采取共居模式的老年人比例更高，可以达到77%。

老年人的居住方式与老年人的经济来源和养老方式关系密切。依靠子女或其他亲属供给的老年人一般与子女共同生活，居住在三代户大家庭中，占这种经济来源的比例高达近60%；以劳动收入为主要经济来源的老年人主要生活在三代户和二代户中，占同类经济来源的比例分别为35%和34%；以离退休金为主要经济来源的老年人主要生活在三代户和夫妇户中，占同类经济来源的比例分别为39%和29%；依靠社会保险或救济生活的老年人一般独居，占同类经济来源的比例高达56%。

4. 收入状况

中国老年人的收入总的来说是偏低的，而且城乡之间差别很大。但是，改革开放以来，随着经济的发展，中国老年人的经济收入有了很大提高。1987年中国城市老年人平均收入901元（人民币），农村老年人为422元，1992年分别增长为2053元和852元，均高于当年城市和农村的平均生活费。在最基本也最引人关注的老年经济保障问题上，目前子女供养老年人仍是中国老年人养老的主要方式。有57.1%的老年人主要靠子女或其他亲属提供经济帮助；有25%的老年人依靠自己的劳动收入；有15.6%的老年人依靠离退休金；依靠社会保险和救济等其它途径的只有2.2%。

中国城市老年人主要以离退休金为主要经济来源，中国农村老年人经济保障主要依赖子女，总体上属于传统的反哺模式。目前，中国农村老年人的养老保障仍以家庭养老为主，以社区和政府供养为补充。中国农村老人的经济供养水平偏低，有相当比例的老年人到了晚年仍然继续劳动，老年人自养一直是农村养老保障的一种重要形式。

5. 教育状况

因为历史的原因，中国老年人多数没有受过良好的教育，文盲、半文盲的老年人占大多数。有大学文化程度的只占0.7%，中学文化程度的占6.6%，小学文化程度的占22.3%，而文盲、半文盲的比例高达70.4%。但建国以后特别是近20年来，由于政府越来越重视老年人的“老有所学”问题，老年人的受教育状况得到了一定程度的改善。

目前，中国的老年大学（老年学校）已发展到13000多所，在校老年学员约100万人。一些地方已经形成了老年教育网络，建立了多层次、多形式、多学制、多学科的教学模式。

6. 活动状况

中国政府一贯重视并大力倡导和扶持各种有益于老年人身心健康的活动，约有70%的城市社区建立了各类老年人综合性活动设施，老年群众性文化娱乐活动已遍布城乡。老年人的活动方式大致有料理家务、重新就业和参加公益活动、娱乐、体育活动等几种方式。其中重新就业的为22%，料理家务的为25%，老年人活动率为47%。常年参加体育活动的老年人至少有3000万之多。老年人的就业率随年龄增大而明显下降，而料理家务的比例却有所上升。60—64岁年龄段的老年人口就业率为23%，65岁及以上的老年人口就业率急剧下降到9%，料理家务的比例则上升到27%，从性别差别来看，中国男性老人的就业率明显高于女性，而料理家务的比例，女性老人则高于男性。

三、中国解决老龄问题的目标、方针及政策

中国政府一直致力于营造适应人口老龄化的社会环境，通过政府和社会的共同努力，使老年人“老有所养、老有所医、老有所为、老有所学、老有所乐”。中国解决老龄问题的长远目标是建立一个健康、和谐、充满活力，不分年龄人人共享的老龄化社会。为此，采取的方针政策是：

——加强老龄问题战略研究和对策研究，逐步建立起国家、社区、家庭、个人相结合的具有中国特色的养老保障体系以及社会照料服务体系。

——根据中国老年人的年龄结构，调整产业结构，兴办老年产业，促进老年福利、老年教育、老年文化、老年卫生、老年体育事业有较大的发展。

——保障老年人参与社会发展的权利；保障老年人享有受教育的权利。

——按照可持续发展的战略方针，建立一支具有较高水平的科研、老年教育、老年服务和老龄工作干部队伍。

1. 战略规划

将老龄工作列入政府工作议事日程，修定《中国老龄工作发展纲要（2001－2010年）》，颁布《中国老龄问题白皮书》，提出21世纪老龄问题国家政策报告。

极据老年人口发展的比例，在社区建设必要的老年照料、文化活动、娱乐、教育、医疗保健康复设施。在新建或改造城市公共设施、居民小区时，同时规划、建设适合老年人生活和活动的配套设施。

2. 养老保障

《中华人民共和国老年人权益保障法》规定，“国家建立养老保险制度，保障老年人的基本生活”。中国政府为了体现社会公平，保障老年人晚年的生活，到本世纪末，基本建立起适应社会主义市场经济体制要求，适应城镇各类企业职工和个体劳动者的养老保险体系，逐步实现统一制度、统一标准、统一管理和统一调剂使用基金的目标。

坚持居家养老与社会养老相结合的养老原则。增加老年人福利设施的投入，扩大社会化服务范围，同时继续发挥家庭在经济供养、生活照料、精神慰籍方面的作用。

在农村，继续以家庭养老为基础，逐步扩大社会养老的范围，保障老年农民的生活水平不低于其他家庭成员的生活水平。

3. 社区服务

中国政府积极发展社区服务业。依托街道和居民委员会，发动社会各方面的力量，开展具有社会福利性质的社区服务事业。主要服务内容是：为老年人、残疾人、优抚对象提供社会福利服务；为居民提供便民利民服务。

社区发展的目标是：在城市基本建成全社会共同参与、多种经济成分并存、服务门类齐全、服务质量和管理水平较高、服务效益较好的的城市社会福利、社区服务网络，逐步实现社区老有所养、幼有所托、孤有所抚、残有所助、贫有所济、难有所帮，不断满足社区居民尤其是老年人的需求，建立一个老少共融的社区服务体系。

探索科学的服务机制。社区服务提倡和指导多数老年人居家养老，鼓励社区成员自立、自助，为社区成员尤其是老年人提供支助性和综合性的服务。政府鼓励、提倡由亲属、子女、邻里照料老人，鼓励青年人与自己的父母在一起居住。

4. 老龄产业

中国政府非常重视发展老年产业，不断调整产业结构，积极扶持老年福利、老年教育、老年文化、老年体育事业，政府逐年增加卫生投入，改善老年人的医疗卫生条件。

——大力发展老年医疗保健康复事业，完善老年医疗服务网络；坚持“预防为主”的卫生方针，继续在全国开展“全民健身运动”，改革、完善城镇医疗保险制度，发展农村合作医疗。

——大力发展和充实老年社区卫生保健服务，健立医院、社区、家庭相结合，保健、医疗、福利相结合的综合性的老年卫生保健服务系统。

——在社区兴建老年医院、老年康复中心、老年病门诊或医疗站、心理咨询中心，为社区内的老年人就医提供方便，对高龄老年人就医予以优先。继续发展家庭病床，开展家庭医疗门诊、巡回医疗、派遣家庭服务员等形式入户为老年人服务。

——加强对传统老年医学的研究，发扬中国传统医药学的优势，探讨老年常见病、多发病的预防、诊断、治疗、康复及保健的规律。

——政府鼓励、提倡、支持低龄和健康的老年人在自愿量力的前提下，参与社会发展和公益事业。体现“独立、参与、照料、自我实现和尊严”的老年人基本原则。在大、中城市提倡政府和民间团体建立老年劳动力资源情报机构和职业介绍机构，为老年人开辟第二职业培训创造条件，使老年人在退休后能够继续工作或从原来的工作岗位上顺利地转业到那些适合他们继续发挥作用的工作岗位上去。

——建立老年科技人才市场，规范市场行为，制定有关管理法规，为老年科技人才资源的再开发提供合法的权益保障。

——积极发展老年教育事业。贯彻《教育法》《老年人权益保障法》，建立、完善终身教育体系。加快建设多种形式、多种层次的老年教育网络，逐步扩大教育面，逐年提高老年人参加教育的比例，继续兴办各级各类老年大学和老年学校，并以城市为中心，逐步向乡村扩展。

——积极发展老年文化娱乐事业。报刊、电视台、广播电台积极开办老年专题节目，文艺、影视、戏剧、出版界努力创作老年人喜闻乐见的高质量的文艺作品；社区要积极组织老年人开展多样化、积极健康的老年文艺、体育活动。政府倡导全国市、县要普遍建立老年活动中心，城市社区和乡镇建立老年活动站，居委会、农村行政村普遍建立起老年活动室。鼓励老年人参加体育锻炼，提高自身的素质。

5. 老年科学研究

——加强老龄科学研究机构，积极培养老龄科学研究人才。在社会科学院校逐步设立老年学专业，培养老年理论研究的高级研究人才和管理人才。

——加强老年政策理论的研究。对现有的老龄工作干部有计划的分期分批的进行轮训，掌握老龄工作的科学管理知识，不断提高老龄工作干部的素质。

四、中国老龄工作的主要成就及经验

（一）主要成就

中国政府历来重视老龄工作。1982 年中国政府派代表团出席了在维也纳召开的老龄问题世界大会，并响应联合国的号召，成立了中国老龄问题全国委员会，此后，中国政府针对本国的人口老龄化问题，采取了一系列措施，经过 17 年的努力，取得了显著的成就。

1. 建立和不断完善了老年社会保障制度

早在 1951 年，中国政府就颁布了《中华人民共和国劳动保险条例（草案）》，其内容包括疾病、负伤、生育、医疗、退休、死亡待遇和行业救济等项目。1982 年以来，随着改革开放的深入发展，中国政府把社会保障制度的建立和改革作为经济体制改革的一项重要内容，并确定：到本世纪末，基本建立起适应社会主义市场经济体制需要的资金来源多渠道、保障方式多层次、权利和义务相对应、管理和社会服务社会化的社会保障制度。

——养老保险

为了适应社会主义市场经济体制的要求和人口老

龄化迅速发展的需要，中国政府对原有的养老保险制度进行了改革。从1991年至1997年，中国政府先后颁布了3个关于改革企业职工养老保险制度的文件，在全国范围内基本建立起适用于城镇各类企业职工和个体劳动者的养老保险体系。同时，要求在农村建立农民自愿参加的个人储蓄养老保险。

随着社会养老保险制度的确立，全国参加社会养老保险统筹的人数不断增加，保险覆盖面逐步扩大。到1998年，全国有8475.8万名企业职工参加了养老保险社会统筹，占企业职工总数的80.5%；有2727.3万企业离退休人员参加了离退休费社会统筹，占企业离退休人数的98%。农村地区的养老保险也得到了很大的发展，目前全国已有2123个县（市）和65%的乡（镇）开展了农村社会养老保险工作，参加社会养老保险的农村人口达8025万。

——老年社会福利

中华人民共和国成立后，制定了较为完善的社会福利政策，使老年福利事业有了很大的发展，成为老年社会保障的一项重要内容。国家对农村中无劳动能力、无生活来源、无依无靠的老年人实行保吃、保穿、保住、保医和保葬的“五保”制度；对城市无劳动能力、无生活来源、无赡养人、或其赡养人确无赡养能力的老年人给予救济。到1997年底，全国共建立各类老年社会福利院40169个，共收养641450名老年人。

——老年社会救济

为了进一步解决全国城乡包括老年人在内的一部分贫困人口的生活困难，中国政府自九十年代开始实行最低生活保障制度。1997年，中国国务院规定：在1999年底前，在全国城市普遍建立最低生活保障制度。到1998年底，全国668个城市中有657个城市建立了此项制度，有包括老年人在内的233.7万人享受此项救济。

2．积极推进了老年立法工作，使老龄工作步入了法制化的轨道

多年来，中国各省、自治区、直辖市积极主动地推进老年法规建设，并相继制定了地方性老年法规并颁布实施。1996年，颁布实施了《中华人民共和国老年人权益保障法》，这是中国老龄事业发展史上的一个重要里程碑。《老年法》的出台，为依法维护老年人的合法权益，依法推进老龄事业的发展，提供了重要的法律依据，使老龄工作的法制化建设进入了一个新的发展阶段。

3．老龄工作组织网络初步形成，机构不断加强

中国县以上城镇和绝大部分村成立了老龄组织机构。经过机构改革，中国老龄协会和一些省、自治区、直辖市的老龄机构得到了加强，为老龄工作的开展提供了组织上的保障；随着老龄工作的广泛开展，各类老年社会团体应运而生，工作十分活跃；城乡基层老年人协会普遍建立。目前，中国已初步形成了政府组织与非政府组织相结合的老龄工作组织网络。在老龄工作的实践中，培养造就了一支热心老龄工作、勤奋敬业的干部队伍，

4．大力度地开展了老龄宣传工作，增强了全社会的老龄意识和养老意识

中国政府从中央到地方的各级老龄工作机构坚持把老龄宣传工作放在重要位置。自1989年以来，在全国范围内开展了三次较大规模的敬老好儿女、老有所为、重视老龄工作先进个人和集体评选表彰活动，大力度地开展了老年法的宣传贯彻，创办了各种类型的老年报刊百余种，开展了一系列丰富多采的老龄活动，向全社会广泛深入地宣传了老龄问题和老龄工作的重要性，提高了人们对老龄问题重要性、紧迫性的认识，弘扬了中华民族敬老养老的传统美德，有力地促进了社会主义精神文明建设和社会敬老文明新风的形成。

5．从中国实际出发，提出了“五个老有”的目标，制定了老龄工作发展的中长期计划

人口老龄化是人类社会经济发展到一定时期必然出现的人口现象，中国也不例外。进入21世纪，中国将迎来人口迅速老龄化的时代。

中国政府根据本国的实际情况提出了“老有所养、老有所医、老有所为、老有所学、老有所乐”的工作目标。在老龄工作的实践中，为了把“五个老有”的目标落到实处，推动老龄事业的规范化建设，中国国家计委和中国老龄协会等13个部委制定了《中国老龄工作发展纲要》（1994—2000），各地根据本地实际制定了老龄事业的中长期计划，并纳入了当地国民经济和社会发展计划付诸实施，有力地推动了老龄事业的发展。

6．老龄调查研究工作不断深入，科学研究和学术研究水平逐步提高

中国政府非常重视老龄问题的调查研究工作，组织有关部门、科研单位的专家学者，对中国人口老龄化的发展趋势和特点，进行了系统深入的调查研究，作出了较为科学的预测和分析，取得了一批重要的研究成果，为政府制定老龄政策提供了决策依据和建议。有些研究成果，已转化为政府的政策并付诸实施。近年来，与老龄化有关的其他领域的研究，如生物学、老年医学、心理学及社会学等，也同样取得了

可喜的成就。

7. 老年服务及公益事业得到了逐步发展

以满足众多老年人需求的老年公寓、托老所、敬老院、老年病医院、老年活动中心等老年福利事业，经过政府逐步增加投入，社会广泛支持，企事业单位兴办，有了较快地发展。近年来，以社区为中心的老年照料服务功能不断加强，照料服务体系在一些大中城市正在形成。以扶老助困为主要内容的老年公益事业迅速发展。随着助老工程在全国各地的启动和城市社区志愿者队伍的建立等，使部分特困老人的生活得到了改善和照顾。

8. 老年教育、文化、卫生、体育等项事业有了一定的发展

全国老年大学、老年学校已发展到13000多所，在校学员100万人，累计毕业人数140万人，为众多老年人提供了终生学习的机会；为满足广大老年人精神需求的图书报刊、文艺作品、影视、戏剧等相继出版和问世；老年体育活动的广泛开展提高了老年人的健康水平；老年医学、老年病的研究引起了医疗卫生界的重视。

9. 加强了老龄领域的国际合作与交流

我国政府重视加强老龄领域的国际交流与合作，先后与联合国、有关国际老龄组织以及许多国家和地区的老龄机构和组织建立了广泛的工作联系，达到了相互学习，共同促进世界老龄事业的目的。

（二）基本经验

——中国政府坚持从本国的国情出发，解放思想，积极探索，大胆实践，走自己的路。中国在广大农村创立了由老年人组织起来自我管理、自我服务的老年人协会组织；签订家庭赡养协议书以巩固家庭养老；以为粗养兴办各类养老基地、发展种植业、养殖业、加工业和庭院经济，通过多种途径提高了老年人生活质量；坚持家庭养老为基础，实行家庭养老与社会化养老相结合的养老道路等等，这些都是在实践中摸索出来的具有中国特色的行之有效的做法。

——老龄事业是一项新兴的社会事业，只有依靠社会力量才能办好。因此，坚持以舆论为先导通过强有力的宣传工作，不断增强全社会的老龄意识和养老意识，是做好老龄工作，发展老龄事业的先导和前提。十几年来，通过调动社会各种媒体的力量，广泛开展健康有益的社会活动，初步形成了良好的舆论宣传环境，为老龄事业的发展提供了有力的保证。

——老龄工作涉及面广，必须充分调动政府各涉老部门的积极性，充分发挥老年社团组织的作用。老龄工作涉及很多部门、很多方面，不可能由一家部门全部包揽，必须各级涉老部门相互配合，走共同推进老龄工作发展的路子。

——中国正在进行经济体制改革，发展老龄事业必须遵循市场经济规律，善于调动各方面积极性，共同参与老龄事业的发展。在建立社会主义市场经济体制的大背景下，发展老龄事业仅靠国家投入是不够的。近年来，中国各级老龄组织积极开发、培育老龄人才和老龄服务市场，引导老年消费，发展老龄产业，建立老龄事业的自我补偿机制，逐步形成了国家投入、社会支持、个人消费和老龄经济自我造血的多元化投资格局，为建立适应社会主义市场经济体制的老龄工作机制，奠定了比较好的基础。

五、创建一个有中国特色的不分年龄、人人共享的社会

中国政府认为，联合国把“建立不分年龄、人人共享的社会”确定为1999年“国际老年人年”涵盖一切的主题，标志着人类解决老龄问题的新思路和新希望，有重大的现实意义和深远的理论价值，这一提法给全人类展现了一条通向社会可持续发展的光明之路。

“不分年龄”意味着没有“年龄歧视”，代际关系和谐，没有年龄界限，各种年龄的人融为一体。“人人共享”意味着没有“能力歧视”，老年人的共享权利应该得到尊重。“不分年龄、人人共享的社会”其实是一个以共融为前提、以共建为手段、以共享为目标的可持续发展的社会。

——“共融”主要是指代际关系和谐，融洽多于矛盾，协调多于对抗，各代人相互理解、相互尊重、相互支持，这是一个社会能够顺利完成文化承继、人口更替、文明共享、发展持续的必要前提。对老年人来讲，老年人则能较好地融入所生活的社区乃至整个社会的环境当中，老年人的价值得到适当的肯定，老年人也始终没有处在旁观者和边缘人状态的尴尬和无奈。

——“共建”作为实现“共享”目标的手段表明权利和义务。分享和参与是一种对等的关系，“共建”是“共享”的必然要求。也就是说，每一个社会成员要分享各种各样的发展成果和发展机会，要享受各种各样合法的社会权益，首先就要作为参与者和共建者的面目出现。在整个生命历程中，老年人不仅在青壮年期要努力为经济增长和社会进步作出贡献，而且在老年期也要为继续实现自我的价值付出新的努力。正如联合国秘书长科菲·安南于1998年10月1日在

1999年国际老年人年启动仪式上的讲话中所指出的："在一个日趋老龄化的社会中，老年人既是发展的参与者，也是发展的受益者。老年人的地位和作用应当得到尊重和重视。"

在我们追寻一个健康的老龄化社会的过程中，老年人力资源正在成为越来越不可忽视的建设性力量。中国低龄的健康老人数目庞大，其中有知识、有干劲的老年人才也不在少数。这些宝贵的人力资源、人才资源若能善加开发，则利国利民，否则很可能成为负担。鼓励老年人有所作为正在成为解决老年人问题越来越重要的途径。

——"共享"则是我们努力的目标所在。这一思想集中地体现了人类社会对老年人的人道关怀。"建立不分年龄、人人共享的社会"的目标最终是通过老年人融入社会和参与发展来实现的。但"共享"是一个涵义丰富的概念。对老年人来说，在现代化的过程中，它既可以是生存资源的共享，也可以是发展机会的共享和社会成果的共享。其中：

"生存资源的共享"是说老年人在基本的生活需求上能得到充分的满足。中国古老的文化教导我们要"尊老爱幼",正如中国历史上置身最伟大思想家行列的孟子所说的"老吾老以及人之老,幼吾幼以及人之幼"。

"发展机会的共享"则承认老年人拥有一份独特的人生价值，有继续参与社会、作出贡献的权利和力量。让老年人融入社会、参与发展，实现其自身价值，是老年人的天赋人权，也是社会发展的需要。

"社会成果的共享"是说作为人类文明成果共同的创造者的老年人应当成为现代化事业的受益者而不是牺牲者。老年人有权利通过一定的方式和其他年龄段的人口一样共同分享社会发展和进步的每一份甜美果实。

根据中国政府对1999年"国际老年人年"主题的理解并结合中国国情，中国政府认为：构建一个有中国特色的"共融、共建、共享"的社会是我们的努力目标，每一个环节都要努力体现对老年人的尊重、理解以及支持和帮助。譬如，针对各地存在的拖欠离退休人员离退休金的现象，中国政府提出了两条要求：一是尽快按时足额发放离退休职工养老金，不得再发生新的拖欠；二是对过去拖欠的养老金要逐步补发。中国政府正在采取各种切实可行的措施来关心和照顾老年人，以最大努力来落实联合国提出的老年人原则，即老年人的独立、照顾、自我实现和尊严。

六、中国为庆祝"国际老年人年"开展的重要活动

中国是联合国的重要成员国，是世界上老年人口最多的国家，对联合国关于庆祝"国际老年人年"的决议给予了高度重视，认真执行了联合国关于国际老年人年的各项决议，根据中国的实际情况在全国范围内开展了形式多样的庆祝活动：

（一）1999年1月9日，中国国家主席江泽民为庆祝"国际老年人年"题词"加强老龄工作，发展老龄事业"。

（二）1998年9月，中国政府向全国各省、自治区、直辖市人民政府和各部委发出通知，要求各地、各部门积极做好"国际老年人年"的工作，开展相关的庆祝活动。

（三）1998年10月28日，中国国家副主席胡锦涛代表中国共产党中央委员会、国务院，代表江泽民主席，就庆祝1999"国际老年人年"向全国发表了电视讲话。他要求全国上下都要充分认识人口老龄化问题，并积极研究制定相应的政策。他还号召全国人民共同努力，在全社会进一步形成老少共融、代际和谐的良好风尚。

（四）在全国范围开展了以敬老、爱老为主要内容的"助老工程"。"助老工程"是一项社会公益事业，旨在广泛动员社会力量向老年人提供社会扶助和生活服务，营造适应人口老龄化的社会环境。"助老工程"自启动以来，在全国范围内救助了数千名特困老人；在老、少、边、穷地区创建了对贫困老年人提供扶助性医疗服务的"助老公益药房"。

（五）为大力弘扬中华民族敬老养老的优良传统，鼓励广大老年人继续为社会奉献力量，呼吁社会各界进一步关心和重视老龄工作，民政部、劳动部、全国总工会、共青团中央、全国妇联和中国老龄协会联合在全国开展了"敬老好儿女金榜奖"、"老有所为奉献奖"、"重视老龄工作功勋奖"的社会性评选活动。全国共评选出先进个人和集体近2600名，并于1999年2月7日在北京人民大会堂举行了隆重的表彰大会。

（六）为了加强老年人文化工作，丰富老年人的文化生活，1999年8月，中国文化部要求各级文化主管部门认真搞好老年文化场所建设，积极开展丰富多彩的老年文化生活；积极办好老年大学，建立老年教育网络。

（七）为庆祝"国际老年人年"，中国邮政总局设计并发行了一枚1999"国际老年人年"的纪念邮票。

（八）1998年5月26日至29日，中国政府与联合国亚太经社会合作在北京召开了"国际老年人年"

亚太地区会议。会议的主要目的是：围绕迎接和庆祝“国际老年人年”，根据联合国提出的“建立不分年龄，人人共享的社会”的主题，研究起草《亚太地区老龄行动计划》。来自亚太地区24个国家的代表出席了此次会议。会议最后通过了《亚太地区老龄行动计划（草案）》。

（九）1998年9月7日至9日，中国老龄协会在北京主持召开了东北亚老龄化研讨会，来自日本、韩国和中国的130多名老年学专家和老龄工作者及联合国驻华机构的代表出席了会议。会议以“家庭养老和社区服务”为主题，重点研讨了以家庭为主的东方养老模式，并发表了《北京宣言》，倡议东北亚各国和地区加强合作，为建立“不分年龄，人人共享的社会”，提高老年人生活质量积极作出努力，迎接21世纪人口老龄化的挑战。

（十）1999年2月12日，中国老龄协会参加了联合国非政府组织老龄委员会及联合国有关机构组织的全球老龄电视会议，并作为6个现场发言的国家之一，介绍了中国的老龄政策。

（十一）为推动老龄产业的发展并研究如何更好地保护老年消费者的权益，中国政府与联合国亚太经社会合作于1999年10月3日至6日在上海召开首次老年消费问题地区会议，并同时在上海举行老年用品国际博览会，以推动老年用品的研究与开发。

（十二）中国各地还根据本地区的实际开展了丰富多彩的地方性庆祝活动。

全国老龄工作委员会办公室《关于确定全国老龄工作委员会机构名称英文翻译的函》

（2001年12月6日）　　【全国老工委办函（2001）12号】

国务院办公厅：

经中共中央、国务院批准，全国老龄工作委员会于1999年成立。全国老龄工作委员会的成立是党中央和国务院加强我国老龄工作的重要举措，引起了国际社会的广泛关注。但全国老龄工作委员会成立后一直没有确定机构的英文名称，这样就出现了在对外宣传时所翻译英文名称不统一的问题，给对外介绍和宣传全国老龄工作委员会的机构及工作情况带来许多不便。地方省、市老龄工作委员会成立后也遇到这一问题，并来电话咨询全国老龄工作委员会的英文名称，以便上下一致起来。为此，我们认为有必要尽快确定全国老龄工作委员会的英文名称，以利对外宣传。我们已就全国老龄工作委员会英文名称的翻译问题与外交部有关部门进行了联系。根据外交部的建议，拟将全国老龄工作委员会的英文名称确定为：ALL CHINA NATIONAL WORKING COMMISSION ON AGEING。

妥否，请拟示。

李宝库副部长答路透社记者问

记者：您认为随着经济社会的发展，中国老年人的生活将会发生怎样的变化？

答：改革开放20年来，中国的经济社会发生了深刻的变化，为全世界所瞩目。随着经济全球化和中国加入WTO，中国改革开放进程会进一步加快，与国际社会的联系将更加紧密，法制建设会进一步健全和完善，经济将会持续稳定增长，科技水平会不断提高，必将为中国养老保障制度的进一步完善，为老服务体系的逐步健全，尊老、敬老、养老、助老社会氛围的形成，创造了良好的环境。具体讲，老年人生活将发生多方面的变化：

1. 老年人的寿命将进一步延长。目前，中国人口的平均预期寿命为71岁，比建国时期35岁提高了36岁。在可预见的未来，中国人口的预期寿命还会进一步延长。

2. 老年人的经济收入将会逐步提高。经济的稳定增长，基本养老保险制度的完善，最低生活保障制度覆盖面的扩大，社会救助制度的健全，以及老年人收入随经济发展不断增长机制的建立，将确保老年人的经济收入稳步增长。

3. 老年人的医疗卫生条件将会显著改善。医疗保险制度的改革和完善，医疗救助制度的建立和健全，以及社区医疗保健服务网络的广泛覆盖，将会使“老有所医”真正落到实处。

4. 老年人的生活方式将趋于多样化。传统意义上的家庭养老模式将面临冲击，以社区为依托的居家养老将成为绝大多数老年人的选择，机构养老也将成为中国养老方式的重要补充。老年人的生活、居住环境将会不断改善。老年人将更加注重科学、文明、健康的生活方式。

5. 老年人的精神文化生活会更加丰富多彩。老年人将会有更多的时间精力和更好的条件，参加读书学习、文化娱乐、体育健身、旅游观光、上网聊天等活动，实现自己的理想愿望，丰富自己的精神世界，提高自身的综合素养。

6. 老年人参与社会发展的渠道会不断扩宽，老年人的价值将进一步得到实现。社会的进步为老年人营造了良好的参与环境，科技的发展为老年人提供了更好的参与平台，老年人参与社会发展素质的提高，将使更多的老年人参与社会、实现自身价值的愿望得以满足，老年人将不仅仅只是社会的边缘人，老年人同样是社会发展不可忽视的力量。

记者：据我所知，你们正在实施“星光计划”，请您谈谈有关情况。

答：为了应对人口老龄化的挑战，贯彻《中共中央、国务院关于加强老龄工作的决定》，落实《中国老龄事业发展“十五”计划纲要》，推进社会福利社会化进程，民政部决定用2到3年的时间，以福利彩票筹集的福利金为基础，积极争取各级政府的投入，广泛动员社会力量参与，在街道、社区居委会和乡镇建设一批老年人福利服务设施和活动场所，进一步建立和完善社区老年福利服务网络，为家庭养老提供服务，为社区照料提供载体，为老年人活动提供场所。这项计划立足社区、面向老人、方便实用、小型分散、星罗棋布、形成网络，故命名为“星光计划”。

记者：请您谈谈“星光计划”目前的进展情况。

答：“星光计划”在全国启动后，各地积极响应，工作进展顺利，总体形势喜人，反映情况良好。到目前为止，首批“星光计划”项目规划和布点已经完成，资金基本到位。今年5月1日前将完成6032个项目，其中街道1214个，社区4792个，其他类型的项目26个。计划3年内将覆盖大部分街道社区居委会。

记者：实施“星光计划”的目的和意义？

答：“星光计划”是实践江泽民总书记“三个代表”重要思想的体现，是贯彻《中共中央、国务院关于加强老龄工作的决定》和落实《中国老龄事业发展“十五”计划纲要》的重要举措。“星光计划”同广大老年人的切身利益密切相关。社区是老年人活动的主要场所。目前，社区老年活动设施和活动场所严重不足，与老年人的需求还有很大差距。实施“星光计划”，为老年人提供就近便利的社区服务，既能够进一步提高老年人的生活生命质量，也能够有效地促进社会稳定和精神文明建设。

记者：请您谈谈中国老年人口的增长将会带来什么影响？

答：中国老年人口的增长速度非常迅速。中国是老年人口最多的国家。目前60岁以上人口占总人口比重已经超过10%，进入老年型国家的行列。据预测，到2015年，中国60岁以上老年人口将超过2亿，约占总人口的14%，到本世纪中期将达到4亿左右。

中国老年人口的增多，更准确地说，中国人口老龄化的出现，将会给经济和社会发展带来多方面的影响。人口老龄化是21世纪全球的一个普遍现象，它所带来的影响是当今世界许多国家共同面临的重大问题。

老年人口的增多，给中国带来的影响既有挑战，又有机遇。挑战主要有：一是劳动人口负担加重。老年人口的增长必然改变抚养结构，人口老龄化高峰将会给劳动年龄人口带来沉重的负担。二是劳动年龄人口老化。人口老龄化发展到一定时期将会导致劳动人口年龄结构的老化，从而影响劳动生产率的提高。三是财政收入转移支付压力加大。老年人口的增多会使老年社会保障等费用大大增加，给国家财政带来沉重的压力。四是产业结构调整任务艰巨。人口老龄化要求调整现有的产业结构，增加老年人所需要的日常生活照料、医疗护理和精神慰藉等各种服务。五是资源的代际分配矛盾加重。老年人口的增多必然改变现有资源的代际分配模式，新的矛盾和利益冲突在所难免。总之，老年人口的迅速增多，将会从诸多方面影响中国经济和社会的可持续发展进程。

但是，老年人口的增多，人口老龄化的到来对中国来说也存在机遇：一是目前中国60岁以上老年人口占总人口的比重超过10%，刚刚达到国际上通行的人口老年型标准，属于轻度人口老龄化，而且总抚养比相对较低，2020年以前仍然是中国发展经济的有利时期。二是老年人口的增多，庞大老年消费市场和围绕老年人服务的老龄产业的形成，也有利于扩大就业，拉动内需，刺激经济增长。

总之，中国老年人口的增多，对经济和社会发展的影响是机遇和挑战并存，我们将以积极的姿态去应对。

记者：您感到目前老龄工作中的主要困难是什么？

答：中国政府十分重视老龄工作。新中国建立后，特别是改革开放以来，中国采取了一系列政策措施，国家颁布实施了一系列维护老年人合法权益的法律法规和政策，初步建立了养老、医疗等社会保障制度，老年福利、卫生、文化、教育、体育等事业有了较快的发展，老年人的生活水平和生活质量不断提高。

今后一个时期，中国老龄工作面临的主要困难：一是中国属于发展中国家，人口多，底子薄，我们是发展中国家的经济面对超前到来的人口老龄化挑战，面临的压力是巨大的。二是中国正处于社会经济转型期，适应老龄社会的相关政策法规亟待健全和完善。三是中国为老服务业发展滞后，无论是硬件设施还是服务项目，总体上还不能满足老年人生活照料、医疗保健、精神慰藉等多方面的需求。四是随着城市化进程的加快，农村大量青壮年劳动人口流向城镇，农村老年人的赡养和照料问题日益突出，贫困地区尤为严重。五是全社会的人口老龄化意识、养老意识和维护老年人合法权益的法制意识比较淡薄，难以适应老龄社会的要求。总之，中国老龄工作起步晚，总体上基础还比较薄弱。但是，进入新世纪，中国政府采取了一系列强有力的措施，下发了《中共中央、国务院关于加强老龄工作的决定》和《中国老龄事业发展“十五”计划纲要》，加大了投入力度，中国的老龄事业进入了最好的发展时期。我坚信，随着经济社会的迅速发展，全社会老龄意识的日益增强，各级政府的高度重视，社会各界的广泛参与，我们一定能够克服困难，抓住机遇，老龄工作会迈上新的台阶。

李宝库副部长在联合国第二次全球老龄电视会议上的发言

尊敬的联合国助理秘书长吉莲·伦森女士，女士们、先生们：

我非常高兴参加第2次全球老龄电视会议，并介绍中国方面的有关情况。

自第1次全球老龄电视会议以来的3年间，中国政府根据人口老龄化迅速发展的形势，采取了一系列重大措施：1999年成立了以国务院副总理李岚清为主任的全国老龄工作委员会，统一领导全国的老龄工作；2000年中央政府作出了关于加强全国老龄工作的决定，确定了中国今后一个时期老龄工作的目标、任务和基本政策；2001年制定并颁布了《中国老龄事业发展“十五”计划纲要》，规划了今后5年老龄事业发展的蓝图。这些重大决策，有力地促进了中国老龄事业的发展。

中国老龄事业的发展，主要表现在以下方面：

第一，发展老龄事业的政策法规体系初步形成。已逐步建立起政府主导、社会参与、全民关怀的发展老龄事业政策体系。老龄事业的资金投入日益多元化、社会化，老龄事业已成为社会经济发展的新的热点。

第二，适合中国国情的养老保障制度基本确立。城市初步建立了养老保险制度和包括老年人在内的医疗保险制度，以及居民最低生活保障制度；农村则实行以土地保障为基础的“家庭养老为主与社会扶持相结合”的养老保障制度。老年人的基本生活得到了保障，并随着经济与社会的发展而不断提高。

第三，社区老年服务事业迅速发展。按照“老龄工作的重点在社区、在基层”的指导方针，遍布城乡的、方便老年人的社区卫生站、托老所、老年活动中心、老年学校、老年休闲广场等老年服务设施迅速增加。服务老年人的志愿者队伍不断壮大。

第四，老年人的精神文化生活日益丰富。目前，全国老年大学、老年学校有17000多所，开设100多个专业，在校学员150多万人。城乡社区老年舞蹈队、合唱团、读书会、书画社、门球队等老年文化体育团队有几十万个。老年人的精神生活质量不断提高。

第五，维护老年人合法权益工作得到加强。自1996年颁布《中华人民共和国老年人权益保障法》以来，各地都制定相应的地方性法规，许多地方设立了老年法庭、老年维权中心。老年人的维权工作取得明显成效。

女士们，先生们，中国是发展中国家，老年人口数量巨大，发展老龄事业困难很多。但是，3年来已取得的成就和进步，使我们对未来充满信心。

我们将按照《老龄问题国际行动计划》和《中国老龄事业发展“十五”计划纲要》的要求，在政府主导下，广泛动员社会力量，重点解决老龄事业发展中的突出问题，继续完善政府、社会、家庭和个人相结合的老年人经济供养体系，完善以社区为基础的老年人管理和服务体系，完善各部门和社会各界齐抓共管的老龄工作体系，运用法制和道德的力量，切实维护老年人的合法权益，不断提高老年人的生活生命质量，为实现联合国提出的“不分年龄，人人共享”的发展目标而进行不懈的努力。

最后，我代表中国老龄协会，祝愿全世界的老年人幸福安康！预祝即将举行的第2届世界老龄大会圆满成功！

谢谢！

司马义·艾买提国务委员在第二次老龄问题世界大会上的发言

（2002年4月9日）

主席先生：

首先，请允许我代表中国政府并以我个人的名义，对阁下当选为本届大会主席和本届大会的召开表示热烈的祝贺，对西班牙政府和大会筹委会为这次会议顺利召开所作的努力表示衷心的感谢。中国政府代表团愿同阁下和其他代表团共同努力，为本届大会获得成功做出贡献。

主席先生：

20年前召开的第一次世界老龄大会，是世界老龄事业发展史上的一个重要里程碑。在过去的20年中，国际社会和各国政府，包括非政府组织，为推动维也纳《老龄问题国际行动计划》的实施，进行了不懈的努力。行动计划确立的基本精神和原则，在各国政府制定的经济与社会发展宏观政策中得到体现，在具体实施中得到了较好的执行。

当前，世界老龄人口正在迅速增加，特别是发展中国家的老龄问题越来越突出，老龄问题成为21世纪各国面临的重大社会问题。因此，我们认为，本届大会的召开是十分必要和及时的，这对于进一步唤起全社会对老龄问题的重视和关注具有重大意义，必将产生积极而深远的影响。中国政府赞同大会将要通过的《政治宣言》及《老龄问题国际行动计划》等重要文件所阐述的原则和目标。为了实现这些目标，我代表中国政府提出如下主张：

一、各国应根据本国国情将老龄问题纳入经济和社会发展计划，使老年人与其他社会成员一起共享人类进步发展的成果，这是各国政府的重要责任，也是全球社会的责任。

二、各国特别是发展中国家，应该重视并积极推进经济建设和社会的全面进步，将消除贫困，健全医疗社会保障作为优先目标，不断提高老年人的生活水平，改善老年人的健康状况。

三、各国应根据“相互借鉴、平等互利”的原则加强老龄问题国际合作。世界80%的老年人口生活在发展中国家，我们呼吁国际社会和经济发达国家，从人类进步的共同利益出发，在资金和技术等方面，帮助发展中国家解决好老龄问题。

主席先生：

中国是世界老年人口最多的发展中国家，全球60岁以上老年人口的1/5生活在中国，目前已达到1.32亿。中国政府始终高度重视老龄问题。中国从中央到地方各级建立了老龄工作协调机构；确立了政府主导、社会参与、全民关怀的老龄事业发展方针，以及“老有所养、老有所医、老有所教、老有所学、老有所为、老有所乐”的长期目标；颁布实施了《中华人民共和国老年人权益保障法》和地方老年法规，运用法律、行政和教育的措施消除对老年人的各种歧视，保护老年人的合法权益；制定了老龄事业发展规划，陆续出台了一系列发展老龄事业的重大政策或措施；逐步建立了社会养老保障制度；特别重视老年妇女群体的困难和问题；大力推进社区老年福利服务、卫生保健、文化体育等各项事业发展；继续弘扬中华民族敬老、养老、助老传统美德，发挥家庭的积极作用；系统地进行了老龄问题调查研究和科学研究活动，积极开展老龄问题的国际合作与交流。目前，全国城乡老年福利设施已达到77400多个，创办老年大学17000多所，在校参加学习的老年人达150万人，坚持经常性参加体育健身活动的老年人达3000多万人。

实践证明，中国采取的老龄事业发展方针、政策和行动，是符合中国国情的，是保护亿万老年人基本人权的正确选择。随着中国经济和社会的全面发展，中国政府有能力、有信心，解决好日益突出的老龄问题，使亿万老年人的生活质量得到进一步提高。我们也在此吁请国际社会支持中国老龄事业的发展。

主席先生：

21世纪，是一个充满希望和挑战的世纪。人类社会发展的历史告诉我们，老年人群是社会的财富，而不是负担。老年人应是社会发展的受益者，更是社会发展的参与者。尽管我们面临着人口老龄化的严峻挑战，但我们对前途充满信心。让我们携起手来，共同努力，为建立一个“不分年龄，人人共享的社会”做出各自的贡献。我们相信，第2届世界老龄大会，必将成为推动全球老龄事业发展的又一个重要里程碑。

谢谢主席先生。

李宝库副部长在第二次老龄问题世界大会圆桌会议上的发言

丹卡萨秘书长，各位朋友：

刚才，克鲁斯提教授作了精彩发言。我也很高兴同在座各位朋友共同讨论家庭、社区与老年人及未来代际关系方面的问题。

自从第1届世界老龄大会以来，面对世界性的人口老龄化问题，国际社会一直在探讨家庭、社区在养老中的作用及对未来代际关系的影响。许多专家为此进行了大量研究工作，取得了丰硕成果。

中国是一个非常重视家庭亲情的国家，自古以来就有“尊老爱幼”的优良传统，形成了比较完整的道德和法规体系，成为规范人们行为的准则。在中国家庭中，父母有抚养教育子女的义务，而成年子女则有赡养照料父母的义务。这种“反馈式”的哺养关系一直是中华民族保障老年人晚年生活的基础，并成为中国《宪法》、《婚姻法》和《老年法》中的重要条款。这些条款，对于和谐代际关系，强化家庭功能，促进社会文明与进步，发挥着重要的作用。

目前，中国有1.32亿60岁以上老年人，他们中的绝大多数在家庭养老，受到子女的精心照料。从中国的实际情况看，家庭养老仍然是最主要的养老方式。家庭在解决老年人经济供养、生活照料和精神慰藉方面，具有不可替代的作用。为此，中国政府积极倡导老年人居家养老，并通过法律法规和道德教育，来保证这一主张的实施。

但是，随着经济、社会的发展，中国家庭规模日趋小型化，三代同堂的家庭日渐减少，空巢家庭和核心家庭日渐增多，家庭养老功能逐渐弱化。这一变化，使传统的家庭养老方式受到挑战，迫切需要社区的支持。为此，中国政府专门出台了加强城市社区建设的政策，要求地方各级政府加大对社区的投人，大力发展为老年人服务的社区服务网络。去年，又启动了“社区老年福利服务星光计划”，计划用3年左右时间，在全国 9 万多个城市社区和 4 万多个农村乡镇，建设专为老年人服务的设施和场所，为居家养老提供支持，为社区照料提供载体，为老年人活动提供场所。与此同时，中国政府为提高公民道德素质，促进代际和谐，制定了《公民道德建设实施纲要》，大力倡导“尊老爱幼”，特别在青少年中加强敬老、助老的道德教育，在社区开展青年志愿者活动，为老年人提供多方面的服务。

实践证明，在现代社会中，不论是家庭养老还是社会养老，都直接或间接地影响着代际关系。我们的共同目标是要建立不分年龄、人人共享的社会。要实现这一目标，就必须通过立法、教育，鼓励老年人参与社会发展，强化家庭养老功能，完善社区服务体系等各种措施，来调节代际关系，消除年龄歧视，增进感情交融，使老年人与其他社会成员一起共享社会经济发展成果。为此，中国政府提出以下主张，与各国朋友共同探讨。

——家庭是老年人生活的主要场所，也是为老年人提供物质保障和生活照料的基础。由于大多数发展中国家的综合国力和人均占有水平不高，能够用于老年社会保障方面的财力有限，不可能完全承担老年人的供养需求，因此，不论是现在还是将来，家庭都将在养老中发挥最重要的基础性的作用。国际社会应继续倡导家庭养老，各国政府应根据本国国情制定相应的政策措施，对家庭养老给予支持和帮助。

——社区是老年人融入社会的主要途径，也是老年人走出家庭、参与社会的重要场所。大力加强社区建设，为老年人提供多方面的服务，是丰富老年人精神生活，提高老年人生活质量的重要条件。在这方面，发达国家已有长期的成功经验，可以为发展中国家提供技术和资金方面的援助。

——高度重视对全社会特别是青少年进行敬老助老的道德教育。使他们真正懂得，老年人的今天就是青少年的明天，关心爱护老年人就是关心爱护自己。同时，也要教育老年人自强自立，积极参与社会发展，关心爱护下一代。通过两代人的互敬互爱，感情交融，建立代际和谐、老少共融的社会。

——老龄问题已成为 21 世纪各国面临的共同问题。解决这一问题，不仅需要各国政府的努力，也十分有必要加强和促进国际间的交流与合作。这对发展中国家和发达国家都是有益的。

各位朋友：21 世纪是人类长寿的世纪，为了使全世界的老年人生活得更美好，让我们携起手来，为建立不分年龄、人人共享的社会而共同努力！

谢谢各位！

中国政府代表团出席第二次老龄问题世界大会的报告

（2002 年 5 月 8 日）

经批准，国务委员兼全国老龄工作委员会常务副主任司马义·艾买提率中国政府代表团，于 4 月 8 日至 12 日出席了联合国在西班牙马德里召开的第 2 届世界老龄大会。会后，于 13 日至 20 日访问了奥地利和比利时，主要了解两国的老龄和社会福利方面的政策和做法。现将有关情况报告如下：

一、第二次老龄问题世界大会的基本情况

第 2 届世界老龄大会，是联合国继 1982 年在维也纳召开第 1 次世界老龄大会 20 年来的又一次重要会议。158 个国家的代表团及联合国系统和国际组织，约 1500 人出席了大会。

4 月 8 日大会开幕，联合国秘书长科菲·安南、第 56 届联大主席韩升洙出席。东道国西班牙首相阿斯纳尔当选为大会主席，中国在内的 29 个国家当选为副主席。我国政府代表团团长司马义国务委员在大会上作了发言。安南在开幕式上发表讲话指出：目前，世界正面临前所未有的人口结构转型，从现在到 2050 年，60 岁以上老年人将由 6 亿增加到 20 亿，发展中国家的老年人将增加 4 倍，这是个重大挑战；老龄问题将不再仅仅是发达国家的问题；我们既不要把老年人看成一个独立群体而将其与社会隔离，又要认识和照顾到老年人的特殊性和个体需求；要制定出战略，保证老年人过上安全和尊严的生活，从而建立一个不分年龄，人人共享的社会。各国代表团、有关国际组织在大会一般性辩论发言中，阐述了对老龄问题的立场、观点和看法。会议同时召开了主要委员会和部长级圆桌会议。4 月 12 日大会通过了《老龄问题政治宣言》和《老龄问题国际行动计划》。

我代表团本着宣传自己、积极参与、开展交流、促进合作的与会方针，在会议期间积极开展了各方面工作，取得了较好效果。司马义国务委员代表中国政府在大会上发言，阐明了我国老龄工作 20 年来取得的重大成就和对老龄问题的基本立场。他指出，老年人是社会的财富，而不是负担。随着世界老龄人口的迅速增长，国际社会应更加关注和重视老龄问题。各国政府应根据本国国情，将老龄问题纳入经济和社会发展计划，使老年人与其他社会成员一起共享人类进步发展成果；应将消除贫困，健全医疗社会保障作为优先目标，提高老年人生活水平，改善老年人健康状况；各国还应根据“相互借鉴、平等互利”的原则，加强老龄问题国际合作，经济发达国家应在资金和技术方面帮助发展中国家解决好老龄问题。司马义国务委员还指出，目前中国 60 岁以上老年人口已达 1.32 亿，占世界老年人口的 1/5。为推动中国老龄事业的发展，中国政府确立了政府主导、社会参与、全民关怀的老龄事业方针，以及“老有所养、老有所医、老有所教、老有所学、老有所为、老有所乐”的长期目标；建立了从中央到地方的各级老龄工作协调机构；颁布实施了《老年人权益保障法》，出台了一系列发展老龄事业的政策和措施，逐步建立了社会养老保障制度；弘扬中华民族敬老、养老、助老传统美德，发挥家庭的积极作用；运用法律、行政和教育的措施消除对老年人的各种歧视，保护老年人的各项合法权益。随着中国经济和社会的全面发展，中国政府有能力、有信心解决好日益突出的老龄问题。司马义国务委员的发言受到与会代表的广泛好评。许多国家和国际组织代表对中国政府在老龄问题上所持立场表示赞同，对中国为推动老龄事业的发展所采取的政策措施及所取得的成就给予高度评价，并表示愿加强同中国的交流。

会议期间，司马义国务委员会见了联合国秘书长安南、澳大利亚代表团团长澳大利亚老龄事务部长安德鲁斯、印尼代表团团长印尼社会事务部长 Chamsyah·Bachtiar，就共同关心的问题交换了意见。出席了西班牙国王和王后为各国代表团团长举行的招待会，还出席了马德里市市长为各国代表团团长举行的招待会，在这些招待会席间，司马义国务委员同阿尔巴尼亚总统，苏丹副总统，西班牙参议院议长，越南、乌兹别克副总理，印度、科威特、新加坡等国劳工或社会福利部部长进行了亲切交谈，介绍了中国老龄事业的有关情况。各方均对中国政府在保障老年人权益方面所做的工作给予高度评价，表示愿推动双边关系的发展，加强在政治、经济和社会领域的全面合作。司马义国务委员还接受了联合国记者采访。

民政部副部长、全国老工委办公室常务副主任李宝库参加了大会组织的部长级圆桌会议，就《家庭、社区、老年人及对未来代际关系的影响》作了发言。我代表团还积极参加了大会通过的《老龄问题政治宣言》和《老龄问题国际行动计划》的磋商，同 77 国集团密切合作，更多地反映了发展中国家的利益和愿望，为两个重要文件的最后通过作出了积极贡献。

中国老龄协会、中国对外友好协会列席了大会，参加了第 2 届世界老龄大会非政府组织论坛，举办了“中国老龄问题论坛”和展览，受到会议组织者和代表的好评。中国老年学术代表团参加了国际老年学会组织的老年学术论坛。

二、访问奥地利、比利时的情况

4 月 13 日至 20 日，司马义国务委员率出席第 2 届世界老龄大会的中国政府代表团部分成员一行 13 人，访问了奥地利和比利时，会见了两国政府及议会领导人，交流了社会福利、老龄政策和做法，参观了老龄和社会福利设施、社区和农场。访问受到了热情、友好的接待。

司马义国务委员先后会见了奥地利联邦副总理里斯－帕赛尔、联邦院议长普林格、国民院议长菲舍尔，比利时副首相兼预算、社会一体化及社会经济大臣范德拉诺特、联邦议会众院议长德克罗等，与他们进行了友好会谈，介绍了我国改革开放以来经济社会发展取得的成就，以及我在社会福利、老龄工作等方面所采取的方针政策，双方就共同关心的问题交换了意见。奥、比两国官员高度评价中国经济社会发展取得的伟大成就，一致表示，愿进一步扩大与我交流与合作；两国还谈到他们国家的高福利政策负担沉重、难以为继，西欧就社会福利体制改革向何处去的问题争论激烈，一时难有定论。

司马义·艾买提同志主动就西藏和“东突”问题，

阐明了中方立场及政策，做了两国领导人和议员的工作。关于西藏问题，司马义国务委员简要介绍了达赖统治时期西藏的状况、西藏自治区人民政府成立以来发生的巨大变化以及我在西藏问题上原则立场，着重指出西藏的宗教和文化不仅受到保护，而且在进一步发展和繁荣。达赖问题不是宗教问题，而是政治问题。达赖一直不肯放弃“西藏独立”的主张，继续在国际上披着宗教外衣欺骗国际舆论，进行分裂祖国的活动。希望两国对达赖集团的分裂活动保持警惕。对方表示，达赖经常以亲善形象出现，对西欧很容易产生心理影响。感谢司马义国务委员的介绍，认为这样的交流很有意义，希望双方今后在此问题上更多交流。

关于“东突”问题，司马义国务委员揭露了“东突”恐怖势力与本·拉登相互勾结，在中国、中亚国家制造暴力事件的情况，强调指出，一小撮伊斯兰原教旨主义极端分子是彻头彻尾的恐怖主义。“9·11”事件后，“东突”分子加强在欧洲的活动，企图利用“人权”、“民主”、“维护少数民族权益”等幌子，继续从事反华分裂和破坏活动。希望两国认清“东突”恐怖势力的真面目，警惕“东突”恐怖势力在欧洲进行反华分裂活动。两国对中国同国际社会一道，在反恐问题上所采取的积极态度表示赞赏，并认为，不能以“自由”、“宗教”为借口搞恐怖主义。反恐需要全世界的共同努力，不管恐怖组织有何理由，我们都要禁止它们的活动。还建议我在对待“东突”的问题上，要坚持有针对性地做解释工作。

代表团先后听取了两国有关社会保障、社会福利、老龄工作等方面的情况介绍，参观考察了养老福利设施。两国的国情不同，做法也不尽一致，但在解决人口老龄化问题上都积累了许多经验和成功做法，已建立起比较完善的社会保障制度（包括：养老、医疗、失业保险、社会救助、社会福利、最低生活保证金等），有效地保障了老年人的生活和服务需求。两国针对老年人需求状况，集中财力物力兴建一批老年福利设施，以医院为依托建立老年护理中心、社区服务和家庭服务网络，养老设施重在提高服务功能和服务质量等做法，对我目前正在推进的老年福利设施建设工作具有借鉴意义。

司马义国务委员还向比利时副首相兼预算、社会一体化及社会经济大臣范德拉诺特介绍了上海申办世博会的情况，希望比方予以支持。范表示，比愿视情况支持上海申办世博会，并预祝上海申办成功。

三、几点考虑和建议

（一）要加强老龄宣传工作，进一步提高各级领导和全社会对老龄问题的重视和关注，增强全民老龄意识，推动我国老龄事业的发展。

（二）应结合我国实际，积极履行本届世界老龄大会通过的《老龄问题政治宣言》和《老龄问题国际行动计划》所提出的原则，进一步加强我在国际老龄领域的地位和作用。

（三）世界老龄大会上各国都非常关注老年人贫困和疾病问题，老年人贫困和疾病问题也是我国在老龄方面极为关注的问题之一。各级政府应逐步增加对老龄事业的资金投入，调动社会力量支持老龄事业，制定老龄优惠政策，重视和解决老年弱势群体中特困老年人的生活救助和医疗问题。

（四）世界老龄大会期间，联合国人口基金会官员及联合国老龄问题研究所，均主动表示支持在我国设立地区性国际老龄培训中心。我国是世界老龄人口大国，老龄工作任务繁重，而干部队伍素质相对较低，因此，积极争取联合国有关机构援助，在我国设立一个培训中心是必要的。建议有关部门关注此事，予以支持。

中国非政府组织代表团出席第二次老龄问题世界大会非政府组织论坛的报告

（2002 年 4 月 16 日）

第二次老龄问题世界大会非政府组织论坛于 4 月 5 日至 9 日在西班牙首都马德里举行。以全国老龄工作委员会办公室副主任、中国老龄协会副会长赵宝华为团长，由中国老龄协会、有关老年社团、学术界、老年人代表、老龄企业界组成的中国非政府组织代表团一行28人出席了会议。代表团团长赵宝华及代表团有关人员还列席了第二次老龄问题世界大会。现将有关工作情况报告如下：

一、基本情况

1. 会议的总体概况

4月5日下午，第二次老龄问题世界大会非政府组织论坛在马德里国际会展中心开幕，来自200多个非政府组织的3000余名代表参加了会议。西班牙劳工部长、马德里市市长、国际非政府组织联合会以及有关国际老龄组织负责人出席了开幕式并讲话。开幕式上打出了“大家共同建立不分年龄的未来”的标语口号。4月6日大会进入正式论坛阶段。期间，各国非政府组织举行各类会议合计有163次。同时，还有30多个国家和组织为配合这次非政府组织论坛举行展览。4月9日下午，第二次老龄问题世界大会非政府组织论坛圆满闭幕。大会组委会综合会议有关论坛成果，最终形成了《非政府组织老龄论坛建议》，并提交给联合国第二次老龄问题世界大会。中国非政府组织代表团主办了“中国老龄论坛”和“中国老年艺术展”，有针对性、有侧重地参加了有关国际论坛。会议期间，代表团团长赵宝华拜见了大会组委会领导，接受了大会新闻中心、马德里电视台、日本读卖新闻等有关国家新闻媒体的采访。联合国秘书长安南的夫人在百忙之中参观了中国展台，会见了我代表团团长，并亲切交谈。

2.“中国老龄论坛”和“中国老年艺术展”的情况

“中国老龄论坛”和“中国老年艺术展”是这次非政府组织论坛两个引人注目的亮点，受到广泛的关注和好评。论坛会场服务人员说：“中国论坛是我们见到的组织最充分的、效果最好的、情绪最热烈的一场。”展览组委会的负责人称赞“中国展台最棒！中国人最好！”。

“中国老龄论坛”于4月7日上午举行，旨在介绍中国老龄问题和老年人现状，宣传和交流中国的老龄政策和经验。论坛首先由代表团团长赵宝华致辞，随后有12位中国代表分别以“中国人口老龄化的进程和发展趋势”、“转型期中国的老年人状况”、“中国老年妇女问题和妇联行动”、“中国老年人口的健康面临的卫生经济改革及对策”、“上海老龄事业新发展”、“对贫困老年人实行医疗救助的建议”、“老年教育与健康老龄化”、“当代中国老年人家庭及其代际关系现状”、“与时俱进，乐在其中”、“中国老年服装市场大有可为”、“新型老年社区理念”、“电视媒体在老龄化过程中的作用”为题发言。近120名国外代表应邀参加了会议，论坛大厅座无虚席，各国代表表现出了浓厚兴趣。

“中国老年艺术展”于4月5日开始，旨在配合“中国老龄论坛”的各项专题讨论，直观反映今日中国老年人精神文化生活的真实状况。所有展品均出自老年人之手，展品有中国画、工艺编制品、布贴画、京剧脸谱、剪纸等。展览期间，滚动播放了反映老年人生活的VCD，大量散发了《今日中国老年》画册，展示了中国老年人丰富多彩的生活。中国老年人代表现场制作赠送了“中国结”，引起了参观展览群众的极大兴趣。同时，我们不失时机地散发了《中华人民共和国老年人权益保障法》、《中国老龄事业发展“十五”计划纲要》，宣传中国党和政府重视老龄工作，加快发展老龄事业的方针政策。另外，我们还向参观我方展览的各国代表赠送了小纪念品。

3. 参与国际论坛情况

本次国际论坛具有会议安排密度大、场次多、灵活性强的特点。各国的非政府组织普遍采用专题研讨会或圆桌会议的方式进行活动。中国代表团克服了人员少、任务多等实际困难，确定了“老龄化、社会政策和社会福利”，“老龄化和人权”，“老龄化和环境”，“文化、培训、参与和休闲”，“贫困、发展与老龄化”，“老龄化和健康”6个方面，有选择地参加了绝大部分重要场次的会议。参加会议的我方人员，了解了情况，收集了资料，发表了观点，宣传了中国，增进了交流。从我们了解的情况看，多数国家非政府组织认同2050年将是世界人口老龄化的一个重要“分水岭”，60岁以上的人口将首次超过15岁以下的人口，21世纪是老龄化的时代，老龄化的社会；强调了非政府组织在应对人口老龄化过程中的力量，呼吁各国政府充分重视和发挥非政府组织的作用；维护老年人权益是本次非政府组织论坛的一个非常重要的方面，被许多论坛所涉及。各国在介绍维权时比较务实，比较注重本国，很少涉及意识形态的东西。一些发达国家，如美国、英国、荷兰等以及大多数发展中国家，对本国老年人权益保护持积极评价，也有如日本、菲律宾、印尼等国代表批评本国政府关心老年人权益不够。

二、取得的成果

本次非政府组织论坛，自4月5日至9日共5天时间，可以说时间短，任务重。我代表团遇到了未曾预料到的困难，取得了没有预想到的成果。对此，司马义国务委员在中国驻西班牙大使馆为中国代表团举行的招待宴会上，对我非政府组织代表团团结一致、克服困难所取得的成绩给予了充分肯定。

代表团所取得的成果，概括起来，有3个方面：

一是宣传了中国。会议期间，我们通过举办“中国老龄论坛”和“中国老年艺术展”，散发有关文字材料，赠送画册，滚动播放音像宣传片，代表团团长和老年人代表接受外国媒体采访，参加国际论坛等一切我们可以利用的形式，广泛宣传了改革开放后富裕起来的中国老年人真实的、丰富多彩的生活和积极、健康、向上的精神风貌，宣传了党和政府关怀老年人、高度重视老龄工作、加快发展老龄事业所采取的一系列举措，展示了中国老龄事业所取得的丰硕成果。会议达到了预期的目的，产生了积极的效果。

二是增强了中国非政府组织在国际上的影响力。本次非政府组织代表团是一支专业水准较高的团队，是一个工作的班子。代表团成员熟悉业务，有独到见解，介绍情况让人信服，发表观点能引人关注。从专家学者到老龄干部，从年轻团员到老年人代表，绝大部分都能使用英语交流。在本次非政府组织最终产生的文件起草过程中，我方代表积极努力，据理力争，发挥了应有的作用。我代表团所表现出的专业水准，既树立了中国非政府组织的良好形象，展示了非常好的团队精神，也扩大了中国非政府组织在国际舞台上的影响。

三是加强中国非政府组织与其他国家非政府组织间的交往。会议期间，我代表团既积极参加了一些国际组织和有关国家非政府组织邀请的会议，了解了情况，加强了交流与合作，也主动地、有选择地参加了近50个国家非政府组织举行的论坛，学习借鉴了别国的经验，发表了我方的观点，促进了彼此间的了解与沟通，建立了交往，广交了朋友，增进了友谊。在这次会议上，许多国家对中国非政府组织所介绍的情况产生了浓厚的兴趣，纷纷表示要加强与我方的联系和交往，加强彼此间的交流与合作。

上述成绩的取得，原因是多方面的。首先是中国改革开放的成功，综合国力得到迅速提高，增强了我们的国际地位和影响力。其次是我们党和政府高度重视老龄工作，使我国老龄事业获得了较快的发展，中国老龄事业所取得的成绩在国际上引人瞩目。除此之外，还有以下三方面的原因：

一是代表团方针明确。本次参加非政府组织论坛，中国老龄协会给予了高度重视。在年初，全国老工办副主任、中国老龄协会副会长、中国非政府组织代表团团长赵宝华就提出了“积极参与，宣传自己，广交朋友，促进合作，维护国家利益”的出访工作方针。为实现这个方针，确定了本次非政府组织代表团是“工作班子，不能成为考察班子”的组团原则，严格了团员条件，保证了代表团成员既具备广泛的代表性，又不失较高的专业水准。由于方针明确，大家思想重视，以为国争光的爱国心和完成使命的责任感，在国内，周密部署，精心准备；在国外，团结一致，努力工作，确保代表团圆满完成了各项任务。

二是准备充分。为了完成好这次任务，代表团两次召开全体会议，学习外事工作知识，增加工作经验，精心准备了在外期间可能遇到的涉我问题的应对预案和口径，增强了大家的政治责任感。前后8次召开有关人员会议，制定计划，研究分工，代表团编制了《与会手册》，人手一份，做到了任务清楚，分工明确，责任到人，要求到位。对在“中国老龄论坛”上的发言稿逐字逐句把关，几易其稿，对“中国老年艺术展”的展品严格筛选，优中选优。据我们观察和了解，中国非政府组织代表团是本次大会上，论坛内容最丰富，最受关注，所带展品和宣传品最多，展台人气最旺的代表团，是最受欢迎的。

三是有较强的团队精神。本次中国非政府组织代表团发扬团队精神，克服了种种困难，取得了较好的成绩。会议开始前一天，在论坛和展台都没有得到落实的情况下，大家饿着肚子，齐心协力，沉着应对，积极协调，直到深夜有了结果才返回驻地。代表团驻地离会展中心距离很远，会议期间，从代表团团长到工作人员，从20多岁的年轻人到年过七旬的老年人，大家每天早8点出发，晚上8点回来，9点才能用晚餐。虽然路途劳累，但大家毫无怨言。为了圆满完成任务，代表团团长与许多同志晚饭后还要汇总一天工作的情况，研究准备第二天的工作，直至深夜。会议开始后，大家按预先分工安排，积极主动，分兵作战，认真参加了我们计划参加的所有会议。在外期间，从团长到团员，从年轻人到老同志，从老龄干部到专家学者，大家心往一处想，劲往一处使，工作起来互相鼓励，生活上彼此照顾。虽然工作任务繁重，大家却毫无怨言，以能为中国代表团争光，圆满完成任务，尽了自己一份力量而自豪，为有幸成为代表团成员而骄傲。

中国老年学术代表团出席巴伦西亚全球老年学学术论坛的报告

（2002年4月17日）

联合国第二次老龄问题世界大会于2002年在马德里召开。为配合这次大会，国际老年学学会在联合国人口基金会支持下，于4月1日至4日在西班牙的巴伦西亚召开了全球老年学学术论坛（以下简称论坛）。论坛收到论文摘要554篇，来自100多个国家的600多位代表参加了大会。以中国老年学学会会长张文范为团长的学者、专家、老龄工作者代表团一行15人参加了学术论坛。还有应大会邀请的中国方面的其他人员也参加了有关活动。

一、召开学术论坛的目的和任务

联合国召开第二次老龄问题世界大会的主题是对1982年第一次老龄问题世界大会通过的联合国《关于老龄问题的决议》和《维也纳国际行动计划》进行修改。国际老年学学会为了配合大会的召开，决定在大会之前召开全球老年学学术论坛，邀请各国老年学专家、学者和老龄工作者，共同研究探讨，为各国政府如何应对老龄化挑战设计计划蓝图，提交第二次老龄问题世界大会参考。论坛由国际老年学学会主办，联合国人口基金会、世界卫生组织、国际帮助老年人协会协办，由巴伦西亚自治区政府承办，西班牙老年学学会、老年医学学会、西班牙移民与社会服务研究所协同承办。

二、论坛的主要议题

1. 研究当前老年人物质保障（老有所养）的状况和前景，特别是有关发展中国家在国民经济收入长期可持续发展方面所出现的问题；

2. 研究不断发生变化的家庭结构、代际转让、家庭和结构动态，以及变化中的家庭性质；

3. 研究健康老龄化的决定因素，健康是老龄化与长寿直接有关的最重要的问题，在增龄过程中，保持健康和功能对老年人及其家庭与社会的关系；

4. 研究衰老的基本生物学机制与老年有关的疾病，以及老年人保持健康和功能对老年人生活家庭和社区的重要作用；

5. 研究如何提高老年人生命质量以及处理好在不同的文化、社会经济和环境条件下的老龄问题；

6. 研究老龄化与社会经济发展的相互关系，特别是对发展中国家来说，两者的关系越来越重要。深入研究老年人对社会、文化、精神文明和国家经济发展的作用，要充分肯定老年人对社会所做出的积极贡献。

大会及各专题会议共组织了98场。时间安排得非常紧凑，内容涉及老龄领域内各项重大专题。

三、论坛的主要论点与建议

大会全体会议由英国、法国和美国的专家分别就“老龄社会在获得物质福利方面面临的全球化挑战”、“对健康老龄化多学科研究的新领域”和“为什么要研究老化基本生物学”作了专题报告。报告认为全球老龄化既是重大的成就，又是严峻的挑战，特别是对于发展中国家的急速老龄化要给予充分的关注。专家强调发达国家在处理老龄问题方面有成功的经验，也有失败的教训，希望发展中国家在此基础上能有所创新和发展。专家还提出对第三年龄和第四年龄人群的健康要加强基础生物学及衰老机制的研究，以促进健康老龄化的实现。

世界卫生组织的代表在专题发言中提出了“积极老龄化”的新观点，并向联合国第二次老龄问题世界大会提出了《积极老龄化政策框架》的书面报告。政策框架的三个支柱分别为健康、参与和保障。报告列举了老龄化的7项挑战，它们是：

1. 老年人面对传染病与非传染病的双重负担；

2. 老年人病残危机增多；

3. 需要对老年人群中提供各项照料；

4. 老年妇女人数将高于男性老人，解决老年妇女问题是社会一大课题；

5. 对待老年人要平等公正；

6. 人口老龄化的经济发展；

7. 不可忽视的新概念——老年人应融入社会，参与社会的发展。

世界卫生组织针对挑战提出了三项相应的政策建议：

1. 健康：预防和减少残疾、慢性病和过早死亡的负担；减少致病的因素，增加有益于一生健康的因素；对照料人员进行培训。

2. 参与：为终生学习提供机会；按照老年人的个人需要、选择和能力，为他们提供参与经济发展的机会；鼓励老年人参与家庭和社会生活。

3. 保障：对老年人提供社会、经济、身体保障；消除老年妇女在保障权利和需要中的不平等。

四、论坛的几项新观点

1. 在健康老龄化的基础上，进一步提出了“积极老龄化”的新观点。

健康老龄化是20世纪70年代提出的，强调的重点是人在进入老年以后，尽可能在各方面（生理、心理、智能等）较长时期保持良好的状态。积极老龄化把健康、参与和发展并列为三大支柱。积极老龄化对老年人个体来说，在整个生命周期中，在机体、社会、经济和心理方面保持良好状态，按照自己的需要、愿望和能力来参与社会。在他们需要帮助时，向他们提供保障与安全。就老年群体来说，积极的老龄化意味着能从多方面应对老龄化挑战，其中包括老龄化与经济协调发展，向老年人提供各项服务，承认老年人是社会和发展的贡献者。

2. 强调老年人在老龄化不断发展的社会里，人是家庭社会的重要资源。任何社会里，不仅有责任帮助他们，而且要向他们提供参与社会的条件。

3. 把发展中国家老龄化问题摆在需要认真对待的位置，以印度、加纳和智利为例说明了老年人参与社会经济活动的重要意义。

五、我们对论坛的贡献和受到的启示

这次我国向论坛共提供论文50多篇，占总数的10%，是提供论文数量较多的国家之一。在应邀赴会的30余名老年学专家、学者和实际工作者中，有一位作为论坛特邀代表在专题会议上发言，有12位代表按照论坛的安排张贴论文与各国代表进行了学术交流，宣传了我国老龄政策及在生物、医学、经济、社会保障和管理等方面的研究成果，受到与会者的欢迎。

在这次论坛的学术交流中,我们开阔了眼界,接触到了一些新观点,同时也获得了不少启示,主要有：

1. 我国老年学的基础理论研究起步较晚，在不到20年的较短时期内作出了成绩，有较大发展，但在建立有我国特色的学术理论体系方面还不够，能够拿到国际学术会议上作重点交流的不多，需要进一步加强；

2. 我国缺乏全国性的有关老龄问题的统计数据，交流论文定量分析不足，说服力不强；

3. 我国是发展中国家，应该是“积极老龄化”的支持者和受益者，但是以论坛提出的要求来衡量，我们的差距还很大，特别在老年人的社会参与方面，缺乏政策和法律支持。

六、会议期间的会外交流

中国老年学学会会长张文范会见了国际老年学学会会长克利亚·格特曼教授，就两国合作事宜交换了意见。江苏省老年学学会副会长、《银潮》杂志社社长及特邀记者陈尧对克利亚·格特曼教授进行了专门的采访。首都医科大学教授、博士生导师陈彪博士与大会协调员安德鲁斯教授进行了会谈，中国社科院熊必俊教授、董之鹰研究员与印度等国代表进行了业务交流。中国老年学学会秘书长宋玉华与美国威斯康星——迈迪逊大学杰姆斯·赛克教授进行了交谈，赛克教授10月份应在武汉召开国际会议的邀请将来华访问。黑龙江省老年学学会王兴华会长在论文展示区向各国外宾宣讲了“人生第二个春天”的内涵及“人生第二个春天”给老年人精神世界带来的影响，赢得了外国朋友的赞许。

会外交流最大的呼声是2005年在巴西召开的第18届世界老年学大会，大会简介、纪念章、图片等到处可见。这是在发展中国家召开的一次重要会议。

七、今后努力的方向

1. 在国内建立著名科学家、理论家和老龄工作者的联络网系。

国外各国学者和实际工作者都建立了广泛联系，他们对彼此间的研究内容和课题都了如指掌，因此他们在确定大会发言人、专题发言人时必然形成了网络。中国近20年来在老龄工作研究和在政策制定方面也有很多好的经验，但由于我国对外宣传不够，别国都不了解，失去了中国在国际论坛中应得的位置。这一点是特别值得我们注意的。如1999年“国际老年人年”时，学会在大连召开了“老年价值观”的全国会议，有许多观点与第二次老龄问题世界大会是一致的。

2. 国际会议是一次国际性经验交流，中国要拿出哪些交流成果要有所准备。各学科的专家们也要进行交流，使每位代表心中有数。

3. 要不断提高大家英语水平。国际会议一般都以英语为大会语言，不断提高英语水平是今后一项工作任务。

第六部分

老龄工作大事记
（1981—2002 年）

一九八一年

六月

为了履行联合国大会决议，积极参加有关活动，亚太地区经社理事会来函邀请我国出席老龄问题世界大会亚太地区政府间预备会议。

九月

七日

外交部，民政部、国家劳动总局写报告给国务院，建议由国家劳动总局牵头组织老龄问题全国委员会，并组团参加老龄问题世界大会亚太地区政府间预备会议。

九日

国务院正式批准由国家劳动总局牵头组织老龄问题全国委员会，民政部、外交部以及全国妇联、全国总工会和社会科学院等部门参加，开展一些活动。10月份亚太地区会议也由劳动总局牵头组团。

十月

十九日——二十三日

由国家劳动总局副总局长魏恒仓同志任团长，一行6人参加在菲律宾首都马尼拉举行的老龄问题世界大会亚太地区政府间预备会议。代表团由民政部、外交部、国家劳动总局等部门的同志组成。

出席这次会议的有菲、马、印、泰、日、美、苏、新西兰、澳大利亚、香港和我国共11个国家和地区的39个代表；联合国社会发展和人道事务中心、国际劳工组织和国际老人联合会等10个专门机构，政府和非政府组织的代表和观察员15人列席了会议。

这次会议以人口“老化”问题为中心，就“老年人的社会福利”和“参加社会发展”两大重点并从亚太地区的实际出发，通过大会发言和分组讨论，交流了情况，交换了看法。肯定了认真对待人口“老化”问题的重要性和迫切性，提出了《亚太地区老龄问题行动计划〈草案〉》，对如何使老年人公平分享社会经济发展的成果，如何使老年人继续为社会发展作出贡献，提出一系列建议。

一九八二年

三月

二十三日

国务院正式批准成立老龄问题世界大会中国委员会，委员会主任委员由国家劳动总局副总局长于光汉同志担任，民政部副部长岳嵩、卫生部副部长谭云鹤和国家劳动总局副总局长魏恒仓任副主任委员。国家劳动总局外事司司长武元晋、副司长沈佩容分别担任正副秘书长。

外交部、教育部、文化部、邮电部、财政部、国家体委、国家人事局、国务院科技干部局、国家统计局、国家出版局、社会科学院、全国总工会、团中央、全国妇联、中国红十字总会、新华社、人民日报、中央广播电台、中央电视台、中央新闻纪录电影制片厂各出一位司、局级干部任委员。

四月

十六日——十九日

联合国助理秘书长，老龄问题世界大会秘书长柯里根偕夫人，应我老龄问题世界大会中国委员会的邀请，来华进行友好访问。于光汉主任宴请了柯里根夫妇。副主任魏恒仓等与柯里根就老龄问题世界大会的有关事宜进行了座谈。19日上午，柯里根在人民大会堂陕西厅举行中国记者招待会，新华社、《人民日报》、《中国日报》等12个新闻单位的15位记者出席了招待会，柯里根简要地介绍了老龄大会的准备情况后，回答了记者们提出的问题。

在访华期间，柯里根夫妇参观了北京医院，并游览了长城、定陵、颐和园。

十六日

老龄问题世界大会中国委员会第一次全体会议召开。会议主要讨论参加老龄问题世界大会的有关事宜以及开展活动的计划要点。

七月

二十六日——八月六日

在老龄问题世界大会中国委员会主任于光汉率领下，我国代表团一行 12 人，应邀出席了联合国在奥地利的维也纳召开的老龄问题世界大会。

这次大会是根据联合国 1978 年第 33 届大会（33/52）号决议召开的，其主要目的是：敦促各国政府和国际社会高度重视老龄问题，积极采取相应行动，“保证老年人得到经济和社会保障，并有机会对本国的发展作出贡献”。

出席这次世界大会的共有 124 个国家的代表团，162 个联合国的专门机构，政府间和非府政间国际组织的代表、顾问和非政府间国际组织的代表、顾问和观察员共约1 000余人。

大会期间，我代表团广泛进行了友好活动，特别是同第三世界国家的接触。

七月二十六日

大会开幕的当天下午，我国代表团团长于光汉发言。他主要介绍了我国人口结构的变化及发展趋势，尊老、爱老、养老和以家庭为主赡养老人的传统，以及通过国家立法、行政措施、社会舆论和宣传教育，以保证这种传统的保持和发扬。同时，介绍了我国重视发挥老年人的作用，以及各类老年人继续为社会发展作出贡献的做法。

我国代表团团长的发言，得到了与会者的赞赏，许多国家的代表认为：内容丰富，具体生动，很吸引人。

会上，我国代表团还散发了 4 份材料，分别介绍了我国如何满足老年人的特殊需要，怎样继续发挥老年人的作用，开展群众性的老年体育以及老年学和老年医学的研究活动，都引起人们广泛的兴趣。

十月

七日

老龄问题世界大会中国委员会向国务院报告了参加世界大会的情况，并提出建议：

（1）为了更充分地体现党和政府对老年人的关怀，应把老龄问题提上议事日程，切实把这一问题抓起来；

（2）通过各种舆论工具，适当进行宣传教育、进一步认识老龄问题的重要性和迫切性，正确地评价和对待老年人的工作；

（3）积极开展老年社会学、老年心理学、老年医学和老年体育等科学研究活动；

（4）把经国务院批准的老龄问题世界大会中国委员会改名为中国老龄问题全国委员会。并从我国实际情况出发，参考老龄问题国际行动计划草案的要求，拟定规划，组织各地区、各部门加强协作，认真做好有关老年人的工作。

十二月

二十一日

中国老龄问题全国委员会第二次全体委员会议召开，会议主要讨论了委员会给国务院的请示报告《关于老龄工作情况与今后活动计划要点》等问题。

一九八三年

四月

一日

由中国老龄问题全国委员会秘书长武元晋、副秘书长狄亚，在竹园宾馆接待联合国人口活动基金第 2 周期需求评估团成员阿齐兹女士，向她介绍了中国老年人的概况和人口老化的发展趋势，以及老龄问题世界大会后中国老龄问题全国委员会开展的几项工作，1983 年至 1985 的活动计划要点。参加会见的有劳动人事部外事局王公石处长，翻译张焕培，中国老龄问题全国委员会秘书陶立群。

二十二日

国务院办公厅［国办发（1983）29 号］转发经国务院批准的中国老龄问题全国委员会《关于我国老龄工作中几个问题的请示》，以及《关于老龄工作情况与今后活动计划要点》。国务院正式批准中国老龄问题全国委员会为常设机构。它的性质是“由有关部门和群众团体、科研机构组成的社会团体；委员会的任务是：对有关老龄问题的一些重大问题，进行调查研究、综合规划、组织协调、督促检查；参加有关老龄问题的国际性和地区性的专业会议，开展多边或双边的技术援助和技术合作等对外活动”。

经国务院同意批转的《关于我国老龄工作情况与今后活动计划要点》中指出：为了进一步加强我国老年人的工作，参照联合国老龄问题世界大会通过的国际行动计划的要求，从我国老年人的实际情况出发，考虑到今后人口老化发展趋势和要求，提出1983年至1985年期间的活动计划要点：

（1）调整组织机构，建议国家计划生育委员会、民族事务委员会、商业部推荐一位司局级干部为委员；建议劳动人事部老干部局、福利局，民政部、文化部、国家体委和全国总工会各推荐一名司局级干部兼任委员会副秘书长；

（2）通过各种报刊、电视台、广播电台、电影文艺、出版等进行广泛的宣传教育，深刻认识老龄问题的重要性和迫切性；

（3）为了适当地发挥老年人的作用，更好地组织老年人参与各方面的社会活动；

（4）积极开展老年社会学、老年心理学、老年病学和老年体育、老年教育等科学研究活动；

（5）根据不同条件，因地制宜地安排好老年人的生活；

（6）进一步开展国际交往工作， 同友好国家地区和联合国有关国际组织，进行双边或多边的技术援助和技术合作。

五月

三十日

为了发扬中华民族尊老爱幼的优良传统，由中国老龄问题全国委员会与全国儿童少年工作协调委员会、北京市老干部局、北京市科学技术协会、老年服务中心等单位联合在首都体育馆举行“庆祝‘六一’尊老爱幼联欢会”，有1万多名少年儿童和5 000多名老年人参加了大会。韦国清、阿沛·阿旺晋美、许德珩、朱学范、王首道、何长工、程子华等同志到会。于光汉同志讲了话。

六月

八日

在劳动人事部外事局接待室由武元晋、陶立群及劳动人事部外事局王公石处长，接待意大利驻我国大使馆一秘焦尔杰，由武元晋介绍了中国老龄问题全国委员会机构情况和中国老年人状况。

二十九日

为庆祝中国共产党成立62周年，由中国老龄问题全国委员会、文化部老干部工作委员会、中国老年人体育协会和老年服务中心在政协礼堂联合举办“文艺、体育界老同志茶话会”，庆祝“七一”党的生日。

七月

十八日

我国第一个以老年人为对象的全国性杂志《中国老年》（月刊）筹备基本就序。这是由中国老龄问题全国委员会主办的综合性刊物。邓小平同志为《中国老年》题写了刊名。邓颖超同志题词是：“老年要保持革命青春，善于发挥老年的作用”；徐向前同志题词是：“尊老敬老是中华民族传统的美德”；张爱萍同志题词是“苍龙”；杨尚昆同志题词是：“老年人的益友”；王首道同志题词是：“老当益壮，振兴中华”；孔原同志题词是：“勿忘团结奋斗，致力振兴中华。”

二十八日

中国老龄问题全国委员会和中国老年杂志社在人民大会堂江苏厅，联合举办庆祝南昌起义56周年座谈会。会上一些参加过南昌起义的老战士，热情地回顾了南昌起义时的情景和南昌起义以来的革命历程，并就新时期老干部如何发挥“余热”，为“四化”建设献计献策，当好参谋，继续做贡献等问题发表了很好的意见。王首道、孔原、刘道生、朱云谦、彭明治、张国基、罗髫渔出席了座谈会。

八月

二日

在友谊宾馆由武元晋、陶立群向美国宾夕法尼亚大学副教授杨査露茜介绍中国老年人情况。杨教授要求协助对中国300名以上的老年人进行问卷调查。

中国老龄问题全国委员会办公会议决定出版《老龄工作简讯》，为不定期刊物，目的为了交流工作经验。

二十五日

天津市老龄问题委员会成立，市劳动局局长祁鹏飞同志任主任。

九月

二十八日

中国老龄问题全国委员会召开第三次全体委员会议，会议讨论了关于聘请名誉主任、顾问、特约委员，准备成立中国老年基金会等事宜。

十月

六日

在北京大学留学生楼，由武元晋、陶立群及劳动人事部外事局王公石处长，向美国密苏里大学堪萨斯校区社会系主任奥森介绍中国老龄委员会组织机构情况，以及委员会与政府的关系，未来10年面临的主要问题与发展趋势，相应的对策。

七日

在钓鱼台十七号楼，由魏恒仓、武元晋、朱传一、谈鹤品等同志接待美国人民对人民APTP－CR－125团，商谈中美两国(美方为老龄学会)联合发起在北京召开一次国际性老龄问题学术讨论会的问题。

十三日

河北省老龄问题委员会成立，原省劳动局副局长李书乐同志任委员会主任。

十九日

《中国老年》杂志创刊号问世。

十一月

十日

黑龙江省老龄问题委员会成立，原省计委副主任邢予洪同志任委员会主任。

月二十三日

中共中央政治局委员聂荣臻同志写信给《中国老年》杂志，他强调指出："我们必须把老龄问题提高到战略的高度，加强领导，统筹规划，综合治理"。

二十六日

广东省老龄问题委员会成立，省劳动局局长安清明同志任委员会主任。

二十八日

上海市老龄问题委员会成立，市劳动局顾问李德鸿同志任委员会主任。

十二月

三十日

内蒙古自治区老龄问题委员会成立，自治区劳动人事厅顾问苑洁亭同志任委员会主任。

一九八四年

一月

十七日

批准《中国老年文物研究会筹备处请示报告》，把离、退休的文物工作专业人员、专家学者组织起来，为发展我国的文物事业继续贡献余热。

十八日——二十五日

接待联合国人口活动基金项目制定代表团顾问黑田俊夫先生与小川直宏先生。由于光汉主任宴请，副主任魏恒仓、秘书长武元晋就联合国人口活动基金会援助资金制定有关考察项目进行谈判。黑田俊夫与小川直宏先生就日本人口老化问题给社会经济带来的一系列问题，以及日本人口老化预测等问题向我国有关部门的干部作了报告。访华期间，黑田俊夫与小川直宏先生先后参观北京市四季青公社敬老院、故宫博物院，游览了长城与十三陵。

二十三日

中共中央政治局委员、中央军委副主席聂荣臻同志任中国老龄问题全国委员会名誉主任。

二十四日

中国老龄问题全国委员会、中国老年杂志社、北京市总工会、中国老年体育协会、中国青年杂志社、中国妇女杂志社在工人体育馆举办"尊老迎春联欢会"。参加大会的有宋任穷、钱昌照、孔原。于光汉同志讲了话。

二十七日

批准筹建《中国老年书画研究会请示报告》，把老年书画家和离、退休干部、工人中书画爱好者组织起来，为发展我国书法、绘画文化艺术事业继续贡献"余热"。

二十八日

中国老龄问题全国委员会向全国各行各业 60 岁以上的老干部、老战士、老知识分子、老工人、老农民以及其他老年人发出慰问信。慰问信中指出，老年人是社会的宝贵财富，是我们伟大的中华民族物质和精神文明的创造者、继承者和传播者。不论在过去的战争年代里，还是在社会主义建设时期，你们为了我们伟大祖国的解放事业，为了祖国的繁荣富强，为了振兴中华，艰苦奋斗了一生，做出了巨大的贡献。因此，全社会都应爱护和尊敬老年人。

二月

七日

国务院领导正式批准委员会 1 月 18 日的报告，同意 1985 年与美国老龄学会联合在北京召开一次老龄问题国际会议。

三月

二十日

中国老龄问题全国委员会发出《关于 1984 年的工作计划要点》，指出：

（1）继续进行广泛的宣传，让大家充分认识到老龄问题的重要性和迫切性，促进全社会都来关心研究解决有关老年人的问题。

（2）继续做好老龄工作组织机构的建立和健全工作；

（3）继续做好组织协调工作；

（4）认真做好筹建老年活动中心和建立老年基金会的工作；

（5）继续做好国际交往活动的工作。

二十一日

中国老龄问题全国委员会办公会议决定出版《老龄问题研究资料》，为不定期刊物，目的为研究老龄问题提供资料。

二十八日

在北京饭店，由武元晋秘书长向日本早春中国古都巡礼旅访团团长晖峻康隆先生、鹫津名都江小姐介绍我国老年人状况。

四月

四日

在燕京饭店，由武元晋、陶立群向世界银行高级经济学家林重庚先生和提摩西·金先生介绍中国老年人情况，并核对由世界银行撰写的《老年化经济发展和社会保险在中国一个初步的评价》中的有关情况与数字。

十九日

中国老龄问题全国委员会在人民大会堂山东厅召开新闻记者招待会，宣布委员会聘请的25位顾问名单：

余秋里　宋任穷　王首道　肖　克　段君毅
程子华　胡厥文　朱学范　胡愈之　康克清
庄希泉　费孝通　孔　原　肖　华　赵守一
刘建章　顾大椿　钱信忠　荣高棠　高登榜
黄　镇　杨绍曾　连　贯　薛暮桥　彭友今

招待会上于光汉主任就老龄问题的宣传工作讲了意见，魏恒仓副主任宣读了聂荣臻名誉主任写来的贺信。

二十一日

在政协礼堂第三会议室，由秘书长武元晋主持召开首都医务界知名人士参加的老年保健座谈会，会议主要讨论了筹建中国老年保健中心等事宜。

二十五日

中国老年书画研究会在京成立，大会选出了名誉会长许德珩、杨成武，会长刘宁一，名誉副会长孙墨佛、楚图南、吴作人、李可染、周而复、溥杰、启功等。胡子昂、魏传统、肖劳送来诗章，刘宁一、孙墨佛、李万春、卢光照、李真、阿老、启功等先后当场作画题字，以志祝贺。

二十八日

上午，中国老年书画研究会主办的老年书画展览在地坛公园斋宫开幕，李真同志讲了话，胡子昂、于光汉同志给展览会剪彩。

五月

七日

辽宁省老龄问题委员会成立。省政府顾问谈立人同志任名誉主任，省人大常委会委员曹阳戈同志任委员会主任。

十五日

贵州省老龄问题委员会成立，省劳动局副局长杨尚聘同志任委员会主任。

副主任魏恒仓，在万寿路宾馆向美国西北大学老年教育哲学博士爱得诺夫妇，介绍我国的老年人状况以及养老事业。

十九日

安徽省老龄问题委员会成立，省委顾问委员会委员李世农同志任名誉主任、苏羽同志任主任，田兰玉同志任第一副主任。

三十日

由全国儿童少年工作协调委员会和中国老龄问题全国委员会在首都体育馆联合举办“老一辈和未来主人欢庆‘六一’联欢会”。首都1万多名少年儿童和7 000多名老干部、老战士、老工人、老农民参加了联欢会。中央顾问委员会常委何长工同志代表老一辈向少年儿童祝贺节日。他希望全国少年儿童做有理想、有道德、有文化、守纪律、老一辈放心的革命事业接班人。

全国政协副主席陈再道、包尔汉等老同志高兴地接受了首都少先队员敬献的红领巾，并向小朋友们回赠了节日礼品。

东方歌舞团艺术培训中心的小演员、文化部老干部合唱团的老同志等在会上演出了文艺节目。

三十一日

北京市老龄问题委员会成立。市顾问委员会常委郭献瑞同志任委员会主任，鲁恒同志任常务副主任。

六月

二日

批准筹建中国老年摄影学会的请示报告，为了团结老年摄影工作者和爱好者贡献余热，使摄影事业为祖国四化和两个文明建设服务，为党的总路线总任务服务。

四日

在钓鱼台国宾馆六号楼由武元晋、陶立群、蒋见微、宋玉华同志向美中关系访华团成员介绍中国老年人状况。

七日

在华都饭店，由武元晋、谈鹤品、王公石、宋玉华同志向美国新华0526团成员、美国老年学国际交流中心主任哈罗德·沙伯特博士，介绍中国老龄问题全国委员会及中国老年人状况。

十日

于光汉、魏恒仓、武元晋出席北京市老龄问题委员会成立大会，于光汉同志讲了话。

十四日

在北京科学会堂由武元晋主持，与美国老龄问题访问团举行学术报告会，武元晋介绍了中国老龄问题全国委员会组织机构及中国老年人状况，美方有3位专家就老年心理学、老年社会学、老年人价值观等问题作了学术报告。

二十一日

中国老年文物研究会在人民大会堂陕西厅宣告成立。260多名离休、退休老同志、专家、学者和文物科技专业人员济济一堂，共商文物保护的大计，为文物研究和开发献计献策。

谷牧、黄华、刘澜涛、杨静仁、荣高棠、陈野苹、郁文、冯文彬、李葆华、廖沫沙、萨空了等同志到会祝贺。

大会选举陆定一、陈野苹为名誉会长，金紫光为会长。

中宣部副部长郁文以及于光汉主任等在会上讲了话。

二十七日

在友谊宾馆，由美国南伊利诺大学名誉教授奥巴赫博士向我介绍美国老龄问题并要求在中国讲学，武元晋秘书长等接见并进行了友好的交谈。

七月

五日

于光汉、魏恒仓、武元晋到国务院办公厅向李灏（国务院副秘书长）、吴庆彤（国务院副秘书长）汇报老龄工作。

七日

卫生部、北京市人民政府和中国老龄问题全国委员会联合上报国务院请示在北京建立老年病医院。(国务院已正式批准)

九日

批准中国老年教育协会筹委会的报告。为了团结广大老年教育工作者，举办以老年人即离休、退休干部为主体的老年大学，同时也为工农和少年儿童教育提供咨询业务，为社会主义四化建设继续贡献力量，同意成立中国老年教育协会。

十日

批准《关于筹建中国老年历史研究会请示报告》。为了团结广大离休、退休老同志在自愿和量力而行的条件下，根据各人不同专长和爱好，分别研究中国近代史，撰写参加革命斗争的亲历记，以补充专业历史。同意成立中国老年历史研究会。

十二日

上午，在地坛公园神库东城区老年人活动中心，由美国南伊利诺大学名誉教授奥巴赫博士介绍美国老年人的社会保障问题。秘书长武元晋主持会议，各有关部委、北京市老龄问题委员会及有关单位，各群众团体、新闻机构等300人参加会议，会后于光汉主任宴请了奥巴赫夫妇。

二十一日

云南省老龄问题委员会成立。

八月

四日

劳动人事部批准中国老龄问题全国委员会为事业编制，由原来8人增加到30人。

十日

中国老龄问题全国委员会第四次全体委员会议召开，会议讨论了于光汉主任准备在全国老龄工作会议上做的报告《全社会都来关心解决老年人的问题》，并讨论了《中国老年基金会成立大会报告》（讨论稿）和基金会的会标等事宜。

十七日

上午，在人民大会堂三楼小礼堂举行全国老龄工作会议开幕式。王震、耿飚、王平、康克清、严济慈、周谷城、周培源、孙毅、荣高棠、刘建章、连贯等出席大会，王震同志代表党中央、国务院向大会作了《大家都来关心老年事业》的重要讲话。刘建章、连贯在大会上发了言。会议由于光汉主任主持。

十六日——二十二日

全国老龄工作会议期间，上海、黑龙江、天津、全总、妇联、卫生部等省、自治区、直辖市、中央各有关部门分别作了典型发言，各省、自治区、直辖市、中央各有关部门的老龄工作者就老龄工作今后的任务、努力方向及老龄问题委员会的性质等问题展开热烈的讨论。

二十三日

下午，全国老龄工作会议胜利结束，于光汉主任代表中国老龄问题全国委员会作了总结，陈野苹、连贯同志出席了大会，并发了言。

二十四日

中国老年摄影学会在人民大会堂东大厅正式成立。黄火青、曾三、张平化、彭德清、刘建章等同志参加大会。邓颖超、张爱萍同志打电话表示祝贺。邓颖超同志在电话中说，我也是一名摄影爱好者，因身体关系，不能参加这次大会，在此我祝贺中国老年摄影学会成立，并祝大家身体健康。

会长石少华在成立大会上宣读了学会的名誉会长（吕正操、萨空了、吴印咸）、顾问（王光美、朱穆之、穆青等）以及理事名单。于光汉主任、刘建章等同志讲了话。

九月

一日

在中国社会科学院接待香港社会学代表团，由武元晋秘书长介绍了中国老年人状况，陶立群、庞森、范志平同志出席。

三日

国务院批准中国老龄问题全国委员会《关于中国老龄问题考察团去日本考察老龄问题的请示报告》。

十日

四川省老龄问题委员会成立，委员会主任由省顾问委员会委员，原省政府顾问解杰担任，天宝同志担任名誉主任。

十七日

中国老龄问题全国委员会、北京市老龄问题委员会、北京人民广播电台联合举办了"老年之友"节目。在这个节目里，将宣传党和国家对老年事业的关怀、重视以及有关的方针政策；宣传中华民族素有的敬老、爱老、养老的传统美德；介绍老年人如何为四化建设发挥余热；讲解有关健身、保健知识以及适合老年人生活情趣的各种知识；反映老年人的要求和老年人生活中的问题，就老年人关心的问题展开讨论；还要介绍国外有关老龄问题的情况。

二十日

批准《筹建中国老年保健、医疗研究学会请示报告》。为了团结广大离退休医疗技术人员和管理人员发挥余热，为解决老年人看病难和住院难的实际困难，筹办老年门诊、老年医院、设立家庭病床和流动医疗服务队，培养医护人员等，同时积极开展老年医学等研究，同意成立中国老年保健、医疗研究学会。

二十四日

批准《关于成立中国老年贸易开发公司报告》。为了团结退居二三线的老同志发挥余热，继续为四化建设做出贡献，做到"老有所为"，积极参与研究促进流通领域的体制改革，同意成立中国老年贸易开发公司。

下午，于光汉、魏恒仓、武元晋、王定国同志拜见中国老龄问题全国委员会名誉主任聂荣臻，并简要汇报了中国老龄问题全国委员会近期的工作情况。

二十九日

批准《中国老年经济技术合作协会请示报告》。为振兴中华，把老年工程技术、经济和管理方面的专家组织起来继续发挥余热，开展国内外经济技术合作和交流，为促进我国四化建设服务，同意成立中国老年经济技术合作协会。

十月

四日

以于光汉主任为团长的中国老龄问题全国委员会赴日考察团，一行7人去日本考察老龄问题。考察团成员有：中国老龄问题全国委员会副主任魏恒仓、秘书长武元晋、秘书陶立群、对外经济贸易部国际局三处副处长高可农、国家统计局人口司资料处副处长梅祥富，劳动人事部劳动科学研究所国外室负责人王振基。

二十日

为欢迎日本家族计划国际协力财团山地一寿理事长一行4人，于光汉主任在竹园宾馆设宴招待（山地一寿理事长一行是为参加"中日友好医院落成典礼"访华的）。

二十五日

批准《中国国际金融贸易协会请示报告》。为了团结已经离休退休人员发挥余热，为四个现代化作贡献，同意成立中国国际金融贸易协会。

二十六日

湖北省老龄问题委员会成立，省顾问委员会副主任李尔重同志任委员会主任。

三十一日

向党中央国务院报送《关于加强党对老龄工作领导的请示报告》。

十一月

七日

晚上为欢迎以国井长次郎常任理事为团长的日本家族计划国际协力财团访华，于光汉主任在民族饭店设宴招待国井长次郎一行。

八日

上午在对外经济贸易部副主任魏恒仓、秘书长武元晋以及陶立群、对外经济贸易部国际局三处副处长高可农与国井长次郎先生、八木信一先生、石井澄江女士、柳下真知子女士就联合国人口活动基金会援助的5年项目的有关问题及中日两国老年人之间的互相友好往来交换了意见。联合国人口活动基金会驻京代表处的全田良子小姐、项目官员贾文生先生也在座。

十四日

国家计划委员会批准中国老龄问题全国委员会在北京建设中国老年活动中心及老年康乐大厦，总投资为5 000万美元，建筑面积为8万平方米。

十七日

北京市政府召开市老龄工作会议，市各部、委、办、局、区县的领导出席会议，会议由封明为副市长主持，武元晋秘书长及甄令德、王若愚出席会议。武元晋同志代表中国老龄问题全国委员会到会祝贺并发了言。

二十二日

江西省老龄问题委员会成立。石天行同志担任委员会主任，名誉主任由傅雨田同志担任。

十二月

十二日——十四日

联合国人口活动基金第2周期项目主任学习班，在北京中国国际经济技术交流中心召开，联合国人口活动基金驻京代表处代表孔雷萨、副代表巴维拉、新调来的副代表拉奎恩以及联合国人口活动基金总部执行主任萨拉斯先生在会上讲了话。中国老龄问题全国委员会陶立群参加学习班学习。

二十一日

下午，在北京市政协由中国老龄问题全国委员会、北京市老龄问题委员会和北京广播电台“老年之友”节目组举行座谈会，商谈如何进一步办好“老年之友”节目。秘书长武元晋出席座谈会，并讲了话。

一九八五年

一月

十一日

甘肃省老龄问题委员会成立，名誉主任由王世泰同志担任，刘泽西同志担任委员会主任。

十四日

魏恒仓副主任和武元晋秘书长设宴招待新调任的联合国人口活动基金常驻北京主任拉奎恩夫妇以及项目官员全田良子小姐、贾文生先生。

十七日

经外交部安排中国老龄问题全国委员会武元晋秘书长，王公石、陶立群同志到智利驻华使馆会见哈拉参赞。哈拉参赞提出智利国家保护老年人委员会要求访问中国，了解中国老年保健医疗以及老年人工作学习状况。武元晋秘书长介绍了中国老龄问题全国委员会组织机构和工作状况。对他们的来访表示欢迎。

十九日

北京市副市长封明为在朝阳区政府召集市规划局、朝阳区委，区政府及中国老龄问题全国委员会（魏恒仓副主任、李文义、庞森、谈鹤品、李毅同志参加）等有关部门，讨论了中国老年活动中心和老年康乐大厦两个项目的选址问题，会议确定建设地点在朝阳区东三环北路亮马河北岸东侧，占地约4万平方米。

二十一日

日本家族计划国际协力财团事务局次长八木信一先生与石井澄江女士来华，与中国老龄问题全国委员会就1985年中日老龄问题比较研究项目（人口学、经济学比较研究）、培训班、人口预测等活动进行磋商，并参加由联合国人口基金、外经贸部及中国老龄问题全国委员会参加的三方审评会议。

二十二日

由武元晋秘书长，王公石、项目主任陶立群在丽都饭店与日本家族计划国际协力财团事务局次长八木信一、石井澄江就1985年比较研究项目计划进行会谈。

二月

五日

国家经济体制改革委员会以体改办字［1985］11号文批复：“同意成立中国老年历史研究会。”

六日

经外交部有关单位安排，上午，在外交人员公寓，武元晋秘书长、王公石、陶立群向《美国新闻与世界报导》沃尔特·泰勒先生介绍中国老龄问题全国委员会以及中国老年人的状况，回答了他们提出的一些问题。

十八日

为开展国内外老年人的旅游业务，经北京市旅游局批准，经北京市工商行政管理局登记注册，北京老年旅行社正式成立。

二十五日

中国老龄问题全国委员会以中老字［1985］8号通知转发了国家体改委领导同志听取中国老龄问题全国委员会于光汉主任、魏恒仓副主任、武元晋秘书长汇报工作时的《会议纪要》，通知要求各老年群众组织根据中共中央、国务院《关于严格控制成立全国性组织的通知》的精神，申请补办成立审批手续等问题。

二十六日

上午，在人民大会堂，中国老年历史研究会正式成立，研究会名誉会长由何长工、叶飞，杨成武、肖华、吕正操、张国基、苏子蘅，侯镜如、费彝民，舒同担任，会长由周谷城担任，常务副会长为赵熔，副会长连贯，秘书长为张侠。

在成立大会上讲话的有康克清、王光美，孙墨佛、侯镜如、程思远、于光汉。孙毅、溥杰在会上即席赋诗。

二十八日

北京城乡建设委员会（85）京建计字第034号文通知中国老龄问题全国委员会，将中国老年活动中心和老年康乐大厦两个建设项目纳入1985在京建房计划。

三月

十九日

于光汉主任宣布中国老龄问题全国委员会设六个办公室：办公室、政策研究室、组织协调室、宣传教育室、外事办公室、基建办公室。

二十六日

湖南省老龄问题委员会成立，省人民政府顾问刘亚南同志担任委员会主任。

四月

二日——九日

中国老龄问题全国委员会咨询委员胡方、政策研究室主任么树本参加国家体制改革委员会主持的关于社会保障问题的座谈会。

十四日

下午，于光汉主任、武元晋秘书长、外事室王公石主任等在友谊宾馆科学会堂会议室会见美国卫生与人类服务部计划管理和地区开发办公室吉·桑德拉·费希尔主任，介绍了中国老龄问题全国委员会的组织机构、任务以及老年学会等情况，外宾也介绍了美国老年人状况及老年学组织情况。

二十日

胡方、么树本同志在中国社会科学院美国研究所参加“美国社会保障问题”座谈会。

十五日——二十九日

应中国科协邀请并由科协委托中国老龄问题全国委员会接待智利全国保护老年人委员会第四区副主任克里斯蒂娜·乌基耶塔女士和达维德·洛哈斯先生（外科医生）访华。

五月

五日——十二日

中国老龄问题全国委员会政策研究室主任么树本同志参加全国民政理论讨论会。

十一日

上午，中国老龄问题全国委员会接待前日本驻华大使顾问、富山县知事为团长的日本富山县中日友好之翼访华团一行165人，中日友好协会名誉会长王震同志在人民大会堂会见访华团全体团员并合影留念，同时与主要成员进行亲切会谈。友协、市外办等领导同志及中国老龄问题全国委员会副主任魏恒仓，秘书长武元晋，副秘书长李文义同志陪同会见。

十七日

根据中发（84）25号文件精神，以中老字［1985］18号文向国家体改委报送《关于转呈批准成立〈中国老年经济技术合作咨询协会〉的请示报告》。

二十五日

中国老龄问题全国委员会以中老字［1985］22号文向国家体改委上报《关于转呈批准成立中国老年摄影学会的请示报告》。

三十日

由联合国人口活动基金援助的中日比较研究五年计划项目，今年正式开始。中日双方各自成立了比较研究委员会。中国老龄问题研究委员会于30日正式成立，并召开第一次全体委员会议。

六月

6月初，中国老龄问题全国委员会宣传教育室与中央电视台电教部联合组织、采访、组稿、编写了《离休、退休之后》电视片的角本工作，此片中央电视台已列入1986年拍摄计划。

九日

日本大学人口研究所名誉所长黑田俊夫、厚生省人口研究所所长冈崎阳一为执行CPR/85/P54项目，就人口学、经济学比较研究来华访问。

十四日

秘书长武元晋、外事室副主任宋玉华向美国斯坦福大学胡佛研究所卡洛琳麦凯介绍了中国老年人退休政策。

十八——二十日

中国老龄问题全国委员会宣传教育室代主任王连登、副主任刘平生去山东省济南市参加了济南市老年人大学，哈尔滨老年人大学等八所老年大学负责人联席会议。会议结束后筹备全国老年大学经验交流会议的准备工作。

二十二日

中国老年学学会筹委会成立。会议听取了王广义同志关于酝酿成立筹委会的经过和下半年工作安排意见的报告，讨论了成立中国老年学学会向体改委请示报告以及关于为全国老年学术讨论会征集论文的通知。

二十三日

黑田俊夫和冈崎阳一结束对华访问，下午回国。两位专家在京期间与中国老龄问题全国委员会领导就今年两项比较研究和研究方法等进行了会谈，彼此交换了意见，就1986年中美在北京联合召开老龄问题国际讨论会的有关事宜与中国老龄问题全国委员会秘书长武元晋等交换了意见，达成了初步协定。舒尔茨在京期间向我老龄工作者、专家作了题为《老年人的经济保障》的报告。

二十六日——七月二日

应中国老龄问题全国委员会邀请，美国老龄学学会国际事务委员会主席舒尔茨访华。

二十八日

中国老龄问题全国委员会咨询委员甄令德、政策研究室主任么树本、办公室副主任陶立群在西苑饭店会见美国健康与人类服务部社会保障局刘力宁女士，介绍中国老龄问题全国委员会组织机构及近年来工作情况。

七月

二日

中国老龄问题全国委员会在与加拿大开发集团林达光教授多次会谈的基础上，双方就合资建造中国老年活动中心和老年康乐大厦交换了意向书。

八日

中国老龄问题全国委员会秘书长武元晋、办公室副主任陶立群、外事室副主任宋玉华在北京大学会见美国密苏里大学社会学系教授奥尔逊·菲利浦先生并向他介绍了我国老龄工作的发展，回答了他所关心的一些问题。奥尔逊是研究中国老龄问题的专家。

四日

中国老龄问题全国委员会以中老字［1985］28号文向国家体改委上报《关于转报成立中国老年书画研究会的请示报告》。

十三日

经北京市工商行政管理局审核登记注册，中国老龄问题全国委员会所属北京老年服务开发公司正式成立，该公司的宗旨是与外商组成中外合资公司，合资建造和经营中国老年活动中心和老年康乐大厦。

十九日

中国老龄问题全国委员会以中老字［1985］29号文向国家体改委上报《关于转报成立中国老年法律工作者协会的请示报告》。

八月

四日——三十一日

为执行联合国人口活动基金与中国老龄问题全国委员会签定的5年比较研究项目，中国老龄问题全国委员会派出中国人民大学人口研究所邬沧萍和孟克同志赴日进行人口学比较研究。

二十八日

上午，北京老年服务开发公司与马来西亚中肯机构有限公司，就合资兴建中国老年活动中心和老年康乐大厦签订了协议书。

九月

九日——十二日

中国老龄问题全国委员会委员沈士廉（原外交部国际司负责人）去苏联基辅参加由联合国举办的“第三世界国家老龄问题专家座谈会”，并代表我国在会议上发言。

十日——十月十三日

中国老龄问题全国委员会陶立群、刘平生、宋玉华以及北京老年旅行社付金安、北京市老龄问题委员会秘书长张一华5位同志赴日参加高龄化问题培训班。

十七日

中国老龄问题全国委员会组织协调室主任程上哲、副主任张德同志去天津市工商局了解检查松龄实业开发总公司及其进口汽车问题。

二十日

北京市城市规划管理局以（85）规征字222号文，同意中国老龄问题全国委员会和北京外交人员服务局、共青团中央3单位为筹建中国老年活动中心、新使馆区、中日青年交流中心3个项目，撤销朝阳区太阳宫乡六大队4小队的建制和征用全部土地。

二十七日

为便于开展业务工作，中国老龄问题全国委员会就北京老年服务开发公司的成立，以中老字（1985）41号文发出通知，希望各省、自治区、直辖市老龄问题委员会给予积极协助和支持。

十月

三日

日本大学人口研究所所长小川直宏先生和计算机专家齐腾安彦先生来华，与中国老龄问题全国委员会具体研究有关人口老化预测的各项准备工作。

五日——十一月二日

中国老龄问题全国委员会秘书长武元晋和劳动人事部劳动科学研究所国外室负责人王振基同志赴日进行比较研究，这项比较研究是中日双方从人口老化角度对经济的影响进行比较研究的。

十四日——十八日

中国老龄问题全国委员会政策研究室主任么树本参加中国1‰人口生育率抽样调查学术讨论会。

十五日

中国老龄问题全国委员会办公室副主任陶立群、外事室苏京华接待了美国纽约老年基金会主席、哥伦比亚大学心理学系威尔曼斯女士，并向她介绍了我国老龄工作情况。

十七日

北京老年服务开发公司与美国华西公司就合资建造中国老年活动中心和老年康乐大厦签定了意向书。

十八日

受日本全国高龄化社会研究协会委托，日本社会党中央执行委员、日本青少年局局长深田肇先生访华并顺访中国老龄问题全国委员会。中国老龄问题全国委员会办公室副主任陶立群、外事室副主任宋玉华在中联部招待所接待了深田肇先生，并介绍了中国老龄问题全国委员会组织机构状况。深田肇先生转达日本全国高龄化社会研究协会愿意与中国老龄问题全国委员会建立书信、资料联系，并希望明年适当时机组织该协会主要负责人访华。

二十三日

中国老龄问题全国委员会办公室副主任陶立群、外事室副主任宋玉华在北京饭店接待了美籍华人、原国民党外交官朱养民先生，并向他介绍我国老年人退休后的生活状况。朱养民先生也介绍了美国老年人生活及社会保障制度等问题。

二十八日

魏恒仓副主任、外事室副主任宋玉华、徐勤以及北京市社会学研究所王因为同志会见美籍华人、密西根大学梁浙西教授。魏副主任向梁教授介绍了1986年准备在北京召开的、中美联合发起召开的老龄问题国际讨论会的筹备情况。梁教授也向中国老龄问题全国委员会介绍了近年来美国老年学研究状况，询问了联合国人口活动基金对我援助情况，并协商了明年下届老年学学会主席访华一事。

三十一日

中国老龄问题全国委员会秘书长助理程上哲、办公室副主任陶立群、外事室副主任宋玉华在颐和园湖滨宾馆接待了民主德国《每日邮报》总编比利捷特·齐默尔曼和卫生部主任齐格伦德·沃夫两位女士，并向她们介绍我国老龄工作情况。

十一月

二日——十四日

中国老龄问题全国委员会政策研究室主任么树本和徐勤、张勇兵三位同志赴日，由日本大学人口研究所协助对我国人口老化问题进行预测。

六日

中国人民银行以（85）银复字第311号文对成立中国老年基金会的报告批复：“国家体改委转来的你会《关于成立中国老年基金会的请示报告》收悉。经研究，同意成立中国老年基金会。此复。”

七日

魏恒仓副主任和陶立群同志参加北京市政府在大都饭店召开的关于解决残疾人、老年人无障碍改造城市街道的会议，魏恒仓同志在会上发了言。

二十七日——十二月二日

全国老龄工作经验交流会在京召开，各省、自治区、直辖市的老龄问题委员会的负责同志，中央、国务院各有关部委，以及群众团体老年组织的负责同志100多人参加了会议。中央顾问委员会常委王平同志到会指导并讲了话。会议期间宋任穷同志接见与会代表，并讲了话。

十六日

北京老年服务开发公司与美国华盛顿中美出入口有限公司就合资兴建中国老年活动中心和老年康乐大厦两个项目签订了意向书。

二十七日

中国老龄问题全国委员会与北京外交人员服务局、共青团中央3个单位组成的联合征地撤队小组，签订了征地和安置劳力的集资协议书。

二十八日

北京老年服务开发公司与日本联合交通产业株式会社经过多次会谈，在签订意向书和提出两个设计方案的基础上，双方签订了合资建造中国老午活动中心和老年康乐大厦的协议书。

十二月

二日——四日

中国老龄问题全国委员会项目部主任陶立群参加由联合国人口活动基金、对外经贸部主办的联合国人口活动基金项目主任学习班。

四日

中国老龄问题全国委员会秘书长武元晋会见菲律宾人口委员会副执行主席埃斯特·苏奎思安夫人率领的菲律宾计划生育考察团一行7人，双方就老龄问题广泛地进行了交谈，武元晋秘书长向外宾介绍了中国人口老化现状、趋势以及我国的老龄工作。

五日——八日

全国老年大学经验交流会议在京召开。到会的有37所老年大学以及各省、自治区、直辖市老龄委员会的负责同志100余人。各老年大学的代表就老年大学办学宗旨、方针、课程设置等广泛交流了经验。12月8日上午，在人民大会堂安徽厅中共中央政治局委员、国务院副总理兼国家教育委员会主任李鹏，中顾委副主任薄一波，中顾委副主任宋任穷，全国人大常委会副委员长严济慈到会接见代表并讲了话。

会议期间在总参炮兵部大力协助下，摄制了《老年大学经验交流会议》电视片，报送胡耀邦同志并发有关老年大学。

九日

中国老龄问题全国委员会秘书长武元晋、外事室主任王公石接待了美国国会科学技术审评委员会官员朱迪·卡索维契女士及美国驻华使馆科技处马启斯先生。向他们介绍了中国老年人的状况，回答了他们提出的一些问题。

十一日

北京老年服务开发公司与加拿大兰万灵公司就合

资兴建中国老年活动中心和老年康乐大厦签订了意向书。

二十五日

北京老年服务开发公司与中华国际潜能技术开发公司、香港羊城酒店投资有限公司签订了合资兴建中国老年活动中心和老年康乐大厦的协议书。

二十九日

中国老龄问题全国委员会宣传教育室与北京市老龄问题委员会、北京电视台等单位联合筹备春节老寿星联欢会活动，并拨款1万元资助该项活动。

一九八六年

一月

十七日

于光汉主任、魏恒仓副主任和武元晋秘书长等参加北京人民广播电台“老年之友”节目组组织召开的座谈会。

外事室主任王公石、副主任宋玉华同志在劳动人事部外宾接待室会见了美国卫生与人类服务部研究与试验局经济学家篮强恩一行3人，并向外宾介绍了中国老龄问题全国委员会组织机构和我国老年人退休后生活的状况。

中旬

中国老龄问题全国委员会咨询委员甄令德同志和政策研究室副主任王若愚同志，到中国科学院协商关于申报、筹建中国老年学学会的有关事宜。

宣传教育室与北京电视台、北京市老龄问题委员会等单位联合组织了“春节老寿星联欢会”专题节目，国家各部委及北京市的领导同志：程子华、杨静仁、包尔汉、杨成武、黄镇、钱信忠、孔原、陈野萍、焦善民、章明、杨绍曾、连贯、王定国、郭宪瑞、封明为、陈昊苏等同志和在京的全国劳动模范共300余人出席了联欢会。

二十七日

上午，武元晋秘书长、外事室宋玉华与北京医院钱贻简、何慧德同志，在北京医院会议室会见了美国医学中心老年医学和成人发展部主任布勒教授，双方就老年人的生活状况和价值观等问题交换了意见，武元晋同志还解答了外宾提出的问题。

二十七日—三十一日

日本家族计划国际协力财团事务局次长八木信一先生和项目官员石井澄江女士，在对外经济贸易部参加CPR/85/P54项目三方审评会议。秘书长武元晋、项目主任陶立群、外事室王公石等同志参加。

二月

八日

中国老龄问题全国委员会1985年12月29日向中国科学院写报告要求成立中国老年学学会。2月8日，中国科学院以（86）科发老干字0096号文，向国家经济体制改革委员会报送《关于成立中国老年学学会的请示报告》。

二十六日——二十八日

魏恒仓副主任与中国老年学学会筹委会副主任兼秘书长王广义、政策研究室徐勤同志，参加北京市老龄问题委员会在房山县召开的首都老龄问题及其对策研讨会。魏恒仓在会议上做了题为《正确认识人口老龄化趋势，制订科学的对策》的讲话。

三月

二十六日

上午武元晋秘书长及外事室王公石、宋玉华同志，在国家旅游总局外宾接待室会见了日本三重县交通观光社梅本明先生，双方商谈了日本三重县老人联合会500余人访华的有关事宜。

四月

八日

国家经济体制改革委员会以体改办字（1986）20号文，给中国科学院复文，批准成立中国老年学学会，学会挂靠在中国科学院。

十一日

中国科学院以（86）科发老干字0363号文，给中国老龄问题全国委员会发了《关于中国老年学学会的日常工作由中国老龄问题全国委员会负责管理的复函》，复函中指出：“国家体改委已经批准成立学会，根据你委1985年12月29日来函，我院负责中国老年学学会的业务指导，该学会的日常事务工作（编制、经费、福利、基建等行政事务工作）由你委负责。”

十五日

武元晋秘书长和外事室王公石、宋玉华同志在美中教育协会拜访了美中教育访华协会社长韩慕肯先生，武元晋同志向外宾介绍了中美老龄问题国际会议的筹备情况。

中国老龄问题全国委员会政策研究室主任么树本同志参加了国家科委召开的社会发展综合示范试点城市研讨会议，参加会议的有中央、国务院有关部门和单位16个，会议商谈了江苏省常州市和无锡县华庄镇为社会发展综合示范试点城镇的问题。

十六日

中国老龄问题全国委员会咨询委员甄令德、王若愚同志到国家科委联系、协商中国老年学学会成立和理事人选等事宜。

十六日——十九日

中国老龄问题全国委员会召开了全国老年学学术讨论会，来自全国27个省、自治区、直辖市及国家机关和新闻单位的论文作者150多人参加了会议。全国政协副主席雷洁琼、原中央组织部副部长王照华等同志出席开幕式并讲了话。

十九日

全国人大副委员长周谷城、全国政协副主席茅以升以及中国科学院院长卢嘉锡同志，在人民大会堂接见参加全国老年学学术讨论会的代表，并讲了话。

二十二日

于光汉主任、武元晋秘书长以及外事室王公石、宋玉华、国家计划生育委员会杜祥金同志，在劳动人事部外宾接待室会见了日本高龄化综合研究中心理事长、参议员安孙子藤吉先生等3位日本外宾。宾主双方互相介绍了各自国家的老龄问题和老龄工作情况。日方并主动提出愿意与中国老龄问题全国委员会在老龄研究领域内开展技术合作。

二十八日

下午，秘书长武元晋、外事室宋玉华同志在团结湖外宾家中会见了美国桥港大学历史学和经济学教授吴卫平博士，吴博士表示愿意在国内投资兴建公寓。

五月

十七日

武元晋秘书长、外事室王公石、国家统计局黄光琼同志在国家统计局计算机中心会见了美国普查局国际研究中心中国科科长班久蒂先生，武元晋同志向外宾介绍了我国人口老化的趋势和我国老龄工作机构。

十九日

中国老年学学会召开第二次常务理事会。

二十一日

中国老龄问题全国委员会组织协调室主任程上哲、办公室陶立群同志，在中央人民广播电台会见了西班牙人民电台记者、节目主任坎特罗先生一行5人，介绍了我国的社会福利事业状况，并回答了外宾提出的各种问题。

二十——二十三日

经国务院批准，由中国老龄问题全国委员会和美国老年学学会共同发起，在北京召开了老龄问题国际讨论会，来自美国、加拿大、澳大利亚、日本、泰国和香港地区的30多位专家、学者出席了会议。

二十八日

中国老龄问题全国委员会办公室陶立群同志参加北京市政府政策研究室召开的首都战略规划讨论会分组座谈会，陶立群同志就人口老化与城市规划、市政建设方面存在的问题和改进提出了建设性的意见。

六月

一日

魏恒仓副主任、武元晋秘书长、北京市老龄问题委员会副主任鲁恒、中国老年基金会副会长杨绍曾、副秘书长李哲民、劳动人事部外事局陆林祥等10人，在华风饭店与日本三重县老人联合会访华团200余人进行了中日友好联欢活动。

七日

武元晋秘书长、劳动人事部外事局李春光等10人在神州饭店与日本三重县老人联合会访华团200余人进行了中日友好联欢活动。

九日——七月五日

魏恒仓副主任、组织协调室程上哲、天津市社会科学院社会学所副所长胡汝泉、中国社会科学院人口研究中心主任田雪源等一行5人，赴日与日本老龄问题专家就“人口老化与家庭”、“人口老化与就业”进行比较研究活动。

十八日——十九日

中国老龄问题全国委员会政策研究室么树本同志参加国家科委召开的社会发展综合示范试点城镇规划情况的会议。会议上听取并讨论了常州市和无锡县华庄镇城镇社会发展的初步规划情况。

二十三日

武元晋秘书长、外事室宋玉华在台联接待室会见了美国麻省大学医学中心精神病及心理学副教授乔治·莎西尔女士及丈夫梁荔乡博士。

七月

十四日

中国老年学学会第三次常务理事会召开。

十六日——十九日

中国老龄问题全国委员会宣传教育室刘平生同志出席由哈尔滨、山东等6所老年大学发起，共21所老年大学参加的老年大学首届协作会议。

十九日

上午，武元晋秘书长、咨询委员甄令德和北京市老龄问题委员会副秘书长张世雄同志等10人，在友谊宾馆210会议室，与日本爱知县老人俱乐部联合会访华团32人进行座谈，中日双方互相介绍了各自国家的老年人情况。

八月

十一日

日本家族计划国际协力财团熊坂真知子女士，到中国老龄问题全国委员会拜会了于光汉主任，并与我委部分同志就p54项目交换了意见。

十七日——三十一日

中日双方为了执行P54项目，就“人口老化与家庭”、“人口老化与就业”进行比较研究活动，日本大学关清秀、降矢宪一两位教授，到我国北京、上海、四川等地访问。在京期间，两位教授与武元晋秘书长就上述两个专题进行了讨论，并为我国老龄工作者做了学术报告。

九月

五日

中国老年学学会在京召开座谈会，黑龙江省老龄问题委员会副主任刘宝彬、北京市老龄问题委员会秘书长张一华、上海市老年学学会秘书长张志昂、天津市老年学学会副秘书长王桂运同志参加了会议。

六日——十日

中国老龄问题全国委员会政策研究室么树本同志参加了由国家科委召开的全国社会发展与科技对策讨论会。会议上交流了论文42篇，费孝通、于光远、马洪、李昌等专家、学者和领导同志在会上讲了话。

十日——十二日

中国老年学会副会长、中国人民大学人口研究所副所长邬沧萍教授，代表中国老龄问题全国委员会参加了由联合国在日本东京召开的人口结构国际会议。

十日

上午，武元晋秘书长、外事室宋玉华、联合国人口活动基金驻华代表处项目官员贾文生、国家计委p53项目主任李慧京同志，在国家计委经济研究所会见了澳大利亚国立大学特允斯·H·哈尔博士。武元晋同志向外宾介绍了我国老龄工作机构、老年人状况，并回答了外宾提出的问题。

十二日——十六日

中国老龄问题全国委员会政策研究室么树本同志和宣传教育室王存有同志，参加了国家科委在常州市召开的城市社会发展综合示范试点规划会议。参加会议的有中央、国务院21个有关部门的80多人，以及江苏省等有关部门共计90余人。全国政协副主席、著名社会学家费孝通和国家科委副主任朱丽兰同志讲了话。

十六日——十八日

武元晋秘书长、政策研究室王若愚、办公室陶立群、政策研究室徐勤同志参加了国家计委召开的人口老龄化与养老保险制度改革问题研讨会。

十七日——二十日

中国老龄问题全国委员会政策研究室主任么树本同志和宣传教育室王存有同志，参加了国家科委在无锡县华庄镇召开的小城镇社会发展综合示范试点规划会。参加会议的有中央、国务院的20个部门的43人。会议听取并商议了华庄镇《社会综合发展示范试点项目的设想》。

十八日

中国老年学学会接待美国洛杉矶加州大学和南加州大学赴日本、中国的旅游考察团，该团由24人组成。中国老年学学会副会长李志绥、魏恒仓、邬沧萍，副秘书长田雪原同志与外宾就老龄问题进行了学术交流，并回答了外宾提出的问题。

二十日

武元晋秘书长、外事室王公右在《北京周报》会议室会见了以美国脱拉大学教授希瓦兹先生为团长的美国退休人员旅游团一行27人，武元晋同志对外宾提出的我国老年人生活状况、教育等问题作了回答。

二十三日

于光汉主任、武元晋秘书长、外事室王公石和宋玉华同志在劳动人事部外宾接待室会见了美国国会人口协调员南希·奥斯特兰德大使及美国大使馆二秘贾桂丽等3人，武元晋同志向外宾介绍了我国老龄工作机构和老年上的生活、学习状况。

十月

十日

下午，于光汉主任、中国老年基金会副会长黎原及王公石、程上哲、袁绪侠、陶立群同志在中国老龄问题全国委员会办公室，会见了日本家族计划国际协力财团事务局次长八木信一先生和项目官员石井澄江女士，双方就1987年执行p54项目的有关活动安排交换了意见。

十五日——十一月七日

以北京市老龄问题委员会主任郭献瑞同志为团长的中国老龄问题考察团一行3人，应智利保护老年人全国委员会的邀请，对智利首都圣地亚哥市和第四区进行了考察和友好访问。

三十日

于光汉主任不久前向中央写报告：提出由于自己年岁已高，要求中央免去自己中国老龄问题全国委员会主任的职务，并推荐中央组织部原副部长王照华同志接任这一职务。中央批准了这个报告。上午，劳动人事部副部长严忠勤传达了中共中央组织部组任字［1986］91号文《关于于光汉、王照华职务变动的通知》，决定王照华同志担任中国老龄问题全国委员会主任。

十一月

三日

中国老龄问题全国委员会决定1987年3月份在上海召开全国老龄工作经验交流会。上午，部分同志研究经验交流会的准备工作。

十五日

武元晋秘书长、外事室宋玉华同志在劳动人事部外宾接待室会见了日本《京都新闻》社编辑局文化部长德久英彦先生。双方就有关老年人问题交换了意见，德久英彦先生表示愿意与中国老龄问题全国委员会建立资料交换关系。

二十一日

中国老龄问题全国委员会政策研究室么树本和宣传教育室王存有同志参加了国家科委召开的社会发展综合示范试点工作碰头会，商谈了有关试点规划的问题。

二十二日

在中国老年学学会的领导下，成立了《老年生活百科全书》编辑委员会，编委会由卫生部原部长钱信忠同志和中国老龄问题全国委员会主任、中国老年学学会副会长王照华同志担任主编。

十二月

六日

武元晋秘书长、组织协调室程上哲、办公室陶立群同志在人民大会堂参加中国老年摄影学会召开的老年摄影作品座谈会，并出席了在中国美术馆举办的“老年摄影作品展览”开幕式。

十三日

中国老年学学会长梅益和秘书长王广义同志，给美国老年学学会主席鲍威尔·劳顿博士写信，建议中、美两国老年学学会建立广泛的联系。

二十五日

中国老年学学会召开了第四次常务理事会，讨论、修改学会章程（第八稿），1987年学会工作安排以及第一批会员名单。

三十一日

劳动人事部以劳人办［1986］93号文《关于请中国老龄问题全国委员会自行负责处理《中国老年》编审出版工作的通知》，通知中国老龄问题全国委员会“鉴于中国老龄问题全国委员会新的领导班子已经组成，主要领导同志业已到任，对《中国老年》杂志的领导，包括编审、出版工作，从1987年1月起，应即由你们负责处理”。

一九八七年

一月

三日

向有关部门呈送《关于调整中国老龄问题全国委员会领导班子和成立中共中国老龄问题全国委员会党组的报告》。

同日印发《关于在春节期间广泛开展尊老敬老活动的通知》。

月底，中国老龄问题全国委员会王照华主任宴请Laguain先生，洽谈P54项目。

二月

九日——二十日

接待日本外宾八木信一等4人来华访问。

十六日——二十六日

以石井女士为首的3人考察组在上海访问1周后，于22日来京，与八木先生一起参加3方评审会议，确定P54项目1987年全年活动日程安排。

三月

三十一日——四月四日

在上海召开全国老龄工作经验交流会。

六月

七日——二十七日

由中国由老龄问题全国委员会、卫生部医政司组成的3人专家组赴日本进行中日两国在老年医疗保健政策方面的比较研究。

十五日——七月四日

以中国老龄问题全国委员会王照华主任为团长的5人研究考察团对英国和瑞典老龄工作进行研究考察。该团是为执行P54项目而进行的活动。

八月

十六日——二十九日

接待日本老龄问题专家巡回讲学代表团来华讲学。在京期间，劳动人事部赵东宛部长会见了联合国人口基金驻华副代表拉奎恩、项目高级官员贾文生及日方全体代表。

十七日

老龄工作干部学习班正式开课。

二十五日——二十九日

474项目主任王公石同志赴泰国曼谷参加了项目工作会议。

九月

一日——十六日

接待日本比较研究专家组来华参观考察老年医疗保健政策问题。

二十日

中国老龄问题全国委员会王照华主任、张亚群副主任会见了美国东西方研究中心副主任赵利济及段纪宪博士。介绍了中国老年人口发展趋势及中国老龄问题全国委员会等方面情况，双方讨论相互合作的可能性，并签署备忘录。

二十一日——二十六日

亚太经社会人口司萨马德先生应中国老龄问题全国委员会邀请，来京对474项目进行实地指导，并参观和访问了北京老年人活动中心及有关设施。

二十七日

中国老龄问题全国委员会王照华主任、王传斌副主任就P54项目及今后与日方合作问题与黑田教授交换了意见。

二十九日

中国老龄问题全国委员会王传斌副主任会见了八木和石井，就P54项目1988年会议问题交换了意见。

十月

三日及十四日——二十五日

日本康复康乐中心董事长、国会议员工腾、副董事长野村等一行3人来华访问，商谈由日本政府出资支援中国老龄问题全国委员会兴建中国老年人康复康乐中心事宜，并签定了意向书。全国人大副委员长周谷城及王首道分别会见了他们，并同中国老龄问题全国委员会签定了座谈纪要。

十二日——二十四日

中国老龄问题全国委员会接待香港社会服务联会考察团来大陆参观考察安老服务政策及法例。

十九日——二十二日

中国老龄问题全国委员会接待联合国人口活动基金驻华代表处副代表赴贵州考察。中国老龄问题全国委员会王传斌副主任陪同。

十一月

十一日——二十六日

香港社会联合会安老服务考察团一行四人先后访问了北京、上海和广东，参观了老年设施。在京期间，中国老龄问题全国委员会张亚群副主任向代表团介绍了全国老龄工作情况，中国老龄问题全国委员会王照华主任宴请了他们。

三十日——十二月十三日

接待国际老年学学会亚大地区委员会主席安德鲁斯教授夫妇来华访问。

十二月

十一日——十八日

中国老龄问题全国委员会及中国老年基金会派出以黎原为团长的4人代表团赴新加坡参加长青公司第一次董事会。

一九八八年

一月

八日

中国老年学学会召开第六次常务理事会，批准贵州省老年学学会、中华医学会河北省分会老年医学会、北京老年病医疗中心、北京市丰台区老年病联合医院4个单位为中国老年学学会团体会员。

三十一日

中国老龄问题全国委员会副主任王传斌会见美国伯蒂·克柯斯协会负责人，洽谈1989年6月美国派一医学大学生代表团来华访问和请中国专家讲学问题。

二月

五日

中国老龄问题全国委员会以中老字（1988）7号文发出《1988年工作要点》。《要点》以贯彻落实党的十三大精神为中心，大力宣传老龄问题的战略意义，加强对人口老龄化的调查和对策的研究，在11个方面部署了老龄工作。

九日

中国老龄问题全国委员会与共青团中央、全国妇联、解放军离退休干部领导小组办公室、中国儿童活动中心、中国儿童发展中心等单位，在中国儿童少年活动中心（官园）联合举办了“1988年老老少少迎春联欢会”。参加活动的老人及儿童万余人。

薄一波、康克清、荣高棠、郭力文、黄甘英、孙毅、米勒、艾泼斯坦等参加了联欢会。林佳楣同志参加了联欢会并带来了李先念同志给联欢会的贺信。

十日

由中国老龄问题全国委员会倡导，中国老年杂志社发起，联合全国27家老年报刊共同举办的“老有所为精英奖”和“敬老好儿女金榜奖”评选活动在京召开了新闻发布会。“两奖”评选指导委员会名誉主任由聂荣臻、乌兰夫、肖劲光担任，主任由宋任穷担任，副主任、委员分别由中顾委、全国政协、解放军总政治部及部分部、委、局和省、自治区、直辖市的领导同志担任。

四月

五日

国务院法制局复函劳动人事部，同意将《维护老年人权益条例》列入国务院立法计划。

九日

中国老龄问题全国委员会主任王照华，在全国政协七届一次会议上发言，吁请全社会从战略高度重视老龄问题。

十六日

中国老年学学会召开第七次常务理事会，讨论并通过了关于参加第14届国际老年学学术大会的报告，并决定由学会副会长王照华同志任代表团团长组团去参加大会。

二十二日

新闻出版署以（88）新出报字第392号文批复中国老龄问题全国委员会：同意创办《中华老年报》。

二十五日——五月五日

联合国欧洲经济委员会在比利时布鲁塞尔召开欧洲地区人口老龄化对社会和经济影响的研讨会。中国老龄问题全国委员会副主任张亚群应邀出席大会并作了题为《中国人口老龄化和老龄工作》的发言。

五月

四日

中国老年基金会召开常务理事会议。会议接受了于光汉同志因年事已高辞去会长职务的请求。根据于光汉同志的提议，会议一致同意推选王照华同志为中国老年基金会会长。同意增选张文庄、石豁、周世贤、武元晋、曲琪玉等同志为中国老年基金会副会长，张文庄同志为基金会常务副会长兼秘书长，樊安龙、伍伯逵、刘宏欣为副秘书长。

五日——十一日

中国老龄问题全国委员会主任王照华等4人，应新加坡美罗集团的邀请，对新加坡老年事业进行了考察，并就援建中国老年活动中心事宜同美罗集团负责人进行了友好的协商。

八日——十二日

应联合国亚太经社会人口司的邀请，中国老龄问题全国委员会外事室肖才伟代表474项目主任，赴泰国曼谷参加474项目人口老龄化问题国别研究讨论会。

十九日

经中国老龄问题全国委员会主任会议研究，并提请中国老年基金会会长办公会和基金会常务理事会讨论通过，中国老年基金会的办事机构设两部一室，即：基金开发部、福利部和办公室。

六月

三日

《中华老年报》正式创刊。王照华同志任社长，聘请邢方群同志任总编辑，郭锡权任副社长，王连登任副社长兼副总编，傅淑芳任副社长，姜全敏任副总编。彭真同志为《中华老年报》题写了报头，聂荣臻同志写了发刊词，邓颖超、乌兰夫等领导同志分别题了词。

十三日

中国老龄问题全国委员会副主任张亚群，会见日本康老会执行委员会泉久次先生等4人，就中日共同在日本举办中日书画展问题进行了诚挚的商谈，双方签定了《关于举办中日书画展协议书》。

十七日

中国老龄问题全国委员会副主任王传斌，会见以斯蒂尔教授为团长的美国老年病学访华团。

二十七日——七月三日

以中国老龄问题全国委员会主任王照华为团长，中国老龄问题全国委员会副主任王传斌和中国人民大学教授邬沧萍为副团长的中国代表团一行15人，赴日本东京参加围绕P54项目召开的中日高龄化问题专家会议。对中日人口预测、老年经济、家庭养老、老年医疗等方面的情况进行了深一步的研究和探讨。会议通过了《中日老龄化问题专家会议建议书》。

七月

七日

为加强老龄问题和老年学的调查与理论研究工作，开展国际间学术交流活动，经中国老龄问题全国委员会主任办公会研究决定：以中国老龄问题全国委员会研究室为基础，组建中国老龄科学研究中心筹备处，洪国栋同志任筹备处主任。

二十五日

全国计划单列市老龄工作研讨会在大连召开。中国老龄问题全国委员会主任王照华、副主任郭锡权出席会议并讲了话。

二十六日

中国老龄问题全国委员会副主任王传斌，会见美国退休人员协会司库布朗夫人，双方就建立合作问题进行了磋商。

三十日

中国老龄问题全国委员会副主任王传斌，会见美国圣十字大学安赖依等两位教授。

八月

一日一八日

经我国经贸部国际局同意，联合国人口基金决定拨给贵州老龄问题委员会6万美元援助其老龄工作。联合国人口基金驻华代表处高级项目官员贾文生，日本家族计划国际协力财团执行局副局长八木信一及项目官员石井澄江，在中国老龄问题全国委员会P54项目协调员宋玉华陪同下，对贵州省老龄工作进行考察，并写出了项目文件。

十七日

根据中共中央办公厅、国务院办公厅《关于解决公司政企不分问题》的通知精神，中国老龄问题全国委员会、中国老年基金会组成了以副主任周世贤同志为组长的清理整顿公司领导小组，开始清理整顿所属企业。

三十日

美国退休人员协会执行理事长第兹先生等5人来华访问。中国老龄问题全国委员会与美国退休人员协会签定了双方技术合作的协议书。

九月

六日——十五日

中国老龄问题全国委员会与轻工业部、纺织工业部联合举办第二届全国老年生活用品展销会。全国人大常委会副委员长周谷城、严济慈分别为大会题了词。民政部部长崔乃夫、纺织工业部部长吴文英、中国老龄问题全国委员会主任王照华、轻工业部副部长于珍等同志为开幕式剪彩。宋任穷、马文瑞、林铁及中央、北京市、解放军三总部、驻京部队的领导和老干部及6万多观众参观了展销会。

七日——十七日

应国际老年学学会亚大地区分会和澳大利亚老年学学会的邀请，由中国老年学学会会长梅益，秘书长王广义等4人组成的中国老年学学会代表团访问了澳大利亚。

十二日——十六日

中国老龄问题全国委员会外事室副主任贾福水，参加了在日本仙台市由联合国和日本共同召开的老龄化、都市化仙台国际会议，并以《中国城市老年人参加社会活动》为题作了大会发言。

十月

六日

国家机构编制委员会，以机编函（1988）17号文批复同意中国老龄问题全国委员会挂靠民政部。

十八日

中国老龄问题全国委员会和中国儿童少年活动中心联合举办了重阳节尊老、敬老座谈会。参加座谈会的有社会各方面代表及中央二十几个部委的老同志200余人。王首道、周谷城、康克清等领导同志到会并讲了话。张友渔、刘宁一、臧伯平、刘建章、黄树则、董建华、李波、孙梅英、叶振华等同志也进行了热情洋溢的发言。

十八日——十九日

中国老龄问题全国委员会和中国儿童少年活动中心在官园联合举办“重阳节敬老游园活动”，参加游园的达3万余人。

十九日

主任王照华，副主任周世贤、张亚群、曲琪玉、郭锡权代表中国老龄问题全国委员会和全国的老龄工作者，看望了邓颖超和聂荣臻同志，祝贺两位德高望重的老一辈无产阶级革命家重阳佳节快乐，祝他们健康长寿。

邓大姐说：“老龄问题已经成为世界性的社会问题。解决这个问题我们还缺少经验，中国老龄问题全国委员会和有关方面的科学家要研究这个问题。”

聂帅说：“老龄事业大有可为。我们是社会主义国家，一定要关心老年人和残疾人，把这两件事办好。”

二十四日

中国老龄问题全国委员会副主任张亚群会见英国帮助老年人及帮助老年人国际亚洲部主任杰克逊，双方就建立合作的可能性进行了探讨，并就美方派人来中国访问和我方派人赴美短期学习等问题交换了意见。

十一月

八日——十三日

日本康老会野田裕先生来华，就中国在日本举办中国书画展事宜同中国老龄问题全国委员会副主任张亚群及有关人员进一步交换了意见。日方将承担的1 000万日元筹备经费中的500万日元交给了中国老龄问题全国委员会。双方签定了《实施关于举办中国书画展协议书的备忘录》。

十九日

民政部部长崔乃夫主持党组会议，听取中国老龄问题全国委员会工作汇报。参加会议的有：民政部副部长张德江、连尹，顾问章明、杨琛及有关司局的负责人，中国老龄问题全国委员会主任王照华，副主任张文庄、王传斌、周世贤、张亚群、曲琪玉、郭锡权及有关部门的负责人。

二十二日

经国际老年学学会批准，中国老年学学会正式成为国际老年学学会团体会员。

十二月

二日——五日

中国老年大学协会在武汉召开成立大会。各省、自治区、直辖市、计划单列市及军队和办学较早而且在全国有一定影响的57所老年大学的代表出席了大会。中国老龄问题全国委员会主任王照华主持会议并讲了话。会议讨论通过了《中国老年大学协会章程》，选举了理事。理事会一致同意聘请周谷城、刘宁一为协会名誉会长，推举王照华同志担任中国老年大学协会会长，张亚群等10人担任副会长，刘平生同志担任秘书长。理事会还同意聘请28名顾问。

十四日——一九八九年一月四日

中国老龄问题全国委员会副主任张亚群、中国老龄科学研究中心筹备处肖振禹应香港中文大学当代亚洲研究中心的邀请，赴香港考察老龄工作，并向当代亚洲研究中心与西德歌德学院（香港）联合举办的研讨会分别提交了题为《中国人口老龄化的主要特征和应当采取的基本对策》、《几个老龄课题研究情况概述》的论文。肖振禹还应邀从事了老龄及其人口方面的讲学和学术交流活动。

一九八九年

一月

十五日

中国老龄问题全国委员会副主任郭锡权同志在北京西直门饭店主持召开了中国老年杂志社举办的元宵敬老茶话会。中顾委秘书长李力安及中国老年杂志社顾问、在京的全国“老有所为精英奖”、“敬老好儿女金榜奖”评选指导委员会委员50余人出席。全国“两奖”评选指导委员会办公室主任张亚群向与会者介绍了“两奖”评选活动进展情况。

二十八日

中国老龄问题全国委员会以中老字（1989）7号文发出《1989年老龄工作要点》。《要点》指出1989年的工作重点是：继续深入贯彻党的十三届三中全会精神，围绕“五个老有”做好各方面的工作，理顺组织关系，因地制宜地开展各种活动。具体在10个方面部署了老龄工作。

三十日

由中华老年报社、中央广播电视大学、国家教委老干部局、全国老年大学协会联合创办的北京老年教育中心在人民大会堂举行新闻发布会。王首道、肖克任名誉主任，杨海波、王照华任主任。雷洁琼、王平、郭林祥、崔乃夫等领导同志和全国老龄委领导到会祝贺。

中国老龄问题全国委员会主任王照华代表我国9 000万老年人及老龄工作者看望彭真同志，转达全国老年人的亲切问候并汇报了我国老龄工作情况。彭真同志对我国的老龄工作十分关心。他说，希望中国老龄问题全国委员会把老年人的物质生活和精神生活抓好。

三十一日

由中国老龄问题全国委员会、民政部、中国儿童少年活动中心联合主办的“1989年老老少少迎春联欢会”在中国少年儿童活动中心举行。

二月

十四日

民政部向国务院报送了《关于我国人口老龄化趋势和加强老龄工作意见的报告》。

同日，日本家族计划国际协力财团国际局次长八木信一、西田良子、本间由纪夫和日本著名人口学家黑田俊夫教授到达北京，参加联合国人口基金援助中国老龄问题全国委员会P54项目的1988年评审会，并与我进一步协商今后在北京举行老龄问题国际讨论会的具体安排和联合国人口基金第三周期援助项目的计划制定。会谈从2月14日开始至3月8日结束。

十五日

中国老龄问题全国委员会副主任郭锡权出席河南

省“两奖”评选大会，并就河南省开展“两奖”评选活动和关心教育青少年协会的工作情况做了调查。

十九日

中国老龄问题全国委员会副主任张文庄出席了中组部副部长孟连昆同志召集的老干部问题座谈会。

三月

九日

应中国老龄问题全国委员会主任和北京市公安局邀请，泰国第二警区副总监柏猜·蓬诺将军率19人代表团来华访问。

十一日

日本JR九州老年访华团抵京。访华团由外事室副主任贾福水陪同，从3月11日至16日对北京、上海等城市的老年事业进行考察并观光。

十二日

中国老年学学会在北京召开了第三次全国老年学学术讨论会。大会的主题是：中国的老年社会保障问题。

十九日

人事部批复同意成立中国老龄科学研究中心。

四月

四日

中国老龄问题全国委员会副主任王传斌出席在成都召开的西南四省（区）（四川省、云南省、贵州省、广西壮族自治区）五市（重庆市、成都市、贵阳市、昆明市、南宁市）老龄工作协作会议，并在会上讲了话。

十日

中国老龄问题全国委员会及中国老年学学会应世界实验室的邀请，组织4人代表团于10日至17日赴意大利访问。商谈了由世界实验室提供资金，中意两国建立合作项目等问题。

十一日

中国老年学学会秘书长王广义、副秘书长甄令德、学会理事熊必俊3同志代表中国老年学学会参加了由中国科学院日本研究所与日本生命保险公司、日生基础研究所在北京联合主办的中日高龄化社会对策学术讨论会。

二十二日

新闻出版署以（89）新出期字第392号文批复：同意中国老龄问题全国委员会和中国国际文化交流中心、中国卓越出版公司联合创办《中华英才》画报。中国老龄问题全国委员会为主要领导单位，主管画报社的工作。

五月

二十三日

日本高龄化综合研究中心访华团一行16人抵达上海，先后参观访问了上海、洛阳、郑州、开封、西安、北京等地，同我有关单位交流了人口老龄化情况并考察了我国的历史文化，洽谈了从1990年开始的双边合作问题。

二十四日

新闻出版署以（89）新出图字476号文批准成立华龄出版社。该社为中国老龄问题全国委员会直属局级事业单位。

六月

十二日

中国老龄问题全国委员会致函党中央、国务院，坚决拥护平息首都反革命暴乱。

十五日

中国老龄问题全国委员会代表各级老龄组织和9 000万老年人向中国人民解放军戒严部队全体官兵发出慰问信，坚决拥护平息发生在北京的反革命暴乱，向在平息首都反革命暴乱中牺牲的烈士表示沉痛哀悼，向受伤的解放军官兵表示诚挚的慰问。

同日，中国老龄问题全国委员会及中国老年学学会组织了以邬沧萍教授为团长的6人代表团出席了6月18日—23日在墨西哥召开的第十四届国际老年学大会。代表团能在我国刚刚平息北京反革命暴乱之后出席大会，引起了各国专家、学者的重视，在国际上有很大的影响，这个事实本身证明了中国的政局是稳定的。代表团出色地完成了任务。代表团回国后写了参加第十四届大会的报告。

二十二日

中国老龄问题全国委员会主任王照华和各位副主任出席《中华老年报》创刊一周年座谈会。

七月

十四日

卫生部和中国老龄问题全国委员会等9个部、委联合发出《关于开展“爱牙日”宣传教育活动的通知》。

二十五日

中组部副部长孟连崑同志受宋平同志委托在中组部四楼小会议室听取了中国老龄问题全国委员会的工作汇报。中国老龄问题全国委员会副主任、秘书长、办公室主任参加。

二十七日

中国老龄问题全国委员会副主任王传斌在中国计生委情报中心会议室会见了亚太经社会人口司司长尼蓬先生。

八月

十八日

中国老龄问题全国委员会及中国老龄科研中心于18日至20日派人出席了在上海召开的中国/联合国人口基金合作10年总结会。中国老龄问题全国委员会在会上介绍了中国老龄问题全国委员会接受联合国援助后所取得的成就。

十九日

中国老龄问题全国委员会副主任张亚群同志在山东泰安市主持召开七省市老龄委主任座谈会。

二十四日

中国老龄问题全国委员会参加了外贸部举办的“联合国援华十周年展览”，老龄问题专栏受到各国驻华使馆官员和各界人士好评。

九月

十一日

全国“两奖”评选指导委员会主任会议在文津街俱乐部召开。宋任穷同志主持会议并讲了话。王平、王首道、雷洁琼、穆青、崔乃夫、杨海波、王照华、孟连昆、程连昌等40余人出席。

十三日

应中国书画展日方筹委会邀请，以中方筹委会主任委员张亚群同志（中国老龄问题全国委员会委副主任）为组长的访日小组一行4人对日进行了为期10天的考察访问，就1990年在日本举办“中国书画展”展出事宜进行了磋商。

同日，经中国老龄问题全国委员会同意并与中央党、政、军、群有关部门商定，由《中华老年报》举办开拓老年事业有奖征文活动。

二十五日

《中国老龄事业五年工作纲要》经过5次修改完成初稿，拟提交第二次全国老龄工作会议讨论、修改。《纲要》分：情况、原则、任务、措施4个部分。

十月

五日

中国老龄问题全国委员会就准备召开的全国“老有所为精英奖”、“敬老好儿女金榜奖”表彰大会和第二次全国老龄工作会议在京举行新闻发布会。《人民日报》、新华社、《光明日报》等40多家新闻单位参加。

六日

10月6日晚，中共中央总书记江泽民在中南海接见了中国老龄问题全国委员会主任王照华同志，听取了王照华同志关于老龄工作情况的汇报，并作了重要指示。

八日

上午，全国“老有所为精英奖”、“敬老好儿女金榜奖”表彰大会暨第二次全国老龄工作会议在人民大会堂隆重开幕。江泽民、乔石、宋平、宋任穷等中央领导同志在会前会见了与会代表，并和大家合影留念。江泽民总书记发表了重要讲话。中国老龄问题全国委员会主任王照华同志主持了大会。宋平、宋任穷、王平、王首道、彭冲、王任重、康克清等出席了开幕式，并向“两奖”代表颁发了证书和奖章。聂荣臻、邓颖超同志写信表示祝贺。宋平同志在开幕式上发表重要讲话，宋任穷同志就“两奖”评选活动作了总结讲话，“两奖”代表发了言并宣读了倡议书。大会表彰了来自各省、自治区、直辖市、中央和国家机关、人民解放军和武警部队的“老有所为精英奖”、“敬老好儿女金榜奖”获得者1902名。首都各界3000余人出席了开幕式。

下午，中国老龄问题全国委员会在中国儿童少年活动中心举办“‘九九’重阳联欢会”。全国“两奖”表彰大会和第二次老龄工作会议的代表参加了游园联欢。

九日

王照华同志在第二次全国老龄工作会议上作了题为《认清形势，振奋精神，把老龄工作推向新的发展阶段》的报告。

十三日

第二次全国老龄工作会议胜利闭幕。民政部部长崔乃夫到会讲话，王照华同志作了会议总结，中国老龄问题全国委员会顾问于光汉同志也在会上讲了话。

二十日

全国政协委员、中国老龄问题全国委员会副主任张文庄到内蒙古自治区包头市老龄委视察工作，听取汇报，并就有关问题作了指示。

二十五日

中国老年学学会在北京召开了第一次团体会员秘书长会议。

十一月

二十一日

由国家教委成人教育司和中国老年大学协会共同承办的“老年教育国际研讨会”在武汉召开。参加会议的有来自澳大利亚、法国、民主德国、日本、苏联、苏丹、美国和香港9个国家和地区的15名正式代表。联合国教科文组织官员穆巴拉克先生和奥古斯汀·马里奥先生出席了会议。中国老龄问题全国委员会副主任张亚群被选为会议副主席。此次会议是根据中国教科文全委会与联合国教科文组织签订的合同而召开的。会期5天。

二十三日

中国老龄问题全国委员会名誉主任聂荣臻同志为《中华老年报》题词：“办好中华老年报，开拓老年事业。”

二十五日

中国老龄问题全国委员会副主任郭锡权出席广西自治区老龄委在柳州召开的第二次老龄工作会议。

二十八日

王照华同志出席并主持了中华老年报社在文津街俱乐部举行的“开拓老年事业”有奖征文活动恳谈会。报社名誉社长王平同志到会并讲了话。黄镇、康世恩、于光汉及中央、国家机关各部委局老干局负责同志50多人参加。

十二月

六日

根据联合国人口活动基金CPR/85/P54项目协议，人口老龄化政策与前景国际会议在北京昆仑饭店召开。出席这次会议的有日本、马来西亚、新加坡、泰国、美国、澳大利亚、香港地区，联合国人口基金、亚太经社会、联合国老龄问题研究所及国际计生联等国家和组织，中国老龄问题全国委员会主任王照华、副主任王传斌及有关专家和有关部委的代表出席了会议。中顾委常委王平、王首道，人大常委会副委员长严济慈、雷洁琼、民政部部长崔乃夫出席了开幕式。

十一日

中国老年学会副秘书长甄令德等参加了由卫生部老年医学研究所与南澳大利亚阿德雷得老年病研究中心联合主办的“中国老年医疗保健北京专题讨论会”。会上，代表们讨论了中国的老年医疗与保健政策计划的制定以及如何收集并使用国家有关数据等问题。

十八日

中国老龄问题全国委员会主任王照华在人民大会堂主持中国老年杂志社与吉林爱林参场联合举办的“迎新年敬老座谈会”。中顾委常委黄华出席并讲话，全国政协副主席杨静仁为中国老年杂志题词：“开拓老年事业。”参加座谈会的250余人围绕老年保健问题作了探讨。

二十日

由中国老年杂志社召开的全国老年期刊第二届年会在北京河北饭店举行。中顾委常委王平、黄华到会并讲话，中国老龄问题全国委员会领导出席。会议就如何发挥老同志的政治优势，为社会稳定作贡献和办好老年刊物等问题进行了认真讨论。

一九九〇年

一月

十五日

中国老龄问题全国委员会副主任王传斌会见法国专业旅游联合会主任哈麦林先生，双方就今后的合作问题交换了意见。

二十三日

民政部（民人批［1990］19号）批复成立中国老龄问题全国委员会对台工作组（对外称中国老龄问题全国委员会文化经济交流办公室）。

二十四日

联合国人口基金驻纽约总部派澳大利亚专家波瑞姆P·塔尔渥及总部两位官员，对中国老龄问题全国委员会承担的，由联合国亚太经社会执行的人口国别调查474项目进行了评估。

同日，中华老年报社与解放军老干部俱乐部在文津街俱乐部联合举办“迎春‘老有所乐’联欢会”。王平、杨得志、康世恩、雷洁琼、李力安、李耀文、荣高棠等领导同志和有关部、委、局老干部部门的负责同志约500多人参加了联欢。

二月

二日

中国老龄问题全国委员会为筹备成立全国关心下一代协会，以中老字〔1990〕6号文向丁关根同志报送了《关于成立全国关心下一代协会的报告》。

五日

中国老龄问题全国委员会以中老字〔1990〕8号文下发《1990年老龄工作要点》。

九日

中国老龄问题全国委员会副主任张亚群，外事室副主任贾福水、中国老年大学协会秘书长刘平生会见台湾中国美术杂志社社长罗单仁先生。双方互相介绍了海峡两岸老年人的生活情况，并就台湾与大陆老年大学进行交流等问题交换了意见。

十二日

受联合国人口基金的资助，中国老龄问题全国委员会派遣外事室肖才伟同志赴马耳他参加联合国举办的社会老年学短期培训班。

三月

二日

中华英才画报社在人民大会堂举办“《雷锋之歌》朗诵演唱会”。中顾委常委黄华，全国人大副委员长廖汉生，全国政协副主席马文瑞、程思远，中央军委委员洪学智，中共中央统战部副部长万绍芬、平杰三，中国老龄问题全国委员会副主任张文庄、郭锡权等出席。

二十一日

中国老年大学协会中南地区协作组在广州召开第一次经验交流会。中顾委委员、中国老年大学协会顾问严付同志应邀出席会议。名誉会长刘宁一、会长王照华给会议发了贺电。

二十七日

应民主德国社会科学院的邀请，中国老龄科学研究中心主任洪国栋等3人参加了在柏林召开的“老年人参与社会活动和新战略”国际研讨会。出席这次会议的有美国、英国、日本、瑞典、联邦德国、澳大利亚、波兰、匈牙利、捷克斯洛伐克等国家的专家和教授。

三十日

中国老龄问题全国委员会以中老字〔1990〕19号文下发《关于贯彻江泽民总书记题词，开展向李双良同志学习的通知》，号召全国老年人学习“当代愚公”李双良同志一心为公的工人阶级主人翁精神。

四月

十二日

中国老龄问题全国委员会副主任王传斌出席由经贸部举办的欢送联合国人口基金驻华代表拉奎恩先生离任告别会。

二十五日

中国老年大学协会召开部分中央、国家机关老年教育座谈会。

二十六日

由中国老年杂志社、中国摄影家协会、吉林省公主岭市红光制药厂联合举办的“首届中国老年‘红光杯’摄影大赛”发奖大会在人民大会堂举行。中顾委副主任宋任穷，中顾委常委王首道、陈丕显、耿飚等领导同志及首都各界人士300余人出席了会议。

二十九日

根据中国老龄问题全国委员会名誉主任聂荣臻同志提议并报经国务院批准，中顾委常委陈丕显同志任中国老龄问题全国委员会名誉主任。中国老龄问题全国委员会以中老字［1990］23号文下发了《关于增聘陈丕显同志任中国老龄问题全国委员会名誉主任的通知》。

五月

七日

应中国老龄问题全国委员会邀请，由日本福冈县议员浜田雅之为团长的福冈市城南区第二次老年人友好访华团一行23人，参观访问了广州、桂林的老年设施和老年大学，并与当地老年人进行了联欢。

十一日

中国老龄问题全国委员会在广西桂林召开全国老龄宣传教育工作座谈会。

十四日

中国老龄问题全国委员会副秘书长樊安龙接待苏联科学院远东研究所主任研究员库里克。双方介绍了本国老龄机构情况，表示要建立友好的工作联系，促进中苏友谊的发展。

十七日

出中华英才画报社主办的“金杯汽车长江万里行采访活动”开幕式在人民大会堂举行。中顾委常委李德生、全国人大常委会副委员长雷洁琼、全国政协副主席程思远等领导同志及有关部门的负责同志100余人出席。

六月

六日

中国老龄问题全国委员会向亚运会捐赠书画作品仪式在亚运村五洲大酒店举行。中国老龄问题全国委员会主任王照华出席捐赠仪式并讲话。中国老龄问题全国委员会副主任郭锡权、王建根、秘书长朱长龄也出席了捐赠仪式。

同日，受中国老龄问题全国委员会委托，中国老龄科学研究中心在武汉召开起草《全国保护老年人权益条例》研讨会。全国27个省、自治区、直辖市的老龄问题委员会，民政部政策法规司，有关科研及新闻单位和参加《条例》草拟工作的专家等40余人参加了会议。

同日，中南地区老龄工作协作恳谈会在湖南长沙市召开。

七日

中国老龄问题全国委员会在北京国际饭店召开P22项目规划研讨会。

八日

中国老年杂志社在北京和平宾馆召开繁荣老年文学创作座谈会。中国老龄问题全国委员会主任王照华及文艺界著名人士李瑛、叶君健等50余人出席了座谈会。

十一日

中国老龄问题全国委员会与中国科技协会联合接待美国长期医护老年人代表团一行18人。

十三日

中国老龄问题全国委员会名誉主任陈丕显听取中国老龄问题全国委员会主任王照华、副主任张文庄、顾问于光汉等同志对老龄工作的汇报。王照华同志全面汇报了中国老龄问题全国委员会的工作情况、组织机构状况及中国老龄问题全国委员会发展中的一些问题。陈丕显同志听取汇报后，对老龄工作做了重要指示。

十四日

应中国老龄问题全国委员会邀请，联合国人口基金援助中国老龄问题全国委员会的CPR/90/P22项目执行机构联合国老龄问题国际研究所所长格里克博士及老龄问题专家舒曼教授来华就P22项目文本事宜与中国老龄问题全国委员会进行了商谈，之后由中国老龄科学研究中心主任洪国栋陪同外宾赴上海、无锡、南京进行了实地考察。

二十四日

中华老年报社在人民大会堂举行《中华老年报》创刊两周年座谈会。王平、陈丕显、康世恩、杨静仁、王光英等领导同志及《中华老年报》在京顾问200余人出席。中国老龄问题全国委员会主任兼中华老年报社社长王照华主持会议。《中华老年报》总编辑邢方群汇报了报纸创刊两年来的发展情况。陈丕显同志作了题为《办好中华老年报，开拓老年事业》的讲话。

二十二日

人事部人中编函［1990］34号文《关于中国老龄问题全国委员会机关及所属事业单位机构编制的批复》，批准中国老龄问题全国委员会设立6个直属事业单位，连同委员会机关共核定编制232人。

二十九日

苏联塔斯社驻北京记者日索罗金与中国老龄问题全国委员会外事室负责同志举行座谈。外事室向苏方介绍了中国老龄问题全国委员会成立的过程及其性质、任务和近几年老龄工作开展情况。

七月

七日

中共中央国家机关工作委员会以国党工组［1990］45号文批复，同意中国老龄问题全国委员会机关党组织由中央国家机关工委直接领导。

八日

中国老龄问题全国委员会副主任郭锡权出席在太原钢铁公司召开的山西省学雷锋、学双良，开拓老年事业现场会并讲话。

十一日

中国老龄问题全国委员会外事室接待以日本高龄化综合研究中心事务局局长吉田成良先生为团长的一行10人访华团，双方进一步商讨了从1991年开始执行的为期3年的合作项目事宜，交换了各自有关情况。此后外宾访问了大连市，听取了大连市老龄化情况的介绍。

三十一日

经国家新闻出版署批准，中国老龄问题全国委员会以中老字〔1990〕35号文批复同意《中华英才》画报自1991年1月起由双月刊改为半月刊。

八月

十二日

中国老龄问题全国委员会对台工作组在国台办的领导下，协助四川省台办在四川举行了“1990年蒲阳校友联欢会”（即“原国民党空军幼年学校校友联欢活动”）。参加活动的校友310人，其中大陆184人，台湾126人。此次活动体现了“热情友好、多做工作、广交朋友、扩大影响”的方针。

二十八日

日本家族计划国际协力财团西田良子女士和本间由纪夫来华访问。中国老龄问题全国委员会外事室负责同志就P54项目1989年国际会议论文事宜与日本朋友交换了意见。

九月

五日

《中华英才》中文版改刊工作会议在京举行。中国老龄问题全国委员会副主任郭锡权出席会议并讲话。中顾委常委段君毅、全国政协副主席王光英、共青团中央书记处书记李源潮、中华英才画报社总监事钟沛璋等出席了闭幕式。

十二日

西北五省区（陕西、甘肃、青海、宁夏、新疆）老龄工作首次联系会议在甘肃省敦煌市召开。中国老龄问题全国委员会副主任张亚群出席会议并讲了话。会议交流了各地老龄工作的特点和经验，商讨了西北五省区合办《老人》杂志的有关事宜。

十八日

中华老年报社在京召开“开拓老年事业”有奖征文活动经验交流会。

二十四日

中华老年报社在天津召开社务委员会会议。社务委员和各省、自治区、直辖市老龄问题委员会的负责同志170余人参加了会议。中顾委常委、中国老龄问题全国委员会名誉主任陈丕显同志作了题为《办一张有权威、有影响力的老年报》的讲话。中顾委常委、中华老年报社名誉社长王平作了题为《努力办好报纸，热情为老年人服务》的书面讲话。会议由中国老龄问题全国委员会主任兼报社社长王照华主持，总编辑邢方群汇报了报社两年来的工作情况。

同日，中国老龄问题全国委员会外事室肖才伟代表中国老龄问题全国委员会出席由联合国欧洲经济委员会在加拿大首都渥太华召开的欧洲国家“正在发生变化的人口年龄结构对人口和经济的影响及其后果”国际研讨会。欧洲经济委员会的22个成员国出席了会议。

十月

三日

中国老龄问题全国委员会主任王照华会见美国加利福尼亚州老龄委员会主任托姆·克瑞德一行3人。双方商谈了建立合作关系问题。

十二日

华龄出版社在人民大会堂召开“繁荣老年出版创作事业”座谈会。中顾委常委陈丕显、康世恩等领导同志出席会议并讲了话。

同日，美国华盛顿邮报驻华记者孙晓凡与中国老龄问题全国委员会宣教室、外事室就中国人口老龄化问题进行了座谈。

十四日

中华英才画报社在人民大会堂举行以“弘扬民族正气、振奋民族精神”为主题的创刊一周年座谈会。中顾委常委王平、陈丕显、李德生，全国人大常委会副委员长周谷城，全国政协副主席洪学智、屈武、程思远、钱正英，中宣部副部长、文化部代部长、中华英才画报社社长贺敬之及伍绍祖、顾秀莲等出席会议。

十五日

中国老龄问题全国委员会外事室副主任宋玉华陪同苏联国家广播电视委员会驻华首席记者库利科夫参观访问了北京市老年设施、活动中心及北京市“九·九”重阳节老年人登香山活动。

二十二日

中国老年大学协会第二次理事会暨第一次理论研讨会在兰州市召开。会议由中国老龄问题全国委员会副主任、中国老年大学协会常务副会长张亚群主持，协会名誉会长郭林祥到会并在开幕式上作了重要讲话，协会顾问王路明、吴坚、白桦出席闭幕式并讲了话。

同日，中国老年基金会在人民大会堂举行首届老年生活保健用品新闻发布会。严济慈、陈丕显、程思远等领导同志出席会议。陈丕显同志作了重要讲话。中国老龄问题全国委员会主任、中国老年基金会会长王照华主持会议并讲了话。

同日，国家新闻出版署下发（90）新出图字第1196号文，决定华龄出版社停业整顿。

二十四日

由中国老龄科学研究中心主持编写的《老年人口统计资料汇编》和《老年生活问答——老年的十万个为什么》、《老龄科学知识》两部丛书第一分册首发式在人民大会堂举行。中国老龄问题全国委员会主任王照华主持会议，中顾委常委、中国老龄问题全国委员会名誉主任陈丕显到会并作了重要讲话。

二十六日

由中国老龄问题全国委员会组织，北京市老龄委、中华老年报社、中国老年杂志社联合举办了“‘九九’重阳节敬老游园联欢活动”。中顾委常委王首道、王平、陈丕显、刘澜涛，全国人大常委会副委员长陈慕华，全国政协副主席杨静仁、程思远等中央领导同志出席，首都各界1万余人参加了联欢。

十一月

一日

中国老龄问题全国委员会副主任张亚群等接待香港社会服务联会安志服务部郭原、慧仪女士一行13人，并向客人们介绍了大陆内地老龄化情况。

二日

中国老龄问题全国委员会主任王照华会见来华讲学的英国专家、世界卫生组织顾问卡拉奇先生，就1991年12月份中国老龄问题全国委员会与欧中友协合作在北京召开老龄问题国际会议及派人赴英国商讨与帮助老年人国际共同合作事宜交换了意见。

十五日

邓颖超同志为祝贺《中华英才》半月刊出版撰写题为《尊重知识，尊重人才是我党的光荣传统——祝贺中华英才半月刊出版》的文章。

十六日

聂荣臻元帅为祝贺《中华英才》半月刊出版撰写题为《精神文明建设的重要课题——祝中华英才半月刊出版》的文章。

同日，为提高老龄工作干部队伍素质，中国老龄问题全国委员会决定于1990年至1991年举办8期老龄工作干部培训班。

二十六日

以中国老龄问题全国委员会副主任张亚群为团长的5人代表团应日本高龄化综合研究中心的邀请，于11月26日至12月4日赴日本执行中日双方签定的合作项目合同。

二十八日

中国老年基金会工作座谈会在上海召开。参加会议的有各省、自治区、直辖市老年基金会的负责同志。中国老龄问题全国委员会主任、中国老年基金会会长王照华出席会议并传达了中国老龄问题全国委员会名誉主任陈丕显同志的指示。上海市副市长谢丽娟、中顾委委员、中国老年基金会顾问胡立教、上海市老龄问题委员会主任杨堤等出席会议并讲话。

十二月

五日

中华老年报社同中国农业银行在人民大会堂联合

召开新闻发布会，宣布1991年由两家联合组织在全国农业银行系统开展“离退休干部文明家庭活动”。

六日

中国老龄问题全国委员会副主任王传斌会见美国众议院老龄委员会联络部主任霍根先生。双方就老龄事业的发展，制定有关老年人政策等交换了意见。

八日

中国老龄问题全国委员会主任王照华出席北京市老龄问题委员会召开的“‘老有所为’理论研讨会”闭幕式并就中国老龄事业发展特点和“老有所为的作用、类型等作了讲话。

十二日

民政部以民人批［1990］115号文批复，同意成立中国老年大学协会，挂靠民政部。协会的编制、经费和业务工作等均由中国老龄问题全国委员会负责管理。

一九九一年

一月

八日

为配合“质量、品种、效益年”活动，促进老年生活保健用品的科研和生产，中国老年基金会在人民大会堂举行“第二届老年生活保健用品新闻发布会”。人大常委会副委员长严济慈，全国政协副主席王光英，老将军孙毅，中国老龄问题全国委员会主任、中国老年基金会会长王照华，基金会副会长黎原等出席会议并讲了话。

二十二日

中国老龄问题全国委员会联合全国总工会、冶金部、国家环保局、山西省老龄问题委员会、中华老年报社在中南海怀仁堂举行“李双良事迹报告会”。王平、雷洁琼、谷牧等出席并讲了话，国家机关及驻京部队老干部部门的代表及离退休老同志1000余人参加了报告会。

三十日

“全国‘老有所为’研讨会”于25日至30日在上海市召开。参加会议的有各省、自治区、直辖市老龄问题委员会的负责同志，部分基层单位的代表，国务院有关部委同志，有关方面的专家、学者共170余人。中国老龄问题全国委员会名誉主任陈丕显在大会开幕式上作了《亿万老年人是国家稳定和发展的重要力量》的重要讲话，上海市市长朱镕基向会议代表介绍了上海市的工作情况。中国老龄问题全国委员会主任王照华在会议结束时作了《总结经验，提高认识，使老有所为沿着健康道路发展》的总结报告。

二月

一日

中华英才画报社在人民大会堂举行“春节团拜会”。中顾委常委王平，人大常委会副委员长严济慈，全国政协副主席王光英、程思远及有关部门的领导同志和首都各界知名人士250余人出席。中国老龄问题全国委员会主任兼中华英才画报社总监事王照华同志主持了团拜会。

九日

中国老龄问题全国委员会在北京国际饭店举行“老龄事业‘金鹤奖’颁奖仪式”。向在宣传老龄事业中作出突出贡献的北京电视台《银色的警醒》摄制组颁发了“金鹤奖”，北京市广播局以及驻京30多家新闻单位的代表出席。

二十四日

中国老龄问题全国委员会以中老字［1991］2号文下发《中国老龄问题全国委员会1991年工作要点》。

三月

四日

人事部（人中编函〔1991〕12号文）批准中华英才画报社编制由40人增加到100人。

十二日

中国老龄问题全国委员会与武汉出版社、《文艺报》、湖北社会科学院、中华老年报社联合举办由湖北省老龄委主任、原河北省副省长李尔重所著的以抗日战争为背景的长篇小说《新战争与和平》研讨会。王平、康世恩、王任重、杨静仁、王光英等领导同志出席，聂荣臻、李瑞环、薄一波、宋任穷等领导同志写信或打电话对此表示祝贺。中国老龄问题全国委员会主任王照华主持研讨会，文学界的部分专家学者在会上发了言。

十八日

中国老龄问题全国委员会副主任曲琪玉出席贵州省召开的“蒲阳幼年空军校友座谈会”，并与贵州省对台办共同探讨了开展对台工作事宜。

二十九日

国家新闻出版署（［1991］）新出图字第253号

文）批准华龄出版社从即日起复业。

同日，《中华老年报》与《一代元戎》编委会联合举办纪念肖劲光文集——《一代元戎》出版座谈会。万里、王震、王平等领导同志及肖劲光生前友好、亲属出席了会议。

四月

十一日

中国老龄问题全国委员会主任王照华在北京地坛芳泽亭会见了来华访问的联合国副秘书长安斯蒂女士，双方就加强老龄工作的国际合作与交流问题进行了友好会谈。

十二日

中国老年基金会在北京中直机关招待所召开常务理事会扩大会议，常务副会长兼秘书长张文庄主持会议，会长王照华传达了陈丕显同志的指示并讲了话。

二十三日

中华老年报社与河北省老龄问题委员会在沧州市共同召开北方 9 省市暨河北省基层老年协会经验交流会，中国老龄问题全国委员会副主任郭锡权出席会议并作了总结发言。

同日，联合国人口基金亚太司正式批准《加强中国老龄科学研究项目》P22 项目文本。

二十五日

中国老龄问题全国委员会副主任王传斌、秘书长朱长龄出席浙江省举行的浙江省“双先”表彰大会和浙江省老龄工作会议及李双良事迹报告会，会后实地考察了浙江省基层老龄工作。

二十七日

由中国老年杂志社承办的“重视老年工作者功勋奖”、“老有所为先进集体创新奖”新闻发布会在人民大会堂举行。陈丕显、黄华、王光英、迟浩田等领导同志，中国老龄问题全国委员会副主任张文庄、曲琪玉、王建根及首都各界人士 200 余人出席了会议。

三十日

部分省市老龄统计工作座谈会在安徽省黄山市召开。中国老龄问题全国委员会综合调研室副主任张同春参加会议。

五月

十一日

“开拓老年事业”有奖征文评选指导委员会在京召开全体会议，中顾委常委、评指委名誉主任王平等 70 余人出席了会议。会议由评指委主任邢方群主持，王平同志作了总结发言。

11 日至 16 日，以日本福冈县议员滨田雅之为团长的日本福冈市第三次友好访华团一行 30 人来华。中国老龄问题全国委员会副主任王传斌宴请了日本朋友。

二十一日

21 日至 31 日，应日本高龄化综合研究中心邀请，中国老龄问题全国委员会派出以肖振禹为团长的代表团一行 8 人赴日，就中日城市老龄化比较研究项目的调查提纲等问题进行了进一步商谈。

三十一日

中国老龄问题全国委员会副主任张文庄、王传斌、秘书长朱长龄在京会见了以苏联原国防部长索科洛夫元帅为团长的全苏老战士和退休职工联合会代表团一行 9 人。

同日，中国老年学学会秘书长王广义在北京长城饭店会见了国际老年学学会亚太地区分会主席安德鲁斯。

六月

十一日

中国老年大学协会中南地区协作组经验交流会在湖南省衡阳市召开。六个省（区）、三个计划单列市和广州军区、广东省军区老干部大学的代表共 91 人出席了会议。

十三日

由中国老龄问题全国委员会和中国老年书画研究会联合举办的“永葆革命青春书画展”在军事博物馆开幕。陈丕显、杨成武，中国老龄问题全国委员会副主任王传斌、张亚群、王建根等领导同志出席剪彩仪式。

十五日

由中国老年基金会、中国老年体育协会、中国门球协会联合举办的首届“北戴河老年门球邀请赛暨北戴河老年夏令营活动”在北戴河举行。

十九日

中华老年报社召开“庆祝建党 70 周年暨《中华老年报》创刊 3 周年座谈会”。中国老龄问题全国委员会名誉主任聂荣臻向会议发了贺信，王平、陈丕显、黄华、陈慕华、程思远、郭林祥、张友渔等领导同志及新闻界知名人士，各部、委、局，驻京部队老干部部门的代表共 300 余人参加了座谈会。

同日，人事部（人编函［1991］34 号文）批准中国老龄科学研究中心编制由 15 人增加到 35 人。

二十一日

中国老年杂志社在人民大会堂召开纪念“建党 70 周年暨往事录征文”发奖大会。刘澜涛、陈丕显、王任重等领导同志出席会议。宋任穷、王首道、刘澜涛为征文活动题词。

二十二日

由联合国人口基金援助中国老龄问题全国委员会开展的 P22 项目研讨会在昆仑饭店召开。

二十五日

由中华英才画报社与中央电视台联合摄制的《英才风华录》在人民大会堂举行首映式。王平、陈丕显、严济慈等领导同志及各部委负责同志，首都文艺界、科技界知名人士100余人出席。

二十九日

中国老龄科研中心在京举办P22项目调查指导员培训班。参加培训班的有10个省市老龄委的36名学员。

七月

四日

中国老龄问题全国委员会外事室主任贾福水、副主任宋玉华、翻译肖才伟与联合国社会发展司项目官员瑞波雷、副司长沙里夫就中国老龄问题全国委员会与联合国维也纳社会发展中心合作开展的项目问题进行了友好诚挚的会谈。

十五日

中国老龄问题全国委员会外事室副主任宋玉华于15日至22日参加由联合国人口基金、亚太经社会、日本家族计划国际协力财团及泰国政府在曼谷联合召开的人口老龄化国际会议，并在会上宣读了论文。出席会议的有联合国所属机构和12个国家、地区的60位代表。

二十五日

中国老龄问题全国委员会秘书长朱长龄、办公室副主任曹炳良于25日至8月5日参加了在哈尔滨市召开的全国计划单列市第四次老龄工作研讨会及黑龙江省老年学学会理事会暨第三次学术讨论会。

二十九日

全国老龄干部培训班最后一期结业。从3月15日至7月连续举办的7期全国老龄干部学习班共培训老龄工作专职干部1191名。

八月

八日

中国老龄问题全国委员会秘书长朱长龄、综合调研室副主任张同春参加北京市老龄问题委员会召开的农村养老工作座谈会。

九日

中国老龄科学研究中心参加国家统计局第4次人口普查资料开发招标会并中标《人口老龄化状况与决策分析》专题。

十日

由联合国人口基金援助的P22项目“老年人供养体系”调查和与日本高龄化综合研究中心合作开展的“城市间老年人日常生活的比较研究”两项调查同时在全国有关省市展开。

十四日

中国老龄问题全国委员会中老字［1991］13号文发出《关于认真做好抗洪救灾工作的通知》，要求各省、自治区、直辖市老龄问题委员会积极动员广大老龄工作者和广大老年人投身于抗洪救灾工作。

同日，中国老龄问题全国委员会副主任王传斌、外事室肖才伟应美国圣地亚哥州立大学邀请于14日至24日赴纽约出席了在联合国总部召开的1992年圣地亚哥国际人口老龄化会议筹备会。

二十八日

中国老龄问题全国委员会与中组部、中宣部、人事部、国家教委、国家科委、总政治部、共青团中央、全国妇联、中国残联、中国关心下一代工作委员会联合发出《关于向优秀共产党员张培英同志学习的通知》。

九月

一日

中华老年报社与中国管理科学院编辑出版研究所联合举办的“‘九九’重阳全国老年书画大奖赛”拉开帷幕。大奖赛组委会由谷牧任主任，贺敬之、王照华为副主任，大赛共评出荣誉作品16幅，特别奖2人，一等奖10人，二等奖20人，三等奖30人。

二十一日

中国老年大学协会第一次企业校工作研讨会在湖南省十堰市第二汽车制造厂召开。

二十三日

由中国老龄问题全国委员会主办，中国老年杂志社与中国未来研究会承办的首届全国老年用品博览会新闻发布会在人民大会堂举行。陈锡联、耿飚出席发布会，宋任穷、王首道、耿飚、王任重分别为博览会题词。

二十五日

中国老龄问题全国委员会在人民大会堂举行“庆祝‘国际老人节’座谈会”，出席会议的有国家领导人，有关部委的负责人及联合国驻华机构的代表和有关专家学者100多人，座谈会由中国老龄问题全国委员会主任王照华主持。会议宣布45届联大通过（45/106）决议，确定每年十月一日为“国际老人节”。会上展示了名誉主任聂荣臻为首届国际老人节题词“举世同庆国际老人节”的手迹，国务委员陈俊生代表国务院出席座谈会并发表重要讲话，全国老龄委名誉主任陈丕显、主任王照华发表了讲话，联合国人口基金驻华代表处主任司徒格斯先生、民政部副部长范宝俊及邬沧萍等专家学者发了言。

三十日

李鹏总理在庆祝中华人民共和国成立43周年招待会上讲话，代表中国政府向中国各族老年人和世界各国的老年朋友们致以节日的祝贺。并指出："要继续发扬尊老敬贤的优良传统和社会美德，并采取正确的政策，把老年人的事情办好。"

十月

二日

根据中国老龄问题全国委员会同日本高龄化综合研究中心合作进行的中日城市高龄化比较研究项目1991年实施计划，以日本高龄化综合研究中心事务局长吉田成良先生为团长的一行16人，来华访问了北京、天津、上海、杭州、无锡等地。商讨了1992年计划，听取了各地调查情况的说明，对天津、杭州、无锡3个城市的调查结果表示满意。

七日

由中国老年杂志社、中国老年大学协会、全国妇联国际部、联合国儿童基金会驻华办事处联合举办的老年人参与儿童家庭及社区教育培训班开班。康世恩、陈丕显、王照华、王光美和联合国儿童基金会驻华办事处副代表阮剑先生出席并讲了话。来自全国各地的老龄委、老年大学、老干部工作部门的学员近百人参加了学习。

十四日

为庆祝"国际老人节"和"九九"重阳节，中国老龄问题全国委员会举办的"7省市中老年服装表演邀请赛"在北京举行。杨成武、吴文英、刘建章、荣高棠、王光美及中央有关部委和社会各界人士600余人参加并观看了表演赛。

十五日

由中国老年基金会和中国残疾人联合会等单位联合举办的"全国老年保健用品及康复医疗设备北京博览会"在北京图书馆开幕。张文庄任组委会主任，王照华同志在开幕式上致词。廖汉生、王光英、邓朴方出席开幕式并剪彩。

同日，由中华老年报社与无锡太湖针织制衣总厂联合举办的"首届国际老人节联欢晚会"在人民大会堂举行。王平、耿飚、康世恩、雷洁琼、王光英、吴冷西、荣高棠、李耀文等出席晚会，中国老龄问题全国委员会主任王照华发表了庆祝国际老人节讲话。并通过中国老龄问题全国委员会邀请联合国驻华机构及部分在华工作的各国老专家约80人出席了晚会。

二十五日

中国老龄问题全国委员会副主任曲琪玉出席在桂林召开的"蒲阳幼年空军校友联谊会"，台湾和大陆校友157人参加了联谊活动。

二十六日

中国老年学学会与中央电视台、科学技术文献出版社联合举办的《老年科学知识》电视讲座在中央电视台开播。

三十日

中国老年学学会组成以秘书长王广义为团长的10人代表团，出席在日本横滨市召开的第4届亚太地区老年学大会。会议期间，王广义、熊必俊拜会了国际老年学学会主席和亚太分会主席，就国际老年学研究的有关问题交换了意见。

十一月

八日

中国老年学学会秘书长王广义和熊必俊在北京和平宾馆会见了台湾高龄学会理事长姚荣龄，双方就开展两岸老年学术交流问题进行了交谈。

二十日

中国老龄科研中心在京举办两期P22项目计算机统计资料学习班。各省市老龄委和北京宣武医院派员参加了培训。

二十一日

中国老年大学协会在福州召开协会一届四次常务理事会。王照华会长主持了会议。

二十二日

中国老年大学协会在福州召开学为结合第一次研讨会。

二十六日

联合国人口基金援助开展的P22项目第二次研讨会在京召开。

十二月

三日

中华老年报社在人民大会堂举行"开拓老年事业"有奖征文表彰总结会。25个省、市、自治区老龄委的代表及获奖作者、主人公代表，国家机关部、委、局、驻京部队老干部部门的代表1000余人参加了会议。王平、黄华、王光英、郭林祥、刘建章、于光汉等出席。聂荣臻给大会发来贺信。

六日

全国农村老龄工作经验交流会在山东潍坊市召开。国务委员陈俊生代表国务院向会议发了贺信，中国老龄问题全国委员会名誉主任聂荣臻、陈丕显也向会议发了贺信。

八日

中国老龄问题全国委员会组成以科研中心主任洪国栋为团长的5人代表团，出席了在香港召开的安老国际会议。

十七日

应香港海迪(中国)有限公司邀请,中华英才画报社总监事钟沛璋、总编辑王霄鹏等3人赴香港考察,并与建义利有限公司等签订了广告代理协议意向书。

二十六日

中国老年基金会经民政部核准并以社政字第0859号文发给证书，取得基金会的合法资格。

一九九二年

一月

一日

国务院总理李鹏为《中华英才》1992年第一期撰写署名文章《沿着有中国特色的社会主义道路前进》，全国30余家报刊转载。

三日

民政部崔乃夫部长与王照华主任共同担任《中国老龄事业成就》大型画册编委会主任，该册编辑人员分赴全国各地征集资料。

八日

中国老龄问题全国委员会以中老字（1992）1号文发出《1992年中国老龄问题全国委员会工作要点》。要点根据党的十三届八中全会和中央工作会议精神，结合老龄工作的实际，从9个方面布署了老龄工作。

十日

中华老年报社与北京双华高营养食品厂联合在国际饭店举行“《中华老年报》迎新春茶话会”。王照华主任主持茶话会，中顾委常委王平、全国政协副主席王光英及有关方面领导同志周仁杰、钱信忠、焦若愚及张文庄、王传斌副主任，朱长龄秘书长等出席。

十二日

王照华主任在香格里拉饭店会见了著名美籍华人、美国环球联盟集团公司董事长、《中华英才》（海外）监事张雯女士。

十五日

中国老龄问题全国委员会以中老字（1992）3号文向各省市区转发了《关于“重视老年工作领导者功勋奖”、“老有所为先进集体创新奖”评选活动方案的通知》。

十八日

中国老年学学会召开第十一次常务理事会议，会议听取了老年学学会秘书长王广义关于去年工作的汇报。

同日下午，中国老年杂志社举行发刊百期迎新敬老座谈会。中国老龄问题全国委员会名誉主任聂荣臻发来贺信。

十八日

中国老龄科研中心举办P22项目调查指导员培训班。参加培训的有各地老龄工作部门的人员130人，王传斌、张亚群副主任出席开学典礼并讲了话。

二十九日

国务院秘书长罗干到中华英才画报社视察工作，称赞《中华英才》办得好，并向全体同志致以节日问候。

1月29日至2月2日，联全国副秘书长阿哈迈德先生委派其办公室主任玛格丽特·凯莉女士来华，与中国老龄问题全国委员会就今年5月拟在北京召开的亚洲地区人口老龄化会议有关事宜进行了协商。

三十一日

中共中央政治局委员、国务委员李铁映，全国政协副主席王光英，中共中央政策研究室副主任郑科扬，国务院副秘书长徐志坚等领导同志由张文庄、王建根副主任和朱长龄秘书长陪同视察中华英才画报社。李铁映对《中华英才》坚持正确的办刊宗旨，通过生动活泼的形式向全中国、全世界宣传介绍中国各行各业先进模范人物给予充分肯定，并希望继续保持好的社风、文风。王光英、郑科扬在座谈中也提出了殷切的希望和建议。

二月

一日

国家副主席王震为《中华英才》第3期撰写署名文章《向全国人民拜年》。

三日

美国纽约老年人基金会副会长伊丽莎白·多兹尔女士和执行会长林达·霍夫曼女士应中国老龄问题全国委员会邀请于3日至7日来访。期间同中国老龄问题全国委员会中国老年基金会有关人员进行了座谈交流，双方表示愿进一步加强和发展已建立起的友好关系。

七日

日本泉放送制作社常务理事、康老会筹委会事务局长野田裕先生应中国老龄问题全国委员会邀请于7日至16日来京，就拟于10月在日本举办书画展事与书画展中方筹委会主任张亚群等进行了进一步磋商。

十九日

张文庄副主任出席了民政部在京西宾馆召开的全国民政厅（局）长会议。

三月

二日

王传斌副主任就老龄外事工作向民政部副部长阎明复作了汇报。

九日

中国老龄问题全国委员会派出肖振禹、袁新立、曹炳良等 12 人赴美国夏威夷，参加了由联合国 P22 项目资助，中国老龄科研中心与美国东西方人口研究中心合办的中国老龄培训研讨班。

十六日

中国老龄问题全国委员会以中老字（1992）7 号文发出《中国老龄问题全国委员会 1991 年工作总结》。

十八日

王照华主任、张文庄副主任出席 18 日至 28 日召开的全国政协七届五次会议。

二十四日

王传斌副主任、中国老年大学协会秘书长刘平生等应环球百岁养生研究中心邀请，向美国老龄问题协会组织的美国老年养生问题考察团介绍了我国老龄工作情况。考察团对中国老年人的情况表观出极大兴趣。会后与美中文化促进会主任徐淳女士就今后合作问题交换了意见。应外宾要求，中国老龄问题全国委员会于 25 日下午安排该代表团参观化工部老干部活动站并走访了 3 户离退休干部家庭。

二十五日

由中国老龄问题全国委员会主办，中国老年杂志社和中国未来研究会承办的“首届全国老年用品博览会”在国际贸易中心开幕。曲琪玉副主任主持开幕式，王照华主任讲话，李德生、杨得志、陈丕显等领导同志出席。

四月

六日

张亚群副主任、外事室主任贾福水于 6 日至 12 日应日本康老会和泉放送制作（株）邀请，赴日就书画展有关事宜与日方进行了商谈，双方正式签订了《中国书画展实施合同》，确定书画展从 10 月下旬至 11 月上旬在东京日中友好会馆美术馆举行。

十五日

中国老年大学协会于 15 日至 19 日在河南洛阳召开中南地区第 3 次经验交流会。

十六日

中国老龄问题全国委员会以中老字（1992）11 号文向各省市区转发了湖南省《关于兴办老年福利经济实体有关问题的规定》的通知。

十九日

由中国老年基金会支持创办的海淀区松堂医院建立的北京市第一家临终关怀医院开业。新华社、《人民日报》等多家报刊作了报道。

二十日

应中国老龄问题全国委员会邀请，法国高等管理学院代表团一行 74 人来华参加了由中国老龄问题全国委员会主办的老龄学术研讨班。

二十二日

王照华主任率中国老龄工作代表团一行 5 人，于 4 月 22 日至 5 月 6 日访问了法国和联合国驻维也纳办事处社会发展和人道事务中心及奥地利全国退休人员协会。先后与法国政府负责家庭与老龄的国务秘书洛朗·卡塔拉先生，法国老年组织，联合国副秘书长、维也纳办事处主任贾科梅里先生及社发中心负责老龄事务的官员进行了广泛接触和会谈，并与社发中心签订了今后 10 年老龄工作合作计划。

五月

四日

王传斌副主任于 4 日至 6 日出席了在泰国曼谷召开的亚洲老龄问题园桌会议并在大会上发了言。

八日

民政部民社函（1992）134 号文批复中国老年学学会由原中国社会科学院作为业务主管部门改为由中国老龄问题全国委员会作为业务主管部门。

十四日

中国老龄问题全国委员会名誉主任聂荣臻逝世，享年 93 岁。王照华主任、张文庄、王传斌副主任等前往住处吊唁并送了花蓝。王照华主任在《中华老年报》发表专文悼念。

十五日

中国老龄问题全国委员会文化经济交流办公室与台北长青文化交流团在民族宫 3 楼举办了海峡两岸老艺术家联欢会。

15 日至 24 日，中国老龄问题全国委员会组成以科研中心主任洪国栋为团长的中日城市老龄化对比研究项目执行小组一行 6 人访问了日本。

十六日

中国老年基金会与《演讲与口才》杂志共同主办的全国孝敬父母演讲比赛在京举行。

三十日

中国书画展中方筹委会主任张亚群与日方代表野田裕在北京商谈有关在日本东京举办中国书画展的作品移交等事宜。王照华主任在首都宾馆会见并宴请了野田裕先生。

六月

十日

中华英才画报社总编辑王霄鹏向国务院秘书长罗干汇报了画报社情况。罗干希望画报社继续发扬大胆探索，艰苦奋斗的精神，加快发展步伐。

十五日

王照华主任接受法国《我们的时代》杂志主编比阿尔的书面采访。详细介绍了中国人口老龄化的发展趋势及老年人的生活、作用、负担等情况。

十六日

由中华老年报社与中日青年交流中心联合主办，昆明宏达实业有限公司协办的“‘宏达杯’夏季名人网球邀请赛”在北京举行。参加比赛的有李铁映、罗干、阮崇武、白介夫、焦若愚、何振梁等。王照华主任代表主办单位向运动员赠送了纪念品。

十七日

中国老年学学会会长梅益与王广义、甄令德、熊必俊在长城饭店会见国际老年学学会亚大地区分会主席安德鲁斯，就学会与国际老年学学会学术交流问题交换了意见。

二十二日

王传斌副主任在长城饭店会见了国际老年学学会亚太分会会长、桑多斯老年学基金会负责人、澳大利亚佛兰得斯大学老龄研究中心主任盖里·安德鲁斯教授。

二十四日

中国老年杂志社在人民大会堂举办“科健杯‘党在我心中’征文发奖会”。中国老龄问题全国委员会名誉主任陈丕显等领导出席。

同日，中华老年报社与中国农业银行主办的离退休干部文明家庭活动总结表彰会在人民大会堂举行，王照华主任主持会议，报社名誉社长王平出席会议并讲话。中国老龄问题全国委员会名誉主任陈丕显等出席。

二十七日

《中华老年报》在京举办第2期特约记者、通讯员培训班，全国22个省、市、区的120名学员参加了培训。

三十日

王照华主任出席在河北省保定市召开的华北地区10地市第二次老龄工作联系会并作重要讲话。

七月

五日

联合国P22项目培训班于5日至19日在香港大学举行。

六日

中国老龄问题全国委员会以中老字（1992）25号文向党的十四大报告起草小组提出了《关于在党的十四大政治报告中写入老龄工作的意见》。

八日

中国老龄问题全国委员会以中老字（1992）29号文向各省市区中国老龄问题全国委员会发出《关于庆祝“十一国际老人节”和“九九”重阳节情况的通报》，通报了中国老龄问题全国委员会庆祝“双十周年”和“双节”拟开展的活动及方式。

十一日

中国老龄科研中心与国际研究会共同举办了3期老年社会问题研讨班。

十三日

应中国老龄问题全国委员会邀请，以日本高龄化社会综合研究中心常务理事吉田成良先生为团长的9人代表团来访。

二十三日

中国老年大学协会在山东省蓬莱市召开了“卫生保健教学研讨会”。参加会议的有各会员校领导及专家学者56人。

二十六日

中国老龄问题全国委员会宣教室主任袁新立代表中国老龄问题全国委员会出席了在新疆乌鲁木齐市举行的西北五省区老龄工作联系会，并向大会介绍了全国老龄工作形势和今后工作。新疆自治区副主席王乐泉出席会议并讲话。

二十九日

中国老龄问题全国委员会以中老字（1992）24号文向中央编委报送了《关于老龄工作机构体制改革的建议》。建议分析了我国人口老龄化的发展趋势，总结了10年来的经验、成绩，提出了老龄工作组织机构改革的建议。

三十一日

由中国老龄问题全国委员会、中国关心下一代工作委员会主办，中华老年报社和北京朝阳展览公司承办的“庆祝建军65周年暨首届‘中华不老城’老将军、老同志座谈会”在人民大会堂举行。

八月

一日

应中国老龄问题全国委员会邀请，与中国老龄问题全国委员会合作进行“中国农村老年人养老收入保障研究”执行机构负责人舒曼教授于1日至9日来访，并与有关部门就项目的实施问题进行了详细讨论。

十七日

根据P22项目安排，科研中心在京举办为期6天的项目调查数据使用培训班，培训学员30人，马耳他国际老龄研究所专家授课。

二十日

王传斌副主任、外事室主任贾福水和中国老年杂志社总编辑赵艳出席了全国妇联在京主办的“中日妇女友好交流研讨会”。

二十一日

王建根副主任出席了在西藏拉萨市召开的“西藏自治区老干部先进集体和先进个人表彰会”，并就开展“老有所为”工作作了专题讲话。自治区党政军领导帕巴拉·格列朗杰、热地、江村罗布、巴桑、曹旭出席了大会。

二十九日

王照华主任向冶金部系统老干部工作研讨班的学员讲授了《老龄问题与老龄工作》。

九月

五日

王照华主任出席“中国老教授协会工作汇报会”，并在会上就“老有所为”问题做了重要讲话。

七日

中国老龄问题全国委员会与卫生部医政司、北京录像服务公司、北京医科大学第三医院、中国科学文化音像出版社联合录制的大型电视系列科普教育片《中国老年人卫生保健音像大全》第一部《急症的自我防护》在人民大会堂举行首发式。

十二日

张亚群副主任在北京会见日本全日本社会教育联合理事小杉山清夫妇，介绍了我国老年教育情况。

12日至18日，应英国剑桥老年大学的邀请，中国老年大学协会由广西壮族自治区老龄问题委员会主任、协会顾问王祝光任团长，协会秘书长刘平生等5人组成代表团，赴英出席“未来的挑战研讨会”。返程途经香港时，顺访了香港南华书院耆英班和老年教育中心老年学校。

十五日

中国老年基金会与中国工业经济协会、中华国际医学交流基金会、中国广告协会联合在中国革命博物馆举办了“中国‘国际老人节’、‘重阳节’老年用品博览会”。陈丕显同志参加了开幕式并剪彩，王照华主任讲了话，参加开幕式的领导同志还有余秋里、陈锡联、程思远、杨成武等，有关新闻单位进行了现场采访并播发新闻。

十六日

以王传斌副主任为团长，上海市老龄问题委员会主任杨堤和我国著名人口学家邬沧萍为副团长的中国老龄代表团13人于16日至28日赴美国出席了在圣地亚哥召开的“人口老龄化国际会议”。

十八日

为庆祝联合国维也纳《老龄问题国际行动计划》实施10周年和我国老龄事业发展10周年，中国老龄问题全国委员会在京举行记者招待会。

二十日

应帮助老年人国际的邀请，张文庄副主任率3人代表团于21日至10月4日赴英国进行工作访问。

同日，为庆祝“双十周年”和“国际老人节”、“九九”重阳节，由中国老龄问题全国委员会和中国关心下一代工作委员会主办的“首届中华不老城”活动在地坛公园举行开城式。中顾委常委王平、全国人大副委员长雷洁琼、全国政协副主席程思远、纺织工业部部长吴文英等出席。

二十二日

由中国老龄问题全国委员会与中宣部文艺局、新华社、人民日报、光明日报、中华老年报、中央电视台、华业电视咨询公司和山东济宁抗生素厂联合举办的“庆祝‘国际老人节’暨‘九九’重阳节金秋时光文艺晚会”在梅地亚宾馆举行。刘澜涛、余秋里、耿飚、邓力群、李力安、杨易辰、荣高棠等领导同志同首都各界300多位老人欢聚一堂，共庆佳节。王照华主任致词，向全国老人祝贺节日并献上花篮。

二十四日

王照华主任于24日和26日出席了由北京电视台等10多家中外电视台举办的“92中外老年题材影视片展播”开幕式和闭幕式，并给获奖的优秀影视片发了奖。

二十六日

中国老龄问题全国委员会向西藏自治区党委、政府发出贺电，对西藏自治区于29日成立老龄问题委员会致以热烈祝贺。

十月

五日

应中国老龄问题全国委员会邀请，联合国社发中心社发司副司长沙里夫于5日至9日访问我国。

八日

为庆祝“双十周年”和“国际老人节”，中国老龄问题全国委员会在广播剧场举办了《金色交响诗》大型文节晚会。

8日至19日，应国际老年大学协会的邀请，中国老年大学协会组成以协会副会长贾方为团长，华龄出版社社长丁洪章等6人的代表团，出席了国际老年大学协会16届年会。

十二日

党的十四大报告将我国老龄工作列入了90年

代改革和建设的任务，指出要“重视研究人口老龄化问题，认真做好这方面的工作，积极建立待业、养老、医疗等社会保障制度”；报告还提出“要切实从政治上生活上关心离退休干部，使他们老有所为，安度晚年”。

中国老龄问题全国委员会副主任王建根作为中国老龄问题全国委员会机关党的十四大代表于12日至18日出席了中国共产党第十四次全国代表大会。

十三日

朱长龄秘书长于13日至16日出席在西安召开的第五届全国计划单列市老龄工作联席会并讲话。

十四日

宋任穷同志由张文庄、王传斌副主任陪同视察了中华英才画报社，对《中华英才》创刊三周年表示热烈祝贺，同时还亲切会见了正在该社指导工作的首都15家主要新闻、出版单位的领导同志。

十五日

王照华主任作为中国参加第47届联合国大会特别顾问出席了联大老龄问题特别会议并在大会上发言。王照华主任在发言中介绍了我国在贯彻《老龄问题国际行动计划》方面的作法、成绩和今后工作设想，并建议将老龄问题列入社发世界首脑会议的重要议程，受到与会者的好评。联合国秘书长加利出席开幕式并讲话，30多个国家和一些国际性的非政府组织代表在会上发了言。加利秘书长会见了王照华主任及其它一些国家的代表。

二十一日

张文庄副主任等3人于21日至23日赴上海出席华东地区六省三市老龄工作联席会议并讲了话。

10月21日至11月3日，为庆祝中日邦交正常化20周年，加强两国的友好合作和两国老年人的友谊，中国老龄问题全国委员会、中国老年基金会、中国老年书画研究会同日本康老会、泉放送制作联合在日本东京日中友好会馆美术馆举办了“中国书画名作展”，共展出中国书画作品260幅。我国驻日本使馆参赞章金树和中国代表团张亚群、曲琪玉副主任，名画家阿老等同日本有关人士出席了开幕式。

二十二日

王传斌副主任于22日至25日赴重庆出席西南四省五市老龄工作第五次联系会并讲了话。《中华老年报》及《老龄问题研究》等报刊记者进行了采访报道。

二十三日

党的十四大代表王建根副主任向机关党员和所属单位处以上干部传达了党的十四大会议精神。

三十日

《中华英才》刊登的《王任重身后的54个小时》专文获得全国政协举行的宣传中国共产党领导的多党合作和政治协商制度的好新闻一等奖。

十一月

三日

中国老龄问题全国委员会以中老字（1992）38号文向党中央、国务院报送《关于出席47届联大老龄问题特别全会的报告》。

四日

王照华主任在中华英才画报社总编辑王霄鹏陪同下，接受了日本共同社记者森保裕、有吉叔裕的采访。对日本记者专程前来采访《中华英才》表示感谢，希望进一步加强日中新闻界的相互了解和合作。

五日

王照华主任出席了中华老年报社和江苏省老龄委在南京举办的“首届老年、儿童用品博览会”，并在开幕式上讲了话。会后视察了南京的老年公寓并听取了兴办老年公寓等方面的情况汇报。

七日

中共中央政治局委员、国务院副总理田纪云在中南海听取了中华英才画报社总编辑王霄鹏的工作汇报。田副总理充分肯定了《中华英才》的办刊成绩，希望进一步加强对优秀人物、特别是改革开放中作出突出贡献的人物的宣传，为改革开放鸣锣开道。

同日中国老龄科研中心与联合国人口基金和中国对外经贸部国际局于7日至11日进行了P22项目审评会。

十二月

三日

中国老年基金会与中国红十字会在人民大会堂举行“临终关怀在中国”新闻发布会，成立了中国老年基金会“临终关怀”基金募集部。王照华主任、中国临终关怀学会主任委员崔以泰教授等出席会议并讲话。

五日

全国“重视老年工作领导者功勋奖”、“老有所为先进集体创新奖”表彰大会于5日至7日在京召开。党和国家领导人胡锦涛、王平、王首道、雷洁琼、陈慕华、陈俊生、王光英、程思远等接见了与会全体代表并合影留念。王照华主任主持大会并宣读了“双奖”评选指导委员会名誉主任薄一波写给大会的贺信和中国老龄问题全国委员会名誉主任陈丕显发来的贺电。国务委员陈俊生代表国务院出席大会并作了重要讲话。全国政协副主席、“双奖”评选指导委员会主任王光英代表评选指导委员会对“双奖”活动情况作了全面总结。党和国家领导人向全国1000名“功勋奖”、1000个“创新奖”获奖代表颁发了奖章、奖牌和证书。首都各界3000人参加了大会。会议期间分别召开了各省、市、自治区老龄问题委员会主任、老干部局长座谈会，讨论研究了1993年的老龄工作及今后老龄工作的发展方向。

七日

王照华主任和朱长龄秘书长在港澳中心会见了联合国社发中心官员沙里夫先生。

十二日

中共中央政治局常委、国务院总理李鹏接受《中华英才》总编辑王霄鹏的专访。

李鹏总理指出：“我国的老龄事业已经由初创阶段进入了一个发展时期，取得了工作经验和明显成绩。……希望各级政府、有关部门和全社会更多地关心、支持老龄工作，保证老年人的合法权益，为老年人创造更好的生活环境和工作环境。”

二十二日

中国老龄问题全国委员会以中老字（1992）44号文下发《1993年中国老龄问题全国委员会工作要点》。

二十三日

中国老年基金会在珠海市召开促进老年社会福利发展事业座谈会。

一九九三年

一月

二日

张文庄副主任出席在山东省济南市召开的全国民政厅局长会议。会后考察了济南和泰安市的老龄工作。

六日

由联合国人口基金援助开展的P22项目第3次研讨会在京举行，中国老龄问题全国委员会、对外经贸部、人口基金驻华代表处以及参加该项目调查的有关省、自治区、直辖市及科研单位、大学的代表共30余人出席。

十五日

《中华英才》画报发表了田纪云副总理答《中华英才》总编辑王霄鹏问《纵论中国农村改革和发展问题》的文章及图片。

十九日

中共中央政治局常委、国务院总理李鹏和夫人朱琳在国务院秘书长罗干同志及中华英才画报社监事郭锡权、中国老龄问题全国委员会秘书长朱长龄陪同下，视察了中华英才画报社的工作，并向刊社全体同志拜年。李鹏总理在与刊社工作人员进行座谈时指出，“《中华英才》办得不错，国内外对你们的刊物一致给予了好评，希望你们继续把刊物办好”。座谈后李鹏总理与大家一起合影留念，视察了刊社部分科室，与紧张工作的采编人员进行了交谈，并题词“努力办好《中华英才》”。

三十日

中国老年大学协会秘书长刘平生等接待来访的日本国际妇女教育振兴会会员雁野弘子、小林弘子一行，介绍了我国老年教育发展情况，并陪同客人参观了中国铁路老年大学。

二月

六日

中国老龄问题全国委员会与中国画报社新世纪之光编辑部在人民大会堂联合召开《中国老人》大型画册首发式。

八日

王传斌副主任率团出席联合国社发中心在维也纳召开的第33届会议。

九日

中国老龄问题全国委员会以中老字（1993）4号文，向党中央国务院报送了《关于“双奖”会议情况的报告》。

十二日

张亚群副主任、中国老年大学协会秘书长刘平生接见来访的欧中文化交流协会负责人赵安妮女士，介绍了中国老年事业发展情况，并就今后双方合作问题进行了商讨。赵安妮女士表示愿为发展中国老年教育事业作出努力。

三月

十四日

王照华主任出席全国政协八届一次会议并当选全国政协常委。王照华主任在大会上做了《迎接人口老龄化的挑战》的发言，阐述了人口老龄化的发展趋势及对社会带来的影响。

十五日

中华老龄福利开发总公司经国务院经济贸易办公室（国经贸企（1993）116号）批准成立。该公司是自主经营、独立核算、自负盈亏、具有法人资格的经济实体。主要任务是开拓和发展老年社会福利事业。

十七日

中国老龄问题全国委员会向八届人大政府工作报告起草小组报送了《关于在八届人大政府工作报告中写入老龄工作内容的意见》（中老字（1993）7号），建议在八届人大政府工作报告中写入如下老龄工作的内容：我国老龄人口正在逐年增加，各级政府要加强对老龄工作的领导，把“老有所养、老有所医、老有所为、老有所学、老有所乐”落到实处。

同日，应中国老龄问题全国委员会邀请，美国东西方研究中心人口项目主任安绰夫·梅森教授及王丰博士来华访问。

二十九日

王照华主任主持主任办公会议，研究“庆祝’94国际家庭年活动”开展问题。

四月

三日

中国老年大学协会第三次理事会暨第二次理论研讨会在贵州省贵阳市召开。

八日

“中国老年基金会常务理事会”在北京保利大厦召开，中国老龄问题全国委员会名誉主任陈丕显出席并作重要讲话。

十四日

中国老年大学协会秘书长刘平生、外事室苏京华及科研中心陶立群3人参加了经贸部国际司与联合国人口基金会召开的“妇女问题研究项目交流会”。

二十日

中国老龄问题全国委员会宣教室主任袁新立与调研室王天夫同志参加了在山西晋城市召开的三省区十地市第四次老龄工作联系会，会后对长治、太原的老年经济实体进行了调查。

二十三日

美国老龄问题协会代表团一行40人来华考察我国老龄工作。

二十四日

中国老年基金会与北京演出公司联合举办的“让人生充满爱专场义演活动”在首都体育馆隆重举行。

二十五日

中国老年基金会与国内贸易部、中国少年儿童基金会联合主办的首届中国保健品博览会在北京劳动人民文化宫举行，王照华主任出席开幕式并讲话。

五月

六日

邢雁副主任、朱长龄秘书长出席在成都召开的第六届全国14城市老龄工作联席会并讲了话。

七日

王照华主任出席辽宁省辽阳市召开的“兴办老年经济实体经验交流会”，并对发展老年经济实体工作作了重要讲话。辽宁省委副书记尚文，省人大副主任、省老龄委主任陈素芝先后讲话。

十日

中国老年基金会在西安召开“全国老年基金会第二次工作座谈会”。中国老龄问题全国委员会主任、中国老年基金会会长王照华出席会议并讲话。陕西省委副书记支益民，省委常委、副省长徐山林代表省委、省政府到会祝贺。全国各省、市、自治区及部分地、市老年基金会的代表80余人出席会议。

十五日

中国老年学学会于15日至17日在京召开第二届会员代表大会。参加会议的代表共110人。会议总结了学会成立7年来的工作，修改了学会章程，选举产生了学会新的领导机构，邬沧萍当选为中国老年学学会会长，程连昌、严忠勤、杨琛、王传斌、张立平、陈可冀、张亚群、田雪原、王广义为副会长，张亚群兼任秘书长。国际老年学学会执行委员安德鲁斯出席会议并讲话，国务委员彭珮云到会做了《关于人口老龄化与计划生育》的重要讲话。王照华主任，王传斌、张亚群、邢雁副主任出席了会议。

二十五日

中国老龄问题全国委员会与中华新闻工作者协会联合举办的“‘双凤山杯’首届全国老龄工作好新闻评选颁奖仪式”在钓鱼台国宾馆举行。

六月

六日

中国老龄问题全国委员会组成以河南省老龄问题委员会主任李本立为团长的30人代表团，于6日至22日参加了在法国召开的“企业管理国际研讨会”。

七日

中国老龄问题全国委员会名誉主任陈丕显会见中国老年基金会顾问、澳门福龙公司董事洪振钊和马来西亚爱丽可有限公司经理陈天军，就发展老年社会福利事业进行了交谈。

十四日

国务委员迟浩田上将接受《中华英才》总编辑王霄鹏专访，就增强全民国防意识等问题回答了提问。

七月

一日

以中国老年学学会会长邬沧萍为团长的7人代表团，于1日至13日参加了在匈牙利布达佩斯召开的“国际老年学会第15届国际大会”。

十日

中国老龄问题全国委员会以中老字（1993）29号文下发了《关于“国际老人节”和“九九”重阳节期间广泛开展敬老活动的通知》及庆祝活动方案。

同日，国务委员、国家科委主任宋健在中南海接受《中华英才》总编辑王霄鹏等专访时，称赞《中华英才》在宣传中国科技英才方面做出了很大努力，希望做出更大成绩。

十三日

邢雁副主任等3人出席在青海省西宁市召开的“西北五省区老龄工作联系会”。

十五日

“全国部分省市老年经济实体研讨会”于15日至19日在哈尔滨召开。

十六日

“中国老年大学协会经验交流会”在天津召开，王建根副主任出席会议并讲话。

二十日

王建根副主任率团于20日至27日访问了蒙古人民共和国。此次访蒙是对1992年蒙古老战士代表团来华后的回访。

同日，外事室主任贾福水和科研中心有关人员会见了日本驻华使馆一秘浦原基道先生，并向日方介绍了中国老龄工作开展情况。

八月

二十四日

由中国老龄问题全国委员会与日本高龄化综合研究中心举办的“城市老年人日常生活国际研讨会”在京召开。

二十八日

国家经济贸易委员会批准中国老龄问题全国委员会成立银霞国际经济技术开发有限公司（国经贸［1993］320号）。

九月

一日

王照华主任于1日至12日视察新疆老龄工作，并做了重要指示。

四日

中共中央总书记、国家主席江泽民为《中国老年》杂志创刊10周年题词：“重视老龄工作，发展老龄事业。”

十一日

国务院总理李鹏为《中国老年》杂志创刊10周年题词：“良师益友。”

十八日

中华老年报社、中国老龄科研中心在人民大会堂举办“‘郝文学杯’全国老龄百科知识竞赛颁奖大会”。

二十日

邢雁副主任出席中南六省区及上海、浙江、江西老龄工作联席会，并就全国老龄工作的发展形势，对老龄工作的认识及当前的老龄工作等问题发表了讲话。

十月

二日

朱长龄秘书长一行4人于2日至17日应邀赴新加坡，就筹建中国老龄活动中心项目建设问题与美坡公司进行了商谈。

同日，中华英才画报社总编辑王霄鹏、副总编辑宋立新随新闻出版署中国出版代表团参加了德国第47届法兰克福国际书展，该展是世界上规模最大的图书盛会，《中华英才》作为我国首次参加该展的惟一中国期刊，受到国际出版界的瞩目。

六日

王照华主任于6日至9日参加全国政协常委会。6日出席了中国残联第二次代表大会。

十四日

由中华老年报社与中国咸阳保健品厂联合举办的“‘505杯’全国尊老敬贤小品大赛”在京举行颁奖会。

十五日

中国老年大学协会于15日至17日在山东济南召开“中国老年教育事业发展10周年庆祝大会暨中国老年大学协会第二次会员代表大会”。中共中央政治局委员、山东省委书记姜春云到会作了重要讲话，山东省省长赵志浩、中国老年大学协会名誉会长郭林祥向大会致贺词。中国老龄问题全国委员会主任、老年大学协会会长王照华作了题为《总结经验，弘扬成绩，开创老年教育事业的新局面》的报告。国务院副总理李岚清、全国人大副委员长陈慕华以及李德生、康世恩等为大会题词。

十六日

中国老年杂志社在毛主席纪念堂召开“纪念毛泽东诞辰100周年座谈会”。在毛主席身边工作过的同志及其部分亲属出席座谈会。余秋里、曾志、王首道、杨成武、陈锡联、吕正操等出席。

十九日

中国老年杂志社在全国政协礼堂召开杂志创刊10周年座谈会。宋平、陈丕显、王光英、王照华、刘建章等出席并发表了讲话。

二十日

王照华主任、张文庄副主任，办公室主任曹炳良、人事室主任唐武全就中国老龄问题全国委员会机构问题向中央编委作了详细汇报。

同日，中国老年基金会与北京中华民族园联合举办“‘九九’重阳敬老活动”。

二十二日

中国老龄问题全国委员会与天作广告公司联合在钓鱼台国宾馆举办“全国百岁寿星排座次活动”。131岁的贵州仡佬族龚来发老人被评为“中国长寿之王”，荣获“颐春茶杯”金座椅美称。122岁的广东孔英老人被评为“中国长寿王后”，荣获“仁和杯”金手杖的美称。

二十三日

由中国老龄问题全国委员会、泰国宋盛旅游集团、中国轻工总会等22个部委老干局主办，中华老年报社承办的“’93中华不老城活动”在中山公园举行开城仪式。

同日，中国老龄问题全国委员会与中国关心下一代工作委员会在钓鱼台国宾馆联合举办“尊老扶幼献爱心”茶话文艺晚会，王平、布赫、迟浩田及党、政、军在京的老干部300余人出席了晚会。王照华代表主办单位向全国老年人祝贺节日。

三十一日

王传斌副主任受聘美国加利福尼亚州圣地亚哥大学国际人类资源开发研究所董事会董事仪式在京举行。

十一月

一日

中国老龄科学研究中心于1日至17日在京召开P22项目第4次研讨会。会议讨论和修改了《中国城乡老年人供养体系》的研究报告，国际专家对研究报告初稿予以高度评价，认为该报告可以提交中国政府，并起草一份按国际惯例书写的项目研究报告，递交联合国人口基金。

七日

中国老龄问题全国委员会与卫生部、解放军总后卫生部、国家中医药管理局联合举办的“中老年生活保健获奖暨专利、新技术产品展销洽谈会”在北京国际展览中心开幕。这届展销会汇集了全国200多家企业生产的上千种产品。

十八日

中国老年大学协会秘书长刘平生一行7人于18日至21日赴法国出席了“以学习与创造力”为主题的第2届老年教育国际研讨会，并在会上宣读了《中国老年大学学生的创造性学习》的论文。会议决定1995年在中国举办一个同样的国际会议。

二十六日

“中国老龄问题对策研讨会”于26日至29日在京召开。全国29个省、自治区、直辖市老龄问题委员会，中央、国务院有关部委，有关方面的专家、学者代表共160余人出席。这次会议针对我国人口结构急剧变化和老龄问题日益突出的实际情况，在充分调查研究，取得重要成果的基础上，就老龄问题的重大问题进行了深入地研讨。会议讨论了《全国老龄工作七年发展纲要》(草案)。国务委员李贵鲜代表国务院出席会议并发表了重要讲话。

中国老龄问题全国委员会名誉主任陈丕显在会上发表了重要的书面讲话。民政部副部长杨衍银、中国老年学学会会长邬沧萍及国务院研究室、国家计委、民政部、劳动部、人事部、卫生部、全国总工会及一些省市老龄委的负责同志，先后在会上就有关老龄问题的对策发表意见。

十二月

五日

国务院总理李鹏为《中国的老年大学》画册题词：“老有所学，丰富生活。”

十三日

由联合国社会发展与人道事务中心组织的“老年人参与社会发展调查项目”研讨会在济南举行。

二十五日

中华老年报社与辉春对外贸易公司北京分公司在钓鱼台国宾馆举办“老红军、老将军、老干部纪念毛泽东诞辰100周年恳谈会”。程思远、王平、华国锋、陈锡联、刘志坚及中央部委老干局的领导同志250人出席。王照华主任发表了讲话。

二十七日

王建根副主任参加中央国家机关工委第八次工作会议。张文庄副主任出席了会议闭幕式。

同日，中国老龄问题全国委员会以中老字(1993) 42号文下发《1994年中国老龄问题全国委员会工作要点》。

一九九四年

一月

六日

《中华老年报》由周一刊改为周二刊正式出版。

八日

中国老年杂志社与吉林松原市华孚制药厂在京联合举办“’94国际家庭年迎新敬老招待会”。

九日

中国老龄问题全国委员会根据民政部民社函（1992）134号文《关于同意委托中国老龄问题全国委员会作为中国老年学学会业务主管部门的通知》精神，以中老字（1994）2号文发出《关于对中国老年学学会有关业务主管等事项的通知》，通知对学会有关日常事务的管理作了明确规定。

二月

二十三日

由中国老龄问题全国委员会、中国老年学学会、北京市老年学学会主办，广东太阳神集团有限公司、北京全艺国际公共关系有限公司协办的“中国老年保健研讨会”在首都宾馆举行。国务委员彭珮云出席并讲话，原卫生部部长钱信忠、卫生部副部长殷大奎、中国老年体协主席刘建章、北京市老龄问题委员会主任郭献瑞及医药卫生界的专家学者50多人出席会议并分别从老年社会学、老年医学、营养临床药理、中医中药学等方面发了言。人口学家、中国老年学学会会长邬沧萍致开幕词，王照华主任就发扬中华民族养老敬老美德，发展健康老年运动，促进老年保健深入发展作了重要讲话。

同日，国际第三年龄大学协会代表、法国巴黎第七大学老年大学负责人克瑞斯汀·王女士来华了解中国老年大学的情况。

三月

八日

王照华主任出席政协八届二次会议，就发挥老同志作用、关心教育下一代问题在政协大会上发言，呼吁全社会重视老有所为和关心教育下一代工作。

十日

中国老龄问题全国委员会发出《关于大力开展国际家庭年宣传活动的通知》（中老字［1994］10号）。

十一日

卫生部、中国老龄问题全国委员会、中国老年学学会联合发出《关于印发国务委员彭珮云同志在中国老年保健研讨会上的讲话和题词的通知》（中老联字［1994］3号）。

十四日

王传斌副主任出席了在新加坡召开的老年妇女问题国际研讨会。

二十二日

华龄出版社社长丁洪章随中国图书进出口公司组织的“1994年大陆赴台湾图书展销访问团”赴台湾访问。这是海峡两岸首次图书文化交流活动。华龄出版社参展图书100余种，展销期间达成7本书的版权转让意向。

四月

二日

为庆祝我国老年教育事业发展10周年，由中国老年大学协会编辑的《中国的老年大学》画册正式出版发行。画册刊登了江泽民、李鹏、李岚清、姜春云、陈慕华、孙起孟、彭佩云，李德生、康世恩等领导同志的题词。

八日

王照华主任在陕西考察老龄工作并出席陕西省老龄工作会议。

九日

全国人大内务司法委员会召开会议，副主任委员张克辉宣布了内司委牵头组织《中华人民共和国老年人权益保障法》起草小组正式成立。

二十三日

瑞士日内瓦老人院院长麦哈特先生自4月23日至5月8日应中国老年大学协会邀请访华，协会秘书长刘平生向其介绍了我国老年教育发展情况。麦哈特先生参观了北京、山东、上海、广州等地的部分老年大学。

二十八日

中国老年大学协会报经民政部、外交部、财政部批准，并经国际第三年龄大学协会（AIUTA）委员会讨论一致同意接收其为国际第三年龄大学协会的第一个亚洲会员。

二十九日

中国老龄问题全国委员会与香港益安公司联合在人民大会堂举办“迎‘五一’慰问老英模联谊会”。

国务委员宋健到会祝贺，并代表国务院向英雄模范人物表示慰问。全国人大常委会副委员长雷洁琼、北京市副市长何鲁丽等出席了联谊会。

五月

十日

中国老年大学协会副会长贾方、齐心，秘书长刘平生在海淀老龄大学会见英国第三年龄大学贝利先生，并向客人介绍了我国老年教育发展情况。贝利先生在华期间先后访问了北京海淀老龄大学、四川老年大学、金陵老年大学和苏州市老年大学。

十一日

由华龄出版社和北京大众信息中心承办的“′94国际家庭年联谊会”在京举行。王首道、李德生、陈锡联、王恩茂等老一代革命家和首都各界人士出席联谊会。

十二日

朱长龄秘书长参加国务院召开的第十次民政工作会议。王照华主任出席了开幕式。

同日晚，由中国老龄问题全国委员会、中国舞蹈家协会、中国民族文化城联合举办的“全国中老年健身舞蹈汇演”在地坛体育馆隆重开幕。国务委员李贵鲜、全国人大常委会副委员长王光英、布赫及有关方面领导出席。

十三日

王照华主任会见国际社会保障协会秘书长霍斯金先生及该协会官员，王传斌、张亚群副主任参加了会见。

十八日

“全国中老年健身舞蹈汇演”闭幕式在总后礼堂举行，国务委员迟浩田、中国老龄问题全国委员会主任王照华及有关方面领导出席。汇演组委会主任、文化部常务副部长高占祥致闭幕词。闭幕式上，评委会向获奖团队和个人颁发了兰花奖、荷花奖。

二十日

“全国16城市第七次老龄工作联席会”于20日至23日在南京召开。王照华主任出席会议并做重要讲话。

二十一日

张文庄、王传斌、张亚群副主任会见了以独联体老战士组织协调委员会主席瓦西里耶维奇中将为团长的一行9人访华团。双方就老年人的社会保障、老年人参与社会发展、中俄两国边界地区老年人地方组织建立直接联系等问题进行了会谈，并就今后双方合作问题交换了意见。

六月

十五日

华龄出版社举行建社五周年纪念会。

二十一日

《中华老年报》创刊六周年恳谈会在人民大会堂广西厅举行。

二十三日

《中华老年报》与北京金王公司在国家教委老干部局联合举办“中国保健品市场研讨会”，有关部委老干部局的代表100人参加了研讨。

二十六日

中国老年人供养问题对策研究（P22项目）研讨会于6月26日至7月3日在中国老龄科研中心召开。马耳他老年研究所所长格里克和联合国官员舒曼，中国老龄问题全国委员会副主任王传斌及科研中心有关人员出席会议。

三十日

《中华人民共和国老年人权益保障法》起草小组从6月初开始，用一个月时间先后赴江苏、四川、湖北、甘肃、新疆等地调研维护老年人权益方面的问题，分别听取了民政部、人事部、劳动部、卫生部和中国老龄问题全国委员会的情况汇报及有关专家学者的意见。

七月

十三日

朱长龄秘书长主持召开机关及直属单位有关人员会议，传达了中国社会发展成就展览会筹备委员会会议精神，研究了中国老龄问题全国委员会参加中国社会发展成就展览会的布展问题。

二十日

为加强对中国老龄问题全国委员会举办和与有关部门联办的社会活动的组织领导，提高社会效益，中国老龄问题全国委员会以中老字（1994）9号文做出《关于以中国老龄问题全国委员会名义举办社会活动问题的规定》，规定指出：今后凡以中国老龄问题全国委员会名义举办的社会活动，统一由委办公室负责协调。未经中国老龄问题全国委员会批准，任何单位和个人不得用中国老龄问题全国委员会的名义举办各类社会活动；不得打着中国老龄问题全国委员会的旗号进行违反国家规定、政策和有损中国老龄问题全国委员会声誉的各类活动，不得借举办活动损公肥私。

二十五日

《中华人民共和国老年人权益保障法》起草小组部分同志从7月25日至8月4日，集中讨论起草了《中华人民共和国老年人权益保障法》初稿。

八月

十二日

应国际第三年龄大学协会的邀请，由中国老年大学协会顾问李冀峰为团长的中国代表团一行9人，于12日至15日赴芬兰出席了国际第三年龄大学协会第17届大会，参加会议的有来自世界36个国家的专家学者718人。中国老年大学协会会长王照华在此次会上当选为该组织理事会候补理事。

九月

一日

“全国发展老年福利事业经验交流会”于1日至9日在辽宁省沈阳市召开。各省、自治区、直辖市老龄问题委员会及国务院有关部委150人出席会议。国务委员李贵鲜为大会发来贺信，充分肯定了近几年来老年福利事业的发展成就，强调各级党和政府要从战略高度认识发展老年福利事业的重要意义，要关心和支持这项事业，采取必要措施保证老年福利事业的健康发展。

会议期间，召开了部分省市老龄委负责同志座谈会，征求了对《中华人民共和国老年人权益保障法》草稿的意见。

十二日

中国老年大学协会在黑龙江省大庆市召开协会企业校理论研讨会暨第二次工作会议。

二十四日

为庆祝建国45周年和迎接联合国社会发展问题世界首脑会议而举办的“中国社会发展成就展览会”在北京展览馆开幕。

二十六日

王照华主任率团于26日至30日出席在澳大利亚悉尼市召开的“第10届亚太区域会议”。中华人民共和国劳动部也派出了代表团。

十月

九日

由中华老年报社承办的“′94中华不老城活动”在中山公园举行开城仪式。全国人大常委会副委员长王光英、程思远为“不老城”剪彩。王平、崔月犁、郑伯克、程连昌、徐志坚、于若木等领导和中央各部委及部队老干部局的领导出席了开城仪式。据统计，当天约有4万人参加了活动，受到老年人的广泛赞誉。

十二日

中国老龄问题全国委员会、北大维信生物科技有限公司联合在中日青年友好交流中心举办“‘九九’重阳尊老敬老招待会”。出席招待会的有谷牧、钱信忠、王定国等领导同志及有关方面的老专家、学者、艺术家、老年朋友100多人。

十七日

张亚群副主任10月17日至11月3日赴上海、浙江期间，分别参加了上海市召开的“′94家庭国际研讨会”和在浙江召开的华东地区的省、市老龄问题委员会和老年学学会联合会议，并在会上讲了话，就《中华人民共和国老年人权益保障法》草稿，征求了意见。

同日，由中国老年学学会骨质疏松委员会主办的“全国第三届骨质疏松研讨会”于17日至20日在陕西西安召开。

十八日

中国老年杂志社与烟台大华纸业有限公司等单位联合举办的“′94国际家庭年‘大华杯’中国老年书画成就展”在北京市老年活动中心展出。

二十一日

中国老龄问题全国委员会21日至28日在军事博物馆举办“第二届优质保健品展销研讨会”，来自全国的100家企业参展，王传斌、邢雁副主任参加开幕式。

二十五日

中国老年基金会、中国保健科技学会等4单位主办的“首届中国特区保健品博览会”10月25日至11月1日在汕头市举行。王光英、黄华、霍英东、马文瑞等为博览会题词并担任组委会顾问。王照华主任、张文庄副主任出席开幕式。

三十日

中国老年大学协会“华东地区第六次老年教育协作会议”在上海召开，上海市委书记吴邦国为会议题词：“老年教育，大有可为。”

十一月

八日

中国老年基金会、云南省老年福利基金会于8日至12日在昆明共同组织召开了“全国老年基金会第三次工作座谈会”。

十四日

中国老龄问题全国委员会于14日至18日在云南省昆明市召开“全国老龄宣传工作会议”。

二十一日

应法国国家养老保险基金会的邀请，张亚群副主任率中国老龄工作代表团一行5人，于11月21日至12月2日赴法国访问。

二十三日

王传斌副主任、科研中心主任洪国栋参加了由国家计生委召开的上海人口负增长有关问题对策座谈会。会议由国务委员、计生委主任彭珮云主持，宋平同志及国家计生委、劳动部、民政部、农业部、卫生部等10多个部委办负责同志出席。洪国栋代表中国老龄问题全国委员会在会上发言，阐述了对人口老龄化和上海人口负增长问题的有关对策，引起有关方面领导的重视。

二十四日

调研室副主任程勇、科研中心副主任肖振禹参加计生委召开的“全国九五人口规划会议”，向会议提交了《我国的人口结构革命》论文，并在会上向国务委员彭珮云反映了老龄委在人口规划方面的意见，被大会秘书处采纳。

二十五日

中国老年大学协会代表团一行4人，在协会顾问、原民政部副部长章明带领下，于25日至27日出席了在意大利威尼斯召开的“第3届老年教育国际研讨会”。

十二月

五日

“中国老年人供养问题对策会议”于5日至9日分别在北京国际会议中心举行。宋平、国务委员李贵鲜，民政部纪检组长李惠仁和国务院有关部门负责同志，各省、市、自治区老龄委领导及国内外专家100多人出席。联合国人口基金、世界银行、世界劳工组织、帮助老年人国际、项目执行机构代表、项目的国际专家等出席了会议。王照华主任致开幕词，国务委员李贵鲜作了重要讲话。

十日

中国老年学学会于10日至11日在北京召开学会工作经验交流会。

十四日

由国家计委、民政部、劳动部、人事部、卫生部、财政部、国家教委及中华全国总工会、中华全国妇女联合会、中国老龄问题全国委员会联合编制的《中国老龄工作七年发展纲要》正式颁布。

十九日

中国老龄问题全国委员会以中老字（1994）15号文下发《1995年全国老龄委工作要点》。

二十二日

中国老年杂志社与河北大学联合召开迎新敬老座谈会。全国人大副委员长布赫、吴阶平，国务委员迟浩田和王平、陈锡联、李德生等有关方面领导出席会议。

一九九五年

一月

六日

张亚群副主任、调研室主任张同春参加全国人大内务司法委员会就《中华人民共和国老年人权益保障法》（征求意见稿）听取中央有关部门、法学专家、全国性老年组织意见座谈会。

八日

中国老龄问题全国委员会外事室调研员宋玉华参加了第4次世界妇女大会中国非政府组织委员会从8日至14日召开的工作会议。

十七日

中国老龄问题全国委员会召开筹备第4次世界妇女大会非政府论坛“老年妇女”专题论坛专家会议。有32名专家学者出席会议，并从老年妇女的社会保障、再就业、健康长寿、老年教育等方面确定了选题。

二月

二日

马耳他驻华使馆一等秘书皮罗塔约见外事室苏京华和中国人民大学人口所杜鹏，商谈了今后双方合作事宜。

十日

第4次世界妇女大会协调会议在京召开。外事室调研员宋玉华就老年妇女论坛组织问题与美国福特基金会进行了会谈。

十日

中国老龄问题全国委员会召开有关老年组织参加的会议，座谈江泽民总书记关于台湾问题的重要讲话。与会人员一致认为，江泽民总书记根据历史和现状提出的8点主张，表达了中国共产党和中国政府解决台湾问题的决心和诚意，对推进祖国和平统一事业具有重要意义。

二十四日

王传斌副主任与联合国粮农组织官员洽谈了今后合作项目等问题。

三月

三日

王照华主任出席全国政协第八届三次会议并在大会上做了题为《要从战略高度看老龄化问题》的发言。

六日

中国老龄科研中心副主任肖振禹随中国代表团出席了在哥本哈根召开的联合国社会发展大会。

十日

以樊安龙为团长的中国老龄工作者代表团一行18人赴法国参加培训。人事室主任唐武全、外事室主任贾福水等参加了培训。

四月

十五日

中国老龄问题全国委员会在中山公园组织举办“百名医学专家义务咨询活动”，4000多位老年人接受了保健和健康问题咨询，北京电视台、北京晚报等新闻单位对此项活动进行了专题报道。

二十八日

中国老龄科研中心主任洪国栋、综合调研室副主任程勇出席了塞奇维克集团组织的“国际老年保障研讨会”。

五月

十一日

由中国老龄问题全国委员会、中国关心下一代工作委员会和全国妇联中国婚姻家庭建设协会联合召开的“第二届中国家庭文化博览会”在京举行开幕式。陈慕华、李德生、程思远、吴阶平、孙毅、王照华、曾志等领导同志出席。

十二日

全国19城市第八次老龄工作联席会议于12日至16日在广州召开。

十九日

中国老年大学协会二届二次常务理事（扩大）会议于19日至21日在成都举行。

六月

七日

中国老龄问题全国委员会与日本长寿会、韩国福祉协会联合举办的“东北亚地区老龄化研讨会”于7日至9日在北京举行。来自中国、日本、韩国的近百位老龄问题专家、学者和实际工作者，就老年人参与社会发展、推动社会进步和老年人照料等问题进行了交流和探讨。中外30余位专家、学者在会上宣读了论文。全国人大副委员长雷洁琼、全国政协常委邬沧萍等出席开幕式。

二十四日

中国老年大学协会“华北地区第二次经验交流会”在太原召开。

二十八日

中国老年杂志社在北京钓鱼台国宾馆举办“纪念中国共产党成立74周年大型座谈会”。全国政协副主席孙孚凌，革命老前辈吕正操、杨易辰、王鹤寿、孙毅等200人出席会议。

同日中国老年基金会在广东汕头成立中国老年基金会老年关怀专项基金筹集管理委员会。

七月

十一日

张亚群副主任、综合调研室主任张同春参加了全国人大内司委召开的23个省、自治区、直辖市人大和中央有关部门负责同志会议，对《中华人民共和国老年人权益保障法》（征求意见稿）进行了广泛深入的讨论。

八月

五日

由中国老龄问题全国委员会主办，中华老年报社承办的“老红军、老将军、老战士、老干部革命历史歌曲大汇唱”在北京奥林匹克体育中心举行。首都6000多名老同志引吭高歌，纪念世界反法西斯战争和抗日战争胜利50周年。中国老龄问题全国委员会主任、本次大汇唱组委会主任王照华致开幕词，副主任邢雁主持会议。全国人大常委会副委员长陈幕华、原中顾委常委李德生、文化部常务副部长高占祥、原兰州军区司令员杜义德以及刘建章、项南、李耀文、朱光、顾秀莲、庄炎林、吴文英、于珍等，著名歌唱家郭兰英、李光羲等参加了汇唱，中央电视台进行了实况转播。

十八日

中国老年基金会与贵州省妇联、省老年基金会及贵阳市人民政府联合于18日至23日在贵阳举办了“中国老年、儿童、妇女保健品博览会”。

三十日

“联合国第4次世界妇女大会非政府论坛”在北京怀柔召开。由中国老龄问题全国委员会负责组织的“老年妇女专题论坛”同时召开会议。

九月

四日

王传斌副主任、外事室调研员宋玉华作为非政府代表于4日至14日在京参加了“联合国第4次妇女大会”。

十八日

中国老年杂志社在人民大会堂举办“纪念‘9·18’不忘国耻老将军座谈会”。王平、陈锡联、孙毅等10多位老将军和刘英、曾志、史怀壁、钱信忠等出席座谈会。

二十一日

中国老龄科研中心于21日至26日在安徽黄山市召开“中国老年人供养问题学术研讨会”。

二十二日

由中国老年大学协会组织的“第4届老年教育国际研讨会”在北京召开。来自法国、德国、挪威、意大利等国老年教育专家和我国老年教育专家及工作者70余人出席会议。会议就老年教育与参与社会服务等问题进行了研讨。

二十四日

中国老龄问题全国委员会外事室主任贾福水接待了日本亚细亚老人学友协会会长中泽良之率领的67人访华团。

二十五日

中、美、澳3国老年教育比较项目研究在北京召开第一次会议。

十月

六日

由中国老龄问题全国委员会、中国戏剧家协会、文化部老干部局联合举办，北京寿星文化服务公司承办的“‘宝中宝’全国中老年戏曲汇演”在人民大会堂举行开幕式。来自全国各地的700多位专业和业余中老年戏曲艺术演员欢聚一堂，拉开了为时6天的汇演帷幕。全国人大常委会副委员长吴阶平，以及王平、廖汉生、李耀文、朱光、王定国、王照华，香港利达行董事局主席邓智仁先生出席开幕式。

八日

由中国老年学学会主办，骨质疏松分会承办的“北京第2届国际骨质疏松研讨会”于8日至12日召开。

九日

由中国老年人体育协会、中国老龄问题全国委员会、人事部社会保险与离退休管理司、《健康之友》杂志、中央电视台《夕阳红》栏目等联合举办的“第四届‘全国健康老人’评选活动”在京举行颁奖大会。此次活动共评选出“全国健康老人”472名，其中“最佳健康老人”48名。王照华主任分别向获奖的健康老人代表颁奖。

十日

中国老龄问题全国委员会与中国人民大学人口培训中心联合举办的联合国人口老龄化培训班开学，来自各地的40名学员听取了联合国老龄问题研究所副所长、马耳他大学教授特鲁伊斯博士和中国人民大学邬沧萍教授等专家学者的讲课。

十一日

“’95‘宝中宝’全国中老年戏曲汇演”闭幕式在地坛体育馆举行。

十八日

中国老龄问题全国委员会与联合国老龄化研究所合作项目签字仪式在京举行。王传斌副主任和联合国老龄化研究所副所长特鲁伊斯博士出席了仪式。

二十日

中国老年基金会在人民大会堂举行推荐产品展示会，向社会推荐了适合老年人使用和服用的16种产品，全国政协副主席孙孚凌、原中顾委常委陈锡联等出席了展示会。

二十七日

由中国老龄问题全国委员会主办，中央和国家各部委离退休干部局协办，中华老年报社和广州圣安实业有限公司承办的“’95中华不老城（第四届）”在北京劳动人民文化宫开幕。全国人大常委会副委员长程思远及王平、钱信忠等出席。据统计，8万多老年人参加了演出、游艺、咨询、购物等活动。

三十日

中国老龄问题全国委员会、中国老年学学会、卫生部医政司联合组织的“全国老年医疗保健研讨会”在京召开。原全国政协副主席马文瑞出席，卫生部副部长殷大奎致开幕词，中国老龄问题全国委员会主任王照华与中国老年学学会会长邬沧萍分别就健康老龄化问题发表了讲话。

同日，中国老龄问题全国委员会与联合国老龄研究所联合举办的老年学国际短期培训班于10月30日至11月10日在马耳他联合国老龄研究所举行。人事室副主任吴秋风等18人参加了培训。

十一月

一日

中国老龄问题全国委员会与文化部中华文化艺术总公司联合举行了“全国老干部书画展”，卢嘉锡、布赫、马文瑞、王照华、高占祥等出席开幕式，乔石委员长、迟浩田、卢嘉锡等中央领导题词，展出作品480幅。

六日

中国老年大学协会企业校委员会在上海宝钢召开企业老年大学办学经验交流会和企业校委员会第三次工作会议。

七日

全国第四次老年基金会工作座谈会于7日至10日在福建省厦门市召开，24个省、自治区、直辖市和部分地级市老年基金会负责人90余人出席。中国老年基金会会长王照华致开幕词并作会议总结。

十四日

中国老龄问题全国委员会和日本高龄化社会综合研究中心联合举办的“中日老年自助研讨会”14日至18日在京举行。

十六日

中国老年大学协会中南地区第五次协作会在海口市召开，中南六省区及香港老年大学代表83人参加。

十八日

中国老年学学会代表一行8人于18日至24日赴香港出席了第5届亚太地区老年学大会，来自亚太地区和欧洲、北美洲的20多个国家的1000多名专家、学者和老龄工作者出席了大会。国际老年学学会梅诺齐教授和新当选的会长安德鲁斯教授、香港总督彭定康出席大会。中国老年学学会会长、代表团团长邬沧萍教授在大会上发表了论文。

十二月

二日

由中国老年基金会主办，轻工总会老干部联谊会所属的北京远来生活用品开发公司承办的“迎新年全国老年、儿童生活用品展销会”于 2 日至 10 日在北京国际展览中心举行。

七日

华龄出版社社长丁洪章随中国代表团赴澳大利亚参加中国书展活动。

二十日

中国老龄问题全国委员会、文化部社会文化司、中国群众文化学会、广东省文化厅在广州市召开了“全国老年文化研讨会”。王照华主任、文化部高占祥副部长、广东省委张帼英副书记分别在研讨会上讲了话。来自全国各地文化、社科研究和老龄工作部门的 70 余名代表参加了会议。会议收到论文 80 余篇，入选论文 20 余篇。

二十一日

中国老年杂志社在人民大会堂隆重举行“‘红河杯’全国目击者·血肉长城”大型征文颁奖会。老将军孙毅、高厚良、旷伏兆、张铚秀、谢振华获特别奖，刘知侠遗作获一等奖。

一九九六年

一月

九日

中国老龄协会全国委员会召开干部见面会，欢迎张文范同志就任中国老龄协会会长。王照华主持会议。人事部副部长张柏林在会上传达了国务院办公厅国办发［1995］9 号文和《关于张文范任职的通知》（国人字［1996］1 号），并发表了重要讲话。民政部副部长李宝库代表民政部党组讲话。

十日

张文范会长在中国老龄协会接待了香港东华三院执行总监梁锦芳一行 5 人，介绍了中国老龄协会机构情况及工作发展方向，希望与东华三院加强联系和往来，共同为祖国的老龄事业做出成绩。

十二日

《中国老年》杂志 1996 年第 1 期刊登马耳他总统乌戈·米夫苏德·鲍尼其为该刊的题词，“致中国老年人：我非常高兴地从马耳他向你们问候。我们知道，每一个老年人都是一笔经验和财富，他们的智慧应被用于促进人类的进步”。

十六日

上午，张文范会长参加了中共中央办公厅、国务院办公厅召开的关于停办爱心奉献夕阳活动大会问题的会议。

十八日

民政部副部长阎明复、中国老龄协会会长张文范在京会见了澳大利亚中国公民公会会长马利民先生和该会副理事长赵阳先生。

二十五日

下午，中国老年杂志社和上海松华药厂联合在北京文津街俱乐部召开“纪念红军长征胜利 60 周年迎新敬老招待会”。全国人大常委会副委员长雷洁琼、程思远、吴阶平，全国政协副主席万国权，以及彭冲、马文瑞、李锐、崔月犁、孙毅等老同志和社会各界知名人士约 350 人出席。

二月

九月

中国老龄协会在人民大会堂隆重举行“迎新春尊老敬老茶话会”。张文范会长主持会议。全国人大副委员长布赫，国务委员李贵鲜，民政部部长多吉才让，中共中央办公厅副主任陈福今，国务院办公厅副秘书长刘济民，国家计委副主任郝建秀，全国人大内务司法委员会主任孟连昆，全国人大常委、原民政部部长崔乃夫，民政部副部长阎明复，老将军孙毅，北京市副市长何鲁丽，原中国老龄问题全国委员会主任于光汉、王照华及国家计委、国家体改委、国家民委、民政部、司法部、财政部、劳动部、文化部、卫生部、中国人民银行、国务院办公厅老干局、全国总工会、共青团中央、全国妇联、解放军总政治部干部部等部门的负责同志和联合国世界卫生组织、联合国粮农组织、联合国国际劳工组织、世界银行的代表，一些驻华使馆的官员和外国来华工作的专家，还有新闻界、文化界的朋友 360 人出席了茶话会。

国务委员李贵鲜同志发表重要讲话。

十四日

上午，张文范会长接受中央电视台《夕阳红》栏目摄制组采访，并回答了记者的提问。

三月

一日

中国老年杂志社在钓鱼台国宾馆举行“纪念红军长征胜利60周年元宵节联谊会”。全国政协副主席孙孚凌以及李德生、陈锡联、廖汉生、马文瑞、王照华、李梦华、刘志坚、荣高棠、孙毅、陈琮英、李宝库、曹荣桂等200人出席了联谊会。

三日

应中国老龄协会邀请，日本社会事业大学教授村川浩一来华访问。外事室主任贾福水就准备在日本召开东北亚老龄化研讨会有关事宜与日本客人进行了商谈，并陪同外宾参观了中国老龄科学研究中心和北京市安德里社区服务中心。

九日

全国政协副主席、澳门中华总商会会长、中国老年基金会名誉会长马万祺先生在出席全国政协第八届四次会议后，在京会见张文范会长，就发展老龄事业进行了交谈。会谈时，中国老年基金会会长王照华等同志在座。

十四日

中国老龄协会和北京市海淀区政府联合举办了“人口老龄化与健康老龄化知识讲座”。

十九日

中国老龄协会会长办公会议讨论了《中华人民共和国老年人权益保障法》（第13稿）。会议认为，该法的起草，全国人大内务司法委员会和参加起草单位，做了大量的工作，目前这一稿，比较符合我国的实际，宗旨明确，内容充实，结构合理，可操作性强，会议对个别条款提出了修改意见。

二十八日

张文范会长接受新华社、《人民日报》、《光明日报》、《北京日报》、《中国社会报》、《中国妇女报》、《中华老年报》、《中国老年报》、《健康报》记者和中央电视台《夕阳红》栏目记者的采访，就中国老龄事业的发展情况回答了记者的提问。

同日，老年法起草小组根据全国人大内司委主任办公会议精神，对老年法草案进行了第14次讨论修改，同时研究了下一步工作。

二十九日

应美国圣地亚哥州立大学的邀请，中国老龄协会派出以王传斌为团长的7人代表团，于29日至4月9日出席了在美国圣地亚哥市举行的“人类居住问题国际会议”。该会议由美国圣地亚哥州立大学主办，中国老龄协会、联合国人口基金和联合国经社理事会协办。各国代表约300人出席会议。王传斌在会议开幕式上致词。

四月

九日

上午，中国老龄协会、国务院办公厅老干部局、人事部离退休司、劳动部老干部局、民政部老干部局联合在中组部礼堂召开“关于人口老龄化问题专家报告会”。著名人口学家邬沧萍教授就“我国人口老龄化的发展过程及实现健康老龄化的意义”作了专题报告，受到大家的热烈欢迎。30多个部门和单位的600多名离退休干部和老龄工作者出席了报告会。

十九日

上午，张文范会长会见了美国洛杉矶时报驻北京分社社长、首席记者唐佩石先生和助手孔安先生。

二十三日

张文范会长、办公室主任曹炳良出席了“北京市政府老龄工作领导小组和北京市老龄协会成立大会”。全国政协副主席、北京市副市长何鲁丽任市政府老龄工作领导小组组长、市老龄协会名誉会长。

二十九日

中国老龄协会在钓鱼台国宾馆举行“迎‘五一’慰问老英模联谊会”。黄华、廖汉生、马文瑞、刘建章、荣高棠、孙毅、王光美、于若木、陈琮英、刘英、李昭等出席联谊会。

三十日

张文范会长接受了韩国广播电台记者崔英俊先生的采访。向记者介绍了中国人口老龄化状况及未来发展趋势，就中国的养老模式，老年人经济收入水平，老年人再就业情况，老年社会福利及医疗保健等方面的问题回答了记者的提问。

五月

七日

中国老龄协会外事室宋玉华于7日至10日出席了在泰国曼谷召开的“老龄化终生准备政策框架高级官员会议”。

二十四日

张文范会长会见了越南大使邓严衡先生。双方各自介绍了本国的老年组织机构情况，希望今后加强交往与合作。外事室主任贾福水会见时在座。

二十六日

张文范会长、调研室副主任程勇、宣教室马欣于5月26日至6月7日先后考察了云南省及昆明市、曲靖地区、大理白族自治州老龄工作。

六月

三日

中国老龄协会外事室主任贾福水于3日至14日

应日本高龄化社会综合研究中心的邀请，赴日本参加“东亚老龄化研讨会”，会后与日本有关老龄组织商讨了今后交流与合作事宜。

十四日

张文范会长接受《人民中国》杂志日文版记者曾庆南的专访。就中国的老龄问题及应采取的对策，老年人养老保障等问题回答了记者的提问。

二十日

中国老龄协会、黑龙江哈尔滨森永乳品有限公司、《市场报》联合在人民大会堂举行“迎‘七一’向党和国家老干部献爱心活动”，全国人大副委员长王光英、原全国政协副主席廖汉生、马文瑞及中央有关部委老干部局的负责同志近百人出席。

二十五日

张文范会长于25日至27日出席了上海市老龄问题委员会和上海市老龄科研中心举办的“迈向21世纪老龄问题研讨会”。来自北京、上海、浙江、江苏、安徽、广东等省市老龄系统的领导和专家学者100余人参加了会议。

二十六日

中国老年杂志社在人民大会堂举行“纪念中国共产党成立75周年、长征胜利60周年座谈会”。全国人大常委会副委员长程思远，全国政协副主席万国权以及李德生、陈锡联、刘英、陈琮英等200人出席座谈会。

二十八日

八届全国人大常委会举行第20次会议，听取全国人大内务司法委员会主任委员孟连昆对《中华人民共和国老年人权益保障法（草案）》的说明。

同日，中华老年报社与广东省东莞市美华保健食品有限公司、广东省华之杰影视传播有限公司联合在人民大会堂举行“纪念建党75周年、长征胜利60周年老红军、老将军、老干部座谈会”。原全国人大副委员长廖汉生、原全国政协副主席杨成武以及张文秋、陈琮英、李昭等近百名参加过长征的老红军、老将军、老干部共庆党的生日和长征胜利60周年。

七月

一日

中国老年大学协会二届三次常务理事会在黑龙江省伊春市召开。

十五日

于国厚副会长于15日至19日随民政部社会工作者协会组织的专家学者访问团出席了在台北举行的“海峡两岸社会福利学术研讨会”，并在会上发表了《职工保险福利现状与展望》的论文。

十六日

张文范会长出席全国人大法律委员会、内务司法委员会、全国人大常委会法制工作委员会联合召开的征求对《中华人民共和国老年人权益保障法（草案）》意见座谈会。对该法某些条文提出了修改补充意见。

二十二日

上午，张文范会长会见应邀来访的澳大利亚卫生与家庭服务部老年人与社区照料司副司长戴尔·史蒂文生先生。

同日，调研室主任张同春于22日至29日出席了在西藏拉萨市召开的全国五自治区暨西南五省区六市老龄工作联席会议。西藏自治区主席江村罗布、副书记巴桑、副主席次仁卓嘎出席会议。

二十五日

以中国老年大学协会秘书长刘平生为团长的6人代表团应里贾纳大学老年教育中心邀请，于25日至27日参加了在加拿大萨斯喀彻温省里贾纳市召开的“第三年龄教育国际研究会（TALIS）第5届研讨会”。会议主题为“老年教育及其差距”。会上宣读了刘平生提交的论文《中国城乡老年人学校教育的异同》，受到与会人士的好评。

八月

二日

下午，民政部党组书记、部长多吉才让率领民政部在京党组成员李宝库、李惠仁、李学举等到中国老龄协会机关检查指导工作。

六日

中国老龄协会召开老龄问题专家座谈会。国务院研究室、国家计生委、劳动部、民政部、卫生部、中国人民大学、中国社会科学院、中国老龄科研中心等单位的领导和专家学者30余人出席。

张文范会长发表讲话。座谈会通报了“九五”社科规划重点资助课题“人口老龄化与养老保障制度研究”项目的开展情况。

十四日

根据王照华同志给张文范同志关于辞去中华老年报社社长的建议信，协会党委筹备组研究决定：中国老龄协会副会长于国厚同志兼任中华老年报社社长职务。

十九日

以中国老年学学会副会长兼秘书长张亚群为团长的5人代表团于19日至21日参加了在印度召开的“人口老龄化国际会议”。会议由国际老年学学会、国际老龄协会与国际社会学学会联合召开，印度老年学研究中心具体承办。7个发达国家和13个发展中国家及国际组织近160位代表参加了大会。

二十八日

中国老年杂志社于28日至30日在京召开“老年工作研讨与信息交流会”。

二十九日

中华人民共和国主席江泽民签署第七十三号令：《中华人民共和国老年人权益保障法》经中华人民共和国第八届全国人民代表大会常务委员会第二十一次会议通过。现予公布，自1996年10月1日起施行。

九月

三日

中国老龄协会、中国老年基金会在人民大会堂召开“全国助老工程新闻发布会”。全国人大常委会副委员长卢嘉锡和李德生、段君毅、廖汉生、马文瑞、钱信忠及有关部门负责同志出席了新闻发布会。张文范会长发表了讲话。

同日下午，张文范会长在中国老龄协会会见了以越南高龄协会会长、教授范奎为团长的访华团一行4人。向客人介绍了中国人口老龄化的现状、未来趋势和采取的对策。

八日

中国老龄协会于8日至10日在北戴河召开了“全国老龄系统宣传贯彻老年法座谈会”。会议学习了《中华人民共和国老年人权益保障法》，交流了各地维护老年人合法权益的经验，座谈了如何宣传贯彻好这部法律等问题。张文范会长在会上作了《抓住机遇、迎接挑战，把老龄工作推向一个新的发展阶段》的讲话。

十日

中国老龄协会副会长、中国老年大学协会副会长于国厚等3人于10日至13日出席了在法国南特大学会议中心召开的“国际老年大学协会第18届大会”。向大会提交了《老年教育对代际关系的影响》的书面发言并进行了专题报告。

十四日

中国老龄协会会长张文范等5人于14日至28日应荷兰卫生、福利与体育部和瑞典卫生与社会保障部的邀请，先后对荷兰、瑞典进行了正式访问。

二十三日

于国厚、唐武全副会长在京会见了来访的国际老年学会和澳大利亚老年学会主席安德鲁斯先生，双方互相介绍了各自的情况并对今后合作开展老龄工作进行了交谈。

二十五日

中国老龄协会、中国道路交通安全协会在人民大会堂召开“健康长寿与出行平安”新闻发布会。全国政协副主席万国权出席会议并讲话。于国厚副会长主持会议并讲话。原中顾委常委李德生，老红军刘英及有关部门领导200人出席了会议。

十月

八日

中国老年学学会于8日至9日在京召开“纪念中国老年学学会成立十周年暨优秀成果表彰大会”。大会开幕式于8日上午在人民大会堂举行。全国人大常委会副委员长卢嘉锡、程思远，全国政协副主席孙孚凌和有关方面负责人200余人出席。

十一日

由中华老年报社、广东省东莞市美华保健食品有限公司和广东华之杰影视传播有限公司主办的“光辉的历程——晚霞情美华杯老年人合唱节”经过6天的比赛，在人民大会堂举行闭幕式。陈锡联、钱信忠、周巍峙、王宗槐、李真、陈琮英等5000余名老同志出席闭幕式。

十三日

“首届全国老年大学师生书法、国画大展赛”在北京民族文化宫举行。此次大展赛共收到全国各地老年大学、老年学校经过层层评比选送来的2652件参赛作品，展出500余件。

十五日

中国老龄协会在人民大会堂召开学习宣传贯彻《中华人民共和国老年人权益保障法》座谈会。张文范会长主持会议，全国人大常委会副委员长雷洁琼、国务委员李贵鲜和老红军陈琮英等150人出席座谈会。

国务委员李贵鲜在座谈会上发表了重要讲话。

十八日

民政部、全国总工会、共青团中央、全国妇联、中国老龄协会、全国助老工程联合发出《关于在每年重阳节期间全民义务助老活动的倡议》。

十九日

全国助老工程办公室组织在京部分老红军、驻京部队官兵、青年志愿者、老艺术家、老书画家、医务工作者和少年儿童等300人的“九九”重阳助老慰问团，深入京郊和河北省的4县与敬老院老人们一起联欢，为老人们义诊，献书献画，打扫卫生。向北京郊区的特困老人捐献了助困金，向河北省灾区的特困老人捐献了过冬衣被。

同日，中国老龄协会、北京市老龄协会和宣武区人民政府联合在陶然亭公园举办“重阳敬老服务日游园会”。

同日，中国老龄协会、中国纺织总会主办，中国老年基金会、中国服装总公司承办的“′96重阳服装服饰展销会”在劳动人民文化宫举行开幕式。

同日，全国人大老干部局、全国政协老干部局、中国老龄协会、国际第一投资集团联合在人民大会堂举办“宣传老年法颁布实施暨中央国家机关老干部重阳联欢会”。全国人大常委会副委员长王光英、程思远，及中央国家机关老干部局的负责同志等 400 人出席了联欢会。

二十日

由中国老年基金会、中国婚姻家庭建设协会、《演讲与口才》、《做人与处事》杂志联合举办的“炎黄子孙孝敬父母演讲大赛”颁奖会在北京人民大会堂举行。全国人大副委员长王光英等出席了颁奖会。民政部副部长李宝库、中国老龄协会会长张文范、全国妇联副主席黄启璪、中国老年基金会副会长王定国等出席颁奖会并讲了话。

同日，中国老龄协会、中国舞蹈家协会联合举办的“全国第二届中老年健身舞蹈汇演”在北京石景山体育馆举行开幕式。

二十四日

“全国第二届中老年健身舞蹈汇演”闭幕式在民族文化宫剧场举行，全国人大常委会副委员长卢嘉锡、吴阶平，原全国人大常委会副委员长彭冲，全国政协副主席万国权，全国人大法制委主任孟连昆、中国老年体协主席刘建章、原文化部部长王蒙及老红军王定国、刘英等出席闭幕式并向获奖代表发奖。

二十五日

中国老龄协会、光明日报社与福建恒安集团联合举办的“忆长征‘百宝杯’征文颁奖大会”在人民大会堂举行。全国人大常委会副委员长布赫，全国政协副主席万国权，原中顾委常委、老红军陈锡联等出席了大会。宋任穷为大会发来了贺信。张文范会长在颁奖会上讲话。于国厚副会长主持了大会。

二十八日

中国老年基金会在北京饭店召开常务理事会。副会长兼秘书长张文庄同志首先宣读了王照华同志请求辞去中国老年基金会会长职务和建议张文范会长兼任基金会会长的信，同时宣读了民政部党组关于基金会会长由张文范兼任的意见。常务理事会一致同意张文范同志为中国老年基金会会长。

十一月

十九日

中国老年大学协会二届二次理事会暨华东地区老年教育协作会议在福建省福州市召开。来自中央有关部门和全国 23 个省、市、自治区老年大学的 140 多位代表出席了会议。

同日，中国老年杂志社、解放军总政治部干部部老干部局、中美合资陕西凯飞制药有限公司联合在京召开“纪念红军长征胜利 60 周年座谈会”。全国政协副主席孙孚凌、万国权，红军老战士刘英和首都各界人士近 300 人出席会议。

二十四日

中国老龄协会外事室副主任肖才伟受联合国亚太经社会邀请赴曼谷出席了由中国、泰国、印尼等 7 个国家参加的“合作项目第一次研讨会”。

二十六日

全国人大内务司法委员会、中共中央组织部、中共中央宣传部、民政部、司法部、人事部、劳动部、卫生部、解放军总政治部，全国总工会、共青团中央、全国妇联、中国老龄协会联合发出《关于学习、宣传〈中华人民共和国老年人权益保障法〉的通知》。

十二月

五日

张文范会长在中国老龄协会会见了香港东华三院一行 14 人，并向客人介绍了有关情况。

六日

张文范会长在中国老龄协会会见香港社区服务主任一行 6 人。外事室主任贾福水和调研室主任张同春向客人们介绍了有关情况。

七日

张文范会长和外事室主任贾福水应邀出席香港社联举行的茶话会，并商讨了今后合作和我协会加入国际老人联合会事宜。

十一日

中国老年学学会为推动我国老年学研究，于 11 日至 20 日在海南省海口市举办了“全国老年学与人口老龄问题”研修班。

二十七日

“庆祝中国老年基金会成立 10 周年暨捐赠仪式”在人民大会堂举行。原中共中央政治局常委宋平，全国人大常委会副委员长雷洁琼、程思远、吴阶平，国务委员李贵鲜，原全国政协副主席马文瑞，卫生部部长陈敏章，民政部副部长李宝库，全国人大常委章瑞英，全国人大财经委副主任李灏，中国老龄协会会长张文范等 250 人出席会议。

全国政协副主席、中国老年基金会名誉会长马万祺为 10 周年题词：“弘扬中华民族尊老敬老的优良传统，为建设社会主义精神文明服务。”联合国老龄处从纽约发来了贺电。国务委员李贵鲜作了重要讲话。

一九九七年

一月

九日

中国老龄协会、中央电视台、中国老年基金会联合在人民大会堂举办“′97 新春老年人大型文艺晚会”。

十日

中国老年杂志社在人民大会堂举行“′97 迎新敬老茶话会”。全国人大常委会副委员长王光英、吴阶平，全国政协副主席万国权，以及老领导、老将军、各界老年人代表出席。

同日，广州白云山制药股份有限公司向助老工程捐赠药品仪式在人民大会堂举行。全国人大常委会副委员长王光英、程思远、吴阶平，全国政协副主席万国权，以及李德生、段君毅出席了会议。此次捐赠的九龙丹等 10 个品种的药品总价值 100 万元。

二十日——二十七日

唐武全副会长、国际部苏京华赴泰国曼谷出席了联合国亚太经社会社发司召开的题为“老龄领域政府与非政府组织合作”的非政府组织研讨会。18 个国家和地区的非政府组织代表和联合国及一些国际组织代表 50 人出席会议。

二十二日

由中国老年基金会、四川老年基金会主办的“1996 年中老年保健品成都博览会特别推荐产品颁奖会”在人民大会堂举行。全国人大常委会副委员长王光英、程思远，原全国政协副主席马文瑞向 12 个获得特别推荐产品的单位颁了奖。

二月

二十八日

中国老龄协会邀请在京 13 个老年社团的负责同志座谈。

三月

十六日

中国老龄协会、中国政策科学研究会在京召开“老年政策座谈会”。

二十日

中国老龄协会、中国老年基金会在赛特饭店联合举办“庆新春迎接1999‘国际老年人年’座谈会”。联合国系统有关组织的代表、联合国人口基金、部分国家驻华使馆官员以及我国有关部委的同志60人出席。

二十六日

中国老龄协会在“中国科技会堂举行中国老龄协会专家委员会第一次会议”。

四月

八日

张文范会长在协会会见了以新加坡社会发展部部长安都拉为团长的 6 人代表团及新加坡驻华使馆一秘卢进华先生。宾主在热情友好的气氛中相互介绍了两国的人口老龄化情况及所采取的对策。双方表示今后加强老龄领域中的交往与合作。

十九日——二十二日

中国老年学学会平衡针灸学委员会在北京召开“首届国际平衡针灸学大会”。来自全国 24 个省、市及日本、韩国、美国、加拿大、澳大利亚、新加坡等 8 个国家的 180 名代表出席了会议。大会收到学术论文 496 篇。全国政协副主席万国权、原中顾委常委李德生等出席了开幕式。

二十九日

应中国老龄协会邀请，帮助老年人国际亚洲分部主任斯蒂芬·金先生于 4 月 29 日至 5 月 6 日来华访问。金先生代表帮助老年人国际与中国老龄协会达成两项合作意向，即：双方合作开展“城市老年人人力资源开发的调查研究”和“农村老年人力资源开发的研究”，时间为 3 年，1999 年结束。

五月

一日

全国助老工程办公室在北京劳动人民文化宫举办“168 老年生活声讯服务台开播仪式”。全国助老工程顾问方强、郑必坚、梁必业、李水清等出席仪式。张文范会长、于国厚副会长在开台仪式上讲了话。

七日

由中国老龄协会组织的“老龄问题万里行记者采访活动”即日起赴四川、贵州、江西、浙江开始采访。张文范会长等为参加采访的《中华老年报》、《中国老年》杂志、《人民日报》、中央人民广播电台组成的记者送行。

八日

中国老年基金会在人民大会堂举行捐赠仪式。山西中远威药业有限公司向中国老年基金会捐赠了价值 200 万元的治疗缺血性心脑血管疾病的“溶栓胶囊”

和20万人民币。张文范会长发表讲话。

全国人大常委会副委员长卢嘉锡、原全国人大常委会副委员长廖汉生、原卫生部部长钱信忠、著名营养学家于若木和卫生部副部长王陇德等有关部委负责人200人出席了捐赠仪式。

二十八日

中国老龄协会、光明日报社、北京大学联合举办的“中国老龄产业座谈会”在中国科技会堂召开。有关部门、老龄组织的专家及企业界人士60余人出席了座谈会。

六月

九日——二十七日

应美国联邦老龄署、加拿大卫生福利部的邀请，张文范会长率中国老龄协会代表团一行5人访问了美国、加拿大及联合国总部。

二十八日

由中国老龄协会主办，中国老年杂志社承办的“各界老年人喜迎香港回归庆祝会”在北京钓鱼台国宾馆召开。全国人大常委会副委员长铁木尔·达瓦买提、全国政协副主席万国权及彭冲、马文瑞、杨成武、孙毅、李宝库等出席庆祝会。张文范会长出席并讲话。

七月

二日——六日

张文范会长出席在山东省青岛市召开的全国22城市第十次老龄工作联席会议，并针对城市养老体系发生的变化，作了《加强和推进城市社区养老服务事业发展》的重要讲话。

十八日

应中国老龄协会邀请，美国西湖公司总裁张惠中先生、假日公司总裁比尔·考尔孙先生一行，来华进行考察访问。张文范会长与美国客人进行了友好商谈。三方本着共同发展、互利互惠、协调合作的原则，经充分协商，达成了在京筹建老年公寓、开发生产老年照料和老年保健用品等合作内容，三方共同签署了《合作意向协议书》和《海外华人中国老人院目录意向书》。

二十四日

中国老龄协会被评为“1996年度中央国家机关精神文明单位”。

八月

十日——十五日

中国老年大学协会二届六次常务理事会暨第四次理论研讨会在宁夏银川市召开。会议收到论文100篇，与会的83名同志就制定和贯彻老年教育发展规划等重点课题进行了研讨。

十四日

张文范会长在中国老龄协会会见来访的马来西亚老年旅游团一行50人，向客人介绍了中国老龄协会的工作和中国人口老龄化的情况。

十四日——十六日

以国际部主任贾福水为团长的5人代表团出席了在澳大利亚佩斯召开的“帮助老年人国际亚太地区会议”。来自亚太地区的18个国家和地区及国际老龄机构，世界卫生组织、亚太经社会的代表约300人出席了会议。中国代表团向会议提交了《依法维护老年人权益，保障老年人安度晚年》的书面发言，介绍了中国老龄协会为庆祝国际老年人年将举办的活动。

十六日——二十三日

中国老年学学会组成以邬沧萍为团长、张亚群为副团长的代表团，出席了在澳大利亚阿德莱德市召开的第16届国际老年学大会。大会通过了《阿德莱德老龄问题宣言》，宣言指出：人类面临日益严重的人口老龄化问题，呼吁各国政府和社会重视这个问题，特别是教育问题，使大家都认识到这个问题的重要性，共同采取措施来对付这个挑战。

九月

五日——七日

由中国老龄协会、中国老年基金会、日本地球财团主办，中国老年摄影家学会协办，中远威药业有限公司赞助的“中远威杯中日老年摄影大赛”在北京图书馆举行。全国人大常委会副委员长王光英出席，张文范会长在开幕式上致欢迎词。

十三日——二十三日

以办公室主任曹炳良为团长的中国老龄协会代表团一行13人访问了日本。在日期间，代表团听取了日本人口老龄化发展状况及其对策制定情况的介绍，参观了日本城乡养老设施、老龄产业的开发情况，与日本老龄组织广泛进行了老龄工作的情况交流。

十七日——十九日

中华老年报社召开“金秋联谊会”，80多个中央国家机关离退休干部局、解放军系统老干部局的负责人出席。中国老龄协会副会长、中华老年报社社长于国厚介绍了我国人口老龄化的趋势、特点及迎接1999国际老年人年的设想和打算。

二十二日

张文范会长在中国老龄协会会见以香港基督教服务处老人评议会温邦主席为团长的14人代表团。国际部主任贾福水、调研部主任张同春分别向客人介绍了中国老龄协会组织机构、任务及近几年的工作情况。

二十六日

张文范会长在中国老龄协会会见来访的美国老龄协会代表团一行20人，并向客人介绍了中国老龄工作情况。双方一致表示，愿意在老龄领域内开展合作。国际部贾福水、宋玉华会见时在座。原中国老龄科研中心主任洪国栋教授向外宾们介绍了中国人口老龄化的研究情况。

二十九日

以于国厚为团长的中国老龄协会代表团一行6人访问了阿根廷和智利。10月2日至4日，出席了在阿根廷巴拉那召开的“老年教育国际研讨会”。于国厚副会长在会上作了题为《拓宽思路，老有所为》的发言，介绍了我国政府对老年教育的重视和发展情况，引起与会代表的良好反响。

十月

四日

张文范会长出席了北京市“敬老养老模范家庭百颗星表彰大会”。此次受到表彰的100户敬老养老模范家庭，是从北京市近400万户家庭中评选出来的，并从中评出10户“敬老养老模范家庭标兵”。市委常委、市政法委书记强卫出席大会并讲话；市人大常委会副主任孟志元、市政协副主席封明为，市政府副秘书长、老龄工作领导小组副组长朱祖朴等领导同志出席了大会。

七日

中国老龄协会、中国老年基金会、共青团中央联合发出通知，要求各地老龄组织和团组织在全国范围内继续开展义务助老活动，在全社会特别是在青少年中积极倡导尊老助老的良好社会风尚，把扶老助困活动长期坚持下去，使重阳节成为真正的“义务助老活动日”

八日

中国老龄协会、中国老年基金会在人民大会堂举行“庆祝‘国际老人节’助养特困老人行动”座谈会。国务委员陈俊生出席会议并讲了话。

十二日

“第23届国际人口科学大会”在京开幕。中国老龄协会会长张文范，办公室主任曹炳良，调研部主任张同春、副主任程勇，国际部主任贾福水等出席了会议。李鹏总理在开幕式上发表讲话指出，“中国必须控制人口增长，才能促进经济发展，要全面提高人口素质，妥善解决就业、老龄化、贫困人口、医疗保健以及社会保障等问题”。张文范会长在下午的分会上宣读了《中国人口老龄化与战略性的选择》论文。阐述了中国人口老龄化的现状及发展趋势，并提出了中国人口老龄化的战略性选择。该会议于10月17日结束，国务委员彭佩云致闭幕词。大会共交流了300多篇学术论文。

十八日

中国老龄协会与香港瑞城国际有限公司合作建设的中国老年活动中心（长青大厦）举行奠基仪式。张文范会长出席并发表讲话。

二十一日

张文范会长出席在上海市召开的《迈向21世纪老龄问题国际研讨会》并宣读了《中国人口老龄化与战略性的选择》的学术论文。

二十八日

中国老龄协会在中国革命军事博物馆举行“中国老龄事业发展15周年图片展”开幕式。于国厚副会长主持，张文范会长发表讲话。宋平同志、马耳他驻中国大使查尔斯·韦拉先生和张文范会长剪彩。各部委老干部局的负责同志等600人出席开幕式。

二十九日

以唐武全副会长为团长的中国老龄协会代表团一行4人赴韩国出席了“第12次东北亚老人福利大会”。出席此次大会的有来自中国、韩国、日本的专家学者200余人。3国代表就老年人的社会福利问题介绍了各国的情况和经验。

十一月

十四日——二十二日

张文范会长率中国老龄协会代表团一行3人出席了在法属马提尼克召开的“国际老龄协会第11届大会和年度理事会”。这是中国老龄协会自今年5月加入国际老龄协会后，参加该组织的第一次会议。大会讨论了1999年“国际老年人年”全球范围的庆祝筹备活动，总结了自上次大会以来在老年人参与社会发展方面取得的成绩。张会长在大会上致词，向与会代表介绍了我国庆祝“国际老年人年”的活动安排和我国老年人参与社会发展的经验，受到了与会代表的热烈欢迎。在年度理事会上，张文范会长被增补为国际老龄协会执行理事会成员。

二十八日——十二月一日

“中国老年基金会第五次工作座谈会”在浙江省杭州市召开。来自全国25个省市的老年基金会负责人出席了会议。

十二月

七日——十七日

应越南高龄协会邀请，以于国厚副会长为团长的中国老龄协会代表团访问了越南。代表团同越南高龄协会会长范奎及有关方面负责人就两国人口老龄化情况、老龄工作及今后加强合作问题进行了友好地会谈。

二十六日

中国老龄协会召开第二次专家委员会会议，张文范会长向出席会议的专家学者通报了协会 1997 年的主要工作和 1998 年的打算。

三十一日

民政部党组副书记、常务副部长范宝俊，副部长李宝库和原副部长闫明复等领导同志到中国老龄协会看望全体职工。

一九九八年

一月

三日

由全国妇联、中国老龄协会发起的“尊老爱幼活动月”在中国妇女活动中心举行开幕式。全国人大常委会副委员长王光英，全国政协副主席万国权，全国妇联副主席、书记处第一书记黄启璪，中国老龄协会会长张文范等领导出席。

十四日

中国老龄协会在中国记协召开外国记者座谈会。张文范会长就中国人口老龄化的现状、特点及对策和中国迎接 1999 年“国际老年人年”的筹备情况回答了记者的提问。

十七日

中国老龄协会、全国政协科教文卫体委员会、香港福康医药有限公司在全国政协礼堂联合举办“虎年迎新敬老联谊会”。张文范会长发表讲话。王光英、铁木尔·达瓦买提、吴阶平、万国权、马文瑞、朱训等出席联谊会。

二十一日

中华慈善总会、中国老年基金会、中国儿童少年基金会“接受赈灾及敬老爱幼捐赠仪式”在全国政协礼堂举行。

二十五日

张文范会长、于国厚副会长、宣传部主任袁新立、办公室主任曹炳良等在河北省民政厅副厅长王大印及省老龄委、涞水县负责同志的陪同下，到涞水县义安镇敬老院慰问老年人。

二月

十日——二十日

中国老龄协会国际部苏京华出席了在美国纽约联合国总部召开的联合国社会发展委员会第 36 届会议，并在发言中宣传了中国政府对老龄工作的重视和近年来在老龄领域取得的成绩，介绍了我国为筹备和庆祝“国际老年人年”而开展的各项活动，呼吁国际社会应特别关注发展中国家的人口老龄化问题。会议期间，中国代表与有关国家和国际组织的代表进行了交流，并向联合国图书馆赠送了中英文本对照的《中华人民共和国老年人权益保障法》。

二十七日

中国老龄协会召开“在京 13 家老年社团座谈会”，于国厚副会长向与会老年社团的负责人通报了中国老龄协会一年来的工作。

三月

三日——十四日

张文范会长当选中国人民政治协商会议第九届全国委员会委员并出席九届一次会议，与民政部副部长范宝俊、人事部原副部长张汉夫联名作了《一个不可忽视的社会大问题》的书面发言。会议期间，张会长向大会提交了《关于建议将老龄事业发展列入国家社会发展计划的意见案》、《请重视老年公寓的开发建设案》等提案。

二十三日

张文范会长会见了来访的法国老年工作者代表团一行 25 人。于国厚副会长向来宾介绍了中国的人口老龄化情况。会见时，中国老龄协会国际部主任贾福水、中华老年报社总编辑谢联辉在座。

二十四日

张文范会长接受美国纽约时报北京分社记者康锐的采访，在全面介绍了中国人口老龄化状况及迎接 1999 年“国际老年人年”所开展的各项工作后，回答了记者的提问。

二十八日

澳大利亚老年人协会执行主席戴维汀访问了中国老龄协会。国际部贾福水、苏京华和调研部程勇同志与外宾进行了座谈，介绍了中国老龄协会组织机构、中国人口老龄化情况及迎接 1999 年“国际老年人年”拟进行的各项活动。

四月

七日——八日

《中华老年报》在京召开老干部局长联谊会。中央国家机关、解放军驻京大单位、武警部队和北京市及有关区县老干部局负责同志 70 余人出席。张文范会长到会讲话。

十日——十三日

中国老龄协会、中国老年学学会在福建厦门召开“全国家庭养老与社会化养老服务”研讨会。来自全国各地的300多位专家学者出席了研讨会。会议交流学术论文270多篇。80多位代表发了言。张文范会长出席并发表了讲话。

五月

二十六日——二十九日

为迎接和庆祝“国际老年人年”，联合国亚太经社会在京召开′98北京老龄问题地区研讨会。国务委员司马义·艾买提出席开幕式，在开幕式前听取了张文范会长的工作汇报并作了重要指示。民政部部长多吉才让和张文范会长在开幕式上讲话。联合国亚太经社会发展司代理司长罗拉先生主持开幕式并致词。

来自中国、美国、澳大利亚、韩国、泰国等24个国家和地区的100多名政府官员、非政府组织负责人、老龄问题专家出席了会议。会议通过了《亚太地区老龄问题行动计划（草案)》。

六月

十日

中国老龄协会在京召开中央国家机关各部委和解放军总政老干部局、在京老年社团负责人“迎接1999年‘国际老年人年’座谈会”。

十二日

中华老年报社在人民大会堂举行“《中华老年报》创刊10周年座谈会”。刘华清、铁木尔·达瓦买提、雷洁琼、张廷发、民政部副部长李宝库、中国老龄协会会长张文范及中组部、人事部、新闻出版署、总政治部有关领导出席。

十八日

国务委员司马义·艾买提听取中国老龄协会的工作汇报。汇报会在民政部召开，国务院副秘书长徐荣凯，民政部部长多吉才让，副部长徐瑞新、杨衍银，国务院秘书三局副局长王泉利及中国老龄协会领导出席。司马义·艾买提听取汇报后发表了重要讲话，充分肯定了中国老龄协会更名以来的工作，就中国老龄协会今后要抓的工作及提出的有关问题作了重要指示。民政部部长多吉才让、国务院副秘书长徐荣凯等领导同志分别讲了话。

二十六日——三十日

由中国老年基金会主办，中国老年保健医学会老年保健用品鉴定委员会和江西省老龄协会承办的“′98全国老年用品博览会”在江西省南昌市展览中心举行。中国老龄协会会长、中国老年基金会会长张文范出席并致开幕词。全国各省市108家老年用品生产、销售企业参加了博览会。

二十六日

中国老龄协会办公室主任曹炳良出席全国政协提案委员会召开的安老养老调查情况介绍会，并向全国政协副主席万国权及由全国政协提案委员会组成的安老养老调研组成员汇报了我国老龄工作面临的形势、任务及存在的主要问题，介绍了调研组赴调查省市的有关老龄工作情况。

二十六日——七月十三日

全国政协提案委员会组成由全国政协副主席万国权为组长，政协常委、民政部副部长范宝俊和政协委员、中国老龄协会会长张文范为副组长，7位政协委员和财政部、建设部、民政部、中国老龄协会负责此项工作的同志参加的调研组，先后对江西、广东、浙江、北京的养老安老情况进行了为期15天的调研。

调研组认为，我国已面临前所未有的人口老龄化的严峻挑战，安老养老问题既是一个关系国计民生的大事，也是关系国家可持续发展和长治久安的重大问题。调研组向党中央和国务院写出了调查报告，建议党和国家高度重视和加强老龄工作，加强老年法律法规的贯彻实施，并制定安老养老的长远社会发展规划。

七月

二十三日

中国老年基金会助老工程办公室在全国政协礼堂举行“助老光明行动”启动仪式。于国厚副会长出席仪式，北京麦格集团总裁李中奇向助老光明行动捐赠了价值80万元人民币的1000枚人工晶体。

八月

三日——六日

中国老年大学协会在浙江省宁波市召开二届七次常务理事会。中国老龄协会副会长、中国老年大学协会副会长于国厚，中国老年大学秘书长刘平生和常务理事20多人出席了会议。

三日——九日

老年人才信息中心在内蒙古自治区满洲里市召开中国老年人才再资源化研讨会，来自全国30多个省市老龄委、中直部委（办）老干部局和院校老龄工作部门的代表50人出席了研讨会。

十一日

中国老龄协会致电长江防汛一线老龄委，对奋战在抗洪前线的老同志和老龄工作者、老干部工作者致以崇高的敬意和亲切的慰问。

十九日——二十二日

于国厚副会长、办公室主任曹炳良出席了在新疆乌鲁木齐市召开的西部地区暨五个自治区老龄工作联席会议。新疆维吾尔族自治区党委常委、组织部部长陈德敏，自治区副主席阿不都卡德尔·乃斯尔丁出席会议并讲了话。

二十六日——三十日

中国老年基金会在河北省承德市召开了部分省市基金管理、增值座谈会。张文范会长、袁新立副会长及中国老年基金会常务副会长蒋秋霞出席会议并讲了话。

九月

七日

国务院办公厅下发《国务院办公厅转发民政部关于开展“国际老年人年”活动意见的通知》（国办发［1998］128号）。

七日——十二日

中国老龄协会在北戴河举办全国老龄工作干部培训班。赵宝华副会长出席并讲了话。来自20个省市区的涉老工作干部300余名同志参加了学习培训。培训班邀请了中央党校、民政部、劳动和社会保障部、老龄科研部门的专家教授授课。

二十四日

张文范会长在中国老龄协会会见了以大卫·波尔布吉为团长的美国老龄协会代表团，向代表团介绍了中美两国老龄工作的交流与合作情况。美国代表团也介绍了美国老龄工作情况。双方对感兴趣的问题进行了广泛的交流，代表团对中国尊老敬老优秀民族传统非常敬佩，认为从小开始就进行敬老的道德教育方式特别好，对于中国注重精神养老，解决老年人孤独寂寞的作法表示赞赏。

二十八日

中国老龄协会在京民大厦召开“1998全国老年公寓研讨会”，张文范会长出席会议并讲话。

二十九日

中国老龄协会在京召开“国际老年人年”新闻宣传座谈会，倡议新闻单位大张旗鼓地进行开展庆祝“国际老年人年”的宣传，进一步唤起全社会对老龄问题的高度重视，构建有中国特色的不分年龄、老少共融、人人共建、人人共享的社会。

十月

七日——九日

中国老龄协会在北京主办了“第13届东北亚老龄化研讨会”，民政部副部长范宝俊出席开幕式并致词，张文范会长致开幕词，赵宝华副会长作了会议总结。联合国开发计划署驻华代表莱特娜女士到会致词，日本驻华使馆派员出席了开幕式。参加会议的代表136人，其中中国代表78人，日本代表42人，韩国代表16人，会议收到论文26篇，有19位代表发言。与会代表从不同角度对东方养老模式的地位、作用、发展趋势进行了深入探讨。会议一致通过了《北京宣言》。

八日

中国老年杂志社与陕西雪花企业集团、福建汉麟投资公司在北京人民大会堂举办“庆祝‘国际老年人年’暨《中国老年》创刊15周年老同志座谈会”。全国政协副主席李贵鲜及中央各部委老干部局负责人、中央13家新闻单位等250人出席了会议。

十九日——二十七日

张文范会长应国际老龄协会（FIAPA）的邀请，赴西班牙桑坦德市出席了国际老龄协会为纪念联合国人权宣言和庆祝“国际老年人年”而举行的第1届国际老年人大会和国际老龄协会理事会，并以《家庭养老：一种东方特色的养老模式》为题向大会致词，受到大会的热烈欢迎。30多个国家和联合国机构及各专门组织的代表约1600人参加了会议。经本次国际老龄协会理事会议选举，张文范继续当选为国际老龄协会理事。

二十三日——二十四日

中华老年报社与驻京部队各大单位老干部工作负责人举行座谈，研讨庆祝1999年“国际老年人年”的宣传工作。赵宝华副会长到会介绍了1999年“国际老年人年”的情况。

二十八日

中共中央政治局常委、国家副主席胡锦涛代表党中央、国务院，代表江泽民主席就庆祝“国际老年人年”向全国发表电视讲话。

二十八日——十一月一日

中国老龄协会、中央电视台、中国合唱协会联合主办的“‘裕兴杯’’98夕阳红全国老年电视合唱赛”在无锡中视影视基地举行。来自全国80支老年合唱团的5000余人参加盛会。大赛共评出10个金奖，20个银奖，30个铜奖。

二十八日

全国助老工程办公室在人民大会堂召开“社区综合服务呼叫网络系统启动仪式”，于国厚、袁新立副会长等100多人出席了仪式。该网络系统首先在北京市朝阳区潘家园和河北省唐山市路北区进行试点。

三十日——十一月一日

中国老年基金会与北京80不老网球队举办的“’98鹤龄名人网球赛”在北京文津街俱乐部举行。中共中央政治局常委、全国政协主席李瑞环与万里、焦若愚、刘建章、张健民出席闭幕式并为优胜者颁奖。赵宝华、袁新立副会长出席了闭幕式。

十一月

十日——十二日

赵宝华副会长出席了在上海市召开的“’98老人

与发展研讨会”并发表了讲话。全国14个省、市、自治区的老龄工作者和科研人员、日本高龄化社会研究中心的专家、学者近200人出席了会议。

十二月

一日——四日

白桦副会长、国际部贾国平出席了在泰国曼谷召开的亚太经社会“推进不分年龄人人共享的社会”地区研讨会。有关国家的政府代表和17个非政府组织的代表共40余人出席会议。

十一日——十五日

由中国老龄协会、中国舞蹈家协会主办，上海市老龄委承办的“全国第3届中老年健身舞蹈汇演”在上海杨浦大剧院举行。

十九日——二十日

中国老龄协会副会长、中国老年大学协会副会长于国厚出席了在武汉市召开的中国老年大学协会中南地区理事会并发表讲话。会议讨论并通过了《中国老年大学中南协作组关于庆祝“国际老年人年”的行动纲要》和近期工作，湖北省委副书记杨永良等出席了会议。

二十八日

国务委员司马义·艾买提在《中华老年报》发表署名文章《高度重视老龄问题，全面发展老龄事业》。

二十九日

民政部党组书记、部长多吉才让，副部长杨衍银、李宝库，原纪检组长李惠仁，新任纪检组长张印忠，办公厅副主任白益华来中国老龄协会慰问全体职工并检查工作。

一九九九年

一月

二十八日

中国老龄协会召开中央各部委老干部局负责人情况通报会。张文范会长通报了我国开展庆祝“国际老年人年”活动的有关情况，于国厚副会长汇报了拟于近期召开的全国“三奖”表彰大会的筹备情况。各部委老干部局的负责同志在会上分别发言，表示要共同努力搞好庆祝“国际老年人年”的活动。

三十日

中国老年杂志社与广东精彩电器有限公司联合在全国政协礼堂举办了“‘国际老年人年’迎新敬老座谈会”。国务委员司马义·艾买提出席会议并向广东精彩集团颁发“敬老纪念杯”。全国政协副主席万国权发表讲话。全国人大常委会副委员长铁木尔·达瓦买提，全国政协副主席卢嘉锡、周铁农及雷洁琼、李德生等各界人士200多人出席座谈会并观看了首都艺术家表演的节目。

二月

二日——四日

袁新立副会长到吉林省白城市慰问灾区老年人，代表中国老龄协会和助老工程办公室向吉林省的100名特困老年人捐赠了5万元人民币。并参加了中央电视台《夕阳红》栏目组对受灾群众的慰问演出活动。

七日

由民政部、原劳动部、全国总工会、共青团中央、全国妇联、中国老龄协会联合召开的全国“敬老好儿女金榜奖”、“老有所为奉献奖”、“重视老龄工作功勋奖”表彰大会在人民大会堂举行。此次评选表彰活动，共评选出“敬老好儿女金榜奖”967名、“老有所为奉献奖”1007名、“重视老龄工作功勋奖”599名。

全国人大常委会副委员长彭珮云、国务委员司马义·艾买提、全国政协副主席李贵鲜等国家领导人和有关部门的领导以及李德生等老同志出席大会并接见了与会代表。来自全国各地的“三奖”代表、老龄工作者和应邀参加大会的各涉老部门及有关单位的代表3000多人出席了大会开幕式。全国“三奖”评选指导委员会名誉主任宋任穷为大会发来贺信。大会由中国老龄协会会长张文范主持。

国务委员司马义·艾买提代表国务院对大会的召开表示热烈祝贺，向全国“三奖”获得者致以崇高的敬意，并向辛勤工作在老龄工作战线上的同志们表示亲切的慰问。

民政部部长多吉才让代表全国“三奖”评选指导委员会讲话，总结了“三奖”评选活动开展以来的情况。

联合国驻华代表莱特娜女士向大会致词。全国总工会副主席倪豪梅宣读了对“三奖”人物的表彰决定。“三奖”获得者陈荔、赵永镐、王文福代表获奖人员在大会发言。黑龙江参美集团荣获了“敬老纪念杯”。

八日——九日

全国老龄工作座谈会在中组部招待所召开。各省、自治区、直辖市老龄委及部分基层老龄委的负责同志共100多人出席座谈会。

民政部副部长范宝俊出席会议并作了重要讲话，他充分肯定了十几年来老龄工作取得的成绩，提出今后老龄工作要从五个方面加大工作力度，一是加快老龄问题的对策研究；二是要积极推进老年福利事业的发展；三是要继续做好《中华人民共和国老年人权益保障法》的宣传和贯彻实施；四是要把“国际老年人年”的事情办好；五是要继续抓好自身建设。

张文范会长作了题为《高举邓小平理论伟大旗帜，以创新的思想、求实的工作，积极推进跨世纪老龄事业的发展》的报告。他在讲话中总结了16年来老龄工作取得的主要成绩和基本经验，提出了今后一个时期老龄工作发展的目标和工作重点。邬沧萍教授向会议代表作了学术报告。副会长赵宝华作了会议总结。

四川、山东、湖北等12个省、自治区、直辖市老龄委负责同志在会上介绍了老龄工作经验，交流了庆祝“国际老年人年”的信息。

十一日

联合国非政府组织老龄问题委员会召开全球老龄电视会议。联合国秘书长安南及负责通讯和公共信息的副秘书长霍根等联合国官员出席会议并讲话。全球老龄电视会议是正在纽约召开的联合国第37届社发大会的议程之一，也是联合国非政府组织老龄问题委员会组织的庆祝“国际老年人年”的活动之一。中国被指定为本次电视会议六个发言国家之一。张文范会长介绍了中国老龄工作的情况。

十三日

张文范会长，于国厚、白桦、袁新立副会长等出席了北京市人民政府召开的北京市庆祝“国际老年人年”大会。全国人大常委会副委员长何鲁丽，北京市委副书记、市长刘淇等出席了大会。市委副书记、市长刘淇代表市委、市政府向全市老年人拜年并发表讲话。

三月

一日——十二日

中国老龄协会参加联合国老龄研究所第4期老龄工作培训班的12名学员在马耳他进行了业务培训。联合国老龄研究所副所长特鲁伊斯教授主持开班仪式并讲话。中国驻马耳他大使祖钦舜在讲话中赞扬了两国在老龄领域里的合作，希望学员们认真学习，回国后把学到的知识应用到实际工作中去。

三日——十一日

张文范会长出席全国政协九届二次会议，代表全国政协副主席李贵鲜、万国权和政协常委、民政部常务副部长范宝俊在大会上做了《重视跨世纪的人口老龄化问题》的大会发言。

五日

全国政协提案委员会召开安老养老工作提案跟踪办理座谈会，座谈会由全国政协常委、提案委员会副主任吴文英主持。全国政协副主席万国权、常委范宝俊、委员张文范、郑苏薇、蒋秋霞、滕进贤和赵士英出席座谈会并先后发了言。民政部副部长杨衍银及建设部、国家计委、财政部、劳动和社会保障部的负责人出席会议并发了言。于国厚副会长及参加“两会”的20多位新闻单位记者出席了座谈会。

八日——二十日

应联合国老龄问题研究所和国际老龄协会邀请，赵宝华副会长率中国老龄协会代表团一行4人访问了马耳他和法国。

二十一日

中国老龄协会与联合国国际老龄研究所在北京京信大厦举行了继续合作的签字仪式。新的协议有效期3年，内容包括：信息交流、技术援助、开发培训教材、老龄问题研究项目和人员培训等。

二十六日

中华老年报社与部分省、市、自治区老龄委以及中央、国家机关有关部委老干部局等50个单位联合举办的“‘小熊猫杯’幸运老人生活知识有奖竞赛活动”，在云南会泽卷烟厂的大力支持下，获得圆满成功。全国政协副主席张思卿、原全国人大副委员长雷洁琼和部分活动主办单位的领导与活动评委会成员出席了在人民大会堂广东厅召开的颁奖大会。赵宝华副会长在会上发表讲话，他希望全社会都为活跃老年人的精神生活办实事、办好事。让老年人身心健康地幸福生活。竞赛活动共评出幸运奖600名，三等奖20名，二等奖20名，一等奖5名。

二十八日

由全国妇联、卫生部、中国老龄协会联合举办的“‘金味杯’中老年妇女健康知识竞赛活动”新闻发布会在人民大会堂召开。全国人大常委会副委员长吴阶平、全国妇联名誉主席陈幕华、全国妇联副主席顾秀莲、中国老龄协会会长张文范等200人出席了会议。

三十一日——四月三日

中国老年学学会在陕西省西安市召开“第三届国际骨质疏松大会”，并举办了骨质疏松医疗仪器展览会。中国老龄协会会长张文范、中国老年学学会会长邬沧萍及与会代表800余人（其中外宾200余人）出席了会议。大会共收到论文450余篇。

四月

三日

由全国政协副主席万国权，全国政协常委、提案委员会副主任吴文英带队，全国政协常委、民政部常务副部长范宝俊，全国政协委员、中国老龄协会会长张文范及全国政协提案委员会、中国老龄协会部分工作人员和有关新闻媒体的记者10余人组成的全国政协安老养老调研组赴天津市考察。万国权副主席在参观后指出，天津市的安老养老工作做得很好，这一点得到党中央领导的称赞和天津市民的好评，说明任何事情只要领导重视，社会关注，齐抓共管，问题就解决得好。

十二日

张文范会长出席了国际老年精神病学学术会议并发表了讲话。来自美国、英国、德国、日本、澳大利亚等16个国家和地区的专家学者500人出席了会议。

二十六日——二十九日

中国老龄协会组织举办了“庆祝‘国际老年人年’老劳模、老先进赴京参观团活动”。来自全国26个省、自治区、直辖市的老劳模、老先进人物先后参观了北京房山区现代化农村韩村河、北京经济技术开发区、北京农业高技术园区、天津经济技术开发区、天津港集装箱码头，瞻仰了毛主席遗容。

28日下午，中国老龄协会在钓鱼台国宾馆召开庆祝“国际老年人年”老劳模、老先进联谊会。会议由张文范会长主持，国务委员司马义·艾买提出席会议并发表讲话，全国政协副主席李贵鲜、万国权，全国政协常委吴文英，民政部部长多吉才让，副部长范宝俊、杨衍银及老前辈马文瑞、王定国、于光汉等与百名老劳模、老先进代表共聚一堂亲切座谈，并观看了文艺节目。

五月

五日

《中华老年报》与北戴河区政府等单位联合在人民大会堂举行“全球在行动，海滨夕阳红大型系列活动”启动庆典仪式。刘华清、李德生等分别为活动题词，雷洁琼、郭林祥、王定国、邓六金、钱信忠、王照华、顾秀莲及部分中央国家机关、解放军、武警部队老干部工作部门和社会团体的负责同志200余人出席了会议。

六日

全国助老工程办公室邀请《人民日报》、中央电视台、中央人民广播电台等24家新闻单位，召开“助养万名特困老人行动”座谈会，并联合发出《凝聚全社会的爱心，营造人人共享的社会》倡议。

六月

二日

张文范会长在中国老龄协会会见了马耳他新任驻华大使萨维尔·博志先生，双方进行了亲切友好的会谈。

七日——十六日

中国老年学学会会长邬沧萍、副会长张亚群率团出席在韩国汉城召开的第6届亚太地区老年学大会，并在大会宣读论文。

二十一日

中华老年报社在京召开创刊11周年座谈会，赵宝华副会长出席并发表讲话。

二十三日

袁新立副会长出席了在河南省洛阳市召开的“'99夕阳红全国老年广播电视节目研讨会”，并在研讨会上宣读了张文范会长《丰富跨世纪老年文化生活，加大对老龄工作的宣传力度》的书面发言。

二十五日

中共中央政治局常委、国务院副总理李岚清在中南海主持会议，研究加强老年文化工作。会上，文化部部长孙家正汇报了我国老年文化工作的情况和进一步加强这方面工作的意见。张文范会长代表民政部在会上发言，中组部、教育部、广电总局、中央电视台、体育总局、新闻出版署等单位的负责人也分别就加强老年文化工作发表了意见。

李岚清副总理在听取大家的发言后指出，党中央、国务院历来十分重视和关心老年工作，各部门各地方在保护老年人合法权益，实施“老有所养、老有所学、老有所乐、老有所为”等方面做了大量工作。随着我国人口老龄化的进程加快，如何丰富老年人健康的精神文化生活，也迫切需要摆上有关部门的重要工作日程。文化、民政、教育等部门以及各级党委、政府，都要充分认识老年文化工作的重要性，切实做好这方面工作。各级党政有关部门要依法保障老年人的物质生活和医疗保健，要加强思想政治工作。国务院有关部门、中央和国家机关有关部门及北京市的负责人出席了会议。

七月

十八日

中国老龄协会、中国老年基金会、中国老年学学会、中远威药业有限公司共同主办的“中华百岁老人健康之星暨老年康复之友”评选活动新闻发布会在人民大会堂举行。全国政协副主席万国权、中国老龄协会会长张文范出席会议并讲了话。来自中央国家机关及社会各界知名人士200多人出席了会议。

二十日——八月三日

全国政协提案委员会组成以全国政协副主席万国权为组长，吴文英、张文范为副组长，有国家计委、劳动和社会保障部、中编办、民政部、中国老龄协会共15人的安老养老跟踪调研组，对四川省、贵州省、云南省、北京市的老龄工作进行了调研。万国权副主席在调研中指出，目前我们对老年问题的宣传还不够，要加大宣传力度。农村应以家庭养老为主，城市以社区为主，逐步形成社会化服务体系，动员社会力量兴办老年福利事业，特别是要将老龄工作机构的关系理顺。

二十一日——二十四日

中国老年大学协会秘书长刘平生出席了在美国明尼苏达州召开的国际第三年龄教育研究会1999国际研讨会，会议的主题是“教育：健康与生活质量”。

二十七日——二十九日

赵宝华副会长出席在长春市召开的全国24城市第12次老龄工作联席会议并讲了话。

八月

十八日

中国老年杂志社在京举办“新时期老同志思想文化工作座谈会”，白桦副会长出席会议并讲了话。来自全国的200多名代表参加了会议。中科院院士何祚庥、中国科协郭正谊研究员就坚持唯物主义、反对伪科学作了专题报告，从理论和实践的结合上揭露了“法轮功”的危害性和欺骗性。中国老年学学会会长、中国人民大学教授邬沧萍就健康老龄化问题发了言。

二十四日——二十八日

中国老年学学会“第3次会员代表大会暨全国老年人社会价值学术研讨会”在大连市召开。张文范会长出席会议并在开幕式上讲话。会议总结了学会6年来的工作，修改了学会章程，部署了今后的工作和学术活动，并选出了新一届领导班子。会议一致推选刘华清、吴阶平、卢嘉锡、雷洁琼等为中国老年学学会名誉会长，选举中国科学院院士陈可冀为会长，程连昌、张立平、赵宝华等7人为副会长。学术研讨会收到论文430余篇，出席大会330人，在会上交流的论文近百篇。

九月

一日——三日

中华老年报社与人民日报社老干部局共同举办的“加强老年文化工作学习班”在云南省昆明市举行。赵宝华副会长出席并讲授了《关于当前老龄工作的一点思考》。中国老年学学会名誉会长、中国人民大学邬沧萍教授等专家学者向来自全国各地的学员们授课。

三日——五日

以张文范会长为团长的一行3人出席了在加拿大蒙特利尔市召开的国际老龄联合会第4届全球会议。68个国家和地区的1800多名专家学者参加了这次会议。会议集中讨论了老年人对社会所作的贡献，及其在提高生活质量、促进代际和谐等方面所起的作用。会议还对老年人的生活保障、老年妇女的特殊困难等问题进行了广泛的探讨。会议结束时通过了《蒙特利尔宣言》。张会长在会上作了《中国人口老龄化的发展态势及基本政策——发展社区为老服务，强化家庭养老功能》的发言。会议期间，张文范会长出席了大会组织的38国部长级会议并发言，回答了记者的提问。

九日——十二日

以袁新立副会长为团长的中国老龄代表团一行4人赴法国巴黎，出席了国际老年人大会及国际老龄联合会理事会议。法国总统希拉克出席大会并讲话，还接见了特邀青年和老年代表。会议举办了庆祝“国际老年人年”展览和由40多个国家参加的盛装游行及大型演唱会等活动。中国代表团在大会上的发言，受到各国代表的欢迎。

二十一日——二十三日

中国老龄协会在天津市召开全国老年文化工作座谈会，各省、自治区、直辖市老龄委（老龄协会）的负责人和有关方面领导100多人参加了会议。会议贯彻李岚清副总理关于丰富老年人精神文化生活的重要指示，总结交流了各地开展老年文化工作的经验，研究讨论了如何进一步做好新时期老年文化工作的问题。

天津市副市长王德惠到会致辞，文化部副部长艾青春出席会议并讲了话。他指出，老年文化工作是社会主义精神文明建设的重要组成部分，关系到社会的稳定和发展，各级文化部门要予以高度重视。

张文范会长在会上作了《认真做好我国老年文化工作，积极推进老龄事业发展》的报告。他总结了我国老年文化工作的发展经验，分析了当前老年文化所面临的形势和任务，提出了积极开拓老年文化工作新局面的意见。

二十八日

中国老年杂志社在全国政协礼堂举行“迎国庆，’99国际老年人年金婚庆典活动”。出席会议的党和国家领导人铁木尔·达瓦买提、卢嘉锡、万国权及首都各界代表300人。

十月

三日——六日

由联合国亚太经社会、中国老龄协会主办，上海市老龄委、上海老龄科研中心承办的“’99亚太地区老年消费研讨会”在上海市召开。18个国家和地区的中外代表40余人出席会议。联合国亚太经社会社会发展司特殊群体处处长劳拉先生主持开幕式并讲话。民政部副部长杨衍银在开幕式上致辞。

十日——十六日

以于国厚副会长为团长的中国老龄协会代表团一行4人出席了在韩国召开的’99汉城世界非政府组织大会。来自90多个国家的7000名代表出席了大会。联合国秘书长安南为大会发来贺电，韩国总统金大中致开幕词。大会回顾了非政府组织近年来在各自领域的工作成果，探讨了如何更好地发挥作用等问题。于国厚副会长在专题讨论会上发言，介绍了我国人口老龄化的现状、发展趋势，中国特色的养老之路及丰富多采的老年人生活，引起了各国代表的兴趣，并回答了记者的提问。

十二日——十五日

由中国老龄协会、中国人口福利基金会联合主办，中国人民大学人口研究所协办的“全国首届中青年学者老龄问题学术研讨会”在京举行。来自全国的200多名中青年学者共同探讨了21世纪的中国老龄问题及对策。

十三日

中国老龄协会、中国人寿保险公司、中央电视台联合在北京展览馆剧场举办“‘岁月新·夕阳红’国际老年人年专场文艺晚会”。全国人大常委会副委员长布赫、国务委员司马义·艾买提、全国政协常委吴文英、民政部部长多吉才让等领导与首都2000多名观众一起欣赏了文艺工作者的精彩演出。司马义·艾买提国务委员向中国人寿保险公司赠送了敬老助老纪念杯。

同日晚，中国老年基金会、中央电视台、中国老年学学会、中远威药业及中国电视艺术家协会在中央电视台演播大厅共同举办“世纪人瑞——庆祝1999年‘国际老年人年’专题文艺晚会”，全国人大常委会副委员长铁木尔·达瓦买提、全国政协副主席万国权向百岁老人健康之星和老年康复之友的代表颁奖，并与老年人一起观看了文艺演出。

十五日

于国厚副会长出席了北京市老年人运动会。来自北京18个区县68支代表队的1164名运动员参加了门球、太极拳、太极剑、广播体操等运动项目。

同日赵宝华副会长出席了“北京市敬老养老模范家庭百颗星表彰大会”并讲了话。

同日，白桦副会长出席了山东省庆祝“国际老年人年”暨老龄工作先进集体、先进个人和模范老人表彰大会并发表讲话。中共中央政治局委员、山东省委书记吴官正，省人大常委会主任赵志浩等省委4大班子领导亲临大会祝贺。

十五日——十七日

全国助老工程办公室、北京市老龄协会和朝阳区人民政府联合在新建成的朝阳公园举办了“重阳敬老献爱心”游园活动。老年艺术团体的文艺节目、健康服务广场的医疗、法律、养老、保险咨询活动受到社会各界人士的好评。

十六日

中国老年基金会、中国老年学学会、中国老年大学协会及广州金龙兆业文化传播有限公司联合在人民大会堂召开百集VCD《老年课堂》发行座谈会。全国人大常委会副委员长王光英、布赫，全国政协副主席万国权及社会各界人士200人出席会议。

十七日——二十日

袁新立副会长、中国老年大学协会秘书长刘平生等出席了由中国老龄协会、文化部社会文化图书馆司、海南三亚市政府共同举办的“海南首届中国南山长寿文化节活动”并讲话。来自7家老年大学的160余人的老年大学文艺专场演出受到观众的热烈欢迎。

十七日

中国老年杂志社、人民日报海外版策划中心、全国高技术产业化协作组联合在人民大会堂举办“老革命家、企业家‘九九’重阳敬老联谊会”。全国人大常委会副委员长铁木尔·达瓦买提和老革命家李德生、刘英、王定国等出席，张文范会长讲了话。

同日，中国老龄协会、中国国际友谊促进会、北京市门球协会联合举办的“‘长江杯’老年门球邀请赛”在北京丰台体育中心开幕。来自全国的近百支代表队的千余名老人参加了开幕式。

二十二日

经中共中央、国务院批准成立的全国老龄工作委员会在中南海国务院会议室召开第一次全体会议。中共中央政治局常委、国务院副总理、全国老龄工作委员会主任李岚清在会上讲话指出，党中央、国务院非常重视老龄工作，决定成立全国老龄工作委员会，这是加强老龄工作的一项重大举措，对推动我国老龄事业的发展将起到重要作用。

会议由国务委员、全国老龄工作委员会常务副主任司马义·艾买提主持。全国老龄工作委员会副主任多吉才让、徐荣凯、黄晴宜出席会议，各成员单位负责人在会上讨论了各成员单位的职责，就做好老龄工作发表了意见。

同日，全国老龄工作委员会办公室主任、民政部部长多吉才让召集办公室人员，召开第一次会议。多吉才让部长对今后办公室的工作提出了几点要求，他要求中国老龄协会全体职工要统一思想，振奋精神，在思想观念、工作方式、工作作风上有一个大的转变，以适应新的工作。全国老龄工作委员会办公室的工作是中国老龄协会的核心工作，协会机关和下属单位要全力以赴，要集中调研力量，贴近实际，突出重点，开展调查研究，为党和政府制定老龄事业的方针政策提出建议；要调整、充实和建立必要的工作机构，明确职责，高质量、高效率地开展工作；要抓紧研究制订近期工作计划等问题。民政部副部长、全国老龄工作委员会办公室副主任杨衍银和张文范会长及于国厚、赵宝华、白桦、袁新立副会长等出席了会议。

二十六日——十一月三日

国务委员、全国老龄工作委员会常务副主任司马义·艾买提和全国老龄工作委员会办公室副主任张文范对河北省的老龄、民族宗教和民政工作进行了考察。司马义·艾买提在谈到加强老龄工作时说，老龄问题是一个带全局性、战略性的重大社会问题。党中央、国务院近日决定成立全国老龄工作委员会，这是加强老龄工作的重大举措，加大了对老龄工作的领导力度，加强了对庞大的老年群体的引导和管理。各级政府要进一步统一思想，提高认识，重视和加强老龄工作。各级政府要认真贯彻落实全国老龄工作委员会第一次全体会议精神，扎扎实实做好老龄工作。各级老龄委的工作人员要深入基层，面向社会，搞好老龄问题的调查研究，拟订加强改进工作的政策、措施，当好各级政府的参谋助手，积极探索具有中国特色的发展老龄事业的新路子。司马义·艾买提同时强调，要加强老年文化、体育工作，丰富老年人的精神文化生活。我国的老年群体以低龄健康老年人为主，是一个年龄跨度比较大的群体。我们既要满足老年人的物质生活需求，更要满足老年人的精神文化需求。各级政府一定要加强对老年人精神文化生活的引导和管理，积极开展科学、健康、文明的文化、体育活动。河北省委、省政府的领导陪同考察。

二十八日

全国政协提案委员会召开安老养老情况座谈会，全国政协常委、提案委员会副主任吴文英主持会议，全国政协副主席万国权出席会议并发表讲话。全国政协委员赵士英等 6 位委员及国家计委、民政部、中编办、劳动和社会保障部、财政部、建设部有关方面负责人和中国老龄协会白桦副会长等 30 人出席了座谈会。

十一月

二日

于国厚副会长出席全国政协提案委员会第 4 次提案工作座谈会新闻发布会，并介绍了中国老龄协会提案办理工作情况。

十一日——十六日

赵宝华副会长率代表团一行 6 人赴日本出席了东北亚老龄化研讨会，并访问了日本政府老龄工作部门，考察了部分养老设施。出席此次研讨会的有中国、日本、韩国政府官员和老龄科研机构的专家学者 80 余人。会议主题是“21 世纪，东北亚地区人口老龄化、家庭及社会”。赵宝华副会长以《中国人口老龄化和养老保障》为题作了报告，代表团成员张同春、肖振禹等也分别就有关研究课题发表了论文。

十二日

中共中央政治局常委、国务院副总理、全国老龄工作委员会主任李岚清考察了北京市的老龄工作，并同北京市有关领导、老龄工作者进行了座谈。他指出，党和政府十分重视人口老龄化问题，各级党委和政府要提高认识、统一思想、明确责任，切实采取有效措施，使这项工作再上一个新台阶。国务委员司马义·艾买提、民政部部长多吉才让、国务院副秘书长徐荣凯、中国老龄协会会长张文范和有关部门负责人陪同考察。

十四日

全国老龄工作委员会办公室副主任、民政部副部长杨衍银、中国残联主席邓朴方为中国康复研究中心老年病院开业剪彩。首都数十家大型医疗机构的专家和社会各界 300 多人出席了开业仪式。

二十二日

全国老龄工作委员会办公室主任、民政部部长多吉才让到中国老龄协会检查工作，听取工作汇报后对全国老龄工作委员会办公室的工作进行了部署。

十二月

二日——六日

张文范会长率中国老龄协会代表团赴马耳他进行正式访问。3 日，马耳他总统德马尔科在瓦莱塔接见代表团，双方进行了亲切的交谈，中马双方各自介绍了老龄工作方面的情况，盛赞中马两国多年来在老龄问题上进行的卓有成效的合作，希望双方进一步加强交流与合作。接见时，中国驻马耳他大使祖钦舜在座。访问期间，张文范会长代表中国老龄协会与马耳他联合国国际老龄问题研究所就建立中国国际老龄培训中心交换了意见，双方签署了合作协议。

九日——十二日

中国老龄协会、全国妇联、中国人口文化促进会、中国艺术研究所、中华服饰文化研究会、中国艺术研究院联合在京举办了首届中华中老年时装展演艺术大赛。来自 20 多个省、自治区、直辖市的 80 支代表队 1300 多名中老年朋友参赛。

十二日

中国老龄协会、全国工商联、中国老年杂志社、北京燕山华尔森集团在人民大会堂隆重举行迎澳门回归座谈会。全国人大常委会副委员长王光英、程思远出席并发表讲话。全国政协副主席陈俊生、赵南起及有关方面负责人 300 人出席了座谈会。

二十九日

民政部召开《中国老年报》与《中华老年报》合并为《中国老年报》的祝贺两报合并大会。多吉才让部长、杨衍银副部长出席大会并讲话。赵宝华副会长出席会议表示祝贺。

二〇〇〇年

一月

十四日

中国老龄协会召开新闻宣传座谈会，邀请《人民日报》、新华社、中央电视台、中央人民广播电台等16家新闻单位的编辑、记者座谈老龄宣传工作。

十八日

国务委员、全国老龄工作委员会常务副主任司马义·艾买提同志主持会议，研究全国老龄工作委员会近期工作及筹备召开全国老龄工作会议等问题。多吉才让、徐荣凯、杨衍银、张文范、曹炳良等有关人员出席会议。

二十一日

民政部部长多吉才让同志主持会议，研究全国老龄工作委员会近期工作意见。杨衍银、张文范、陈杰昌、曹炳良出席。

二十七日

张文范会长、袁新立副会长赴山西省慰问特困老年人。

二月

二日

多吉才让部长、杨衍银副部长到中国老龄协会看望机关全体同志，祝大家新春愉快。多吉才让部长讲话指出，去年老龄协会做了大量工作，除了搞好“三讲”教育外，认真承担起了全国老龄工作委员会办公室的日常工作，同志们转变工作作风和思维方式，工作很有成绩。今年任务很重，要筹备召开全国老龄工作会议，希望大家团结一致，齐心协力把工作搞好。

八日——十七日

联合国社发委员会第38届会议在联合国总部纽约召开，会议就联合国有关残疾人和老年人等社会群体境况的行动计划和纲领进行了审查。国际部苏京华同志代表中国老龄协会出席会议并在会议上发言，介绍了我国老龄工作取得的成绩及为解决人口老龄化问题而采取的措施。会议通过了《国际老年人年的后续行动》和《第2次老龄问题世界大会》两项决议草案。

十八日

中国老年学学会在人民大会堂举办“龙年元宵佳节敬老联谊会”。刘华清、雷洁琼及社会各界300余人出席。

二十五日

多吉才让部长主持召开全国老龄工作委员会办公室主任办公会议，讨论研究筹备召开全国老龄工作会议文件起草工作。

二十八日

张文范会长主持会长办公会议，研究全国老龄工作会议文件起草工作。

三月

三日——十二日

张文范会长出席全国政协九届三次会议并提交了有关老龄问题的5个提案。

七日

由中国老龄协会、全国妇女联合会、中国人口文化促进会联合主办，中国老年杂志社承办的“2000年特别关注全社会关爱老年妇女座谈会”在北京举行。雷洁琼、谭友林、张至秀、刘英、王定国、刘建章及劳动模范、各界知名人士代表200多人出席。

同日，白桦副会长在中国老龄协会会见日本高龄退休者联合事务局负责人石川慎一等2人，就中日两国老龄工作情况进行了交流。国际部主任贾福水等会见时在座。

二十日

法国波尔多市老年工作者代表团一行24人来中国老龄协会参加座谈会。

二十一日

国际部主任贾福水与苏京华出席“21世纪的联合国”研讨会。苏京华就“非政府组织的作用”作专题发言，宣传了中国在贯彻联合国老龄原则、目标和决议中所发挥的作用及取得的成就，并就21世纪老龄领域的工作向联合国提出了建议。

四月

十二日——十五日

张志鑫副会长出席民政部在广东省召开的“全国社会福利社会化工作会议”。

十八日

张文范会长在中国老龄协会会见了专程来访的马耳他政府副总理兼社会福利政策部部长冈奇等一行4人。双方进行了亲切友好的会谈。

张志鑫、赵宝华副会长及国际部主任贾福水等会见时在座。

二十六日——二十九日

《中国老龄事业发展“十五”规划和2015年远景目标纲要》修改意见座谈会在湖北省武汉市召开。

五月

五日——十九日

张志鑫副会长在协会会见了国际助老会亚洲培训中心主任威苏夫妇，并就中国老龄协会与国际助老会几年来的合作交换了意见，商谈了今明两年在人员培训及该组织主席访华等事宜。

十六日——二十日

赵宝华副会长会见了国际助老会特别顾问闻苏珊女士，就社区与家庭照料老人等问题进行了交流。

二十二日——二十六日

联合国非政府组织“千年论坛”大会在纽约联合国总部召开。100多个国家的非政府组织及市民社会的1350名代表出席。联合国秘书长安南出席开幕式并致开幕词，安南在致词中强调，“非政府组织应发挥更加积极的作用，同政府互相合作，共同创建一个和平、民主、发展的新千年。”

我国代表团由中国人权协会、中国联合国协会、中国妇联、中国残联、中国青联、中国老龄协会和中国环保基金会组成。国际部肖才伟、苏京华、肖宏燕3人参加了会议。

六月

三日——十八日

由全国政协教科文卫体委员会组织的6位政协委员及国家体育总局、卫生部、中国老龄协会、中国老年体协等有关人员共13人参加的联合调研组，在全国政协常委、国家体育总局副局长张发强带领下，对福建、云南的老年体育和健康活动状况进行了专题调研。

十四日

张文范会长在京会见了以西田八郎为团长的日本高龄退休者团体联合会访华团，并向客人介绍了我国老龄工作情况。

十六日

中国老龄协会组成以计划财务部主任许金梅为团长的6人代表团，出席了由中央人民政府驻香港特别行政区联络办公室社会工作部和社会服务发展研究中心联合主办的“21世纪资讯科技发展所衍生的社会现象及对社会服务的冲击”学术研讨会。

十六日——十九日

由中国企业管理培训中心、中国老龄协会调研部举办的全国老年公寓管理与服务研讨会在北京召开。

二十六日

全国老龄工作委员会第二次全体会议在京召开。中共中央政治局常委、国务院副总理、全国老龄工作委员会主任李岚清出席会议并就做好老龄工作、发展老龄事业，筹备开好全国老龄工作会议发表了重要讲话。

国务委员、全国老龄工作委员会常务副主任司马义·艾买提主持会议。全国老龄工作委员会副主任、全国老龄工作委员会办公室主任、民政部部长多吉才让在会上通报了全国老龄工作会议的筹备情况。

七月

二日——五日

全国18城市老年大学工作研讨会在山西省太原市召开。会议交流了各地老年大学工作的经验。张文范会长出席会议并讲话。据统计，我国老年大学（学校）已发展到16600多所，学员146万人，初步形成了有中国特色的老年教育体系。

七日

张文范会长列席国务院总理办公会，会议讨论了《中共中央、国务院关于加强老龄工作的决定》（稿）。

十二日

中国老龄协会与北京市民政局和美国海华老龄研究会合作，在中国老龄协会五楼会议室举行了“中美老龄专家交流会”。来自美国、香港及内地的20多位专家、学者重点就社区为老服务进行了探讨。中外专家认为此次交流活动很有收益。

张文范会长、张志鑫副会长接见了与会中外专家，并就今后的交流与合作问题与香港中文大学梁祖彬教授及海华老龄研究会执行主任黄桂妍女士交换了意见。

同日，张文范会长出席中华老人文化交流促进会举办的“精神健康与老人长寿研讨会”。全国政协副主席任建新、孙孚凌为会议题词。

十三日——十五日

按照联合国老龄处的要求，调研部组织部分专家、学者，就1982年世界老龄大会通过的维也纳《老龄问题国际行动计划》执行情况进行座谈，并就我国参与筹备联合国第2次老龄问题世界大会准备了修改建议。赵宝华副会长出席了此次专家会议，并发表了原则性意见。

二十六日

中国老年杂志社在人民大会堂举办“庆祝中国人民解放军建军73周年老将军座谈会”。全国政协副主席万国权及老将军、老红军李德生、王定国等200人出席会议。张志鑫副会长在座谈会上发表了讲话。

二十六日——二十八日

张文范会长、调研部主任程勇等出席了国家计委社会发展司在成都召开的中澳人口老龄化宏观对策研讨会。张会长作了题为《中国人口老龄化趋势和宏观政策选择》的学术报告。

八月

四日

多吉才让部长主持召开全国老龄工作委员会办公室主任办公会议，研究全国老龄工作会议筹备工作。杨衍银副部长，张文范会长，张志鑫、赵宝华、白桦、袁新立副会长，办公室主任曹炳良出席。

八日

张志鑫副会长出席了在梅地亚中心召开的“世纪的歌声”2000年夕阳红老年合唱电视大赛暨“永远的辉煌”第二届中老年合唱节预备会议和新闻发布会并讲话。

九日——十日

袁新立副会长、办公室主任曹炳良到国务院发展研究中心参加研究修改李岚清副总理在全国老龄工作会议上的讲话和司马义·艾买提国务委员在会议闭幕时的总结讲话。

十二日

张文范会长、张志鑫副会长、办公室主任曹炳良，参加由国务院副秘书长徐荣凯主持召开的关于全国老龄工作会议筹备工作会议。

二十六日——二十八日

国务院全国老龄工作会议在国谊宾馆召开。中共中央政治局常委、国务院副总理、全国老龄工作委员会主任李岚清出席会议并发表重要讲话。国务委员、全国老龄工作委员会常务副主任司马义·艾买提出席会议并在会议闭幕时作了总结讲话。国务委员兼国务院秘书长王忠禹、国务院副秘书长马凯分别主持了会议开幕式和闭幕式。会议期间，中宣部、劳动和社会保障部、民政部等8个部委的负责人作了大会发言，北京、上海、山西等6个省、自治区、直辖市的负责人介绍了开展老龄工作的经验，与会代表就进一步做好老龄工作进行了认真讨论。各省、自治区、直辖市和中央国家机关各部门的负责人200多人出席了会议。

三十一日——九月二日

由中国老龄协会和日本地球财团主办、浙江省老龄委承办的“第三届中日老年摄影展”在杭州举行。中国老龄协会国际部主任贾福水，浙江省老龄委及有关方面负责人出席了开幕式。

九月

三日——十四日

应中国老龄协会邀请，以白秀雄理事长为团长的台湾老年学友访问团赴大陆参观访问，并就海峡两岸老龄事业的发展与合作进行交流。4日，张文范会长会见了访问团一行，双方各自介绍了老龄事业的发展情况，并表示今后要加强交流与合作。

六日

应中国老龄协会邀请，国际助老会主席弗劳拉·麦克唐纳和该组织驻亚太地区代表朱迪·罗伯兹女士一行来中国访问。全国老龄工作委员会办公室副主任、民政部副部长杨衍银会见了代表团成员，双方在友好的气氛中就所关心的问题进行了广泛交谈。张文范会长、张志鑫副会长也分别会见了来宾，双方表示，今后要在老龄工作信息交流、科学研究、人员培训等方面进一步加强合作。外宾在华期间参观访问了北京、西安的老年福利设施。

十一日——十五日

由文化部、中国老龄协会、中央电视台共同举办的“世纪的歌声”2000年夕阳红老年合唱电视大赛暨“永远的辉煌”第二届老年合唱节，在江苏省无锡市影视城举行。27个省、自治区、直辖市的86个合唱团，5287名老年合唱爱好者及海外华侨和港澳同胞参加。

十二日

中国老年学学会在人民大会堂举行21世纪老龄健康论坛学术研讨会。

十三日——二十一日

张文范会长率中国老龄协会代表团出席了在加拿大举行的国际第三年龄大学协会第20届代表大会和在阿根廷海滨城市马德普拉达市举行的“第5届全球老龄大会”。

在会前召开的国际老龄联合会理事会上，张文范会长被推选为该组织副主席，并授权负责亚洲地区老龄事务。

十七日——二十五日

赵宝华副会长率中国老龄协会代表团一行3人，出席了在印度新德里召开的国际助老会亚太地区会议。会议的主题是“独立与幸福老年人的新千年”。

十九日

国务委员、全国老龄工作委员会常务副主任司马义·艾买提视察了山东省青岛市老干部活动中心和老年大学，听取了工作汇报，看望了正在参加活动的老同志，观看了老年文娱演出，称赞老年大学办得好，并为老年大学题词“老有所学”。张志鑫副会长陪同视察。

二十六日

中国老年学学会在人民大会堂召开“第2届国际平衡针灸学平衡医学大会”开幕式。全国政协副主席万国权出席会议并向获奖的专家学者颁奖。

十月

一日——十日

由中国老龄协会主办、中国老年报社承办的“第五届中华不老城”在北京劳动人民文化宫举行。6日上午举行了开城仪式，全国老龄工作委员会办公室副主任、民政部副部长杨衍银出席并宣布中华不老城开城。全国老龄工作委员会办公室副主任、中国老龄协会会长张文范发表讲话。全国政协副主席王文元，全国政协常委、中国农工民主党副主席章师明出席仪式。

十八日

由国家体育总局、中国老龄协会、中国老年人体育协会联合主办的“健康老人百日登香山活动”在北京香山公园举行开幕式。国家体育总局副局长张发强、中国老龄协会副会长白桦出席并讲话。来自中央国家机关、解放军驻京部队和北京市市属机关及企事业单位的几十支老年登山队共上千名老年登山爱好者参加了开幕式并开始登山活动。

十八日——二十一日

由中国老年学学会主办的“21世纪老年学论坛”在山东省青岛市举行。

十九日——二十二日

中国老龄协会副会长张志鑫率代表团出席了在比利时布鲁塞尔召开的国际老龄协会2000年理事会和该组织成立20周年庆祝活动。会议就筹备支持2002年世界老龄大会、回顾各国政府和非政府组织落实社发首脑会议决议，以及出版反映该组织成立20周年各国会员组织活动的白皮书等问题进行了讨论。联合国教科文组织代表和欧洲议会副主席出席大会开幕式。

二十四日

由全国妇联、中国老龄协会、中国老年人体育协会共同举办的“第五届全国健康老人评选活动”新闻发布会在全国妇联举行。全国妇联副主席田淑兰、中国老龄协会会长张文范、中国老年人体育协会主席张彩珍到会并讲话。

二十六日——二十八日

“中国城乡老年人口状况一次性抽样调查”调查员培训班在北京举行。20个省、直辖市、自治区的70多名调查员参加了培训。

三十日

中国老龄协会会长、中国老年大学协会会长张文范会见了台湾老人社会大学校长潘维刚女士，双方进行了亲切友好的交谈。中国老年大学协会秘书长刘平生会见时在座。

十一月

六日——九日

全国老龄工作委员会办公室副主任、中国老龄协会会长、中国老年大学协会会长张文范出席文化部在杭州召开的“全国老年教育工作座谈会暨老年大学的办学经验交流会”。

文化部副部长艾青春出席会议并讲话。全国各省、自治区、直辖市的文化、老龄部门及老年大学代表90多人参加了会议。

七日——八日

白桦副会长率中国老龄协会代表团出席了在韩国汉城召开的“第15届东北亚老龄问题研讨会”。会议以“21世纪——少子时代的高龄社会”为主题进行了交流与探讨。会间白桦副会长与日、韩两国就2001年在中国召开第16届东北亚会议有关问题进行了磋商。

十六日——二十一日

应美国老年学学会邀请，以中国老年学学会副会长张亚群为团长的5人代表团，出席了在华盛顿召开的美国老年学学会第53届年会。

二十一日

张文范会长、张志鑫副会长出席中国人口文化促进会在人民大会堂举行的“第八届中国人口文化奖”颁奖大会。全国人大常委会副委员长姜春云、彭珮云及有关方面负责人出席了颁奖大会。

十二月

二十九日

由中国老龄协会、中国老年人体育协会和中华妇女联合会共同主办的“健康走向新世纪第5届全国健康老人颁奖大会”在北京市宣武区广安体育馆隆重举行。国务委员、全国老龄工作委员会常务副主任司马义·艾买提，全国妇联主席顾秀莲等出席会议，并向全国健康老人代表颁奖。国家体育总局局长袁伟民、中国老龄协会会长张文范、全国妇联副主席沈淑济分别在会上作了讲话。颁奖仪式后近千名健康老人进行了健身操、健身球、服饰等精彩表演。

二〇〇一年

一月

十日

中国老龄协会专家委员会召开第五次会议，全国老龄工作委员会办公室副主任、中国老龄协会会长张文范向与会专家通报了中国老龄协会2000年工作情况和2001年工作的初步安排；邬沧萍教授介绍了国际老年学会成立50周年大会情况；中国老龄协会副会长赵宝华介绍有关制定《中国老龄事业“十五”计划纲要》的起草情况。会议还就有关人口老龄化问题进行了讨论。

十六日

中共中央政治局常委、国务院副总理、全国老龄工作委员会主任李岚清，在民政部部长、全国老龄工作委员会副主任兼办公室主任多吉才让，北京市市委书记贾庆林，国务院副秘书长、全国老龄工作委员会副主任徐荣凯，全国老龄工作委员会办公室副主任、中国老龄协会会长张文范陪同下，视察中央、国家机关和北京市老干部活动中心，观看了老干部书画作品和文艺演出，并向离休老干部、老同志和老干部工作者致以新春佳节的问侯。

十九日

中国老年学学会在人民大会堂举行“21世纪新春佳节敬老联谊会”。全国老龄工作委员会办公室副主任、中国老龄协会会长张文范出席并讲话。

二十日

中国老龄协会和北京市老龄协会在北京饭店隆重举行“2001年新春敬老联谊会”。国务委员、全国老龄工作委员会常务副主任司马义·艾买提代表国务院和全国老龄工作委员会，向各族各届老年朋友和辛勤工作在老龄工作战线上的干部职工致以节日的问侯。全国人大常委会副委员长铁木尔·达瓦买提，全国政协副主席孙孚凌、赵南起，国务院副秘书长徐荣凯，民政部部长、全国老龄工作委员会副主任兼办公室主任多吉才让，民政部副部长、全国老龄工作委员会办公室副主任杨衍银，中组部副部长、全国老龄工作委员会副主任黄晴宜及中央国家机关等部门负责人和在京的老领导、老英模、健康老人代表300多人出席了联谊会。

联谊会由中国老龄协会会长张文范主持。北京市政协副主席万嗣全和老劳模胡宗显分别代表北京市政府和老劳模及健康老人发表了热情洋溢和讲话。

二月

五日

中国老龄协会召开在京10家全国性老年社团负责人及办公室主任座谈会，愤怒声讨“法轮功”邪教组织，与会人员纷纷发言揭露批判“法轮功”邪教组织反人类、反社会、反科学的本质。

同日，中国老龄协会向全国亿万老年人发出《公开信》，呼吁老同志充分发挥自身的政治、经验、知识优势，对自己的家庭、子女、亲属及邻里广大青少年开展宣传教育活动，教育他们远离“法轮功”，并坚决与李洪志及其“法轮功”邪教组织斗争到底，保证国家的稳定发展和长治久安。

九日

国务委员、全国老龄工作委员会常务副主任司马义·艾买提，在民政部部长、全国老龄工作委员会副主任兼办公室主任多吉才让，民政部副部长、全国老龄工作委员会办公室副主任杨衍银同志的陪同下，到全国老龄工作委员会办公室、中国老龄协会视察工作，亲切接见了机关处以上干部和所属单位负责同志，听取了全国老龄工作委员会办公室近期工作和民政部贯彻落实全国老龄工作会议精神情况以及中国老龄协会的工作汇报，并作了重要指示。

同日，全国老龄工作委员会下发《深入开展与“法轮功”邪教组织斗争，进一步加强老龄工作的通知》。

同日，中国老龄协会与中国老年大学协会共同组织京、津、冀地区老年大学百名学员代表在京举行集会，愤怒声讨“法轮功”邪教组织。全国27个省、自治区、直辖市的老年大学和老年教育组织纷纷致电、致函，表示积极响应，充分表达了全国17000多所老年大学（学校）和150万老年学员与“法轮功”邪教斗争到底的决心。

二十五日——二十六日

由中国老龄协会与国家计委社发司、人民大学等单位举办的“第二届全国老龄产业研讨会”在北京举行。国务委员、全国老龄工作委员会常务副主任司马义·艾买提出席会议并发表重要讲话。民政部部长、全国老龄工作委员会副主任兼办公室主任多吉才让，民政部副部长、全国老龄工作委员会办公室副主任杨衍银，国家计委、国家经贸委、国务院研究中心等有关部门的领导同志和全国各地的专家学者、老龄工作者、新闻界和企业界代表200余人出席。研讨会就老龄产业发展方向、管理理念、产业发展经验等问题进行了广泛的探讨和交流。

二十八日

全国老龄工作委员会等三次全体会议在京召开。中共中央政治局常委、国务院副总理、全国老龄工作委员会主任李岚清出席会议并发表重要讲括。会议听取了全国老龄工作委员会办公室关于各成员单位及各地贯彻《中共中央、国务院关于加强老龄工作的决定》和全国老龄工作会议精神情况的汇报，审议了《全国老龄工作委员会2001年工作要点》和《中国老龄事业发展“十五”计划纲要》等。

三月

三日——十二日

全国老龄工作委员会办公室副主任、中国老龄协会会长张文范出席全国政协九届四次会议，并在小组会上作了“发展社区养老社会化服务是解决我国养老问题的战略举措”的发言。

五日——九日

由中国老龄协会、国际助老亚洲培训中心、上海老龄委合作主办的“建立社区能力，促进积极老龄化”国际培训研讨会在上海举行。中国老龄协会副会长张志鑫出席开幕式并致词。会议就社区养老的有关问题进行了探讨与交流。国际助老会专家表示，将在未来的几年中，利用上海市的成功经验推动亚太地区的社区养老工作。

七日

《人民日报》摘要发表《中共中央、国务院关于加强老龄工作的决定》，号召全党全社会从改革、发展、稳定的大局出发，高度重视和切实加强老龄工作，发展老龄事业，大力营造全社会敬老养老助老风气。

十四日

全国老龄工作委员会办公室副主任、中国老龄协会会长张文范，副会长张志鑫在协会会见马耳他联合国国际老龄研究所所长得·伯诺夫妇、副所长特鲁伊斯，并就两国老龄科研合作等问题进行了交流。

二十九日

中国老龄协会副会长张志鑫在协会会见日本高龄者非政府组织会议代表团，并就2001年将在西班牙举行的世界老龄大会有关情况交换了意见。

四月

三日

全国老龄工作委员会办公室副主任、中国老龄协会会长张文范在协会会见国际第三年龄大学协会主席、法国里昂天主教大学文学院院长路易斯。双方就老年学的研究、开办老年大学等情况进行了交流。

十二日

由中国老龄协会、中国老年杂志社、吉林天三奇药业集团联合举办的“迎‘五一’致富思源敬老爱幼恳谈会”在京举行。全国政协副主席孙孚凌，中国老龄协会副会长张志鑫、白桦及老红军、老将军、老劳模代表和贫困地区大学生、少年儿童代表250人出席。

二十日

全国老龄工作委员会办公室副主任、中国老龄协会会长张文范会见国际老年人联合会副主席卡托先生为团长的西班牙老年人代表团全体成员，并介绍了中国人口老龄化及老龄工作情况。

二十七日——二十八日

全国老龄工作委员会办公室副主任、中国老龄协会会长张文范应邀出席了清华大学老年学研究中心和清华大学社会学系主办的“21世纪的挑战——银发中国：中国老年学回顾与展望学术研讨会”。

二十九日——五月二日

全国老龄工作委员会办公室副主任、中国老龄协会会长张文范，调研部主任程勇应邀出席由科技部、中国人口学会等单位在珠海市召开的“21世纪人口、资源、环境可持续发展国际研讨会”。全国人大常委会副委员长彭珮云、全国政协副主席马万琪和来自港、澳、台及亚太地区的专家学者共180人参加会议。科技部副部长邓楠主持会议，张文范会长在闭幕式上讲话。

五月

十五日——十七日

由中国老龄协会组织主办的“全国百名老劳模赴深圳、珠海参观团活动”在深圳举行。全国老龄工作委员会办公室副主任、中国老龄协会会长张文范，副会长白桦，广东省副省长李容根，原深圳市委书记李灏，深圳市副市长王顺生，深圳市人大副主任兼总工会主席王宝琴，珠海市副市长余荣蔼等领导接见了参观团全体成员。

十七日

由中国老龄协会、中央组织部老干局、中央电视台《夕阳红》栏目联合主办的“青春常在《夕阳红》老年风采电视大赛”特别节目暨颁奖晚会在中央电视台举行。中国老龄协会副会长张志鑫出席。

二十日

由国家体育总局、中国老龄协会、中国老年人体协联合主办的“亿万老年人健康活动”启动仪式在天津举行。全国政协副主席张思卿，国家体育总局副局长张发强，全国老龄工作委员会办公室副主任、中国老龄协会会长张文范，中国老年体协主席张彩珍等出席启动仪式。参加启动仪式的上千名老年人在广场30米长的申奥签名台前为申奥签名。

六月

六日

中国老龄协会副会长张志鑫在协会会见联合国人口基金亚太司司长尼桑慕丁、驻华代表贝慕德、项目官员白锐格一行。双方进行了友好的会谈，就联合国人口基金与中国在老龄领域开展合作等进行了探讨，并达成加强合作的共识。

二十五日

中国老龄协会副会长张志鑫在协会会见美国德克萨斯州老龄协会主席嘉利，双方介绍了各自的工作情况，并就美方下半年组织代表团访华的具体事宜进行了磋商。

十二日——十三日

全国省级老龄工作委员会办公室办负责人会议在西安召开。全议传达学习了李岚清副总理在全国老龄工作委员会三次会议上的重要讲话，民政部部长、全国老龄工作委员会副主任兼办公室主任多吉才让作了工作报告。民政部副部长杨衍银、李宝库，中国老龄协会会长张文范，中国老龄协会副会长赵宝华、袁新立出席会议。

七月

一日——十三日

中国老年学学会会长张文范率团出席了在加拿大温哥华召开的“国际老年学第17届老年学世界大会”。张文范作为国际老龄联合会副主席主持了题为“生活还是生存——发展中国家老年人的社会政治情况”圆桌会议。

十六日——十八日

由亚太经社会主办的国际老龄政策和澳门行动计划后续活动亚太地区研讨会在菲律宾首都马尼拉召开。中国老龄协会国际部苏京华向大会介绍了我国的老龄政策和正在实施的“社区老年福利服务星光计划”有关情况。

二十二日

中国老龄协会副会长张志鑫应邀出席由国际助老会、四川省老龄工作委员会、四川华西医学院在四川都江堰市举办的“建立社区为老服务能力国际培训研讨会”开幕式。

二十七日

全国老龄工作委员会办公室常务副主任、中国老龄协会会长李宝库陪同民政部部长多吉才让视察北京市东城区为老服务工作。在听取东城区领导汇报后，视察了安德里社区的为老服务设施，对东城区为老服务工作给予高度评价。

三十日

国务院下发《关于印发〈中国老龄事业发展“十五”计划纲要〉(2001－2005年）的通知》。

同日，中国老龄协会副会长张志鑫、白桦在协会会见国际助老会项目发展部主任普拉特先生和该组织亚太地区新任代表埃德基先生，并就年内将在北京举办的国际助老协会亚太地区会议的筹备工作交换了意见。

三十一日

全国老龄工作委员会办公室常务副主任、中国老龄协会会长李宝库会见国际助老会项目发展部主任普拉特和埃德基先生，并就双方共同关心的问题进行了磋商。

八月

八日——十一日

中国老年大学协会华北地区会员校经验交流会在天津市召开。中国老年大学协会会长张文范出席并作了《在创建学习型社会中发展老年教育》的报告。

二十三日

中国老龄协会副会长赵宝华在协会会见日本大使馆二秘仏山先生，介绍了中国老龄工作的现状和政策。国际部主任贾福水参加会见。

二十五日——二十八日

中国老龄协会副会长袁新立出席全国老年报委员会和《中国老年报》在天津市召开的全国老年文化旅游产业战略研讨会并讲话。

九月

三日——十四日

由中国老龄协会、中国老年学学会、中国中西医结合学会联合举办的“老年人照顾专业知识及技巧培训班”开班仪式在京举行。中国老年学学会会长张文范、中国老龄协会副会长张志鑫出席并讲话。

四日

中国老龄协会召开机关全体职工、离退休干部的所属单位处以上干部大会。民政部部长、全国老龄工作委员会副主任兼办公室主任多吉才让到会宣布国务院关于民政部副部长李宝库兼任中国老龄协会会长、全国老龄工作委员会关于李宝库兼任全国老龄工作委员会办公室常务副主任的任职通知，并就下一步全国老龄工作委员会办公室、中国老龄协会的工作作了重要指示。全国老龄工作委员会办公室常务副主任、中国老龄协会会长李宝库就当前全国老龄工作的形势、任务等作了重要讲话。

七日——十五日

全国老龄工作委员会办公室副主任、中国老龄协会副会长白桦率团出席在瑞典首都斯德哥尔摩召开的“国际社会保障协会27届大会”。

十三日——十六日

由中国老龄协会、国家体育总局社体中心和吉林市人民政府共同举办的“全国老年健身秧歌大赛”在吉林市举行。全国20个省、自治区、直辖市的140个代表队共5000名老年人参加了比赛。全国老龄工作委员会办公室副主任、中国老龄协会副会长赵宝华出席开幕式和闭幕式，并发表讲话。

十八日

全国老龄工作委员会办公室常务副主任、中国老龄协会会长李宝库，全国老龄工作委员会办公室副主任、中国老龄协会副会长赵宝华出席在沈阳市召开的“全国26城市老龄工作委员会办公室负责人联席会议”并讲话。

二十二日

由全国老龄工作委员会办公室和中国老龄协会主办，中国老年杂志社、黑龙江省农垦总局、北京市石景山区人民政府联合承办的“新世纪国际老人节敬老座谈会”在人民大会堂举行。全国政协副主席张思卿，全国老龄工作委员会办公室常务副主任、中国老龄协会会长李宝库，全国老龄工作委员会办公室副主任、中国老龄协会副会长张志鑫、赵宝华、袁新立及有关部门的同志共 300 余人出席。李宝库在座谈会上发表了讲话。

二十五日——二十七日

由中国老龄协会主办，浙江省老龄工作委员会办公室承办的“第 16 届东北亚老龄化学术研讨会”在杭州市召开。会议的主题是“21 世纪的健康老龄化”。全国老龄工作委员会办公室常务副主任、中国老龄协会会长李宝库出席研讨会并作了主题发言。全国老龄工作委员会办公室副主任、中国老龄协会副会长张志鑫主持开幕式，中国、日本、韩国、香港的 100 多名代表出席了会议。

二十五日——二十八日

联合国亚太经社会在澳门召开“第 2 届世界老龄大会亚太地区咨询会议及老年服务研讨会”。全国老龄工作委员会办公室副主任、中国老龄协会副会长袁新立等 2 人出席研讨会，并在发言中阐述了我国对老龄问题的原则立场和对国际老龄行动计划修改的原则意见，介绍了我国老年社会服务的有关政策和法规、老年事业发展规划，特别是“星光计划”的内容，受到与会代表的好评。

十月

十七日

全国老龄工作委员会办公室常务副主任、中国老龄协会会长李宝库出席由中国人民大学人口与发展研究中心和中国人口学会共同举办的“21 世纪首届中国人口科学论坛——人口发展与人口科学全国学术研讨会”并讲话。

二十三日——二十五日

全国老龄工作委员会办公室副主任、中国老龄协会副会长袁新立出席由上海市老龄科学研究中心和美国海华老年研究协会共同举办的“第 2 届华裔老人国际研讨会”，并代表中国老龄协会在开幕式上致词。来自美国、香港、台湾及内地各省市的老龄研究机构近 200 名代表围绕“提高老年人的生活质量”这一主题进行了广泛研讨。

二十四日

全国老龄工作委员会办公室常务副主任、中国老龄协会会长李宝库，全国老龄工作委员会办公室副主任、中国老龄协会副会长赵宝华在中国老龄协会会见世界卫生组织神户健康发展中心主任川口佑次先生，并就正式建立交流关系，加强老龄领域的相互合作交换了意见。

二十五日

全国老龄工作委员会办公室和中央电视台联合主办的《中华人民共和国老年人权益保障法》颁布 5 周年“共享一片蓝天”主题晚会现场直播在中央电视台举行。全国老龄工作委员会办公室常务副主任、中国老龄协会会长李宝库在晚会前发表电视讲话。全国老龄工作委员会办公室副主任、中国老龄协会副会长赵宝华、袁新立出席晚会。

十一月

三日

由国际助老会亚洲发展中心和中国老龄协会共同主办的“国际助老会 2001 年亚太地区会议”在北京举行。全国老龄工作委员会办公室常务副主任、中国老龄协会会长李宝库出席开幕式并致欢迎词。24 个国家和地区的代表 80 人出席会议。

九日

全国老龄工作委员会办公室常务副主任、中国老龄协会会长李宝库，全国老龄工作委员会办公室副主任、中国老龄协会副会长赵宝华，出席民政部在河北保定召开的“全国‘星光计划’现场经验交流会”。

十六日

全国老龄工作委员会办公室召开等 4 次成员单位联络员会议。全国老龄工作委员会办公室常务副主任、中国老龄协会会长李宝库通报了全国老龄工作的形势、各成员单位贯彻落实《中共中央、国务院关于加强老龄工作的决定》和《中国老龄事业“十五”计划纲要》的情况以及全国老龄工作委员会办公室明年工作的打算等。中组部、民政部等 8 个成员单位汇报了本部门 2001 年老龄工作开展情况和 2002 年的工作思路。

十九日

全国老龄工作委员会办公室在昆明召开 10 省市老龄工作委员会办公室负责人座谈会，会议交流了各地老龄工作进展情况，探讨了社区老龄工作的组织形式、运作机制、服务内容、活动方式等。全国老龄工作委员会办公室常务副主任、中国老龄协会会长李宝库出席座谈会并发表讲话。全国老龄工作委员会办公室副主任、中国老龄协会副会长赵宝华主持会议并作总结讲话。

同日，应中残联邀请来华访问的瑞典社会福利部代表团拜访中国老龄协会。全国老龄工作委员会办公室副主任、中国老龄协会副会长张志鑫、袁新立，综合部主任曹炳良，在机关会见外宾并交换了意见。

二十二日——十二月三日

全国老龄工作委员会办公室常务副主任、中国老龄协会会长李宝库，全国老龄工作委员会办公室副主任、中国老龄协会副会长张志鑫应邀访问新西兰。

十二月

二日

国际助老会培训顾问尼环拉女士拜访中国老龄协会。国际部副主任肖才伟与其进行了交谈。随后尼环拉女士参观了北京市东城区社区照料中心。

四日——七日

中国老年大学协会第五次老年教育理论研讨会在广州市举行。中国老年大学协会会长张文范出席并作了题为《试论我国老年教育的实践与认识》的主题报告。此次研讨会共收到137篇论文，60余人参加会议。

十七日

全国老龄工作委员会办公室副主任、中国老龄协会副会长张志鑫在协会会见“韩国有权者联盟”全寿哲会长及其率领的16人代表团。双方就今后的合作进行了友好交谈。

二十六日

中国老年学学会在人民大会堂举办“纪念毛泽东诞辰108周年座谈会”。全国老龄工作委员会办公室常务副主任、中国老龄协会会长李宝库出席座谈会，中国老年学学会会长张文范到会讲话。全国政协副主席孙孚凌、毛主席的亲属和在毛主席身边工作过的专家、医生和社会知名人士200余人出席座谈会。

二〇〇二年

一月

十一日

国务委员、全国老龄工作委员会常务副主任司马义·艾买提，民政部部长、全国老龄工作委员会副主任、全国老龄工作委员会办公室主任多吉才让，国务院副秘书长、全国老龄工作委员会副主任徐绍史等领导到协会机关听取老龄工作情况汇报。全国老龄工作委员会办公室常务副主任李宝库汇报了2001年全国老龄工作情况和2002年工作安排的建议。司马义·艾买提、多吉才让、徐绍史分别作了重要指示。全国老龄工作委员会办公室副主任张志鑫、白桦、袁新立及机关各部室主任和直属单位主要负责人参加了汇报会。

十五日——十九日

中国老年学学会在广西省桂林市召开“全国老年人生活、生命质量学术研讨会”。

二月

七日

全国老龄工作委员会召开第四次全体会议。中共中央政治局常委、国务院副总理、全国老龄工作委员会主任李岚清出席会议并讲话，会议由国务委员、全国老龄工作委员会常务副主任司马义·艾买提主持。会议决定增补共青团中央为全国老龄工作委员会成员单位。

十四日

全国老龄工作委员会办公室常务副主任、中国老龄协会会长李宝库出席联合国非政府组织委员会召开的第二次全球老龄电视电话会议并发言。出席会议的有全国老龄工作委员会办公室副主任、中国老龄协会副会长张志鑫、赵宝华、白桦、袁新立，机关各部主任。

二十七日

全国老龄工作委员会办公室常务副主任、中国老龄协会会长李宝库，全国老龄工作委员会办公室副主任、中国老龄协会副会长张志鑫出席由中国老龄协会主办的“全国性非政府组织新春联谊会”。中国联合国协会会长金永健、全国妇联书记处书记冯淬、中国人权协会副会长（原外交部大使）范国祥以及中残联、中青联国际部和国家计委有关同志40人出席了联谊会。

二十八日

中国老年学学会举办“纪念周恩来总理诞辰104周年座谈会”。中国老年学学会会长张文范致词，全国老龄工作委员会办公室常务副主任、中国老龄协会会长李宝库出席会议并讲话。全国人大副委员长布赫、吴阶平，原全国人大副委员长倪志福，周恩来的亲属和在周恩来身边工作过的同志180多人参加座谈会。

三月

十二日

全国老龄工作委员会办公室常务副主任、中国老龄协会会长李宝库，全国老龄工作委员会办公室副主任、中国老龄协会副会长赵宝华向司马义·艾买提国务委员汇报出席第2届世界老龄大会的有关准备工作情况。

十七日——十八日

全国老龄工作委员会办公室在北京友谊宾馆召开

“全国省级老龄工作委员会办公室负责人会议”。民政部部长、全国老龄工作委员会委员、全国老龄工作委员会办公室主任多吉才让主持会议并讲话，全国老龄工作委员会办公室常务副主任、中国老龄协会会长李宝库作工作报告，北京、江苏等10个省市老龄工作委员会办公室负责人在会上交流了工作经验。

十八日

全国老龄工作委员会办公室常务副主任、中国老龄协会会长李宝库在中国老龄协会会见联合国国际老龄研究所（马耳他）所长芬尼克教授。

四月

一日——四日

中国老年学学会会长张文范率专家代表团赴西班牙瓦伦西亚出席“第2届世界老龄大会学术论坛”。张文范在大会上介绍了中国老年学领域开展的工作。

五日——九日

全国老龄工作委员会办公室副主任、中国老龄协会副会长赵宝华率中国非政府组织代表团一行28人，出席了在西班牙首都马德里举行的“第2届世界老龄大会非政府组织论坛”。与会期间，举办了以“中国老龄问题论坛”、“今日中国老人”为主题的展台。

八日——十二日

国务委员、全国老龄工作委员会常务副主任司马义·艾买提率中国政府代表团出席了在西班牙首都马德里召开的“第2届世界老龄大会”。司马义·艾买提当选为大会副主席并代表中国政府在大会上发言，阐述了中国老龄事业20年取得的成就和对老龄问题的基本立场，受到与会各国代表的赞誉。会议期间司马义·艾买提会见了联合国秘书长安南、大会主席以及印尼等国代表团团长。全国老龄工作委员会办公室常务副主任、中国老龄协会会长李宝库出席了大会组织的部长级圆桌会议并发言。大会通过了《老龄问题国际行动计划》和《老龄问题政治宣言》。

九日

全国老龄工作委员会办公室、共青团中央联合下发《关于实施“志愿者为老服务金晖行动”的意见》。

十三日——二十日

司马义·艾买提国务委员率出席“第2届世界老龄大会”的中国政府代表团部分成员一行13人，访问了奥地利和比利时，会见了两国政府及议会领导人，就有关共同关心的问题交换了意见，听取了两国有关社会福利、老龄政策及做法的介绍，参观了社会福利设施。

二十日

全国老龄工作委员会办公室、中组部、文化部、国家广电总局、解放军总政治部联合下发《关于举办全国老年文艺调演的通知》。

二十二日——二十四日

全国老龄工作委员会办公室副主任、中国老龄协会副会长赵宝华出席了在山东省济南市召开的全国10城区（市）社区老龄工作研讨会并讲话。

三十日

全国老龄工作委员会办公室常务副主任、中国老龄协会会长李宝库，全国老龄工作委员会办公室副主任、中国老龄协会副会长张志鑫在中国老龄协会会见德国米索尔友爱团结基金会中国项目顾问博盟先生，介绍了我国老龄工作情况和建立中国国际老龄培训中心的设想，并希望得到该组织的资助与支持。

五月

七日——十二日

全国老龄工作委员会办公室副主任、中国老龄协会副会长张志鑫率团赴法国，出席国际老龄联合会2002年大会和行政理事会，并在行政理事会上发言。全国老龄工作委员会办公室常务副主任、中国老龄协会会长李宝库以全票当选国际老龄联合会行政理事会理事。

十一日

全国老龄工作委员会办公室召开第五次联络员会议，全国老龄工作委员会办公室常务副主任、中国老龄协会会长李宝库出席会议并讲话。

二十四日

全国老龄工作委员会办公室下发了《关于在全国开展城乡贫困老年人状况调查研究工作的通知》。

二十八日

全国老龄工作委员会办公室副主任、中国老龄协会副会长白桦在福建省福州市主持召开会议，就开展全国城乡贫困老年人状况调研工作进行了部署。

三十日

全国老龄工作委员会办公室副主任、中国老龄协会副会长张志鑫会见并宴请来访的荷兰照料与福利研究所国际中心主任彼得格拉夫先生和该所中国项目主任海博斯先生。国际部主任肖才伟会见时在座。

六月

四日——十一日

应香港特别行政区政府卫生福利局和澳门特别行政区政府社会工作局邀请，全国老龄工作委员会办公室常务副主任、中国老龄协会会长李宝库一行4人访问香港和澳门。8日参加了由香港安老事务委员会举办的“人口老龄化：机遇和挑战”研讨会并做了题为“中国人口老龄化和老龄工作的实践”的演讲。

访问期间，李宝库会见了香港特别行政区长官董建华、香港立法会主席范徐丽泰和澳门社会文化司司长崔世安。访问了香港卫生福利局、安老事务委员会等16个有关政府或非政府的涉老机构，参观考察了香港骏发长者中心、澳门仁慈堂等7个社区老年服务机构。

十五日

全国老龄工作委员会办公室、中共中央组织部、文化部、广播电影电视总局和解放军总政治部联合在北京人民大会堂举行“全国老年文艺调演”新闻发布会。全国老龄工作委员会办公室常务副主任、中国老龄协会会长李宝库出席会议并讲话。

同日，全国老龄工作委员会办公室副主任、中国老龄协会副会长张志鑫赴南京，出席由全国老龄工作委员会办公室和共青团中央联合发起的全国“志愿者为老服务金晖行动”的启动仪式，为全国第一个志愿者为老服务站揭牌。

十六日——二十日

中国老龄协会国际部副主任苏京华等2人赴泰国出席由国际助老会召开的“马德里及后续地区政策研讨会”。中国、孟加拉等9个国家的26名代表出席了会议。

二十六日——二十八日

由全国老龄工作委员会办公室主办的“提高老年人生活质量对策研讨会”在北京召开。国务委员、全国老龄工作委员会常务副主任司马义·艾买提出席大会并致贺词，民政部部长、全国老龄工作委员会委员、全国老龄工作委员会办公室主任多吉才让做主旨报告，全国老龄工作委员会办公室常务副主任、中国老龄协会会长李宝库主持会议并做总结讲话。

会议通过了《提高老年人生活质量行动建议》。此次研讨会共收到综合理论、经济保障、医疗保健、文化生活、社会环境等方面的论文500多篇，中国内地和香港、澳门特别行政区从事老龄工作的专家、学者及老龄工作者约150人参加了会议。

七月

二日

全国老龄工作委员会办公室常务副主任、中国老龄协会会长李宝库在协会会见香港大学秀圃老年研究中心齐铱教授。双方就今后的交流与合作及人员培训等问题进行了探讨。全国老龄工作委员会办公室副主任、中国老龄协会副会长张志鑫、赵宝华会见时在座。

九日——十一日

全国老龄工作委员会办公室常务副主任、中国老龄协会会长李宝库，全国老龄工作委员会办公室副主任、中国老龄协会副会长赵宝华出席大连市老干部和大连市民政局联合举办的“第3届华裔老人国际论坛”。

八月

二日——三日

全国老龄工作委员会办公室在黑龙江省哈尔滨市召开“全国老龄宣传工作座谈会”，全国老龄工作委员会办公室常务副主任、中国老龄协会会长李宝库出席会议并讲话，全国老龄工作委员会办公室副主任、中国老龄协会副会长赵宝华作总结讲话。会议讨论修改了《全国老龄宣传工作协作网管理办法》、《关于开展“老龄新闻奖”评选活动的意见》。

十三日

全国老龄工作委员会办公室常务副主任、中国老龄协会会长李宝库参加了由建设部会同民政部、全国老龄工作委员会、中残联组成的检查组，就北京市无障碍设施建设情况进行了检查并在会上作了重要讲话。

十六日

全国老龄工作委员会办公室常务副主任、中国老龄协会会长李宝库主持召开全国老龄工作委员会成员单位第六次联络员会议。各成员单位交流了为老年人办实事计划的进展情况，对中科院《中国人口老龄化的若干问题和建议报告》进行了研究，提出了反馈意见。

三十日

中央国家机关举办离退休干部“迎十六大文艺演出”。李岚清、吴仪、司马义·艾买提、王忠禹、白立忱等出席观看演出。

九月

十二日

全国老龄工作委员会办公室副主任、中国老龄协会副会长张志鑫在中国老龄协会会见日本高龄化社会综合研究中心常任理事吉田成良一行8人。向来宾介绍了中国老龄工作并就今后的合作交换了意见。

十四日

“全国老年文艺调演”组委会召开会议，听取演出筹备情况，并研究部署“老年文艺调演”关键阶段的各项工作。民政部部长、全国老龄工作委员会委员、全国老龄工作委员会办公室主任多吉才让，文化部副部长赵维绥，全国老龄工作委员会办公室常务副主任、中国老龄协会会长李宝库出席会议并讲话。

十六日

全国老龄工作委员会办公室副主任、中国老龄协会副会长张志鑫在中国老龄协会会见世界卫生组织老龄与人生项目高级技术官员艾琳·霍斯金女士和世界卫生组织北京办事处医学专家大谷顺子女士。并向来宾介绍了近年来中国政府和中国老龄协会在国内推动老龄工作所发挥的作用。

十七日

全国老龄工作委员会办公室常务副主任、中国老龄协会会长李宝库会见并宴请国际社会保障协会秘书长霍斯金先生。向来宾介绍了中国政府在社区开展的“星光计划”和我国人口老龄化及老龄工作情况。

十九日——二十二日

中国老龄协会国际部肖宏燕随中国非政府代表团赴丹麦首都哥本哈根出席了“第4届亚欧首脑会议人民论坛”。会议最后形成并通过了《人权、人民的安全和可持续发展》宣言。

二十日

全国老龄工作委员会办公室副主任、中国老龄协会副会长袁新立出席由文化部、广电总局主办的第三届“夕阳红”老年电视合唱大赛暨“永远的辉煌”第四届老年合唱节开幕式并讲话。

二十三日

由全国老龄工作委员会办公室与联合国亚太经社会联合主办、上海市老龄工作委员会办公室承办的“联合国第2届世界老龄大会亚太地区后续行动会议”在上海市召开。联合国亚太经社会执行秘书金学珠主持会议。国务委员、全国老龄工作委员会常务副主任司马义·艾买提出席会议并致词。全国老龄工作委员会办公室常务副主任、中国老龄协会会长李宝库，上海市副市长冯国勤出席大会开幕式。来自亚太地区21个国家及香港和澳门特区政府、非政府组织、联合国有关机构、国际老龄组织及国内外老龄问题专家等近百名代表与会。

会前，司马义·艾买提国务委员接见了前来与会的联合国亚太经社会执行秘书金学珠、澳大利亚卫生与老龄事务部长安德鲁斯、菲律宾社会福利与发展部副部长芭莱农女士及外宾。

会议期间，李宝库分别会见了联合国亚太经社会执行秘书金学珠博士、国际助老会理事会主席曹慰宣女士、国际助老会执行主席托德·皮特森先生、国际助老会亚太地区代表克里斯托福·爱德基先生和联合国人口基金顾问尼桑穆丁先生，并就共同关心的问题交换了意见。

二十四日

全国老龄工作委员会办公室副主任、中国老龄协会副会长袁新立在中国老龄协会会见日本社会事业大学教授、人口研究所所长村川浩一先生，双方进行了友好交谈并表示今后将继续加强老龄领域的交流与合作。

十月

二日——十五日

“国际第三年龄大学协会第21届代表大会”在日内瓦召开。全国老龄工作委员会办公室常务副主任、中国老龄协会会长李宝库率团出席。

大会选举李宝库为国际第三年龄大学协会新一届理事会理事，任期4年，并一致通过由上海市主办2004年国际第三年龄大学协会第22届代表大会。

会议期间，李宝库还应邀访问了世界卫生组织总部，并与非传染病预防及促进健康司司长普斯卡博士及主管老年健康的官员进行座谈，双方表示要在老年健康方面加强交流与合作。

九日

全国老龄工作委员会办公室常务副主任、中国老龄协会会长李宝库出席老人天地杂志社“2002年敬老座谈会”并讲话。

十二日

“全国老年文艺调演”汇报演出在全国政协礼堂举行，中共中央政治局常委、国家副主席胡锦涛出席观看并与演职人员合影留念。出席观看演出的还有丁关根、张万年、贾庆林、曾庆红、铁木尔·达瓦买提、曹志、司马义·艾买提、王忠禹、任建新等领导同志和中央军委委员于永波，中央和国家机关、北京市有关负责人以及各方面代表近千人。

十二日——十四日

全国老龄工作委员会办公室副主任、中国老龄协会副会长张志鑫会见了泰国老年组织代表团一行6人，交流了开展老年教育事业的经验。

十四日

全国老龄工作委员会办公室常务副主任、中国老龄协会会长李宝库出席由中国老龄协会、中华慈善总会、中国社会出版社联合举办的为社区老年人捐赠《战胜衰老、夕阳更红》新书活动。

十四日——十七日

由无锡市政府、中国老年报等联合主办的“第六届‘中华不老城’暨中国（无锡）老年文化旅游交流大会”在江苏省无锡市举行。全国老龄工作委员会办公室常务副主任、中国老龄协会会长李宝库向大会发了贺信。

二十一日——二十八日

中国老龄协会政研部副主任吴秋风、国际部肖宏燕赴日本福岛县会津若松市参加“第17届东北亚老龄化研讨会”。会后，参加了日本社会事业大学召开的日本第50届人口学会大会的国际论坛。

二十二日——二十七日

应中国老龄协会邀请，蒙古人民革命党老年人联合会主席朗图率5人代表团来华访问。受李宝库会长委托，张志鑫副会长全程陪同代表团在华期间的访问，赵宝华副会长和袁新立副会长分别会见了代表团成员。

二十四日——二十五日

全国老龄工作委员会办公室副主任、中国老龄协会副会长袁新立，国际部主任肖才伟等出席由中国联合国协会、全国妇联、中国残联等8家单位联合主办的“非政府组织与联合国”研讨会。

二十七日——三十日

以全国老龄工作委员会办公室副主任、中国老龄协会副会长白桦为团长的中国老龄代表团一行8人，出席了在澳大利亚珀斯市召开的“国际老龄联合会第6次全球大会”。白桦副会长在会上就老龄化与政策作了专题发言，介绍了中国人口老龄化的有关情况，阐述了中国的老龄政策以及20年来我国老龄事业的发展情况。

三十日

全国老龄工作委员会办公室常务副主任、中国老龄协会会长李宝库会见联合国国际老龄研究所副所长特鲁伊斯教授。特鲁伊斯教授转交了该所所长菲尼奇祝贺李宝库会长继续留任研究所理事的贺信，李宝库会长对联合国方面的支持与信任表示感谢，并表示中国老龄协会愿意继续加强与联合国老龄研究所的友好交流与合作。中国老龄协会副会长张志鑫、国际部主任肖才伟参加了会见。

三十一日

国务委员、全国老龄工作委员会常务副主任司马义·艾买提，全国老龄工作委员会办公室常务副主任、中国老龄协会会长李宝库出席由国务院办公厅召开的“全国无障碍设施建设工作电视电话会议”。司马义·艾买提在会上作了重要讲话。全国老龄工作委员会办公室副主任、中国老龄协会副会长袁新立，联络部主任程勇出席了会议。

十一月

十八日

全国老龄工作委员会办公室副主任、中国老龄协会副会长张志鑫会见了美国国际长寿中心代表陈亚伦先生，双方就今后在防治老年痴呆症方面开展合作研究进行探讨。国际部主任肖才伟参加了会见。

二十四日——十七日

中国老龄协会国际部肖宏燕、联络部楼喻刚出席在斯里兰卡科伦坡举行的“国际助老会亚太地区会议”。并于28日至30日，赴印度新德里参加了由印度国际老龄联合会和安纽国哈组织联合召开的“马德里老龄宣言——未来趋势和策略国际会议”。中国老龄协会代表在会上介绍了第2届世界老龄大会结束后中国政府的行动战略。

十二月

七日——十九日

应国际助老会亚洲培训中心和新加坡曹氏基金会的邀请，中国老龄协会一行12人赴泰国、新加坡进行短期培训，并考察了两国的老龄机构和养老设施。

二十三日

全国老龄工作委员会办公室常务副主任、中国老龄协会会长李宝库会见澳门社会工作局局长叶柄权一行3人。双方就澳门老人到内地生活、养老的有关问题交换了意见。张志鑫副会长、国际部主任肖才伟会见时在座。

二十四日

全国老龄工作委员会办公室常务副主任、中国老龄协会会长李宝库出席“《华龄书架》系列丛书首发式”并讲话。

二十五日

全国老龄工作委员会办公室召开“全国老年社团学习十六大精神迎新春座谈会”。全国老龄工作委员会办公室常务副主任、中国老龄协会会长李宝库到会并就老年社团今后的工作做了讲话。全国老龄工作委员会办公室副主任、中国老龄协会副会长袁新立介绍了2002年老龄工作情况和2003年工作设想。

三十日

国务委员、全国老龄工作委员会常务副主任司马义·艾买提，民政部部长、全国老龄工作委员会副主任兼办公室主任多吉才让在中国老龄协会机关听取了全国老龄工作委员会办公室常务副主任、中国老龄协会会长李宝库“关于2002年全国老龄工作基本情况和2003年工作安排的建议的汇报”。司马义·艾买提国务委员对去年全国老龄工作委员会办公室的工作给予充分肯定，并做了重要指示。中国老龄协会各部室主任和下属单位主要领导参加了汇报会。

第七部分

老龄工作统计资料

一、中国老年人口历史资料

表 1　全国历次人口普查老年人口状况（人、%）

年　　龄	第一次人口普查（1953.7.1）	第二次人口普查（1964.7.1）	第三次人口普查（1982.7.1）	第四次人口普查（1990.7.1）	第五次人口普查（2000.7.1）
总人口	567 446 758	694 581 759	1 003 913 927	1 130 510 638	1 242 612 226
男性	291 969 807	365 517 011	515 277 505	581 820 407	640 275 969
女性	275 476 951	338 064 748	488 636 422	548 690 231	602 336 257
60 岁及 60 岁以上人口					
人口数	41 538 443	42 254 788	76 637 753	96 969 646	129 977 870
占总人口比例	7.32	6.08	7.64	8.58	10.5
男性	18 676 652	18 181 607	35 578 631	46 143 065	63 382 366
占老年人口比例	44.96	43.03	46.42	47.59	48.8
女性	22 861 791	24 073 181	41 059 122	50 826 581	66 595 504
占老年人口比例	55.04	56.97	53.58	52.41	51.2
性别比	81.7	75.53	86.65	90.79	95.18
65 岁及 65 岁以上人口					
人口数	25 038 257	24 583 334	49 275 549	62 993 392	88 274 022
占总人口比例	4.41	3.54	4.91	5.57	7.1
男性	10 670 548	10 055 877	21 869 230	28 661 117	41 707 888
占老年人口比例	25.69	23.78	28.54	29.56	47.2
女性	14 367 709	14 527 457	27 406 319	34 332 275	46 566 134
占老年人口比例	34.58	34.37	35.76	35.41	52.8
性别比	74.27	69.22	79.80	83.48	89.57
75 岁及 75 岁以上人口					
人口数	5 447 197	5 569 969	13 667 134	18 610 292	27 919 413
占总人口比例	0.95	0.80	1.36	1.65	2.25
男性	1 961 582	1 944 320	5 262 526	7 399 428	11 722 386
占老年人口比例	4.72	4.60	6.87	7.63	9.02
女性	3 485 615	3 625 649	8 404 608	11 210 864	16 197 027
占老年人口比例	8.39	8.58	10.97	11.56	12.46
性别比	56.28	53.63	62.61	66.0	72.37
80 岁及 80 岁以上人口					
人口数	1 854 709	1 812 603	5 050 091	7 676 368	11 991 083
占总人口比例	0.32	0.26	0.50	0.68	0.96
男性	593 171	566 631	1 765 823	2 710 324	4 546 575
占老年人口比例	1.43	1.34	2.3	2.80	37.9
女性	1 261 538	1 245 972	3 284 268	4 966 044	7 444 508
占老年人口比例	3.04	2.95	4.29	5.12	62.1
性别比	47.02	45.48	53.77	54.58	61.07
百岁及百岁以上人口					
人口数	3 384	4 900	3 851	6 681	17 877
占总人口比例	0.0006	0.0007	0.0004	0.00059	0.00144
男性	1 590	2 134	1 135	1 555	4 635
占老年人口比例					
女性	1 794	2 766	2 716	5126	13 242
占老年人口比例					
性别比	88.63	77.15	41.79	30.34	35.00

表 2　五次人口普查分性别、年龄组 60 岁以上老年人口　　单位：千人

年　龄	1953 年		1964 年		1982 年		1990 年		2000 年	
	人口	%	人口	%	人口	%	人口	%	人口	%
合计										
0+	567 447	100.0	694 582	100.0	1 003 914	100.0	1 131 876	100.0	1 242 612	100.0
60+	41 538	7.32	42 255	6.08	76 638	7.63	97 250	8.59	129 978	10.5
60—64	16 500	2.91	17 671	2.54	27 362	2.73	34 055	3.01	41 703	3.36
65—69	11 775	2.08	11 635	1.68	21 260	2.12	26 395	2.33	34 780	2.80
70—74	7 816	1.38	7 378	1.06	14 348	1.43	18 119	1.60	25 574	2.06
75—79	3 592	0.63	3 757	0.54	8 617	0.86	10 971	0.97	15 928	1.28
80—84	1 428	0.25	1 439	0.21	3 705	0.37	5 371	0.47	7 989	0.64
85+	426	0.08	373	0.05	1 345	0.13	2 338	0.21	4 001	0.32
80+	1 855	0.33	1 813	0.26	5 050	0.50	7 709	0.68	11 991	0.96
男性										
0+	291 970	100.0	356 517	100.0	515 278	100.0	582 381	100.0	640 275	100
60+	186 77	6.40	18 182	5.10	35 579	6.90	46 232	7.94	63 382	9.90
60—64	8 006	2.74	8 126	2.28	13 709	2.66	17 515	3.01	21 674	3.39
65—69	5 401	1.85	5 109	1.43	10 172	1.97	12 938	2.22	17 549	2.74
70—74	3 308	1.13	3 002	0.84	6 435	1.25	8 368	1.44	12 436	1.94
75—79	1 368	0.47	1 378	0.39	3 497	0.68	4 699	0.81	7 175	1.12
80—84	473	0.16	462	0.13	1 351	0.26	1 997	0.34	3 204	0.50
85+	120	0.04	105	0.03	415	0.08	716	0.12	1 343	0.21
80+	593	0.20	567	0.16	1 766	0.34	2 713	0.34	4 547	0.71
女性										
0+	275 477	100.0	338 065	100.0	488 636	100.0	549 495	100.0	602 336	100
60+	22 862	8.30	24 073	7.12	41 059	8.40	51 017	9.82	66 596	11.06
60—64	8 494	3.08	9 546	2.82	13 653	2.79	16 541	3.01	20 029	3.33
65—69	6 374	2.31	6 526	1.93	11 088	2.27	13 457	2.45	17 231	2.86
70—74	4 508	1.64	4 376	1.29	7 913	1.62	9 751	1.77	13 138	2.18
75—79	2 224	0.81	2 380	0.70	5 120	1.05	6 272	1.14	8 753	1.45
80—84	955	0.35	977	0.29	2 354	0.48	3 375	0.61	4 752	0.79
85+	306	0.11	269	0.08	930	0.19	1 622	0.30	2 659	0.44
80+	1 262	0.46	1 246	0.37	3 284	0.67	4 996	0.91	7 445	1.24
性别比										
60+	82		76		87		91		95.18	
80+	47		45		54		54		61.07	
长寿水平	4.47		4.29		6.59		7.93		9.23	

资料来源：根据全国五次人口普查数据编制

表 3　五次人口普查和 1995 年老年人口构成变动趋势（%）

年龄	1953 年	1964 年	1982 年	1990 年	1995 年	2000 年
合计	100	100	100	100	100	100
60—64	39.72	41.82	35.7	35.0	34.1	31.8
65—69	28.35	27.54	27.74	27.2	26.9	27.0
70—74	18.81	17.46	18.72	18.6	19.3	19.2
75—79	8.65	8.89	11.24	11.3	11.3	12.2
80—84	3.44	3.41	4.83	5.5	5.8	6.4
85+	1.03	0.88	1.77	2.4	2.6	3.2

资料来源：中国标准出版社出版，中国老龄科学研究中心编著《老龄工作数据手册》

表 4　全国五次人口普查年龄结构和抚养比

年	年龄中位数	平均年龄	老少比	少年抚养比	老年抚养比	总抚养比
1953	22.8	26.6	12.2	61.2	7.4	68.6
1964	20.4	24.9	8.8	72.1	6.3	78.4
1982	22.7	27.1	14.6	54.6	8.0	62.6
1990	25.3	28.8	20.1	41.5	8.4	49.8
2000	30.92		45.7（31.2）	34.4（32.7）	15.7（10.2）	50.1（42.9）

资料来源：老龄工作数据手册，中国老龄科学研究中心编著，中国标准出版社。2000 年数据根据全国第五次人口普查数据计算，括号内数字是以 65 岁计算，老年抚养比是以 65 岁计算。

表 5　2000 年我国老年人口粗死亡率　（‰）

粗死亡率	2000 年		
	全国	男	女
全国			
60+	39.29	43.48	35.32
65+	51.20	57.16	45.90
市			
60+	30.80	34.72	27.11
65+	41.18	46.19	36.59
镇			
60+	33.95	38.12	29.96
65+	44.88	50.60	39.71
县			
60+	43.13	47.41	39.08
65+	55.58	61.99	49.95

资料来源：国务院人口普查办公室、国家统计局人口和社会科技统计司编，《中国 2000 年人口普查资料》，中国统计出版社，北京，2002。

表 6　中国老年人口分年龄组的期望寿命　（岁）

年龄区间	总人口	男性	女性
60—64	19.54	18.08	21.05
65—69	15.83	14.51	17.13
70—74	12.52	11.38	13.57
75—79	9.77	8.82	10.54
80—84	7.48	6.73	8.00
85—89	5.87	5.36	6.17
90+	4.68	4.47	4.77
0 岁期望寿命	72.38	70.61	74.27

资料来源：国务院人口普查办公室、国家统计局人口和社会科技统计司编，《中国 2000 年人口普查资料》，中国统计出版社，北京，2002。

表 7　2000 年中国老年人口分年龄组比例（%）

年龄区间	合计	男性	女性
60—69	58.85	61.89	55.95
70—79	31.93	30.94	32.87
80+	9.22	7.17	11.18
合　计	100	100	100

表 8　2000 年全国 60 岁以上人口分性别受教育程度（%）

	60+		
	合计	男	女
合　计	100	100	100
文盲/半文盲	47.54	28.43	65.73
小学	36.82	47.26	26.89
初中	9.46	14.79	4.39
高中/中专	4.12	6.22	2.13
大学以上	2.05	3.31	0.86

资料来源：根据全国第五次人口普查资料整理。

表 9　2000 年份年龄老年在业人口的职业分布（%）

职　业	2000 年
专业技术人员	1.41
国家机关党群组织企事业负责人	0.43
办事人员	1.36
商业服务工作人员	3.51
农林牧渔劳动者	91.13
生产运输工人和有关人员	2.12
不便分类的其它劳动者	0.05
合计	100

资料来源：同上表。

表 10　中国百年老年人口发展、预测（亿人、%）

年份	总人口	60+		80+		平均寿命（岁）
		人数	%	人数	%	
1950	5.52	0.40	7.5	0.02	0.3	41.0
1953	5.67	0.42	7.3	0.02	0.3	55.0
1964	6.95	0.42	6.1	0.02	0.3	61.8
1982	10.04	0.77	7.4	0.05	0.5	67.9
1990	11.31	0.97	8.6	0.08	0.7	69.2
2000	12.67	1.30	10.3	0.12	0.9	71.2
2005	13.15	1.45	11.0	0.16	1.2	72.0
2010	13.65	1.68	12.3	0.19	1.4	73.0
2015	14.10	2.09	14.8	0.24	1.7	74.0
2020	14.40	2.40	16.7	0.31	2.2	75.0
2025	14.70	2.88	19.6	0.38	2.6	76.0
2030	14.85	3.50	23.5	0.46	3.1	77.0
2040	15.00	4.05	27.0	0.74	4.9	78.0
2050	14.80	4.40	29.7	1.10	7.4	80.0

注：此表数据不含台湾、香港、澳门地区和金澎、马祖岛屿人口。

表 11　1990—2000 年老年人口民族构成及其变动（%）

民　族	总人口增长幅度	老年人口增长幅度	1990 老年人口构成	2000 老年人口构成	人口构成比例变动
合计	9.92	34.04	100	100	0
汉族	9.45	33.40	93.5126	93.0637	−0.4490
蒙古族	21.06	51.19	0.2533	0.2857	0.0324
回族	13.99	42.47	0.6171	0.6559	0.0388
藏族	17.92	25.76	0.3553	0.3333	−0.0219
维吾尔族	16.54	18.60	0.5409	0.4786	−0.0623
苗族	21.08	61.23	0.4878	0.5867	0.0989
彝族	17.99	37.91	0.4432	0.4560	0.0128
壮族	4.00	51.44	1.1125	1.2570	0.1444
布依族	16.61	40.66	0.1954	0.2051	0.0097
朝鲜族	0.03	56.51	0.1458	0.1702	0.0244
满族	8.48	38.44	0.6629	0.6847	0.0217
侗族	18.00	73.60	0.1722	0.2231	0.0508
瑶族	23.42	61.39	0.1414	0.1703	0.0289
白族	16.27	43.60	0.1238	0.1326	0.0088
土家族	40.23	84.88	0.4470	0.6165	0.1695
哈尼族	14.73	38.01	0.0808	0.0832	0.0024
哈萨克族	12.58	28.08	0.0485	0.0464	−0.0022
傣族	13.03	29.10	0.0745	0.0717	−0.0027
黎族	12.16	34.86	0.0701	0.0705	0.0004
傈僳族	10.50	32.51	0.0385	0.0380	−0.0004
佤族	12.68	38.70	0.0192	0.0199	0.0007
畲族	11.80	33.15	0.0571	0.0568	−0.0004
高山族	55.06	38.89	0.0003	0.0003	0.0000
拉祜族	10.24	29.73	0.0253	0.0244	−0.0008
水族	17.22	59.69	0.0224	0.0267	0.0043
东乡族	37.50	76.62	0.0210	0.0277	0.0067
纳西族	11.19	38.83	0.0241	0.0250	0.0009
景颇族	10.79	27.41	0.0063	0.0060	−0.0003
柯尔柯孜族	12.04	23.04	0.0098	0.0090	−0.0008
土族	25.25	52.29	0.0094	0.0107	0.0013
达尔族	9.00	32.75	0.0057	0.0057	−0.0001
仫佬族	29.07	85.31	0.0102	0.0141	0.0039
羌族	54.35	79.20	0.0130	0.0173	0.0044
布朗族	11.51	31.21	0.0054	0.0052	−0.0001
撒拉族	19.37	57.33	0.0048	0.0056	0.0008
毛南族	48.08	118.98	0.0047	0.0077	0.0030
仡佬族	32.22	79.60	0.0277	0.0371	0.0094
锡伯族	9.19	36.86	0.0097	0.0099	0.0002
阿昌族	22.43	28.47	0.0017	0.0017	−0.0001
普米族	13.05	30.07	0.0021	0.0021	−0.0001
塔吉克族	23.49	35.01	0.0024	0.0024	0.0000
怒族	5.77	27.55	0.0019	0.0018	−0.0001
乌孜别克族	−16.21	−0.12	0.0008	0.0006	−0.0002
俄罗斯族	15.62	103.68	0.0006	0.0010	0.0003
鄂温克族	15.64	38.94	0.0009	0.0009	0.0000
德昂族	16.00	19.92	0.0010	0.0009	−0.0001
保安族	41.27	91.73	0.0007	0.0010	0.0003
裕固族	11.60	49.84	0.0007	0.0007	0.0001
京族	20.10	57.09	0.0014	0.0017	0.0002

（续）

民　族	总人口增长幅度	老年人口增长幅度	1990 老年人口构成	2000 老年人口构成	人口构成比例变动
塔塔尔族	-3.44	36.97	0.0002	0.0002	0.0000
独龙族	27.48	62.77	0.0004	0.0005	0.0001
鄂伦春族	17.02	52.12	0.0002	0.0002	0.0000
赫哲族	9.07	64.63	0.0002	0.0002	0.0000
门巴族	19.01	15.64	0.0005	0.0004	-0.0001
珞巴族	27.69	16.77	0.0002	0.0002	0.0000
基诺族	15.96	31.49	0.0013	0.0013	0.0000

资料来源：根据全国第四次、五次人口普查资料整理。

表 12　2000 年全国分地区 60 岁以上老年人口状况

	总人口（人）	60+人口（人）	60+人口（%）
合　计	1 242 612 226	129 977 870	10.46
北京市	13 569 194	1 701 510	12.54
天津市	9 848 731	1 186 962	12.05
河北省	66 684 419	6 852 056	10.28
山西省	32 471 242	3 072 580	9.46
内蒙古	23 323 347	2 068 792	8.87
辽宁省	41 824 412	4 865 839	11.63
吉林省	26 802 191	2 516 853	9.39
黑龙江	36 237 576	3 267 181	9.02
上海市	16 407 734	2 457 577	14.98
江苏省	73 043 577	9 221 531	12.62
浙江省	45 930 651	5 669 181	12.34
安徽省	58 999 948	6 499 390	11.02
福建省	34 097 947	3 257 018	9.55
江西省	40 397 598	3 780 018	9.36
山东省	89 971 789	10 438 660	11.6
河南省	91 236 854	9 286 376	10.18
湖北省	59 508 870	5 649 692	9.49
湖南省	63 274 173	7 089 283	11.2
广东省	85 225 007	7 478 748	8.78
广西	43 854 538	4 687 027	10.69
海南省	7 559 035	744 871	9.85
重庆市	30 512 763	3 621 746	11.87
四川省	82 348 296	9 379 536	11.39
贵州省	35 247 695	3 307 252	9.38
云南省	42 360 089	3 883 702	9.17
西藏	2 616 329	194 823	7.45
陕西省	35 365 072	3 399 556	9.61
甘肃省	25 124 282	2 184 121	8.69

（续）

地区	总人口（人）	60+人口（人）	60+人口（%）
青海省	4 822 963	367 830	7.63
宁夏	5 486 393	400 145	7.29
新疆	18 459 511	1 448 014	7.84

资料来源：根据全国第五次人口普查资料整理

表 13　2000 年普查分年龄组老年人口数及构成　（人、%）

年　龄	2000
人口数	
60+	129 977 870
60	41 703 848
65	34 780 460
70	25 574 149
75	15 928 330
80+	11 991 083
构成，%	
60+	100
60	32.09
65	26.76
70	19.68
75	12.25
80+	9.23

资料来源：2000 年数据：国务院人口普查办公室、国家统计局人口和社会科技统计司编，《中国 2000 年人口普查资料》，中国统计出版社，北京，2002 年。

表 14　2000 年汉族和其他民族人口构成（人、%）

	2000	
	人口数	百分比
总人口	1 242 612 226	100
汉族	1 137 386 112	91.53
其它	105 226 114	8.47
老年人口	129 977 870	100
汉族	120 962 152	93.06
其它	9 015 718	6.94

资料来源：根据第五次全国人口普查资料整理

表 15　1978～2050 年全国在职职工和离退休人员发展状况及预测

年份	在职职工人数（万人）	离退休人员数（万人）	赡养率（%）
1978	9 499	314	3.31
1985	12 358	1 637	13.25
1988	13 608	2 120	15.58
1990	14 059	2 301	16.37
1995	14 908	3 094	20.75
1998	12 337	3 594	29.13

（续）

年份	在职职工人数（万人）	离退休人员数（万人）	赡养率（%）
2000	12 600	3 654	29.00
2005	13 300	4 342	32.65
2010	14 000	5 147	36.76
2015	14 700	6 049	41.15
2020	15 400	7 067	45.89
2025	16 200	8 127	50.17
2030	17 000	9 127	53.69
2035	17 800	9 977	56.05
2040	18 700	10 245	54.79
2050	20 600	10 303	50.01

资料来源：中国劳动统计年鉴（1999），中国统计出版社。

表 16　1982 年和 1990 年分地区 60 岁以上老年人口百分比（%）

地区	1982 年	1990 年	增加百分点 1990—1982	增长率（90—82）/82
总计	7.36	8.57	1.21	12.58
上海	11.51	13.96	2.45	21.3
浙江	8.69	10.44	1.75	20.17
北京	8.56	10.27	1.71	20.02
江苏	8.68	10.24	1.56	17.95
天津	8.53	10.21	1.68	19.72
山东	8.65	9.46	0.81	9.38
广东	8.12	9.06	0.94	11.57
辽宁	7.4	9	1.6	21.6
四川	7.38	8.98	1.6	21.69
河北	8.41	8.98	0.57	6.76
河南	8.16	8.79	0.63	7.76
湖南	7.73	8.66	0.93	11.98
安徽	6.78	8.53	1.75	25.88
山西	7.77	8.53	0.76	9.72
海南		8.27		
湖北	7.98	8.27	0.29	3.58
广西	7.66	8.11	0.45	5.92
福建	6.93	7.9	0.97	14.03
江西	7.26	7.69	0.43	5.98
陕西	7.44	7.68	0.24	3.2
云南	6.95	7.63	0.68	9.73
西藏	7.34	7.53	0.19	2.62
吉林	6.31	7.26	0.95	14.99

（续）

地区	1982 年	1990 年	增加百分点 1990—1982	增长率 （90—82）/82
贵州	6.86	7.1	0.24	3.51
内蒙古	5.8	6.43	0.63	10.93
黑龙江	5.47	6.35	0.88	16
甘肃	5.74	6.22	0.48	8.31
新疆	5.83	6.16	0.33	5.74
宁夏	5.06	5.24	0.18	3.58
青海	4.54	5.15	0.61	13.37

资料来源：1. 中国 1990 年人口普查 10%抽样汇总表。2. 中国 1982 年人口普查资料。

表 17　中国百年人口抚养比变化

年份	抚养比（%）			劳动年龄人口（15—59 岁）	
	总和抚养比	少儿抚养比 0—14/15—59	老年抚养比 60+/15—59	人数（亿人）	占总人口（%）
1953	77.3	64.3	13.0	3.00	56.4
1964	86.9	76.5	11.4	3.41	53.2
1982	70.1	57.2	13.0	5.51	58.8
1990	56.9	43.4	13.5	6.79	63.7
2000	49.4	34.3	15.1	8.46	66.8
2005	50.6	34.0	16.6	8.73	66.4
2010	51.0	32.4	18.6	9.04	66.5
2015	52.3	29.7	22.6	9.26	65.7
2020	55.5	29.6	25.9	9.26	64.3
2025	61.5	29.9	31.6	9.10	61.9
2030	21.1	30.8	40.3	8.68	58.5
2040	78.6	30.4	48.2	8.40	56.0
2050	81.2	31.3	54.8	7.95	53.7

资料来源：中国老龄科学研究中心承担的国家“九五”重点课题，“人口老龄化与养老保障制度研究”项目预测。

表 18　总人口、老年人口、儿童人口发展比较　（万人、%）

年　份	1950	1960	1970	1980	1990	2000
总人口人数 比上期±%	5.52	6.57 +19.02	8.31 +26.48	9.99 +20.21	11.30 +13.11	12.66 +12.35
0—14 岁人数 比上期±%	1.86	2.21 +18.80	3.30 +49.32	3.55 +7.60	3.20 −9.90	2.89 −9.69
≥60 岁人数 比上期±%	0.42	0.47 +11.90	0.56 +19.20	0.74 +32.10	0.99 +33.80	1.30 +31.31
≥80 岁人数 比上期±%		0.02	0.03	0.05 +66.70	0.08 +60.00	0.13 +62.50

资料来源：根据历年《中国统计年鉴》。

表 19 中国百年老年人口发展、预测 （亿人）

年份	总人口	0—14		60+		80+		TFR	平均寿命	中位年龄
		人数	%	人数	%	人数	%			
1950	5.52	1.85	33.6	0.40	7.5	0.02	0.3	5.8	41.0	23.9
1953	5.67	2.06	36.3	0.42	7.3	0.02	0.3	6.0	55.0	22.7
1964	6.95	2.81	40.7	0.42	6.1	0.02	0.3	6.2	61.8	20.2
1982	10.04	3.37	33.6	0.77	7.4	0.05	0.5	2.8	67.9	22.9
1990	11.31	3.13	27.7	0.97	8.6	0.08	0.7	2.3	69.2	25.3
2000	12.70	3.25	25.6	1.30	10.2	0.13	0.9	2.0	71.2	30.1
2005	13.15	2.97	22.5	1.45	11.0	0.16	1.2		72.0	32.5
2010	13.65	2.93	21.5	1.68	12.3	0.19	1.4		73.0	34.5
2015	14.10	2.75	19.5	2.09	14.8	0.24	1.7		74.0	36.0
2020	14.40	2.74	19.0	2.40	16.7	0.31	2.2		75.0	37.0
2025	14.70	2.72.	18.5	2.88	19.6	0.38	2.6	1.9	76.0	39.0
2030	14.85	2.67	18.0	3.50	23.5	0.46	3.1		77.0	40.5
2040	15.00	2.55	17.0	4.05	27.0	0.74	4.9		78.0	43.0
2050	14.80	2.49	16.8	4.36	29.5	1.10	7.4	1.8	80.0	43.5

表 20 中国百年抚养比与劳动力人口 （亿人、%）

年份	抚养比			劳动年龄人口（15—59 岁）	
	总和抚养比	少儿抚养比 0—14/15—59	老年抚养比 60+/15—59	人数	占总人口
1953	77.3	64.3	13.0	3.00	56.4
1964	86.9	76.5	11.4	3.41	53.2
1982	70.1	57.2	13.0	5.51	58.8
1990	56.9	43.4	13.5	6.79	63.7
2000	55.8	39.9	15.9	8.15	64.2
2005	50.6	34.0	16.6	8.73	66.4
2010	51.0	32.4	18.6	9.04	66.5
2015	52.3	29.7	22.6	9.26	65.7
2020	55.5	29.6	25.9	9.26	64.3
2025	61.5	29.9	31.6	9.10	61.9
2030	71.1	30.8	40.3	8.68	58.5
2040	78.6	30.4	48.2	8.40	56.0
2050	81.2	31.3	54.8	7.95	53.7

资料来源：由中国老龄科学研究中心承担的国家“九五”重点课题，“人口老龄化与养老保障制度研究项目预测”

表 21　主要年份人口变动状况　（万人、‰、岁）

年份	总人口	出生率	死亡率	自然增长率	总和生育率	平均寿命	年龄中位数
1950	55 196	37.00	18.00	19.00	5.55	40.8	
1953	58 769	37.00	14.00	23.00	5.93		22.7
1957	64 653	34.03	10.80	23.23	6.38	49.5	
1960	66 207	20.86	25.43	4.59	4.01		20.2
1964	70 499	39.14	11.50	27.64	6.15	63.2	
1970	82 992	33.43	7.60	25.83	5.81		
1975	92 420	23.01	7.32	15.69	3.58		
1980	98 705	18.21	6.34	11.87	2.24		
1982	101 541	21.09	6.60	15.68	2.86	66.6	22.9
1985	105 851	21.04	6.78	14.26	2.40		
1987	123 626	23.33	6.72	16.61	2.78		
1990	114 333	21.06	6.67	14.39	2.45	68.4	25.3
1995	121 121	17.12	6.57	10.55	1.69		
1998	124 810	16.03	6.50	9.53	1.63	71.0	29.4
1999	125 909	15.23	6.46	8.77	1.57		
2000	126 743	14.03	6.45	7.58	1.63	71.2	
2001	127 627	13.38	6.43	6.95			

注：此表数据不含台湾、香港、澳门地区和金澎、马祖岛屿人口。

资料来源：1. 根据历年《中国人口统计年鉴》。

2. 总和生育率，1985 年前为国家计生委调查，以后袁建华等推算（中国人口科学，2003.1）

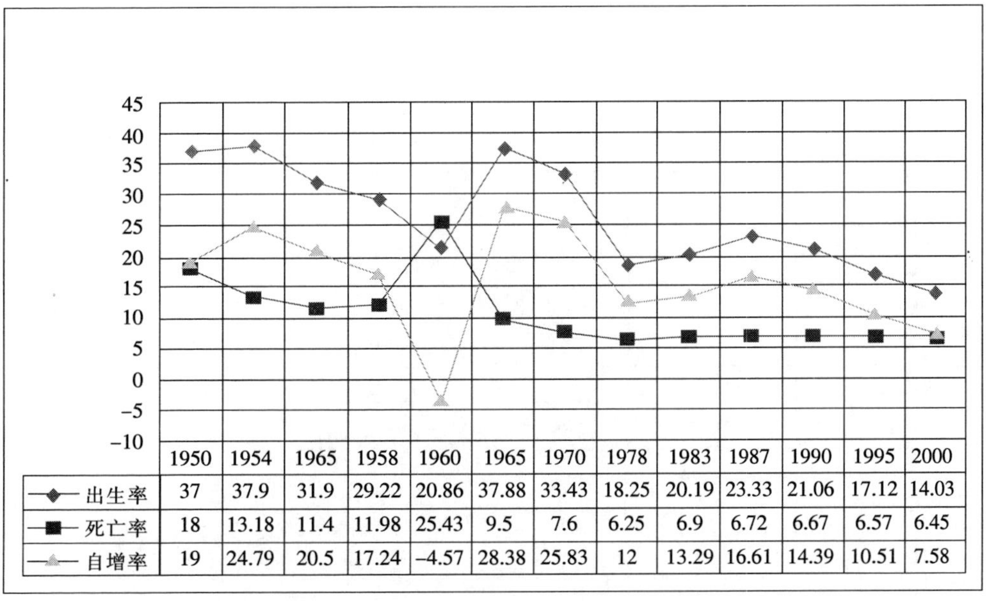

图 1　我国 1950—2000 年人口自然变动

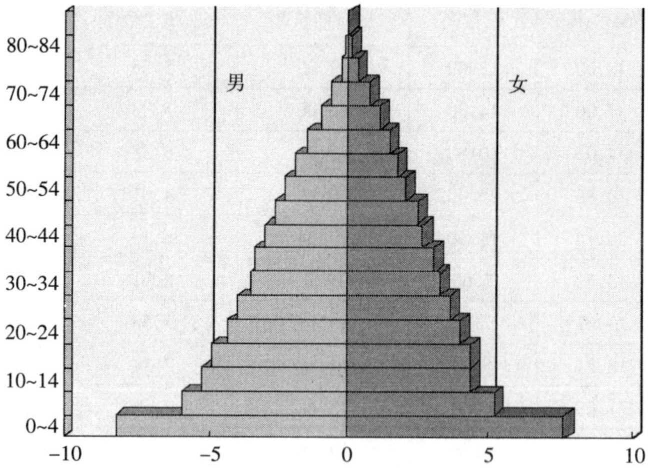

图 2　1953 年我国人口年龄金字塔

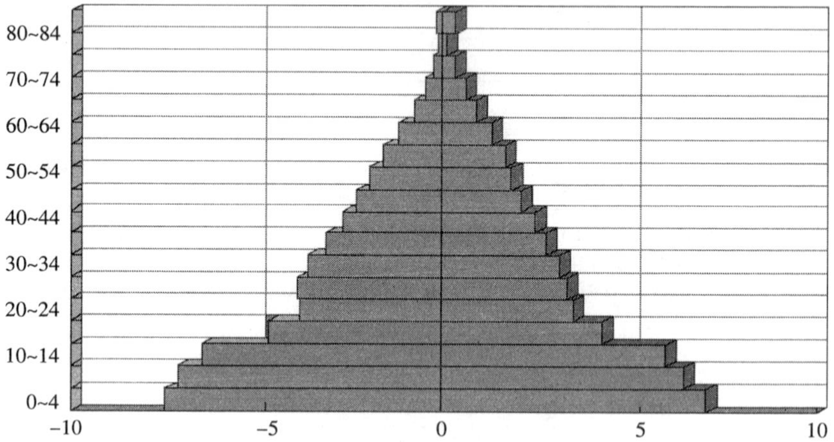

图 3　1964 年我国人口年龄金字塔

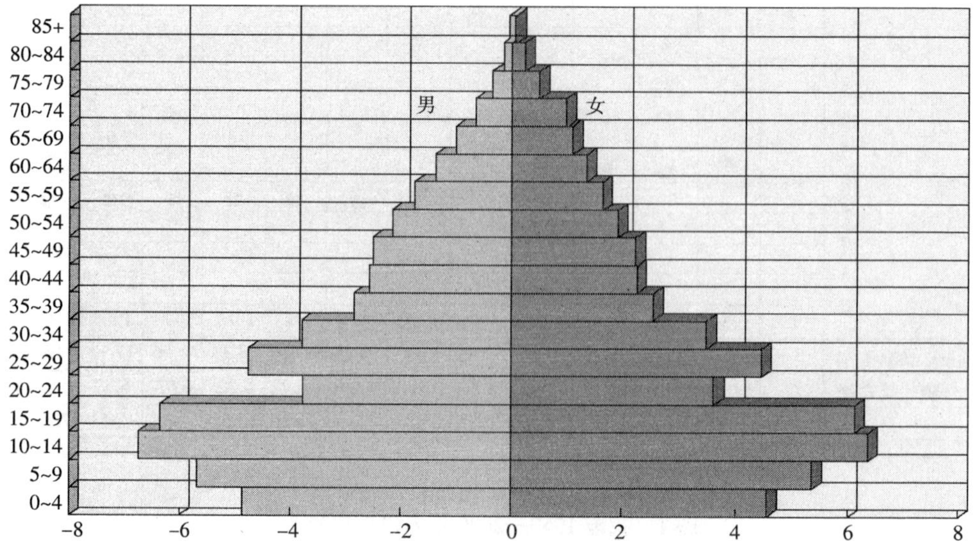

图 4　1982 年我国人口年龄金字塔

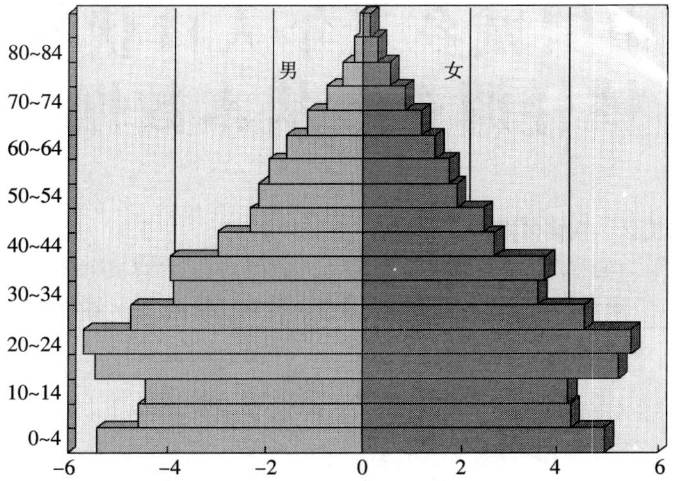

图 5　1990 年我国人口年龄金字塔

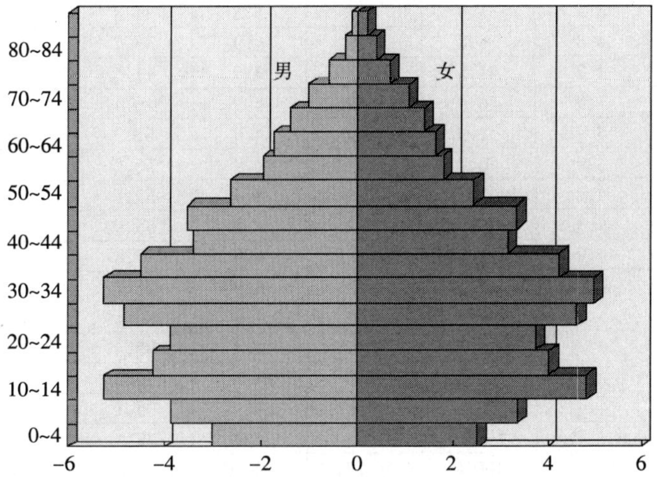

图 6　2000 年我国人口年龄金字塔

二、“中国城乡老年人口状况一次性抽样调查”基本数据

一、本次调查各省、自治区、直辖市样本分布

本次调查数据经校验后的有效样本为20 255，其中城市10 171，农村10 084。

各省、自治区、直辖市调查样本分布（数量、%、累计%）

地区	城乡合计			城市			农村		
	数量	%	累计%	数量	%	累计%	数量	%	累计%
北　京	998	4.9	4.9	540	5.3	5.3	458	4.5	4.5
天　津	983	4.9	9.8	499	4.9	10.2	484	4.8	9.3
上　海	991	4.9	14.7	497	4.9	15.1	494	4.9	14.2
黑龙江	1 268	6.3	20.9	616	6.1	21.2	652	6.5	20.7
陕　西	992	4.9	25.8	497	4.9	26.0	495	4.9	25.6
吉　林	1 237	6.1	31.9	585	5.8	31.8	652	6.5	32.1
江　苏	976	4.8	36.8	494	4.9	36.7	482	4.8	36.9
浙　江	953	4.7	41.5	495	4.9	41.5	458	4.5	41.4
湖　北	992	4.9	46.4	499	4.9	46.4	493	4.9	46.3
四　川	998	4.9	51.3	499	4.9	51.3	499	4.9	51.2
云　南	995	4.9	56.2	497	4.9	56.2	498	4.9	56.2
广　东	993	4.9	61.1	498	4.9	61.1	495	4.9	61.1
福　建	968	4.8	65.9	489	4.8	65.9	479	4.8	65.8
江　西	993	4.9	70.8	499	4.9	70.8	494	4.9	70.7
安　徽	984	4.9	75.6	497	4.9	75.7	487	4.8	75.6
河　北	976	4.8	80.5	495	4.9	80.6	481	4.8	80.3
山　东	978	4.8	85.3	485	4.8	85.4	493	4.9	85.2
河　南	987	4.9	90.2	492	4.8	90.2	495	4.9	90.1
甘　肃	993	4.9	95.1	498	4.9	95.1	495	4.9	95.0
新　疆	1 000	4.9	100.0	500	4.9	100.0	500	5.0	100.0
合　计	20 255	100.0	100.0	10 171	100.0	100.0	10 084	100.0	100.0

二、老年人口性别、年龄结构及受教育程度

1. 老年人口性别、年龄结构

年龄组	城乡合计			城市			农村		
	男性	女性	合计	男性	女性	合计	男性	女性	合计
60—64（人）	3 457	2 606	6 063	1 723	1 492	3 215	1 734	1 114	2 848
%	32.2	27.4	29.9	33.2	29.9	31.6	31.3	24.5	28.2
65—69（人）	3 077	2 634	5 711	1 500	1 430	2 930	1 577	1 204	2 781
%	28.7	27.7	28.2	28.9	28.7	28.8	28.5	26.5	27.6
70—74（人）	2 215	1 994	4 209	1 098	996	2 094	1 117	998	2 115
%	20.6	20.9	20.8	21.2	20.0	20.6	20.2	22.0	21.0
75—79（人）	1 241	1 286	2 527	559	600	1 159	682	686	1 368
%	11.6	13.5	12.5	10.8	12.0	11.4	12.3	15.1	13.6
80—84（人）	532	671	1 203	215	300	515	317	371	688
%	5.0	7.0	5.9	4.1	6.0	5.1	5.7	8.2	6.8
85+（人）	208	334	542	93	165	258	115	169	284
%	1.9	3.5	2.7	1.8	3.3	2.5	2.1	3.7	2.8
合计（人）	10 730	9 525	20 255	5 188	4 983	10 171	5 542	4 542	10 084
%	100.0	100.0	100.0	100.0	100.0	100.0	100.0	100.0	100.0

2. 老年人受教育程度

受教育程度	城乡合计			城市			农村		
	男性	女性	合计	男性	女性	合计	男性	女性	合计
没上过学(人)	2 611	5 999	8 610	558	2 311	2 869	2 053	3 688	5 741
%	24.5	63.3	42.8	10.8	46.7	28.4	37.3	81.5	57.3
私塾（人）	850	279	1 129	258	169	427	592	110	702
%	8.0	2.9	5.6	5.0	3.4	4.2	10.8	2.4	7.0
小学（人）	3 802	2 019	5 821	1 551	1 394	2 945	2 251	625	2 876
%	35.7	21.3	28.9	30.1	28.2	29.1	40.9	13.8	18.7
初中（人）	1 648	660	2 308	1 190	567	1 757	458	93	551
%	15.5	7.0	11.5	23.1	11.5	17.4	8.3	2.1	5.5
中专/高中(人)	1 056	357	1 413	928	352	1 280	128	5	133
%	9.9	3.8	7.0	18.0	7.1	12.7	2.3	0.1	1.3
大专以上(人)	693	161	854	673	157	830	20	4	24
%	6.5	1.7	4.2	13.0	3.2	8.2	0.4	0.1	0.2
合计（人）	10 660	9 475	20 135	5 158	4 950	10 108	5 502	4 525	10 027
%	100.0	100.0	100.0	100.0	100.0	100.0	100.0	100.0	100.0

三、老年人家庭户结构

1. 老年人子女数分布

子女数	性别	60—64	65—69	70—74	75—79	80—84	85＋	合计
0	男性（人）	54	57	42	17	10	4	184
	%	87.1	86.4	76.4	45.9	35.7	25.0	69.7
	女性（人）	8	9	13	20	18	12	80
	%	12.9	13.6	23.6	54.1	64.3	75.0	30.3
	合计（人）	62	66	55	37	28	16	264
	%	100.0	100.0	100.0	100.0	100.0	100.0	100.0
1	男性（人）	168	137	115	92	46	14	572
	%	66.4	52.7	49.4	47.2	43.0	25.0	51.8
	女性（人）	85	123	118	103	61	42	532
	%	33.6	47.3	50.6	52.8	57.0	75.0	48.2
	合计（人）	253	260	233	195	107	56	1104
	%	100.0	100.0	100.0	100.0	100.0	100.0	100.0
2	男性（人）	666	416	193	122	65	32	1 494
	%	63.4	61.7	51.3	43.7	39.9	35.6	56.7
	女性（人）	385	258	183	157	98	58	1 139
	%	36.6	38.3	48.7	56.3	60.1	64.4	43.3
	合计（人）	1 051	674	376	279	163	90	2 633
	%	100.0	100.0	100.0	100.0	100.0	100.0	100.0
3	男性（人）	955	697	377	186	83	21	2 319
	%	57.5	57.7	57.3	47.0	43.0	27.3	55.3
	女性（人）	705	512	281	210	110	56	1 874
	%	42.5	42.3	42.7	53.0	57.0	72.7	44.7
	合计（人）	1 660	1 209	658	396	193	77	4 193
	%	100.0	100.0	100.0	100.0	100.0	100.0	100.0
4	男性（人）	804	695	547	251	104	44	2 445
	%	54.4	53.7	56.0	49.7	43.3	41.5	53.1
	女性（人）	675	600	430	254	136	62	2 157
	%	45.6	46.3	44.0	50.3	56.7	58.5	46.9
	合计（人）	1 479	1 295	977	505	240	106	4 602
	%	100.0	100.0	100.0	100.0	100.0	100.0	100.0

（续）

子女数	性别	60—64	65—69	70—74	75—79	80—84	85+	合计
5+	男性（人）	787	1049	926	566	221	93	3 642
	%	51.4	48.1	49.0	51.2	47.4	47.2	49.4
	女性（人）	745	1 132	965	539	245	104	3 730
	%	48.6	51.9	51.0	48.8	52.6	52.8	50.6
	合计（人）	1 532	2 181	1 891	1 105	466	197	7 372
	%	100.0	100.0	100.0	100.0	100.0	100.0	100.0

2. 分年龄组老年人平均子女数

年龄组	性　别	平均数	老年人（人）
60—64 岁	男性	3.4916	3 434
	女性	3.8071	2 603
	合计	3.6276	6 037
65—69 岁	男性	3.9145	3 051
	女性	4.2733	2 634
	合计	4.0807	5 685
70—74 岁	男性	4.2259	2 200
	女性	4.4472	1 990
	合计	4.3310	4 190
75—79 岁	男性	4.2707	1 234
	女性	4.1309	1 283
	合计	4.1994	2 517
80—84 岁	男性	4.1550	529
	女性	3.8743	668
	合计	3.9983	1 197
85 岁以上	男性	4.2212	208
	女性	3.6198	334
	合计	3.8506	542
合计	男性	3.9017	10 656
	女性	4.1120	9 512
	合计	4.0008	20 168

3. 老年人家庭户结构

家庭户	城乡合计			城市			农村		
	男性	女性	合计	男性	女性	合计	男性	女性	合计
独居（人）	546	893	1 439	185	488	673	361	405	766
%	5.1	9.4	7.1	3.6	9.8	6.6	6.5	8.9	7.6
配偶（人）	3 641	2 039	5 680	1 989	1 136	3 125	1 652	903	2 555
%	33.9	21.4	28.0	38.3	22.8	30.7	29.8	19.9	25.3
与子女（人）	6 169	6 162	12 331	2 839	3 082	5 921	3 330	3 080	6 410
%	57.5	64.7	60.9	54.7	61.9	58.2	60.1	67.8	63.6
其他（人）	374	431	805	175	277	452	199	154	353
%	3.5	4.5	4.0	3.4	5.6	4.4	3.6	3.4	3.5
合计（人）	10 730	9 525	20 255	5 188	4 983	10 171	5 542	4 542	10 084
%	100.0	100.0	100.0	100.0	100.0	100.0	100.0	100.0	100.0

四、城乡老年人在业状况

1. 城市老年人工作及离退休情况

工作现状	男性	女性	合计
离休（人）	504	89	593
%	9.8	1.8	5.9
退休（人）	4 014	2 654	6 668
%	78.1	54.0	66.3
仍在工作（人）	67	18	85
%	1.3	0.4	0.8
从未工作（人）	409	1 847	2 256
%	8.0	37.6	22.4
其他（人）	144	309	453
%	2.8	6.3	4.5
合计（人）	5 138	4 917	10 055
%	100.0	100.0	100.0

2. 城市老年人再就业状况

年龄组	男性	女性	合计
60—74 岁			
未从事有收入工作（人）	3 616	3 623	7 239
%	84.0	93.0	88.3
从事有收入工作（人）	689	274	963
%	16.0	7.0	11.7
合计（人）	4 305	3 897	8 202
%	100.0	100.0	100.0
75 岁以上			
未从事有收入工作（人）	823	1 032	1 855
%	95.7	98.1	97.0
从事有收入工作（人）	37	20	57
%	4.3	1.9	3.0
合计（人）	860	1 052	1 912
%	100.0	100.0	100.0

3. 农村老年人在业状况

年龄组	男性	女性	合计
60—74 岁			
已不干农活（人）	6 090	6 165	12 255
%	69.6	85.2	76.7
仍在干农活（人）	2 659	1 069	3 728
%	30.4	14.8	23.3
合计（人）	8 749	7 234	15 983
%	100.0	100.0	100.0
75 岁以上			
已不干农活（人）	1 793	2 203	3 996
%	90.5	96.2	93.5
仍在干农活（人）	188	88	276
%	9.5	3.8	6.5
合计（人）	1 981	2 291	4 272
%	100.0	100.0	100.0

五、城乡老年人平均月收入及支出

1. 分年龄组的老年人平均月收入

性别	年龄组	平均月收入（元）	回答人数
男性	60—64岁	1 069	3 456
	65—69岁	857	3 077
	70—74岁	670	2 214
	75—79岁	596	1 241
	80—84岁	533	532
	85岁以上	506	208
	合计	833	10 728
女性	60—64岁	570	2 604
	65—69岁	467	2 632
	70—74岁	389	1 992
	75—79岁	314	1 286
	80—84岁	254	669
	85岁以上	361	334
	合　计	439	9 517
男女合计	60—64岁	854	6 060
	65—69岁	676	5 711
	70—74岁	537	4 206
	75—79岁	453	2 527
	80—84岁	377	1 201
	85岁以上	417	542
	合　计	648	20 245

2. 分城乡和年龄组的老年人平均月收入

性别	年龄组	地区	平均月收入（元）	回答人数（人）
男性	60—64岁	城市	1 537	1 723
		农村	604	1 733
	65—69岁	城市	1 293	1 500
		农村	441	1 577
	70—74岁	城市	1 039	1 097
		农村	307	1 117
	75—79岁	城市	961	559
		农村	297	682
	80—84岁	城市	860	215
		农村	310	317
	85岁以上	城市	816	93
		农村	255	115
	合计	城市	1 258	5 187
		农村	436	5 541
女性	60—64岁	城市	722	1 492
		农村	365	1 113
	65—69岁	城市	639	1 429
		农村	263	1 203
	70—74岁	城市	533	996
		农村	246	996
	75—79岁	城市	428	600
		农村	215	686
	80—84岁	城市	355	300
		农村	172	369

（续）

性别	年龄组	地区	平均月收入（元）	回答人数（人）
女性	85 岁以上	城市	475	165
		农村	250	169
	合　计	城市	595	4 981
		农村	269	4 536
男女合计	60—64 岁	城市	1 159	3 214
		农村	511	2 846
	65—69 岁	城市	974	2 929
		农村	364	2 780
	70—74 岁	城市	798	2 093
		农村	278	2 113
	75—79 岁	城市	685	1 159
		农村	256	1 368
	80—84 岁	城市	566	515
		农村	236	686
	85 岁以上	城市	598	258
		农村	252	284
	合　计	城市	933	10 168
		农村	361	10 077

3. 城乡老年人平均月生活费支出

地　区	平均月支出（元）	回答人数（人）
城市	471	9 969
农村	157	10 036
合计	314	200 054

4. 老年人经济状况自我评价

年龄组	城乡合计			城市			农村		
	男性	女性	合计	男性	女性	合计	男性	女性	合计
	60—74 岁								
够用有余(人)	1 678	1 048	2 726	1 136	704	1 840	542	344	886
%	19.2	14.5	17.1	26.3	18.0	22.4	12.3	10.4	11.5
大致够用(人)	4 622	3 904	8 526	2 469	2 230	4 699	2 153	1 674	3 827
%	52.9	54.1	53.5	57.3	57.0	57.1	48.7	50.6	49.5
有些困难(人)	1 986	1 812	3 798	594	776	1 370	1 392	1 036	2 428
%	22.8	25.1	23.8	13.8	19.8	16.7	31.5	31.3	31.4
十分困难(人)	443	454	897	113	201	314	330	253	583
%	5.1	6.3	5.6	2.6	5.1	3.8	7.5	7.7	7.5
合计(人)	8 729	7 218	15 947	4 312	3 911	8 223	4 417	3 307	7 724
%	100.0	100.0	100.0	100.0	100.0	100.0	100.0	100.0	100.0
	75 岁以上								
够用有余(人)	312	266	578	204	140	344	108	126	234
%	15.8	11.7	13.6	23.7	13.2	17.9	9.7	10.3	10.0
大致够用(人)	1 081	1 150	2 231	501	557	1 058	580	593	1 173
%	54.9	50.5	52.5	58.3	52.6	55.2	52.3	48.6	50.4
有些困难(人)	433	629	1 062	115	262	377	318	367	685
%	22.0	27.6	25.0	13.4	24.8	19.7	28.7	30.1	29.4
十分困难(人)	143	233	376	40	99	139	103	134	237
%	7.3	10.2	8.9	4.7	9.4	7.2	9.3	11.0	10.2
合计(人)	1 969	2 278	4 247	860	1 058	1 918	1 109	1 220	2 329
%	100.0	100.0	100.0	100.0	100.0	100.0	100.0	100.0	100.0

六、职工养老金发放情况

1. 养老金发放点分布

年龄组	性别	银行	邮局	社会保障部门	原单位	其他	合计
60—74 岁							
	男性(人)	2 475	232	216	841	32	3 796
	%	60.6	57.1	64.3	66.8	55.2	61.8
	女性(人)	1 606	174	120	418	26	2 344
	%	39.4	42.9	35.7	33.2	44.8	38.2
	合计(人)	4 081	406	336	1 259	58	6 140
	%	100.0	100.0	100.0	100.0	100.0	100.0
75 岁以上							
	男性(人)	459	70	34	118	13	694
	%	63.7	72.9	68.0	70.2	44.8	65.2
	女性(人)	262	26	16	50	16	370
	%	36.3	27.1	32.0	29.8	55.2	34.8
	合计(人)	721	96	50	168	29	1 064
	%	100.0	100.0	100.0	100.0	100.0	100.0

2. 养老金拖欠情况

		男性	女性	合计
不分年龄组	没有拖欠离退休金(人)	3 957	2 415	6 372
	%	62.1	37.9	100.0
	有拖欠离退休金(人)	506	284	790
	%	64.1	35.9	100.0
	合　计(人)	4 463	2 699	7 162
	%	62.3	37.7	100.0
60—74 岁				
	没有拖欠离退休金(人)	3 327	2 076	5 403
	%	61.6	38.4	100.0
	有拖欠离退休金(人)	443	256	699
	%	63.4	36.6	100.0
	合　计(人)	3 770	2 332	6 102
	%	61.8	38.2	100.0
75 岁以上				
	没有拖欠离退休金(人)	630	339	969
	%	65.0	35.0	100.0
	有拖欠离退休金(人)	63	28	91
	%	69.2	30.8	100.0
	合　计(人)	693	367	1 060
	%	65.4	34.6	100.0

七、老年人住房状况

1. 分城乡老年人平均住房面积

城乡合计	年龄	平方米	回答老年人数(人)
男性			
	60—74 岁	78.01	8 694
	75 岁以上	77.20	1 964
	合　计	77.86	10 658
女性			
	60—74 岁	73.18	7 191
	75 岁以上	76.34	2 268
	合　计	73.93	9 459

（续）

城乡合计		年龄	平方米	回答老年人数(人)
合计		60—74岁	75.82	15 885
		75岁以上	76.74	4 232
		合　计	76.01	20 117
城市	男性	60—74岁	69.00	4 309
		75岁以上	66.22	863
		合　计	68.54	5 172
	女性	60—74岁	62.82	3 903
		75岁以上	61.25	1 062
		合　计	62.48	4 965
	合计	60—74岁	66.06	8 212
		75岁以上	63.48	1 925
		合　计	65.57	10 137
农村	男性	60—74岁	86.85	4 385
		75岁以上	85.80	1 101
		合　计	86.64	5 486
	女性	60—74岁	85.47	3 288
		75岁以上	89.62	1 206
		合　计	86.59	4 494
	合计	60—74岁	86.26	7 673
		75岁以上	87.80	2 307
		合　计	86.62	9 980

2. 分城乡老年人住房所有权及拥有单独房间情况

现住房所有权(人、%)

年龄组	城乡合计			城市			农村		
	男性	女性	合计	男性	女性	合计	男性	女性	合计
60—74岁									
自己或老伴	5 441	3 582	9 023	3 097	2 336	5 433	2 344	1 246	3 590
	64.1	51.6	58.5	75.8	64.2	70.3	53.3	37.7	46.6
子　女	2 315	2 633	4 948	388	647	1 035	1 927	1 986	3 913
	27.3	37.9	32.1	9.5	17.8	13.4	43.8	60.1	50.8
其　他	730	724	1 454	603	654	1 257	127	70	197
	8.6	10.4	9.4	14.8	18.0	16.3	2.9	2.1	2.6
合　计	8 486	6 939	15 425	4 088	3 637	7 725	4 398	3 302	7 700
	100.0	100.0	100.0	100.0	100.0	100.0	100.0	100.0	100.0
75岁以上									
自己或老伴	871	660	1 531	520	423	943	351	237	588
	44.9	29.7	36.8	63.0	42.3	51.7	31.5	19.4	25.1
子　女	905	1 327	2 232	172	387	559	733	940	1 673
	46.6	59.7	53.6	20.8	38.7	30.6	65.8	76.8	71.6
其　他	164	236	400	134	189	323	30	47	77
	8.5	10.6	9.6	16.2	18.9	17.7	2.7	3.8	3.3
合　计	1 940	2 223	4 163	826	999	1 825	1 114	1 224	2 338
	100.0	100.0	100.0	100.0	100.0	100.0	100.0	100.0	100.0

家中是否有(和老伴)单独房间(人、%)

年龄组	城乡合计			城市			农村		
	男性	女性	合计	男性	女性	合计	男性	女性	合计
60—74岁									
没有	692	695	1 387	322	375	697	370	320	690
	7.9	9.6	8.7	7.5	9.6	8.5	8.4	9.7	8.9
有	8 037	6 524	14 561	3 991	3 532	7 523	4 046	2 992	7 038
	92.1	90.4	91.3	92.5	90.4	91.5	91.6	90.3	91.1
合计	8 729	7 219	15 948	4 313	3 907	8 220	4 416	3 312	7 728
	100.0	100.0	100.0	100.0	100.0	100.0	100.0	100.0	100.0
75岁以上									
没有	185	373	558	70	198	268	115	175	290
	9.4	16.3	13.1	8.1	18.7	13.9	10.4	14.3	12.4
有	1 788	1 911	3 699	794	861	1 655	994	1 050	2 044
	90.6	83.7	86.9	91.9	81.3	86.1	89.6	85.7	87.6
合计	1 973	2 284	4 257	864	1 059	1 923	1 109	1 225	2 334
	100.0	100.0	100.0	100.0	100.0	100.0	100.0	100.0	100.0

3. 对住房条件满意度

对现住房条件是否满意(人、%)

年龄组	城乡合计			城市			农村		
	男性	女性	合计	男性	女性	合计	男性	女性	合计
60—74岁									
不满意	1 912	1 531	3 443	1 026	914	1 940	886	617	1 503
	21.9	21.2	21.6	23.8	23.4	23.6	20.0	18.7	19.4
满意	6 824	5 684	12 508	3 287	2 996	6 283	3 537	2 688	6 225
	78.1	78.8	78.4	76.2	76.6	76.4	80.0	81.3	80.6
合计	8 736	7 215	15 951	4 313	3 910	8 223	4 423	3 305	7 728
	100.0	100.0	100.0	100.0	100.0	100.0	100.0	100.0	100.0
75岁以上									
不满意	388	489	877	192	255	447	196	234	430
	19.7	21.4	20.6	22.4	24.0	23.3	17.6	19.2	18.5
满意	1 582	1 792	3 374	667	807	1 474	915	985	1 900
	80.3	78.6	79.4	77.6	76.0	76.7	82.4	80.8	81.5
合计	1 970	2 281	4 251	859	1 062	1 921	1 111	1 219	2 330
	100.0	100.0	100.0	100.0	100.0	100.0	100.0	100.0	100.0

八、对养老机构的总体印象

1. 对养老机构的总体印象

年龄组	城乡合计			城市			农村		
	男性	女性	合计	男性	女性	合计	男性	女性	合计
60—74岁									
较差	777	610	1 387	348	283	631	429	327	756
	9.6	9.4	9.5	8.8	8.0	8.4	10.4	11.0	10.7
一般	4 041	3 330	7 371	2 120	1 835	3 955	1 921	1 495	3 416
	50.2	51.1	50.6	53.7	52.0	52.9	46.8	50.1	48.2
较好	3 237	2 574	5 811	1 481	1 413	2 894	1 756	1 161	2 917
	40.2	39.5	39.9	37.5	40.0	38.7	42.8	38.9	41.1
合计	8 055	6 514	14 569	3 949	3 531	7 480	4 106	2 983	7 089
	100.0	100.0	100.0	100.0	100.0	100.0	100.0	100.0	100.0

（续）

年龄组	城乡合计			城市			农村		
	男性	女性	合计	男性	女性	合计	男性	女性	合计
75 岁以上									
较差	181	213	394	66	76	142	115	137	252
	10.1	10.5	10.3	8.6	8.2	8.4	11.3	12.3	11.8
一般	904	1 139	2 043	412	537	949	492	602	1 094
	50.6	56.0	53.5	53.4	58.2	56.1	48.4	54.1	51.4
较好	702	682	1 384	293	309	602	409	373	782
	39.3	33.5	36.2	38.0	33.5	35.6	40.3	33.5	36.7
合计	1 787	2 034	3 821	771	922	1 693	1 016	1 112	2 128
	100.0	100.0	100.0	100.0	100.0	100.0	100.0	100.0	100.0

2．平均每月所能承担的住养老院费用

年龄组	性别	城乡合计		城市		农村	
		元	回答人数	元	回答人数	元	回答人数
60—74 岁							
	男性	324.10	1 360	457.09	830	115.82	530
	女性	323.24	1 086	388.13	823	120.17	263
	合计	323.72	2 446	422.76	1653	117.26	793
75 岁以上							
	男性	261.82	228	391.30	123	110.13	105
	女性	203.31	222	278.94	127	102.21	95
	合计	232.95	450	334.22	250	106.37	200
合计							
	男性	315.16	1 588	448.60	953	114.88	635
	女性	302.88	1 308	373.53	950	115.41	358
	合计	309.61	2 896	411.13	1903	115.07	993

九、与子女关系

1．评价子女孝顺情况

年龄组	城乡合计			城市			农村		
	男性	女性	合计	男性	女性	合计	男性	女性	合计
	60—74 岁								
很孝顺(人)	1 173	1 153	2 326	444	406	850	729	747	1 476
%	15.1	15.7	15.4	20.7	20.1	20.4	12.9	14.1	13.5
孝顺(人)	4 538	4 337	8 875	1 244	1 182	2 426	3 294	3 156	6 450
%	58.3	59.2	58.7	57.9	58.5	58.2	58.4	59.5	58.9
一般	1 951	1 721	3 672	437	412	849	1 514	1 309	2 823
%	25.0	23.5	24.3	20.4	20.4	20.4	26.8	24.7	25.8
不孝顺(人)	127	113	240	22	19	41	105	94	199
%	1.6	1.5	1.6	1.0	0.9	1.0	1.9	1.8	1.8
合计(人)	7 789	7 324	15 113	2 147	2 019	4 166	5 642	5 306	10 948
%	100.0	100.0	100.0	100.0	100.0	100.0	100.0	100.0	100.0
	75 岁以上								
孝顺(人)	318	453	771	104	131	235	215	322	537
%	16.1	16.5	16.3	23.1	22.6	22.8	14.1	14.8	14.5
孝顺(人)	1 159	1 713	2 872	242	330	572	917	1 383	2 300
%	58.7	62.3	60.8	53.7	57.0	55.5	60.2	63.7	62.3
一般(人)	452	513	965	99	106	205	353	406	759
%	22.9	18.7	20.4	22.0	18.3	19.9	23.2	18.7	20.6

（续）

年龄组	城乡合计			城市			农村		
	男性	女性	合计	男性	女性	合计	男性	女性	合计
不孝顺(人)	44	71	115	6	12	18	38	59	97
%	2.2	2.6	2.4	1.3	2.1	1.7	2.5	2.7	2.6
合计(人)	1 973	2 750	4 723	451	579	1 030	1 523	2 170	3 693
%	100.0	100.0	100.0	100.0	100.0	100.0	100.0	100.0	100.0

2. 家庭和睦自我评价

年龄组	城乡合计			城市			农村		
	男性	女性	合计	男性	女性	合计	男性	女性	合计
	60—74 岁								
很孝顺(人)	1 173	1 153	2 326	444	406	850	729	747	1 476
%	15.1	15.7	15.4	20.7	20.1	20.4	12.9	14.1	13.5
孝顺(人)	4 538	4 337	8 875	1 244	1 182	2 426	3 294	3 156	6 450
%	58.3	59.2	58.7	57.9	58.5	58.2	58.4	59.5	58.9
一般(人)	1 951	1 721	3 672	437	412	849	1 514	1 309	2 823
%	25.0	23.5	24.3	20.4	20.4	20.4	26.8	24.7	25.8
不孝顺(人)	127	113	240	22	19	41	105	94	199
%	1.6	1.5	1.6	1.0	0.9	1.0	1.9	1.8	1.8
合计(人)	7 789	7 324	15 113	2 147	2 019	4 166	5 642	5 306	10 948
%	100.0	100.0	100.0	100.0	100.0	100.0	100.0	100.0	100.0
	75 岁以上								
很孝顺(人)	318	453	771	104	131	235	215	322	537
%	16.1	16.5	16.3	23.1	22.6	22.8	14.1	14.8	14.5
很孝顺(人)	1 159	1 713	2 872	242	330	572	917	1 383	2 300
%	58.7	62.3	60.8	53.7	57.0	55.5	60.2	63.7	62.3
一般(人)	452	513	965	99	106	205	353	406	759
%	22.9	18.7	20.4	22.0	18.3	19.9	23.2	18.7	20.6
很孝顺(人)	44	71	115	6	12	18	38	59	97
%	2.2	2.6	2.4	1.3	2.1	1.7	2.5	2.7	2.6
合计(人)	1 973	2 750	4 723	451	579	1 030	1 523	2 170	3 693
%	100.0	100.0	100.0	100.0	100.0	100.0	100.0	100.0	100.0

十、老年人生活照料

1. 老年人日常生活需照料情况

年龄组	城乡合计			城市			农村		
	男性	女性	合计	男性	女性	合计	男性	女性	合计
	60—74 岁								
不需要(人)	8 353	6 845	15 198	4 097	3 703	7 800	4 256	3 142	7 398
%	95.9	95.0	95.5	95.4	94.9	95.1	96.4	95.2	95.9
需要(人)	357	359	716	198	201	399	159	158	317
%	4.1	5.0	4.5	4.6	5.1	4.9	3.6	4.8	4.1
合计(人)	8 710	7 204	5 914	4 295	3 904	8 199	4 415	3 300	7 715
%	100.0	100.0	100.0	100.0	100.0	100.0	100.0	100.0	100.0
	75 岁以上								
不需要(人)	1 710	1 879	3 589	742	868	1 610	968	1 011	1 979
%	86.9	82.3	84.4	86.1	81.9	83.8	87.6	82.7	85.0
需要(人)	257	404	661	120	192	312	137	212	349
%	13.1	17.7	15.6	13.9	18.1	16.2	12.4	17.3	15.0
合计(人)	1 967	2 283	4 250	862	1 060	1 922	1 105	1 223	2 328
%	100.0	100.0	100.0	100.0	100.0	100.0	100.0	100.0	100.0

2. 老年人日常生活服务需求

需求分类	男性	女性	合计
不需要上门做家务服务(人)	9 117	8 085	17 202
%	85.1	85.0	85.0
需要上门做家务服务(人)	1 601	1 430	3 031
%	14.9	15.0	15.0
合　计(人)	10 718	9 515	20 233
%	100.0	100.0	100.0
不需要上门护理服务(人)	8 980	7 977	16 957
%	83.7	83.8	83.8
需要上门护理服(人)	1 743	1 542	3 285
%	16.3	16.2	16.2
合　计(人)	10 723	9 519	20 242
%	100.0	100.0	100.0
不需要上门看病服务(人)	6 149	5 691	11 840
%	57.4	59.8	58.5
需要上门看病服务(人)	4 563	3 822	8 385
%	42.6	40.2	41.5
合　计(人)	10 712	9 513	20 225
%	100.0	100.0	100.0
不需要聊天解闷服务(人)	8 239	7 332	15 571
%	76.9	77.0	77.0
需要聊天解闷服务(人)	2 476	2 184	4 660
%	23.1	23.0	23.0
合　计(人)	10 715	9 516	20 231
%	100.0	100.0	100.0
不需要老年人服务热线(人)	4 611	4 492	9 103
%	88.9	90.2	89.5
需要老年人服务热线(人)	576	490	1 066
%	11.1	9.8	10.5
合　计(人)	5 187	4 982	10 169
%	100.0	100.0	100.0
不需要老年饭桌或送饭服务(人)	4 835	4 627	9 462
%	93.2	92.9	93.1
需要老年饭桌或送饭服务(人)	350	356	706
%	6.8	7.1	6.9
合　计(人)	5 185	4 983	10 168
%	100.0	100.0	100.0
不需要陪同看病服务(人)	4 641	4 407	9 048
%	89.5	88.5	89.0
需要陪同看病服务(人)	542	571	1 113
%	10.5	11.5	11.0
合　计(人)	5 183	4 978	10 161
%	100.0	100.0	100.0
不需要帮助日常购物服务(人)	4 709	4 515	9 224
%	90.8	90.7	90.8
需要帮助日常购物服务(人)	475	464	939
%	9.2	9.3	9.2
合　计(人)	5 184	4 979	10 163
%	100.0	100.0	100.0

十一、老年人健康和医疗保障

1. 老年人患慢性病比例

年龄组	城乡合计			城市			农村		
	男性	女性	合计	男性	女性	合计	男性	女性	合计
	60—74 岁								
没有(人)	3 798	2 556	6 354	1 523	1 137	2 660	2 275	1 419	3 694
%	43.6	35.6	40.0	35.4	29.2	32.5	51.7	43.1	48.0
有(人)	4 907	4 632	9 539	2 779	2 758	5 537	2 128	1 874	4 002
%	56.4	64.4	60.0	64.6	70.8	67.5	48.3	56.9	52.0
合计(人)	8 705	7 188	15 893	4 302	3 895	8 197	4 403	3 293	7 696
%	100.0	100.0	100.0	100.0	100.0	100.0	100.0	100.0	100.0
	75 岁以上								
没有(人)	796	847	1 643	288	334	622	508	513	1 021
%	40.4	37.3	38.8	33.4	31.8	32.5	45.8	42.0	43.9
有(人)	1 173	1 423	2 596	573	716	1 289	600	707	1 307
%	59.6	62.7	61.2	66.6	68.2	67.5	54.2	58.0	56.1
合计(人)	1 969	2 270	4 239	861	1 050	1 911	1 108	1 220	2 328
%	100.0	100.0	100.0	100.0	100.0	100.0	100.0	100.0	100.0

2. 老年人健康状况自我评价

年龄组	城乡合计			城市			农村		
	男性	女性	合计	男性	女性	合计	男性	女性	合计
	60—74 岁								
很差(人)	326	353	679	127	176	303	199	177	376
%	3.7	4.9	4.3	2.9	4.5	3.7	4.5	5.3	4.9
较差(人)	1 344	1 498	2 842	573	743	1 316	771	755	1 526
%	15.4	20.7	17.8	13.3	19.0	16.0	17.4	22.8	19.7
一般(人)	4 098	3 582	7 680	2 092	1 964	4 056	2 006	1 618	3 624
%	46.9	49.6	48.1	48.4	50.2	49.3	45.3	48.9	46.9
较好(人)	2 282	1 458	3 740	1 177	842	2 019	1 105	616	1 721
%	26.1	20.2	23.4	27.3	21.5	24.5	25.0	18.6	22.2
很好(人)	693	333	1026	350	188	538	343	145	488
%	7.9	4.6	6.4	8.1	4.8	6.5	7.8	4.4	6.3
合计(人)	8 743	7 224	15 967	4 319	3 913	8 232	4 424	3 311	7 735
%	100.0	100.0	100.0	100.0	100.0	100.0	100.0	100.0	100.0
	75 岁以上								
很差(人)	135	199	334	53	84	137	82	115	197
%	6.8	8.7	7.8	6.1	7.9	7.1	7.4	9.4	8.5
较差(人)	458	645	1103	167	285	452	291	360	651
%	23.2	28.2	25.9	19.3	26.8	23.4	26.2	29.5	28.0
一般(人)	913	1 040	1 953	429	503	932	484	537	1 021
%	46.3	45.5	45.9	49.6	47.3	48.3	43.6	44.0	43.8
较好(人)	386	345	731	175	159	334	211	186	397
%	19.6	15.1	17.2	20.2	14.9	17.3	19.0	15.2	17.0
很好(人)	82	55	137	41	33	74	41	22	63
%	4.2	2.4	3.2	4.7	3.1	3.8	3.7	1.8	2.7
合计(人)	1 974	2 284	4 258	865	1 064	1 929	1 109	1 220	2 329
%	100.0	100.0	100.0	100.0	100.0	100.0	100.0	100.0	100.0

3. 老年人当年身体状况与上年变化情况

年龄组	城乡合计			城市			农村		
	男性	女性	合计	男性	女性	合计	男性	女性	合计
	60—74 岁								
变好(人)	605	571	1 176	379	398	777	226	173	399
%	6.9	7.9	7.4	8.8	10.2	9.4	5.1	5.2	5.2
基本不变(人)	4 324	3 086	7 410	2 314	1 744	4 058	2 010	1 342	3 352
%	49.5	42.7	46.4	53.6	44.6	49.3	45.5	40.5	43.3
变差(人)	3 581	3 299	6 880	1 505	1 608	3 113	2 076	1 691	3 767
%	41.0	45.7	43.1	34.9	41.1	37.8	46.9	51.0	48.7
时好时坏(人)	227	267	494	117	160	277	110	107	217
%	2.6	3.7	3.1	2.7	4.1	3.4	2.5	3.2	2.8
合计(人)	8 737	7 223	15 960	4 315	3 910	8 225	4 422	3 313	7 735
%	100.0	100.0	100.0	100.0	100.0	100.0	100.0	100.0	100.0
	75 岁以上								
变好(人)	86	117	203	42	65	107	44	52	96
%	4.4	5.1	4.8	4.8	6.1	5.5	4.0	4.3	4.1
基本不变(人)	731	750	1 481	354	358	712	377	392	769
%	37.0	32.8	34.7	40.9	33.6	36.9	34.0	32.1	33.0
变差(人)	1 096	1 331	2 427	443	595	1 038	653	736	1 389
%	55.5	58.2	56.9	51.2	55.9	53.8	58.8	60.3	59.6
时好时坏(人)	63	88	151	27	47	74	36	41	77
%	3.2	3.8	3.5	3.1	4.4	3.8	3.2	3.4	3.3
合计(人)	1 976	2 286	4 262	866	1 065	1 931	1 110	1 221	2 331
%	100.0	100.0	100.0	100.0	100.0	100.0	100.0	100.0	100.0

4. 老年人就医状况评估

年龄组	城乡合计			城市			农村		
	男性	女性	合计	男性	女性	合计	男性	女性	合计
	60—74 岁								
方便(人)	6 757	5 582	12 339	3 424	3 107	6 531	3 333	2 475	5 808
%	77.7	77.6	77.6	79.6	79.7	79.7	75.7	75.2	75.5
一般(人)	1 097	924	2 021	475	438	913	622	486	1 108
%	12.6	12.9	12.7	11.0	11.2	11.1	14.1	14.8	14.4
不方便(人)	847	684	1 531	400	353	753	447	331	778
%	9.7	9.5	9.6	9.3	9.1	9.2	10.2	10.1	10.1
合计(人)	8 701	7 190	15 891	4 299	3 898	8 197	4 402	3 292	7 694
%	100.0	100.0	100.0	100.0	100.0	100.0	100.0	100.0	100.0
	75 岁以上								
方便(人)	1 430	1 628	3 058	647	765	1 412	783	863	1 646
%	72.6	71.6	72.1	75.0	72.1	73.4	70.7	71.2	70.9
一般(人)	287	329	616	109	133	242	178	196	374
%	14.6	14.5	14.5	12.6	12.5	12.6	16.1	16.2	16.1
不方便(人)	254	316	570	107	163	270	147	153	300
%	12.9	13.9	13.4	12.4	15.4	14.0	13.3	12.6	12.9
合计(人)	1 971	2 273	4 244	863	1 061	1 924	1 108	1 212	2 320
%	100.0	100.0	100.0	100.0	100.0	100.0	100.0	100.0	100.0

5. 拖欠老年人医药费情况

目前还有未报销医药费的(元、人)

城乡合计	性别	平均未报销医药费	人数
60—74岁			
	男性	893.67	2 772
	女性	929.40	1 406
	合计	905.69	4 178
75岁以上			
	男性	999.10	524
	女性	725.40	234
	合计	914.61	758
合计			
	男性	910.43	3 296
	女性	900.29	1 640
	合计	907.06	4 936
城市			
60—74岁			
	男性	901.83	2 585
	女性	880.01	1 376
	合计	894.25	3 961
75岁以上			
	男性	1002.83	474
	女性	743.58	224
	合计	919.63	698
农村			
60—74岁			
	男性	780.89	187
	女性	3 195.00	30
	合计	1 114.64	217
75岁以上			
	男性	963.72	50
	女性	318.00	10
	合计	856.10	60

十二、相关心理问题

1. 老年人幸福感

年龄组	城乡合计			城市			农村		
	男性	女性	合计	男性	女性	合计	男性	女性	合计
	60—74岁								
较幸福(人)	4 787	3 872	8 659	2 802	2 430	5 232	1 985	1 442	3 427
%	54.9	53.7	54.4	65.0	62.2	63.7	45.0	43.7	44.4
差不多(人)	3 298	2 731	6 029	1 310	1 204	2 514	1 988	1 527	3 515
%	37.8	37.9	37.8	30.4	30.8	30.6	45.0	46.2	45.6
较不幸福(人)	638	603	1 241	198	270	468	440	333	773
%	7.3	8.4	7.8	4.6	6.9	5.7	10.0	10.1	10.0
合计(人)	8 723	7 206	15 929	4 310	3 904	8 214	4 413	3 302	7 715
%	100.0	100.0	100.0	100.0	100.0	100.0	100.0	100.0	100.0
	75岁以上								
较幸福(人)	1 090	1 186	2 276	570	621	1 191	520	565	1 085
%	55.4	52.2	53.7	66.3	58.6	62.0	47.0	46.6	46.8
差不多(人)	725	862	1 587	253	349	602	472	513	985
%	36.9	37.9	37.4	29.4	32.9	31.4	42.7	42.3	42.5
较不幸福(人)	151	225	376	37	90	127	114	135	249
%	7.7	9.9	8.9	4.3	8.5	6.6	10.3	11.1	10.7
合计(人)	1 966	2 273	4 239	860	1 060	1 920	1 106	1 213	2 319
%	100.0	100.0	100.0	100.0	100.0	100.0	100.0	100.0	100.0

2. 老年人孤独感

年龄组	城乡合计			城市			农村		
	男性	女性	合计	男性	女性	合计	男性	女性	合计
	60—74 岁								
孤独(人)	2 165	2 180	4 345	820	971	1 791	1 345	1 209	2 554
%	25.2	30.6	27.7	19.4	25.3	22.2	31.0	36.9	33.5
不好说(人)	938	960	1 898	351	404	755	587	556	1 143
%	10.9	13.5	12.1	8.3	10.5	9.3	13.5	17.0	15.0
不孤独(人)	5 474	3 975	9 449	3 066	2 464	5 530	2 408	1 511	3 919
%	63.8	55.9	60.2	72.4	64.2	68.5	55.5	46.1	51.5
合计(人)	8 577	7 115	15 692	4 237	3 839	8 076	4 340	3 276	7 616
%	100.0	100.0	100.0	100.0	100.0	100.0	100.0	100.0	100.0
	75 岁以上								
孤独(人)	670	870	1 540	242	375	617	428	495	923
%	34.6	39.0	37.0	28.6	36.2	32.8	39.3	41.5	40.4
不好说(人)	261	329	590	100	143	243	161	186	347
%	13.5	14.8	14.2	11.8	13.8	12.9	14.8	15.6	15.2
不孤独(人)	1 004	1 031	2 035	503	519	1 022	501	512	1 013
%	51.9	46.2	48.9	59.5	50.0	54.3	46.0	42.9	44.4
合计(人)	1 935	2 230	4 165	845	1 037	1 882	1 090	1 193	2 283
%	100.0	100.0	100.0	100.0	100.0	100.0	100.0	100.0	100.0

3. 老年人对目前生活状况的满意度

年龄组	城乡合计			城市			农村		
	男性	女性	合计	男性	女性	合计	男性	女性	合计
	60—74 岁								
很不满意(人)	350	326	676	173	198	371	177	128	305
%	4.0	4.5	4.2	4.0	5.1	4.5	4.0	3.9	3.9
不太满意(人)	556	460	1016	222	213	435	334	247	581
%	6.4	6.4	6.4	5.1	5.4	5.3	7.5	7.5	7.5
一般(人)	2 148	1 838	3 986	913	887	1 800	1 235	951	2 186
%	24.6	25.5	25.0	21.2	22.7	21.9	27.9	28.8	28.3
比较满意(人)	4 397	3 466	7 863	2 291	1 897	4 188	2 106	1 569	3 675
%	50.3	48.0	49.3	53.1	48.5	50.9	47.6	47.4	47.5
非常满意(人)	1 288	1 127	2 415	716	715	1 431	572	412	984
%	14.7	15.6	15.1	16.6	18.3	17.4	12.9	12.5	12.7
合计(人)	8 739	7 217	15 956	4 315	3 910	8 225	4 424	3 307	7 731
%	100.0	100.0	100.0	100.0	100.0	100.0	100.0	100.0	100.0
	75 岁以上								
很不满意(人)	101	117	218	53	55	108	48	62	110
%	5.1	5.1	5.1	6.2	5.2	5.6	4.3	5.1	4.7
不太满意(人)	117	163	280	44	69	113	73	94	167
%	5.9	7.2	6.6	5.1	6.5	5.9	6.6	7.7	7.2
一般(人)	480	619	1 099	181	269	450	299	350	649
%	24.4	27.2	25.9	21.1	25.3	23.4	27.0	28.8	27.9
比较满意(人)	947	1 012	1 959	411	458	869	536	554	1090
%	48.1	44.4	46.1	47.8	43.1	45.2	48.3	45.6	46.9
非常满意(人)	323	367	690	170	212	382	153	155	308
%	16.4	16.1	16.3	19.8	19.9	19.9	13.8	12.8	13.3
合计(人)	1 968	2 278	4 246	859	1 063	1 922	1 109	1 215	2 324
%	100.0	100.0	100.0	100.0	100.0	100.0	100.0	100.0	100.0

4．老年人目前担心的几个问题

担心没有生活费来源(人、%)

性别	毫不担心	不太担心	一般	比较担心	非常担心	合计
男性	2 937	2 314	768	2 558	2 101	10 678
	27.5	21.7	7.2	24.0	19.7	100.0
女性	2 464	2 077	691	2 259	1 959	9 450
	26.1	22.0	7.3	23.9	20.7	100.0
合计	5 401	4 391	1 459	4 817	4 060	20 128
	26.8	21.8	7.2	23.9	20.2	100.0

担心生病没钱治(人、%)

性别	毫不担心	不太担心	一般	比较担心	非常担心	合计
男性	2 295	2 006	644	2 925	2 809	10 679
	21.5	18.8	6.0	27.4	26.3	100.0
女性	1 972	1 884	550	2 517	2 533	9 456
	20.9	19.9	5.8	26.6	26.8	100.0
合计	4 267	3 890	1 194	5 442	5 342	20 135
	21.2	19.3	5.9	27.0	26.5	100.0

担心需要时没有伺候(人、%)

性别	毫不担心	不太担心	一般	比较担心	非常担心	合计
男性	2 616	2 784	975	2 391	1 877	10 643
	24.6	26.2	9.2	22.5	17.6	100.0
女性	2 280	2 469	892	2 138	1 649	9 428
	24.2	26.27	9.5	22.7	17.5	100.0
合计	4 896	5 253	1 867	4 529	3 526	20 071
	24.4	26.2	9.3	22.6	17.6	100.0

担心社会不安定(人、%)

性别	毫不担心	不太担心	一般	比较担心	非常担心	合计
男性	1 591	1 632	1 047	3 022	3 358	10 650
	14.9	15.3	9.8	28.4	31.5	100.0
女性	1 488	1 525	1 017	2 637	2 732	9 399
	15.8	16.2	10.8	28.1	29.1	100.0
合计	3 079	3 157	2 064	5 659	6 090	20 049
	15.4	15.7	10.3	28.2	30.4	100.0

担心子女不孝(人、%)

性别	毫不担心	不太担心	一般	比较担心	非常担心	合计
男性	3 323	2 818	1 078	1 696	1 611	10 526
	31.6	26.8	10.2	16.1	15.3	100.0
女性	2 991	2 529	851	1 506	1 499	9 376
	31.9	27.0	9.1	16.1	16.0	100.0
合计	6 314	5 347	1 929	3 202	3 110	19 902
	31.7	26.9	9.7	16.1	15.6	100.0

担心离退休金养不了自己(人、%)

性别	毫不担心	不太担心	一般	比较担心	非常担心	合计
男性	1 463 31.0	1 064 22.5	305 6.5	850 18.0	1 038 22.0	4 720 100.0
女性	1 015 26.9	734 19.4	259 6.9	740 19.6	1 030 27.3	3 778 100.0
合计	2 478 29.27	1 798 21.2	564 6.6	1 590 18.7	2 068 24.3	8 498 100.0

担心子女下岗(人、%)

性别	毫不担心	不太担心	一般	比较担心	非常担心	合计
男性	624 12.8	584 12.0	276 5.7	1 423 29.2	1 963 40.3	4 870 100.0
女性	489 10.6	496 10.7	245 5.3	1 309 28.3	2 092 45.2	4 631 100.0
合计	1 113 11.7	1 080 11.4	521 5.5	2 732 28.8	4 055 42.7	9 501 100.0

5. 老年人对社会关注老龄问题的评价

年龄组	城乡合计			城市			农村		
	男性	女性	合计	男性	女性	合计	男性	女性	合计
	60—74 岁								
关注(人)	7 201	6 085	13 286	3 416	3 273	6 689	3 785	2 812	6 597
%	82.9	84.6	83.7	79.4	84.1	81.7	86.2	85.2	85.8
不好说(人)	981	799	1 780	550	420	970	431	379	810
%	11.3	11.1	11.2	12.8	10.8	11.8	9.8	11.5	10.5
不关注(人)	508	306	814	334	197	531	174	109	283
%	5.8	4.3	5.1	7.8	5.1	6.5	4.0	3.3	3.7
合计(人)	8 690	7 190	15 880	4 300	3 890	8 190	4 390	3 300	7 690
%	100.0	100.0	100.0	100.0	100.0	100.0	100.0	100.0	100.0
	75 岁以上								
关注(人)	1 685	1 894	3 579	731	900	1 631	954	994	1 948
%	86.0	84.1	85.0	85.5	85.8	85.7	86.3	82.6	84.4
不好说(人)	200	258	458	91	109	200	109	149	258
%	10.2	11.5	10.9	10.6	10.4	10.5	9.9	12.4	11.2
不关注(人)	75	100	175	33	40	73	42	60	102
%	3.8	4.4	4.2	3.9	3.8	3.8	3.8	5.0	4.4
合计(人)	1 960	2 252	4 212	855	1 049	1 904	1 105	1 203	2 308
%	100.0	100.0	100.0	100.0	100.0	100.0	100.0	100.0	100.0

6. 老年人的宗教信仰

不同政治面貌的老年人宗教信仰(人、%)

城乡	中共党员	民主党派	群众	合计
城市				
不信教	2 726 95.8	113 87.6	5 668 79.6	8 507 84.3
信教	119 4.2	16 12.4	1 450 20.4	1 585 15.7
合计	2 845 100.0	129 100.0	7 118 100.0	10 092 100.0

（续）

城乡	中共党员	民主党派	群众	合计
农村				
不信教	1 149 90.5	16 94.1	7 280 83.7	8 445 84.6
信教	121 9.5	1 5.9	1 416 16.3	1 538 15.4
合计	1 270 100.0	17 100.0	8 696 100.0	9 983 100.0

十三、老龄机构情况

1．城市老龄机构建立情况：

市级:98.8　区级:91.3　街道:77.5　居委会:52.5　未答:1.3　城市各级老龄机构正式工作人员平均为 61 人。

2．农村老龄机构建立情况：

县级:98.8　乡镇级:86.3　村级:61.3　村民小组:8.8　没有:1.3　农村各级老龄机构正式工作人员平均为 22 人。